Groß/Geerds

Handbuch der Kriminalistik

Band 2

Groß/Geerds

Handbuch der Kriminalistik

Wissenschaft und Praxis der Verbrechensbekämpfung

Band 2

Kriminaltaktik ·
Die Organisation der
Verbrechens-
bekämpfung

Ungekürzte Studienausgabe des zweibändigen Werkes
Handbuch der Kriminalistik

Begründet als »Handbuch für Untersuchungsrichter« von
Dr. jur. Hans Groß †
Professor an der Universität Graz
10. völlig neu bearbeitete Auflage von
Dr. jur. Friedrich Geerds
Professor an der Universität Frankfurt a. M.

Lizenzausgabe für
Manfred Pawlak Verlagsgesellschaft mbH, Herrsching

Umschlaggestaltung: Bine Cordes, Weyarn
ISBN: 3-88199-264-2

Vorwort zum II. Band

Angesichts des im Vorwort des I. Bandes zur Neuauflage des gesamten Werks Ausgeführten mögen weitere Worte als überflüssig erscheinen, zumal da der hiermit vorgelegte II. Band relativ schnell folgt. Sicherlich ist es für viele Leser ebenso wie für den Autor erfreulich, daß schon etwa ein halbes Jahr nach Erscheinen des I. Bandes das Manuskript für den II. Band abgeschlossen werden kann und somit ein Werk dieses Umfangs bereits nach voraussichtlich einem Jahr vollständig vorliegen dürfte. Diese Tatsache, die darauf zurückzuführen ist, daß seit etlichen Jahren an allen Teilen der Neuauflage gearbeitet worden ist, hat aber zumindest für den Verfasser die keineswegs angenehme Kehrseite, daß er dieses Manuskript hat anfertigen und im wesentlichen abschließen müssen, ohne Kritik und Reaktion seiner Leser auf die im I. Band behandelten Teile der Kriminalistik und die dort skizzierte Gesamtkonzeption zu kennen und mithin bei diesem Band berücksichtigen zu können. Dennoch hat er trotz der damit verbundenen Unsicherheiten dieses Vorgehen nicht nur aus dem Grunde vorgezogen, da auf diese Weise die Gesamtkonzeption dem Leser sehr bald geschlossen vorgelegt werden kann, sondern für sie spricht ferner, daß so beide Bände auf nahezu gleichem Stand (Band I: Ende 1975; Band II: Ende 1977) und besser abgestimmt als bei größerem zeitlichen Abstand präsentiert werden können. Obwohl sich gerade der Autor, wie im Vorwort dargelegt, über die Probleme einer völligen Neubearbeitung eines so umfangreichen Werkes nach zudem recht langer Zeit klar ist, meint er doch, solche Bedenken hintenanstellen zu sollen.

Zur Art und Weise der Neubearbeitung ist im übrigen nur noch wenig zu ergänzen, weil sie auch beim II. Band den früher dargelegten Grundsätzen folgt. Und thematisch ist das Vorgehen u.a. in der Einleitung zum I. Band bereits begründet und somit wohl dem bei oberflächlicher Betrachtung möglichen Mißverständnis hinreichend vorgebeut worden, allein die spätere Behandlung von Kriminaltaktik und Organisation der Verbrechensbekämpfung lasse darauf schließen, der Verfasser lege diesen Gebieten der Kriminalistik weniger Gewicht bei. Vielmehr ist, wie die Darstellung selbst und gerade der Umfang dieses Bandes zeigen sollten, das Gegenteil der Fall. Die hier zu behandelnden Komplexe sind so wichtig und vielgestaltig, daß man sie erst nach Klärung anderer Probleme mit einiger Aussicht auf eine brauchbare Stellungnahme anpacken kann.

Speziell zur Organisationder Verbrechensbekämpfung sei zudem gesagt, daß sich hier der selbst bei erheblichem Umfang dennoch begrenzte Rahmen besonders einschränkend auswirkt. Mehr als der Verzicht darauf, die Rolle der Staatsanwälte und vor allem der Strafrichter nochmals und genauer darzulegen, was schon wegen der Unterschiede in den einzelnen Ländern kaum überzeugend zu bewältigen sein dürfte, bereitet dem Verfasser die für eine komprimierte Darstellung unerlässliche Auswahl schon bei den Verhältnissen der deutschen Kriminalpolizei Kopfzerbrechen. Und noch mehr gilt das für den bei einem Werk wie diesem notwendigen Blick über die Grenzen sowohl für die Auswahl der Länder als auch für die Breite der jeweiligen Ausführungen, um von Schwierigkeiten der Sprache und der Information noch ganz abzusehen. In beiden Bereichen sollte man es daher dem Autor nicht

verübeln, wenn er sich hier im Bewußtsein seiner Zweifel und angesichts mancher Ansatzpunkte für Kritik auf die ihm einstweilen unbekannte Reaktion eines noch ungewissen Leserkreises verlassen möchte, um später bei einer etwaigen Neuauflage dieses oder jenes zu ergänzen bzw. zu vertiefen, sofern dafür wirklich ein Bedürfnis festzustellen sein sollte. Denn gerade hier geht die Konzeption der Neuauflage über diejenige von Hans *Groß* hinaus, wird also Neuland mit entsprechender Vorsicht – vielleicht für manchen zu zaghaft – betreten. Aber eben deshalb wird der Verfasser, wie schon allgemein gesagt, insoweit für Kritik und Anregungen besonders dankbar sein. Und jedenfalls sollte man nach allem aus seiner Zurückhaltung gerade hier keine falschen Schlüsse ziehen.
Schließlich sei noch darauf hingewiesen, da trotz fortlaufender Gliederung zur leichteren Orientierung des Lesers im II. Band darauf verzichtet worden ist, die dann zu beträchtlichen Größen auflaufenden Seitenzahlen fortzusetzen, daß im Sachregister dieses Bandes zugleich nochmals die Fundstellen des I. Bandes – differenzierend nach römischen Ziffern – wiederholt werden. So vermittelt dieses Sachregister über den II. Band hinaus den Zugang zum Gesamtwerk, was die Benutzbarkeit erleichtern dürfte.
Nach diesen wenigen, aber wohl informativen Hinweisen bleibt dem Autor nur noch, allen denjenigen seine Dankbarkeit zu bekunden, die ihm bei seiner Arbeit an diesem nunmehr vorgelegten II. Band in dieser oder jener Form überaus wertvolle Hilfe geleistet haben; denn ohne diese hätte die Neuauflage weder so schnell noch in dieser Form abgeschlossen werden können. Er bedauert aufrichtig, daß es nicht einmal möglich ist, an dieser Stelle einzeln die Namen derjenigen zu nennen, die ihn im In- und Ausland sowie aus Theorie und Praxis so bereitwillig bei seinem Vorhaben unterstützt haben. Zudem ist und bleibt es letztlich die Sache des Verfassers, die ungeschmälerte Verantwortung für sein dem Leser vorgelegtes Werk zu übernehmen. Selbst wenn bei allem Bemühen um Vollständigkeit schon wegen der im Bestreben nach Übersichtlichkeit für ein solches Handbuch erforderlichen Knappheit dennoch in den einzelnen Komplexen manche Wünsche unerfüllt geblieben sein dürften, so kann er – wie gesagt – jetzt nur hoffen, daß aus dieser nunmehr vollständigen Neuauflage ebenfalls sowohl die Praxis als auch Forschung und Lehre Nutzen für ihre kriminalistische Arbeit zu ziehen vermögen.

Langhecke, Januar 1978 Friedrich Geerds

Inhaltsübersicht

Abkürzungsverzeichnis IX

Inhaltsverzeichnis XI

IV. Teil: Kriminaltaktik 1

§ 17 Aufgaben und Möglichkeiten der Kriminaltaktik 2

§ 18 Die Ausgangslage des Ermittlungsverfahrens 10

§ 19 Fahndung 45

§ 20 Maßnahmen zur Sicherung des Verfahrens 105

§ 21 Vernehmungstechnik und -taktik 139

§ 22 Psychologie des Strafverfahrens 205

§ 23 Zur Kriminaltaktik bei den einzelnen Verbrechen 258

V. Teil: Die Organisation der Verbrechensbekämpfung 465

1. Abschnitt: Allgemeines über die Organe der Verbrechensbekämpfung 466

§ 24 Zum Verhältnis juristischer und nichtjuristischer Strafverfolgungsorgane und zu ihrer Zusammenarbeit mit anderen staatlichen Stellen 467

§ 25 Zur kriminalistischen Tätigkeit nichtstaatlicher Stellen und zu den Möglichkeiten der Zusammenarbeit mit ihnen 478

§ 26 Der Untersuchungsführer 514

2. Abschnitt: Organisationsformen und Arbeitsweise der Kriminalpolizei 521

§ 27 Die deutsche Kriminalpolizei 522

§ 28 Andere europäische Staaten 611

§ 29 Außereuropäische Staaten 703

3. Abschnitt: Die internationale Verbrechensbekämpfung 728

§ 30 Die Geschichte der internationalen Zusammenarbeit der Kriminalitätsbekämpfung 729

§ 31 Die Organisation der Interpol 736

§ 32 Die internationale Zusammenarbeit in der Praxis 738

Bildquellennachweis

Abbildungen **19**/1 bis 8 und **23**/12 bis 14 aus: „Grundlagen der Kriminalstik" Band V und VIII (Klaus Köhn/Dr. Helmut Gansau) Kriminalistik Verlag, Heidelberg

Abbildungen **23**/1 bis 11 und **23**/15 bis 17 aus: „Archiv für Kriminolgie" Verlag Georg Schmidt-Römhild, Lübeck

Abbildungen **27**/1 bis 5 und **27**/12 bis 14 von: Bundeskriminalamt, Wiesbaden

Abbildungen **27**/6 bis 11 von: Landespolizeischule, Hamburg

Abbildungen **28**/1 und 2; **30**/1 von: Bundespolizeidirektion, Wien

Abbildungen **28**/3 bis 7 von: Préfecture de Police, Paris

Abbildungen **28**/8 bis 13 von: Polizeidirektion, Luxemburg

Abbildung **28**/14 von: Niederländisches Justizministerium, Den Haag

Abbildungen **28**/15 bis 18 von: Commissioner of Police of the Metropolis/ New Scotland Yard. London

Abbildung **28**/19 von: Kriminalpolitisentralen, Oslo

Abbildungen **28**/20 und 21 von: Schwedisches Reichspolizeiamt, Stockholm

Abbildungen **29**/1 bis 5 von: Federal Bureau of Investigation, Washington D.C.

Abbildungen **29**/6 bis 13 von: Royal Canadian Mounted Police, Ottawa

Abbildungen **30**/2 bis 6: von: Generalsekretariat der Interpol, Paris

Abkürzungsverzeichnis

Arch. f. Krim.	Archiv für Kriminologie – unter besonderer Berücksichtigung der gerichtlichen Physik, Chemie und Medizin (1.–65. Bd.: Archiv für Kriminalanthropologie und Kriminalistik)
BKA	Schriftenreihe des Bundeskriminalamts – Wiesbaden
Bauer 1, 2 o. 3	Bauer, Günther: Moderne Verbrechensbekämpfung – Bd. 1: Kriminaltaktik. Aussage und Vernehmung. Meldewesen, Lübeck 1970 – Bd. 2: Einsatzplanung und Spezialisierung. Die Anzeige. Der Tatort. Spurenkunde. Gerichtliche Medizin. Observationen und V-Personen. Präventive Aufgaben, Lübeck 1972 – Bd. 3: Fahndung. Straßenkriminalität. Geiselnahmen. Triebverbrechen. Katastrophenabwehr – Lübeck 1977
der kriminalist	der kriminalist. Zeitschrift des Bundes Deutscher Kriminalbeamter
Die Neue Polizei	Die Neue Polizei. Fachzeitschrift für die gesamte Polizei
Die Polizei	Die Polizei. Zentralorgan für das Sicherheits- und Ordnungswesen
Döhring	Döhring, Erich: Die Erforschung des Sachverhalts im Prozeß. Beweiserhebung und Beweiswürdigung. Ein Lehrbuch – Berlin 1964
FBI Law Enf. Bull.	FBI Law Enforcement Bulletin
Graßberger	Graßberger, Roland: Psychologie des Strafverfahrens – 2., verb. Aufl. – Wien/New York 1968
GrKrim	Grundlagen der Kriminalistik – hrsg. v. Herbert Schäfer – Hamburg
Groß/Seelig (8) I	Groß, Hans: Handbuch der Kriminalistik – 8. Aufl. des „Handbuchs für Untersuchungsrichter", neu bearb. u. erg. v. Ernst Seelig – I. Band – Berlin/München 1942
Groß/Seelig (8/9) II	Groß, Hans: Handbuch der Kriminalistik – 8. u. 9. Aufl. des „Handbuchs für Untersuchungsrichter", neu bearb. u. erg. v. Ernst Seelig – II. Band – Berlin 1954
HdwKrim (2) I, II o. III	Handwörterbuch der Kriminologie – 2. Aufl. – hrsg. v. Rudolf Sieverts u. Joachim Schneider – Bd. I, II, III – Berlin 1966–1975
Het Tijdschrift v. d. Politie	Het Tijdschrift voor de Politie
Hughes	Hughes, Daniel J.: Homicide Investigation Techniques – Springfield/Ill. 1974
Ill. Rundschau d. Gend.	Illustrierte Rundschau der Gendarmerie
Internat. Kriminalpol. Revue	Internationale kriminalpolizeiliche Revue – deutsche Ausgabe der „Revue Internationale de Police Criminelle" (1954–1965) (= Rev. int. de police crim.)

Kl. Pol.-Bücherei	Kleine Polizei-Bücherei
Kriminalistik	Kriminalistik. Zeitschrift für die gesamte kriminalistische Wissenschaft und Praxis
Kriminol. Schriftenreihe	Kriminologische Schriftenreihe – für die Deutsche Kriminologische Gesellschaft hrsg. v. Armand Mergen – Hamburg
Kriminol. Unters.	Kriminologische Untersuchungen – hrsg. v. Hellmuth v. Weber und Thomas Würtenberger – Bonn
KrimWissAbh	Kriminalwissenschaftliche Abhandlungen – hrsg. v. Friedrich Geerds – Lübeck
Meixner I o. II	Meixner, F.: Kriminaltaktik in Einzeldarstellungen – 2. Aufl. – I. Bd.: Hamburg 1965, II. Bd.: Hamburg 1965
Mergen	Mergen, Armand: Die Kriminologie. Eine systematische Darstellung – Berlin/Frankfurt a. M. 1967
MoKrim	Monatsschrift für Kriminologie und Strafrechtsreform (1.–27. Jahrg.: . . . für Kriminalbiologie und . . .)
Nord. Tidsskrift f. Kriminalv.	Nordisk Tidsskrift for Kriminalvidenskab
Öff. Sicherheit	Öffentliche Sicherheit
O'Hara	O'Hara, Charles E.: Fundamentals of Criminal Investigation – 3. Aufl. – Springfield/Ill. (USA) 1973
PFA	Schriftenreihe der Polizeiführungsakademie
Politiembetsm. Blad	Politiembetsmennenes Blad
Rev. d. l. Police Nat.	Revue de la Police Nationale
Rev. int. d. crim. et de police techn.	Revue internationale de criminologie et de police technique
Rev. int. de police crim.	Revue internationale de police criminelle
Schneickert	Schneikert, Hans: Kriminaltaktik unter besonderer Berücksichtigung der Kriminalpsychologie – 5., völlig umgearb. Aufl. – Berlin 1940
Seelig	Seelig, Ernst: Lehrbuch der Kriminologie – 3. Aufl. neub. u. erg. v. H. Bellavić – Darmstadt (1963)
Sicherheits-Report	Sicherheits-Report. Fachorgan für Industrie, Wirtschaft und Verwaltung
Svensson/Wendel	Svensson, Arne/Wendel, Otto: Tatortuntersuchung. Moderne Methoden der Verbrechensaufklärung – Lübeck 1956
TbKrim	Taschenbuch für Kriminalisten – I–XVII: Hamburg; seit XVII: Hilden/Rhld.
The Police Journal	The Police Journal
Zbinden	Zbinden, Karl: Kriminalistik. Strafuntersuchungskunde. Ein Studienbuch – München/Berlin 1954

Andere Abkürzungen erfolgen in der üblichen Weise.

Inhaltsverzeichnis

IV. Teil: Kriminaltaktik 1

§ 17 Aufgaben und Möglichkeiten der Kriminaltaktik 2
I. Aufgaben 2
II. Möglichkeiten der Verbrechensaufklärung 5
III. Möglichkeiten der Verbrechensvorbeugung 7
1. Technische Sicherungen 8
2. Organisatorische und andere Sicherungen 9
3. Schwerpunkte präventiver Aktivität 9

§ 18 Die Ausgangslage des Ermittlungsverfahrens 10
I. Über die Aufnahme der Ermittlungen 11
1. Der Anlaß 11
a) Anzeigen 11; b) Eigene Wahrnehmungen 22; c) Weisungen 24
2. Entscheidung und erste Maßnahmen 24
II. Tatortarbeit 27
1. Zur Tatortarbeit im allgemeinen 29
a) Erster Überblick 31; b) Erste Hilfeleistung 32; c) Absperren des Tatorts 32; d) Veränderungen am Tatort 33; e) Ermittlung, Sicherung und Befragung der lebenden Tatzeugen 34; f) Hinzuziehung weiterer Beamter oder Sachverständiger 34; g) Die Durchführung der Spurensuche 35; h) Spurensicherung und -auswertung 36; i) Der Einsatz von Polizeihunden 37; j) Schriftlicher Bericht 38
2. Ergebnislose Spurensuche 38
a) Fälle ergebnisloser Spurensuche 38; b) Zum Vorgehen in diesen Fällen 40
3. Irreführende Spuren 40
a) Fälle vorgetäuschter und ablenkender Spuren 41; b) Zum Vorgehen 44

§ 19 Fahndung 45
I. Begriff, Arten, Anlässe und Ansatzpunkte der Fahndung 46
1. Zum Begriff 46
2. Arten der Fahndung 47
a) Personen- und Sachfahndung 47; b) Individuelle und generelle Fahndung 48; c) Örtliche und überörtliche Fahndung 48; d) Sonderfahndungen 48
3. Anlaß der Fahndung 48
4. Ansatzpunkte der Fahndung 49
a) Tat 49; b) Täter 50; c) Zusammenhang von Tat und Täter 51

II. Mittel der Fahndung ... 55
1. Fahndungsmittel der Kriminalpolizei ... 55
a) Allgemeine Fahndungsmittel 56; b) Personenfahndung 57; c) Sachfahndung 60
2. AndereFahndungsmittel ... 61
a) Staatliche Stellen und Einrichtungen 61; b) Inanspruchnahme der Öffentlichkeit 63
III. Personen- und Sachfahndung ... 79
1. Personenfahndung ... 80
a) Objekte 80; b) Zum Vorgehen 81
2. Die Sachfahndung ... 94
a) Objekte 95; b) Zum Vorgehen 95
IV. Individuelle und generelle Fahndung ... 97
1. Individuelle Fahndung ... 97
2. Generelle Fahndung ... 97
V. Örtliche und überörtliche Fahndung ... 98
1. Überörtliche Fahndung ... 98
2. Örtliche Fahndung ... 99
VI. Besondere Arten der Fahndung ... 100
1. Razzia ... 100
2. Alarmfahndung ... 101
3. Großfahndung ... 103
4. Grenzfahndung ... 103
5. Fahndung in der Schiffahrt ... 104
a) Binnenschiffahrt 104; b) Seeschiffahrt 105
6. Internationale Fahndung ... 105

§ 20 Maßnahmen zur Sicherung des Verfahrens ... 105
I. Eingriffe in das Vermögen ... 108
1. Sicherstellung und Verwahrung ... 108
a) Sicherstellung 108; b) Verwahrung 109
2. Beschlagnahme ... 110
a) Zur Regelung 110; b) Kriminaltaktische Probleme 111
II. Eingriffe in das Post- und Briefgeheimnis ... 113
a) Zur Regelung 113; b) Kriminaltaktische Probleme 114
III. Eingriffe in das Hausrecht oder das sonstige Eigentum ... 115
a) Zur Regelung 116; b) Kriminaltaktische Probleme 117
IV. Eingriffe in die körperliche Unversehrtheit ... 121
a) Zur Regelung 121; b) Kriminaltaktische Probleme 123
V. Eingriffe in die Freiheit ... 128
1. Verhaftung. Untersuchungshaft ... 128
a) Zur Regelung 128; b) Kriminaltaktische Probleme 129
2. Einstweilige Unterbringung u. a. ... 129
3. Vorläufige Festnahme ... 129
a) Zur Regelung 130; b) Kriminaltaktische Probleme 131

4. Sonstige Formen der Sicherung des Tatverdächtigen 134
a) Hausarrest 134; b) Eingrenzung 134; Paßsperre 135; d) Meldeauflage 135; e) Sicherheitsleistung 135
5. Vorladung und Vorführung 135
a) Vorladung 135; b) Vorführung 136
6. Prüfung der Personalien. Sistieren. Festnahme von Störern 136
a) Prüfung der Personalien 136; b) Personenkontrolle, Sistieren u.a. 137; c) Festnahme von Störern u.a. 138

§ 21 Vernehmungstechnik und -taktik 139
I. Ziel und Aufgaben der Vernehmung 139
1. Personal- und Sachbeweis 140
2. Ziel der Vernehmung 140
3. Aufgaben der Vernehmung 141
II. Rechtliche Grundlagen 142
1. Vernehmungsbefugnis. Aussagepflicht. Wahrheitspflicht 142
2. Durchführung und Grenzen der Vernehmung 144
III. Zur Psychologie der Aussage 147
1. Voraussetzungen und Fehlerquellen der Aussage 147
a) Wahrnehmung 147; b) Gedächtnis und Erinnerung 148; c) Wiedergabe und Fixierung 149
2. Die Lüge 151
a) Die Lüge des Beschuldigten 152; b) Die Lüge des Zeugen oder Sachverständigen 152; c) Die Gründe der Lüge 153
3. Geständnis 153
a) Verstandes- und gefühlsbetonte, psychopathologisch bedingte Geständnisse 154; b) Anzeichen der Geständnisbereitschaft 155; c) Das falsche Geständnis 155; d) Widerruf von Geständnissen 156
IV. Zur Psychologie der Vernehmung im allgemeinen 157
1. Persönlichkeit und Situation des Vernehmenden 157
a) Arbeitssituation 158; b) Bildungsstand 158; c) Die Persönlichkeit des Vernehmenden 159
2. Persönlichkeit und Lage des zu Vernehmenden 160
a) Menschenkenntnis 160; b) Das Erscheinungsbild der Aussageperson 161; c) Haltung und Auftreten 161; d) Andere Kriterien 161; e) Zur Bewertung 164; f) Weitere Konsequenzen für die Vernehmungssituation 166
V. Taktik und Technik der Vernehmung 167
1. Vorbereitende Arbeiten 167
a) Kenntnis der Akten 168; b) Charakter, Vorleben und Umwelt der Aussageperson 168
2. Wahl des Ortes und äußere Gestaltung einer Vernehmung 169
3. Allgemeines zum Vorgehen bei einer Vernehmung 170
a) Einstellung und Verhalten der Aussageperson 170; b) Typen einer Vernehmung 171; c) Der Beginn der Vernehmung 173; d) Zum wei-

teren Gang der Vernehmung 173; e) Einwände und andere Schwierigkeiten 177; f) Erfolgloser Abschluß einer Vernehmung 179
VI. Besonderheiten der Vernehmung von Frauen und jungen Menschen 180
1. Vernehmung von Frauen 180
a) Allgemeines 181; b) Besonderheiten des Verhaltens 181
2. Die Vernehmung von Kindern, Jugendlichen und Heranwachsenden 183
a) Kinder 183; b) Jugendliche 187; c) Heranwachsende 188
VII. Besonderheiten der Vernehmung bei den verschiedenen Prozeßbeteiligten 189
1. Die Beschuldigtenvernehmung 189
a) Die Lüge 190; b) Das Geständnis 191; c) Gegenüberstellung und andere Maßnahmen 191
2. Die Zeugenvernehmung 192
a) Situationen und Einstellungen von Zeugen 193; b) Zur Vernehmung gutwilliger Zeugen. Zeugenirrtümer 195; c) Zur Vernehmung feindlicher und freundlicher Zeugen. Zeugenlüge 196
3. Die Sachverständigenvernehmung 198
a) Verständigungsschwierigkeiten 199; b) Zur Vernehmung erforderliche Sachkunde 199; c) Fehlerquellen in der Person des Sachverständigen 200; d) Zur Vernehmung von Sachverständigen 201
VIII. Richterliche und staatsanwaltschaftliche Vernehmungen 202
1. Richterliche Vernehmungen 202
a) Ermittlungsvernehmungen 203; b) Bestätigungsvernehmungen 203
2. Staatsanwaltschaftliche Vernehmungen 204
a) Ermittlungsvernehmungen 204; b) Bestätigungsvernehmungen 204

§ 22 Psychologie des Strafverfahrens 205
I. Das Ermittlungsverfahren 206
II. Das Erkenntnisverfahren 209
1. Der Beschuldigte 210
2. Der Zeuge 212
3. Der Sachverständige 213
4. Der öffentliche Ankläger 214
5. Der Privatankläger und -beteiligte 216
6. Der Verteidiger 216
7. Der Richter 221
a) Der Einzelrichter 222; b) Das Kollegialgericht 242
8. Der Urkundsbeamte 248
III. Das Rechtsmittelverfahren 249
1. Berufung und Beschwerde 250
a) Beschuldigter und Verteidiger 250; b) Ankläger 251; c) Das Berufungs- oder Beschwerdegericht 252
2. Revision und Rechtsbeschwerde 253
a) Beschuldigter und Verteidiger 253; b) Ankläger 254; c) Das Revisionsgericht 254

IV. Das Wiederaufnahmeverfahren ... 255
1. Das Wiederaufnahmebegehren ... 255
a) Wiederaufnahme zugunsten des Verurteilten 256; b) Wiederaufnahme zuungunsten des Verurteilten 256
2. Verhandlung und Entscheidung über die wiederaufgenommene Strafsache ... 257

§ 23 Zur Kriminaltaktik bei den einzelnen Verbrechen ... 258
A. Delikte gegen die Person ... 258
I. Vorsätzliche Tötungen ... 259
1. Tötung durch Schußwaffen ... 264
a) Faustfeuerwaffen 265; b) Handfeuerwaffen 265
2. Tötung durch Sprengstoff ... 266
3. Tötung durch Stich ... 266
4. Tötung durch Schnitt ... 268
5. Tötung durch halbscharfe Gewalt ... 268
6. Tötung durch stumpfe Gewalt ... 268
7. Tötung durch Ersticken, Erwürgen, Erdrosseln, Erhängen ... 270
8. Tötung durch Gift ... 271
9. Andere Formen der Tötung ... 273
II. Fahrlässige Tötungen ... 274
1. Tödliche Straßenverkehrsunfälle ... 275
2. Andere tödliche Verkehrsunfälle ... 275
a) Schienenverkehr 276; b) Luftverkehr 276; c) Schiffsverkehr 276
3. Tödliche Betriebsunfälle ... 276
4. Tod infolge unsorgfältiger Berufsausübung ... 277
a) Medizinalpersonen 277; b) Handwerker; c) Exekutivbeamte 277; d) Sonstige Berufe 278
5. Tödliche Haushaltsunfälle ... 278
6. Tödliche Spielunfälle ... 279
7. Tödliche Sportunfälle ... 279
8. Fahrlässige Tötung im Zusammenhang mit einer Stratat u. a. ... 280
III. Abtreibung u. a. ... 281
1. Mechanische Manipulationen ... 283
a) Zerstören der Fruchtblase 283; b) Äußere Gewaltanwendung 283
2. Chemisch-physikalische Manipulationen ... 283
a) Ätzende Flüssigkeiten 283; b) Einnehmen von Medikamenten 283; c) Anwendung von Chemikalien 284; d) Einnehmen von Kräutern 284; e) Röntgenstrahlen u. a. 284
3. Andere abortive Maßnahmen ... 284
IV. Vorsätzliche Körperverletzungen ... 284
V. Fahrlässige Körperverletzungen ... 286
VI. Nötigung und Freiheitsberaubung ... 287
1. Nötigung ... 287

2. Freiheitsberaubung ... 287
a) Einfache Einsperrung 287; b) Menschenraub 287

VII. Delikte wider den persönlichen Frieden ... 292
1. Bedrohung ... 292
2. Hausfriedensbruch ... 292
3. Verletzung privater Geheimnisse ... 293
a) Verletzung des Briefgeheimnisses, Erlangen von Privatgeheimnissen 294; b) Verletzung des Berufsgeheimnisses, Verrat von Geschäfts- oder Betriebsgeheimnissen, Mode- und Wirtschaftsspionage 294

VIII. Ehrverletzungen ... 295
1. Worte ... 295
a) Mündlich 295; b) Schriftlich 295
2. Schlüssiges Verhalten ... 296
3. Aggressives Handeln ... 296
B. Delikte gegen das Vermögen ... 296
I. Diebstähle ... 297
A. Schwerer Diebstahl (Einbrüche u. a.) ... 297
1. Öffnen von Türen ... 300
a) Gewalt gegen die Tür 301; b) Illegales Betätigen der Verschlußeinrichtung 301
2. Zugang durch Fenster und dergl. ... 302
a) Gewaltsame Arbeitsweise 302; b) Gewaltlose Arbeitsweise 303; c) Fassadenkletterer 303
3. Anderer illegaler Zugang ... 304
a) Decke 304; b) Wand 304; c) Fußboden 304; d) Autospringer 304
4. Geldschrankknacker ... 305
a) Warme Arbeit 305; b) Kalte Arbeit 305; c) Abtransport 306
5. Automateneinbrüche ... 306
a) Geldautomaten 306; b) Warenautomaten 307
B. Andere (einfache) Diebstähle ... 307
1. Diebstähle aus Wohnungen, Privathäusern und dergl. ... 309
a) Verwandte 309; b) Hausangestellte 309; c) Besucher 309; d) Handwerker 310; e) Bettler, Hausierer 310; f) Falsche Beamte usw. 310; g) Klingelfahrer 311; h) Beischlafdiebstähle 311
2. Diebstähle aus Läden, Geschäftshäusern, Fabriken usw. ... 311
a) Arbeitnehmerdiebstähle 312; b) Kundendiebstähle 312
3. Diebstähle in der Öffentlichkeit ... 317
a) Kraftfahrzeugdiebstähle 317; b) Fahrraddiebstähle 317; c) Diebstähle von Transportgütern 317; e) Garten-, Feld- und Forstdiebstahl 319; f) Taschendiebstahl 319

II. Raub ... 321
1. Raubüberfälle in Gebäuden ... 324
a) Bankraub 324; b) Kassenraub 325; c) Ladenraub 326; d) Wohnungsraub 326

2. Raubüberfälle im Freien ... 327
a) Handtaschenraub 327; b) Milieubestimmte Raubüberfälle 327; c) Überfälle auf Kassenboten 328; d) Autofallenraub 329; e) Raubüberfälle auf Geldtransporte 329
3. Raubüberfälle in Verkehrsmitteln ... 329
a) Taxiraub 330; b) Räuberischer Mitfahrer 330; c) Eisenbahnräuber 330

III. Unterschlagung ... 331
1. Vorbehalts- und Sicherungseigentum ... 331
2. Provisionsvertreter ... 331
3. Auftragsverhältnisse ... 332
4. Dienst- und Arbeitsverhältnisse ... 332
5. Verwahrung und Aufbewahrung ... 332
6. Miete und Leihe ... 333
7. Fundunterschlagung ... 333

IV. Sachbeschädigung ... 333

V. Wilderei ... 336

A. Jagdwilderei ... 336
1. Wildschütze ... 337
2. Schlingen- und Fallensteller ... 337
a) Schlingensteller 338; b) Fallensteller 338
3. Benutzung von Tieren ... 338
4. Aneignung von Fallwild und Ähnlichem ... 338
B. Fischwilderei ... 338
1. Fischereigeräte ... 339
2. Sprengstoff ... 339

VI. Sachliche Begünstigung und Sachhehlerei ... 339
A. Sachliche Begünstigung ... 340
B. Sachhehlerei ... 340
1. Ankauf ... 341
2. Unentgeltliches Ansichbringen ... 341
3. Verbergen ... 342
4. Absatzhilfe ... 342

VII. Betrug ... 342
A. Wirtschaftsbetrügereien ... 343
1. Warenbetrug ... 344
a) Betrug mit Waren 344; b) Warenkreditbetrug 345
2. Geldbetrug ... 346
a) Betrug mit Geld 346; b) Geldkreditbetrug 347
3. Grundstücks- und Baubetrug ... 348
a) Betrügerische Veräußerung und Vermietung 348; b) Betrügerische Bau- und Zwecksparkassen 348; c) Baubetrug 348

4. Beteiligungs- und Kautionsbetrug 349
a) Beteiligungsbetrug 349; b) Betrug durch Gründer 349; c) Erfinderbetrug 349; d) Pachtbetrug 350; e) Kautions- und Lizenzbetrug 350
5. Vermittlungsbetrug 350
a) Vermittlerbetrug 350; b) Vertreterbetrug 352
6. Versicherungsbetrug 353
B. Schwindel 354
1. Personenschwindel 354
a) Hochstapler 354; b) Heiratsschwindler 354; c) Grußbesteller. Bekanntenschwindler 354; d) Bettel- und Unterstützungsschwindler 355; e) Sammelschwindler 355
2. Legitimationsschwindel 355
a) Lohnvorschuß- und Heimarbeitsschwindler 355; b) Quittungsschwindel 356; c) Brief- und Paketfallenschwindler 356; d) Fürsorgeschwindel 356
3. Leistungsschwindel 356
a) Hotel-, Pensions- und Einmieteschwindler. Zechpreller 356; b) Fahrgeldpreller 357; c) Eintrittschwindler 357; d) Wechselschwindler 357; e) Bauernfänger. Nepper 357
4. Spielschwindel. Falschspiel 357
5. Okkultschwindel 358
a) Kurpfuscher. Magische Heiler u. a. 358; b) Andere Okkultschwindler 359
VIII. Erpressung 359
1. Bekannte Erpresser 360
2. Anonyme Erpresser 361
a) Schriftliche Verbindung 361; b) Fernmündliche Verbindung 364; c) Persönlicher Kontakt 364
IX. Untreue 365
1. Untreue im Wirtschaftsleben 365
a) Angestellten-Untreue 365; b) Geschäftsführer- und Teilhaber-Untreue 365; c) Unternehmer-Untreue 366
2. Untreue in anderen Verhältnissen 366
X. Wucher u. a. 366
1. Kreditwucher 366
2. Leistungswucher 366
C. Delikte gegen das Gemeinschaftsleben 367
I. Urkundendelikte 367
A. Urkundenfälschungen 367
a) Paß- und Ausweisfälschungen 370; b) Wertpapierfälschungen 370; c) Wertzeichenfälschungen 371; d) Fälschung schriftlicher öffentlicher Urkunden 371; e) Fälschungen von Sparkassenbüchern und Überweisungen 371; f) Fälschungen schriftlicher Privaturkunden 371; g) Präge- und Stempelfälschungen 372; h) Kunst- und Antiquitätenfälschungen 373

B. Falschbeurkundungen ... 373
C. Beeinträchtigen des Beweiswertes von Urkunden ... 374
1. Urkundenunterdrückung ... 374
2. Grenzverrückung ... 374
D. Mißbrauch ordnungsmäßiger Urkunden ... 374
II. Falschgelddelikte ... 375
A. Herstellen von Falschgeld ... 376
1. Herstellen falscher Banknoten ... 377
a) Handzeichnung 377; b) Druckverfahren 377; c) Fotoverfahren 378; d) Technische Manipulationen 378
2. Herstellen falschen Hartgeldes ... 378
a) Gußverfahren 378; b) Prägeverfahren 378; c) Galvanoplastikverfahren 378
B. Absetzen von Falschgeld ... 379
1. Absatz als Ware ... 379
2. Absatz als Zahlungsmittel ... 379
a) Einzelgänger 380; b) Mehrere Partner 380; c) Organisierte Bande 380
III. Wirtschaftsdelikte ... 381
A. Preistreiberei ... 384
B. Warenfälschungen ... 384
C. Unlauterer Wettbewerb ... 385
1. Trügerische Reklame ... 385
a) Täuschungen über das Angebot 386; b) Täuschung über die Solidität 387
2. Angestelltenkorruption ... 388
a) Materielle Vorteile 388; b) Immaterielle Werte 388
D. Verletzungen von Patenten, Gebrauchsmustern und Warenzeichen ... 389
E. Unzulässige Wettbewerbsbeschränkungen ... 389
F. Versicherungsmißbrauch ... 389
1. Betrügerischer Vertragsabschluß ... 390
2. Betrügerisches Vortäuschen eines Versicherungsfalles ... 390
3. Betrügerisches Herbeiführen eines Schadensfalles ... 391
4. Betrügerisches Ausnutzen eines Versicherungsfalles ... 391
G. Steuer- und Zolldelikte ... 392
1. Steuerdelikte ... 392
2. Zolldelikte ... 393
3. Delikte im Außenwirtschaftsverkehr. Subventionserschleichung ... 393
H. Insolvenzdelikte ... 394
IV. Sexualdelikte ... 394
A. Delikte gegen die geschlechtliche Freiheit ... 396
1. Notzucht und sexuelle Nötigung ... 396
2. Schändung ... 398
B. Mißbrauch der Unreife und der Abhängigkeit ... 398
1. Sexueller Mißbrauch von Kindern ... 398

a) Jugendunzucht 399; b) Altersunzucht 400; c) Erwachsenenunzucht 400
2. Verführung Minderjähriger ... 400
3. Mißbrauch von Abhängigen ... 400
4. Blutschande ... 401
C. Delikte wider die Normalität des Geschlechtslebens ... 401
1. Gleichgeschlechtliche Unzucht (Homophilie) ... 405
a) Gewalttätige und arglistige Homosexualität 405; b) Homosexuelle Prostitution. Eigennützige Homosexualität 406; c) Andere homosexuelle Beziehungen 406
2. Widernatürliche Unzucht (Sodomie) ... 406
D. Ausbeuten und Fördern fremder Unzucht. Prostitution ... 407
1. Kuppelei ... 407
2. Zuhälterei ... 408
3. Prostitution ... 409
E. Delikte gegen das öffentliche Anstands- und Schamgefühl ... 409
1. Erregung öffentlichen Ärgernisses u. a. ... 410
2. Unzüchtige oder anstößige Schriften, Abbildungen u. a. ... 411
V. Gemeingefährliche Delikte ... 411
1. Vorsätzliche Brandstiftungen ... 414
2. Fahrlässigkeitsbrände ... 417
a) Leichtsinniger Umgang mit offenem Feuer 417; b) Leichtsinniger Umgang mit feuergefährlichen Geräten und Anlagen 417; c) Leichtsinniger Umgang mit feuergefährlichen Stoffen 419
3. Andere gemeingefährliche Delikte ... 421
VI. Delikte gegen die Volksgesundheit ... 423
1. Verbreiten ansteckender Krankheiten ... 424
2. Herstellen und Inverkehrbringen gesundheitsschädlicher Gegenstände 424
a) Gesundheitsschädliche Verbrauchsgegenstände 424; b) Gesundheitsschädliche Gebrauchsgegenstände 425
3. Rauschgiftdelikte ... 425
a) Illegale Produktion 426; b) Illegaler Handel und Absatz 427; c) Illegales Anschaffen von Rauschgift 429
4. Umweltdelikte ... 430
VII. Verkehrsdelikte ... 431
A. Gefährdungen des Straßenverkehrs ... 431
1. Trunkenheit am Steuer ... 432
2. Andere Fälle der Fahruntüchtigkeit ... 432
3. Gefährliches Fehlverhalten im Straßenverkehr ... 433
4. Gefährliche Eingriffe in den Straßenverkehr ... 433
B. Transportgefährdung ... 433
1. Schienenverkehr ... 434
2. Luftverkehr ... 435
3. Schiffsverkehr ... 436
C. Verkehrsunfallflucht ... 436

VIII. Verletzung sozialer Pflichten ... 438
1. Personenstandsfälschung ... 438
2. Delikte gegen die Ehe ... 438
a) Doppelehe 438; b) Ehebruch 438
3. Verletzung von Unterhalts- und Fürsorgepflichten ... 439
a) Verletzung der allgemeinen Hilfspflicht 439; b) Verletzung der Sorgepflicht gegenüber Minderjährigen. Kindesmißhandlung 439; c) Verletzung der Unterhaltspflicht 441
IX. Andere Delikte gegen die öffentliche Ordnung und Sicherheit ... 441
1. Baugefährdung ... 441
a) Der gefährliche Bau 441; b) Das gefährliche Bauen 442
2. Volltrunkenheit ... 443
3. Störung oder Gefährdung des Gemeinschaftsfriedens ... 443
4. Delikte gegen das Pietätsempfinden ... 445
5. Tierquälerei ... 445
6. Bettelei. Landstreicherei. Müßiggang ... 445
7. Verbotenes Glücksspiel ... 446
a) Spiele 446; b) Wetten 447; c) Unerlaubte Lotterien und Ausspielungen 448
D. Delikte gegen den Staat und seine Organe ... 449
I. Politische Delikte ... 449
A. Hochverrat ... 450
B. Staatsgefährdung ... 450
C. Landesverrat ... 450
D. Delikte gegen das Völkerrecht ... 451
II. Delikte gegen die Legislative ... 451
A. Delikte gegen die Volksvertretung und andere Verfassungsorgane ... 451
B. Delikte gegen die Ordnungsmäßigkeit der Wahlen und Abstimmungen 452
III. Delikte gegen die Judikative ... 452
A. Aussagedelikte ... 452
1. Eidliche und uneidliche falsche Aussage ... 453
2. Falsche Versicherung an Eides Statt ... 453
B. Falschverdächtigung ... 454
C. Vortäuschen einer Straftat ... 454
D. Strafvereitelung ... 457
1. Verbergen einer Person ... 458
2. Ermöglichen der Flucht ... 458
3. Falsche Angaben ... 458
4. Einflußnahme auf persönliche Beweismittel ... 458
5. Einflußnahme auf sachliche Beweismittel ... 458
6. Sabotage durch Strafverfolgungsorgane ... 458
E. Gefangenenbefreiung. Gefangenenmeuterei u. a. ... 459
F. Nichtanzeige von Verbrechen ... 460
G. Richterkorruption. Rechtsbeugung. Unzulässige Strafverfolgung und -vollstreckung ... 460

IV. Delikte gegen die Exekutive ... 460
1. Behörden- und Beamtennötigung. Widerstand ... 460
2. Verletzung staatlicher Rechte ... 461
a) Siegelbruch 461; b) Verstrickungsbruch 461; c) Verwahrungsbruch 461
3. Delikte gegen die Landesverteidigung ... 461
4. Amtsanmaßung und dergl. ... 461
5. Verletzungen der Amtsverschwiegenheit ... 462
6. Korruption in der Exekutive ... 462
a) Bargeld 463; b) Geldwerte 463; c) Sachwerte 463; d) Nutzwerte 463

V. Teil: Die Organisation der Verbrechensbekämpfung ... 465

1. Abschnitt: Allgemeines über die Organe der Verbrechensbekämpfung 466

§ 24 Zum Verhältnis juristischer und nichtjuristischer Strafverfolgungsorgane und ihrer Zusammenarbeit mit anderen staatlichen Stellen ... 467
I. Kriminalpolizei und Staatanwaltschaft sowie Strafgerichte ... 468
II. Kriminalpolizei und andere staatliche Stellen ... 474
1. Schutzpolizei ... 475
2. Verfassungsschutz. Bundesnachrichtendienst ... 476
3. Verwaltungsbehörden ... 476
4. Justizbehörden ... 477
5. Bundeswehr. Ausländische Streitkräfte ... 477

§ 25 Zur kriminalistischen Tätigkeit nichtstaatlicher Stellen und zu den Möglichkeiten der Zusammenarbeit mit ihnen ... 478
I. Abhängige private Sicherheitsorgane ... 479
1. Werkschutz ... 479
2. Andere Sicherheitsdienste ... 482
3. Hausdetektive ... 482
II. Selbständige Sicherheitsunternehmen ... 482
1. Selbständige Wach- und Sicherheitsdienste ... 483
2. Auskunfteien ... 487
3. Privatdetektive ... 488
III. Organe der freiwilligen Selbsthilfe ... 492
1. Informationsstellen ... 492
a) Verband der Vereine Creditreform e.V. 492; b) Verbände oder Vereine für innerbetriebliche Sicherheit 494; c) Deutsches Adelsarchiv 495
2. Stellen für Ermittlungstätigkeit und Öffentlichkeitsarbeit ... 496
a) Deutscher Schutzverband gegen Wirtschaftskriminalität e.V. Frankfurt/Main 496; b) Zentrale zur Bekämpfung unlauteren Wettbewerbs e.V. Frankfurt/Main 498; c) Pro Honore, Verein für Treu und Glauben im Wirtschaftsleben e.V. 499; d) Zentrale zur Bekämpfung der Unlauterkeit im Heilgewerbe 500; e) Stiftung Warentest 502; f) Deutsches Zentralinstitut für soziale Fragen 503

IV. Andere Stellen, insb. Notdienste ... 505
1. Feuerwehr ... 506
2. Technisches Hilfswerk ... 509
3. Deutsches Rotes Kreuz ... 510
V. Möglichkeiten der Zusammenarbeit mit nichtstaatlichen Stellen ... 512
1. Verbrechensaufklärung ... 512
2. Verbrechensvorbeugung ... 513

§ 26 Der Untersuchungsführer ... 514
I. Vorbildung und Auswahl ... 515
II. Aufgaben ... 516
III. Eigenschaften und Einstellung ... 518
IV. Fachliche Fähigkeiten ... 519
V. Zum Vorgehen ... 520

2. Abschnitt: Organisationsformen und Arbeitsweise der Kriminalpolizei ... 521

§ 27 Die deutsche Kriminalpolizei ... 522
I. Geschichtliche Entwicklung ... 522
1. Die Entwicklung bis zum 17. Jahrhundert ... 523
2. Die Entwicklung vom 18. Jahrhundert bis zum 1. Weltkrieg ... 526
3. Die Entwicklung zwischen den beiden Weltkriegen ... 531
4. Die Entwicklung nach dem 2. Weltkrieg ... 535
II. Organisation ... 539
1. Organisation auf Bundesebene ... 540
2. Organisation auf Landesebene ... 543
a) Baden-Württemberg 544; b) Bayern 546; c) Berlin 549; d) Bremen 550; e) Hamburg 552; f) Hessen 557; g) Niedersachsen 559; h) Nordrhein-Westfalen 561; i) Rheinland-Pfalz 562; j) Saarland 564; k) Schleswig-Holstein 566; l) Organisation der Kriminalpolizei in den Bundesländern 568
3. Organisation der Zusammenarbeit ... 569
4. Organisation der Sonderpolizeien ... 573
a) Bundesgrenzschutz 573; b) Bahnpolizei und Fahndungsdienst der Deutschen Bundesbahn 574; c) Steuerfahndung und Zollfahndung 575; d) Bundespaßkontrolldienst 576; e) Betriebssicherungsdienst der Deutschen Bundespost 577; f) Bergpolizei 579
III. Aus- und Fortbildung der Kriminalbeamten ... 581
1. Vorbildung. Einstellung ... 582
2. Ausbildung ... 584
3. Fortbildung ... 586
IV. Zur Tätigkeit in der Praxis ... 587
1. Bund ... 587
a) Bundeskriminalamt 587; b) Bundesgrenzschutz 590
2. Länder ... 591
a) Geschäftsbetrieb 591; b) Weibliche Kriminalpolizei 593; c) Jugendsachbearbeiter 594; d) Kriminalpolizeiliche Beratungsstellen 595

3. Die Zusammenarbeit von Bund und Ländern ... 597
a) Kriminalpolizeilicher Meldedienst 597; b) Exekutive 599; c) Aus- und Fortbildung 600; d) Erfahrungsaustausch 601; e) Forschung 601; f) Urteil der Öffentlichkeit 602
4. Die Öffentlichkeitsarbeit ... 602
a) Von der Kriminalpolizei ausgehende Öffentlichkeitsarbeit 604; b) Von den Massenmedien ausgehende Öffentlichkeitsarbeit 606; c) Zur Handhabung der Öffentlichkeitsarbeit 608

§ 28 Andere europäische Staaten ... 611

A. Österreich ... 612
I. Zur geschichtlichen Entwicklung ... 613
II. Die gegenwärtige Organisation ... 618
III. Zur Arbeit ... 621

B. Schweiz ... 623
I. Zur geschichtlichen Entwicklung ... 623
II. Die gegenwärtige Organisation ... 626
III. Zur Arbeit ... 628

C. Frankreich ... 630
I. Zur geschichtlichen Entwicklung ... 630
II. Die gegenwärtige Organisation ... 633
III. Zur Arbeit ... 638

D. Italien ... 640
I. Zur geschichtlichen Entwicklung ... 641
II. Die gegenwärtige Organisation ... 643
III. Zur Arbeit ... 647

E. Belgien ... 649
I. Zur geschichtlichen Entwicklung ... 649
II. Die gegenwärtige Organisation ... 650
III. Zur Arbeit ... 652

F. Luxemburg ... 652
I. Zur geschichtlichen Entwicklung ... 653
II. Die gegenwärtige Organisation ... 654
III. Zur Arbeit ... 659

G. Niederlande ... 661
I. Zur geschichtlichen Entwicklung ... 662
II. Die gegenwärtige Organisation ... 663
III. Zur Arbeit ... 665

H. Großbritannien ... 668
I. Zur geschichtlichen Entwicklung ... 668
II. Die gegenwärtige Organisation ... 673
III. Zur Arbeit ... 677

I. Irland ... 680
I. Zur geschichtlichen Entwicklung ... 680
II. Die gegenwärtige Organisation ... 681
III. Zur Arbeit ... 682

J. Dänemark ... 684
I. Zur geschichtlichen Entwicklung ... 684
II. Die gegenwärtige Organisation ... 685
III. Zur Arbeit ... 688

K. Norwegen ... 689
I. Zur geschichtlichen Entwicklung ... 690
II. Die gegenwärtige Organisation ... 692
III. Zur Arbeit ... 694

L. Schweden ... 696
I. Zur geschichtlichen Entwicklung ... 696
II. Die gegenwärtige Organisation ... 698
III. Zur Arbeit ... 701

§ 29 Außereuropäische Staaten ... 703

A. Vereinigte Staaten von Amerika ... 704
I. Zur geschichtlichen Entwicklung ... 704
II. Die gegenwärtige Organisation ... 708
III. Zur Arbeit ... 712

B. Kanada ... 717
I. Zur geschichtlichen Entwicklung ... 717
II. Die gegenwärtige Organisation ... 720
III. Zur Arbeit ... 722

C. Japan ... 724
I. Zur geschichtlichen Entwicklung ... 724
II. Die gegenwärtige Organisation ... 725
III. Zur Arbeit ... 727

3. Abschnitt: Die internationale Verbrechensbekämpfung ... 728

§ 30 Die Geschichte der internationalen Zusammenarbeit bei der Kriminalitätsbekämpfung ... 729
1. Die Frühzeit ... 729
2. 18. und 19. Jahrhundert ... 730
3. Die jüngste Entwicklung. Schaffung von Interpol ... 730

§ 31 Die Organisation der Interpol ... 736

§ 32 Die internationale Zusammenarbeit in der Praxis 738
1. Formen und technische Voraussetzungen der Zusammenarbeit 739
2. Meldedienst 740
a) Erkennungsdienst 740; b) Akten 740; c) Material für Spezialisten 740
3. Internationale Fahndung 741
a) Ausschreibung einer Person 741; b) Ausschreibung von Gegenständen 743
4. Erfahrungsaustausch. Publikationen. Tagungen 743
a) Erfahrungsaustausch 743; b) Publikationen 744; c) Tagungen 744
II. Andere Formen internationaler Zusammenarbeit 744
1. Rechtshilfe. Auslieferung 745
2. Multilaterale Abkommen. Engere Kooperation 746
a) Europarat 746; b) Andere Abkommen 746; c) Sonstige Formen der Zusammenarbeit 746
III. Ein Ausblick 747
1. Interpol 747
2. Rechtshilfe. Auslieferung 748
3. Engere Kooperation, insb. Europol 749

IV. Teil: Kriminaltaktik

Unter Kriminaltaktik wird im Folgenden die Lehre vom taktisch richtigen, d. h. technisch, psychologisch und ökonomisch zweckmäßigen Vorgehen der Strafverfolgungsorgane beim Aufklären oder Verhindern von Straftaten verstanden. Sie knüpft dabei einmal an die Erkenntnismöglichkeiten der Kriminaltechnik an, die sich vor allem auf den Sachbeweis beziehenden Hilfsmittel, Verfahren und Methoden, wie sie im II. Teil (§§ 12 ff.) geschildert worden sind. Zum anderen geht die Kriminaltaktik aber auch über den Bereich der Kriminaltechnik hinaus, da sie den Personalbeweis umfaßt, welcher besonders eng mit der taktischen Problematik zusammenhängt. Es geht hier also – kurz gesagt – um die Frage, wie man alle diese Erkenntnis- und Beweismittel so sinnvoll und zweckmäßig anwendet, daß entweder eine bereits begangene Straftat schnell und sicher mit möglichst geringem Arbeitsaufwand aufgeklärt oder aber ein drohendes bzw. schon begonnenes Verbrechen nach Möglichkeit verhindert wird.

Das Gebiet der Kriminaltaktik erstreckt sich mithin – auf dem Hintergrund des Strafverfahrens betrachtet – von der Ausgangslage des Ermittlungsverfahrens, der Anzeige oder eigenen Wahrnehmungen, über die Ermittlungen selbst bis hin zum gerichtlichen Verfahren einschließlich der Rechtsmittelinstanz und der Wiederaufnahme des Verfahrens oder ähnlichem. Denn auch mit diesem Gebiet der Psychologie des Strafverfahrens muß der Kriminalist vertraut sein, um sich mit seinem Verhalten und seiner Arbeit darauf einstellen zu können.

Die Kriminaltaktik umfaßt daher recht verschiedenartige Gebiete, was sie einer umfassenden wissenschaftlichen Behandlung schwer zugänglich macht. Dennoch ist eine solche nötig, weil die Erkenntnisse der Kriminaltaktik außer für die Gesetzgebung vor allem für die Rechtsanwendung wichtig sind. Außer mit der Ausgangslage des Ermittlungsverfahrens (§ 18), der die Tatortarbeit noch verwandt ist, müssen wir uns auch mit den vielfältigen Möglichkeiten der Fahndung befassen (§ 19). Da diejenigen Personen und Sachen, nach denen gefahndet wird, oft nicht ohne weiteres für die Strafverfolgungsorgane verfügbar sind, müssen wir uns sodann mit den verschiedenartigen Maßnahmen zur Sicherung des Verfahrens befassen (§ 20); denn die insoweit besonders bedeutsamen prozessualen Zwangsmittel bringen – ungeachtet rechtlicher Grenzen – zumindest bei der Art und Weise ihrer Durchführung mancherlei kriminaltaktische, d. h. kriminalistische Probleme mit sich.

Einen weiteren, am besten in diesem Zusammenhang zu erörternden Komplex beinhalten für den Kriminalisten Vernehmungstechnik und -taktik (§ 21). Denn die Vernehmung stellt, obwohl hier nur kurz auf die in den einzelnen Ländern ebenfalls etwas unterschiedlichen Rechtsgrundlagen eingegangen werden kann, primär doch eine kriminalistische Leistung dar. – Mit der Psychologie des Strafverfahrens (§ 22) muß sich der Kriminalist, und zwar im Hinblick auf die verschiedenen Verfahrensstadien und die einzelnen am Prozeß Beteiligten, vertraut machen, um beispielsweise die Psychologie der richterlichen Überzeugungsbildung richtig einschätzen und sich bei seiner Arbeit rechtzeitig darauf einstellen zu können. Er sieht dann nicht nur klarer, worauf es ankommt und erspart sich u. U. unnötige Mühe, sondern beugt zugleich im Rahmen seiner Möglichkeiten Fehlern wie einem Justizirr-

tum oder einer Entscheidung vor, welche sonst seine Arbeit sehr leicht als vertan erscheinen lassen. Hier wird zugleich deutlich, daß die Kriminaltaktik nicht nur für den Kriminalisten im engeren Sinne, den Kriminalbeamten und den Staatsanwalt, wichtig und vom Ergebnis her entscheidend ist, sondern daß sie sich ebenso z. B. an den Richter und den Verteidiger wendet, d. h. alle am Strafverfahren Beteiligten angeht.
Im abschließenden § 23 soll – ähnlich wie im III. Teil bei der Kriminaltechnik – sodann kurz aufgezeigt werden, welche der zunächst allgemein behandelten kriminaltaktischen Probleme bei einzelnen Deliktsgruppen oder -formen wichtig werden können, um das hier jeweils unterschiedliche Gewicht kriminaltaktischer Probleme zu verdeutlichen und gerade für die Praxis wichtige Besonderheiten und Fragen aufzuzeigen. Denn es gibt kein einheitliches taktisches Konzept zur Bekämpfung der Kriminalität, sondern die kriminaltaktischen Strategien müssen auf Deliktsgruppen oder -typen, ggf. sogar auf bestimmte Verbrechenstechniken abgestimmt werden. Und selbst dann muß im Einzelfalle die Planung noch modifiziert werden, um dem konkreten Täter und besonderen Umständen besser angepaßt zu werden. Für den hier angestrebten Überblick erscheint es daher ebenfalls ratsamer, sich an dem ggf. zu verfeinernden System der Verbrechenstechnik zu orientieren.

Dies erscheint aufschlußreicher als die von *Bauer* 1–24 f. vorgeschlagene Einteilung in Aggressions-, Trieb-, Nutz- oder Bereicherungs- und Schwächedelikte. Diese Gliederung ist nicht nur kriminologisch zweifelhaft, sondern auch kriminalistisch kaum brauchbar, weil sie viel zu grobmaschig ist und es im Hinblick auf die Taten, die man dabei im Auge zu haben scheint, unzählige Überschneidungen gibt.

Ebenso wie bei diesem Überblick ist auch sonst eine erschöpfende Darstellung in diesem Rahmen naturgemäß nicht möglich. Dennoch dürfte ein solcher Überblick nicht nur das zuvor Ausgeführte beleuchten, sondern es zugleich in einer für die Praxis instruktiven Weise ergänzen. – Der Schwerpunkt muß auch hier bei der Verbrechensaufklärung, der repressiven Tätigkeit liegen; es können kriminaltaktische Probleme der Kriminalprävention also nur dort angesprochen oder näher behandelt werden, wo ihnen selbständige bzw. besondere Bedeutung zukommt.

§ 17
Aufgaben und Möglichkeiten der Kriminaltaktik

Unter Kriminaltaktik verstehen wir – wie gesagt – die Lehre vom taktisch richtigen, d. h. technisch, psychologisch und ökonomisch zweckmäßigen Vorgehen der Strafverfolgungsorgane bei der Aufklärung und Verhinderung von Straftaten. Die auf dieser Basis nunmehr zu präzisierenden Aufgaben der Kriminaltaktik sollen sodann durch Aufzeigen ihrer Möglichkeiten sowohl im Bereich der Verbrechensaufklärung als vor allem auch dem der kriminalistischen Vorbeugung verdeutlicht werden.

I. Aufgaben

Die Aufgaben der Kriminaltaktik, mit denen wir uns jetzt näher befassen wollen, sind – wie gesagt – sowohl repressiver als auch präventiver Natur. Beide Zielsetzungen sind daher bereits zu beachten, wenn man sich Gegenstand und Zwecke der Kriminaltaktik vor Augen führt.

Zbinden S. 173 ff.; *Der Kriminalbeamte und sein Arbeitsgebiet* – zusammengest. u. bearb. v. Beamten des Bundeskriminalamts und der Landeskriminalämter – BKA 1964/1–2; *Meixner* I–19 ff.; *Mergen* S. 446 ff.; *Wenzky,* Oskar: Kriminaltaktik – in: HdwKrim (2) II–92 ff.; *Gallus,* Herbert: Möglichkeiten der Grundlagenforschung auf dem Gebiete der Kriminaltaktik – in: Grundlagenforschung und Kriminalpolizei, hrsg. v. Bundeskriminalamt, Wiesbaden 1969, S. 159 ff.; *Bauer* 1–19 ff.; Kriminalstrategie und Kriminaltaktik – GrKrim Bd. 11 (1973); *Walder,* Hans: Kriminalistisches Denken – 4. Aufl. – Hamburg 1975; *Gemmer,* Karl-Heinz: Verfahren und Ziele der Kriminaltaktik – in: Kriminalität, Forschung und Information. Schriftenreihe der Rias-Funkuniversität Bd. 20, Berlin 1976, S. 143 ff. Mit z. T. a. A. *Seelig* S. 238 ff. Aus dem älteren Schrifttum vgl. u. a.: *Weingart,* Albert: Kriminaltaktik. Ein Handbuch für das Untersuchen von Verbrechen – Leipzig 1904; *Schneickert* S. 1 ff.

Sinn der Kriminaltaktik ist es zunächst einmal, der **Aufklärung von Straftaten** zu dienen. Ihr Ziel ist es insoweit zu helfen, einen möglicherweise strafbaren Sachverhalt aufzuklären und ggf. den Rechtsbrecher zu überführen. Dieses Ziel entspricht an sich dem der Kriminaltechnik, die mit ihren Erkenntnissen u. U. ebenfalls künftigen Straftaten vorbeugen will. Die Kriminaltaktik unterscheidet sich von der Kriminaltechnik jedoch durch ihren unmittelbaren Zweck. Ist dieser bei der Kriminaltechnik darin zu erblicken, daß zur Aufklärung von Straftaten geeignete Verfahren, Methoden und Hilfsmittel entwickelt und angewendet werden, so ist es Zweck der Kriminaltaktik, diese Erkenntnismittel zusammen mit denjenigen, die im Hinblick auf Personalbeweise verfügbar sind, taktisch richtig anzuwenden.

Die Frage ist hier also nicht die, welche kriminaltechnischen Erkenntnismittel es überhaupt gibt und wie man vorgehen muß, um sie als solche korrekt anzuwenden. Das ist die Aufgabe desjenigen, der die kriminaltechnische Untersuchung durchzuführen hat und wird in der Kriminaltaktik als bekannt vorausgesetzt. Hier geht es vielmehr darum, wie die zu Gebote stehenden kriminaltechnischen Möglichkeiten am besten auszunutzen sind, um schnell, sicher und einfach zum Ziel – der Aufklärung des strafbaren Verhaltens – zu gelangen. Nach den Grundsätzen der Kriminaltaktik ist also zu entscheiden, ob, wann und in welcher grundsätzlichen Form eine kriminaltechnische Untersuchung durchgeführt werden soll, neben die hier noch andere Erkenntnismöglichkeiten treten.

Zum anderen kann man die Erkenntnisse und Erfahrungen der Kriminaltaktik präventiv zur **Verhinderung von Straftaten** nutzen. Diese Funktion ist aber nicht mit den Aufgaben der Kriminalpädagogik zu verwechseln, deren Bemühen auf den Menschen – den Rechtsbrecher oder den kriminell Gefährdeten – abzielt. Die Ziele des Kriminalisten sind insoweit begrenzter, als es ihm darum geht, die Begehung krimineller Taten zu verhindern bzw. zu erschweren bzw. den Erfolg einer bereits begonnenen Tatausführung zu vereiteln.
Die kriminaltaktischen Grundsätze betreffen insgesamt betrachtet also die Gestaltung des Vorgehens, durch das eine Straftat aufgeklärt oder aber ad hoc verhindert werden soll. Sie liefern mithin den Plan oder die Planung für dieses Vorgehen des Kriminalisten, bestimmen die Art und Weise der zu ergreifenden Maßnahmen, welche sich u. a. sowohl auf sachliche als auch auf persönliche Beweismittel beziehen können.
Dabei zeigt ein Blick in die Verbrechenstechnik, daß dieses Vorgehen bei den einzelnen Formen der Kriminalität sehr unterschiedlich sein kann. Muß z. B. bei Mord und Totschlag ebenso wie beim schweren Diebstahl das Schwergewicht des Vorgehens gewöhnlich zunächst auf der Tatortarbeit liegen, so erübrigt sich eine solche üblicherweise bei einem Betrug; hier kommt es ggf. auf andere Sachbeweisse – Urkunden und dergl. – und vor allem auf den persönlichen Beweis durch Vernehmung von Zeugen und durch die Einvernahme des

Beschuldigten an. Bei Sittlichkeitsdelikten wiederum gewinnt häufig die gerichtsmedizinische Untersuchung von Täter und Opfer entscheidendes Gewicht. Selbstverständlich können sich auch innerhalb einer Deliktsform mitunter beträchtliche Unterschiede ergeben.

Liegt etwa das Schwergewicht in Fällen mündlicher Injurien beim Personalbeweis, kann bei schriftlich begangenen Ehrverletzungen der Sachbeweis dominieren. Die beim Diebstahl insoweit zu verzeichnenden Divergenzen sollten schon an Hand der kriminaltechnischen Möglichkeiten offenbar geworden sein. Bei einem Taschendieb muß man selbstverständlich taktisch ganz anders vorgehen als bei einem Fahrrad- oder Kraftfahrzeugdiebstahl.

Mit dieser besonderen Kriminaltaktik werden wir uns später (§ 23) noch eingehender befassen. Hier genügt es, diese Unterschiede im Auge zu behalten.

Pfister, W.: Probleme der Leitung und Führung von Kriminaldienststellen – der kriminalist 1971/H. 12/S. 2 ff.; 1972/H. 1/S. 13 ff., H. 4/S. 21 ff.; *Schäfer,* Herbert: Einführung in die Grundzüge der Kriminalstrategie – in: GrKrim Bd. 11, S. 37 ff. (1973); *Schäfer,* Herbert: Stabsarbeit in der Kriminalpolizei – in: GrKrim Bd. 11, S. 75 ff. (1973); *Hornthal,* Steffen M./*Krappen,* Heinz: Psychologie. Theorie und Praxis der Menschenführung – Kl. Pol.-Bücherei Bd. 57 – Lübeck 1974; *Prinz,* Heinrich: Kriminalpolizeiliche Führungs- und Einsatzstäbe – der kriminalist 1974, S. 144 ff.; *Stümper:* Probleme der polizeilichen Führung in unserer Zeit – Die Polizei 1975, S. 365 ff.; *Arrass,* Philipp: Führungsvorbereitungen auf den polizeilichen Ernstfall – Die Polizei 1976, S. 125 ff.; *Weger,* Joachim: Polizeiliche Einsätze. Vorbereitung, Führung und Auswertung – Kl. Pol.-Bücherei Bd. 58 – Lübeck 1976; *Burghard,* Waldemar: Kriminalistisches Denken und moderne Planungs- und Entscheidungstechniken – in: TbKrim Bd. XXVI, S. 37 ff. (1976); *Ahorner,* Kurt/*Graff,* Kurt/Johnsen, Erik: Einführung in die Methoden der Unternehmensführung (Unternehmensforschung – Operations Research) in TbKrim Bd. XXVI, S. 69 ff. (1976); *Matussek,* Hans: Notwendigkeiten, Möglichkeiten und Grenzen der Planung in der (kriminal-)polizeilichen Arbeit – Kriminalistik 1977, S. 249 ff.; *Berndt,* Günther: Voraussetzungen, Bedingungen und Wirkungsweise des polizeilichen Führungssystems und die Bedeutung der Führungslehre – Öff. Sicherheit 1977 – Mai, S. 2 ff.; *Rother,* Hermann: Ablaufplanung polizeilicher Einsätze auf der Grundlage der Netzplanung – PFA 2/76, S. 20 ff.

Im Rahmen der Kriminaltaktik verstehen manche unter „Kriminalstrategie“ ein besonderes Gebiet, in welchem es um die Koordinierung der taktischen und operativen Maßnahmen auf hoher bzw. höchster kriminalistischer Ebene geht. Anders ausgedrückt handelt es sich um die Kunst des Zusammenwirkens aller Kräfte bei der Erreichung kriminalpolitischer Ziele. Selbst wenn man dabei weiter zwischen theoretischen und operativen Aspekten unterscheidet, ist die Kriminalstrategie ein spezieller Ausschnitt aus einer Führungslehre, in welchem sich auch Kriminalisten der Methoden des Operations Research (Systemanalysen, Planspiele, Informationsbeschaffung durch Brainstorming usw.) bedienen.
Ohne den Sinn solcher Überlegungen schmälern zu wollen, muß in diesem Rahmen doch der Hinweis auf diese recht spezielle Thematik genügen, welche lediglich die Aufgabe der Spitzen der Kriminalpolizei und der für sie verantwortlichen Amtsträger sein kann.

Dasselbe gilt in etwa für die „Stabsarbeit“, die jedoch nachhaltiger in die kriminalistische Arbeit der Praxis eingreift, weshalb auf die ihr eigene Verbindung von Theorie und Praxis hier und da im Zusammenhang der Planung und Leitung eingegangen werden soll.

Das nunmehr zu behandelnde kriminaltaktisch richtige, d. h. zweckmäßige Vorgehen beim Aufklären und Verhindern sollte, wie sich in den verschiedenen Bereichen – vor allem in der Fahndung (§ 19) – immer wieder zeigen wird, möglichst planmäßig sein. Doch kann kriminalistische Arbeit, obwohl menschliches Verhalten niemals exakt und absolut sicher berechenbar ist, nicht auf Intuition und Nutzen sich mehr oder weniger zufällig bietender Möglichkeiten verzichten.

Wetzke, Peter: Die Rolle des Zufallss in der Kriminaltaktik – der kriminalist 1976, S. 629 ff. (= PFA 1/77, S. 27 ff.).
Wird also dem berühmt-berüchtigten „Kommissar Zufall" wie seit jeher, so auch künftig eine wichtige Rolle bei der Verbrechensbekämpfung zukommen, darf sich der Kriminalist doch sicherlich nicht auf ihn verlassen. Er sollte daher nicht lediglich die ihm so gebotene Hilfe nutzen, sondern den „Zufall" berücksichtigen und in seine kriminaltaktische Planung einbeziehen. Denn in nicht geringem Ausmaß lassen sich derartige „Zufälle" vorausberechnen und somit u. U. sogar steuern, womit sie Teil der kriminaltaktischen Arbeitsweise werden.

Ein Beispiel dafür ist die Einschaltung der Öffentlichkeit in die Fahndung, ein anderes der Einsatz von V-Personen. Auch andere Maßnahmen der Personen- oder Sachfahndung sind bewußt so angelegt, daß ein gewisses Ereignis einwirkt, welches der Außenstehende dann als Zufall oder Glück empfinden mag.

II. Möglichkeiten der Verbrechensaufklärung

Zweck der Kriminaltaktik ist es zunächst einmal, Grundsätze zu erarbeiten, die ein im Hinblick auf die Aufklärung einer Straftat möglichst zweckmäßiges, d. h. erfolgreiches Vorgehen gewährleisten. Ist es bei der Verbrechensaufklärung Aufgabe des Kriminalisten überhaupt zu erkennen, ob eine Straftat begangen sein könnte, und ggf. den Tatverdacht durch Aufklären des Delikts zu erhärten, so geht es vor allem darum, die dafür notwendigen Beweise herbeizuschaffen und sie dabei kritisch zu prüfen. Diese Beweise betreffen sowohl die Tat als solche und ihren Hergang als auch den Täter und überhaupt die subjektive Seite seines Verhaltens.
Alles dies muß in die kriminaltaktischen Überlegungen einbezogen werden, wenn man sein Vorgehen möglichst zweckmäßig gestalten will. Obwohl es hier einstweilen mehr um die allgemeinen Aspekte der Kriminaltaktik geht, muß doch schon differenziert werden.
Die relativ komplexe **Zweckmäßigkeit** ist daher – wie bereits angedeutet – sowohl technisch und psychologisch als auch ökonomisch zu verstehen, um die Aufgaben zu verdeutlichen und konkretere Kriterien zu bieten.

Immerhin ist die Zweckmäßigkeit der bessere Leitbegriff für das, was wir zunächst vereinfachend als taktisch richtiges Vorgehen bezeichnet haben. Denn über die Zweckmäßigkeit des Vorgehens läßt sich gewöhnlich in gewisser Bandbreite diskutieren, während gerade im Nachhinein urteilende Kritiker leicht mit „falsch" oder „richtig" bei der Hand sind, obwohl sie sich häufig nur nach Erfolg oder Mißerfolg der fraglichen kriminalistischen Arbeit richten. Das aber ist ein für die Art und Weise des Vorgehens ebenso unsicheres Kriterium wie die sogen. „Öffentliche Meinung" dazu.

Auch in der Kriminaltaktik gibt es mithin eine ihr eigene, von der Kriminaltechnik zu unterscheidende **Technik,** die sich außer auf den persönlichen Beweis auf die Arbeitsweise der Kriminaltaktik selbst bezieht. So lassen sich beispielsweise Vernehmungstechnik und -taktik unterschieden (vgl. § 21).
Überragende Bedeutung haben für die Kriminaltaktik Erkenntnisse der Psychologie, wobei es hier vor allem auf die verstehende **Psychologie** ankommt, die sich mit der Persönlichkeit des Menschen und seinem Verhalten befaßt. Dies gilt übrigens nicht nur für den Rechts-

brecher, sondern ebenso für sein Opfer, alle im Strafverfahren Beteiligten und darüber hinaus die Öffentlichkeit. Aus diesem Grunde müssen die Grundsätze der Kriminaltaktik in besonderem Maße psychologisch abgesichert werden.
Schließlich ist die Zweckmäßigkeit des krimiinalistischen Vorgehens, das strafbare Handlungen verhindern oder aufklären soll, nicht zuletzt ökonomisch zu beurteilen. **Ökonomische Kriterien** sind nicht nur finanzieller Art, sondern in der Kriminaltaktik sowohl zeitlich als auch wirtschaftlich und sachlich zu verstehen; der kriminaltaktische Aufwand muß in angemessenem Verhältnis zum damit im konkreten Fall verfolgten Zweck stehen.

Zbinden S. 182 ff.

Es sollte auf der Hand liegen, daß man insoweit einmal die Schnelligkeit als einen der Leitgedanken der Kriminaltaktik ansehen muß. Das bedeutet jedoch nicht, daß der kürzeste Weg immer der beste ist.
So kann mitunter ein Abwarten zweckmäßiger sein, wenn es z. B. darauf ankommt, die Hintermänner eines kleinen Rauschgifthändlers zu fassen. Überhaupt ist nicht gar so selten ein Umweg zu empfehlen, wenn man sicher und umfassend aufklären will.

Schon hier zeigt sich, daß die Beschleunigung der Ermittlungen und damit des Strafverfahrens keineswegs das oberste Gebot sein kann, da es nicht nur auf Kosten der Sicherheit geht, sondern auch zu großen Aufwand bedeuten kann.

Auch der Kriminalist muß, wenn er die Zweckmäßigkeit seines Vorgehens beurteilen will, ferner selbstverständlich wirtschaftliche Gesichtspunkte berücksichtigen. Das deutet sich schon beim Zeitaufwand an, der in gewisser Weise gleichzeitig ein Kostenaufwand zu sein pflegt. Dieser Kostenaufwand hängt außer von den rechtlichen Pflichten der Strafverfolgungsbehörden vor allem vom Verhalten des Beschuldigten und anderer Verfahrensbeteiligter ab. Der finanzielle Aufwand einer kriminalistischen Maßnahme muß schon als solcher in angemessenem Verhältnis zum erstrebten Untersuchungserfolg und zum anderem zu dem in Frage kommenden Verbrechen überhaupt stehen. Allerdings darf man hier nicht allein auf das zu erwartende Strafmaß abstellen, welches für die Kostspieligkeit der Ermittlungen kaum mehr als ein Indiz liefert, sondern auf die kriminalpolitische Bedeutung des fraglichen strafbaren Verhaltens. Hier aber sind die Standpunkte nicht nur in einzelnen Ländern verschieden und schwanken sogar innerhalb eines Landes örtlich bzw. zeitlich, sondern sind schon allgemein oft große Unsicherheiten zu verzeichnen.

Dabei können durchaus auch rechtliche Überlegungen wichtig werden, wenn sie Arbeitsaufwand und Kosten sparen helfen. Ebenso wie unzulässige Beweiserhebungen zu unterbleiben haben, sollte man ggf. die Brauchbarkeit der Beweiserhebung bzw. die Erheblichkeit der zu beweisenden Tatsache kritisch prüfen, um ggf. auf unter diesem Aspekt unangebracht erscheinende Ermittlungen zu verzichten.

Damit aber kommen wir im Grunde zu einem anderen Kriterium der Zweckmäßigkeit des Vorgehens, der sachlichen Beurteilung. Es muß auch in der Sache selbst die Verhältnismäßigkeit der zu ergreifenden kriminalistischen Maßnahme zum konkret angestrebten Zweck gewahrt sein.

Zbinden S. 184 f.

Auch der Kriminalist darf – hier ohne Rücksicht auf Kosten und Zeit – nicht mit Kanonen auf Spatzen schießen. Vielmehr muß eine vernünftige, falschem Perfektionismus abholde Schwerpunktarbeit das kriminaltaktische Vorgehen bestimmen. Neben der kriminalpolitisch zu würdigenden Ermittlungs-

und Aufklärungspflicht kann es daher gerade auch auf das Verhalten des Beschuldigten im Verfahren ankommen. Denn die Angemessenheit der Kosten hängt außer von der Tat als solcher und der Beweislage auch vom Verhalten des Beschuldigten während des Strafverfahrens ab.

Der im Zusammenhang mit der Zweckmäßigkeit des Vorgehens in das Blickfeld gerückte Kostenaufwand bedeutet häufig zugleich auch Zeitaufwand, weshalb die kriminaltaktischen Überlegungen auch die Frage der Verfahrensbeschleunigung berühren, die seit langem Kopfzerbrechen bereitet; hierbei aber sollte man das zuletzt erwähnte kriminalpolitische Kriterium nicht unterschätzen.

Zbinden S. 185 f.

So verständlich und berechtigt die immer wieder erhobene Forderung ist, Strafverfahren und damit auch kriminalistische Ermittlungen möglichst schnell durchzuführen, bleibt die Frage doch häufig die, was hier möglich ist, ohne die Sicherheit der Arbeitsergebnisse zu gefährden. Sehen wir hier von dem oft beklagten Schneckentempo der Justiz ab, für das es zwar juristische, keineswegs aber immer überzeugende Gründe gibt, so ist klar, daß manche kriminalistische Arbeit überhaupt nur dann – z. B. bei der Spurensicherung – Erfolg verspricht, wenn sie schnell durchgeführt wird. Doch hier wie auch sonst darf schnelles Handeln nicht zu übereilter oder flüchtiger Arbeitsweise führen und damit auf Kosten der Zuverlässigkeit gehen.
Es versteht sich ferner, daß die Kriminaltaktik in jedem Falle die Rechtsordnung zu respektieren hat; denn juristisch gesehen geht es hier um Fragen der Rechtsanwendung. Der Kriminalist darf sich daher nicht zu blindem Eifer hinreißen lassen. Denn Verfassungs- und Gesetzestreue als die tragenden Säulen unserer Kriminalrechtspflege dürfen nicht durch Übereifer gefährdet werden. Nur wenn der Kriminalist das Prinzip der Legalität respektiert, kann er erwarten, daß auch seine Mitbürger dies tun.

Zbinden S. 177 ff.

Auf die rechtlichen Grenzen kriminalistischer Arbeit und auf die Bedeutung der Kriminalistik für die Rechtsanwendung werden wir im Zusammenhang mit den strafprozessualen Zwangsmitteln bei denn Maßnahmen zur Sicherung des Verfahrens (§ 20) genauer eingehen. Hier genügt es festzuhalten, daß der Kriminalist in dem vom Recht gewöhnlich weit gesteckten Rahmen sein kriminaltaktisches Vorgehen frei bestimmen kann.

Alle diese Dinge spiegeln sich in dem hier besonders wesentlichen Strafverfahrensrecht wieder. Es gewährt im großen und ganzen kriminaltaktisch hinreichende Möglichkeiten. Doch ist genaue Kenntnis des Prozeßrechts wichtig, um einerseits unbewußte Übergriffe zu vermeiden und andererseits alle Möglichkeiten kriminaltaktisch zweckmäßigen Vorgehens auszuschöpfen.
Oberstes Gebot der Kriminaltaktik sollte es daher sein, mit den einfachsten und den Bürger sowie den Beschuldigten am wenigsten treffenden Maßnahmen hinreichend sicher zum Ziel zu kommen. Es ist also nicht nur möglichst zu vermeiden, daß an der Straftat Unbeteiligte beeinträchtigt werden, sondern es sind – soweit möglich – auch die Individualrechte der Beteiligten und insb. des Beschuldigten zu achten.

III. Möglichkeiten der Verbrechensvorbeugung

Die auf die konkreten Gegebenheiten und Maßnahmen der Strafverfolgungsorgane zugeschnittenen Möglichkeiten der Verbrechensvorbeugung, der kriminalistischen Prävention, konzentrieren sich auf zwei große Fragenkreise. Obwohl auch hier die bei der Verbrechensaufklärung geschilderten, ggf. etwas zu modifizierenden Leitgedanken der Kriminaltaktik zu beachten sind, liegen die Dinge in beiden Bereichen doch etwas anders.

Vorbeugende Verbrechensbekämpfung – hrsg. v. Bundeskriminalamt – Wiesbaden 1964; *Weinberger,* Rolf: Aktivierung der vorbeugenden Verbrechensbekämpfung – Kriminalistik 1966, S. 1 ff.; *Stümper,* Alfred: Hat die Prävention eine Chance gegenüber der modernen Kriminalität? – Kriminalistik 1973, S. 193 ff.; *Gemmer,* Karl-Heinz: Zur Problematik polizeilicher Prävention – in: Polizei und Prävention, hrsg. v. Bundeskriminalamt, Wiesbaden 1976, S. 11 ff. (= Kriminalistik 1975, S. 537 ff.); *Kerner,* Hans-Jürgen: Die Stellung der Prävention in der Kriminologie – in: Polizei und Prävention, hrsg. v. Bundeskriminalamt, Wiesbaden 1976, S. 17 ff. (= Kriminalistik 1976, S. 1 ff., 57 ff.); *Bauer* 3–17 ff.; *Steinhilper,* Gernot: Forschung im Dienste der Prävention. Überlegungen zu einem Konzept polizeilicher Prävention – Kriminalistik 1977, S. 145 ff.

Einmal geht es bei der kriminalistischen Prävention um den kriminaltaktisch sinnvollen Gebrauch technischer Sicherheitsvorkehrungen, die z. T. schon im Rahmen der Kriminaltechnik behandelt worden sind, zum anderen um organisatorische und sonstige Maßnahmen, die vor allem das Verhalten von Menschen, insb. potentieller Opfer von Verbrechen, beeinflussen sollen. Sodann sind zweckmäßig in diesem Rahmen zusammenfassend kurz die gegenwärtigen Schwerpunkte präventiver Arbeit aufzuzeigen, auf die im einzelnen später im Zusammenhang mit den Formen der Kriminalität zurückzukommen sein wird (§ 23).

1. Technische Sicherungen

Technische Sicherungen, die Straftaten vorbeugen, d. h. verhindern oder zumindest erschweren und so jedenfalls die Aufklärung erleichtern sollen, können sehr verschiedener Art sein.

Am wirksamsten sind naturgemäß solche Sicherungen, welche bereits die Ausführung von Straftaten erschweren oder unmöglich machen. Solche Sicherungen baulicher Art, die auch die Ausstattung betreffen können, finden sich – wie später noch genauer dargelegt werden soll – beispielsweise im häuslichen und wirtschaftlichen Bereich gegen Einbruchdiebstahl und Raub, z. B. gegen Raubüberfälle auf Banken und Geldtransporte, aber auch gegen Brandgefahren der verschiedensten Art.

Andere Sicherungen verhindern zwar nicht als solche die Begehung von Verbrechen, sind aber doch geeignet, ihre Ausführungen zu vereiteln oder schwieriger zu machen; auch sie können daher einen Rechtsbrecher u. U. bereits von krimineller Aktivität abhalten. Typisch für solche Sicherungen sind Alarmanlagen, die z. B. entweder das Eindringen Unbefugter in bestimmte Räume oder den Ausbruch von Feuer bzw. ungewöhnliche Temperaturzunahme anzeigen. Ein solcher Alarm kann still – für den Rechtsbrecher nicht wahrnehmbar – oder auch laut erfolgen, was auf einen weiteren präventiven Effekt hinausläuft. In diesen Rahmen gehören weiter technische Sicherungen mehr kontrollierender Funktion wie etwa die in Warenhäusern oder Selbstbedienungsläden zu findende Fernsehüberwachung. Ferner können sich Sicherungsmaßnahmen darauf beschränken, daß eine Beute oder eine Fälschung leicht zu erkennen ist.

Schließlich gibt es technische Sicherungen, die zwar nicht die Tatausführung verhindern, die aber doch den drohenden Schaden zu vermindern helfen. Typisch hierfür sind im Bereich des Brandschutzes selbsttätige Feuerlöschanlagen. Doch ist insoweit z. B. auch an Verriegelungssysteme zu denken, welche dem Täter den Zugang zur eigentlichen Beute versperren.

2. Organisatorische und andere Sicherungen

Da derartige technische Sicherungen ersichtlich nur begrenzt wirken und für manche Formen der Kriminalität überhaupt nicht in Betracht kommen, haben kriminaltaktische Überlegungen daneben oder statt dessen zu mehr organisatorischen Maßnahmen und ähnlichen Sicherungen geführt. Hier geht es letztlich immer darum, das Verhalten derjenigen Menschen, die insoweit als verantwortlich oder besonders gefährdet erscheinen, so zu gestalten, daß eine Tatausführung entweder unterbleibt oder doch keinen Erfolg hat bzw. keinen unnötigen Schaden verursacht.

Im Bereich der Vermögensdelikte gilt das außer für einfache Diebstähle, bei welchen nur das Verhalten des Opfers dem Täter den Zugriff erschweren kann, vor allem für den Betrug als intellektuelles Delikt. Je nach Art der Verbrechenstechnik können sehr verschiedene, mehr oder minder große Personenkreise gefährdet sein, auf welche man sich konzentrieren muß, wenn man präventiv wirken will. Ähnlich ist beispielsweise die Situation bei den Wirtschafts- und auch bei den Sexualdelikten.

Außer um eine gezielte bzw. auf Wunsch erfolgende Beratung von Einzelpersonen oder Firmen geht es hier ferner u. a. um eine mehr oder weniger ausgedehnte Öffentlichkeitsarbeit (vgl. § 27-IV-4), deren Handhabung ebenso wie die Tätigkeit der Beratungsstellen der Kriminalpolizei und anderer Organisationen im übrigen später zu erörtern ist (§ 27-IV-2-d, § 25).

3. Schwerpunkte präventiver Aktivität

Um diesen Überblick schon hier etwas plastischer zu gestalten, sollen nunmehr, ohne den späteren Ausführungen vorgreifen zu wollen, zumindest einige Schwerpunkte präventiver Arbeit der Strafverfolgungsorgane genannt wereen. Dabei kann es einmal vor allem auf die technischen Sicherungen und zum anderen mehr auf Vorsichtsmaßregeln für Organisation und Verhalten von Menschen ankommen.
Die einstweilen schon wegen der weithin zu verzeichnenden Vernachlässigung kriminalistischer Probleme nicht in etwa erschöpften Möglichkeiten der Prävention, welche sich zudem mit den Gegebenheiten wandeln, lassen immerhin einige Schwerpunkte erkennen, wenngleich später hier und da auf weitere Möglichkeiten hingewiesen werden soll.
Im Bereich der Vermögensdelikte hat man sich zuerst um wirksame technische und andere Sicherungen gegen Einbruchdiebstahl bemüht. Die Zunahme der Raubüberfälle in den Jahren nach dem 2. Weltkrieg hat prompt zu Überlegungen geführt, wie man z. B. Banken, Kassen und dergl. sowie Geldtransporte oder Taxifahrer besser gegen Raubüberfälle schützen kann. Die Ergebnisse sind in diesen Fällen zwar unterschiedlich, zeigen aber teilweise doch, daß man auf diese Weise nicht nur kriminelle Aktivitäten beeinflussen, sondern ihnen auch wirksam steuern kann.
Auch im Zusammenhang mit Urkundenfälschungen und mit Falschgelddelikten hat man geprüft, wie man die Produktion von Falsifikaten technisch so erschweren kann, daß sie infolgedessen leichter zu erkennen sind.

Obwohl dies z. T. auch für den Betrug wichtig ist, sofern er beispielsweise mithilfe gefälschter Urkunden begangen wird, sind Betrügereien ebenso wie Wirtschaftsdelikte doch Formen kriminellen Verhaltens, bei denen technische Sicherungen kaum greifen. Vielmehr kommt es hier mehr auf Organisationsformen, die eine bessere Kontrolle ermöglichen, und auf das Verhalten potentieller Opfer an, weshalb die präventive Aktivität in diesem Bereich naturgemäß ganz anders geartet ist.
Möglichkeiten der Prävention werden ferner im Gebiet des Jugendschutzes diskutiert, wenngleich die Erfolge hier bisher noch ziemlich begrenzt geblieben sind.

Das ist kein Wunder, wenn man etwa einerseits an die Fälle der Mißhandlung und Vernachlässigung Minderjähriger und zum anderen an die hier besonders großen Gefahren durch Sexualdelikte denkt. Denn auch in diesem Bereich sind ebenso wie im sonstigen Jugendschutz kaum technische Sicherungen denkbar, sondern muß man sich bemühen, das Verhalten der potentiellen Opfer so zu gestalten, daß die Gefahren nach Möglichkeit vermindert werden.

Dagegen wird die Prävention im Bereiche des Brandschutzes seit langem vor allem durch technische Sicherungen charakterisiert. Diese sollen entweder das Entstehen eines Brandes bzw. eine Explosion verhindern oder doch als Alarmanlagen schnelle Gegenmaßnahmen bewirken bzw. selbsttätig mit diesen beginnen, um größeren Schaden zu verhindern.
Diese Auswahl von Schwerpunkten der kriminalistischen Prävention dürfte hier genügen, um deutlich zu machen, daß derartigen Überlegungen im Bereiche der Kriminaltaktik erhebliches Gewicht zukommt. Denn auch hier gilt die alte Erfahrung, daß man nicht warten sollte, bis das Kind in den Brunnen gefallen ist, sondern tunlichst vermeiden muß, daß so etwas überhaupt geschieht. Die meisten Straftaten – und das gilt sogar für Fahrlässigkeitsdelikte – lassen sich so oder so verhindern bzw. ihr Erfolg kann auf diese Weise vereitelt oder doch begrenzt werden.

§ 18
Die Ausgangslage des Ermittlungsverfahrens

Besonders wichtig für kriminaltaktische Übrlegungen ist naturgemäß die Ausgangslage des Ermittlungsverfahrens. Darunter ist zunächst einmal die Art und Weise zu verstehen, in welcher es überhaupt dazu kommt, daß ein Strafverfahren und damit Ermittlungen eingeleitet werden. Maßgebend für den Beginn des Ermittlungsverfahrens ist die Situation desjenigen Beamten, der durch eine Strafanzeige und ähnliches oder durch eigene Wahrnehmungen vor die Frage gestellt wird, ob ein Strafverfahren einzuleiten ist bzw. wie dieses ggf. zum Zwecke der Aufklärung oder der Verhütung von Straftaten zweckmäßig zu gestalten ist. In diesem Rahmen sind daher alle diejenigen Umstände und Gesichtspunkte zu behandeln, die für den der kriminalistischen Arbeit im Einzelfalle zugrundelegenden Plan (sogen. Angriffsplan) entscheidend sind oder sein könnten.
Zum anderen gehört zur Ausgangslage des Ermittlungsverfahrens des öfteren schon die eigentliche Tatortarbeit, die im II. Abschnitt zu behandeln ist. Sie ist genau genommen zwar bereits eine Konsequenz der ersten kriminaltaktischen Überlegungen; jedoch läßt sich oft erst nach der Tatortarbeit von einer wirklichen Ausgangsbasis sprechen. Deshalb erscheint es sinnvoll, die allgemeinen Grundsätze, die in solchen Fällen zu beachten sind, in denen es

eine Tatortarbeit überhaupt gibt, sogleich hier im Zusammenhang mit der Ausgangslage des Ermittlungsverfahrens darzustellen.

I. Über die Aufnahme der Ermittlungen

Vor die Entscheidung, ob Ermittlungen im Rahmen eines Strafprozesses durchzuführen sind, kann der Beamte auf verschiedenartige Weise gestellt werden. Vor allem ist bei der für die Ausgangslage wesentlichen Aufnahme der Ermittlungen natürlich an Strafanzeigen – auch in der Form eines Strafantrags – und an eigene Wahrnehmungen zu denken. Vereinzelt gibt es daneben im Verhältnis der zuständigen Behörden aber auch die Weisung, die – von gewissen rechtlichen Vorbehalten abgesehen – den Beamten zwar der Frage enthebt, ob ein Verfahren einzuleiten ist, jedoch nicht der Überlegungen darüber, wie dieses zu geschehen hat. Mit der Entscheidung sind ggf. sogleich erste Maßnahmen zu verbinden, die man mitunter etwas martialistisch als „erster Angriff" bezeichnet.

Zbinden S. 101 ff.; *Das kriminalpolizeiliche Ermittlungsverfahren* – hrsg. v. Bundeskriminalamt, Wiesbaden 1957; *Burghard,* Waldemar: Das polizeiliche Ermittlungsverfahren – in: TbKrim Bd. XXVII, S. 9 ff. (1977).

Wir haben bereits erwähnt, daß jedes Delikt seine Eigenart hat, die für diese kriminaltaktische Entscheidung ausschlaggebend ist. Hinzu kommt, daß dabei überdies sowohl die besonderen Verbrechenstechniken und Erscheinungsformen eines Delikts als auch die Umstände des konkreten Falles eine Rolle spielen. Da hierauf jedoch erst später (§ 23) näher eingegangen werden soll, kann es zunächst einmal nur darum gehen, uns über die allgemeinen Probleme der Aufnahme von Ermittlungen Klarheit zu verschaffen.
Dabei wollen wir aus den angedeuteten Gründen folgende Problemkreise unterscheiden:

1. Der Anlaß
   a) Anzeigen
   b) Eigene Wahrnehmungen
   c) Weisungen
2. Entscheidung und erste Maßnahmen

1. Der Anlaß

Der Anlaß zu Überlegungen über die Aufnahme von Ermittlungen soll uns mit den unterschiedlichen Sachverhalten bekannt machen, durch die ein Ermittlungsverfahren ausgelöst wird; denn je nach Lage sind die Gegebenheiten für den Kriminalisten schon insoweit verschieden. Obwohl man hier noch weiter differenzieren könnte, handelt es sich vor allem um drei Situationen, die man mit den Begriffen Anzeigen, eigene Wahrnehmungen und Weisungen umschreiben kann, wobei es in der kriminalistischen Praxis jedoch vor allem auf die beiden erstgenannten Anlässe ankommt.

Bauer 2–35 ff., 48 ff.

a) Anzeigen

Unter Anzeige ist an sich jede Mitteilung oder Meldung an eine für die Verfolgung von Strafsachen zuständige Behörde zu verstehen, die zu dem Zwecke erfolgt, eine Untersuchung auf Strafbarkeit hin – d. h. strafprozessuale Ermittlungen – einzuleiten. Neben diese Strafanzeige i. e. S. treten zuweilen Meldungen, die zwar nicht unmittelbar zu diesem Zweck erfolgen, welche aber doch der betreffenden Strafverfolgungsbehörde Gelegenheit geben sollen, einen Sachverhalt auf Umstände hin zu prüfen, die eine solche Untersuchung nahelegen (vgl. unten bb).

Derartige Meldungen erfolgen in bestimmten Fällen – z. B. bei Konkurs – stets, da hier häufiger Straftaten begangen werden, die der Meldende aber im allgemeinen nicht klar zu erkennen vermag. Den Gegensatz hierzu bilden die noch selteneren Meldungen, die aus anderen Gründen erfolgen. Diese sind, wenn sie zu einer Untersuchung führen, der eigenen Wahrnehmung (vgl. b) der Strafverfolgungsbehörden gleichzustellen. Entscheidend für den Begriff der Strafanzeige ist somit der beim mitgeteilten Sachverhalt konkret oder doch abstrakt bestehende Verdacht einer strafbaren Handlung.

Anders als Angehörige des öffentlichen Dienstes, für welche insoweit das Dienstrecht ausschlaggebend ist, sind Privatpersonen in den meisten Ländern nicht zu einer Strafanzeige verpflichtet.

Selbst soweit das Unterlassen einer Verbrechensanzeige in gewissen Fällen (z. B. §§ 138, 139 dtsch. StGB) unter Strafe gestellt ist, handelt es sich strikt genommen nicht um die Anzeige einer (begangenen) Straftat, sondern darum, ein geplantes kriminelles Vorhaben so rechtzeitig zu melden, daß seine Durchführung noch verhindert werden kann.

Die zur Entgegennahme von Strafanzeigen und Meldungen zuständigen Dienststellen und Beamten dürfen und müssen An- bzw. Aufnahme ebenso wie die Einleitung eines Ermittlungsverfahrens nur dann ablehnen, wenn sich keinerlei dafür rechtlich ausreichende Anhaltspunkte ergeben (2.). Sind jedoch zweifelhafte Umstände zu klären, so ist das Verfahren einzuleiten und muß dann über Einstellung oder weiteren Gang desselben die dafür zuständige Stelle – z. B. die Staatsanwaltschaft – entscheiden.

Fröhling, P.: Der Anzeigeerstatter als kriminalistisches Phänomen – Kriminalistik 1967, S. 138 ff.

Allgemein ist es bei allen Strafanzeigen wichtig zu bedenken, daß der Anzeigende nicht nur das Opfer eines Irrtums geworden sein kann, sondern er – wie insb. bei der Selbstanzeige (cc) aufgezeigt werden soll – bewußt Unwahres vorbringt. Hier sind also bereits Erkenntnisse der Aussage- und Vernehmungspsychologie (§ 21) zu beachten, um unnötige oder fehlgehende bzw. verzögerte Ermittlungen zu vermeiden.
Kriminaltaktisch ist in allen diesen Fällen einer Anzeige außer zwischen eigentlichen Strafanzeigen (aa) und der Meldung möglicherweise strafbaren Verhaltens (bb), aus kriminalistischen Gründen ferner zwischen der Selbstanzeige (cc) und der anonymen Anzeige (dd) zu unterscheiden.

aa) Die Strafanzeige
Die eigentliche Strafanzeige (i. e. S.), die erkennbar den Zweck verfolgt, eine strafprozessuale Untersuchung einzuleiten, wird, da mit der Selbstanzeige der Tatverdächtige und mit der anonymen Anzeige unbekannte Dritte zunächst außer Betracht bleiben, von einer bestimmten Person oder Stelle erstattet. Nur diese Form der Anzeige entspricht gewöhnlich den Vorschriften der Strafprozeßordnung, die – wie gesagt – keine allgemeine Anzeigenpflicht zu statuieren pflegt. Eine solche Pflicht besteht jedoch ggf. unter gewissen Voraussetzungen für einen ganz bestimmten Personenkreis, z. B. für Polizeibeamte (§ 163 StPO), Medizinalpersonen usw.

Von dieser Strafanzeige uunterscheidet sich der förmliche **Strafantrag** im Grunde nur rechtlich, da das Gesetz ihn bei gewissen Straftaten – den sogen. Antragsdelikten – zur Prozeßvoraussetzung gemacht hat, d. h. strafprozessuale Maßnahmen erst nach Vorliegen eines solchen Strafantrags zulässig sind. Kriminalistisch bietet der zuweilen zurücknehmbare Strafantrag jedoch keine Besonderheiten, wenn man davon absieht, daß der Beamte durch sein Verhalten darauf Einfluß nehmen kann, ob ein Strafantrag gestellt oder zurückgenommen wird.

Ganz überwiegend beruht das Antragserfordernis kriminalpolitisch darauf, daß bei Verdacht minderschwerer Straftaten, welche wesentlich Rechte oder Interessen eines einzelnen betreffen, eine Strafverfolgung erst dann als notwendig erscheint, wenn das Strafverlangen vom Verletzten oder einem anderen dazu Berechtigten durch einen Strafantrag zum Ausdruck gebracht worden ist. Es gibt daneben aber auch Fälle, in denen das Abtragserfordernis bei gewichtigeren Gesetzesverstößen den höher bewerteten Interessen des Verletzten oder einer Institution dient, welche durch Unterlassen eines Antrags ein dem möglicherweise zuwiderlaufendes Strafverfahren verhindern können. Derartige Überlegungen finden sich u. a. bei gewissen Sozialdelikten, insb. politischen Delikten, bei welchen einer vom Strafgesetz vorausgesetzten Ermächtigung, Zustimmung usw. eine ähnliche Bedeutung wie dem Strafantrag zukommen kann.

Zbinden S. 102 f.; *Heller,* K.: Die Strafanzeige – in: TbKrim Bd. X, S. 409 ff. (1960); *Graßberger* S. 309 ff.; *Posselt,* Horst: Die Strafanzeige – Die Neue Polizei 1977, S. 7 ff., 23 ff., 39 ff.

Im Folgenden wollen wir uns vor allem über Form und Inhalt einer solchen Strafanzeige (oder eines Strafantrags) Klarheit verschaffen, weil diese Punkte für den Kriminalisten und seine Arbeit besonders wichtig sind; denn oft bietet die Anzeige insoweit das wesentliche Ausgangsmaterial.

Diese Ausführungen gelten, wie sich versteht, grundsätzlich ebenso für die später zu behandelnden Fälle der Selbstanzeige und der anonymen Anzeige; dort sollen daher nur noch Abweichungen und Besonderheiten dargestellt werden.

Für alle Anzeigen ist wichtig, daß der Anzeigende sich gewöhnlich in einem mehr oder weniger deutlichen Erregungszustand befindet. Deshalb muß der die Anzeige entgegennehmende Beamte darauf bedacht sein, mit solcher Erregung zusammenhängende Unzulänglichkeiten der Form und vor allem des Inhalts durch Umsicht und entsprechende Rückfragen nach Möglichkeit wettzumachen. Dasselbe gilt übrigens auch, wenn seit den fraglichen Ereignissen längere Zeit bis zur Erstattung der Anzeige verstrichen ist; denn hier kann außer Vergeßlichkeit u. U. auch ein zwischenzeitlich eingetretener Gesinnungswandel deformierend wirken.

(a) Form der Anzeige

Was die Form der Anzeige anlangt, so ist es in vielen Ländern ebenso wie in Deutschland gleich, ob sie schriftlich, mündlich oder fernmündlich erfolgt. Gewöhnlich wird auch in den letztgenannten Fällen die Anzeige dann von demjenigen Beamten, der sie entgegennimmt, schriftlich fixiert (Aufnahme in Form eines Protokolls oder Aktenvermerks).

Bauer 2–50 ff.

Die Aufnahme einer solchen Strafanzeige erfolgt gewöhnlich in Form eines Protokolls. In der Praxis ist es üblich, zur Aufnahme von Strafanzeigen Vordrucke zu verwenden, die u. U. schon auf bestimmte Arten von Straftaten oder Erscheinungsformen zugeschnitten sein können, was die weitere Arbeit oft wesentlich erleichtert.

Reichen die Angaben, wie z. B. bei einer fernmündlichen Mitteilung, nicht aus, so begnügt man sich zuweilen mit einem Aktenvermerk, wie man ihn auch bei später eingehenden „Hinweisen“ verwendet.

Für den Kontakt des Beamten mit dem Anzeigenden ist es wichtig, daß die Aufnahme der Anzeige möglichst in einem ungestörten Raum, insb. ohne Publikumsverkehr, erfolgt. Hier gilt also Ähnliches wie für Vernehmungen (vgl. § 21).

(b) Inhalt der Anzeige
Der Inhalt der Anzeige hängt an sich natürlich vom Anzeigenden ab. Zunächst einmal sind nach Möglichkeit dessen Personalien festzuhalten. Im übrigen ist bereits hier – gerade bei schriftlicher Aufnahme – auf einen für den Zweck der Strafanzeige umfassenden und sinnvoll gegliederten Inhalt Wert zu legen. Dieser sachliche Gehalt der Strafanzeige ist am besten mit den sogen. sieben „goldenen kriminalistischen W“ zu beschreiben.

Bauer 2–52 f., 58 ff.

Diese **sieben goldenen kriminalistischen W** – Wer, was, wo, womit, wie, wann und warum – kann man auch mit der lateinischen Formel „Quis, quid, ubi, quibus auxiliis, quomodo, quando, cur“ ausdrücken. Sie kennzeichnen den Inhalt der Anzeige umfassend und für den Regelfall in zweckmäßiger Reihenfolge.
Wer? Personalien des Täters, des Verletzten, des Zeugen (quis)
Was? Art der Straftat (quid)
Wo? Genaue Beschreibung des Tatorts (ubi)
Womit? Bezeichnung der Tatwerkzeuge (quibus auxiliis)
Wie? Tathergang (quomodo)
Wann? Zeitpunkt der Tat und aller gemachten Feststellungen (quando)
Warum? Angabe der Beweggründe (cur)

Groß schreibt sie dem 1791 verstorbenen Philosphen Joachim Georg *Daries* in Frankfurt/O. zu; *Groß/Seelig (8)* I-198-Anm. 1.

Der Untersuchungsbeamte sollte deshalb darauf hinwirken, daß alle diese Punkte, soweit das im Einzelfalle überhaupt möglich ist, in der Anzeige erfaßt und ausführlich behandelt werden. Dabei ist vor allem auf eine anschauliche und plastische Beschreibung Wert zu legen, bei welcher man juristische Begriffe, soweit nicht unumgänglich, tunlichst vermeiden sollte.

Eine bestimmte Reihenfolge dieser sieben Fragen kann es schon deshalb nicht geben, weil der Anzeigeerstatter mitunter die Antwort schuldig bleiben muß; so können ihm nicht nur die Personalien des Tatverdächtigen oder des Opfers unbekannt sein, sondern überhaupt Angaben zu deren Person unmöglich sein. In anderen Fällen ist der eigentliche Tatort ungewiß oder weiß der Anzeigende nicht, welches Tatwerkzeug benutzt worden ist. Ebenso wie sich des öfteren nichts über die Beweggründe des Täters sagen läßt, kann die Tatzeit unbekannt sein, weshalb nur festgehalten werden kann, wann die Beobachtung gemacht worden ist. Ebenso wie im Einzelfalle die Kenntnis des Anzeigenden von den fraglichen Umständen hilfreich sein kann, hängt es im übrigen von der Art des Sachverhalts und der Wahrnehmungen des Betreffenden ab, in welcher Reihenfolge diese sieben Punkte zweckmäßig erörtert werden.
Abgesehen von diesem für die Verständlichkeit der Angaben wesentlichen Duktus, sollte der die Anzeige aufnehmende Beamte bei der Form behutsam zu Werke gehen, um eine möglichst vollständige und präzise Darstellung zu erreichen, ohne dabei den Anzeigeerstatter unnötig stilistisch zu verbessern. Sowohl der Laie als auch der juristisch nicht geschulte Untersuchungsbeamte vergreifen

sich hier oft im Ausdruck; der Jurist schildert beispielsweise den Sachverhalt, wenn er sich irrt, zu einseitig und vor allem oft in abstrakter, schwer verständlicher Weise.
Allerdings erfordert es die notwendige Plastizität, allgemeine Formulierungen – wie z. B. die Sache sei dem Anzeigenden „abhanden gekommen“ – zu vermeiden. Solche Ausdrücke ersetzen nicht die tatsächliche Beschreibung der Sachlage. Wenn jemand sagt, seine Brieftasche sei ihm abhanden gekommen, so ist daraus noch nicht, wie erforderlich, zu entnehmen, ob es sich um Verlieren oder um einen Taschendiebstahl handeln könnte. Es ist also auf eine genaue Schilderung der genannten Punkte Gewicht zu legen.

Nachdem der Sachverhalt ggf. mit dem Anzeigeerstatter in dieser Weise erörtert worden ist, sollte er entsprechend schriftlich fixiert werden. Bei fernmündlicher Anzeige hat das ggf. in Form eines Aktenvermerks zu geschehen.
Der Inhalt der Anzeige ist für das weitere kriminaltaktische Vorgehen bestimmend, mit dem wir uns bald näher befassen werden.
Dabei ist auf einige besondere Fälle zu achten, die deshalb kurz erwähnt seien. Die zahlenmäßig größte Gruppe ist, da sich der Anzeigende ebenso wie jede Beweisperson irren kann, die der irrtümlichen Strafanzeigen, welche umständliche, oft ergebnislose (unaufgeklärte Fälle) oder jedenfalls nutzlose Ermittlungen bewirken können. Ein Beispiel dafür ist die Anzeige eines Taschendiebstahls bei bloßem Verlieren einer Sache.

Eine in ganz ärmlichen Verhältnissen lebende Rentnerin hatte angezeigt, ihr „ganzes“ Geld in Höhe von mindestens DM 4000 sei gestohlen worden. Warum die umfangreichen Ermittlungen – z. B. nach Landfahrern – ergebnislos geblieben waren, zeigte sich erst etwa zwei Jahre später, als man, nachdem die Frau auf der Straße verstorben war, die Wohnung amtlich besichtigte. Denn außer Bargeld in Höhe von DM 9000 fand man ein Sparbuch, auf das einige Zeit vor der Anzeige Beträge von DM 5000 und DM 3000 eingezahlt worden waren. Dies hatte die einfältige Greisin wohl vergessen und deshalb angenommen, daß ihr das Geld gestohlen worden sei.

Ebenso wie die Möglichkeit eines Irrtums sollte bei der Aufnahme der Anzeige eine Lüge der anzeigenden Person möglichst vermieden werden. Auch ganz oder teilweise unrichtige Anzeigen sind nicht so selten, wie das mancher meinen mag. Außer an misanthropische Motive wie Haß, Rache, Eifersucht ist hier auch an Schamgefühle oder daran zu denken, daß der Anzeigende sich auf diese Weise andere Vorteile – z. B. ein falsches Alibi – zu verschaffen gedenkt. Im Grunde kann hier – ähnlich wie bei der irrtümlichen Anzeige – auf das im Rahmen der Vernehmungstechnik (§ 21) Auszuführende verwiesen werden.

So ist es wiederholt vorgekommen, daß der Anzeigende selbst der Täter war. Ein Mann, der anzeigte, er habe seinen Arbeitskollegen ermordet in der Unterkunftsbaracke vorgefunden, konnte, da sich sein Alibi nicht als stichhaltig erwies, dadurch als Mörder überführt werden, daß man ihm Besitz der Beute und Blutspuren an der Hose nachwies.

Deuten bei Aufnahme einer Strafanzeige irgendwelche Umstände darauf hin, daß die Angaben des Anzeigeerstatters unsicher, unvollständig oder unrichtig sein könnten, so sollte sich der aufnehmende Beamten in ähnlicher Weise wie bei einer Vernehmung (vgl. im einzelnen § 21) sofort um Klärung bemühen, um nutzlose oder verfehlte Ermittlungsarbeit zu vermeiden. Ähnliches gilt aber auch für die nachstehend behandelten Situationen.
Erstatten andere als das Opfer – z. B. Eltern, Nachbarn oder Erzieher – eine Strafanzeige, so ist darauf zu achten, daß sie nicht einer falschen Information des Betroffenen zum Opfer gefallen sind. Auch sollte man sich über die Gründe und die Vorgeschichte einer solchen Anzeige vergewissern und diese ggf. aufnehmen.

Erscheinen Anzeige oder Reaktion des Anzeigenden bei dem gemeldeten Vorfall als offenbar unverhältnismäßig, so sollte man sich möglichst schon bei Entgegen- oder Aufnahme der Anzeige ebenfalls nach der Vorgeschichte erkundigen; denn manchmal kann ein relativ belangloses Verhalten gewissermaßen das Faß zum Überlaufen bringen, weshalb man unter diesen Umständen nicht ohne weiteres auf einen Querulanten schließen darf.

Meyer, Joachim-Ernst: Das Sozialverhalten des Querulanten – MoKrim 1963, S. 250 ff. (46. Jahrg.); *Dietrich,* Heinz: Querulanten – Stuttgart 1973.

Erhärtet sich jedoch der Verdacht, daß der Anzeigende ein Querulant ist, so ist im allgemeinen ein Sachverständiger erforderlich, um Persönlichkeit und Verhalten richtig deuten zu können. Denn die Skala der querulatorischen Syndrome reicht von einer gerade als psychopathologisch zu bezeichnenden Querulanz bis zum handfesten Querulantenwahn, welchem der Psychiater Krankheitscharakter beimißt, was rechtlich Zurechnungsunfähigkeit bedeuten kann.

Obwohl alle möglichen Typen von Querulanten auch mit der Strafrechtspflege in Konflikt geraten können, handelt es sich bei Strafanzeigen vor allem um Rechts-Querulanten, zu denen u. a. auch die Haft-Querulanten zu rechnen sind; dem abnormen Verhalten dieser Menschen kann übrigens außer einem vermeintlichen aber auch ein wirklich erlittenes Unrecht zugrundeliegen, weshalb Vorsicht geboten ist.

bb) Meldungen

Eine besondere Form der Anzeige, die nicht immer den soeben geschilderten Erfordernissen der Strafanzeige im eigentlichen Sinne genügt, ist die Meldung, welche erfolgt, um einer Strafverfolgungsbehörde Gelegenheit zu geben, einen Sachverhalt daraufhin zu prüfen, ob Anlaß zu einer Strafuntersuchung besteht. Solche Meldungen erfolgen gewöhnlich nur von seiten anderer Behörden.

Dabei sind allerdings die polizeilichen Feststellungen im allgemeinen Polizeidienst auszunehmen, da der Polizist, auch wenn er nicht der Kriminalpolizei angehört, insoweit als Organ der Strafverfolgung (in Deutschland auf Grund des § 163 StPO) tätig wird; dies bedeutet, daß wir es hier mit eigener Wahrnehmung der Untersuchungsbehörden zu tun haben.

Im wesentlichen haben wir es hier also mit Gerichten, die nicht für Strafsachen zuständig sind, und mit Verwaltungsbehörden zu tun, die andere Aufgaben als die der Strafverfolgung wahrnehmen.

Bei den Gerichten haben wir hier vor allem an Zivilgerichte zu denken, die beispielsweise in einem Unterhaltsprozess eines unehelichen Kindes feststellen, daß sich widersprechende Zeugenaussagen vorliegen, die jedoch noch keinen konkreten Verdacht der strafbaren Handlung begründen; anderenfalls müßte eine wirkliche Strafanzeige erfolgen.
Ähnlich ist die Situation z. B. bei Sozialbehörden, welche melden, daß in einer Wiedergutmachungssache von verschiedenen Personen sich widersprechende Angaben gemacht wurden.

Die Form derartiger Meldungen bleibt grundsätzlich der anzeigenden Stelle überlassen. Erfolgt sie mündlich oder fernmündlich, so kann sie als Protokoll oder Aktenvermerk aufgenommen werden.
Was den Inhalt anlangt, sollte der entgegennehmende Beamte – zumindest bei der Aufnahme – jedoch darauf achten und drängen, daß alle die für eine Strafanzeige wichtigen Angaben gemacht werden; notfalls kann man ggf. fernmündlich oder schriftlich um entsprechende Ergänzung des bereits Gemeldeten bitten.

cc) Selbstanzeige

Eine besondere Situation für den Kriminalisten bietet die Selbstanzeige, d. h. eine an sich allen oben genannten Erfordernissen entsprechende Strafanzeige, durch die sich der Anzeigende jedoch selbst als Beschuldigter bezichtigt. Sie soll daher auch kriminaltaktisch gesondert gewürdigt werden. Denn der erste Eindruck, daß hier die Aufgaben für den Kriminalisten besonders einfach liegen, ist häufig falsch.

Zbinden S. 103.

Unwahre Selbstanzeigen oder Selbstbezichtigungen sind nicht so selten, wie mancher es vermuten mag. Vergleichbar sind dem bei der Tatortarbeit, wie wir sehen werden, Fälle mit fingierten, d. h. vorgetäuschten Spuren.

Reimers, Emanuel: Eine unvollständige Selbstanzeige. Doppelter Betrug durch konstruierten Autounfall – Kriminalistik 1954, S. 209.

Da Selbstanzeigen u. U. unrichtig sein können, ist bei ihrer Behandlung auf einschlägige Strafvorschriften wie die gegen Deliktsvortäuschung (§ 145d dtsch. StGB) zu achten, weil ggf. sogleich in dieser Richtung ermittelt werden muß.

Hier genügt es einstweilen festzuhalten, daß die Ausgangslage des Ermittlungsverfahrens bei einer Selbstanzeige sich von anderen Strafanzeigen zwar dadurch unterscheidet, daß der angebliche Täter stets bekannt ist und mit der Anzeige sogar ein Geständnis ablegt. Doch wirkt sich das für das weitere Ermittlungsverfahren nicht immer vereinfachend aus, weil Selbstanzeigen – wie gesagt – in großer Zahl unwahr sind, weshalb hier besondere Vorsicht geboten ist.

Die Gründe für solche unwahre Selbstanzeigen, an die man daher in diesem Falle stets denken sollte, sind vielfältig. Man muß sie kennen, wenn man den Wahrheitsgehalt einer Selbstanzeige schnell und sicher feststellen will. Daher sollen derartige Gründe nunmehr an Hand einiger Beispiele erläutert werden.

Einmal haben die moderne Aussagepsychologie (vgl. § 21) und die Psychiatrie festgestellt, daß es einen pathologischen Geständniszwang Schuldloser gibt. Auch wenn diese Fälle in der Praxis selten sind, sollte man – wie Justizirrtümer (§ 22-II-7-cc-(a)) lehren – diesen Gesichtspunkt im Auge behalten.

In Konstanz wurde z. B. vor etlichen Jahren ein Angeklagter auf eine Selbstanzeige hin wegen Notzucht zu 3 Jahren Zuchthaus verurteilt. Zwei Jahre später gestand der in Darmstadt festgenommene wirkliche Täter u. a. auch diese Tat ein. Es ergab sich nunmehr, daß der Verurteilte an Hand von Zeitungsmeldungen seine Anzeige erstattete und sein späteres Vorbringen mithilfe der an ihn bei den Ermittlungen gerichteten Fragen so glaubhaft gestalten konnte, daß für das Gericht kein Zweifel an seiner Täterschaft bestand. Der Betreffende war von einem pathologischen Geständniszwang mit der fixen Idee besessen, es müsse jedenfalls wegen eines solchen verabscheuungswürdigen Verbrechens irgendjemand bestraft werden.

Nicht selten hat eine Selbstanzeige aber auch durchaus rationale Gründe. So sind Fälle bekannt geworden, in denen ein Straftäter dem für seine Tat an sich zuständigen Gericht, welches er fürchtete, durch Selbstanzeige einer anderen Tat zu entgehen suchte, welche die Zuständigkeit eines anderen Gerichts begründete. Ähnlich ist es in Fällen gewesen, in denen der Täter durch die Selbstanzeige erreichen wollte, daß der von ihm erwartete Strafvollzug in einer anderen Anstalt stattfinden sollte.

Die Selbstanzeige kann ferner auch zu dem Zwecke benutzt werden, um mit der Bezichtigung eine andere, wirklich begangene Straftat zu verdecken. So haben sich z. B. Täter mit der Selbstanzeige – oder mitunter durch bewußt bewirkte Entdeckung – einer relativ leichten Tat ein Alibi für ein anderes, schwereres Verbrechen zu verschaffen gesucht.
Es gibt sogar Selbstanzeigen von Personen, die sich zwar keiner strafbaren Handlung schuldig gemacht haben, damit aber Ziele gegen andere oder für sich verfolgen. Häufiger als eigene Vorteile bezweckt der Anzeigende, der sich selbst bezichtigt, trotz der für ihn nachteiligen Folgen auf diese Weise vor allem einen Dritten zu schädigen.

Ein bekanntes Beispiel – vor allem aus früherer Zeit – für das Verfolgen des eigenen Vorteils sind unwahre Selbstanzeigen von Landstreichern, die sich mithilfe einer erdichteten Straftat Obdach oder Winterasyl verschaffen wollen.
Häufiger sind heutzutage unrichtige Selbstanzeigen, die letztlich – begründet oder unbegründet – Strafverfahren gegen andere, u. U. dem Täter verhaßte Personen bewirken sollen.

Wir sehen jedenfalls, daß die Selbstanzeige ein kriminalistisch keinesfalls leicht zu beurteilender Sachverhalt ist, sondern wir in allen diesen Fällen schon bei der Aufnahme der Strafanzeige kriminaltaktisch mit großer Umsicht zu Werke gehen müssen, wenn die Ermittlungen nicht in die Irre gehen sollen. Das ist besonders bei der Vernehmung des Beschuldigten, die hier die erste Maßnahme sein sollte, zu beachten, um möglichst schnell eventuelle Widersprüche festzustellen.

dd) Anonyme Anzeige
Die anonyme Anzeige entspricht nach Form und Inhalt ebenfalls grundsätzlich der eigentlichen Strafanzeige. Natürlich gibt es hier eher inhaltliche Mängel, weil eine Vervollständigung der Angaben durchweg unmöglich ist. Denn die anonyme Anzeige unterscheidet sich von anderen Strafanzeigen gerade dadurch, daß der Anzeigende seinen Namen nicht offenbart; er benutzt daher üblicherweise den Fernsprecher oder eine schriftliche Mitteilung. Dabei kann der Anzeigende allerdings als solcher den Strafverfolgungsbehörden bekannt sein oder – wie nicht selten – im Laufe der Ermittlungen bekannt werden.

Nicht in diesen Bereich sind allerdings solche Anzeigen zu rechnen, die im Strafverfahren und insb. in den Akten nur äußerlich als anonym erscheinen, bei denen der Anzeigende sich aber in Wahrheit den Strafverfolgungsbehörden sogleich als solcher zu erkennen gegeben hat. Wir denken hier außer an Vigilanten und Agents provocateurs, die als sogen. V-Männer der Polizei ihre Wahrnehmungen mitteilen, ohne selbst Beamte der Strafverfolgungsbehörden zu sein, auch an Personen, die aus welchen Gründen auch immer mit Billigung der Polizei ihre Anonymität zu wahren wünschen.
Auf die bei deisem Personenkreis umstrittenen Rechtsfragen – z. B. ob die Polizei solche vertraulichen Angaben im Verfahren mitteilen muß, ob sie bei Verdacht einer falschen Anschuldigung verpflichtet ist, ihren Gewährsmann zu nennen, und ob und wieweit sie ggf. überhaupt berechtigt ist, solche V-Männer zu verwenden – kann hier noch nicht näher eingegangen werden. Es ist auch kriminaltaktisch nicht nötig, da es sich hier, weil die Person des Anzeigenden bekannt ist, um eigentliche Strafanzeigen handelt, die grundsätzlich ebenso wie andere behandelt werden müssen.

Zbinden S. 103 f.; *Höhler,* Rolf: Der anonyme Briefschreiber. Technik und Psychologie – Hamburg 1960; *Meixner* I-151 ff.; *Graßberger* S. 316 ff.; *Kemmelmeier,* Eckart: Anonyme und pseudonyme Anzeigen und Hinweise. Eine Betrachtung zur Effektivität ihrer polizeilichen Bearbeitung – in: TbKrim Bd. XXI, S. 113 ff. (1971); vgl. schon *Schneickert* S. 104 ff.

Anonyme Anzeige ist in diesem Sinne mithin nur diejenige Meldung, durch die ein Strafverfahren eingeleitet werden soll, ohne daß der Anzeigende sich der Strafverfolgungsbehörde zu erkennen gibt, bei welcher er Anzeige erstattet.
Diesen anonymen stehen **pseudonyme Anzeigen,** die den Eindruck einer normalen Strafanzeige erwecken, zumindest dann gleich, wenn das vom Anzeigenden benutzte Pseudonym für den betreffenden Beamten oder die Behörde nicht identifizierungskräftig ist. Und ähnliches wie für derartige Anzeigen gilt schließlich für die Bearbeitung anonymer und pseudonymer **Hinweise,** welche den Strafverfolgungsorganen im bereits laufenden Ermittlungsverfahren gemacht werden.

Derartige anonyme Anzeigen bzw. Hinweise können sich auch auf erst begonnene oder künftige kriminelle Aktionen beziehen. So erfolgen Bombendrohungen oder andere Attentatsankündigungen – gleich ob sie sich gegen Gebäude oder Anlagen, gegen Verkehrsmittel, insb. Luftfahrzeuge oder gegen Personen als solche richten – häufig anonym oder pseudonym, z. T. unter romantisch bzw. politisch-revolutionär aufgemachter Bezeichnung. Selbst von den durch Fahndungsmaßnahmen der Strafverfolgungsbehörden oder entsprechende Veröffentlichungen der Massenmedien angeregten Hinweisen wird ein gewisser Anteil anonym oder pseudonym gemacht. Es handelt sich hier also um einen nicht nur für Anzeigen praktisch bedeutsamen Komplex der Ermittlungen.

(a) Gründe für die Anonymität

Maßgebend für die Beurteilung der Lage bei einer anonymen Anzeige ist vor allem das Motiv der Nichtangabe des Namens; es sollte möglichst schnell ergründet werden. Am besten geschieht das auf dem Wege, daß die Person des Anzeigenden, soweit sie für die betreffende Behörde nicht sogleich erkennbar ist, festgestellt wird. Aber auch soweit das nicht möglich ist, bietet die Anzeige doch in der Regel gewisse Anhaltspunkte für das Motiv des Anzeigenden, das für das weitere kriminalistische Vorgehen außerordentlich bedeutsam ist.
Zu anonymen bzw. pseudonymen Anzeigen (oder Hinweisen) kommt es aus den verschiedensten Gründen, bei welchen wir uns in die Situation des unbekannten Anzeigeerstatters versetzen müssen, um seine Motivation einschätzen zu können.
Besonders wichtige Motive sind Haß, Neid und Eifersucht des Anzeigenden. Sie bewirken durchweg ernst zu nehmende Angaben, zumindest soweit von eigenen Wahrnehmungen – auch Äußerungen des Beschuldigten und dergl. – berichtet wird. Der Kriminalist sollte sich also darüber im klaren sein, daß gerade schlechte Motive ihm durch richtige Angaben gute Dienste zu leisten vermögen.

Hier handelt es sich des öfteren um einen Komplizen, der sich mit dem Beschuldigten überworfen hat, aber wegen seiner strafbaren Beteiligung oder aus Furcht vor der Rache des Beschuldigten unbekannt bleiben möchte. Auf Anonymität kann ferner auch die vom Täter verlassene oder hintergangene Geliebte Wert legen, die sich auf diese Weise rächen oder ihrer Eifersucht Genüge tun will, indem sie den Ungetreuen „hochgehen läßt". Auch sie hat im allgemeinen ein schlechtes Gewissen oder scheut Repressalien des Täters und will deshalb unbekannt bleiben.

Der anonyme Anzeigende kann umgekehrt aber auch das Ziel verfolgen, auf diese Weise den Tatverdächtigen zu entlasten. Er handelt hier zwar ohne Rücksicht auf so u. U. in Verdacht geratende Menschen, aber doch vor allem aus philanthropischen Gefühlen für den wirklichen oder vermuteten Täter. Verständlicherweise muß der Anzeigende bei solchen Manövern auf Anonymität bedacht sein, wobei er natürlich auch einen falschen Namen verwenden kann. Solche Hinweise können übrigens sogar vom belangten Tatverdächtigen herrühren.

Seltener sind anonyme oder pseudonyme Anzeigen aus Geltungsdrang und dergl., weil die Anonymität nicht recht zu einer solchen Zielsetzung paßt. Denn dann muß der Anzeigende sich schon mit der von ihm bewirkten Aktivität begnügen, ohne daß seine geschätzte Person dabei in Erscheinung tritt.
Eher schon kommt es einmal vor, daß man aus Schabernack oder Übermut eine anonyme Anzeige macht oder einen solchen Hinweis – z. B. über ein bevorstehendes Bombenattentat – gibt, um vermeintlich Betroffene, die Öffentlichkeit oder die Polizei zu verunsichern und zu sinnloser Arbeit zu veranlassen.
Keineswegs selten hängt die Anonymität der Anzeige mit der Scheu vor Mühe und Unbequemlichkeiten einer offenen Strafanzeige oder mit ihr u. U. befürchteten Gefahren zusammen. Es kann sich dabei um Personen handeln, die mit dem fraglichen Geschehen überhaupt nichts zu tun haben oder aber Unbeteiligte, die mit dem Beschuldigten zumindest nicht näher bekannt sind. Derartige Menschen können sich „moralisch“ zu einer Anzeige verpflichtet fühlen, weil sie beispielsweise Zeuge der Straftat wurden. – Bei solchen eigenen Wahrnehmungen darf man das ehrenwerte Motiv dieser Menschen nicht einfach durch den Hinweis auf die Anonymität abtun; denn diese kann eben darauf zurückzuführen sein, daß der Anzeigende die mit einem behördlichen Verfahren verbundenen „Scherereien“ oder etwaige Repressalien des Beschuldigten bzw. seiner Sympathisanten scheut.
Schwieriger sind alle diese Motive bei anonymen Anzeigen zu beurteilen, die nicht eigene Wahrnehmungen enthalten, sondern Gerüchte oder bloße Vermutungen wiedergeben. In diesen Fällen ist mithin gewöhnlich Skepsis geboten, weil hier – gleich ob es sich um Personen der genannten Art oder Dritte handelt – besonders nahe liegt, daß die Anzeige lediglich schaden soll. Allerdings haben dann und wann allein auf Grund von Gerüchten oder anonymen Hinweisen auf solche ausgelöste Ermittlungen schließlich dazu geführt, daß schwere und schwerste Straftaten aufgedeckt wurden; trotz aller Reserve bei Gerüchten und Hörensagen darf man also nicht einmal solche anonymen Strafanzeigen oder Hinweise kurzer Hand abtun. Der eigentliche Grund derartiger Anzeigen vom Hörensagen ist im Gegensatz zu den zuvor genannten Fällen jedoch häufiger Sensationsgier oder Geltungsdrang, wenngleich der Anzeigende es wegen schlechten Gewissens für ratsam hält, als solcher unbekannt zu bleiben.

Immerhin kann die aus der Anzeige zu entnehmende Tendenz, den Verdächtigen persönlich, wirtschaftlich oder politisch zu schädigen, wobei auch dessen Position eine Rolle spielt, u. U. Rückschlüsse auf den anonymen Anzeigenden oder den Kreis zulassen, in dem er zu suchen ist.

(b) Zum Vorgehen

Die verschiedenen Gründe, die zu einer solchen Anzeige oder derartigen Hinweisen führen können, zeigen bereits, daß der vielfach gelobte Weg, anonyme Schreiben in den Papierkorb zu werfen bzw. Vergleichbares zu ignorieren, zwar der kürzeste, aber kriminaltaktisch keinesfalls der beste Weg ist. Vielmehr wäre dieser zumindest dann ein Holzweg, wenn tatsächlich ein Verbrechen begangen worden und die fragliche Anzeige inhaltlich wahr ist. Aber auch wenn die Anzeige so nicht wahr oder überhaupt unrichtig ist, muß der Kriminalist etwas unternehmen, weil sie dann als solche eine Falschverdächtigung oder Ehrenverletzung darstellen könnte.
Aber auch davon abgesehen ist bei einer anonymen Anzeige immer in zwei Richtungen zu ermitteln. Dabei sollte man mit Maßnahmen im Sinne der Anzeige oder des Hinweises zunächst in aller Regel besonders vorsichtig sein; vielmehr sollte man zunächst versuchen,

Klarheit über den Anzeigenden und seine Motive zu erlangen, um so den Wahrheitsgehalt der Angaben besser beurteilen zu können.

Bei Eingang einer anoymen Anzeige ist schon deshalb besondere Vorsicht geboten, um nicht die Ermittlung des Anzeigenden zu gefährden. Derartige Anzeigen oder die zu ihnen gehörenden Briefumschläge sind ohne Bearbeitungsvermerke in besonderen Umschlägen zu verwahren, damit die kriminaltechnischen Untersuchungen (Erkennungsdienst, Urkunden- und Schriftuntersuchung) nicht beeinträchtigt werden.

Es kommt in allen diesen Fällen also besonders darauf an, die schwierige Ausgangslage sicher zu beurteilen. Dabei ist zwischen dem Inhalt, der in Frage stehenden Straftat und der Anzeige selbst zu unterscheiden.
Auszugehen ist zweckmäßig von der Anzeige, die zunächst einmals als solche untersucht werden muß. Daher sollte man – wie gesagt – das Vernichten von Spuren unbedingt vermeiden. Der Briefumschlag ist unter Verschluß zu den Akten zu nehmen, um ihn eventuell kriminaltechnisch, insb. erkennungsdienstlich behandeln zu können, was selbstverständlich ebenso für das betreffende Schriftstück gilt.
Sodann muß versucht werden, an Hand Ihres Inhalts den Wahrheitsgehalt der anonymen Anzeige zu beurteilen. Soweit die genannten Umstände dem Beamten nicht bekannt sind, ist ggf. zu prüfen, ob zumindest Anhaltspunkte vorliegen, die den Verdacht unterstützen und so für die Richtigkeit der in der Anzeige enthaltenen Angaben sprechen. Allerdings sollte man insoweit sehr behutsam zu Werke gehen und auf äußerste Diskretion bedacht sein, damit dem anonym Beschuldigten keinerlei Nachteile entstehen, was gerade das Ziel des anonym Anzeigenden sein kann.
Zeigt sich bei derartigen vorsichtigen Recherchen jedoch nichts, so müssen sich die Ermittlungen zunächst allein auf die Anzeige und den anonymen Schreiber konzentrieren. Dafür sprechen vor allem zwei Gründe. Ermittelt man den Anonymus, so können die Hintergründe der anonymen (pseudonymen) Anzeige und damit die Richtigkeit der Beschuldigung genauer geprüft werden, Zudem ist Kenntnis der Person des Anzeigenden wichtig, weil er sich u. U. strafbar gemacht hat, wenn die Anzeige inhaltlich unwahr ist.

Da anonyme Briefe ganz überwiegend von Frauen geschrieben werden, kann man bei der Mehrzahl der anonymen Anzeigen mit einer weiblichen Anzeigeerstatterin rechnen. U. U. kann auch der Inhalt der Anzeige Anhaltspunkte für den Urheber bieten; dasselbe gilt für die Kenntnisse gewisser Umstände. Über Ausdrucksweise und Schrift kann man ebenso wie über andere Spuren ggf. den Anzeigenden identifizieren.

Nur wenn die Anzeige nach Ermittlung und Vernehmung des Anzeigenden als wahrscheinlich richtig angesehen oder sonst festgestellt werden kann, daß sie inhaltlich nachweisbar wahr ist oder doch begründete Umstände dafür sprechen, dürfen sodann die eigentlichen Ermittlungen im Sinne der Anzeige aufgenommen werden.

Selbstverständlich können die Angaben anonymer Anzeigen oder Hinweise in einem bereits laufenden Ermittlungsverfahren ohne weiteres verwendet werden, wenn man dabei die geschilderten kriminaltaktischen Grundsätze beachtet. Obwohl sie als solche keinen Beweiswert genießen, führen sie – wie die Erfahrung lehrt – doch nicht selten zu brauchbaren Beweisen.

Wir sehen nach allem, daß man anonyme Anzeigen und Hinweise nicht einfach abtun sollte. Jedenfalls gehören sie selbst dann, wenn sie unwahr sind, nicht in den Papierkorb. Denn sie sind in diesen Fällen der beste Ansatzpunkt für Ermittlungen gegen den Anzeigenden, d. h.

ggf. gerade die Grube, die er einem anderen graben wollte. Im übrigen haben sie darüber hinaus einen kriminalistisch bleibenden Wert, solange der Betreffende lebt. Sie gehören insoweit in die Handschriftensammlung der Kriminalpolizei, wo sie helfen können „verbrecherische Schriftsteller“ (schreibende Rechtsbrecher), zu denen beispielsweise Erpresser und Heiratsschwindler gehören, zu ermitteln.
Im übrigen haben anonyme Anzeigen oder Hinweise – wie die Praxis beweist – schon häufig entscheidend dazu beigetragen, einen Rechtsbrecher zu überführen.

Von 161 im Jahre 1950 in Württemberg-Baden auf anonyme Anzeige hin durchgeführten Haussuchungen waren immerhin 79, d. h. 50% erfolgreich. Wenngleich Rechtsbrecher in den anderen Fällen zuweilen den Strafverfolgungsbehörden ein Schnippchen geschlagen haben mögen, so verpflichtet andererseits doch die Zahl von 82 erfolglosen Haussuchungen zu besonderer Vorsicht. Denn hier sind sicher eine große Zahl Unschuldiger durch einen derart schwerwiegenden Eingriff in ihre Rechte in eine Strafuntersuchung hineingezogen worden.

Aufgabe des Kriminalisten muß es mithin sein, die für die bei der anonymen Anzeige schwierige Ausgangslage des Verfahrens maßgebenden Gesichtspunkte noch deutlicher herauszuarbeiten, um diese Lage schnell und vor allem treffsicherer beurteilen zu können. So sichert er sich einmal die in einer anonymen Anzeige u. U. enthaltene Hilfe und respektiert zum anderen, was noch wichtiger erscheint, dabei die Rechte seiner Mitbürger.

b) Eigene Wahrnehmungen

Anders als bei einer Anzeige ist die Ausgangslage gewöhnlich, wenn es infolge eigener Beobachtung der Strafverfolgungsbehörden zu einem Ermittlungsverfahren kommt. Bei einer solchen eigenen Wahrnehmung spielt es übrigens keine Rolle, in welchem Rahmen derartige Beobachtungen gemacht werden, die auf möglicherweise kriminelles Verhalten hindeuten. Es kann sich hier um einen Zufall, um eine dienstliche Tätigkeit anderer Art, insb. auch bei Verfolgung anderer Straftaten, und schließlich um darauf abzielende Maßnahmen wie bei der alsbald zu erörternden (generellen) Fahndung handeln. – Derartige eigene Beobachtungen der Strafverfolgungsbehörden begleiten übrigens das Verfahren vom Beginn der Ermittlungen bis zum rechtskräftigen Urteil. Hier interessieren jedoch nur solche eigenen Beobachtungen, die ein Ermittlungsverfahren auslösen, die also für die Ausgangslage bedeutsam sind.
Einer solchen eigenen Beobachtung haftet im Grunde jedoch immer etwas mehr oder weniger Zufälliges an, washalb man auch hier mitunter scherzhaft vom Kommissar „Zufall“ spricht, der manche Straftaten aufzuklären hilft. Deshalb erscheint ein Blick auf verschiedenartige Wahrnehmungssituationen angezeigt, bevor das Vorgehen in derartigen Fällen erörtert wird.

aa) Verschiedene Wahrnehmungssituationen

Allerdings haben wir es hier, wie die folgenden Fallgruppen zeigen, in aller Regel dennoch nicht mit einem reinen Zufall zu tun; von diesem könnte man nämlich nur sprechen, wenn ein Beamter außerhalb seines Dienstes etwas vom strafbaren Tun wahrnimmt. Und jedenfalls kann man kriminaltaktisch die Aufklärung nicht dem Zufall überlassen, sondern muß man – wie gesagt – diese Zufälle nach Möglichkeit steuern. Hierbei lassen sich nach der Gelegenheit, bei welcher die Beobachtung gemacht wird, verschiedene Situationen unterscheiden.

Die wohl geläufigste Form einer eigenen Beobachtung der Strafverfolgungsbehörden ist die, daß Beamte im allgemeinen Polizeidienst irgendwelche Wahrnehmungen machen, die den Verdacht einer strafbaren Handlung begründen oder sie sogar Zeuge derselben werden.

Stößt z. B. eine uniformierte Streife auf Randalierende, Raufende oder ertappt sie einen Einbrecher auf frischer Tat, so zeigt sich schon hier das Wesen des gesteuerten Zufalls. Denn es ist u. a. gerade auch Aufgabe solcher Streifen, Straftaten zu verhindern und begangene Straftaten aufzuklären.
Von hier zu den motorisierten Verkehrsstreifen sowie zu dem Verkehrspolizisten ist es nur ein Schritt. Tagtäglich werden auf diese Weise Verkehrsteilnehmer und insb. Kraftfahrzeugführer dabei beobachtet, daß sie sich gesetzwidrig verhalten oder es werden auf eine strafbare Handlung hindeutende Umstände wahrgenommen, die ein Ermittlungsverfahren auslösen.

Die dienstliche Tätigkeit kann ferner noch deutlicher auf das Verhindern und Verfolgen von Straftaten abstellen und darin ihren eigentlichen Sinn haben, ohne daß bereits konkrete Gründe für das Vorgehen vorliegen. Hier ist zunächst vor allem an Wahrnehmungen zu denken, die Beamte im Zuge kriminalpräventiver Maßnahmen machen.

Von Streifen der Polizei und u. U. sogar der Kriminalpolizei werden in dieser Hinsicht besonders gefährdete Örtlichkeiten kontrolliert: Vergnügungsviertel, Messen, Märkte, Bahnhöfe usw.

Ferner können die Strafverfolgungsbehörden im Zuge anderer Ermittlungsverfahren Kenntnis von einer Straftat oder von auf eine solche hindeutenden Umständen erhalten. Derartige Wahrnehmungen machen in der Praxis einen großen Anteil der auf die Initiative von Kriminalbeamten oder auch Staatsanwälten eingeleiteten Strafverfahren aus.

So kann man beispielsweise bei der Durchsuchung der Wohnung eines Tatverdächtigen auf Dinge stoßen, die Beute aus einem anderen als demjenigen Einbruch sind, in welchem gerade gegen ihn ermittelt wird. Man kann bei solcher Gelegenheit aber auch auf eine Schußwaffe stoßen, die bei bei einer ganz anderen Straftat benutzt worden ist.

Schließlich werden eigene Wahrnehmungen u. U. sogar bei sonstiger kriminalpolizeilicher oder ähnlicher Tätigkeit gemacht. Außer an die Arbeit an kriminalpolizeilichen Karteien ist an das Lesen von Berichten oder Presseveröffentlichungen zu denken.

So werden bei der Arbeit im Fahndungsinnendienst möglicherweise Zusammenhänge erkennbar, auf welche der in einer bestimmten Strafsache eingesetzte Außendienstbeamte überhaupt nicht kommen kann. Das gilt u. U. auch schon für die bloße Lektüre kriminalpolizeilicher Mitteilungen oder einschlägiger Presseberichte.

bb) Zum Vorgehen

In allen diesen Fällen ist die Ausgangslage des Ermittlungsverfahrens dadurch gekennzeichnet, daß die Richtigkeit der Wahrnehmungen im Gegensatz zu den Anzeigen in aller Regel einigermaßen gesichert ist, weil sie auf eigener Beobachtung von insoweit geschulten Beamten beruhen. Das schließt allerdings einen Irrtum durch falsche Schlüsse aus dem Wahrgenommenen nicht aus. Zudem sind derartige Beobachtungen häufig unvollständiger als bei einer Anzeige, weshalb sie gewöhnlich durch weitere Ermittlungen ergänzt werden müssen, bevor man den weiteren Gang des Verfahrens wirklich überblicken und sich über das kriminaltaktisch angezeigte Vorgehen klar werden kann. Unsicherer ist die Situation natürlich bei Mitteilungen und dergl. von dritter Seite.

Zweifelhaft kann jedoch sein, wenn man von einer Kenntnisnahme eines Tatverdachts sprechen kann, die den Beamten rechtlich zum Einschreiten verpflichtet. Ohne förmliche Ermittlungshandlungen, durch die das Verfahren eingeleitet wird, ist das erst dann der Fall, wenn zureichende tatsächliche Anhaltspunkte für eine straf- und verfolgbare Handlung gegeben sind, die eine Verurteilung – wenn auch mit geringer Wahrscheinlichkeit – als möglich erscheinen lassen. Unterschiedlich wird ferner die ebenfalls später (2.) zu behandelnde Rechtsfrage geregelt bzw. beantwortet, ob jegliche Kenntnisnahme von einem Tatverdacht oder nur die dienstliche zum Einschreiten verpflichtet.

c) Weisungen

Sehr viel seltener als die rechtswissenschafltiche Diskussion vermuten lassen könnte, kommt es in der kriminalistischen Praxis durch Weisungen zu einem Strafverfahren, obwohl das rechtlich – wenngleich mit Unterschieden in den einzelnen Ländern – durchaus zulässig zu sein pflegt.

Am ehesten findet man derartige Weisungen noch innerhalb der so oder so gestalteten Polizeiorganisation, wenngleich deren Spitze – der Innenminister – nur sehr selten auf diese Weise eingreift.

Eine Weisungsbefugnis, die zu einem Strafverfahren führen kann, gibt es theoretisch auch bei anderen Behörden, wenngleich Gerichte insoweit auszunehmen sind. Dies gilt in Deutschland mithin vor allem für die Staatsanwaltschaft, die als Exekutivbehörde hierarchisch gegliedert ist. Weisungsbefugt gegenüber der Staatsanwaltschaft sind daher auch die Justizminister. Dennoch sind Weisungen hier – aus den folgenden Gründen – ausgesprochene Raritäten.

Ungeachtet einer in gewissen Grenzen bestehenden Weisungsbefugnis der Staatsanwaltschaft gegenüber Kriminal- und Schutzpolizei spielt diese in diesem Stadium des Verfahrens keine Rolle, da der Auftrag zu strafprozessualen Ermittlungen an die Polizei dann bedeutet, daß ein Verfahren bereits (von der Staatsanwaltschaft) eingeleitet ist.

Die Weisung eines Vorgesetzten oder einer übergeordneten Stelle in Strafsachen ist in den meisten Ländern im übrigen nur dann wirklich bindend, wenn sie sich im Rahmen der geltenden Gesetze – insb. der für das Strafverfahren maßgebenden Vorschriften – hält. Der ausführende Beamte darf eine Weisung, ein Strafverfahren einzuleiten, also nur dann befolgen, wenn dafür die gesetzlichen Voraussetzungen vorliegen, die sich jedoch wie die für den einfachen Tatverdacht ausreichenden tatsächlichen Anhaltspunkte (§ 152-Abs. II dtsch. StPO) auch aus der Weisung ergeben können. Im Grunde sind also bei einer Weisung dieselben Gesichtspunkte wie bei einer Strafanzeige zu beachten.

2. Entscheidung und erste Maßnahmen

Anzeige, eigene Wahrnehmung oder Weisung zwingen mithin nicht nur zu einer Entscheidung darüber, ob ein Strafverfahren einzuleiten ist, sondern werfen, wenn man das bejaht, zugleich die Frage des ersten Zugriffs auf, d. h. eines Arbeitsplanes oder doch zumindest einer kriminaltaktischen Entscheidung über erste Ermittlungsmaßnahmen.

Denn nach § 163 dtsch. StPO haben z. B. die Behörden und Beamten des Polizeidienstes – Entsprechendes gilt nach § 160 dtsch. StPO für Beamte der Staatsanwaltschaft und nach § 165 dtsch. StPO, § 183 dtsch. GVG für Strafrichter – strafbare Handlungen zu erforschen und alle keinen Aufschub gestattenden Anordnungen zu treffen, um die Verdunkelung der Sache zu verhüten.

In der Praxis wird sowohl über die Einleitung eines Strafverfahrens als auch über die Art und Weise der Ermittlungen in aller Regel von Kriminal- oder sonstigen Polizeibeamten entschieden. Denn die Polizei ist unter gewissen Voraussetzungen zum Einschreiten (sogen. erster Zugriff) verpflichtet und hat daher gewöhnlich dementsprechende Befugnisse.

Maßgebend für das Vorgehen von Polizeibeamten ist in Deutschland, ob bereits zureichende tatsächliche Anhaltspunkte für den Verdacht einer straf- und verfolgbaren Handlung festzustellen sind oder ob lediglich Anhaltspunkte vorliegen, die weitere Ermittlungen erfordern, um die Voraussetzung des § 163 dtsch. StPO „strafbare Handlung" im Sinne einfachen Tatverdachts beurteilen zu können. Dabei ist gleich, ob eine bestimmte Person als Tatverdächtiger bereits bekannt ist oder der Verdacht sich gegen eine noch unbekannte Person richtet. Jedenfalls dann, wenn gegen eine bestimmte Person ermittelt oder förmliche Ermittlungsmaßnahmen durchgeführt werden, wird zugleich damit das Verfahren eingeleitet.
Lediglich dann, wenn Strafanzeige, Meldung oder eigene Wahrnehmung keinerlei tatsächliche Anhaltspunkte für einen (einfachen) Tatverdacht ergeben, darf und muß der dafür zuständige Beamte die Einleitung eines Ermittlungsverfahrens ablehnen.

Was die in den einzelnen Ländern etwas unterschiedlich geregelte oder beurteilte Pflicht der Strafverfolgungsorgane zum Einschreiten anlangt, ist diese bei dienstlicher Kenntnisnahme vom Tatverdacht stets zu bejahen. Da Anzeigen (Meldungen) und Weisungen stets dienstlich entgegengenommen werden, kann es nur bei der eigenen Wahrnehmung Schwierigkeiten geben, sofern diese nicht im Rahmen dienstlicher Tätigkeit erfolgt.

Klar aber sollte sein, daß der Beamte auch bei privater Kenntnisnahme stets befugt ist, diese zum Gegenstand dienstlichen Handelns zu machen. Zweifelhaft dagegen erscheint ebenso wie die früher vertretene Rechtsansicht, daß Organe der Strafverfolgung auch bei privater Kenntnisnahme einschreiten müssen, der Standpunkt, daß dies zumindest bei Vorliegen weiterer Umstände (z. B. Unmöglichkeit der Einstellung wegen Geringfügigkeit, Straftat schwerer Art) zu bejahen sei. Eine solche Rechtsansicht, welche dem Beamten das Privatleben abspricht, überfordert ihn mit der Strafbarkeit wegen Strafvereitelung bei Unterlassen des Einschreitens. Die allein problematischen Grenzfälle privater Kenntnisnahme sollten sich disziplinarrechtlich angemessen beurteilen lassen.

Sind diese rechtlichen Voraussetzungen der Einleitung eines Strafverfahrens gegeben, so richtet sich das weitere Vorgehen – von den durch die rechtlich und tatäschlich unterschiedliche Art des kriminellen Verhaltens und die verschiedenartigen Gegebenheiten der Einzelfälle abgesehen – nach den allgemeinen Grundsätzen der Kriminaltaktik. Dabei kann man in Anlehnung an die Beweismittel eine objektive von der subjektiven Tatbestandsaufnahme unterscheiden.

Allerdings ist zu bedenken, daß auch die äußeren Tatsachen – Zeit, Ort, Hergang und Schaden – vielfach mit Hilfe persönlicher Beweismittel rekonstruiert werden müssen, wie man umgekehrt u. U. auf die inneren Tatsachen – Beweggründe, Persönlichkeit des Täters – besonders überzeugend aus der Sachlage schließen kann. Die beiden Arten von Beweismitteln lassen sich zwar gedanklich unterscheiden, sind aber kriminaltaktisch nicht immer klar zu trennen.

Welche Maßnahmen rechtlich zulässig sind und wer sie anordnen darf, ist wiederum eine Rechtsfrage, die in den einzelnen Ländern möglicherweise unterschiedlich zu beantworten ist. In diesen Grenzen aber kommt es im übrigen kriminalistisch außer auf die Art des in Frage stehenden Delikts auf die dabei möglicherweise benutzten Verbrechenstechniken und die besonderen Umstände des Einzelfalles an. Auf diese Fragen kann erst später im Zusammenhang und vor allem im § 23 näher eingegangen werden. Dennoch ist schon hier festzuhalten, daß sich das Vorgehen bei Ermittlungen nur mit Hilfe der Erkenntnisse der Kriminaltaktik überzeugend gestalten läßt.

Groß/Seelig (8) I-20 ff.; *Zbinden* S. 173 f., 108 f.; *Krüger-Thiemer,* O. F.: Das Kombinationsvermögen des Kriminalisten – Kriminalistik 1954, S. 63 ff.; *Seelig* S. 241 ff.; *Wenzky,* Oskar: Kriminaltaktik – in: HdwKrim (2) II-92 f.; *Witkowsky,* Willi: Vermutung und Verdacht. Ausgangspunkte kriminalistischer Tätigkeit – in: GrKrim Bd. 11, S. 305 ff. (1973); *Walder,* Hans: Kriminalistisches Denken – 4. Aufl. – Hamburg 1975 – S. 44 ff.; *Bauer* 3–101 ff.; *Herold,* Horst: Die Bedeutung der Kriminalgeographie für die polizeiliche Praxis – Kriminalistik 1977, S. 289 ff.

Kriminaltaktisch zweckmäßiges Vorgehen setzt einen Plan, ein **kriminaltaktisches Konzept,** voraus. Dieser wiederum verlangt Überblick vom Kriminalisten und vor allem Wissen, worauf es insoweit ankommt. Der für ein systematisches Vorgehen wichtige Arbeitsplan beruht auf den Hypothesen, ohne welche der Kriminalist nicht auskommt. Kann man insoweit den Verdacht als den Vater der Kriminalistik ansehen, darf man jedoch nicht vergessen, daß ihre Mutter der Zweifel ist. Man muß sich also der Vorläufigkeit des kriminaltaktischen Konzepts bewußt sein, in welches sich die ersten Entscheidungen einfügen müssen.

Bei Hans *Groß (Groß/Seelig (8)* I-20 f.) hört sich das so an: Von allem Anfange an sollte man über den Fall gar keine Meinung haben; die Meldung, die Anzeige, darf für den U. keinen anderen Wert haben als die Feststellung der Tatsache: „es soll dies und jenes dort und da geschehen sein, es **kann** darin dies und jenes Verbrechen liegen". Ebenso dürfen die angezeigten weiteren Umstände über den Täter, den Schaden, das Motiv für den U. keine andere Bedeutung haben, als: „man hört, es soll so sein" . . . da gibt es genug Material, um sich, wollte man darauf eingehen, sofort eine „feste Meinung" zu bilden und auf Irrwege zu geraten.
Bezogen auf die für den Kriminalisten gerade insoweit wichtige Kombinationsgabe bedeutet dies, daß angesichts der bekannten Tatumstände in Betracht gezogene Möglichkeiten des Tathergangs nicht vorschnell verabsolutiert und zu einer fixen Idee gemacht werden dürfen; denn dann verliert man nicht nur u. U. andere, für den fraglichen Fall wichtige Möglichkeiten aus den Augen, sondern prüft auch die Produkte seines Kombinationsvermögens möglicherweise nicht kritisch genug. Das aber könnte sich leicht fatal auswirken, weil kombinierte Zusammenhänge in diesem Stadium der Ermittlungen mehr Aufgaben als gesicherte Erkenntnisse darstellen.

Das kriminaltaktische Konzept sollte jedenfalls zunächst bewußt einfach gehalten und elastisch sein. Der Plan für eine Untersuchung gleicht eben nicht – wie Hans *Groß (8)* (I-22) sehr plastisch gesagt hat – dem Riß für ein zu bauendes Haus, sondern dem Plan für einen zu führenden Krieg. An ihm darf daher nur solange festgehalten werden, als die bei Schaffung des Plans angenommenen Grundlagen dieselben geblieben sind oder sich nur naturgemäß verbreitert haben. Zeigt sich jedoch, daß sie falsch eingeschätzt worden sind oder sich verändert haben, so muß der Plan entsprechend geändert oder auch völlig umgestellt werden.

Das kriminaltaktische Konzept sollte daher auch nicht ohne besondere Gründe sofort von ungewöhnlichen Abläufen oder absonderlichen Verhaltensweisen ausgehen. Ebenso darf man aber auch nicht Möglichkeiten allein mit der Annahme ausschließen, daß der Täter nicht so dumm gewesen sein kann. Denn die Erfahrung lehrt, daß Rechtsbrecher selbst bei schweren und sonst raffiniert ausgeführten Verbrechen dann und wann doch einen Fehler oder eine Riesendummheit machen.

Ebenso wie man sich hüten sollte, in dieser Lage den Tatverdacht vorschnell auf eine bestimmte Person zu fixieren, was bewirken kann, daß man andere Möglichkeiten übersieht und Chancen unwiederbringlich vertut, sollte man sich auch sonst ungeachtet der Notwendigkeit von Hypothesen, die im Grunde aber mehr Frage- und Aufgabenstellungen sind, nicht in einzelnen Punkten festlegen. Selbst mit Äußerungen gegenüber Kollegen oder gar Vorgesetzten sollte man in diesem Anfangsstadium vorsichtig sein; denn vielen Menschen fällt es schwer, einen Fehler oder Irrtum zuzugeben, wenn die Dinge anders als zunächst angenommen laufen. Vielmehr sollte der Kriminalist auch bei einem bewußt einfach gehaltenen Konzept weitere Möglichkeiten einkalkulieren und Augen sowie Ohren offen halten, um den Sachverhalt umfassend klären zu können.

Ebenso wie *Groß (Groß/Seelig (8)* I-28 f.) auf den Satz „cherchez la femme" hingewiesen und gefordert hat, an eine Frau zu denken, die des öfteren auch hinter einem von einem Mann begangenen Verbrechen steht, hat er umgekehrt auch die kriminalistische Erfahrung betont, daß „unmotiviert" erscheinende Straftaten einer Frau nicht selten mit einem Mann in Zusammenhang stehen.

Veloz, Pedro M.: Cherchez la femme – Internat. kriminalpol. Revue 1961, S. 184 f.

Phantasie und Findigkeit sollten den Kriminalisten also nicht zu einer vorgefaßten Meinung – einem Vorurteil – verführen, welche sich gerade am Anfang der Ermittlungen verheerend auswirken kann.
Der bei Bekanntwerden des Verdachts einer Straftat zu erarbeitende Plan für das kriminaltaktische Vorgehen soll zwar möglichst einfach sein, darf aber nicht sachwidrig simplifizieren. Er muß wegen der in diesem Stadium der Dinge notwendigen Vorläufigkeit zudem elastisch sein, um neue Tatsachen und sich im Zuge der Ermittlungen abzeichnende Möglichkeiten berücksichtigen zu können; zuweilen kommt es sogar vor, daß er völlig neu konzipiert werden muß. Auch wenn es nicht selten in der kriminalistischen Praxis auf Schnelligkeit ankommt, sollten die zu ergreifenden Maßnahmen dennoch ruhig und sorgfältig überlegt werden. Das gilt insb. für den Anfänger, weil zunehmende Erfahrung und Routine auch bei schnellerer Reaktion größere Sicherheit zu gewährleisten pflegen.
Wesentlich für das erste kriminaltaktische Konzept ist ungeachtet der bei den einzelnen Formen der Kriminalität und den verschiedenartigen Tatsituationen, sich darüber klar zu werden, in welchen Richtungen u. U. Ermittlungen nötig und erfolgversprechend sind, ob sie gleichzeitig oder zweckmäßig in bestimmter Reihenfolge durchzuführen sind. Dabei sind alle Beweismöglichkeiten und -mittel in das Auge zu fassen. Denn das Vorgehen gestaltet sich bei der Suche nach Sachbeweisen anders als bei persönlichen Beweisen, welche hier im Rahmen von Vernehmungstechnik und -taktik später behandelt werden sollen (§ 21).
Zur Fortschreibung des kriminaltaktischen Konzepts werden wir uns im Zusammenhang der Ansatzpunkte der Fahndung (§ 19-I-4) genauer äußern. Denn zunächst soll jetzt die Tatortarbeit behandelt werden, obwohl schon parallel mit ihr oder während derselben andere Fahndungsmaßnahmen – z. B. zur Verfolgung des flüchtigen Täters – angeordnet werden können, sofern das die Umstände des Falles erlauben oder gar erfordern.

II. Tatortarbeit

In denjenigen Fällen, in denen es, was von Deliktsart und Verbrechenstechnik abhängt, für die Ausgangslage des Ermittlungsverfahrens entscheidend auf die Tatortarbeit ankommt, liegt das Schwergewicht der Ermittlungen naturgemäß zunächst darin, die hier besonders wichtige objektive Tatbestandsaufnahme vorzubereiten. Denn erst die Tatortarbeit, bei welcher man von der Tatortbesichtigung die eigentliche Tatortbefundsaufnahme unterscheidet, liefert hier diejenigen Anhaltspunkte, die für das weitere Vorgehen wichtig sind. Selbst wenn das nicht notwendig heißt, daß andere Ermittlungsmaßnahmen bis zum

Abschluß der Tatortarbeit unterbleiben müssen, sollte man sie in diesen Fällen zur Ausgangslage des Verfahrens rechnen, weil erst durch diese Arbeit ein einigermaßen vollständiges und zuverlässiges Bild zu erlangen ist. Umgekehrt kann es auch später noch zu einer Tatortuntersuchung kommen, wenn beispielsweise der Tatort erst nach langwierigen Ermittlungen entdeckt wird.

Groß/Seelig (8) I-188 ff., 195 ff.; *Zbinden* S. 108 f., 110 ff.; *Svensson/Wendel* S. 1 ff.; *Wenzky*, Oskar: Der erste Angriff – in: Das kriminalpolizeiliche Ermittlungsverfahren, hrsg. v. Bundeskriminalamt, Wiesbaden 1957, S. 47 ff.; *Seelig* S. 248 ff.; *Meixner* I-27 ff.; *Bauer* 2-64 ff.; *O'Hara* S. 47 ff.; *Schmitz*, H. Walter: Tatortbesichtigung und Tathergang, Untersuchungen zum Erschließen, Beschreiben und Melden des Modus operandi – BKA-Forschungsreihe Bd. 6 – Wiesbaden 1977.

Die Tatortarbeit kann zwar identisch mit einer Augenscheinseinnahme sein, ist aber von dem gerichtlichen Augenschein als Beweismittel zu unterscheiden. Denn an der kriminalistischen Tatortarbeit nimmt selten ein Richter und jedenfalls nicht das erkennende Gericht teil, welches den Augenschein im Zuge der im Rahmen der Hauptverhandlung erfolgenden Beweisaufnahme einnimmt.

Dieser gerichtliche Augenschein ist also eine richterliche Handlung, der die kriminalistische Tatortarbeit vorauszugehen pflegt, die man ebenso wie die Tätigkeit vieler Sachverständiger als Augenschein bezeichnen kann, weil es sich um eine sinnliche Wahrnehmung zum Zwecke des Beweises handelt. Der richterliche Augenschein hat demgegenüber mehr kontrollierende Funktion und vor allem den Zweck, dem erkennenden Gericht einen unmittelbaren Eindruck von den Beweisen zu vermitteln.

Der Zeitpunkt und die Eilbedürftigkeit der Tatortarbeit hängen außer von der Kenntnis des Tatorts naturgemäß u. U. von den Gegebenheiten des Falles ab. So sind z. B. sofortige Maßnahmen notwendig, wenn Spuren absichtlich bzw. unbewußt verwischt werden können oder wenn der Tatort nicht eigens für diesen Zweck gesichert werden darf. Wir können uns hier u. a. auf das beziehen, was wir zur Notwendigkeit und Dringlichkeit der Spurensuche ausgeführt haben (§ 14-I-C).

Liegt der Tatort beispielsweise im Freien oder auf einer belebten öffentlichen Straße bzw. auf einem Bahnkörper, so ist unverzüglich mit der Tatortarbeit zu beginnen. Denn eine unterlassene oder auch nur unnötig verzögerte Tatbestandsaufnahme kann in diesen Fällen nicht mehr nachgeholt werden.

Aus diesen Gründen sind ggf. bei Eingang der Anzeige oder bei eigener Wahrnehmung sogleich die ersten für die Tatortarbeit wichtigen Maßnahmen zu ergreifen. Nicht nur sind – wie oben ausgeführt – bei schriftlichen und vor allem bei mündlichen Meldungen die 7 kriminalistischen goldenen W's – Wer, was, wo, womit, wie, wann und warum – zu beachten, sondern sind ferner auch die Personalien des Anzeigenden festzustellen, um ggf. später durch Vernehmungen weiteren Aufschluß erlangen zu können.
Sobald der Tatort den Strafverfolgungsorganen bekannt ist, sollten diese die nach Lage des Falles möglichen und notwendigen Maßnahmen ergreifen, um den mutmaßlichen Schauplatz eines Verbrechens so zu sichern, daß zumindest unbemerkte Veränderungen ausgeschlossen sind. Der Anzeigende muß ggf. um weitere Mitarbeit gebeten werden, indem er bis zum Erscheinen der Polizei Unbefugte möglichst vom Tatort fernhält, womit er zugleich für weitere Ermittlungen verfügbar ist. Bei Verdacht von Falschalarm ist – soweit möglich – die Verbindung technisch sicherzustellen; und jedenfalls sollte man sich durch Rückruf vergewissern.

Im übrigen aber sollten die für die Ermittlung zuständigen Stellen oder Personen sofort dafür Sorge tragen, daß der Tatort möglichst schnell durch Beamte gesichert, d. h. sachkundig abgesperrt und überwacht wird, bis die für die eigentliche Tatortarbeit zuständigen Beamten und Experten zur Stelle sind.
Muß in einer Strafsache Tatortarbeit geleistet werden, so sind sodann die dafür erforderlichen personellen und sachlichen Mittel bereitzustellen. Soweit der für den Einsatz verantwortliche Beamte nicht auf organisatorische Vorkehrungen wie Mord- oder Brandkommissionen zurückgreifen kann, muß er in ausreichender Zahl solche Beamte auswählen, damit alle zu erwartenden Aufgaben bewältigt werden können; außer an die erkennungsdienstliche Behandlung ist ggf. auch an andere kriminaltechnische Untersuchungen zu denken. – Ferner müssen für die zur Tatortarbeit eingeteilten Beamten die erforderlichen Arbeitsgeräte und sonstigen Hilfsmittel verfügbar sein sowie ggf. Transportmittel wie z. B. Kraftfahrzeuge.

Svensson/Wendel S. 7 ff.; *Gehring/Post:* Der moderne Erkennungsdienst am Tatort – in: TbKrim Bd. IX, S. 174 ff. (1959); *Lager,* Fage: Die schwedische Staatspolizei und ihre kriminaltechnische Bereitschaft – in: TbKrim Bd. X, S. 328 ff. (1960).

Für die Spurensicherung ist im allgemeinen dadurch vorgesorgt, daß die in Betracht kommenden Dienststellen sogen. Spurensicherungskoffer bereit halten, die bestimmte Geräte und Stoffe enthalten müssen. Für Spurensicherung durch Abformen gibt es einen besonderen „Gipskoffer“. Bei Leichensachen benötigt man den sogen. „Leichenkoffer“.
Als für die Tatortarbeit gewöhnlich erforderliches Gerät sind ferner die Foto-Ausrüstung und Tonband- bzw. Diktiergerät zu erwähnen.
Für größere Sachen empfiehlt sich eine Kombination von Arbeitsgerät und Transportmittel in Form eines Tatorteinsatzwagens; er gestattet eine, was Ausrüstung und Arbeitsmöglichkeiten anlangt, optimale Lösung.

Bei der Tatortarbeit, die nunmehr allgemein geschildert werden soll (1.), ergeben sich besondere Probleme in Fällen der ergebnislosen Spurensuche (2.) und bei vorgetäuschten Spuren (3.). Diese Fälle wollen wir daher gesondert behandeln, nachdem wir uns ein allgemeines Bild von der Tatortarbeit verschafft haben. Selbstverständlich kann sich diese je nach Deliktstyp oder Verbrechenstechnik recht unterschiedlich gestalten.

1. Zur Tatortarbeit im allgemeinen

Die kriminalistische Tatortarbeit erhält ihr Gepräge durch denjenigen Ort, an dem sie vorgenommen wird. Unter **Tatort** ist dabei die ganze Stätte zu verstehen, an der etwas vermeintlich Strafbares geschehen ist, d. h. ein Mensch sich kriminell verhalten haben könnte. Der Begriff ist, was schon bei der Sicherung beachtet werden sollte, weit zu fassen, weil nicht selten die Vorsicht der Täter mit einigem Abstand vom eigentlichen Ort des Geschehens abzunehmen pflegt.

Es darf z. B. nicht auf denjenigen Platz beschränkt werden, an welchem die Leiche aufgefunden wird, selbst wenn das Verbrechen an dieser Stelle begangen wurde. Denn ob das wirklich der Fall ist, wird man häufig zu diesem Zeitpunkt noch nicht sagen können. Sowohl im umschlossenen Raum als auch im Freien muß daher die weitere Umgebung, und zwar insb. Wege zum und vom fraglichen Platz des eigentlichen Geschehens in den Bereich der Untersuchungen einbezogen, d. h. als Tatort betrachtet werden. Hier finden wir häufig eher als in unmittelbarer Umgebung des Opfers Finger- und Fußspuren, verlorene oder weggeworfene Gegenstände.

Niggemeyer, Bernhard: Die Bedeutung der Tatortuntersuchung für das Strafverfahren (Die Prävalenz der materiellen Spur) – Kriminalistik 1957, S. 6ff.

Unter dem **Begriff Tatortarbeit** werden alle Maßnahmen zusammengefaßt, die an dieser Stätte mit dem Ziel vorgenommen werden, den Sachverhalt auf seine Strafbarkeit hin aufzuklären und an Hand von Sachbeweisen festzustellen.
Die Bedeutung der Tatortarbeit wird einem klar, wenn man sich an die Spurenkunde (§ 14) erinnert, die zugleich die hier den Kriminalisten erwartenden Schwierigkeiten augenscheinlich werden läßt. Denn diese Spuren, die als Sachbeweise Schlüsse auf den Hergang der Tat und damit u. U. auf den Täter zulassen, bilden in den fraglichen Fällen die Grundlage für das Ermittlungsverfahren, das seinerseits die Basis für das gerichtliche Hauptverfahren darstellt. Die Tatortarbeit ist daher der Prüfstein für Fähigkeit und Geschicklichkeit der sie durchführenden Beamten. Es ist klar, daß diese sich aus den genannten Gründen um zweckmäßiges, d. h. kriminaltaktisch richtiges Vorgehen am Tatort bemühen müssen.

Die Bedeutung der Tatortarbeit für das kriminaltaktische Konzept zeigt gut der folgende alltägliche Sachverhalt. Eines Nachts meldete ein Funkstreifenwagen die Festnahme eines Arbeiters bei einem versuchten Schaufenstereinbruch in der Aachener Innenstadt. Die daraufhin an den Tatort beorderten Kriminalbeamten stellten fest, daß an einer der Ausstellungsvitrinen eine Glasschiebetür gewaltsam geöffnet worden war; eine Schaufensterpuppe war an diesen Spalt herangezogen worden, dabei hatte der Täter nicht nur die Damenwollweste z. T. zerrissen, sondern auch den Rock vom Oberschenkel und der Gesäßpartie der Puppe gezogen. Die durch diese Umstände aufmerksam gewordenen Beamten entdeckten nunmehr auf dem Boden in der Nähe der Schiebetür und an der Scheibe Flecken. Die von ihnen gesicherte klebrigflüssige Substanz erwies sich bei der kriminaltechnischen Untersuchung als Sperma. Was auf Anhieb wie ein versuchter Schaufenstereinbruch aussah, konnte auf Grund umsichtiger Tatortarbeit als eine Sachbeschädigung aufgeklärt werden, die dem Täter den Besuch einer Dirne ersetzen sollte (vgl. *Nelles,* Franz: Gründliche Tatortarbeit hilft aufklären – Kriminalistik 1959, S. 397f.).

Wer für die Tatortarbeit zuständig ist, richtet sich zunächst einmal nach den tatsächlichen Gegebenheiten und ggf. auf Grund deren sowie der Rechtslage erteilten Weisungen. Es kann also jeder Kriminalpraktiker in die Situation kommen, sich mit der Tatortarbeit befassen zu müssen, wenn andere Kräfte nicht verfügbar sind. Und selbst bei Weisungen wird man oft auf die örtlichen Kriminalbeamten zurückgreifen müssen, wenngleich an sich für die Tatortarbeit und sich dabei ergebende besondere Aufgaben speziell ausgebildete Beamte vorzuziehen sind. Zumindest sollte man solche Experten baldmöglichst einsetzen, wenn sich ein Anlaß dafür ergibt oder doch absehen läßt. Für gewisse Fälle hat man sogar Kommissionen zusammengestellt, die personell und technisch dafür als besonders gerüstet erscheinen; bekannt sind hier insb. die Mordkommissionen, auf die man bei Kapitalverbrechen zurückgreift.

Neben der Mordkommission finden sich teilweise für Brandermittlungen Brandkommissionen oder doch besonders geschulte Brandermittler; ähnlich ist das teilweise auch bei Wirtschaftsstrafsachen. Zuweilen hat man, meist aus besonderem Anlaß, Raubkommissionen oder andere Sonderkommissionen gebildet, in welchen speziell geschulte Beamte u. U. mit Wissenschaftlern zusammenarbeiten, die sonst als externe Sachverständige beigezogen werden müssen.

Nach allem dürfte einleuchten, warum man sich in der Kriminalistik seit langem und relativ gründlich mit der Tatortarbeit befaßt hat. Die dabei getätigten kriminaltaktischen Erkenntnisse, Erfahrungen und Grundsätze sollen nunmehr ungeachtet der ggf. später zu berücksichtigenden Besonderheiten des Einzelfalles zusammengestellt werden, um jedenfalls einen gewissen Überblick zu vermitteln.

Groß/Seelig (8) I–195 ff.; *Zbinden* S. 111 ff.; *Kaufmann,* J. L.: Rekonstruktion des Tatortes und Tatortmodelle – Intern. kriminalpol. Revue 1954, S. 84 ff.; *Janetzke:* Die Tatortarbeit aus der Sicht des Staatsanwalts – in: Das kriminalpolizeiliche Ermittlungsverfahren, hrsg. v. Bundeskriminalamt, Wiesbaden 1957, S. 161 ff.;*Gehrig,* F.: Die uniformierte Polizei am Tatort. Leitsätze für den „allerersten Angriff" – in:TbKrim Bd. X, S. 428 ff. (1960); *Schramm,* Horst: Zusammenarbeit von Schutz- und Kriminalpolizei im ersten Angriff bei Kapitalverbrechen – in:TbKrim Bd. XI, S. 393 ff. (1961); *Hehberger,* Alfons: Die Tatortbefundsaufnahme – Kriminalistik 1964, S. 365 f.; *Schmitz,* H.Walter/*Plate,* Monika: Rekonstruktion von Tathergängen aus Tatortspuren? Ergebnisse einer empirischen Untersuchung zum Erschließen, Beschreiben und Melden des Modus operandi – Kriminalistik 1977, S. 309 ff.

Bei Tatortarbeit sind kriminaltaktisch vor allem folgende Gesichtspunkte zu beachten, und zwar üblicherweise in der Reihenfolge, in der wir sie nunmehr vortragen. Denn diese entspricht in aller Regel dem chronologischen Gang der Dinge, von dem daher nur bei besonderen Gründen abgewichen werden sollte. Denn natürlich können sich sowohl bei den verschiedenen Formen kriminellen Verhaltens als auch wegen besonderer Tatsituation Abweichungen als nötig erweisen.
Allgemein ist lediglich zu sagen, daß Tatortarbeit Ruhe und Besonnenheit erfordert. Falscher Eifer schadet nur; denn unüberlegtes Hin- und Herlaufen, übereilte Anordnungen und damit nötige Widerrufe sowie zweckloses Herumfragen machen nicht nur einen peinlichen Eindruck;sie laufen zudem oft auf unnötige Arbeit hinaus. Vor allem aber kann gedankenlose Emsigkeit die Tatortsituation unkontrollierbar verändern und wertvolle Spuren vernichten oder wertlos werden lassen. Denn die Tatortarbeit setzt in besonderem Maße systematisches, planmäßiges Vorgehen voraus. Sie erfordert nicht nur Disziplin aller Beteiligten, sondern vor allem Selbstdisziplin des leitenden Beamten.
Wie schon gesagt und bereits bei der Spurenkunde (§ 14) ausgeführt, sollte der Begriff des Tatorts nicht zu eng verstanden werden, weil man sonst wichtige Spuren aus dem Auge verliert und gefährdet; das ist insb. dann der Fall, wenn der erste Eindruck geeignet ist, einen klaren Hergang – z. B. einen Unglücksfall – vorzutäuschen (vgl. unten 3.1.).

Sendler, Walter: Mord oder Totschlag als vorgetäuschter Unglücksfall – Kriminalistik 1956, S. 61 f.; *Kremmling,* Gerhard: Vortäuschung eines Unfalls – Kriminalistik 1967, S. 532 ff.; *Fichtner,* Manfred: Verbrechen oder Unglücksfall – Kriminalistik 1972, S. 30 ff.

Welcher allgemeinen Hilfsmittel man sich bei der Tatortarbeit bedient, kann hier einstweilen dahingestellt bleiben, weil das von den verfügbaren technischen Möglichkeiten und Neigungen des leitenden Beamten abhängt. Ratsam ist nur, sich nicht allein auf das Gedächtnis zu verlassen. Soweit man nicht Tonband- oder andere Diktiergeräte benutzt, ist ein Notizbuch oder -zettel zu empfehlen, auf den beim Bericht (j) zurückgekommen ist.

a) Erster Überblick

Eine planmäßig und systematisch erfolgende Tatortarbeit beginnt daher zweckmäßig mit einem ersten Überblick, durch den der Beamte einen Gesamteindruck von der Tatortsituation zu gewinnen sucht. Denn von dieser Tatortbesichtigung hängt vielfach das weitere Vorgehen ab, wenn man einerseits schnell und sicher zum Ziel gelangen will und andererseits das Verändern oder Vernichten von Tatspuren auf ein Minimum reduzieren möchte.

Nur ein ruhiges, jedoch aufmerksames Erfassen der Tatortsituation gewährleistet ein derselben angepaßtes weiteres Vorgehen.
Zweckmäßig ist der sich bei der ersten Tatortbesichtigung ergebende Befund durch Tatortaufnahmen festzuhalten; ggf. sind dafür mehrere Aufnahmen nötig. Besondere Objekte wie z. B. eine Leiche sind schon dabei zu beachten, obwohl insoweit später Detailaufnahmen erfolgen.

O'Hara S. 58 ff.

b) Erste Hilfeleistung

Findet der Beamte am Tatort verletzte Menschen vor, so leistet er selbstverständlich sofort erste Hilfe und ruft einen Sanitäter oder einen Arzt herbei. Diese erste Hilfe geht allem anderen vor, wenngleich auch dabei etwaige Tatspuren möglichst geschont werden sollten. Dasselbe gilt für Fälle, in denen nicht sicher ist, ob ein Mensch verletzt oder bereits verstorben ist. Hier ist selbstversändlich zunächst zu klären, ob erste Hilfe nötig ist und diese ggf. zu leisten.

Dies unterließ ein Polizeibeamter, dem ein Hotel den Freitod eines Gastes durch Pulsaderschnitt gemeldet hatte. Nachdem er einen Blick auf den im Zimmer in einer Blutlache liegenden „Selbstmörder“ geworfen hatte, wartete er vor der Tür. Der erst nach einer halben Stunde eintreffende Kriminalbeamte stellte jedoch noch Leben fest und veranlaßte schnellen Abtransport in ein Krankenhaus, wo man den Lebensmüden glücklicherweise doch noch retten konnte.

Ist das Opfer mit Sicherheit tot, was – wie gesagt – im Zweifelsfalle festzustellen ist, so ist es kriminaltaktisch falsch, sich sogleich mit ihm zu befaßen. Denn hier besteht keine Notwendigkeit für eine erste Hilfe; vielmehr könnten unbedachte Maßnahmen mehr schaden als nützen. Deshalb sollten sich die beigezogenen Beamten dann auf das Sichern des Tatortes beschränken und die Untersuchung des Toten den dafür zuständigen Experten – z.B. dem Gerichtsmediziner – überlassen.
Andere Formen der Hilfe, die u. U. keinen Aufschub dulden, sind neben dem Löschen eines Brandes z. B. das Verschließen von Gashähnen, das Abstellen bzw. Abschalten gefährlicher Maschinen und Anlagen.

c) Absperren des Tatorts

Wesentliches Anliegen des Beamten sollte im Regelfalle eine schnelle und zuverläßige Absperrung des Tatorts sein, wobei er die Grenzen – z.B. auch im Hinblick auf Fluchtweg und dergl. – an Hand der durch den ersten Überblick festgestellten Tatortsituation – im Zweifel: weit – stecken sollte. Denn wie in der Spurenkunde dargelegt sind viele Arten von Spuren außerordentlich gefährdet; das gilt für sichtbare sowie insb. für unsichtbare. Falsche Aktivität ist bei der Tatortarbeit gerade insoweit fehl am Platze. Das gilt vor allem für Schutz- oder Kriminalbeamte, die dafür nicht besonders ausgebildet sind. Aber auch für die Tatortarbeit ausgebildete Beamte sollten Zurückhaltung üben, sofern die Möglichkeit nicht von der Hand zu weisen ist, daß im konkreten Falle besondere Experten in die Tatortarbeit eingeschaltet werden müssen.
Liegt der Tatort im Freien, d. h. können insb. Fuß- und Reifenspuren vernichtet werden, so sind die fraglichen Stellen u. U. durch geeignete Maßnahmen – Zeltbahnen, Bretter usw. – zu schützen. Die Absperrung sollte hier tunlichst nicht zu knapp bemessen sein.

In einem Walde wurde von Privatpersonen die Leiche eines Jagdaufsehers gefunden, der durch einen Brust- und einen Genickschuß getötet worden war. Der herbeigerufene Gendarm sperrte mithilfe zuverlässiger Personen den Tatort sofort in weitem Umkreis ab. Das erwies sich angesichts vieler Neugieriger als sehr umsichtig, als nach einigen Stunden die aus einer entfernten Stadt kommende Mordkommission eintraf. Der Jagdaufseher war nämlich nicht an dem Platz, an dem er gefunden worden war, gestorben, sondern etwa 80 m entfernt; dort stellte man nicht nur an einem Baum Schroteinschüsse fest, sondern konnte auch die pfenniggroße Absschlußscheibe einer Schrotpatrone vom Kal. 32 sicherstellen. Da diese von Jägern nur wenig benutzt wird, kam man über eine Fahndung in Waffengeschäften schließlich zu einem Tatverdächtigen. Da man bei ihm außer einer Schrotflinte auch entsprechende Munition fand, legte der Wilderer schließlich ein Geständnis ab. Ohne die schnelle und umfassende Absperrung wäre diese Tat wohl kaum aufgeklärt worden (*Meixner* I-32 f.).

Bei Tatorten im Innern von Häusern ist ebenfalls auf eine umfassende und sichere Absperrung Wert zu legen, welche insb. verhindern muß, daß sich anwesende Dritte unbeobachtet bewegen oder verständigen können.

Hier ist u. a. darauf zu achten, daß nicht in der Eile des Geschehens einzelne Ausgänge oder überhaupt Zugangs- und Verständigungsmöglichkeiten übersehen werden. Ebenso wie der Sperrbereich verkleinert werden kann, wenn man sich genügend vergewissert hat oder die Ermittlungen teilweise bereits abgeschlossen sind, sollten anwesende Personen stets überwacht und ggf. zu diesem Zweck zusammengefaßt werden. Die Problematik entspricht der bei Vornahme einer Hausdurchsuchung (§ 20-III-b).

Insgesamt läßt sich für die zuerst am Tatort eintreffenden Beamten die Regel festhalten, daß sie grundsätzlich den Tatort nicht betreten sollten, sofern sie nicht selbst die Untersuchung durchführen oder ein Betreten unumgänglich ist. Anderenfalls ist der Beamte in eine Reihe mit den neugierigen Zuschauern zu stellen, die der große Kriminalist *Gennat* treffend als „Kommission zur Vernichtung des objektiven Tatbestands“ bezeichnen hat.

d) Veränderungen am Tatort

Die hinter dem Absperren und Sichern des Tatortbereichs stehende Erkenntnis ist zugleich eine Regel für diejenigen Kriminalisten, die an dieser Stätte arbeiten und sie zu diesem Zweck betreten müssen. Die für diese Beamten und Experten maßgebende Regel lautet „Nichts berühren und nichts verändern, solange nicht alles erkennungsdienstlich behandelt, vermessen und fotografiert ist“. Selbstverständlich müssen die dafür zuständigen Beamten oder Experten mit der gebotenen Umsicht zu Werke gehen.

Auch für sie gilt mithin der Satz, am Tatort möglichst nichts zu verändern oder zu unternehmen, was Tatspuren vernichten kann. Wesentliche Aufgabe ist es – wie bei der Absperrung – auch weiterhin, den Tatort unverändert bis zum Eintreffen der die eigentliche Untersuchung durchführenden Beamten zu erhalten, weil vorher eingetretene Veränderungen sich nicht ungeschehen machen lassen. – Ähnliches gilt cum grano salis für die Experten am Tatort, weil sie häufiger nur mit bestimmten Arten von Spuren vertraut sind, die Gefährdung anderer Tatspuren nicht sicher einzuschätzen vermögen.

Wie aber schon die Notwendigkeit erster Hilfe zeigt, hat auch diese Regel ihre Ausnahmen. Denn hierbei gibt es ebenso wie sonst immer wieder Fälle, in denen Personen den Tatort betreten müssen, obwohl sie an sich nichts oder nur begrenzt mit der Tatortarbeit zu tun haben. Ist dies der Fall, so müssen beispielsweise Ärzte, Beamte und andere Personen den Tatort unbedingt unter strenger Beachtung aller gebotenen Vorsichtsmaßregeln betreten.
Nur so weiß man später sicher, welche Veränderungen eingetreten sein können. Für diese Fälle sollte der Kriminalist stets beachten, daß notwendige Veränderungen im Tatortbereich

exakt erfaßt werden müssen, um die Rekonstruktion des ursprünglichen Zustands nicht zu erschweren und ggf. ungewollte Folgen solcher Maßnahmen für die Tatortsituation einigermaßen sicher einschätzen zu können.
Im übrigen ist soweit irgend möglich festzustellen, welche Veränderungen am Tatort zwischen der Tatbegehung und dem Erscheinen der Polizei bzw. der sonstigen Absperrung eingetreten sind. Der ggf. mit Hilfe von Zeugen zu ermittelnde ursprüngliche Befund sollte später möglichst rekonstruiert und ebenfalls fotografiert werden.

Wie wichtig dieses Verbot der Veränderungen am Tatort bzw. das Festhalten zuvor erfolgter bzw. notwendiger Änderungen ist, zeigen gerade Todesfälle. Denn die Lage der Leiche wird relativ oft verändert, sei es, um den Tod festzustellen oder aus Unbesonnenheit.
Schon *Groß* (*Groß/Seelig (8)* I-199) hat zwei Fälle berichtet, in welchen das Nichtbeachten dieser Regel große Schwierigkeiten bereitet hat. In einem Falle spielte eine auf dem Ermordeten gefundene Lodenjacke eine große Rolle, bis man feststellte, daß der Bürgermeister sie über die Leiche gebreitet hatte, um Vorübergehenden den grauenhaften Anblick des gespaltenen Schädels zu ersparen. – In einem Brandfall wurde eine Fußspur gesichert und als vom Tatverdächtigen herrührend identifiziert. Später stellte sich heraus, daß diese Spur erst nach der Tat entstanden war, weil ein Gendarm vor Eintreffen der zuständigen Beamten den sofort der Tat Beschuldigten an den Ort der Ereignisse geführt hatte.

e) Ermittlung, Sicherung und Befragung der lebenden Tatzeugen

Daß die Ermittlungen am Tatort sich des öfteren nicht auf den Sachbeweis beschränken, beweist die Erkenntnis, daß sich nicht gar so selten im Tatortbereich Beweispersonen oder doch Hinweise auf sie befinden. Und das trifft keineswegs nur für im Freien begangene Verbrechen oder für Unglücksfälle zu, die sich in aller Öffentlichkeit ereignet haben. Daher lehrt die kriminaltaktische Erfahrung, daß man sich zweckmäßig bei den am Tatort Anwesenden oder in seiner Nähe befindlichen Personen sogleich nach Tatzeugen umsehen sollte, zu denen hier insb. das Opfer und der Tatverdächtige zu rechnen sind, der sich zuweilen unter den Zuschauern findet, um neugierig die Aktivitäten zu beobachten.

von Hentig, Hans: Die Rückkehr zum Tatort – MoKrim 1972, S. 254 ff. (55. Jahrg.).

Das gilt außer für Unglücks- und Brandfälle mitunter sogar für Straftaten, durch die ein Mensch getötet worden ist. Eben deshalb beobachten erfahrene Kriminalbeamte zuweilen auch bei der Beerdigung des Opfers die Anwesenden.

Insb. sind ggf. die Personalien des Anzeigenden festzustellen, der oft auch am besten über zwischenzeitliche Veränderungen am Tatort oder dessen ursprünglichen Zustand Auskunft geben kann.
Mit dem Absperren des Tatorts betraute Beamte sollten ebenso wie für die Durchführung der Tatortarbeit Verantwortliche daher dafür Sorge tragen, daß jemand parallel zur eigentlichen Tatortuntersuchung die Anwesenden beobachtet und sich darum kümmert, daß eventuelle Tatzeugen möglichst schnell ermittelt werden, um sie unter Einhaltung der hier üblichen Vorsichtsmaßregeln (Isolierung usw., vgl. § 21) alsbald zu vernehmen.

f) Hinzuziehung weiterer Beamter oder Sachverständiger

Derartige Ermittlungsmaßnahmen erfordern ebenso wie sich ergebende spezielle kriminaltechnische Aufgaben, daß zur Tatortarbeit des öfteren weitere Beamte oder Sachverständige hinzugezogen werden müssen, als man auf Anhieb meint.

Weimann, W.: Der Gerichtsmediziner am Tatort – in: Das kriminalpolizeiliche Ermittlungsverfahren, hrsg. v. Bundeskriminalamt, Wiesbaden 1957, S. 149 ff.; *Schulz:* Zusammenarbeit zwischen Ermittlungsbeamten und Kriminaltechniker – in: Grundfragen der Kriminaltechnik, hrsg. v. Bundeskriminalamt, Wiesbaden 1958, S. 21 ff.

Abgesehen von zusätzlichen Kräften für die Absperrung oder für Vernehmungen ist in Fällen der Beiziehung von Experten entsprechend dem Verbot von Veränderungen am Tatort die Regel zu beherzigen, daß die bereits am Ort der Ereignisse befindlichen Beamten Vorsicht und Zurückhaltung üben, sobald sich nur die geringste Möglichkeit ergibt, daß speziell ausgebildete Beamte oder andere Experten eingeschaltet werden müssen; denn in Zweifelsfällen gebührt der größeren Sachkunde der Vorrang (vgl. im einzelnen §§ 15, 16).

Die sogleich noch näher zu behandelnde (g, h) Zusammenarbeit von Ermittlungsbeamten und Experten wirft mancherlei Probleme auf. Mag es zuweilen an hinreichend schnell oder überhaupt verfügbaren Sachverständigen mangeln, so kann man in anderen Fällen eine sachlich nicht begründete Reserve der bearbeitenden Kriminalbeamten gegenüber Experten beobachten. Doch ebenso wie diese dabei ihre Fähigkeiten überschätzen mögen, kann Selbstüberheblichkeit eines beigezogenen Sachverständigen die Kooperation erheblich erschweren. Diese für die Tatortarbeit unglücklichen Schwierigkeiten, die sich oft mit der Zeit abzubauen pflegen, sollte man möglichst schon vorher durch die Erkenntnis vermindern, daß nur eine verständnisvolle, gleichrangige Zusammenarbeit schnell und sicher zum Erfolge führt. Nur von dieser Basis aus lassen sich einmal unnötige Sachverständigengutachten vermeiden, zum anderen aber die Chancen nutzen, welche die Hinzuziehung geeigneter Experten bieten.

g) Die Durchführung der Spurensuche

Die Spurensuche, das Kernstück der eigentlichen Tatortarbeit, erfolgt unter Berücksichtigung derjenigen Erkenntnisse und Erfahrungen, die an anderer Stelle bereits dargelegt worden sind (§ 14-I), im Rahmen der Tatbefundsaufnahme. Dabei wird von der Peripherie ausgehend die Tatortsituation genau festgehalten. Kriminaltaktisch wird die Spurensuche deshalb schwierig, weil eine umfassende Suche häufig erfordert, daß verschiedene Beamte bzw. Experten zusammen oder nebeneinander arbeiten müssen. Dann ist darauf zu achten, daß sich die verschiedenen Kriminalisten weder behindern noch der eine die Arbeit des anderen gefährdet.

Svensson/Wendel S. 16 ff.; *Stedry,* W.: Die Spurensuche, ein Stiefkind der Kriminalpolizei – Kriminalistik 1958, S. 84 ff.; *Stedry,* W.: Die Arbeit des Spurensicherers – in: TbKrim Bd. XI, S. 248 ff. (1961); *Meier,* Jakob: Die Spurensicherung – Kriminalistik 1974, S. 151 ff., 202 ff.; Teschke, Gerhard: Stiefkind Spurensicherung. Zugleich ein Beitrag zum Thema „Fehler im Ermittlungsverfahren“ – Kriminalistik 1975, S. 551 ff.

Das hat beispielsweise zur Folge, daß in allen Fällen, in denen bei Tatortarbeit mit Fußspuren zu rechnen ist, zuerst die dafür kompetenten Beamten an die Arbeit gehen, bei welcher sie jedoch darauf achten müssen, daß nicht andere Spuren wie Fingerabdrücke, Werkzeug- oder Materialspuren beschädigt bzw. vernichtet werden können.

So sucht man in der Regel zunächst nach Fußspuren und erst dann, da jene sonst gefährdet werden können, nach den in der Praxis noch wichtigeren Fingerabdrücken, wobei die oben dargelegten Grundsätze zu beachten sind. Natürlich ist bei der Suche ggf. auch auf andere Formspuren und auf Materialspuren Obacht zu geben.

Im übrigen sollte das Vorgehen am Tatort stets nach einem bestimmten Plan erfolgen, der zugleich sicherstellt, daß man die Reihenfolge der damit verbundenen Veränderungen sicher kennt. Soweit es die Situation am Tatort erlaubt, bewegt man sich vom Rande gewissermaßen in Kreisen auf das vermeintliche Zentrum des Tatgeschehens zu; wenn die Situation am Tatort dieses erlaubt, kann man bei der Suche aber auch von einer Seite aus so vorgehen, daß die Örtlichkeit Streifen um Streifen untersucht wird. – Gefundene Spuren können dabei durch Nummernschilder markiert werden, damit sie auch auf Fotos leicht auszumachen sind. Bei Sachobjekten oder einer Leiche geht man ebenfalls so vor, daß etwaige Spuren möglichst geschont werden.

So werden zunächst z. B. die Lage der Leiche und ihre Bekleidung (Zustand, Beschädigungen) beschrieben und fotografiert. Erst dann wird die Lage verändert, um nach weiteren Spuren zu suchen. Schließlich wird, nachdem die Leiche Stück für Stück entkleidet worden ist, der nackte Körper untersucht.

Auch in diesem Stadium der Tatortarbeit ist oft – wie bei der Hinzuziehung von Sachverständigen angedeutet (f) – eine sinnvolle Arbeitsteilung zwischen den Ermittlungsbeamten und den internen bzw. externen Experten notwendig. Je besser man Hand in Hand arbeitet, desto sicherer sind schnelle Erfolge zu erwarten.

h) Spurensicherung und -auswertung

Hand in Hand mit der Suche hat die Sicherung und ggf. Auswertung der Spuren zu erfolgen, die als solche ebenfalls schon an anderer Stelle behandelt worden sind (§ 14-II, III). Dabei interessiert die Spurenauswertung hier nur insoweit, als sie sofort am Tatort erfolgt. Die häufiger erforderlichen kriminaltechnischen Untersuchungen, die anderweitig durchgeführt werden, sind im Grunde bereits Folgen der Tatortarbeit, welche im Zusammenhang der Fahndung nochmals zu behandeln sind. Immerhin gibt es doch zahlreiche Fälle, in denen eine ermittelte Spur sofort endgültig oder doch vorläufig ausgewertet werden kann, was dann natürlich in die Tatortarbeit eingeht.

Eberhart, M.: Die Spurensicherung als wichtiger Teil der Aufklärungsarbeit – Kriminalistik 1955, S. 135 ff.; *Stedry:* Tatort und Spurensicherung – in: Diebstahl, Einbruch und Raub, hrsg. v. Bundeskriminalamt, Wiesbaden 1958, S. 213 ff.; *O'Hara* S. 69 ff.; *Meier,* Jakob: Die Spurensicherung – Kriminalistik 1974, S. 151 ff.; 202 ff.; *Wagner,* Karl: Tatortdaktyloskopie 1977. Die Hinweise kommen aus dem Rechenzentrum – der kriminalist 1977, S. 239 ff.

Häufiger aber ist es wohl doch so, daß sich die Tatortarbeit auf die Sicherung der ermittelten Spur bzw. des Spurenträgers beschränkt. Das kann natürlich auch ein Gegenstand sein, an welchem man lediglich latente oder nicht ohne weiteres identifizierbare Spuren vermutet.

Hier müssen wir auf die bei der Spurensicherung erwähnten Methoden (§ 14-II) und darauf verweisen, daß gerade dabei die rechtlichen Grenzen (vgl. dazu auch § 20) peinlich genau zu beachten sind.

Kriminaltaktisch sind im übrigen vor allem drei Fallgestaltungen zu unterscheiden. – Der in der Praxis geläufigste Fall der Spuren- und Beweissicherung ist die Beschlagnahme oder sonstige Sicherstellung der Spur oder des Spurenträgers, wozu im Grunde auch Vergleichsmaterial für kriminaltechnische Untersuchungen zählt. Inwieweit eine solche Beschlagnahme tatsächlich möglich und sinnvoll ist, hängt vor allem von der Art der Spur bzw. des Spurenträgers, d. h. seiner Größe und seines Gewichts, seines Aggregatzustandes usw. ab.

Wir haben jedoch gesehen, daß man selbst bei unbeweglichen Gegenständen zuweilen denjenigen Teil isolieren kann, der als Träger der Spur in Betracht kommt. Da dieses bedeutet, daß man eine Sache beschädigt oder zerstört, muß allerdings die Verhältnismäßigkeit einer solchen Maßnahme besonders genau geprüft werden.

Neben Beschlagnahme und Sicherstellung des Spurenträgers gibt es – wie wir gesehen haben – ferner zahlreiche andere Möglichkeiten und Verfahren, um eine Spur für den Strafprozeß zu sichern. Hier kann nur auf das über Fotografie, Skizze, Abformen und dergl. oben Ausgeführte verwiesen werden.
Schließlich ist beim Sichern und Auswerten von Spuren zu beachten, daß es keineswegs nur um Tatspuren und Beweise geht, welche es ermöglichen, den Tathergang zu rekonstruieren und den Täter zu überführen. Vielmehr kann und wird die Tatortarbeit vielfach die Unverfänglichkeit von Spuren feststellen und Unverdächtige entlasten.

i) Der Einsatz von Polizeihunden

Ein besonderes Kapitel, das immer wieder die Gemüter von Kriminalisten oder auch Laien erhitzt, ist der Einsatz von Polizeihunden bei der Tatortarbeit. Während manche im Vierbeiner eine kriminalistische Wunderwaffe erblicken, halten andere diese Arbeitsweise für antiquiert oder sogar gefährlich. Die Wahrheit dürfte auch hier – wie so häufig – irgendwo in der Mitte liegen. Dabei geht es hier vor allem um den Fährtenhund, der andere Eigenschaften haben muß als der Schutz- und Stöberhund, wie er ebenfalls von der Polizei verwendet wird.

Groß/Seelig (8) I-223 ff.; *Harter,* Robert: Der Hund im polizeilichen Ermittlungsdienst – in: TbKrim Bd. VII, S. 254 ff. (1957); *Meixner:* Für und wider den Fährtenhund – in: Das kriminalpolizeiliche Ermittlungsverfahren, hrsg. v. Bundeskriminalamt, Wiesbaden 1957, S. 65 ff.; *Wittfeld,* Wilhelm: Einsatz von Polizeidiensthunden in Nordrhein-Westfalen – Kriminalistik 1964, S. 295 ff.; *Wittfeld,* Wilhelm: Der Diensthund als Einsatzmittel der Polizei – Kriminalistik 1964, S. 610 ff.; 1965, S. 29 ff.; *Friebel,* Hans-Joachim: Rauschgift-Spürhunde – Kriminalistik 1970, S. 29 ff.; *Jaksch,* Ernst: Abrichtung und Verwendung von Suchtgift-Spürhunden – Kriminalistik 1971, S. 159 ff.; *Gernandt,* Hans: Abrichtung und Einsatz von Spürhunden – Die Neue Polizei 1975, S. 42 ff. Literarisch ist der Polizeihund u. a. von Rudolf *Szamos* in seinem Roman „Rex und Lux auf heißer Spur" (Aus dem Ungarischen von Erika *Bollweg* übertragene deutsche Ausgabe: Zürich 1974) verherrlicht worden.
Auf die Möglichkeit des Einsatzes von Polizeihunden hat übrigens zuerst Hans *Groß* aufmerksam gemacht (Gendarmerie-Jahrbuch, Wien 1897, S. 210). Nach Verwendung solcher Polizeihunde in Gent im Jahre 1900 hat sich diese Art der Verwendung dann schnell ausgedehnt.

Ein erfolgreicher Einsatz von Polizeihunden setzt neben Auswahl dazu geeigneter und ausgebildeter Tiere überdies die Führung derselben durch damit vertraute Beamte voraus. Natürlich darf man auch vom Polizeihund nichts Unmögliches erwarten, wenngleich die Leistungen mancher Hunde wie Wunder anmuten mögen.
Typischerweise denkt man beim Einsatz von Polizeihunden an die Fährtensuche, die eigentlich nur am Tatort ihren Ausgangspunkt hat. Sie paßt daher ebenso wie andere Einsätze von Hunden zur Suche nach lebenden oder toten Menschen an sich besser in die Fahndung. Hier ist sie vor allem deshalb zu erwähnen, weil in gewissen Fällen schon im Zusammenhang mit der Tatortarbeit über den Einsatz eines Polizeihundes entschieden werden muß.

Erfolg verspricht der Einsatz eines Fährtenhundes bei einigermaßen günstigen Boden- (z. B. weiche Wiesen- und Waldwege bzw. entsprechender Boden) und Witterungsverhältnissen (wie etwa feuchtes, kühles, windstilles Wetter; ungünstig sind Regen, Schneefall, starker Wind), sofern seit der Tat nicht mehr als 10 bis 12 Stunden vergangen sind. Sodann muß eine Geruchsspur am Boden vorhanden sein, die sicher oder wahrscheinlich vom Täter herrührt. Ein der Fährte zum oder vom Tatort folgender Hund kann uns leicht zu weiteren Spuren führen (Fußeindrücke, zurückgelassene Gegenstände).

Polizeihunde werden heutzutage aber auch, wie nicht unerwähnt bleiben soll, zu anderen Zwecken eingesetzt, was bewirken kann, daß so u. U. eine bestimmte Stätte gewissermaßen erst zu einem Tatort wird. Erinnert sei hier an Hunde (sogen. Stöberhunde), die speziell für die Suche nach Drogen oder Sprengstoffen ausgebildet sind. Obwohl so etwas auch bei einer Tatortuntersuchung wichtig sein kann, erfolgt der Einsatz der Hunde für solche Zwecke doch wohl überwiegend präventiv.

j) Schriftlicher Bericht

Das Ergebnis der Tatortarbeit ist schließlich in einem schriftlichen Bericht festzuhalten, für den man sich aber rechtzeitig Notizen machen sollte. Dieser Tatortbefundsbericht ist zweckmäßig den „7 goldenen kriminalistischen W“ (Wer, was, wo, womit, wie, wann, warum) folgend zu gliedern.

Groß/Seelig (8/9) II-297 ff.; *Zillmann:* Der Tatortbefund- und Schlußbericht – in: Das kriminalpolizeiliche Ermittlungsverfahren, hrsg. v. Bundeskriminalamt, Wiesbaden 1957, S. 229 ff.; *Burghard,* Waldemar: Die aktenmäßige Bearbeitung kriminalpolizeilicher Ermittlungsvorgänge – BKA 1969/1–3; *O'Hara* S. 34 ff., 64 ff.; *Hughes* S. 80 ff.

Der Tatortbericht, für den es in den einzelnen Ländern unterschiedliche Regelungen und Übungen gibt, wird Teil der Ermittlungsakte und damit der Aktenführung, auf welche ebenso wie auf diesen vom Tatortfundbericht zu unterscheidenden Schlußbericht später (§ 27-IV-2-a) noch kurz einzugehen sein wird.

Der Tatortbericht, der nach Möglichkeit sogleich am Tatort angefertigt werden sollte, aber natürlich später mit Maschine geschrieben werden kann, muß gründlich und umfassend über die Befunde der Tatortarbeit unterrichten. Im Duktus wird er sich oft an das Vorgehen im konkreten Falle halten, sollte dabei aber möglichst zu den mit den 7 goldenen W's der Kriminalistik bezeichneten Punkte Aufschluß geben.

In geeigneten Fällen ist der Bericht möglichst durch Pläne, Skizzen oder Lichtbilder als Beilagen anschaulicher zu gestalten. Er ist nicht nur für den weiteren Gang des Ermittlungsverfahrens, sondern in diesen Fällen nicht selten für das gerichtliche Urteil ausschlaggebend.

2. Ergebnislose Spurensuche

Daß mitunter bei der Tatortarbeit keine Spuren festgestellt werden können, deutet auf eine besondere Lage hin. Allerdings ist hier zu beachten, daß dieser Befund in der Mehrzahl der Fälle wohl doch auf die Unfähigkeit oder mangelnde Sorgfalt der untersuchenden Beamten zurückzuführen sein dürfte. Denn mikroskopische Spuren kann der Täter schon deshalb in aller Regel nicht vermeiden, weil er sich bei der Tatausführung bzw. beim Verwischen der Spuren nicht eines Mikroskops bedienen kann, sofern überhaupt ein Verwischen der Spuren möglich sein sollte.

Zbinden S. 115 f.

a) Fälle ergebnisloser Spurensuche

Ergibt eine ordentliche Untersuchung eines Tatorts, der als solcher feststeht, jedoch wirklich keine Spuren, so haben wir es mit einem Fall ergebnisloser Spurensuche zu tun. Dabei sind kriminalistisch vor allem drei bzw. vier Situationen zu unterscheiden, die man im Auge behalten muß, wenn man aus dem scheinbaren Mißerfolg doch noch einen Erfolg machen will.

aa) Einmal gibt es in der Tat Verbrechenstechniken, die keine, zumindest keine länger wahrnehmbaren Spuren hinterlassen. Es handelt sich also in Wahrheit nicht um spurenloses Geschehen, sondern Ereignisse mit sehr flüchtigen bzw. nicht identifizierungskräftigen Spuren. Zudem finden sich hier im weiteren Umfeld – nicht unbedingt am Tatort selbst – mitunter doch Spuren oder Praktiken der Spurenbeseitigung.

Wenn z. B. der Täter ein organisches Gift in der Weise anwendet, daß das Opfer es selbst einnimmt und er Reste, Gefäße und dergl. gründlich vernichtet, so hat man, wenn die gerichtsmedizinische Untersuchung – wie hier nach gewisser Zeit möglich – nichts mehr ergibt, keine Tatortspuren.

bb) Ferner gibt es Straftaten, bei denen ursprünglich vorhandene Tatortspuren so oder so beseitigt worden sind. Dazu gehören streng genommen auch diejenigen Fälle, in denen sich mehr oder weniger eindeutige Spuren der Beseitigungspraktiken finden, die schon bei der üblichen Tatortarbeit zu beachten sind. Wirklich ergebnislos ist die Spurensuche also nur dann, wenn bei Fehlen von zu erwartenden Tatortspuren keine Anhaltspunkte für Beseitigungspraktiken zu finden sind, weil diese entweder zu geschickt durchgeführt worden sind oder unbewußt durch Menschen bzw. durch natürliche Ereignisse beseitigt worden sind.

Eine solche Vernichtung kann nicht nur bewußt oder unbewußt durch den Täter und seine Komplizen, sondern auch durch unbeteiligte Dritte – u. U. durch den Untersuchungsbeamten selbst – sowie schließlich durch Witterung und dergl. erfolgen.

cc) Die Ergebnislosigkeit der Spurensuche kann außerdem aber auch darauf zurückzuführen sein, daß entweder die Angaben des Beschuldigten über den Tatort falsch sind oder ein entsprechender Irrtum der Strafverfolgungsorgane vorliegt, wenn etwa der Fundort einer verdächtigten Leiche nicht mit dem Tatort identisch ist.

In derartigen Fällen kann nicht nur eine erneute Vernehmung des Beschuldigten, sondern u. U. eine gründliche kriminaltechnische Untersuchung seiner Kleidungsstücke usw. Anhaltspunkte für den wirklichen Tatort liefern. Hier muß man also ggf. bei den Ermittlungen einen Umweg machen.

dd) Schließlich darf bei allem Wert der Kriminaltechnik nicht übersehen werden, daß nicht selten strafbare Verhaltensweisen zu untersuchen sind, bei denen nach Lage der Dinge eine an sich mögliche Prüfung auf mikroskopische Spuren nach dem eingangs allgemein Ausgeführten nicht angebracht ist. Das ist beispielsweise dann der Fall, wenn eine solche Untersuchung aus ökonomischen Gründen – wegen unangemessenen Zeit- und Kostenaufwands oder im Hinblick auf die sachliche Bedeutung – nicht angebracht erscheint. Denn man kann eben nicht bei jeder Straftat unbeschränkt viel Zeit und Geld aufwenden, um etwaige Spuren zu ermitteln, weil das in keinem Verhältnis zu dem möglichen Untersuchungserfolg stände, weshalb man kriminaltaktisch richtig auf sie verzichten muß.
Wenn hier also Fälle der ergebnislosen Spurensuche zugeordnet werden, bei denen in Wahrheit mit anderen Mitteln und Methoden Spuren festzustellen wären, ist klar, daß man sich stets der Begrenztheit der eingesetzten Mittel bewußt sein muß. In wichtigen Fällen wird man es dann eben mit gründlicheren Methoden versuchen müssen, bevor man von einer „ergebnislosen Spurensuche“ spricht. Erscheint der Einsatz solcher Mittel kriminaltaktisch

jedoch nicht sinnvoll, kann man von einer relativ gesehen ergebnislosen Spurensuche sprechen, wobei dann in der Praxis ähnlich wie bei den anderen Fallgruppen zu verfahren ist.

b) Zum Vorgehen in diesen Fällen

In allen Fällen ergebnisloser Spurensuche – mag es sich hier um ein Versagen der Untersuchungsbeamten oder um eine der genannten Ausnahmen handeln – stehen wir kriminaltaktisch vor einer besonderen Situation, weil die Tatortarbeit uns zumindest als solche keine für unser weiteres Vorgehen brauchbaren Anhaltspunkte liefert.

Jedoch machen die soeben behandelten Fallgruppen bereits deutlich, daß gerade die Ergebnislosigkeit der Spurensuche dennoch für uns ein wertvoller Hinweis sein kann. Haben wir es nämlich mit einem Fall zu tun, in welchem die Spuren vom Täter nachweisbar verwischt worden sind oder auch nach gründlicher Untersuchung keine Spuren vorhanden sind, kann das mitunter bedeutsame Fingerzeige bieten. So kommt z. B. im genannten Falle des Giftmordes dann vermutlich eine Verbrechenstechnik in Betracht, die keine solchen Spuren zu hinterlassen pflegt.

Die Ermittlungen müssen sich jetzt also darauf konzentrieren, ob man nicht auf andere Weise – durch Zeugen und dergl. – Anhaltspunkte dafür findet, daß der Täter in dieser Weise vorgegangen ist. Auch die Art und Weise der Vernichtung vorhandener Spuren kann bei Vergleich der Arbeitsmethoden der Rechtsbrecher wertvolle Aufschlüsse bieten.

Entsteht bei ergebnisloser Spurensuche am „Tatort" jedoch der Verdacht, daß entweder die Angaben des Beschuldigten oder die ersten Vermutungen der Strafverfolgungsorgane falsch gewesen sein könnten, so ist zu überlegen, wie man sonst Anhaltspunkte für den wirklichen Tatort erlangen könnte. Außer an eine kriminaltechnische Untersuchung verdächtiger Kleidungsstücke, Werkzeuge und Transportmittel des Beschuldigten, sofern ein solcher vorhanden ist, ist auch an entsprechende Maßnahmen am Opfer, der Beute usw. zu denken.

Breitenecker, L.: Auffindung des Tatortes durch Spurenanalyse an den Kleidern mittels Infrarot-Bildwandler für Mikroskopie – Arch. f. Krim. Bd. 141, S. 121 ff. (1968).

Mithilfe des vorgenannten Verfahrens konnte z. B. durch eine Pollenanalyse des in den Hosenstulpen des Tatverdächtigen sichergestellten Staubes an Hand einer Waldbestandskarte ein bestimmtes Gebiet von 4 km^2 als möglicher Tatort ausgemacht werden. Obwohl der angebliche Tatort nach seinen Angaben 15 km weiter östlich gelegen haben sollte, konnte dort etwa 6 Monate nach dem Tode des Opfers tatsächlich dessen Leiche gefunden werden.

In den anderen Fällen, insb. in denen eine gründliche Spurensuche nicht notwendig erscheint, kommt es nach Lage der Dinge hierauf nicht mehr entscheidend an oder man muß versuchen, auf anderen, der Sache angemessenen Wegen zum Ziel zu gelangen.

3. Irreführende Spuren

Eine andersartige besondere Situation der Tatortarbeit haben wir bei vorgetäuschten, d. h. irreführenden Spuren vor uns. Solche vorgetäuschten Spuren finden sich sowohl bei vorgetäuschten bzw. fingierten Verbrechen als auch bei wirklichen Straftaten, wo sie als „frisierte" Spuren die Untersuchung ablenken und in die Irre führen sollen.

Groß/Seelig (8) I-33 ff.; *Zbinden* S. 105 ff.; *Meixner* I-134 ff.

Auf irreführende Spuren kann man in allen möglichen Ermittlungsverfahren stoßen. Gleich ist, ob diese durch eine Anzeige oder eine Meldung ausgelöst worden sind, welche die Folge

eines planmäßig ausgestreuten Gerüchts sein kann. Auch im Zuge von Vernehmungen werden zuweilen Angaben gemacht, die auf irreführende Spuren hinweisen, welche man entweder bewußt verursacht oder verändert hat, also nicht lediglich täuschend interpretiert, was jedoch nicht immer leicht davon zu unterscheiden ist.
Bevor wir uns mit dem kriminaltaktischen Vorgehen bei vorgetäuschten Spuren näher befassen, wollen wir uns kurz die Lage und ihre Hintergründe in den genannten Fällen vor Augen führen.

a) Fälle vorgetäuschter und ablenkender Spuren

Vorgetäuschte und ablenkende Spuren haben gemeinsam, daß die am Tatort festzustellenden Spuren irreführend sind, sie infolgedessen die Untersuchung in eine falsche Bahn lenken können. Sie unterscheiden sich dadurch, daß in einem Falle überhaupt kein Verbrechen – soweit wir vom strafbaren Vortäuschen selbst (§ 145 dtsch. StGB) absehen – vorliegt, während im anderen zwar eine Straftat begangen wurde, aber die Spuren dem wirklichen Tathergang nicht entsprechen; deshalb kann man hier statt von ablenkenden auch von „frisierten" Spuren sprechen.
Beim Anschein dergestalt irreführender Spuren ist selbstverständlich zu beachten, daß das Spurenbild u. U. infolge bewußter oder unbewußter bzw. auf natürliche Weise eingetretener Veränderung durchaus irritierend wirken kann. Derartige Möglichkeiten sind daher tunlichst auszuschließen, wenn man von einer irreführenden Spur sprechen will.

aa) Vorgetäuschte Spuren

Vorgetäuschte Spuren können ebenso wie das vorgetäuschte Verbrechen an sich bei allen Erscheinungsformen der Kriminalität vorkommen. Allerdings beschränken sich diese in der Praxis doch auf einige wenige Straftaten, weil die Gründe für eine solche Vortäuschung durchweg nicht sonderlich zahlreich sind; vor allem haben wir es mit Handeln aus Gewinnsucht bzw. Eigennutz, Scham oder aber Geltungsbedürfnis zu tun, wobei die erstgenannte Motivation ganz eindeutig überwiegt.
Straftaten werden gegenwärtig vor allem zum Zwecke finanzieller Vorteile vorgetäuscht, was nicht zuletzt mit dem Ausbau des Versicherungswesens in den letzten Jahrzehnten bzw. in diesem Jahrhundert zusammenhängt. Für alle Arten der Versicherung besteht nämlich der Anreiz, einen Versicherungsfall vorzutäuschen und betrügerisch für sich auszuwerten. Diese Kriminalität des Versicherungsbetruges oder -mißbrauchs (§ 23-C-III-F) erscheint bei der Tatortarbeit je nach Art der Versicherung vor allem in Form von Straftaten gegen das Leben (Lebensversicherung), gegen die Gesundheit (Kranken-, Sozial- und Haftpflichtversicherung) und gegen das Vermögen (Brand-, Sachschaden-, Diebstahls- und Haftpflichtversicherung).

Für den Bereich der Lebensversicherung ist hier beispielsweise das Vortäuschen eines Unglücksfalles oder aber eines Mordes durch Selbstmörder zu erwähnen. Man hat Lebensversicherungen nicht nur mit fremden Leichen, sondern auch ohne eine solche zu täuschen versucht, indem Umstände geschaffen wurden, die Tod des in Wahrheit lebenden Versicherungsnehmers nahelegten.
In der Krankenversicherung geht es, wie sich beim Versicherungsmißbrauch zeigen wird, nicht nur um Praktiken der Selbstverstümmelung und anderweitiger Selbstbeschädigung, sondern fabriziert man Spuren, welche die unrichtigen Angaben über Tathergang und Schwere des Schadens als glaubhaft erscheinen lassen sollen.
Im Zusammenhang mit Sachschadenversicherungen trifft man auf Spuren, die einen Überfall auf einen Bankbediensteten oder einen Kassenboten vortäuschen sollen, welche auf diese Weise eine Veruntreu-

ung (Unterschlagung) verschleiern möchten. Aber auch andere Personen täuschen Überfälle aus diesem Grunde oder zu dem Zwecke vor, Verluste oder Geldausgaben als plausibel erscheinen zu lassen, was nicht selten versicherungsrechtliche Konsequenzen haben kann, an welche diese Täter u. U. nicht einmal gedacht haben. Frisierte Spuren findet man ferner bei angeblichen Einbrüchen oder in Fällen betrügerischer Schadensliquidation, wo sie einen größeren Schaden als eingetreten dartun sollen.

In allen diesen Fällen handelt derjenige, der mit falschen Spuren eine Straftat vortäuscht, mehr oder weniger aus Eigennutz oder Gewinnsucht. Dabei sind die Spuren aber nur hinsichtlich der Straftat irreführend, die vorgetäuscht werden soll, sofern nicht wirklich eine Straftat begangen worden ist und nur über den Täter getäuscht werden soll. Es handelt sich dagegen um richtige Spuren hinsichtlich des Vortäuschens einer strafbaren Handlung und der dadurch zugleich verwirklichten Taten, z. B. des Betrugs, Versicherungsmißbrauchs oder der Sachbeschädigung.
Eine andere, in der Praxis ebenfalls nicht seltene Gruppe von Fällen, in denen man von einer vorgetäuschten Straftat bzw. vorgetäuschten Spuren sprechen kann, ist die, bei welcher aus Scham eine strafbare Handlung vorgetäuscht werden soll. Insb. haben wir es hier mit der Notzucht zu tun, die von Frauen und Mädchen vorgetäuscht wird, um die nachteiligen Folgen außerehelichen Verkehrs zu mildern. Sehen wir von denjenigen Fällen ab, die sich aus der Phantasie abnormer Persönlichkeiten oder pubertierender Mädchen erklären und die in anderem Zusammenhang zu behandeln sind, so sind diese Fälle dennoch nicht selten, was natürlich mit der Einstellung der Allgemeinheit zum außerehelichen Verkehr und auch der rechtlichen Regelung (vis haud ingrata) zusammenhängt.

So sollen in Großbritannien auf eine erwiesene Tat zwölf fingierte Fälle der Notzucht fallen. Im Deutschland der unmittelbaren Nachkriegszeit hat eine von *Franken* (Med. Rundschau 1947, S. 31 f.) durchgeführte Untersuchung ergeben, daß von allen Anzeigen nur etwa 50% glaubwürdig, 30% unwahrscheinlich und jedenfalls 20% schon deshalb nachweislich erlogen waren, weil die Schwangerschaft nicht mit dem angeblichen Konzeptionsdatum übereinstimmte. Eine in diese Richtung deutende, feststehende Tatsache ist jedenfalls bei dieser Untersuchung die, daß nur 6% aller angeblich vergewaltigten Frauen sofort oder in den nächsten Tagen den Arzt aufgesucht haben. Andere sprachen erst nach mehrmaligem Ausbleiben der Menstruation, manche erst zwischen dem 4. und 8. Schwangerschaftsmonat, beim Arzt vor.

In anderen Fällen finden sich ebenfalls anscheinend auf ein Verbrechen hindeutende Spuren, obwohl in Wahrheit keine Straftat verübt, sondern der Schaden auf andere Weise bewirkt worden ist. Entweder will sich der Spurenverursacher aus andern als finanziellen Gründen oder aus Scham „exkulpieren" oder der Spurenbefund ist durch andere Umstände irritierend geworden.

So täuschen etwa Selbstmörder einen Unglücksfall oder gar einen Mord vor, um zumindest die belastende Tatsache eines Selbstmords zu verschleiern, sofern sie nicht auf diese Weise ihren Angehörigen doch die Versicherungssumme zuschanzen möchten.

Schließlich ist als letzte und wohl kleinste Gruppe vorgetäuschter Verbrechen diejenige zu behandeln, bei denen der Täter aus Geltungsbedürfnis und dergl. handelt. Hierher gehören u. a. diejenigen Fälle, in denen Mädchen oder Frauen eine Notzucht behaupten, ohne durch außerehelichen Verkehr oder dergl. dazu wirklich einen Grund zu haben. Es handelt sich hier, soweit wir es nicht mit tatsächlich Kranken zu tun haben, um eine Ausgeburt der Phantasie, die Sensationsgelüsten genügen soll, durch welche man in das Rampenlicht der öffentlichen Diskussion gestellt zu werden wünscht.

Ähnliche Fälle gibt es – wie ein Bonner Fall mit schießenden Jugendlichen im Kraftwagen zeigt – auch beim falschen Geständnis.

Auf andere Fälle fingierter Verbrechen, wie sie beim Kranken – z. B. unter Verfolgungswahn leidenden Schizophrenen – vorkommen, braucht hier nicht besonders eingegangen zu werden.

bb) Ablenkende Spuren

Von ablenkenden Spuren sprechen wir speziell in denjenigen Fällen, in denen wirklich ein Verbrechen begangen worden ist, durch die in Frage stehenden Spuren aber die Untersuchung in die Irre geleitet und somit vom wirklichen Sacherhalt und damit vom Täter abgelenkt werden soll. Dies kann durch den Straftäter selbst oder durch Dritte geschehen. Die Gründe für derartige Praktiken sind recht verschiedenartig, weil neben der Furcht vor Strafe auch andere Motive in Betracht kommen.

Die Furcht vor Strafe kann bei vielen Formen kriminellen Verhaltens ablenkende Spuren bewirken. Sie können den Tathergang zu verschleiern suchen oder aber bezwecken, den Verdacht auf eine andere Person zu lenken bzw. zumindest vom wirklich Schuldigen abzulenken.

Aus Furcht vor den nachteiligen Folgen einer Straftat handelt z. B. der Mörder, der die Leiche entkleidet und mit einer Badehose in das Wasser wirft, um einen Badeunfall vorzutäuschen. Oder man überfährt die Leiche mit einem Kraftwagen, um einen Unfalltod des Ermordeten vorzutäuschen und die eigentlichen Spuren zu vernichten.

Um einen Mord als Selbstmord erscheinen zu lassen, hatte die mit einem Gärtnergehilfen in zerrütteter Ehe lebende Ehefrau die Gashähne geöffnet, um den in der Küche schlafenden Mann, der schon mehrfach Selbstmordabsichten geäußert und zu realisieren versucht hatte, zu töten. Obwohl der Tote um 6.30 Uhr in dieser Situation vorgefunden wurde, mißlang der Plan, weil der Wecker der Frau nicht auf diese – die übliche – Zeit, sondern auf 5.20 Uhr eingestellt war, wie ein aufmerksamer Kriminalbeamter bemerkte.

Die Furcht vor Strafe kann natürlich u. U. die Folge gewinnsüchtiger Kriminalität sein.

Ein Beispiel dafür sind Eigenbrandstiftungen, bei denen der Täter ein Spurenbild bewirkt, welches auf Fremdbrandstiftung hinzudeuten scheint.

Feuer kann aber auch gelegt werden, um eine Unterschlagung oder um einen Mord zu verdecken.

Es gibt allerdings auch den umgekehrten Fall, daß Spuren gelegt werden, die auf ein bestimmtes Verbrechen hindeuten, obwohl in Wahrheit eine ganz andere Straftat verübt worden ist.

So kann beispielsweise der Mörder mit der Leiche seines Opfers versuchen, einen Tod durch Verkehrsunfall vorzutäuschen.

Wie man in allen diesen Fällen die irreführenden Spuren erzeugt, sofern das bewußt geschieht, richtet sich vor allem nach der Art der angeblichen Straftat und der Spur, die dazu passen soll.

Groß/Seelig (8/9) II-460 ff.

Fußspuren lassen sich z. B. einfacher als durch Rückwärtsgehen oder Befestigen fremder Sohlen an den eigenen Schuhen dadurch verfälschen, daß man bei der Tat fremde Schuhe benutzt, die deshalb auf eine andere Person hinzuweisen scheinen. Natürlich kann das Spurenbild auch durch Umwickeln der eigenen Schuhe mit Tüchern und dergl. verändert werden, was aber nur bedingt in diesen Rahmen paßt. Erregen dann nicht u. U. das Verhältnis der kleinen Schritte zu großen Fußspuren oder andere Umstände den Verdacht, daß es sich um verfälschte, ablenkende Spuren handelt, helfen gewöhnlich nur das Auffinden der bei der Tat benutzten Schuhe oder Umhüllungen sowie der anhaftenden Materialspuren weiter.

b) Zum Vorgehen

Alle diese Fälle irreführender Spuren erhalten ihre Eigenart dadurch, daß man gewissermaßen zweispurig arbeiten muß. Die Crux dabei ist die, daß man diese Notwendigkeit oft erst zu spät erkennt. Die Sachlage entspricht im übrigen in etwa der bei einer anonymen Anzeige. Wie dort bei der Anzeige so ist auch hier möglichst schnell festzustellen, ob das Spurenbild oder der bei der Tatortarbeit festgestellte Sachverhalt „faul" ist (vgl. § 23-D-III-C).

Schober, Andreas: Vorgetäuschte Verbrechen – ein Problem der Gegenwart – Kriminalistik 1951, S. 139 ff.; *Holzer,* F. J.: Zur Aufklärung fingierter Überfälle – Arch. f. Krim. Bd. 143, S. 1 ff., 96 ff. (1969); *Meissner,* Ludwig: Die Vortäuschung einer Straftat. Ein Beitrag zur strafrechtlichen und kriminologischen Problematik des § 145d StGB unter Berücksichtigung der Rechtsvergleichung und der Kriminalistik – Diss. Frankfurt a. M. – München 1970 – insb. S. 137 ff., 149 ff.

Nur selten wird man das auf den ersten Blick sagen können. Doch werden u. U. schon bei der Vorprüfung, ob sich weitere Anhaltspunkte finden, Zweifel aufkommen. So sollte es z. B. möglich sein, mit der Zeit gewisse Fallgruppen als in diesem Rahmen besonders suspekt herauszuarbeiten und von vornherein kriminaltaktisch gesondert zu behandeln. Dieses wird man bei Versicherungsfällen und Notzucht schon heute sagen können.
Der Anzeigende ist zumindest in diesen Fällen und ansonsten, sobald sich Zweifel einstellen, eingehend über seine Beobachtungen zu vernehmen. Denn nicht immer stößt man in derartigen Fällen sogleich auf handfeste Spuren; man ist daher – jedenfalls zunächst – häufig auf die mitunter dramatisch aufgemachten Äußerungen des Anzeigenden angewiesen, der hier gern Fesselung, Knebelung oder Betäubung behauptet. Aber schon derartige Praktiken sollten eigentlich Tatspuren hinterlassen, von denen sich in anderen Fällen dieser Art übrigens oft zuviele und zu eindeutige finden.
Daher empfiehlt sich in der Regel eine Rekonstuktion am Tatort, bei welcher man dem Anzeigenden – wie eigentlich jedem zu Vernehmenden – weitgehend die Initiative überlassen sollte.

Besonderes Gewicht ist bei diesen Vernehmungen auf Lücken, Widersprüche und unmögliche Behauptungen zu legen. Erfahrungsgemäß bedenkt der Täter beim Vortäuschen einer Straftat oder ablenkenden Spuren nicht alle Umstände. Deshalb ist besonders auf Einzelheiten – Tag, Tageszeit, Lichtverhältnisse, Witterung, genaue Örtlichkeit, Verhalten des „Täters" usw. – Gewicht zu legen.

Es ist ferner eingehend nach Anhaltspunkten und Sachspuren zu suchen, die das fragwürdige Vorbringen unterstützen, z. B. bei Notzucht nach Kratz- und Gewaltspuren, Schürfungen, Spuren am Körper und an den Bekleidungsstücken, die auf jeden Fall sicherzustellen sind. Erfolgten Hilferufe? Wurde der Arzt konsultiert? Welcher Art sind die Verletzungen?

Ein Mädchen wollte auf einer Bank in den Anlagen von einem farbigen US-Soldaten überfallen und ihrer Handtasche mit einem größeren Geldbetrag beraubt worden sein. Da die Nachprüfung ergab, daß die fragliche Bank am Tage der Tat frisch gestrichen und unbenutzbar war, mußte das Mädchen, das auch keine Kleidungsstücke mit entsprechenden Farbflecken vorweisen konnte, die Haltlosigkeit seiner Geschichte einräumen (*Meixner* I-139).

Ferner ist, sobald der Verdacht irreführender Spuren entsteht, der Tatortbefund erneut und besonders kritisch zu prüfen. Dabei ist die betreffende Person beizuziehen, um den Tathergang erneut genau zu schildern und ggf. bei einer Rekonstruktion mitzuwirken. Selbstverständlich sind die zweifelhaften Spuren besonders gründlich zu untersuchen und auszuwerten.

Sodann sind die Ergebnisse der kriminaltechnischen Untersuchungen und der Vernehmungen zu vergleichen, um Lücken und Widersprüche festzustellen, die man dem Anzeigenden oder der Aussageperson sodann bei einer erneuten Vernehmung vorhalten muß.

Aus allem ist zu entnehmen, daß wir in der Ausgangslage des Verfahrens stets daran denken sollten, u. U. irreführende Spuren – sei es eines fingierten Verbrechens oder zur Ablenkung von einer Straftat – vor uns zu haben. Bei gewissen Deliktsformen ist es gewöhnlich am besten, sofort von dieser Grundlage aus zu arbeiten, um die Richtigkeit der Anzeige und des Eindrucks am Tatort möglichst schnell sicherzustellen und nicht erst Unschuldige unnötig zu benachteiligen.

§ 19
Fahndung

Verstehen wir unter Fahndung das planmäßige Forschen nach Personen oder nach solchen Sachen, die mit einer Straftat im Zusammenhang stehen oder stehen können, so ist klar, daß gerade dieser weite und vielgestaltige Bereich ein wichtiger Schwerpunkt aller kriminaltaktischen Arbeit sein muß. Ebenso wie die Spurenkunde das Kernstück der Kriminaltechnik bildet, kann man die Fahndung als den Allgemeinen Teil der Kriminaltechnik bezeichnen.

Eller, Hanns: Fahndung nach Personen und Sachen. Leitfaden für den Vollzugsdienst – o. O. (1952); *Zbinden* S. 117 ff.; *Eller,* Hanns: Fahndungserfolge in Zahlen – Kriminalistik 1955, S. 228 ff.; *Dorsch:* Einleitung von Fahndungsmaßnahmen – in: Das kriminalpolizeiliche Ermittlungsverfahren. hrsg. v. Bundeskriminalamt, Wiesbaden 1957, S. 191 ff.; *Holle,* Rolf: Kriminaldienstkunde. III. Teil: Fahndung – BKA 1957/3; *Dorsch:* Fahndungsmaßnahmen – Kriminalistik 1957, S. 415 ff., 457 ff.; *Dorsch,* A.: Fahndungswesen – Kriminalistik 1960, S. 478 ff.; 1961, S. 31 ff., 267 ff.; *Seelig* S. 246 ff.; *Wehner,* B.: Vorbeugung durch Intensivierung der kriminalpolizeilichen Fahndung in Stadt und Land in: Vorbeugende Verbrechensbekämpfung, hrsg. v. Bundeskriminalamt, Wiesbaden 1964, S. 121 ff.; *Der Kriminalbeamte* und sein Arbeitsgebiet – zusammengest. u. bearb. v. Beamten des BKA und der LK – BKA 1964/1–2 – S. 121 ff.; *Meixner* I-82 ff.; *Burghard,* Waldemar: Die aktenmäßige Bearbeitung kriminalpolizeilicher Ermittlungsvorgänge – BKA 1969/1-3; *Fahndung* – hrsg. v. Bundeskriminalamt – Wiesbaden 1970; *Fahndung und Observation* – GrKrim Bd. 5 (1970); *Mistlberger,* Karl: Probleme des Fahndungswesens – Kriminalistik 1970, S. 159 ff.; *Gemmer,* Karl-Heinz: Fahndung und Verbrechensbekämpfung – Kriminalistik 1970, S. 218 ff.; *Lach,* Kurt: Bundeskriminalamt im Rahmen der Fahndung – Kriminalistik 1970, S. 228 ff.; *Mistlberger,* Karl: Probleme der aktiven Fahndung – Kriminalistik 1970, S. 461 ff.; *Bauer* 3-50 ff.; *Ritgen,* Werner M.: Fahndung. Ein Überblick über Selbstverständlichkeiten (?) – in: TbKrim, Bd. XXVII, S. 25 ff. (1977).

Um einen Überblick über dieses Gebiet zu erlangen, wollen wir uns zunächst mit dem Begriff und mit den Arten der Fahndung befassen. Sodann müssen wir uns, um die Möglichkeiten besser einschätzen zu können, die Mittel der Fahndung vor Augen führen. Danach sollen bestimmte Arten der Fahndung – Personen – und Sachfahndung, individuelle und generelle Fahndung sowie örtliche und überörtliche Fahndung – eingehender und abschließend dann noch kurz besondere Arten der Fahndung behandelt werden, um die Vielfalt des Vorgehens zu verdeutlichen.

I. Begriff, Arten, Anlässe und Ansatzpunkte der Fahndung

Der Begriff und die Arten der Fahndung werden in Literatur und Praxis sehr unterschiedlich beurteilt. Das sollte zwar bei dieser vielgestaltigen Materie nicht verwundern, dürfte aber deutlich machen, daß man diese Materie wissenschaftlich bisher etwas vernachlässigt hat.

1. Zum Begriff

Der geläufige und anscheinend klare Begriff der Fahndung erweist sich sowohl theoretisch als auch praktisch doch als merkwürdig unsicher und problematisch.

Rehberg, Herbert: Der Fahndungsbegriff. Eine Anregung zu seiner Überprüfung – in: GrKrim Bd. 5, S. 13 ff. (1970); *Bauer* 3-53 f.

Manche unterscheiden beispielsweise beim Begriff zwischen der Fahndung im weiteren und engeren Sinne. Im weiteren Sinne versteht man dabei unter Fahndung alle Maßnahmen, die darauf gerichtet sind, zu einer bestimmten Tat den oder die Täter festzustellen und der Strafverfolgung zuzuführen, während man im engeren Sinne damit die Gesamtheit derjenigen Maßnahmen bezeichnet, welche dazu dienen, einen der Person nach bekannten Täter zu ermitteln oder zu ergreifen.

Bei dieser letztgenannten Definition ist schon die Beschränkung des Personenkreises auf Straftäter bedenklich. Vor allem aber vermag sie nicht die Sachfahndung zu erfassen, die in der Praxis eine nicht unwesentliche Rolle spielt.

Andere beziehen dagegen in den Bereich der sich auf Personen und Sachen erstreckenden Fahndung auch rein prophylaktische Maßnahmen ein, wass unzutreffend ist, weil Fahndungsmaßnahmen sich auf bereits begangene oder doch akut drohende Straftaten beschränken sollten.

Um nicht „Fahndungswesen“ und „Kriminalpolizei“ gleichzusetzen, müssen daher rein präventive Maßnahmen, die nicht zugleich der Aufklärung oder unmittelbaren Verhinderung von Straftaten dienen, hier außer Betracht bleiben. Der Bereich der Fahndung ist insoweit eben enger als der der Kriminaltaktik.

Der Begriff der Fahndung darf schließlich auch nicht auf polizeiliche oder vergleichbare Maßnahmen beschränkt werden, wenngleich diese in der heutigen Praxis die ganz überragende Rolle spielen.

Denn nicht nur die Staatsanwaltschaft oder das Gericht können ggf. solche Fahndungsmaßnahmen ergreifen, sondern teilweise wird von den Strafverfolgungsbehörden auch die Öffentlichkeit mehr oder weniger umfassend eingeschaltet.

Unter **Fahndung** verstehen wir daher im Folgenden alle Maßnahmen, die von einem Strafverfolgungsorgan wegen Verdachts einer bereits begangenen oder unmittelbar bevorstehenden strafbaren Handlung im Zuge planmäßiger Nachforschung gegen Personen oder Sachen ergriffen werden.
Diese Definition umfaßt mit den Maßnahmen außer der Art des Vorgehens selbstverständlich auch die Mittel der Fahndung, d. h. die sachlichen Hilfsmittel, Einrichtungen und Organisationen.

Sie werden hier aber nicht als solche, sondern nur insoweit behandelt oder erwähnt, als sie für Fahndungszwecke genutzt werden; im übrigen ist auf die früheren Ausführungen zur Kriminaltechnik oder die späteren zur Organisation der Verbrechensbekämpfung (V. Teil, §§ 24 ff.) zu verweisen. – Es wird sich hier im allgemeinen um kriminalpolizeiliche Maßnahmen handeln, was aber nicht unbedingt notwendig ist, sofern wir es nur mit einer Strafverfolgungsbehörde zu tun haben, d. h. uns im Bereich der Strafuntersuchung befinden.

Entscheidend für die Fahndung ist vor allem, daß es sich um Maßnahmen im Zuge planmäßigen Nachforschens handeln muß. Fahndungsmaßnahmen sind also nur diejenigen Akte der Strafverfolgungsbehörden, die als solche mit dem Ziel einer Fahndung geplant und durchgeführt werden.
Da das Ziel der Fahndung sich u. U. auf die Aufklärung bereits begangener oder unmittelbar bevorstehender Straftaten – mögen sie den Strafverfolgungsbehörden als solche schon bekannt oder noch unbekannt sein – beschränkt, setzen Fahndungsmaßnahmen somit immer den Verdacht einer strafbaren Handlung voraus. Gleichgültig ist dabei, ob bereits ein konkreter Verdacht vorliegt oder nur auf Grund gewisser Tatsachen vermutet wird, daß eine strafbare Handlung entweder begangen worden ist oder unmittelbar bevorsteht; den letztgenannten Bereich kann man daher auch der Prävention zuordnen.
Fahndungsmaßnahmen beziehen sich in diesem Rahmen sowohl auf Personen als auf Sachen. – Eine Fahndung nach Personen ist nicht nur im Hinblick auf den Straftäter, sondern auch auf das Opfer und Tatzeugen möglich. Es genügt also, daß jemand mit einer Straftat im Zusammenhang steht, ohne daß sich der Tatverdacht gegen ihn richtet. – Ähnlich ist bei Fahndungsmaßnahmen nach Sachen zwischen solchen zu unterscheiden, die als Beweismittel – wie Tatwerkzeuge, Beute oder sonstige Spurenträger (sogen. instrumenta oder producta sceleris) – bedeutsam sind, und diejenigen, die als entwendete Sachen dem Berechtigten zurückgestellt werden müssen.

2. Arten der Fahndung

Aus diesem Begriff der Fahndung ergibt sich, daß man unter verschiedenen Gesichtspunkten gewisse Arten der Fahndung unterscheiden kann, auf die später (III, IV, V, VI) genauer einzugehen sein wird, nachdem wir uns einen Überblick über die Mittel der Fahndung verschafft haben (II).

Bauer 3-54 ff.

a) Einmal handelt es sich hier um den Gegensatz von **Personen- und Sachfahndung.** Maßgebend für diese Unterscheidung ist das Objekt, auf welches sich die Fahndungsmaßnahmen beziehen. In der Praxis wird man natürlich über die gestohlene Sache häufig zum Täter gelangen. In den Bereich über Sachfahndung gehören also außer etwaiger Beute und Tatwerkzeugen auch die mannigfachen anderen Beweisstücke. Ebenso geht es bei der Personenfahndung keineswegs nur um den Tatverdächtigen oder den flüchtigen Strafgefangenen, sondern z. B. auch um vermißte Personen, um Zeugen oder um unbekannte Tote.

b) Von einem anderen Gesichtspunkt geht die Unterscheidung zwischen **individueller und genereller Fahndung** aus. Von individueller Fahndung spricht man, und zwar ohne Rücksicht auf ihren Gegenstand, bei allen Fahndungsmaßnahmen nach bestimmten Personen oder Gegenständen. Demgegenüber hat die generelle Fahndung einen anderen Sinn. Selbst wenn man hier nicht, wie manche das tun, auf den größeren örtlichen Bereich die Fahndung abstellt und so diese Fälle in Gegensatz zur lokalen Fahndung setzt, besteht doch insofern ein Unterschied zur individuellen Fahndung als hier generell nach tatverdächtigen Personen oder Sachen gefahndet wird, die im Zusammenhang mit einer Straftat stehen oder stehen können. Wir müssen hier beispielsweise an bestimmte Personenkontrollen und Gewerbekontrollen denken; auch auf diese Fragen wird später noch zurückzukommen sein.

c) Unter dem Gesichtspunkt des Gebietes, auf welches sich die Fahndungsmaßnahmen erstrecken, kann man fernern **örtliche und überörtliche Fahndung** unterscheiden. Selbstverständlich muß die überörtliche (regionale, nationale) Fahndung ggf. durch eine örtliche Fahndung ergänzt werden. Doch sind die Gegebenheiten in diesen beiden Fällen naturgemäß recht verschieden. In der Praxis überwiegt bei weitem die örtliche Fahndung.

Dem verwandt sind die Formen einer Inlands- und Auslandsfahndung. Da die letztere jedoch in den später zu behandelnden Bereich der internationalen Zusammenarbeit gehört, soll sie als solche einstweilen nur kurz bei den Sonderfahndungen erwähnt werden.

d) Schließlich ist noch eine Reihe von Fällen der Fahndung wegen besonderer Gegebenheiten gesondert zu behandeln. Außer um die eigentlichen **Sonderfahndungen** wie Razzia, Alarm- und Großfahndung geht es hier um Grenzfahndung und Fahndung in der Schiffahrt sowie um die soeben angesprochene internationale Fahndung, die jedoch später (§ 32-I-3) noch eingehender zu behandeln sein wird.

3. Anlaß der Fahndung

Zu einer Fahndung kann es außer nach einer Strafanzeige oder Meldung auch auf Grund eigener Wahrnehmungen oder im Zuge der Ermittlungen – u. a. bei der Tatortarbeit – kommen. Denn ebenso wie das Verfolgen eines flüchtigen Täters ist das gezielte und planmäßige Suchen nach Tatverdächtigen, Zeugen oder nach Sachbeweisen wie etwa Spuren eine solche Fahndungsmaßnahme. Zur büromäßigen Ausnutzung der sogleich zu behandelnden Fahndungsmittel (II) kann aber auch der nachrichtendienstliche Kontakt und die Inanspruchnahme anderer inländischer (§ 27-IV-3) oder sogar ausländischer Strafverfolgungsorgane hinzutreten, was als internationale Fahndung jedoch – wie gesagt – erst später (§ 32-I-3) zu behandeln ist.
Ausschlaggebend ist also nicht so sehr der Anlaß, sondern daß die von den Strafverfolgungsorganen ergriffene Maßnahme auf ein planmäßiges Nachforschen nach Personen oder Sachen hinausläuft, die so oder so mit einer Straftat im Zusammenhang stehen können.

4. Ansatzpunkte der Fahndung

Von welchen Ansatzpunkten die Fahndung dabei ausgeht, hängt davon ab, welche Fakten zur Zeit der Überlegungen bzw. Entscheidung bekannt und als sicher oder doch wahrscheinlich bzw. möglich anzusehen sind. Es geht also gewissermaßen um die Fortschreibung des kriminaltaktischen Konzepts oder Planes, von dem wir bei der Ausgangslage des Verfahrens gesprochen haben (§ 18-I-2). Schon dort wurde gesagt, daß die Lage je nach Art der in Frage stehenden Kriminalität bzw. Verbrechenstechnik und nach den jeweiligen Gegebenheiten verschieden ist.
Ist es Aufgabe der repressiven Tätigkeit des Kriminalisten, einen historischen Sachverhalt aufzuklären, so hängen seine kriminaltaktischen Überlegungen wesentlich davon ab, inwieweit das bereits Verfügbare eine überzeugende Rekonstruktion zuläßt.

Brinker, Horst: Die kriminalistische Rekonstruktion. Gedanken über ein Prinzip der kriminalistischen Wissenschaft und Praxis – Arch. f. Krim. Bd. 157, S. 9 ff. (1976).

Dieses rekonstruktive Erfassen einer Situation (eines Ereignisses, Zustandes oder Verhaltens) muß zwar an die Umstände des konkreten Falles anknüpfen, kann dabei aber durchaus mehr oder weniger auch in einem Vorgriff bestehen.

In der Praxis sind Rekonstruktionen allerdings Grenzen gesetzt. Zudem erlangt man auf diese Weise nur Wahrscheinlichkeiten, die aber auf den Weg zu weiteren Beweisen helfen können. Das verspricht umso mehr Erfolg, je mehr Wert man auf interpretative Genauigkeit legt.

Es kann also im Folgenden nur darum gehen, die häufiger kriminaltaktisch bedeutsamen Aspekte aufzuzeigen, an denen man sich bei Planung und Vorgehen kriminaltaktisch orientieren kann.

Bauer 1–33 ff.

Im wesentlichen handelt es sich dabei um drei Gruppen von Tatsachen, an welche man anknüpfen kann und die mithin als typische Ansatzpunkte der Fahndung anzusehen sind. Obwohl die Reihenfolge in der konkreten Strafsache auch einmal anders sein kann, wenn beispielsweise die Ermittlungen mit der Festnahme eines Tatverdächtigen beginnen, wollen wir von den sich auf die Tat beziehenden Fakten ausgehen, um dann nach auf den Täter hindeutenden Umständen solche Ansatzpunkte zu erörtern, welche es erlauben, eine gewisse Tat mit einer bestimmten Person als Tatverdächtiger in Zusammenhang zu bringen.

a) Tat

Die Tat und die Gegebenheiten der Tatausführung bieten sehr häufig die ersten Ansatzpunkte, von denen man in der Fahndung auszugehen hat; denn der Tatverdächtige ist oft zunächst unbekannt. Immerhin können durch Aussagen oder Sachbeweise u. U. Einzelheiten des Tatablaufs bekannt sein. Ansonsten ist man allein auf die Wirkungen der Tat, die physischer oder psychischer Natur sein können, angewiesen.

aa) Tatablauf

Wichtig sind für die Kriminaltaktik daher insoweit alle Tatsachen, die sicher oder möglicherweise den Tatablauf und die eigentliche Tatausführung charakterisieren.
Sieht man einmal von denjenigen Umständen und Faktoren ab, welche den Tatentschluß bewirkt haben, so sind daneben alle Beweise für die Planung und Vorbereitung der frag-

lichen Straftat wichtig. Zu den vorbereitenden Maßnahmen zählen beispielsweise das Auskundschaften, das Ausbaldowern, sowie das Beschaffen von Tatwerkzeugen und anderen Hilfsmitteln, z. B. von Transportmitteln wie Kraftfahrzeugen.

Ferner kann etwas darüber bekannt sein, wie sich der Täter zum Tatort begeben oder sich dort dem Opfer genähert hat. Im Zusammenhang damit kann er Hindernisse beseitigt oder andere Vorkehrungen zu seiner Sicherheit getroffen haben.

Noch wichtiger aber ist gewöhnlich die Tatausführung selbst, über welche die Tatortarbeit wichtige Erkenntnisse zu vermitteln pflegt. Denn aus dem Tatort – eventuell der Tatzeit – sowie dem Tatobjekt kann man ebenso wie aus der angewandten Verbrechenstechnik wertvolle Anhaltspunkte für die Fahndung gewinnen; u. U. sind weitergehende Rückschlüsse möglich und ergeben sich hierbei sogar schon Hinweise auf einen bestimmten Täter oder einen Kreis von Tatverdächtigen.
Zum Tathergang gehört insoweit auch das Verhalten unmittelbar im Anschluß an die Tat, z. B. die Art, wie der Täter den Tatort verlassen hat, ob er Fluchtmittel – z. B. ein Kraftfahrzeug – benutzt oder andere Transportmittel verwendet hat. Dieses geht dann in das später zu behandelnde Verhalten nach der Tat im eigentlichen Sinne über.

bb) Physische Wirkungen
Die meisten Straftaten hinterlassen, wie wir besonders klar in der Spurenkunde gesehen haben, physische Wirkungen, die man ggf. als Spuren mit den Mitteln der Kriminaltechnik nutzbar machen kann. Sie lassen sich selbst bei großer Vorsicht nicht ganz vermeiden, sind zuweilen sogar unerwartet prägnant.
Schon die Tatausführung als solche – Ähnliches gilt, wie wir sehen werden, für den Täter selbst – hinterläßt sowohl am Tatort als u. U. auch am Opfer, seinem Körper und seiner Kleidung, solche Form- und Materialspuren.

cc) Psychische Wirkungen
Die Tatausführung wirkt ferner des öfteren psychisch auf das Opfer oder auf Dritte ein, wobei wir noch ganz von deren Wahrnehmungen des tatsächlichen Geschehens absehen, welche zum Gegenstand einer Aussage gemacht werden können; denn diese deuten dann gewöhnlich schon mehr auf den Täter selbst hin. Immerhin ist mitunter der Eindruck, den das Vorgehen des Täters auf das Opfer oder auf Dritte macht, für den Kriminalisten aufschlußreich.

b) Täter
Andere Ansatzpunkte wiederum, die vor allem für die Personenfahndung wichtig sind, stellen solche Tatsachen dar, die auf eine bestimmte Person als Täter hindeuten. Neben Aussagen von Augenzeugen kommen hier ferner u. U. Einzelheiten der Tatausführung und des Verhaltens nach der Tat als für den Täter charakteristisch in Betracht. Auszuklammern ist hier einstweilen aber das Verhalten des Verdächtigen bei gegen ihn gerichteten Ermittlungen und damit alles, was man mit dem Begriff Alibi zu umschreiben pflegt; denn dies soll wegen der besonderen Bedeutung alsbald zusammenfassend behandelt werden (c-gg).

aa) Tatablauf
Ebenso wie sich manche Spuren auf die Tat als solche und ihre Ausführung beziehen, können andere Spuren bereits auf eine bestimmte Person als Verursacher und somit als mögli-

cherweise Tatverdächtigen hinweisen. Dabei handelt es sich zunächst gewöhnlich um Spuren im Tatortbereich oder am Opfer. Hierher gehören ferner Gegenstände (oder Teile davon), die der Täter am Tatort verloren oder zurückgelassen hat und die auf ihn selbst hinweisen. Noch beweiskräftiger sind allerdings vom Körper des Tatverdächtigen herrührende Spuren wie Fingerabdrücke.

bb) Verhalten nach der Tat

Auch ohne zunächst nachweisbaren Zusammenhang können nach Begehung einer Straftat beobachtete Besonderheiten des Verhaltens einer Person auf eben diesen Menschen als Tatverdächtigen hindeuten. Man braucht dabei keineswegs nur an eine sonst unerklärliche Flucht, Veränderungen des Aussehens oder andere Praktiken zu denken, wie sie zur Verschleierung von Taten oder Täterschaft benutzt werden; hierher zählen u. a. auffälliges Interesse für die Tat oder die durch sie ausgelösten Aktivitäten, worunter auch die vieldiskutierte Rückkehr zum Tatort fallen würde. Es geht hier also um alle sonst auffälligen, für den betreffenden Menschen ungewöhnlichen Verhaltensweisen; deren Skala reicht von auffälligem Geldausgeben und unsinnigem Aufwand bis zu übertriebener Sorge.

c) Zusammenhang von Tat und Täter

Am wichtigsten für die Fahndung aber sind natürlich Ansatzpunkte, die bereits einen Zusammenhang zwischen Tat und Täter beweisen oder doch nahelegen. Hier sind etliche Komplexe in das Auge zu fassen, bei welchen z. B. schon die Reaktion des Täters auf Fahndungsmaßnahmen eine Rolle spielen kann.

aa) Anwesenheit am Tatort

Durch Ausagen oder durch Sachbeweise kann beispielsweise entweder die Anwesenheit des Verdächtigen am Tatort oder in seiner Nähe – und zwar zur Zeit der Tat – dargetan werden; u. U. handelt es sich lediglich um Umstände, die mit dem Weg zum oder vom Tatort zusammenhängen.

Derartige Aussagen können mit exakten Angaben über die Person des Tatverdächtigen verbunden sein oder sich auf eine Personenbeschreibung beschränken, welche eine Identifizierung mehr oder weniger wahrscheinlich macht.

Spuren können als Form- oder Materialspuren sowohl vom Tatort als auch vom Opfer (Blutspuren) herrühren. Nach Abwehr oder Kampf kann es durch Verletzungen zu Spuren am Täter kommen, die vom Opfer stammen.

Auf die als Alibi bezeichnete Behauptung der Abwesenheit vom Tatort soll bei den Verschleierungspraktiken (gg) eingegangen werden.

bb) Besitz der Tatbeute

Der Besitz der Tatbeute ist ein besonders wichtiges, wenngleich nicht immer zwingendes Indiz über einen Zusammenhang zwischen dieser Person und der zu untersuchenden Straftat.

Denn dergestalt verdächtige Gegenstände können außer durch Hehlerei auch auf andere, unverfängliche Weise in den Besitz des Betreffenden gelangt sein.

cc) Besitz von Tatwerkzeugen und -mitteln

Ähnliches gilt für den Besitz von Tatwerkzeugen und -mitteln, welcher sowohl durch Aussagen als auch durch Sachbeweise dargetan werden kann. Mitunter kann das fragliche Werkzeug oder Mittel auch durch das Opfer oder Dritte identifiziert werden; typischer und verläßlicher ist jedoch ein Sachbeweis an Hand von Arbeits- bzw. anderen Formspuren oder von Materialspuren.

Selbstverständlich ist zu prüfen, ob verdächtige Dinge nicht ohne Wissen des Besitzers vom Täter mißbraucht sein können; doch verkörpern Tatwerkzeuge und -mittel dennoch häufig ein gewichtiges Indiz.

dd) Besondere Kenntnisse und Fähigkeiten des Verdächtigen

Nicht ganz so wichtig, aber u. U. für Fahndung und spätere Beweisführung bedeutsam, sind ferner besondere Kenntnisse und Fähigkeiten des Verdächtigen, wenn diese für einen Zusammenhang mit der fraglichen Straftat sprechen.

Einmal geht es um den Nachweis besonderer Kenntnisse vom Tatort oder von Gewohnheiten bzw. Absichten des Opfers, welche sich der Täter ersichtlich zunutze gemacht hat.

So können beispielsweise der Zeitpunkt der Tat und die Art des Vorgehens im konkreten Falle für Kenntnisse sprechen, über die nur bestimmte Menschen verfügen.

Zum anderen kommt es auf Fähigkeiten an, welche die vom Täter angewandte Verbrechenstechnik erfordert. Je spezieller derartige Fähigkeiten sind, um so gewichtiger kann dieser Umstand für die Fahndung werden.

Hier ist z. B. an berufliche und andere Fähigkeiten zu denken, ohne welche die fragliche Art der Tatausführung kaum möglich erscheint.

Schließlich können die Fähig- bzw. Fertigkeiten speziell auf die angewandte Verbrechenstechnik, das Modus operandi-System, zugeschnitten sein, weshalb Vortaten oder gleichartige Tatausführung sowie Berufserfahrung u. U. eine wichtige Rolle spielen.

Hieran knüpft man bei der Verbrechenstechnik an, wenn man Straftaten mit recht typischer Ausführungscharakteristik mit einem Täter in Zusammenhang zu bringen sucht, der eine solche kriminelle Arbeitsweise nachweisbar angewandt hat.

ee) Vom Laien oft überschätzt, aber für die Aufklärung von Straftaten dennoch zuweilen aufschlußreich, sind Motive, die zur fraglichen Straftat geführt haben oder doch haben könnten. Außer auf die kriminalistische Erfahrung kommt es hier auf diejenigen Umstände oder Verhältnisse an, welche entweder die Tat also solche oder den Verdächtigen und seine Situation kennzeichnen.

Ebenso wie die Art der Tatausführung den Schluß auf bestimmte Zwecke oder Haß des Täters auf sein Opfer dartun kann, sollten schlechte wirtschaftliche bzw. finanzielle Umstände des Verdächtigen skeptisch stimmen, wenn es sich um ein Bereicherungsdelikt handelt. Bei Bränden kann beispielsweise ein vor kurzem abgeschlossener oder erhöhter Feuerversicherungsvertrag einen Fingerzeig bieten.

ff) Reden und Niederschriften über die Tat

Obwohl man dies z. T. zu absonderlichen Verhaltensweisen nach der Tat rechnen könnte, enthalten Reden einer Person über die fragliche Tat oder bei einem Menschen gefundene Niederschriften über diese Tat nicht selten wichtige Ansätze für die Fahndung. Sie sind in der Praxis häufiger, als mancher annehmen dürfte.

Manche Taten sind aufgeklärt und manche Täter nur deshalb überführt worden, weil sie ihren Mund nicht halten konnten. Sie plauderten vor Freunden oder auch Unbekannten – z. T. in heiterer Runde – verräterische Dinge aus oder brüsteten sich sogar mit der Täterschaft, weil sie nicht mit einer möglichen Weitergabe solcher Äußerungen rechneten.

Auch Niederschriften über die Tat, welche den Betreffenden erheblich belasten, kommen immer wieder vor. Außer an Pläne und vorbereitende Aufzeichnungen, ggf. Schriftverkehr, ist hier an Schriftstücke zu denken, welche sich zuweilen wie Protokolle oder Memoiren ausnehmen.

Hier ist bei der Fahndung daher insb. an die kriminaltechnischen Möglichkeiten zu denken, die sich bei schreibenden Rechtsbrechern anbieten.

gg) Verschleierungspraktiken. Alibi

Belastend wirken schließlich diejenigen Umstände, die Verschleierungspraktiken eines Verdächtigen im Hinblick auf die fragliche Straftat darstellen könnten. Hierbei ist außer an tatsächliche Manipulationen ebenso an entsprechende Angaben oder Aussagen zu denken.

Korda: Wie prüft man ein Alibi? – in: TbKrim Bd. IV, S. 68 ff. (1954); *Schwagerl,* Hans-Joachim: Das Alibi. Ein Beitrag zur Verbrechensaufklärung – Hamburg 1964; *Meixner* I-127 ff.; *Schneider,* Hans P.: Kriminaltaktische Aspekte des Alibibeweises – In: TbKrim Bd. XXVII, S. 325 ff. (1977)

Ein besonders wichtiger Komplex ist in diesem Zusammenhang das sogen. Alibi. Darunter ist der Versuch eines Verdächtigen oder einer anderen Person zu verstehen, durch bestimmte Umstände zu beweisen, daß der Betreffende sich zur Tatzeit nicht am Tatort oder in dessen Nähe aufgehalten haben kann. Obwohl sich dabei die für den Strafprozeß typische Beweissituation umzukehren scheint, da der Betreffende gewissermaßen einen Gegenbeweis anbietet, bleibt es letztlich doch die Sache der Strafverfolgungsorgane, eine solche Alibi-Behauptung nachzuprüfen und zu widerlegen.

Denn sofern sich das Alibi als richtig erweist, ist die Anwesenheit am Tatort und damit möglicherweise eine Täterschaft auszuschließen. Umgekehrt kann durch Nachweis der Unrichtigkeit die Angabe als eine Lüge entlarvt werden, die eine Verschleierungspraktik darstellen könnte.

Ausgangspunkt jeder Alibiprüfung ist die Tatzeit, was bedeutet, daß diese möglichst exakt zu bestimmen sein sollte.

Das behauptete Alibi kann dabei recht verschieden geartet sein, was bei der Prüfung selbstverständlich zu beachten ist. Üblicherweise benennt der Betreffende Zeugen oder andere Beweismittel dafür. Da es sich hier aber durchweg um Personen handelt, mit denen er viel zusammen kommt oder gar befreundet bzw. verwandt ist, dürfte – wie sich auch bei der Zeugenvernehmung (§ 21-VII-2) zeigen wird – Skepsis geboten sein. Besser sind mit dem Betreffenden nicht näher bekannte oder sonst unverfängliche Zeugen. – Können Zeugen für die Angaben jedoch nicht genannt und auch nicht ermittelt werden, so gibt es andere Umstände, welche die Richtigkeit der Angaben untermauern können.

Allerdings muß man hier z. B. bei gelochten Fahr- oder Eintrittskarten darauf achten, daß man nicht einer Täuschung und damit einem gebastelten Alibi aufsitzt.

Besekow, Arno: Fahndungsmöglichkeiten an Hand von Fahrkarten und Gepäckscheinen der Bundesbahn – in: TbKrim Bd. VII, S. 232 ff. (1957).

Besonders schwierig wird die Alibiprüfung, wenn Tatort oder Tatzeit noch unbekannt oder doch unsicher sind, was bei einem Irrtum nicht ohne weiteres zu erkennen ist. Denn dann kann man bei zeitlichen Lücken nicht beurteilen, ob der Täter in dieser Zeit nicht doch – eventuell mithilfe besonderer Mittel – an den Tatort gelangen und die Tat ausführen konnte.

In einer Strafsache, in der drei Männer einer Starkstromfalle zum Opfer gefallen waren, lag gegen einen Bauernburschen der Verdacht vor, einen der Getöteten aus Eifersucht beseitigt zu haben. Sein Alibi, bei dem Aufenthalt in zwei Wirtshäusern zu beweisen war, erschien zunächst stichhaltig, obwohl es für etwa eine halbe Stunde keine Zeugen gab, während welcher der Verdächtige im Hause der Eltern einen kleinen Imbiß eingenommen haben wollte; denn die Beamten veranschlagten (irrtümlich!) den Weg von beiden Gaststätten zusammen mit der für das Anlegen der Falle benötigten Zeit auf mindestens eine Stunde. Später wurde der Täter auf andere Weise überführt, wobei sich herausstellte, daß er trotz Finsternis Hin- und Rückweg sowie Anlegen der Falle in nur einer halben Stunde geschafft hatte (*Meixner* 1-131 ff.).

Immerhin führt die Prüfung der Alibi-Angaben des öfteren dazu, daß man eine Abwesenheit bei der Tatausführung für den Betreffenden ausschließen kann, was indes nicht stets zugleich Verneinen einer irgendwie gearteten Beteiligung bedeutet.
Wichtiger als ein derartiges einwandfreies Alibi aber sind in diesem Zusammenhange Alibi-Behauptungen, welche sich entweder nicht beweisen lassen oder die eindeutig falsch sind, d. h. zweifelhafte oder falsche Alibis.
Finden sich für die Alibi-Behauptung keinerlei Beweise, so kann sich einerseits der Betreffende zwar darauf nicht stützen und allein damit vom Verdacht befreien, muß aber umgekehrt das Strafverfolgungsorgan diese Möglichkeit immerhin noch in Rechnung stellen, darf also nicht von einer Lüge und damit u. U. von einem belastenden Verschleierungsmanöver ausgehen. Ein solches zweifelhaftes Alibi könnte nämlich nicht nur falsch, sondern auch einwandfrei – nur nicht beweisbar – sein.
Selbst eine nachweisbar unrichtige Alibi-Behauptung – das falsche Alibi – ist nicht immer eine bewußte Lüge, sondern kann auch auf einem Irrtum beruhen, der bei Erkennen gewöhnlich berichtigt wird. Diese Fälle sind natürlich anders zu behandeln als eine lügnerische Alibi-Behauptung.
Das bewußte falsche Alibi ist, da es als Lüge und Verschleierungsmanöver gewertet werden kann, in diesem Zusammenhange am wichtigsten. Plump aber wirksam ist hier die Taktik, daß der mit falschen Angaben Operierende so oder so Zeugen gefunden hat, die bereit sind, seine Lügengeschichten zu bestätigen; eine solche Absprache kann vor oder auch nach der Tat geschehen sein, weshalb man von Prä- oder Post-Alibi-Verabredung spricht. Bei gewissen auf Gegenseitigkeit arbeitenden Ganoven kann diese Klassifizierung allerdings problematisch werden, da sie sich unbesehen „Schützenhilfe" gegen Strafverfolgungsorgane gewähren, weshalb man von einem Dauer-Alibi sprechen kann; allerdings ist der Wert solcher Solidaritätsbeweise in den meisten Fällen gering, sobald man in das Detail geht und sich die merkwürdigen Streitgenossen darüber nicht rechtzeitig doch noch verständigen können.
Geschickter ist nach allem der Trick, sich bei einem Alibi auf Aussagen zu stützen, welche zwar als solche (formal) wahr sind, die aber dennoch im Zusammenhang gesehen den Tatsachen nicht entsprechen. Hier hilft dem Kriminalisten ebenfalls nur der Vorstoß in das Detail, in welchem dann auch für solche Kriminalstrategen der Teufel zu stecken pflegt.

So hilft die Aussage von Kollegen, Freunden oder Verwandten, der Verdächtige habe mit ihnen an einer Feier teilgenommen, wenig, wenn das nicht exakt für die Tatzeit zu belegen ist, sofern der Betreffende in kurzer Zeit zum Tatort hätte gelangen können.
Wenn Eltern bezeugen, ihr Sohn sei um 22 Uhr in das Bett gegangen und morgens wie üblich aufgestanden, schließt das keineswegs seine Täterschaft an einem in jener Nacht begangenen Einbruch aus, weil er sich unbemerkt entfernt haben konnte.

Da eine Alibi-Behauptung mithin immer skeptisch stimmen sollte, kann dem Kriminalisten nur empfohlen werden, dies ernst zu nehmen und sich mit allen Erkenntnissen der Vernehmungstechnik zu wappnen; er sollte es auch nicht an anderen – für die Alibi-Genossen vielleicht unerwartenden – Ermittlungen fehlen lassen, um einerseits nicht auf solche Manöver hereinzufallen, andererseits aber auch keinen kriminalistischen Bock zum Nachteil Unschuldiger zu schießen.
Doch geht es bei der Alibiprüfung keineswegs nur um schwierige Vernehmungen, sondern in nicht geringem Ausmaß um Sachbeweise, die für oder gegen das Behauptete sprechen. Sind beispielsweise Sachspuren besonders geeignet, die fragliche Aussage zu untermauern, so wird verständlich, daß Alibi-Strategen sich darum bemühen, vor oder nach der Tat die sachlichen Gegebenheiten so zu präparieren oder manipulieren, daß diese ihre Angaben zu bestätigen scheinen. Das Ergebnis sind irreführende Spuren, weshalb auf das dazu bei der Tatortarbeit Gesagte zu verweisen ist (§ 18-II-3).

Das Alibi ist ersichtlich nicht nur ein Problem der Vernehmung oder des Personalbeweises, sondern sollte in engem Zusammenhang mit Sachbeweisen gesehen werden, die hier besonders geeignet erscheinen, wenn man sich gegen Trugschlüsse schützen will.

Zusammenfassend läßt sich somit zur Alibiprüfung sagen, daß es eigentlich immer skeptisch stimmen sollte, wenn der Verdächtige sofort ein allzu genaues Alibi parat hat. Versucht jemand durch Verweigern der Aussage oder auf ander Weise Zeit zu gewinnen, so ist, wenn er dann später mit einem Alibi herausrückt, zu bedenken, daß dieses inzwischen verabredet oder gebastelt worden sein kann. Zweifel sollten ferner solche Alibi-Behauptungen erwecken, die keinerlei überprüfbare Angaben enthalten. Doch sollten wir wissen, daß das Vorbringen eines Alibis nicht nur die Arbeit der Kriminalisten erschwert und ihn vor eine Bewährungsprobe stellt, sondern sich uns damit zugleich die Chance bietet, mit der Ermittlung der Wahrheit voranzukommen. Kann man auf diese Weise einmal einen Unschuldigen von dem auf ihm lastenden Verdacht befreien, ist es in der Praxis wohl doch häufiger so, daß man durch Zerstören eines faulen Alibi-Zaubers u. U. wichtige Punkte sammelt, um einen Rechtsbrecher zu überführen.

II. Mittel der Fahndung

Wesentlich für das Vorgehen bei einer Fahndung und demgemäß für ihre Möglichkeiten sind naturgemäß diejenigen Mittel, welche für diesen Zweck verfügbar sind oder sein sollten. Bei diesen Mitteln der Fahndung handelt es sich vorwiegend um technische Hilfsmittel und Einrichtungen, aber auch um Organisationsformen, Personen und andere Hilfen. Dabei müssen wir aus wohl einleuchtenden Gründen zwischen solchen unterscheiden, die sich im Bereiche der Strafverfolgungsbehören – insb. der Kriminalpolizei – befinden, und solchen in anderen Bereichen.

Bauer 3-61 ff.

1. Fahndungsmittel der Kriminalpolizei

Fahndungsmittel der Kriminalpolizei sind speziell der Fahndung dienende technische Hilfsmittel und Einrichtungen. Dabei empfiehlt es sich, von den Fahndungsmitteln, die allgemei-

nere Bedeutung haben, solche zu unterscheiden, die lediglich die Personen- bzw. Sachfahndung betreffen.
Auszuklammern ist hier allerdings die Organisation des Meldedienstes und der Nachrichtensammlung, die zwar die Basis dieser Fahndungsmittel bilden, aber besser im V. Teil (§ 27–IV) zu behandeln sind. Denn eine in das einzele gehende Darstellung ist in diesem Rahmen nicht möglich und auch nicht sinnvoll, weil die Verhältnisse von Land zu Land verschieden gestaltet sind.

Holle, Rolf: Kriminaldienstkunde. II. Teil: Kriminalpolizeilicher Meldedienst – BKA 1956/3; *Bauer* 1–386 ff.; *Hamacher,* Werner: Fahndungsdienststellen der Kriminalpolizei – Kriminalistik 1970, S. 223 ff.; *Süssbauer,* Leonhard: Datenverarbeitung in der Verbrechensbekämpfung – Kriminalistik 1971, S. 419 ff., 458 ff.; *Herold,* Horst: Künftige Einsatzformen der EDV und ihre Auswirkungen im Bereich der Polizei – Kriminalistik 1974, S. 385 ff.; *Kennhöfer,* Ulrich: Über die Informationswiedergewinnung aus polizeilichen Datenbeständen – Kriminalistik 1976, S. 69 ff.

a) Allgemeine Fahndungsmittel

Als Hilfsmittel und Einrichtungen, die sich u. a. auch für die Zwecke der Fahndung nutzen lassen, sind an erster Stelle die kriminalpolizeilichen Nachrichtenblätter zu nennen, wenngleich diese gegenüber früher an Bedeutung verloren haben, weil heutzutage auch hier nachrichtentechnische Hilfsmittel anderer Art eingesetzt werden.

aa) Kriminalpolizeiliche Nachrichtenblätter

Kriminalpolizeiliche Nachrichtenblätter, die es in sehr verschiedenartiger Form gibt, können auf örtliche oder überörtliche Bedürfnisse zugeschnitten sein, wobei einstweilen die im V. Teil zu behandelnde internationale Fahndung wiederum ausgeklammert werden soll.
Örtliche Nachrichtenblätter wie Tagesereignisbericht, Morgenmeldung, Meldeblatt oder ähnliches unterrichten die Beamten einer Dienststelle der unteren Ebene laufend über kriminelle Geschehnisse im eigenen Zuständigkeitsbereich. Sie erfüllen ähnliche Funktionen wie die Dienstbesprechungen, welche die örtliche Fahndung koordinieren und auf eine breitere Grundlage stellen.

Bauer 3–80 ff.

Wichtiger sind für die Fahndung in vielen Fällen Kriminalblätter, wie sie von den Landeskriminalämtern und vom Bundeskriminalamt herausgegeben werden. Sowohl das Bundeskriminalblatt als auch die Landes-Kriminalblätter dienen vor allem der Aufklärung von Straftaten, dem Erkennen von Tatzusammenhängen, der Fahndung nach Rechtsbrechern usw. sowie der Ermittlung bestimmter Gegenstände. Es kann aber auch um die Durchführung präventiver Maßnahmen gehen.

Eine Ausschreibung in diesen Nachrichtenblättern setzt voraus, daß nicht die Meldung an einige bestimmte Dienststellen ausreicht, d. h. daß örtliche Fahndungsmaßnahmen nicht zweckmäßig erscheinen.

Dazu im einzelnen *Bauer* 3–62 ff., 71 ff.

bb) Nachrichtentechnische Hilfsmittel

Von allgemeiner Bedeutung sind ferner nachrichtentechnische Hilfsmittel anderer Art, z. B. der Polizeifunk.

Sobek, Raimund: Bildtelegraphie als Fahndungsmittel – Kriminalistik 1957, S. 303 ff.; *Trèves,* J.: Die modernen technischen Nachrichtenmittel der Kriminalpolizei unter besonderer Berücksichtigung der Bildtelgraphie – in: Kriminalpolizei und Technik, hrsg. v. Bundeskriminalamt, Wiesbaden 1967. S. 205ff.; *Kröger,* Uwe: Der schnellste Weg: Bildtelegraphie – Kriminalistik, 1971, S. 33f.

Der **lokale Polizeifunk** übermittelt im drahtlosen Sprechverkehr Nachrichten, insb. auch an Polizeiwagen mit Funksprechanlage. So ist es beispielsweise möglich, Streifenwagen zu sofortiger Fahndung anzurufen.
Eine wichtige Aufgabe hat in der Fahndung ferner das regionale oder zentrale **Polizeifunknetz.** Dieses Polizeifunknetz ist an den internationalen Polizeifunk angeschlossen, dessen Zentralfunkstelle in Paris ist. Auch auf diese Weise sind einzelne Dienststellen oder Gruppen von ihnen anzusprechen.

Nach der Dringlichkeit, mit der sie zu erledigen sind, unterscheidet man verschiedene Stufen von Funksprüchen (z. B. einfach, dringend, Blitz, Alarm); für höhere Stufen ist die Kompetenz begrenzt.

Neben dem Funk ist nach wie vor der **Fernsprecher** ein wichtiges Hilfsmittel der Fahndung. Außer dem Netz der Post oder entsprechender Einrichtungen gibt es vielfach sogar polizeieigene Leitungen. Bei Benutzung des Postnetzes ist zweckmäßig Rückruf zu vereinbaren.
Mit dem polizeilichen **Fernschreiber,** der das Telegramm weitgehend verdrängt hat, können ggf. gleichzeitig mehrere angeschlossene Dienststellen benachrichtigt werden (Sammelfernschreiben). Allerdings sollte man nicht nur, um Rückfragen zu vermeiden, auf einen klaren Text achten, sondern auch die u. U. hohen Folgekosten (z. B. Posttelefon) bedenken. Einzelfernschreiben richten sich an einen oder mehrere bestimmte Empfänger.

Nach der Dringlichkeit unterscheidet man einfache, dringende und Blitzfernschreiben, wobei solche der höheren Stufe jeweils vor den tieferen – ansonsten nach Eingang – erledigt werden.

Neuerdings gewinnt schließlich – vor allem international – die drahtlose Bildübertragung, der **Bildfunk,** mehr und mehr Bedeutung. Dies gilt außer für Personenlichtbilder im Zuge der Fahndung auch für Finger- und Handflächenabdrücke, Schriftproben, Zeichnungen und dergl.

Derartige Bildtelegramme werden gewöhnlich durch öffentliche Fernmeldeämter mit einer Bildstelle übermittelt; daneben kommen aber auch private Bildfunkstellen in Betracht, wie sie vor allem von Massenmedien betrieben werden.

Die **Elektronische Datenverarbeitung** ist in den meisten Ländern gerade in den letzten Jahren zunehmend als Fahndungsmittel nutzbar gemacht worden, obwohl die Möglichkeiten sicher noch keineswegs erschöpft sind.

Für die Bundesrepublik ist insoweit auf das INPOL genannte EDV-Fahndungssystem hinzuweisen, welches den höchsten Grad von Aktualität hat, weil die Informationen von allen Datenstellen abgefragt werden können.

b) Personenfahndung

Im Bereich der Personenfahndung (vgl. § 19–III–1) kam es früher als Fahndungsmittel in erster Linie auf die **Personenfahndungsbücher** an.

Holle, Rolf: Kriminalpolizeiliche Nachrichtensammlung und -auswertung – BKA 1966/2 – insb. S. 57ff.

So wurden in das deutsche Fahndungsbuch auf Antrag von Gerichten, Staatsanwaltschaften, Vollzugsbehörden, Polizeibehörden und dergl. Personen aufgenommen, deren Verhaftung oder Festnahme durchzuführen ist. Manche Länder arbeiten noch heute mit vergleichbaren Fahndungsmitteln. Doch werden diese Fahndungsmittel zunehmend durch die EDV abgelöst.

Im deutschen Fahndungsbuch werden ferner Personen genannt, deren Aufenthalt zu ermitteln ist. Diese Ausschreibungen erfolgen im wesentlichen auf Antrag derselben Behörden, wie sie bei den Festnahmeanträgen genannt wurden.

Ein weiteres wichtiges Hilfsmittel stellen die **Personenfahndungskarteien** dar. Ihre Aufgabe entspricht im wesentlichen der Zielsetzung der Fahndungsbücher. Die Dienststellen, die eine solche Kartei verwalten, können jederzeit darüber Auskunft erteilen, ob eine bestimmte Person zur Festnahme oder als vermißt ausgeschrieben ist; auch hier benutzt man zunehmend die EDV.

Die gewöhnlich alphabetisch geordnete Kartei enthält die täglich zugesandten Fahndungskarteikarten; sie muß an Hand der Erledigungsmitteilungen bereinigt werden.

Seit Jahren bemüht man sich in vielen Ländern, die mühsame Arbeit an solcher und anderen Karteien zu vereinfachen oder durch Automation effektiver zu gestalten, was zunehmend vor allem durch den Einsatz der Elektronischen Datenverarbeitung (§ 13–IX) erreicht wird.

Schreiber, Manfred/*Gietl,* Anton: Maschinelle Führung und Auswertung kriminalpolizeilicher Karteien – Kriminalistik 1963, S. 4 ff.

In diesem Zusammenhang ist ferner an **Spezialkarteien** zu denken, denen trotz der für die Fahndung mehr und mehr nutzbar gemachten Elektronischen Datenverarbeitung auch in Zukunft noch Gewicht zukommen wird.

Bauer 1–433 ff.

Die **Steckbriefkartei** wird nur deshalb an erster Stelle erwähnt, weil sie das Fahndungsbuch ergänzt; denn die hier erfaßten Steckbriefe sind lediglich eine besondere, für die Öffentlichkeit bestimmte Form des Haftbefehls.
Die **Personen- oder Verbrecherkartei** enthält die Angaben über bekannte Rechtsbrecher und deren kriminelle Arbeitsweise (Modus operandi. Verbrechenstechnik). Hier finden sich neben den Personaldaten und der Personenbeschreibung ggf. besondere Merkmale und Spitznamen. Bei der Tatausführung werden außer Tatort, Tatzeit und Mittätern gewöhnlich die Aktenzeichen vermerkt. Kombiniert der Betreffende verschiedene Verbrechenstechniken, so kann man Hinweiskarten verwenden.

Denn in der Regel werden auch diese Karteikarten nach den Taten – z. B. der Grundeinteilung der Straftaten – abgelegt; danach richtet sich auch die Bereinigung dieser Kartei (Aussondern der Karten nach dem Tod des Täters oder Erreichen eines bestimmten Lebensalters).

Rosenow, Ernst/*Stöver,* Walter: Unsere Täterzahlen stimmen nicht. Erste Erfahrungen mit einer Täterkartei – Kriminalistik 1970, S. 82ff.; *Stuff,* Hans-Georg: Die Straftaten-/Straftäterdatei als INPOL-Baustein – Kriminalistik 1974, S. 402ff.; *Küster,* Dieter: Die Erprobung der Straftaten-/Straftäterdatei – ein erster Schritt zur allgemeinen Einführung – Kriminalistik 1975, S. 433ff.

Die **Straftatenkartei** dient vor allem zur Fahndung nach dem noch unbekannten Täter, bei welchem man sich allein am Modus operandi (Verbrechenstechnik) orientieren kann, um durch Vergleich der angewandten Verbrechenstechnik Zusammenhänge erkennen zu können, mit denen u. U. auch bekannte Straftäter zu überführen sind. Diese Kartei hat daher bereits mehr ergänzende Funktion und muß fortlaufend bereinigt werden.

Matussek, Hans: Sind Modus operandi und Perseveranz im Inpol-System überholt? – der kriminalist 1975, S. 480 ff.

Zu den typischen Hilfskarteien gehört die **Namenskartei;** in ihr werden außer den Namen aller bekannten Täter die Deck- und Aliasnamen erfaßt.
Die alphabetisch geordnete **Spitznamenkartei** erfaßt dagegen nur echte Spitznamen (also keine Aliasnamen), um den Kriminalbeamten die Orientierung zu erleichtern, wenn lediglich der Spitzname bekannt ist oder genannt wird. Über die bekannten echten Personalien kann man dann zu den anderen Karteien – insb. der Personenkartei – kommen. Auch diese Kartei wird ebenso wie die folgende Merkmalskartei fortlaufend bereinigt.
Eine besondere **Merkmalskartei** bezieht sich vor allem auf die Personenbeschreibung, die gerade bei noch unbekannten Tätern wichtig ist. Man kann natürlich durch Vergleiche mit der Personenkartei u. U. weitere Aufschlüsse erzielen.

Urtz, Karl: Neue Perspektiven im Fahndungswesen. Das Numerical-Key-of-Recognition-System (NKR) für den Einsatz elektronischer datenverarbeitender Maschinen im kriminalpolizeilichen Meldedienst – Kriminalistik 1965, S. 290 ff.

Zuweilen wird eine **Geschädigtenkartei** angelegt, um in umfangreichen Strafsachen Überblick zu erhalten und schnelle Rückfragen zu ermöglichen. Dies ist insb. bei Diebstahl von Ausweisen und anderen Papieren oder bei Fälschungen angezeigt.
Die **Trickkartei** gibt über Besonderheiten der Arbeitsweise Auskunft und ergänzt insoweit Personen- und Straftatenkartei. Solche Besonderheiten können sich entweder auf Angaben oder Auftreten des Täters oder auch auf das von ihm benutzte Werkzeug bzw. einen für die Tatausführung typischen Trick beziehen.

Charakteristisch können auch bestimmte Praktiken der Tatvorbereitung oder -verschleierung sein. Derartige täterkonstante Daten ermöglichen es, Zusammenhänge auch bei unterschiedlichen Taten zu erkennen.

Daneben kann es noch andere Hilfskarteien geben, die sich auf den Tatort, bevorzugte Objekte und dergl. beziehen.
Neben diesen Karteien sind für die Personenfahndung eine ganze Reihe von Sammlungen und Hilfen wichtig, die daher kurz erwähnt seien, obwohl über sie in anderem Zusammenhang ausführlicher zu sprechen ist.
Die **Zehnfinger-Abdrucksammlung** dient im Rahmen des Erkennungsdienstes der Personenidentifizierung, d. h. auch unbekannter Toter oder hilfloser Personen (§ 13–III). Obwohl auch dies für die Fahndung wesentlich werden kann, kommt es hier doch häufiger darauf an, an Hand von sichergestellten Fingerabdrücken den Verursacher dieser Spur zu identifizieren.
Andere **Fingerabdrucksammlungen** betreffen Einzelfinger- und Handflächenabdrücke. Diese fallen im Zusammenhang mit Ermittlungen in Strafsachen an; sie dienen vorwiegend zur Identifizierung des Spurenverursachers und damit für Beweiszwecke.
Eine **Verbrecherlichtbildsammlung** (das sogen. Verbrecheralbum oder die Verbrecherlichtbildkartei) findet sich bei allen größeren Kriminalpolizeidienststellen. Hier werden für inter-

ne Zwecke die Lichtbilder der im fraglichen Bereich bekannt gewordenen Tatverdächtigen zusammengefaßt. Üblicherweise werden sie nach Namen geordnet, obwohl man für die Fahndung oft die Lichtbilder nach Verbrechenstechniken zusammenstellen muß.
Der Vollständigkeit halber sei auch die **Handschriftensammlung** genannt, welche insb. bei schreibenden Rechtsbrechern die Fahndungsarbeit sehr erleichtern kann.
Vor allem ist bei den Fahndungsmitteln auch an die **kriminalpolizeilichen Personenakten** oder an sonstige interne Notizen zu denken.

Die für den innerdienstlichen Gebrauch bestimmten kriminalpolizeilichen Personenakten sollen einen Überblick über den kriminellen Lebenslauf und die Arbeitsweise der erfaßten Person vermitteln. Sie enthalten daher neben dem Personalbogen Strafregisterauszüge, Vermerke über erkennungsdienstliche Behandlungen, möglicherweise Lichtbilder, Schriftproben und dergl.

Bei bekannten Personen kann sich die Fahndung auch auf **andere Maßnahmen** wie Ausschreibungen, Auskunftsverlangen bei anderen Stellen oder Suchvermerke im Einwohnermelderegister stützen. Doch ist von Land zu Land verschieden, ob und inwieweit man hier von internen Fahndungsmitteln sprechen kann, weshalb darauf später (2.) zurückzukommen sein wird.
Schließlich ist an das oben bei der Tatortarbeit (§ 18-II-1-c) über den **Polizeihund** Ausgeführte zu erinnern, da dieser – wie dargelegt – keineswegs nur als Fährtenhund, sondern auch als Such- und Stöberhund bei der Fahndung nach Personen eingesetzt werden kann.
Die Zusammenstellung zeigt zumindest, daß den Strafverfolgungsbehörden schon in ihrem eigenen Bereich bei der Fahndung nach bekannten oder unbekannten Personen viele und sehr verschiedenartige Hilfsmittel zur Verfügung stehen, deren zweckmäßige Anwendung selbstverständlich ein wichtiges Anliegen der Kriminaltaktik darstellt.

c) Sachfahndung

Der Katalog der Fahndungsmittel bei der Sachfahndung (vgl. § 19–III–2) ist nicht so reichhaltig wie bei der Personenfahndung. Vor allem handelt es sich hier um Sachfahndungskarteien und Sachfahndungshinweise, wenngleich teilweise auch hier – wie bei der Kfz-Fahndung – bereits auf die Elektronische Datenverarbeitung als allgemeines Fahndungsmittel zurückgegriffen wird.
aa) **Sachfahndungskarteien** finden sich außer beim Bundeskriminalamt und den Landeskriminalämtern bei allen größeren Kriminalpolizeidienststellen. Sie enthalten in systematischer Ordnung die im Bereiche der Dienststelle abhanden gekommenen Gegenstände, soweit diese wertvoll oder für die Aufklärung von Straftaten geeignet erscheinen.

Die Karteikarte enthält Angaben über die Art des gesuchten Gegenstands und seine nähere Bezeichnung sowie ggf. über Fabrikat, Nummer und besondere Merkmale. Soweit möglich sind auch Angaben über die Tat und den Geschädigten sowie die bearbeitende Dienststelle zu machen.

Die Bereinigungsfristen sind kürzer als bei den Personenkarteien.

Klemmer, Alois: Auswertung der Verlustkarteien – Kriminalistik 1958, S. 243 f.

Für eine Reihe von Gegenständen gibt es besondere Sachfahndungskarteien. Insb. handelt es sich hier um die Fahrradkartei und die Kraftfahrzeugkartei.

Die Fahrradkartei soll Aufschluß über abhanden gekommene oder sichergestellte Fahrräder bieten, wenn ein Zusammenhang mit einer Straftat zu vermuten ist.

Die Kraftfahrzeug-Verlustkartei, die sich beim Bundeskriminalamt und bei den Landeskriminalämtern befindet, soll Aufschluß darüber geben, ob es sich bei verdächtig erscheinenden Fahrzeugen um polizeilich gesuchte handelt. Hier werden alle gestohlenen oder abhanden gekommenen Kraftfahrzeuge nach vier Gesichtspunkten erfaßt: 1. Amtliches Kennzeichen, 2. Fahrgestellnummer, 3. Motornummer, 4. Fabrikat- und Typenbezeichnung. Nach diesen vier Gesichtspunkten wird die Kartei auch geordnet.

bb) **Sachfahndungsnachweise** fassen gewöhnlich in Form einer Liste Gegenstände zusammen, nach denen im Zuge von Ermittlungsverfahren gesucht wird. Hier sind in der Regel örtlicher und regionaler Bereich zu unterscheiden; zentrale Nachweise bilden – wie bei Kraftfahrzeugen – die Ausnahme.

Klemmer, A.: Wert und Unwert von Sachfahndungsnachweisen – Kriminalistik 1956, S. 65 f.

Örtliche Sachfahndungsnachweise werden von den lokalen Dienststellen der Kriminalpolizei herausgegeben, um die Beamten über die letzten Verlustmeldungen auf dem laufenden zu halten. Daraus werden u. U. für spezielle Zwecke branchenweise Auszüge gemacht; so fertigt man beispielsweise Sachfahndungsnachweise für besondere Arten von Objekten an (z. B. für Schreib- und sonstige Büromaschinen, für Fernseh- und Rundfunkgeräte, für Fotoapparate und andere optische Geräte).
Wichtig für die Praxis sind in Deutschland vor allem die Sachfahndungsnachweise der Landeskriminalämter, weil das Hauptgewicht der Sachfahndung auf Länderebene liegt. Dasselbe gilt je nach Organisationsform für entsprechende Kriminalbehörden anderer Staaten. Alle diese Sachfahndungsnachweise werden hauptsächlich bei der Nachschau in Reparaturwerkstätten, Pfand- und Leihhäuser usw. verwendet.

Die Gliederung der Sachfahndungsnachweise nach Art der Gegenstände ist in den einzelnen Staaten und sogar in den deutschen Bundesländern unterschiedlich. Erfaßt werden häufiger z. B. nur Fahrräder, Schreibmaschinen, Rechenmaschinen, Motoren, Radioapparate und Tonbandgeräte. In jeder Gruppe werden ggf. unter a) die gestohlenen und unter b) die sichergestellten Gegenstände angeführt.

cc) Auch bei der Sachfahndung kann – wie bei der Tatortarbeit dargelegt (§ 18–II–I–c) – der Polizeihund eingesetzt werden, was z. B. bei der Suche nach Rauschgift geschieht.

2. Andere Fahndungsmittel

Als andere Fahndungsmittel gelten Hilfsmittel, Einrichtungen und Möglichkeiten, die nicht dem Bereich der Kriminalpolizei zugehören. Außer an andere staatliche Stellen und Einrichtungen – insb. die sogen. Sonderpolizeien – ist hier vor allem an die Bürger bzw. die Allgemeinheit zu denken.

a) Staatliche Stellen und Einrichtungen

Auf Grund der Vorschriften über Rechts- und Amtshilfe sind inländische staatliche Stellen und Einrichtungen mehr oder weniger umfassend verpflichtet, die Strafverfolgungsorgane und insb. die Kriminalpolizei bei ihrer Arbeit zu unterstützen. Ihre Unterlagen und Kenntnisse können daher für die Zwecke der Fahndung nutzbar gemacht werden. Das gilt in besonderem Maße für sogen. Sonderpolizeien, welche in bestimmten Bereichen kriminalpolizeiliche Aufgaben wahrnehmen.

O'Hara S. 160 ff.

aa) Sonderpolizeien

Um einen gewissen Eindruck von den Sonderpolizeien zu vermitteln, die in bestimmten Bereichen neben oder an Stelle der Kriminalpolizei deren Aufgaben wahrnehmen, erscheinen schon hier einige Hinweise auf die Situation in der Bundesrepublik Deutschland angebracht (vgl. im einzelnen § 27–II–4), obwohl Kompetenz und Organisation derartiger Sonderpolizeien in den einzelnen Staaten recht verschieden gestaltet sind.

Holle, Rolf: Kriminaldienstkunde. I. Teil: Organisation der kriminalpolizeilichen Verbrechensbekämpfung – BKA 1956/2 – insb. S. 138 ff.

Im Bereich der Eisenbahn gibt es in Deutschland die **Bahnpolizei** und den **Fahndungsdienst** der Deutschen Bundesbahn.

Während die uniformierte Bahnpolizei im Bahngebiet vor allem den Wach- und Streifendienst versieht, aber auch Maßnahmen des ersten Zugriffs durchführt, wird bei Verdacht einer Straftat – je nach Art – entweder der Fahndungsdienst oder die allgemeine Kriminalpolizei eingeschaltet.

Im Bereich der Finanzverwaltung werden kriminalpolizeiliche Aufgaben z. T. von der **Steuerfahndung** oder der **Zollfahndung** wahrgenommen. Die Steuerfahndung führt neben steuerlichen Aufsichts- und Ermittlungsverfahren (Betriebsprüfung) vor allem Steuerstrafverfahren durch, d. h. die Ermittlungen bei Verdacht eines Steuerdelikts. Ähnliche Aufgaben und Befugnisse haben bei Zoll- und Verbrauchssteuerdelikten sowie bei Devisenvergehen die Dienststellen der Zollfahndung, die mit dem Zollkriminalinstitut in Köln sogar über eine Zentralstelle verfügt, welche auch kriminaltechnische Untersuchungen durchführen kann.

Der **Bundespaßkontrolldienst** hat im Rahmen des Bundesgrenzschutzes neben der Paßnachschau (Prüfung der Grenzübertrittspapiere und Personenkontrolle) insb. auch die Aufgabe, nach gesuchten Personen zu fahnden, d. h. unerwünschte Ausländer zurückzuweisen bzw. abzuschieben, illegale Importe zu verhindern und vom Ausland abgeschobene Deutsche zu übernehmen und sie wie andere gesuchte Personen der Kriminalpolizei zu überstellen.

Präventive und repressive Aufgaben der Kriminalpolizei im Zusammenhang mit dem Postdienst werden vom **Betriebsicherungsdienst** ausgeübt, der im Posttechnischen Zentralamt in Darmstadt auch kriminaltechnische Untersuchungen durchführt. Allerdings ist hier laut Dienstanweisung in allen wichtigeren Fällen sowie insb. bei Festnahme oder Verfolgung eines flüchtigen Tatverdächtigen die Kriminalpolizei einzuschalten.

Im Gebiet des Bergbaus, der zur Gesetzgebungskompetenz der Länder gehört, übertragen die einschlägigen Landesgesetze den Beamten der Oberberg- und Bergämter gewisse Aufgaben, die man als solche der **Bergpolizei** bezeichnen kann. Außer der Sicherheit der Anlagen und ihres Betriebes obliegt den Beamten der Bergpolizei auch das Erforschen strafbarer Handlungen, wenngleich hier u. U. die allgemeine Kriminalpolizei eingeschaltet werden muß.

bb) Andere Stellen und Einrichtungen

Welche Stelle oder welcher Amtsträger sonst für eine Fahndung wichtig werden kann, richtet sich außer nach der Behördenorganisation vor allem nach der Lage des einzelnen Falles. Um einen gewissen Überblick zu vermitteln, seien jedoch einige Behörden genannt, welche des öfteren den Strafverfolgungsorganen bei Fahndungen nützlich werden können.

Zunächst einmal ist hier auf die **Schutzpolizei** oder ähnliche Sicherheitsorgane wie etwa die **Gendarmerie** hinzuweisen.

Rössmann, Egon: Zusammenwirken von Schupo und Kripo bei der Fahndung – Kriminalistik 1970, S. 187 ff.; *Salewsky,* Franz: Koordinierung der Fahndungstätigkeit der Kriminalpolizei und der uniformierten Polizei – Kriminalistik 1973, S. 358 ff., 409 ff.

Diese Sicherheitsbehörden übernehmen nicht nur in einzelnen Ländern – in allerdings unterschiedlicher Weise – gewisse Aufgaben der Kriminalitätsbekämpfung, sondern unterstützen im Wege der Amtshilfe ggf. auch die Kriminalbeamten bei ihrer Arbeit. Dies gilt keineswegs nur für gewisse Sonderfahndungen wie Razzien, Alarm- und Großfahndungen.
Ferner ist wegen Wohnsitz bzw. Aufenthalt von Personen auf die **Einwohnermeldeämter** zu verweisen, sofern diese nicht ohnehin zur Kompetenz der Polizei gehören, wie das in Staaten mit einer sogen. Verwaltungspolizei der Fall ist, während diese Aufgaben in der Bundesrepublik von den Ordnungsämtern im Rahmen der allgemeinen Verwaltung wahrgenommen werden.
In der allgemeinen **staatlichen Verwaltung** ist ansonsten auf die Standesämter, Gesundheitsämter, Verkehrsbehörden, Gewerbe- und Ausländerämter hinzuweisen. Neben der allgemeinen Verwaltung und der Sozialverwaltung (z. B. Jugend- und Sozialämter) kommen u. U. auch Militärbehörden in Betracht; dasselbe gilt ggf. für Behörden, die Aufgaben im Bereiche des Bildungswesens wahrnehmen. In anderen Strafsachen können ebenfalls Auskünfte staatlicher Stellen zur Aufklärung des Sachverhalts beitragen. Außer an die Finanzbehörden ist hier beispielsweise an Stellen der staatlichen Wirtschaftsverwaltung zu denken.

b) Inanspruchnahme der Öffentlichkeit

In mannigfacher Weise kann die Öffentlichkeit als solche, d. h. können Privatpersonen und andere als staatliche Stellen in eine Fahndung eingeschaltet werden. Die Strafverfolgungsbehörden können sich dabei an einen bestimmten oder einen unbestimmten Personenkreis wenden.

Groß/Seelig (8) I–373 ff.; *Zbinden* S. 126 ff.; *Holle,* Rolf: Kriminaldienstkunde. III. Teil: Fahndung – BKA 1957/3 – insb. S. 146 ff.; *Valentin,* Horst: Die Fahndung unter Inanspruchnahme der Öffentlichkeit – aus der Sicht der Kriminalpolizei – in: Fahndung, hrsg. v. Bundeskriminalamt, Wiesbaden 1970, S. 103 ff.; *Bauer,* Günther: Ermittlungshilfe durch Mitarbeit der Öffentlichkeit – der kriminalist 1973, S. 406 ff.; *Bauer* 3–88 ff.

Wenngleich die Dinge bei bestimmtem und unbestimmtem Personenkreis etwas verschieden zu liegen pflegen, so ist bei Inanspruchnahme der Öffentlichkeit doch allgemein zu beachten, daß der schnellen Information breiter Kreise und einer so bewirkten intensiven Fahndung, die bei Erfolg auch generalpräventive Effekte hat, allerdings einige Gefahren gegenüberstehen, weshalb solche Fahndungsmaßnahmen gut überlegt sein wollen. Außer an eine bei diesem Vorgehen leicht mögliche Warnung der Rechtsbrecher ist daran zu denken, daß durch die Publizität nicht nur ihre Resozialisierung gefährdet, sondern auch das Ansehen der Opfer geschädigt werden kann; schließlich können solche Mitteilungen zu Anschlußverbrechen (krimineller Nachahmung, § 7–IV–b) führen.

So kann es nicht überraschen, daß für solche Fahndungsmaßnahmen vielerorts schon innerhalb der Kriminalpolizei besondere Zuständigkeiten geschaffen worden sind, sondern in manchen Staaten überhaupt andere Instanzen – z. B. der Staatsanwalt – darüber entscheiden.
Besondere rechtliche Grenzen bestehen ferner u. U. für die Bekanntgabe von Namen gesuchter Personen oder für die Veröffentlichung von Lichtbildern und dergl. Ähnlich und eher noch restriktiver ist bei den Namen von Geschädigten zu verfahren.

aa) Bestimmter Personenkreis

Die Inanspruchnahme eines bestimmten Kreises der Öffentlichkeit ist in mehrfacher Weise möglich. Allgemein sind hierbei alle Quellen zu bedenken, die z. B. wie Gewerbeverzeichnisse einen für den konkreten Fall geeigneten Überblick zu geben vermögen. Im einzelnen ist vor allem auf die folgend genannten Möglichkeiten hinzuweisen.

Bauer 3–99 ff.

Natürlich können die nachstehend geschilderten Fahndungsmaßnahmen bei kleinem Personenkreis durch eine entsprechende **mündliche Information** ersetzt werden.

Dies geschah bei einem sodomitisch veranlagten Hühnerstalleinbrecher, von welchem in der Presse wohlweislich nur als Einbrecher berichtet worden war. Da das Betätigungsfeld anscheinend begrenzt war, hatten Kriminalbeamte die Hühnerhalter in diesem Gebiet besonders gewarnt und darauf aufmerksam gemacht, daß der Täter zum Wochenende aufzutreten pflege. So konnte ein wachsamer Hühnerhalter, der durch Geräusche aufmerksam geworden war, mit einem Bekannten einen 28jährigen Maschinenschlosser verfolgen und stellen, der 10 von seinen 11 Hühnern bestialisch zugerichtet hatte.

Inhaltlich entsprechen solche mündlichen Informationen jedoch weithin den nachstehend geschilderten Fahndungsmaßnahmen.

(1) Lauf- oder Handzettel

Lauf- oder Handzettel sind besonders für die Fahndung nach bestimmten Gegenständen oder Personen geeignet, mit deren Auftauchen bei einem eng begrenzten Personenkreis zu rechnen ist. Von Vorteil ist hier, daß man einmal auf diesen Personenkreis zugeschnittene exakte Angaben machen kann und man zum anderen so nur eine begrenzte Publizität hervorruft. Da diese Menschen oft zugleich als potentielle Opfer in Betracht kommen, kann man bei einer solchen Maßnahme gewöhnlich auf Interesse und auf Kooperation des angesprochenen Personenkreises rechnen.

Bei einem Raubmordversuch war dem Täter u. a. eine wertvolle Damenarmbanduhr ausländischen Fabrikats in die Hände gefallen. Kurze Zeit vor der Tat war die Mittelwelle, für die Ersatz aus dem Ausland beschafft werden mußte, ausgebaut worden. Dieses besondere Merkmal wurde in Form einer Sonderbeilage zu einer Fachzeitschrift der Uhrmacher mitgeteilt, weil die Uhr vermutlich bald zur Reparatur gegeben würde. Dies geschah dann auch; der Täter konnte an Hand der Überbringerin überführt werden. Dieses Verwenden einer Beilage zu einer Fachzeitschrift ähnelt allerdings schon den Mitteilungen in der Fachpresse (vgl. unten (3)).

Lauf- oder Handzettel können u. U. ebenso für die Personenfahndung wichtig werden. Für die weniger gebräuchlichen Postwurfsendung gilt ähnliches.

(2) Rundschreiben

Rundschreiben, mit denen man einen größeren Personenkreis – z. B. die Mitglieder eines Berufsverbandes in einem Bundesland oder im ganzen Bundesgebiet – erfaßt, sind geeignet, auf schon recht breiter Basis sachdienliche Auskünfte einzuholen oder entsprechende Informationen zu vermitteln. Besonders gilt dies für die Arbeitsweise des Täters, um einen noch unbekannten Rechtsbrecher zu überführen. Dieses Mittel ist vor allem für die überörtliche Fahndung wichtig.

Ein derartiges Vorgehen empfiehlt sich, wenn die Straftat entweder von der Ausführung oder vom Opferkreis her auf Berufspersonen bestimmter Art hinzudeuten scheint und der

Tätigkeitsbereich des Rechtsbrechers nicht lokal einzugrenzen ist. Natürlich kann sich auch aus anderen Gründen die hier notwendige Eingrenzung des anzusprechenden Personenkreises ergeben.

Ein fünfzehnmal Vorbestrafter ernährte Frau und Kind, mit denen er jahrelang durch ganz Deutschland zog, mit Warenkreditbetrügereien folgenden Typs. Unter ständig wechselnden Namen bestellte er – angeblich für seine Mutter, Tante oder Ehefrau – in einem Elektrogeschäft ein größeres Gerät (Kühlschrank, Waschmaschine, Elektroherd, Fernsehgerät usw.): Lieferung wurde für den Nachmittag vereinbart. Wie zufällig kaufte er dann noch ein kleineres Gerät (Trockenrasierer, Mixquirl, Bügeleisen, Kofferradio oder dergl.), das er sogleich mitnehmen durfte, weil es zusammen mit der größeren Lieferung am Nachmittag bezahlt werden sollte. – Der nahezu täglich auftretende Betrüger konnte schließlich in einem Geschäft, das durch ein beim betreffenden schleswig-holsteinischen Einzelhandelsverband veranlaßtes Rundschreiben vier Tage zuvor zur Mitfahndung aufgefordert worden war, festgenommen werden. Dem Täter, der seine Beute sofort weit unter Preis verkauft hatte, konnten immerhin 102 Fälle nachgewiesen werden.

Ähnlich fiel in Kiel 1962 ein Betrüger auf, der nach einem Ferngespräch angeblich als Beamter des Versorgungsamtes gegen – gefälschten – Kostenübernahmeschein eine goldene Armbanduhr abzuholen pflegte, die einem erfundenen Hinverletzten als Ersatz für die ihm gestohlene ausgehändigt werden sollte. Ein daraufhin von seinem Obermeister gewarnter Uhrmacher sorgte dafür, daß für den bald erscheinenden Betrüger, gegen den schon ein Bremer Haftbefehl vorlag, das Stündlein geschlagen hatte.

(3) Ausschreiben in der Fachpresse

Ausschreiben in der Fachpresse sind deshalb für die Fahndung wichtig, weil dadurch ebenfalls bestimmte Berufskreise – u. U. in räumlich weitem Umfange – angesprochen werden können. Bei ansonsten personell noch weniger gezieltem Ansprechen entfällt hier die Zusammenstellung einer Anschriftenliste. – Selbstverständlich müssen sich derartige Fahndungsmaßnahmen auf Kapitalverbrechen, andere schwere Straftaten oder Wiederholungsgefahr beschränken, zumal da man hier ein besonderes Interesse des betreffenden Berufskreises vermuten darf.

Hier kommt es naturgemäß auf gute Zusammenarbeit mit der Fachpresse an, welche jedoch nicht durch zu häufige Inanspruchnahme strapaziert werden sollte. Deshalb gehören derartige Fahndungsmaßnahmen in die Kompetenz höherer Dienststellen; denn zu häufige Inanspruchnahme wirkt abstumpfend.

Die Veröffentlichung muß klar und so gefaßt sein, daß der angesprochene Personenkreis damit etwas anzufangen weiß.

Daß es dabei keineswegs nur um Ermittlungen nach Tatverdächtigen, sondern auch nach Geschädigten gehen kann, beweist ein Überfall auf einen Homosexuellen in Hannover. Auf einen Hinweis konnte zwar ein 18jähriger Tankwart, bei dem sich eine goldene Armbanduhr Schweizer Fabrikats und lobung Geld fanden, sowie andere Heranwachsende gefaßt und zu einem Geständnis gebracht werden. Es fehlte aber außer der Behauptung, daß das Opfer sich als Homosexueller an sie herangemacht hatte, jede brauchbare Angabe über den Geschädigten. – Da man auch über die Uhrenfabrik nicht weiter kam, veröffentlichte man in den im Bundesgebiet erscheinenden Uhrmacherzeitungen ein Bild des Gehäuses mit dem Reparaturzeichen eines Uhrmachers, der um Meldung gebeten wurde, weil dieses Zeichen in Hannover unbekannt war. Wenige Wochen später meldete sich ein Uhrmachermeister aus Düsseldorf, der auch die Anschrift seines Kunden mitteilte. Dieser bestätigte die Angaben der Täter; er hatte von einer Anzeige in der ihm peinlichen Sache trotz hohen Schadens abgesehen.

Daß diese Fahndungsmaßnahme auch in Vermißtenfällen hilfreich sein kann, beweist die Identifizierung einer bei einem Verkehrsunfall getöteten Frau, die keinerlei Ausweispapiere bei sich hatte. Erst als man über die besondere Charakteristik der orthopädischen Schuheinlagen, die in einer Fachzeitschrift veröffentlicht worden war, den Hinweis einer Hildesheimer Firma auf die Käuferin erhielt, gelang den Schleswiger Kriminalbeamten mithilfe eines Mannheimer Zahnarztes und der Eltern die Identifizierung, die wegen Fehlens von Fingerabdrücken sonst kaum möglich gewesen sein dürfte.

bb) Unbestimmter Personenkreis
Als Fahndungsmittel kommt ferner die Inanspruchnahme der gesamten Öffentlichkeit in einem mehr oder weniger begrenzten Gebiet in Betracht; hier fehlt es also ungeachtet der beim bestimmten Personenkreis angedeuteten Unsicherheiten an jeglicher so oder so gestalteten Begrenzung des Adressatenkreises. – Die Art derartiger Inanspruchnahme der Öffentlichkeit ist außerordentlich vielfältig. Außer an Aushang und Plakatveröffentlichung sowie Ausstellung von Beweismittteln ist hier an Veröffentlichungen in Kinos, in der Tagespresse, im Rundfunk oder im Fernsehen zu denken. Dabei spielen neben Beweisstücken vor allem Fotos oder Zeichnungen, wie sie bei den Rekonstruktionen erwähnt worden sind (§ 13-V), eine wichtige Rolle.

In diesen Rahmen gehört als ein Beispiel mündlicher Information die **„Befragungsaktion“**, obwohl sie sich mehr oder weniger gezielt an Personen wendet, die in einem bestimmten Bereich (Tatortnähe, vermutlicher Fluchtweg usw.) angetroffen werden.

Klingner, Günter: Lohnende Befragungsaktionen – der kriminalist 1975, S. 496 ff.

Sicherlich ist der personelle Aufwand einer solchen Maßnahme erheblich, weshalb eine Befragungsaktion gut überlegt sein will und selbst bei schwersten Straftaten gewöhnlich stufenmäßig durchgeführt wird. Da Zeugen oder Auskunftspersonen sich aber häufig – bewußt oder unbewußt – nicht von selbst melden, kann man zuweilen doch nicht auf eine solche Aktion verzichten, deren Ziel im Grunde ein konzentriertes Ermitteln von Beweispersonen darstellt.

(1) Aushang und Plakatveröffentlichung
Bei Kapitalverbrechen oder anderen wichtigen Ermittlungsverfahren benutzt man ebenso wie früher auch heute zuweilen noch Aushänge oder Plakatveröffentlichungen. Ein bekanntes Beispiel dieser Art sind Steckbrief-Veröffentlichungen mit dem Lichtbild des Gesuchten.

Junge, Herbert: Plakat und Handzettel – Sprachrohr der Kriminalpolizei zur Öffentlichkeit – in: TbKrim Bd. VIII, S. 225 ff. (1958).

Der Erfolg einer solchen Maßnahme hängt allerdings wesentlich vom Inhalt und von der Form des Plakats oder Aushangs ab. Bei einer Veröffentlichung der Kriminalpolizei oder anderer staatlicher Strafverfolgungsorgane versteht sich von selbst, daß die gemachten Angaben inhaltlich richtig sein und sachlich informieren müssen, wenngleich die oft notwendige Vereinfachung mit der Ausgestaltung bereits zu Fragen der Form (Blickfang, Raumverteilung, Drucktypen, Farben usw.) überleitet. Daher sollte man sich in diesen Fällen ggf. von Experten für Öffentlichkeitsarbeit beraten lassen.
Diese Aushänge oder Plakate sind so anzubringen, daß sie die Blicke der Passanten auf sich ziehen. Die Art der Veröffentlichung muß sich bei einer kurzen Schilderung des Sachverhalts mit einigen präzisen Fragen an den Leser wenden. Je nach Reichweite der Fahndung gibt es gewisse Erfahrungssätze darüber, wo solche Plakate anzubringen sind und wieviele man benötigt (Auflagenhöhe, Verteilung).

Außer zur Personenfahndung lassen sich solche Plakate auch zur Fahndung nach Beutestücken und dazu verwenden, die Herkunft von Tatwerkzeugen und anderen sichergestellten Gegenständen festzustellen.

(2) Ausstellung von Beweismitteln

Die Ausstellung von Beweismitteln – beispielsweise von Gegenständen, die mit einer Straftat in Zusammenhang stehen können – beschränkt sich demgegenüber naturgemäß auf eine Stelle, weshalb sie vor allem bei einer örtlich begrenzten lokalen Fahndung in Betracht kommt; denn eine nach gewisser Frist mögliche Verlegung bedeutet naturgemäß Zeitverlust.

Immerhin hat man 1939 durch eine mit den vom Täter am Tatort zurückgelassenen Kleidungsstücken versehene und ausgestellte Konfektionspuppe einen Sexualmord aufklären können (*Meixner* I-94).

(3) Kino-Veröffentlichung

Die Kino-Veröffentlichung, die an Bedeutung verloren hat, dient in erster Linie der Fahndung nach bestimmten bekannten Personen sowie in wichtigen Fällen der Sachfahndung.

Üblicherweise benutzt man für Kino-Veröffentlichungen Diapositive – ggf. Farbdias – mit gesprochenem Text; dieser muß kurz, aber klar und einprägsam sein.

(4) Veröffentlichung in der Tagespresse

Die Presse-Veröffentlichung als ein nach wie vor häufigstes Fahndungsmittel birgt ebenfalls Vor- und Nachteile in sich.

Meixner I-192 ff.; *Holle:* Kriminalpolizei und Presse – in: Das kriminalpolizeiliche Ermittlungsverfahren, hrsg. v. Bundeskriminalamt, Wiesbaden 1957, S. 211 ff.; *Zimmermann,* Heinz-Günter: Die Bedeutung der Presse für den Kriminalbeamten – in: TbKrim Bd. XVI, S. 301 ff. (1966); *Hardenberg,* Wilfrid Graf von: Polizei und Presse – Möglichkeiten der Zusammenarbeit – Kriminalistik 1969, S. 454 ff.; *Schwagerl,* H. Joachim: Fahndungshilfe durch Massenmedien. Ein Beitrag zur Problematik polizeilicher Fahndung in der Öffentlichkeit – Die Polizei 1974, S. 317 ff.; *Bauer* 3–96.

Derartige Veröffentlichungen können sowohl für die Personen- als auch für die Sachfahndung genutzt werden. Je nach Verbreitung des fraglichen Presseerzeugnisses (örtlich, regional, national) sind die Kompetenzen verschieden geregelt.

Nicht nur wegen der sich hier möglicherweise ergebenden Interessenkonflikte ist es zu empfehlen, daß die Kriminalisten außer den z. T. für die Zusammenarbeit mit der Presse erlassenen Vorschriften auch entsprechende Grundsätze beachten, die man hierfür erarbeitet hat.

Der Vorteil, auf einfache Weise einen relativ großen Personenkreis anzusprechen, wird u. U. durch ein Nebeneinander von Zeitungen begrenzt, weshalb ggf. gleichzeitig in verschiedenen Publikationsorganen veröffentlicht werden muß. Und selbst dann werden in erster Linie wohl doch nur die Zeitungsleser erfaßt. Ein weiterer Nachteil ist der, daß die Darstellung gewöhnlich knapp ist und sich durchweg auf Worte beschränken muß, Abbildungen hier also eher eine Ausnahme darstellen, zumal da die Wiedergabequalität oft schlecht ist.

Die später bei der Öffentlichkeitsarbeit zu behandelnde Gefahr der unnötigen Publikation von Verbrechenstechniken wird sich hier nur selten ergeben. Eher kann es schwierig sein, sofern etwa die Initiative von der Presse ausgegangen ist, dafür Sorge zu tragen, daß in der Veröffentlichung keine Angaben enthalten sind, die einstweilen noch geheim bleiben sollten.

Eine mit einer entsprechenden Auslobung versehene Pressemitteilung kann außer Tatzeugen insb. auch dritte Personen aktivieren, denen der Täter etwas erzählt hat oder die Verdächtiges gesehen oder gehört haben.

In einem gern von Liebespaaren aufgesuchten Waldgebiet war ein 29jähriger Mann durch einen Messerstich tödlich verletzt worden. Obwohl sich Liebespaare – wie üblich – nicht als Zeugen meldeten, rührte sich bei der Polizei ein Spanner, der den derselben Freizeitgestaltung nachgehenden Getöteten noch in der Tatnacht gesehen hatte. Die Kriminalpolizei machte sich daran, durch Notieren der Nummern von Wagen im fraglichen Waldstück Zeugen zu ermitteln und versuchte es ferner mit einer Aus-von DM 3000 in der Tagespresse. Unter Bezugnahme darauf machte eine Frau den Hinweis, daß sie gehört habe, die Tochter ihrer Arbeitskollegin sei in der Tatnacht im fraglichen Waldstück von einem unbekannten Mann belästigt worden, der jedoch von dem Freund niedergestochen worden sei. Der Rest war nun Routine.

Was die Art der Presseerzeugnisse anlangt, kommt wohl in erster Linie die Tagespresse in Betracht, mit der man je nach Verbreitungsgebiet eine mehr oder minder große Zahl von Bürgern schnell erreichen kann. Abgesehen davon, daß man keineswegs in jeder Strafsache auf überörtliche Zeitungen setzen muß, sollte man sich ungeachtet sonstiger Skrupel darüber klar sein, daß insoweit die Boulevard-Blätter die beste Wirkung haben. Sie sprechen den Leser nicht nur intensiver an, sondern sind auch mit Bildveröffentlichungen nicht so zurückhaltend. Doch sollte man dennoch bei überörtlicher Fahndung auch die anderen Tageszeitungen und die Presseagenturen nicht übergehen.
Vielleicht noch größere Vorteile als die Boulevard-Presse bieten, was Intensität der Ansprache und Bildqualität anlangt, die Illustrierten; denn hier wird mit der „story" noch mehr Hintergrundmaterial angeboten. Wenn diese Möglichkeit trotz des auch aus anderen Gründen verständlichen Bemühens der Redaktionen nicht so häufig genutzt wird, so erklärt sich das wohl aus der bei Illustrierten vergleichsweise langen Publikationsfrist; zudem sollte es sich wegen der weiten Verbreitung dieser Presseprodukte in der Regel um Fälle überörtlicher (d. h. hier auch überregionaler) Fahndung handeln. Eher kommen Illustrierte und Wochenblätter unter Einschluß der Regenbogen-Presse daher für Veröffentlichungen in Betracht, bei denen weder besondere Eile geboten noch schnelle Erledigung zu erwarten ist.
Es ist bei Einschaltung der Öffentlichkeit durch die Tagespresse mithin nicht nur nach Art der Presseerzeugnisse und nach ihrem Verbreitungsgebiet, sondern auch eine im Hinblick auf die mehr oder minder große Eilbedürftigkeit für die konkrete Ermittlungssache passende Auswahl zu treffen. Dann aber verspricht diese Fahndungsmaßnahme, wie die Praxis beweist, gute Erfolgsaussichten.

Eine auf St. Pauli vor einigen Jahren in den Verkehr gebrachte Porno-Serie verschlug selbst den insoweit nicht gerade zartbesaiteten Beamten der Davidswache den Atem. Bei der sonst üblichen Szenerie waren nämlich neben einem etwa 35jährigen Mann anscheinend zwei Mädchen im Alter von 7 bis 10 Jahren abgebildet. Da die Hamburger Kriminalbeamten trotz intensiver Suche nichts ermitteln konnten, veranlaßten sie schließlich, daß Ausschnitte der Pornos mit Köpfen der Mädchen und einem Teil des Schlafzimmers in den Hamburger Morgenzeitungen mit der Bitte um Hinweise veröffentlicht wurden; als Belohnung wurden 500 DM ausgesetzt. Obwohl die vielen Hinweise sich, wie üblich, zunächst nicht als sachdienlich erwiesen, hatte diese Maßnahme doch Erfolg. Der 31jährige Täter stellte sich selbst auf der Davidswache. Er hatte für seine Aufnahmen in „verschiedener Aufmachung" dasselbe Mädchen, seine 11jährige Tochter mißbraucht. Das Bildmaterial war von einem Hamburger Toilettenpächter entwickelt und verbreitet worden; er hatte allerdings das belastende Material nach der fraglichen Veröffentlichung vernichtet oder beiseitegeschafft.

Die Zusammenarbeit mit der Presse funktioniert allerdings nicht nur lokal unterschiedlich gut, sondern leidet oft daran, daß sich die Kriminalisten nicht hinreichend über Plazierung und Aufmachung klar sind. Hier läßt sich – wie im Rahmen der Öffentlichkeitsarbeit (§ 27-IV-4) darzulegen sein wird – des öfteren noch mancherlei tun.

(5) Rundfunk-Veröffentlichung

Der Rundfunk darf zur Fahndung nur in besonders wichtigen und dringenden Fällen in Anspruch genommen werden, die außer besonders schneller Reaktion vor allem Information eines großen Gebietes erfordern. Zuständig hierfür sind höhere Dienststellen wie in Deutschland die Landeskriminalämter.

Bauer 3–96 f.

Als besonders gewichtige Fälle, die für eine Rundfunk-Veröffentlichung in Betracht kommen, sind die Aufklärung von Kapitalverbrechen (z. B. Mord und Totschlag, schwere Fälle von Notzucht, Raub und Erpressung wie insb. Geiselnahme) oder Straftaten mit tödlichem Ausgang, z. B. dann auch Verkehrsunfallflucht sowie gemeingefährliche Verbrechen (einschließlich Terrorismus) anzusehen. Der Rundfunk kann im übrigen in eher noch etwas größerem Umfange präventiv genutzt werden, wenn es um flüchtige Verbrecher geht, von denen derartige Straftaten zu erwarten sind oder zur Warnung vor Verbrechern wie Geldfälschern, Betrügern oder vor Katastrophen bzw. ähnlichen Gefahren. Ferner kommen u. U. auch bedeutsame Vermißten-Sachen in Betracht.

Da es bei der Mitteilung auf das gesprochene Wort ankommt, sollte sie möglichst kanpp und gut verständlich sein. Die Information sollte nicht dramatisieren, um die Bevölkerung nicht unnötig zu verunsichern.
Die Maßnahme sollte sich ferner auf dasjenige Sendegebiet beschränken, in welchem am ehesten mit Erfolg zu rechnen ist, was bei Auswahl der Rundfunkanstalt zu beachten ist; eine bundesweit ausgestrahlte Veröffentlichung sollte daher eine seltene Ausnahme bleiben.

(6) Fernseh-Veröffentlichung

Neben der Rundfunk-Veröffentlichung hat in den letzten Jahrzehnten die Fernseh-Veröffentlichung sehr an Gewicht gewonnen, für die ebenfalls höhere Dienststellen wie die Landeskriminalämter zuständig sind. Gerade diese Fahndungsmöglichkeit wird heute z. T. heftig diskutiert, was beweist, daß hier noch manche Fragen ungeklärt sind.

Claessens, P. B.: Polizei und Fernsehen – Kriminalistik 1958, S. 402 ff.; *N. N.*: Polizei und Fernsehen. Zwei europäische Versuche – Internat. kriminalpol. Revue 1959, S. 111 ff., 130 ff.; *N. N.*: Bericht über 30. Tagung der IKPO, 4.–9. Sept. 1961: 6. Abschnitt. Einsatz des Fernsehens durch die Polizei – Internat. kriminalpol. Revue 1961, S. 342 ff.; *Valentin*, H.: Das Fernsehen im Dienste der Kriminalpolizei – in: TbKrim Bd. XI, S. 327 ff. (1961); *Zimmermann*, Eduard: Fahndung unter Inanspruchnahme der Öffentlichkeit – aus der Sicht des Publizisten – in: Fahndung, hrsg. v. Bundeskriminalamt, Wiesbaden 1970, S. 111 ff.; *Stümper*, Alfred: Fernsehfahndung – Kriminalistik 1971, S. 57 ff.; *Wehner*: Zu Zimmermanns „XY“-Sendungen – Kriminalistik 1971, S. 122 ff.; *Zimmermann*, Eduard: Möglichkeiten und Grenzen der Fernsehfahndung – in: Vorträge im LKA Niedersachsen H. 7, Hannover 1972, S. 26 ff.; *Krumsiek*, Lothar: Fernseh-Fahndungsfotos – der kriminalist 1972 – H. 1, S. 18 ff.; *Bauer* 3–97 f.

Ein Vorzug der Fernseh-Veröffentlichung ist sicherlich, daß sie sich außer auf das gesprochene Wort auch auf eine optische Wiedergabe stützen kann, was jedoch entsprechende

Bildqualität voraussetzt. Auch hier ist wiederum zu prüfen, ob eine zentrale Ausstrahlung erforderlich ist oder eine Sendung im Regionalprogramm genügt. Die Veröffentlichung sollte – auch optisch – dartun, an wen sich der Bürger mit seiner Information wenden kann. Wesentlich ist vor allem, daß die Veröffentlichung – ungeachtet des Rates der Fernseh-Experten – kriminalistisch wohlüberlegt ist, weshalb es hier allein auf die Kriminalisten ankommt. Der Gegenstand der Fernseh-Veröffentlichung entspricht bei vielleicht etwas größerer Zurückhaltung ansonsten dem der Rundfunk-Veröffentlichung.
Was den nicht unwesentlichen Rahmen der Veröffentlichung anlangt, so ist nichts gegen eine Sendung im Rahmen oder im Anschluß von Nachrichten wie der „Tagesschau" oder „Heute" einzuwenden, weil hier ohnehin wegen hoher Einschaltquoten mit zahlreichen Zuschauern zu rechnen ist. Je nach Eilbedürftigkeit kann oder muß man sich aber auch für einen anderen Zeitpunkt und Zusammenhang entscheiden. Und sicherlich lohnt es sich über Rahmen und Aufmachung solcher Fahndungsmaßnahmen nachzudenken.

Dies wird hier später im Rahmen der Öffentlichkeitsarbeit geschehen, bei welcher der Kriminalist gewiß den Rat der mit diesem Massenmedium Vertrauten hören und beherzigen sollte, wenngleich er aus sachlichen Gründen u. U. zu sehr auf Effekt bedachten Ratschlägen nicht folgen darf. Tritt bei einer Fernsehfahndung ein Kriminalbeamter auf, so ist dafür Sorge zu tragen, daß er auch in der Form hinreichend mit dieser Aufgabe vertraut ist, damit er nicht durch ungeschicktes oder gar stieseliges Verhalten vor der Fernsehkamera dem beim kritischen Publikum von manchen Massenmedien hingebungsvoll kultivierten negativen Image der Kriminalbeamten Nahrung bietet.

Es dürfen aber bei allem dennoch nicht die Gefahren einer solchen Fernsehfahndung verkannt werden, von welcher beispielsweise gerade der Gesuchte alsbald etwas erfährt; er kann dann fliehen oder andere Verschleierungspraktiken anwenden.

So ist es beispielsweise sehr fraglich, ob die Festnahme eines Pärchens, das als Warenvertreter umfangreiche Betrügereien begangen hatte, als Erfolg einer vom Fernsehen im Rahmen der „Nordschau" veröffentlichten Fahndungsmeldung (mit Bildern, Personenbeschreibung, polizeilichem Kennzeichen des Kraftwagens und Arbeitsweise) gebucht werden darf. Auch wenn die Täter, die schon am Tage nach der Sendung von einer Bekannten deshalb gewarnt worden waren, zwei Tage später behaupteten, sie seien das gehetzte Leben leid gewesen, spricht mehr dafür, daß eine Flucht unterblieben war, weil ihr Personenwagen wegen eines größeren Schadens nicht fahrbereit war.

Sicherlich können Fernseh-Veröffentlichungen auch im Rahmen regelmäßiger Sendungen erfolgen, die sich mit Kriminalität und Kriminalitätsbekämpfung befassen.

Strittig ist in Deutschland allerdings teilweise, inwieweit die hier bisher behandelten Fernseh-Veröffentlichungen als aktuelle Fahndungsmaßnahmen in eine Sendereihe wie "Aktenzeichen XY" passen, die sich vorwiegend mit zwar „noch aktuellen", aber doch anscheinend toten, d. h. vermeintlich anders nicht aufzuklärenden Strafsachen befaßt, welche dabei u. U. zum Zwecke der Demonstration von Schauspielern nachgestellt werden. Da diese ebenfalls nicht zu unterschätzende Möglichkeit aber doch wohl besser in den Rahmen der Öffentlichkeitsarbeit als den der Fahndung paßt, soll sie später behandelt werden (§ 27-IV-4-b). Dabei ist dann auch auf die Frage einzugehen, inwieweit das Verkoppeln beider Materien tragbar oder bedenklich ist, weil bei einer solchen Sendeform der Einfluß der Fernsehleute leicht zu groß werden könnte.

Mit Sicherheit aber darf der Kriminalist nicht auf das gerade für die Fahndung wichtige Medium des Fernsehens verzichten, wenngleich bei notwendiger Anpassung an dessen Gegebenheiten die Belange der Kriminalitätsbekämpfung nicht zu kurz kommen dürfen. So ist es doch zunächst einmal mehr Sache der Kriminalpolizei als einer Fernsehanstalt oder

-redaktion zu entscheiden, welche Fahndungssache wann und in welcher Form gesendet wird; das setzt vorherige gründliche Kontrolle durch Kriminalisten voraus, wobei je nach Sendegebiet eine einzige Stelle dafür zuständig sein sollte.

Während für das Bundesgebiet beispielsweise das Bundeskriminalamt oder eine andere Instanz diese Aufgabe übernehmen müßte, könnte man die Zuständigkeit für Regionalprogramme auf ein Landeskriminalamt oder eine ähnliche Stelle delegieren, wenngleich die Sendegebiete sich nicht immer mit deren Arbeitsbereichen decken. Diese Stelle müßte zugleich auch die Koordinierung mit der Zentralstelle übernehmen.

cc) Mitwirkung einzelner Bürger

In manchen Fällen ist es jedoch zweckmäßiger, einzelne Bürger – insb. den Verletzten – an der Fahndung zu beteiligen. Um einen gewissen Überblick zu bieten, sollen nunmehr einige derartige Möglichkeiten aufgezählt werden. Dabei dürfte zugleich deutlich werden, daß der Bürger aus sehr verschiedenartigen Gründen zur Kooperation motiviert werden kann. Doch soll es im Folgenden zunächst einmal nur um die auf den Einzelfall begrenzte Mitwirkung gehen; Fälle einer längerfristigen Kooperation, wie sie bei Hilfspersonen der Kriminalpolizei zu verzeichnen ist, sollen im Anschluß daran gesondert behandelt werden (dd).

(1) Diebesfallen u. a.

Das bekannteste Beispiel einer solchen Mitwirkung bestimmter Personen bei der Fahndung ist die Diebesfalle, wenngleich manche Fallen auch allein mit Beamten arbeiten. Bei diesen Diebesfallen handelt es sich wie überhaupt bei kriminalistischen Fallen um ein Fahndungsmittel, das auf den Erkenntnissen von Spurenkunde sowie Kriminaltechnik basiert und einen noch unbekannten Täter überführen oder dingfest machen soll.

Keunecke, F.: Unzulässige Ermittlungs- und Vernehmungsmethoden nach der höchstrichterlichen Rechtsprechung – in: TbKrim Bd. XII, S. 235 ff., insb. S. 240 ff. (1962); *Faulhaber,* Gottfried: Kriminalistisches Fallenstellen – in: TbKrim Bd. XVI, S. 139 ff. (1966); *Zbinden* S. 131 f.; *Meixner* I-161 ff.; *Brüss:* II. Primitivfallen – in: GrKrim Bd. 7, S. 441 ff. (1971).

Die Konstruktion solcher Fallen ist sehr unterschiedlich. Vor allem aber haben wir es in der Praxis doch mit chemischen und fotografischen Fallen zu tun. Daneben gibt es aber noch mancherlei andere Möglichkeiten, die der Kriminalist als Falle für derartige Zwecke nutzen kann und die hier deshalb erwähnt werden sollen, weil häufiger Privatpersonen so oder so mitwirken müssen.

So kann man beispielsweise Klingel- oder sonstige, vor allem elektrisch arbeitende Alarmanlagen als **mechanische Fallen** bezeichnen. Selbst wenn man derartige Anlagen auch in echte Fallen einbauen kann, überwiegt bei solchen Anlagen doch mehr der Zweck einer präventiven Sicherung, die Aktivitäten von Menschen auslöst, während die Falle selbst einen Beweis bringen sollte.

Carstens, Wolfgang/*Getto,* Winfried: Funktechnische Mittel bei der Verbrechensbekämpfung – Kriminalistik 1970, S. 237; *N. N.:* Die Klosettfalle und die nachfolgende Erfolgsvereitelung – Kriminalistik 1975, S. 459 f.

Bei anderen Fallen verwendet man Personen, welche den Rechtsbrecher auf frischer Tat erwischen und stellen sollen. Als solche „Fallensteller“ können außer Beamten u. U. auch V-Personen fungieren. Dabei lassen sich vor allem zwei Arten solcher Fallen unterscheiden.

Bei **Lauer- oder Beobachtungsfallen** verwendet man in aller Regel Beamte. Diese sollen getarnt oder doch unauffällig getarnt den möglichen Tatort oder Tatverdächtigen beobachten, um bei Beginn der Tatausführung einzuschreiten, was u. U. der Observation ähneln kann (§ 19-III-1-b).

Derartige Lauerfallen benutzt man z. B., wenn man an bestimmten Orten einen Einbruch oder einen Banküberfall erwartet.
Um einen Erpresser zu ertappen, der das Paket mit Lösegeld an einer völlig im Freien gelegenen Stelle abholen wollte, setzte man mit Erfolg als Liebespärchen getarnte Beamte und Beamtinnen ein. In diesen Rahmen gehören auch Abhörpraktiken.

Etwas anders ist das bei **Lock- oder Köderfallen,** bei denen man eher auf V-Personen zurückgreift; aber auch diese sollten gerade hier ebenso wie die Beamten ihre rechtlichen Grenzen kennen. Anders als bei Lauerfallen kommt es bei deiser Taktik auf diejenigen Personen an, die sich beispielsweise – wie potentielle Opfer aufgemacht – im fraglichen Bereich bewegen; natürlich können überdies ggf. Beamte versteckt werden, um jene zu sichern und die Vorgänge zu beobachten.

Leutner, Siegfried: Die Räuber von der Isarbrücke – Kriminalistik 1964, S. 346f.; *Goldstein,* Alfred: Auf erfolgreicher Verbrecherjagd in Frauenkleidern – Kriminalistik 1964, S. 572ff.

Typischerweise verwendet man solche Lock- und Köderfallen bei noch unbekannten Sexualdelinquenten, wenn der Tatverdächtige an bestimmten Örtlichkeiten aufzutreten pflegt. Als Köder dienen dann beispielsweise Beamte der weiblichen Kriminalpolizei oder als Frauen verkleidete männliche Kriminalbeamte, die zudem gewöhnlich durch versteckte Beamte unterstützt werden können.
Um Homosexuelle, die in einer Parkanlage ihr Unwesen treiben, zu überführen, verwendete man als Köder bzw. Lockvogel noch sehr unerfahrene junge Beamte. Diese ließen sich, ohne die Grenzen zu beachten, mit den Homosexuellen ein, um „klare Beweise“ zu erlangen; dann legitimierten sie sich und nahmen die Täter fest. – Die Kommentare der Verteidiger und der Presse kann man sich vorstellen.
Typischer und weniger bedenklich als derartige Lock- oder Köderfallen sind Praktiken des „Probekaufs“ oder „Scheinverhandlungen“, sofern hier die Initiative dazu vom Tatverdächtigen ausgeht. Geht es beim Probekauf z. B. um wirtschaftskriminelle Praktiken oder Verhaltensweisen des Hehlers, so kommt es u. a. in der Drogenszene zu Scheinverhandlungen.

Bei der sogen. **Fingerabdruckfalle** nutzt man die Möglichkeiten der Daktyloskopie, um den Dieb zu überführen. Ebenso wie man von einem Tatverdächtigen Vergleichsabdrücke dadurch erlangen kann, daß man ihm unter Kontrolle solche bzw. so präparierte Sachen zuspielt, die brauchbare Fingerabdrücke erwarten lassen, kann man diese Technik auch präventiv nutzen.

Dabei ist es relativ gleich, ob man bereits Abdrücke von Tatverdächtigen besitzt, die es erlauben ihn zu identifizieren oder ob man ihn mit Hilfe der bei der Tatausführung am präparierten Tatort hinterlassenen Abdrücke überführen muß. Dabei kann ferner die als Lockmittel benutzte Beute zum Beweis dienen.

Ein einfaches Mittel ist ferner die **Kennzeichnung** der hier als Fangmittel dienenden potentiellen Beute; dies sollte, wenn man hierbei nicht primär präventive Ziele verfolgt, in einer Weise geschehen, die möglichst unauffällig ist.
Das kann z. T. aber schon zur **chemischen Falle** überleiten, für die man typischerweise Farbstoffe (z. B. Anilinfarbstoffe, Silbernitrat) benutzt, die entweder erst mit Hilfe eines bestimmten Reagenzes sichtbar werden oder doch sehr schwer zu entfernen sind.

Specht, W./*Katte,* W.: Fangstoff-Nachweise – Kriminalistik 1954, S. 8 ff.; *Stedry,* W.: Chemische Fangstoffe – Kriminalistik 1960, S. 204 ff.; *Schöntag,* A./*Roth,* J./*Lechner,* M.: Ein Vorschlag zur Erhöhung der Beweiskraft der Fangstoffmethoden – Arch. f. Krim. Bd. 128, S. 88 ff. (1961); *N. N.:* I. Chemische Fallen – in: GrKrim Bd. 7, S. 427 ff. (1971); *Wehr,* K./*Gruber,* Hans/*Weber,* Werner/*Bosch,* Kyrill: Fangchemikalien nach Maß – Kriminalistik 1974, S. 399, 452 f., 503 f.; 1975, S. 8 f.

Neben den sogleich erkennbar färbenden, jedoch relativ waschechten Fangmitteln gibt es wasserlösliche und wasserunlösliche Fangmittel, die erst mit Hilfe eines bestimmten Reagenzes sichtbar werden oder nachgewiesen werden können. Bei Anlage solcher chemischen Fallen sollte ein damit vertrauter kriminaltechnischer Experte zu Rate gezogen werden.

Bei wiederholten Diebstählen aus Bürokassen oder Briefkästen werden beispielsweise das Behältnis oder der Inhalt mit einem staubförmigen Farbstoff behandelt oder in dieser Weise unsichtbar gekennzeichnet.

Insb. bei diesem chemischen Fangmittel ist nach Möglichkeit darauf zu achten, daß dieses nicht auf andere Personen übertragen werden kann.

In einer Werkzeugfabrik mit rund 200 Beschäftigten wurden nach Gelddiebstählen aus Spinden von der Kriminalpolizei bei drei in das Vertrauen gezogenen Betriebsratsmitgliedern Geldbörsen und Inhalt mit Silbernitrat-Pulver „geimpft". Als schon am nächsten Tage aus einem dieser drei Spinde eine Geldbörse mit einem 10-DM-Schein gestohlen worden war, wurden angeblich alle Beschäftigten kontrolliert, wobei ein 18jähriger wegen Spuren an seiner rechten Hand in Verdacht geriet. Erst jetzt stellte man fest, daß sich ein 14jähriger Hilfsarbeiter der Kontrolle hatte entziehen können. Die an seinen Händen festgestellten Spuren führten zu einem Geständnis. Durch Handschlag hatte er die Spuren auf die Hand des 18jährigen übertragen.

Bei anderen, z. B. flüssigen Objekten verwendet man natürlich andere Farbstoffe.

So kann man beispielsweise Benzin mit einer Chemikalie „impfen", die entweder als solche oder durch ein bestimmtes Reagenzmittel eine Verfärbung bewirkt.

Schock, Erich: Gammastrahlen – neue Möglichkeiten bei Diebesfallen – Kriminalistik 1975, S. 220 f.

Relativ früh nach Entdeckung der Fotografie hat man fototechnische Diebesfallen konstruiert, die man als **Fotofalle** natürlich auch bei anderen Straftaten verwenden kann. Die Entwicklung hat inzwischen auch Film und Fernsehen für derartige Zwecke nutzbar gemacht.

Beranek, Sepp/*Kern,* Gerhard: Die Fotofalle – Kriminalistik 1959, S. 18 ff.; *Vieten,* Friedhelm: Filmkamera überführt Diebin – Kriminalistik 1968, S. 148; *Brand,* Anton/*Preuss,* Hans-Georg: Erfolg mit Fotofalle – Kriminalistik 1968, S. 661 ff.

Obwohl die in einer Bankfiliale installierte Filmkamera noch nicht exakt eingestellt worden war, wurde sie bei einem Überfall in Betrieb gesetzt. Der Film hatte glücklicherweise eine hinreichende Qualität, um die Täter identifizieren zu können und den unfreiwilligen Hauptdarstellern vorgeführt diese zu einem schnellen Geständnis zu veranlassen.

Derartige chemische oder fototechnische Fallen sind wie sonstige Fallen so unbemerkt oder doch unverfänglich wie möglich anzulegen. Soweit das nicht geschehen kann, ohne eine Privatperson einzuweihen, sollte diese zuvor gründlich kontrolliert und jedenfalls der Kreis solcher Personen klein gehalten werden. Ist in einer Strafsache die Einschaltung der Kriminalpolizei bereits bekannt geworden, so sollte man die Ermittlungen ggf. äußerlich erkennbar als anscheinend ergebnislos abbrechen, um den Täter in Sicherheit zu wiegen. Der die

Anlage einbauende Kriminaltechniker kann u. U. als Handwerker getarnt werden. Die Falle sollte zudem so angelegt werden, daß harmlose Personen nicht oder nur schwer mit ihr in Kontakt kommen. Sie sollte aber auch so beschaffen sein, daß der Täter kein Mißtrauen schöpft.

(2) Zusammenarbeit mit privaten Sicherheitsdiensten

Besonders ist in diesem Rahmen auf die Zusammenarbeit der Strafverfolgungsbehörden mit Wach- und Schließgesellschaften, Werksicherheitsbeamten (Werkschutz), Auskunfteien und Privatdetektiven hinzuweisen. Derartige Personen verfügen insb. dann, wenn sie seit längerer Zeit in einem bestimmten Bereich tätig sind, insoweit oft über erstaunliche Personen- und Ortskenntnisse, die für den Beamten sehr von Nutzen sein können.

Privatdetektive, Werksicherheitsbeamte, Schadensermittler von Versicherungen und dergl. arbeiten bei zivilrechtlichem Status nicht nur weithin wie beamtete Kriminalisten, sondern auch in Bereichen, mit denen sich Strafverfolgungsorgane an sich nicht zu befassen haben, welche aber doch für sie wichtig werden können. Und jedenfalls können die „Privatkriminalisten“ auf Grund ihrer besonderer Kenntnisse und Erfahrungen in ihren Spezialgebieten den Strafverfolgungsorganen recht oft wertvolle Hilfe bieten. Da auf Organisationsformen und Arbeitsweise privater Sicherheitsdienste daher im V. Teil (§ 25) noch genauer einzugehen sein wird, mag dieser gerade im Rahmen der Fahndung wichtige Hinweis auf sie einstweilen genügen.

(3) Benutzen von Privatpersonen als Informanten und Lockvögel

Schließlich können Privatpersonen auch in anderer Weise – als Informanten oder direkt als Lockvögel – bei einer Fahndung mitwirken. Derartige Formen durchweg einmaliger Kooperation einzelner Bürger finden sich nicht nur im nachrichtendienstlichen Bereich, sondern dann und wann auch in Strafsachen. Dabei soll hier jedoch der planmäßige Einsatz sogen. V-Leute, auf die alsbald einzugehen sein wird (dd), einstweilen noch ausgeklammert bleiben.

Wird eine Privatperson als Lockvogel benutzt, so handelt es sich dabei um Fallen der oben geschilderten Art (siehe oben (1) Lock- und Köderfallen), wobei lediglich die Mitwirkung über das bloße Gestatten hinausgeht.

Selbständigere Bedeutung haben dagegen solche Privatpersonen, die nicht als Zeugen oder Sachverständige in der konkreten Strafsache in Betracht kommen, u. U. als Informanten der Kriminalpolizei; sie kann sich auf diese Weise mitunter gut über Lebensgewohnheiten und -umstände einer bestimmten Person sowie über besondere Verhältnisse oder Gegebenheiten unterrichten.

dd) Hilfspersonen der Kriminalpolizei

Ein schwieriges Gebiet ist die bereits ausgesprochene Verwendung von Hilfspersonen – sogen. Vertrauens- oder Gewährspersonen wie Vigilanten, Konfidenten, Spitzeln usw. – zur sogen. verdeckten Fahndung. Von diesen Fällen, die durch längerfristige und intensivere Kooperation gekennzeichnet zu sein pflegen, sind streng diejenigen Fälle der verdeckten Fahndung zu unterscheiden, in denen Beamte verwendet werden, die – ohne ihre amtliche Eigenschaft zu offenbaren – etwa in kriminelle Kreise eingeschleust werden; darauf wird beim Fahndungsaußendienst zurückzukommen sein (§ 19-III-1-b).

Die z. T. mit Recht umstrittene Verwendung von V-Personen ist im Grunde unerläßlich, da die Kriminalpolizei nicht alle Ermittlungen (Beobachtungen) oder auch Observationen selbst durchführen kann, wenn dies unauffällig geschehen soll. Zudem haben V-Personen häufig eine ungleich bessere Informationsbasis in ihrem Milieu, in welches Beamte nur schwer oder nicht eingeschleust werden können. Jedenfalls aber kann man die Initiative eines Bürgers, als V-Person bei der Verbrechensbekämpfung zu helfen, nicht ohne weiteres von der Hand weisen.

Bei V-Personen handelt es sich folglich um Personen, die nicht Beamte oder Angestellte der Strafverfolgungsbehörden sind, sondern private Dritte, welche jedoch im Gegensatz zum unbeteiligten Bürger mehr oder weniger ständige Verbindungen zu den Strafverfolgungsbehörden, insb. zur Kriminalpolizei haben.

Groß/Seelig (8) I–24 ff.; *Keunecke,* F.: Unzulässige Ermittlungs- und Vernehmungsmethoden nach der höchstrichterlichen Rechtsprechung – in: TbKrim Bd. XII, S. 235 ff. (1962); *Seelig* S. 244; *Meixner* I–182 ff.; *Wenzky,* Oskar: Kriminaltaktik – in: HdwKrim (2) II–135 ff.; *Mörschel,* Karl: Über den Umgang mit V-Leuten – Kriminalistik 1971, S. 169 ff.; *Joachimski,* Jupp: V-Leute in der Bekämpfung der Rauschgiftkriminalität – Kriminalistik 1971, S. 555 ff.; *Bauer* 2–338 ff.; *O'Hara* S. 152 ff.; *Steinke,* Richard: Der V-Mann-Einsatz – Die Neue Polizei 1973, S. 178 f.; *Harms/Duvenhorst/Hakel:* Rechtliche und taktische Fragen zum Einsatz von Vertrauensleuten – in: TbKrim Bd. XXIV, S. 351 ff. (1974); *Plonka,* Helmut: Zum Rechtsschutz für Vertrauenspersonen – Die Polizei 1974, S. 80 ff.; *Schmidtmann,* Horst: Auch im EDV-Zeitalter brauchen wir V-Leute. Praktische Erfolge – aber auch üble Erfahrungen – mit Vertrauenspersonen – Kriminalistik 1975, S. 161 ff.; *Bergbauer,* Fritz: V-Mann-Gewinnung, V-Mann-Führung, rechtliche Probleme – der kriminalist 1976, S. 573 ff., 607 ff.

Je nach Art dieser Verbindung zu den Strafverfolgungsorganen, insb. zur Kriminalpolizei und der damit bezweckten Aktivität dieser Menschen kann man bei den V-Personen folgende Fallgruppen in etwa unterscheiden.

(1) Unter **Agent provocateur** ist strikt genommen nur derjenige zu verstehen, der einen anderen zu einem verbrecherischen Entschluß bringen (anstiften) soll, damit der Betreffende dann auf Grund dieser Straftat zur Verantwortung gezogen werden kann. Der in der Strafrechtswissenschaft vieldiskutierte Agent provocateur ist übrigens in der kriminalistischen Praxis relativ selten. Diese Form der V-Mann-Tätigkeit ist im übrigen nicht nur strafrechtlich umstritten, sondern auch kriminalistisch bedenklich.

Um ein Ehepaar, das sich als Lohnabtreiber betätigte, zu überführen, verwendete ein Beamter eine V-Person als Köderfalle. Nachdem der Mann der Abtreiberin vergeblich zwei Briefe mit Honorarangebot geschrieben hatte, suchte er das Ehepaar auf, das sich nunmehr bereit erklärte, die Abtreibung an der angeblichen Ehefrau gegen Entgelt dudurchzuführen. Es wurde an dem verabredeten Ort festgenommen. – Selbst wenn auf diese Weise weitere Tatzusammenhänge bekannt geworden wären, kann man sich doch unguter Gefühle nicht erwehren, weil die Aktivität der V-Person weit über Beobachten und Informieren hinausgegangen ist.

Uns jedenfalls erscheint die Verwendung des Agent provocateur als Fahndungsmittel sowohl aus strafrechtlichen Gründen als unzulässig als auch mit den Dienstpflichten der daran beteiligten Beamten unvereinbar. Denn der Agent provocateur ist strafrechtlich – nüchtern betrachtet – als ein Anstifter anzusehen, da es entgegen einer verbreiteten Ansicht nicht darauf ankommen kann, ob er wirklich den Erfolg einer (vollendeten) Straftat will oder nicht. Setzt aber sein Vorgehen notwendig voraus, daß es zumindest zu einem strafbaren Handeln der angestifteten Person in Form eines Versuchs gekommen ist, so ist er wegen Anstiftung zum Versuch oder ggf. der mit ihm zusammenarbeitende Beamte entsprechend zu belangen. Denn niemand – auch die Strafverfolgungsbehörde nicht – hat das Recht, einen anderen Menschen bewußt zu einer kriminellen Tat zu veranlassen. Strafverfolgungsbeamte, die so handeln, setzen sich mithin der Gefahr aus, selbst strafrechtlich zur Verantwortung gezogen zu werden.

(2) Bei den **Polizeispitzeln** handelt es sich dagegen um Personen, die einerseits zwar oft enge Verbindungen zum Verbrechertum unterhalten, andererseits aber einigermaßen kontinuierlich den Polizeibehörden sachdienliche Mitteilungen machen. Dies kann aus den verschiedensten Gründen geschehen.

Einmal können derartige Polizeispitzel aus anerkannten Beweggründen gewissermaßen wie Privatdetektive handeln. Zum anderen aber ist es ihnen – und diese Fälle sind sicher häufiger – um Belohnungen zu tun, welche die Kriminalpolizei ihnen dafür gewährt. Schließlich – und das dürfte die größte Zahl von ihnen sein – erwarten en derartige Polizeispitzel, sofern sie sich selbst kriminell betätigen, gewöhnlich insoweit Entgegenkommen von den Strafverfolgungsbehörden. In diesem Punkte wird allerdings die Verwendung des Polizeispitzels problematisch. Überhaupt wird damit fraglich, ob auf sie alle die Sammelbezeichnung „V-Mann" wirklich zutrifft. Doch davon abgesehen ist klar, daß kein Rechtsbrecher sich durch gelegentliche Spitzeldienste Straffreiheit für seine Verbrechen verdienen kann, soweit es dafür nicht besondere gesetzliche Handhaben gibt.

Ein warnendes Beispiel ist der Massenmörder Haarmann, der in den 20er Jahren in Hannover als Polizeispitzel tätig war, was durchaus dazu beigetragen haben mag, daß seine Untaten lange unentdeckt geblieben sind.

(3) **Vigilanten** oder Konfidenten schließlich sind zwar ähnlich arbeitende V-Personen, die der Polizei aber nur gelegentlich oder im Einzelfalle sachdienliche Hinweise zukommen lassen; ihre Verbindung mit den Strafverfolgungsbehörden ist also nicht so eng und beständig wie beim Spitzel.

Gödde, Gerhard: Der Vigilant schwieg lange – Kriminalistik 1961, S. 262 ff.

Hier können daher die Grenzen zu dem im Einzelfall kooperativen Bürger (cc) fließend werden. Denn nicht selten erfolgen derartige Mitteilungen aus dem konkreten Anlaß einer dem Betreffenden selbst drohenden Strafverfolgung oder um sich das Wohlwollen der Strafverfolgungsbehörden für eigenes Fehlverhalten zu sichern, wenn nicht etwa eine Belohnung oder ein sonstiger Vorteil reizt.

(4) Über den **Einsatz** solcher V-Personen und den **Umgang** mit ihnen läßt sich hier nur wenig sagen, weil das Vorgehen des Beamten noch mehr als sonst von der Lage des Falles und seinem Verhältnis zur betreffenden Hilfsperson abhängt.

Sicher ist nur, daß der Kriminalbeamte außer den bereits angedeuteten rechtlichen Grenzen auch die **Gefahren** der Verwendung von V-Personen stets im Auge behalten muß. Denn viele der V-Personen handeln nicht nur aus seltsamen Motiven, sondern sind überhaupt zwielichtige Persönlichkeiten. Mehr als Geldgier, die zu unnötigem Aufwand und falschen Angaben führen kann, stören u. U. Haß gegen den Verdächtigen oder auch Renommiersucht. – Problematisch ist ferner - wie schon angedeutet - das in strafrechtlicher Hinsicht selbst nicht einwandfreie Verhalten mancher V-Männer, die sich auf diese Weise Schonung erkaufen wollen. Der Kriminalist sollte zudem wissen, daß V-Personen, wie das im geheimdienstlichen Milieu bei Doppelagenten der Fall ist, auf zwei Schultern tragen können. Alles in allem sollte man die Vorteile von V-Personen nicht überschätzen, vielmehr stets der mit ihrem Einsatz verbundenen Gefahren eingedenk sein.

Dies alles ist schon bei der **Anwerbung** von V-Personen oder der Annahme entsprechender Angebote zu beherzigen, um späteren Scherereien oder gar Fehlentwicklungen nach Möglichkeit vorzubeugen. Die Anwerbung erfolgt meistens aus Anlaß eines bestimmten Falles, sie kann dabei entweder nur für diesen oder auf längere Sicht erfolgen. Der Kontakt mit der V-Person kann im Rahmen einer Vernehmung oder in anderer Weise aufgenommen werden. Jedoch sollte der Beamte sich zuvor oder möglichst schnell, nachdem er sich in derlei einläßt, vergewissern, mit wem er es zu tun hat.

Dabei sollte der Beamte sich darüber einigermaßen sicher sein, daß der Betreffende aus persönlichen oder beruflichen Gründen etwas sehen oder erfahren kann, was die Kriminalpolizei interessiert. Daß manche Personen nur gegen ein kleines Entgelt behilflich sind, sollte nicht stören, dasselbe gilt für Vorstrafen, sofern man nur über den Charakter und den Umgang des Betreffenden einigermaßen unterrichtet ist; denn u. U. können Eigeninteressen oder Solidarität mit dem Opfer motivierend wirken. Ebenso wie bei schwachen oder ängstlichen Naturen, die sich leicht „umdrehen" lassen, ist auch bei bestimmten Berufen (z. B. Journalisten) in der Regel Vorsicht geboten, weil hier andere Interessen den Wert der Hilfe leicht zunichte machen können.

Selbstverständlich erhält der V-Mann keinerlei Ausweise oder Bescheinigungen; ggf. mag er sich bei Schwierigkeiten mit Behörden auf „seinen" Kriminalbeamten berufen, der in aller Regel als einziger über diesen Einsatz informiert sein sollte. Zudem muß dieser Beamte, dem dann auch die „Führung" der V-Person obliegen sollte, als Anlaufstelle für das persönliche Verhältnis der Beziehung sorgen, die aber dennoch keinen privaten Charakter annehmen sollte; denn das kann leicht Konflikte oder Ärger geben.
Der **Umgang** mit V-Personen sollte daher zwar persönlich und ggf. vertrauensvoll, niemals aber vertraulich werden, sondern sachlich sein; das gilt insb. für weibliche V-Personen. Da diese oft nicht kleinlich mit sexuellen Vergünstigungen sind, kann der Beamte sonst leicht in ein schiefes Licht oder gar eine Zwickmühle geraten.
Mitteilungen und Nachrichten von V-Personen sollte man nie ungeprüft verwerten. Sie können zwar durchaus richtig, aber u. U. vor Gericht nicht zu beweisen sein; sie können jedoch ebensogut falsch sein, wobei außer an eine Lüge auch an einen Irrtum zu denken ist; und die Irrtumsmöglichkeiten sind gerade im Milieu groß. Zudem ist der V-Mann, der keinerlei amtliche Befugnisse hat, allein auf sein Geschick und den Zufall angewiesen.

Die Prüfung der Angaben solcher Hilfspersonen kann schwierig sein, wenn z. B. von einem unmittelbar bevorstehenden Vorhaben einer Straftat berichtet wird, welche der Beamte zu verhindern hat. Aber bei sorgsamen Vorgehen sollten Fehlgriffe doch zu vermeiden und, sofern die Nachricht richtig war, eine Festnahme bei der Tat möglich sein.

Eine Mitwirkung von V-Personen ist bei nahezu allen Straftaten möglich, jedoch besonders wichtig bei wiederholter Begehung von Einbruch, Diebstahl, Raub und Hehlerei. Doch auch bei Falschgelddelikten, Glücksspiel, Rauschgiftdelikten und Straftaten, die mit Prostitution, Zuhälterei oder Strichjungen zusammenhängen, kann der V-Mann – wie wir noch sehen werden (§ 23) – durch Angaben über an der Tat Beteiligte, Modalitäten der Tatausführung oder Versteck bzw. Absatz der Beute behilflich sein. Man kann V-Personen möglicherweise auch einmal zur Überwachung bestimmter Personen oder Örtlichkeiten einsetzen. Selbst in Strafanstalten gibt es zuweilen V-Leute, die durchaus von Nutzen sein können.
Der Umgang des Beamten mit einer V-Person kann und wird innerhalb der eingangs genannten Grenzen sicherlich Unterschiede aufweisen. Denn selbst seriöse Menschen können aus diesem oder jenem Grunde die Rolle einer solchen Hilfsperson übernehmen; sie sind natürlich anders zu behandeln als ein Ganove oder Penner, der so oder so Spitzeldienste leistet. Immer aber sollte man darauf bedacht sein, daß das Zusammentreffen unauffällig und

die Situation für den Beamten unverfänglich ist. Sofern nicht die Erledigung des Auftrags Unkosten verursacht, sollte eine Geldzuwendung in der Regel erst erfolgen, wenn der Auftrag nachweislich erledigt ist.

Da Quittieren nicht üblich ist, kann hierbei ggf. ein zweiter Beamter zugegen sein. Doch sollte das am Prinzip der Kontinuität des V-Mann-Führers nichts ändern, wenngleich bei Versetzung desselben ein Wechsel nötig werden kann.

Selbst die **Verwertung** geprüfter und für richtig befundener Angaben von V-Personen bereitet oft Kopfzerbrechen und Probleme, über die man sich von Anfang an klar sein sollte. Am wichtigsten ist hier wohl die Tatsache, daß die vertraulich erfolgenden Angaben regelmäßig nie zu Beweiszwecken bei Gericht genutzt werden können; denn damit würde der V-Mann bekannt und mithin wertlos. So etwas ist nur in Ausnahmefällen mit sonst unzureichender Beweislage zu verantworten. Man muß daher im Prinzip davon ausgehen, daß man mit denjenigen Beweisen auskommen sollte, welche auf Grund der Angaben des V-Mannes oder auf andere Weise ermittelt werden. Und selbst dann ist darauf zu achten, daß der V-Mann möglichst nicht durch eine solche Verwertung seiner Angaben „enttarnt" wird.
In den Ermittlungsakten kann man zwar die Angaben und Hinweise von V-Personen in unverfänglicher Weise (z. B. „Vertraulich oder dienstlich wurde in Erfahrung gebracht . . .") verwenden. Vor Gericht aber kann dergestalt erlangtes Wissen problematisch und verfänglich werden. Denn es kann nur durch eine Aussage des betreffenden Beamten zum Gegenstand der Beweisaufnahme werden; dieser kommt jedoch kein sonderliches Gewicht zu, weil es sich um einen „Zeugen vom Hörensagen" handelt. – Eine solche Verwendung von durch V-Personen erzielten Erkenntnissen kann überdies sogar leicht kritisch werden, wenn sich nämlich die Angaben als unrichtig und möglicherweise strafbar (Falschverdächtigung, Ehrverletzung) erweisen; denn dann ist u. U. die strittige Frage zu entscheiden, ob und inwieweit der Beamte zur Preisgabe der Personalien seines Informanten verpflichtet ist. Als Faustregel ist daher für den Kriminalbeamten festzuhalten, daß er mit den Angaben von V-Personen nicht nur in seiner Aussage vor Gericht, sondern schon in den Ermittlungsakten und überhaupt bei seiner Tätigkeit vorsichtig umgehen sollte. Denn diese Hilfspersonen bieten kaum jemals etwas, was sich unmittelbar als Beweis verwerten läßt, sondern sind in aller Regel nur eine Fahndungshilfe, die zu weiteren Beweisen führen soll.

ee) Entschädigung von Helfern. Belohnungen und Prämien
Die Mitwirkung bestimmter Personen (Polizeihelfer) oder der Öffentlichkeit bringt, wie nicht verkannt werden sollte, auch sonst gewisse Probleme mit sich, von denen zwei besonderes Gewicht haben.

Zbinden S. 126 f.

(1) Entschädigung von Helfern
Werden so oder so Drittpersonen als Helfer bei der Fahndung eingeschaltet, kann sich, sofern sie dabei zu Schaden kommen, die Frage einer Entschädigungspflicht erheben. Diese relativ junge Problematik hat in manchen Ländern bereits dazu geführt, daß diese Helfer durch Gesetz Versicherungsschutz für solche Schäden genießen, die sie bei ihren Aktivitäten für Strafverfolgungsorgane erleiden.

In der Bundesrepublik Deutschland dürfte nunmehr auch hier das einen Anspruch auf Versorgung gewährende Gesetz über die Entschädigung für Opfer von Gewalttaten vom 11. Mai 1976

(BGBl I-1181) zumindest teilweise einschlägig sein, weil in § 1-Abs. I u. a. auch von Schäden durch rechtmäßige Abwehr solcher Angriffe die Rede ist. Allerdings ist der Anwendungsbereich dieses Gesetzes mit „Gewalttaten" im Vergleich zu den Einsatzmöglichkeiten von V-Personen begrenzt. Einschlägige Regelungen finden sich ferner in den Polizei- und Versicherungsgesetzen mancher Staaten.

Bei Fehlen ausdrücklicher Regelungen ist die Rechtslage insoweit aber nach wie vor unsicher und oft strittig.

(2) Belohnungen. Prämien

Die Mitwirkung der Öffentlichkeit und gerade bestimmter Bürger läßt sich in derartigen Fällen ferner dadurch intensivieren, daß man eine Belohnung oder Prämie auslobt, was gewöhnlich davon abhängig gemacht wird, daß die Hilfe konkret zum Erfolg führt oder doch von Nutzen ist. Dies kann außer durch staatliche Organe auch von privater Seite geschehen. Lobt eine Strafverfolgungsbehörde oder ein anderes staatliches Organ im Zusammenhang mit einer Fahnung eine Belohnung aus, sollte klar gesagt werden, für welche Art von Mitwirkung die Belohnung gewährt wird und welche Stellen für entsprechende Mitteilungen zuständig sind.

Ferner ist der für Belohnungen in Betracht kommende Personenkreis zu umschreiben; denn diese Auslobungen wenden sich lediglich an Personen, welche nicht – wie beispielsweise Polizeibeamte – verpflichtet sind, strafbare Handlungen zu verfolgen.
Eine ggf. notwendige Teilung sollte, wie ebenfalls schon in der Auslobung zum Ausdruck zu bringen ist, unter Ausschluß des Rechtsweges erfolgen.

Über derartige auf den Einzelfall bezogene Auslobungen sind die staatlichen Stellen, anders als bei Entschädigungen, bisher nicht hinausgegangen.
Komplizierter ist häufig die Lage, wenn nach einer Straftat Belohnungen von privater Seite ausgesetzt werden. Denn die Strafverfolgungsorgane können Privatpersonen ggf. beraten, aber nie reglementieren. Deshalb können sich hier leichter Rechtsstreitigkeiten ergeben.

Die Regelungen hierfür sind uneinheitlich. Doch sollte man in der Praxis, um spätere Schwierigkeiten zu vermeiden, darauf achten, daß der ausgelobte Geldbetrag jedenfalls dann sofort bei einer Polizeikasse eingezahlt wird, wenn die bearbeitende Dienststelle – unter Ausschluß des Rechtsweges – über die Verteilung entscheiden soll.

III. Personen- und Sachfahndung

Nach dem Gegenstand kann man – wie gesagt – Personen- und Sachfahndung unterscheiden. Aus dieser Unterscheidung ergeben sich selbstverständlich, wie schon bei den Fahndungsmitteln angedeutet, mancherlei Konsequenzen für die Fahndungsarbeit. Diese sollen daher jetzt noch etwas genauer behandelt werden.
Bei beiden Formen der Fahndung geht es – wie in den folgenden Abschnitten – vor allem darum festzustellen, wie man kriminaltaktisch zweckmäßig mit den oben geschilderten Fahndungsmitteln arbeitet, um den jeweiligen Aufgaben gerecht zu werden. Ausgeklammert bleiben nur die besser im Zusammenhang der Organisation der Verbrechensbekämpfung (§§ 24 ff.) zu behandelnden organisatorischen Probleme wie etwa die Gestaltung von Fahndungsinnendienst und -außendienst.

1. Personenfahndung

Gegenstand und Ziel der Personenfahndung ist – wie ihr Name sagt – das Ermitteln einer von den Strafverfolgungsbehörden gesuchten Person, die als solche bekannt oder aber noch unbekannt sein kann.

Schumann, Karl: Personenfahndung – einmal anders – Kriminalistik 1959, S. 144 ff.; *Wenzky,* Oskar: Kriminaltaktik – in: HdwKrim (2) II-126 ff.; *Gallus,* Herbert: Bild und Personenfahndung – in: Fahndung, hrsg. v. Bundeskriminalamt, Wiesbaden 1970, S. 147 ff.; *Burghard,* Waldemar: Neue Wege in der Personenfahndung – in: GrKrim Bd. 5, S. 129 ff. (1970).

a) Objekte

Im einzelnen haben wir folgende Kategorien von Personen zu unterscheiden, die Gegenstand einer Personenfahndung sein können.

aa) In erster Linie handelt es sich hier um **einer Straftat verdächtige Personen.** Der Tatverdacht braucht hier kein derart „dringender“ zu sein, daß Überführung des Betreffenden wahrscheinlich ist, sondern es genügt die irgendwie begründete Möglichkeit strafbaren Verhaltens dieser Person.

Dies bedeutet einmal, daß es sich um Menschen handeln kann, deren Verhalten zumindest näher überprüft werden muß, um die Frage des für ein Strafverfahren vorauszusetzenden „hinreichenden„ Tatverdachts beurteilen zu können.
Zum anderen handelt es sich um flüchtige oder sich verborgen haltende Menschen, die wegen Verdachts einer strafbaren Handlung ermittelt werden müssen.

bb) Außer denjenigen, die als Täter oder Teilnehmer in Betracht kommen, ist bei der Personenfahndung ferner an das **Opfer einer Straftat** zu denken.
Einmal kann eine Fahndung nach dem Opfer notwendig werden, wenn dieses entführt oder geraubt worden ist. Zum anderen ist sehr häufig das Opfer bzw. der Geschädigte zu ermitteln, weil ohne ihn das strafbare Verhalten nicht hinreichend sicher beurteilt werden kann.
Im weiteren Sinne gehören in diesen Rahmen auch die Ermittlungen bei unbekannten Toten. Zwar ist hier das „Opfer“ vielfach vorhanden, aber seine Person ist unbekannt und muß ermittelt werden. Hier ist vor allem die Todesursache festzustellen und zu prüfen, ob sich der Verdacht einer Straftat ergibt. Denn zuweilen kommt es vor, daß zuerst ein Getöteter gefunden wird, sich erst dann ein Tatverdacht ergibt.

cc) Ferner ist bei der Personenfahndung an Maßnahmen zu denken, die dazu dienen sollen, **Zeugen oder Auskunftspersonen** beizuschaffen, die notwendig sind, um eine Straftat aufzuklären.

Nicht nur bei vielen Verkehrsdelikten, sondern auch bei manchen anderen Straftaten fehlt es, obwohl man Tatort und Opfer kennt, zunächst an Zeugen, welche mit ihren Aussagen helfen können, den Tathergang aufzuklären. Obwohl das Ermitteln solcher Beweispersonen vielfach recht generell erfolgen muß, gibt es doch auch Fälle, in welchen gezielt nach Tatzeugen gefahndet wird, von denen man etwas weiß, ohne sie jedoch zu kennen.

dd) Die Personenfahndung kann sich weiter auf **entwichene Untersuchungs- und Strafgefangene** beziehen, die einer Straftat verdächtig oder überführt sind. Dabei kommt es keineswegs nur auf die Durchführung des Strafprozesses oder des Strafvollzugs an. Denn mit dem

Entweichen aus dem amtlichen Gewahrsam ist zugleich die akute Gefahr weiterer Straftaten gegeben.

Selbst wenn es hier nicht mehr um Ermittlungen in einer bereits rechtskräftig entschiedenen Strafsache geht, hängt die Suche nach solchen Personen doch ersichtlich mit den Aufgaben der Strafrechtspflege zusammen.

ee) Schließlich kann eine Personenfahndung sich auf **Vermißte** beziehen. Denn bei vermißten Personen liegt eigentlich immer der Verdacht einer strafbaren Handlung nahe; solange der Verbleib und Aufenthalt des Betreffenden ungewiß ist; der Vermißte kann nämlich entweder selbst Täter oder aber Opfer einer Straftat sein. In diesen Rahmen gehören allerdings auch Fahndungsmaßnahmen nach jugendlichen Ausreißern.

Stamm, Judith: Die Fahndung nach administrativ gesuchten Personen – Kriminalistik 1971, S. 97 ff.; *Mistlberger,* Karl: Aufenthaltsermittlungen – Kriminalistik 1974, S. 325 ff.

b) Zum Vorgehen

Durch den Gegenstand der Personenfahndung begrenzen sich, wie verständlich sein dürfte, die Fahndungsmittel. Insoweit kann einmal auf das, was wir zu Personenfahndungsbüchern, Personenfahndungskarteien und sonstigen behördlichen Ausschreibungen bzw. Notierungen gesagt haben, verwiesen werden.

Vor allem sind hier Maßnahmen des **Fahndungsinnendienstes** wesentlich; z. B. wird bei einem bekannten Täter geklärt, ob eine Personalbeschreibung oder ein Lichtbild zur Verfügung stehen. Aufgabe des Fahndungsinnendienstes ist es weiter, die Möglichkeiten der Karteien, der Elektronischen Datenverarbeitung und anderer Fahndungsmittel für die konkrete Ermittlungssache nutzbar zu machen, was organisatorisch und technisch später noch genauer zu behandeln ist (§§ 27 ff.). Es ist ferner an die Möglichkeiten der Zusammenarbeit mit dem Einwohnermeldeamt usw. zu denken.

Urtz, Karl: Neue Perspektiven im Fahndungswesen. Das Numerical-Key-of-Recognition-System (NKR) für den Einsatz elektronischer datenverarbeitender Maschinen im kriminalpolizeilichen Meldedienst – Kriminalistik 1965, S. 290 ff.

Der **Fahndungsaußendienst** nach Personen geht ggf. von der Tatortarbeit aus und beginnt im übrigen gewöhnlich mit der Befragung von zuverlässigen Auskunftspersonen und Zeugen. Er kann sich einer Streife an wahrscheinlich geeigneten Örtlichkeiten bedienen.

Zbinden S. 130; *Meixner* I-169 ff.; *Burghard,* Waldemar: Neue Wege in der Personenfahndung – in: GrKrim Bd. 5, S. 129 ff. (1970); *Kalleicher,* Hermann/*Grimm,* Karl: Aus der täglichen Fahndungsarbeit – in: GrKrim Bd. 5, S. 171 ff. (1970); *Bauer* 2-286 ff.; 304 ff.; *O'Hara* S. 188 ff.

Obwohl auf die Organisationsformen später eingegangen werden soll, muß doch schon hier gesagt werden, daß Organisation und Arbeitsweise des Fahndungsaußendienstes in Deutschland ebenso wie in anderen Ländern – oft schon lokal – recht verschieden geartet sind. Während manche, selbst größere Kriminaldienststellen sich den „Luxus" einer bestimmten Einheit nicht glauben leisten zu können, sie also von Fall zu Fall Einsatzgruppen für diese Zwecke zusammenstellen, ziehen andere Dienststellen für diese Zwecke ständige Einheiten vor, die ggf. für den Einzelfall verstärkt werden. Unterschiedlich bleibt aber auch hier nicht nur die Stärke, sondern mitunter ebenso die Arbeitsweise; und das hängt keineswegs nur oder wesentlich von besonderen örtlichen Gegebenheiten ab.

W. D.: Landesfahndungskommandos in Niedersachsen – Kriminalistik 1967, S. 117 ff.; Panitz, Erich: Schwerpunkt-Kriminalitätsbekämpfung. Ein Jahr „Sonderkommando Bahnhof" in Frankfurt am Main – Kriminalistik 1972, S. 374 ff.; *Voss,* Helmut: Die Sonderfahndung in Hamburg – der kriminalist 1975, S. 486 ff.; *Schmidtmann,* Horst: Sonderkommission ... am entscheidenden Mann „aufgehängt" – Kriminalistik 1976, S. 547 ff.

Von Sonder- und Fahndungsstreifen reichen die Organisationsformen über Fahndungskommandos bis hin zu eindrucksvollen Fahndungskommissariaten. Der zunehmenden Größe dieser Fahndungseinheiten entspricht in der Regel eine bessere technische Ausstattung sowie eine bessere Verzahnung mit dem Fahndungsinnendienst.

Die Qualifikation der so oder so zur Außenfahndung eingesetzten Beamten ist recht unterschiedlich. Neben hierzu abkommandierten, zuweilen ziemlich auf sich selbst gestellten Beamten, die teilweise aber „selbstgestrickt" arbeiten können, findet man häufiger junge, gerade zur Kriminalpolizei gestoßene Beamte. Denn an manchen Orten scheint man den Fahndungsaußendienst als besonders geeignet für junge Beamte anzusehen, die sich hier die Sporen verdienen sollen.

Kann man sicherlich den Fahndungsaußendienst für Ausbildungszwecke nutzen, so ist eine solche Einstellung nur tragbar, wenn zu der unter den obwaltenden Umständen keineswegs leichten Ausbildung für diese Arbeit ein zahlenmäßig vernünftiges Verhältnis zwischen Anfängern und erfahrenen Beamten hinzutritt, welches eine sachgerechte und umsichtige Fahndungsarbeit gewährleistet, bei welcher die jungen Beamten von den Erfahrungen der älteren profitieren können. Denn vom Wunder der Intuition der engagierten Jugend sollte man auch hier nicht zu viel erwarten, zumal da jedenfalls zunächst mehr Pannen zu befürchten sind, als es die ernste Fahndungsarbeit verträgt.

Die oben genannte Auffassung bringt nicht nur zuviele Anfänger in den Fahndungsaußendienst, sondern bedingt auch einen schnellen Wechsel, welcher seiner Arbeit abträglich ist. Stärke und Gliederung des Fahndungsaußendienstes hängen ebenso wie die Arbeitsweise von den örtlichen bzw. regionalen Gegebenheiten ab. Gewiß aber sind Dienststunden und Arbeitsweise hier anders als üblich gestaltet, weil dieser Einsatz noch mehr als sonst von der Situation – ggf. der kriminellen Szene – und der konkreten Aufgabe abhängt. Dabei muß die Organisation einerseits elastisch sein, ist aber andererseits für ausgelastete Kapazitäten zu sorgen. Bei besonderem Bedarf lassen sich solche Fahndungseinheiten zudem relativ schnell verstärken.

Burghard, W.: Mord nach zehn Jahren aufgeklärt – Oder: Hat die Personenfahndung Mängel? – Kriminalistik 1959, S. 367 ff.; *Kosyra,* Herbert: Zur Praxis der Personenfahndung – Arch. f. Krim. Bd. 136, S. 90ff. (1965); *Burghard,* Waldemar: Bruno Fabeyer - ein Phänomen – Kriminalistik 1967; S. 505ff.; *Burghard,* Waldemar: Die 573 Tage des Bruno Fabeyer. Vor allem ein Bericht über Möglichkeiten und Grenzen gezielter Fahndung in Deutschland – Kriminalistik 1967, S. 581ff.; *Burghard,* Waldemar: Der Fahndungsfall Fabeyer. Vor allem ein Bericht über Erkenntnisse und Erfahrungen aus einer Großfahndung – Kriminalistik 1967, S. 620ff.

Bei der Personenfahndung stützt man sich, vor allem sofern der Gesuchte noch nicht identifiziert ist, auf alle Anknüpfungspunkte, die der Modus operandi bietet, sowie insb. natürlich auf täterspezifische Charakteristika, die neben vermutlichen Aufenthaltsorten und Kontaktpersonen am ehesten zum Erfolg verhelfen. Insofern sind u. U. auch Erkenntnisse der Tatortarbeit wichtig, die schon bei den einzelnen Delikten bzw. Verbrechenstechniken – wie wir in § 23 sehen werden – sehr unterschiedlicher Art sein können.

Pfister, Fritz: Café double – Kriminalistik 1954, S. 100 f.

In Zürich kam man vor etlichen Jahren einem gefürchteten Villeneinbrecher, der identifiziert worden war, ohne daß man über ein brauchbares Lichtbild verfügt, vor allem deshalb auf die Spur, weil man von seiner ausgeprägten Vorliebe für den doppelt schwarzen Kaffe, den „Café double", erfuhr. Und eben diese Spezialität wurde dem Einbrecher schließlich zum Verhängnis.

Grob, Paul: Fahndungsmaßnahmen auf Grund von Tatbestandsermittlungen bei Tötungsdelikten – Kriminalistik 1966, S. 15 ff., 74 ff.

In der Personenfahndung geht es – wie ihr Name sagt – im übrigen vor allem um das Beobachten und Kontrollieren von Personen. Sehen wir einstweilen noch von der gezielten Beobachtung – der Observation – ab, so sind entweder Personalien zu kontrollieren, um festzustellen, ob es sich um einen Tatverdächtigen handelt, oder sie bei unter verdächtigen Umständen angetroffenen Personen zu sichern, damit man später darauf zurückgreifen kann. – Über auf diese Weise angehaltene Personen ist zweckmäßig eine Anhaltemeldung (Personenkontrollkarte) anzufertigen, für welche es gewöhnlich irgendwelche Formulare gibt, die außer den Personalien Angaben zur Personenbeschreibung und über die Begleitumstände – z. B. Begleitpersonen – enthalten. Natürlich kann man in gewissen Fällen auf ein Befragen der Person verzichten und sich auf Notizen beschränken.

Schönbächler, Robert: Die Personenkontrollkarte, bewährtes Fahndungs- und Aufklärungsmittel – Kriminalistik 1967, S. 459 ff.; *Hubatka,* Walter: Die Personenkontrollkarte als Fahndungs- und Aufklärungsmittel – in: GrKrim Bd. 5, S. 145ff. (1970) (= Kriminalistik 1970, S. 1ff.); *Kunkel,* Günther: Die Personenkontrollkarte als Fahndungs- und Aufklärungsmittel, ein altes Verfahren, das heute noch erfolgversprechend ist – der kriminalist 1973, S. 412 ff.

Derartige als Gedächtnisstütze wichtige Aufzeichnungen lassen sich dann sowohl in der generellen als auch in der speziellen Fahndung verwenden.
So läßt sich eine unter verdächtigen Umständen angehaltene Person u. U. mit einem erst später bekannt werdenden Tatverdacht verbinden oder ist bei der Auswertung ein solcher Zusammenhang zu erkennen.

Nachts um 1.00 Uhr wurde in einer Wohnstraße ein junger Mann kontrolliert, der sich beim Herannahen der Streife geduckt hatte; er gab vor, die Notdurft verrichten zu wollen. Weder bei ihm noch bei der Auswertung ermittelte man Verdächtiges. Erst 10 Tage später meldete ein aus den Ferien zurückgekehrtes Ehepaar einen in der fraglichen Straße durchgeführten Einbruch. Der nun sichtbar werdende Zusammenhang ermöglichte es, über den Mann, der Schmiere gestanden hatte, einer Einbrecherbande auf die Spur zu kommen.
Eines Nachmittags kontrolliert eine Polizeistreife in einem Park einen Mann, der dort zusammen mit einem fremden Kind auf einer Bank saß. Sonst ergibt sich nichts Besonderes außer der Tatsache, daß er laut seinem Unmut über die Anmaßung der Polizei Luft macht. Als wenige Tage darauf eine ähnliche Anhaltemeldung aus einem anderen Park eingeht, wird der Mann genauer überprüft, wobei er sich als ein lange gesuchter Sexualverbrecher erweist.

Es kann jedoch durchaus ratsam sein, die Kontrolle ohne Schreiberei und somit unauffällig als Routinemaßnahme durchzuführen. Dabei können sich mehrere Beamte die Arbeit teilen, indem sie sich verschiedene Angaben merken, um diese alsbald unbeobachtet auf Papier oder Tonband zu bringen. Ein solches Vorgehen erweckt weniger Verdacht bei der angehaltenen Person.
In der speziellen Fahndung können solche Personenkontrollen – auch Notizen über ein von ihr benutztes Kraftfahrzeug – interessante Erkenntnisse mit sich bringen. Allerdings wird man hier häufiger „verdeckt" verfahren.

Da eine gezielte Fahndung nach einer Person durch Befragen anderer oder Durchsuchung gewisser Örtlichkeiten erst möglich ist, wenn deren Identität entweder bekannt ist oder doch insoweit brauchbare Anhaltspunkte vorliegen, kommt es häufig entscheidend auf die Personenbeschreibung (vgl. § 13-II) durch Opfer oder Zeugen an, sofern nicht andere Umstände (z. B. der Tatausführung) auf einen bestimmten Täter oder Täterkreis hinweisen. Während Identifizierungen durch Wahlkonfrontation, die Verfügbarkeit des Verdächtigen voraussetzen, bei den Vernehmungen zu behandeln sind (§ 21-V-3-d), kann man u. U. insoweit Gewißheit oder doch Anhaltspunkte außer durch Fragen oder Hinweise von Zeugen auch durch **Vorlage von Lichtbildern** und dergl. (zu Phantomzeichnungen und anderen Rekonstruktionen siehe § 13-V) erlangen; das geschieht z. T. ebenso zur Identifizierung von Opfern und unbekannten Toten. Obwohl dieses ebenfalls weithin in den Rahmen von Vernehmungen gehört, soll doch schon hier auf die mit einer solchen Maßnahme verbundenen Gefahr hingewiesen werden. Denn ungeachtet der oft unzureichenden Wahrnehmung der Auskunftsperson und der verschieden guten Qualität der Fotos oder sonstiger Bilder, ist ein Wiedererkennen eines Menschen auf diese Weise mit erheblichen Unsicherheitsfaktoren behaftet. Obwohl daher sowohl positive als auch negative Ergebnisse mit Skepsis aufgenommen werden sollten, kann man doch oft nicht auf die Vorlage von Lichtbildern verzichten, wenn man weiterkommen will. Denn diese, zudem oft arbeitsaufwendige Prozedur hat nicht selten zur Aufklärung von Strafsachen beigetragen.

So konnte eine 19jährige Hausangestellte, die eines Nachts am Stadtrand von Düren von zwei ausländischen Tätern in sehr brutaler Weise vergewaltigt worden war, wesentlich zur Aufklärung beitragen, obwohl sie bereits im anfänglichen Kampf ihre Brille verloren hatte. Da die Kriminalbeamten wegen der unbekannten fremden Sprache auf in dem betreffenden Ort stationierte belgische Soldaten als Täter schlossen, wurden etwa vier Wochen nach der Tat zusammen mit der belgischen Polizei der Frau rund 500 Paßbilder vorgelegt. Beim etwa 200. Bild und ebenso bei der anschließenden Wahlkonfrontation konnte die Frau dennoch den Haupttäter sicher identifizieren, der nun auch seinen Mittäter nannte.

In jedem Fall ist ferner wichtig, daß solche Meldungen des Fahndungsaußendienstes schnell ausgewertet werden; gewöhnlich wird dies durch erfahrene Beamte des Fahndungsinnendienstes geschehen.

Die Unauffälligkeit, die bei vielen Fahndungsmaßnahmen angezeigt ist, bedingt, daß nicht nur die Kriminalbeamten, sondern sogar die an manchen Orten für gewisse Zeit im Fahndungsaußendienst eingesetzten Schutzpolizeibeamten bei dieser Arbeit Zivil tragen (sogen. Zivilfahnder). Auch sonst richtet sich die Arbeitsweise nach Lage des Falles. Obwohl dies erst im Zusammenhang mit den einzelnen Formen kriminellen Verhaltens (§ 23) näher verdeutlicht werden kann, erscheinen für die vielfältige Praxis der Personenfahndung doch schon an dieser Stelle einige Hinweise angebracht. Sie sollen dartun, wie sehr schon im nationalen Bereich die Arbeitsweise des Fahndungsaußendienstes beispielsweise bei gewissen Personengruppen, besonderen örtlichen Gegebenheiten oder bestimmten Schwierigkeiten divergieren kann.

Besonders schwierig gestaltet sich oft die Fahndung nach Ausländern. Dabei kann man nicht nur mit den Personalien, sondern auch mit dem Aufenthaltsort Schwierigkeiten bekommen, weshalb hier die Hilfe für Ausländer (z. B. Gastarbeiter) zuständiger Behörden oder Stellen besonders wichtig ist.

Komplizierend wirkt ferner, wenn nach internationalen oder reisenden Tätern gefahndet werden muß. Denn hier kommt es außer auf besondere organisatorische und nachrichtentechnische Maßnahmen auf die Gegebenheiten des Schienen-, Luft- oder Schiffsverkehrs bzw. auf Verfügbarkeit und sinnvollen Einsatz von Kraftfahrzeugen an, weshalb man z. T. sogar von Sonderfahndungen (§ 19-VI) spricht.

Eigenbrodt, Otto: Erste Bewährung einer neuen Fahndungsmethode. Eine Lehre aus der „Fünf-Länder-Fahndung" nach dem reisenden Viehdieb Roden – Kriminalistik 1959, S. 273 ff.; *Meyer,* W./ *Fischer,* H.: Problematik der Personenfahndung in D-Zügen – Kriminalistik 1964, S. 402 f.

Auch im übrigen sollte man die Frage der Ausstattung der mit der Fahndung beauftragten Beamten nicht unterschätzen. Außer auf nach Lage des Falles notwendige Transportmittel kommt es hier des öfteren auf nachrichtentechnische Hilfsmittel, Ferngläser bzw. Nachtsichtgeräte und Fotoapparate an, die auch bei einer zu Fuß erfolgenden Fahndung wichtige Hilfen oder gar Beweise liefern können.

Stoll, Werner: Die Kamera als ständiger Begleiter. Erfahrungen im Fahndungsdienst – Kriminalistik 1963, S. 531 ff.

Besondere örtliche Gegebenheiten können zuweilen den Einsatz von Hubschraubern für Fahndungszwecke als sinnvoll erscheinen lassen.

Arnet, Hans: Suchaktion mit Helikopter – Kriminalistik 1959, S. 148 ff.; *Hornung,* Alfred: Einsatzmöglichkeiten von Hubschraubern für kriminalpolizeiliche Zwecke – Kriminalistik 1966, S. 446 ff.; *Bauer* 3-431 ff.

Der relativ schnell fliegende, nach allen Seiten bewegliche Hubschrauber kann nicht nur im Schwebeflug verharren, sondern auch auf kleinen Plätzen landen bzw. Personen oder Sachen in unwegsamen Gelände aufnehmen. Er eignet sich daher außer zur Verfolgung gesuchter Personen gut zum Absuchen bestimmter Geländeabschnitte; er kann ferner für die Einsatzlenkung sowie schließlich für Transport- und Rettungszwecke genutzt werden. Deshalb ist ganz erklärlich, daß man dieses Fluggerät auch für die Zwecke der Fahndung einsetzt.
Sowohl bei der Personen- als auch bei der Sachfahndung kann u. U. der Einsatz von Tauchern oder besonderer, für Gewässer geeigneter Suchgeräte notwendig werden.

Schriber, Hans: Einsatz von Polizeitauchern in der Schweiz – Kriminalistik 1966, S. 564 ff.; *Hermann,* Hans: Leichensuche im Chiemsee – ein Experiment – Kriminalistik 1968, S. 138 ff.

Das Beobachten bestimmter Personen oder gewisser Örtlichkeiten im Hinblick auf Personen – die sogen. **Observation** – stellt als Sonderform der Fahndungsarbeit nicht nur erhebliche Anforderungen an den damit beauftragten Kriminalisten, sondern erfordert nicht selten mancherlei technische und organisatorische Vorbereitungen.

Manche wollen den Begriff weiter fassen und darunter alles systematische Beobachtungen von Personen oder Sachen zur Aufklärung oder Verhinderung von Straftaten verstehen. Das ist nicht hilfreich, weil damit alle Grenzen verschwimmen. Auch wenn bei einer Observation möglicherweise eine Straftat verhindert werden kann, ist ihr eigentliches Ziel doch repressiver Art. Der vorbeugende Personen- und Objektschutz (von Sachen) gehört daher in den Bereich der Prävention (vgl. § 17-III).

Im Bereiche der Personenfahndung zielt die Observation letztlich immer auf Personen ab, auch wenn eine bestimmte Örtlichkeit oder ein Objekt beobachtet wird, bei dem eine möglicherweise tatverdächtige oder sonst für die Ermittlungen u. U. wichtige Person erwartet wird. Immerhin sind die kriminaltaktischen Grundsätze in diesen Fällen dieselben oder ähnlich wie beim streng genommen als ausgesprochen präventive Maßnahme in die Sachfahndung gehörenden **Objektschutz;** deshalb mag das Wesentliche hier zusammenfassend umrissen werden, wobei wegen des präventiven Schutzes prominenter Persönlichkeiten zugleich auf spätere Ausführungen zu verweisen ist (§ 23-D-I).

Witkowski, Willi: Erfolgreiche Objekt-Überwachung – Krimalistik 1962, S. 18 ff.; *Weil,* Hans: Ein Wort für die Observation – Kriminalistik 1963, S. 200 ff.; *Dietz,* Erwin: Anleitung zum Selbstbau einer Kamera-Aktentasche – in: GrKrim Bd. 5, S. 301 ff. (1970); *Schäfer,* Herbert: Das Observationsfahrzeug – Beschreibung und Einsatz – in: GrKrim Bd. 5, S. 309 ff. (1970); *Bauer,* Günther: Planung und Durchführung von Observationen – in: GrKrim Bd. 5, S. 319 ff. (1970); *Köhn,* Klaus: Observationsalphabet – in: GrKrim Bd. 5, S. 355 ff. (1970); *Thomas,* Norbert: Rechtsgrundlagen der Observation – der kriminalist 1977, S. 87 ff.; *Keller,* Ottmar: Objektschutz aus polizeilicher Sicht – Die Polizei 1977, S. 179 ff.; *Beilfuß,* Heinz: Probleme des Objektschutzes – gemessen an der Taktik radikaler Störergruppen! – Die Polizei 1977, S. 183 ff.; *Pfundt,* Erhard: Die Observation – in: TbKrim Bd. XXVII, S. 139 ff. (1977).

Die Observation kann je nach Lage des Falles verschieden gehandhabt werden, wobei sich jedoch zwei Grundformen unterscheiden lassen, wenngleich Ausrüstung und Arbeitsweise Gemeinsamkeiten aufweisen können. Dabei kann insb. die generelle Observation u. U. offen erfolgen, weshalb das Vorgehen keineswegs immer verdeckt sein muß. Natürlich erleichtert die offene Arbeitsweise dem Betroffenen die stets in Rechnung zu stellende „Gegenobservation", was aber unschädlich ist, wenn man Reaktionen hervorrufen will.
Die Observation, bei welcher, wie kurz vorausgeschickt sei, stehende und fließende Observation zu unterscheiden sind, kann von Fahrzeugen oder von Beamten zu Fuß und eventuell kombiniert durchgeführt werden, um auch für den Fall gewappnet zu sein, daß der Betroffene ein Fahrzeug benutzt.
Gerade bei festem Standort kann die Observation nicht nur Ähnlichkeiten mit gewissen oben behandelten Fällen (§ 19-II-2-bcc-(1)) aufweisen, sondern mithilfe optischer oder akustischer Geräte sogar ohne den Einsatz beobachtender Menschen erfolgen.

Hofmann, Erwin: Observation ohne Einsatz von Beamten – Kriminalistik 1969, S. 256 f.; *Drewitz,* Horst/*Schmidt,* Fritz: Fernsehkamera als Mittel der Observation – Kriminalistik 1970, S. 599 f.

Ist schon bei der stehenden Observation ein Einsatzplan nötig, so sollten die Fahndungsbeamten bei der fließenden Observation mit den hierfür erarbeiteten taktischen Konzepten vertraut sein, um sich den wechselnden Gegebenheiten bei sicherer, aber unauffälliger Kommunikation schnell anpassen zu können.

So gibt es bei der Fußobservation beispielsweise die Observationsglocke (Rundumstellung), Regeln für zwei Observanten und das sogen. ABC-System (Doppelreihe). Schwierige Situationen können sich insb. ergeben, wenn die Zielperson ein Gebäude betritt oder ein öffentliches Verkehrsmittel benutzt. Auch für die Fahrzeugobservation hat man mancherlei nützliche Erkenntnisse gemacht und zweckdienliche Verhaltensweisen der Observanten erarbeitet (vgl. Abb. 19/1–19/8).

Die **generelle Observation,** welche sich gewöhnlich vom Tatort entfernt, hat das Ziel, das Tun und Lassen Tatverdächtiger sowie ihre Umgebung zu beobachten. Sie hat deren Wohnung bzw. Haus oder auch solche Orte zum Gegenstand, an welchen der Tatverdächtige oder Gruppen von Tatverdächtigen verkehren. Die Observation muß als Fahndungsmaßnahme unauffällig organisiert werden. Außer auf gute Beobachtungsmöglichkeiten ist ggf. auch auf Nachrichtenverbindung (Funksprechgeräte und dergl.) Wert zu legen (Beispiele bei *Bauer* 2–323 ff.).

Beispiele für Fußobservation (ABC-System)

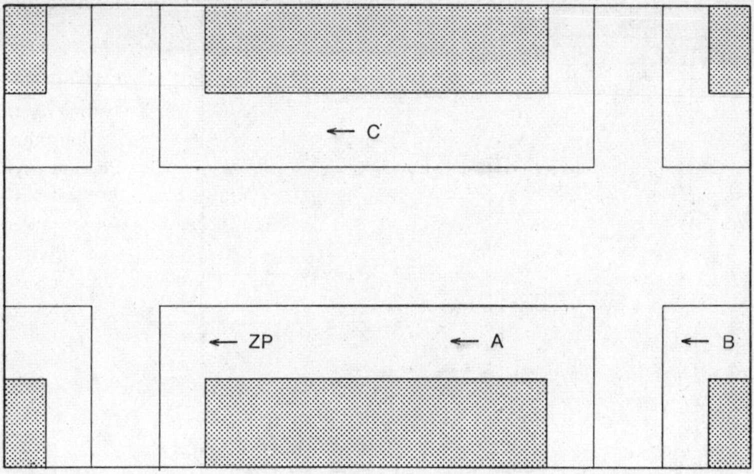

Abb. 19/1. Ausgangslage einer Doppelreihenobservation nach dem ABC-System. Der Zielperson (ZP) folgen auf derselben Straßenseite die Observanten A und B, C geht auf der anderen Straßenseite. Die Observanten wechseln ggf. ihre Positionen.

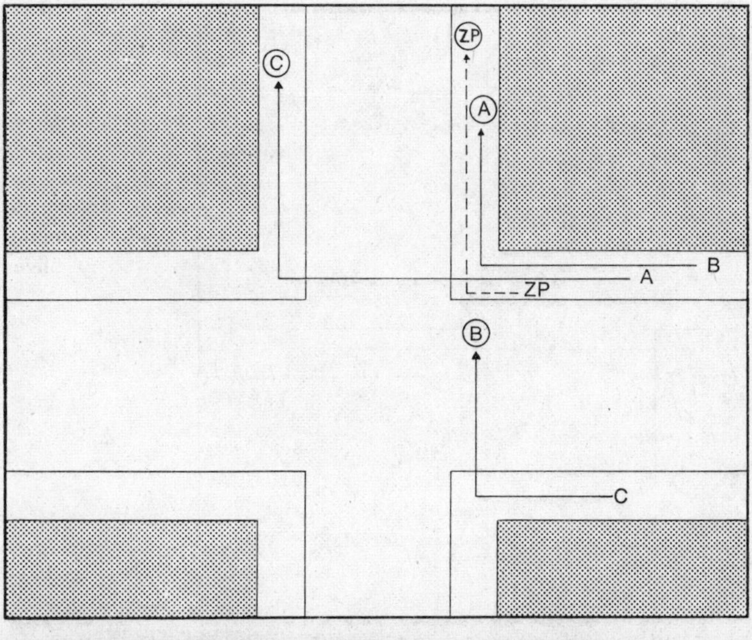

Abb. 19/2. Die Zielperson (ZP) biegt in eine Straße nach rechts ein. Observant A geht jetzt beispielsweise auf Position C, während B und C die Positionen A und B einnehmen.

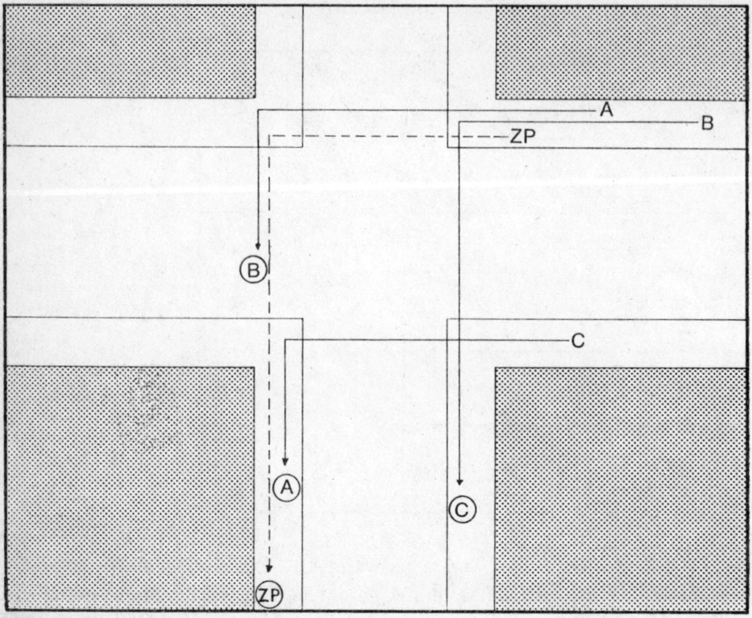

Abb. 19/3. Die Zielperson (ZP) überquert eine Fahrbahn, kreuzt dann die Fahrbahn der bisher begangenen Straße und setzt ihren Weg in einer von links kommenden Straße fort. Observant C nimmt jetzt die Position A ein, während A ihm in Position B folgt; Observant B übernimmt die Position C.

Observation durch zwei Observanten

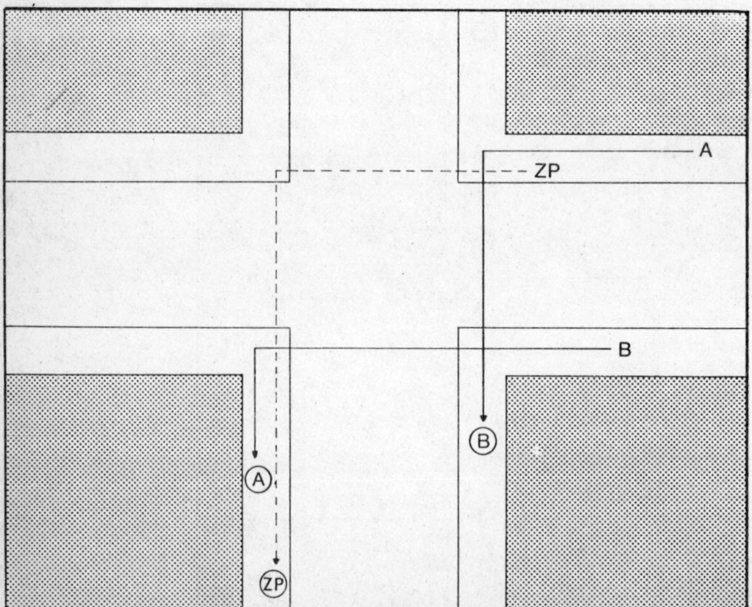

Abb. 19/4. Die Zielperson (ZP) überquert wie in Abb. 19/3 eine Fahrbahn, um dann die Fahrbahn der bisher begangenen Straße kreuzend nach links abzubiegen. Observant A übernimmt jetzt Position B, während B der ZP in Position A folgt.

Beispiele für Fahrzeug(Fuß-)observation

Reihenobservation

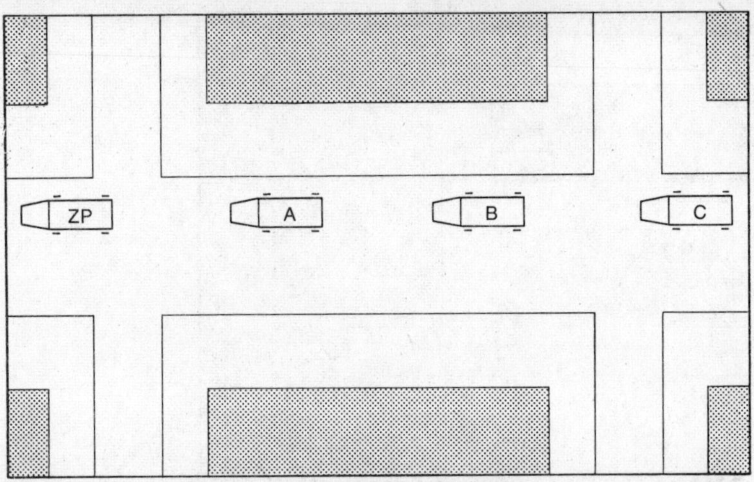

Abb. 19/5. Dem Fahrzeug der Zielperson (ZP) folgen die Observationsfahrzeuge A, B, C, zwischen denen sich fremde Fahrzeuge befinden können; die Observationsfahrzeuge lösen einander in ihrer Position ab.

Vorgesetzte Reihenobservation

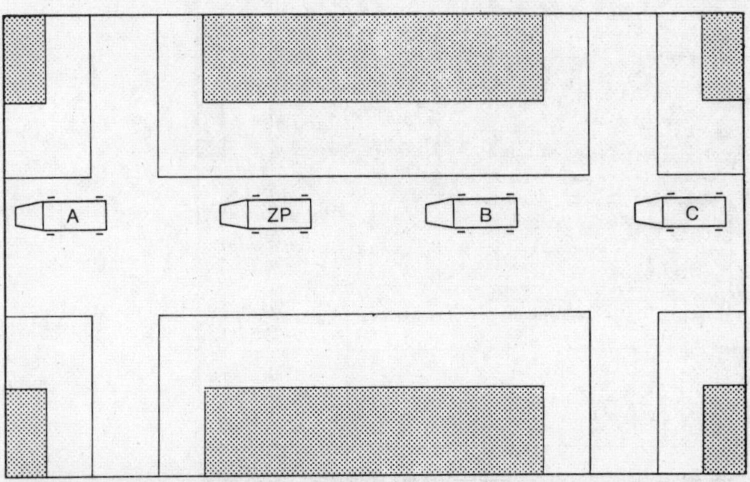

Abb. 19/6. Hier fährt dem Fahrzeug der Zielperson (ZP) ein Observationsfahrzeug voraus, das seine Position ebenfalls mit den anderen wechseln kann.

Beispiele für gemischte, insb. zunächst stehende Observation

Rundumstellung. Observationsglocke

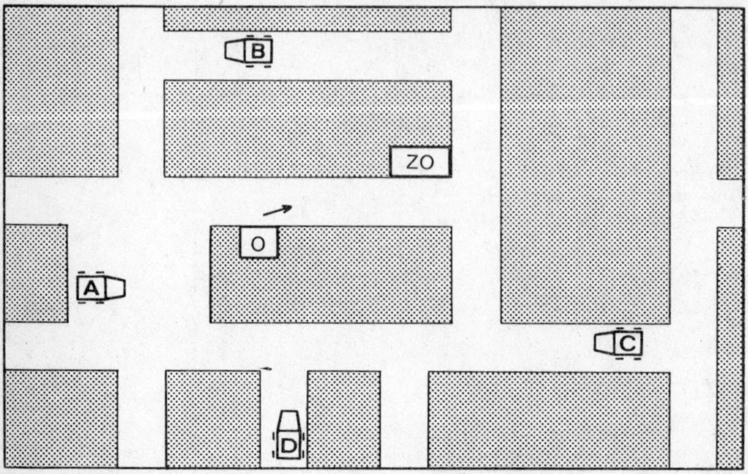

Abb. 19/7. In der Rundumstellung beobachtet der Observant (O) z.B. aus einer Wohnung das Zielobjekt (ZO); er steht mit den anderen, um das ZO gruppierten Fahrzeugen A bis D in Funksprechverbindung. Verläßt die Zielperson (ZP) das Haus, so kann je nach Lage Fuß- oder Fahrzeugobservation erfolgen.

Observationskessel

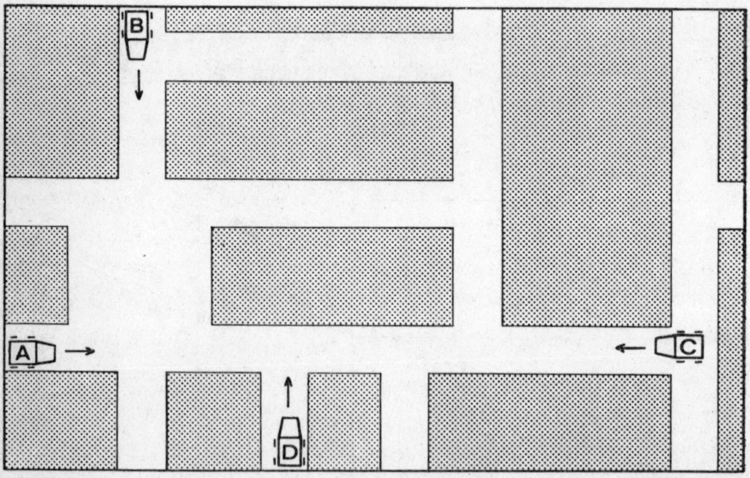

Abb. 19/8. Den Observationskessel benutzt man ähnlich wie eine sperrende Observationskette vor allem dann, wenn eine Zielperson in einem bestimmten Gebiet verloren gegangen ist oder vermutet wird.

Die **spezielle Observation** oder Spezialbeobachtung findet dagegen nur bei der Aufklärung von Straftaten statt und ist im allgemeinen nicht ortsgebunden (Bewegungsobservation), sondern auf eine bestimmte Person ausgerichtet, die mehr oder minder dauernd beobachtet werden soll. Die auch hier notwendige unauffällige Handhabung kann nur durch Beamte in Zivil oder ggf. zivile Helfer, u. U. V-Personen, erfolgen, die sich ggf. abwechseln müssen, um keinen Verdacht bei dem Observierten zu erregen. – Neuralgische Punkte solcher Observation sind insb. die, daß der Beobachtete ein Haus (mehrere Ausgänge?) betritt oder ein öffentliches Verkehrsmittel benutzt; aber auch sonst ist das Beobachten in Kraftwagen fahrender Personen schwierig.

O'Hara S. 212 ff.

Alle diese Formen der Observation erfordern nicht nur erheblichen personellen Aufwand, sondern gewöhnlich auch den Einsatz technischer Hilfsmittel. Sieht man hier von Transport- und Nachrichtenmitteln ab, so ist doch auf einige optische und akustische Wahrnehmungshilfen hinzuweisen, welche die Effektivität erheblich erhöhen können.

Bei den optischen Geräten ist außer auf das Fernglas, insb. das mit größerer Lichtstärke arbeitende „Nachtglas", auf sogen. Nachtsichtgeräte hinzuweisen, die z. B. nach demselben Prinzip wie Infrarot-Bildwandler funktionieren. Mit ihrer Hilfe kann man auch bei absoluter Dunkelheit unbemerkt beobachten. Am Tage kann die Beobachtung aber auch durch getarnt installierte Fernsehkameras erfolgen.
Die akustischen Geräte müssen bei der Observation natürlich so eingesetzt werden, daß damit nicht gegen gesetzliche Vorschriften verstoßen wird. Dann aber können Mikrofone (z. B. mit starker Richtcharakteristik) wertvolle Dienste leisten. Sie lassen sich, da die Verbindung zum Verstärker und zum Lautsprecher oder Kopfhörer außer mittels eines Drahtes auch drahtlos bewerkstelligt werden kann, unschwer auch gut getarnt unterbringen. Dabei kann man überdies die Tonbandaufzeichnung nutzen.

Eine Besonderheit stellt das von den Transportmitteln zu unterscheidene Observationsfahrzeug dar, von dem aus beobachtet und berichtet wird.

Nicht nur bei der Wahl und Ausrüstung eines Fahrzeugs für Observationszwecke, sondern auch bei seinem Einsatz sollte man die bisher gemachten Erfahrungen beachten, sich aber den vorhandenen Gegebenheiten möglichst gut anpassen.

Selbstverständlich sind bei allen Observationen außer den konkreten Gegebenheiten auch typische Unterschiede bei den Formen kriminellen Verhaltens zu beachten. In der Praxis handelt es sich hier vorwiegend um Menschenraub (insb. Geiselnahme), Erpressung, Raub, Einbruchdiebstahl, gewisse andere Diebstähle und einzelne Sexualdelikte. Doch kann sich auch bei anderen Straftaten oder im Hinblick auf die Person eine Observation als sinnvoll erweisen. Darauf aber wird bei den einzelnen Formen kriminellen Verhaltens (§ 23) zurückzukommen sein.

Pfister, Fritz: Der Raubmord an Bankier Armin Bannwart, Zürich, am 4./4. Dezember 1951 – Kriminalistik 1952, S. 243 ff.

Der Observation ähnelt eine andere Fahndungsmaßnahme, die sich häufiger im geheimdienstlichen Bereich findet; sie wird von der Kriminalpolizei nur selten angewandt, wenngleich die Praxis der einzelnen Länder unterschiedlich zu sein scheint. Man spricht hier vom **„Einschleusen"** in verdächtige Kreise, von „Untergrundarbeit" oder vom „undercover work" (roping), womit man sagen will, daß man Beamte mit nicht erkennbarer oder falscher

Identität einsetzt, um durch sie – ähnlich wie bei V-Leuten – Informationen und ggf. Beweismaterial aus dem verdächtigen Milieu zu erlangen.

Kürbis, Gerhard/*Müller,* Günter: Im Sondereinsatz gegen Rauschgifthändler – Kriminalistik 1971, S. 449 ff.; *Rinke,* Hans-Joachim/*Wolf,* Peter: Die „Killer" waren Kriminalbeamte – Kriminalistik 1974, S. 504 ff.

Wegen des Aufwands und der Risiken für den betreffenden Beamten greift man nur bei gewichtigen kriminellen Aktivitäten zu derartigen Maßnahmen. In der Praxis handelt es sich vor allem um Rauschgiftdelikte, Wirtschaftsdelikte und Terrorismus, d. h. um Formen kriminellen Verhaltens, wie man es bei Verbrecherorganisationen findet. Neben der Auswahl und Vorbereitung des Beamten bereiten der Kontakt mit ihm sowie seine Sicherung unter diesen Umständen oft erhebliche Schwierigkeiten. Dennoch lassen sich auf diesem Wege sonst nicht mögliche Erfolge erzielen, weshalb man ggf. zu derartigen Mitteln greifen muß.

Abschließend sei noch auf einige Besonderheiten hingewiesen, die sich bei der Fahndung nach Vermißten **(Vermißtensachen)** und bei der Identifizierung unbekannter Toter (Leichensachen) ergeben.
Als vermißt gelten üblicherweise Personen, die ihre Familie und ihren gewohnten Lebenskreis ohne erkennbare Gründe verlassen haben und deren Aufenthalt unbekannt ist. Das ist also nicht bei flüchtigen Tatverdächtigen der Fall. Vielmehr handelt es sich außer um jugendliche Ausreißer um solche Personen, bei denen mit Selbstmord, Unglücksfall oder damit zu rechnen ist, daß sie das Opfer einer Straftat geworden sind sowie um alle Fälle unbegründeten und unverständlichen Verschwindens. Ungeachtet der national verschieden geregelten Zuständigkeiten hängen diese Vermißtenfälle eng mit der Personenfahndung zusammen.

Holle, Rolf: Kriminaldienstkunde. II. Teil: Kriminalpolizeilicher Meldedienst – BKA 1956/3 – insb. S. 49 ff.; *Gehrig,* F.: Gedanken über die Bearbeitung von Vermißtenfällen und die Identifizierung unbekannter Toter – in: TbKrim Bd. XI, S. 365 ff. (1961); *Wenzky,* Oskar: Kriminaltaktik – in: HdwKrim (2) II-132 ff.; *Bauer* 1-436 ff.; *O'Hara* S. 180 ff.; *Chrapkowski,* Hans: Vermißtenfälle – in: GrKrim Bd. 10, S. 337 ff. (1973); *Bauer* 3–134 ff.

Den Schwerpunkt der Fahndung in Vermißtensachen bilden jedoch üblicherweise weggelaufende Kinder und Jugendliche (run away kids); Ihr Anteil geht oft auf mehr als zwei Drittel dieser Fälle. Häufiger ist Mißbrauch der Ermittlungsorgane, wenn volljährige Personen als angeblich vermißt gesucht werden sollen.

In der Handhabung von Vermißtensachen ergeben sich daher häufig Unterschiede daraus, ob nach Kindern bzw. Jugendlichen oder nach Erwachsenen gefahndet wird. Allerdings ist vor falschem Schematismus zu warnen, da nicht nur erwachsene Menschen ebenfalls aus mancherlei Gründen „weglaufen" können, sondern Kinder und Jugendliche nicht gar so selten das Opfer von Verbrechen werden, die zunächst unerklärbare Abwesenheit also Tatverdacht begründen sollte.

Die Fahndung beginnt in Vermißtensachen zweckmäßig örtlich. Sofern nicht von der vermißten Person hinterlassene Dinge Anhaltspunkte bieten, ermittelt man bei Angehörigen oder Bekannten der vermißten Person, fragt in Krankenhäusern und dergl. nach und prüft kriminalrechtliche Unterlagen. Führt das alles nicht weiter, so versucht man es ggf. mit einer Presseveröffentlichung oder einem Suchvermerk beim Einwohnermeldeamt.
Ergeben sich im Zuge der Ermittlungen entsprechende Anhaltspunkte, so ersucht man andere Stellen um Mitfahndung oder gibt die Sache an eine dafür zuständige höhere Stelle – z. B. das Landeskriminalamt – ab, welche ggf. weitere Maßnahmen veranlaßt.

Wird der Aufenthaltsort der vermißten Person ermittelt oder diese einwandfrei identifiziert, so sind alle mit der Vermißtensache befaßten Stellen zu informieren.
Ein nicht unerheblicher Teil von Vermißtensachen entwickelt sich früher oder später zu Strafverfahren, was aber zunächst nur selten einigermaßen sicher zu erwarten ist, weshalb die oft leger gehandhabte Vermißtensuche insoweit Zeit- und Spurenverlust bewirken kann. Daher sollten Vermißtensachen, sofern auch nur die geringsten Anhaltspunkte für eine etwaige Straftat bestehen, ebenso intensiv wie derartige Ermittlungen betrieben werden.

Rigoli, Georg: Bigamist wird zum Mörder. Vermißtenfall als Mord geklärt – Kriminalistik 1954, S. 2 ff.; *Gehrig,* F./*Pohensky*: Leichenfund in der Holzkiste – Kriminalistik 1959, S. 20 ff.; *Boixen,* H./*Gärtner,* A.: Der Fememord der vier Geschwister – Kriminalistik 1959, S. 155 ff.; *Stüllenberg,* Heinz: Vermißtensache, Unglücksfall oder Mord? Der Fall Ruth Lemke aus Kevelaer – Kriminalistik 1966, S. 420ff.; *Hinrichs,* Heinz: Der Fall Jürgen Bartsch. Vier Morde als Vermißtenfälle in rückschauender Betrachtung – Kriminalistik 1968, S. 306 ff.; *Spenlingwimmer,* Ulrich: Ein fast perfekter Mord? – Kriminalistik 1972, S. 236 ff.

Ferner gibt es Fälle, in welchen sich zwar alsbald ein Tatverdacht einstellt, obwohl die Angelegenheit sich früher oder später als bloß – u. U. nicht glücklich gehandhabte – Vermißtensache entpuppt.

Strohge/Dahncke: Ungewöhnliche Aufklärung eines Vermißtenfalles – Kriminalistik 1956, S. 47 ff.; *Zittlau,* Hans: Ein ungewöhnlicher Vermißtenfall. Totgeglaubter kehrt nach 16 Jahren zurück – Kriminalistik 1976, S. 250 ff.

Vermißtenfälle entwickeln sich schließlich – z. B. bei Selbstmord – nicht gar so selten zu Leichensachen, die sogleich behandelt werden sollen.
Insgesamt sind Vermißtensachen daher doch viel häufiger kriminalistisch relevant, als man das auf Anhieb meinen mag. Daher ist zu wünschen, daß dieser Fragenkreis kriminalistisch genauer als bisher erforscht und in der Praxis sorgfältiger gehandhabt wird, als das häufig der Fall ist.
Trotz gewisser, soeben angedeuteter Ähnlichkeiten unterscheiden sich die **Leichensachen** von den Vermißtenfällen dadurch, daß hier nicht nach dem Objekt der Fahndung gesucht werden muß, sondern mit Feststellung der Todesursache zu erforschen ist, ob der Tod den Verdacht strafbaren Handelns zu begründen vermag. Denn es kommt durchaus vor, daß ohne Anzeige Leichen gefunden werden, die entweder nicht sogleich zu identifizieren sind oder deren Todesursache ungewiß ist, weshalb der Tod des Betreffenden u. U. mit einer Straftat zusammenhängen könnte.

Leichensachen – GrKrim Bd. 10 (1973).

Die meisten Rechte sehen daher – wie § 159 dtsch. StPO – ein besonderes Verfahren für solche Fälle vor, in denen Tote nicht sofort identifiziert werden können oder die Todesursache ungewiß ist. Zweck dieses Verfahrens ist es, die Identität des unbekannten Toten festzustellen und bzw. oder zu prüfen, ob zureichende tatsächliche Anhaltspunkte für die Einleitung eines Strafverfahrens vorliegen.
Bei unbekannten Toten und ungewisser Todesursache geht es zunächst um die Obduktion und andere kriminaltechnische Untersuchungen, um Klarheit über die Todesursache zu erlangen. Ergibt sich dabei der Verdacht einer strafbaren Handlung, so ist ein Strafverfahren einzuleiten. – Im übrigen ist, wenn so eine Identifizierung noch nicht möglich ist, ähnlich wie in Vermißtensachen zu ermitteln, um die Identität des Toten zu klären.

Svensson/ Wendel S. 310ff.; *Zureich*, August: Mord oder Unglücksfall? – der Kriminalist 1972, S. 28ff.; *Grandig*, Franz: Identifizierung einer unbekannten Wasserleiche auf Grund eines Wohnungsschlüssels – Kriminalistik 1972, S. 210; *Preibsch*, Peter: Eine nicht alltägliche Leichensache – der kriminalist 1972, S. 43 ff. (Natürlichen Todes Gestorbene war als Mann verheiratet und bei Behörde tätig gewesen); *Hughes* S. 68 ff.; *Bratzke*, Hans-Jürgen: Todesfälle von Bürgern der Bundesrepublik Deutschland im Ausland. Versicherungsrechtliche und gerichtsmedizinische Aspekte – Arch. f. Krim. Bd. 159, S. 97 ff. (1977).

Mitunter geht es bei Leichensachen nur darum, eine sich anbietende Indentifizierung zu bestätigen.

Bei einer in einem belgischen Eisenbahntunnel gefundenen Leiche deuteten Personalpapiere auf einen in einer schleswig-holsteinischen Stadt beheimateten Schiffsoffizier hin. Da aus anderen Gründen dennoch Zweifel an der Identität des Toten bestanden, wurde die heimatliche Kriminalpolizei eingeschaltet, welche diese schließlich durch einen 6 Monate alten Fingerabdruck auf dem Schenkel eines Zirkels ausräumen konnte.

Mit der Feststellung der Personalien wird es gewöhnlich nicht nur leichter, die Umstände des Todes zu erforschen, sondern sie sind besonders wichtig, wenn der Verdacht einer Straftat vorliegt und ermittelt werden muß.
Auch in Leichensachen muß man u. U. mit falschen Aussagen rechnen, wenn sich die Beweisperson davon etwas für sich oder einen angeblich Vermißten verspricht.

Nach Bergen einer unbekannten männlichen Leiche aus dem Rhein stieß man auf eine Vermißtenmeldung, die nach Daten und Fotos zutreffen konnte. Die daher zur Dienststelle gebetene Ehefrau des Vermißten bestätigte nicht nur spontan bei Vorlage der Lichtbilder die Identität der Leiche, sondern tat dies auch bei der Besichtigung. Mehr als kleinere Ungereimtheiten störte die Beamten das Verhalten der Frau gegenüber ihrem Begleiter, der mehr als ein „guter Bekannter" zu sein schien. Auf die Frage, wann und wo ihr Mann zuletzt in zahnärztlicher Behandlung gewesen sei, nannte die Frau die Anschrift eines Zahnarztes, den er wenige Wochen vor seinem Verschwinden aufgesucht hatte. Die sofortige fernmündliche Rückfrage ergab, daß damals der 5. Zahn im Unterkiefer links gezogen worden war; das Unterkiefergebiß der Leiche aber war vollständig. Die falsche Identifizierung, durch welche die Frau wohl freie Hand für eine andere Verbindung zu bekommen dachte, war vereitelt. Außer der Umsicht des Beamten war dafür das Verhalten der Frau ausschlaggebend.

In manchen Leichensachen kann der Verdacht vorsätzlicher Tötung entstehen, der sich dann jedoch als unbegründet erweist.

Obwohl bei einer 67jährigen Witwe, die tot in ihrem Bett aufgefunden wurde, die Todesursache infolge von Verwesung nicht einfach festzustellen war, sprach doch eine Herzkrankheit für natürlichen Tod. Bedenken erweckte das Fehlen von Geldbörse, Schmuck und Schlüsseln. Obgleich man dann einen 15jährigen Jugendlichen ermittelte, der diese Sachen entwendet hatte, war es doch ein natürlicher Tod; der Täter war durch ein Fenster in die Wohnung der damals bereits toten Frau eingestiegen.

2. Die Sachfahndung

Gegenstand der Sachfahndung sind, wie ihr Name sagt, Sachen. Auch hier sollen nach einem Überblick über mögliche Objekte kurz die kriminaltaktischen Gegebenheiten beleuchtet werden. Denn obwohl wir, was Organisation und Vorgehen anlangt, weithin auf das zur Personenfahndung (oben 1.) Gesagte verweisen können, ergeben sich hier wegen des z. T. anderen Ziels doch einige Besonderheiten.

Gehrig, F./*Wolz,* K.: Die Sachfahndung – Kriminalistik 1955, S. 247 ff.; *Fiedler,* R./*Gehrig,* F.: Sachfahndung – Kriminalistik 1959, S. 199ff.; *Eberhart,* Max: Sachfahndung (Musterkatalog) – BKA 1960/1–3; *Breiter,* Heinz/*Fiedler,* Raimund: Sachfahndung – Kriminalistik 1965, S. 418 ff.; *Wenzky,* Oskar: Kriminaltaktik – in: HdwKrim (2) II-128 ff.; *Häring,* Hermann: Die Bedeutung moderner Sachfahndung – in: Fahndung, hrsg. v. Bundeskriminalamt, Wiesbaden 1970, S. 131 ff. (= Kriminalistik 1970, S. 290 ff.); *Hörauf,* Fritz: Sachfahndung – in: GrKrim Bd. 5, S. 261 ff. (1970); *Püttner,* Paul S.: Kfz-Fahndung als Beispiel für EDV-Verbund – Kriminalistik 1972, S. 6 ff.

a) Objekte

Einmal kann es sich bei dieser Fahndung um Sachen handeln, die als **Beweismittel für ein Strafverfahren** bedeutsam sind. Dazu zählen beispielsweise Tatwerkzeuge, die sogen. instrumenta sceleris, und die Beute oder Produkte des kriminellen Verhaltens – sog. producta sceleris – sowie sonstige Spurenträger, die zum Beweise in Strafsachen geeignet sein können. Hier ist vor allem auch an vom Täter verlorene Sachen zu denken. Mitunter muß aber auch nach Vergleichsmaterial für kriminaltechnische Untersuchungen gefahndet werden.
Andererseits kann Gegenstand einer Sachfahndung eine **abhanden gekommene Sache** sein, wenn durch das Abhandenkommen der Verdacht einer strafbaren Handlung entstanden ist. Zu einer solchen Fahndung kann es nicht nur bei Verlustmeldungen, sondern ebenso kommen, wenn eine sichergestellte, anscheinend herrenlose Sache den Verdacht krimineller Machenschaften erweckt.
Alle diese Gegenstände können nicht nur als solche, sondern auch für eine effektive Personenfahndung wichtig werden.

b) Zum Vorgehen

Bei der Sachfahndung ist vor allem auf eine genaue Beschreibung der zu ermittelnden Sache Wert zu legen, weil diese durchweg sehr viel schwieriger als die Beschreibung einer Person ist. So erleichtert es z. B. bei einer Fahndung nach einem Kraftfahrzeug sehr, wenn außer dem Wagentyp, dem Baujahr auch die Fahrgestellnummer, die Motornummer, Reparaturen und besondere Merkmale anderer Art angegeben werden.

Hier ist im Interesse der Klarheit und reibungsloser Kommunikation eine Standardisierung (z. B. an Hand eines Musterkatalogs) anzustreben. Erst dann gewinnen spezifische Charakteristika wirklich Gewicht.

Ähnlich wie bei der Personenfahndung können die Örtlichkeiten oder die besondere Art, z. B. Größe des Objekts, die Fahndung außerordentlich erschweren oder den Einsatz spezieller Fahndungsmittel erfordern.

Außer an größere Suchaktionen zu Fuß, Benutzung von Kraftfahrzeugen und Hubschraubern ist auch hier an die oft komplizierte Bergung von Gegenständen aus Flüssen und Gewässern zu denken.

Schriber, Hans: Bergung größerer Objekte aus extremen Tiefen – Kriminalistik 1970, S. 116 ff.

Häufig kann erst nach Beibringen der gestohlenen oder sonstwie abhanden gekommenen Sache im Zuge der Fahndung die Täterschaft geklärt werden. Aber auch im Hinblick auf andere Beweise kommt der Sachfahndung, die man oft unterschätzt, großes Gewicht zu.
Die Sachfahndung kann als solche örtlich oder überörtlich erfolgen und je nach Lage individuellen oder generellen Charakter haben. Sie bedient sich der oben geschilderten Fahndungsmittel und kann ggf. mit Zwang (§ 20) erfolgen. Für besondere Fälle der Sachfahn-

dung (z. B. Kraftfahrzeuge, Fahrräder) können besondere Vorschriften oder Grundsätze gelten.
Auch in diesem Bereich kann man Fahndungsinnen- und Fahndungsaußendienst unterscheiden. Doch während der Außendienst oft zugleich nach Personen und Sachen fahndet, sind die Unterschiede im Innendienst (z. B. bei der Karteiarbeit) größer.
In der Sachfahndung obliegen dem **Fahndungsinnendienst** wichtige Aufgaben. Wir haben hier vor allem an die Sachfahndungskarteien und die Sachfahndungsnachweise, die oben geschildert wurden (§ 19-II-1-c), zu denken. Denn die Grundlage der Sachfahndung bildet die Verlustkartensammlung, die in klarer Klassifizierung alle gestohlenen oder abhanden gekommenen Sachen ausweist.

Daneben wird mancherorts eine Verkäuferkartei geführt, um einen besseren Überblick über etwaige Absatzmöglichkeiten zu erlangen, der dann vom Außendienst genutzt werden kann. Eine solche Verkäuferkartei, in welcher bereits verkaufte oder unter verdächtigen Umständen bekannt gewordene Sachen erfaßt werden, läßt sich nach verschiedenen Gesichtspunkten ordnen (Namen, Warengattung, Warennummer).

An diese Arbeit schließt sich gewöhnlich die Tätigkeit des **Fahndungsaußendienstes** an. Dieser nimmt dann häufig mit den örtlichen Fundbüros Verbindung auf oder veranstaltet Kontrollen bei nach Lage der Dinge in Betracht kommenden Aufkäufern von Altwaren bzw. Pfandleihern. Zuweilen führen auch – z. B. bei der Fahndung nach gestohlenen Fahrrädern – Streifen in Bahnhöfen, Fabriken, öffentlichen Gebäuden, bei Großveranstaltungen und dergl. zum Ziel.

Insb. die Zusammenarbeit mit dem Fundbüro ist nicht zu unterschätzen. Schließlich ist zu bedenken, daß außer der Allgemeinheit auch bestimmte Berufskreise – z. B. bei Fahrrädern Reparaturwerkstätten – wertvolle Hinweise geben können, wie das oben bereits ausgeführt wurde.

Außerordentlich schwierig gestaltet sich die Sachfahndung regelmäßig bei Hehlern, den bösgläubigen Erwerbern von Diebesgut. Hier läßt sich allerdings durch Kontrolle verdächtiger Abnehmer viel erreichen. Wie der Kriminalist auf die beliebte Ausrede dieser Täter, sie hätten gutgläubig vom großen Unbekannten erworben, zu reagieren hat, wird später noch zu behandeln sein. Hier ist es zunächst einmal wichtig, durch genaue Beschreibung der fraglichen Sache die Identität mit dem ermittelten Gegenstand einwandfrei feststellen zu können.
Es gibt aber auch Fälle der Sachfahndung, die – oft im Zusammenhang mit einer Personenfahndung – mehr technischen Charakter haben. Ein Beispiel dafür ist die Funkpeilung, mit der man feststellen kann, wo sich ein bestimmter Gegenstand (Sprechfunkgerät, in Kraftwagen, Fallschirm oder Lösegeld eingegebener Sender) befindet.

Dietmar, Wolfgang: Peilen – aber wie? – der kriminalist 1974, S. 213 ff.

Diese z. T. von Taxiunternehmen genutzte Möglichkeit sollten auch die Strafverfolgungsorgane für die Zwecke der Fahndung verwenden.
Präventiv ist wiederum vor allem auf den **Objektschutz** hinzuweisen, der bereits bei der Personenfahndung im Zusammenhang mit der Observation angesprochen worden ist (§ 19-III-1-b).

IV. Individuelle und generelle Fahndung

Bei individueller und genereller Fahndung unterscheiden wir danach, ob bestimmte Personen bzw. Sachen gesucht werden oder ob generell nach Personen und Sachen geforscht wird, die mit einer strafbaren Handlung in Verbindung stehen oder stehen können.
Die Ausgangssituation ist in beiden Fällen recht verschieden. Geht es bei der individuellen Fahndung um konkrete Ziele, so sind diese wichtiger als die in aller Regel bereits bekannte Straftat. Dagegen knüpft die generelle Fahndung mehr an kriminelle Praktiken und kriminalistische Erfahrungen an, richtet sich also vor allem auf vermutete Taten, weil über Personen und Sachen zunächst nichts konkretes bekannt ist.

1. Individuelle Fahndung

Eine individuelle Fahndung kann ein sehr verschiedenartiges Ausmaß haben. Dabei lassen sich zwar zwei Formen unterscheiden, die man jedoch im Einzelfall sogar kombinieren kann.
Sie kann als **gezielte Fahndung** von einzelnen Beamten einer Dienststelle oder mitfahndender Dienststellen durchgeführt werden; sie kann bei schweren Straftaten nicht nur regional oder bundesweit, sondern u. U. sogar international mit gewaltigem Personalaufwand erfolgen.
Ist eine gezielte Suche nach bestimmten Personen oder Sachen noch nicht möglich, so spricht man von einer **allgemeinen Fahndung** nach Personen oder Sachen, die mit einer bestimmten Tat in Zusammenhang stehen können.
Selbstverständlich unterscheidet sich im übrigen die individuelle Fahndung nach Personen und nach Sachen. Bei Personen geht es zunächst einmal darum, die Lebensgewohnheiten und die Beziehungen des Tatverdächtigen oder der sonst gesuchten Personen zu klären, um erkennen zu können, wo dieser Mensch sich aufhalten oder wo er untergetaucht bzw. verschwunden sein könnte. Dabei ist nicht erforderlich, daß der Betreffende namentlich bekannt ist, sofern er nur individuell beschrieben, d. h.identifizierbar ist.
Die Fahndung nach bestimmten Gegenständen stellt im Gegensatz zur individuellen Fahndung nach Personen in der Praxis eher eine Ausnahme dar. Sie beschränkt sich im allgemeinen auf Kapitalverbrechen oder sonstige schwere Delikte.

2. Generelle Fahndung

Die generelle Fahndung, die keineswegs nur überörtlich erfolgt, ist dagegen eine Maßnahme, durch welche allgemein nach tatverdächtigen Personen oder Sachen gesucht wird, die so oder so im Zusammenhang mit einer Straftat stehen. Die Ausgangslage ist hier also eine ganz andere, da man nicht vom Verdacht einer bestimmten Straftat ausgeht, sondern lediglich vermutet, daß an bestimmten Orten und zu gewissen Zeiten mit der Begehung von Straftaten zu rechnen ist.
Eine solche generelle Fahndung nach Personen wird daher üblicherweise in Form von Kontrollen der Personalien durchgeführt. Vielfach beschränken sich derartige Kontrollen auf ganz bestimmte Bereiche, wovon bei den Sonderfahndungen noch die Rede sein wird.

Eine generelle Fahndung nach Sachen erfolgt gewöhnlich in der Form, daß allgemein bei bestimmten Gewerbezweigen und dergl. Kontrollen nach Sachen durchgeführt werden, die im Zusammenhang mit einer Straftat stehen oder stehen könnten. Dasselbe gilt weiter für Verkehrskontrollen, die sich außer auf die Fahrzeuge und ihre Ladung auf den Fahrer und ggf. die Insassen beziehen.

V. Örtliche und überörtliche Fahndung

Stellt man der örtlichen die überörtliche Fahndung gegenüber, so verdeutlicht man diejenigen Unterschiede, die sich aus der mehr oder weniger großen Ausdehnung des Gebietes ergeben, in welchem die Fahndungsmaßnahmen durchzuführen sind. Dabei umfaßt die örtliche Fahndung alle Maßnahmen der Personen- und Sachfahndung im Zuständigkeitsbereich einer Strafverfolgungsbehörde der unteren Ebene, d. h. insb. einer lokalen Kriminalpolizeidienststelle. Demgegenüber sprechen wir von überörtlicher Fahndung in denjenigen Fällen, in welchen eine Behörde der mittleren oder oberen Ebene Fahndungsmaßnahmen für ein größeres Gebiet anordnet. Hierbei ergeben sich naturgemäß besondere Koordinierungsprobleme, die über die einer örtlichen Fahndung hinausgehen.

1. Überörtliche Fahndung

Die überörtliche Fahndung ist mithin die typische Tätigkeit der höheren Dienststellen im Bereich der Fahndung. Sie ist als solche vor allem leitender oder koordinierender Natur. Besondere Bedeutung haben daher die als Fahndungsmittel oben behandelten Nachrichtenmittel, d. h. Fernsprecher, Fernschreiber, Polizeifunk und Bildfunk.

Holle, Rolf: Kriminaldienstkunde. III. Teil: Fahndung – BKA 1957/3 – insb. S. 89 ff.; *Mörschel,* Karl: Gedanken zu einem überörtlichen Ermittlungsverfahren – Kriminalistik 1957, S. 92 ff.; *Segbers,* Theo: Bekämpfung überörtlich tätiger Einbrecher- und Räuberbanden – Kriminalistik 1969, S.621 ff.; *N. N.:* Vorbereitung und Durchführung einer weiträumigen Fahndung – Die Polizei 1976, S. 183 ff.

Typische Maßnahmen überörtlicher Fahndung dieser höheren Dienststellen sind die sogen. Fahndungsersuchen. Dabei ist zwischen allgemeinen Mitfahndungsersuchen und Einzelersuchen zu unterscheiden.
Allgemeine Fahndungsersuchen bezwecken Fahndungsmaßnahmen in einem engeren Bezirk, im Landesbereich oder im Bundesgebiet; über das Bundeskriminalamt kann sogar eine internationale Fahndung eingeleitet werden. Die allgemeine Fahndung richtet sich hier als Ersuchen an alle Strafverfolgungsbehörden des genannten bzw. angesprochenen Bereichs. Die Ausschreibungen erfolgen durch Fernschreiben, Funkspruch oder in den kriminalpolizeilichen Nachrichtenblättern.
Bei den Einzelersuchen wendet sich die ersuchende Behörde um Mitfahndung an eine ganz bestimmte Dienststelle oder eine Reihe solcher. Hierbei ist der Dienstweg zu beachten, sofern eine ersuchte Behörde einer anderen übergeordneten Behörde unterstellt ist. In der Regel wird in allen diesen Fällen die Vornahme bestimmter Fahndungsaktivitäten verlangt. Je nach Dringlichkeit erfolgen die Ersuchen durch Schreiben, Fernschreiben oder Funkspruch.

2. Örtliche Fahndung

In der örtlichen Fahndung, die im übrigen auf lokaler Ebene die überörtliche ergänzt bzw. verwirklicht, liegt demgegenüber das Schwergewicht bei der eigentlichen Fahndungsarbeit. Zu einer solchen örtlichen Fahndung kann es auf Grund der eigenen Feststellung der Behörde oder auf Grund des Mitfahndungsersuchens einer auswärtigen Stelle oder einer Weisung kommen. Hinsichtlich des Gegenstandes der Fahndung kann auf das verwiesen werden, was bereits zur Personen- und Sachfahndung ausgeführt worden ist.

Holle, Rolf: Kriminaldienstkunde. III. Teil: Fahndung – BKA 1957/3 – insb. S. 81 ff.

Im übrigen geht die örtliche Fahndung ebenfalls in der Regel von vorbereitenden innerdienstlichen Maßnahmen aus. Diese betreffen vor allem das Auswerten der einschlägigen Karteien und sonst vorhandenen Unterlagen. Sie erstrecken sich sodann auf das Beschaffen weiterer Unterlagen über Personen und Örtlichkeiten, die im Zuge der Fahndung bedeutsam werden könnten. Denn eine Fahndung ist nur dann mit Aussicht auf Erfolg durchzuführen, wenn die hierzu eingesetzten Beamten über beste Ortskenntnisse und engen Kontakt zur Bevölkerung verfügen. Deshalb ist es von großem Nutzen, sich der Gewerbeverzeichnisse, des Einwohnermelderegisters usw. zu bedienen.
Für den sodann tätig werdenden Fahndungsaußendienst ist zu bedenken, daß sich die bei der Tatortarbeit geschilderte Spurensuche keineswegs auf den Tatort beschränkt. Vielmehr finden sich Spuren sowohl beim Opfer als vor allem auch bei dem Täter und in dessen Lebensbereich. Es ist daher eine wesentliche Aufgabe der Fahndung, diese Spuren des Verbrechens und der Täterschaft zu suchen. Die in der Außenfahndung tätigen Beamten haben daher die wichtige Aufgabe, das für die Beurteilung des Geschehens notwendige Beweismaterial zu sammeln.
Dies geschieht einmal in der Form, daß Recherchen angestellt werden, die sich sowohl auf sachliche als auch auf persönliche Beweismittel beziehen können. Dabei sind die Erkundigungsmöglichkeiten außerordentlich vielseitig, wie bei Personen- und Sachfahndung deutlich geworden sein dürfte. Man darf nicht nur an Amtsstellen – wie Steueramt, Arbeitsamt, Sozial- und Jugendamt – denken, sondern vor allem an private, d. h. Vorgesetzte, Untergebene, Hauswirte, Nachbarn, Gastwirte, Verwandte, Bekannte und Geschäftsfreunde.
Ein besonderer Fall ist – wie gesagt (§ 19-III-1-b) – die sogen. Spezialbeobachtung, die sich auf bestimmte Personen bezieht. Diese Spezialbeobachtung – auch Überwachung oder Observation genannt – hat das Ziel, Personen, die einer strafbaren Handlung verdächtig sind, zu überführen. Bei unbekannten Tätern ist hier an die Fahndung mit Hilfe von Diebesfallen oder ähnlichen Fahndungsmitteln zu erinnern.
Schließlich kann eine örtliche Fahndung ebenfalls in Form von Fahndungsstreifen und Kontrollen durchgeführt werden. Diese brauchen nicht unbedingt eine Beziehung zu einer bestimmten Straftat zu haben. Vielmehr überprüfen Fahndungskommissariate häufig ganz bestimmte Örtlichkeiten, die zu kriminellem Tun Anlaß geben oder Rechtsbrecher anlocken.

Zu denken ist hier z. B. an Strichplätze, bestimmte Gaststätten und Hotels, Bahnhofsvorplätze und dergl. Ähnliches gilt bei der Sachfahndung für die Kontrolle von Geschäften, Insb. ist hier wieder an routinemäßige Kontrollen bei Altwarenhändlern, Juwelieren und Reparaturwerkstätten aller Art zu denken.

Insgesamt läßt sich somit sagen, daß die Fahndungsmöglichkeiten sehr vielgestaltig sind. Deshalb gibt es praktisch nichts, was dem untersuchenden Beamten nicht früher oder später bei seinen Ermittlungen nützlich sein könnte. Vor allem ist es wichtig, daß der Untersuchungsbeamte zahlreiche Beziehungen hat und mit den Verhältnissen in seinem zu untersuchenden Bereich bestens vertraut ist. Denn dann kann er die bei den anderen Formen der Fahndung ausführlicher geschilderten Möglichkeiten in seinem lokalen Bereich optimal nutzen.

VI. Besondere Arten der Fahndung

Als besondere Arten der Fahndung wollen wir abschließend über Razzia, Alarm- und Großfahndung sprechen, neben denen noch Grenzfahndung, Fahndung in der Schiffahrt und internationale Fahndung berücksichtigt werden sollen.
Die sogen. Bundes- oder Landesfahndungstage, an denen die örtlichen Polizeibehörden ihr Gebiet, d. h. bestimmte Örtlichkeiten sowie Unterlagen der Einwohnermeldeämter und anderer Stellen, nach gesuchten Personen durchkämmen, gehören an sich in den Bereich der allgemeinen Personenfahndung.

Bux, Kuno: Für und wider Fahndungstage – in: Fahndung, hrsg. v. Bundeskriminalamt, Wiesbaden 1970, S. 191 ff.

Trotz z. T. eindrucksvoll erscheinender Zahlen sind die Fahndungsergebnisse, wenn man den gewaltigen Aufwand berücksichtigt, wohl doch als bescheiden zu werten. Daher liegt nahe, daß derartige Maßnahmen genereller Fahndung besser lokal und zeitlich verschieden sowie mit solchen Schwerpunkten durchgeführt werden, die größeren Erfolg erwarten lassen als eine allgemeine Aktion.
Die Sonderfahndungen kombinieren in aller Regel Eigentümlichkeiten der geschilderten Fahndungsarten in sehr charakteristischer Weise.

1. Razzia

Die Razzia ist eine generelle Fahndung, die mit einem großen Aufgebot von Kriminalpolizei und uniformierter Polizei an einem bestimmten, mehr oder weniger großen Ort durchgeführt wird. Daß die Razzia in vielen Ländern im Geggensatz zu früher seltener geworden ist, mag damit zusammenhängen, daß die Rechtsgrundlagen hier oft unsicher sind; denn man muß sich bei diesen Sonderfahndungen mehr als auf das Strafprozeßrecht auf das Polizeirecht stützen, welches hier Möglichkeiten einer Gefahrenabwehr aufweist. Nur in besonderen Fällen kann man sich daneben auf Befugnisse zu erkennungsdienstlicher Behandlung und zu strafprozessualem Zwang stützen.

Meixner I-96 f.; *Walter,* Dieter/*Zachert,* Hans-Ludwig: Die Razzia, sowie Betreten von Räumlichkeiten und Durchsuchung auf polizeirechtlicher Grundlage – Kriminalistik 1967, S. 589 ff.; *Bauer,* Günther: Razzia – in: GrKrim Bd. 5, S. 275 ff. (1970); *Greiner,* August: Rechtsgrundlagen und -problematiken bei der Durchführung einer Razzia – Die Polizei 1975, S. 408 ff.; *Bauer* 3–152 ff.

Auch die Razzia ist also keine ungezielte Ausforschung, sondern richtet sich gegen polizeiliche „Störer" oder gegen Tatverdächtige, obwohl durch sie nach Lage der Dinge auch

„Nichtstörer“ in Mitleidenschaft gezogen werden. Die Razzia sollte daher so angelegt und durchgeführt werden, daß im fraglichen Gebiet befindliche unbeteiligte Personen möglichst wenig behelligt werden. Eben deshalb sollte man sich hüten, verdächtige Umstände leichtherzig als polizeiliche Gefahr zu werten (Scheingefahr).

Im allgemeinen sind die Örtlichkeiten hier aber, verglichen mit der Großfahndung, jedoch klein. Razzien werden z. B. in Gaststätten, Spielklubs, Versammlungen, Gemeinschaftsunterkünften von Arbeitskräften, Obdachlosenasylen, Häusergruppen oder an bestimmten öffentlichen Plätzen durchgeführt, um die hier angetroffenen Personen zu kontrollieren. Anders als bei der Durchsuchung dominiert bei der Razzia jedoch ein vorbeugender Zweck.

Ziel solcher Razzien ist es im allgemeinen, Dirnen, Geschlechtskranke, Falschspieler, Glücksspieler, Drogentäter, Schwarzhändler und Hehler zu ergreifen. Natürlich kann sich die Razzia je nach Art der vermuteten Straftaten auch auf damit im Zusammenhang stehende Sachen konzentrieren. Wesentliche Aufgabe ist also auch bei einer Razzia die Aufklärung begangener Verbrechen, wenngleich man damit in der Praxis u. U. vor allem präventive Ziele verfolgt.

Die selbstverständlich im Hinblick auf Ort und Termin zunächst geheimzuhaltende Razzia muß gut vorbereitet sein; vor allem müssen genügend Beamte und technisches Gerät verfügbar sein, damit der Zugriff schlagartig und wirksam erfolgen kann. Erforderlich zur Vorbereitung ist außer genauer Kenntnis der Örtlichkeiten auch möglichst sicheres Wissen um die gesuchten verdächtigen Sachen oder Personen bzw. Personengruppen. Außer an die Kräfte für Personenkontrolle und Durchsuchungen ist an solche für Absperrung und Bewachung des Razziagebietes zu denken.

Eine erfolgreiche Durchführung der Razzia, deren Beginn vor allem durch Gegebenheiten und Ziel bestimmt wird, setzt nach möglichst unauffälligem Anmarsch oder Antransport der bereitgestellten Kräfte mit der Absperrung des Razziagebietes ein, für die man in der Regel uniformierte Polizei verwendet. Dabei sollten ebenso wie bei inneren Absperrungen im Gebiet der Razzia Kriminalbeamte verfügbar sein, die genau über die Ziele unterrichtet sind. Andere Beamte führen in Gruppen die für die Razzia typischen Personenkontrollen und Durchsuchungen durch; wieder andere übernehmen Sicherung und Transport der Personen und Sachen, die genauer überprüft werden müssen.

Planung und Durchführung einer Razzia variieren je nach Anlaß, Gegebenheiten und Zielen. Das Vorgehen sieht im Freien oder im Bahnhofsgelände natürlich anders als in Arbeiterlagern, Gaststätten oder verruchten Häuserblocks aus.

Bei der Durchführung einer solchen Razzia, die z.T. auch unverdächtige Bürger behelligt, sollte man korrekt und möglichst taktvoll vorgehen, um derartige von der Aktion Betroffene nicht unnötig zu verärgern. Wichtig ist gerade aus diesem Grunde eine schnelle Abwicklung. Ruhige und sachliche Erläuterungen des Vorhabens wecken Verständnis und Kooperation. – Nach Abschluß einer Razzia sollte man die Bevölkerung aus diesem Grunde auch über ihre Hintergründe und Erfolge im Wege der Öffentlichkeitsarbeit informieren.

2. Alarmfahndung

Unter Alarmfahndung oder Sperralarm bzw. Sofort(Blitz-)fahndung ist demgegenüber eine zentral geleitete überörtliche Fahndung zu verstehen, die eingeleitet wird, nachdem Tatverdacht und oft auch schon Täterschaft feststehen.

Schober, Andreas: Für und wider die Alarmfahndung. Eine Betrachtung zur Durchführung des Fahndungsaußendienstes auf überörtlicher Grundlage – Kriminalistik 1953, S. 122 ff.; *Bayerl,* Hans: Alarmfahndung und sonstige Sonderfahndungsmaßnahmen als System – in: Fahndung, hrsg. v Bundeskriminalamt, Wiesbaden 1970, S. 165 ff.; *Weisel,* Albrecht: Präventive Fahndung – in: GrKrim Bd. 5, S. 213 ff. (1970); *Bayerl,* Hans: Sonderfahndungen – in: GrKrim Bd. 5, S. 227 ff. (1970).

Diese Alarmfahndungen betreffen gewöhnlich größere Gebiete (Bezirke), u. U. ein ganzes Bundesland oder die gesamte Bundesrepublik. Dabei konzentrieren sich die Maßnahmen allerdings – je nach Plan – auf bestimmte Punkte wie Verkehrswege, Baulichkeiten oder sonstige Anlagen, die entweder einen Fahndungserfolg erwarten lassen oder aber gesichert werden müssen. Vor allem handelt es sich um Fern- und Ausfallstraßen, Flugplätze, Häfen und Grenzübergänge. Obwohl schon deshalb oft andere Dienststellen mitfahnden müssen und der Einsatz von Schutz- oder Bundesgrenzschutzbeamten nötig ist, sollte die Leitung solcher Aktionen doch in den Händen eines Kriminalbeamten liegen.

Je nach Aufwand und Intensität lassen sich verschiedene Stufen der Alarmfahndung unterscheiden. Beschränkt man sich bei der Fahndungsstufe 1 auf den Einsatz der im Dienst befindlichen Kräfte, so werden bei der Stufe 2 außer der Freischicht andere Polizeibeamte beigezogen; die Fahndungsstufe 3 erstreckt sich auf den Einsatz der Bereitschaftspolizei und weiterer dafür in Betracht kommender Kräfte.

Im Hinblick auf die Art der begangenen oder noch drohenden Straftat hat man verschiedenartige Alarmpläne ausgearbeitet; sie können ein Ineinandergreifen örtlicher und überörtlicher Fahndungsmaßnahmen von generellem oder individuellem Charakter vorsehen.

Typische Anlässe für eine Alarmfahndung sind neben Kapitalverbrechen u. a. Menschenraub (einschließlich Geiselnahme), Attentate, schwere Fälle von Sabotage oder gewichtige Staatsschutzdelikte; es ist aber auch an das Entweichen gefährlicher Rechtsbrecher zu denken. Doch ist neben der damit angedeuteten Verhältnismäßigkeit zu verlangen, daß zwar gezielte Fahndungsmaßnahmen nach Lage der Dinge nicht genügend aussichtsreich erscheinen, aber doch Anhaltspunkte gegeben sind, die insoweit einen Erfolg erwarten lassen.

Dabei ist insbesondere der Zeitfaktor zu beachten; für diesen ist einmal die seit der Tat verstrichene Zeit sowie die etwaige Benutzung eines Kraftfahrzeugs und zum anderen die Frist wichtig bis zu dem Zeitpunkt, an welchem die Fahndungsmaßnahmen zu greifen beginnen. Um die Vorbereitungsdauer zu verkürzen, kann für die wahrscheinlich zu beteiligenden Dienststellen „Voralarm" gegeben werden.

Alle Alarmfahndungen bedürfen besonders gründlicher Planung und müssen schlagartig durchgeführt werden. Obgleich die Zeit zur Vorbereitung häufig beschränkt ist, sind daher in der Praxis Grundsätze (Alarmpläne) erarbeitet, wie die hier im Mittelpunkt stehende Personenkontrolle zu organisieren ist, um sie gründlich, zuverlässig und doch fließend erfolgen zu lassen. Zu diesem Zweck kann der Fahndungsleiter eine Leitungsgruppe mit Aufgabenverteilung einrichten; wichtig ist auch die Organisation des Nachrichtenverkehrs.

Eine Alarmfahndung, die wegen plötzlich eintretender Ereignisse sofort ausgelöst werden muß, nennt man zuweilen auch Sofort- oder Blitzfahndung. Obwohl hier keine eigentliche Vorbereitung möglich ist, kann man sich dabei auf bereits ausgearbeitete Alarmpläne beziehen, die u. U. modifiziert werden können, soweit nach Lage des Falles nicht überhaupt andere Weisungen zu erteilen sind.

3. Großfahndung

Eine Großfahndung greift ebenfalls nur Platz, wenn Tatverdacht und Täterschaft für die Strafverfolgungsbehörde feststehen. Im Gegensatz zur Alarmfahndung – insoweit ist sie eher der Razzia verwandt – wird die Großfahndung jedoch in der Weise durchgeführt, daß ein bestimmtes Gebiet abgesperrt und genau durchsucht wird. Man beschränkt sich also nicht auf die Kontrolle bestimmter Punkte. Eine Alarmfahndung kann daher durchaus in eine Großfahndung übergehen, wenn sich die Erfolgsaussichten auf ein relativ eng begrenztes Gebiet (z. B. ein Stadt- oder Häuserviertel, ein Waldstück) konzentrieren.

Meixner I-98 ff.; *Wenzky,* Oskar: Kriminaltaktik – in: HdwKrim (2) II-132; *Ross,* Wilhelm: Bericht über eine Großfahndung – Kriminalistik 1969, S. 470 ff.; *Scherleitner,* Johann: Großfahndung nach Mordversuch an Gendarmeriebeamten – Kriminalistik 1975, S. 269 ff.

Selbstverständlich ist auch hier ein großes Aufgebot an Polizeikräften erforderlich, weshalb die Großfahndung immer in einem angemessenen Verhältnis zur Bedeutung der Straftat stehen muß; denn die Kosten einer Großfahndung sind sehr erheblich.
Erstreckt sich die Großfahndung über eine längere Zeitdauer oder über ein verhältnismäßig großes Gebiet, so steigen diese Kosten sehr leicht auf mehrere Hunderttausend Mark an.

Die kostspieligste Fahndung, die jemals veranstaltet wurde, war die nach den Entführern des Lindbergh-Babys. Sie dauerte Jahre und kostete Millionen Dollar.

4. Grenzfahndung

Besonderheiten weist, wie sich schon bei der Alarmfahndung andeutete, die Grenzfahndung auf, die im allgemeinen regional oder zentral erfolgt, was bedeutet, daß sie als solche von höheren Dienststellen angeordnet werden muß, wobei von der üblichen Grenzkontrolle abgesehen wird.

Holle, Rolf: Kriminaldienstkunde. III. Teil: Fahndung – BKA 1957/3 – insb. S. 129 ff.; *Kriese,* Walter: Fahndung im Grenzdienst – in: Fahndung, hrsg. v. Bundeskriminalamt, Wiesbaden 1970, S. 177 ff.

Die Fahndungsmaßnahmen haben im Grenzgebiet vor allem das Ziel, die Flucht gesuchter Personen oder das Verbringen gesuchter Sachen in das Ausland dadurch zu verhindern, daß die Grenze ganz oder teilweise abgeriegelt wird. Allerdings kann sich die Grenzfahndung zuweilen aber auch gegen die Einreise unerwünschter Personen oder gegen illegale Importe richten.
Bei der Grenzfahndung ist nicht nur an die offiziellen Grenzübergänge, sondern auch an ein Überschreiten der sogen. grünen oder nassen Grenze zu denken. Die Fahndungsmaßnahmen sollten sich daher ggf. auf das gesamte fragliche Grenzgebiet erstrecken, wenngleich die Übergänge in der Praxis und der Mehrzahl der Fälle den Schwerpunkt bilden.
An den Grenzübergängen bedient sich die Fahndung nach Personen vorzugsweise der Paßkontrolle. Hinsichtlich der Sachfahndung ist die Strafverfolgung auf die Mithilfe der Zollbeamten hinzuweisen. Im übrigen sind vor allem Verkehrskontrollen aussichtsreich.

Eine wirksame Kontrolle der Grenzübergänge wird vor allem durch den wachsenden zwischenstaatlichen Reiseverkehr erschwert, wenngleich die EDV-Terminals den Fluß der Informationen erheblich beschleunigt haben.

Besonderheiten bietet die Grenzfahndung auf den Flugplätzen, welche häufig von internationalen Verbrechern benutzt werden.
Beim grenzüberschreitenden Schienenverkehr ist u. U. die Bahnpolizei einzuschalten.
Auf den Wasserwegen (See- und Binnenschiffahrt) ist außer an die Zollverwaltung vor allem an die Wasserschutzpolizei zu denken (vgl. unten 5.).
Die größten Schwierigkeiten bietet die Grenzfahndung abseits der Grenzübergänge entlang der grünen oder nassen Grenze. Neben Zollverwaltung, Wasserschutzpolizei und Bundesgrenzschutz kommen hier ggf. auch Schutz- und Kriminalpolizei zum Einsatz.
Die u. U. große Zahl bei einer Grenzfahndung mitwirkender Dienststellen sowie der möglicherweise erhebliche Personalaufwand bringen besondere Kommunikations- und Steuerungsprobleme mit sich.

5. Fahndung in der Schiffahrt

Bei der Fahndung in der Schiffahrt sind Binnenschiffahrt und Seeschiffahrt zu unterscheiden.

Holle, Rolf: Kriminaldienstkunde. III. Teil: Fahndung – BKA 1957/3 – insb. S. 119 ff.; *Kuckhoff,* Klaus: Fahndungsmöglichkeiten in See- und Binnenschiffahrt – in: TbKrim Bd. VII, S. 244 ff. (1957); *Wenzky,* Oskar: Kriminaltaktik – in: HdwKrim (2) II-130 ff.

a) Bei der **Binnenschiffahrt** setzen Fahndungsmaßnahmen Kenntnis der gesetzlichen Vorschriften für diesen Verkehrsbereich voraus. Anders als in der Seeschiffahrt werden im nationalen Bereich in- und ausländische Binnenschiffe nicht unterschieden. Die Fahndung kann sich auf Personen oder auf das Schiff als solches bzw. seine Ladung beziehen. Wesentlich ist hier z. B. für den kontrollierenden Beamten das auf den Namen des Schiffes lautende Schifferdienstbuch.
Träger der Fahndung auf den Binnengewässern, insb. auf den Kanälen ist vor allem die Wasserschutzpolizei. Deshalb ist auch die Wasserschutzpolizeidirektion Nordrhein-Westfalen die Zenralfahndungsstelle für die Binnenschiffahrt.
Die Fahndung kann sich im übrigen außer auf Personen und Sachen auch auf die Schiffe selbst beziehen. Im allgemeinen sind Fahndungsersuchen der Kriminalpolizei an den Fahndungsdienst der Wasserschutzpolizei und ggf. an die Zentralfahndungsstelle zu richten.

b) Bei der **Seeschiffahrt** gelten andere Vorschriften, weil hier häufiger Charakteristika der Grenzfahndung zu beachten sind. Außer nach einem Seemann oder Schiffspassagier (auch blinder Passagier) muß u. U. nach dem Schiff als solchem oder seiner Ladung bzw. an Bord befindlichen Gegenständen gefahndet werden. Hier sind außer den seerechtlichen Vorschriften (z. B. über eigene und fremde Hoheitsgewässer bzw. die hohe See) auch die besonderen tatsächlichen Gegebenheiten zu beachten. Damit aber sollten daher diejenigen Beamten vertraut sein, die man zu einer solchen Fahndung einsetzt.
Wesentlich ist hier z. B. , daß jedes Besatzungsmitglied ein Seefahrtsbuch besitzen muß, das vom Seemannsamt ausgestellt und vom Kapitän verwaltet wird. Dieses Seefahrtsbuch enthält für die Person des Seemannes wichtige Angaben. Daneben sind als Fahndungsmittel die See-Berufsgenossenschaften und die seemännischen Heuerstellen zu beachten. Die Heuerstellen erfassen den gesamten Mannschaftsbestand an Seeleuten. Die See-Berufsgenossenschaften können an Hand der Seemannskartei Auskünfte über die in der Deutschen See-

schiffahrt tätigen Personen erteilen und u. U. über deutsche Seeleute auf ausländischen Schiffen, soweit diese weiterversichert sind. Die Seemannsämter verfügen über die Unterlagen der Seefahrtsbücher sowie über An-, Ab-, Um- und Generalmusterung.

6. Internationale Fahndung

Die internationale Fahndung soll hier nur der Vollständigkeit halber erwähnt werden. Sie ist eine überörtliche Fahndung, die über den Bereich eines Landes hinausgeht. Die Möglichkeiten der örtlichen Fahndung richten sich also nach den Gegebenheiten der einzelnen an der internationalen Fahndung beteiligten Länder. Im übrigen ist die Organisation der internationalen Zusammenarbeit bei der Verbrechensbekämpfung später noch ausführlicher zu behandeln (vgl. § 32-I-3).
Internationale Fahndungsersuchen, wie sie oben erwähnt wurden, haben vor allem das Ziel, flüchtige Tatverdächtige oder entwichene Gefangene im Ausland zu ermitteln, um sie sicherstellen zu können.
Die Interpol hat sich um die Ausgestaltung der internationalen Fahndung, die angesichts der Zunahme und der Verbesserung der Verkehrsmöglichkeiten immer mehr an Bedeutung gewinnt, außerordentlich verdient gemacht.

§ 20
Maßnahmen zur Sicherung des Verfahrens

Ist es ein wesentliches Ziel der Fahndung Beweise zu ermitteln und zu sichern, welche außer für den Kriminalisten auch rechtlich für das Strafverfahren wichtig sind, so besteht ähnlich wie bei Spurensuche und -sicherung ein enger Zusammenhang zwischen Fahndung und Beweissicherung; diese aber hat, wie schon bei der Spurensicherung (§ 14-II) ausgeführt, nicht nur eine kriminaltechnische bzw. kriminalistische, sondern auch eine juristische Seite. Denn die der Beweissicherung dienenden Maßnahmen müssen sich sowohl ihrer Art nach als auch bei der Durchführung im Rahmen des gesetzlich bzw. rechtlich Zulässigen halten. Könnte es beispielsweise vom Standpunkt der Kriminalistik aus als angebracht erscheinen, den Strafverfolgungsbehörden alle nur irgendwie denkbaren Beweismittel zugänglich zu machen, so sollte doch klar sein, daß derart unbegrenzte Möglichkeiten der Ermittlung rechtlich untragbar sind.

Obwohl man für möglichst weitgehende Befugnisse des Kriminalisten ausführen könnte, daß die schnelle und gründliche Aufklärung des Sachverhalts im Interesse der materiellen Gerechtigkeit liege und durch das Legalitätsprinzip geboten sei, ist eine solche Argumentation aber in zweifacher Hinsicht irrig. Einmal findet das strafprozessuale Legalitätsprinzip als solches schon klare Grenzen darin, daß das Vorgehen der Strafverfolgungsbehörden an ganz bestimmte Voraussetzungen gebunden ist, also keineswegs uneingeschränkt zulässig ist. Zum anderen entspräche ein dergestalt unbeschränktes Legalitätsprinzip keinesfalls der materiellen Gerechtigkeit und sicher nicht den Erfordernissen der Kriminaltaktik.

Greifen Maßnahmen zur Sicherung des Verfahrens häufig und oft erheblich in die Interessen davon betroffener Bürger, insb. in ihre verfassungsmäßig garantierten Grundrechte ein, so müssen daher die gesetzlichen Grenzen sowohl juristisch als auch kriminaltaktisch überzeugend gezogen sein. Obgleich es in diesem Rahmen nicht um juristische Einzelfragen gehen kann, die nicht nur in einzelnen Ländern verschieden geregelt, sondern u. U. sogar innerhalb eines Landes umstritten sind, erscheint es dennoch geboten, diesen Zusammenhang etwas zu verdeutlichen. Denn es gilt nicht nur, die rechtlichen Möglichkeiten kriminaltaktisch sinnvoll zu nutzen und ggf. auszuschöpfen, sondern zugleich soll gezeigt werden, daß die gesetzlichen Vorschriften und ihre Auslegung an den Tatsachen, d. h. nicht zuletzt an den Erkenntnissen der Kriminaltaktik gemessen werden müssen. Ebenso wie man in der Legislative den Gesichtspunkt der Praktikabilität der Gesetze nicht unterschätzen sollte, darf auch die juristische Auslegung die Tatsachen nicht ignorieren.

Prekär werden die Maßnahmen der Beweissicherung insb. dann, wenn die Strafverfolgungsbehörden dabei Zwang gegen Bürger anwenden dürfen. Deshalb soll an Hand eines Überblicks über die wichtigsten Zwangsmittel das geschilderte Spannungsfeld behandelt und hier vor allem kriminaltaktisch beleuchtet werden, um einerseits zu zeigen, wie wichtig rechtliche Grenzen für die kriminalistische Arbeit sind, und um andererseits darzutun, daß sowohl bei den Voraussetzungen als auch bei der Durchführung solchen Zwanges die Belange der Kriminalistik beachtet werden müssen. Die Rechtslage ist hier zudem nur schwer zu überblicken, weil das Vorgehen der Strafverfolgungsorgane nicht nur strafprozessual, sondern mitunter lediglich polizeirechtlich zu rechtfertigen ist.

Dabei ist es gleich, ob die Zwangsmaßnahme unmittelbar eine Sicherung zum Gegenstand hat oder diese mittelbar durch nachforschende Tätigkeit zu erreichen sucht. Denn das Ziel ist in beiden Fällen dasselbe, weshalb sich Suche und Sicherung – wie auch die Regelungen zeigen – häufig überhaupt nicht trennen lassen.

Zbinden S. 132 ff.; *Bramow:* Festnahmen, Durchsuchungen und Beschlagnahmen – in: Das kriminalpolizeiliche Ermittlungsverfahren, hrsg. r. Bundeskriminalamt, Wiesbaden 1957, S. 183 ff.; *Der Kriminalbeamte* und sein Arbeitsgebiet – zusammengest. u. bearb. v. Beamten d. BKA u. d. LKÄ – BKA 1964/1–2 – insb. S. 132 ff.; *Fleischmann,* Siegfried: Die Bedeutung des Verwaltungs- und Polizeirechts für die kriminalpolizeiliche Aufklärungstätigkeit – in: TbKrim Bd. XXIV, S. 381 ff. (1974); *Tobias,* Marc Weber/*Pettersen,* R. David: A Field Manual of Criminal Law and Police Procedure – Springfield/Ill. (USA) 1975 – insb. S. 69 ff.; *Bauer* 3–253 ff.

Im Folgenden soll, schon da die Regelungen einzelner Länder Unterschiede aufweisen, die rechtliche Problematik, die auf das Grundsätzliche reduziert wird, weithin ausgeklammert und als bekannt vorausgesetzt werden; es kommt also auch nicht darauf an, ob die maßgebende Regelung des betreffenden Landes sich in dem Strafverfahrensgesetz oder im Polizeirecht bzw. sonstigen Verwaltungsvorschriften findet. Denn wir müssen uns – wie gesagt – in diesem Rahmen darauf konzentrieren, die kriminaltaktischen Möglichkeiten in diesen vorgegebenen Grenzen zu untersuchen. Im übrigen ist auch die systematische Behandlung der uns interessierenden Maßnahmen in den einzelnen Rechten unterschiedlich und selbst in der deutschen StPO nicht einmal rechtlich immer konsequent. Daher erscheint es uns für diese Zwecke sinnvoll, an Hand derjenigen Grundrechte vorzugehen, die durch solche Maßnahmen der Ermittlungsbehörden typischerweise beeinträchtigt werden. So lassen sich die Zwangsmittel im wesentlichen zu folgenden fünf Gruppen zusammenfassen:

I. Eingriffe in das Vermögen,
II. Eingriffe in das Post- und Briefgeheimnis,
III. Eingriffe in das Hausrecht,
IV. Eingriffe in die körperliche Unversehrtheit und
V. Eingriffe in die Freiheit

Die Eingriffe in die Willensfreiheit das Persönlichkeitsrecht, die vor allem im Zuge von Vernehmungen Platz greifen können, werden im Zusammenhang von Vernehmungstechnik und -taktik behandelt werden (§ 21).

Auf unmittelbaren Zwang in Form von **Schußwaffengebrauch** kann ebenfalls nicht gesondert eingegangen werden, weil es hier mehr als auf das Strafprozeßrecht auf andere Rechtsgrundlagen oder auf Notrechte wie z. B. Notwehr oder Nothilfe ankommt.

Buchert, Rainer: Zum polizeilichen Schußwaffengebrauch. Eine strafprozessuale, kriminalistische und kriminologische Studie unter Berücksichtigung der Geschichte und ausländischen Regelungen – KrimWissAbh Bd. 8 – Lübeck 1975 (= Diss. Frankfurt a. M., Lübeck 1975) – insb. S. 63 ff.; *Rehberg,* Jörg: Der Schußwaffengebrauch der Polizei in strafrechtlicher Sicht – Kriminalistik 1976, S. 563 ff.; 1977, S. 35 ff., 81 ff., 128 ff.

Der Anlaß zum Schußwaffengebrauch kann entweder auf Aktivitäten des Täters oder aber der Polizei zurückzuführen sein; hierbei ist – wie auch bei den folgenden Zwangsmitteln – außer an gezielte Einsätze auch an bei der Routinearbeit mögliche Konfrontationen zu denken.
Auf die insoweit wichtigeren Fragen der Waffentechnik und der Schießausbildung soll später (ę 27-III) eingegangen werden; das gilt besonders auch für Spezialeinheiten.

Zur Durchführung sei daher nur gesagt, daß man zwischen vorbereitetem und unvorbereitetem Schußwaffengebrauch unterscheiden muß. Im erstgenannten Falle, zu dem auch der Schußwaffengebrauch auf Anordnung zählt, ist bei dem bekannten und erwarteten Anlaß außer dem Ort auch der Zeitpunkt des Schußwaffengebrauchs genau zu überlegen. Die Örtlichkeit sollte bei gutem Schußfeld für die Beamten zugleich Deckungsmöglichkeiten für sie bieten; unbeteiligte Dritte dürfen nicht gefährdet werden. Der Zeitpunkt ist vor allem für die Lichtverhältnisse wichtig.

Ungünstig ist, daß der Waffengebrauch wegen der kriminellen Aktivität überwiegend bei Dunkelheit erfolgen muß. Werden nicht Faust-, sondern Handfeuerwaffen benutzt, so sollten diese nach Möglichkeit mit Nachtsichtgeräten versehen sein. Bei vorbereitetem Schußwaffengebrauch sind die Schutzmöglichkeiten für die Beamten wie z. B. Panzerwesten zu nutzen.

Liegen vorher keinerlei Anhaltspunkte dafür vor und kommt es so oder so zu einem unvorbereitetem Schußwaffengebrauch, der durch rasche Handlungsabläufe gekennzeichnet zu sein pflegt, sollten dabei dennoch möglichst die oben geschilderten Grundsätze beachtet werden. Das setzt allerdings neben geeigneter Ausrüstung vor allem eine entsprechende Ausbildung der Beamten voraus.
Alle Zwangsmittel bringen aber nicht nur Gefahren für Betroffene und unbeteiligte Bürger mit sich, sondern gefährden nicht selten – wie wir noch genauer sehen werden – Leben und Gesundheit der mit der Durchführung beauftragten Beamten. Ein wesentlicher Aspekt der folgenden kriminaltaktischen Überlegungen wird es daher sein, die Notwendigkeit der **Eigensicherung** (Eigenschutz) und deren tatsächliche Möglichkeiten aufzuzeigen.

Amft, Heinz: Sicherung der Polizeibeamten beim Einschreiten und ergänzende Maßnahmen – Die Polizei 1972, S. 202 ff.; *Feucht,* Rolf: Eigensicherung. Grundsätze kriminaltaktischen Einschreitens – der kriminalist 1973, S. 510 ff.

Bei aller Zielstrebigkeit darf der Kriminalist nicht außer Acht lassen, daß die gerade bei Anwendung von Zwang für ihn bestehenden Gefahren ihn nicht nur u. U. das Leben kosten, sondern auch seine Arbeit erschweren oder vereiteln können. Die immer wieder vorkommenden Polizistenmorde sind ein Beweis dafür, daß man diesen Gesichtspunkt nicht unterschätzen darf, weil sie nicht gar so selten auf kriminaltaktische Fehler der Beamten zurückzuführen sind.

Im Remscheid wurde vor etlichen Jahren ein als Streifenführer eingesetzter Polizeimeister durch drei Pistolenschüsse getötet. Er hatte zusammen mit dem Fahrer des am Straßenrand haltenden Funkstreifenwagens einen offenbar angetrunkenen Mann bemerkt. Als dieser etwa 100 m vom Standort entfernt war, hörten sie zwei Schüsse aus jener Richtung. Sie fuhren dem vermeintlichen Störer nach. Der Streifenführer, der seine Dienstpistole Schußbereit gemacht hatte, ließ den Wagen neben dem Unbekannten halten, kurbelte das Seitenfenster herunter und forderte den Mann zur Herausgabe der Waffe auf. Darauf schoß der Unbekannte 4- oder 5mal in den Funkstreifenwagen, wobei der Beamte tödlich verletzt wurde. Der alsbald auf Grund von Aussagen eines Zeugen festgenommene Täter wurde wegen bewaffneten Bankraubs gesucht. Das nach den Schüssen leichtfertige Vorgehen des Beamten hatte diesen sein Leben gekostet.

I. Eingriffe in das Vermögen

Als prozessuale Maßnahmen der Beweissicherung, die im Zuge eines Ermittlungsverfahrens in das Eigentum und den Besitz des Bürgers eingreifen, kommen vor allem Sicherstellung bzw. Verwahrung sowie Beschlagnahme in Betracht. Davon ist allerdings nur die Beschlagnahme, die gegen oder ohne den Willen des Betroffenen erfolgt, ein echtes Zwangsmittel. Bei der Verwahrung macht niemand als Betroffener rechtliche Interessen geltend; die Sicherstellung wiederum erfolgt mit Willen des Betroffenen, also auf der Basis der Freiwilligkeit.

1. Sicherstellung und Verwahrung

Verwahrung und Sicherstellung sollen hier dennoch vor allem deshalb hervorgehoben werden, weil die Strafverfolgungsbehörden mit diesen Maßnahmen dasselbe Ziel wie mit dem Zwangsmittel einer Beschlagnahme erreichen. Dieser Weg ist zudem nicht nur aus dem Grunde vorteilhaft, da mit Zustimmung des Betroffenen etliche seinen Schutz bezweckende Vorschriften suspendiert werden, sondern auch deshalb, weil selbst bei Ermittlungen in Strafsachen grundsätzlich Kooperation angestrebt werden sollte. Daher sollte man sogar dann, wenn die gesetzlichen Voraussetzungen für das Zwangsmittel gegeben sind, nicht unüberlegt und vorschnell zu einer Beschlagnahme schreiten.

a) Sicherstellung

Ist im Interesse der Beweissicherung ein Eingriff in das Eigentum oder sonstiges Vermögen erforderlich, so kommt es nach dem Gesagten vor allem auf die Sicherstellung an. Von einer solchen sprechen wir, wenn die fraglichen Gegenstände vom Inhaber – d. h. vom Eigentümer oder Besitzer – freiwillig herausgegeben werden. Allerdings ist es für die Unter-

suchungsbeamten ratsam, sich diese Freiwilligkeit vor Zeugen oder möglichst schriftlich bestätigen zu lassen.
Durch Sicherstellung mit Willen des Betroffenen sind also nicht nur dieselben Ziele wie durch das Zwangsmittel der Beschlagnahme zu erreichen, sondern das Vorgehen der Beamten richtet sich zugleich nach den für diese maßgebenden kriminalistischen Grundsätzen. Der Vorzug dieser Maßnahme ist der, daß einmal – wie schon gesagt – für die Beschlagnahme bindende rechtliche Grenzen (z. B. der Zuständigkeit, für Objekte wie Papiere, hinsichtlich der Form der Durchführung usw.) entfallen, und zum anderen nur ausnahmsweise mit Widerstand oder sonstigen bei Zwang möglichen Schwierigkeiten zu rechnen ist.

Die ebenfalls vom Willen des Betroffenen abhängige Aufbewahrung der sichergestellten Gegenstände richtet sich im übrigen grundsätzlich nach den für beschlagnahmte Sachen geltenden Regeln; widerruft der Betroffene später die von ihm erteilte Einwilligung, so muß ggf. dann eine förmliche Beschlagnahme erfolgen, wenn die fragliche Sache ihm (noch?) nicht zurückgegeben werden darf.

Die kriminalistisch wesentliche Besonderheit der Sicherstellung gegenüber der alsbald zu behandelnden Beschlagnahme ist also vor allem die, das Einverständnis des Betroffenen zu erreichen, sofern ein solches nicht schon vorliegt. Da es hier um ein Problem der Menschenbehandlung geht, ist auf die Vernehmungspsychologie (§ 21) zu verweisen; denn dort werden die für die Kontaktaufnahme und eine Vertrauensbasis wesentlichen Punkte behandelt, die auch hier ausschlaggebend sind. Je nach Mentalität des Betroffenen sollte der Beamte es selbst dann, wenn er im Besitz einer Beschlagnahmeanordnung ist oder eine solche treffen könnte, versuchen, sein Ziel mit Einverständnis des Betroffenen im Wege der Sicherstellung zu erreichen.

b) Verwahrung

Die Verwahrung ist lediglich ein in der Praxis seltener Unterfall der Sicherstellung, wenn nämlich an den körperlichen Gegenständen, die von der Strafverfolgungsbehörde in Anspruch genommen werden, kein Gewahrsam besteht oder geltend gemacht wird.
Auch hier kann kriminalistisch – wie bei der Sicherstellung – auf die Beschlagnahme verwiesen werden. Zudem entfällt bei der Verwahrung, da zunächst kein Mensch als Betroffener auftritt, die Notwendigkeit, ggf. dessen Einverständnis zu erreichen.
Typisch für die Verwahrung sind außer echten Fundsachen, die den Verdacht des Zusammenhangs mit einer Straftat erwecken können, vergleichbare Gegenstände, auf die man bei einer Razzia, einer Großfahndung oder bei Grenzkontrollen trifft. Die kriminalistische Besonderheit der Verwahrung besteht darin, daß der sicherzustellende Gegenstand anscheinend in keinem Verhältnis zu einer konkreten Person steht, weil entweder kein Betroffener vorhanden ist oder Anwesende eine solche Eigenschaft bestreiten.
Aufgabe des Kriminalisten ist es bei einer Verwahrung verdächtiger Gegenstände jedoch, Zusammenhänge der Sache mit Personen zu erkennen; denn nur so läßt sich der vorhandene Verdacht erhärten oder entkräften. Deshalb sollten nicht nur alle Umstände genau registriert werden, unter welchen die verdächtige Sache in Verwahrung genommen wird, sondern sind anwesende oder solche Personen, die am Fundort gewesen sein könnten, daraufhin zu überprüfen, ob sich bei ihnen ein solcher Zusammenhang ergibt. Sorgsamkeit in diesem Punkt kann für die weitere Fahndungsarbeit überaus hilfreich sein.

2. Beschlagnahme

Unter Beschlagnahme ist demgegenüber die zwangsweise Inanspruchnahme von Sachen durch Organe der Strafrechtspflege zu verstehen. Eine solche Beschlagnahme ist im allgemeinen nur notwendig, wenn eine Person die in ihrem Besitz oder Gewahrsam befindlichen Gegenstände nicht freiwillig herausgibt. Dieses Zwangsmittel der Beschlagnahme kann außer einzelnen Gegenständen u. U. auch das gesamte Vermögen eines Menschen betreffen; eine solche Vermögensbeschlagnahme ist jedoch in vielen Ländern nur in schweren Fällen und unter engen Voraussetzungen rechtlich zulässig.

Zbinden S. 132 f.; *Freyberg,* Rolf-Jürgen: Über die Beschlagnahme. Eine strafprozessuale und kriminalistische Studie zu den §§ 94–98, 101a, 107–111 StPO unter besonderer Berücksichtigung der geschichtlichen Entwicklung und der Regelungen im Ausland – Diss. Frankfurt a. M. – München 1971 – insb. S. 136 ff.

a) Zur Regelung

Die in den einzelnen Ländern maßgebenden Regelungen weisen zwar manche Unterschiede auf, lassen sich aber doch wohl für den hier angestrebten Überblick auf folgende Charakteristika zurückführen.

aa) Die Beschlagnahme bezieht sich durchweg auf einzelne Gegenstände. Dabei wird gewöhnlich vorausgesetzt, daß diese Sachen prozessual als Beweis in Betracht kommen können; das gilt außer für die deliktischen Gegenstände als solche (instrumenta et producta sceleris) auch für Sachen, die Spurenträger sein können. Wenn dem in manchen Regelungen diejenigen Gegenstände gleichgestellt werden, welche nach dem betreffenden Strafrecht der Einziehung oder Unbrauchbarmachung unterliegen könnten, kommt es dennoch zunächst mehr darauf an, die für das Verfahren nötigen Beweise als die spätere Vollstreckung zu sichern.
Die insoweit anders liegende **Pressebeschlagnahme** stellt einen Sonderfall dar, der eben deshalb gesondert geregelt zu werden pflegt; denn hier geht es in aller Regel weniger um Beweisschwierigkeiten, da stets ein Exemplar des inkriminierten Druckerzeugnisses vorliegen dürfte, als darum, die nachteilige Wirkung der Publikation zu verhindern.

bb) Die dergestalt umrissenen Möglichkeiten einer Beschlagnahme werden von den meisten Gesetzgebern jedoch in gewissen Fällen eingeschränkt. Dies gilt außer für Maßnahmen gegen Exterritoriale, z. B. Botschafter und Gesandte, vielfach auch für gewisse schriftliche Mitteilungen oder Aufzeichnungen, z. B. von und an solche Personen, die das Zeugnis verweigern dürfen; ein solches Beschlagnahmeverbot ergänzt also ggf. das Zeugnisverweigerungsrecht. Allerdings gibt es auch Rückausnahmen, wenn diese Personen selbst im Verdacht einer strafbaren Handlung stehen.

cc) Zuständig für die Anordnung der Beschlagnahme ist in den meisten Ländern grundsätzlich ein Richter; ausnahmsweise darf eine Beschlagnahme unter Voraussetzungen wie Gefahr im Verzuge auch durch die Staatsanwaltschaft, Kriminalbeamte oder Polizeibeamte angeordnet werden. Eine solche auf Grund außerordentlicher Kompetenz angeordnete Beschlagnahme muß u. U. – z. B. auf Verlangen des Betroffenen – binnen bestimmter Frist von einem Richter bestätigt werden.

dd) Die Durchführung der Beschlagnahme wird einmal dadurch gekennzeichnet, daß jeder, der einen der Beschlagnahme unterliegenden Gegenstand in seinem Gewahrsam hat, verpflichtet ist, ihn auf Erfordern vorzulegen und auszuliefern. Bei Verweigern der Herausgabe ist ggf. im Wege der Durchsuchung festzustellen, ob ein solcher Gegenstand vorhanden ist. Im übrigen ist für die Durchführung der Beschlagnahme keine Form vorgesehen. In Beschlag genommene bewegliche Sachen sind während des vorbereitenden Verfahrens von der Kriminalpolizei oder der Staatsanwaltschaft und nach Erhebung der öffentlichen klage vom Gericht zu verwahren. – Bei Grundstücken und Räumen erfolgt Versiegelung. Durch die Beschlagnahme entsteht eine öffentlich-rechtliche Verstrickung, deren Verletzung in aller Regel strafbar ist.

b) Kriminaltaktische Probleme

Die Beschlagnahme ist ebenso wie Sicherstellung und Verwahrung eine Maßnahme, die ungeachtet der großen Bedeutung der Personalbeweise gerade für den Sachbeweis – eventuell somit auch für den Sachverständigenbeweis – wichtig ist. Denn ihr Ziel ist es, Spuren bzw. Spurenträger – das können ggf. auch Sachen oder Sachgesamtheiten sein – als „stumme Zeugen" für Beweiszwecke zu sichern.

Obwohl sich über Häufigkeit und Ausmaß der Beschlagnahme kaum exakte Angaben machen lassen, steht doch außer Frage, daß es sich um eine in der Praxis gebräuchliche und wichtige Maßnahme der Beweissicherung handelt. Denn Beschlagnahmen oder ähnliche Eingriffe werden nicht nur in einem bemerkenswerten Anteil von Ermittlungsverfahren durchgeführt, sondern können in einzelnen Verfahren sogar großen Umfang und erhebliches Gewicht erlangen.

Meixner I-66 f.; *Freyberg,* Rolf-J.: Die Beschlagnahme als kriminalistische Maßnahme – Arch. f. Krim. Bd. 150, S. 167 ff. (1972); *Bauer* 3–276 f.

Kriminaltaktisch kommt es vor allem im Zuge von Sachfahndungen zu Beschlagnahmen und vergleichbaren Maßnahmen. Dominieren dabei Beweiszwecke, so sollte man doch den oft wichtigen Nebeneffekt nicht unterschätzen, daß damit zugleich die spätere Rückgabe an das Opfer der Straftat gewährleistet wird. – Die Beschlagnahme kann jedoch auch im Zusammenhang mit einer Personenfahndung erfolgen; außer an vom Betroffenen mitgeführte oder in seiner Wohnung verwahrte verdächtige Gegenstände ist hier ggf. auch an für Untersuchungen wichtiges Vergleichsmaterial zu denken.

Bei der Beschlagnahme geht es – wie schon angedeutet – ersichtlich keineswegs nur darum, Beutestücke sicherzustellen, sondern häufiger um Tatmittel und Spurenträger, die entweder als solche oder für den kriminaltechnischen Vergleich bedeutsam sein können.

Vor allem handelt es sich einmal darum, Augenscheinobjekte zu sichern, zu denen außer der Beute im Grunde auch Urkunden zählen. Zum anderen geht es bei der Beschlagnahme um Sachspuren der Tat für kriminaltechnische Zwecke sowie um Vergleichsmaterial. Schließlich aber können alle möglichen Beweisstücke in Betracht kommen.

Kriminaltechnisch ist bereits bei Durchführung einer Beschlagnahme und dergl. zu beachten, daß es sich um Maßnahmen der Spurensicherung im Hinblick auf Augenscheinobjekte handelt, also die dafür wesentlichen Gesichtspunkte beachtet werden müssen, um die Spur nicht zu gefährden und eine ordentliche Spurenauswertung zu ermöglichen. Da Sicherung und Auswertung u. U. besondere Sachkunde erfordern, kann auf diese Weise die Arbeit des Sachverständigen ermöglicht oder erleichtert werden.

Kriminaltaktisch kommt es vor allem darauf an, wann eine rechtlich zulässige Beschlagnahme aus kriminalistischer Sicht stattfinden kann und wie sie zweckmäßig durchzuführen ist.
Der kriminalistisch sinnvolle **Zeitpunkt einer Beschlagnahme** hängt außer vom Stand der Ermittlungen und der spurenkundlichen Dringlichkeit wesentlich von der Überlegung ab, ob nicht durch unnötig schnelles Vorgehen Tatverdächtige bzw. ihre Sympathisanten gewarnt werden könnten, was für weitere Ermittlungen nachteilig sein kann. Hier ist zu beachten, daß die Beschlagnahme in der Praxis häufig im Rahmen einer Durchsuchung oder im Anschluß an sie erfolgt, weshalb für den Zeitpunkt auch die bei jener Zwangsmaßnahme zu erörternden Gegebenheiten und Grundsätze wichtig sind. Denn die Spurensuche ist eine wesentliche Aufgabe der verschiedenen Durchsuchungen und körperlichen Untersuchungen, während sich die Beschlagnahme als solche mehr auf Probleme der Spurensicherung konzentriert.

Hier ist also das zu diesem Aufgabengebiet Gesagte (§ 14-II) zu beachten; denn die Sicherungsmethode richtet sich außer nach Art des Beweisstückes und der Spur natürlich nach den Umständen des konkreten Falles. Davon hängen ferner die für die Spurensicherung wesentlichen Fragen der Kennzeichnung, Verpackung und des Transports ab. Und es ist schließlich klar, daß die Dinge bei den verschiedenen Formen kriminellen Verhaltens wie z. B. Tötungs-, Sexual-, Branddelikten oder Einbruchdiebstählen sowie bei den einzelnen Verbrechenstechniken unterschiedlich liegen, weil die Beweissituation schon allgemein zu divergieren pflegt.

Im übrigen unterscheidet sich die kriminalistische Durchführung der **Beschlagnahme bei beweglichen und unbeweglichen Sachen.** Bewegliche Sachen, die als Spur oder Spurenträger in Betracht kommen, werden üblicherweise weggenommen und amtlich verwahrt (asserviert).

N. N.: Behandlung von Verwahrstücken – in: TbKrim Bd. III, S. 171 ff. (1953).

Doch gibt es schon hier Ausnahmen, die überlegt sein wollen. Außer dem Aufwand, der beispielsweise bei schwer transportablen Gegenständen drohen kann, sind z. B. bei Tieren die Pflege und damit verbundener Kostenaufwand in Rechnung zu stellen. Hier ist daher u. U. eine Versiegelung oder eine Anweisung an den Inhaber vorzuziehen; häufiger sind diese Formen der Sicherung naturgemäß bei unbeweglichen Gegenständen.
Bei Räumen und Häusern wird die Verstrickung typischerweise durch Absperren und Versiegeln bewirkt. Allerdings ist dabei zu beachten, daß Unbefugten Zutritt und damit Veränderungen unmöglich gemacht werden.

Höllrigl, Kurt: Versiegelungstechnik – Kriminalistik 1958, S. 72 f.

Ausnahmsweise kann eine Spur, sofern man sich nicht mit Fotografieren, Abformen und dergl. begnügt, auch wie eine bewegliche Sache gesichert werden, wenn man den fraglichen Teil des Spurenträgers isolieren und somit beweglich machen kann. Da das aber häufig mit Zerstörung oder Reparaturbedürftigkeit der unbeweglichen Sache verbunden ist, muß die Notwendigkeit eines solchen Vorgehens besonders zwingend sein.

Wesentlich für die Durchführung derartiger Beschlagnahmen oder Sicherstellungen ist ferner, ob das Vorgehen geplant und vorbereitet werden kann oder ob die Maßnahme unvorbereitet erfolgt. – **Vorbereitete Beschlagnahmen** erfolgen in aller Regel – wie angedeutet – im Zusammenhang mit einer Durchsuchung von Räumen, Sachen oder Personen, weshalb insoweit auf das dort Auszuführende zu verweisen ist. Eine Beschlagnahme ohne Durchsuchung

kommt – außer bei Sicherstellung oder Verwahrung – nur dann in Betracht, wenn Beute oder Tatwerkzeuge im Freien gefunden werden, was aber nur selten vorbereitet erfolgt, weil der Fundort gewöhnlich unbekannt ist.
Aus den genannten Gründen wird verständlich, daß viele Beschlagnahmen und Sicherstellungen **unvorbereitet** erfolgen müssen, weil Beamte auf Streife bzw. bei Kontrollen oder bei unerwarteten Durchsuchungen auf derlei Sachen stoßen. Ist hier der Zeitpunkt mehr durch den Zufall bestimmt, so kann man sich beim Vorgehen nur in etwa an dem orientieren, was an Erkenntnissen für vorbereitete Beschlagnahmen erarbeitet worden ist.

Insgesamt lassen sich nach Art der Durchführung kriminaltaktisch vor allem drei **Typen der Beschlagnahme** unterscheiden.
Die Beschlagnahme kann zunächst einmal eine gezielte Einzelaktion im Rahmen einer individuellen Sachfahndung darstellen.
Es kann sich aber auch um eine Massenaktion handeln, wenn man etwa an Beschlagnahmen im Rahmen einer Razzia oder Großfahndung denkt. Hier sollte angesichts der möglichen Vorbereitung aber ebenfalls Vorsorge getroffen werden, daß die durch den großen Umfang bedingten Schwierigkeiten gemeistert werden.
Schließlich lassen sich manche Beschlagnahmen als Routineaktionen bezeichnen, weil sie im Rahmen der generellen Fahndung erfolgen, d. h. bei Streifen oder Kontrollen von Personen oder gewissen Örtlichkeiten.
Nach Durchführung einer Beschlagnahme sind selbstverständlich die etwaigen Vorschriften über eine Bescheinigung der beschlagnahmten Gegenstände sowie über Transport und Verwahrung derselben zu beachten.

Hierbei ergeben sich – wie gesagt – je nach Art der Sache Unterschiede, auf die – zumal da die Handhabung auch lokal verschieden erfolgt – hier nicht näher eingegangen werden kann. Dasselbe gilt für die Beendigung der Beschlagnahme, weil nicht alles einem Berechtigten wieder ausgehändigt wird, sondern vieles als Beweismaterial oder Einziehungsgegenstand zu betrachten ist.

II. Eingriffe in das Post- und Briefgeheimnis

Die Eingriffe in das verfassungsrechtlich geschützte Post- und Briefgeheimnis werden als sogen. Postbeschlagnahme gewöhnlich gesondert geregelt, zumal da die Post ohne gesetzliche Pflicht weder Sachen herausgeben noch Auskünfte erteilen darf. Zudem sind Auskünfte hier bald wichtiger als im Postgang befindliche Sachen.

Zbinden, S. 140 f.; *Welp,* Jürgen: Strafprozessuale Funktionen der Post – in: Archiv für das Post- und Fernmeldewesen 1976 (28. Jhrg.), S. 763 ff.

a) Zur Regelung

Verständlicherweise sind die Regelungen der einzelnen Staaten hier noch unterschiedlicher als bei der Beschlagnahme. Dennoch lassen sich als typische Kriterien rechtlich wohl die folgenden festhalten.

Welp, Jürgen: Die strafprozessuale Überwachung des Post- und Fernmeldeverkehrs – Heidelb. Rechtsw. Abh. N. F. 29. Abh. – Heidelberg 1974; *Mösch,* Maria: Rechtliche Probleme bei Fangschaltungen und Zählervergleichseinrichtungen – Kriminalistik 1976, S. 441 ff.

aa) Gegenstand der Postbeschlagnahme sind zunächst einmal alle auf der Post befindlichen Briefe, Sendungen und Telegramme, die an einen Beschuldigten gerichtet sind oder von denen anzunehmen ist, daß sie von ihm herrühren bzw. für ihn bestimmt sind, sofern ihr Inhalt für die strafprozessuale Untersuchung bedeutsam ist. Zum anderen geht es, was gerade für den Fernsprech- und Fernmeldeverkehr wichtig ist, um Auskünfte darüber, ob ein solcher Verkehr der genannten Person stattgefunden hat und welchen Inhalt er ggf. hatte.

bb) Zuständig für die Anordnung der Postbeschlagnahme ist wiederum in aller Regel der Richter; nur ganz ausnahmsweise gestatten die Gesetze auch anderen Beamten eine solche Anordnung.

cc) Während über die Postbeschlagnahme rechtlich die anordnende Behörde entscheidet, obliegt die tatsächliche Durchführung der Maßnahme regelmäßig der Post. So ist die ausgelieferte Post in vielen Staaten z. B. sofort und uneröffnet einem Richter vorzulegen, der die Beteiligten baldmöglichst benachrichtigt. Er teilt für die Untersuchung wesentliche Angaben den zuständigen Stellen mit.

b) Kriminaltaktische Probleme

Zwangsmittel, die in das Post- und Briefgeheimnis eingreifen, werfen kriminaltaktisch mancherlei Probleme auf. Jedoch noch weniger als die bereits behandelten kriminaltechnischen Probleme sind bisher Fragen der Kriminaltakttik behandelt worden, was angesichts des umfangreichen juristischen Schrifttums zwar zu bedauern, aber eigentlich nicht überraschend ist.

Zu dieser Frage bereits *Weingart,* Albert: Kriminaltaktik. Ein Handbuch für das Untersuchen von Verbrechen – Leipzig 1904 – S. 74 f.

Bei der Postbeschlagnahme wird der Kriminalist zwischen denjenigen Fällen, in denen es sich darum handelt, daß der Postweg bereits benutzt worden ist, und solchen unterscheiden, in denen ein für die Ermittlungen u. U. wichtiger Postverkehr zu erwarten steht.
Die Beschlagnahme von Briefen und anderen Postsendungen – das wäre die erste Fallgruppe – ähnelt trotz einer rechtlich z. T. abweichenden Regelung, die sich aus dem hoheitlichen Postbereich ergibt, weithin der Beschlagnahme. Allerdings müssen in die Durchführung der Postbeschlagnahme gewöhnlich Bedienstete der Post eingeschaltet werden.
Was Zeitpunkt, Art und Dauer einer solchen Beschlagnahme von Postsendungen anlangt, sollte der Kriminalist beachten, daß durch eine solche Maßnahme in aller Regel Empfänger und wohl auch Absender früher oder später etwas von der Aktivität der Strafverfolgungsorgane bemerken, sie also gewarnt werden. Eben deshalb sind Erfolge von dieser Maßnahme in der Regel nur für eine begrenzte Zeit zu erwarten.
Etwas anderes ist die Situation jedoch, wenn die Postbeschlagnahme lediglich auf eine mitunter allerdings wichtige oder aufschlußreiche Auskunft der Post abzielt, ob ein solcher Postverkehr stattgefunden hat.
Besondere Schwierigkeiten und Probleme bringt die zweite Fallgruppe mit sich, die man vereinfachend als das Überwachen des Fernsprech- und sonstigen Fernmeldeverkehrs bezeichnen kann.

Bauer, W.: Die Überwachung von Telefongesprächen – in: TbKrim Bd. XI, S. 305 ff. (1961); *Hackl,* Franz-Xaver: Überwachung des Telefonverkehrs (TÜ) – Kriminaltaktik 1976, S. 317 ff.; *Bauer* 3–285.

Um die sich hier zunächst einmal ergebenden technischen Probleme meistern zu können, muß man die für diese Zwecke zu Gebote stehenden Möglichkeiten kennen, wenngleich die Handhabung gewöhnlich ebenfalls durch Bedienstete der Post erfolgt.
Bei Fangeinrichtungen hat trotz des Arbeitsaufwands immer noch die manuelle Methode ihren Wert, bei welcher der Beamte nicht nur mithört, sondern man, sofern das Gespräch lange genug dauert, u. U. sogar den Anschluß ermitteln kann, von dem aus angerufen worden ist.

Wird voraussichtlich in fremder Sprache gesprochen, so sollte ein Beamter mit den nötigen Sprachkenntnissen beteiligt werden; die Hinzuziehung eines Dolmetschers muß rechtlich abgesichert werden.

Ist eine derartige Überwachung für Fahndungszwecke wichtig, so muß sie nicht rund um die Uhr durchgeführt werden, sondern sind auch entprechende Einsatzkräfte bereitzuhalten.

Im übrigen sind alle ankommenden und abgehenden Ferngespräche in ein Verzeichnis aufzunehmen. Außer Gesprächen, die den Gegenstand der Überwachung betreffen, können nämlich auch andere als „Zufallsfund“ kriminalistisch relevant werden.

Im Rahmen der gesetzlichen Vorschriften kann ggf. auch eine Tonaufnahme von dem Gespräch gemacht werden. Will man auf diese Weise mitgeschnittene Ferngespräche als Beweis verwenden, so sind sie ebenfalls exakt zu bezeichnen. Eine besonderes Verzeichnis kann die wesentlichen Daten der aufgenommenen Gespräche und ihren Gegenstand enthalten.
Es gibt aber auch andere, automatisch arbeitende Fangeinrichtungen, die insoweit schon weniger Zeit als früher für die Ermittlung des anderen Anschlusses benötigen.
Noch deutlicher als bei Postsendungen werden diese Zwangsmittel also beim Fernmeldeverkehr durch die moderne Nachrichtentechnik geprägt, weshalb dringend zu wünschen ist, daß Zeitpunkt und Art des Einsatzes auch kriminaltaktisch gründlicher als bisher untersucht werden, was sicherlich ebenso für Rechtsanwendung und ggf. Gesetzgebung von Nutzen wäre.

III. Eingriffe in das Hausrecht oder das sonstige Eigentum

Andere Zwangsmittel wie die Durchsuchung beeinträchtigen ebenso wie das durch zahlreiche Verfassungen ausdrücklich geschützte Hausrecht u. U. auch das Eigentum an beweglichen Sachen. Bei zusammenfassenden Regelungen kann ferner die körperliche Unversehrtheit des Bürgers in Mitleidenschaft gezogen werden; derartige Maßnahmen sollen jedoch alsbald gesondert behandelt werden, weshalb es hier auf die Haussuchung und die Durchsuchung von beweglichen Sachen wie Kraftfahrzeugen und Gepäckstücken ankommt.

Zbinden S. 133 ff.; *Günther,* Edgar: Die Durchsuchung von Räumen und Sachen. Eine strafprozessual-kriminalistische Studie zu den §§ 102 ff. StPO unter besonderer Berücksichtigung der Geschichte und der Regelungen im ausländischen Recht – Diss. Frankfurt a. M. – o. O. 1972 – insb. S. 107 ff.

Wie bei der Beschlagnahme durch eine mit Willen des Betroffenen erfolgende Sicherstellung, so können die Zwecke einer Durchsuchung in Form der vom Berechtigten gestalteten Durchsicht – also auf der Basis der Freiwilligkeit – erreicht werden.

a) Zur Regelung

Die Regelung der Durchsuchung von Räumen und beweglichen Sachen wird in den meisten Ländern durch folgende Merkmale juristisch gekennzeichnet.

aa) Die Voraussetzungen der Durchsuchung divergieren oft etwas bei Personen, die strafbaren Handelns verdächtigt sind, und bei anderen, gegen die kein solcher Tatverdacht vorliegt.

Bei einem Tatverdächtigen kann eine Durchsuchung, die sich außer auf die Wohnung bzw. andere Räume auch auf dem Betroffenen gehörende Sachen erstreckt, üblicherweise erfolgen, wenn zu vermuten ist, daß auf diese Weise beweiserhebliche Spuren oder andere Beweisstücke gefunden werden; manche Rechte verlangen sogar bestimmte tatsächliche Anhaltspunkte dafür. – Die Durchsuchung dient als vorbereitendes Zwangsmittel u. a. gerade dazu, der Beschlagnahme unterliegende Gegenstände aufzufinden; Zweck einer Haussuchung kann aber auch die Suche nach bestimmten Personen, also eine Festnahme oder Verhaftung derselben sein.

Die Durchsuchung ist selbst bei weiter Fassung der gesetzlichen Vorschrift jedenfalls dann unzulässig, wenn nach Lage der Dinge und insb. Art des gesuchten Gegenstands dieser nicht an der fraglichen Stelle versteckt sein kann.

Bei unverdächtigen Personen ist eine Durchsuchung oft nur in etwas engeren Grenzen zulässig. Hier müssen beispielsweise in den meisten Staaten bestimmte Tatsachen vorliegen, aus denen zu schließen ist, daß sich die gesuchte Person, Sache oder Spur in den zu durchsuchenden Räumen oder Gegenständen befindet.

bb) Eine der Beschlagnahme entsprechende Beschränkung bei Personen, die das Zeugnis verweigern würden, gibt es bei der Durchsuchung gewöhnlich nicht. Dagegen kennt man hier besondere Einschränkungen wie das Verbot der Haussuchung zur Nachtzeit, welches aber wiederum gewisse Ausnahmen haben kann.

cc) Zuständig für Durchsuchungen ist zwar regelmäßig der Richter, wenngleich in der Praxis das Zwangsmittel häufiger von der dazu unter gewissen Voraussetzungen ebenfalls befugten Staatsanwaltschaft oder Polizei angeordnet wird.

dd) Die Durchführung einer ordnungsgemäß verfügten Durchsuchung wird jedoch im allgemeinen untergebenen Beamten – insb. der Polizei – überlassen. Findet eine Durchsuchung nicht im Beisein des Richters oder Staatsanwalts statt, so sind u. U. ein oder zwei Zeugen beizuziehen.

Der Inhaber der Räume oder Gegenstände darf im allgemeinen der Durchsuchung beiwohnen; ist er nicht anwesend, so soll eine Person seines Vertrauens hinzugezogen werden. Vor Beginn der Durchsuchung ist deren Zweck bekanntzumachen.

Im Zuge einer Durchsuchung darf durchweg gegen Sachen jede notwendig erscheinende Gewalt angewendet werden, z. B. Aufbrechen von Türen, Öffnen von Schränken und dergl. Bei Störungen oder Widersetzlichkeiten von Personen darf gegen diese ggf. mit anderen Zwangsmitteln vorgegangen werden.

Mit im Zuge einer Durchsuchung aufgefundenen Gegenständen ist nach den Vorschriften über die Beschlagnahme und die Sicherstellung zu verfahren (§ 20-I).

Die Einsichtnahme in bei einer Durchsuchung gefundene Papiere des Betroffenen, d. h. von Akten, Korrespondenz und Handelsbüchern, steht häufiger jedoch nur dem Richter zu, sofern der Inhaber die Durchsicht durch den untersuchenden Beamten nicht einwandfrei genehmigt; liegt ein solcher Spezialfall der Freiwilligkeit nicht vor, so sind derartige Papiere ggf. im Wege der Beschlagnahme sicherzustellen und dem Richter auszuliefern.

b) Kriminaltaktische Probleme

Die Durchsuchung von Räumen und Sachen hängt kriminalistisch eng mit Beschlagnahme bzw. Sicherstellung zusammen, die durch diese Maßnahmen häufig nur ermöglicht werden sollen; allerdings kann die Durchsuchung – wie gesagt – auch das Ziel haben, eine Person aufzufinden, d. h. eine Festnahme oder Verhaftung zu ermöglichen.

Graßberger, Roland: Die Psychologie der Hausdurchsuchung – Kriminalistik 1955, S. 2 ff.; *Meixner* I-53 ff.; *Graßberger* S. 324 ff.; *Mörschel,* Karl: Gedanken zur kriminalpolizeilichen Durchsuchung – Kriminalistik 1971, S. 305 ff.; *Teufel,* Manfred: Verstecke in älterer und neuerer Fachliteratur – Kriminalistik 1972, S. 20 f.; *N. N.:* Verstecke – Kriminalistik 1972, S. 80 f.; *Bauer* 3-262 ff.; *Steuben,* Joachim: Festnahme und Durchsuchung. Eine Betrachtung aus kriminalistischer Sicht – in: TbKrim Bd. XXVII, S. 87ff., insb. S. 115ff. (1977). Hierzu siehe schon *Weingart,* Albert: Kriminaltaktik. Ein Handbuch für das Untersuchen von Verbrechen – Leipzig 1904 – S. 22f., 67ff.

Ebenso wie bei einer Beschlagnahme sind daher bei jeder Durchsuchung die Erkenntnisse der Kriminaltechnik zu beachten. Besonders gilt dies für die in anderem Zusammenhang behandelte Spurensuche (§ 14-I). Denn das Zwangsmittel der Durchsuchung soll so gesehen lediglich eine ordnungsgemäße und umfassende Spurensuche ermöglichen, die ggf. dann mit Beschlagnahme oder Sicherstellung der Spur zur eigentlichen Spurensicherung (§ 14-II) führen kann.

Die Durchsuchung soll – kurz gesagt – eine Spurensicherung ermöglichen, die als solche die wesentliche Aufgabe von Beschlagnahme und dergl. ist; an diese schließt sich dann möglicherweise die eigentliche Spurenauswertung an. Angesichts dieser Aufgabe der Durchsuchung dürfte klar sein, daß der Kriminalist, der eine Durchsuchung vorzunehmen hat, ebenfalls über die Möglichkeiten der Kriminaltechnik informiert sein muß, um einerseits keine Chance ungenutzt zu lassen und andererseits keine Spur zu gefährden bzw. zu vernichten.

Was den für die Kriminaltaktik wichtigen **Zeitpunkt** der Anordnung bzw. genauer der Durchführung anlangt, sind bei der Durchsuchung wie bei allen Zwangsmitteln nicht nur die Erfolgsaussichten kriminalistisch zu bedenken, sondern ist vor allem zu beachten, daß dadurch der Verdächtige mit Sicherheit gewarnt wird. Voreiligkeit ist daher selbst bei rechtlich zulässigem Vorgehen verfehlt. Allgemein läßt sich somit nur sagen, daß Eile erfahrungsgemäß umso weniger angebracht ist, je länger die Straftat zurückliegt. Doch wird auf diese Frage alsbald zurückzukommen sein.

Daher muß das **Vorgehen bei einer Durchsuchung** den Erkenntnissen der Spurensuche Rechnung tragen; das gilt besonders für latente oder doch schwer auszumachende Spuren, die insoweit besonders gefährdet sind bzw. leicht übersehen werden. Deshalb muß die Durchsuchung in solchen Fällen von besonders ausgebildeten Beamten oder von Sachverständigen vorgenommen werden.

Lautenbach, Lothar/*Freund,* Valentin: Die Aufklärung eines Falles von Tötung mit Leichenbeseitigung als Ergebnis gerichtsmedizinischer und kriminalistischer Zusammenarbeit – Arch. f. Krim. Bd. 135, S. 12ff. (1965); *Steiner,* D. M.: Erfolgreiche Zimmerdurchsuchung – Kriminalistik 1966, S. 647f.

Überhaupt darf man sich trotz chronischen Zeitmangels nicht zu oberflächlichem Vorgehen verführen lassen. Um dem vorzubeugen, sollte der anordnende oder leitende Beamte die Durchsuchung auch auf denjenigen Bereich beschränken, für den sie sinnvoll und aussichtsreich erscheint. Dafür spricht übrigens auch der Rechtsgrundsatz der Verhältnismäßigkeit, wenn bei der Durchsuchung mögliche Gewalt zu Schäden an Sachen führen kann oder muß.

Anfang 1965 hat in Frankfurt das Unterlassen der Durchsuchung des Kellers der elterlichen Wohnung die Aufklärung eines Mordes an einem 7jährigen Madchen erheblich verzögert (*Michalke,* Herbert: Der Frankfurter Mädchenmord – Kriminalistik 1965, S. 359 ff.).

Auch bei der Durchsuchung von Räumen und Sachen sollten die damit beauftragten Beamten anwesende Personen im Auge behalten, da diese nicht nur zu Manipulation greifen oder sich durch ihr Verhalten verraten können, sondern zuweilen auch die Beamten angreifen oder einen Fluchtversuch unternehmen.

Finger, Erich: Gewalttätige Beischlafdiebin – Kriminalistik 1959, S. 397; E. F.: Ein Toter wurde lebendig – Kriminalistik 1964, S. 97.

Auch bei der Durchsuchung von Räumen und Sachen lassen sich vorbereitetes und unvorbereitetes Vorgehen unterscheiden, wenngleich man sich in den letztgenannten Fällen doch in etwa an dem orientieren kann, was sonst bei Planung und Durchführung zu beachten ist. Zumindest sind in der Praxis die Fälle einer vorbereiteten Durchsuchung noch häufiger als bei der Beschlagnahme.

Relativ gleich ist kriminalistisch die Rechtsgrundlage der Durchsuchung (StPO, Polizeigesetz, Sondergesetze z. B. aus dem Bereich der Steuer- und Zollgesetzgebung).

Bei einer **vorbereiteten Durchsuchung** von Räumen und Sachen verfügt man über eine mehr oder minder lange Zeit für Planung und für organisatorische Vorkehrungen. Wichtig dafür sind die Gegebenheiten des Einzelfalles. Außer auf das Ziel bzw. den konkreten Zweck der Maßnahme, der für den Umfang des Einsatzes bedeutsam ist, kommt es auf die örtlichen Gegebenheiten und auf den zu wählenden Zeitpunkt an, wovon häufig abhängt, welche und wieviele Personen anwesend sind.

Ziel einer Durchsuchung von Räumen und Sachen kann – wie bei den Rechtsvorschriften gesagt – außer dem Sichern von Beweisstücken und der Suche danach auch das Ergreifen von Personen (Tatverdächtige, entwichene Gefangene) sein; im letztgenannten Fall ist das Ziel also nicht eine Beschlagnahme, sondern eine Festnahme oder Verhaftung.

Nur so läßt sich in etwa einschätzen, ob das Vorgehen mit den dafür verfügbaren personellen und sachlichen Mitteln reibungslos und vor allem erfolgreich sein dürfte. Denn von den genannten Umständen hängt es ab, welche personellen Mittel nach Zahl und Ausbildung nötig sind, um den Zweck zu erreichen, den man sich von einer Durchsuchung verspricht. Es müssen nämlich nicht nur genügend Beamte zur Verfügung stehen, um eine gründliche Spurensuche zu gestatten, sondern es müssen auch Beamte verfügbar sein, die ggf. für Absperrung sorgen und die Anwesenden beobachten und u. U. an Störungen hindern können. – Je nach Art der gesuchten Spuren ist außer auf Experten auch auf das für derartige kriminaltechnische Untersuchungen notwendige Arbeitsgerät zu achten.

Nach Lage der Dinge können außer einer Fotoausrüstung auch Taschenlampen oder andere Lichtquellen sowie Materialien und Instrumente für kriminaltechnische Untersuchungen an Ort und Stelle nötig sein.

Wichtig für das Vorgehen bei einer Durchsuchung von Räumen oder Sachen ist – wie angedeutet – zunächst einmal der Zeitpunkt, den der Kriminalist allerdings selbst in diesen Fällen nicht immer frei wählen kann. Denn mitunter kann längerer Aufschub den Untersuchungserfolg gefährden. Das gilt zwar vor allem für die Personen-, mitunter aber auch für die Sachfahndung. Liegen solche Umstände nicht vor, ist man also in der Wahl des Zeitpunkts relativ frei, so läßt sich als Faustregel festhalten, daß man bei der Fahndung nach Personen die Nachtstunden bzw. den frühen Morgen bevorzugt, während man bei der Suche nach Tatspuren gewöhnlich auf das Tageslicht Wert legt.

Es versteht sich, daß eine geplante Durchsuchung geheimzuhalten und möglichst unauffällig einzuleiten ist. Sonst kann der so Gewarnte noch Manipulationen vornehmen oder tätlichen Widerstand leisten. Daher sollte man die aus Kriminalfilmen bekannte übliche Aufforderung „Aufmachen! Polizei!“ zunächst tunlichst vermeiden, sich vielmehr auf Frage von innen mit seinem Familiennamen melden; dabei sollte man auch nicht direkt vor der Tür stehen, weil gewalttätige Personen u. U. durch diese hindurch schießen.

Obwohl sich für derartige Durchsuchungen keine festen Regeln aufstellen lassen, gibt es doch einige kriminaltaktische Erfahrungen und Grundsätze, die man bei der Durchführung allgemein beachten sollte. Eine geplante Durchsuchung sollte nicht nur zunächst unbedingt geheimgehalten werden, sondern möglichst auch ohne Aufsehen zu erregen beginnen; denn auch dadurch können Tatverdächtige, Komplizen oder Sympathisanten gewarnt werden, was dann für die weiteren Ermittlungen abträglich wäre.
Da sich die Durchsuchungen auf Sachen oder Räume, d. h. auf einen u. U. größeren räumlichen Bereich beziehen, ist auf sichernde Maßnahmen zu achten, die ein Fliehen gesuchter Personen oder das Wegschaffen, Verstecken bzw. Vernichten von Sachen verhindern, nach denen gefahndet wird. Zugleich muß ggf. auf diese Weise Störungen von außen begegnet werden.
Die Durchsuchung selbst muß systematisch erfolgen, was schon bei der Planung zu berücksichtigen ist. Da erfahrene und vorsichtige Kriminelle eigentlich immer mit einer Durchsuchung rechnen, kommt es vor allem auf Gründlichkeit der Suche an. Bei der Durchsuchung von Räumen müssen die Örtlichkeiten entweder vorher bekannt sein oder sofort festgestellt werden, um eine vollständige und ungestörte Suche zu gewährleisten.

Nur zu oft werden Nebenräume nicht genügend beachtet. Wird den Kriminalbeamten die Durchsuchung durch den Tip einer V-Person erleichtert, so sollte man sich in deren Interesse hüten, durch gezieltes Vorgehen sein präzises Wissen erkennen zu lassen, um nicht den Informanten „hochgehen“ zu lassen.

Zudem empfiehlt es sich in manchen Fällen, Beamte eigens dafür einzusetzen, um anwesende Dritte zu beobachten oder Störungen abzuwenden; grundsätzlich sollte kein anwesender Dritter während der Durchsuchung den betreffenden Raum verlassen. Bei der Durchsuchung von Sachen im Freien oder in der Öffentlichkeit kommt es ebenfalls auf diese Sicherung an. – Die Durchsuchung kann sich in beiden Fallgruppen selbstverständlich auch auf anwesende oder hinzukommende Personen erstrecken, wofür aber die alsbald zu behandelnden besonderen Vorschriften und Regeln gelten (IV.). Auf keinen Fall sollte man zulassen, daß sich der anwesende Betroffene oder ihm möglicherweise verbundene Personen an der Suche beteiligen.
Bleibt eine Durchsuchung erfolglos, so kann es durchaus sinnvoll sein, nach kurzer Zeit, wenn nämlich die Betroffenen sich sicher fühlen, eine zweite Durchsuchung durchzuführen.

Nach Festnahme eines „alten Kunden" wurde zwar eine Haussuchung vorgenommen, bei welcher man aber nicht ahnte (wohl aber hätte ahnen sollen), daß außer den Möbeln fast alles aus Diebstählen stammte. Gleich nach der Durchsuchung brachte die in derlei Dingen erfahrene, treusorgende Ehefrau alles Stehlgut bei Bekannten unter. So konnte sich der sitzende Ehemann darauf beschränken, die ihm nachzuweisenden Taten zuzugeben. Da die Beamten inzwischen erfaßt hatten, daß diese viel zahlreicher waren, taten sie das nach der ersten Panne einzig Richtige. Sie ließen die Strohwitwe zunächst unbehelligt. Diese hatte nach zwei Wochen in der Annahme, es käme nichts mehr, das Stehlgut wieder herbeigeschafft. Die nach drei Wochen gestartete erneute Durchsuchung wurde so ein voller Erfolg.

Selbstverständlich spielt bei der Durchsuchung nicht nur das, wonach gefahndet wird, eine Rolle, sondern ebenso die Art und Schwere der in Frage stehenden Straftat sowie der konkrete Stand der Ermittlungen. Denn es wäre weltfremd, in allen Fällen ein Höchstmaß von Gründlichkeit zu verlangen, was zuweilen unverhältnismäßigen Arbeits- und Zeitaufwand bedeuten würde. Die Durchsuchungen werden daher mit verschiedener Intensität durchgeführt.

Eine besonders „gründliche" Durchsuchung ist außer bei schweren Straftaten kriminaltaktisch vor allem dann angezeigt, wenn nach einer Person oder einer bestimmten Sache gefahndet wird und Anhaltspunkte dafür vorliegen, daß diese sich in den fraglichen Räumen oder Sachen befinden. Im übrigen muß man bedenken, daß eine gründliche Durchsuchung umso schwieriger und aufwendiger ist, je größer der Bereich und je komplizierter die Gegebenheiten dort sind.

In manchen Fällen lassen sich Räume und Sachen aus rechtlichen oder tatsächlichen Gründen nicht so genau durchsuchen. Das braucht jedoch kriminaltaktisch nicht bedenklich zu sein, wenn man hier mit einer stichprobenartigen Durchsuchung sein Ziel erreichen kann. Das gilt außer für minderschwere Straftaten insb. für Fälle mit zweifelhafter Erfolgsaussicht oder wenn Spuren in großer Zahl erwartet werden dürfen.

In jedem Falle aber muß die Durchsuchung, was man nicht verkennen sollte, psychologisch geschickt durchgeführt werden. Erreicht man so beispielsweise mit Einverständnis des Betroffenen eine Durchsicht, ist die Rechtslage merklich günstiger als bei förmlichem Zwang; man kann dann auch eher mit Konzessionen oder sogar Kooperation des Betroffenen rechnen.

Besonders kompliziert zu planen und durchzuführen sind Durchsuchungen, die gleichzeitig an verschiedenen Stellen erfolgen müssen. Bei diesem Vorgehen ist außer auf Geheimhaltung genau auf Gleichzeitigkeit zu achten, weil sonst gerade das (Warnung, Verschleierungspraktiken usw.) geschehen könnte, was man mit dieser Strategie zu vermeiden sucht.

Zu einer **unvorbereiteten Durchsuchung** von Räumen und Sachen kommt es in der Praxis vor allem dann, wenn wegen eigener Wahrnehmungen sofort vorgegangen werden muß, da der Betroffene nunmehr weiß, daß die Strafverfolgungsorgane informiert sind. Hier muß außer auf das Ob einer Durchsuchung sofort auch über das Wie entschieden werden. Dabei kann der Kriminalist außer auf die bereits vorhandenen personellen und sachlichen Mittel nur auf das zurückgreifen, was für vorbereitete Durchsuchungen gilt; ggf. muß er sich auf Absperrung beschränken und weitere Kräfte anfordern.

In diesem Zusammenhang gehören durchweg die bei vorläufiger Festnahme oder anderem Freiheitsentzug notwendigen Personendurchsuchungen, auf die noch zurückzukommen sein wird (IV-b-aa, V-3-b).

IV. Eingriffe in die körperliche Unversehrtheit

Bei den Eingriffen in die körperliche Unversehrtheit, die üblicherweise ebenfalls durch die Verfassung geschützt wird, müssen wir körperliche Durchsuchung und Untersuchung unterscheiden. Diese beiden Maßnahmen sind zwar häufiger in verschiedenen Vorschriften geregelt, können jedoch im wesentlichen zusammenfassend behandelt werden. Ein Sonderfall, der ebenfalls mit Zwang verbunden sein kann, ist die erkennungsdienstliche Behandlung, die häufiger im Polizeirecht geregelt wird.

Ausgeklammert bleiben – wie eingangs aufgeführt – Formen des Zwanges, die wie Schußwaffengebrauch gegen Personen leicht die körperliche Unversehrtheit in Mitleidenschaft ziehen oder gar den Tod eines Menschen herbeiführen können. Denn hier handelt es sich nicht primär um Maßnahmen der Beweissicherung, sondern um Zwangsbefugnisse im Rahmen der Strafverfolgung, auf die besser an anderer Stelle einzugehen ist.

Zbinden S. 137 ff.; *Hust,* Gerhard: Erkennungsdienstliche Behandlung und Persönlichkeitsschutz – Kriminalistik 1965. S. 499 ff.; *Schäfer,* Herbert: Probleme des § 81b StPO – Kriminalistik 1967, S. 60 ff.; *Michallek,* Klaus-Jürgen: Die Durchsuchung von Personen. Eine strafprozessuale und kriminalistische Studie unter Berücksichtigung des ausländischen Rechts – Diss. Frankfurt a. M. – München 1969 – insb. S. 96 ff.; *Dzendzalowski,* Horst: Die körperliche Untersuchung. Eine strafprozessual-kriminalistische Untersuchung zu den §§ 81a und 81c StPO – KrimWissAbh Bd. 5 (= Diss. Frankfurt a. M., Clausthal-Zellerfeld 1969) – Lübeck 1971 – insb. S. 48 ff.; *Bergfelder,* Udo: Lichtbildaufnahmen von Beschuldigten im strafprozessualen Ermittlungsverfahren – Kriminalistik 1976, S. 413 ff. (vgl. auch S. 559 ff.); *Bauer* 3-273 ff.

Selbstverständlich lassen sich die Zwecke einer Durchsuchung oder Untersuchung von Personen, sofern diese damit einverstanden sind, ebenso auf freiwilliger Basis erreichen, was aus den bereits genannten Gründen zwangsweisem Vorgehen vorzuziehen ist. Allerdings tut der Beamte gut daran, sich der Zustimmung des Betroffenen unmißverständlich zu versichern.

a) Zur Regelung

Die hier besonders deutlich vom Gang der Geschichte geprägten Regelungen der einzelnen Länder weisen dennoch im wesentlichen übereinstimmend folgende Kriterien auf.

aa) Die meisten Rechte regeln die Voraussetzungen beider Zwangsmittel getrennt und mitunter recht unterschiedlich; noch unübersichtlicher ist gewöhnlich die Rechtslage hinsichtlich der erkennungsdienstlichen Behandlung.

Für die **körperliche Durchsuchung** (Personendurchsuchung), von der wir bei allen Gegenständen sprechen, die der Betroffene bei sich trägt, d. h. in seiner Kleidung, nicht aber an der Körperoberfläche oder in Leibeshöhlen, gelten z. T. die sonst für die Durchsuchung maßgebenden Vorschriften (vgl. § 20-III). Bei verdächtigen Personen genügt dafür u. U. schon die Vermutung, Beweisstücke oder der Beschlagnahme unterliegende Gegenstände aufzufinden; bei Unverdächtigen ist allerdings eine Personendurchsuchung insoweit unzulässig. Besondere Rechtsgrundlagen gibt es teilweise für die Personendurchsuchung bei vorläufiger Festnahme oder in ähnlichen Fällen von Freiheitsentzug (§ 20-V-3-b).

Greiner, August: Durchsuchungen bei Freiheitsentziehungen – Kriminalistik 1972, S. 318 ff.

Zur **körperlichen Untersuchung** zählen außer der Untersuchung im eigentlichen Sinne häufig auch Eingriffe in die körperliche Unversehrtheit wie Entnahme einer Blutprobe oder Auspumpen des Mageninhalts. Von der ärztlichen Untersuchung im engeren Sinne sind überdies andere, mehr kriminalistische Untersuchungen der Körperoberfläche und der Leibeshöhlen zu unterscheiden (sogen. Leibesvisitation, Filzen). In den Voraussetzungen wird z. T. zwischen beschuldigten und anderen Personen unterschieden.
Beim Beschuldigten darf u. U. jegliche körperliche Untersuchung angeordnet werden, durch die für das Verfahren bedeutsame Tatsachen festgestellt werden können und sollen.
Andere Personen dürfen gegen ihren Willen üblicherweise nur unter engeren Voraussetzungen untersucht werden. So verlangen manche Gesetze, daß zur Erforschung der Wahrheit festgestellt werden muß, ob sich an ihrem Körper eine bestimmte Spur oder Folge einer strafbaren Handlung befindet. Dabei wird der Personenkreis teilweise noch besonders eineschränkt. Eingriffe sind u. U. nur in Form der Entnahme einer Blutprobe und der Untersuchung zur Feststellung der Abstammung zulässig.
Eine zwangsweise **erkennungsdienstliche Behandlung,** zu welcher neben dem Abnehmen von Fingerabdrücken auch das Fotografieren gehört, kann selbstverständlich nur bei einem Tatverdächtigen erfolgen.

Strittig ist nicht nur oft, unter welchen strafprozessualen oder polizeirechtlichen Voraussetzungen eine solche erkennungsdienstliche Behandlung erfolgen darf, sondern auch, was mit dem dabei gewonnenen erkennungsdienstlichen Material zu geschehen hat, wenn sich der zunächst gegen den Betroffenen vorliegende Tatverdacht später als unbegründet erweist oder er zumindest nicht zu beweisen ist, d. h. nicht zur Anklageerhebung oder zur Verurteilung führt.

bb) Die Zulässigkeit körperlicher Untersuchungen kann durch das Gesetz noch weiter eingeschränkt werden. So sind beispielsweise derartige Maßnahmen im allgemeinen unzulässig, wenn Gefahren für die Gesundheit des Betroffenen zu erwarten sind, sofern vom Gesetz nicht sogar seine Einwilligung vorausgesetzt wird.

In solchen Rechten kann sich das Verweigern einer Untersuchung ohne triftige Gründe dann allerdings beweismäßig nachteilig auswirken.

Einzelne Rechte erkennen Verweigerungsrechte ähnlich wie bei Zeugen an, was allerdings bei dem hier in Frage stehenden Sachbeweis nicht recht überzeugend erscheint. Schließlich sind derartige Maßnahmen u. U. nur zulässig, soweit sie dem Betroffenen bei Würdigung aller Umstände zuzumuten sind.

cc) Die Zuständigkeit für die Anordnung aller dieser Zwangsmittel weist dagegen nur seltener Besonderheiten auf.
So kann die körperliche Durchsuchung verdächtiger Personen als auch jegliche körperliche Untersuchung außer vom Richter u. U. von der Staatsanwaltschaft oder sogar von der Polizei angeordnet werden; lediglich bei ärztlichen Eingriffen wird die Kompetenz oft zurückhaltender geregelt. Dasselbe gilt, wenn es um derartigen Zwang gegen unverdächtige Personen geht, die jedoch als Spurenträger in Betracht kommen; hier kann die Anordnung, sofern der Betroffene nicht ohnehin mit der Untersuchung einverstanden ist, dem Richter vorbehalten sein.
Die erkennungsdienstliche Behandlung von Tatverdächtigen wird allerdings auch insoweit üblicherweise als eine Angelegenheit der Polizei angesehen.

dd) Durchführung und Wirkung sind bei den einzelnen Maßnahmen unterschiedlich geregelt.
Die **körperliche Durchsuchung** wird grundsätzlich der oben dargelegten allgemeinen Regelung entsprechend durchgeführt. Allerdings sind hier u. U. Sondervorschriften für die Durchsuchung von Frauen zu beachten. So kann bestimmt sein, daß die Durchführung einem Arzt oder einer Frau zu übertragen ist; auf Verlangen der zu durchsuchenden Frau muß ggf. eine andere Frau oder ein Angehöriger hinzugezogen werden.
Die **körperliche Untersuchung** erfolgt dagegen – je nach Sachlage – durch einen Arzt oder einen Beamten, z. B. bei Sicherung von Tatspuren, wenn nur kriminalistische, d. h. kriminaltechnische Qualifikation erforderlich ist. Eingriffe – wie die Entnahme einer Blutprobe oder die Untersuchung der Abstammung – dürfen nur von einem Arzt ausgeführt werden, der nach den Regeln der ärztlichen Kunst verfahren muß. Bei Frauen sind ggf. die besonderen Vorschriften zu beachten.
Die **erkennungsdienstliche Behandlung** ist dagegen überall Sache der Polizei, welche eigens dafür Beamte ausbildet.
Speziell bei der erkennungsdienstlichen Behandlung ergeben sich – wie schon angedeutet – schwierige und in vielen Ländern strittige Rechtsfragen, wenn später die Unschuld des Verdächtigen nachgewiesen wird oder seine Schuld nicht zu beweisen ist. Obwohl eine Herausgabe des ED-Materials nach Lage der Dinge nicht in Betracht kommt, beurteilt man unterschiedlich, ob und unter welchen Voraussetzungen die Polizei verpflichtet ist, dieses Material zu vernichten, wenn der Betroffene es verlangt.

Ender, Karl: Die Vernichtung erkennungsdienstlicher Unterlagen auf Antrag des Betroffenen – Kriminalistik 1960, S. 49 ff.; *Stüllenberg,* Heinz: Vernichtung erkennungsdienstlicher Unterlagen auf Antrag des Betroffenen – Kriminalistik 1962, S. 415 ff.; *Ender,* Karl: Antrag auf Vernichtung erkennungsdienstlicher Unterlagen. Rechtsweg und Rechtsmittel – Kriminalistik 1964, S. 591 ff.; *Ender,* Karl: Die Vernichtung von ED-Unterlagen auf Antrag nach Einstellung des Ermittlungsverfahrens – zugleich Sachstandsbericht – Kriminalistik 1973, S. 151 f.; *Ender,* Karl: Der Rechtsweg beim Antrag auf Vernichtung von ED-Unterlagen – zugleich Sachstandsbericht – Kriminalistik 1975, S. 444 ff.

Während bei einer Verurteilung desjenigen, der als Tatverdächtiger in dieser Sache erkennungsdienstlich behandelt worden ist, oder bei Verfahrenseinstellung wegen Geringfügigkeit und dergl. das ED-Material sicher aufbewahrt werden darf, ist u. E. in den strittig bleibenden Fällen differenzierend zu verfahren. Der hier allein in Betracht kommende Rechtsanspruch des Betroffenen auf Vernichtung (nicht: Herausgabe) des ED-Materials ist zu bejahen, wenn der gegen ihn bestehende Tatverdacht nicht begründet war oder sich später als unbegründet erweist. Kritisch bleiben mithin nur die Zweifelsfälle (z. B. mangelnder Tatverdacht, Freispruch mangels Beweises), in denen eine weitere Aufbewahrung jedenfalls dann problematisch werden dürfte, wenn der Betroffene ausdrücklich verlangt, daß das Material vernichtet wird; natürlich beschränkt sich ein solcher Anspruch auch hier auf bei der erkennungsdienstlichen Behandlung erlangtes Material und läßt andere Unterlagen der Strafsache unberührt.

b) Kriminaltaktische Probleme

Obwohl körperliche Durchsuchung und Untersuchung sowohl rechtlich als auch kriminalistisch nicht immer leicht und klar zu unterscheiden sind, empfiehlt es sich hier doch, die typischen kriminaltaktischen Probleme gesondert zu behandeln, weil sie z. T. doch recht verschieden liegen. Dasselbe gilt für die erkennungsdienstliche Behandlung.

Meixner I-62 ff.; *Steuben,* Joachim: Festnahme und Durchsuchung. Eine Betrachtung aus kriminalistischer Sicht – in: TbKrim Bd. XXVII, S. 87 ff. (1977).

aa) Die **Personendurchsuchung** (körperliche Durchsuchung) ist eine in der kriminalistischen Praxis sehr häufige Maßnahme der Beweissicherung und des Selbstschutzes. Denn außer an die bei einer solchen Leibesvisitation aufzufindenden Beweisstücke ist ferner an Gegenstände zu denken, die leicht für die Beamten gefährlich werden können. Eben deshalb muß jede festgenommene oder verhaftete Person – wie wir noch sehen werden (§ 20-V-3-b) – durchsucht werden.

Das Ziel einer Personendurchsuchung kann daher, was kriminaltaktisch zu beachten ist, recht verschiedenartig sein. Mehr als die vor allem dem Selbstschutz dienende, zuletzt erwähnte Festnahmedurchsuchung interessieren hier die primär auf Sachbeweise abzielenden Fälle der gründlichen Leibesvisitation und der allgemeinen Personendurchsuchung, wie sie sich bei Razzien oder Kontrollen findet. Selbst die Personendurchsuchung kann also mit unterschiedlicher Intensität erfolgen, wenngleich dem oberflächlichen Abklopfen oder Abtasten der Kleidung als gewissermaßen „erster Stufe“ häufig und z. T. an anderem Ort (z. B. in einem geschlossenen Raum) die genauere Durchsuchung der Taschen usw. folgt, welche schließlich (gewissermaßen als dritte Stufe) zum Ablegen der Kleidungsstücke und deren Untersuchung mit technischen Hilfsmitteln, d. h. zur körperlichen Untersuchung führen kann. Doch handelt es sich keineswegs immer nur um eine solche Stufenfolge, sondern kann sich eine Personendurchsuchung u. U. auf Maßnahmen der geringeren Intensität beschränken. Im übrigen ist auch hier zwischen vorbereiteter und unvorbereiteter Durchsuchung zu unterscheiden, bei welcher lediglich auf die nunmehr zu schildernden Grundsätze zurückgegriffen werden kann.

Eine **vorbereitete Personendurchsuchung** setzt voraus, daß man sich über Ziel und Zweck der Maßnahme im konkreten Fall klar ist. Art und Größe des gesuchten Gegenstandes beschränken die Versteckmöglichkeiten. Der Wert der Spur für die jeweiligen Ermittlungen und das Gewicht der Tat sind wichtig für die Frage, ob ein Auftrennen oder Zerstören von Kleidungsstücken noch als verhältnismäßig anzusehen ist. – Noch wichtiger ist jedoch die Persönlichkeit des zu Durchsuchenden, über die man sich möglichst umfassend informieren sollte, um psychologisch wirksam vorzugehen. Davon hängt es zudem ab, ob ggf. mit Schwierigkeiten zu rechnen ist, welche u. U. Anwendung von Gewalt als notwendig erscheinen lassen.

Ähnliches gilt für Art und Zeit der Durchsuchung und die dort möglicherweise Anwesenden. Eine gründliche Leibesvisitation sollte nach Möglichkeit im Dienstraum und nur notfalls in entsprechend zu sichernden Räumen durchgeführt werden. Im letzteren Falle und bei oberflächlichen Personendurchsuchungen im Freien ist auch eine etwaige Störung durch dort anwesende Dritte zu denken. Von allen diesen Dingen hängt zudem die Zahl der benötigten Beamten ab, wenngleich selbst unter günstigen Umständen für eine vorbereitete Personendurchsuchung zumindest zwei zur Verfügung sein sollten.

Was den Zeitpunkt anlangt, ist – soweit möglich – Tageslicht künstlicher Beleuchtung vorzuziehen; ansonsten sollte eine gründliche Personendurchsuchung nur bei guter Beleuchtung erfolgen. Daß auch das Vorbereiten einer Durchsuchung geheimgehalten werden muß und sie möglichst unauffällig anlaufen sollte, versteht sich von selbst.

Das systematische Vorgehen bei einer Personendurchsuchung muß außer Gründlichkeit vor allem Vorsicht in zwei Richtungen zeigen, damit einerseits weder etwas übersehen noch eine Spur vernichtet wird und man andererseits nicht unangenehme Überraschungen erlebt. – Alle Typen der Personendurchsuchung beginnen – wie schon angedeutet – mit einem oberflächlichen Abtasten der Kleidungsstücke, wobei vor allem nach Waffen und gefährlichen

Werkzeugen gesucht wird. Erst danach werden die Kleidung und der Inhalt der Taschen genauer untersucht. Bei der gründlichen Leibesvisitation wird für diesen Zweck das Ablegen einzelner Kleidungsstücke verlangt. Muß der Betroffene sich weitgehend oder völlig entkleiden, so geht die Personendurchsuchung in die körperliche Untersuchung (siehe unten 2.) über. Abgesehen von dem durch mangelnde Sorgfalt zuweilen vereitelten Erfolg der Maßnahme spielt gerade bei der Personendurchsuchung der Gesichtspunkt des Eigenschutzes eine wichtige Rolle (vgl. auch § 20-V-3-b).

Unvorsichtigkeit bei Personendurchsuchungen hat nicht nur zu Verletzungen von Beamten geführt, sondern diese sogar das Leben gekostet. Außer an nicht entdeckte Waffen oder eine vom Betroffenen mitgeführte zweite Schußwaffe ist auch an Messer, Rasierklingen und andere gefährliche Instrumente zu denken, die bei der Durchsuchung übersehen dann vom Betroffenen bei sich bietender Gelegenheit gegen den Beamten eingesetzt werden.

Gundolf, Hubert: Die Lehren aus dem Fall Podola – Kriminalistik 1960, S. 202 ff.; *Kosyra,* Herbert: Morde an Polizeibeamten. Ein Beitrag zur Geschichte der deutschen Polizei in der Nachkriegszeit – Arch. f. Krim. Bd. 129, S. 89 ff. (1962); *W. G.:* Durchsuchung bei Festnahmen – Kriminalistik 1968, S. 267 f.

Der auf dem Bahnhof Salzwedel (1940) festgenommene Kindermörder Zimmermann war sogleich – ohne Ergebnis – durchsucht worden. Als er sich in Magdeburg bei einer erneuten Durchsuchung entkleidete, zögerte er zunächst, als er auch die Strümpfe – er trug vier Paar übereinander – ausziehen sollte. Zwischen den Socken, auf welche er sofort einen Fuß gestellt hatte, fand sich eine Pistole (Kal. 6,35), die er zuvor in der Beuge des rechten Fußes getragen hatte, ohne daß etwas aufgefallen war (*Meixner* I-63 f.).
Mangelnde Umsicht, was Beweisstücke anlangt, kann ferner bewirken, daß der Betroffene diese beiseite schafft oder vernichtet, bevor sie bei der gründlichen Durchsuchung gefunden werden. Er ist also auch aus diesem Grunde genau zu beobachten, um solche Machenschaften zu verhindern.

Systematische Suche heißt, daß der Beamte nicht einmal hier und dann an jener Stelle sucht, sondern von dem Platz ausgehend, an welchem ein bestimmter Gegenstand am ehesten versteckt sein könnte, in bestimmter Reihenfolge Kleidung und Handgepäck des Betroffenen untersucht. Dabei sind vor allem dann, wenn es um winzige Materialspuren geht, die oben geschilderten Methoden der Spurensicherung (§ 14-II) zu beachten.
Während der Durchsuchung ist der Betroffene und sind anwesende Dritte von anderen Beamten genau zu beobachten. Dies ist aus Sicherheitsgründen und deshalb wichtig, weil so u. U. aufschlußreiche Reaktionen wahrgenommen werden können.

Bei der Personendurchsuchung gefundene Beweisstücke sind ggf. zu beschlagnahmen (§ 20-I) und möglicherweise einer kriminaltechnischen Untersuchung zuzuführen. Der Durchsuchungsbericht gibt nicht nur Aufschluß über die Durchführung der Maßnahme, sondern läßt sich des öfteren auch für das weitere Verfahren auswerten.

Die **unvorbereitete Personendurchsuchung,** zu der es häufiger im Zuge von Fahndungsmaßnahmen kommt, welche etwa eine Festnahme als notwendig erscheinen lassen, orientiert sich am besten an den oben dargelegten Erfahrungen und Grundsätzen für vorbereitete Durchsuchungen. Wichtig ist aber auch bei einer solchen unvorbereiteten Personendurchsuchung Gründlichkeit, weil sonst die beteiligten Beamten sehr gefährdet sind. Es gibt gerade bei schnellem Ablauf der Ereignisse zahlreiche Fälle, in welchen der Beamte seine Flüchtigkeit mit seinem Leben hat bezahlen müssen; das zum Eigenschutz bei vorbereiteter Personendurchsuchung Gesagte sollte hier daher besonders beherzigt werden.

Eine Frau, die zur Wache gebracht werden sollte, schnitt dem Beamten mit einer Rasierklinge die Halsschlagader durch. Er hatte es verabsäumt, ihre Handtasche zu durchsuchen, in welcher die Klinge mit einem Taschentuch verborgen war (*Meixner* I-64).

bb) Körperliche Untersuchung

Bei der körperlichen Untersuchung sind ebenso aus rechtlichen als auch aus tatsächlichen Gründen die Untersuchung als solche und ärztliche Eingriffe zu unterscheiden; zuweilen gelten diese Vorschriften aber auch für die von Kriminalbeamten durchgeführte gründliche Leibesvisitation.

Die **Untersuchung i. e. S.**, die im wesentlichen im Betrachten des menschlichen Körpers besteht, braucht – wie gesagt – keineswegs immer medizinischen Charakter zu haben. Sie kann sich als kriminalistische Maßnahme – sogen. gründliche Leibesvisitation – mehr der Personendurchsuchung nähern, obwohl als Untersuchungsobjekt hier noch häufiger das Opfer in Betracht kommt, das in der Regel damit einverstanden ist.

Ziel der Untersuchung ist es jedoch gewöhnlich, Verletzungen am Körper vom Täter oder Opfer festzustellen, die dann allerdings genauer vom Arzt begutachtet werden müssen. Solche Verletzungen oder Spuren davon finden sich außer bei Körperverletzungs- und Tötungsdelikten auch bei anderen Formen der Gewaltkriminalität und sogar bei anderen Straftaten wie Diebstählen und Brandstiftungen. Sie können außer beim Opfer auch beim Täter als Folgen einer Selbstverletzung oder einer Abwehr vorkommen. Art und Fundorte der Spuren divergieren je nach Art der fraglichen Straftat und Verbrechenstechnik. Andere „einfache" Untersuchungen erfolgen zur Feststellung der Identität oder der Verantwortlichkeit des Täters zur Zeit der Tat bzw. zur Feststellung seiner Verhandlungsfähigkeit.

Ebenso wie Sicherung und Auswertung gewisser Spuren dem Mediziner oder anderen Experten vorbehalten bleiben muß, bedingen ärztliche Untersuchungen die Mitwirkung eines Mediziners, wenn der allgemeine körperliche Befund, die neurologische Verfassung oder Haft- bzw. Verhandlungsfähigkeit festgestellt werden sollen.

Plonka, Helmut: Die Entnahme von Blut beim Beschuldigten – Die Polizei 1973, S. 83 ff.

Bei den mit ärztlichen **Eingriffen** verbundenen körperlichen Untersuchungen überwiegen heute solche, die zur Bestimmung des Blutalkoholgehaltes durchgeführt werden. Denn die dafür notwendige Blutentnahme bedingt einen Eingriff, der in den meisten Ländern von einem Arzt vorgenommen werden muß. Die beim Blutalkoholnachweis angewendeten Methoden sind im übrigen im Rahmen der Kriminaltechnik genannt worden (§ 15-I-B-g). – Je nach Lage können in einem Strafverfahren aber auch andere Untersuchungen und Eingriffe erforderlich sein.

Beispiele dafür sind Untersuchungen von Blut, Urin, Sperma usw. Ferner kommen in Strafsachen mitunter Vaterschaftsgutachten und häufiger psychiatrische Untersuchungen wie Elektroencepholographie, Liquoruntersuchung, Hirnkammerluftfüllung und dergl. vor.

Bei einer zwangsweisen **Untersuchung dieser oder jener Art**, welche die oben skizzierten rechtlichen Grenzen zu beachten hat, kommt es kriminalistisch entscheidend auf die Beweismöglichkeiten und auf den Stand der Ermittlungen an. So kann schon die Flüchtigkeit gewisser körperlicher Befunde eine schnelle Untersuchung als besonders dringlich erscheinen lassen, was für den Zeitpunkt der Durchführung wichtig ist. Zum anderen ist in diesen Fällen, obwohl es im Kern um einen Sachbeweis geht, die Einschaltung von Sachverständigen besonders häufig und wichtig; denn oft können nur sie diese Spuren erkennen und sachgerecht sichern, zumindest aber sachkundig auswerten.

Was nun Untersuchungen (i. e. S.) und Eingriffe anlangt, sollte im Wege einer Zwangsmaßnahme nur dann vorgegangen werden, wenn sich das Einverständnis der zu untersuchenden Person nicht gütlich erreichen läßt. Denn auch hier ist es von Vorteil, wenn der Betroffene kooperativ ist.

Es versteht sich ferner, daß man zur Durchführung einer körperlichen Untersuchung einen nicht zuletzt praktisch hinreichend erfahrenen Experten auswählen sollte, um sicher zu gehen, bei der relativ einschneidenden Maßnahme möglichst optimale Ergebnisse zu erzielen. Dessen ungeachtet ist Wert auf gute Zusammenarbeit des Sachverständigen mit den Kriminalisten zu legen, da nur so gewährleistet ist, daß der rechtlich-kriminalistische Hintergrund für den Experten hinreichend deutlich ausgeleuchtet wird. In anderen Fällen können sich die verschiedenartigen Tätigkeiten zumindest gut ergänzen.

Behauptet z. B. ein Tatverdächtiger einen Nachtrunk, so ist dies nicht nur für den gerichtsmedizinischen Sachverständigen wichtig, sondern muß der mit dieser Sache befaßte Kriminalbeamte ermitteln, ob sich das durch Zeugenaussagen oder andere Umstände beweisen läßt.

Ähnlich ist die Lage beim Verdacht der Kindesmißhandlung. Hier vermag der Sachverständige die Tatausführung erst dann an Hand der Folgen überzeugend zu deuten, wenn die Kriminalbeamten dafür möglicherweise wesentliche Instrumente und Begleitumstände festgestellt haben.

cc) Erkennungsdienstliche Behandlung

Wieder anders liegen die Dinge bei der gewissen Untersuchungen ähnelnden erkennungsdienstlichen Behandlung, weil diese eine typische Aufgabe der eigens dafür ausgebildeten Kriminal- oder Polizeibeamten ist.

Wann eine rechtlich zulässige erkennungsdienstliche Behandlung zu erfolgen hat, ist eine kriminalistische Frage, die man jedoch nicht mit dem Argument abtun kann „je mehr desto besser“. Denn damit handelt man sich nicht nur unnötige Arbeit ein, sondern bewirkt des öfteren auch Widerstand bei dem davon Betroffenen.

Die erkennungsdienstliche Behandlung sollte regelmäßig in den dafür vorgesehenen Diensträumen durchgeführt werden, wo die sachlichen Voraussetzungen dafür gegeben sind und am wenigsten mit Widerstand bzw. Störungen zu rechnen ist. In Ausnahmefällen sollte man dafür sorgen, daß vergleichbare Bedingungen bestehen.

Die verschiedenen Formen der erkennungsdienstlichen Behandlung wie das Fotografieren, die Abnahme von Fingerabdrücken und die Personenbeschreibung müssen den Grundsätzen entsprechen, die im Rahmen der Kriminaltechnik geschildert worden sind (§ 13).

Für die kriminaltaktische Situation der erkennungsdienstlichen Behandlung ist wichtig, daß wir hier in besonderem Maße mit Aversion und Widerstand zu rechnen haben, weil es sich hier nahezu immer um einen Tatverdächtigen handelt. Eben deshalb ist auf ein der Lage und der Persönlichkeit des Betroffenen möglichst angepaßtes Vorgehen Wert zu legen, um dies nach Möglichkeit zu verhindern oder die Gefahr doch zu vermindern.

Verschieden beurteilt wird – wie wir bei den Rechtsausführungen gesehen haben (oben a–dd) – in den einzelnen Ländern vor allem die Frage, was mit dem erkennungsdienstlichen Material zu geschehen hat, wenn sich der gegen den Betroffenen zunächst bestehende Tatverdacht als unbegründet oder doch nicht hinreichend begründet für Anklageerhebung oder Verurteilung erweist.

V. Eingriffe in die Freiheit

Die für den Bürger einschneidendsten Maßnahmen des Ermittlungsverfahrens sind die Eingriffe in die persönliche Freiheit – die Bewegungsfreiheit – des Bürgers, die als Menschenrecht ebenfalls besonders geschützt wird. So darf in diese Bewegungsfreiheit oft nur auf Grund eines förmlichen Gesetzes und unter Beachten der darin vorgeschriebenen Formen eingegriffen werden.

Zbinden S. 141 ff., 144 ff.

Die im Folgenden zu erörternden Maßnahmen sind recht verschiedenartig. Ihre Skala reicht von der Prüfung der Personalien, über Vorladung und Vorführung bis zu einstweiliger Unterbringung in einer Heil- und Pflegeanstalt, Steckbrief und vorläufiger Festnahme sowie schließlich zur Untersuchungshaft, die durch die Verhaftung eingeleitet wird. Bei dem hier nur möglichen kurzen Überblick erscheint es zweckmäßig, von der schwersten Form – der Untersuchungshaft – auszugehen, weil ihre Voraussetzungen z. T. auch für andere Maßnahmen maßgebend sind.

1. Verhaftung. Untersuchungshaft

Verhaftung ist derjenige Akt, durch den die Untersuchungshaft – ein Freiheitsentzug für prozessuale Zwecke – unmittelbar eingeleitet wird. Untersuchungshaft ist als solche nur gegen einen Beschuldigten zulässig; ihre Voraussetzungen sind relativ eng. Sie ist eigentlich niemals zwingend vorgeschrieben, vielmehr stets als das letzte Mittel, die ultima ratio, des Ermittlungsverfahrens zu betrachten. Sie setzt zudem in den meisten Ländern das Vorliegen eines richterlichen Haftbefehls, einer schriftlich fixierten Anordnung, voraus.

a) Zur Regelung

Da die Regelungen der einzelnen Länder hier selbstverständlich besonders genau zu beachten sind, können lediglich mit diesem Vorbehalt nunmehr die wichtigsten Punkte aufgezeigt werden.

aa) Die Voraussetzungen der Untersuchungshaft sind in den meisten Ländern recht genau geregelt. So setzt der sogen. Haftbefehl beispielsweise dringenden Tatverdacht, d. h. einen sehr hohen Grad von Wahrscheinlichkeit, voraus, daß der Tatverdächtige wirklich eine Straftat begangen hat. – Zu diesem allgemeinen Haftgrund muß gewöhnlich noch ein besonderer Haftgrund hinzutreten. Neben Flucht- oder Verdunkelungs(Kollusions-)Gefahr, die an Hand der hierfür sprechenden Tatsachen zu begründen sind, gibt es zuweilen noch andere, für die Praxis jedoch weniger wichtige Haftgründe wie z. B. die Wiederholungsgefahr.

bb) Verhaftung bzw. Untersuchungshaft sind in der Regel bei geringeren Gesetzesverstößen wie Übertretungen, Antrags- und Privatklagedelikten unzulässig oder doch nur unter besonderen Umständen statthaft. Manche Gesetze stellen überdies ausdrücklich auf den Grundsatz der Verhältnismäßigkeit ab; in anderen wird das Subsidiaritätsprinzip durch die Möglichkeit einer Sicherheitsleistung oder andere Vorkehrungen betont.

cc) Zuständig für alle die Untersuchungshaft – bzw. die Verhaftung – betreffenden rechtlichen Entscheidungen ist in den meisten Ländern ausschließlich ein Richter, der sogen. Haftrichter, welcher mithin den Freiheitsentzug durch Erlaß eines Haftbefehls anordnen muß. Zudem sind hier in Form einer Haftbeschwerde oder eines Haftprüfungsverfahrens gewöhnlich besondere Kontrollen vorgesehen.

dd) Die Durchführung der Untersuchungshaft – die Verhaftung – muß eine tatsächliche sein. Besondere Förmlichkeiten sind regelmäßig – außer dem Vorliegen eines schriftlichen Haftbefehls – nicht vorgesehen. Sie ist notfalls mit Gewalt durchzuführen und aufrechtzuerhalten. Beamte können dabei ggf. von der Waffe Gebrauch machen. Hier also wird die Rechtsanwendung, d. h. die Verhaftung, zu einem vorwiegend kriminalistischen Problem.
Da der Vollzug der Untersuchungshaft in den meisten Ländern unter richterlicher Kontrolle erfolgt, können sich auch während dieser Zeit Probleme für kriminalpolizeiliche Aktivitäten ergeben, welche den Untersuchungsgefangenen betreffen.

Holland, Klaus: Haftrichterliche Weisungsbefugnis und präventivpolizeiliche Gefahrenabwehr – Kriminalistik 1977, S. 241 f.

b) Kriminaltaktische Probleme

Die kriminaltaktischen Probleme der Untersuchungshaft sind jedoch im wesentlichen dieselben wie bei einer vorläufigen Festnahme, die in der Praxis häufig dem Erlaß eines Haftbefehls vorauszugehen pflegt. Selbst wenn ein Haftbefehl gegen einen in Freiheit befindlichen Betroffenen vollstreckt werden soll, liegen die Dinge tatsächlich betrachtet doch ebenso wie bei einer vorläufigen Festnahme durch Organe der Strafverfolgung. Sie sollen daher der Einfachheit halber dort (unten 3.) zusammenfassend erörtert werden.

2. Einstweilige Unterbringung u. a.

Neben die Untersuchungshaft treten in den einzelnen Ländern oft unterschiedliche Zwangsmittel, die jedoch insgesamt gesehen mehr ergänzenden Charakter haben.
In Rechten, welche zwischen Strafen und Maßregeln der Sicherung oder Besserung unterscheiden, kann das für diejenigen Fälle, in denen lediglich eine Maßregel zu erwarten ist, die sogen. **einstweilige Unterbringung** sein; diese ähnelt im übrigen jedoch der Untersuchungshaft. – Auch für den Vollzug eines Unterbringungsbefehls kann aus den bei der Untersuchungshaft genannten Gründen auf die späteren Ausführungen (3.) verwiesen werden.
Auf Grund eines Haft- oder Unterbringungsbefehls kann die Inhaftierung eines Beschuldigten möglicherweise im Wege des **Steckbriefs** betrieben werden. Auf Grund eines Steckbriefs aufgegriffene Personen sind unverzüglich, spätestens am Tage nach der Ergreifung, dem zuständigen Richter vorzuführen. – Tatsächlich erfolgt auch nach einem Steckbrief der Freiheitsentzug ebenso wie bei einer vorläufigen Festnahme. Eine kriminaltaktische Besonderheit bieten daher lediglich die mit dem Steckbrief beabsichtigte Einschaltung der Öffentlichkeit, die wohlüberlegt sein will.

3. Vorläufige Festnahme

Wichtiger als strafprozessuales Zwangsmittel ist dagegen für den Kriminalisten die vorläufige Festnahme, durch welche häufig die Untersuchungshaft eingeleitet werden soll.

Daher wird bei zeitlicher Begrenzung dieser Maßnahme der Anwendungsbereich sowohl in den Voraussetzungen als vor allem auch in der Kompetenz erweitert. Während Untersuchungshaft regelmäßig von einem Richter angeordnet werden muß, ist die vorläufige Festnahme typischerweise eine Sache der Polizei.

Schubert, Peter: Die vorläufige Festnahme (§ 127 StPO). Eine strafprozessuale und kriminalistische Studie unter besonderer Berücksichtigung der Geschichte des Freiheitsentzuges und der Regelungen im Ausland – Diss. Frankfurt a. M. – o. O. 1968 – insb. S. 97 ff.

Bei der vorläufigen Festnahme ist allerdings gewöhnlich zwischen einer solchen durch Privatpersonen und der durch die Staatsanwaltschaft bzw. die Polizei zu unterscheiden. Das hindert in diesem Rahmen jedoch nicht eine ansonsten zusammenfassende Behandlung. Sie soll wieder mit einem Überblick über typische Regelungen beginnen.

a) Zur Regelung

Selbst wenn die Entwicklung von der jedermann möglichen Festnahme auf frischer Tat ausgegangen ist, überwiegt in der Praxis seit langem die vorläufige Festnahme durch Organe der Strafverfolgung.

aa) Die Voraussetzungen einer vorläufigen Festnahme sind üblicherweise bei Privatpersonen und bei Organen der Strafverfolgung verschieden geregelt.
So ist vielfach jedermann befugt, eine Person festzunehmen, die auf frischer Tat betroffen oder verfolgt wird, sofern diese der Flucht verdächtig ist oder ihre Persönlichkeit nicht sofort festgestellt werden kann.
Dagegen sind die Staatsanwaltschaft und die Polizei oder ähnliche Strafverfolgungsorgane zu einer vorläufigen Festnahme durchweg nur dann befugt, wenn die Voraussetzungen eines Haftbefehls – wie dringender Tatverdacht sowie Flucht- bzw. Verdunkelungsgefahr – vorliegen. Dasselbe gilt übrigens auch bei Antrags- und Privatklagedelikten, weil hier Einschränkungen unüblich sind.

bb) Zuständig für Festnahmen ist also einmal jedermann, in den für die Praxis wichtigen Fällen jedoch nur ein Strafverfolgungsorgan wie Staatsanwaltschaft oder Polizei; hier setzt man allerdings in manchen Rechten einschränkend z. B. voraus, daß Gefahr im Verzuge vorliegt, d. h. daß ein richterlicher Haftbefehl nicht rechtzeitig erreicht werden kann, ohne den Erfolg der Zwangsmaßnahme möglicherweise zu vereiteln.

Strittig ist, ob Gefahr im Verzuge oder dergl. ein Ermessensbegriff oder ein unbestimmter Rechtsbegriff ist; da es sich hier richtiger Ansicht nach um eine Kompetenzfrage handelt, ist der letztgenannten Ansicht der Vorzug zu geben.

cc) Die Durchführung der vorläufigen Festnahme unterscheidet sich von der Verhaftung lediglich dadurch, daß kein richterlicher Haftbefehl vorzuliegen braucht. Sie erfolgt mit unmittelbarem Zwang, d. h. ggf. mit Gewalt und – durch Beamte – notfalls mit Waffengebrauch; allerdings müssen Art und Intensität des Zwanges in bezug auf die Sache dem Grundsatz der Verhältnismäßigkeit genügen. Die sich bei Festnahme, Verhaftung usw. ergebenden kriminaltaktischen Probleme betreffen naturgemäß nur die daran beteiligten Beamten und ihre Helfer, nicht aber Privatpersonen, die als solche handeln.
Jede festgenommene oder verhaftete Person ist üblicherweise unverzüglich, spätestens am

Tage nach der Ergreifung dem zuständigen oder nächsten Richter vorzuführen, der den Beschuldigten dann zu vernehmen hat. Bei vorläufig Festgenommenen hat der Richter entweder unverzüglich einen Haftbefehl zu erlassen oder aber Freilassung anzuordnen.

b) Kriminaltaktische Probleme

Vorläufige Festnahme und Verhaftung werden als schwere, in die Freiheit des Menschen eingreifende Zwangsmittel kriminalpolitisch besonders engagiert diskutiert. Dabei steht Forderungen nach schärferem Durchgreifen und zu geringem Gebrauch der Standpunkt gegenüber, daß man zu häufig festnehme oder verhafte. Das statistische Material über die tatsächliche Praxis ist in vielen Ländern jedoch einstweilen so dürftig, daß man keine fundierte Stellungnahme abgeben kann.

Zudem darf man sicher nicht auf die Zahlen schauen, sondern muß bei dem an sich möglichen Vergleich von Festnahme–Untersuchungshaft–Strafe ungeachtet einiger Unsicherheitsfaktoren vor allem die Art der Straftat und den Status des Täters beachten, um etwaige illegale Haftgründe erfassen oder vermuten zu können. – Denn die bisherige Diskussion täuscht sicherlich darüber hinweg, daß es bei diesen Zwangsmitteln mehr als um Fragen der Gesetzgebung um Probleme der Rechtsanwendung geht. Eben deshalb soll hier der Versuch unternommen werden, die kriminalistischen, d. h. insb. die kriminaltaktischen Probleme dieser Zwangsmittel herauszuarbeiten. Dabei können und müssen wir uns hier auf die in der Praxis ganz überwiegende Festnahme durch Organe der Strafverfolgung beschränken.

N. N.: Die Festnahme gefährlicher Verbrecher – in: TbKrim Bd. III, S. 152 ff. (1952); *Meixner* I-68 ff.; *Graßberger* S. 326 ff.; *Bauer* 3-253 ff.; *Steuben,* Joachim: Festnahme und Durchsuchung. Eine Beobachtung aus kriminalistischer Sicht – in: TbKrim Bd. XXVII., S. 87 ff. (1977).

Zu diesem Fragenkreis z. B. schon *Weingart,* Albert: Kriminaltaktik. Ein Handbuch für das Untersuchen von Verbrechen – Leipzig 1904 – S. 21 ff.

Wesentlich sind kriminaltaktisch insoweit Anlaß und Situation für Festnahme bzw. Verhaftung. Denn die Festnahmehandlung, d. h. die eigentliche Durchführung der Festnahme, wird wesentlich durch die Situation geprägt, in der sie erfolgt. Aus der Sicht des Betroffenen lassen sich hier zunächst einmal gewollte und ungewollte Konfrontationen mit der Staatsgewalt unterscheiden.

Die für die Praxis doch wohl typische **ungewollte Konfrontation,** die für den Tatverdächtigen unerwartet zu Festnahme oder Verhaftung führt, kann insgesamt als ein Fehler in der Verbrechensausführung angesprochen werden, der verschiedene Gründe haben kann. Häufiger als Fehler bei der Planung führen Fehler bei der eigentlichen Tatausführung ungewollt zu Konfrontation und Festnahme. Diese kann schließlich aber auch die Folge eines aus der Sicht des Täters falschen Verhaltens nach der Tat sein.

Planungsfehler, die zu einer vom Täter nicht gewollten Konfrontation führen, sind außer einer zu großen Zahl von Mitwissern, von denen einer die Polizei verständigt, die ungenügende Erkundung, die den Täter in unerwarteter Umgebung landen läßt. Fehlerhaft ist ferner beispielsweise eine so auffällige Tatausführung, daß schnelle Verständigung und baldiges Eintreffen der Polizei wahrscheinlich sind. Neben unzureichenden technischen Fähigkeiten führt u. U. auch zu große Sorglosigkeit am Tatort zur unerwarteten Konfrontation mit Polizeibeamten. So wurden z. B. in einer Villa zwei Einbrecher schlafend ertappt, die sich nach der „Arbeit“ an der Hausbar gestärkt hatten; ihr lautes Schnarchen hatte, da der Besitzer der Villa in Urlaub war, die Nachbarn mißtrauisch gemacht. – Auch ungewöhnliches Verhalten wie eine sonst unverständliche Flucht oder zu schnelle bzw. sonst verkehrswidrige Fahrweise des Fliehenden können zu einer vom Täter ungewollten Konfrontation führen.

So überraschend das für manchen sein mag, gibt es nicht gar so selten Fälle einer **gewollten Konfrontation**, die dann für den Betreffenden gewollt oder ungewollt zur Festnahme bzw. Verhaftung führen. Es kann also auch bei einer vom Betroffenen absichtlich herbeigeführten Konfrontation mit der Staatsgewalt die dadurch ausgelöste Festnahme ungewollt sein. Solche absichtlichen oder geplanten Konfrontationen können gesellschaftliche oder kriminelle Motive haben bzw. den Zweck verfolgen, die Polizei zu täuschen. Häufiger sind in der Praxis jedoch spontan erfolgende Konfrontationen, bei denen es dann zu Festnahmen kommt.

Bei absichtlichen oder geplanten Konfrontationen mit der Polizei gibt es zunächst einmal gesellschaftliche oder politische Motive. Außer um Demonstrationen im eigentlichen Sinne geht es hier um öffentliche Aktionen, etwa bei Rassenkonflikten, bei denen zwar mit Polizeieinsatz, aber nicht notwendig mit Festnahmen gerechnet wird. Relativ selten sind eindeutig kriminelle Motive, wie sie etwa bei Landfriedensbruch, Widerstand gegen die Staatsgewalt und dergl. vorkommen. Vereinzelt benutzt man solche Konfrontationen auch, um die Polizei zu täuschen und ihre Kräfte vom eigentlichen Aktionsbereich abzuziehen.
Bei spontanen Konfrontationen ist die Auseinandersetzung mit der Polizei zunächst nicht geplant, sondern der Wille zum Zusammenstoß entsteht erst aus der konkreten Situation. Typisch dafür sind bis dahin ruhig verlaufende und auch so geplante Demonstrationen, bei denen das Einschreiten der Polizei oder andere Ereignisse eine plötzliche Empörung hervorrufen, die dann zu bewußten Ausschreitungen führt. Sind derartige Vorgänge mehr gesellschaftlich motiviert (und werden sie nicht von kriminellen Subjekten mißbraucht), so gibt es neben den Konfrontationen im Straßenverkehr aber auch solche, die sich ohne weiteres auf kriminelle Motive zurückführen lassen. Charakteristisch dafür ist das Verhalten krimineller Subjekte bei einer Razzia oder einem anderen Polizeieinsatz.

Schon diese Situationen machen deutlich, daß es für die Strafverfolgungsorgane zu geplanten bzw. zu erwartenden und damit vorzubereitenden Festnahmen und Verhaftungen oder zu unvorbereiteten Maßnahmen dieser Art kommen kann. – Wie bei allen Zwangsmitteln sollte man auch bei Festnahme oder Verhaftung, selbst wenn bereits ein Haftbefehl vorliegt, daran denken, daß man die betreffende Person durch ruhiges, aber festes Auftreten oft veranlassen kann, freiwillig mit zur Polizei zu gehen. Man vermeidet damit Aufsehen und die bei förmlichem Zwang möglichen Aggressionen.
Selbst bei den **vorbereiteten Festnahmen** ist angesichts der geschilderten Umstände die verfügbare Zeit oft relativ kurz. Sie sollte daher kriminaltaktisch optimal genutzt werden.
Bei Vorbereitung von Festnahmen oder Verhaftungen sollte man sich zunächst Klarheit über die Persönlichkeit des Tatverdächtigen und seine Lebensumstände verschaffen. Erst dann lassen sich Zeitpunkt und Art der geplanten Festnahme beurteilen. Zeitlich hängt die Festnahme außer vom Stand der Ermittlungen vor allem von den Lebensgewohnheiten des Betroffenen ab. Bei mehreren Tatverdächtigen sollte der Freiheitsentzug möglichst gleichzeitig erfolgen, um nicht Komplizen bzw. Hintermänner zu warnen oder zumindest zu Manipulationen zu veranlassen.

Die dann aber oft notwendige Observation ist so aufwendig, daß sie auf gewichtige Fälle beschränkt bleiben dürfte. Ansonsten sind – wie bei Maßnahmen der Personenfahndung – die späteren Nacht- und vor allem die frühen Morgenstunden zu bevorzugen.

Bei allem sind natürlich auch die Örtlichkeiten zu beachten, sofern nicht vom Täter beabsichtigte oder spontan durchgeführte Konfrontationen hier Fakten schaffen. Je nach der zu erwartenden Situation bei der Festnahme sind außer einer genügenden Zahl von Beamten die erforderlichen sachlichen Mittel wie Schlagstöcke, Waffen, Taschenlampen oder Schein-

werfer, Funkgeräte, Handschellen und Fahrzeuge, insb. auch Transportfahrzeuge bereitzustellen. Ist eine Frau festzunehmen, so sollten schon wegen der Leibesvisitation weibliche Beamte beteiligt werden.
Bei der Durchführung einer Festnahme oder Verhaftung sollte man mit Um- und Vorsicht zu Werke gehen, weil der oft schwerer Straftaten Verdächtige zu Widerstand und Gewaltanwendung einschließlich Waffengebrauch neigt; insb. Jugendliche sollte man hier nicht unterschätzen. Wichtig für eine schnelle und reibungslose Festnahme ist das Überraschungsmoment. Der Zugriff sollte daher möglichst schnell und unerwartet erfolgen; dabei können List oder Vorwand durchaus nützlich sien. Ist ein überraschender Zugriff nicht möglich, so kann man den Tatverdächtigen gewöhnlich nur durch Überlegenheit und dadurch beeindrucken, daß man die Lage völlig in der Hand hat. Sind schon für eine normale Festnahme zumindest zwei Beamte notwendig, von denen einer die Sicherung zu übernehmen hat, erhöht sich die Zahl, wenn mehrere Personen festgenommen werden sollen oder Dritte am Ort des Geschehens sind.

Hier muß außer an sichere Absperrung auch an technische Hilfsmittel gedacht werden, um eine ungestörte Durchführung zu gewährleisten. Ansonsten sollte man sich bemühen, die Festnahme für Dritte möglichst unauffällig durchzuführen.

Das Vorgehen bei der eigentlichen Festnahme kann auch im Hinblick auf die Örtlichkeit verschieden sein. So liegen die Dinge bei einer Festnahme in einer Wohnung regelmäßig anders als bei einer Festnahme oder Verhaftung im Freien.

Da Wohnungen verschlossen zu sein pflegen, sollte man sich nach Möglichkeit auf unverfängliche Weise Zutritt verschaffen. Vor Anwendung von Gewalt aber müssen sich die Beamten als solche zu erkennen geben. In jedem Falle ist daran zu denken, daß der Gesuchte sich u. U. mit der Schußwaffe oder anderweitig zur Wehr setzt, weshalb die Beamten möglichst aus der Deckung heraus operieren und ihren Eigenschutz nicht außer Acht lassen sollten.
Außerhalb von Räumen wird die Festnahme u. U. durch die Anwesenheit zahlreicher Personen und durch bessere Fluchtmöglichkeiten erschwert; Zwangsanwendung ist hier oft nur begrenzt möglich.

Der Freiheitsentzug selbst beginnt – wie angedeutet – regelmäßig mit einer Durchsuchung nach Waffen, sofern der Tatverdächtige nicht zuvor überwältigt und gefessselt werden muß. Insoweit sind die für die Personendurchsuchung (IV-b-aa) geschilderten Grundsätze zu beachten.

Der im Jahre 1948 noch jugendliche Helm – mehrfach vorbestraft und entwichen – verschaffte sich dadurch erneut Gelegenheit zur Flucht, daß er sich fälschlich des Mordes an einem amerikanischen Soldaten bezichtigte. Auf der Rückfahrt vom Tatort, zu dem er – wie erwartet – gebracht worden war, erschoß er den fälschlich neben dem Fahrer sitzenden Begleitbeamten mit dessen Pistole, die er trotz Fesselung aus der neben ihm liegenden Aktentasche hatte entnehmen können; dann schoß er den Fahrer in den Kopf und brachte den schnell fahrenden Wagen zum Halten. Schließlich öffnete er in einem Waldstück mit dem Schlüssel seine Handschellen, goß Benzin über Leichen und Wagen und floh nach Belgien. Nach Wiederergreifung verurteilte ihn ein amerikanisches Gericht zum Tode (*Meixner* I-75 ff.).

W. G.: Durchsuchung bei Festnahmen – Kriminalistik 1968, S. 267 f.; *Greiner,* August: Durchsuchungen bei Freiheitsentziehungen – Kriminalistik 1972, S. 318 ff.

Nach erfolgter Festnahme oder Verhaftung ist die sichere Verwahrung des Betroffenen sowohl personell als auch technisch zu gewährleisten. Auch auf diesen Punkt ist ebenso wie auf

den dann gewöhnlichen notwendigen, sicheren Abtransport schon bei der Planung Bedacht zu nehmen.
Eine besondere Situation ergibt sich schließlich in Fällen der von Bürgern gewollten Konfrontation, bei welcher man in Kenntnis des Anlasses immer auch mit Festnahmen rechnen sollte. Hier kann der bei den üblichen kriminellen Aktionen ratsame schnelle Zugriff u. U. nicht glücklich sein, weil er entweder von der Masse falsch verstanden oder von den Drahtziehern mißbraucht wird, um die Menschen aufzuwiegeln.

Obwohl sich für derartige Fälle keine allgemeinen Regeln aufstellen lassen, dürfte es sich im allgemeinen empfehlen, zunächst abzuwarten oder zu verhandeln bis es zu solchen Ausschreitungen kommt, die Anwendung von Zwang plausibel machen. Zudem muß oft im Interesse der Sicherheit der Beamten und ungestörter Durchführung eine insoweit günstige Lage abgewartet werden.

Bei **unvorbereiteten Festnahmen** oder aus zeitlichen Gründen nicht genügend vorbereiteten Verhaftungen können sich die damit befaßten Beamten nur in dem Umfange an die geschilderten Grundsätze halten, welche die verfügbaren personellen und sachlichen Mittel gestatten. Um so mehr ist gerade in diesen Fällen Um- und Vorsicht geboten; denn die tägliche Praxis läßt nur zu leicht das Gefühl für die Gefahren abstumpfen, was leicht zu Nachlässigkeiten bei Festnahmen und Verhaftungen führen kann.

Das Vernachlässigen der Eigensicherung hat gerade hier leicht die schon oben bei der Personendurchsuchung geschilderten fatalen Folgen, wie sie ebenso für später (§ 23) noch mitzuteilende Fälle kennzeichnend sind; denn hier unterlaufen noch eher Flüchtigkeiten und Fehler als bei einer vorbereiteten Festnahme.

4. Sonstige Formen der Sicherung des Tatverdächtigen

Als weitere, mildere Form der mit Freiheitsentzug oder -beschränkung verbundenen Sicherung eines Tatverdächtigen sind Hausarrest, Eingrenzung, Paßsperre, Meldeauflage und Sicherheitsleistung zu erwähnen.

Zbinden S. 147 f.

a) Der **Hausarrest** dürfte als Ersatz der Untersuchungshaft nur in seltenen Fällen in Betracht kommen; bei Verdunkelungsgefahr verbietet er sich grundsätzlich. Auch bei Fluchtgefahr ist er leicht zu durchbrechen. Rechtlich ist er lediglich als eine Bedingung zulässig, daß bei Bruch des Hausarrests Haftbefehl rergeht oder vollstreckt wird, sofern die Voraussetzungen hierfür vorliegen.
Kriminalistisch ist der Hausarrest eine recht problematische Maßnahme, da er sich nicht oder nur mit sehr großem Aufwand überwachen läßt; und selbst dann lassen sich für das Verfahren nachteilige Kontakte nicht ausschließen. Man sollte sich daher, sofern die Voraussetzungen eines Haftbefehls vorliegen, den Betreffenden und die tatsächliche Situation besonders genau ansehen, um als Kriminalist guten Gewissens ein solches Haftsurrogat verantworten zu können.

b) Die **Eingrenzung** ist eine dem Hausarrest verwandte Form der Sicherung, die vereinzelt im Ausland angewandt wird. Sie besteht darin, daß der Tatverdächtige sich in seiner Wohnung, in einer bestimmten Gemeinde oder in einem Kreis aufzuhalten hat, was natürlich erhebliche Unsicherheiten mit sich bringt.

Die Lage ist kriminalistisch hier noch ungünstiger als beim Hausarrest, weshalb man kaum von einem brauchbaren Surrogat für die Untersuchungshaft sprechen kann.

c) Ab und zu wird von einer Verhaftung Abstand genommen oder eine Haftentlassung verfügt, wenn eine Sicherung des Tatverdächtigen durch **Paßsperre** zu erreichen ist. Er wird damit in der Bewegungsfreiheit gehindert, weil er nicht ins Ausland legal gelangen kann.
Für einen entschlossenen Rechtsbrecher stellt die Paßsperre jedoch kein nennenswertes Hindernis dar, weil sich eine illegale Ausreise meistens ohne Schwierigkeiten bewerkstelligen läßt. Auch hier sollte man sich also vor einer Fehleinschätzung der tatsächlichen Möglichkeiten hüten.

d) Gewöhnlich wird zusammen mit der Paßsperre eine **Meldeauflage** verfügt; diese bedeutet, daß der Tatverdächtige sich in bestimmten Zeiträumen bei einer gewissen Dienststelle zu melden hat.
Da diese Maßnahme mehr ein Appell an den guten Willen des Betroffenen darstellt als eine wirkliche Sicherung, bleibt nur der partiell wirksame Warneffekt für die Strafverfolgungsorgane, sofern die betreffende Person der Auflage nicht mehr nachkommt.

e) Die **Sicherheitsleistung** hat in den einzelnen Staaten sehr unterschiedliche Bedeutung. Für den Kriminalisten hat sie, da darüber der Richter entscheidet, meistens nur den Zweck, daß der Betreffende von der Untersuchungshaft verschont, d. h. entweder nicht in Haft genommen oder aus einer solchen Haft – ggf. noch unter weiteren Bedingungen – entlassen wird.
Der Kriminalist sollte derartigen Anträgen des Beschuldigten jedenfalls dann entgegentreten, wenn die Haftverschonung wegen Flucht- oder Verdunkelungsgefahr Verfahrensziele gefährdet. Dafür ist allerdings überzeugendes Beweismaterial erforderlich. Mag eine entsprechend hoch bemessene Sicherheitsleistung in Einzelfällen hinreichen, so dürfte sie doch in der Mehrzahl der durch die engen Voraussetzungen eines Haftbefehls als schwer charakterisierten Fälle jedoch kaum effektiv sein, zumal neben der Fluchtgefahr, der dadurch entgegengewirkt werden soll, in der Praxis doch wohl häufiger als angenommen die Verdunkelungsgefahr eine Rolle spielt.

5. Vorladung und Vorführung

Vorladung und Vorführung sind Maßnahmen, die dem Zwecke dienen, Personen, welche für die Untersuchung wesentlich sind, den dafür zuständigen Behörden zuzuführen.

a) Vorladung
Die Vorladung kann entweder eine zwingende Aufforderung oder aber eine unverbindliche Bitte an eine bestimmte Person sein, sich an einem bestimmten Ort zu einem aus der Vorladung ersichtlichen Zeitpunkt zwecks Einvernahme oder zu einer anderen Untersuchung – Identifizieren von Personen oder Sachen usw. – einzufinden. Ausschlaggebend für den unterschiedlichen Charakter der Vorladung sind insoweit die maßgebenden Rechtsvorschriften.
Als zwingende Aufforderung kennt das Strafverfahrensrecht gewöhnlich nur die Vorladung von Beschuldigten, Zeugen und Sachverständigen. In allen diesen Fällen ist der Richter zu-

ständig, sofern nicht ausnahmsweise anderen Untersuchungsbehörden wie Staatsanwaltschaft oder Polizei eine solche Kompetenz eingeräumt wird.

Unter diesen Voraussetzungen kann zur Durchführung ggf. Zwang angewandt werden, was eine gewisse Ähnlichkeit mit der vorläufigen Festnahme bedingt. Doch handelt es sich dabei strikt genommen bereits meistens um eine Vorführung (b).

In der Praxis erfolgt die Vorladung jedoch häufiger als eine rechtlich unverbindliche Bitte der Strafverfolgungsbehörden, sich aus den geschilderten Gründen durch das gewünschte Erscheinen an einem Ermittlungsverfahren zu beteiligen. – Hier fehlt es also am Zwangscharakter, weshalb der erfolglosen Bitte ggf. andere Maßnahmen folgen müssen, die Zwang als zulässig erscheinen lassen.

b) Vorführung

Die Vorführung stellt dagegen immer ein Zwangsmittel dar, durch welches die Strafverfolgungsbehörden das Erscheinen von hierzu verpflichteten Personen bei Untersuchungshandlungen erzwingen. Diese Maßnahme dient einmal dazu, die durch richterliche Vorladung verpflichteten Personen – Beschuldigte, Zeugen und Sachverständige – zum Erscheinen zu zwingen. Zum anderen gibt es die Vorführung als Zwangsmittel bei allen eine Person betreffenden Maßnahmen des Ermittlungsverfahrens, sofern es für diese notwendig ist, daß der Betreffende dabei anwesend ist; daher kann man diese Personen zwangsweise der zuständigen Stelle – insb. dem Richter – vorführen.

Es gelten auch hier die rechtlichen Voraussetzungen der betreffenden Maßnahme des Ermittlungsverfahrens, wobei jedoch die folgenden Ausführungen über die Prüfung der Personalien und das polizeiliche Sistieren zu beachten sind.

Die tatsächliche Durchführung einer solchen Maßnahme ähnelt kriminalistisch gewöhnlich der vorläufigen Festnahme, wenngleich der Grundsatz der Verhältnismäßigkeit hier noch mehr begrenzend wirken dürfte.

6. Prüfung der Personalien. Sistieren. Festnahme von Störern

Im Rahmen der Beweissicherung sollen abschließend die Prüfung der Personalien, das Sistieren und die Festnahme von Störern als Maßnahme des Ermittlungsverfahrens behandelt werden, die z. T. weniger strafprozessualen als mehr polizeilichen Charakter haben, d. h. vorwiegend der Gefahrenabwehr dienen.

a) Prüfung der Personalien

Die Prüfung der Personalien ist selbstverständlich für das Ermittlungsverfahren – wie wir insb. bei der Personenfahndung gesehen haben (§ 19-III-1-b) – außerordentlich wichtig. Denn bei unrichtigen Personalien besteht die Gefahr, daß eine falsche oder gar eine nicht existente Person beschuldigt wird oder unbeteiligte Dritte in eine Kriminaluntersuchung hineingezogen werden.

Zbinden S. 142 f.

Eine Prüfung der Personalien hat deshalb bei allen Personen, die an einem Strafverfahren beteiligt sind, zu erfolgen. Besonders wichtig ist sie bei denjenigen, die – wie der Beschuldigte – erkennungsdienstlich zu behandeln sind. Gerade vorbestrafte Verbrecher versuchen, die Personenidentität und damit den Rückfall zu verschleiern.

Häufiger und wichtiger als eine irrtümlich unrichtige Schreibweise oder Unklarheit über den Rufnamen ist, daß Rechtsbrecher nicht nur relativ oft falsche Angaben zur Person machen, sondern mitunter sogar mit gefälschten Ausweispapieren arbeiten. Immer wieder gibt es Verbrecher, die, um ihre Spur zu verwischen, mit einer Vielzahl von falschen Namen (Aliasnamen) arbeiten.

Eine besonders eingehende Prüfung der Personalien – die sogen. Personenfeststellung – erfolgt daher bei allen Personen, die

1. einen nachweisbar oder vermutlich falschen Namen angeben,
2. die Angabe der Personalien verweigern,
3. verdächtige, gefälschte oder verfälschte Ausweispapiere besitzen,
4. sonstige falsche Angaben zur Person machen.

Diese Personenfeststellung erfolgt an Hand der Ausweispapiere, der Personenstandsregister, Fingerabdrücke, Lichtbilder, Gegenüberstellung und anderer Hilfsmittel. Insgesamt ist hier also auf die Möglichkeiten des Erkennungsdienstes (§ 13) zu verweisen.

Die Befugnis zur Prüfung der Personalien kann daher u. U. über eine bloße Freiheitsbeschränkung hinausgehen und auch einen Freiheitsentzug erforderlich machen, der nach den folgenden Grundsätzen des Sistierens durchzuführen ist.

b) Personenkontrolle, Sistieren u. a.

Bei Personenkontrolle und Sistieren geht es um die Frage, inwieweit und in welcher Form die Strafverfolgungsbehörden oder die Polizei als solche berechtigt sind, Personen an- und ggf. festzuhalten. Dabei darf es sich aber nur um eine vorübergehende, kurze Beeinträchtigung der Freiheit, seinen Aufenthaltsort zu bestimmen, handeln (Freiheitsbeschränkung), weil sonst (Freiheitsentzug) nach den Vorschriften über die vorläufige Festnahme zu verfahren wäre.

Zbinden S. 143 f.; *Steinke,* Wolfgang: Die Problematik der Rechtsmäßigkeit einer Personalienfeststellung – Die Polizei 1977, S. 227 f.

Die im allgemeinen polizeirechtlich geregelte **Personenkontrolle** ist das Anhalten einer Person zum Zwecke der Feststellung ihrer Personalien und ggf. der Gründe ihres Aufenthalts am fraglichen Ort. Das kann in den meisten Ländern nicht nur im Grenzbereich, sondern unter gewissen Voraussetzungen auch anderweitig geschehen.

Es versteht sich, daß man sich diese Befugnis unter geeigneten Umständen auch zum Zwecke der Kriminalitätsbekämpfung nutzbar macht. Dies gilt übrigens nicht nur für potentielle Tatverdächtige, sondern ebenso für Zeugen.

Das **Sistieren** erfolgt vorzugsweise im Zuge der Prüfung der Personalien oder als Fall der Vorführung. Das Vorgehen in diesen Fällen wird üblicherweise im Polizeirecht geregelt, wenngleich es z. T. Sondervorschriften für das Zollfahndungswesen, etwa über das Anhalten von Personen im Zollgrenzbezirk, gibt. Das Sistieren einer Person (auch Inverwahrnahme genannt) kann ferner u. U. zum Schutz derselben vor selbstgefährdendem Verhalten, z. B. Selbstmordgefahr oder Volltrunkenheit, erfolgen.

Walter, Dieter: Die Sistierung. Zulässigkeit, Umfang und Bedeutung – Kriminalistik 1968, S. 199 ff.

Im allgemeinen Fahndungsdienst liegen die Verhältnisse oft schwierig, obwohl klar ist, daß ein Ermittlungsverfahren in aller Regel nicht ohne eine Personenkontrolle durchzuführen ist. Weigert sich der in Anspruch Genommene, so muß man ihn sistieren können, um ihn derjenigen Stelle zuzuführen, die seine Persönlichkeit hinreichend sicher festzustellen vermag. Denn häufig läßt sich die Identität nicht an Ort und Stelle ermitteln, sondern erfordert dies Maßnahmen des Erkennungsdienstes. Aus diesem Grund steht der Polizei vielerorts auch im Rahmen der Strafverfolgung in gewissen Grenzen das Recht zu, eine Person zwangsweise an- und festzuhalten, um die Personalien festzustellen oder ein Alibi zu überprüfen. Kann das nicht an Ort und Stelle geschehen, so ist die sistierte Person dorthin zu verbringen, wo dieses – wie z. B. in der Polizeiwache – möglich ist.

Allerdings ist u. E. hierzu erforderlich, daß die Feststellungen im Rahmen eines Ermittlungsverfahrens in den oben abgesteckten Grenzen an sich zulässig und so wichtig sind, daß der Eingriff in die persönliche Bewegungsfreiheit nicht als unangemessen im Hinblick auf den Zweck erscheint; denn sonst verletzt der Beamte das ihm in derartigen Fällen obliegende pflichtmäßige Ermessen.
Aus den einschlägigen Vorschriften ergibt sich, daß das Vorgehen der Behörden sich nicht nur gegen den Beschuldigten oder jemand richten kann, bei dem möglicherweise Tatverdacht besteht, sondern auch gegen Zeugen, die sich dem Zeugniszwang dadurch zu entziehen suchen, daß sie die Namensangabe und die einwandfreie Feststellung ihrer Identität verweigern.

c) Festnahme von Störern u. a.

Schließlich gibt es noch weitere Zwangsmittel im Strafprozeß- oder Polizeirecht, welche die Freiheit Dritter beschränken, die insb. nicht an der zu untersuchenden Straftat beteiligt sind. Ein typischer Fall dieser Art ist der sogen. Störer, der – obwohl an der Straftat nicht beteiligt – das Vorgehen der Strafverfolgungsorgane behindert oder sonst stört. Derartige Personen dürfen sistiert oder vorübergehend festgenommen werden, um eine ordnungsgemäße Durchführung von Beweissicherung zu gewährleisten.

Geerds, Friedrich: Über die Festnahme von Störern nach § 164 StPO – in: Festschrift für Reinhart Maurach, Karlsruhe 1972, S. 517 ff.

Wichtig werden derartige Vorschriften vor allem, wenn Amtshandlunge wie Durchsuchungen, Beschlagnahmen, Festnahmen und Verhaftungen oder Tatortarbeit außerhalb der Diensträume durchgeführt werden müssen.
Eine Störung ist in der Regel zu bejahen, wenn die Amtshandlung als solche behindert oder nennenswert erschwert wird; dafür genügen u. U. schon Widersetzlichkeiten, nicht aber einzelne Zwischenrufe oder Bemerkungen. Derartige Verhaltensweisen können als Ehrverletzung strafbar sein oder beispielsweise vor Gericht zu Maßnahmen der Sitzungspolizei oder Ungebührstrafen (contempt of court) führen, was jedoch in einen anderen Zusammenhang gehört (§ 22-II-7-a-bb). Der Störer muß überdies vorsätzlich handeln, wobei jedoch ein Irrtum über die Rechtslage durchweg unerheblich ist.
Derartige Maßnahmen sind im übrigen in derselben Weise wie die Festnahme Beschuldigter durchzuführen, weshalb kriminaltaktisch das dort Ausgeführte zu beachten ist (oben V-3-b). Die Dauer des Freiheitsentzugs ist jedoch auf die Zeit der Amtshandlung beschränkt. Vorauszusetzen ist dabei allerdings, daß überhaupt weitere Störungen von diesem Menschen zu erwarten sind, die man häufiger schon durch bloßes Entfernen der betreffenden Person vom Ort der Ereignisse unterbinden kann.

§21
Vernehmungstechnik und -taktik

Vernehmungstechnik und -taktik verkörpern ein umfangreiches, vielschichtiges und wichtiges Gebiet der Kriminalistik, welches am besten im Rahmen der Kriminaltaktik zu behandeln ist. Denn hier geht es wesentlich um den bisher ausgeklammerten Personalbeweis, dessen Kern die Aussage eines Menschen bildet. Da diese Aussage jedoch im Rahmen einer Vernehmung für das Strafverfahren nutzbar gemacht wird, müssen auch die größeren Zusammenhänge beachtet werden, die trotz gewisser Gemeinsamkeiten sowohl bei den einzelnen Aussagepersonen als auch den verschiedenen Situationen von Vernehmungen bemerkenswerte Unterschiede aufweisen.

Groß/Seelig (8) I-66 f.; *Helwig,* Albert: Psychologie und Vernehmungstechnik bei Tatbestandsermittlungen – 4., verm. u. verb. Aufl. –Stuttgart 1951; *Seelig* S. 256 ff.; *Döhring* S. 23 ff.; *Mumm,* Dieter: Zum Wesen der Aussagedelikte. Ein Betrag zur Kriminologie, Kriminalistik und zum Unrechtsgehalt dieser Delikte unter Berücksichtigung der Verfahren im Landgerichtsbezirk Kiel in den Jahren 1957–1961 – Diss. Kiel – Hamburg 1964 – insb. S. 58 ff. (= Kriminol. Schriftenreihe Bd. 16); *Müller-Luckmann,* Elisabeth: Aussagepsychologie – in: Lb. d. Gerichtl. Medizin, hrsg. v. A. Ponsold, Stuttgart 1967, S. 109 ff.; *Undeutsch,* Udo: Forensische Psychologie – Hdb. d. Psychologie Bd. 11 – Göttingen 1967 – insb. S. 3 ff., 26 ff., 185 ff., *Bauer* 1–263 ff.; *O'Hara* S. 87 ff., 104 ff.; *Fischer,* Johann: Die polizeiliche Vernehmung – BKA 1975/2–3; *Geerds,* Friedrich: Vernehmungstechnik – 5., völlig neu bearb. Aufl. des v. Franz Meinert begr. Werkes – Lübeck 1976.

Ist es aus eben diesen Gründen schwierig, von einem System der Vernehmungstechnik und -taktik zu sprechen, so muß doch der Versuch unternommen werden, die Stoffülle übersichtlich zu gliedern und die einzelnen Fragenkreise so zu behandeln, daß Überschneidungen und ungeschickte Vorgriffe nach Möglichkeit vermieden werden. Das dürfte am ehesten zu erreichen sein, wenn wir folgende acht Komplexe unterscheiden:

I. Ziel und Aufgaben der Vernehmung
II. Rechtliche Grundlagen
III. Zur Psychologie der Aussage
IV. Zur Psychologie der Vernehmung im allgemeinen
V. Taktik und Technik der Vernehmung
VI. Besonderheiten der Vernehmung bei Frauen und jungen Menschen
VII. Besonderheiten der Vernehmung bei den verschiedenen Prozeßbeteiligten
VIII. Richterliche und staatsanwaltschaftliche Vernehmungen

I. Ziel und Aufgaben der Vernehmung

Ein Überblick über die Probleme der Vernehmungstaktik und -technik setzt voraus, daß man sich zunächst einmal Klarheit über das Ziel und die verschiedenen Aufgaben von Vernehmungen verschafft.

Geerds, Friedrich: Vernehmungstechnik – 5. Aufl. – Lübeck 1976 – S. 5 ff.

Während der Jurist mehr auf die von Richtern durchgeführten Vernehmungen schaut, auf welche sich die prozessualen Vorschriften in erster Linie beziehen, interessieren den Kriminalisten vor allem diejenigen Vernehmungen, die typischerweise von Kriminal- und Polizeibeamten durchgeführt werden, um die weitere Aufklärungsarbeit und so ggf. die Überführung des Rechtsbrechers zu ermöglichen. Derartige **Ermittlungsvernehmungen,** wie sie zuweilen aber auch vom Staatsanwalt oder Ermittlungs(Untersuchungs-)richter durchgeführt werden, haben einen ganz anderen Charakter als richterliche Vernehmungen im Rahmen einer Hauptverhandlung. Denn dort geht es vor allem darum, die von anderen Strafverfolgungsorganen bereits erwirkten Aussagen auf ihren Wahrheitsgehalt hin zu prüfen, weshalb man besser von **Bestätigungsvernehmungen** sprechen sollte, wenngleich dabei u. U. ebenfalls neue Tatsachen zutage kommen können.
Im Folgenden werden wir uns in diesem Rahmen vor allem auf die Ermittlungsvernehmungen konzentrieren, um abschließend aufzuzeigen, inwieweit diese Grundsätze auf Bestätigungsvernehmungen durch einen Richter oder Staatsanwalt anzuwenden sind und inwieweit sich hier Besonderheiten ergeben.

1. Personal- und Sachbeweis

Versteht man unter Beweis die überzeugende Begründung für das Vorliegen einer Tatsache, so wäre der Sachbeweis eine sachliche Gegebenheit, welche – z. B. als Tatspur – Schlüsse auf den sie verursachenden Vorgang zuläßt. Dieser Sachbeweis ist das Schwergebiet der Kriminaltechnik, obwohl die Problematik mit Einschaltung eines Sachverständigen bereits in den Personalbeweis hineinreicht.

Döhring S. 1 ff., 22 ff.

Verkörpert der Sachbeweis mithin das physische Element der Beweisführung, so läßt sich der Personalbeweis als ihr psychisches Element begreifen. Denn die überzeugende Begründung für das Vorliegen einer beweiserheblichen Tatsache liefert hier eine Person mit ihrer Ausage. Die Vernehmung ist mithin der Rahmen und dasjenige Instrument, das zu solchen für das Strafverfahren wichtigen Aussagen führt.
Personalbeweise und damit Vernehmungen sind vor allem für die Aufnahme des subjektiven Tatbestands wichtig, obwohl sie u. U. auch für die äußeren Merkmale bedeutsam sein können. Doch weitaus mehr als Tatspuren helfen Personalbeweise, um die für den inneren Tatbestand wichtigen Fragen der Verantwortlichkeit, die Beweggründe und die Persönlichkeit des Täters zu klären; dies ist nicht nur für die strafrechtliche Verantwortlichkeit, sondern auch für die Strafzumessung wichtig sowie kriminologisch und kriminalistisch aufschlußreich.

2. Ziel der Vernehmung

Ziel einer jeden Vernehmung in Strafsachen ist das Erforschen der Wahrheit. Diese sowohl für Kriminalisten als auch für Strafjuristen wichtige Erkenntnis kann gerade angesichts der in der konkreten Situation unterschiedlichen Aufgaben einer Vernehmung nicht genügend betont werden; sie hat weitreichende Konsequenzen für die gesamte Vernehmungstechnik und -taktik.

Döhring S. 183 f.

Wahrheit ist hier im Sinne der Richtigkeit, d. h. als Übereinstimmen mit der wirklichen Sachlage, zu verstehen. Allerdings muß man bedenken, daß diese Beweise durch einen Menschen erzielt werden sollen, der nur im Rahmen des ihm subjektiv Möglichen aussagen und so dazu beitragen kann, dieses Ziel zu erreichen. Selbst die gutwillige Aussageperson kann daher leicht überfordert werden.

Dieses Ziel der Erforschung der Wahrheit sollte sich der vernehmende Beamte gerade deshalb stets vor Augen halten, weil der Kriminalist im allgemeinen mit einer Hypothese, dem Verdacht, an die Vernehmung herangehen wird. In vielen Fällen wird sich dieser Verdacht im Laufe der Ermittlungen bestätigen und so zu einer subjektiven Gewißheit verdichten. Kann man insoweit den Verdacht als den Vater der Kriminalistik bezeichnen, sollte man aber nicht vergessen, daß der Zweifel die Mutter kriminalistischer Arbeit ist.

Dies bedeutet, daß der Kriminalist sich einmal bemühen muß, tatsächliche Anhaltspunkte für seinen Verdacht zu ermitteln, er aber zum anderen – und das gerade bei zunehmender Zahl solcher Anhaltspunkte – bestrebt sein muß, diesen Verdacht durch Zweifel selbst wieder zu erschüttern. Er muß sich davor hüten, dem Gesetz der Trägheit der Körper oder gar persönlicher Eitelkeit zu folgen, die ihn bei einer im Wege des Verdachts vorgefaßten Meinung beharren lassen wollen.

Zudem muß sich der Kriminalist angesichts dieses Ziels der Vernehmung stets der subjektiven Grenzen seiner Beweismittel bewußt bleiben. Er muß vom Verdacht ausgehen, darf es aber nicht am Zweifel fehlen lassen. Die Pflicht zur Objektivität sollte den Beamten zugleich davor bewahren, sich mit seiner Ermittlungssache zu identifzizieren. Dies bedeutet nicht, daß der Vernehmungsbeamte vor jeder Schwierigkeit kapitulieren oder auf jede Ausrede hereinfallen sollte. Vielmehr ist bei aller Selbstkritik Gelassenheit am Platze, da es nur um die Wahrheit geht, mag sie nun aussehen wie sie will. Es geht daher auch nicht darum, um jeden Preis ein Geständnis zu erzielen. Und selbst wenn trotz aller Mühe Zweifel bleiben, sich also weder Schuld noch Unschuld des Verdächtigen beweisen lassen, sollte der Kriminalist nicht an sich verzweifeln, wenn er wirklich nach besten Kräften seine Pflicht getan hat.

3. Aufgaben der Vernehmung

Ungeachtet später erfolgender Vertiefung sollte man sich als Kriminalist darüber klar sein, daß eine Vernehmung in Strafsachen – wie schon angedeutet – recht unterschiedliche Aufgaben haben kann. Einmal geht es bei Vernehmungen darum, durch Ermitteln neuer Tatsachen den zu untersuchenden Sachverhalt fundierter beurteilen und somit Ermittlungen und insb. Fahndungsarbeit wirksamer gestalten zu können. Zum anderen bilden die Aussagen als Beweise zugleich die Bausteine, auf wleche sich später die Beweiswürdigung durch das erkennende Strafgericht stützt.

Diese doppelte Funktion einer Vernehmung muß man im Auge behalten, wenn man einerseits arbeitsökonomisch vernünftig vorgehen und sich vor nutzlosen Ermittlungen und andererseits vor unangenehmen Überraschungen hüten will, die sich sonst später bei der Kontrolle durch Staatsanwaltschaft und Gericht ereignen können.

Trotz dieser Parallelität von Aufklärung und Beweissammlung liegt das Schwergewicht der ersten Vernehmungen einer Aussageperson, da man gewissermaßen in das Dunkel vorstößt, auf dem erstgenannten Aspekt, weshalb wir insoweit von **Ermittlungsvernehmungen** sprechen. Sie sind typisch für die Vernehmungstätigkeiten von Kriminalbeamten und sofort eingeschalteten Staatsanwälten bzw. für einen sogen. Ermittlungs- bzw. Haftrichter. In späteren Stadien des Verfahrens und insb. bei den im Rahmen der Hauptverhandlung vor dem erkennenden Strafgericht durchzuführenden Vernehmungen kommt es dagegen mehr auf die kontrollierende Funktion an. Hier soll nämlich in erster Linie festgestellt werden, ob die fragliche Aussage vollständig und zuverlässig ist. Eben deshalb sprechen wir hier von **Bestätigungsvernehmungen.**

Diese Gegenüberstellung ist gerade deshalb wichtig, weil in diesem Rahmen naturgemäß vor allem die Ermittlungsvernehmungen interessieren, die aber nur dann ordentlich durchgeführt werden, wenn man dabei den anderen, später wichtiger werdenden Aspekt beachtet.

II. Rechtliche Grundlagen

Der folgende Überblick über die für Vernehmungen maßgebenden Rechtsgrundlagen muß sich schon deshalb auf das Skizzieren des Prinzipiellen beschränken, weil die Vorschriften der einzelnen Länder z. T. nicht unerheblich voneinander abweichen.

Für das deutsche Recht vgl. *Geerds,* Friedrich: Vernehmungstechnik – 5. Aufl. – Lübeck 1976 – S. 11 ff.

So selbstverständlich es ist, daß bei einer Vernehmung diese vom Recht gezogenen Grenzen beachtet werden müssen, sollte dennoch nicht verkannt werden, daß Vernehmung und Aussage primär kriminalistische Leistungen sind. Es geht also nicht nur darum aufzuzeigen, wie der rechtliche Rahmen kriminaltaktisch sinnvoll zu nutzen ist, sondern zugleich soll verdeutlicht werden, wie wichtig die später zu behandelnden Erkenntnisse der Aussage- und Vernehmungspsychologie sowohl für die Rechtsanwendung und für die Beweiswürdigung als auch für die Diskussion der gesetzlichen Vorschriften sind.

Von diesem Standpunkt aus kann nicht überraschen, daß die Zahl der einschlägigen Bestimmungen verhältnismäßig gering ist und die vorhandenen Vorschriften sich überdies im wesentlichen auf richterliche Vernehmungen beziehen. Allerdings gelten die insoweit dem Gesetz zu entnehmenden Rechtsgrundsätze im großen und ganzen auch für andere Strafverfolgungsbehörden, d. h. insb. für Staatsanwaltschaft und Polizei, bei denen die Vernehmungstätigkeit in der Praxis noch mehr überwiegt. Dieser Standpunkt vieler Gesetzgeber ist also kein Nachteil, sondern in der Sache durchaus vernünftig.

1. Vernehmungsbefugnis, Aussagepflicht, Wahrheitspflicht

Juristisch kommt es im Zusammenhang mit Vernehmungen zunächst einmal vor allem auf drei Komplexe an: Die Befugnis der einzelnen Strafverfolgungsorgane, Vernehmungen durchzuführen und die dabei für die vernommene Person bestehende Aussage- und ggf. Wahrheitspflicht, die durch Zwang oder Strafdrohung sanktioniert sein kann.

Die **Vernehmungsbefugnis** ergibt sich für Strafrichter regelmäßig aus den für das gerichtliche Hauptverfahren geltenden Vorschriften und aus besonderen Bestimmungen für das Vorverfahren, in welchem ausnahmsweise ein Richter insoweit als „Notstaatsanwalt“ die

Aufgaben von Polizei und Staatsanwaltschaft zu übernehmen hat, sofern das betreffende Recht nicht sogar noch den Untersuchungsrichter kennt.

In denjenigen Ländern, die eine Staatsanwaltschaft oder eine vergleichbare Institution kennen, ist die Befugnis dieser Strafverfolgungsorgane zu Vernehmungen rechtlich kaum zweifelhaft, weil sie nur so ihrer Pflicht genügen können zu klären, ob der fragliche Sachverhalt den für eine Anklage vorausgesetzten Verdacht einer straf- und verfolgbaren Handlung begründet. Unterschiede ergeben sich für einzelne Länder lediglich für die Pflicht der verschiedenartigen Aussagepersonen zum Erscheinen und zur Aussage vor einem Staatsanwalt und für die diesem zu Gebote stehenden Zwangsmittel.

Ähnlich ist die Lage für Kriminal- und andere Polizeibeamte, wobei dahingestellt bleiben kann, daß ungeachtet der auch hier bestehenden Pflicht zur Aufklärung und Verhinderung von Straftaten die Vernehmungsbefugnis verschieden konstruiert sein kann; denn Vernehmungen können entweder im Auftrage von Gericht bzw. Staatsanwaltschaft oder aber aus eigenem Recht durchgeführt werden. Ist die so oder so zu begründende Befugnis der Polizei zu Vernehmungen mithin zu bejahen, wird dennoch die Rechtsfrage unterschiedlich beurteilt, ob und welche Aussagepersonen zu einer polizeilichen Vernehmung zu erscheinen haben und ob bzw. inwieweit sie dort zu einer Aussage verpflichtet sind.

Was nun die Rechte und Pflichten der Aussagepersonen anlangt, die zunächst vor allem an Hand der **Aussagepflicht** behandelt werden sollen, ist zweckmäßig zwischen den einzelnen Arten von Aussagepersonen zu unterscheiden.

Der **Beschuldigte** ist in den meisten Ländern nur begrenzt zum Erscheinen verpflichtet; bejaht wird das außer bei richterlichen Vernehmungen z. T. auch für Vernehmungen durch den Staatsanwalt. Aber selbst wenn er auf eine ordnungsmäßige Ladung hin erscheinen muß, so ist er doch grundsätzlich nicht zu einer Aussage zur Sache verpflichtet, was selbstverständlich gerade auch für polizeiliche Vernehmungen gilt; unterschiedlich wird teilweise allerdings die Pflicht bei Aussagen zur Person beurteilt.

Besteht keine Pflicht zur Aussage, so gibt es insoweit auch keinen rechtlichen Zwang. Diese Rechtslage wird in vielen Ländern durch Vorschriften bestätigt, welche den Strafverfolgungsorganen eine entsprechende „Belehrung" des Beschuldigten gebieten.

Dagegen sind **Zeugen und Sachverständige** jedenfalls beim Richter und z. T. auch beim Staatsanwalt nicht nur verpflichtet, zu einer Vernehmung zu erscheinen, sondern müssen in aller Regel auch zur Sache aussagen. Allerdings kennen die Strafprozeßordnungen gewisse Einschränkungen der Aussagepflicht bei diesen Beweispersonen, die entweder als Vernehmungsverbote oder aber als mehr bzw. weniger begrenzte Aussageverweigerungsrechte konstruiert sind.

Ein solches Recht muß, wenn es von der Aussageperson geltend gemacht wird, von den Vernehmungsbeamten beachtet werden. Bei minderjährigen Zeugen entscheidet der gesetzliche Vertreter darüber, ob das Aussageverweigerungsrecht geltend gemacht wird, sofern er nicht selbst als Tatverdächtiger in Betracht kommt; dann ist zu diesem Zweck ein Pfleger zu bestellen.

Noch uneinheitlicher ist die Erscheinens- und Aussagepflicht dieser Beweispersonen für polizeiliche Vernehmungen geregelt. Insgesamt aber kann man sagen, daß hier bereits das Prinzip der Freiwilligkeit dominiert, der Vernehmungsbefugnis dieser Strafverfolgungsorgane nicht eine Pflicht der Zeugen und Sachverständigen zur Aussage entspricht, weshalb ggf. ein Richter oder ein Staatsanwalt eingeschaltet werden muß.

Recht unübersichtlich ist schließlich die **Wahrheitspflicht** geregelt. Man kann eigentlich nur sagen, daß bei solchen Vernehmungsbeamten, geggenüber denen die Beweispersonen zur Aussage verpflichtet sind, diese auch vollständig und wahrheitsgemäß sein muß, zumal da sonst Strafe wegen eines Aussagedelikts droht. Das gilt durchweg für richterliche Vernehmungen von Zeugen und Sachverständigen; schon bei staatsanwaltschaftlichen Vernehmungen dieser Beweispersonen ist die Rechtslage weniger einheitlich geregelt. Für polizeiliche Vernehmungen von Zeugen und Sachverständigen sowie allgemein für die Beschuldigtenvernehmung statuieren nur einzelne Rechte eine Wahrheitspflicht.

Hier muß beispielsweise der Beschuldigte überlegen, ob er in eigener Sache aussagen oder gar in den Zeugenstand treten soll.

Aber selbst soweit es weder eine Aussagepflicht noch auf die betreffende Aussageperson zugeschnittene Aussagedelikte gibt, ist es gefährlich, eine Wahrheitspflicht leichthin zu verneinen. Denn ungeachtet der hier rechtlich anerkannten Freiwilligkeit zur Aussage hat diese prozessual nur dann einen Sinn, wenn mit einer solchen Aussage Richtigkeit beansprucht wird. Die einzige Besonderheit beim Bescchuldigten ist demnach die, daß er angesichts seiner prinzipiell anerkannten Schweigebefugnis hier nie zu einer vollständigen Aussage verpflichtet ist, wenn er sich durch diese selbst belasten müßte. Im übrigen aber kann eine freiwillig gemachte Aussage, wenn sie unrichtig ist, Strafe wegen anderer Gesetzesverstösse (Falschverdächtigung, Vortäuschung einer Straftat, Strafvereitelung, Ehrverletzung oder Betrug) nach sich ziehen. Auch bei Fehlen einer ausdrücklichen strafrechtlichen Sanktionierung kann man daher in diesen Fällen zumindest von einer prozessualen Wahrheitspflicht sprechen.

2. Durchführung und Grenzen der Vernehmung

Die Regelungen sind ferner für die Art und Weise wichtig, in welcher Vernehmungen zu erfolgen haben. Obwohl auch hier Unterschiede zwischen den einzelnen Ländern bestehen, soll doch ein Überblick über solche Rechtsgrundsätze gegeben werden, welche die Durchführung von Vernehmungen regeln bzw. dabei zu beachtende Grenzen beinhalten. Auch hier lassen sich sowohl bei den einzelnen Arten von Vernehmungsbeamten als auch bei den verschiedenen Beweispersonen unterschiedliche Regelungen feststellen, auf welche in diesem Rahmen jedoch nicht näher eingegangen werden kann. Vielmehr ist nur kurz das zu skizzieren, was hier häufiger vorgeschrieben wird und insoweit allgemeinen, über den nationalen Bereich hinausgehenden Charakter hat, wenngleich das für polizeiliche Vernehmungen nur zum Teil gilt.

Sehr verschieden wird in den einzelnen Rechten die Frage beurteilt, wer bei einer solchen, im Vorverfahren nichtöffentlichen Vernehmung anwesend sein darf, was außer bei richterlichen Vernehmungen für den Staatsanwalt vor allem für den Verteidiger wichtig ist.

Bei Beginn einer Vernehmung ist dem Beschuldigten in aller Regel zu eröffnen, daß er als solcher vernommen wird und welche strafbare Handlung ihm zur Last gelegt wird.
Zunächst sind sodann gewöhnlich die persönlichen Verhältnisse festzustellen, d. h. Namen, Alter, Stand oder Beruf und Wohnung. Ähnlich ist es bei Zeugen und Sachverständigen, die überdies nach Beziehungen zum Beschuldigten zu befragen sind, um die Glaubwürdigkeit in der betreffenden Sache beurteilen zu können. Fragen, die dem Zeugen oder einem Angehö-

rigen zur Unehre gereichen können, dürfen in manchen Ländern nur gestellt werden, wenn es unerläßlich ist.
Sodann erfolgt die Vernehmung zur Sache, bei welcher den Aussagepersonen in den meisten Staaten möglichst Gelegenheit zu geben ist, sich im Zusammenhang zu äußern. Auch der Beschuldigte muß diese Möglichkeit haben.

In der Praxis mancher Länder erfolgen selbst die Vernehmungen im Vorverfahren als solche schon wesentlich durch Staatsanwalt und Verteidiger oder werden zumindest polizeiliche Vernehmungen anders gehandhabt.

Im übrigen aber sind die Strafverfolgungsbehörden in der Sache gewöhnlich nicht gebunden und steht es ihnen frei, wie sie die Vernehmung gestalten. Gerade hier also kommt es auf die kriminalistischen Erkenntnisse der Vernehmungstechnik und -taktik an, die alsbald behandelt werden sollen.
Zuvor ist jedoch noch kurz auf gewiße **rechtliche Grenzen** der Vernehmung einzugehen, die – obwohl sie in den einzelnen Ländern nicht einheitlich beurteilt werden – doch im Grunde von allen Vernehmungsbeamten zu beachten sind. Derartige **unzulässige Vernehmungsmethoden,** wie sie beispielsweise § 136a dtsch. StPO mit der Folge eines Beweisverbotes aufführt, werfen nicht nur rechtlich, sondern auch kriminalistisch mancherlei Zweifels- und Streitfragen auf, die deshalb zumindest erwähnt werden sollen.

Döhring S. 199 ff.; *Geerds,* Friedrich: Vernehmungstechnik – 5. Aufl. – Lübeck 1976 – S. 19 ff.

Wichtig dabei ist, daß solche Grenzen, wenn sie vom Gesetzgeber richtig gezogen worden sind und von der Praxis sinnvoll gehandhabt werden, nicht nur als Ausdruck einer Rechtsüberzeugung zu respektieren sind, sondern sie auch den kriminaltaktischen Gegebenheiten entsprechen, weil einer unter Verstoß gegen solche Grundsätze erlangten Aussage tatsächlich nur ein zweifelhafter Beweiswert zukommen dürfte.
Die rechtlichen Grenzen einer Vernehmung werden vor allem bei folgenden Fallgruppen problematisch. Auch hier sollte sich der Jurist mit Aussage- und Vernehmungspsychologie vertraut machen, um nicht mit sachferner Argumentation zu einer extensiven Auslegung zu gelangen, welche den Tatsachen nicht gerecht wird.
Unter **Mißhandlung** ist ein vorsätzlicher Eingriff in die körperliche Unversehrtheit zu verstehen, durch welchen bewußt die Willensfreiheit des Vernommenen beeinträchtigt werden soll.
Der zuweilen im Vernehmungsrecht auftauchende Begriff der **Quälerei** umfaßt demgegenüber auch rein psychische Einwirkungen. Allerdings muß eine vernünftige Interpretation darauf abstellen, daß es sich um für die Ermittlungen ganz unnötige Maßnahmen – wie das Zufügen von Schmerzen – handelt, um von einem Mißbrauch und damit von einer „Quälerei“ sprechen zu können.

Man muß sich also davor hüten, unangenehme Folgen, wie sie Vernehmungen häufig für die Aussageperson – insb. den Beschuldigten – mit sich bringen, ausreichen zu lassen.

Unterschiedlich wird in einzelnen Ländern die Zulässigkeit von **körperlichen Eingriffen** (sogen. Lügendetektor) und das **Verabreichen von Mitteln** (sogen. Wahrheitsserum oder Plauderdroge) beurteilt.

Inbau, Fred E./*Reid,* John C.: Lie Detection and Criminal Investigation – 3. Aufl. – Baltimore 1953; *Zbinden* S. 161; *Zimmermann,* Hans: Was ist der Polygraph? Eine Betrachtung über Wesen und Wert der reaktographischen Methode aus Theorie und Praxis – Kriminalistik 1958, S. 435 ff., 484 ff.; 1959, S. 1 ff.; *O'Hara* S. 122 ff.; *Undeutsch,* Udo: Die Untersuchung mit dem Polygraphen („Lügendetektor") – Kriminalistik 1977, S. 193 ff.

Während manche Rechte derartige Methoden und die damit verbundenen Eingriffe und Mittel als zulässig erachten, stellen diese in anderen Ländern unzulässige Vernehmungsmethoden dar, weil die Ergebnisse als für ein Strafverfahren zu unzuverlässig gewertet weden.

Ähnliches gilt für Aussagen, die – auf der Basis der Freiwilligkeit – unter **Hypnose** gemacht werden; selbst als bloße Ermittlungshilfe sollte diese Möglichkeit mit Reserve und Skepsis benutzt werden.

Hampl, Eduard/*Thiessen,* Klaus: Hypnose – Hilfsmittel bei polizeilichen Ermittlungen? Erfahrungen anhand einer Ermittlungssache – Kriminalistik 1977, S. 255 ff.

Mancherlei Zweifel bietet die Situation der **Er- oder Übermüdung** der Aussageperson. Denn zuweilen können oder sollen Vernehmungen ermüdend auf die Aussageperson wirken oder muß auch von einer müden Beweisperson eine Aussage verlangt werden. Ein Vernehmungsverbot sollte sich daher darauf beschränken, daß ein körperlicher Ermüdungs- und Erschöpfungszustand bewußt herbeigeführt wird, um auf diese Weise die Willensfreiheit der Aussageperson zu beeinträchtigen.

Vertrakte Probleme ergeben sich ferner, wenn ein Recht dem Vernehmungsbeamten **Täuschungen** verbietet. Wenngleich ein derartiges Verbot sicher nicht in eine Offenbarungspflicht des Beamten der Aussageperson gegenüber umgedeutet werden darf, kann bei einer solchen Regelung zweifelhaft werden, wo die Grenze zwischen verbotener Täuschung und erlaubter List verläuft.

Thöns, Dietrich: Täuschung, Tarnung, List, Fallen und Tricks in kriminalpolizeilichen Ermittlungsverfahren der Kriminalistik 1977, S. 496ff.

Denn ebenso wie dem Beamten Verschweigen bekannter Tatsachen gestattet sein muß, dürfte auch nichts dagegen einzuwenden sein, wenn er bei der Vernehmung einen Irrtum der Beweisperson ausnutzt. Verboten sollte dem Beamten daher nur das ausdrückliche oder konkludente Behaupten von unrichtigen Tatsachen – die bewußte Lüge – sein, die auch kriminaltaktisch als ein zweifelhaftes Mittel der Vernehmung anzusehen ist.

Schließlich spielen bei den unzulässigen Vernehmungsmethoden in vielen Ländern **Drohungen** und **Versprechungen** eine Rolle. Dabei sollte klar sein, daß es jedenfalls einem Beamten nicht erlaubt ist, so oder so Maßnahmen in Aussicht zu stellen, die ungesetzlich sind. Ferner kann er selbst zulässige Maßnahmen weder androhen noch versprechen, wenn darüber andere Beamte oder Stellen zu entscheiden haben. Kritisch ist insoweit daher lediglich, inwieweit der Vernehmungsbeamte die Aussageperson über etwaige Vor- und Nachteile ihres Verhaltens unterrichten darf.

Selbst wenn man das im Grunde bei rechtlich zulässigen Maßnahmen wird bejahen können, sollte der Beamte doch vorsichtig und zurückhaltend – selbst bei Fragen der Beweisperson – sein, damit ihm nicht aus falscher oder ungeschickter Formulierung später ein Vorwurf gemacht werden kann.

Alle die hier bei den Grenzen und sonst angesprochenen rechtlichen Grundlagen der Vernehmung auftauchenden Probleme werden im kriminalistischen Sachzusammenhang alsbald noch genauer behandelt werden. Hier ging es wesentlich darum, auf den in den einzelnen Ländern unterschiedlichen rechtlichen Rahmen hinzuweisen und zugleich die Wechselwirkung von Recht und Kriminalistik zu verdeutlichen.

III. Zur Psychologie der Aussage

Unter Psychologie der Aussage versteht man die Summe derjenigen Erkenntnisse, die man über die Fähigkeit des Menschen gewonnen hat, über eigene Erlebnisse auszusagen. Im Vordergrund steht hier naturgemäß die Frage nach der Zuverlässigkeit der Aussage.
Schon im 19. Jahrhundert entdeckte man hier mancherlei Fehlerquellen, die zu Zweifeln an der Zuverlässigkeit des Zeugenbeweises Anlaß gaben. Mit der Entwicklung der Psychologie bekam man jedoch diese Dinge mehr und mehr in die Hand. Auch die Kriminalisten wie z. B. Hans *Groß,* haben schon damals das kritiklose Hinnehmen eines Zeugnisses als gefährlich bezeichnet, weil die Aussage als ein psychisches Phänomen geprüft und gewürdigt werden müsse. Insb. William *Stern* machte sich dann durch experimentelle Arbeiten über die Psychologie der Aussage verdient.

Stern, L. William: Zur Psychologie der Aussage. Experimentelle Untersuchungen über Erinnerungstreue – Berlin 1902; *Stern,* William: Die Aussage als geistige Leistung und als Verhörsprodukt. Experimentelle Schüleruntersuchungen – Beiträge zur Psychologie der Aussage 3. H. – Leipzig 1904.

Er kam dabei zu dem Ergebnis, daß die Aussagefälschung eine normalpsychologische Tatsache und die fehlerfreie Erinnerung nicht die Regel, sondern die Ausnahme sei. Das sollte seiner Ansicht nach insb. für die Aussage von Frauen und jungen Menschen gelten. Auch wenn man heute differenzierter urteilt, bleibt doch die grundsätzliche Erkenntnis festzuhalten, daß bis zur Prüfung und zum anderweitigen Beweis der Richtigkeit Skepsis gegenüber jeder Aussage geboten ist.

Groß/Seelig (8) I-70 ff., 76 ff.; *Hellwig,* Albert: Psychologie und Vernehmungstechnik bei Tatbestandsermittlungen – 4., verm. u. verb. Aufl. – Stuttgart 1951; *Zbinden* S. 151 ff.; *Seelig* S. 121 ff., 260 ff.; *Döhring* S. 95 ff.; *Graßberger* SS. 7 ff., 19 ff.; *Holland,* Klaus: Zur Psychologie der Zeugenaussage – Kriminalistik 1972, S. 409 ff.; *Bauer* I–264 ff.

Wer die Psychologie der Aussage richtig verstehen will, muß sich zunächst einmal allgemein über Voraussetzungen und Fehlerquellen der Aussage unterrichten. Erst danach werden wir auf spezielle aussagepsychologische Phänomene wie die Lüge und das Geständnis eingehen, auf die später ebenfalls noch im Rahmen der Vernehmung zurückzukommen sein wird.

1. Voraussetzungen und Fehlerquellen der Aussage

Eine richtige Aussage hängt vor allem von drei Voraussetzungen ab, die zugleich die wesentlichen Fehlerquellen beinhalten, sofern wir einstweilen von der bewußten Fälschung – der Lüge – absehen. Einmal handelt es sich um die Wahrnehmung von Lebensvorgängen durch die Aussageperson, ferner um die für die spätere Aussage bzw. die Qualität der Gedächtnisleistung und schließlich um die Wiedergabe der Erlebnisinhalte durch die Aussageperson im Rahmen einer Vernehmung. Während der Vernehmungsbeamte die beiden anderen Arten von Fehlerquellen kennen muß, um die Zuverlässigkeit der Aussage beurteilen zu können, ist diese im letzten Stadium wesentlich von der Vernehmungssituation und seinem eigenen Vorgehen abhängig.

a) Wahrnehmung

Erste Voraussetzung einer richtigen Aussage ist die vollständige und einwandfreie Wahrnehmung. Da die Aussageperson alles mit ihren Sinnen wahrnimmt, müssen diese aufnahmefähig sein, um entsprechend in Funktion treten zu können. Dabei ist für den Zeitpunkt der Wahrnehmung von der Aufnahme der Erlebnisinhalte (Rezeption) der Verarbeitung (Apperzeption) zu unterscheiden.

Diedrichsen, Iwer: Wahrnehmungssituation und Zeugenaussage. Eine Untersuchung über die Zuverlässigkeit der Beobachtung und Beurteilung von Wahrnehmungssituationen – Meisenheim a. Glan 1972.

Die Wahrnehmungsfähigkeit einer Aussageperson kann einmal durch Krankheiten oder psychologische Abnormbefunde beeinträchtigt sein. Beispiele verminderter Aufnahmefähigkeit sind hier z. B. Arteriosklerose oder Unfallverletzungen, aber auch Alkoholeinfluß, Schrecken, Ermüdungs- oder Affektenzustände.

Groß/Seelig (8) I-88 ff.

Störfaktoren, welche sogen. Sinnestäuschungen bewirken und daher vom Kriminalisten beachtet werden müssen, gibt es bei allen Formen sinnlicher Wahrnehmung. Auch wenn es bei Aussagen in Strafsachen vor allem um optisch oder akustisch Wahrgenommenes geht, kommt es mitunter doch auch auf Tast-, Geruchs- oder Geschmackssinn an. Zudem ist zu berücksichtigen, daß die Empfindung des Wahrgenommenen beim einzelnen Menschen subjektiv recht verschieden sein kann; was einer als angenehm empfindet, hält ein anderer für entsetzlich.

Eine richtige Wahrnehmung kann auch bei normaler Beobachtungsfähigkeit ferner durch äußere Umstände erschwert oder verhindert werden. Außer an Dunkelheit, schwaches künstliches Licht ist an diesiges Wetter oder an besondere Witterungsverhältnisse zu denken, welche entweder die Sicht überhaupt oder doch die Treffsicherheit bestimmter Angaben nachteilig zu beeinflussen vermögen.
Schon diese nur kurz angedeuteten Voraussetzungen einer einwandfreien sinnlichen Wahrnehmung lassen erkennbar werden, wie zahlreich und vielfältig die Wahrnehmungsfehler sind, die deshalb häufig zu mehr oder weniger unrichtigen Aussagen führen.

So ist im Bereiche der optischen Wahrnehmung häufig mit Fehlern beim Schätzen von Entfernungen und Größen zu rechnen. Die Sichtfähigkeit vieler Menschen ist bei Tage und bei Dunkelheit recht verschieden; andere sind farbenblind oder -schwach. Bei der akustischen Wahrnehmung geht es um die Höhe, Klangfarbe und Stärke von Tönen oder Geräuschen; auch hier sind nicht nur die Kapazitäten individuell verschieden, sondern gibt es irritierende Störfaktoren, um von der handfesten Schwerhörigkeit noch ganz abzusehen. Ebenso ist bei Geruch und Geschmack die individuelle Empfindlichkeit sehr verschieden. Dasselbe gilt schließlich für Gefühl und Tastsinn. – Überhaupt sind quantitative Angaben in Form von Schätzungen (Raum, Zeit, Menschenmenge) wegen der individuellen Fehlerfaktoren mit Skepsis zu betrachten. Schon deshalb sind Signalementsangaben oft unzuverlässig.

Die Aufnahmefähigkeit hängt ferner vom Grad der Bereitschaft und dem Interesse der fraglichen Person ab, etwas aufzunehmen. Eine richtige Wahrnehmung setzt mitunter überdies eine bestimmte Sachkunde des Wahrnehmenden voraus.
Schließlich muß das Wahrgenommene – und das ist nicht nur bei schnellen und komplizierten Vorgängen schwierig – richtig gedeutet und verarbeitet werden. Auch diese Reaktion auf sinnlich wahrnehmbare Reize gestaltet sich, da es sich um ein subjektives Urteil handelt, recht verschiedenartig, zumal da vieles unbewußt geschieht.

b) Gedächtnis und Erinnerung

Da zwischen Wahrnehmung und Aussage eine gewisse Zeit zu verstreichen pflegt, ist für eine richtige Aussage weiter die Arbeit des Gedächtnisses, das sogen. Erinnerungsvermögen, maßgebend. Denn das zutreffend Wahrgenommene und Eingeprägte muß ferner richtig aufbewahrt werden, wenn es später in der Vernehmung korrekt reproduziert werden soll.

Dafür kommt es nicht nur auf das Interesse am fraglichen Vorgang an, das – wie gesagt – bei den einzelnen Menschen verschieden groß sein kann, sondern auch darauf, ob die betreffende Aussageperson z. B. besser auf optische oder akustische Reize reagiert.

Die richtige Arbeit des Gedächtnisses oder der Erinnerung hängt zudem einmal wesentlich von der körperlichen und geistigen Verfassung in der Zeitspanne zwischen dem zu bekundenden Erlebnis und dem Zeitpunkt der Aussage ab. Besondere Ereignisse, welche die körperliche und geistige Verfassung tiefgreifend beeinflussen, stellen hier auch bei richtiger Wahrnehmung eine erhebliche Gefahrenquelle für die Aussage dar. Ein Beispiel dafür ist der mitunter als Unfallfolge eintretende Gedächtnisschwund.

Es gibt aber auch zahlreiche andere Gründe für Erinnerungslücken, die eine Aussage verfälschen können. Gefährlich sind vor allem solche Erinnerungslücken, die der Aussageperson nicht bewußt sind. Außer an Alkoholgenuß ist hier an Übermüdung zu denken. Die Erinnerungslücke kann durch zeitliche Verschiebungen bei schlechtem Zeitgefühl verdeckt werden.

Ferner wirken sich gewisse äußere Einflüsse negativ auf die Erinnerung und damit auf Richtigkeit der Aussage aus. Die neuere Forschung hat zahlreiche Erinnerungsfehler festgestellt, die allein darauf zurückzuführen sind, daß schon der Zeitablauf häufig das Erinnerungsvermögen nachträglich beeinflußt und daher die Zuverlässigkeit der Aussage darunter leidet. Dabei spielt der Umstand eine Rolle, ob sich der Aussagende von vornherein der Wichtigkeit seiner Wahrnehmung bewußt war oder nicht. Nicht gar so selten werden Erinnerungslücken durch andere eigene Erlebnisse ausgefüllt. Das kann auch in Form einer Teilvertauschung geschehen. Mitunter schmücken Aussagepersonen ihr Erinnerungsbild nicht nur unbewußt aus, sondern halten sogar Traumerlebnisse für reale Ereignisse.
Verfälscht wird die Erinnerung häufiger aber gerade dadurch, daß man mit Angehörigen, Bekannten oder anderen Personen vor der Aussage über das Wahrgenommene spricht. Denn sowohl die eigene Art der Darstellung als auch die Reaktion anderer Menschen verändert u. U. das Bild des Wahrgenommenen. Hier werden also Erinnerungslücken gewissermaßen durch fremde Erlebnisse ausgefüllt.

c) Wiedergabe und Fixierung

Zahlreiche Fehler lassen sich schließlich bei Wiedergabe und Fixierung feststellen. Dabei gehen diese Fehlerquellen z. T. mehr auf die Aussageperson zurück, z. T. mehr auf diejenigen Umstände, unter denen die Aussage später gemacht wird. Es ist daher eine wesentliche Aufgabe der Vernehmungstechnik, gerade diese letztgenannten Fehlerquellen nach Möglichkeit zu vermeiden oder doch zu verringern. Obwohl darauf immer wieder zurückzukommen sein wird, wollen wir die für die vorbehaltlich der Wechselwirkung von Aussageperson und Vernehmungsbeamten wichtigsten Punkte daher schon hier kurz aufzeigen.

Wesentlich für eine zuverlässige Wiedergabe durch die Aussageperson ist zunächst einmal deren **Intelligenz.** Denn es ist ganz verständlich, daß mangelnde intellektuelle Fähigkeiten eine richtige Wiedergabe erheblich erschweren. Dies äußert sich z. T. schon darin, daß diejenigen, die sich im Alltag eines Dialekts bedienen, bereits mit der Umgangssprache nicht so vertraut sind, daß sie diese klar und einwandfrei benutzen können.

Bei der **psychischen Verfassung** als möglicher Fehlerquelle im Rahmen der Wiedergabe des Wahrgenommenen ist besonders zu beachten, daß die Konzentrationsfähigkeit der Menschen sehr unterschiedlich ist. Sieht man einstweilen von den später zu behandelnden Begleitumständen der Aussage ab, so handelt es sich hier einmal um Frage, ob der Aussagende durch Überanspannung, Folgeerscheinungen einer Krankheit oder Ermüdung in seiner Gedankenarbeit beeinträchtigt ist. Zum anderen geht es um psychische Belastungen, wie sie beispielsweise Frauen in gewissen Zeitabständen ausgesetzt sind. Auch die psychische Verfassung der einzelnen Altersgruppen, auf die an anderer Stelle einzugehen ist, dürfte recht verschieden sein.
Wichtig für die präzise Wiedergabe ist sodann selbstverständlich die **Umgebung** der Aussageperson; das sind vor allem die später zu erörternden Begleitumstände der Vernehmung. Denn sicher wirkt sich beispielsweise die besondere Atmosphäre des Tatorts, der Polizeidienststelle oder des Gerichtssaals je nach Mentalität des Aussagenden mehr oder weniger nachhaltig, d. h. hier gewöhnlich ungünstig auf die Wiedergabe aus.
Nach allem dürfte verständlich sein, daß auch die **Art und Weise der Wiedergabe** bei der Zuverlässigkeitsprüfung der Aussage zu beachten sind. So hängt z. B. eine richtige schriftliche Fixierung durch den Aussagenden wiederum von seinem Intellekt und Bildungsgrad ab. Bei mündlicher Wiedergabe macht es einen großen Unterschied aus, ob man die Aussageperson einen Bericht erstatten oder sie auf formulierte Fragen antworten läßt; grundsätzlich läßt sich die Aussage in Berichtform am besten aussagepsychologisch auswerten.

Ludwig, Erwin: Vernehmungen mit Hilfe eines Dolmetschers – Die neue Polizei 1977, S. 140 ff.

Eine weiter Fehlerquelle bei der Wiedergabe stellen **Übersetzungen** dar, die notwendig werden, wenn die Aussageperson der Landessprache nicht mächtig ist. Denn die Korrektheit der Übersetzung hängt dann wesentlich von den Fähigkeiten und der Erfahrung des Dolmetschers ab.

Döhring S. 87 ff.

Sehr wichtig ist schließlich als Fehlerquelle bei der Wiedergabe die **schriftliche Fixierung durch Dritte,** die sogen. Protokollierung. Hier ist es selbstverständlich möglich, Hörfehler oder Mißverständnisse durch eine parallel laufende Tonbandaufnahme zu vermeiden.

Die Tonbandaufnahme dient eben nicht nur den Interessen der Strafverfolgungsbehörden, sondern ebenso denjenigen der Aussageperson. Allerdings wäre es verfehlt zu meinen, man könne die Vernehmungsniederschrift durch eine mechanische Tonbandaufnahme ersetzen. Dies scheitert schon daran, daß die auf Tonband aufgenommene Aussage in der Regel viel zu lang ist und unübersichtlich wird; die Tonbandaufnahme hat also lediglich unterstützende Funktion.

Bei der schriftlichen Protokollierung ist zu beachten, daß es sich hier um eine sinngemäße Wiedergabe des bei der Vernehmung erörterten Sachverhalts handelt. Selbst bei irrtumsfreier Wahrnehmung durch den Beamten kann schon dessen Auswahl deformierend wirken. Besonders gefährlich aber sind vermeintliche Formulierungshilfen, welche der vernehmende oder protokollierende Beamte leistet. Überhaupt muß mit solcher Sorgfalt zu Werke gegangen werden, daß ein Mißverstehen nach Überzeugung des protokollierenden Beamten ausgeschlossen ist. Auf einzelne Punkte wird später noch zurückzukommen sein.
Auf die Einzelheiten der **Protokollierung** und die sogen. Protokollierungstechnik, die z. T. auch den Gang der Vernehmung beeinflußt, kann in diesem Rahmen nicht näher eingegangen werden.

Döhring S. 87 ff.; *Graßberger* S. 301 ff.; *Bauer* 1–368 f.; *Fischer,* Johann: Die polizeiliche Vernehmung – BKA 1975/2–3 – S. 177 ff., 193 ff.; *Geerds,* Friedrich: Vernehmungstechnik – 5. Aufl. – Lübeck 1976 S. 213 ff.; *Herren,* Rüdiger/*Bortz,* Wolf-Dietrich: Das Vernehmungsprotokoll. Technik – Soziolinguistik – Psychologie – Kriminalistik 1976, S. 313 ff.

Dies gilt insb. für die Form, die von gewissen Arbeitsbedingungen abhängt. Auch wenn es sich nur um eine sinngemäße Wiedergabe des Inhalts und des Gangs der Vernehmung handelt, ist neben Gründlichkeit ein Blick für das Wesentliche wichtig; bedeutsame Punkte sollten möglichst wörtlich protokolliert werden. Die Diktierweise lehnt sich an den Gang der Vernehmung an. Dabei sind einige Vorsichtsmaßregeln zu beachten. So kann man beispielsweise wirklichen oder angeblichen Mißverständnissen dadurch vorbeugen, daß man die vorangehende Antwort in die Frage einbaut. Wichtige Aussagen sollten zumindest zweimal an verschiedenen Stellen in der Niederschrift erscheinen. Ebenso wie ergänzende, von der Aussageperson angefertigte Handskizzen und dergl. wirken von ihr eigenhändig vorgenommene Korrekturen und andere Maßnahmen beim Abschluß sichernd und erschweren ungerechtfertigten Widerruf. Ein brauchbares Vernehmungsprotokoll ist also in mehrfacher Hinsicht für das Strafverfahren wichtig.

Dasselbe gilt für **Tonaufnahmen** bei Vernehmungen, wobei von der rechtlichen Problematik heimlicher Tonbandaufnahmen, die in manchen Ländern unter die unzulässigen Vernehmungsmethoden fallen, noch ganz abgesehen werden soll.

Schulz, Georg: Tonbandaufnahmen im strafrechtlichen Ermittlungsverfahren – Kriminalistik 1958, S. 1 ff.; *Bauer* 1–363 ff.; *Fischer,* Johann: Die polizeiliche Vernehmung – BKA 1975/2–3 – S. 201 ff.; *Geerds,* Friedrich: Vernehmungstechnik – 5. Aufl. – Lübeck 1976 – S. 229 ff.

Selbst bei Zulässigkeit einer Tonbandaufnahme kann es kriminalistisch fraglich sein, ob sie nötig oder doch wünschenswert ist. Deshalb sollte man sich die Antwort genau überlegen, bevor man ggf. auf die zu vernehmende Person einwirkt, um deren Einverständnis zu erlangen, sofern sie nicht von sich aus auf einer solchen Aufnahme besteht. – Erfolgt eine Tonaufnahme, die dann aber vollständig sein sollte, so sind gewisse Vorsichtsmaßregeln zu beachten, was Standort und Bedienung des Gerätes sowie die Verwahrung der fertigen Aufnahme betreffen.

Interessant ist für den Vernehmungsbeamten nur, daß umgekehrt auch schon Vernehmungen von der Aussageperson unbemerkt auf Band mitgeschnitten werden konnten; und das ist bei kleinen Geräten und verstecktem Mikrofon sogar schon im Dienstzimmer geschehen.

2. Die Lüge

Haben wir es bisher mit Fehlerquellen zu tun gehabt, die unbewußt dir Richtigkeit der Angaben der Aussageperson beeinflussen, so verstehen wir unter Lüge den bewußten Versuch, die Aussage inhaltlich zu fälschen. Mit der Lüge geht die Aussageperson also noch einen Schritt weiter als beim Leugnen.

Hellwig, Albert: Psychologie und Vernehmungstechnik bei Tatbestandsermittlungen – 4. Aufl. – Stuttgart 1961 – S. 48 ff., 50 ff., 59 ff.; *Seelig* S. 270 ff.; *Graßberger* S. 190 ff.

Denn Leugnen ist im Grunde nichts weiter als das unsubstantiierte Abstreiten eines der Aussageperson vorgehaltenen Sachverhalts. Obwohl das Ergebnis dasselbe wie bei einer Lüge sein kann, steht das Leugnen materiell doch dem Schweigen bzw. Verweigern der Aussage näher.

Eben deshalb ist ein solches Verhalten nicht immer einfach zu bewerten. Auch hier muß der Vernehmungsbeamte also versuchen, die Gründe für ein solches Verhalten herauszufinden. Kriminaltaktisch ähnelt also die Situation des Leugnens somit doch in etwa der nunmehr zu behandelnden Lüge.

Die Anhaltspunkte für eine Lüge, d. h. eine in einem oder mehreren Punkten unrichtige Aussage, können recht verschiedener Art und wenig auffällig sein. Derartige Indizien reichen vom Mienenspiel und sonstigem Verhalten der Aussageperson über unvollständige, ungereimte Angaben bis zu Widersprüchen und angesichts anderer Beweise eindeutig unwahren Behinderungen. Obwohl in allen diesen Fällen Vorsicht und Achtsamkeit geboten ist, kann sich also eine solche zunächst suspekte Aussage u. U. als richtig oder doch als bloßer Zeugenirrtum erweisen.
Die Lüge kann von ihrem Zweck her eine Schutz- oder Entlastungsbehauptung sein; sie kann aber ebenso – etwa bei einem feindlichen Zeugen – auch für den Beschuldigten belastend wirken.
Entscheidend für die aussagepsychologische Bedeutung der Lüge sind die Erscheinungsformen und die verschiedenen Ursachen dieser unwahren Aussage. Denkt man bei Beschuldigten und ihnen verbundenen Aussagepersonen an Schutz- und Entlastungsbehauptungen, die zudem bei den einzelnen Formen kriminellen Verhaltens recht verschieden aussehen können, so ist zu bedenken, daß bei anderen Beweispersonen die Lüge auch den Zweck verfolgen kann, den Beschuldigten zu belasten. Deshalb muß die folgende Darstellung im Zusammenhang mit der Vernehmung der verschiedenen Prozeßbeteiligten noch ergänzt werden.

a) Die Lüge des Beschuldigten

Betrachten wir zunächst die Lüge des Beschuldigten, so müssen wir uns davor hüten, allein aus der erkennbaren Tatsache einer Lüge den vermeintlich zwingenden Schluß auf seine Schuld zu ziehen. Vielmehr geht es einmal darum festzustellen, warum der Beschuldigte lügt. Denn Ursache der unrichtigen Aussage kann jedes – das sinnloseste und das raffinierteste – Motiv sein. Wir sollten daher die Eigenart des Beschuldigten ergründen, um seine Verhaltensweise richtig deuten zu können. Sogar hartnäckige Lügen oder Leugnen ist nicht immer Ausdruck einer besonders kriminellen Einstellung, sondern nicht gar so selten Folge eines durchaus positiv zu bewertenden Scham- oder Schuldgefühls.

b) Die Lüge des Zeugen oder Sachverständigen

Bei unwahren Aussagen von Zeugen denken wir selbstverständlich zunächst an seine Beziehungen zum Beschuldigten, wenn wir den Grund der Unwahrhaftigkeit ermitteln wollen. Denn Freundschaft und Feindschaft sind insoweit wichtige Fehlerquellen.
Dabei bereitet es mitunter erhebliche Schwierigkeiten überhaupt zu bemerken, daß der Zeuge von der Wahrheit abweicht. Vermuten wir das, so ist ein wesentlicher Teil der Aufklärungsarbeit bereits geleistet. Bei allen Falschaussagen ist vielmehr zu bedenken, daß sich die Beweisperson selbst bei bestimmter Tendenz zunächst häufig ganz anders gibt.

Will ein Zeuge z. B. dem Beschuldigten schaden, so stellt er vielleicht zunächst dessen positive Seiten heraus, während er im umgekehrten Falle vielleicht zuerst einmal Schwächen und Schattenseiten seines Freundes einräumt. – Jedoch ist es bei einiger Erfahrung nicht schwierig, Anhaltspunkte für die Richtigkeit oder Unrichtigkeit der Darstellung zu erhalten. Wir müssen allerdings beachten, daß der Zeuge auch aus ganz anderen Gründen – wie Furcht, Mitleid, Übermut, Eitelkeit, Scham – schwindeln kann, an welche der vernehmende Beamte oft nicht denkt.

Obwohl der Laie derartige Fehlerquellen beim Sachverständigen nicht erwartet, sollte der Fachmann skeptisch sein, wenngleich die Dinge hier gewöhnlich etwas anders liegen. Dennoch gibt es mancherlei Umstände, die unrichtige Angaben eines Sachverständigen bewirken können.

Außer an wissenschaftliche Kontroversen, Eitelkeit, Bequemlichkeit und flüchtige Arbeitsweise ist an mit dem konkreten Verfahren zusammenhängende Dinge zu denken.

c) Die Gründe der Lüge

Insgesamt läßt sich bei lügenden Aussagepersonen zwischen solchen unterscheiden, die aus einer inneren Überzeugung heraus lügen, und solchen, die aus innerer Unsicherheit schwindeln.

Bei Beweispersonen, die aus einer inneren Überzeugung Unwahres bekunden, finden wir durchweg recht einheitliche und übereinstimmende Symptome. Im allgemeinen haben wir es mit gewandten Leuten zu tun, die ihre Aussage flüssig und eindringlich vortragen. Sie sind der aktive Teil des Gespräches.

Eine solche aktive Einstellung braucht aber äußerlich keineswegs aufzufallen. Vielmehr ist es ein alter Trick, daß ein Beschuldigter zunächst anscheinend kümmerlich lügt, um dann dem auf seinen Erfolg stolzen, jedoch ahnungslosen Beamten umso wirksamer eine faustdicke Lüge als reumütiges Geständnis aufzutischen. – Entscheidend ist hier aussagepsychologisch, daß der Vernehmungsbeamte zunächst einmal das Ich-Gefühl dieser Menschen und damit den Glauben an die eigene Überlegenheit ins Wanken bringen muß. Das geht besser durch Kleinigkeiten als durch große Worte.

Ganz anders ist der aussagepsychologische Sachverhalt bei Menschen, die aus innerer Unsicherheit schwindeln. Diese Beschuldigten und Zeugen glauben selbst nicht an das, was sie sagen, weshalb auch ihr äußeres Verhalten durchweg unsicher und ohne große Linie ist. Sie erzählen stockend oder antworten nur widerstrebend oder widerspruchsvoll auf Fragen. Oft klammern sich diese Lügner an einen Strohhalm, der im Wege einer Autosuggestion helfen soll, sich selbst von der Unwahrheit zu distanzieren. Es handelt sich hier um einen geheimen Vorbehalt, der bei mehrdeutigen Aussagen nicht selten ist.

Derartige Ausreden und Ausflüchte zerstört man am besten dadurch, daß man solche Menschen durch besonders vorsichtig formulierte Fragen zu ganz präzisen Aussagen zwingt. – Insgesamt ist die forensische Lüge nicht so häufig wie im Alltag der Ausdruck eines Charakterfehlers, sondern sehr oft eine Situations- oder Notlüge. Doch ist sie deshalb für das Verfahren nicht ungefährlicher.

3. Geständnis

Ein besonders zu würdigender aussagepsychologischer Sachverhalt ist schließlich das Geständnis des Beschuldigten. Ist es Ziel jeder Vernehmung, die Wahrheit zu erforschen, so drängt man bewußt oder unbewußt immer auf dieses Ergebnis hin, weil das Geständnis das Ziel der Vernehmung am besten erreicht.

Groß/Seelig (8) I-163 ff.; *Hellwig,* Albert: Psychologie und Vernehmungstechnik bei Tatbestandsermittlungen – 4. Aufl. – Stuttgart 1951 – S. 48 ff., 66 ff.; *Seelig* S. 272 ff.; *Döhring* S. 193 ff., 220 ff.; *Graßberger* S. 164 ff.; *Bauer* 1–357 ff.; *Stang,* Heinz Walter: Die psychologischen Grundlagen des Geständnisses – der kriminalist 1971, H. 5/S. 65 ff., H. 6/S. 54 ff., H. 7/S. 34 ff., H. 9/S. 38 ff., H. 10/S. 40 ff.; *O'Hara* S. 129 ff.; *Geerds,* Friedrich: Vernehmungstechnik – 5. Aufl. – Lübeck 1976 – S. 31 ff.

Dabei verstehen wir unter Geständnis nicht nur das Einräumen sämtlicher Tatsachen, die den Sachverhalt einer strafbaren Handlung ausmachen, sondern auch Teilgeständnisse. Denn rückhaltlose Geständnisse sind in der Praxis selten. Ist mithin der Wert eines Geständnisses sicher nicht zu unterschätzen, so muß man doch den Vorbehalt machen, daß dies nur für das richtige Geständnis gilt.

Döhring S. 248 ff.

Sieht man zunächst einmal von den verschiedenen Formen und vom schon deshalb unterschiedlichen Hergang von Geständnissen ab, ist klar, daß die Beweiserhebung mit dem Geständnis nicht endet, sondern lediglich in eine neue Phase gelangt. Denn nur, wenn es sich um ein richtiges Geständnis handelt, können wir es für die weitere Fahndung und als Baustein für die Beweisaufnahme nutzen.

Deshalb kommt es beim Geständnis auf Angaben über Einzelheiten an, welche nur dem Täter bekannt sind und welche man möglichst dann auch mit anderen Mitteln beweisen kann. Erst in zweiter Linie sollte man bei Prüfung der Richtigkeit des Geständnisses auf andere Umstände wie seinen Zeitpunkt auch die dafür ausschlaggebenden Motive zurückgreifen. Dabei kann der im Zusammenhang mit dem Widerruf von Geständnissen zu behandelnde Umstand komplizierend wirken, daß ein Geständnis unter Druck zustande gekommen sein könnte.

Das in der Praxis durchaus nicht seltene falsche Geständnis ist als besondere Form der Lüge ein für die Kriminaltaktik höchst gefährliches Phänomen. Deshalb ist es wichtigstes Gebot bei einem Geständnis, seine Richtigkeit eingehend zu prüfen und durch andere Beweise zu erhärten.
Daher sollen außer den typischen Formen von Geständnissen und den dafür wichtigen Anzeichen der Geständnisbereitschaft auch das falsche Geständnis und im Zusammenhang damit der Widerruf schon in diesem Rahmen behandelt werden.

a) Verstandes- und gefühlsbetonte, psychopathologisch bedingte Geständnisse

Im großen und ganzen kann man die Geständnisse in zwei bzw. drei Gruppen einteilen; denn neben mehr verstandesmäßigen und mehr gefühlsbetonten Geständnissen gibt es noch solche, die vor allem psychopathologisch bedingt sind. Unberücksichtigt mag hier bleiben, daß es vereinzelt auch dadurch ungewollt zu einem (Teil-)Geständnis kommen kann, daß die Aussageperson sich einfach „verplappert".

Die von *Bauer* (1–357 f.) berichtete Zusammenstellung der Geständnismotive von *Lohsing* (aus ethischen, unethischen, anderen und psychopathologischen Motiven mit z. T. weitgehender Untergliederung) vermittelt zwar einen Überblick über die Vielfalt, gibt aber schon wegen der häufigen Überschneidungen ebenso wie die an die jeweilige Beweislage anknüpfenden Differenzierungen von *Bauer* kaum eine für den Praktiker brauchbare Orientierungshilfe.

Bei **verstandesbetonten Geständnissen** dominieren rationale Motive, die selbst aus der Sicht des Beschuldigten ein weiteres Leugnen oder Lügen als sinnlos erscheinen lassen. Am häufigsten ist wohl die Erwägung des Schuldigen, daß Leugnen keinen Zweck mehr habe. Das Geständnis ist hier Ausdruck der Ratlosigkeit des Vernommenen.
Dieser Effekt ist zuweilen durch Ausnutzen eines Überraschungsmoments zu erzielen. Daneben tauchen aber auch andere verstandesmäßige Beweggründe auf, z. B. die Überlegung alter Rückfallsverbrecher, daß Zugeben im allgemeinen die Milde des Gerichts zu sichern pflegt.

Zuweilen kann der Übergang zum gefühlsbetonten Geständnis fließend werden, wenn etwa Renommiersucht des Vernommenen oder Resignation mitwirken. Es gibt eben Typen, die man damit zum Reden bringt, daß man sie – halb bewundernd, halb ungläubig – fragt: „Wie haben Sie das bloß hingekriegt?". Da wir uns hier aber zuweilen schon im psychopathologischen Grenzbereich bewegen, sollte man sich hüten, verbalen Hochstaplern aufzusitzen.

Gefühlsbetonte Geständnisse zeichnen sich demgegenüber häufig schon äußerlich dadurch aus, daß sie erkennbar übersteigert sind. Der Beschuldigte wirft ruhige Überlegung, Verstand und Selbsterhaltungstrieb gewissermaßen völlig über Bord. Alles wirkt plan- und kopflos. Er kann sogar in das andere Extrem verfallen und seine Schuld maßlos verzerren und vergrößern.

Der Beschuldigte versteht sich selbst nicht mehr, wird u. U. sogar von Ekel und Entsetzen über seine Tat gepackt. Die dadurch bewirkte Flucht in ein Geständnis kann nicht nur zu einem planlosen und überhasteten Eindruck, sondern sogar zu Übertreibungen führen.

Über die Grenze des Gefühlsbetonten gehen schließlich **psychopathologisch bedingte Geständnisse** hinaus, die mehr eine Folge oder Begleiterscheinung geistiger Störungen oder sonstiger Abnormbefunde sind. Hierher gehören u. a. Schwermut, Melancholie, u. U. auch übertriebene Religiosität. Bei ausgeprägt seltsamen Begründungen für das Geständnis sollte man daher vorsichtig sein und einen Psychiater zu Rate ziehen. Der hierher zu rechnende pathologische Geständniszwang ist in der Praxis glücklicherweise sehr selten.

Doch auch in diesen Fällen ist der Hintergrund nicht immer einfach auszuloten und die eventuelle Unrichtigkeit der Angaben u. U. nicht leicht zu erkennen. Die Vernehmung sollte daher besonders sorgfältig gehandhabt werden.

b) Anzeichen der Geständnisbereitschaft

Wesentlich in allen diesen Fällen ist aussagepsychologisch, in welcher Form sich ein Geständnis anzukündigen pflegt. Denn nur außerordentlich selten kommt es spontan zu einem Geständnis.

Döhring S. 220 ff.; *Geerds,* Friedrich: Vernehmungstechnik – 5. Aufl. – Lübeck 1976 – S. 35 ff.

Aufschlußreich für den erfahrenen Beamten ist der Ausdruck der Aussageperson. Denn es gelingt den meisten nicht, die Vorgänge im Inneren zu verbergen. Häufig kündigt sich ein Geständnis in einem ganz beiläufigen Wort an, das kaum auffällt, wenn man es nicht beachtet. Hier muß man den Vernommenen sofort festhalten. Er wird dann allerdings regelmäßig versuchen, seine Äußerung sogleich wieder zu bagatellisieren. Läßt man jedoch nicht locker, so bemerkt man möglicherweise bald, daß man das Ende des gesuchten Fadens in der Hand hält.

Dieser widerspruchsvoll erscheinende Vorgang läßt sich psychologisch wohl am ehesten als Folge eines inneren Zwiespalts deuten. Der Beschuldigte möchte dadurch aus seiner peinlichen Situation heraus, daß er bruchstückweise und versteckt die Wahrheit bekundet, wobei er sich nicht darüber klar ist, ob er damit nicht doch eine Dummheit begeht. Deshalb ist sein Vorgehen so unsicher und vage, um ggf. noch einen Rückzieher machen zu können.

c) Das falsche Geständnis

Das falsche Geständnis ist – wie gesagt – nur ein besonderer Fall der Lüge. Es hat dieselben Gründe wie wir sie dort bereits näher ausgeführt haben. Falsche Geständnisse kommen zwar vor, sind aber in der kriminalistischen Praxis doch seltener, als man nach dem einschlägigen Schrifttum annehmen sollte. Sie sind entweder verstandesbetont oder Ausdruck eines psychischen Defekts; sehr selten sind falsche Geständnisse aus Gefühlsgründen.

Zeiger, Ludwig: Ein Sexualmord und seine Aufklärung. Falsches Geständnis eines Geistesschwachen – Kriminalistik 1964, S. 31 ff.; *Bauer* 1–361 ff.; *Geerds,* Friedrich: Vernehmungstechnik – 5. Aufl. – Lübeck 1976 – S. 38 f.

Zu den verstandesbetonten falschen Geständnissen sind zunächst einmal diejenigen Fälle zu rechnen, in denen ein Täter ein harmloses Delikt gesteht, um sich so ein Alibi für eine schwerere Straftat zu verschaffen. Doch auch gefühlsbetonte oder törichte Motive können zu unrichtigen Geständnissen führen, die mitunter sogar psychopathologischen Charakter haben können.

Gerade in den letztgenannten Fällen versucht es der Beschuldigte später mit einem Widerruf. Doch pflegt er damit bei einer umsichtig gehandhabten Vernehmung nicht weit zu kommen.

Alles in allem ist das vom Kriminalisten oft angestrebte „Geständnis" mithin keineswegs immer ein Evangelium, sondern mißbraucht man mitunter diese Form der Aussage, um eine Lüge zu verkaufen. Eben deshalb sollte ein Geständnis nicht nur besonders genau und in Einzelheiten festgehalten werden, sondern nach Möglichkeit sofort durch Sachbeweise erhärtet werden. Erst dann gewinnt ein Geständnis wirklich Beweiskraft. Damit aber begegnet man späteren Mißdeutungen und beugt einem erfolgreichen Widerruf eines möglicherweise mühsam erkämpften Geständnisses vor.

d) Widerruf von Geständnissen

Widerrufene Geständnisse kann man im Gerichtssaal jeden Tag erleben. Dabei müssen wir leider nur zu oft sehen, wie leicht Juristen hier auf faulen Zauber hereinfallen. Doch hängt das, wie nicht zu verhehlen ist, gewöhnlich mit Versäumnissen bei einer früheren Vernehmung zusammen. Deshalb wollen wir uns kurz mit den Entstehungsgründen solcher Widerrufsfälle befassen.

Hellwig, Albert: Psychologie und Vernehmungstechnik bei Tatbestandsermittlungen – 4. Aufl. – Stuttgart 1951 – S. 86 ff.; *Fuchs/Ullmann:* Widerruf früherer Aussagen im Strafverfahren – Kriminalistik 1956, S. 196 ff., 237 ff.; *Döhring* S. 225 ff., 251 ff.; *Bauer* 1–360 f.; *Geerds,* Friedrich: Vernehmungstechnik – 5. Aufl. – Lübeck 1976 – S. 39 ff.

Der häufigere Widerruf ist im Grunde plausibel, wenn man sich die Ursachen von Geständnissen vergegenwärtigt. Nach Abschluß der Vernehmung kommt der geständige Beschuldigte zur Ruhe und erlangt sein Gleichgewicht wieder. Die für sein Geständnis sprechenden Gründe erscheinen ihm jetzt nicht mehr als zwingend. Vielmehr fällt ihm oder seinem Freunde vielleicht eine gute Ausrede ein, die ihm im entscheidenden Moment fehlte. Das frühere Geständnis erscheint ihm jetzt als eine Riesendummheit. Dennoch steht es ihm dabei im Wege, seine vermeintlich so gut ausgedachte Geschichte jedenfalls dem Gericht vorzutragen. Folglich muß es aus dem Wege geräumt werden.

Da die Auswahl dafür geeigneter Ausreden nicht allzu reichhaltig ist, verfällt der Beschuldigte gewöhnlich auf Gedanken wie den, daß ein „Mißverständnis" vorliege, er aus purer Nächstenliebe gestanden habe oder aber das Geständnis gar von der Polizei „erpreßt" worden sei. Ähnlich begründet er den Widerruf gefühlsbetonter oder psychopathologisch bedingter Geständnisse, wenn er schließlich bemerkt, daß mit dem Geständnis die Sache noch

längst nicht ausgestanden ist. Mit Abklingen der deprimierten Augenblicksstimmung macht sich dann wieder der Selbsterhaltungstrieb geltend. – Bei allem ist nicht auszuschließen, daß mitunter auch Verteidiger an solchen Fabeln mitwirken.
Sicher gibt es vereinzelt Fälle, in denen der Widerruf sachlich berechtigt erscheint, weil ein falsches Geständnis abgelegt worden ist. Dennoch sollte sich der Kriminalist nicht verhehlen,daß das in der Mehrzahl der Fälle exerzierte Widerrufsmanöver ein Schwindel ist, der ganz überwiegend keine Aussicht auf Erfolg haben könnte, wenn man bei einem Geständnis die gebotenen Vorsichtsmaßnahmen beachtet hätte, auf die später noch genauer einzugehen sein wird.

IV. Zur Psychologie der Vernehmung im allgemeinen

Betrachten wir die Aussage im größeren Zusammenhang der Vernehmung, so wollen wir uns zunächst auf das beschränken, was für alle Aussagepersonen gilt. Ebenso wie auf die Einzelprobleme und Vernehmungstaktik und -technik (V.) – insb. bei Frauen und jungen Menschen (VI.) – soll auf die Besonderheiten der Beschuldigten-, Zeugen- und Sachverständigenvernehmung erst später (VII.) eingegangen werden.

Graßberger S. 126 ff.; *Geerds,* Friedrich: Vernehmungstechnik – 5. Aufl. – Lübeck 1976 – S. 43 ff.

Im Folgenden kommt es für die Situation bei Vernehmungen vor allem auf zwei Faktoren an – den vernehmenden Beamten und die Aussageperson. Auch dabei gehen wir – wie gesagt – von der Lage bei Ermittlungsvernehmungen aus.

1. Persönlichkeit und Situation des Vernehmenden

Ausgangspunkt unserer Überlegungen zur Psychologie der Vernehmung muß der vernehmende Beamte sein. Denn auch bei gleichem Geschlecht und Alter, gleicher Fähigkeit und gleichem Eifer sind die Erfolge bei Vernehmungen doch recht verschieden, was u. a. an der Eigenart des vernehmenden Beamten liegen muß.

Groß/Seelig (8) I-9 ff.; *Hellwig,* Albert: Psychologie und Vernehmungstechnik bei Tatbestandsermittlungen – 4. Aufl. – Stuttgart 1951 – S. 9 ff., 22 ff.; *Döhring* S. 23 ff., 174 ff., 185 ff.; *Fischer,* Johann: Die polizeiliche Vernehmung – BKA 1975/2–3 – S. 19 ff.

Entscheidend für Kontakt und Vertrauen ist eben diese Eigenart, die bei einem Menschen zu schnellem Erfolg führt, beim anderen nicht. Der als besonders fähig geltende Beamte unterscheidet sich von anderen jedoch nur quantitativ. Denn der Kreis derjenigen Personen, die seine Eigenart anspricht, ist größer als bei anderen Beamten, was allerdings einen Erfolg in den für den „fähigen" Beamten aussichtslosen Fällen zuweilen nicht ausschließt. Dies alles sollte nach Möglichkeit schon bei der Auswahl eines Vernehmungsbeamten berücksichtigt werden.
Psychologisch aufschlußreich für die Beurteilung sind vor allem Arbeitssituation, Bildungsstand und Persönlichkeit des Vernehmenden.

a) Arbeitssituation

Die für die Verfassung des Vernehmenden wichtige Arbeitssituation ist das an Hand äußerer Merkmale am einfachsten zu beurteilende Kriterium, dessen Bedeutung für den Erfolg der Vernehmung man aber nicht unterschätzen sollte. Denn innere Spannkraft, Energie und Interesse für diese Arbeit sind wesentliche Voraussetzungen für eine erfolgreiche Vernehmung.

Ebenso wie eine Krankheit müde und matt macht, kann man von einem Beamten mit ernsten häuslichen Sorgen nicht die volle Konzentration und Leistung erwarten. Sodann ist aber auch an störende Faktoren im beruflichen Bereich zu denken. Meinungsverschiedenheiten mit Vorgesetzten oder Kollegen, allzu große Bevormundung oder ungerechte Behandlung verderben leicht die Freude am Dienst und das „Betriebsklima". Der schlimmste Feind einer erfolgreichen Arbeit aber ist die Arbeitsüberlastung, die auch in diesem Lebensbereich um sich gegriffen hat, wenngleich sie zuweilen mehr ein subjektiver Eindruck oder Vorwand sein mag.

b) Bildungsstand

Psychologisch versprechende Aussichten auf Erfolg hat bei einer Vernehmung wohl nur derjenige Beamte, der über einen Bildungsstand verfügt, welcher dem der Aussageperson entspricht oder überlegen ist. Allerdings kann zu große und insb. offenbare Überlegenheit u. U. dem Kontakt abträglich sein.

Immerhin läßt sich wohl sagen, daß es gewisse Typen von Menschen gibt, die im Hinblick auf Bildungsstand und Eigenart besser miteinander auskommen als mit anderen. Im übrigen sollte der Beamte auch rein fachlich genügend Sachkunde mitbringen, um dem zu Vernehmenden gewachsen zu sein oder ihn doch mindestens zu verstehen.

Nach allem dürfte klar sein, daß die Vernehmung eines alten Bauern durch einen jungen Beamten untunlich erscheinen muß. Bedenklich sollte es ferner sein, mit der Vernehmung eines Dialekt sprechenden Einheimischen einen Beamten zu betrauen, der dieser Mundart nicht mächtig ist oder gar einen anderen Dialekt erkennen läßt. Ein junges Mädchen wird wahrscheinlich bereitwilliger bei einem jungen Beamten aussagen, während eine alte, etwas verfettete Dame bei einem älteren Beamten mit den Allüren eines Kavaliers der alten Schule in den besten Händen ist. Bei Kindern und Jugendlichen wird man vielfach einen weiblichen Beamten einem männlichen vorziehen, was jedoch bei pubertierenden Jungen nicht zu empfehlen ist, welche sich eher „von Mann zu Mann" offenbaren.

Schon diese wenigen Hinweise dürften zeigen, worauf es bei der Auswahl des Vernehmungsbeamten ankommt, sofern eine solche überhaupt möglich ist. Dabei versteht sich von selbst, daß im übrigen dessen Bildungsstand zu berücksichtigen ist, zu welchem außer Schulbildung und beruflicher Ausbildung auch die Selbsterziehung gehört.

So gesehen ist es z. B. sehr problematisch, einen intelligenten Beschuldigten oder Zeugen, der ein Abitur abgelegt oder gar ein Studium absolviert hat, durch einen Beamten vernehmen zu lassen, der lediglich den Hauptschulabschluß aufweist. Ist eine solche Auswahl, was immer wieder vorkommt, nicht möglich, so ist dem vernehmenden Beamten größte Zurückhaltung anzuraten, um etwaige Schwächen nicht deutlich werden zu lassen.

Entscheidend ist nicht allein die bloße Fähigkeit, den Vernommenen zu verstehen, sondern die für den Kontakt notwendige Gleichwertigkeit oder Überlegenheit, soweit diese sich nicht wiederum hemmend auswirkt. Ist mithin die richtige Antwort auf die Frage „Wer vernimmt wen?" ausschlaggebend für den Erfolg, so gibt es in der Praxis doch immer wieder unglückliche Situationen, in denen eine Auswahl nicht oder nur begrenzt möglich ist. Dann muß der

Vernehmungsbeamte sehen, wie er mit den obwaltenden Schwierigkeiten am besten fertig wird.

c) Die Persönlichkeit des Vernehmenden

Ausschlaggebend für eine Vernehmung ist im übrigen die Persönlichkeit des Vernehmenden, die durch recht unterschiedliche Merkmale charakterisiert wird.

O'Hara S. 112 ff.

Zunächst einmal kommt es insoweit auf den **äußerlichen Eindruck** an, der von anderen Menschen immer mehr oder weniger unbewußt als Ausdruck der Persönlichkeit aufgefaßt wird. Der Vernehmungsbeamte sollte sich daher fragen, wie er auf andere Menschen wirkt, d. h. wie man sein Äußeres, seine Stimme, seine Sprechweise, seine Bewegungen usw. wohl empfindet.

Stimme und Redeweise sind ebenso wie Wortgewandtheit gerade für Vernehmungen wichtig. Auch gewisse Worte, die der Beamte zu häufig benutzt oder alberne Redewendungen, die er sich angewöhnt hat, können leicht störend wirken.

Sicherlich hängt dieser Eindruck weithin von reinen **Äußerlichkeiten** ab, z. B. der Kleidung, der Pflege der Haare, der Hände und Fingernägel. Insb. das weibliche Geschlecht übt hier eine unnachsichtige Kritik. Bedenklich sind ferner sonstige Verhaltensweisen, insb. lächerliche Angewohnheiten wie das Zupfen an der Krawatte, das Reiben von Kinn oder Stirn sowie das zu häufige Benutzen des Taschenkammes.

Neben diesen Äußerlichkeiten wird der Eindruck, den die Aussageperson vom Beamten erhält, vor allem durch dessen Auftreten und **Vorgehen** geprägt. Es handelt sich hier um die Art und Weise, in welcher der Beamte sich gibt, sowie den Ton, auf den er die Vernehmung abstellt. Das Wesen des Beamten sollte insoweit durch Menschlichkeit, Freundlichkeit und Sachlichkeit gekennzeichnet sein.

Menschlichkeit bedeutet in diesem Zusammenhange vor allem natürliches Auftreten. Die Amtsmiene ist ebenso verfehlt wie schulmeisterliches Gehabe.

Freundlichkeit bei einer Vernehmung darf nicht mit Schwäche verwechselt werden, sondern bedeutet Verständnis für die Aussageperson und deren Lage. Denn Schwäche verleitet den zu Vernehmenden zu Frechheiten oder Lügen. Deshalb ist bei aller Freundlichkeit eine wohlwollende Härte des öfteren durchaus angebracht.

Freundlichkeit bedeutet Verstehen, nicht Billigen des kriminellen Verhaltens. Deshalb sollte man sie nie mit plumper Vertraulichkeit verwechseln, die den Beamten moralisch auf die Ebene des Rechtsbrechers stellt. Vielmehr geht es hier um ein sachliches Interesse für die Aussageperson, ohne welches kaum Kontakt mit ihr zu erzielen ist.

Vor allem aber sollte das Verhalten des vernehmenden Beamten durch **Sachlichkeit** gekennzeichnet sein, die jedoch niemals zu uninteressierter Kühle führen darf. Vielmehr kommt es insoweit darauf an, daß der Beamte in unauffälliger, aber nachdrücklicher Form sicher und korrekt die Vernehmung leitet. Offenheit schadet hier im allgemeinen nicht, sofern dabei feststeht, daß der Beamte seine Pflicht – und nur seine Pflicht – tut.

Grundsätzlich ist insoweit sein leichter Plauderton am Anfang der Vernehmung der richtige. Muß man einmal dazwischen fahren, so sollte das kurz und gründlich geschehen, ohne daß der Beamte sich dabei persönlich engagiert. Hat er den nötigen inneren Abstand, so besteht kein Anlaß zur Erregung. Vor sogen. „Schneid“ sollte man sich als Vernehmungsbeamter hüten. Fehlt ihm in Einzelfällen die gewünschte besondere Sachkunde, so sollte der Beamte nicht den Fachmann markieren, sondern sich tunlichst zurückhalten.

Nachfragen kann man mit dem Hinweis auf das Protokoll begründen, dessen Formulierung auch für den Laien verständlich sein müsse. Auch kann man sich ggf. Anlagen und komplizierte Vorgänge durch Handskizzen erläutern lassen.

Sind mit der vernommenen Person peinliche Sachen zu erörtern, so sollte man den Stier ruhig, aber fest an den Hörnern packen. Verlegenes Herumreden schafft peinliche Situationen; man darf das Kind ruhig beim richtigen Namen nennen, weil man damit nur seine Pflicht tut. Aber auch hier sollte man persönliche Schärfen, unnötige Kraftausdrücke und alle Dinge vermeiden, die den Eindruck der Gehässigkeit oder eines über die Sache hinausgehenden Interesses an den Vorgängen erwecken könnten. Sachlichkeit äußert sich darin, daß der Beamte Takt und Zurückhaltung zeigt, klar und zielbewußt auftritt.
Die bereits im Vorgehen zum Ausdruck kommende **Grundhaltung** des Vernehmungsbeamten sollte im übrigen durch Selbstkritik und Selbstkontrolle gekennzeichnet sein. Oft ist es sogar für den länger in der Praxis Tätigen schwerer als für den Anfänger, seine eigenen Schwächen zu erkennen.

2. Persönlichkeit und Lage des zu Vernehmenden

Die Persönlichkeit des zu Vernehmenden ist ebenso wie z. T. seine Lage grundsätzlich nach denselben Kriterien zu beurteilen, wie sie beim vernehmenden Beamten aufgezeigt worden sind. Im Folgenden geht es uns deshalb vor allem darum, Besonderheiten der Aussageperson zu erfassen und ferner herauszuarbeiten, wie sich der vernehmende Beamte möglichst schnell und sicher Klarheit über die Persönlichkeit des zu Vernehmenden verschaffen kann.

Hellwig, Albert: Psychologie und Vernehmungstechnik bei Tatbestandsermittlungen – 4. Aufl. – Stuttgart 1951 – S. 40 ff.; *Döhring* S. 76 ff.; *Bauer* 1–302 ff.

Wenn man den Beschuldigten, Zeugen oder Sachverständigen ihrem Charakter, ihren Eigenschaften und ihrem Verhalten nach richtig einschätzen will, so setzt man außer Menschenkenntnis vor allem ein gutes Beobachtungsvermögen voraus. Der Kriminalist muß sich zum bewußten Beobachten und Sehen erziehen. Wie Experimente ergeben haben, ist es erstaunlich, was wir alles nicht sehen.

a) Menschenkenntnis

Zum großen Teil ist die für das Veständnis der Aussageperson notwendige Menschenkenntnis allerdings eine Sache angeborener Begabung. Eine solche findet man übrigens auch unter Kriminellen, häufiger bei Betrügern wie Hochstaplern und Heiratsschwindlern. Allerdings ist die richtige Beurteilung von Menschen in nicht geringem Ausmaß eine Sache von Erfahrung und insoweit erlernbar. Außer auf bewußtem Sehen und Beobachten beruht sie auf kritischem Verwerten der getroffenen Feststellungen.

Groß/Seelig (8) I-45 ff.; *Geerds,* Friedrich: Vernehmungstechnik – 5. Aufl. – Lübeck 1976 – S. 53 ff.; *Herren,* Rüdiger: Der Kriminalist als Menschenkenner – Arch. f. Krim. Bd. 158, S. 129 ff. (1976); *Herren,* Rüdiger: Menschenkenntnis und Kriminalistik – Die Polizei 1977, S. 165 ff.

Menschenkenntnis hat übrigens wenig mit Intelligenz zu tun. Es gibt durchaus intelligente Menschen, die nicht richtig sehen können, deren Beobachtungsvermögen außerordentlich gering ist, während andere, sonst nicht sonderlich begabte Leute ein unglaublich scharfes Gedächtnis für Einzelheiten haben und sie trotz kurzer Beobachtungszeit exakt zu beschreiben vermögen. Das Beobachtungsvermögen leidet auch unter den Lebensverhältnissen, ist z. B. beim Großstädter oft schlechter als beim Landbewohner.
Der Kriminalist sollte sich also zum bewußten Sehen und Beobachten erziehen. Denn wenn wir es lernen, die Aussageperson bei einer Vernehmung bewußt zu beobachten, so bekommen wir viele Anhaltspunkte, die es uns erleichtern, die Persönlichkeit dieses Menschen und sein künftiges Verhalten richtig einzuschätzen.

b) Das Erscheinungsbild der Aussageperson

Ein erheblicher Teil aller Wesenseigenschaften eines Menschen zeigt sich gewöhnlich bereits in seinem äußeren Erscheinungsbild. Meistens sind es Kleinigkeiten; aber wenn wir sie überhaupt bemerken und richtig kombinieren, kann das für die Vernehmung sehr hilfreich sein.
Dies gilt einmal für Schlüsse aus der Umwelt, die sich ein Mensch schafft; denn sie ist mehr oder weniger Ausdruck seines inneren Wesens. So können schon Kleidung und Schmuck aufschlußreich sein, durch die der Mensch sich einen Rahmen schafft, wie er gern gesehen und eingeschätzt werden möchte.

Mitunter kann man daran auch seine Einstellung zur Umwelt erkennen. Wer z. B. in diesen Dingen seine Selbstständigkeit bewahrt, wird sie auch in anderen aufweisen. Die Vermögenslage ist nicht von wirklichem Einfluß. Der Kriminalist muß aber auch bedenken, daß dieselbe Erscheinung – z. B. vernachlässigte Kleidung – verschiedene Gründe – z. B. Geldmangel, Gleichgültigkeit oder Großzügigkeit – haben kann. Auch Kleinigkeiten wie Vereinsabzeichen oder dergl. geben oft wertvolle Hinweise.

c) Haltung und Auftreten

Aufschlußreich ist das äußere Benehmen, d. h. Haltung und Auftreten der Aussageperson. Nicht nur die Art, wie ein Mensch gewisse Situationen und Verhältnisse beurteilt, ist interessant, sondern auch nebensächliche Verhaltensweisen können u. U. recht charakteristisch sein.

Groß/Seelig (8) I-46 f.

Die Art, in der eine Person ein Zimmer betritt oder in der sie über einen Gang geht, zeigt nicht nur, ob sie dort bekannt ist, sondern bietet möglicherweise zugleich einen Maßstab für ihre Selbstsicherheit und ihr Selbstbewußtsein; dasselbe gilt für das Betreten unseres Dienstzimmers. Auch die Weise, in der jemand einen Bleistift spitzt oder einen Brief verschließt, kann Nervosität, Pedanterie, Nachlässigkeit oder Rücksichtslosigkeit verraten. Wir sollten also die Augen offen halten und darauf achten, welche Variationen hier möglich sind.

d) Andere Kriterien

Kommen wir nach diesem Drum und Dran zum Menschen selbst, zu seinem Wesen und Charakter, um Kriterien zu ermitteln, welche es uns erlauben, seine Persönlichkeit genauer einzuschätzen! Schon seit Jahrtausenden hat man beobachtet, daß zwischen dem inneren Wesen eines Menschen und seinem Verhalten gewisse Zusammenhänge bestehen und sich bemüht, diese einigermaßen exakt zu erfassen.

Ein Beispiel dafür aus der Antike stellen die vier Temperamente – Melancholiker, Sanguiniker, Phlegmatiker und Choleriker – dar, eine Einteilung, die sich wie viele andere Typisierungsversuche auf dem Gebiet der wissenschaftlichen Charakterologie letztlich als wenig ergiebig erwies.

Versteht man unter Charakter die seelische Eigenart des einzelnen Menschen, so läßt sich dieser als Gesamtgefüge zwar am Verhalten und Handeln des Betreffenden aufzeigen, er ist aber nicht dessen Ursache. Will man als Vernehmungsbeamter einen Menschen erfassen, so muß man also durch Beobachten ermitteln, welche wesentlichen Eigenarten und „charakteristischen" Verhaltensweisen zu erkennen läßt. Man muß also vorwiegend auf das „Wie" des Verhaltens abstellen. Denn wir dürfen annehmen, daß diejenigen Verhaltensweisen, die wir als typisch erkannt haben, im eigentlichen Wesen des betreffenden Menschen wurzeln. Der für uns schwierigste Punkt ist demnach das Beobachten und Bewerten des Geschauten oder sonst Wahrgenommenen. Dies sollte daher in ganz besonderer Weise erfolgen, um einige Sicherheit dafür zu haben, daß wir mit brauchbaren Ergebnissen rechnen dürfen.

Groß/Seelig (8) I-47 ff.; *Müller-Freienfels,* Richard: Menschenkenntnis und Menschenbehandlung. Eine praktische Psychologie für jedermann – Berlin 1940/1951; *Huber,* Philipp: Wege zu einer kriminalistischen Ausdruckskunde – Kriminalistik 1959, S. 464 ff.; *Fischer,* G.: Menschenkenntnis und Menschenbehandlung – in: TbKrim Bd. X, S. 15 ff. (1960); *Hornthal,* Steffen M./*Krappen,* Heinz: Psychologie. Theorie und Praxis der Menschenführung – Kl. Pol.-Bücherei Bd. 57 – Lübeck 1974; *Geerds,* Friedrich: Vernehmungstechnik – 5. Aufl. – Lübeck 1976 – S. 56 ff.

Üblicherweise geht man in der Praxis beim Erfassen einer Persönlichkeit von ihrem **Gesamtbild** aus, vernachlässigt man zunächst Einzelheiten und Eigentümlichkeiten. Darauf legen wir erst später mehr und mehr Gewicht, um den zuerst gewonnenen Gesamteindruck zu berichtigen und zu ergänzen. Immer aber sollte die Betrachtungsweise ganzheitlich bleiben.
Für die Praxis bedeutet das, daß wir den Beschuldigten, Zeugen oder Sachverständigen, der unser Zimmer betritt, zunächst einmal eindrucksmäßig auf uns wirken lassen. Dieser erste Eindruck ergibt bereits einen groben Umriß. Obwohl es oft schwer ist, sollten wir diesen vorläufigen Gesamteindruck in Worte und feste Begriffe bringen.

Dabei kann man das Wesen des Menschen mit einem charakterisierenden Wort (z. B. hart, hölzern, geschwätzig, schleichend) oder mit Gleichnissen einkreisen. Zuweilen erinnern Gesicht, Gestalt, Haltung oder Gehabe an ein bestimmtes Tier. Bei einem anderen denkt man an eine bestimmte Farbe, bei einem Dritten an eine Dichtergestalt. Es kommt bei allem einstweilen allein darauf an, die Stilgesetzlichkeit zu erfassen.

Nach diesem ganzheitlichen Erfassen der Persönlichkeit ist der Zeitpunkt für **Einzelbeobachtungen** gekommen. Man geht jetzt dazu über, neben dem Gesamtbild auch auf gewisse Einzelvorgänge oder -merkmale zu achten, um sie ebenfalls zu charakterisieren. So greifen wir z. B. den Händedruck der Aussageperson, die Art ihres Sprechens oder das Spiel ihrer Hände heraus.

Ein Händedruck kann energisch und fest, weich und „schwammig" oder kühl wirken. Die Hände selbst mögen an „Krallen" oder „rundliche Würstchen", das Gesicht an einen Raubvogel oder einen (gutmütigen) Vollmond erinnern.

In diesem Zusammenhang sei allerdings davor gewarnt, solche Einzelmerkmale zu verabsolutieren. Nichts imponiert bekanntlich dem Laien, der sich mit Fragen der Charakterkunde befaßt, mehr, als wenn jemand mit einer Art Seherblick behauptet, aus dem einen oder anderen Körperteil bzw. Gesichtszug eine Charaktereigenschaft herauslesen zu können. So einfach ist diese Sache nicht.

Nicht jeder Gesichtsausdruck oder jegliche Gebärde läßt auf eine gewisse Gemütsverfassung oder Charaktereigenschaft schließen. Und wer aus Einzelheiten unbekümmert Schlüsse auf das Ganze zieht landet bei einer „Zeichendeuterei". Man kann eben aus dem Besitz einer „griechischen Nase" nicht ohne weiteres Kunst- und Schönheitssinn und aus jedem dicken, fleischigen Riechorgan Sinnlichkeit oder Freude an guter Lebensweise herauslesen.

Dennoch sind alle diese Dinge nicht völlig aus der Luft gegriffen. Wir wollen daher sehen, was an der Sache daran ist. Die soeben genannten Beispiele zeigen einen Denkfehler, weil ein wesentliches Zwischenglied der Gedankenkette fehlt. Bei einem normal entwickelten Menschen pflegt jedes Glied als Teil des Ganzen proportioniert zu sein und besitzt den gleichen Ausdrucksgehalt, denselben „Stil" bzw. „Typ" wie dieses. Abweichungen davon lassen den Organismus als irgenwie unharmonisch erscheinen; wir registrieren eine Disharmonie, weil etwa Wurstfinger nicht zum Typ des Intellektuellen passen oder sich die dicke Nase nicht recht in ein hageres Gesicht fügt. Zuweilen lassen sich für derartige Einzelbeobachtungen durchaus vernünftige Ableitungen finden.

Groß/Seelig (8) I-166 ff.; *Döhring* S. 67 ff.; *Bauer* 1–303 ff.; *O'Hara* S. 121 ff.

Trotz gewisser Gefahren ist die Behandlung solcher Einzelheiten aus drei Gründen ratsam. Einmal ist das die Notwendigkeit genauerer, in das einzelne gehender Beobachtung. Zum anderen ist das der darin liegende Zwang, sich über das Ganze und zugleich über seine einzelnen Teile Rechenschaft zu geben. Und schließlich muß der Kriminalist sein Gegenüber ohnehin eingehend mustern, um ohne Rücksicht auf charakterkundliche Fragen möglichst viel von dessen Persönlichkeit und Denken zu erfassen. Charakterkundliche und kriminalistische Betrachtungsweise lassen sich so miteinander verbinden.
Halten wir für den folgenden Überblick fest, daß es zwar kaum eine Einzelheit im Äußeren eines Menschen gibt, die charakterologisch bedeutungslos ist, aber sicher keine, die diese ihre Bedeutung nicht erst durch das Gesamtbild erhält. Zudem kommt es regelmäßig nicht auf die Form von Körperteilen an, da diese nur selten durch die Psyche beeinflußt werden können. Der Körper ist nicht die Ursache, sondern zeigt lediglich Wirkungen der Psyche bzw. des Charakters.
Das **Haar** ist insoweit z. B. wenig ergiebig. Eher kann die Haarpflege – sei sie nun übertrieben oder mangelhaft – für den Kriminalisten aufschlußreich sein.
Obwohl die **Stirn** im Volksmund als Sitz und Symbol der Intelligenz gilt (hohe Stirn im Gegensatz zur niederen), kann man damit kaum etwas anfangen. Disharmonien können sich bei Stirnfläche und Stirnwinkel im Verhältnis zum Gesicht ergeben, was aber ebenfalls charakterologisch kaum brauchbare Anhaltspunkte bieten dürfte.
Die Farbe der **Augen,** die für den Laien eine große Rolle spielt, ist charakterologisch bedeutungslos. Sehr empfindlich ist das Auge und damit der Blick jedoch für Stimmungs- oder Krankheitseinflüsse.
Allerdings heißt das nicht, daß wir stets Unsicherheit im Blick bemerken; im Gegenteil führt die Überkompensation z. B. beim Schwindler dazu, daß er zu ehrenfest blickt.

Zudem kann das Auge durch seinen Blick u. U. Aufschluß bieten; es gibt z. B. nicht nur den aufgeweckten, gerissenen, frechen, sondern auch einen stumpfen, sturen oder stupiden Blick.

Die **Nase,** die nach verbreiteter Ansicht auch in ihrer Form und Größe in Beziehung zu Konstitution, Temperament und Lebensweise stehen soll, ist für den Kriminalisten sehr problematisch. Sie wirkt wohl eher auf das Gesamtbild ein, als daß sie exakte Schlüsse aus Einzelbeobachtungen ermöglicht. Zudem stellt sie des öfteren ein Rassemerkmal dar, weshalb Vorsicht am Platze ist.

Ähnliches gilt für den **Mund,** der gewiß mitentscheidend für den Gesamtausdruck des Gesichts ist. Eher lassen Form und Haltung der Lippen etwas über die Einstellung des Menschen erkennen.

Ebenso wie energische, willenskräftige oder verschlossene Menschen ihren Mund geschlossen zu halten pflegen, steht er bei Energielosen, Schwätzern oder Beschränkten offen. Aufwärts gerichtete Mundwinkel sind Anzeichen einer humorvollen, lebensbejahenden Persönlichkeit, während eine Neigung nach abwärts auf Melancholie, Verbitterung oder schlechte Laune schließen läßt.

Die **Zähne** sind nur mittelbar charakterologisch bedeutsam, weil man aus ihrem Zustand vor allem auf die Sorgfalt der Zahnpflege schließen kann. Interessant für den Kriminalisten sind hier andere Wahrnehmungen, die damit zusammenhängen, daß manche bei ihrer beruflichen Tätigkeit die Zähne benutzen, was mit der Zeit das Gebiß verändern kann (sogen. Berufsmerkmale).

Beispiele dafür sind Schneider und Schneiderinnen, welche Fäden mit den Zähnen abzureißen pflegen. Bei Schuhmachern, Tapezierern und Dekorateuren, die Nägel meist zwischen die Zähne schieben, hinterlassen diese schartige Spuren. – Andere Berufe arbeiten mit Substanzen, welche die Zähne in charakteristischer Weise zerstören oder verfärben.

Vieth, Günther: Berufsmerkmale und ihre Bedeutung für die Identifizierung unbekannter Lebender und Toter – in: TbKrim Bd. XII, S. 256 ff. (1962).

Das **Kinn** wiederum ist kaum als solches bedeutsam, sondern vor allem deshalb, weil es den Gesamteindruck prägen kann. Man sollte sich hier daher vor Kurzschlüssen hüten.

Aufschlußreicher für die Persönlichkeit des zu Vernehmenden und seine Lebensweise ist häufiger jedoch die menschliche **Hand.** Denn die Hand ist derjenige Körperteil, den wir ununterbrochen bewußt benutzen. Es ist einfach unmöglich, die Hand eines Gelehrten und eines Handarbeiters miteinander zu verwechseln. – Kriminalistisch sind zudem auch andere Merkmale an der Hand, z. B. Schwielen, Verfärbungen wesentlich, d. h. die schon bei den Zähnen erwähnten Berufsmerkmale.

e) Zur Bewertung

Auf Grund dieser Einzelbeobachtungen, die zu dem Gesamteindruck hinzutreten, kann man eine Art Zwischenbilanz über den Charakter des Vernommenen machen. Wir fragen uns nun, wo denn eigentlich der Schwerpunkt im Wesen dieser Person liegt und überprüfen die gesamte bisherige Arbeit nochmals. So können wir eine zufällige Erscheinung fälschlich für eine dauernde gehalten oder etwas Angelerntes als persönlichen Ausdruck gewertet haben.

Geerds, Friedrich: Vernehmungstechnik – 5. Aufl. – Lübeck 1976 – S. 70 ff.

Haben wir das getan, so werden wir uns fragen, ob das Gesamtbild, so wie wir es jetzt sehen, harmonisch ist oder ob Einzelzüge aus dem Ganzen herausfallen, was durchaus vorkommen kann. Um in dieses Durcheinander von Eindrücken eine gewisse Ordnung hineinzubringen, ziehen wir eine Art „Zwischenbilanz" über den Charakter der Aussageperson. Wir fragen beispielsweise, ob dieser Mensch mehr von seinem Willen oder seinen Trieben beherrscht wird. Oder: Sind es Vorstellungen oder aber Gefühle, die sein Tun bestimmen? So lassen sich trotz einer gewissen Unschärfe zumindest fünf Typen unterscheiden, die in der Zwischenbilanz für den Vernehmungsbeamten von Nutzen sein können.

aa) Der **Triebmensch** wird zu seinen Handlungen durch einen ihm oft selbst unerklärlichen Drang veranlaßt. Nicht das Wollen ist bei ihm für das Handeln ausschlaggebend, sondern ein Trieb oder Triebgefüge, welche den Willen bestimmen.

Der Triebmensch, der vielfach körperlich robust ist, neigt insb. zu Gewaltdelikten, wenngleich es mitunter bei einschlägigen Sexualdelinquenten auch geradezu kümmerliche Gestalten gibt. Seine Taten erscheinen nicht selten als Kurzschlußhandlungen.

Da der Triebmensch trotz der bei Ausbrüchen zu beobachtenden Energie im Grund seines Wesens als willensschwach zu bezeichnen sein dürfte, ist bei Vernehmungen am besten mit ihm auszukommen, wenn man ihn ruhig, aber bestimmt behandelt. Schroffes Vorgehen ruft leicht Trotz und Rücksichtslosigkeit hervor.

bb) Der **Willensmensch** zeigt im Gegensatz hierzu eine betonte Stärke und Ausdauer in seiner Entschlußkraft. Er strebt allgemein nach Geltung, will im Beruf vorankommen, in der Gesellschaft eine angesehene Stellung einnehmen und dergl.

Folge dieser Einstellung pflegt eine Schwäche auf dem Gebiet des Gefühlslebens zu sein, wenngleich gelegentlich Sentimentalität oder gar Gefühlsduselei vorkommen. Im Grunde geht es dabei aber mehr um den Betreffenden selbst.

Bei einer solchen Persönlichkeit muß der Vernehmungsbeamte mit einer bewußt oder unbewußt feindseligen Haltung rechnen. Da ein solcher Mensch im Beamten einen Feind wittert, wird er leicht zum Gegenangriff gereizt. Am besten ist daher eine freundliche Reserve bzw. betonte Zurückhaltung, wenngleich diese Menschen gewöhnlich nicht zum Reden neigen. Auch der Beamte sollte kurz und klar bleiben, dabei jede Blöße vermeiden.

cc) Der **Vorstellungsmensch** pflegt ein betont funktionierendes Nervensystem zu besitzen; z. T. ist er sogar überempfindlich, bringt aber gewöhnlich nur wenig Willenskraft auf.

Die optimistische Ausgabe des Vorstellungsmenschen ist der Oberflächliche, der ewige Plänemacher; der Pessimist dagegen der Grübler und Einzelgänger, der sich am liebsten in sein „Wenn" und „Aber„ versenkt.

Bei der Vernehmung eines solchen Menschen sind Nüchternheit und unbeirrbare Sachlichkeit am Platze; man muß die Aussageperson gewöhnlich energisch bei der Stange halten. Manchmal muß man den zu weit gespannten Gedankenfaden zerreißen, was aber durchweg nicht übel genommen wird, wenn man bei freundlichem Ton Verständnis für die Eigenart zeigt.

dd) Der **Gefühlsmensch** ist in seinem Wesen ebenfalls subjektiv; doch fehlt ihm die Härte des Willensmenschen. Diese Menschen handeln oft unüberlegt, sind aber im Grunde recht versöhnlich. Sie sind begeisterungsfähig, werfen eine Sache aber leicht hin, wenn sie das Interesse an ihr verloren haben.

Ihre Haltung ist oft sehr entgegenkommend. Bei Sexualdelinquenten, deren Taten Rücksichtslosigkeit und dergl. verraten, ist daher eher auf einen Triebmenschen zu schließen. Ihre schwache Seite ist das Denken; denn Gefühl ist bei ihnen alles. Daß sie nicht „nein“ sagen können, läßt sie leicht zum Mittäter oder Gehilfen werden.

Bei einer Vernehmung sollte man einen Gefühlsmenschen am besten zuerst ein wenig zutraulich werden lassen; wenngleich sie mitunter auch durch energisches Auftreten zu überrumpeln sind. Doch ist es in aller Regel besser, sich hier etwas Zeit zu nehmen und den Vernommenen reden zu lassen. Dann ist mit Gefühlsargumenten und gütlichen Vorhalten etwas zu erreichen.

ee) Der **Empfindungsmensch** ist eine gesteigerte Version des Gefühlsmenschen. Neben dem Gefühl spielt bei ihm das mitschwingende Nervensystem die ausschlaggebende Rolle, weshalb das Sensationsbedürfnis hier recht häufig ist.

Auch diese Menschen sind oft so willensschwach, daß ihnen alles „auf die Nerven geht“. Der übersteigerten Subjektivität entspricht eine mimosenhafte Empfindlichkeit.

Menschen dieser Art sollte man bei Vernehmungen eingangs mit sachlicher Freundlichkeit begegnen. Lügt er, so widerlegt man seine Ausflüchte, um ihm dann ggf. klipp und klar zu sagen, daß man nicht daran denkt, seine Empfindungen zu schonen. Allerdings muß man dann gegen Tränen und Gefühlsausbrüche unempfindlich sein. Im übrigen kann man, wenn der Vernommene einlenkt, wieder zum ursprünglichen Ton zurückkehren und das kleine Zwischenspiel scheinbar vergessen. Sofern man ansonsten Takt hat, ist mit diesen Menschen ausgezeichnet auszukommen.

f) Weitere Konsequenzen für die Vernehmungssituation

Alle diese Erwägungen führen zugleich an diejenigen Gründe und Motive heran, die eine Aussageperson als schwierig erscheinen lassen oder sie zu Lügen veranlassen können. Wir können nun auch die Widerstandsenergie der Aussageperson und ihre Widerstandsintelligenz genauer einschätzen und unser Vorgehen darauf abstellen.

Im Grunde handelt es sich jedoch nur um Krücken, die uns das Sehen erleichtern sollen. Denn die Menschen sind weder in ihrem Aussagen noch in ihrem Charakter genormt. Zu merkwürdigen Erbkonstellationen kommen Erziehung und Entwicklung hinzu, welche die Persönlichkeit anders formen oder grundlegend verändern können.

Doch trifft man bei Vernehmungen immer wieder auf das Phänomen, daß man mit manchen Menschen – und das ohne besondere Mühe – sogleich Kontakt hat, während man bei anderen sofort das Gefühl einer ablehnenden Spannung hat. Begriffe wie Sympathie und Antipathie erklären diese Erscheinung nicht, die übrigens in aller Regel nichts mit der Art des kriminellen Verhaltens zu tun hat, sondern umschreiben sie höchstens.

Es kommt schließlich aber auch vor, daß man bei der ersten Vernehmung mit einem Beschuldigten sofort Kontakt hat, der bei einer einige Tage später erfolgenden Vernehmung partout nicht wieder herzustellen ist. Außer äußeren Dingen können hier auch innere Vorgänge in der Aussageperson störend wirken. Man sollte deshalb an einem „guten Tag“ die Chance nutzen, an einem „schlechten Tag“, sofern das möglich ist, die Vernehmung verschieben oder einem Kollegen überlassen.

Wir erwähnen diese Dinge, weil sie – obwohl nicht meß- und wägbar – wichtig sind, wenn man jemand richtig einschätzen und behandeln will. Es handelt sich hier zudem nur um

Erkenntnisse und Erfahrungen, nicht um mathematische Lehrsätze. Zu einer gewissen Veranlagung tritt daher auch beim Vernehmungsbeamten mit der Zeit die Erfahrung. Deshalb sollte man am Anfang seine Ziele lieber nicht zu hoch schrauben, sondern sich zuerst einmal mehr und mehr an planmäßiges Beobachten gewöhnen, um sodann Ursache und Wirkung überlegter zu erfassen. Auch bei Vernehmungen sollte man nicht leichtherzig auf den „Kommissar Zufall" vertrauen, sondern sich bemühen, die gesamte Situation mit der Zeit psychologisch und rational besser zu erfassen, um dementsprechend vorgehen zu können.

V. Taktik und Technik der Vernehmung

Bisher haben wir uns im wesentlichen mit Vorfragen befaßt, die einigen Einblick in diejenigen Probleme vermitteln, welche eine jede Vernehmung aufwirft oder aufwerfen kann. Dabei haben wir bereits bemerkt, daß es keine Wundermittel oder unfehlbare Methoden gibt. Dennoch dürften diese Erfahrungen und Hinweise die Arbeit des Vernehmungsbeamten erleichtern.

Hellwig, Albert: Psychologie und Vernehmungstechnik bei Tatbestandsermittlungen– 4. Aufl. – Stuttgart 1951 – S. 204 ff.; *Seelig* S. 281 ff.; *Fischer,* Johann: Die polizeiliche Vernehmung – BKA 1975/2–3 – S. 105 ff.; *Geerds,* Friedrich: Vernehmungstechnik – 5. Aufl. – Lübeck 1976 – S. 79 ff.

Wenn wir uns nunmehr der Taktik und Technik der Vernehmung zuwenden, so geschieht das in der klaren Erkenntnis, daß auch die folgenden Hinweise lediglich Hilfen darstellen, die nicht schematisch anzuwenden sind und auch nicht in jedem Falle zum Erfolg führen. Die Besonderheiten der Vernehmung von Frauen und jungen Menschen werden einstweilen ebenso ausgeklammert (VI.) wie diejenigen, welche mit den besonderen prozessualen Rollen von Aussagepersonen zusammenhängen (VII.). – Das so begrenzte Gesamtgebiet ist zweckmäßig in drei Komplexe zu gliedern:
1. Vorbereitende Arbeiten,
2. Wahl des Ortes und äußere Gestaltung der Vernehmung,
3. Allgemeines zum Vorgehen bei einer Vernehmung.

1. Vorbereitende Arbeiten

Eine Vernehmung beginnt nicht erst in dem Augenblick, in welchem wir der zu vernehmenden Person gegenübersitzen, sondern schon, sobald wir von der Notwendigkeit einer Einvernahme Kenntnis erhalten. Denn richtig vernehmen kann man eine Person nur, wenn man die Akten der betreffenden Strafsache genau kennt und sich – soweit möglich – mit Persönlichkeit und Umwelt der Aussageperson vertraut gemacht hat.
Vorausgesetzt wird dabei das, was Hans *Groß* das Orientiertsein genannt hat. Es ist das Wissen des Vernehmungsbeamten um für die Sache bedeutsame Aussagepersonen, um die örtlichen Verhältnisse und andere wichtige Gegebenheiten.

Groß/Seelig (8) I-50 ff.; *Graßberger* S. 126 ff.; *Bauer* 1–319 ff.; *Fischer,* Johann: Die polizeiliche Vernehmung – BKA 1975/2–3 – S. 43 ff., 67 ff.

Soweit der Beamte sich dieses Wissen nicht privat oder im Zuge seiner dienstlichen Tätigkeit bereits angeeignet hat, was zu empfehlen ist, muß dieses, sofern es für die Strafsache bedeutsam sein kann, bei den vorbereitenden Arbeiten nachgeholt werden.
Der **Zeitpunkt einer Vernehmung** richtet sich in erster Linie nach der kriminaltaktischen Situation.

Bauer 1–323 ff.

Die Regel, daß es besser ist, je schneller die Vernehmung durchgeführt wird, gilt deshalb nicht uneingeschränkt, sondern muß zuweilen im Hinblick auf den Stand der Ermittlungen modifiziert werden. Dies ist auch bei der Reihenfolge mehrerer Vernehmungen in derselben Strafsache zu beachten. Im übrigen ist, was den genauen Termin – die Tageszeit – der Vernehmung anlangt, soweit möglich zweckmäßig auf die Verhältnisse der Aussageperson Rücksicht zu nehmen; man erspart sich damit zusätzliche Schwierigkeiten und erleichtert eine kooperative Haltung. Dies gilt zwar vor allem für Zeugen- und Sachverständigenvernehmungen, kann aber u. U. auch bei einer Beschuldigtenvernehmung angebracht sein. Erscheint eine zum Zwecke der Vernehmung vorgeladene Aussageperson unentschuldigt nicht, so kommt es zunächst einmal auf die Rechtslage an, ob Zwangsmittel zur Verfügung stehen, welche z. B. eine Festnahme des Beschuldigten oder zwangsweise Vorführung gestatten. Aber selbst dort, wo dieses der Fall ist, und ohnehin ansonsten sollte der Beamte in der Regel zunächst versuchen, die betreffende Aussageperson gütlich zum Erscheinen und zu einer Aussage zu bewegen; bei Scheitern dieser Bemühungen kann ggf. Zwang angewandt oder durch Einschalten anderer Stellen bewirkt werden.

a) Kenntnis der Akten

Eine primitive Regel jeder Vernehmung ist die, daß nur derjenige vernehmen kann, der die Akten richtig kennt. Man darf dieses nicht der Durchsicht während der Vernehmung überlassen. Vielmehr muß man alles, was in den Akten steht, im Kopf oder auf einem Notizzettel haben. Bei verwickelten Geschäftsvorgängen empfiehlt sich sogar ein ausführlicher „Kalender".

Groß/Seelig (8) I-45 f.; *O'Hara* S. 30 ff.

Bei dieser vorbereitenden Arbeit sind nicht nur die Akten der fraglichen Strafsache wichtig, sondern auch Vorstrafakten und andere Aktenstücke, die etwas über die betreffende Aussageperson enthalten könnten. Zu den daraus u. U. zu entnehmenden Tatsachen, die für das laufende Verfahren bedeutsam sein können, kommt hinzu, daß viele Menschen sich über längere Zeit darin gleich oder doch ähnlich bleiben, wie sie sich verantworten oder einlassen.

Diese Erfahrung besagt natürlich nicht, daß jemand, der in einem früheren Verfahren einmal ein Geständnis abgelegt hat, auch jetzt wieder gestehen oder doch die Wahrheit bekunden wird. Es kommt beim Aktenstudium vielmehr auf den Gesamteindruck von der Aussageperson an, der sich auch dann, wenn dies zunächst nicht der Fall zu sein scheint, in aller Regel bei einer erneuten Vernehmung zu bestätigen pflegt.

b) Charakter, Vorleben und Umwelt der Aussageperson

Weiter sollte sich der vernehmende Beamte – und zwar ggf. über das Aktenstudium hinaus – über den Charakter der Aussageperson klar werden, bevor er ihr gegenübertritt. Besondere Bedeutung haben hier bei einem Beschuldigten die polizeilichen Personenakten sowie etwaige Vorstrafakten; auch Informationen von Kollegen können hilfreich sein.

In geeigneten Fällen sollte sich der Beamte überdies eingehend über die Umwelt unterrichten, in welcher der Beschuldigte oder der Zeuge leben. Das hilft nicht nur beim Erfassen der Persönlichkeit, sondern erleichtert es, Kontakt zu bekommen und die Angaben zu verstehen. Ein Lichtbild kann ggf. für die Fahndung wichtig sein, hilft aber dem Vernehmungsbeamten jedoch kaum.

2. Wahl des Ortes und äußere Gestaltung einer Vernehmung

Eine erfolgreiche Vernehmung setzt weiter voraus, daß der Ort und die äußere Gestaltung gründlich überlegt sind.

Bauer 1-321 ff.; *O'Hara* S. 114 ff.

Die Vernehmung sollte, wenn irgend möglich, an einem Ort stattfinden, der dem Vernommenen keinen Rückhalt und Auftrieb gibt. Man darf prinzipiell den Gutsbesitzer nicht in einem Herrenhaus und den Bankdirektor nicht in seinem Büro vernehmen. Hier fühlen sie sich als Herr im Hause, was erhöhte Widerstandsenergie bedeutet. Ausnahmen kann man ggf. bei voraussichtlich kooperativen Zeugen machen, sofern sie nicht durch überraschende Entwicklungen nötig werden.

Solche Ausnahmen sind nicht nur ein Entgegenkommen gegenüber der Aussageperson, sondern können auch die Abwicklung beschleunigen. Dies läßt z. B. eine Vernehmung an Ort und Stelle angezeigt erscheinen, wenn es um Aussagen einer großen Zahl von Angehörigen eines Betriebes geht. Aber auch dann sind die folgenden Erfordernisse für ein Vernehmungszimmer und für Anwesenheit anderer Personen zu beachten.
Eine Vernehmung am Tatort oder in dessen Nähe kann ferner dann angezeigt sein, wenn ein schnelles Verhör geboten ist und es durch die Örtlichkeit (Rekonstruktion) erleichtert wird.

Das zu wählende Vernehmungszimmer sollte möglichst störungsfrei sein. Gerade bei wichtigen Sachen muß es ausgeschlossen sein, daß sich im entscheidenden Augenblick die Tür öffnet, der Briefträger, die Putzfrau oder ein auf Unterhaltung bedachter Kollege erscheint. Die Arbeit vieler Stunden kann dann nutzlos vertan und ein sich anbahnendes Geständnis in nebelhafte Ferne entrückt sein.
Man sollte ferner darauf achten, daß das Vernehmungszimmer abhörsicher ist; das gilt vor allem, wenn wir nicht im Dienstzimmer vernehmen.
Grundsätzlich sollte der Vernehmungsbeamte seinen Platz so wählen, daß er den ebenfalls sitzenden Vernommenen von Kopf bis Fuß beobachten kann. Man kann nicht erfolgreich hinaufvernehmen, d. h. bergauf kämpfen; das zeigt auch die Anordnung des Richtertisches im Gerichtssaal. Ferner sollte der Beamte darauf bedacht sein, selbst das Licht im Rücken zu haben, den Beschuldigten aber gut beleuchtet zu sehen; eine Entfernung von $1^1/_2$ bis 2 Meter dürfte das richtige Maß sein.
Bei einer Vernehmung sollen, was die Zahl der beteiligten Beamten anlangt, regelmäßig nur der Vernehmungsbeamte und der Protokollführer zugegen sein. Das sichert den persönlichen Charakter der Vernehmung und eine einheitliche Stimmung. Allerdings kann es sich in schwierigen Fällen empfehlen, einen zweiten Beamten beizuziehen.

Dieser ist aber vor allem zum Hören und Beobachten da, sollte nicht ohne Willen der leitenden Beamten in die Vernehmung eingreifen. Zuweilen kann ein solcher zusätzlicher Beamter aber auch nachteilig wirken.

Dagegen ist die Anwesenheit des Protokollführers eigentlich keine Frage. Denn die Niederschrift der Aussage erfordert viel Zeit und Energie, die der vernehmende Beamte auf andere Dinge verwenden sollte. Obwohl sich diese Forderung in der Praxis nicht immer verwirklichen läßt, gilt doch eine Regel ohne Ausnahme: Eine Frau darf man niemals allein, d. h. ohne (möglichst weiblichen) Protokollführer oder sonstigen Zeugen vernehmen. Es ist eine Binsenweisheit, daß alle weiblichen Wesen aus den verschiedensten Gründen plötzlich persönliche Schwierigkeiten machen, wobei sie zunächst einmal behaupten, in unsittlicher Weise belästigt worden zu sein. Ob als Protokollführer ein Mann oder eine Frau gewählt wird, hängt im übrigen von der Lage des Falles und den Gegebenheiten der Dienststelle ab. – In jedem Falle hat der Protokollführer sich möglichst unauffällig zu verhalten, was allerdings nicht bedeutet, daß er dabei nicht sorgfältig beobachtet.

3. Allgemeines zum Vorgehen bei einer Vernehmung

Wesentlich für das kriminaltaktisch richtige Vorgehen des vernehmenden Beamten sind die oben genannten Erkenntnisse zur Psychologie der Aussage und der Vernehmung. Die Vernehmungstaktik ist dabei nur ein Spezialgebiet der oben näher erläuterten Kriminaltaktik (§ 17). Wenn wir in unsere Betrachtungen zugleich die Vernehmungstechnik einbeziehen, womit eine auch technisch richtige Arbeitsweise gemeint ist, bietet das demnach keine Besonderheit, zumal da diese Problemkreise ineinander übergehen.
Die Vielfalt der damit aufgeworfenen Fragen dürfte sich am besten darstellen lassen, wenn wir sechs Komplexe unterscheiden, welche sich zwanglos in dieser Reihenfolge behandeln lassen: a) Einstellung und Verhalten der Aussageperson, b) Typen einer Vernehmung, c) Der Beginn der Vernehmung, d) Zum weiteren Gang der Vernehmung, e) Einwände und andere Schwierigkeiten, f) Erfolgloser Abschluß einer Vernehmung.

a) Einstellung und Verhalten der Aussageperson
Erfolg und damit Ablauf einer Vernehmung hängen vor allem von der Einstellung und dem allgemeinen Verhalten der Aussageperson ab. Dabei kommt es vernehmungstaktisch vor allem auf folgende vier Gruppen von Eigenschaften bzw. Faktoren an:
1. Widerstandsenergie
2. Widerstandsintelligenz
3. Gefühlsleben
4. Charakterliche Besonderheiten

aa) Unter **Widerstandsenergie** ist die Fähigkeit eines die Unwahrheit bekundenden Aussagenden zu verstehen, allen Fragen mit einer inneren Abwehrstellung zu begegnen. Es ist die unermüdliche Bereitschaft, den Verstand trotz verlorener Einzelgefechte immer wieder zur Verteidigung einzusetzen und die psychische Fähigkeit zu derartigem Widerstand. Widerstandswille ist insoweit lediglich der Entschluß, von der vorhandenen Energie Gebrauch zu machen.

bb) Schwieriger ist es, die **Widerstandsintelligenz** richtig einzuschätzen. Darunter verstehen wir die Summe der charakterlichen Eigenarten, die für den Verstand und das geistige Niveau eines Menschen bestimmend sind; dazu gehören u. a. Bildungsgrad, Urteilsfähigkeit, Auffassungsgabe und gewisse schon mehr gefühlsmäßige Eigenschaften wie z. B. Frömmigkeit.

Es geht hier vor allem darum, die Wirkung des unwahren Vorbringens selbstkritisch einzuschätzen, die Gefährlichkeit und den Sinn der Vorhalte einzusehen. Gerade diese Einsicht läßt den Widerstandswillen dort, wo es zwecklos ist, erlöschen. Das Gegenteil von Widerstandsintelligenz ist mangelnde Urteilsfähigkeit, die gewöhnlich mit geistiger Unselbständigkeit zusammen auftritt.

cc) Weiter sind für das Verhalten einer Aussageperson Umstände wesentlich, die man ihrem **Gefühlsleben** zuordnen kann. Das sind beispielsweise Faktoren, die das Vorstellungs- und Empfindungsleben und damit die Beeinflußbarkeit durch Gefühlseinbrüche bestimmen. Hierher gehören außer Nervosität, Neigung zu Erregbarkeit oder Gefühlsexplosionen z. B. auch innere Weichheit oder Härte sowie Sexualität und Erotik. Aus Art und Tiefe solcher Gefühlsempfindungen lassen sich Schlüsse auf das vermutliche Verhalten des Täters während der Vernehmung ziehen. Ferner läßt sich an solchen Umständen beispielsweise die Wirkung der Untersuchungshaft und schließlich beurteilen, ob etwa ein Appell an das Gemüt Aussicht auf Erfolg verspricht.

dd) Schließlich sind in diesem Zusammenhang noch **charakterliche Besonderheiten** der Aussageperson zu erwähnen, die gewissermaßen Schlaglichter der Persönlichkeit darstellen. Diese können – wie z. B. Sadismus sowie andere abnorme Sexualität, übergroße Eitelkeit und dergl. – das Charakterbild verzerren oder beherrschen. In diesen Fällen ist es in der Regel angezeigt, einen Experten – insb. den Psychiater oder Psychologen – einzuschalten.

ee) Durch das **Zusammenwirken dieser Faktoren** werden die Einstellung und das Verhalten der Aussageperson bei der Vernehmung bestimmt. Es kommt also auf die jeweilige Konstellation und die Stärke der Faktoren an. Bei großer Widerstandsenergie und -intelligenz ist der Betreffende kaum schnell zu beeindrucken, was selbst bei hoher Intelligenz eher Erfolg verspricht, wenn die Widerstandsenergie gering ist. Willensbetonte Widerstandsenergie führt dagegen bei geringer Intelligenz zum dummdreisten Lügen. Derartige Menschen erzählen stereotyp dieselbe Geschichte und leugnen noch dann, wenn das Märchen endgültig zerpflückt ist. Dagegen ist die gefühlsbetonte Energie sehr viel leichter zu erschöpfen, indem man bewußt auf die Gefühlsmomente einwirkt. Zu beachten ist schließlich, daß selbst ausgeprägte Widerstandsintelligenz nicht unbegrenzt ist, vielmehr der Intellektuelle, der seine Lage zu überblicken vermag, oft eher über seine eigenen Füße stolpert als der geistig Minderbemittelte, der mit sturem Wiederholen seiner Geschichte keinen Anhaltspunkt für Vorhalte und gezielte Fragen gibt.

b) Typen einer Vernehmung

Angesichts der angedeuteten Vielgestaltigkeit sind schon im Prinzip die verschiedensten Arten des Vorgehens bei einer Vernehmung denkbar. Doch lassen sich vorbehaltlich der verschiedenartigen Rollen der Aussageperson (§ 21-VII) im Grunde die folgenden drei Vernehmungstypen unterscheiden, welche im übrigen selbstverständlich nach Lage des Falles modifiziert werden können.

Geerds, Friedrich: Vernehmungstechnik – 5. Aufl. – Lübeck 1976 – S. 95 ff.; *Herren,* Rüdiger: Die Vernehmung als soziale Kommunikation. Strategie und Gegenstrategie – Arch. f. Krim. Bd. 159, S. 129 ff. (1977).

Die sogen. abtastende Vernehmung *(Gennat)* kommt nur bei Beschuldigten in Betracht, gegen welche außer wegen der konkreten Strafsache auch der Verdacht anderer Straftaten besteht. Da der Beamte verpflichtet ist, bei Ermittlungen in einer Strafsache zugleich auch auf Anhaltspunkte für andere Delikte zu achten, kann er versuchen, im Rahmen der Vernehmung u. U. für andere Straftaten des Betreffenden wesentliche Punkte zu ermitteln, sofern sein Vorgehen nicht als Täuschung unter die unzulässigen Vernehmungsmethoden fallen dürfte. Das ist insb. dann leicht möglich, wenn man jemand formell als Zeugen vernimmt, um in Wahrheit Tatsachen zu erfahren, welche diesen Menschen zum Beschuldigten werden lassen. Entwickelt sich eine Vernehmung unerwartet in dieser Weise, so muß der Betreffende über seine Rechte als Beschuldigter belehrt werden.

Ungeachtet der nunmehr zu schildernden Typen einer Beschuldigtenvernehmung dürfte klar sein, daß sich wegen der Sachlage und je nach Persönlichkeit des Betreffenden mancherlei Unterschiede ergeben, die der Beamte bei seinem Vorgehen berücksichtigen muß.

Darauf wird alsbald zurückzukommen sein. Wenn *Bauer* (1-322) hier klassifikatorisch elf Typen von Beschuldigten unterscheidet (z. B. kluge, verschmitzte, rohe, boshafte, verstockte, sittlich entartete, beschränkte usw. Menschen), so mag das zwar die Vielfalt beleuchten, ist u. E. aber weder für den Praktiker, der diese sich zudem überschneidenden Phänomene gewöhnlich erst im Laufe der Vernehmung – u. U. spät – zu beurteilen vermag, noch für den Wissenschaftler von Nutzen.

aa) Die **Überrumpelungsstrategie** läuft bei einer Vernehmung darauf hinaus, daß man entweder das Ergebnis vorwegnimmt und beispielsweise einem Beschuldigten seine Tat auf den Kopf zusagt oder sonst ein Überraschungsmoment ausnutzt, um die Aussageperson zu veranlassen, ihre Schuld oder ihr Wissen zunächst einmal in allgemeiner Form und recht pauschal zuzugeben. Gelingt dies, so sind alsdann die einzelnen Tatumstände genau aufzuklären, um eine wirklich fundierte Aussage bzw. ein glaubwürdiges Geständnis zu erreichen.

bb) Die **Sondierungsstrategie,** welche man als den Regeltyp einer Vernehmung in Strafsachen bezeichnen kann, führt über die Aufnahme der Personalien und ggf. des Werdegangs zu eigentlichen Gegenstand, der Aussage zur Sache. Dieses Vorgehen, das sich auch in den einschlägigen Vorschriften für die richterliche Vernehmung zu finden pflegt, weist in der Mehrzahl der Fälle das geringste Risiko auf. Man sollte dabei versuchen, die Aussageperson, nachdem ihr der Verdacht erläutert worden ist, zu einem Bericht zu veranlassen. Je nach Lage geht man dann früher oder später zu gezielten Fragen und Vorhalten über.

cc) Schließlich kann man die Vernehmung auch – wie bei der **Zermürbungsstrategie** – ganz breit anlegen. Schon die Personalien werden in sorgfältiger Kleinarbeit von den Großeltern und Eltern her festgestellt. Nach eingehender Prüfung des Werdegangs und über viele Nebensächlichkeiten gelangt man zur Vorgeschichte der Tat.
Behandelt man nun die Tat mit derselben Gründlichkeit, so wird sich z. B. der Beschuldigte bemühen, wohlvorbereitete Lügengeschichten an den Mann zu bringen, die aber gewöhnlich ein Zerpflücken bis in die kleinsten Einzelheiten nicht vertragen. So kommt man auf Widersprüche und Unmöglichkeiten, die schließlich – oft nach Tagen – den Beschuldigten veranlassen, die Waffen zu strecken. Diese Taktik der unerbittlichen Gründlichkeit ist sicherlich für den Beschuldigten die gefährlichste. Sie ist allerdings wegen des Aufwandes heute nur in seltenen Fällen möglich.

dd) Je nach Lage des Falles hat jede der geschilderten Vernehmungstypen **Vor- und Nachteile.** Welchen Weg man im Einzelfall bevorzugt, entscheidet sich nach dem persönlichen Eindruck, den die Aussageperson macht, und der zu untersuchenden Straftat sowie dem vorhandenen Beweismaterial.

c) Der Beginn der Vernehmung

Ungeachtet der verschiedenen Grundtypen einer Vernehmung entscheiden über Erfolg oder Mißerfolg einer Vernehmung oft die ersten drei Minuten nach dem Eintritt der Aussageperson in das Vernehmungszimmer. Es ist hier ganz besonders auf das zu achten, was zur Vorbereitung und zur Persönlichkeit des vernehmenden Beamten ausgeführt wurde.

Döhring S. 28 ff.; *Bauer* 1–325 f.; *Geerds,* Friedrich: Vernehmungstechnik – 5. Aufl. – Lübeck 1976 – S. 99 ff.

Kommt es für eine Vernehmung auf Kontakt und Vertrauen zum vernehmenden Beamten an, so ist klar, welche Bedeutung den ersten Worten zukommt; denn sie bestimmen gewöhnlich den weiteren Verhandlungston. In 95% aller Fälle dürfte es richtig sein, die Vernehmung mit ruhiger, sachlicher Freundlichkeit zu beginnen.

Aber auch dieser Rat darf nicht als ein Patentrezept gewertet werden; denn nicht nur die verschiedenen prozessualen Rollen, sondern auch der unterschiedliche Charakter der einzelnen Menschen oder die besondere Situation, in welcher die Vernehmung stattfindet, lassen jeweils unterschiedliche Formen der Kontaktaufnahme als angezeigt erscheinen. Denn schon hierbei können sich u. U. Besonderheiten ergeben.

Bemerken wir, daß ein Beschuldigter oder Zeuge nun seine präparierte Geschichte an den Mann bringen will, tun wir ihm diesen Gefallen natürlich nicht, sondern verwirren ihn beispielsweise durch persönliche oder allgemeine Fragen, um einen anderen Einstieg in die Aussage zur Sache zu finden. Dazu zwingt u. U. schon die kriminaltaktisch nicht unproblematische „Belehrung", wie sie heute von vielen Rechten vorgeschrieben ist. Doch wird auf Einzelheiten später im Zusammenhange zurückzukommen sein.
Obwohl die Vernehmung – wie schon angedeutet – gewöhnlich mit den Angaben zur Person beginnt, und man erst dann, früher oder später, zur Sache selbst kommt, gibt es schon bei der Kontaktaufnahme mitunter Besonderheiten zu bedenken, die als Einwände und Schwierigkeiten noch genauer erörtert werden sollen (e). Doch selbst von solchen Hemmnissen abgesehen, die dem Kontakt abträglich sein können, muß der Vernehmungsbeamte die Aussageperson doch u. U. eigens auf ihre Aufgabe vorbereiten und sie mit dieser vertraut machen.

Hier kommt es also mehr auf die Furcht vor familiären Konflikten oder nachteiligen Folgen einer wahrheitsgemäßen Aussage darauf an, daß man z. B. falsche Vorstellungen der Aussageperson über die tatsächliche oder rechtliche Bedeutung ihrer Angaben vermeidet. Zuweilen weiß der Betreffende auch nicht, worauf es bei seiner Aussage ankommt. Wenngleich alles das auch im Zuge einer Vernehmung eintreten kann, ist es doch gut, derartige Möglichkeiten ggf. sogleich zu beachten, damit durch sie nicht der Kontakt und so eine wahrheitsgemäße Aussage erschwert wird.

d) Zum weiteren Gang der Vernehmung

Bei der Aussage zur Sache bemüht man sich zunächst am besten, die Aussageperson zusammenhängend berichten zu lassen. Möglicherweise erfährt man dabei Dinge, welche man nicht gekannt und an die man noch nicht einmal gedacht hat. Allerdings kommt man früher

oder später an die Grenzen dieser Regel, wenn die Aussageperson entweder jetzt ihr Märchen erzählen will oder sie so unbeholfen, sprachlich ungewandt oder nicht kooperativ ist, daß alles durcheinander gerät oder man so nicht vorankommt. Selbstverständlich klappt es mit dem Bericht auch bei einem verwickelten Sachverhalt nicht immer. Man muß dann in Abschnitte gliedern oder sofort zur Befragung übergehen. Dennoch sollte der vernehmende Beamte nie vergessen, daß der Vernommene reden und erzählen soll.
Die Art des Vorgehens bei einer Vernehmung und insb. die Fragen hängen wesentlich von dem oben behandelten kriminaltaktischen Konzept ab, wie es sich zu dieser Zeit darstellt. Obgleich der Vernehmungsbeamte daher mehr oder weniger auf Hypothesen angewiesen ist, sollte er sich doch stets der Vorläufigkeit solcher Tatsachenannahmen bewußt bleiben; auch sollte er sich hüten, diese ohne zwingende Gründe in seine Fragen einfließen zu lassen, die dann Suggestivfragen würden oder durch sein Verhalten zum Ausdruck zu bringen.

Der **Ton der Vernehmung** sollte – wie gesagt – zumindest im Regelfalle freundlich und wohlwollend, dabei aber geradeheraus und offen sein. Beim üblicherweise mißtrauischen und zurückhaltenden Beschuldigten ist Härte nur ausnahmsweise angezeigt.

Natürlich darf dieser Ton nicht in Vertraulichkeit ausarten oder als solche mißzuverstehen sein. Reagiert die Aussageperson falsch darauf, so sollte man, sofern nicht besondere Gründe dagegen sprechen, den Ton sogleich mit Nachdruck richtig stellen, sodann wieder in der bisherigen Weise fortfahren.

Sind nach einer etwaigen „Belehrung" – wie stets bei Erstvernehmungen – **Aussagen zur Person** nötig, so sollte man zuerst auf diese hinwirken, weil späteres Nachholen eigentlich immer störend wirkt. Wie ausführlich dieses geschieht, hängt von dem im Einzelfall gewählten Vernehmungstyp ab.
Bei der **Aussage zur Sache,** der eigentlichen Vernehmung, sollte man – wie schon angedeutet – möglichst darauf hinwirken, daß die Aussageperson sich zunächst einmal im Zusammenhang äußert. Nur wenn dieses nicht weiterführt oder Lücken bzw. Widersprüche bleiben wie überhaupt bei komplizierten Sachverhalten, muß man früher oder später zu gezielten Fragen übergehen.

Döhring S. 48 ff.

Die **Fragen** müssen kurz und knapp, aber präzise sein. Sie dürfen grundsätzlich nicht darauf hinauslaufen, daß nur mit ja oder nein geantwortet wird. Man legt dann u. U. dem Aussagenden Dinge in den Mund, die er gar nicht sagen will oder kann. Jede Vernehmung, bei welcher der Beamte mehr redet als der Beschuldigte, ist falsch geführt. Allgemein läßt sich zur Fragetaktik einstweilen nur sagen, daß sie ebenso wie das kriminaltaktische Konzept einerseits von der Sache und andererseits von der Persönlichkeit des Vernommenen abhängig ist. Daher ist nicht selten der Zeitpunkt oder der Rahmen wichtig, in welchem eine bestimmte Frage gestellt wird; denn dies kann u. U. nur nach entsprechender Vorbereitung aussichtsreich sein.

Hellwig, Albert: Psychologie und Vernehmungstechnik bei Tatbestandsermittlungen – 4. Aufl. – Stuttgart 1951 – S. 265 ff.; *Döhring* S. 54 ff.; *Graßberger* S. 146 ff.; *Bauer* 1–355 f.; *Geerds,* Friedrich: Vernehmungstechnik – 5. Aufl. – Lübeck 1976 – S. 104 ff.

Suggestivfragen, die ihrem Wortlaut oder Inhalt nach entweder eine gewisse Antwort nahelegen oder aber bestimmte Dinge als feststehend voraussetzen, obwohl das keineswegs der

Fall ist, sind kriminaltaktisch besonders problematisch. Ähnliches gilt für Suggestivbemerkungen des Vernehmungsbeamten. Auch von der insoweit in manchen Ländern nicht einheitlich beurteilten Rechtslage abgesehen, sollte man bei gewissen Personen auf diese Form der Frage auch als Kriminalist verzichten.

Außer für Kinder und Jugendliche, auf die später einzugehen ist (§ 21-VI-2), sollte das grundsätzlich auch für Psychopathen und des öfteren für Frauen bzw. Personen gelten, die als besonders suggestibel erscheinen. Selbst wenn solche Bedenken nicht bestehen, sollte man in der Praxis die Antwort auf Suggestivfragen doch zumindest besonders kritisch bewerten. Man kann durch allgemein gehaltene oder Alternativfragen die Suggestionswirkung erheblich vermindern.

Besondere Probleme bringen vernehmungstaktisch Angaben mit sich, die man eindeutig als **Lügen** qualifizieren kann. Gewiß mag es zuweilen richtig sein, durch energische Raktion klar zu machen, daß man nicht gewillt ist, sich weitere Schwindeleien auftischen zu lassen. Im allgemeinen aber dürfte es zweckmäßig sein, solche Lügen gerade zu Beginn und in der ersten Hälfte der Vernehmung einfach zu übergehen, damit sich der Vernommene nicht „festlügt“ oder seinen Redefluß stoppt. Man kann zu gegebener Zeit auf den Punkt zurückkommen. Gerade bei intelligenten Aussagepersonen ist diese Verhaltensweise zu empfehlen.

Wichtig für eine Vernehmung sind klare und eindeutige Angaben. Auch wenn es dann und wann wirklich vorkommt, daß man einander nicht richtig versteht, ist das **Mißverständnis** schon immer eine wundervolle Ausrede gewesen, wenn man später ein unbequem gewordenes Geständnis oder entsprechende Angaben aus der Welt zu schaffen sucht. Der Vernehmungsbeamte sollte bei seinem Vorgehen also darauf achten, dem und damit möglichen Ausreden für einen Widerruf aus dem Wege zu gehen.

Eine mißverständliche Ausdrucksweise findet man häufig – aber nicht nur – bei Menschen, deren Wortschaftz klein ist; außer an mäßige Intelligenz oder Bildung ist hier an junge Menschen und Ausländer mit Sprachschwierigkeiten zu denken. Irritierend kann es ferner wirken, wenn der Aussagende stillschweigend etwas voraussetzt, ohne daß der Beamte dies bemerkt. Umgekehrt kann allerdings auch der Vernehmende etwas als bekannt voraussetzen, was der Aussageperson völlig unbekannt ist, weshalb ihre Angaben dann auf den Beamten mißverständlich wirken können. Bei allen Beweispersonen ist daher – wie wir sehen werden – auf mögliche Unstimmigkeiten zu achten. Dabei kann sich der Beamte außer an den ihm bereits bekannten Tatsachen sowie an seinem Erfahrungswissen zuweilen auch an der psychologischen Wahrscheinlichkeit orientieren.

Ein recht einfaches Mittel ist es, im Rahmen der nächsten Frage die zuvor von der Aussageperson erteilte Antwort zu wiederholen. Bei wichtigen Punkten sollte man zudem später in anderem Zusammenhang nochmals darauf zurückkommen. Wiederholt der Aussagende so zwei- oder dreimal seine Angaben, wird er sich kaum noch mit Erfolg auf ein „Mißverständnis“ berufen können.

Döhring S. 46 ff.; *Redecker,* Hans-Dieter: Der Vorhlt aus dem Vernehmungsprotokoll – Arch. f. Krim. Bd. 152, S. 46 ff. (1973); *Geerds,* Friedrich: Vernehmungstechnik – 5. Aufl. – Lübeck 1976 – S. 111 ff.

Sehr behutsam sollte der vernehmende Beamte mit dem **Vorhalt** umgehen, der bei irrtümlicher oder falscher Darstellung des Sachverhalts gemacht werden kann. Denn der Vorhalt ist eine Frage, welche damit verbunden wird, daß man den Vernommenen zugleich mit einem Beweis konfrontiert; das kann z. B. eine frühere – eigene oder fremde – Aussage oder ein Sachbeweis sein. Derartige Vorhalte können sich an den Verstand oder das Gefühl wenden.

Verstandesmäßige Vorhalte sollten kurz sein, während gefühlsmäßige immer einer stimmungsmäßigen Vorbereitung bedürfen, bei welcher es am einfachsten ist, auf die persönlichen Umstände des Vernommenen einzugehen. Hier haben wir sowohl an das, was wir zum Gefühlsleben ausführten, als auch an das bei den charakkterlichen Besonderheiten Gesagte zu denken.
Zuweilen muß man sich, insb. sofern man nichts Konkretes in der Hand hat, mit dem Wiederholen der Frage oder aber einem Schweigen begnügen, bei welchem man der Aussageperson fest in die Augen sieht.

Die Eindruckskraft eines Vorhalts hängt wesentlich davon ab, was der Beamte an Beweisen bereits in der Hand hat. Ist dies wenig oder nichts, so sollte man nicht bluffen, auch nicht das geringe Wissen preisgeben. Vielmehr kann man bei unvollständigen und anscheinend unrichtigen Angaben seine Zweifel erkennen lassen. Kommt man auch damit nicht weiter, so schadet das nichts, weil man dann die für einen sinnvollen Vorhalt nötigen Beweise abwarten muß.

Döhring S. 43 ff.; *Geerds,* Friedrich: Vernehmungstechnik – 5. Aufl. – Lübeck 1976 – S. 114 ff.

Für die Taktik der Vernehmung und insb. für Fragen und Vorhalte ist es u. U. wichtig, daß der Aussageperson gewisse **Tatsachen und Schlüsse vorenthalten** bleiben, um den Gang der Sache nicht nachteilig zu beeinflussen. Denn schon aus der Art einer Frage kann der Vernommene ggf. schließen, was der Beamte weiß oder denkt. Er kann sich eine Ausrede ausdenken, die nicht oder nur schwer zu widerlegen ist. Dem kann man z. B. dadurch vorbeugen, daß man die fraglichen Einzelheiten aus dem verfänglichen Zusammenhang löst; denn auch so läßt sich der Vernommene u. U. festlegen. Die Faustregel lautet jedenfalls, die Aussageperson so wenig wie möglich erkennen zu lassen, was und wieviel man schon von der ganzen Angelegenheit und von ihren Einzelheiten weiß. Ein solches Im-Unklaren-Lassen ist nicht mit dem Vorbringen unwahrer Tatsachen zu verwechseln.
Während der ganzen Vernehmung sollte man die unauffällige **Beobachtung des Verhaltens der Aussageperson nicht vergessen.** Allerdings sollte man sich auch hier nicht zu voreiligen Schlüssen verleiten lassen.

Zerfahrenheit deutet z. B. nicht immer auf ein schlechtes Gewissen hin, sondern kann auch Ausdruck einer erregbaren Persönlichkeit sein. Wichtig ist das Beobachten, um beispielsweise Widerstandsenergie und sonstige Stimmung des Vernommenen einschätzen zu können.

Auch sollte der Vernehmungsbeamte darauf achten, daß der Vernommene keine Ablenkungsmittel zur Hand hat, die er bei kritischen Punkten zu Ablenkungsmanövern benutzen kann.
Mitunter kann es sich empfehlen, die mündlichen Angaben durch **ergänzende Skizzen** oder Zeichnungen zu erläutern, die der Vernommene eigenhändig anfertigen sollte. Damit sichert man sich zusätzlich gegen „Mißverständnis“ und andere Widerrufsgründe.
Besondere Probleme bringt die mitunter **lange Dauer einer Vernehmung** mit sich. Abgesehen von den hier besonders notwendigen Notizen des Beamten ergeben sich mit Verpflegung, Erfrischungen und dem Rauchen Unterbrechungen, die der Vernommene für sich nutzen kann. Zudem sollte der Beamte sich hüten, insoweit Anlaß für Widerrufsgründe zu liefern, die alsbald besprochen werden sollen.
In manchen Ländern bevorzugt man – anders als in Deutschland – für Vernehmungen das sogen. **Kreuzverhör,** bei welchem einer Aussageperson durch mehrere Beamte Fragen gestellt werden. Dies kann soweit gehen, daß die Beamten den Vernommenen abwechselnd

und in bunter Reihenfolge mit Fragen überschütten. Diese Art des Verhörs scheint vor allem in den anglo-amerikanischen Ländern beliebt zu sein.

Abgesehen davon, daß die betreffenden Beamten gut eingespielt sein und über ein klares Konzept verfügen müssen, beurteilt man die Erfolgsaussichten derartigen Vorgehens in anderen Ländern skeptischer. Der Vernommene erlangt nicht nur leicht Gelegenheit zu Ausreden, sondern kann das Kreuzverhör auch blockieren, indem er langsam antwortet, ggf. zuvor die ihm gestellte Frage wiederholt oder klipp und klar erklärt, daß er sich auf diese Prozedur nicht einlasse. Dagegen ist in den meisten Ländern rechtlich nichts und im übrigen tatsächlich kaum etwas zu machen.

Im Zusammenhang mit einer Vernehmung kann es ggf. zu einer **Gegenüberstellung** mit dem Beschuldigten, einem Mitbeschuldigten oder einem Zeugen kommen.

Bauer 1–365 ff.; *Kalleicher,* Hermann/*Grimm,* Karl: Die Gegenüberstellung als kriminaltaktische Maßnahme – in: GrKrim Bd. 11, S. 327 ff. (1973); *Geerds,* Friedrich: Vernehmungstechnik – 5. Aufl. – Lübeck 1976 – S. 123 ff. Speziell zur Wahlkonfrontation siehe ferner: *Tobias,* Marc Weber/*Pettersen,* R. David: A Field Manual of Criminal Law and Police Procedure – Springfield/III. (USA) 1975 – S. 138 ff.; *Burghard,* Waldemar: Gegenüberstellungen im Ermittlungsverfahren – in: TbKrim Bd. XXVI, S. 87 ff. (1976); *Rieder,* Hermann: Die Gegenüberstellung zur Identifizierung des Beschuldigten – Kriminalistik 1977, S. 111 ff.

Sieht man hier einmal von denjenigen Konfrontationen ab, die einem Zeugen Gelegenheit geben sollen, den Beschuldigten als Täter wiederzuerkennen, was in Form von sogen. „Wahlkonfrontation" erfolgen sollte (Auswahl aus einer Reihe von Personen), darf man doch die Gefahren einer solchen Maßnahme nicht verkennen. Denn die Gegenüberstellung verschafft den daran Beteiligten immer zugleich die Gelegenheit, sich mehr oder minder unbeobachtet zu verständigen. Mehr Erfolg verspricht diese Maßnahme, wenn sich entweder die Täter überworfen haben oder aber Zeuge bzw. Sachverständiger zumindest Sicherheit und Standfestigkeit erwarten lassen.

Bei der Wahlkonfrontation geht es dagegen vor allem um die Identifizierung eines Beschuldigten als Täter. Er ist zu diesem Zwecke dem Zeugen in einer Reihe anderer Personen gleichen Geschlechts und ggf. Alters gegenüberzustellen. Es ist auch ansonsten auf eine gewisse Ähnlichkeit zu achten. Eine solche Wahlkonfrontation kann offen oder ggf. verdeckt erfolgen. Inwieweit der Beschuldigte verpflichtet ist mitzuwirken, richtet sich nach der Rechtslage. Bei allem und auch bei den verschiedenen Formen der Durchführung, die man erarbeitet hat, sind neben dem Zeugen und seiner Situation die verschiedenen Rollen der an einer Wahlkonfrontation beteiligten Beamten genau zu beachten.

e) Einwände und andere Schwierigkeiten

Eine Vernehmung bringt immer wieder konfliktsträchtige Situationen und andere Schwierigkeiten mit sich. Deshalb muß hier darauf eingegangen werden. Dabei wollen wir uns auf bestimmte Formen der Gegenwehr beschränken und vom konfliktsträchtigen allgemeinen Verhalten absehen, das sich bei jeder Aussageperson finden kann.

Doch kann man verständlicherweise beim Beschuldigten häufiger als bei Zeugen gespielte Entrüstung oder hochfahrendes Benehmen beobachten, das bis zu offener Geringschätzung des Beamten gehen kann. Kommt es hier leicht zu Widersetzlichkeiten, so versuchen es andere Beschuldigte oder Zeugen mit Ausweichtaktiken oder sie bemühen sich, Mitleid zu erwecken. Auch wenn sich der Beamte gerade bei schwierigen Aussagepersonen um Unvoreingenommenheit bemühen muß, bewegen sich diese Hemmnisse einer Vernehmung doch im Bereich des Normalen. Es genügt, sie zu erwähnen, wenn wir jetzt auf besondere Maßnahmen der Aussageperson zu sprechen kommen.

Bauer 1–327 ff.; *Geerds,* Friedrich: Vernehmungstechnik – 5. Aufl. – Lübeck 1976 – S. 125 ff.

Ein beliebter Trick, der Schwierigkeiten bei Vernehmungen bereitet, ist das **Verweigern der Aussage,** wobei kriminalistisch dahingestellt bleiben mag, inwieweit das – insb. vor der Polizei – rechtlich überhaupt zulässig ist; darüber muß der Betreffende ggf. belehrt werden. Denn selbst wenn das der Fall sein sollte, läßt sich u. U. doch noch eine freiwillige Aussage erzielen.

Ebenso wie bei einer Person, welche zur Aussage rechtlich verpflichtet ist, sollte der Beamte auch in anderen Fällen klären, ob die Weigerung wirklich ernsthaft ist, um zu sehen, welche Gründe dafür ausschlaggebend sein können. Allerdings sollte er sich dabei hüten, den Eindruck hervorzurufen, den Betreffenden zu einer Aussage überreden zu wollen. Man sollte nur nicht sogleich kapitulieren, sondern die Gründe – soweit möglich – klären und ggf. protokollieren. Auf keinen Fall sollte man auf irgendwelche Maßnahmen als mögliche Folge der Aussageverweigerung hinweisen, sondern erst nach Abschluß der diesbezüglichen Befragung beispielsweise den Beschuldigten vorläufig festnehmen. Erklärt er dann, doch aussagen zu wollen, sollte man sich darauf nicht einlassen, weil einem daraus später sicher ein Strick gedreht wird.

Der Aussageverweigerung sind **Bedingungen** verwandt, von welchen die Aussageperson ihre Bekundungen abhängig macht. Derartige Bedingungen sind beispielsweise die Anwesenheit eines Rechtsanwalts, Aushändigen einer Durchschrift des Protokolls oder Zusicherung der vertraulichen Behandlung der Aussage.

Bei derartigen Bedingungen ist daher zunächst genau zu prüfen, ob das gewünschte Verhalten überhaupt rechtlich zulässig ist, ob darüber der Beamte selbst zu entscheiden hat und ob er tatsächlich in der Lage ist zu gewährleisten, daß eine solche Zusage eingehalten wird. Ist sie unstatthaft oder der Beamte nicht kompetent, sollte er nicht darauf eingehen, weil es sich genau genommen um eine Aussageverweigerung handelt. Aber auch sonst ist kriminalistisch Vorsicht geboten, weshalb die Sache lieber entweder an den Vorgesetzten oder die sonst für eine Entscheidung zuständige Stelle abgegeben werden sollte.

Nicht selten werden bei Vernehmungen offene oder versteckte **Drohungen** gegen den Beamten geäußert. Beliebt sind hier angebliche politische Schwierigkeiten, Presseveröffentlichungen, Strafanzeigen oder Drohungen gegen den Beamten persönlich, seine Angehörigen oder seine Habe.

Solche Drohungen sollte man – in aller Regel – sofort wörtlich in das Protokoll aufnehmen. Dann eröffnet man der Aussageperson, daß man offiziell bei der genannten Person bzw. Stelle anfragen werden, sofern man das nicht ohnehin tut, was dann aber meistens nicht mehr nötig ist. Im übrigen sollte man solche Manöver sogleich nach den strafrechtlich einschlägigen Gesichtspunkten behandeln.

Eine erheblichere Rolle als in der Praxis spielt in der kriminalistischen Literatur das **Simulieren von Krankheiten** und dergl.

Groß/Seelig (8/9) II-15 ff.; *Schneickert* S. 229 ff.

Obwohl in Zweifelsfällen selbstverständlich sofort ein Arzt hinzugezogen werden sollte, lassen sich manche Simulanten auch kriminalistisch „behandeln". Liegen die rechtlichen Handhaben dafür vor, so bereitet z. B. die Festnahme diesem Spuk meistens schnell ein Ende.

Obwohl man mit „Mißverstehen" dasselbe Ziel erreichen kann, versuchen es dann und wann Vernommene mit dem Vorspiegeln der Schwerhörigkeit. Verfügt man nicht über zuverlässige Zeugen, die etwas über die Hörfähigkeit aussagen können, so gibt es noch andere Mittel, um sich zu vergewissern.

Schon *Groß* (*Groß/Seelig* (*8/9* II-19 f.) hat darauf hingewiesen, daß ein Simulant, wenn man hinter ihm etwas auf den Boden fallen läßt oder aufstampft, dieses meint ignorieren zu sollen, obwohl es der wirklich Schwerhörige wegen der Erschütterung bemerkt und sich umwendet.

Für Einwände müssen schließlich auch die rechtlich unzulässigen Vernehmungsmethoden herhalten, indem man mehr oder minder hergeholt behauptet, man sei bei der Vernehmung mißhandelt, gequält, getäuscht oder „erpreßt" worden, man sei völlig übermüdet gewesen, durch Verabfolgen von Mitteln willenlos gemacht oder durch Drohungen bzw. Versprechungen des Beamten zur fraglichen Aussage veranlaßt worden. Derartige Einwände versprechen umso eher Erfolg, je umstrittener die Auslegung der fraglichen Vorschriften ist. Doch leistet dem oft ein sich durchaus korrekt verhaltender Vernehmungsbeamter dadurch Vorschub, daß er bei seinem Vorgehen nicht – wie angezeigt – die vernehmungstaktischen Vorsichtsmaßregeln gebührend beachtet.

Geerds, Friedrich: Vernehmungstechnik – 5. Aufl. – Lübeck 1976 – S. 151 ff.

Mit ihnen läßt sich zwar das Vorbringen solcher Einwände nicht, ihr Erfolg aber nahezu immer verhindern. Denn richtig ausgelegt entsprechen diese Verbote gewöhnlich völlig den Erfordernissen der Kriminaltaktik, weil Aussagen, die unter Verstoß gegen sie erlangt werden, auch tatsächlich als zweifelhaft anzusehen sind. Aufgabe des Vernehmungsbeamten ist es also, sich mit den zu Gebote stehenden Vorsichtsmaßregeln vertraut zu machen und diese bei seinem Vorgehen so zu beachten, daß spätere Vorwürfe jedenfalls als unbegründet erscheinen müssen.

f) Erfolgloser Abschluß einer Vernehmung

Selbst bei einer korrekt und mit Umsicht durchgeführten Vernehmung bleibt dann und wann der Erfolg aus. Entweder werden wir mit einem „reumütigen Geständnis" schamlos angelogen oder eine Aussageperson leugnet bzw. schweigt hartnäckig. Diese für den Vernehmungsbeamten gewiß nicht erfreuliche Lage läßt einige Worte über den erfolglosen Abschluß von Vernehmungen als angezeigt erscheinen.

Man legt in derartigen Fällen den Vernommenen am besten mit seinen Angaben in allen Einzelheiten fest, um dann zu prüfen, welche Maßnahmen im konkreten Fall rechtlich zulässig sind. So kann man u. U. eine vorläufige Festnahme durchführen oder Untersuchungshaft bzw. Zwangsmaßnahmen erwirken. Obwohl man auf einen dann erfolgenden Sinneswandel der Aussageperson keinesfalls eingehen sollte, kann eine Vernehmung, die einige Zeit darauf stattfindet, schon ganz anders verlaufen; denn die Zeit arbeitet schon insoweit gewöhnlich nicht für die Aussageperson, zumal da wir uns inzwischen um andere Beweise bemühen können.

Natürlich kann der Betreffende bei der erneuten Vernehmung auch mit einer neuen Lügen-Version aufwarten, die man dann zerpflücken muß. Häufiger aber sind diejenigen Fälle, in denen die Aussageperson jetzt – wenngleich zurückhaltend und u. U. mit Unrichtigkeiten dekoriert – mit der Wahrheit herausrückt oder doch erkennbar Unsicherheit zeigt.

Insgesamt sollte man selbst bei einer anscheinend ergebnislosen Erstvernehmung nicht verkennen, daß die Situation für die Strafverfolgungsorgane vielfach gar nicht so ungünstig ist. Der Vernehmungsbeamte sollte daher das Ausbleiben greifbarer Erfolge möglichst gelassen

hinnehmen und versuchen, den Vernommenen durch eine undurchdringliche Miene zu verunsichern, um u. U. so seine Position für die nächste Runde zu verbessern.
Und selbst wenn man nach vieler Mühe die Akten mit dem sicheren Gefühl schließen muß, daß hier ein Rechtsbrecher seiner Strafe entgeht, sollte das nichts an der hier skizzierten Haltung ändern. Ein solches Scheitern, das viele Gründe haben kann, ist kein Anlaß für den Beamten, an seinen Fähigkeiten zu zweifeln, wenn er sich bei den Vernehmungen und sonst nach besten Kräften bemüht hat. – Da bekanntlich die Katze das Mausen nicht läßt, können wir durchaus hoffen, denjenigen, der uns dieses Mal durch die Lappen geht, bei anderer Gelegenheit überführen zu können.

VI. Besonderheiten der Vernehmung von Frauen und jungen Menschen

Das allgemein zu Vernehmungstaktik und -technik Ausgeführte (§ 21-V) gilt zwar grundsätzlich auch für die folgenden Personengruppen, ist aber doch noch etwas zu ergänzen, weil sich bei ihnen mitunter einige Besonderheiten und damit u. U. Abweichungen ergeben können. Dabei geht es einmal um Frauen als Aussagepersonen und zum anderen um Kinder, Jugendliche und Heranwachsende, d. h. um junge Menschen.

Groß/Seelig (8) I-142 f.

1. Die Vernehmung von Frauen

Die Vernehmung von Frauen erfolgt – wie gesagt – nach den soeben dargelegten Grundsätzen, kann aber eher als die von Männern im Einzelfall Besonderheiten mit sich bringen. Diese können sich selbstverständlich auch bei der Vernehmung von jungen Menschen, nämlich Mädchen, ergeben, auf die alsbald einzugehen sein wird. Doch während wir dort vor allem die Altersgruppen zusammenfassend behandeln, geht es hier mehr um einige bei Aussagepersonen weiblichen Geschlechts zuweilen zu beobachtende Besonderheiten.

Hellwig, Albert: Psychologie und Vernehmungstechnik bei Tatbestandsermittlungen – 4. Aufl. – Stuttgart 1951 – S. 200 ff.; *Graßberger* S. 122 ff., 227 ff.; *Fischer,* Johann: Die polizeiliche Vernehmung – BKA 1975/2–3 – S. 158 ff.; *Geerds,* Friedrich: Vernehmungstechnik – 5. Aufl. – Lübeck 1976 – S. 147 ff.

a) Allgemeines
Allgemein kann man sich bei der Vernehmung von Frauen an den oben geschilderten Erkenntnissen und Grundsätzen orientieren (§ 21-V), bei denen aber schon gesagt wurde, daß man als Mann niemals eine Frau ohne Protokollführer oder Zeugen vernehmen sollte, die überdies am besten ebenfalls dem weiblichen Geschlecht angehören sollten.
Weiter könnte man etwa fragen, ob es nicht besser sei, die Vernehmung einer Frau durch einen weiblichen Kriminalbeamten durchführen zu lassen, sofern das personell überhaupt möglich ist. Gewiß gibt es Fälle, in denen man eine Frau ihrem männlichen Kollegen vorziehen sollte, doch läßt sich daraus keine feste Regel machen. Denn abgesehen davon, daß ein weiblicher Beamter verfügbar sein müßte, sollte er überdies mit Sachen der zu untersuchenden Art vertraut sein. Zudem können in derselben Sache Männer und Frauen zu

vernehmen sein, ohne daß der komplizierte Einsatz von mehreren Vernehmungsbeamten als sinnvoll erscheint. Überhaupt läßt sich zudem bei erwachsenen Frauen nicht sagen, daß generell die Frau der geeignetere Vernehmungsbeamte ist.

Nach dem oben zur Auswahl Gesagten dürfte klar sein, daß es dann und wann Aussagepersonen und vor allem Sachen gibt, in denen man möglichst auf einen weiblichen Beamten zurückgreifen sollte. Das heißt aber nicht, daß nicht häufiger männliche Vernehmungsbeamte bei erwachsenen Frauen und auch älteren Mädchen erfolgreicher sein können, wenn sie richtig vorgehen.

Mehr als sonst gilt für die Vernehmung von Frauen, daß das Vorgehen des Beamten, gerade wenn es sich dabei um einen Mann handelt, auch äußerlich betont korrekt sein soll und bei allem Wohlwollen einer gewissen Härte in der Sache nicht entbehren darf; darüber darf auch bei der vielleicht häufig etwas konzilianteren Form kein Mißverständnis aufkommen.
Gerade der männliche Vernehmungsbeamte sollte sich ferner darüber klar sein, daß er in aller Regel über die körperliche und seelische Verfassung einer Frau und die damit zusammenhängenden Spannungen nur sehr wenig zu wissen pflegt. So sollten beispielsweise Ausnahmezustände, wenn einigermaßen sichere Anzeichen dafür vorliegen, möglichst berücksichtigt werden. Mitunter kann man die Vernehmung aufschieben oder doch unterbrechen. Denn sonst kann es gerade unter diesen Umständen wegen gesteigerter Erregbarkeit der Frau leicht zu Entgleisungen oder Zusammenstößen kommen.
Auch heute noch gibt es die Figur der „alten Jungfer“, bei welcher komplizierend zur weiblichen Psyche die Probleme eines isolierenden Altersprozesses hinzutreten.

b) Besonderheiten des Verhaltens

Bei mithin grundsätzlich gleicher Situation für alle erwachsenen Aussagepersonen und dementsprechenden Vorgehen des Beamten sind bei Frauen eher als bei Männern doch zuweilen gewisse Besonderheiten zu beobachten. Dabei ist es nicht immer leicht, zwischen dann und wann vorkommenden echten Reaktionen und den in der Praxis häufigeren, mitunter recht gekonnten Darbietungen solcher Phänomene zu unterscheiden. Da man aber mit solchen gerade bei Frauen beliebten Tricks den Gang der Vernehmung zu stören oder sich nur das Mitgefühl des männlichen Beamten zu verschaffen sucht, muß jedenfalls kurz auf diese Problematik eingegangen werden.

Dabei kommt es nicht auf die kriminalätiologische Diskussion an, die sich biologisch als wenig ergiebig erwiesen hat, weshalb divergierendes Verhalten von Männern und Frauen eher auf soziale Ursachen zurückzuführen sein dürfte. Unwesentlich ist aber auch, wie manche die Dinge gern haben möchten, weil es für den Kriminalisten auf die gegenwärtige Situation ankommt. Und klar sollte schließlich sein, daß die hier als Ausnahme von der Regel behandelten, vor allem bei weiblichen Aussagepersonen vorkommenden Modalitäten nur bei Vernehmung durch Männer vorkommen; weibliche Beamte können dergleichen naturgemäß kaum und sendungsbewußte „Emanzen“ sicher nicht erleben.

Einmal ist in diesem Zusammenhange auf den zuweilen praktizierten **Einsatz weiblicher Reize** hinzuweisen. Dazu gehören die übliche Koketterie, das Spiel mit den Augen und das Überschlagen der Beine ebenso wie das betont unauffällige Wiederbedecken der Knie mit dem zuvor heraufgerutschten Rock.

Der Kriminalist weiß, daß damit nur die sich je nach Mode und Zeitläufen wandelnden Tricks angesprochen sind, die trotz unterschiedlicher Phänomene in der victorianischen Epoche oder der Ära von Minirock bzw. Hot pants einstweilen im Grunde dieselben geblieben sind.

Findet die Frau allerdings z. B. mit dem Rockmanöver im Beamten einen interessierten Zuschauer, so kann sie ihm gnädig diese Ablenkung von seiner harten Arbeit gewähren, sofern sie es nicht für geschickter hält, ihn als Sünder auf dieser Augenweide zu ertappen.
Natürlich kann man solche Aktivitäten mit einem unmißverständlich lakonischen Lächeln quittieren, sofern man nicht eine recht trockene Bemerkung zur Hand hat oder den Vorgang einfach ignoriert.

Andere Frauen spielen dagegen möglicherweise gekonnt die **„Naive"** und Hilflose, was erfordert, daß man zwischen wirklicher Naivität und einem entsprechenden Schauspiel unterscheiden kann.

Auch hier wirkt gewöhnlich eine trockene Bemerkung ernüchternd. Es verschwinden nicht nur die Hilfe heischenden Kulleraugen, sondern man ist manchmal überrascht, welche Gerissenheit und Berechnung sich dergestalt zu tarnen versuchte.

Eine bei manchen Frauen besonders beliebte Masche ist das Operieren mit einem **schlechten Gedächtnis.** Manche halten dieses anscheinend abstellbare Gedächtnis sogar für die stärkste Waffe des „schwachen Geschlechts".

Es tritt jedoch gewöhnlich schnell wieder in Funktion, wenn man ironisch oder etwas grob wird bzw. völlig ungerührt mit der Vernehmung fortfährt.

Ein häufiger von Frauen verwendetes Mittel sind ferner die **Tränen,** welche keineswegs durch eine dafür als typisch angesehene Gemütsbewegung verursacht werden; denn dann wären sie kein so ungünstiges Zeichen.

Mehr oder weniger gekonnte „Krokodilstränen" stillt man am einfachsten durch die freundliche Aufforderung, ruhig weiter zu weinen. Man kann dann entweder mit der Befragung fortfahren oder um Verständnis dafür bitten, daß man derweil die andere Arbeit fortsetze. Völlig verfehlt ist bei falschen Tränen auch nur ein beruhigendes Wort, weil dann der Tränenstrom kaum noch zu stoppen sein dürfte.

Schließlich gibt es noch ein Phänomen, auf welches man am ehesten bei der Vernehmung von Frauen stößt – die mehr oder weniger simulierte **Ohnmacht.** Da es aber auch echte Ohnmachten gibt, ist es nötig, ein einfaches Erkennungszeichen zu beachten: das plötzliche und auffallende Erbleichen, das wenige Augenblicke vorher aufzutreten pflegt. Allerdings sollten wir wissen, daß bei Frauen die „halbechte" Ohnmacht nicht so selten ist.

Schon Hans *Groß* (*Groß/Seelig (8/9)* II-27) hat darauf hingewiesen, als er sagte, daß Schrecken, Angst oder Aufregung durch Blutandrang oder Blutleere im Gehirn einen leichten Schwindel bewirken können, zu welchem dann ein bißchen Einbildung, ein bißchen Suggestion und ein bißchen Komödie hinzutreten können. Es sei dann das einfachste und bequemste, die Augen zu schließen und hinzusinken. Die Vernehmung ist unterbrochen, der Peiniger bekomme Mitleid, und er schließt „es war nicht echt, nicht falsch, aber halbecht", „she fainted away" sagt der Engländer ebenso kennzeichnend als unübersetzbar.

Mit simulierten Ohnmachten sollten wir keine allzu großen Schwierigkeiten haben. Ein Glas Wasser oder ein feuchtes Tuch bewirken oft Wunder, wenn dieses den Verschönerungsarbeiten gefährlich zu werden droht.
Das Schlimmste, was einem bei einer Vernehmung von Frauen passieren kann, ist es, wenn man es mit einer **hysterischen Frau** zu tun hat. Denn diese Fälle gleiten bereits in das Gebiet von Psychiatrie und Psychopathologie hinüber, was aber vom eigentlichen Thema abführen würde.

Eine trockene oder barsche Zurechtweisung hilft hier nur bedingt und in leichteren Fällen. Der Vernehmungsbeamte braucht in diesen Fällen gute Nerven und kann nur mit etwas Glück darauf hoffen, mit ruhigem und bestimmten Auftreten einigermaßen „über die Runden zu kommen".

2. Die Vernehmung von Kindern, Jugendlichen und Heranwachsenden

Die Vernehmung von Kindern, Jugendlichen und Heranwachsenden bietet des öfteren technisch und vor allem taktisch besondere Probleme, die deshalb im Folgenden genauer zu untersuchen sind. Dabei kann man die gesetzlichen Altersgrenzen ebenso wie die später genannten nur als bedingt repräsentativ ansehen.
Die Ansichten über den Wert der Aussagen von Kindern und Jugendlichen haben in den letzten Jahrzehnten stark geschwankt. Nahm man zunächst bei Gutwilligkeit wahrheitsgemäße Aussagen an, so verfiel man nach experimentellen Untersuchungen in das andere Extrem und bestritt ganz allgemein den Beweiswert von Aussagen junger Menschen. Inzwischen hat sich auch hier eine differenziertere Betrachtungsweise durchgesetzt.

Groß/Seelig (8) I-135 ff.; *Probst,* Ernst: Kinder und Jugenliche als Zeugen – Psychol. Praxis H. 3 – Basel 1950; *Hellwig,* Albert: Psychologie und Vernehmungstechnik bei Tatbestandsermittlungen – 4. Aufl. – Stuttgart 1951 – S. 182 ff., 276 ff.; *Herren,* Rüdiger: Kinder und Jugendliche als Zeugen bei Sexualdelikten – Intern. Kriminalpol. Revue 1956, S. 66 ff.; *Döhring* S. 83 ff.; *Graßberger* S. 211 ff.; *Bauer* 1–287 ff., 343 ff.; *Fischer,* Johann: Die polizeiliche Vernehmung – BKA 1975/2–3 – S. 151 ff.; *Hamster,* W./*Schmidt,* H.: Experimentelle Untersuchungen zur Beobachtungsfähigkeit und Suggestibilität bei Kindern und Jugendlichen – Arch. f. Krim. Bd. 157, S. 143 ff. (1976); *Geerds,* Friedrich: Vernehmungstechnik – 5. Aufl. – Lübeck 1976 – S. 153 ff.

Richtig ist sicher, daß zu den oben bei den Erwachsenen erörterten Irrtumsmöglichkeiten bei Kindern und Jugendlichen weitere Fehlerquellen hinzutreten, die sich eben aus ihrer mangelnden Reife erklären. So ist es z. B. ganz natürlich, daß schon aus diesem Grunde mehr und andere Wahrnehmungsfehler als beim Erwachsenen auftauchen. Andererseits hat man aber auch festgestellt, daß gerade Kinder und Jugendliche zuweilen sehr genau aussagen, weil die sogen. Eidetik – d. h. die gewissermaßen fotografisch genaue Wahrnehmung – bei ihnen sehr viel häufiger ist als bei Erwachsenen.
Es kommt also darauf an, hier Anhaltspunkte zu ermitteln, die es uns erleichtern, den Beweiswert solcher Aussagen junger Menschen zu beurteilen. Dabei wollen wir, obgleich die Grenzen zwischen beiden Altersklassen flüssig sind, zwischen Kindern bis zu 14 Jahren und Jugendlichen von 14 bis 18 Jahren unterscheiden. Hinsichtlich der Heranwachsenden von 18 bis 21 Jahren erübrigt sich eigentlich eine besondere Darstellung, weil sie in einem Falle den Jugendlichen und im anderen den Erwachsenen gleichzustellen sind. Hier ist es Aufgabe des vernehmenden Beamten, sich möglichst schnell darüber klar zu werden, wie der Reifungsgrad dieses jungen Menschen zwischen 18 und 21 Jahren beschaffen ist, um kriminaltaktisch richtig vorzugehen.

a) Kinder

Kinder können, da strafrechtliche Verantwortlichkeit in den meisten Ländern erst vom 14. Lebensjahr möglich ist, nur als Zeugen vernommen werden. Die Aussage von Kindern ist dann aber ein vollgültiger Beweis, wobei es natürlich auf einem anderen Blatt steht, wie der Wert einer solchen Aussage zu veranschlagen ist.

Psychologisch ist jedoch zu beachten, daß Kinder, da bekanntlich Rechtsbrüche bestimmter Art häufig von ihnen begangen werden, sich auch als Zeuge in der Rolle eines „Beschuldigten“ befinden können.

Aengenendt, Josef: Die Aussage von Kindern in Sittlichkeitsprozessen – Basel 1955; *Bach,* W.: Kindliche Zeuginnen in Sittlichkeitsprozessen. Eine psychiatrische und kriminalpsychologische

Untersuchung – Basel/New York 1957; *Schnetz,* Heinz: Das Kind als klassischer Zeuge bei Sexualdelikten – Nürnberg/Düsseldorf/Berlin 1960; *Matthes,* Ilse: Minderjährige „Geschädigte“ als Zeugen in Sittlichkeitsprozessen (Eine kriminalistische Untersuchung an Hand von 715 Gerichtsakten) – BKA 1961/1 – Wiesbaden 1961; *Duhm,* Erna: Die Erstbekundungen jugendlicher Zeugen bei Sexualdelikten – in: Gerichtliche Psychologie, hrsg. v. G. Blau/E. Müller-Luckmann, Neuwied/Berlin 1962, S. 120 ff.; *Müller-Luckmann,* Elisabeth: Über die Glaubwürdigkeit jugendlicher Zeuginnen bei Sexualdelikten – Beiträge zur Sexualforschung H. 1. – 2. Aufl. – Stuttgart 1963; *Arntzen,* Friedrich/ *Michaelis,* Elisabeth: Psychologie der Kindervernehmung – Bka 1970/1 – Wiesbaden 1970.

Wegen der nunmehr zu erörternden Unsicherheiten der Kinderaussage empfiehlt es sich gerade hier, sich nach Möglichkeit um weitere Beweise für die Richtigkeit der Angaben zu bemühen. Kann die zentrale Frage der Glaubwürdigkeit nicht auf diese Weise entschärft werden, so sollte nicht nur die Persönlichkeit des Kindes gründlich erforscht, sondern möglichen Fehlerquellen durch besondere Umsicht vorgebeugt werden.

aa) Wesentlich für die Beurteilung des Beweiswertes einer Kinderaussage ist selbstverständlich der **Entwicklungsstand** bzw. Reifegrad, den man als Fremder und insb. als Erwachsener häufig unterschätzt.

Dies äußert sich z. B. auch darin, daß Erwachsene – die Eltern ausgenommen – mit Kindern häufig kindisch reden. Für die Vernehmung sollten wir uns merken, daß dieses fehl am Platze ist; denn die Kinder wissen, daß man sie unterschätzt, und nutzen das ggf. aus. Man soll sich lediglich einer Ausdrucksweise bedienen, die das Kind verstehen kann und die ihm geläufig ist. Aber schon im Kindesalter sind – wie wir sehen werden – gewisse Entwicklungsphasen zu unterscheiden.

Bietet im übrigen vor allem die **Verständigung** mit Kindern gewisse Probleme, so sollte der Vernehmungsbeamte nicht nur die bei bestimmten Worten verzerrend wirkende begriffliche Schwäche, sondern ebenso beachten, daß es für bestimmte Dinge Ausdrücke gibt, die lokal oder gar familiär begrenzt sind.

Man sollte also nicht „kindlich“ mit der jungen Aussageperson sprechen, diese aber auch nicht dadurch überfordern, daß man Worte oder Begriffe gebraucht, die das Kind nicht verstehen kann. Falsche Fragen können nicht nur falsche Antworten, sondern auch das Ausbleiben einer solchen bewirken. Dies kann aber auch mit besonderen Hemmnissen zusammenhängen, z. B. der Anwesenheit der Eltern bei größeren Kindern, welche der Vernehmungsbeamte daher beachten sollte. Dies gilt nicht zuletzt für die leichte Ablenkbarkeit.
Typische Hemmnisse bei Kindervernehmungen, die leicht Schweigen bewirken können, hängen mit den anwesenden Personen und der Gestaltung der Vernehmung hinsichtlich des Ortes zusammen. Diensträume wirken sich oft dahin aus, daß sie dem Kinde den Mund verschließen. Allerdings bewirkt zuweilen auch die Angst das Gegenteil, weshalb sich einheitliche Regeln nicht aufstellen lassen. – Gleichgültig dabei ist, ob das Kind aktiv oder passiv an dem strafbaren Geschehen beteiligt ist. Sofern die Vernehmung nicht von Beamtinnen der weiblichen Kriminalpolizei ausgeführt wird, was hier im allgemeinen zu empfehlen ist, sollte man doch eine Beamtin hinzuziehen oder sich zumindest einer weiblichen Schreibkraft bedienen, die vom Kind in aller Regel weniger störend empfunden wird als die Anwesenheit eines zweiten Mannes.
Bei der Durchführung der Vernehmung ist auch darauf zu achten, daß die Kinder nicht, wie bei ihnen besonders leicht möglich ist, abgelenkt werden. Das Vernehmungszimmer muß nicht nur störungsfrei sein, sondern sollte keine Dinge – Schußwaffen, Mikroskope und dergl. – enthalten, die das Interesse des Kindes auf sich ziehen.

bb) Aussagefähigkeit. Vorsichtsmaßregeln. Persönlichkeitserforschung

Für die **Aussagefähigkeit,** die bei Kindern immer mehr oder weniger problematisch ist, haben neuere Untersuchungen doch einige wertvolle Erkenntnisse gezeitigt. Man ist sich in der insoweit recht umfangreichen Literatur darüber einig, daß Kinder bis zum Alter von etwa 7 bis 9 Jahren ausgezeichnete Zeugen sein können, weil sie sich für alles interessieren. Allerdings müssen wir – wie gesagt – bedenken, daß seine Vorstellungswelt primitiver, seine Erfahrungen geringer und daher seine Kombinationen oft falsch sind. Dies gilt insb. für die etwa bis zum 4. Lebensjahr reichende Entwicklungsphase. Immerhin ist es wohl nicht übertrieben, daß man beim normalen Kind über diesem Alter mit einigermaßen verläßlichen Bekundungen rechnen darf.

Vom 8. bis 10. Lebensjahr ab müssen wir u. U. das Geschlecht bei der Beurteilung des Beweiswerts mit in Rechnung stellen.

Knaben in diesem Alter sind bis zum Beginn der Pubertät, d. h. etwa um das 14. Lebensjahr herum, gute Beobachter und deshalb häufig sehr brauchbare Zeugen, was natürlich außer körperlicher Gesundheit, Intelligenz auch einen anständigen Charakter voraussetzt.

Ihre Aussagen können im allgemeinen denen Erwachsener gleichgestellt werden, da sie das, was diese an Lebenserfahrung und Reife voraus haben, durch größere Schärfe der Beobachtung und ein gutes Gedächtnis ausgleichen. Lediglich bei Schlußfolgerungen ist auch hier noch eine gewisse Skepsis geboten.

Zurückhaltung ist demgegenüber des öfteren bei Aussagen von Mädchen zwischen 8 und 14 Jahren geboten. Denn bei ihnen machen sich häufiger bereits die ersten Anzeichen der hier zudem tiefer eingreifenden Pubertät geltend. Man spricht hier sogar – wohl unzulässig verallgemeinernd – vom Lügenalter der Mädchen, weil dergleichen vor allem vom Gegenstand der Aussage abhängen dürfte.

Das Sensationsbedürfnis mancher Mädchen ist ausgesprochen egozentrisch, was die Beobachtungsgabe trübt und der Phantasie einen beträchtlichen Einfluß auf das gesamte Denken und Tun einräumt. Dies führt dazu, daß man Mädchen dieses Alters durchweg als höchst gefährliche und zweifelhafte Zeugen beispielsweise bei Sexualdelikten ansprechen kann.

Insgesamt muß man bei Jungen und Mädchen dieser Altersgruppe mit Ausdrucksschwächen und damit rechnen, daß sie u. U. Worte verwenden, deren Sinn sie noch nicht wirklich begriffen haben; derartige halbe Vertrautheit kann zuweilen recht irritierend wirken. Gerade bei Kindern dieser Altersgruppe findet man den bereits erwähnten „eidetischen Typ" am häufigsten.

Völkel, H.: Kriminalpsychologische Bedeutung der Eidetik – MoKrim 1958, S. 33 ff. (43. Jahrg.); *Freidrichs,* Hans: Kinderaussage und „eidetische Veranlagung" – Arch. f. Krim. Bd. 136, S. 139 ff. (1965).

Diese etwa mit dem 15. Lebensjahr üblicherweise wieder abnehmende Eidetik oder Eidese bedeutet, daß ein Mensch etwas zuvor Gesehenes aus dem Gedächtnis – bis in kleinste Einzelheiten – so genau zu beschreiben vermag, als ob er den Vorgang noch vor Augen habe. Diese zuerst bei Schulkindern beobachtete Gabe hat übrigens nichts mit Intelligenz zu tun.

Alle diese Unsicherheitsfaktoren und Hemmnisse bei Kinderaussagen lassen sich durch eine Reihe von **Vorsichtsmaßregeln** verringern. – Da Kinder in hohem Maße beeinflußbar sind, insb. von Erwachsenen, sollte man sie möglichst isolieren, wenn sie in den Mittel-

punkt des Interesses gerückt sind. Sonst formt sich in ihrem Kopf bei wiederholten Fragen nicht selten ein Phantasiebild, das die Aussage verfälscht.
Unerläßlich ist es weiter, die Vorgeschichte der Aussage zu klären. Hier spielt es z. B. eine Rolle, wieviel Zeit seit dem fraglichen Geschehen verstrichen ist, wem das Kind zuerst davon erzählt hat.
Schließlich ist es notwendig, sich durch eine gründliche **Persönlichkeitserforschung** ein möglichst vollständiges und klares Bild von der jungen Aussageperson zu verschaffen. Dabei spielen Eltern, Geschwister und auch Lehrer eine große Rolle. Häufig, z. B. in Sittlichkeitssachen, wird der Lehrer seinen Schüler besser beurteilen als die Eltern.

cc) Beiziehung eines Sachverständigen
Bei jeder Kindervernehmung stehen wir überdies vor der Frage, ob wir nicht einen Sachverständigen für Jugendpsychologie hinzuziehen sollten, und zwar schon vor der Vernehmung des Kindes. Das sollte jedenfalls dann geschehen, wenn nur der geringste Anhaltspunkt für eine krankhafte Störung besteht oder das Kind als Hauptzeuge zu betrachten ist. Dasselbe muß gelten, wenn andere Defekte die Kommunikation mit dem Kind erschweren oder seine Aussagetüchtigkeit als zweifelhaft erscheinen lassen könnten.

Klinghammer, D.: Zur Begutachtung der Aussage taubstummer Kinder und Jugendlicher, besonders in Sittlichkeitsprozessen – MoKrim 1958, S. 76 ff. (41. Jg.).

dd) Zum Vorgehen bei einer Kindervernehmung
Das Vorgehen bei einer Kindervernehmung sollte behutsam und möglichst einem zwanglosen Gespräch vergleichbar sein. Jegliche Hast ist ebenso wie schroffes Auftreten zu vermeiden. Es sind also die oben geschilderten Gegebenheiten genau zu beachten. Dabei sind Verhalten und Gesichtsausdruck des Kindes jedoch genau zu beobachten, weil diese gute Rückschlüsse zuzulassen pflegen.
Insgesamt sollte man **Fragen** besonders vorsichtig formulieren und sich mit Geduld wappnen. Vor allem ist darauf Wert zu legen, daß über Tatsachen und Wahrnehmungen berichtet wird; denn bei Schlußfolgerungen irrt sich das Kind noch häufiger als der Erwachsene. Doch kann das Kind, da Gedächtnis und Erinnerung anders – wenngleich unterschiedlich – funktionieren, u. U. einen nebensächlichen Vorgang genau behalten, sich jedoch an „wichtige" Dinge oft nicht erinnern. Ferner ist zu beachten, daß seine Ausdrucksfähigkeit mehr oder weniger begrenzt ist, was zu scheinbaren Widersprüchen führen kann.

Noch mehr als bei Erwachsenen ist bei einer Kindervernehmung jede Antwort auf ihre objektive Richtigkeit hin zu untersuchen. Dabei darf man sich über hier häufigere Widersprüche oder Unrichtigkeiten nicht wundern. Denn alle Angaben über Menge, Zeit, Maß, Zahl und dergl. von Kindern, die sie wegen mangelnder Erfahrung und Reife des Urteils anders sehen, sind dubios. Auch Unbeholfenheit des Ausdrucks kann bei Widersprüchen eine Rolle spielen.

Suggestivfragen sind bei Kindervernehmungen – wie gesagt – unzulässig, soweit man nicht eben mit ihnen prüfen will, ob das Kind suggestibel ist, d. h. auf sie eingeht. Als Mittel zur Erforschung der Wahrheit sind sie völlig unbrauchbar.
Vorhalte sind bei Kindervernehmungen zumindest ein sehr fragwürdiges Instrument, weil sie den jungen Zeugen oft zum Schweigen bringen. Man sollte solche Punkte daher lieber beiläufig mit dem Kind erörtern.
Zur **Protokollierung** sei nur vermerkt, daß es sich hier oft empfiehlt, mit einem Stenogramm zu arbeiten, um das Kind nicht unnötig abzulenken.

Eine **mehrmalige Vernehmung** im Vorverfahren sollte gerade bei Kindern möglichst vermieden werden, zumal da sich eine erneute Vernehmung im Hauptverfahren aus rechtlichen Gründen in der Regel ohnehin leider nicht ausschließen läßt. Nicht nur in den hier besonders prekären Sittlichkeitssachen, sondern auch sonst wird einmal fortgesetzt die Erinnerung an die leidigen Vorgänge aufgeweckt und zum anderen die Aussage nicht richtiger; vielmehr bekommt sie leicht den Charakter des auswendig Gelernten oder kann durch Hineingefragtes verfälscht werden.

b) Jugendliche

Die Vernehmung von Jugendlichen zwischen 14 und 18 Jahren bietet z. T. ähnliche Schwierigkeiten wie die von Kindern. Denn halb ist der Jugendliche noch Kind und beansprucht die Nachsicht, die ein solches verdient, halb ist er jedoch schon Erwachsener und beansprucht dessen Rechte. Allerdings kann der Entwicklungsstand ungeachtet geringer Altersunterschiede gerade beim Jugendlichen recht verschieden sein. Wesentlich ist schließlich, daß Jugendliche nicht nur als Zeugen, sondern auch als Beschuldigte vernommen werden können.

aa) Entwicklungsstand

Beim Entwicklungsstand von Jugendlichen überschätzt man zuweilen nach dem äußeren Eindruck den Wert der Aussage. Denn bekanntlich hält die geistige Entwicklung, obwohl es wiederum auf den Einzelfall ankommt und allgemein manches strittig ist, hier noch weniger als früher Schritt mit der körperlichen. Dabei darf man den Intellekt, der oft bei Kindern schon erstaunlich ist, nicht mit Intelligenz und Verständnis verwechseln. Im allgemeinen befinden sich alle Jugendlichen mehr oder weniger in dem für psychische Entwicklung außerordentlich bedeutsamen Stadium der Pubertät, die von Mädchen jedoch regelmäßig früher als von Jungen überwunden wird. Deswegen wird man ältere Mädchen häufiger schon wie Erwachsene behandeln können, während selbst bei größeren Jungen des öfteren noch Vorbehalte zu machen sein werden.

Die Ursachen sind nicht nur darin zu erblicken, daß der in vielen Ländern seit Jahrzehnten festzustellenden Beschleunigung im körperlichen Bereich, der sogen. Akzeleration, nicht dasselbe, sondern eher eine Verzögerung – Retardierung – im psychischen Bereich zu entsprechen pflegt. Obgleich die Situation in den einzelnen Gesellschaften verschieden ist und man zudem die individuellen Unterschiede beachten muß, dürfte die Spannungsperiode oder Zeit der Disharmonie heutzutage des öfteren größer als früher sein.

Aus allen diesen Gründen ist gerade bei Jugendlichen auf **Entwicklungsstörungen** zu achten, die großen Einfluß auf ihr Verhalten und ihre Aussage haben können. Abnormalitäten der Willens- und Gefühlssphäre sind keine Ausnahmen, sondern in dieser Altersgruppe recht häufig, weshalb auch die strafrechtliche Verantwortlichkeit besonders festzustellen ist.

bb) Aussagefähigkeit. Vernehmung als Zeuge und als Beschuldigter

Da der Jugendliche uns im Strafverfahren nicht nur als Zeuge, sondern auch als Beschuldigter begegnen kann, sollen diese Fälle ungeachtet der späteren Ausführungen (§ 21–VII) schon hier unterschieden werden.

Bei der **Vernehmung als Zeuge** wird uns die für die Aussagefähigkeit bedeutsame Subjektivität vielleicht noch mehr als bei Kindern Schwierigkeiten machen. Auch die Anschauungs-

und Interessenkreise des männlichen und des weiblichen Geschlechts liegen trotz einer gewissen Angleichung in den letzten Jahrzehnten nicht selten weiter auseinander als in späterem Alter. Es gilt hier nicht nur für Mädchen Ähnliches wie in der vorangehenden Altersgruppe, sondern auch bei Jungen treten verstärkt Unsicherheitsquellen auf.

Ein besonders kritischer Punkt ist die Gefahr der Aussageverfälschung durch jugendliche Zeuginnen in Sittlichkeitsprozessen oder in anderen Verfahren, die einen sensationellen Anstrich haben.

Die **Vernehmung als Beschuldigter** zeigt bei Jugendlichen dageben eine etwas andere Situation; der junge Mensch steht, was seine Behandlung anlangt, zwischen dem Kind und dem Erwachsenen. Man muß hier also mit besonderer Behutsamkeit zu Werke gehen, um den jungenMenschen zunächst einmal zum Reden zu bringen.

Macht die Amtsmiene im allgemeinen keinen Eindruck, so ist andererseits auch die Gutmütigkeit gefährlich, weil der Jugendliche vielfach noch nicht in der Lage ist, zwischen Freundlichkeit und Schwäche sicher zu unterscheiden. Die Folge sind dann leicht dummdreiste Lügen oder anmaßende Frechheiten, wobei übrigens das Geschlecht keine große Rolle spielt.

Bei lügenden Beschuldigten haben wir als Motiv vor allem an die Angst vor Blamage, d. h. ein übersteigertes Ehrgefühl, zu denken. Am besten kommt man zum Ziel, wenn man die Jugendlichen selbst erzählen und sich scheinbar übrzeugen läßt. Im übrigen sollte man sich bei dreisten Lügen oder Frechheiten nicht scheuen, derartige Flegel einmal gründlich zusammenzustauchen.

cc) Durchführung

Die Durchführung einer Vernehmung bei Jugendlichen bietet jedoch für Jungen und Mädchen weitaus mehr gemeinsame, wenngleich z. T. von Erwachsenen abweichende Probleme. Am leichtesten kommt man gewöhnlich zum Ziel, wenn man dem Jugendlichen zunächst einmal Gelegenheit gibt, von sich zu erzählen und sich dabei über alles zu beklagen, was ihm nicht gefällt.

Stellt man fest, daß eine jugendliche Aussageperson die Unwahrheit bekundet, so wird man sich auch hier fragen müssen, warum der Vernommene lügt. Die Gründe dafür sind jedoch oft andere als bei Erwachsenen; mehr als die Furcht vor Strafe stört sie z. B. zuweilen die Angst vor der damit verbundenen Blamage.

Man hat inzwischen mancherlei Vorschriften und vor allem Hilfsmittel für Vernehmungen Jugendlicher erarbeitet. Deshalb beauftragt man damit am besten Beamte, die dafür besonders ausgebildet und mithin befähigt sind.

Außer an derartige Jugendsachbearbeiter ist wiederum an Beamte der weiblichen Kriminalpolizei zu denken.

Im übrigen sei daran erinnert, daß Suggestivfragen zweckmäßig zu unterlassen sind und Gegenüberstellungen eine seltene Ausnahme bleiben sollten.

Die Vernehmungen sind besonders vorzubereiten, weil auch Jugendliche im Vorverfahren möglichst nicht mehrfach vernommen werden sollten. Die Niederschrift ist auch hier tunlichst der Ausdrucksweise des jungen Menschen anzupassen.

c) Heranwachsende

Für die Vernehmung der Heranwachsenden zwischen 18 und 21 Jahren erübrigen sich – wie angedeutet – besondere Ausführungen. Denn es geht bei dieser Altersgruppe im Grunde nur

um die Frage, ob die Vernehmung sich im konkreten Fall noch mehr nach den für Jugendliche maßgebenden Grundsätzen richten soll oder bereits wie bei Erwachsenen verfahren werden soll.
Wer als Vernehmungsbeamter mit beiden Altersgruppen umzugehen weiß, sollte mit Heranwachsenden keine besonderen Schwierigkeiten haben. Von Fall zu Fall wird er sein Vorgehen mehr dem bei Jugendlichen oder dem bei Vernehmungen Erwachsener üblichen annähern.

VII. Besonderheiten der Vernehmung bei den verschiedenen Prozeßbeteiligten

Um das Bild der Vernehmungstaktik und -technik weiter abzurunden, sollen nunmehr solche Besonderheiten der Vernehmung behandelt werden, die sich aus den unterschiedlichen Rollen der Aussagepersonen ergeben. Denn für die Fehlerquellen der Aussage ist es – wie angedeutet – auch bedeutsam, ob der Betreffende als Beschuldigter, Zeuge oder Sachverständiger vernommen wird.

1. Die Beschuldigtenvernehmung

Für die Vernehmung des Beschuldigten ist selbstverständlich seine besondere Situation als Tatverdächtiger wichtig, der vom Strafverfahren in besonderem Maße betroffen wird. Sicherlich können wir uns allgemein auch hier auf die früheren Ausführungen beziehen.

Dabei ist hinsichtlich der Vorbereitung lediglich darauf hinzuweisen, daß die für eine erfolgreiche Vernehmung erforderliche Aktenkenntnis unbedingt auch die Kenntnis der polizeilichen Personenakten und der Vorstrafakten umfassen muß. Es versteht sich von selbst, daß auch darüber hinaus die Persönlichkeit des Beschuldigten eingehend erforscht werden sollte, um das Vergehen bei der Vernehmung kriminaltaktisch richtig und damit erfolgreich zu gestalten. Dabei ist daran zu erinnern, daß wir uns in geeigneten Fällen gründlich über die Lebensumstände des Beschuldigten unterrichten müssen.

Groß/Seelig (8) I-158 ff.; *Hellwig,* Albert: Psychologie und Vernehmungstechnik bei Tatbestandsermittlungen – 4. Aufl. – Stuttgart 1951 – S. 284 ff.; *Zbinden* S. 154 ff.; *Deb,* R.: Wie soll man Verdächtige vernehmen? – Internat. Kriminalpol. Revue 1958, S. 239 ff.; *Heitmann,* Heinz: Wert und Sicherung der ersten Beschuldigten-Vernehmung – Kriminalistik 1962, S. 102 ff.; *Döhring* S. 174 ff.; *Döhring,* Erich: Persönlichkeitserforschung im Rahmen der Beschuldigtenvernehmung – Kriminalistik 1967, S. 5 ff.; *Graßberger,* S. 157 ff.; *Bauer* 1–330 ff.; *Höra,* Knut: Wahrheitspflicht und Schweigebefugnis des Beschuldigten. Eine Analyse der Rechtsstellung des Beschuldigten im Strafprozeß – Diss. Frankfurt a. M. – o. O. 1970 – insb. S. 96 ff.; *Geerds,* Friedrich: Vernehmungstechnik – 5. Aufl. – Lübeck 1976 – S. 177 ff.; vgl. schon *Schneickert* S. 198 ff.

Entscheidend für den Erfolg der Vernehmung sind gerade beim Beschuldigten – wie schon gesagt – die ersten Minuten nach dem Eintreten in das Vernehmungszimmer, d. h. der Beginn der Vernehmung. Denn der Tatverdächtige ist naturgemäß besonders mißtrauisch, weshalb bei ihm in aller Regel Kooperation nicht erwartet werden kann.
Im Hinblick auf die Vernehmungstypen wird nach dem oben Ausgeführten in aller Regel vom Standardtyp auszugehen sein, der mit Aufnahme der Personalien beginnt und die Vernehmung zur Sache mit dem Eröffnen des Verdachts und ggf. dem Vorhalten etwaiger Beweise einleitet.

Das allgemein zur Aussage- und Vernehmungspsychologie Gesagte soll für die Beschuldigtenvernehmung in drei hier besonders wichtigen Punkten ergänzt werden. Außer um unrichtige Aussagen, insb. Lügen, und Geständnis geht es hier um die Problematik der Gegenüberstellung. Bei Beschuldigten ist nicht nur wie bei allen Aussagepersonen mit infolge Irrtums unrichtigen Angaben, sondern angesichts der eigenen Interessen verstärkt mit bewußten Lügen zu rechnen.
Daraus aber resultiert für den Beschuldigten zugleich die Gefahr einer forensischen Befangenheit, daß man seiner Aussage skeptisch zu begegnen pflegt, d. h. auch hinter irrtümlichen oder gar wahren, jedoch entlastenden Angaben nur zu leicht eine Lüge vermutet. Dieser Eindruck wirkt sich naturgemäß auf den Beschuldigten aus und läßt ihn unsicher werden, was dann weitere Zweifel erwecken kann, um von seiner besonderen Situation im Prozeß noch ganz abzusehen.

Selbst die Feststellung der Unrichtigkeit von Angaben berechtigt nicht ohne weiteres den Schluß auf eine Lüge, weil u. U. auch ein Irrtum zugrundeliegen kann. Und kann man bloßes (unsubstantielles) Leugnen in etwa noch mit der Lüge vergleichen, so ist das sicher nicht beim Schweigen der Fall, was beim Beschuldigten infolge seiner rechtlich anerkannten Schweigebefugnis häufiger als bei anderen Aussagepersonen vorkommt. Alles dies ist zu beachten, wenn man die nunmehr zu behandelnden Sonderfälle in das Auge faßt.

a) Die Lüge

Bei der Beschuldigtenvernehmung ist immer mit Unwahrheiten und nicht selten mit hartnäckigem Leugnen zu rechnen. Doch müssen wir hier daran denken, daß der Aussagende häufig aus Selbsterhaltungstrieb die Unwahrheit sagt; das dürfen wir ihm deshalb nicht so sehr verübeln, Selbstverständlich spielen daneben auch andere Gefühle eine Rolle. Es ist also hier nach denjenigen Grundsätzen zu verfahren, die oben für die Lüge und das Geständnis, das als falsches nur ein Sonderfall der Lüge ist, dargelegt worden sind. Wir müssen also herausfinden, warum der Beschuldigte lügt.

Das ist keineswegs immer so leicht wie in Fällen, in denen er sich durch ein falsches Alibi zu entlasten sucht. Noch skeptischer als ein sofort angebotenes, zu perfektes Alibi ist eine solche Behauptung zu werten, wenn sie verspätet vorgebracht wird.

Lügen aus innerer Unsicherheit erkennt man häufiger an dem sprunghaften Verhalten des Vernommenen. Selbst Frechheiten sind dabei gewöhnlich mehr ein Ausdruck von Verlegenheit als eines Gefühls der Überlegenheit. Man sollte also nicht alles über einen Kamm scheren, zumal da der Beschuldigte genau um die Unwahrheit seiner Angaben weiß. Gerade bei Lügen sollte man ein gewisses Verständnis für die Lage des Beschuldigten haben und in der Regel ruhig reagieren. Denn derartige Lügen sind mehr Situations- oder Notlügen.
Unwahre Aussagen eines Beschuldigten können umgekehrt aber auch Ausdruck eines übersteigerten Ich-Gefühls sein. Erkennt man dies, so muß man sich darauf einstellen. Die vermeintliche Überlegenheit des Beschuldigten bringt man kaum durch große Worte ins Wanken. Eher gelingt das, wenn man mit Kleinigkeiten anfängt, z. B. ohne jeden Kommentar die Vorstrafen des Vernommenen erörtert. Man kann den Betreffenden auch zunächst einmal ruhig erzählen lassen, um jeweils Fragen – belanglose und wichtige in bunter Reihenfolge – einzufügen, deren Antwort man kennt. Dann kann man ihm damit nach der Märchenstunde u. U. klarmachen, daß er so nicht weiterkomme, weil seine Schwindeleien längst durchschaut sind.

Ein dem verwandter, jedoch nicht immer leicht aufzuklärender Sachverhalt ist die pathologische Lüge, die der Beschuldigte überzeugend vorbringt, weil er fälschlich seine Angaben für richtig hält. Das z. T. entwicklungspsychologisch bedingte Phänomen findet man bei gewissen Hochstaplern. Die Unrichtigkeit der Aussage läßt sich nicht durch die Vernehmung des Betreffenden, sondern nur mithilfe anderer Beweise dartun.

Alles dies ist auch bei Vorhalten in einer Beschuldigtenvernehmung zu beachten. Denn im Falle eines lügenden oder auch nur leugnenden Beschuldigten ist beispielsweise die Lage für den Vorhalt eine ganz andere als bei einer kooperativen Aussageperson.

b) Das Geständnis

Da das Geständnis bei einer Beschuldigtenvernehmung eine große Rolle spielt, ist das oben Gesagte (§ 21-III-3) noch etwas zu ergänzen und zu vertiefen. Denn vor allem kommt es darauf an, wie man Anzeichen von Geständnisbereitschaft erkennt und wie man sich dann am besten verhält. Denn kein guter Kriminalist wird dann der Entwicklung tatenlos zusehen.

Groß/Seelig (8) I-163ff.; *Döhring* S. 193ff., 220ff.; *Geerds,* Freidrich: Vernehmungstechnik – 5. Aufl. – Lübeck 1976 – S. 182ff.

Eine hier mögliche Verhaltensweise ist das **Schweigen des Beamten,** das aber selbst in iener geständnisträchtigen Situation recht verschieden geartet sein kann.
Ein freundliches Zuwarten, d. h. ein wohlwollendes Schweigen, ist bei Naturen angezeigt, die einmal einen Augenblick Ruhe brauchen; es kann sogar richtig sein, den Beschuldigten dabei nicht einmal anzublicken. Allerdings sollte das Schweigen nicht zu lange dauern, um Zeit für faule Ausreden zu bedeuten.

Man sollte danach dem Beschuldigten tunlichst auch nicht mit sachlichen Argumenten kommen, sondern mehr seine Gefühle ansprechen und ihm dabei die goldene Brücke zum Geständnis bauen. Dabei sollte man seine Worte ruhig so wählen, daß seine Gefühle möglichst geschont werden.

Beim ungemütlichen oder peinlichen Schweigen ist es relativ gleich, ob der Beschuldigte dieses durch Ausflüchte zu unterbrechen sucht oder ebenfalls schweigt, was bei der hier u. U. längeren Zeit nur wenigen gelingt. Zeigt der Beschuldigte die erwartete Reaktion, die durchaus ein teilweises Zugestehen sein kann, so zerpflückt man Unwahrheiten und versucht es hier mit Vorhalten, die sich an den Verstand wenden. Denn nur die verstandesmäßig erfaßte Ausweglosigkeit wird hier den Beschuldigten zum Geständnis oder Teilgeständnis bringen.
Derartige Möglichkeiten des Schweigens haben allerdings bei hartgesottenen und im Umgang mit der Polizei erfahrenen Verbrechern jedoch gewöhnlich keinen Sinn. Denn diese Menschen sind nur durch Vernunftargumente zu beeindrucken.

Hier sollte man es in einer geständnisträchtigen Situation mit ohne weiteres einleuchtenden Vorhalten versuchen, wobei es natürlich auf die Überzeugungskraft der Beweise ankommt. Ob der Ton barsch, trocken oder spöttisch-humorvoll sein sollte, hängt vor allem von der Mentalität des Vernommenen ab.

c) Gegenüberstellung und andere Maßnahmen

Besonders ist in diesem Zusammenhang nochmals die Gegenüberstellung des Beschuldigten zu erwähnen. Denn sie birgt nicht zu unterschätzende Gefahren in sich, wenngleich auf der anderen Seite gewisse Vorteile nicht zu leugnen sind.

Ein wesentliches Gefahrenmoment der Gegenüberstellung ist – wie wir gesehen haben – die unbeobachtete Verständigung. Diese kann man kaum verhindern, weil oft ein Blick oder Wink genügt. Weiter kann eine mißglückte Gegenüberstellung aber auch den Widerstandswillen des Beschuldigten beleben, wenn er merkt, daß der andere unsicher ist oder es mit dem Wiedererkennen nicht geklappt hat.

Gerade bei einer zunächst ergebnislosen Beschuldigtenvernehmung sollten wir auf keinen Fall Enttäuschung zeigen, um nicht unsere Chancen für die Zukunft zu verschlechtern. Ebenso sollte man bei einem Erfolg nicht triumphieren, weil das die weitere Arbeit leicht erschweren kann. Selbst wenn ein hartgesottener Krimineller sich schließlich geschlagen gibt, sollte man das mit Ruhe und sachlich nehmen. Zeigt man dabei oder bei Durchführung der sich daraus ergebenden Zwangsmaßnahmen noch Verständnis, so gewinnt man am ehesten das Vertrauen oder doch den Respekt dieses Menschen.

2. Die Zeugenvernehmung

Die Vernehmung des Zeugen ist ungeachtet der Wichtigkeit des Sachbeweises und des damit u. U. verbundenen Sachverständigenbeweises nach wie vor ein wesentliches Beweismittel des heutigen Strafverfahrens. Eine gewisse Schwierigkeit bildet allerdings häufig die Ermittlung vorhandener Zeugen, was jedoch eine Aufgabe der Fahndung ist.

Groß/Seelig (8) I-74 ff.; *Meinert,* Franz: Aussagefehler und Zeugenprüfung in der kriminalistischen Praxis – Lübeck 1948; *Hellwig,* Albert: Psychologie und Vernehmungstechnik bei Tatbestandsermittlungen – 4. Aufl. – Stuttgart 1951 – S. 88 ff., 163 ff., 299 ff.; *Zbinden* S. 156 ff.; *Undeutsch,* Udo: Kriterien der Beurteilung von Zeugenaussagen – in: Sittlichkeitsdelikte, hrsg. v. Bundeskriminalamt, Wiesbaden 1959, S. 175 ff.; *Panhuysen,* Ursula: Die Untersuchung des Zeugen auf seine Glaubwürdigkeit. Ein Beitrag zur Stellung des Zeugen und Sachverständigen im Strafprozeß – Neue Kölner Rechtswiss. Abh. H. 28 – Berlin 1964; *Döhring* S. 92 ff.; *Mätzler,* Armin: Die Zeugen irrten. Ein Beitrag zur Problematik der Zeugenaussage – Kriminalistik 1968, S. 577 ff.; *Graßberger* S. 199 ff.; *Bauer* 1–326 ff.; *Arntzen,* Friedrich: Psychologie der Zeugenaussage. Einführung in die forensische Aussagepsychologie – Göttingen 1970; *Trankell,* Arne: Der Realitätsgehalt von Zeugenaussagen. Methoden der Aussagepsychologie – aus dem Schwed. übersetzt u. m. e. Vorwort versehen v. U. Undeutsch – Göttingen 1971; *Holland,* Klaus: Zur Psychologie der Zeugenaussage – Kriminalistik 1972, S. 409 ff.; *Eipeldauer,* Hans: Die „sichere“ Zeugenaussage – Kriminalistik 1975, S. 564 ff.; *Geerds,* Friedrich: Vernehmungstechnik – 5. Aufl. – Lübeck 1976 – S. 189 ff. Vgl. schon *Plaut,* Paul: Der Zeuge und seine Aussage im Strafprozeß – Leipzig 1931; *Schneickert* S. 152 ff.

Viele Erkenntnisse und Grundsätze der Vernehmungstaktik gelten naturgemäß ebenso für Zeugen wie für Beschuldigte. Manches aber liegt, wie nunmehr verdeutlicht werden soll, bei der Zeugenvernehmung doch etwas anders. Denn anders als Beschuldigte sind Zeugen grundsätzlich in Strafsachen zu einer Aussage verpflichtet.

Daran ändern die in den einzelnen Ländern z. T. etwas unterschiedlich geregelten Ausnahmen wie Vernehmungsverbote, Aussage- oder Auskunftsverweigerungsrechte nichts. Vernehmungstaktisch hilft auch bei Zeugen der hier im übrigen mögliche Zwang ebenso wenig wie die etwaige Bestrafung wegen eines Aussagedelikts.

Bevor wir jedoch auf diese Besonderheiten der Zeugenvernehmung eingehen, dürfte es ratsam sein, sich einen genaueren Überblick über die z. T. doch recht unterschiedlichen Situationen und Einstellungen von Zeugen zu verschaffen.

a) Situationen und Einstellungen von Zeugen

Die Vernehmung von Zeugen ist sicherlich in manchen Fällen einfacher und leichter als die eines leugnenden Beschuldigten, wenn nämlich der Zeuge nicht bzw. nicht so sehr an der Sache interessiert ist. Das ist jedoch keineswegs immer der Fall, weil Zeugen nicht selten doch so oder so persönlich an der Sache interessiert sind.

Döhring S. 137 ff.; *Graßberger* S. 253 ff.

Eine besondere Unsicherheitsquelle bei vielen Zeugenvernehmungen stellt die Beziehung zur Sache selbst, zu dem durch sie Verletzten oder aber zur Person des Beschuldigten dar. Der klassische Zeuge, der guten Willens neutral und wahrheitsgemäß über das von ihm Wahrgenommene berichtet, ist in der kriminalistischen Praxis relativ selten. Man darf daher bei einem Zeugen nicht ohne weiteres Neutralität erwarten.

Vielmehr bewirken sehr oft feindliche oder freundschaftliche Gefühle gegenüber dem Beschuldigten, daß die Zeugenaussage verfälscht oder doch verzerrend gefärbt wird. Eben deshalb kann man auch nicht ohne weiteres zwischen kooperativen und nicht kooperativen Zeugen unterscheiden; denn die Parteilichkeit fällt am ehesten noch bei dem Beschuldigten freundlichen Zeugen in das Auge, während sich ihm feindlich gesonnene Zeugen sehr bereitwillig zu äußern pflegen.

Wenn *Bauer* (1–290 ff.) weitergehend klassifizieren möchte (sichere, unsichere, intelligente, ungebildete, ängstliche, verantwortungsvolle, oberflächliche, weitschweifige usw. Zeugen), so mag das zwar auf Anhieb plausibel und plastisch erscheinen, dürfte in Wahrheit aber sowohl praktisch als auch theoretisch mehr verwirren als helfen. Kann man schon in der Praxis nicht gut 21 Typen, die an Einzelumständen orientiert sind, unterscheiden, so ist es theoretisch zweifelhaft, ob man diese Typen als charakterologisch bezeichnen darf. Der Praktiker wird einer solchen Typologie nicht nur deshalb hilflos gegenüberstehen, weil die Fälle sich mannigfach überschneiden, sondern bestenfalls erst nach einer langen Vernehmung in der Lage sein, den Zeugen in dieser Weise zu bewerten. Das überdies methodologisch unverständliche Unterfangen vermittelt somit lediglich einen Einblick in die Vielfalt der Phänomene, bietet aber weder für den Praktiker noch für den Theoretiker eine brauchbare Orientierungshilfe, weshalb wir darauf verzichten.

Dasselbe gilt für die sogen. soziologischen Typen (*Bauer* 1–297 ff.), weshalb wir die hier anklingenden Umstände und Verhältnisse, die sich zudem in ganz unterschiedlicher, z. T. entgegengesetzter Weise auf die Einstellung des Zeugen auswirken können, in anderem Rahmen berücksichtigen wollen.

Einige Ausführungen sind vorab noch zu (Kriminal- und Schutz-) **Polizeibeamten als Zeugen** angezeigt, weil sie sich nicht ohne weiteres in die folgenden Gruppen einordnen lassen.

Weber, A.: Verhalten vor Gericht. Polizeibeamte als Zeugen und Sachverständige – in: TbKrim Bd. XXVI, S. 9 ff. (1976); *Kube,* Edwin/*Leineweber,* Heinz: Polizeibeamte als Zeugen und Sachveständige – BKA Bd. 45 – Wiesbaden 1976/77.

Obwohl u. U. auch ein als Zeuge fungierender Beamter so oder so befangen sein kann, weshalb man diese Personen nicht ohne weiteres den gutwilligen Zeugen zuordnen kann, müssen sie in der Praxis doch weitaus mehr als tatsächlich begründet mit Skepsis des Vernehmungsbeamten rechnen. Obwohl das vor allem für richterliche Vernehmungen in der Hauptverhandlung gilt, kann u. U. ein Polizeibeamter auch schon im Vorverfahren als Zeuge fungieren. Er sollte daher in jedem Falle einer Zeugenaussage mit dieser Skepsis rechnen und sich nicht nur sorgfältig darauf vorbereiten, sondern auf klare Angaben in maß-

voller Form Wert legen, um vorhandene Bedenken zu entkräften bzw. solchen keine Nahrung zu geben.
Im übrigen aber lassen sich vor allem vier Situationen unterscheiden, die oft auch für die Einstellung des Zeugen aufschlußreich sind.

aa) Gutwillige (klassiche) Zeugen
Relativ wenig Besonderheiten bietet demnach nur die Vernehmung gutwilliger Zeugen, die sich nicht nennenswert durch Umstände der genannten Art beeinflussen lassen, sondern die bedacht und sorgfältig über ihre Wahrnehmungen berichten. Das ist aber keineswegs immer leicht zu erkennen, wie wir später noch genauer sehen werden. Zudem sind selbst solche Zeugen nicht vor Irrtümern und damit vor unrichtigen Angaben gefeit.

bb) Feindliche Zeugen
Feindliche Zeugen sind solche, die aus diesem oder jenem Grund feindschaftliche Gefühle oder Antipathie für den Beschuldigten hegen, was ihre Aussage leicht verfälschen kann, obwohl sie sich gegenüber den Strafverfolgungsorganen üblicherweise als kooperativ geben.
Außer an das Opfer der zu untersuchenden Straftat ist hier einmal an dessen Angehörige und Freunde zu denken, welche oft Antipathie gegen den Täter empfinden. Neben der Tat können auch andere Umstände solche feindlichen Gefühle bewirken; hier ist außer an Art und Schwere der Straftat an das Verhalten des Beschuldigten im Prozeß oder auch nur an sein äußeres Erscheinungsbild zu denken.

Auch Rassenangehörigkeit, Nationalität, Landsmannschaft, Konfession oder politische Überzeugungen können, insb. wenn sie vom Beschuldigten lautstark bekundet werden, bei manchen Menschen Vorurteile wecken, welche sich nachteilig auf deren Aussage auswirken. Allgemeiner gesagt kann also die Zugehörigkeit zu einer bestimmten Gruppe die Einstellung des Zeugen beeinflussen und so seine Aussage zum Nachteil des Beschuldigten verfälschen.

Schließlich kommt eine feindliche Grundhaltung auch bei an der fraglichen Tat beteiligten Personen vor, wenn sich der Mittäter oder Teilnehmer mit dem Beschuldigten überworfen hat. Dabei ist es relativ gleich, ob diese Menschen, die sich davon u. U. Vorteile für sich erhoffen, ebenfalls angeklagt sind oder sie als Zeugen gehört werden; ist der Beteiligte jedoch bereits rechtskräftig verurteilt oder freigesprochen, so wirken sich feindliche Einstellungen seltener auf ihre Aussagen aus.

cc) Freundliche Zeugen
Umgekehrt gibt es des öfteren Zeugen, deren Verhalten und Aussage durch freundliche Gefühle für den Beschuldigten beeinflußt und verfälscht werden können.

von Hentig, Hans: Entlastungszeuge und Entlastungstechnik – Stuttgart 1964 (reichhaltiges Fallmaterial).

Damit muß man nicht nur bei dessen Angehörigen und Freunden rechnen, sondern Sympathie und Mitleid lassen sich auch bei Menschen beobachten, welche den Beschuldigten früher nicht oder nur ganz oberflächlich gekannt haben. Auch derartige Zusammenhänge sind also mitunter nicht leicht zu erkennen.

Es ist hier daher ebenfalls an die beim feindlichen Zeugen erwähnten Umstände wie z. B. Gruppenzugehörigkeit zu denken, welche sich in diesen Fällen umgekehrt – für den Beschuldigten günstig – auswirken können.

Schließlich gibt es noch das seltsame Phänomen, daß Menschen sich trotz im Grunde neutraler oder gar feindlicher Einstellung dennoch wie freundliche Zeugen verhalten. Außer an Mitleid ist hier vor allem an diejenigen Fälle zu denken, in denen Angst oder durch Drohungen begründete Furcht vor dem Beschuldigten und seinem Anhang eine solche Verhaltensweise als ratsam erscheinen lassen.

dd) Aus persönlichen Gründen handelnde Zeugen

Sodann ist, worauf ebenfalls bei der Zeugenlüge noch genauer einzugehen sein wird, auf Zeugen hinzuweisen, die zwar mit dem Beschuldigten weder befreundet noch verfeindet sind, die aber aus anderen, vorwiegend persönlichen Gründen zu unwahren Aussagen veranlaßt werden. Hierher gehören auch Zeugen, die sich durch voreilig gemachte Angaben festgelegt haben; sie kommen entweder von dem Vorurteil nicht mehr los oder schämen sich, ihren Irrtum einzugestehen.

Allerdings gibt es neben den mit der Sache oder dem Beschuldigten zusammenhängenden Einflüssen auch andere Umstände, die sich ungünstig auf die Zeugenvernehmung auswirken können.

Ebenso wie der Beruf neben Sachkunde auch berufliches Interesse bewirken kann, sind hier auch der Aussage abträgliche Einflüsse zu verzeichnen. Eine gehobene berufliche Stellung kann ebenso wie berufliche Tätigkeiten bestimmter Art komplizierend wirken. Ein bekanntes Beispiel daüfür sind Lehhrer und andere Lehrpersonen, die infolge Überschätzung ihrer eigenen Fähigkeiten nicht selten ausgesprochen schwierige Zeugen darstellten; dabei soll noch von beruflich bedingter Voreingenommenheit abgesehen werden, welche sich zum Vor- oder Nachteil des Beschuldigten auswirken kann, weshalb man hier besser von freundlichen oder feindlichen Zeugen spricht.

b) Zur Vernehmung gutwilliger Zeugen. Zeugenirrtümer

Besonders augenfällig ist die Situation bei gutwilligen Zeugen im Verhältnis zu anderen Situationen, die aus diesem oder jenem Grund eher eine Zeugenlüge erwarten lassen. Dennoch kommen auch hier unrichtige Angaben immer wieder vor, welche sich auf Zeugenirrtümer zurückführen lassen. Im Zusammenhang mit Zeugenirrtümern ist auf einige Grundsätze einzugehen, die man hier besonders genau beachten sollte.

Es ist selbstverständlich, daß man insb. gutwillige Zeugen niemals länger als unumgänglich nötig auf ihre Vernehmung warten lassen sollte.

Doch auch sie sollten sich nach Möglichkeit von anderen Zeugen in derselben Sache getrennt aufhalten, um eine gegenseitige Beeinflussung möglichst zu verhindern. Selbst allein wartende Zeugen werden durch unnötiges Wartenlassen oft nachteilig beeinflußt, was zugleich die übliche Befangenheit nur noch steigert.

Bei der Vernehmung von gutwilligen, klassischen Zeugen ist im übrigen in erster Linie darauf zu achten, daß sich keine Mißverständnisse einschleichen und auch die Wiedergabe im Protokoll korrekt ist. Überhaupt sollte der Beamte, selbst wenn er von der Gutwilligkeit des Zeugen überzeugt ist, dennoch nicht auf eine gründliche Vernehmung verzichten; dies ist um so wichtiger, als manche Menschen ohnehin Einzelheiten für überflüssig halten, wenn sie das ihrer Ansicht nach Entscheidende bekundet haben. – Auch bei diesen Zeugen ist darauf zu achten, daß sie nicht aus Angst vor dem Tatverdächtigen etwas zurückhalten oder ihre Aussage zu seinen Gunsten färben. Doch sollte man – wie gesagt – auch in diesen Fällen mit Zusicherungen von Vertraulichkeit vorsichtig sein.

Da aber auch klassische Zeugen gutgläubig falsch aussagen können, sollte man bei der Vernehmung diese Irrtumsmöglichkeiten im Auge behalten. Hier geht es jetzt vor allem um die für **Zeugenirrtümer** charakteristischen persönlichen Fehlerquellen. Obwohl sich der gutwillige Zeuge am besten durch seine Aussage charakterisiert, sind solche Irrtümer in der Praxis nicht immer leicht zu erfassen.

Sehen wir einmal von den gröbsten Störfaktoren wie etwa Geisteskranken und psychischen Abnormitäten ab, bei denen, sobald Anhaltspunkte dafür vorliegen, die Beiziehung eines Experten unerläßlich ist, gibt es doch mancherlei Eigenschaften und Eigentümlichkeiten, welche seine Aussage trüben oder verfälschen können und daher den Kriminalisten interessieren müssen. Störend können dabei sowohl ausgeprägte Schwäche als auch abnorme Stärke wirken.

Während z. B. Eitelkeit und übergroße Einbildungskraft egozentrische, extrem subjektive Bekundungen mit sich bringen, kann eine Zeugenaussage auch durch mangelnde Selbstkritik oder geringe Anpassungsfähigkeiten beeinträchtigt werden. Der Alleswisser, der auf jede Frage eine präzise Auskunft erteilt, ist als Zeuge nicht erfreulich, sondern bedenklich; solche Aussagen sollte man genau unter die Lupe nehmen. Oder eine ichsüchtige Einstellung ergibt gepaart mit mangelnder Logik und Klarheit einen recht unerfreulichen Zeugentyp.

Bewirkt ein Zeugenirrtum eine in einem oder mehreren Punkten unrichtige Angabe, besagt das nicht zwingend etwas für andere Bekundungen. Wichtig hierfür ist es, die Fehlerursache zu erkennen und einzugrenzen. Spielt sie für die anderen Angaben keine Rolle, so kann man diese nicht schon wegen des Nachweises der Unrichtigkeit im fraglichen Punkt in Zweifel ziehen. Insb. unrichtige Bekundungen über Nebenumstände dürfen daher nicht überschätzt werden. Schließlich kann selbst die Aussage eines gutwilligen Zeugen wechselnde Angaben enthalten, obwohl das häufiger bei parteilichen Zeugen der Fall ist.

Auch hierfür gibt es neben der durch einen Irrtum bedingten Korrektur mancherlei Gründe. Wichtiger als die sich im Zuge der Vernehmung ausbreitende Furcht vor strafrechtlicher Verantwortlichkeit dürften Einflüsse Dritter oder der Allgemeinheit sowie eine veränderte Beweissituation sein, welcher der Zeuge sich anzupassen sucht. Man kann hier anders als bei einer wirklichen Korrektur nicht ohne weiteres der späteren Version den Vorzug geben. Diese kann schon darunter leiden, daß wegen der seit der früheren Vernehmung verstrichenen Zeit die Erinnerungsfähigkeit beeinträchtigt worden ist.

Die Vernehmung gutwilliger Zeugen kann also sehr wohl problematischer sein, als man auf Anhieb annehmen mag, weshalb auch hier die Persönlichkeitserforschung nicht vernachlässigt werden sollte.

c) Zur Vernehmung feindlicher und freundlicher Zeugen. Zeugenlüge

Da zu derartigen Zeugenirrtümern bei feindlichen oder freundlichen Zeugen andere Umstände hinzutreten, ist hier in noch größerem Ausmaß mit Unwahrheiten zu rechnen, welche man – da bewußt gemacht – bereits als Zeugenlüge bezeichnen kann. Allerdings muß man sich auch davor hüten, jegliche Unwahrheit sogleich als Zeugenlüge zu bewerten. Wenn man einen Zeugenirrtum ausschließen will, so bieten sich als Orientierungspunkte die oben geschilderten Einstellungen an.

Groß/Seelig (8) I-144ff.; *Döring* S. 144ff.; *Büttigkofer,* Klaus: Die falsche Zeugenaussage aus kriminologischer Sicht – Diss. Zürich – Zürich 1975.

Insgesamt ist bei solchen parteilichen Zeugen zu beachten, daß der Grad der Befangenheit verschieden stark sein kann; zudem lassen auch die verschiedenartigen Charaktere eine differenzierende Handhabung als angezeigt erscheinen. Kann man in Fällen leichter Voreinßenommenheit den Störfaktor so oder so beseitigen, ist doch des öfteren ein solches Bemühen aussichtslos. Die Vernehmung erfordert dann in besonderem Maße Umsicht und Geduld.

aa) Die Lüge eines **feindlichen Zeugen** beruht sehr häufig auf seiner Einstellung zur fraglichen Straftat oder zur Person des Beschuldigten. Derartige Umstände sind mitunter leicht zu erkennen und dürften für den Beamten Anlaß zur Vorsicht sein. Schwieriger aber kann es sein herauszufinden, daß der Zeuge mit dem Beschuldigten bereits vor der Straftat verfeindet war; denn dann muß man nicht nur um diese Bekanntschaft, sondern auch um den Konflikt wissen. Besonders schwierig sind feindschaftliche Gefühle einzuschätzen, die sich erst im Laufe des Verfahrens ergeben haben.
Zudem sind die Anzeichen für eine feindliche Einstellung des Zeugen nicht so deutlich, wie der Laie annehmen mag, zumal da die Aussageperson sie häufig zu tarnen sucht. So wird er beispielsweise zunächst den Wohlwollenden spielen, um später die belastenden Angaben um so glaubwürdiger servieren zu können.
Kommt man so oder so zu der Annahme, daß feindliche Gefühle für den Beschuldigten eine unwahre Aussage bewirkt haben könnten, sollte man zunächst versuchen, diese durch Vorhalte richtigzustellen. Lenkt der Zeuge ein, so sollte man die Gefahrenquelle dennoch im Auge behalten. Reagiert der Zeuge jedoch bockig und mit weiteren Lügen, so muß man ihn härter anpacken und ähnlich wie bei einem leugnenden Beschuldigten vorgehen.
Immer aber bleibt die Bewertung der Aussagen feindlicher Zeugen problematisch, weshalb die hier zu verzeichnenden Meinungsunterschiede nicht überraschen sollten. Dennoch sollte man sich darüber klar sein, daß u. U. auch die Angaben feindlicher Zeugen ernst zu nehmen sind. Schwierig wird es, wenn die Richtigkeit des Bekundeten nicht durch Sachbeweise oder durch andere Aussagen bestätigt wird.

Bei nicht oder nur begrenzt kontrollierbaren Angaben muß der Beamte alle Möglichkeiten ausschöpfen, die für oder gegen die Glaubwürdigkeit sprechen könnten. Zweifel sind daher vor allem dann angebracht, wenn sich mehrere Angaben – u. U. zu wesentlichen und einfach liegenden Punkten – als unrichtig erweisen; hier kann man andere Bekundungen regelmäßig nur dann als richtig ansehen, wenn sonstige Beweise oder plausible Gründe dafür sprechen.

bb) Lügt ein dem Beschuldigten **freundlicher Zeuge,** so ähnelt diese Situation mehr einer Beschuldigtenvernehmung, weil der Zeuge sich dessen Sache zu eigen macht. Immerhin dürfte die Energie bei ihm doch häufiger wenig stark sein, weil er nicht selbst von dem Verfahren betroffen ist.
Die Gründe für diese Einstellung sind zuweilen leicht, mitunter aber schwierig zu ermitteln, insb. wenn sie sich erst im Laufe des Verfahrens ergeben. Sie ähneln z. T. einer Sympathie, die mehr auf gleichartigen Interessen, Ansichten und Vorurteilen beruht. Einen Sonderfall bildet der Zeuge, der sich aus Angst so verhält.
Auch derartige Zeugen versuchen mitunter, ihre Einstellung zu tarnen, räumen beispielsweise belastende Punkte, die nicht zweifelhaft sein können, sofort bereitwillig ein, um

später über Lebensumstände und dergl. für den Beschuldigten um Mitleid zu werben oder Stimmung zu machen.
Abgesehen vom Sonderfall des eingeschüchterten Zeugen sollte man regelmäßig ähnlich wie bei einer Beschuldigtenvernehmung vorgehen, sich z. B. zunächst anschwindeln lassen, um dann den Spieß herumzudrehen. Dies gilt insb. auch für Zeugen, die ein falsches Alibi des Beschuldigten zu bestätigen suchen.
Die Bewertung der Aussagen von Zeugen, die als dem Beschuldigten freundlich gesonnen einzustufen sind, erfolgt nach denselben Grundsätzen wie bei den feindlichen Zeugen.

cc) Es gibt schließlich aber auch, obwohl man meistens an Freundschaft oder Feindschaft zu denken pflegt, aus **anderen, insb. persönlichen Gründen lügende Zeugen.** Die Anlässe dafür sind vielfältig. Der Zeuge kann aus Bequemlichkeit Nichtwissen vorschützen, um sich damit weitere Mühe zu ersparen. Er kann eine prinzipielle Abneigung gegen die Polizei haben oder ihr einen Streich spielen wollen. Häufiger aber handelt es sich um persönliche Rücksichtnahmen anderer Art; er befürchtet von einem Auftreten als Zeuge – oder zumindest bei einer wahren Aussage – Nachteile für sich oder seine Angehörigen.
Die Schwierigkeit in solchen Fällen besteht, da äußere Anhaltspunkte fehlen oder nicht bekannt sind, vor allem darin, zu erkennen, daß und warum der Zeuge von der Wahrheit abweicht. Zudem läßt sich mitunter nicht ohne weiteres erkennen, ob sich die Lüge für den Beschuldigten günstig oder ungünstig auswirken dürfte. In aller Regel wird man so erst bei Ungereimtheiten oder Widersprüchen der Aussage bzw. derselben mit anderem Beweismaterial hellhörig.
Ist dies der Fall, so ist bereits ein wichtiger Teil der Aufklärungsarbeit geleistet. Denn jetzt geht es außer um den Nachweis der Unrichtigkeit darum, diejenigen Gründe zu erkennen, die ein solches Verhalten des Zeugen als plausibel erscheinen lassen. Dann aber bereitet die Bewertung solcher Aussagen keine größeren Schwierigkeiten mehr als bei feindlichen oder freundlichen Zeugen.

3. Die Sachverständigenvernehmung

Die kriminalistischen Probleme der Sachverständigenvernehmung werden sehr viel seltener und gewöhnlich weniger gründlich als die der Beschuldigten- und Zeugenvernehmung behandelt. Das erklärt sich einmal wohl daraus, daß Sachverständige im Hauptverfahren eine größere Rolle als im Vorverfahren spielen, wo es überdies seltener zu förmlichen Vernehmungen kommt.

Entweder handelt es sich um interne Sachverständige oder Experten aus anderen Bereichen, welche ihr schriftlich erstattetes Gutachten hier nur formlos ergänzen. Zum anderen erwartet man vom Experten Neutralität und daher – einige forensische Erfahrung vorausgesetzt – eine brauchbare und wahrheitsgetreue Aussage.

Groß/Seelig (8) I-231 ff.; *Hellwig,* Albert: Psychologie und Vernehmungstechnik bei Tatbestandsermittlungen – 4. Aufl. – Stuttgart 1951 – S. 34 ff.; *Döhring* S. 256 ff.; *Graßberger* S. 274 ff.; *Geerds,* Friedrich: Vernehmungstechnik – 5. Aufl. – Lübeck 1976 – S. 205 ff.; *Kube,* Edwin/*Leineweber,* Heinz: Polizeibeamte als Zeugen und Sachverständige – BKA Bd. 45 – Wiesbaden 1976/77; vgl. aber schon *Schneickert* S. 181 ff.

Diese Einschätzung der Probleme einer Sachverständigenvernehmung erscheint bei genauem Hinsehen jedoch als fragwürdig und falsch. Denn die zunehmende Bedeutung des

Sachbeweises hat mit weiterer Aufgliederung der Wissenschaften und Erfahrungsbereiche den Sachverständigen zum neuralgischen Beweismittel unserer Zeit werden lassen.

Konflikte zwischen Disziplinen und wissenschaftlichen Schulen bieten ebenso wie Arbeitsüberlastung und andere Flüchtigkeit mancherlei Anlaß für Mißverständnisse und Unrichtigkeiten.

Muß der Sachverständigenbeweis daher gründlicher als bisher erforscht werden, läßt sich das hier am besten an den nachstehend behandelten drei Fragekreisen demonstrieren.

a) Verständigungsschwierigkeiten

Für eine Sachverständigenvernehmung verhängnisvolle Verständigungsschwierigkeiten können sich nicht nur beim Experten, sondern ebenso beim Kriminalbeamten, Staatsanwalt oder Richter ergeben.

aa) **Beim Sachverständigen** hängen derartige Verständigungsschwierigkeiten einmal mit der selbst bei ausgezeichneten Experten zuweilen zu verzeichnenden Unfähigkeit zusammen, die erzielten Erkenntnisse für den Laien verständlich mitzuteilen. Zum anderen kann es aber auch so sein, daß der Sachverständige nicht weiß oder begreift, worauf es kriminalistisch oder juristisch in seinem Gutachten ankommt.

Selbst wenn diese Hemmnisse durch zunehmende forensische Erfahrung vermindert oder beseitigt werden bzw. der Kriminalist ausgleichend wirken kann, gibt es mit Fachblindheit geschlagene Gutachter; diese können u. U. nicht begreifen, daß wesentliche Gesichtspunkte ihrer Disziplin juristisch nicht ohne weiteres relevant sind.

bb) Ähnliche Schwierigkeiten können sich aber auch beim **Vernehmungsbeamten** ergeben. Kriminalisten und Strafjuristen stellen zuweilen einem Sachverständigen Fragen, die dieser als solcher überhaupt nicht beantworten kann oder darf. Natürlich kann es dabei auch so sein, daß die Frage lediglich falsch oder ungeschickt formuliert ist.
Andere Vernehmungsfehler hängen mit unzureichender Kenntnis oder falschen Vorstellungen des Beamten von den Aufgaben und Möglichkeiten des Sachverständigen zusammen; mitunter kann man sogar von Vorurteilen sprechen.

b) Zur Vernehmung erforderliche Sachkunde

Eine andere Fehlerquelle des Sachverständigenbeweises ist der Mangel derjenigen Sachkunde, welche erforderlich ist, um ordentlich formulierte Gutachten oder entsprechende Aussagen eines Experten überhaupt richtig zu verstehen und sachgerecht auswerten zu können.
Selbst wenn der Kriminalist kein Experte sein kann, so darf er doch nicht alle vom Sachverständigen geäußerten Ansichten kritiklos hinnehmen. Er muß vielmehr auf eine vollständige und klare Aussage drängen, was jedoch für Fragen und Vorhalte einige Sachkunde im Arbeitsgebiet des Experten voraussetzt.
Die eigentliche Schwierigkeit der Vernehmungstechnik ist dasjenige Maß an Sachkunde, das man billigerweise von einem Kriminalisten erwarten darf. Es lassen sich kaum allgemeine Regeln finden; immerhin dürfte die sich mit der Zeit einstellende berufliche Erfahrung hier ebenfalls mildernd wirken. Dennoch sollte sich der Kriminalist vor Wissenschaftsgläubigkeit hüten, sondern sich zunächst um dasjenige Wissen bemühen, das eine gewisse Disziplin oder eine bestimmte Methode zu leisten vermag.

Insgesamt betrachtet ist der Sicherheitsgrad naturwissenschaftlicher Gutachten relativ hoch. Während hier mehr theoretische Zweifel kaum stören, sollte sich der Vernehmungsbeamte umgekehrt nicht durch die Selbstsicherheit anderer Experten darüber täuschen lassen, daß es dort nur um gewisse Wahrscheinlichkeiten geht.

Döhring S. 275 ff.

Das vom Vernehmungsbeamten zu erwartende Maß an Sachkunde ist ungeachtet der auch hier segensreichen Erfahrung überdies in den einzelnen Wissensgebieten naturgemäß verschieden, was nach dem Überblick über die kriminaltechnischen Untersuchungen (§ 15) nicht überraschen sollte.

Wird z. B. ein Kriminalbeamter auch ohne besondere daktyloskopische Ausbildung über den Beweiswert von Fingerabdrücken einigermaßen unterrichtet sein, so wird man von ihm bei erbbiologischen Gutachten oder psychologischen Tests weit weniger erwarten dürfen. Und selbst bei langer Erfahrung wird seine Sachkunde begrenzt sein, wenn der Psychiater oder Gerichtsmediziner die Zurechnungsfähigkeit eines Beschuldigten begutachtet. Dagegen wird er mit der Zeit eher in der Lage sein, medizinische Stellungnahmen über den Blutalkoholgehalt oder auch über gewisse Blutgruppenuntersuchungen kritisch zu würdigen. Ebenso wie ihm derartige Sachkunde die Zusammenarbeit mit dem Experten und damit die Vernehmung erleichtert, ist sie von besonderem Nutzen, um dessen Angaben zu bewerten.

c) Fehlerquellen in der Person des Sachverständigen

Einen weiteren, bisher noch unzulänglich erforschten Komplex stellen Fehlerquellen dar, die in der Person des Sachverständigen begründet sind. Man sollte nicht den Blick davor verschließen, daß der Sachverständige sich nicht nur wie jeder Mensch irren kann, sondern er aus diesen oder jenen Gründen u. U. sogar veranlaßt werden kann, seine Ausführungen verzerrend zu färben oder gar bewußt Unrichtiges zu bekunden. Vor allem dürfte es hier um die drei folgenden Fehlerquellen gehen.

aa) Gerade die Justizirrtümer (§ 22-II-7-a-cc) werden noch genauer zeigen, daß selbst einem als Kapazität anerkannten Sachverständigen durch **flüchtige oder sonst unzureichende Arbeitsweise** Fehler unterlaufen können. Soweit dies nicht mit mangelnder Qualifikation zusammenhängt, was ein Fehler der Auswahl wäre, kann der Kriminalist nur darauf achten, daß die Bekundung keine Ungereimtheiten oder Widersprüche aufweist, welche in diese Richtung deuten könnten. Häufiger ist das der Fall, wenn der Sachverständige die vorbereitenden Arbeiten für sein Gutachten nicht selbst durchführt, sondern Mitarbeitern überträgt.

bb) Eine weitere Fehlerquelle bilden **Streitigkeiten und Konflikte außerhalb des Verfahrens,** welche naturgemäß schwer zu erkennen sind. Fälle dieser Art sind Reibereien zwischen Disziplinen oder wissenschaftlichen Schulen, bei denen nicht selten überdies persönliche Rivalität mitwirkt. Die Situation ähnelt denen „anderer Umstände" beim lügenden Zeugen, wenngleich die Dinge wegen der anderen Rolle in Prozeß und Öffentlichkeit doch etwas anders liegen.

cc) Die auf Anhieb neutral erscheinende Rolle des Sachverständigen in einem Strafverfahren sollte nicht darüber täuschen, daß auch diese Aussageperson sehr wohl durch **mit dem Prozeß zusammenhängende Spannungen** und Konflikte beeinflußt werden kann.

Döhring S. 270 ff.

Die Gründe entsprechen nur zum Teil denen, welche man bei „freundlichen Zeugen" findet, wobei der Fall finanzieller Abhängigkeit oder Vorteile noch relativ simpel liegt. Ebenso gibt es aber auch den umgekehrten Fall, welcher dem der feindlichen Zeugen ähnelt, da die Einstellung oder das Prozeßverhalten des Beschuldigten wie auch seines Verteidigers im Sachverständigen Antipathie oder gar Feindschaft hervorrufen kann, welche sich dann auf seine Bekundungen auswirkt.

Da es häufiger im Laufe des Prozesses zu Kontroversen mit Strafverfolgungsorganen kommt, kann auf diese Weise ein für den Beschuldigten günstiges Gutachten bewirkt werden, obwohl in Wahrheit die Antipathie gegen die Beamten ausschlaggebend ist. Derartige Animositäten werden noch am ehesten in der Hauptverhandlung erkennbar, wenn der Experte z. B. einem bearbeitenden Polizeibeamten „eines auszuwischen" sucht.

Eine für die Bekundungen des Sachverständigen gefährliche Voreingenommenheit findet sich außer in den nicht immer leicht zu beurteilenden Fällen wirtschaftlicher Abhängigkeit – z. B. beim Privatgutachten vom Beschuldigten, bei anderen Gutachten von Organen der Strafrechtspflege – in solchen Strafsachen, in denen der Gutachter persönlich oder finanziell am Ergebnis der Ermittlungen interessiert sein kann. Solche Gefahren sollte man schon bei der Auswahl des Gutachters vermeiden.

So ist es wenig sinnvoll, bei einem Brandfall den zuständigen Schornsteinfeger oder den örtlichen Elektromeister als Sachverständigen zu hören; auch der behandelnde Arzt (Hausarzt) sollte regelmäßig nicht die Rolle des medizinischen Experten übernehmen.

Selbstverständlich spielen gerade bei diesen Fehlerquellen ferner die Persönlichkeit des Sachverständigen und seine Eigenarten mit.

d) Zur Vernehmung von Sachverständigen

Die Vernehmung von Sachverständigen ist nach allem viel problematischer, als mancher Praktiker oder gar ein Laie annehmen mag. Denn für den ohne die besondere Sachkunde in einem ihm gewöhnlich wenig vertrauten Gebiet operierenden Vernehmungsbeamten ist es sehr schwer, das Gutachten und die sonstigen Angaben des Sachverständigen kritisch und zutreffend zu bewerten.

Döhring S. 260 ff., 268 ff.

Dazu aber ist der Vernehmungsbeamte verpflichtet, der sich folglich auch über Fachfragen sein eigenes Urteil bilden muß. Wird dies einerseits durch das Sachgebiet und die Arbeitsweise des Experten u. U. sehr erschwert, kann andererseits dem Beamten neben dem größeren Überblick und anderen Beweisarten auch seine forensische Erfahrung zugute kommen. Dennoch sind die Umstände für eine solche Kontrolle und für eine eigene Meinung des Beamten in manchen Fällen ausgesprochen ungünstig. Hier bleibt ihm zuweilen nichts anderes übrig, als sich durch Beziehung eines weiteren Experten zu vergewissern. Das ist insb. dann wichtig, wenn sich Zweifel an der Stichhaltigkeit eines Gutachtens nicht durch gezielte Fragen und Bitten um allgemeinverständliche Ausführungen beseitigen lassen.

Anlaß zu solchen Überlegungen und Maßnahmen des Beamten sind einmal Widersprüche oder Lücken im Gutachten. Ferner ist an unklare, nicht nachprüfbare Untersuchungsmethoden des Experten oder eine nicht recht durchschaubare fachliche Grundeinstellung zu denken, die entweder mit dessen

Disziplin oder Schulenstreitigkeiten innerhalb derselben zusammenhängen könnte. Nicht gar so selten bleibt auch das Maß der Bestimmtheit einer Bekundung zu unsicher, um daraus tatsächliche oder rechtliche Schlüsse ziehen zu können.

Wesentlich für die Bewertung der Stellungnahme eines Sachverständigen ist zunächst einmal, daß er von richtigem Tatsachenmaterial ausgegangen ist. Die Arbeitsweise des Experten muß, soweit sie nachgeprüft werden kann, korrekt sein. Ferner sollte gerade dort, wo dem Beamten eine wirkliche Kontrolle nicht möglich ist, darauf geachtet werden, ob die vom Sachverständigen angewandten Methoden allgemein anerkannt sind oder nicht. Schließlich kommt es auf andere Umstände an, welche geeignet sind, die Gewähr für eine korrekte Arbeitsweise zu bieten; dies kann auch sein Verhalten während der Vernehmung sein.

Döhring S. 274 f.

Allerdings kommt es auch vor, daß sich zwei gleichzeitig oder nacheinander in einer Strafsache beigezogene Sachverständige in wesentlichen Punkten widersprechen. Dann müssen beide Aussagen nach den dargelegten Grundsätzen kritisch miteinander verglichen und ggf. die Stellungnahme eines dritten Experten eingeholt werden.

VIII. Richterliche und staatsanwaltschaftliche Vernehmungen

Haben wir uns bisher vor allem auf Ermittlungsvernehmungen und damit auf die Aufgaben, Möglichkeiten und Gefahren der Tätigkeit von Kriminalbeamten beschränkt, erscheint es angezeigt, abschließend kurz auf richterliche und staatsanwaltschaftliche Vernehmungen in Strafsachen einzugehen.

Geerds, Friedrich: Vernehmungstechnik – 5. Aufl. – Lübeck 1976 – S. 235 ff. Vgl. aus der älteren Literatur insb. *Mönkemöller,* Otto: Psychologie und Psychopathologie der Aussage – Heidelberg 1930 – S. 108 ff.

Auch Richter und Staatsanwälte haben bei der Rechtsanwendung kriminalistische Aufgaben zu bewältigen, welche z. T. etwas anders liegen. Unterscheiden wir dabei zwischen Ermittlungs- und Bestätigungsvernehmungen, so dürfte klar werden, daß das bisher Ausgeführte nicht ohne weiteres oder nur teilweise für richterliche und staatsanwaltschaftliche Vernehmungen gilt.

1. Richterliche Vernehmungen

Sicherlich ist bei richterlichen Vernehmungen nicht immer leicht und völlig klar zwischen solchen, die vorwiegend neue Tatsachen ermitteln sollen und jenen zu unterscheiden, welche mehr kontrollierende und bestätigende Funktion haben. Selbst wenn man Vernehmungen im Rahmen der Hauptverhandlung als Prototyp einer Bestätigungsvernehmung ansehen darf, ist doch nicht ausgeschlossen, daß wegen unzureichender oder unvollständiger früherer Ermittlungen nunmehr neue Tatsachen bewiesen werden können. Doch gibt es auch richterliche Vernehmungen wie die vom Ermittlungs- oder Haftrichter durchgeführten, welche man dem Typ der Ermittlungsvernehmungen zuordnen kann.

Obwohl der Richter mit der für viele Aussagepersonen bestehenden Eidespflicht ein weiteres Hilfsmittel besitzt, um auf eine wahre Aussage hinzuwirken, sollte man dieses kriminalistisch doch nicht sonderlich hoch einschätzen. Sicherlich mag dann und wann die vom Richter geschickt vorgehaltene Gefahr einer Bestrafung wegen Meineids oder falscher Aussage es erleichtern, richtige Angaben zu erhalten. Dennoch wird das gewöhnlich nur bei entsprechender Beweislage Eindruck auf die Aussageperson machen. Dies gilt heutzutage noch mehr als in früheren Zeiten, in denen es der Gottes Zorn fürchtende Lügner des öfteren mit abergläubischen Praktiken versuchte.

Groß/Seelig (8/9) II-146 ff.; *Hellwig,* Albert: Psychologie und Vernehmungstechnik bei Tatbestandsermittlungen – 4. Aufl. – Stuttgart 1951 – S. 28 ff.

a) Ermittlungsvernehmungen

Für Ermittlungsvernehmungen eines Richters in Strafsachen gilt nach dem soeben Gesagten sinngemäß das oben für Kriminalbeamte Ausgeführte. Denn Vernehmungen durch einen Ermittlungsrichter werden vor allem dann beantragt, wenn ein Beschuldigter oder eine andere Beweisperson die Aussage vor der Polizei verweigert. Ebenso kann man nicht selten von einer Erstvernehmung sprechen, wenn gegen einen Beschuldigten, der dem Haftrichter vorgeführt wird, ein Haftbefehl beantragt worden ist.

Mängel und Schwächen derartiger richterlicher Vernehmungen hängen heutzutage vor allem damit zusammen, daß die Richter als Juristen infolge ihrer insoweit unzureichenden Ausbildung mitunter nicht hinreichend mit den kriminalistischen Erfahrungen und Grundsätzen vertraut sind, welche wir oben dargestellt haben. In vielen Fällen wird dieses typische Defizit der Juristenausbildung jedoch später mehr oder weniger durch die eigene Erfahrung wettgemacht.

Pannen und Mängel sind daher vor allem bei solchen Richtern zu beobachten, die entweder überhaupt erst kurze Zeit im Dienst oder erst jüngst mit solchen Aufgaben betraut sind. Allerdings ist eine solche Entwicklung keineswegs sicher. Man sollte daher dafür sorgen, daß auch Strafjuristen über die Erkenntnisse und Grundsätze von Vernehmungstechnik und -taktik informiert sind, zumal da sie dann auch die Arbeit der anderen Strafverfolgungsorgane fundierter beurteilen können.

b) Bestätigungsvernehmungen

Grundsätzlich anders als die Arbeit des Ermittlungs- oder Haftrichters ist die Tätigkeit des Richters bei Vernehmungen im Rahmen oder Zusammenhang einer Hauptverhandlung zu beurteilen. Diese Vernehmungen von Angeklagten, Zeugen und Sachverständigen durch das erkennende Gericht haben regelmäßig mit denen im Vorverfahren nur noch wenig gemein. Sie sollen an sich nicht neue Tatsachen erbringen, sondern stellen eine mehr prüfende und abwägende Erörterung dar.

Inwieweit und in welcher Form eine solche Wahrheitserforschung innerhalb einer Hauptverhandlung überhaupt möglich ist, dürfte noch eine ziemlich offene Frage sein. Denn die Mittel, die dem Richter hierbei zur Verfügung stehen, sind lückenhafter, als man gemeinhin annimmt. Neben der hier durchweg besonders spürbaren zeitlichen Beschränkung fehlen der Vernehmung im Gerichtssaal wesentliche Elemente der Ermittlungsvernehmung im Vorverfahren. Es treten weitere Störfaktoren hinzu.

Da seit der Tat Monate oder Jahre vergangen sind, sollte man von dem prozessualen Grundsatz der „Unmittelbarkeit des Verfahrens“ hier nicht allzuviel erwarten. Die Erinnerung ist verblaßt, die Aussage wird nicht richtiger, sondern kann auch für die Beweisperson ein Ärgernis darstellen. Für manche – wie kindliche oder jugendliche Zeugen in Sittlichkeitssachen – ist die erneute Vernehmung sogar bedenklich, weil der Schaden vertieft werden kann.

Bei solchen für eine wahrheitsgemäße Aussage ungünstigen Umständen ist es besonders hoch anzuerkennen, wenn manche Richter ihre gewiß schwierige Aufgabe überzeugend meistern, die Vernehmung Durchblick beweist und auch für Dritte übersichtlich gestaltet wird. Daß es mitunter aber auch ganz anders aussieht, kann angesichts der angedeuteten Schwierigkeiten kaum überraschen, wenngleich man sich damit nicht abfinden sollte.
Insgesamt sind die Erkenntnisse von Vernehmungstaktik und -technik hier für den Richter nur bedingt und am ehesten mittelbar von Nutzen; denn er vermag auf diese Weise, die Gegebenheiten und Gefahren der Ermittlungsvernehmungen und damit auch die von den Kriminalbeamten geleistete Arbeit besser zu beurteilen. Man sollte daher gerade angesichts des erwähnten Ausbildungsdefizits den Wert solcher Kenntnisse nicht unterschätzen.

2. Staatsanwaltschaftliche Vernehmungen

Die Vernehmungstätigkeit der Staatsanwälte kann zum einen mehr den polizeilichen Erstvernehmungen, d. h. Ermittlungsvernehmungen, und zum anderen schon mehr dem richterlichen Vorgehen in einer Hauptverhandlung ähneln, d. h. Züge einer Bestätigungsvernehmung aufweisen. Dürfte Letzteres auch für Vernehmungen im Rahmen der Hauptverhandlung klar sein, so kommt es im Vorverfahren darauf an, was von der Polizei bereits getan worden ist. Nach abschließenden Ermittlungen hat die Vernehmung durch den Staatsanwalt dann ebenfalls meistens nur noch eine mehr kontrollierende Funktion.

a) Ermittlungsvernehmungen

Staatsanwaltschaftliche Vernehmungen im Laufe des Vorverfahrens, die durchweg als Ermittlungsvernehmungen zu werten sind, richten sich im wesentlichen nach den oben für Kriminalbeamte geschilderten Erkenntnissen und Erfahrungen. Denn hier verfolgt der Staatsanwalt dieselben Ziele.
Diese relativ klare Konsequenz entspricht allerdings keineswegs überall den Realitäten. Denn als Jurist leidet auch der Staatsanwalt – wie der Richter – jedenfalls zunächst einmal unter dem kriminalistischen Defizit seiner bisherigen Ausbildung. Hinzu kommt u. U., daß die Tätigkeit eines Staatsanwalts von manchen Juristen nur als eine vorübergehende gewertet wird; abgesehen von dem dann zweifelhaften Engagement kann daher auch die Erfahrung kaum ausgleichend wirken. Eine juristische Arbeitsweise, die u. a. das Degenerieren zu einer bloßen Rechtskontrolle bewirkt hat, genügt bei der kriminalistischen Problematik nicht, wie andere Beispiele und gerade spezialisiert arbeitende Staatsanwälte beweisen.

b) Bestätigungsvernehmungen

Ungeachtet der im Vergleich zum Richter bei Staatsanwälten somit häufigeren Ermittlungsvernehmungen sind auch hier Befragungen möglich, welche mehr den Charakter einer Bestätigungsvernehmung haben. Bei solchen Vernehmungen kontrolliert der Staatsanwalt ähnlich wie ein erkennender Richter vor allem die Ermittlungen der Kriminalpolizei, um beurteilen zu können, wie gewichtig die Beweise und wie glaubwürdig die betreffende Aussageperson sind.

Hier gilt ungeachtet etwas abweichender rechtlicher Ziele dasselbe wie für einen Richter bei Bestätigungsvernehmungen, wenngleich der Rahmen nicht alle Störfaktoren einer Hauptverhandlung aufzuweisen braucht. Der Staatsanwalt kann diejenigen kriminalistischen Kenntnisse, die er für Ermittlungsvernehmungen ohnehin braucht, nutzen, um die Arbeit der Kriminalbeamten sachgerecht beurteilen zu können.

Jedenfalls zeigen diese wenigen Hinweise zu richterlichen und staatsanwaltschaftlichen Vernehmungen, daß die Probleme von Vernehmungstaktik und -technik weit über das hinausreichen, woran der Laie zuerst denken dürfte. Es handelt sich nicht nur um ein zentrales Gebiet der Kriminaltaktik, sondern um eine für Recht und Rechtsanwendung besonders wichtige Materie.

§ 22
Psychologie des Strafverfahrens

Ein am besten im Rahmen der allgemeinen Grundsätze für Kriminaltaktik zu behandelnder Fragenkreis ist die Psychologie des Strafverfahrens. Während *Graßberger* (S. 2) darunter die systematische Darstellung aller seelischen Vorgänge versteht, wollen wir hier vor allem diejenigen Erkenntnisse und Grundsätze der Psychologie behandeln, die sich mit dem Strafverfahren als solchem in seinen verschiedenen Stadien und mit den Rollen sowie besonderen Aufgaben der daran beteiligten Menschen, der Prozeßbeteiligten, befassen. Wir verstehen unter Psychologie des Strafverfahrens also – etwas anderes als *Graßberger* – nicht eine selbständige Wissenschaftsdisziplin, sondern ein Spezialgebiet der Kriminalistik, d. h. genauer der Kriminaltaktik. Es kommt uns daher weniger auf die einzelnen psychologisch interessanten Phänomene – z. B. der Aussage oder Vernehmung – als vielmehr auf eine zusammenfassende Betrachtung psychologischer und kriminalistischer Standpunkte an.

Ritter, Kurt-Lennart: Der praktische Gang der Strafrechtspflege – Kriminol. Unters. H. 9 – Bonn 1960; *Graßberger* S. 1ff., 3ff.; *Middendorff,* Wolf: Legale und illegale Methoden der Prozeßvereitelung – in: GrKrim Bd. 11, S. 363ff. (1973).

Dabei ist die Situation in den einzelnen Stadien des Strafprozesses naturgemäß z. T. recht unterschiedlich. Für das Ermittlungsverfahren können wir uns ja im wesentlichen auf das bisher im Rahmen der Kriminaltaktik bereits Ausgeführte beziehen. Anders ist dieses jedoch beim Hauptverfahren vor dem erkennenden Gericht. Dieses Stadium des Verfahrens tauchte bisher – z. B. bei der Vernehmung (§ 21) – nur am Rande auf. Ihm entspricht zumindest psychologisch weithin das juristische davon in manchen Ländern zu unterscheidende Zwischenverfahren, in welchem über die Eröffnung eben dieses Hauptverfahrens entschieden wird. Zur Psychologie des Strafverfahrens gehören im übrigen neben dem Prozeß in erster Instanz vor allem auch das Rechtsmittel- und das Wiederaufnahmeverfahren.

Obwohl wir schon eingangs auf die Parallele zwischen Kriminalistik und Kriminalprozeßrecht hingewiesen haben, dürfte manchen überraschen, daß wir diese am ehesten noch bei der Rechtsanwendung – doch dann durchweg knapp – ausgesprochene Materie der Kriminaltaktik zuordnen. Aber gerade da der Jurist die Rechtsanwendung nicht unterschätzen sollte, dürfte das angesichts der engen Wechselwirkung von Strafverfahrensrecht und Kriminalistik eigentlich nicht verblüffend sein. Denn ungeachtet des gemeinsamen Tätigkeitsfeldes sind die Arbeits- und Denkweisen des Prozessualisten und des Kriminalisten doch recht unterschiedlich. Und bei näherer Überlegung sollte einleuchten, daß der Kriminalist sich keinesfalls auf die außergerichtliche Ermittlung der Wahrheit beschränken darf; denn diese stellt – im größeren Zusammenhang gesehen – lediglich eine Vorstufe der Wahrheitsermittlung durch das Gericht dar. Daher müssen sich die kriminaltaktischen Überlegungen des Kriminalisten auf das gerichtliche Erkenntnisverfahren erstrecken und somit alle Grundlagen der Urteilsfindung einbeziehen.

Daß mithin auch die psychologischen Grundlagen der Urteilsfindung für die Kriminalisten von Interesse sind, ergibt sich schon daraus, daß alle seine Arbeit letztlich nur dem einen Ziele dient, eine gerichtliche Entscheidung vorzubereiten, sofern wir von der präventiven Tätigkeit der Strafverfolgungsbehörden absehen.

Der Kriminalist, der sein Vorgehen taktisch richtig gestalten will, sollte also nicht nur wissen, worauf es juristisch ankommt, sondern er muß sich überhaupt über diejenigen psychologischen Vorgänge klar werden, die der Wahrheitsermittlung durch das Gericht und damit dessen Entscheidung zugrundeliegen.
Bei dieser Zielsetzung der Psychologie des Strafverfahrens im Rahmen der Kriminaltaktik versteht sich zudem, daß das bisher für den Kriminalisten im Vordergrund stehende, ausführlich behandelte Ermittlungsverfahren im Folgenden kürzer behandelt werden kann. Es genügt insoweit, die größeren Zusammenhänge aufzuzeigen, an das früher Ausgeführte zu erinnern und die Brücke zum gerichtlichen Erkenntnisverfahren zu schlagen, auf welches sich unsere Überlegungen nunmehr konzentrieren.
Es sind daher im Folgenden diejenigen für den Kriminalisten wesentlichen Gesichtspunkte und Grundsätze herauszuarbeiten, die für ein kriminaltaktisch richtiges und erfolgreiches Vorgehen oft von entscheidender Bedeutung sind. Dabei werden wir uns vor allem eingehend mit den verschiedenen Verfahrensbeteiligten befassen müssen, um so bei der kriminalistischen Arbeit die unterschiedlichen psychologischen Gegebenheiten zutreffend in Rechnung stellen zu können. Von dieser Basis aus sollte nunmehr klar sein, daß die Überlegungen des Kriminalisten über das Hauptverfahren erster Instanz hinausgreifen und die Lage im Rechtsmittelverfahren und im etwaigen Wiederaufnahmeverfahren nach rechtskräftigem Urteil umfassen müssen. Denn auf die andersartigen Gegebenheiten in der Rechtsmittelinstanz sollte der Kriminalist bereits bei seiner Arbeit Rücksicht nehmen, damit dieser nicht hier der Erfolg letztlich doch versagt bleibt. Schließlich zeigen gerade Fehlurteile und sogen. Justizirrtümer recht eindringlich, daß sich neben rechtsirriger Gesetzesanwendung durch die Gerichte sehr häufig Mängel und Fehler der kriminalistischen Vorarbeit insoweit verhängnisvoll auswirken. Eine erfolgreiche Wiederaufnahme ist so gesehen entweder eine berechtigte Kritik am Gericht oder aber an der Arbeit des Kriminalisten.

I. Das Ermittlungsverfahren

Das Ermittlungsverfahren unterscheidet sich vom Erkenntnisverfahren zunächst einmal dadurch, daß die Zahl der Beteiligten geringer ist. Ein Richter wird in diesem Stadium des

Verfahrens nur ganz ausnahmsweise – als Ermittlungs-, Haft- oder in manchen Staaten als Untersuchungsrichter – tätig. Auf der Seite des Beschuldigten haben wir es in der Regel allein mit diesem zu tun; sein Verteidiger wird – soweit überhaupt schon vorhanden – im allgemeinen erst später in das Verfahren eingeschaltet oder spielt doch im Ermittlungsverfahren zumindest durchweg keine wesentliche Rolle.

Gansweidt, Wilhelm: Die Stellung von Polizei und Staatsanwaltschaft im Ermittlungsverfahren – Kriminalistik 1952, S. 73 ff.; *Graßberger* S. 318 ff.

Auf der Seite der Strafverfolgungsbehörden haben wir es nach dem oben Gesagten zunächst einmal vor allem mit der Kriminalpolizei bzw. Schutzpolizei zu tun. Selbst die rechtlich oft als Herrin des Vorverfahrens fungierende Staatsanwaltschaft tritt in der heutigen Praxis bei den Ermittlungen nur relativ selten in Erscheinung; sie wird überwiegend erst nach Abschluß der kriminalpolizeilichen Ermittlungen eingeschaltet, um über die Erhebung der Anklage zu entscheiden (vgl. im übrigen § 24-I).

Anders ist es bei dritten Personen; sowohl Zeugen als des öfteren auch Sachverständige werden bereits im Ermittlungsverfahren gehört, Auskunftspersonen überhaupt nur hier, da ihr Auftreten im Erkenntnisverfahren voraussetzen würde, daß sie Zeugen oder Sachverständige wären.

Was die psychologisch bedeutsamen Fragenkreise des Ermittlungsverfahrens anlangt, können wir uns – wie gesagt – auf die früheren Ausführungen zur Kriminaltaktik beziehen; sie dürften zugleich die unterschiedliche Situation der verschiedenen am Ermittlungsverfahren beteiligten Personen hinreichend deutlich gemacht haben.

Im Hinblick auf die Ausgangslage des Ermittlungsverfahrens sei daher nur kurz an das erinnert, was wir zu Anzeige und eigener Wahrnehmung ausgeführt haben (§ 18-I). Wir haben dabei gesehen, daß der Beginn des Ermittlungsverfahrens durch eine unvollständige, zumindest unsichere Beurteilungsgrundlage gekennzeichnet ist.

Es gilt hier insgesamt das, was speziell für die Vernehmungstaktik maßgebend ist: Der Verdacht ist der Vater der Kriminalistik, deren Mutter der Zweifel. Kriminalistisch erfolgreiches Vorgehen setzt einerseits Phantasie und Einfallsreichtum voraus, verlangt aber andererseits ebenso Objektivität und Fähigkeit zur Selbstkritik; ein guter Kriminalist muß insoweit eine doppelte intellektuelle Begabung aufweisen.

Die Gefahr der Befangenheit des untersuchenden Beamten wird um so größer, je erfolgreicher seine Tätigkeit sich gestaltet. Gerade hier muß immer wieder zur Selbstkritik aufgefordert werden. Insoweit haben vor allem Ermittlungs- und Untersuchungsrichter eine wichtige Aufgabe.

Bei der Tatortarbeit liegt – wie oben geschildert (§ 18-II) – das Schwergewicht bei den kriminaltechnischen Untersuchungen. Kriminaltaktisch geht es hier vor allem darum, wie man zweckmäßigerweise vorzugehen hat, d. h. welche Maßnahmen zu welcher Zeit durchzuführen sind.

Soweit nach Lage des betreffenden Falles Tatortarbeit geboten ist, die wesentlich der Spurensuche und -sicherung dient, müssen wir ferner an die Fälle ergebnisloser Spurensuche und vorgetäuschter Spuren denken, die uns vor eine kriminaltaktisch besonders geartete Situation stellen.

Fahndung (§ 19) ist das in nahezu allen Ermittlungsverfahren notwendige planmäßige Forschen nach Personen und Sachen, welche mit einer Straftat in Zusammenhang stehen können. Das setzt aber zumindest voraus, daß der Verdacht einer strafbaren Handlung besteht.

Je nach Art der Fahndung – man denke z. B. an Personen- und Sachfahndung, individuelle und generelle oder örtliche und überörtliche Fahndung sowie ferner an Razzia, Alarm- und Großfahndung – spielen die zahlreichen, oben behandelten Fahndungsmittel in der Praxis eine unterschiedliche Rolle. Dieses Instrumentarium der Fahndung, welches oben allgemein geschildert worden ist, muß aber nicht nur in engem Zusammenhang mit den verschiedenen Formen kriminellen Verhaltens, was im § 23 verdeutlicht werden soll, sondern zugleich auf dem Hintergrund der konkreten Verfahrenslage gesehen werden.

Mit der Fahndungstätigkeit hängen besonders eng die ebenfalls bereits behandelten Maßnahmen zur Sicherung des Verfahrens (§ 20) zusammen, die sowohl dem Ermittlungs- als u. U. auch schon dem Erkenntnisverfahren dienen. Gerade bei den prozessualen Zwangsmitteln und ihren rechtlichen Grenzen wurde daher der enge Zusammenhang zwischen Kriminalistik und Strafverfahrensrecht deutlich.

Denn die richtige Anwendung dieser prozessualen Zwangsmittel ist nicht nur eine juristische, sondern augenscheinlich ebenso eine kriminaltaktische Frage. Gerade das nicht selten zu beobachtende Verkennen kriminalistischer Aspekte läßt manche Unsicherheiten der Rechtsanwendung im Prozeß verständlich werden und erklärt, warum eine allein rechtsdogmatische Darstellung des Strafverfahrensrechts ganz zutreffend als unbefriedigend und blutleer empfunden wird.

Dasselbe aber hat sich bei Vernehmungstechnik und -taktik (§ 21) gezeigt, einem Gebiet, dem in nahezu allen Ermittlungsverfahren eine große, oft ausschlaggebende Bedeutung zukommt. Denn bei der sogen. Ermittlungsvernehmung im Vorverfahren geht es im Gegensatz zu der einen weitgehend aufgeklärten Sachverhalt mehr bestätigenden Vernehmung im Hauptverfahren vor allem darum, in unbekanntes Neuland vorstoßend eben diesen Sachverhalt möglichst weitgehend und sicher aufzuklären.

Welche beherrschende Rolle hier Psychologie der Aussage und der Vernehmung spielen, braucht nicht nochmals betont zu werden. So werden nicht nur die Voraussetzungen und Fehlerquellen der Aussage – Wahrnehmung, Gedächtnis bzw. Erinnerung und Wiedergabe – augenscheinlich, sondern auch viele Erkenntnisse der Vernehmungstaktik und -technik ebenso wie Besonderheiten bei Frauen und jungen Menschen plausibel. Probleme, die besonders eng mit der Psychologie des Strafverfahrens zusammenhängen, ergeben sich, wenn wir bei Vernehmungen die unterschiedlichen Rollen der Aussagepersonen in Rechnung stellen; denn es macht einen erheblichen Unterschied aus, ob jemand als Beschuldigter, Zeuge oder Sachverständiger vernommen wird.

Kennzeichnend für alle diese oben ausführlicher behandelten Fragen des Ermittlungsverfahrens (vgl. wegen des Zusammenhanges aber auch S 22-II-4 ff.) aber ist es, daß es in diesem Stadium des Strafprozesses vor allem darauf ankommt, den unbekannten oder nur teilweise bekannten bzw. unsicheren Sachverhalt aufzuklären, um ihn strafrechtlich beurteilen zu können.

Auch wenn in vielen Ländern rechtlich der Staatsanwalt über einen Abschluß des Ermittlungsverfahrens entscheidet, d. h. Einstellung oder Anklageerhebung und dergl. verfügt, kommt es kriminalistisch doch in aller Regel auf die Bewertung durch die Kriminalpolizei oder vergleichbarer Strafverfolgungsorgane an. Der damit zusammenhängende, vielfach übliche „Schlußbericht" ist somit gewöhnlich die wesentliche Entscheidungsgrundlage für den Staatsanwalt und für das ggf. folgende Erkenntnisverfahren (vgl. im übrigen § 27-IV-2-a).

II. Das Erkenntnisverfahren

Das Erkenntnis- oder Hauptverfahren, dessen Herr das die Sache entscheidende Strafgericht ist, konzentriert sich auf die Hauptverhandlung. Das Zwischenverfahren und die prozeßfördernden Entscheidungen des Gerichts im Hauptverfahren außerhalb der Hauptverhandlung treten demgegenüber so an Bedeutung zurück, daß wir in diesem Rahmen auf eine eingehendere Untersuchung verzichten dürfen.

Graßberger S. 330 ff.

Diese überragende Bedeutung der Hauptverhandlung im Erkenntnisverfahren ergibt sich insb. aus dem nahezu in allen Ländern geltenden Prozeßgrundsatz der Unmittelbarkeit, welcher besagt, daß alle dem Urteil zugrundegelegten Beweise in der Hauptverhandlung erhoben werden müssen, das Beweisgebäude hier also von Grund auf neu errichtet werden müsse. – Dabei sollte man sich als Kriminalist aber darüber klar sein, daß eine solche Hauptverhandlung keineswegs der beste und sicherste Weg ist, einen Sachverhalt wirklich aufzuklären. Dagegen spricht außer der zeitlichen und räumlichen Entfernung von der Tat vor allem die besondere Situation des Gerichtssaals, welche ebenfalls dem Erforschen der Wahrheit nicht immer dienlich ist.

Dennoch lassen sich die psychologisch und kriminaltaktisch aufschlußreichen Phänomene des Hauptverfahrens angesichts der hier gebotenen Kürze am besten an der Situation der Hauptverhandlung schildern, in welcher der Strafprozeß kulminiert. Allerdings müssen wir dabei ggf. auf frühere und spätere Stadien des Strafverfahrens eingehen oder hinweisen. Kriminaltaktisch erscheint es als zweckmäßig, im Folgenden an Hand der verschiedenen am Erkenntnisverfahren beteiligten Personen vorzugehen. Vor allem dürfte es dabei auf folgende Prozeßbeteiligte ankommen:

1. Der Beschuldigte,
2. der Zeuge,
3. der Sachverständige
4. der öffentliche Ankläger (Staatsanwalt),
5. der Privatankläger und -beteiligte
6. der Verteidiger,
7. der Richter,
8. der Urkundsbeamte.

Wichtig ist es jedoch bei dem folgenden Überblick im Auge zu behalten, daß die Einstellung und das daraus resultierende Verhalten dieser verschiedenen Prozeßbeteiligten nicht zuletzt durch ihr Verhältnis zueinander beeinflußt wird. Dabei lassen sich von den allgemeinen Konsequenzen der prozessualen Rollen, welche z. B. Staatsanwalt und Verteidiger häufig in einen Gegensatz zu bringen pflegen, spezielle Aspekte unterscheiden, die mehr mit den Menschen selbst als ihren Funktionen in der Strafsache zusammenhängen.

Können diese individuellen Gegebenheiten u. U. typische Rollengegensätze mildern oder wegfallen lassen, so wirken sich umgekehrt Gesichtspunkte der erstgenannten Art auch auf Menschen aus, die derselben Rolle am Verfahren beteiligt sind. Beispielsweise ist die Situation eines Angehörigen, der in einer Strafsache gegen seinen Verwandten als Zeuge vernommen wird, gewöhnlich eine ganz andere als bei einem ebenfalls als Zeugen fungierenden Kriminalbeamten.

Bei dem folgenden Überblick kommt es daher weniger auf diese im Einzellfall möglicherweise gewichtigen Besonderheiten als auf die allgemeinen Konsequenzen der verschiedenartigen prozessualen Rollen und auf die damit verbundenen Gefahren an.

1. Der Beschuldigte

Ausschlaggebend für den Beschuldigten ist auch in Hauptverfahren und Hauptverhandlung die innere Einstellung zu seiner Tat (§ 21-VII-1).

Ackermann, Heinrich: Zur Psychologie des Angeklagten im Strafverfahren aus der Sicht des Verteidigers – MoKrim 1957, S. 129 ff. (40. Jg.); *Eilsberger,* Rupert: Die Hauptverhandlung aus der Sicht jugendlicher und heranwachsender Angeklagter – MoKrim 1969, S. 304 ff. (52. Jg.).

Diese je nach Persönlichkeit des Beschuldigten variierende Einstellung pflegt im Laufe des Verfahrens bei vielen Menschen zu schwanken; sie ist zudem gegenüber den einzelnen Prozeßbeteiligten typischerweise unterschiedlich, z. B. gegenüber dem Verteidiger in aller Regel ganz anders als gegenüber dem Staatsanwalt. Dies ist durchaus verständlich, weil der Beschuldigte den Verteidiger als seinen Beistand, den Staatsanwalt als seinen Gegner ansieht.

Diese Einstellung wird, wenn man einmal von den eigentlichen Erstvernehmungen absieht, deren Bild nicht charakteristisch für den Beschuldigten zu sein braucht, gewöhnlich schon im Vorverfahren gefestigt.

Rückt mit der Hauptverhandlung der Höhepunkt des Prozesses heran, so drehen sich die Gedanken des dann angeklagten Beschuldigten in aller Regel um diesen „Termin". Dabei ist seine Einstellung dem Richter gegenüber, sofern er noch keine eigenen Erfahrungen mit ihm gemacht oder Informationen darüber erhalten hat, wohl in der Mehrzahl der Fälle nicht ablehnend. Ihn ängstigt nur das Ungewisse und die Haltung anderer Verfahrensbeteiligter sowie nicht zuletzt die Reaktion der Öffentlichkeit.
Alles dies und damit auch die Einstellung des Angeklagten kann sich allerdings im Zuge der Hauptverhandlung nochmals erheblich ändern. Der alles argwöhnisch beobachtende Angeklagte kann dabei durchaus falschen Schlüssen erliegen, weshalb die richterliche Verwandlungsführung insoweit besonders wichtig ist.
Die Einstellung des Angeklagten ist also nicht schon deshalb einfacher zu beurteilen, weil mit der Aufklärung des Sachverhalts Beschuldigte weniger als zu Beginn des Ermittlungsverfahrens zu leugnen pflegen. Zudem ist selbst bei einem geständigen Angeklagten seine innere Einstellung oft nur schwierig zu erkennen. Doch dürfte echte Reue in der Gerichtspraxis verhältnismäßig selten sein; am ehesten findet man sie außer bei Fahrlässigkeiten noch bei sogen. Konfliktstätern sowie möglicherweise bei Entwicklungs- und eigentlichen Durchschnittstätern.

Allerdings läßt das insoweit indifferente Verhalten eines geständigen Angeklagten häufig eher den Schluß zu, daß ihn weniger seine Tat als solche, sondern mehr die für ihn nachteiligen Folgen reuen. Sein Verhalten wird dann also wesentlich von Nützlichkeitserwägungen gesteuert. Es gibt ferner auch Geständnisse von Menschen, die sich gegenüber ihrer Tat und deren Folgen völlig passiv verhalten. Der geständige Angeklagte ist deshalb seiner inneren Einstellung nach durchaus nicht immer als positiv zu beurteilen.

Zahlreicher sind in der Praxis allerdings diejenigen Fälle, in denen ein Beschuldigter auch noch vor dem erkennenden Gericht schweigt bzw. recht schweigsam ist oder aber leugnet bzw. lügt. Auch dieses Verhalten ist – wie in der Vernehmungstechnik dargelegt (§ 21-III-2, VII-1-a) – schwierig zu deuten.

Denn das Leugnen kann beispielsweise subjektiv den Charakter der Wahrheit oder den der Lüge tragen. Den Charakter der Wahrheit hat das Leugnen, wenn es auf einem Irrtum beruht; ein solcher ist um so eher möglich, je weiter sich der Gegenstand der Aussage vom Brennpunkt des Interesses bei der Wahrnehmung entfernt. Andererseits kann ein Angeklagter auch wider besseres Wissen leugnen, d. h. lügen.

Aber auch die Lüge ist, wie oben ausgeführt, nicht immer negativ zu werten. Vielmehr kommt es hier darauf an, den Grund des Lügens zu ermitteln. Dabei ist angesichts der Stellung des Beschuldigten vor allem an seine Furcht vor Strafe oder Schande zu denken; so etwas kann man sogar bei unschuldigen Angeklagten finden.

Der Nachtwächter (N) eines Industrieunternehmens sagte z. B. aus, er habe alle Runden mit seinem Kameraden gemeinsam gemacht. In Wahrheit war dieser einer lange bestehenden Verabredung gemäß um 24 Uhr heimgegangen. Als man ihn vernahm, vermutete N, sein Dienst werde kontrolliert. So kam die Wahrheit erst heraus, als er hörte, sein Kamerad werde des Gattenmordes verdächtigt (*Graßberger* S. 194 f.).
Über das Büro eines Industriellen war im Zuge einer Spionageaffäre ein Einbruch in die Plankammer eines benachbarten Kriegswirtschaftsunternehmens verübt worden. Der am nächsten Morgen in seinem Hause in Gegenwart seiner Ehefrau vernommene Industrielle gab an, er habe erst nach 22.00 Uhr sein Büro verlassen; dabei war festgestellt worden, daß er unmittelbar nach Betriebsschluß das Büro verlassen habe. Später gestand er ein, in der fraglichen Zeit ein Rendezvous mit seiner Freundin gehabt zu haben, was sich als richtig erwies. Die Gegenwart seiner Frau bei der Vernehmung hatte eine wahre Aussage verhindert (*Graßberger* S. 193).

Oft bleiben leugnende oder lügende Angeklagte selbst im Hauptverfahren bei der Lüge, da sie fürchten, sonst als Lügner bloßgestellt zu werden; dasselbe kann die irrige Annahme bewirken, man werde sonst wegen falscher Aussage strafrechtlich belangt.
Leugnet oder lügt ein Beschuldigter in der Hauptverhandlung, ist also an alle diejenigen Gründe zu denken, die wir bei der Vernehmung erwähnt haben. Selbst wenn die Zahl der Fälle geringer als im Vorverfahren ist, so hat es der Richter nach dem bisherigen Gang der Dinge und angesichts von Öffentlichkeit und störenden Dritten besonders schwer, die Unwahrheit und ihre Gründe einwandfrei festzustellen.

Denn Kooperation oder Selbstbeschuldigung darf er von einem Angeklagten billigerweise nicht erwarten, zumal da ein dafür sprechendes Geständnis insoweit nicht selten problematisch ist.

Die Situation ändert sich oft erneut mit dem Abschluß der Hauptverhandlung. Die Gedanken des Angeklagten pflegen sich dann völlig auf die Folgen für ihn zu konzentrieren; die Urteilsbegründung verfolgen nur wenige aufmerksam. Jetzt bildet er sich oft erneut ein Urteil über seinen Richter, wobei es für ihn im Falle eines Kollegialgerichts allein auf den Vorsitzenden anzukommen scheint. Hier zeigt sich besonders deutlich, daß im Grunde der Richter – nicht Verteidiger oder Staatsanwalt – die zentrale Figur für den Angeklagten ist. Das Ergebnis dieser seiner Überlegungen ist häufig auch für die Einlegung von Rechtsmitteln ausschlaggebend.

2. Der Zeuge

Die Stellung des Zeugen im Erkenntnisverfahren unterscheidet sich nicht so sehr von der im Ermittlungsverfahren. Aber selbst als Beweisperson wird er – wie wir gesehen haben (§ 21-VII-2) – von recht unterschiedlichen Einstellungen beherrscht. Hinzu kommt, daß auch er sich mit seinen früheren Aussagen ziemlich festgelegt hat.
Dies bildet insoweit eine Gefahr, als derjenige Zeuge, der bei seiner Vernehmung im Ermittlungsverfahren gelogen hat, sich scheuen wird, seine Aussage nunmehr vor dem Gericht zu revidieren; ganz besonders gilt das, wenn er sich dadurch der Gefahr aussetzt, wegen einer falschen Aussage belangt zu werden.

Auch bei der Zeugenlüge vor Gericht ist von den oben geschilderten Einstellungen auszugehen, wobei es neben anderen, insb. persönlichen Gründen vor allem auf freundschaftliche oder feindliche Gefühle dem Beschuldigten gegenüber ankommt.

Selbst bei an sich gutwilligen, klassischen Zeugen bewirkt die bis zur Hauptverhandlung verstrichene Zeit nicht selten eine geringere Qualität der Aussage sowie eine Unsicherheit, die manche Verteidiger auszunutzen suchen. Zudem kann sich die besondere Atmosphäre des Gerichtssaals ungünstig auf die Wiedergabe auswirken. Dies kann sich vor allem bei jungen, insb. kindlichen Zeugen sehr nachteilig auf die Wahrheitsfindung auswirken.
Ein besonderes Kapitel stellt gerade in der Hauptverhandlung die Vernehmung von Kriminalbeamten und anderen in der Strafrechtspflege Tätigen als Zeugen dar (vgl. auch § 2-VII-2).

Weber, A.: Verhalten vor Gericht. Polizeibeamte als Zeugen und Sachverständige – in: TbKrim Bd. XXVI, S. 9 ff. (1976).

Aus mancherlei Gründen ist die Zeugenrolle für den Kriminalbeamten problematischer, als das auf Anhieb scheinen mag. Unzureichende Kenntnisse über den Gang des Strafverfahrens können sich ebenso wie mangelnde forensische Erfahrung nachteilig auf das Auftreten und sogar die Aussage dieser Zeugen auswirken.
Noch gefährlicher aber wird es, wenn der Beamte mit den typischen Situationen einer Hauptverhandlung nicht vertraut ist, z. B. mit der Fragetaktik von Gericht und Staatsanwaltschaft, den gerade gegen ihn als Belastungszeugen gewandten Taktiken der Verteidiger oder der mit der Anwesenheit von Publikum und der mit der Öffentlichkeit (z. B. Anwesenheit der Presse) verbundenen Störung.

Gerade hier aber könnten ihm die Erkenntnisse der Psychologie des Strafverfahrens helfen, welche deshalb auch aus diesem Grunde mehr als bisher bei der Ausbildung berücksichtigt werden sollten. Denn damit kann die sich für diese Zeugen in der Hauptverhandlung ergebende Gefahr von Auseinandersetzungen erheblich vermindert werden.

Wird der bearbeitende Kriminalbeamte nicht als erster nach den Beschuldigten gehört, so sollten zumindest bei großen Sachen ein oder zwei mit dem Vorgang vertraute Beamte als Beobachter im Zuhörerraum sitzen, um bei sich neu ergebenden Einwänden sofort reagieren zu können, z. B. eine polizeiliche Überprüfung zu veranlassen.
Gehäuft treten alle diese Schwierigkeiten auf, wenn Polizeibeamte in Verfahren, die im Blickpunkt der Öffentlichkeit stehen, als Zeugen auftreten. Beispiele dafür sind Strafverfahren gegen Terroristen, Prozesse mit politischem Hintergrund oder Sensationsprozesse.

Zu dem in solchen Strafsachen oft ungewöhnlichen Verhalten der Beschuldigten treten nicht selten merkwürdige Praktiken der Verteidigung hinzu, welche – z. T. unterstützt vom Publikum und von Massenmedien – den Spieß herumzudrehen und den Beamten zum eigentlichen Gegenstand der Kritik zu machen suchen. Die dabei verwendeten – oft detaillierten und schwer verständlichen – Fragen zielen u. U. allein darauf ab, den Beamten unglaubwürdig zu machen oder in ein schiefes Licht zu bringen, wenn er nicht einfach auf diese Weise ausgehorcht werden soll. Es sollte daher nicht überraschen, daß mit solchen Praktiken nicht vertraute Beamte zuweilen eine schlechte Figur als Zeuge machen. – Mitunter verhalten sich allerdings auch Staatsanwälte und Richter ausgesprochen hilflos und lassen dem Beamten im Stich, indem sie ihm nicht den einem Zeugen in derartigen Situationen gebührenden Beistand leisten, z. B. diejenigen Fragen zurückweisen, die nichts mit der Sache selbst zu tun haben oder ungeeignet sind. Überhaupt kann sich die mangelnde forensische Unsicherheit gegenüber Verteidigung, Beschuldigten und Publikum leicht zum Nachteil gerade dieser Zeugen auswirken. Aufmerksam sollte man daher außer bei verwirrenden Fragen ferner bei sinnloser Fragenwiederholung und bei Verzögerungstaktiken sein, welche auf eine Ermüdung des Zeugen abzielen können.

3. Der Sachverständige

Die Stellung des Sachverständigen im Erkenntnisverfahren entspricht grundsätzlich derjenigen im Ermittlungsverfahren, ist u. U. sogar noch gewichtiger. Dabei ist er niemals Beweis, sondern nur Beweismittel. Auch der Sachverständige kann wie jeder Mensch die Wahrheit nur ermitteln, soweit er sie erkennt. Zu den bereits behandelten Fehlerquellen in der Person des Sachverständigen kommen Verständigungsschwierigkeiten und Mißverständnisse bei der Wiedergabe hinzu. Auch dieses Beweismittel ist also keineswegs unproblematisch.

Göbel: Richter und Sachverständiger – in: Grundfragen der Kriminaltechnik, hrsg. v. Bundeskriminalamt, Wiesbaden 1958, S. 259 ff.; *Gerchow,* Joachim: Bemerkungen zur sog. Krise des Sachverständigenbeweises – Arch. f. Krim. Bd. 34, S. 125 ff. (1964); *Schorn:* Der gerichtliche Sachverständige und die richterliche Urteilsfindung im Strafverfahren – Goltdammer's Archiv für Strafrecht 1965, S. 299 ff.; *Geerds,* Friedrich: Juristische Probleme des Sachverständigenbeweises – Arch. f. Krim. Bd. 137, S. 61 ff., 155 ff. (1966); *Krauß,* Detlef: Richter und Sachverständiger im Strafverfahren – Zeitschrift f. d. ges. Strafrechtswiss. Bd. 85, S. 320 ff. (1973).

Bei der Stellungnahme eines Sachverständigen sollte man vor allem Tatsachen und Schlüsse genau unterscheiden; denn es kommt mehr auf die Grundlagen als auf die Schlüsse an.
Die Fehlerquellen der Aussage des Sachverständigen sind – wie dargelegt (§ 21-VII-3) – weithin anderer Art als die der Zeugenaussagen. Auf sie ist – ebenso wie beim Ermittlungsverfahren – bereits bei der Auswahl des Sachverständigen Bedacht zu nehmen.

Der Sachverständige sollte außer der notwendigen Sachkunde möglichst auch eine gewisse Erfahrung mitbringen. Er muß ferner ebenso sachlich, selbstkritisch und unabhängig sein, und zwar sowohl vom Beschuldigten als auch von der Anklagebehörde und anderen am Ausgang des Verfahrens Interessierten.

Was das Gutachten und die sonstigen Angaben des Sachverständigen anlangt, so sind die Schwierigkeiten bei den für das Hauptverfahren verantwortlichen Strafjuristen gewiß nicht kleiner, sondern des öfteren noch größer als bei den Kriminalbeamten.

Das zeigt sich außer bei der Auswahl auch beim Formulieren der Fragen und der Verwertung des Gutachtens, um von der mangels Sachkunde kaum effektiven Kontrolle der Arbeit des Experten ganz abzusehen.

Ähnlich wie beim Zeugen gibt es auch hier den Sonderfall, daß Kriminalbeamte vor Gericht als Sachverständige fungieren müssen.

Dombrowski, Hanns: Der polizeiliche Sachverständige im Strafverfahren – Kriminalistik 1955, S. 210 ff.; *Deitigsmann:* Ablehnung polizeilicher Sachverständiger im Strafverfahren – Kriminalistik 1959, S. 190 ff.; *Weber,* A.: Verhalten vor Gericht. Polizeibeamte als Zeugen und Sachverständige – in: TbKrim Bd. XXVI, S. 9 ff. (1976).

Das Mißtrauen gegen den Beamten nutzen Beschuldigte und insb. manche Verteidiger aus, indem sie Ablehnungsgesuche machen oder doch die Sachkunde in Zweifel ziehen; nicht gar so selten operiert man dabei mit Fragen aus ausgesprochenen Randgebieten.

Abgesehen von der soeben angesprochenen Sachkunde und der u. U. auch für das Gutachten wichtigen Erfahrung des Experten liegen die Dinge bei dem als Sachverständigen fungierenden Kriminalbeamten ähnlich wie bei solchen Zeugen.

4. Der öffentliche Ankläger

Der öffentliche Ankläger oder – wie es häufig heißt – der Staatsanwalt ist ebenso wie der Beschuldigte ein wichtiger Prozeßbeteiligter bzw. eine Partei des Strafverfahrens. Allerdings ergibt sich im Verhältnis zum Beschuldigten schon dadurch eine andere prozessuale Stellung, daß wir es hier – jedenfalls bei einem Staatsanwalt – mit einem Vertreter des Staates zu tun haben; schon deshalb darf die Tätigkeit des öffentlichen Anklägers niemals eine einseitige Interessenvertretung sein.

Graßberger S. 284 ff.; *Blomeyer,* Jürgen: Die Stellung der Staatsanwaltschaft. Der Staatsanwalt als Vorrichter – Goltdammer's Archiv für Strafrecht 1970, S. 161 ff.; *Kerbel,* Paul: Zur Stellung, Organisation und Tätigkeit der Staatsanwaltschaft – Diss. Frankfurt a. M. – o. O. 1974 (u. a. insb. S. 30 ff. zur geschichtlichen Entwicklung in Deutschland und anderen Staaten).
Vgl. im übrigen § 24-I und die dort genannte Literatur.

Dennoch kann man schon im Ermittlungsverfahren mancherlei Gefahren für eine objektive und neutrale Tätigkeit des Staatsanwalts feststellen. Eine Fehlerquelle ist die in der Praxis nicht gar so seltene unzureichende Information, die sich daraus erklärt, daß der Staatsanwalt in der Regel – außer bei Kapitalverbrechen und ähnlichem – gewöhnlich zu spät eingeschaltet wird und er wegen seiner mangelhaften kriminalistischen Ausbildung die Ermittlungsarbeit der Kriminalpolizei und des Sachverständigen nicht fachkundig beurteilen kann.

Natürlich können Eigeninitiative und vor allem Erfahrung diesen Mangel wettmachen oder abmildern. Doch sollte man nicht verkennen, daß dieser trostreichen Aussicht, der gerade bei der Staatsanwaltschaft relativ häufige personelle Wechsel entgegenwirkt. – Die unzureichende Information kann sich aber im konkreten Fall auch daraus ergeben, daß der – u. U. spät – mit der Vertretung dieser Anklage beauftragte Sitzungsstaatsanwalt einfach mit den Ermittlungsergebnissen noch nicht hinreichend vertraut ist. Doch auch die gewöhnlich bestehende räumliche Entfernung vom Ort der Ereignisse erschwert den Staatsanwälten oft den Einblick. Dabei kommt ihnen rechtlich in vielen Ländern in diesem Stadium des Verfahrens die dominierende Rolle zu.

Ist es auch in der Hauptverhandlung eine wesentliche Aufgabe des Staatsanwalts zu gewährleisten, daß dem Recht Genüge geschieht, so verbindet sich damit angesichts der Subjektivität vieler Menschen eine nicht ungefährliche Tendenz. Daran ändert nichts, daß der

Staatsanwalt hier neben dem Gericht mehr eine kontrollierende und anregende Funktion hat.

Obwohl er dabei besonders auf die Belange der Allgemeinheit achten soll, darf nicht verkannt werden, daß er sich als ein zur Objektivität verpflichtetes Staatsorgan ggf. auch dafür einzusetzen hat, daß dem Angeklagten kein Unrecht geschieht. Er soll daher ebenso wie belastende auch den Angeklagten entlastende Beweise ermitteln und dem Gericht vorlegen.

Ungeachtet der insoweit klaren Rechtsstellung des Staatsanwalts sollte man jedoch nicht übersehen, daß seine prozessuale Rolle psychologisch gesehen einige Gefahrenmomente aufweist. Es ist menschlich nur zu verständlich, daß er gerade angesichts der klaren Parteistellung des Beschuldigten und seines Verteidigers nicht selten sein Ziel darin erblicken wird, einen Schuldspruch zu erwirken. Dies aber verführt den Staatsanwalt in der Praxis mitunter zu Einseitigkeit oder gar Parteilichkeit; diesen Gefahrenpunkt sollte der Richter daher im Auge behalten.
Weniger gewichtig für die Rolle des Staatsanwalts erscheint uns hingegen ein anderer Gesichtspunkt, den man gerade angesichts der richterlichen Unabhängigkeit oft gegen die Staatsanwälte in das Feld führt: die Weisungsgebundenheit. Ein Blick in die Praxis beweist, daß dort das Weisungsrecht kaum eine größere Rolle spielt, weil sich ungeachtet der hierarchischen Behördenorganisation die Weisungen der Vorgesetzten bzw. der verantwortlichen Minister im Rahmen des Rechts halten müssen.

Diesem widersprechende Weisungen sind mithin unzulässig und unverbindlich. Zudem würde sich derjenige Vorgesetzte, der einen Staatsanwalt anweist, ein Strafverfahren einzuleiten oder einzustellen, selbst der Gefahr strafrichterlicher Verfolgung auszusetzen, wenn entweder die Voraussetzungen einfachen Tatverdachts nicht vorliegen oder aber eine Verfahrenseinstellung als unzulässig erscheint. Die Staatsanwälte arbeiten in Wahrheit viel selbständiger und unabhängiger, als das die Fachliteratur zuweilen vermuten läßt.

Im Erkenntnisverfahren soll der Staatsanwalt vor allem die ermittelten Beweise vorlegen und interpretieren, soweit diese nicht selbst für sich sprechen. Deshalb sollte er – vielleicht noch mehr als der Kriminalbeamte – Zweifel walten lassen, um eine lückenlose, sich ausschließlich auf Tatsachen stützende Beweisführung zu erzielen.
Es ist selbstverständlich, daß der öffentliche Ankläger auch in seinem sontigen Prozeßverhalten immer sachlich bleiben muß; das gilt selbst dann, wenn er sich einem temperamentvollen Angeklagten oder Verteidiger gegenübersieht.

Er darf z. B. nicht, wenn der Verteidiger skrupellos vorgeht, mit gleicher Münze heimzahlen, sondern wird mit vorteilhaft kontrastierender Fairness sicher mehr erreichen. Gerade in Fällen, in denen Beschuldigter oder Verteidiger Stimmungsmache betreiben, sollte er sich sein Vorgehen genau überlegen. Durch geeignete Beweise kann er nicht nur Hergang und Bedeutung der Tat anschaulich werden lassen, sondern auch die vielzitierten Nöte und guten Absichten des Angeklagten gewöhnlich eindrucksvoll widerlegen. Zudem beeindruckt gerade bei Schaumschlägerei der anderen Seite eine nüchterne Argumentation.

Im Grunde ist somit der öffentliche Ankläger im Erkenntnisverfahren in einer ähnlichen Rolle, wie sie dem Kriminalisten im Ermittlungsverfahren zukommt. Man kann lediglich sagen, daß er die Beweise besonders kritisch auf ihre rechtliche Würdigung hin prüfen sollte. Deshalb sollten Staatsanwalt und Kriminalbeamter gerade im Hauptverfahren an demselben Strang ziehen.

Divergenzen zwischen Kriminalpolizei und Staatsanwaltschaft, die infolgedessen eigentlich ausgeschlossen sein sollten, erklären sich deshalb im allgemeinen entweder aus der Unkenntnis kriminalistischer Probleme bei den Staatsanwälten oder aber aus dem bei manchen Kriminalbeamten zu beobachtenden Mangel an Verständnis für Rechtsfragen bzw. unzureichender Vertrautheit mit der forensischen Szene.

Das Plädoyer der Staatsanwaltschaft läßt mitunter schon deshalb sehr zu wünschen übrig, weil als Vertreter der Anklage in Deutschland ebenso wie in vielen anderen Ländern übermäßig häufig junge, d. h. für diese Aufgaben unzureichend ausgebildete und unerfahrene Juristen fungieren. Manche, die diese Tätigkeit nur als ein Intermezzo ihrer Karriere ansehen, agieren zudem lustlos und uninteressiert. Andere – und das kommt auch bei älteren Staatsanwälten gerade unter dem Eindruck der Öffentlichkeit vor – verhalten sich viel zu engagiert und versuchen, die Rolle des „schneidigen Staatsanwalts" zu spielen. So kommt es, daß nur vergleichsweise selten das richtige Mittelmaß gefunden wird, welches der Verteidigung viel Wind aus den Segeln nimmt.

5. Der Privatkläger und -beteiligte

Wesentlich für das Verständnis der Stellung des in manchen Strafsachen möglichen Privatanklägers bzw. Privatbeteiligten ist die Tatsache, daß wir es hier mit dem durch die zu untersuchende Straftat Verletzten oder einer ihm doch verbundenen Privatperson zu tun haben. Die psychologische Situation ist insoweit eine ganz andere als beim öffentlichen Ankläger.

Graßberger S. 299 ff.

Wie der Beschuldigte, so ist auch der Privatankläger Partei im eigentlichen Sinn, weshalb in diesen Strafsachen häufig lediglich der Richter als objektiver Beurteilter anzusehen ist.
Was für den Privatankläger und -beteiligten gilt, trifft in etwa auch auf einen als Parteivertreter fungierenden Anwalt zu, wenngleich gute Rechtsanwälte sich gerade auch in diesen Verfahren um Objektivität bemühen werden.
Denoch spielen in Privatklagesachen des öfteren erregte Leidenschaften eine große Rolle. Dabei ist es häufig schwierig, die Beweise von der Art der Beweisführung zu unterscheiden, zumal da der Privatankläger auch als Zeuge auftreten kann.
Ähnlich ist die Situation beim Privatbeteiligten, der allerdings an der Seite des Staatsanwalts glücklicherweise nicht so sehr in Erscheinung tritt.

Im Grunde handelt es sich hier vielfach nur darum, Ersatz für den entstandenen Schaden zu erlangen, was der Strafrechtspflege oft nicht förderlich ist. Geradezu peinlich kann der Eindruck prozessual werden, wenn der Privatbeteiligte über ein größeres Vermögen als der Angeklagte verfügt. Das gilt insb. für den Fiskus oder für Versicherungen.
So berichtet *Graßberger* (S. 300) von einem Strafprozeß, in welchem die bäuerliche Geschworenenbank aus derartigen Gründen einen restlos überführten Brandversicherungsbetrüger freisprach.

6. Der Verteidiger

Der Verteidiger hat in der Strafgerichtsbarkeit vor allem die Aufgabe, dafür zu sorgen, daß die Rechte des Einzelnen gewahrt werden und nicht gegenüber den Interessen der Allgemeinheit zu kurz kommen.

Bevor wir uns nunmehr der Psychologie des Verteidigers zuwenden, erscheinen jedoch einige Worte zu den rechtlichen Grenzen der Verteidigung als angezeigt. Denn sicher ist es unzutreffend oder doch schief, wenn man den Verteidiger zu einem völlig unabhängigen Organ der Rechtspflege emporstilisiert. Das ist tatsächlich betrachtet weder richtig noch wünschenswert, weil darunter das Vertrauen zwischen dem Beschuldigten und seinem Verteidiger leiden muß. Der Verteidiger sollte vielmehr klar auf der Seite des Beschuldigten stehen und somit parteilich sein. Dabei macht es nichts aus, daß er als Verteidiger sowohl der Rechtsordnung als auch gewissen Standespflichten unterworfen ist. Denn mehr als das in diesem Zusammenhange vielzitierte Gewissen werden prozeßaktische Überlegungen das Verhalten eines vernünftigen Verteidigers mitbestimmen.

Dahs: Die Stellung des Verteidigers im Strafprozeß – in: Kriminalpolitische Gegenwartsfragen, hrsg. v. Bundeskriminalamt, Wiesbaden 1959, S. 127 ff.; *Ullers,* Walter: Der Strafverteidiger. Von einem Richter gesehen – Hamburg 1962 – insb. S. 25 ff.; *Krüger,* Ralf: Der Verteidiger im Strafverfahren. Die Möglichkeiten und Grenzen seiner prozessualen Stellung und die sich daraus ergebenden Konsequenzen für die Gestaltung des Ermittlungsverfahrens – Kriminalistik 1974, S. 392 ff., 44 ff.; *Knapp,* Wolfgang: Der Verteidiger – Ein Organ der Rechtspflege? – Annnales Univ. Sarav. Bd. 73 – Köln/Berlin/Bonn/München 1974 (mehr juristisch und historisch, aber umfangreiche Bibliographie); *Graßberger* S. 287 ff.; *Wetterich,* Paul: Der Strafverteidiger im Ermittlungsverfahren – PFA 2/77, S. 70 ff.

Zur geschichtlichen Entwicklung vgl. u. a. *Hahn,* Manfred: Die notwendige Verteidigung im Strafprozeß – Schriften zum Prozeßrecht Bd. 40 – Berlin 1975 (= Diss. Frankfurt a. M.), insb. S. 44 ff.

Der Verteidiger, der in erster Linie die Rechte des Beschuldigten wahren soll, muß dieses sowohl in materiellrechtlicher als auch in prozessualer Hinsicht tun.

Ebenso wie er strafrechtlich bei strittigen Punkten die für seinen Mandanten günstigere Version herauszustellen hat, wird bei einer Rechtsanwendung – und keineswegs nur bei der Strafzumessung – seine Interpretation in besonderem Maße auf die Belange des Beschuldigten abstellen. Bald noch wichtiger aber erscheint sein Rechtsbeistand für prozessuale Fragen. Er hat hier beispielsweise nicht nur auf Ordnungsmäßigkeit des Vorgehens der Strafverfolgungsorgane und darauf zu achten, daß Übergriffe – etwa bei Zwangsanwendung – unterbleiben, sondern kann vor allem Beweise und Beweisführung kritisch würdigen und rechtliche Zweifel anderer Art geltend machen.

Rechtlich ist er bei alledem nur insoweit gebunden, als er nicht wissentlich Unwahres vorbringen darf. Selbst wenn er von der Schuld seines Mandanten überzeugt ist, darf er mithin versuchen darzulegen, daß die Beweismittel für eine Verurteilung seines Mandanten nicht ausreichen. – Auf einem ganz anderen Blatt steht die Frage, ob eine solche Strategie nach Lage der Dinge sinnvoll ist, wobei es übrigens nicht zuletzt auf die auch bei Rechtsanwälten allerdings vielfach nicht eindrucksvollen Erkenntnisse der Kriminalistik ankommt. Was nun die hier vor allem interessierende Situation des Verteidigers in Strafsachen anlangt, so ist ein schwieriges Problem, daß er sich einen fremden Standpunkt anzueignen hat, wenn er als Verteidiger erfolgreich fungieren will.

Denn abgesehen von seiner Einflußnahme durch Rat ist er grundsätzlich an den Willen des Beschuldigten gebunden. Wenn er dessen Anweisungen aus Gewissens-, Rechts- oder tatsächlichen Gründen nicht zu folgen vermag, so bleibt ihm ansonsten nur der Weg, die Verteidigung niederzulegen.

Die nicht gerade häufigen Charakterisierungen des Verteidigers oder überhaupt des Rechtsanwalts helfen hier nicht viel weiter, zumal da der soziale Hintergrund eher diffuser als etwa bei Richtern und Staatsanwälten sein dürfte. – Neben praktischer Intelligenz und Beweg-

lichkeit legt man vor allem auf Kontaktfähigkeit Gewicht. Noch wichtiger aber dürften für die Arbeit des Strafverteidigers doch wohl Menschenbehandlung und Fingerspitzengefühl gerade auch im Verhältnis zu anderen Verfahrensbeteiligten als seinem Mandanten sein.
Im großen und ganzen lassen sich zwei Typen von Verteidigern unterscheiden. – Der objektiv denkende Anwalt kann leichter in einen Zwiespalt zwischen Tatsachen bzw. erkannten Wahrheiten und den Interessen des Beschuldigten geraten. Seine Stärke ist die Verteidigung schuldloser oder geständiger Angeklagter.

Entscheidend ist hier für eine erfolgreiche Verteidigung jedoch das rückhaltlose Vertrauen des Beschuldigten, dessen Darstellung eingehend kritisch geprüft werden muß. Diese Anwälte zeichnen sich bei allem Engagment durch gesunde, ja kritische Skepsis ihrem Mandanten gegenüber aus; durch eingehende Recherchen versuchen sie, sich der Richtigkeit seiner Angaben zu vergewissern, um gefährliche Schwachpunkte sicher zu erkennen. Eine solche Haltung kann vom Beschuldigten leicht falsch verstanden werden. Die Gefahr, die derartigen Anwälten droht, ist daher mangelndes Vertrauen ihrer Klienten.

Dagegen überzeugt der vorwiegend subjektiv denkende Anwalt vor allem durch Leidenschaft und Engagement. Er wird in der Regel leichter das Vertrauen seines Mandanten gewinnen. Gefährlich ist allerdings die für ihn typische Impulsivität, welcher oft ein Mangel an kritischen Fähigkeiten oder gar Verlieren des nüchternen Überblicks entspricht; und das gilt sowohl dem Mandanten gegenüber als auch im Hinblick auf dessen Situation im Prozeß.

Handelt es sich nicht um einen solchen Rechtsanwalt, dem es mehr auf seine Gebühren als auf das Schicksal des ihm anvertrauten Mandanten ankommt, so ist er doch diesem gegenüber mitunter sträflich leichtgläubig. Einem derartigen Verteidiger droht eher als dem nüchtern denkenden Anwalt das Mißgeschick, daß sein Mandant oder ein Zeuge, der ihm etwas vorgemacht oder verheimlicht hat, in der Beweisaufnahme arg gerupft wird oder gar „umfällt“; damit aber scheitert nicht nur u. U. die Verteidigungsstrategie, sondern wird u. U. der Anwalt selbst unglaubwürdig.
Aber auch kriminaltaktisch zerschlägt ein dergestalt subjektiv denkender Anwalt in seinem blinden Eifer sehr leicht Porzellan und schadet somit in bester Absicht nur seinem Mandanten.
Schließlich vernachlässigt ein solcher Verteidiger oft die wichtige Aufgabe der Rechtsberatung, durch welche sein Mandant vor aussichtslosen oder gefährlichen Unternehmen gewarnt werden sollte. Indem er beispielsweise einen unhaltbaren Standpunkt vertritt, bringt er einen Beschuldigten, der seinem Verteidiger rückhaltlos vertraut, beim Gericht oft um den letzten Rest von Vertrauen und Glaubwürdigkeit.

Sicherlich sind mit diesen beiden Typen von Verteidigern nur Extremfälle skizziert, wobei im Einzelfall die Entwicklung durchaus atypisch verlaufen kann. Doch wird auf diese Weise zumindest die hier zu verzeichnende Bandbreite verdeutlicht.
Ungeachtet solcher Persönlichkeitstypen mag manchen der Einfluß des Strafverteidigers auf den Prozeß in vielen Fällen gering erscheinen. Obwohl das in dieser Form nicht richtig sein dürfte, ist jedenfalls nicht auszuschließen, daß das Verhalten des Verteidigers in manchen Prozessen wichtig oder gar ausschlaggebend für die richterliche Urteilsfindung ist.

Dabei sollte man nicht nur an diejenigen, bekannteren Fälle denken, in denen der Verteidiger eine Verurteilung verhindert oder gar den Angeklagten vor der Todesstrafe bewahrt hat, zumal da es auch bei solchen Glanzstücken keineswegs immer mit rechten Dingen zugeht. Vielmehr wird die Verantwortung des Verteidigers ebenso bei Fehlurteilen deutlich, die er wegen Untätigkeit oder Unfähigkeit nicht hat verhindern können. Hier bestehen zudem gewisse Unterschiede zwischen dem gewählten und dem vom Gericht bestellten Pflichtverteidiger; neben der Auswahl, die sich hier oft mehr auf weniger beschäftigte Anwälte zu konzentrieren pflegt, welche jung und unerfahren oder nicht besonders fähig sein, mag sich dann und wann auch ein geringeres Interesse dahin auswirken.

Zuweilen gehört, wenn z. B. die allgemeine Stimmung aus diesen oder jenen Gründen gegen den Angeklagten ist oder der Prozeß einen politischen Hintergrund hat, schon eine gehörige Portion Mut dazu, eine Verteidigung zu übernehmen und diese energisch zu handhaben. Denn Allgemeinheit und Staat übertragen ihre Aversion gegen den Angeklagten dann nur zu leicht auf einen solchen Verteidiger.

Zur fachlichen Fähigkeit des Rechtsanwalts, die gerade in Strafrecht, Strafprozeß, Kriminologie und Kriminalistik leider des öfteren zu wünschen übrig läßt, müssen bei einem Strafverteidiger ferner Geduld, Ausdauer und viel Fleiß hinzukommen. Denn seine Arbeit beginnt keineswegs erst mit der Hauptverhandlung, die gut vorbereitet sein will, sondern oft schon viel früher.

Sicherlich kann die Tätigkeit eines Rechtsanwalts die Arbeit der Strafverfolgungsorgane erschweren oder unmöglich machen. Dennoch scheint es, daß manche Verteidiger diese vorbereitenden Aufgaben – ungeachtet einer zuweilen schlechten Arbeitsorganisation und -disziplin – nicht ernst genug nehmen. Das mäßige und z. T. schlechte Niveau mancher Strafverteidiger hängt daher u. U. bereits mit zu flüchtiger Arbeitsweise zusammen.

Obwohl sich die Aktivität des Verteidigers auf das Hauptverfahren und insb. die Hauptverhandlung zu konzentrieren pflegt, kommt ihm zuweilen, was man nicht verkennen sollte, schon im Ermittlungsverfahren eine wichtige Rolle zu. Und das gilt keineswegs nur in Fällen von Festnahme oder Verhaftung seines Mandanten, sondern ebenos bei Anwendung anderer Zwangsmittel.

Im übrigen aber dient seine Arbeit in diesem Stadium des Verfahrens doch gewöhnlich weniger der Sachaufklärung als solcher, als vielmehr der Verteidigung der Rechte und Interessen des Beschuldigten.

Zur Vorbereitung gehört u. a. das intensive Gespräch mit dem Mandanten. Das wird, obwohl der Verteidiger als Beistand und Vertrauensperson leichter Kontakt mit dem Beschuldigten erzielen sollte, keineswegs immer genutzt.

Subjektiv denkende Anwälte, die man scherzhaft einem „Orden der Gläubigen“ zugeordnet hat, unterlassen nur zu leicht das intensive Forschen nach Information beim Mandanten, welches den objektiv denkenden Verteidiger vor unangenehmen Überraschungen zu bewahren pflegt. Doch auch andere Verteidiger können sich in der Regel nicht ohne weiteres auf die Angaben ihres Mandanten verlassen. Auf jeden Fall aber sollte der Verteidiger sich hüten, bei diesem Gespräch oder später, wenn er eine Verteidigungskonzeption entwickelt hat, die Lage der Sache zu beschönigen oder gar seinen Mandanten anzulügen.

In der Hauptverhandlung ist es die erste und keineswegs unwichtige Aufgabe des Verteidigers, eine für den Beschuldigten möglichst günstige Stimmung zu schaffen. Eben deshalb sollten unhaltbare Positionen lieber durch Geständnis aufgegeben werden. Denn ist der Angeklagte geständig, so kann der Verteidiger gewöhnlich wirksamer auf mildernde Umstände abstellen. Ansonsten sollte er – zumindest zu Anfang – ebenso wie auf billige, mehr für das Publikum bestimmte Affekthascherei sogen. „Operettenanwälte“ sowie ferner auf unnötige Konfrontationen mit dem Gericht oder anderen Prozeßbeteiligten verzichten. Man verdirbt damit in aller Regel nur das Klima und schafft sich und seinem Mandanten unnötig Feinde bzw. scharfäugige Kritiker.

Wenn es im weiteren Verlauf der Hauptverhandlung, insb. im Zuge der Beweisaufnahme zu für einen Strafprozeß nicht ungewöhnlichen Konflikten kommt, dürfte es ebenfalls ratsam sein, bei Art und Schärfe der Reaktion Augenmaß zu bewahren. Der Verteidiger sollte sich zudem um konstruktive Kritik bemühen.

Wird z. B. die Beweisführung angegriffen, so sollte die Verteidigung nach Möglichkeit das Beweisverfahren ergänzen; hierbei ist auf klare Anträge und prägnante Ergebnisse Gewicht zu legen. Nicht selten muß der Verteidiger sein Vorbringen ganz auf die rechtliche Würdigung konzentrieren. Obgleich die Mentalität der Menschen verschieden ist, sollte sich der Anwalt bei festem Standpunkt und Härte in der Sache dennoch um eine nüchterne und angemessene – um nicht zu sagen: konziliante – Form bemühen, die nicht nur auf viele mehr Eindruck macht, sondern eher unglückliche Aversionen vermeidet.

Das Verhalten der Verteidiger in der Hauptverhandlung zeigt aber nicht nur derartige individuell bedingte Unterschiede. Während manche Anwälte bemüht sind, in der hier empfohlenen Weise Kontroversen nach Möglichkeit zu vermeiden und so ein ruhiges, für den Beschuldigten verständnisvolles Klima zu erreichen, bevorzugen andere – nicht selten sogen. „Staranwälte" – eine bewußt aggressive Verteidigungsstrategie.

Dabei läßt sich nicht einmal sagen, ob es solchen „Operettenanwälten" mehr auf Eindruck beim Publikum und auf Kundenwerbung oder darauf ankommt, daß der Mandant zufrieden ist, weil der Verteidiger „es dem Richter gesagt hat"; vereinzelt mag bei solcher Aggressivität sogar Aversion gegen Justiz und Staat mitschwingen.

Mit solchen Manövern wird man aber wohl nur unerfahrene oder besonders ängstliche Richter beeindrucken, weshalb sie in aller Regel kaum von Einfluß auf die Urteilsfindung sind, solange nicht auf diese Weise eine für die Öffentlichkeit bestimmte Stimmungsmache betrieben wird. Eher verscherzt man sich mit solchen Allüren die Sympathien der Richter und anderer Prozessbeteiligter.

Der Richter sollte sich gerade bei solchen „Prominentenverteidigern" mit Geduld wappnen und sich nicht zu Zusammenstößen oder gereizten Reaktionen provozieren lassen, aus denen man Kapital schlagen möchte. Dasselbe gilt für „Politstrategen" in der Anwaltsrobe. Immerhin zeigt sich an Hand dieser Extremfälle doch, daß die kriminalistisch-menschlichen Probleme in vielen Strafsachen gewichtiger sind als die rechtlichen.

Die Kunst des Plädoyers in Strafsachen liegt insgesamt genommen bei den Verteidigern wohl noch mehr im Argen als bei der Staatsanwaltschaft. Auch hier sollte löbliches Engagement nicht den Blick für die Tat- und Rechtslage trüben. Knappe und klare Argumentation sind weit überzeugender als die mitunter zu beobachtende Weitschweifigkeit; selbst wenn diese u. a. gerade den Mandanten beeindrucken soll, ist sie für diesen doch wenig hilfreich.

Verteidigern unterlaufen im Plädoyer nicht nur aus persönlichen Gründen und wegen ihrer insoweit unzureichenden Juristenausbildung Fehler und Pannen, sondern sie verstoßen mitunter sogar bewußt gegen Recht oder kriminalistische Vernunft.

Obwohl man dies aus der Sicht des Mandanten nicht generell als Fehler werten kann, gibt es einige mißbräuchliche Praktiken, zu denen gewisse Verteidiger dann und wann zu greifen pflegen. Auf sie sei abschließend kurz hingewiesen, um dabei zugleich anzudeuten, wie man solchen Manövern begegnen und dennoch einen sachlichen Prozeß erreichen kann.
Einmal wird von manchen Verteidigern von Anfang an und immer wieder die Verzögerungstaktik nach dem Motto „Kommt Zeit, kommt Rat" angewandt. Das gilt allerdings mehr für das Vor- als für das Hauptverfahren, wo man dann mit Vertagungs-Strategien arbeiten müßte. – Hier ist es ggf. Aufgabe der Strafverfolgungsbehörden, dem durch Intensivieren der Ermittlungen entgegenzutreten (vgl. unten 7-a-bb).

Eine dafür dienliche Beschränkung auf das Wesentliche läßt sich in vielen Rechten jedoch nicht immer erreichen. So kann ein ausuferndes Legalitätsprinzip zu für die Sache selbst unergiebigen Ermittlungen führen. Besonders deutlich pflegt sich das bei Monstresachen oder Massenverfahren zu zeigen, wo die Gesetze durch mögliches Ausklammern unwichtiges Ballasts eine Konzentration auf das Wesentliche und damit eine Beschleunigung der Verfahren zulassen sollten.

In der Beweisaufnahme verfolgen manche Verteidiger mitunter die Taktik, Belastungszeugen einzuschüchtern. Die Skala solcher Praktiken reicht vom starren Anblicken, übertrieben detaillierten Fragen oder gar Suggestivfragen bis zum theatralischen Ausnutzen kleiner Ungenauigkeiten in einer Zeugenaussage oder der Argumentation des Staatsanwalts; zuweilen wird sogar mit falschen Schlüssen geblufft oder der Verteidiger versucht, um vom Wesentlichen abzulenken, die Beweisaufnahme auf ihm günstiger erscheinende Nebengeleise zu bringen. – Manche dieser Praktiken kann der Richter leicht unterbinden, indem er selbst die Fragen an den Zeugen richtet. In anderen Fällen hilft eine trockene Bemerkung des Richters, sofern ihm nicht der Staatsanwalt diese Mühe abnimmt.
Das Auftreten einzelner Verteidiger geht über die bloße unseriöse Stimmungsmache für den Angeklagten hinaus. Nicht nur mit unsinnigen Ablehnungen und anderen aussichtslosen Anträgen, sondern sogar mit ungehörigen Ausführungen oder Gesten legt ein solcher Anwalt es bewußt auf Kontroversen mit dem Gericht und anderen Prozeßbeteiligten an. Möglicherweise erhofft er sich davon nicht nur eine Fehlreaktion, sondern die Anwendung von Zwangsmitteln und Ungebührstrafen, um diese dann wiederum zur Stimmungsmache zu nutzen. – Derartigem Treiben begegnet man – wie wir sehen werden – am besten mit straffer und nüchterner Prozeßleitung; und selbst wenn man bei aller Nachsicht etwa zu Maßnahmen der Sitzungspolizei greifen muß, so sollte man sich dabei doch nicht aus der Ruhe bringen lassen (unten 7-a-bb).
Alle diese keineswegs nur erfreulichen Aspekte unterstreichen jedoch die Bedeutung, welche dem Verteidiger im Strafprozeß zukommt. Es sollte daher keine Frage sein, daß sich der Kriminalist mit diesen Gegebenheiten und Gefahren vertraut machen muß, wenn er nicht böse Überraschungen erleben will. Umgekehrt dürfte es ebenso außer Zweifel stehen, daß viele Strafverteidiger der Sache und ihrem Mandanten erfolgreicher dienen könnten, wenn sie außer mit Straf- und Strafprozeßrecht auch mit den Erkenntnissen von Kriminologie und Kriminalistik besser als heute üblich vertraut wären.

7. Der Richter

Ungeachtet der bisher geschilderten bedeutsamen Aspekte bei den anderen Prozeßbeteiligten ist und bleibt die Schlüsselfigur für das psychologische Verstehen des Erkenntnisverfahrens jedoch mit Sicherheit der Richter. Indem er die Strafsache in seiner Entscheidung rechtlich beurteilt, bewertet er zugleich das Verhalten und die kriminalistische Arbeit aller anderen Strafverfolgungsorgane. Deshalb sollte sich der Kriminalist, wenn er den Richter als die zentrale Figur des Hauptverfahrens wirklich erfassen will, im Bereich der Kriminaltaktik besonders eingehend mit der Psychologie der richterlichen Überzeugungsbildung befassen; daneben sollte man aber auch die Gegebenheiten der Prozeßleitung nicht vernachlässigen.

Middendorff, Wolf: Der Strafrichter. Auch ein Beitrag zur Strafrechtsreform – Freiburg i. Br. 1963; *Zwingmann,* Klaus: Zur Soziologie des Richters in der Bundesrepublik Deutschland – Neue Kölner rechtsw. Abh. H. 44 – Berlin 1966; *Schneider,* Hans Joachim: Zur Psychologie des Strafrichters – in: GrKrim Bd. 4, S. 133 ff. (1968); *Marx,* Yvonne: Die Entwicklung der Aufgaben des Richters im Strafprozeß – Zeitschrift f. d. ges. Strafrechtswisse. Bd. 81, S. 1007 ff. (1969); *Wassermann,* Rudolf: Das neue Selbstverständnis des Strafrichters – in: GrKrim Bd. 11, S. 451 ff. (1973); *Mrozynski,* Peter: Einstellung und Wahrnehmung in der Strafgerichtsbarkeit – MoKrim 1974, S. 48 ff. (57. Jahrg.).

Wichtiger als die Unterscheidung von Berufs- und Laienrichtern ist zunächst einmal die zwischen dem Einzelrichter und den in Kollegialgerichten tätigen Richtern. Da die Problematik sowohl des beisitzenden Berufsrichters als auch die des Laienrichters sich auf Kollegialgerichte beschränkt, ist somit zweckmäßigerweise vom Einzelrichter auszugehen.

Schon dabei ist, da sich die Dinge beim später zu behandelnden Kollegialgericht noch komplizieren, auf die Gefahren und Fehlerquellen der richterlichen Überzeugunsbildung einzugehen, welche sich außer bei der hier besonders interessierenden Tatfrage auch bei der Rechts- und der Straffrage ergeben können.

Dahingestellt bleiben mag in diesem Rahmen auch die seit langem und in vielen Ländern umstrittene Frage, ob und inwieweit sich geschlechtsspezifische Unterschiede auf die richterliche Tätigkeit auswirken. Selbst wenn es solche Besonderheiten gegeben hat und noch gibt, hängen sie doch wohl mehr mit der sozialen Rolle der Frau zusammen, welche in den einzelnen Ländern z. T. recht verschiedenartig ist und sich zudem in der jüngeren Vergangenheit teilweise erheblich gewandelt hat. Und dabei liegen möglicherweise die Dinge in der Strafgerichtsbarkeit anders als in anderen Sparten der Judikative; überdies dürfte zwischen Berufs- und Laienrichterinnen zu unterscheiden sein.

Während in Deutschland 1922 Frauen ebenso wie in anderen Staaten Zugang zum Richteramt erhielten, gibt es noch heute Länder, in welchen das nicht der Fall ist. Aber auch ansonsten ist festzuhalten, daß trotz einer gewissen Zunahme der Anteil weiblicher Richter gerade in Strafsachen immer noch relativ klein ist. Das aber ließe sich unschwer mit der historischen Entwicklung begründen, wenngleich es trotz einiger bekannten Ausnahmen nicht völlig von der Hand zu weisen ist, daß die für Strafsachen typische forensische Situation für manche Frauen besonders belastend sein könnte. Doch sind derartige Möglichkeiten zu vage und zu wenig erforscht, um daraus Schlüsse ziehen zu können, welche zudem angesichts der gerade von Frauen bei der Wahl des Richterberufes geübten Vorsicht leicht in das Leere gehen dürften; vielleicht ist dies bei dem z. T. engagierteren weiblichen Laienrichter etwas anders.

a) Der Einzelrichter

Der Einzelrichter ist in den meisten Staaten ein Berufsrichter und stets diejenige Person, welche den Prozeß leitet und gestaltet. Wichtig für den Kriminalisten sind neben den persönlichen und sachlichen Voraussetzungen des Richteramts vor allem zwei Komplexe, die Gegebenheiten im Bereich der Prozeßleitung und die für die richterliche Überzeugungsbildung wesentlichen Faktoren und Gefahrenquellen. Zuvor sei jedoch einiges über die Persönlichkeit des Strafrichters und seine fachlichen Fähigkeiten gesagt.

aa) Die persönlichen und sachlichen Voraussetzungen

Jede richterliche Tätigkeit wird durch gewisse persönliche und sachliche Voraussetzungen geprägt. In erster Linie erfordert das Richteramt, wie jedermann einsehen dürfte, natürlich die genaue Kenntnis der Gesetze, und zwar sowohl in materiellrechtlicher als auch in prozessualer Hinsicht. Daß dieses Fachwissen allein aber noch keine sachgerechte Rechtsanwendung gewährleistet, werden wir alsbald im Zusammenhang von Prozeßleitung und Überzeugungsbildung sehen (bb, cc).

Graßberger S. 105 ff.

Es läßt sich aber durchaus der Standpunkt vertreten, daß noch wichtiger als diese rein juristische Qualifikation die Persönlichkeit des Strafrichters erscheint, d. h. diejenigen Eigenschaften und Einstellungen, welche das Verhalten des Richters im Strafprozeß mehr oder minder nachhaltig beeinflussen. Hierbei spielen – wie man insb. durch soziologische Untersuchungen in jüngerer Zeit erkannt hat – Herkunft und Ausbildung der Richter eine nicht unerhebliche Rolle, wenngleich in der Soziologie der Richterschaft nach wie vor noch manches unsicher ist, weil diese Untersuchungen oft mehr Engagement als Sachkunde und Nüchternheit verraten. Da diese Dinge aber sicher in den einzelnen Ländern recht verschieden liegen, kann und soll ihnen an dieser Stelle nicht weiter nachgegangen werden, so instruktiv sie ggf. auch sein mögen. Versprechender und für die Belange der Praxis wichtiger dürfte es sein, hier beispielhaft kurz das aufzuzeigen, was an allen Orten für den Strafrichter und damit für die Psychologie des Strafverfahrens wichtig sein sollte.
Aus der großen Zahl dieser für die richterliche Tätigkeit in Strafsachen bedeutsamen psychischen Gegebenheiten können hier selbstverständlich nur einige besonders wichtige oder aufschlußreiche Umstände herausgegriffen werden.
Neben Fleiß erfordert gerade das Amt des Strafrichters von dem damit betrauten Menschen in besonderem Maße Ausdauer und Geduld. Denn die richterliche Arbeit stößt hier auf besondere Schwierigkeiten und in der ohnehin konfliktsträchtigen Situation des Rechtsstreites auf mancherlei Hemmnisse; sie sind oft noch ausgeprägter als im Vorverfahren. Ein guter Richter muß daher Beharrlichkeit mit viel Geduld verbinden, um angesichts der widerstreitenden Interessen die Unparteilichkeit zu wahren.
Ähnlich wie die Arbeit des Kriminalbeamten erfordert das Richteramt darüber hinaus bei aller Phantasie in ganz besonderem Maße Kritikfähigkeit. Denn nur so ist eine ausgewogene, alle Fakten gebührend berücksichtigende Haltung und somit eine überzeugende Entscheidung der Strafsache zu erwarten.
Im Verhältnis zu den anderen Prozeßbeteiligten und gerade zum Beschuldigten kommt es schließlich in einem Strafprozeß ganz besonders auf Einfühlungsvermögen und menschliches Verständnis an. Denn diese Eigenschaften sichern am ehesten den wirklichen Erfolg des Verfahrens und vermeiden überdies dem abträgliche persönliche Zusammenstöße zwischen dem Richter und den von seiner Prozeßführung Abhängigen.
Diese hier kurz umrissene Einstellung eines Strafrichters ist aber nicht nur ein Wunschbild nach einer Persönlichkeit, welcher diese Eigenschaften eigentümlich sind, sondern gründet sich zugleich auf die Erkenntnis, daß man sich diese Dinge zumindest in gewissem Umfang durch Selbsterziehung aneignen kann. Dabei spielt übrigens die Erfahrung des Richters eine nicht unwesentliche Rolle, wenngleich diese Entwicklung durch eine entsprechend gehandhabte Ausbildung gefördert und beschleunigt werden dürfte.
Alles dies dürfte zudem durch das präzisiert und anschaulicher werden, was nunmehr zur richterlichen Tätigkeit auszuführen ist; dabei wollen wir – wie gesagt – Prozeßleitung und Überzeugungsbildung unterscheiden.

bb) Zur Psychologie der Prozeßleitung

Die oben erwähnten persönlichen und sachlichen Voraussetzungen sind schon für eine sachgerechte Prozeßleitung wichtig. Denn systematisches und bedächtiges Vorgehen sichert eine ruhige Atmosphäre, die frei von persönlicher Gereiztheit ist.

Gerade der Strafrichter sollte jede persönliche Erregung zu vermeiden oder zumindest so zu meistern suchen, daß sie nicht offenbar wird; notfalls sollte er sich einem anderen Beweisthema zuwenden oder aber für eine Unterbrechung sorgen. Denn die eigene Reizbarkeit wird von vielen als Schwäche empfunden.

Graßberger S. 104 ff., 111 ff.; *Müller,* Adolf: Prozeßverschleppung und Prozeßvereitelung in Wirtschaftsstrafsachen – in: GrKrim Bd. 13/2, S. 369 ff. (1976).

Ebenso wie sich der Kriminalbeamte sorgfältig und planvoll auf eine Vernehmung vorzubereiten hat, sollte auch der erkennende Strafrichter die Hauptverhandlung gründlich und umsichtig planen. Dies beginnt bereits mit dem Festsetzen der Termine für die Hauptverhandlung als solche und für die einzelnen Aussagepersonen; dies muß überlegt geschehen, um unangebrachte Wartezeiten zu vermeiden, die sonst leicht verärgern können.

Schon diese Entscheidungen setzen daher voraus, daß der Richter sich durch Aktenstudium und auf andere Weise gründlich mit der von ihm zu beurteilenden Strafsache vertraut gemacht hat, wenngleich er sich dabei hüten muß, sich in Vorurteile zu verstricken. Denn diese vorbereitenden Arbeiten sollen lediglich einen Plan ermöglichen, der insb. beim Vorgehen in der Beweisaufnahme keine außergewöhnlichen Überraschungen mehr befürchten läßt, wenngleich gewisse Änderungen der Beweisgrundlage oft unvermeidlich sein dürften. Die Beweisaufnahme kann sich z. B. mehr als erwartet von der Tat als solcher auf den Täter, den Angeklagten, verlagern. Auch bei Zeugen und Sachverständigen kann die Beweisaufnahme u. U. ganz anders als zunächst angenommen verlaufen.

Eine wesentliche Aufgabe des Richters bei der Prozeßleitung als solcher ist es, in der Hauptverhandlung fremde Temperamente zu zügeln und für einen sachlichen Gang der Verhandlung, d. h. für ein sachliches Verfahren (fair trial), zu sorgen. Sein Vorgehen hängt insoweit wesentlich vom persönlichen Eindruck der Prozeßbeteiligten, ihrer Haltung und ihren Stellungnahmen im Prozeß ab. Hier kann, was die Beweisaufnahme anlangt, grundsätzlich auf das verwiesen werden, was oben zur Vernehmung von Beschuldigten, Zeugen und Sachverständigen ausgeführt worden ist. (§ 21-VII).
Im übrigen sollte sich der Richter um systematisches Vorgehen und darum bemühen, daß der Gang der Dinge für alle Beteiligten und Zuhörer – d. h. auch für Laien – klar und durchsichtig ist.

Dafür ist u. a. wichtig, daß er über gesicherte Ausgangspunkte für die Beweisaufnahme verfügt. Nur dann ist einigermaßen sicher, daß der Plan für das Vorgehen nicht ins Wanken gerät. So vermeidet man zudem nicht nur Mißverständnisse, sondern erhöht überdies die Überzeugungs- und Eindruckskraft des Prozesses.

Mit der Übersichtlichkeit der Verhandlung und des Hauptverfahrens überhaupt hängt eng die Frage einer auch zeitlich straffen Abwicklung zusammen, die allgemein als Verfahrensbeschleunigung gefordert ein wichtiges Anliegen der Prozeßleitung ist. Ebenso wie manche Beschuldigte oder Verteidiger es – wie oben angedeutet – schon im Ermittlungsverfahren mit mancherlei Tricks und Taktiken versuchen, einen Prozeß zu vereiteln oder doch zu verzögern, gibt es im Hauptverfahren so oder so geartete Praktiken der Prozeßverschleppung, mit denen der Richter fertig werden muß, wenn die betreffende Strafsache in einer vernünftigen Frist entschieden sein und nicht unübersichtlich werden soll.

Neben eindeutig illegalen gibt es zahlreiche legale Praktiken, welche Beschuldigte oder auch ihre Verteidiger benutzen, um eine ordnungsgemäße Fortsetzung des Verfahrens zumindest hinauszuzögern. Außer auf Verteidigerwechsel sowie unbegründete Vertagungs- und Beweisanträge ist beispielsweise im Rahmen der Hauptverhandlung auf eine zudem wiederholt praktizierte, vernünftigerweise nicht begründbare Richterablehnung, aus der Luft gegriffene Vertagungsbegehren oder für die Sache unwesentliche Beweisanträge hinzuweisen, welche nach Zahl oder Art lediglich auf unnötigen Zeitaufwand und damit auf Verzögerung hinauslaufen.

Selbst wenn man von den hier sicher möglichen Grenzfällen absieht, in denen Eile fehl am Platze wäre, sollte der für die Prozeßleitung verantwortliche Richter solchen Praktiken der Prozeßverschleppung entgegentreten, soweit das rechtlich zulässig und möglich ist. Das aber setzt einmal fundierte Rechtskenntnisse auch im prozessualen Detail und zum anderen Urteilsvermögen und gesunden Menschenverstand voraus, was die Prozeßlage und die daran beteiligten Personen anlangt.

Eine besondere Gefahrenquelle bildet – wie schon bei der Vernehmung angedeutet – die Öffentlichkeit der Hauptverhandlung. Diese beeinflußt aber nicht nur – wie dargelegt – das Verhalten des Beschuldigten und der als Beweisperson fungierenden Zeugen und Sachverständigen sowie möglicherweise die Art und Weise des Auftretens von Verteidiger und Staatsanwalt, sondern kann sich ebenso auch negativ auf den Richter selbst auswirken. Denn dieser Rahmen ist durchaus geeignet, bewußt oder unbewußt die persönliche Eitelkeit anzuspornen und ihn zu Reaktionen hinzureißen, welche der Sache nicht dienlich sind.

Das gilt keineswegs nur für Fälle lauter Anteilnahme aus dem Publikum oder besonderes Interesse der Öffentlichkeit, wie dies für Sensationsprozeße typisch ist; vielmehr kann sich mitunter allein das Wissen um die unauffällige Anwesenheit von Pressevertretern auf die richterliche Prozeßführung – und das nicht immer vorteilhaft – auswirken.

Die Öffentlichkeit kann beispielsweise vom Beschuldigten oder seinem Verteidiger bewußt zu einer Stimmungsmache benutzt werden; dem vermag sich das Gericht vielfach kaum zu entziehen, obwohl es durch Geschick der Prozeßführung bewirken kann, daß solche Strategen mit derartigen Manövern den entgegengesetzten Effekt erreichen. Ebenso wie die Verzögerungsstrategie mancher Anwälte durchaus zutreffend davon ausgeht, daß allein das Verstreichen von Zeit das öffentliche Interesse und die Neigung der Richter zur Strenge zu vermindern pflegt, können Ort und Zeitpunkt der Hauptverhandlung wegen einer besonderen Stimmung der Allgemeinheit für den Angeklagten ebenso günstig wie in anderen Fällen ungünstig sein.

Diese für Prozeßleitung und damit Urteilsfindung wesentliche Stimmung kann ersichtlich durch Angriffe auf die Beschuldigung, belastende Zeugen oder Sachbeweise ebenso manipuliert werden wie durch gekaufte oder andere Entlastungszeugen. Daß sich auch andere Tricks bis hin zu Rührseligkeitskomödien dazu eignen, eine solche Stimmung hervorzurufen oder zu verstärken, beweisen zahlreiche Kriminalprozesse in vielen Ländern; selbst eine auf diese Weise mitunter erregte Heiterkeit kann das Gericht milder stimmen. Obwohl diese Problematik noch nicht in etwa ausgeleuchtet ist, sollte der Richter diesen Störfaktor im Auge behalten, um so durch seine Prozeßleitung nach Möglichkeit zu vereiteln, daß derlei sachfremde Dinge Einfluß auf die Urteilsfindung erlangen.

Mit der Herkunft des Richters und mit etwaigen Vorurteilen hängt ferner der Umstand zusammen, daß er die Prozeßleitung des öfteren bei den verschiedenen Prozeßbeteiligten unterschiedlich gestaltet, ohne daß dafür vernünftige Gründe vorliegen.

Ebenso wie angesehene Bürger als Beschuldigte oder Zeugen zuweilen eine bevorzugte Behandlung genießen, verhalten sich manche Richter bei der Vernehmung gewisser Frauen anders als bei der Vernehmung eines Mannes, was ebenfalls nicht unbemerkt zu bleiben pflegt.

Auf diese Weise ermuntert der den Prozeß leitende Richter u. U. sein Gegenüber geradezu zu Dreistigkeit, Koketterie oder anderen oben geschilderten Tricks, welche einem sachlichen Prozeß dann schnell abträglich werden können.

Allerdings kann ein solches Verhalten von Prozeßbeteiligten – z. B. des auf seine Reputation pochenden Bürgers oder der sich ihrer Reize allzu sehr bewußten Frau – bei anderen Richtern genau die entgegengesetzte Wirkung zeitigen. Denn ebenso wie eine mondän hergerichtete Angeklagte bei einem Richter, der Puder und Lippenstift verpönt, Antipathie bewirken kann, dürfte der betont privilegiert auftretende Wohlstandsbürger bei insoweit engagierten Richtern leicht dem entsprechende Vorurteile erwecken, welche sich dann auf dessen Prozeßleitung auswirken.

Immerhin sollte man derartige Gefahren, die sich aus mit der Herkunft des Richters zusammenhängenden Einstellungen und Vorurteilen ergeben können, auch nicht überschätzen, wie das in manchen justizkritischen Stellungnahmen bei der heutzutage beliebten schichtenspezifischen Betrachtung nur zu oft geschieht, die dann allerdings die Gefahren beim politisch-sozial engagierten Richter zu übersehen pflegen.

Bei Licht besehen werden von solchen Justizkritikern nicht gar so selten wenig plausibel erscheinende Argumente an den Haaren herbeigezerrt, um Berufs- oder auch Laienrichter in ganz einseitiger Form zu diskreditieren. Hinzu kommen kann dabei überdies, daß man gleichsam nach dem Motto „Nicht der Mörder, sondern der Ermordete ist schuld“ jegliche vom politischen Standpunkt des Kritikers (und des Angeklagten) abweichende politische Einstellung des Richters als Vorurteil disqualifiziert, womit im Grunde eine Parteilichkeit verlangt würde, die einem sachlichen Prozeß sicher abträglich wäre. – Die Beurteilung dieser Fragen ist deshalb schwierig, weil in der Praxis häufiger als auf eindeutige Vorurteile zurückführende Verhaltensweisen von Richtern solche Fälle sein dürften, in denen die Zusammenhänge bei nüchterner Betrachtung entweder nicht klar oder überhaupt unsicher sind. Gerade in diesen Zweifelsfällen sollte man sich, statt ein gelegen kommendes Vorurteil zu konstatieren, mehr an die Fakten der Strafsache und ihrer Behandlung als an irgendwelche Spekulationen über Motive und subjektive Einstellungen von Richtern oder Angeklagten halten.

Der Richter sollte sich nach allem bei der Prozeßleitung bewußt um Ausgeglichenheit bemühen, d. h. einerseits übertriebenes Entgegenkommen vermeiden und sich andererseits vor negativen Vorurteilen hüten.
Dies gilt vor allem dann, wenn es im Laufe der Hauptverhandlung dennoch zu Konflikten mit Prozeßbeteiligten gekommen ist, wobei es sich außer um den Beschuldigten vor allem um seinen Verteidiger handeln dürfte, obgleich dann und wann auch Kontroversen mit Zeugen, Sachverständigen oder dem Staatsanwalt vorkommen. Besonders konfliktsträchtig wird die Situation, wenn Zuhörer im Gerichtssaal in ungebührlicher Form Partei für den Angeklagten nehmen, um von solchen Akten auf der Straße und in den Massenmedien noch ganz abzusehen. Hier ist besondere Vorsicht am Platze und sollte der Richter peinlichst den Eindruck vermeiden, daß solche Dinge Einfluß auf seine Prozeßführung nehmen könnten. Dies heißt keineswegs, daß er solchem Treiben, das einen sachlichen Prozeß unmöglich machen kann, tatenlos zusehen sollte. Vielmehr geht es mit der sich hier erhebenden Frage nach Maßnahmen der **Sitzungspolizei** oder **Ungebührstrafen** (Contempt of Court) nur um einige der in diesen Fällen möglichen Reaktionen des Richters bei Leitung des Verfahrens.

Ebenso wie es Ziel des Richters sein sollte, derartige Vorfälle durch eine geschickte Prozeßleitung nach Möglichkeit zu vermeiden, ist bei einem Eklat im Gerichtssaal das mildeste Mittel zu wählen, welches einen geordneten, sachlichen Fortgang des Verfahrens hinreichend sicher erwarten läßt. Dafür spricht auch, daß sich die Dinge bei zuweilen dennoch unvermeidbarer Anwendung von Zwang weiter zu komplizieren pflegen, weil der neben Justizbeamten dann möglicherweise nötige Einsatz von Polizei weitere Probleme mit sich bringt.

Zoebe, Gerhard: Polizeieinsatz im Gericht – Die Neue Polizei 1969, S. 145 f.; *Hofmann,* Hans: Sitzungspolizei im Strafprozeß – Diss. Frankfurt a. M. – München 1971 (u. a. S. 104 ff. auch zum Contempt of Court); *Schwinge,* Erich: Tumult im Gerichtssaal – MoKrim 1973, S. 371 ff. (56. Jahrg.); *Ehmke,* Willi: Polizeibeamte im Gerichtssaal. Maßnahmen bei Störung der Hauptverhandlung – Die Neue Polizei 1976, S. 200 f.

Die für den oder die Richter mit derartigen Fällen, wie sie sich außer bei gewissen Sensationsprozessen zunehmend insb. bei Strafsachen mit wirklich oder angeblich politischem Hintergrund zu ereignen pflegen, verbundenen rechtlichen Probleme der Sitzungspolizei und der Ungebühr vor Gericht verlangen jedenfalls auch bessere Klärung als bisher im Tatsächlichen. Denn ungeachtet der in den Ländern unterschiedlich geregelten rechtlichen Reaktion, geht es hier noch mehr um Fragen sinnvoller Rechtsanwendung und überhaupt zweckentsprechender Verhandlungsführung.
Selbst wenn man vom Richter und insb. vom Gerichtsvorsitzenden – wie gesagt – eine gehörige Portion Geduld insb. dem Angeklagten und ggf. auch einem engagierten Verteidiger gegenüber erwarten können sollte, dürfen solche Machenschaften doch nicht zu einem forensischen Happening ausarten. Denn dann würde ein sachliches Verfahren (fair trial) als fraglich erscheinen oder wäre gar zu befürchten, daß die Urteilsbildung so oder so – aber sachwidrig – beeinflußt wird.
Ungeachtet unterschiedlicher Mentalität der Richter und verschieden großer Geschicklichkeit in der Prozeßleitung ist anzuerkennen, daß es hier gewisse Grenzen gibt, die weniger mit der persönlichen Ehre des betroffenen Richters als mehr mit dem Ansehen der Gerichtsbarkeit und vor allem ihren Möglichkeiten zu sachgerechter Behandlung des fraglichen Falles zusammenhängen. Ebenso verfehlt wie mitunter zu beobachtende Hilf- oder Tatenlosigkeit ist die gleichfalls vorkommende Überreaktion von Strafrichtern, die möglicherweise so zuvor Versäumtes nachholen möchten.

Angesichts der Vielfalt solcher Konfliktsituationen und der für den Einzelfall bedeutsamen Persönlichkeit der daran Beteiligten kann dem Strafrichter an dieser Stelle einstweilen nur geraten werden, sich auch in dieser Lage möglichst überlegt und mit Augenmaß zu entscheiden, dann jedoch seinen Standpunkt mit Ruhe und Nachdruck durchsetzen. Selbst wenn es in diesem Bereich kaum Patentrezepte geben dürfte, erklärt der bisher zu verzeichnende Mangel hinreichender tatsächlicher Klärung und entsprechender Schulung der Richterschaft doch wohl manche so oder so eingetretene Pannen der letzten Jahre.

Nach allem aber ist schon die Prozeßleitung in einer Strafsache keineswegs eine Problematik, die sich allein mit genauer Kenntnis der Rechtsvorschriften meistern läßt. Vielmehr ist im so gezogenen Rahmen noch mancherlei anderes erforderlich und zu berücksichtigen, wenn man als Richter eine Strafsache wirklich sachgerecht gestalten will.

cc) Zur Psychologie der richterlichen Überzeugungsbildung

Noch wichtiger aber als die Prozeßleitung dürfte für die Psychologie des Strafverfahrens die richterliche Überzeugungsbildung in der Sache selbst sein, die wir nunmehr zunächst am Beispiel des Einzelrichters genauer untersuchen wollen.

Seelig S. 338 ff.; *Graßberger* S. 337 ff.; *Schneider,* Hans Joachim: Zur Psychologie des Strafrichters – in: GrKrim Bd. 4, S. 133 ff. (1968).

Ebenso wie bei der Prozeßleitung können sich Fehlerquellen, wie z. B. falsche, voreilige Annahmen oder unzutreffende, nicht hinreichend durchdachte Schlüsse negativ auf die richterliche Überzeugungsbildung auswirken. Gerade hier sollten sich daher Kritikfähigkeit und Phantasie des Strafrichters bewähren. Er muß stets auf der Hut davor sein, daß sein Denken von einer gefühlsmäßigen Einstellung beherrscht wird, welche sich leicht als unsicher oder falsch erweisen kann. Daher sollten Annahmen oder Hypothesen, ohne die man in der kriminalistischen Arbeit sicherlich nicht auskommen kann, jedoch stets gründlich geprüft werden. Selbst wenn sich bei einer solchen Prüfung nichts Entgegenstehendes feststellen läßt, kann das u. U. darauf beruhen, daß man eine dritte oder vierte Möglichkeit nicht bedacht hat; die sich behauptende erste Annahme ist im Grunde dann aber nichts anderes als eine vorgefaßte Meinung.

Solche Vorurteile und Unterlassungssünden können sich bei der Entscheidung sehr schnell zum Nachteil des Angeklagten auswirken. Er wird – einer Lüge überführt – fälschlich für den Täter gehalten, obwohl die Situation der realen Beweise insoweit mehrdeutig oder dürftig ist. Ähnlich kann ferner ein schlechter Leumund wirken, wenn er Voreingenommenheit dem Angeklagten oder einer Beweisperson gegenüber hervorruft, die Entlastendes bekundet.
Umgekehrt können solche Vorurteile und Mängel bei der richterlichen Entscheidung einer Strafsache aber einem Prozeßbeteiligten, insb. dem Angeklagten, auch zum Vorteil gereichen; denn es kommen immer wieder derartige Vorurteile zu Gunsten an einem Verfahren beteiligter Personen vor. – Ein vermeintlich guter Ruf des Angeklagten kann beispielsweise den unkritischen Richter über belastende Tatsachen hinwegsehen lassen oder ihn veranlassen, die Aussage eines Zeugen oder Sachverständigen nicht kritisch genug zu prüfen. Diesen Umstand nutzen geschickte Rechtsbrecher klug für sich aus, indem beispielsweise der Raufbold im Sonntagsanzug sehr höflich, der Einbrecher gut situiert und nur der gewissenlose Bankrotteur im verdrückten Alltagsanzug auftritt.

Betreffen derartige Umstände mehr die richterliche Beweiswürdigung und damit die Tatfrage, so müssen wir ferner aber auch die Fehlerquellen bei der Beurteilung der Rechtsfrage und bei der Strafzumessung – der Straffrage – beachten. Alle diese Gefahren erkennt man am besten bei **Fehlurteilen** oder sogen. Justizirrtümern, wie sie insb. durch Analysen von Wiederaufnahmeverfahren festgestellt worden sind. Diese Justizirrtümer stellen – so gesehen – die Pathologie nicht nur des Strafurteils, sondern überhaupt der Psychologie des Strafverfahrens dar. Dabei wollen wir die drei angedeuteten Problemkreise unterscheiden. Einmal handelt es sich, und das dürfte den Kriminalisten besonders interessieren, um die falsche Beurteilung von Tatfragen; zum anderen geht es um rechtsirrige Entscheidungen und schließlich um Fehler bei der Strafzumessung.

Es versteht sich, daß die Situation und damit die Fehlermöglichkeiten – wie bereits erwähnt – bei Berufs- und Laienrichtern verschieden, zudem bei Kollegialgerichten etwas anders als beim hier zunächst zu behandelnden Einzelrichter liegen können.

(a) Die Beurteilung der **Tatfrage** durch das erkennende Strafgericht erfolgt als solche eigentlich ausnahmslos im Zuge der Hauptverhandlung. Zumindest steht am Schluß der Beweisaufnahme fest, was ermittelt worden ist. An dem so gewonnenen Bild vermögen die Schlußvorträge des Staatsanwalts und des Verteidigers im allgemeinen ebensowenig zu ändern wie das Schlußwort des Angeklagten; denn von einer möglichen Stimmungsmache abgesehen geht es hier gewöhnlich mehr um das Betonen von Überzeugungen und das Herausstellen von Zweifeln.

Schwieriger mag die Lage sein, wenn ausnahmsweise einmal nach Schluß der Beweisaufnahme eine neue Beweisführung auftaucht, für die sich aber im allgemeinen – ob zu Recht oder Unrecht – ein Gegenargument findet; denn sonst müßte die Verhandlung fortgesetzt werden.

Besonders aufschlußreich für diese richterliche Überzeugungsbildung im Bereich der Tatfrage sind einschlägige Fehlurteile; sie reichen nicht nur weit in die Geschichte der Menschheit zurück, sondern es gibt sie in allen Kontinenten und Ländern. Derartige Justizirrtümer sind zwar nicht als solche, aber doch z. T. in ihrer Zahl von der jeweils geltenden Regelung, von Regierungsformen und von den politischen Verhältnissen abhängig. – Obwohl die Gründe für eine falsche Würdigung der Beweise vielgestaltig sind, lassen sich in diesem Zusammenhang doch zwei große Gruppen in etwa unterscheiden. Einmal kann das Gericht durch falsche Aussagen oder Sachbeweise bewußt irregeführt werden, zum anderen erliegen Richter Trugschlüssen und damit einer Selbsttäuschung. Da das Gericht aber auch Fälschungen der erstgenannten Art erkennen sollte, kann die Behandlung zusammenfassend erfolgen.

Hirschberg, Max: Das Fehlurteil in der Strafjustiz. Zur Pathologie der Rechtsprechung – MoKrim 1955, S. 129 ff. (38. Jahrg.); *Hirschberg,* Max: Das Fehlurteil im Strafprozeß. Zur Pathologie der Rechtsprechung – Fischer Bücherei. Bücher des Wissens 492 – Frankfurt a. M./Hamburg 1962; *Judex* (Anon.): Irrtümer der Strafjustiz. Eine kriminalistische Untersuchung ihrer Ursachen – Hamburg 1963; *Meinert,* Franz: Zur Verfahrenstaktik in Strafsachen – in: TbKrim Bd. XIII, S. 15 ff. (1963); *Hartung,* Fritz: Ein Beitrag zur Frage des Fehlurteils – MoKrim 1964, S. 277 ff. (47. Jahrg.); *Döhring,* Erich: Die Erforschung des Sachverhalts im Prozeß. Beweiserhebung und Beweiswürdigung. Ein Lehrbuch – Berlin 1964 (Zahlreiche Hinweise); *Peters,* Karl: Untersuchungen zum Fehlurteil im Strafprozeß – Schriftenreihe d. Jurist. Ges. Berlin H. 29 – Berlin 1967; *Peters,* Karl: Fehlerquellen im Strafprozeß. Eine Untersuchung der Wiederaufnahmeverfahren in der Bundesrepublik Deutschland – 1. Bd.: Einführung und Dokumentation, Karlsruhe 1970; 2. Bd.: Systematische Untersuchungen und Folgerungen, Karlsruhe 1972; 3. Bd.: Wiederaufnahmerecht, Karlsruhe 1974; *Sutermeister,* Hans Martin: Summa iniuria. Ein Pitaval der Justizirrtümer. Fünfhundert Fälle menschlichen Versagens im Bereich der Rechtsprechung in kriminal- und sozialpsychologischer Sicht – Basel 1976.

Bevor wir nunmehr auf die mannigfachen Ursachen solcher Fehlurteile eingehen, sei jedoch gesagt, daß es im konkreten Fall mitunter zweifelhaft oder gar strittig ist, ob es sich wirklich um einen Justizirrtum handelt. Manche der nachstehend berichteten Fälle zeigen augenscheinlich, wie schwer es in der Praxis ist, die Unrichtigkeit der einem Strafurteil zugrundeliegenden Tatsachenfeststellungen überzeugend zu beweisen. Mag deshalb die Annahme zutreffend sein, daß die Zahl der Justizirrtümer in Wahrheit noch größer als angenommen ist, muß man sich doch umgekehrt ebenso vor dem voreiligen Schluß hüten, jegliche, insb. engagierte Kritik an einem Urteil berechtige nicht nur zu Zweifeln, sondern erlaube den zwingenden Schluß auf einen richterlichen Fehlgriff. Denn ebenso wie die Justiz können sich auch ihre Kritiker irren, weshalb wir bei der Auswahl der berichteten Fälle Vorsicht und Zurückhaltung walten lassen.

Kern, Eduard: Ein Justizmord? – Kriminalistik 1952, S. 169 ff. (Zurückweisung der Kritik an der wegen der im Jahre 1921 am Königstuhl bei Heidelberg begangenen Ermordung zweier Bürgermeister erfolgten Verurteilung).

Die **wesentlichen Ursachen für Fehlurteile in der Tatfrage** lassen sich nach den bisherigen Untersuchungen für den Bereich des Personalbeweises zu sechs typischen Fallgruppen zusammenfassen, die nunmehr kurz geschildert werden sollen:

1. Unkritisches Bewerten des Geständnisses (aa)
2. Die Lüge als Schuldbeweis (bb)
3. Unkritisches Bewerten der Belastung durch die Mitangeklagten (cc)

4. Falsches Wiedererkennen (dd)
5. Unkritisches Bewerten von Zeugenaussagen (ee)
6. Unkritisches Bewerten von Sachverständigengutachten (ff).

Allerdings zeigen schon die folgenden Beispiele, daß nicht nur mehrere dieser Fehlerquellen im konkreten Fall zusammentreffen können, sondern nicht selten Fahrlässigkeit der Strafverfolgungsorgane hinzutritt, um von zuweilen vorkommenden bewußten Pflichtverletzungen noch ganz abzusehen. Und beim Sachverständigenbeweis geht es im Grunde vielfach schon um unzureichend oder falsch gewürdigte Sachbeweise. Da diese Fehlerquellen bisher leider noch wenig erforscht sind, müssen wir uns darauf beschränken, als weitere zwei Fehlergruppen Mängel des Ermittlungs- oder Hauptverfahrens zu erwähnen, welche sich vor allem auf Sachbeweise beziehen:

7. Verkennen von Sachbeweisen und ähnliche Mängel der Ermittlungen (gg)
8. Falsche Würdigung von Sachbeweisen im Hauptverfahren (hh).

(aa) Das **unkritische Bewerten von Geständnissen** ist kriminalistisch eine der typischen Ursachen für Fehlurteile in der Tatfrage, was nach dem zu Aussage- und Vernehmungspsychologie Gesagten kaum mehr verwundern sollte. Denn das von Kriminalisten gewöhnlich erstrebte Geständnis des Beschuldigten hat sich deshalb als problematisch erwiesen, weil es aus mancherlei Gründen falsch sein kann (vgl. § 21-III-3-c, VII-1-b).
Häufiger als ungesetzlicher Zwang der Strafverfolgungsorgane kann die durch das Verbrechen mobilisierte öffentliche Meinung den Unschuldigen resignieren und zu einem Geständnis kommen lassen, insb. wenn er Lynchjustiz befürchtet. Bei weniger schweren Strafsachen kann das falsche Geständnis möglicherweise den Zweck haben, sich so ein Alibi für ein schweres Verbrechen zu verschaffen. Unschuldige können ferner außer durch Rücksichtnahme auf Personen ihrer Sympathie auch durch Geisteskrankheit, psychische Abnormität (pathologischer Geständniszwang), hilflose Einfalt oder Sensationslust dazu gebracht werden, sich fälschlich durch Geständnis einer Straftat zu bezichtigen. Häufiger als durch illegale Praktiken werden falsche Geständnisse jedoch durch sachwidriges und naives Verhalten der Strafverfolgungsbehörden begünstigt; man fragt z. B. in einen Beschuldigten etwas hinein, was später das Geständnis als wahr erscheinen läßt oder man unterläßt leichtfertig naheliegende verifizierende Maßnahmen. Daher sollte man den Widerruf eines zunächst abgelegten Geständnisses, obwohl das in solchen Fällen häufig zutreffend sein dürfte, nicht ohne weiteres als ein Verteidigungsmanöver abtun.

So gestand beispielsweise ein gewisser Johnson, der 1911 in den Verdacht des Kindesmordes geraten war, diese Tat und wurde deswegen zu lebenslangem Zuchthaus verurteilt. – Als er über 10 Jahre dieser Freiheitsstrafe verbüßt hatte, ermittelte man, daß in Wahrheit der Vater des Kindes diese Tat begangen hatte. Johnson, der 1922 entlassen wurde, hatte das falsche Geständnis abgelegt, um ihm angeblich drohender Lynchjustiz zu entgehen.
Im Jahre 1900 wurden nach Verschwinden der damals 12 Jahre alten Johanna Bratuscha zwar nur die Leiche eines Kindes und bei einer Haussuchung Kleider mit vermeintlichen Blutspuren gefunden. Der nunmehr des Mordes verdächtigte Vater gab daraufhin zu, seine Tochter erwürgt, teilweise verzehrt und im übrigen verbrannt zu haben. Bratuscha wurde zum Tode verurteilt, später zu lebenslangem Zuchthaus begnadigt. – Als 1903 seine Tochter lebend ermittelt wurde, stellte sich heraus, daß Bratuscha geisteskrank war und bei ihm Erinnerungsfälschungen gegeben waren.
1959 wurde in Nürnberg ein gewisser Niemeyer wegen Mordes zu 15 Jahren Zuchthaus verurteilt. Als 1961 der wirkliche Täter Hecker überführt wurde, erklärte Niemeyer sein auffälliges Benehmen

und sein detailliertes Geständnis, das teils erfunden und teils von der Polizei suggeriert war, mit seinem Drang, auch einmal „in die Zeitung" zu kommen.

Hoberg, L.: Geständniszwang – MoKrim 1966, S. 87f. (49. Jahrg.); *Pfister,* Wilhelm/*Kästle,* Hans: Der Fall Lettenbauer – Kriminalistik 1968, S. 524 ff., 580 ff.; *Hoffmanns,* Willi: Falsches Geständnis nach überzeugender Zeugenaussage – Kriminalistik 1968, S. 577 f.

(bb) Häufiger als das falsche Geständnis bildet jedoch die **Lüge als Schuldbeweis** eine brüchige Grundlage für ein Fehlurteil. Wir haben in der Psychologie der Aussage bereits gesehen, daß die Lüge nicht immer als Ausdruck von Schuldbewußtsein und schon gar nicht als sicheres Indiz der Täterschaft gewertet werden darf (§ 21-III-2).
Selbst der geständige Angeklagte greift ebenso wie der Unschuldige nicht selten zu einer Lüge, um entweder besonders entbehrende Tatumstände zu verschleiern, Mitschuldige zu decken, eine mildere Strafe zu erlangen oder eine sonst befürchtete Bloßstellung zu vermeiden. Der Richter muß daher ebenso wie der Kriminalbeamte, wenn er Anhaltspunkte dafür hat, daß eine Aussage bewußt unrichtig sein könnte, zunächst einmal nach den möglichen Gründen der Lüge forschen, um das Verhalten der Aussageperson zutreffend werten zu können. Und selbst wenn sich dabei keine plausiblen Umstände für eine unwahre Aussage ergeben, kann man mangelnde Glaubwürdigkeit einer Aussageperson nicht ohne weiteres als ein Indiz schlechten Gewissens und damit der Schuld an der fraglichen Straftat werten.

Johann Leister wurde 1924 wegen Ermordung seiner Ehefrau zum Tode verurteilt, später aber zu Freiheitsstrafe begnadigt. Obwohl die Tat mit einer Schußwaffe von 9 mm Kaliber begangen worden war, wurde ihm auch zum Verhängnis, daß er den Besitz einer Mauser-Pistole vom Kaliber 7,65 mm leugnete; zum anderen hatte er im Scheidungsprozeß einer Frau Letsch einen Meineid geleistet, indem er ehewidrige Beziehungen zu dieser abstritt.
Im Jahre 1898 machten in einem Prozeß, in welchem es um die Ermordung einer Krämerin ging, die Eheleute Matthäus und Therese Gietzinger widersprechende, z. T. offenbar erlogene Angaben. Schließlich wurden Therese G. und ein gewisser Harter zu 20 Jahren schweren Kerkers verurteilt. – Nachdem der Mann 1901 in der Strafanstalt verstorben war, wurde 1903 der wirkliche Täter gefaßt.

(cc) **Unkritisches Bewerten der Belastung durch Mitangeklagte** wirkt besonders verhängnisvoll in denjenigen Fällen, in denen man davon ausgeht, der geständige Mitangeklagte sei glaubwürdiger. Denn ein Geständnis kann nicht nur falsch sein, sondern es gibt gerade bei Mitbeschuldigten oft besondere Gründe für Lügen. Derartige Beschuldigungen erfolgen nicht selten aus Rache oder um sich zu entlasten. Dasselbe gilt im Grunde ebenso für Fälle, in denen der Tatbeteiligte formell als Zeuge fungiert.

In der sensationellen Strafsache Ziethen vom Jahre 1883 besuchte der Tatverdächtige seine Geliebte; als er abends nach Elberfeld zurückkehrte, fand er seine Frau mit schweren Kopfwunden vor. Die sterbende, wohl nicht mehr vernehmungsfähige Frau wurde dennoch lange verhört. Sie nannte dabei verschiedene Tatwerkzeuge und u. a. den Mann als Täter. Ziethen jedoch belastete seinen Lehrling August Wilhelm, der nunmehr den Augenzeugen spielte. Da man in der unübersichtlichen Affäre den Aussagen des jungen Wilhelm mehr Glauben schenkte, wurde Ziethen verurteilt, Wilhelm freigesprochen. – Im Jahre 1887 legte Wilhelm dann vor einer Kommission Berliner Kriminalbeamter ein Geständnis ab, dem alsbald Widerrufe und widersprechende Aussagen folgten. Dennoch legte der Oberstaatsanwalt in Köln gegen die von der Strafkammer bereits beschlossene Wiederaufnahme erfolgreich sofortige Beschwerde ein. Drei weitere Aufnahmeanträge scheiterten in den Jahren 1893, 1897 und 1900; Ziethen ist im Zuchthaus verstorben.

Meixner, F.: Zur Problematik der Wahrheitserforschung. Ein Beitrag zum Kapitel „Fehlurteile" – Kriminalistik 1957, S. 371 ff.

(dd) Ein besonderes Kapitel der Aussagepsychologie ist **falsches Wiedererkennen** durch Zeugen (§ 21-V-3-d), das immer wieder vorkommt und zu Fehlurteilen führt. Es gibt mitunter sogar Leute, die behaupten, nach acht Jahren noch unter Tausenden einen Mann wiedererkennen zu können, den man nur einen Augenblick oder drei Sekunden in einem langsam fahrenden Kraftwagen gesehen habe; eine Miß Splaine wollte sich z. B. in einem solchen Fall sogar an sechzehn Einzelheiten erinnern.

Ein klassischer Fall falschen Wiedererkennens ist der Fall Lesurques. Am 27. 4. 1796 wurde die Post zwischen Paris und Lyon von fünf berittenen Räuber überfallen, die den Postillion und einen Postschaffner ermordeten und große Beute machten. – In den Jahren 1796–1804 haben fünf Schwurgerichte gegen insgesamt zehn Angeklagte verhandelt und sieben Personen zum Tod verurteilt, obwohl nachweisbar nur fünf an der Tat beteiligt waren. Dabei wurde u. a. ein gewisser Lesurques von fünf Zeugen, die auf die Vernehmung in einem weiteren Verfahren warteten, mit einem der Täter verwechselt. Erst nach der Hinrichtung des unschuldigen Lesurques wurde dasjenige Bandenmitglied gefaßt mit dem er verwechselt worden war.
Ein andere Beispiel ist der Fall Adolf Beck aus dem Jahre 1895. Ein Betrüger suchte angeblich eine Hausdame für sein Wohnhaus und ließ sich von Interessenten Vorschüsse für Anschaffungen geben. – Als Beck, der übrigens dem wahren Täter ähnlich sah, in den Verdacht dieser Straftaten geriet, beschworen zehn Frauen, daß Beck der Täter sei; ein Antrag auf Schriftuntersuchung wurde abgelehnt. Beck wurde zu 7 Jahren Zuchthaus verurteilt. Als er diese Strafe verbüßt hatte, wurde er im Juli 1904 erneut wegen Verdachts derartiger Taten verhaftet. Wieder beteuerte eines der Opfer, Beck sei der Täter. Durch Zufall wurde jetzt jedoch der wirkliche Täter John Smith entdeckt, der bereits im Jahre 1877 wegen ähnlicher Schwindeleien verurteilt worden war.
Ebenfalls mit falschem Wiedererkennen hängt der Fall des Zollassistenten Burkert vom Jahre 1946 zusammen, dem vor allem deshalb die Ermordung eines zu derselben nahe der bayerisch-tschechischen Grenze gelegenen Zollaufsichtsstelle gehörenden Zollbeamten zur Last gelegt wurde, weil ein über der Zolldienststelle wohnendes Ehepaar Körting durch den Lärm geweckt in einem um 4 Uhr aus dem Fenster kletternden Mann Burkert erkannt haben wollte. Obwohl beide Brillenträger waren, schenkte das Gericht dieser Aussage auch deshalb Glauben, da ein Meteorologe als Gutachter erklärt hatte, wegen des zur fraglichen Zeit herrschenden Vollmonds sei auf die kurze Entfernung eine Person zuverlässig zu erkennen. Denn weder konnten die Tatwaffe noch zu erwartende Blutspuren ermittelt werden, noch war ein Motiv erkennbar; auch ein in der Nähe des Fensters festgestellter Schuhabdruck und ein Handflächenabdruck auf dem Fensterbrett ließen sich nicht identifizieren. – Fünf Jahre später hatte ein Wiederaufnahmeverfahren Erfolg. Das Fehlurteil, das wesentlich auf den Aussagen der Eheleute beruhte, wurde aufgehoben, weil die Sehkraft der Frau auch mit Brille für ein Erkennen der Person zu gering gewesen war; der Ehemann Körting habe den Verdächtigen zu kurze Zeit gesehen, um ihn erkennen zu können. Nach einer psychiatrischen Untersuchung sei der Ehemann dicht am Krankheitswert eines Paranoiden und daher ein gefährlicher Zeuge; die Ehefrau sei völlig von seinem Urteil abhängig. Mit hoher Wahrscheinlichkeit sei das Ehepaar einer Erwartungssuggestion zum Opfer gefallen.

Umgekehrt aber gibt es, wie nicht übersehen werden darf, hin und wieder auch Fälle, in denen der Zeuge bei einer Gegenüberstellung (auch Wahlkonfrontation) den Täter entweder nicht sicher wiedererkennt oder ein Wiedererkennen sogar eindeutig verneint. Auch eine solche Zeugenaussage darf daher nicht ohne weiteres hingenommen werden; sie führt zwar als solche nicht zur Verurteilung eines Unschuldigen, aber zu Umwegen oder gar Nichtaufklärung der fraglichen Straftat.

Ullrich, Wolfgang: Der Mordfall von Mammersreuth. Ein Beitrag zum Wert oder Unwert von Zeugenaussagen – Arch. f. Krim. Bd. 129, S. 34 ff. (1962); *Hoffmanns,* Willi: Falsches Geständnis nach überzeugender Zeugenaussage – Kriminalistik 1968, S. 576 f. (Die Zeugin blieb auch dann bei ihrer auf falsches Wiedererkennen hinauslaufenden Aussage, als sie dem geständigen richtigen Täter gegenübergestellt wurde.); *Schweling:* Das Wiedererkennen des Täters. Beweiswert und Revisibilität – Monatsschrift für Deutsches Recht 1969, S. 177 ff.; *Mätzler,* Armin: Das Opfer – verläßlicher Zeuge? – Kriminalistik 1969, S. 186 ff.

(ee) Andere Fälle **unkritischen Bewertens von Zeuenaussagen,** d. h. von Zeugenirrtümern oder gar Zeugenlügen sind, wie zahlreiche Fehlurteile dartun, eine weitere bedeutsame Fehlerquelle für die richterliche Überzeugungsbildung. Das ist kein Wunder, wenn wir uns die oben geschilderten Fehlerquellen der Aussage, u. a. bei Kindern und Jugendlichen, vor Augen führen (§ 21-III, VI-2, VII-2).
Rein zahlenmäßig dürfte dies sogar der wichtigste Faktor für Fehlurteile sein. Neben der großen praktischen Bedeutung von Zeugenaussagen in Strafsachen und dem aus mancherlei Gründen beträchtlichen Anteil unwahrer Angaben ist zu bedenken, daß diese gerade bei den nicht selten übel beleumundeten, z. T. vorbestraften Beschuldigten nur zu leicht Glauben finden. Dies gilt besonders für Fälle von Zeugenirrtümern, weil die sich der Unrichtigkeit nicht bewußte Aussageperson ihre Angaben mit Überzeugung vorbringt.

Aus Kansas City wird beispielsweise berichtet, daß im Jahre 1948 ein elfjähriges Mädchen einen sechzigjährigen Mann der Notzucht beschuldigte. Dieser wurde allein auf diese Aussage hin zu 20 Jahren Gefängnis verurteilt. – Er mußte jedoch nach fünf Jahren entlassen werden, da das Mädchen nunmehr selbst gestand, daß seine Aussage frei erfunden war.
Am 29. 8. 1963 hatte ein Hamburger Fabrikant Sass zwei Mädchen auf seiner Jacht beim Sonnenbaden angetroffen. Er lud sie zu Sekt und einer kleinen Rundfahrt ein. Da sich die Jacht dabei festfuhr, mußte man in den nur 60 cm breiten Kojen übernachten, wobei es einverständlich zu einigen Zärtlichkeiten zwischen dem dreifachen Großvater und den Mädchen gekommen sein dürfte. – Die Mädchen, die am anderen Tag – mit Taschengeld für das Taxi versehen – winkend von Bord gingen, zeigten Sass später an, der auf ihre Aussagen hin vom Hamburger Landgericht wegen Notzucht zu 18 Monaten verurteilt wurde. Der Anwalt des Verurteilten konnte schließlich die Mädchen des Meineids überführen und bekam Sass im März 1965 frei; allerdings beliefen sich seine Kosten auf rund 70 000 DM.

Natürlich gibt es auch hier den entgegengesetzten Fall, daß eine vermeintliche „sichere" Zeugenaussage sich später als unrichtig erweist, was zunächst entweder vom wirklichen Täter oder Tathergang ablenken kann, wenn man auf solche Angaben vertraut. Außer an einen Zeugenirrtum ist hier aber auch an Zeugenlügen zu denken, worauf alsbald zurückzukommen sein wird.

Eipeldauer, Hans: Die „sichere" Zeugenaussage – Kriminalistik 1975, S. 564 ff.

Eine besondere Gruppe von Fehlurteilen ist jene, bei denen entweder die wahren Täter bzw. deren Handlanger oder aber Mitgefangene als Zeugen falsche Aussagen machen; derartige Mitgefangene können übrigens nicht nur für diesen Zweck von den Tätern oder Strafverfolgungsorganen gekauft worden sein, sondern auch als Gefangene verkleidete Beamte sein.

So soll 1953 Barbara Graham in der Gaskammer von St. Quentin als Opfer eines Fehlurteils gestorben sein. Zusammen mit vier von fünf Gangstern, die eine reiche Witwe erschlagen und beraubt hatten, wurde Graham, die als Lockgirl für deren Spielsalon arbeitete, verhaftet. Während zwei der Gangster, die als „Kronzeugen" fungierten, um ihren Hals zu retten, ihre beiden Kumpane beschuldigten,

schoben diese der Frau den Mord in die Schuhe. Beide „State witnesses“, von denen einer als Täter sogar ein Geständnis abgelegt, dann aber widerrufen hatte, wurden freigesprochen, kamen aber bald durch merkwürdige „Auto-“ bzw. „Badeunfälle“ ums Leben. Barbara Graham wurde, obwohl sie Linkshänderin war, zusammen mit den beiden anderen Männern zum Tode verurteilt, zumal da ihr Mann sie – anscheinend unter Druck – belastete.
Bei Kriegsbeginn 1939 hatte der deutsche Chemiker Dr. Richter mit Wissen seiner Frau den Goldschatz einer französischen Industriellenwitwe in deren Park im schweizerischen Vevey vergraben. Als die Witwe ihn 1941 bat, den Schatz wieder zu heben, war das Versteck leer. Frau Richter denunzierte nunmehr ihren Mann, den sie bei einem Hauskauf zu überlisten suchte, des Golddiebstahls; sie ließ sein Tagebuch verschwinden, während sich Briefe einer Mätresse fanden. Obwohl lediglich die Aussage der von einem Sachverständigen sehr positiv beurteilten Frau Richter vorlag, wurde Dr. Richter 1943 zu fünf Jahren Zuchthaus verurteilt, wobei Aversionen wegen seiner deutschen Herkunft mitgespielt haben mögen. – Ein Schweizer Journalist, welcher sich der Sache annahm, konnte den Fall endlich klären, nachdem Dr. Richter seine Strafe verbüßt hatte. Die Frau Richter, die nach ihrer Scheidung als „Goldmacherin“ in Oltener Spirtistenkreisen aufgetreten war, und zwei ihrer Komplizen, die dieses für ihr Vermögen gehalten hatten, gestanden, den Goldschatz gehoben zu haben. Da der Diebstahl inzwischen verjährt war, konnte Frau Richter nur noch wegen falschen Zeugnisses zu 18 Monaten verurteilt werden.

von Hentig, Hans: Häftlinge und Vertrauensleute im Beweisverfahen – MoKrim 1965, S. 105 ff. (48. Jhrg.).

Gerade bei falschen Zeugenaussagen gibt es aber auch, was man nicht übersehen sollte, „umgekehrte Fälle von Justizirrtum“, die einem wirklichen Straftäter zu Freiheit oder lediglich formaler Verurteilung verhelfen. Hier lügen gekaufte oder ihm sonst gewogene Zeugen mit Erfolg zugunsten des angeklagten Täters, der infolgedessen mit einem blauen Auge oder einem Freispruch davonkommt, der ebenfalls als Fehlurteil zu qualifizieren wäre. Auch das gibt es keineswegs nur bei Straftaten mit politischem oder professionellem Hintergrund. Es sollte auch in derartigen Fällen die Lüge entlarvt werden, um verfehlte Freisprüche zu verhindern.

(ff) Immer mehr Bedeutung gewinnt als kriminalistische Ursache für Fehlurteile in der Tatfrage das **unkritische Bewerten von Sachverständigengutachten.** Dies sollte bei der komplizierten Materie des Sachverständigenbeweises nicht überraschen, zumal dessen Fehlerquellen – wie oben ausgeführt (§ 21-VII-3) – auch heute noch nicht hinreichend bekannt sind.
Dabei gibt es allein aus diesem Jahrhundert zahlreiche Fälle von Justizirrtum, die sich auf mangelnde Sorgfalt bei der Bewertung von Angaben eines Sachverständigen zurückführen lassen. Nur am Rande sei erwähnt, daß für diese Fehlurteile nicht immer zugleich die Strafverfolgungsorgane verantwortlich sind; zudem wirken sich Fehler des Sachverständigen hier wohl doch eher als in anderen Gruppen zugunsten des Beschuldigten aus.

Für die Schriftvergleichung ist in diesem Zusammenhang beispielsweise auf den Fall Dreyfus vom Jahre 1894 hinzuweisen, der Frankreich an den Rand eines Bürgerkrieges gebracht hat. Der Vergleich des für die Beweise wichtigen Bordereau mit Schriftproben von Dreyfus fiel zunächst negativ aus, dann positiv; von drei weiteren Gutachtern äußerten sich zwei positiv, einer negativ. – Dabei war das Bordereau, wie dieser nach seiner Flucht schließlich gestand, von einem gewissen Esterhazy geschrieben.
Im Bereich der Psychiatrie ist immer noch der Fall Guiteau vom Jahre 1881 lehrreich. Dieser Mann ermordete den US-Präsidenten Garfield auf dem Bahnhof von Washington durch zwei Revolverschüsse.

Die beigezogenen psychiatrischen Gutachter erklärten ihn für zurechnungsfähig. Daraufhin wurde Guiteau zum Tode verurteilt und hingerichtet. – Nach der Hinrichtung stellte man bei der Sektion dann jedoch schwere Abnormitäten des Gehirns fest.
Ähnliche Fehlurteile gibt es in Fällen, in denen Gerichtsmediziner als Gutachter tätig waren. 1923 wurde ein gewisser Pfeuffer zu 15 Jahren Zuchthaus verurteilt, weil das Gericht auf Grund der Gutachten der Überzeugung war, er habe seine von ihm geschwängerte, tot im Wald aufgefundene Geliebte getötet. – In Wahrheit war, wie sich später herausstellte, ein Abtreibungsversuch vorgenommen worden, den der Gerichtsarzt nicht beachtet hatte, obwohl genügend Anhaltspunkte dafür vorlagen. Bei dem Abtreibungsversuch war ein künstliches Gebiß in die Luftwege der Frau geraten und hatte sie versperrt. Unter Verurteilung wegen Abtreibungsversuchs mit fahrlässiger Tötung wurde Pfeuffer nach 4 Jahren aus der Haft entlassen.
In einem Dorf bei Rouen lebte ein Ehepaar Druaux zusammen mit dem Bruder der Frau. Als Druaux eines Tages seine Frau, die sich mit beiden Männern schlecht vertrug, bei einem Ehebruch ertappte, warf er sie hinaus und erstattete Strafanzeige gegen sie und ihren Liebhaber. Da sie anderweitig kein Unterkommen fand, nahm er sie jedoch wieder in sein Haus auf. Drei Tage später fand man den Mann tot in seinem Bett, den Schwager verstorben in der Küche, während die betrunkene Frau lebte. Auch auf Grund anderer belastender Umstände wurde sie des Mordes angeklagt und zu lebenslanger Zwangsarbeit verurteilt, wobei drei Sachverständigengutachten die ausschlaggebende Rolle spielten. Ein Professor der Chemie erklärte, da keine anderen Giftspuren in ausreichender Menge festgestellt worden seien, müßten die beiden Männer mit Kantharidin, dem Gift der spanischen Fliege, getötet worden sein. – Erst als ein halbes Jahr später eine nunmehr in dem Druaux'schen Hause wohnende Frau und einige Zeit darauf ein dort lebendes Ehepaar verstarben, stellte man bei gründlicher Untersuchung der Todesursachen das Einatmen von Kohlenoxydgasen fest, die aus einem undichten Ofen der Wohnung austraten. Diese Todesursache wäre durch eine Blutuntersuchung leicht festzustellen gewesen. Frau Druaux wurde nach Verbüßung von acht Jahren Zwangsarbeit freigesprochen.

Michaelis: Zum gegenwärtigen Stande der Forschung in der Affäre Dreyfus – Kriminalistik 1963, S. 59 ff.; *Krumpach,* Robert: Falsches Schriftgutachten – Kriminalistik 1965, S. 368 f.

(gg) Verkennen von Sachbeweisen und ähnliche Mängel der Ermittlungen

Die Fehler, die hinsichtlich der Sachbeweise im Ermittlungsverfahren begangen werden, gehen durchweg weniger zu Lasten der Staatsanwaltschaft als derjenigen Kriminal- und Schutzpolizeibeamten, denen in der Praxis diese Ermittlungsarbeit obliegt. Daneben können sich natürlich vor allem Fehler von internen und externen Sachverständigen unheilvoll auf den Gang der Dinge auswirken (§§ 14, 15, 16). Derartige Mängel des Ermittlungsverfahrens sind vom Richter in der Hauptverhandlung gewöhnlich nur schwierig zu erkennen und selbst dann nur selten zu korrigieren.
Die erste und wohl wichtigste Fehlerquelle ergibt sich insoweit bei der Spurensuche, die entweder versäumt oder aber verspätet bzw. zu flüchtig durchgeführt wird. So vertut man nicht nur Beweismöglichkeiten, sondern kann auch Trugschlüssen aufsitzen.
Fehler können die Strafverfolgungsorgane jedoch ferner ebenso bei der Spurensicherung begehen. Durch unsachgemäße Arbeitsweise, mangelhafte Verpackung oder falschen Transport sowie Fehler bei der Verwahrung kann Beweismaterial verfälscht oder vernichtet werden, was u. U. zu falschen Schlüssen führt.
Wie bei Spurensuche und -sicherung können schließlich bei der Spurenauswertung durch Kriminalbeamte u. U. andere Fehlerquellen als mangelnde Sachkunde oder Voreingenommenheit Einfluß auf den Gang der Ermittlungen nehmen, um von den bereits behandelten Mängeln speziell des Sachverständigenbeweises ganz abzusehen; denn insoweit käme – wie beim Richter – ein Fehler durch Mißverständnisse oder unkritische Hinnahme der

Angaben in Betracht. Man kann als Kriminalist einen Sachverständigen aber nicht nur mißverstehen, sondern auch aus seinem zutreffenden Gutachten oder sonst aus Sachbeweisen, die man selbst auswertet, falsche Schlüsse ziehen.

Kaut, Detlev/*Graf von Dohna,* Lothar: Die Nachprüfung scheinbar lückenloser Personalbeweise mit Hilfe naturwissenschaftlicher und spurenkundlicher Methoden. Zugleich ein Beitrag zum Thema „Fehler im Ermittlungsverfahren" – Kriminalistik 1976, S. 53 ff.

(hh) Falsche Würdigung von Sachbeweisen im Hauptverfahren

Eine falsche Würdigung von Sachbeweisen im Hauptverfahren kann nicht nur die Folge der Einschaltung eines Sachverständigen sein, sondern ist auch dann möglich, wenn das erkennende Gericht selbst den Beweis erhebt; vor allem geht es dabei in diesem Stadium des Verfahrens um den Urkundenbeweis und den gerichtlichen Augenschein. Ferner kann das erkennende Gericht ebenso wie andere Strafverfolgungsorgane im Vorverfahren selbst aus zutreffenden Sachbeweisen falsche Schlüsse ziehen; hier handelt es sich also um eine fehlsame Würdigung von Sachbeweisen durch den Richter (vgl. oben (ff)).

Beim Urkundenbeweis kommt es hier allerdings nicht auf inhaltliche Mängel der Urkunde z. B. falsche Angaben in einem Vernehmungsprotokoll – an, sondern auf diejenigen Fehler, die bei der Verwertung eines Dokumentes begangen werden.

Hierher gehören etwa Fehlinterpretationen, die durch Lücken, mehrdeutige Fassung oder andere Mängel der Urkunde begünstigt werden können. Noch häufiger als bei öffentlichen Urkunden kann dem Gericht bei Privaturkunden ein solcher Fehler unterlaufen.

Die Ursachen für eine fehlerhafte Beweiswürdigung im Zusammenhang mit einem gerichtlichen Augenschein sind außer auf Flüchtigkeit oder Voreingenommenheit vor allem auf mangelnde Sachkunde zurückzuführen. Dies ist verständlich, wenn man sich die Schwierigkeiten einer Tatortbesichtigung bei Kapitaldelikten oder auch Verkehrsunfällen vor Augen führt und bedenkt, was kriminaltechnisch alles für die Tatortarbeit bedeutsam ist (§ 18-II).

Es geht also nicht nur um das Unterlassen einer gebotenen Augenscheinseinnahme, sondern noch mehr darum, daß diese unter Bedingungen durchgeführt wird, die denen der Tat in etwa entsprechen. Vor allem nachträgliche Veränderungen wirken hier oft irritierend. Aber auch bei der Besichtigung von Personen oder Sachen bzw. bei anderweitiger sinnlicher Wahrnehmung kann sich eine unzureichende Sachkunde des Gerichts nachteilig auf die Beweiswürdigung auswirken.

Bei der Würdigung anderer Sachbeweise durch das Gericht können sich ebenfalls mangelnde forensische Erfahrung und unzureichende kriminalistische, insb. kriminaltechnische Kenntnisse dahin auswirken, daß aus richtigen Beweisen vom Richter zu Unrecht gezogene Schlüsse die Beweiswürdigung verfälschen, was dann u. U. zu einem Fehlurteil führen kann.

Das ist nicht nur möglich, wenn der Richter seine Sachkunde überschätzt, sondern wenn die bei Juristen nicht gar so selten unzureichende Vertrautheit mit der Kriminalistik eine vernünftige Wertung eines richtigen Gutachtens über solche Sachbeweise negativ beeinflußt. Dies kann dann entweder zu fehlsamer Verurteilung oder aber zu ungerechtfertigtem Freispruch führen.

(ii) Die geschilderten Fallgruppen zeigen, wie eine **Gesamtwürdigung** ergibt, sehr eindrucksvoll, wieviele Fehlerquellen die richterliche Überzeugungsbildung in der Tatfrage gefährden.

Dabei ist in diesem Rahmen besonders bemerkenswert, daß alle diese Fehlurteile mehr oder minder deutlich mit Mängeln der kriminalistischen Arbeit zusammenhängen. Deshalb ist dringend zu wünschen, daß trotz insoweit unterschiedlicher Situation in den einzelnen Ländern in der Juristenausbildung die Erkenntnisse der Kriminalistik mehr als bisher beachtet werden.
Mit der notgedrungen kleinen Zahl von Fällen der hier behandelten, allerdings eindrucksvollen Justizirrtümer ist – wie ohne weiteres klar sein dürfte – lediglich ein Teil dieser kriminalistischen Problematik verdeutlicht worden, Denn oft werden derartige Fehler gerade noch rechtzeitig durch erneute, sorgfältigere Prüfung oder aber durch Zufall entdeckt, bevor es zu einem auf Strafe oder auf Freispruch lautenden falschen Urteil gekommen ist. Obwohl der Verurteilung eines Unschuldigen naturgemäß mehr Gewicht zukommt, sollte man doch nicht verkennen, daß dieselben Fehler nicht gar so selten auch einen Verbrecher vor Strafe bewahren. Aus beide Gründen muß sich der Kriminalist daher intensiv mit der vielschichtigen Problematik der Fehlurteile in der Tatfrage befassen.

(jj) Nach allem erscheint es daher angezeigt, abschließend die sich gerade im Zusammenhang mit der Tatfrage für den Strafrichter ergebenden Probleme der **Beweisführung und Beweiswürdigung** zusammenfassend zu betrachten. Denn obwohl seine diesbezüglichen Überlegungen in vielem denjenigen Gedanken entsprechen, die Kriminalbeamte und Staatsanwälte in früheren Stadien der Strafsache anstellen, so ist der Unterschied doch der, daß die Ermittlungen abgeschlossen sind, wenn der Richter die Beweislage zu würdigen hat.
Von der eigentlichen Beweiswürdigung sind dabei Probleme der Beweisführung zu unterscheiden; sie sollen, obwohl sie schon in früheren Stadien der Ermittlungen Sorge bereiten können, am Beispiel des sogen. Indizienbeweises dennoch erst im Anschluß daran besprochen werden.

Döhring S. 429 ff.

Gerade bei der **Beweiswürdigung** ist ein Blick auf die geschichtliche Entwicklung aufschlußreich. Denn der heute für viele Rechte maßgebende Grundsatz der „freien Beweiswürdigung" ist relativ jung und für die Rechtspraxis keineswegs so ungefährlich, wie man lange angenommen hat und z. T. noch immer meint (vgl. auch § 4).

Zirpins, Walter: Richterliche Erkenntnisgründe vor über hundert Jahren – in: TbKrim Bd. XIII, S. 341 ff. (1963).

Sehen wir von dem Prinzip der formellen Wahrheit ab (z. B. Gottesurteilen, Eideshelfern usw.), welche die Beweiswürdigung im alten Verfahren beherrschte, so geht es hier um die mit dem Aufkommen des Prinzips der materiellen Wahrheit zu Beginn der Neuzeit (insb. mit dem sogen. Inquisitionsprozeß) für die Beweiswürdigung ausschlaggebenden Beweisregeln, welche sich in recht unterschiedlicher Form in den Kodifikationen bis in das 19. Jahrhundert hinein finden.
Sicherlich mögen diese starren Regeln hier und da zu zweifelhaften oder falschen Ergebnissen bei der Beweiswürdigung geführt haben, was erklärt, daß man über positiven und negativen Beweis schließlich zur sogen. freien Beweiswürdigung durch das erkennende Gericht kam. Doch sicher ist diese Freiheit nicht nur zunehmend mißverstanden worden, was sich zunächst nicht so sehr ausgewirkt haben mag, da die früher ausgebildeten Richter doch noch die alten Beweisregeln beachteten, sondern verkennt man immer noch, welche bedeutsame kriminalistische Konserve diese alten Beweisregeln trotz aller im Laufe der Zeit entstandenen Lücken und der infolge ihrer Starrheit möglichen Fehler beinhalten. Ein nicht geringer Anteil der gegenwärtigen Fehlurteile wäre schon allein dadurch zu vermeiden, wenn

man diese alten Beweisregeln beachtet hätte, wobei es aber mehr als auf die rechtliche Bindung auf den kriminalistischen Gehalt ankommen sollte.

Die Beweiswürdigung durch das erkennende Strafgericht setzt – wie gesagt – den Abschluß der Ermittlungen voraus. Sie hat sich auf alle Beweise zu erstrecken, aber auch zu beschränken, die mithilfe zulässiger Beweismittel und durch rechtmäßige Beweiserhebung erlangt oder zu erlangen sind. Bei diesem an sich klaren, in den Ländern z. T. allerdings differenzierend geregelten Rahmen der Beweiswürdigung ist es bereits eine Crux, daß „Abschluß der Ermittlungen" in der Praxis nicht notwendig bedeutet, daß Kriminalpolizei und Staatsanwaltschaft die Beweismöglichkeiten wirklich erschöpft haben. In denjenigen Ländern, in welchen das Gericht – wie z. B. in Deutschalnd – insoweit nicht an das von den „Parteien" vorgelegte Beweismaterial gebunden ist, hat das Gericht nämlich derartige Versäumnisse zu erkennen und ggf. Beweiserhebungen im Hauptverfahren nachzuholen.
Im übrigen ist nach Abschluß der förmlichen Beweisaufnahme die wesentliche Frage für die Rechtsanwendung die, welche Tatsachen und welchen Sachverhalt das erkennende Gericht nach Lage des Falles als erwiesen ansehen darf. Während man hier früher in Deutschland und in anderen Ländern auf eine mehr oder weniger große Wahrscheinlichkeit abstellte, verlangt man heute die volle Überzeugung des Richters oder die sogen. subjektive Gewissheit. Damit ist zwar deutlich gesagt, daß der Richter sich nicht einfach an irgendwelche Wahrscheinlichkeiten halten darf, was beispielsweise der Kriminalist im Anfangsstadium der Ermittlungen häufig tun muß. Dennoch kann die Beweiswürdigung oft problematisch werden, weil nur vergleichsweise selten alle beweiserheblichen Tatsachen und damit der gesamte rechtlich relevante Sachverhalt eindeutig und unwiderleglich bewiesen ist. Ergeben sich daher bei einzelnen Tatsachen Zweifel, so gilt das notgedrungen auch für die gesamte Beweissituation. Für solche Unsicherheiten ist festzuhalten, daß die subjektive Gewißheit nicht schon dann zu verneinen ist, wenn die Beweise die Möglichkeit einer anderen Sachlage nicht unbedingt ausschließen. Vielmehr kann der erkennende Richter solange von seiner subjektiven Gewißheit und damit von einer unangreifbaren Beweiswürdigkeit ausgehen, als keine vernünftigen Zweifel bestehen.

Wichtig ist es aus diesem Grunde zu klären, wann ein im Folgenden vorausgesetzter Zweifel als vernünftig anzusehen ist, d. h. Schlüsse des Gerichts als zu unsicher verbietet. Das ist sicher dann nicht der Fall, wenn der Beschuldigte oder sein Verteidiger lediglich andere Möglichkeiten behaupten, die jedoch nach Lage der Dinge nicht ernst genommen werden können. Rein hypothetische Zweifel hindern das Gericht also nicht an einer bestimmten Beweiswürdigung. – Kritischer ist das bereits, wenn der Zweifel auf eine zwar denkbare, aber allzu fern liegende Möglichkeit hinauslaufen würde. Genügt hier in aller Regel der Hinweis auf die Atypizität, so muß man bei anderen Möglichkeiten, selbst wenn sie relativ fern liegen mögen, verlangen, daß diese vom Gericht – sei es mithilfe bestimmter Beweise oder mithilfe von Erfahrungssätzen – ausgeschlossen werden. Hier darf sich der Richter also nicht ohne weitere Gründe auf die von ihm für richtig erachtete nächstliegende Möglichkeit stützen.

Sind daher bei raffinierter Tatausführung oder komplizierten Deliktstypen Schwierigkeiten bei der Beweiswürdigung nichts Ungewöhnliches, so lassen sich die typischen Fehler des Gerichts ungeachtet der oben geschilderten Fallgruppen doch auf drei Komplexe zurückführen.

Neben der Voreingenommenheit oder handfesten Vorurteilen, was die Beweislage anlangt, werden die Fehler bei der Beweiswürdigung vor allem dadurch begangen, daß der Richter entweder bedeutsame Beweismöglichkeiten übersieht oder er bei der Bewertung des Beweisergebnisses Denkgesetze bzw. Erfahrungssätze nicht beachtet bzw. verkennt. Schließlich sei an die bei der Prozeßleitung erwähnten Gefahren erinnert, wie sie etwa die Öffentlichkeit und Stimmungsmache dieser oder jener Art darstellen; dies geht nicht selten bis zum Verfälschen der Beweise, was dann aber wieder mit Lüge und Fälschung in die Problematik der Beweiswürdigung einmündet.

Diese Schwierigkeiten der Beweiswürdigung vergrößern sich in denjenigen Fällen, in denen die Summe der Einzelbeweise den gesamten rechtlich relevanten Sachverhalt nicht völlig abdeckt, sondern man sich bei der Rekonstruktion des historischen Sachverhalts auf eine mittelbare Beweisführung, den sogen. **Indizienbeweis,** stützen muß.

Gössweiner-Saiko, Th.: Konsequenzen und Lehren aus einem Indizienprozeß – Kriminalistik 1961, S. 439 ff., 497 ff.; *Meixner,* Franz: De Indizienbeweis – 2. erw. u. verb. Aufl. – Hamburg 1962 – insb. S. 47ff.; *Döhring* S. 329ff.; *Mergen* S. 447f.; *Walder,* Hans: Kriminalistisches Denken – 4. Aufl. – Hamburg 1975 – S. 107 ff.; *Walder,* H.: Die Beweisführung in Strafsachen, insbesondere der Indizienbeweis – Kriminalistik 1976, S. 81 ff., 132 ff., 178 ff. Hierzu in älterem Schrifttum bereits *Weingart,* Albert: Kriminaltaktik. Ein Handbuch für das Untersuchen von Verbrechen – Leipzig 1904 – S. 94 ff.

Gerade da manche den Indizienbeweis für zweitrangig oder minderwertig halten, sei klar gesagt, daß dieses völlig unzutreffend ist. Denn es geht hier nicht um die Beweise als solche, sondern nur um eine besondere Art der Beweisführung, bei welcher die verfügbaren Beweistatsachen lediglich nicht ohne weiteres auf den gesamten Sachverhalt schließen lassen. Wir haben es daher mit einer für die Beweiswürdigung besonders komplizierten Situation zu tun, da das Gericht die Verbindung zwischen den einzelnen Beweistatsachen in anderer Weise herstellen muß, um den historischen Sachverhalt rekonstruieren zu können.

Ausschlaggebend sind hier also ebenfalls die einzelnen Beweistatsachen und damit das durch die Ermittlungen herbeigeschaffte und vom Gericht kontrollierte Indizienmaterial, die Tatsachengrundlage. Während insoweit im Grunde daher nichts Besonderes gilt, ist das anders, sobald das Gericht im Zuge der Beweiswürdigung den Zusammenhang zwischen diesen Einzeltatsachen herstellen will, weil es sich dabei in Fällen des Indizienbeweises auf Erfahrungssätze stützt. Ungeachtet der später noch kurz zu beleuchtenden Vielzahl von Indizien, die derartige Schlüsse auf Beweistatsachen oder den zugrundeliegenden Sachverhalt erlauben, geht es beim Indizienbeweis somit primär um Erfahrungssätze.

Die erste Frage ist daher die, inwieweit ein klar zu formulierender Erfahrungssatz wirklich verläßlich ist, weil man seine Reichweite in der Praxis oft überschätzt. Das Gericht muß sich, wenn es einem solchen Erfahrungssatz folgen möchte, daher gründlich mit Gegenargumenten auseinandersetzen und ferner klären, inwieweit der Satz Ausnahmen und atypische Kausalverläufe kennt. Eine Schlußfolgerung im Sinne des Erfahrungssatzes verlangt nämlich dasselbe Maß an Sicherheit bzw. Gewißheit wie die Beweiswürdigung überhaupt. Das Gewicht der Erfahrungssätze aber ist, wie wir in der Kriminaltechnik gesehen haben, sehr unterschiedlich.

Während die vom Daktyloskopen festgestellte Identität des Fingerabdrucks, sofern man vom seltenen Fall der Täuschung absieht, einen sicheren Schluß auf den Verursacher und damit dessen Anwesenheit am Fundort der Spur erlaubt, ist der Umstand, daß ein Rechtsbrecher dieselbe Verbrechenstechnik, die für die zu untersuchende Tat verwendet worden ist, früher einmal benutzt hat, von beweismäßig geringerem Gewicht.

Zudem ist schon beim einzelnen Punkt ein bestimmter Schluß um so eher möglich, je mehr Erfahrungen aus verschiedenen Bereichen für denselben sprechen. Nicht gar so selten wird schließlich die Gesamtbewertung der Beweisergebnisse dadurch erleichtert, daß ein Gericht sich bei einem Punkt mitunter auf eine Mehrzahl von Indizien stützen kann; allerdings kommt es hier nicht allein oder wesentlich auf die Zahl, sondern vor allem auf das Gewicht an, welches bei den einzelnen Indizien unterschiedlich ist.

Alles in allem ist der Indizienbeweis mithin keine laxere, sondern eine kompliziertere Form der Beweiswürdigung. Um dieses zu verdeutlichen, sollen abschließend einige typische Fälle von Indizien zusammengestellt werden, die entweder für oder gegen das Vorliegen einer beweiserheblichen Tatsache sprechen können. Sie lassen sich – wie folgt – zu drei großen Gruppen zusammenfassen.
Indizien können zunächst einmal das Vorliegen einer Straftat überhaupt, d. h. den äußeren Tathergang dartun. Wird der Tod eines Menschen nachweisbar durch Gift bewirkt, so liegen Vergiftung oder fahrlässige Tötung nahe, wenngleich Selbstmord oder Unglücksfall damit allein nicht auszuschließen sind. Ebenso gibt es bei Gewaltdelikten Indizien, wie etwa Verletzungen des Opfers, die für das Vorliegen eines Raubes oder einer Notzucht sprechen können.

Nach dem zur Spurenkunde (§ 14) Ausgeführten dürfte klar sein, daß diese Indizien bei den einzelnen Delikten bzw. Verbrechenstechniken sehr verschieden geartet sind, sie zudem als mehr oder weniger zwingend erscheinen.

Andere Indizien, die wir ebenfalls schon kennengelernt haben, weisen auf den Täter bzw. einen Tatbeteiligten hin; kurz gesagt handelt es sich hier um Indizien, die für eine Täterschaft oder Beteiligung einer bestimmten Person sprechen.

Außer um Anwesenheit am Tatort, die u. a. durch Aussagen Dritter, Form- oder Materialspuren dargetan werden, ggf. durch ein Alibi widerlegt werden kann, geht es hier um den Besitz der Tatmittel bzw. -werkzeuge sowie der Beute oder der Produkte der kriminellen Tat wie beispielsweise gefälschte Urkunden oder Banknoten. Andere Indizien, die auf eine Tatbeteiligung hindeuten, sind Äußerungen des Beschuldigten über die fragliche Tat sowie überhaupt sein Verlangen davor und danach. Schließlich können für die Tatausführung nötige Kenntnisse bzw. Fähigkeiten und damit u. U. einschlägige Vorstrafen – wenngleich mit Vorsicht – beim Indizienbeweis genutzt werden.

Vor allem bei den für die subjektive Seite wesentlichen Tatsachen muß sich das Gericht häufig auf diese Beweisführung stützen. Der Nachweis der Kenntnis bestimmter Tatumstände, eines bestimmten Willens des Beschuldigten oder passender Motive spielt insb. bei vorsätzlicher Begehung eine Rolle. Ebenso aber gibt es auch Indizien, welche für ein fahrlässiges Verhalten des Beschuldigten sprechen. Ähnlich ist die Lage, wenn die strafrechtliche Verantwortlichkeit des Beschuldigten zweifelhaft erscheint.

In allen diesen Fällen schließt man folglich aus bewiesenen Tatsachen auf das entsprechende Wissen des Täters und seinen Willen oder seine Absicht. In ähnlicher Weise läßt sich in anderen Fällen mit der nachweisbaren Kenntnis von gewissen Umständen begründen, daß der Täter dann mit dem mißbilligten Erfolg hätte rechnen müssen, ihm also Fahrlässigkeit zur Last gelegt werden kann.

Die Unsicherheiten der Rechtsanwendung im Rahmen der Beweiswürdigung hängen nach allem ersichtlich damit zusammen, daß man diese Probleme bisher nicht hinreichend klar durchdacht hat und vor allem auf die hier wichtigen Erkenntnisse der Kriminalistik durchweg zu wenig Rücksicht nimmt. Dabei ist gerade bei der Tatsachenfeststellung ersichtlich Mißtrauen und Strenge angezeigt, weshalb die zu starke Fixierung mancher Richter auf das rein Juristische nur zu beklagen ist.

(b) Grundsätzlich anders liegen Fehlurteile in der **Rechtsfrage.** Denn hier hängt die Rechtsanwendung nicht von den für die Beweiswürdigung wesentlichen Tatsachen – und damit der Kriminalistik – ab; vielmehr kommt es außer auf solide Rechtskenntnisse vor allem darauf an, sie sachgerecht auf einen bekannten und feststehenden Lebenssachverhalt anzuwenden.

Graßberger S. 340 ff.

Die richterliche Überzeugung zur sogen. Rechtsfrage bildet sich – anders als bei der Tatfrage – nicht gar so selten erst im Zuge der Urteilsberatung, was naturgemäß insb. für Kollegialgerichte gilt. Doch ähnlich wie dort wird auch der Einzelrichter die in den Plädoyers von Staatsanwaltschaft und Verteidiger vorgebrachten Argumente häufig mehr als bei der Tatfrage beachten; denn sie sind zumindest im Hinblick auf ein Rechtsmittelverfahren bedeutsam.
Selbst wenn sogar rechtliche Beurteilungen mitunter zunächst mehr intuitiv erfolgen, so begründet der Richter sie dann später in aller Regel doch verstandesmäßig genauer. Überhaupt dürfte der Richter bei Rechtsfragen eher bereit sein, eine ursprüngliche Beurteilung, sofern ihn das Rechtsgefühl irregeleitet hat, nachträglich – und das noch in der Beratung – zu korrigieren, bevor es zu einem Urteil kommt.
Die Gefahren, die hier zu Fehlern und damit zu einem Justizirrtum führen können, liegen daher zunächst einmal in der Unkenntnis gesetzlicher Vorschriften oder ungeschriebener Rechtsgrundsätze strafrechtlichen bzw. prozessualen Charakters.
Weiterhin sind Irrtümer bei der Rechtsanwendung als solcher möglich, weil ein Richter bei zutreffend erkanntem Sachverhalt Rechtssätze anfechtbar oder eindeutig falsch auslegt. Dies ist die hier in der Praxis bedeutsamere Fehlerquelle.

Dabei liegen Subsumtionsfehler, die weniger auf falscher Beweiswürdigung als mehr auf mangelnder forensischer Erfahrung und überhaupt einer anfechtbaren Einstellung des Richters zu Recht und Rechtspflege beruhen, bereits an der Grenze zur Tatfrage.

Insgesamt aber dürfte der Berufsrichter mit zunehmender Erfahrung sicherer in der Beurteilung der insb. vom Anfänger oft überschätzten Rechtsfragen werden, bei denen es zudem in der Praxis mehr um das Verfahrensrecht als um das materielle Strafrecht geht.

(c) Schließlich seien noch kurz diejenigen Fehlurteile erwähnt, die mit der Strafzumessung, der **Straffrage,** zusammenhängen. Denn auch bei der Festsetzung der Rechtsfolgen durch das erkennende Gericht kommt es in aller Regel nicht so sehr auf Erkenntnisse der Kriminalistik an, obwohl es sich um einen nicht nur für den Angeklagten besonders wichtigen Komplex handelt. Eine überzeugende Rechtsanwendung hängt hier außer von den rein juristischen Fähigkeiten vor allem davon ab, daß eine kriminalpädagogisch zutreffende Strafzumessung erfolgt. Die dafür wesentliche Erkenntnisse bietet, wenngleich hier und da auch die Kriminalistik etwas beizusteuern vermag, mithin die Kriminologie (i. w. S.), insb. die Kriminalpädagogik.

Graßberger S. 344; *Würtenberger,* Thomas: Zur Phänomenologie der richterlichen Erfahrung bei der Strafzumessung – in: Kriminalpolitik im sozialen Rechtsstaat. Ausgewählte Aufsätze und Vorträge (1948–1969), Stuttgart 1970, S. 175 ff.

Die richterliche Überzeugung zur Strafzumessung festigt sich ebenfalls durchweg erst nach Abschluß der Beweisaufnahme, weshalb die Schlußvorträge und das letze Wort des Angeklagten hier von eher noch größerer Bedeutung als bei der Rechtsfrage sind.

Eine Fehlerquelle stellen hier zunächst einmal rechtlich unzutreffende Vorstellungen von der Rechtsfolgenfestsetzung dar; solche sind schon wegen der weithin zu konstatierenden Unsicherheit über die Strafzwecke leider immer noch weit verbreitet. Im Grunde aber handelt es sich insoweit vorwiegend um rechtswissenschaftliche Probleme.
Neben den für die Strafzumessung im konkreten Falle wichtigen Erkenntnissen der Kriminologie und insb. Kriminalpädagogik können solche der Kriminalistik dann hilfreich sein, wenn das Gericht insoweit unzutreffende Tatsachen zugrunde gelegt hat.

Denn hier handelt es sich außer um eine unzureichende Erforschung der Persönlichkeit des Angeklagten um das Verkennen anderer für kriminelle Intensität, Rückfallwahrscheinlichkeit oder die kriminelle Prognose wesentlicher Umstände; die Erkenntnisse der Kriminologen können hier u. U. in nützlicher Weise durch solche der Kriminalistik ergänzt werden.

Sicherlich wird die Strafzumessung außer durch individuelle kriminalpolitische Wertungen mitunter auch durch ausgesprochene Vorurteile in z. T. entgegengesetzter Richtung – Strenge und Milde – beeinflußt. Doch dürfte sich hier mit der Erfahrung gerade beim Berufsrichter eher die Tendenz zu einer sachlich richtigen verständnisvollen „Milde" einstellen, welche sich dennoch nicht durch Tricks des Angeklagten oder seines Verteidigers hinter das Licht führen läßt.

b) Das Kollegialgericht

Obgleich das soeben für den Einzelrichter Ausgeführte in vielen Punkten gleichfalls oder in ähnlicher Weise für die in Kollegialgerichten tätigen Richter gilt, ergeben sich hier z. T. doch schon dadurch bemerkenswerte Unterschiede, daß ein solches Gericht von mehreren Menschen gebildet wird. Zudem ist für die Psychologie des Strafverfahrens wichtig, daß diese Richter im Hinblick auf das konkrete Strafverfahren eine teilweise unterschiedliche Position oder Rolle innehaben. Selbst wenn wir hier Rechtsmittelsachen einstweilen noch ausklammern und uns auf die in erster Instanz tätig werdenden Kollegialgerichte beschränken, springt dieser Unterschied – und zwar vor allem bei der Urteilsfindung – in das Auge.
Deshalb erscheint es uns als zweckmäßig, die verschiedenen Mitglieder des Kollegialgerichts nach ihrer unterschiedlichen Funktion zu betrachten. Vom Vorsitzenden und dem Berichterstatter in der konkreten Strafsache wollen wir daher die Beisitzer unterscheiden, wobei neben Berufs- u. U. Laienrichter in Betracht kommen; deshalb müssen wir hier auch auf das Verhältnis von Berufs- und Laienrichtern eingehen.

aa) Der Vorsitzende

Am ehesten ist bei einem Kollegialgericht noch der Vorsitzende dem Einzelrichter vergleichbar. Denn in seiner Funktion konzentrieren sich weithin die prozeßleitenden Aufgaben des Einzelrichters; er hat trotz gewisser Vorschriften, die dem in manchen Staaten zu widersprechen scheinen, tatsächlich maßgebenden Einfluß auf die Urteilsbildung und die Entscheidung des Kollegialgerichts. Dessen Besonderheit ist allerdings die, daß der Vorsitzende seine richterlichen Funktionen im übrigen zusammen mit anderen (Berufs- oder Laien-)Richtern ausüben muß.
Bei einem lediglich aus Berufsrichtern bestehenden Kollegialgericht ist der Vorsitzende in der für ihn glücklichen Lage, sich mit mehr oder minder erfahrenen Juristen beraten zu können. Die aus der notwendigen Zusammenarbeit resultierenden Schwierigkeiten sind demgegenüber vergleichsweise gering.

Anders ist dies, wie wir bei den Laienrichtern sehen werden, in gemischten Gerichten, in welchen die Berufsrichter so oder so mit juristischen Laien zusammenwirken müssen.

Während bei dem echten Geschworenengericht die Laienrichter vom vorsitzenden Berufsrichter getrennt sind, der dann vor allem durch seine Rechtsbelehrung Einfluß auf sie ausüben kann, beraten und entscheiden ansonsten – z. B. in Strafkammern – Berufs- und Laienrichter gemeinsam; im deutschen Schöffengericht sitzt der Berufsrichter sogar einem „Laiengericht“ vor. – Auf die bei fehlenden Laienrichtern gewöhnlich zu verzeichnenden Mangel an forensischer Erfahrung wird später einzugehen sein (unten dd). Hier sei nur gesagt, daß gerade der Vorsitzende eines solchen Gerichts angesichts dieser Schwierigkeiten und Gefahren bei der Beweisaufnahme und auch sonst besonders umsichtig vorgehen muß, um die Laienrichter weder zu überfahren noch zu unsachlicher Bockigkeit zu veranlassen.

Trotz der hier nur angedeuteten Beziehungen zu seinen Richterkollegen dürfte der Vorsitzende – und das nicht nur für den Angeklagten – in aller Regel als die zentrale Figur des Kollegialgerichts anzusehen sein. Und das gilt nicht nur für solche Spruchgerichte, in denen der Vorsitzende als einziger Berufsrichter zugleich die Funktionen des Berichterstatters (vgl. bb) wahrzunehmen hat.

bb) Der Berichterstatter

Der Berichterstatter ist demgegenüber derjenige, der unter mehreren Berufsrichtern eines Kollegialgerichts die zu beurteilende Strafsache intern zur Verhandlung vorzubereiten und später die Entscheidung des Gerichts zu entwerfen hat.

Im Erkenntnisverfahren erster Instanz ist die Bedeutung des Berichterstatters in aller Regel noch nicht so erheblich wie im Rechtsmittelverfahren. Fehler des Berichterstatters wirken sich bei einer umfangreichen Beweisaufnahme, die in Anwesenheit aller Richterkollegen erfolgt, zudem durchweg weniger schädlich als beim Einzelrichter aus.

Doch kommt dem Berichterstatter schon hier sowohl bei der Tat- als auch bei der Rechtsfrage u. U. ein bedeutender Einfluß neben dem des Vorsitzenden zu; das Ausmaß seines Einflusses hängt dabei ersichtlich von der größeren oder geringeren Einflußnahme durch den Vorsitzenden ab. Jedenfalls aber pflegt die Rolle des Berichterstatters in der Rechtsmittelinstanz schon deshalb gewichtiger zu sein, weil die Beweisaufnahme verkürzt wird oder entfällt.

Hier sind die anderen Berufsrichter und selbst ein nicht besonders eifriger Vorsitzender ungleich mehr auf die Stellungnahme des Berichterstatters angewiesen, weil dieser gewöhnlich bessr als sie tatsächlich und rechtlich über die Sache informiert ist.

cc) Der Berufsrichter als Beisitzer

Der Beisitzer ist derjenige Berufs- oder Laienrichter, der zusammen mit anderen richterliche Funktionen ausübt, ohne daß er als Vorsitzender oder als Berichterstatter fungiert. Der als Beisitzer fungierende Berufsrichter ist ebenfalls durch Rechtsstudium und Ausbildung geschult; er ist daher zumindest mit den Rechtsfragen und juristischer Methodik vertraut. Zudem verfügt er über eine mehr oder weniger große Erfahrung in der Rechtspflege.

Insoweit ergeben sich zwar im Verhältnis zum Einzelrichter keine Besonderheiten, wenngleich der Beisitzer als der oft viel jüngere Kollege zumindest dem Vorsitzenden an Erfahrung nachstehen kann. Auch andere Umstände vermögen schon insoweit eine Abhängigkeit zu bewirken, die nicht immer zum vielzitierten Ideal der richterlichen Unabhängigkeit paßt.

Für die Psychologie des Strafverfahrens ist beim Beisitzer vor allem wichtig, daß die Verantwortung ihn nicht so unmittelbar wie den Berichterstatter und den Vorsitzenden zu treffen scheint. Obwohl das rechtlich sicher falsch ist und dies überdies sehr von der Einstellung des Betreffenden abhängt, ist jedoch die Tatsache nicht von der Hand zu weisen, daß infolge mancher Umstände der Einfluß, den der Beisitzer auf den Gang der Sache nimmt, in der Praxis oft noch geringer ist, als man das nach seiner Rolle annehmen sollte.

Außer der Tatsache, daß andere in dieser Sache die eigentliche richterliche Arbeit leisten,können das Vertrauen in den Berichterstatter oder den Vorsitzenden das Verantwortungsbewußtsein des Beisitzers und damit seine Aufmerksamkeit und Kritikfähigkeit verringern.

dd) Der Laienrichter

Wieder anders als bei diesen in verschiedenen Positionen tätigen Berufsrichtern ist die Situation beim Laienrichter, der – obwohl Mitglied des erkennenden Gerichts – nicht über eine juristische Ausbildung und gewöhnlich nur über eine recht begrenzte forensische Erfahrung verfügt.

Deshalb sollte nicht verwundern, daß die Verwendung von Laienrichtern selbst in denjenigen Ländern, die diese Institution kennen, seit jeher heftig umstritten ist. Ebenso wie sich politisch engagierte Zeitgenossen utopische Wunderdinge von solchen Laien versprochen haben, lassen es Juristen z. T. nicht an vernichtender Kritik fehlen, obwohl auch sie in ihrer Einseitigkeit nur die halbe Weisheit zu bieten pflegen. Abgesehen davon, daß wir hier von den Fakten, d. h. einer möglichen Mitwirkung von Laienrichtern, auszugehen haben, sollte das über ihre Tätigkeit Auszuführende ebenso wie die Gefahren doch auch gewisse Vorzüge deutlicher werden lassen; daraus ließen sich dann mit einem abgewogenen Urteil ggf. Konsequenzen für eine bessere Regelung – z. B. bei der Besetzung der Spruchgerichte mit Laien – ziehen. Es kommt im übrigen auch hier nicht unwesentlich auf die tatsächlichen Gegebenheiten an.

Graßberger S. 338 f.

In der Beurteilung der **Rechtsfragen** ist vom Laienrichter nichts und in der Beurteilung der **Straffrage** nur sehr wenig zu erwarten; denn als Laie und ohne die forensische Erfahrung des Berufsrichters sieht er gewöhnlich mehr den Einzelfall, was sich je nach Art desselben und nach Geschick des Verteidigers zum Vor- oder Nachteil des Angeklagten auswirken kann.

Die Mitwirkung des Laienrichters ist insoweit nur mittelbar von Nutzen, als der oder die Berufsrichter gezwungen sind, sich auch über rechtliche Probleme in einer für Laien verständlichen Weise zu äußern. Das kann gerade bei Meinungsverschiedenheiten der Berufsrichter praktisch bedeutsam werden.

Etwas anders – und zwar günstiger – sind die Einflußmöglichkeiten der Laienrichter bei der **Tatfrage** zu bewerten. Neben dem für die Berufsrichter heilsamen Zwang zur Kooperation mit Nichtjuristen kann der Laienrichter hier sogar selbständiges Gewicht erhalten, wenn er nämlich Lebenserfahrung und besondere Sachkunde in die Urteilsfindung einzubringen vermag.

Allerdings ist die Mitwirkung der Laienrichter selbst in diesem Bereich nicht unproblematisch und kann sie daher ebenso Gefahren mit sich bringen, welche sich für den Angeklagten vorteilhaft oder nachteilig auswirken können.

Bei gewissen Straftaten – z. B. Vermögensdelikten – sind viele Laienrichter eher als der erfahrene Berufsrichter von den Sirenengesängen der Verteidigung zu beeindrucken. Sie fallen, da ihnen die

forensische Erfahrung fehlt, prompt darauf herein, wenn der Verteidiger die leidvolle Jugend des grauhaarigen Angeklagten strapaziert und mit bewegenden Worten seine Fürsorge für die kranke Frau und seine kleinen Kinder herausstellt, obwohl der Täter seine Beute in Wahrheit mit fremden Frauen in zweifelhaften Etablissements durchgebracht hat.
Umgekehrt gibt es Formen der Kriminalität, die – wie manche Sexualdelikte – den infolge der Auswahl der Geschworenen und Schöffen gewöhnlich mit bürgerlichen Milieu entstammenden Laienrichtern ganz unverständlich erscheinen. Hier neigen sie daher im Gegensatz zum erfahrenen Berufsrichter oft zu weltfremden und harten Entscheidungen.

Mehr noch als beim Berufsrichter wirken sich ferner beim Laienrichter Gefahren zweifacher Art auf die Urteilsfindung aus; man kann sie als allgemeine oder als fallbezogene Voreingenommenheit bezeichnen; dazu gehört streng genommen auch das Verhalten anderer Prozeßbeteiligter, das jedoch abschließend gesondert behandelt werden soll.
Eine **allgemeine Voreingenommenheit** oder generelle Vorurteile können politisch, religiös, beruflich-sozial, geschlechtlich oder altersbedingt sein. Politische Vorurteile wirken sich naturgemäß vor allem bei politschen oder politisch motivierten Straftaten aus, können dort aber leicht zu einem Fehlurteil führen.

Beispiele dafür sind ungerechtfertigte Freisprüche oder unangemessen milde Vorurteilungen rechtsgerichteter Täter in der Zeit der Weimarer Republik. Während damals links stehende Täter zuweilen ungewöhnlich hart bestraft wurden, gibt es in sozialistisch oder kommunistisch regierten Staaten selbstverständlich auch die entgegengesetzte Situation.

Früher haben sich noch häufiger als heute religiös bedingte Vorurteile gerade auf Laienrichter nachhaltig und ungünstig ausgewirkt.

Eben deshalb versuchten beispielsweise Verteidiger in Meineidssachen oder auch bei Sexualdelikten fromme Katholiken als Geschworene oder Schöffen zu vermeiden. Unter solchen Vorurteilen haben gerade jüdische Mitbürger mitunter leiden müssen (z. B. bei angeblichem Ritualmord).

Bedeutsamer dürfte gegenwärtig die beruflich-soziale Voreingenommenheit von manchen Laienrichtern sein.

Beispiele für negative Einflüsse derartiger beruflicher Solidarität sind neben Ärzten, die über einen Kollegen zu urteilen haben, Landwirte, die als Schöffen über einen Bauern urteilen sollen, dem Tierquälerei oder Brandstiftung vorgeworfen wird.
Ähnlich wie bei beruflicher Solidarität kann auch die soziale Stellung des Laienrichters bei ihm Voreingenommenheit bewirken, wenn entweder der Beschuldigte oder sein Opfer dieselbe oder eine ähnliche Position aufweist. Während dies zu harter Strafe führen kann, sofern sich üer Laie mit dem Opfer identifiziert, profitiert umgekehrt der Beschuldigte gewöhnlich von einer der seinen vergleichbaren sozialen Lage des Laienrichters. – Doch ähnlich können sich soziale Unterschiede deformierend auf die Urteilsbildung auswirken. Ebenso wie besser gestellte Angeklagte werden noch häufiger solche niederer Position relativ schnell und besonders hart bestraft. Dieser Umstand hat z. B. in den USA zu Fehlurteilen mit Weißen besetzter Geschworenengerichte gegenüber Schwarzen geführt.

Selbst das Geschlecht des Laienrichters kann sich vermutlich leichter als beim Berufsrichter auf die Urteilsbildung auswirken.

Während der männliche Laienrichter häufiger eine Voreingenommenheit zeigt, die sich zugunsten weiblicher Angeklagter auswirkt, neigt die Frau eher zu einem negativen Vorurteil gegenüber Männern, die wegen eines Sexualdelikts angeklagt sind. Bei weiblichen Laienrichtern kommen zuweilen auch die eigenen Geschlechtsgenossinnen nicht gut weg.

Vereinzelt kann sich schließlich das Alter des Laienrichters auf sein Urteil auswirken.

In der Praxis kann dies u. U. der Fall sein, wenn alte Schöffen über jugendliche oder heranwachsende Straftäter zu Gericht sitzen.

Demgegenüber hängt die **fallbezogene Voreingenommenheit** der Laienrichter mehr mit der konkreten Strafsache zusammen, wobei sie sich entweder auf die Tat als solche oder auf den bestimmten Täter, den Angeklagten, beziehen kann.
Was die Tat anlangt, kann außer dem Deliktstyp vor allem die Art der Tatausführung die Überzeugungsbildung beeinflussen.

Zu denken ist hier außer an die schon erwähnten Sexualdelikte etwa an eine besonders grausame oder abstoßende Handlungsweise. Aber auch das Opfer – sei es ein Kind oder eine hochgestellte Persönlichkeit – kann Voreingenommenheit bewirken.

Der Täter kann als solcher außer durch seine Persönlichkeit und sein Verhalten im Prozeß ferner durch sein Tatmotiv Sympathie oder Antipathie beim Laienrichter hervorrufen, was sich hier leichter als beim Berufsrichter auf die Urteilsbildung auszuwirken pflegt.

Bei manchen Fehlurteilen haben offensichtlich schlechter Leumund oder liederlicher Lebenswandel des bzw. der Angeklagten eine große Rolle gespielt. Auch das Verhalten des Angeklagten kann, wenn es z. B. als die Arroganz eines besser Situierten aufgefaßt wird, Anlaß zu Vorurteil und Härte sein. Ein besonderes Tatmotiv kann sich auf Laienrichter in sehr verschiedener Weise auswirken. Ebenso wie Abscheu kann es auch Verständnis und gesetzwidrige Milde hervorrufen. Beispiele dieser Art sind Freisprüche von Frauen, die ihren Ehemann oder ihr Kind aus plausibel erscheinenden Gründen getötet haben (crime passionel).

Neben solchen allgemeinen oder fallbezogenen Vorurteilen kann schließlich ein **Verhalten anderer Prozeßbeteiligter,** wie es oben geschildert worden ist (§ 22-II-2 bis 8), gerade die Laienrichter relativ leicht sachwidrig beeinflussen. Außer an andere Berufs- oder Laienrichter ist hier daher vor allem an den öffentlichen Ankläger und den Beschuldigten sowie seinen Verteidiger, aber auch an Beweispersonen sowie an Öffentlichkeit und Massenmedien zu denken.

Als Ankläger kann außer dem Staatsanwalt zuweilen ein Privat- oder Nebenkläger bzw. dessen Rechtsvertreter fungieren. Ein für den Beschuldigten ungünstiger Einfluß ist von dieser Seite vor allem bei autoritätsgläubigen Laienrichtern zu befürchten, wenn der Staatsanwalt beispielsweise statt auf Tatsachen mehr auf Charakter und Vorleben des Beschuldigten sowie allgemein auf Gefühle abstellt.

So veranlassen z. B. einschlägige Vorstrafen des Angeklagten den Laien sehr leicht dazu, seine Schuld zu bejahen. Stellt der Staatsanwalt einerseits die Trefflichkeit oder Hilflosigkeit des Opfers und andererseits die sittliche Verkommenheit des Beschuldigten heraus, kann nicht nur leichtfertig dessen Schuld bejaht werden, sondern auch die Strafe unangemessen hart ausfallen.
Nur relativ selten wird sich ungeschicktes Verhalten des Staatsanwalts bei Laienrichtern günstig für den Beschuldigten auswirken; das kann eher dann der Fall sein, wenn sie wenig Verständnis für die Interessen eines Privat- oder Nebenklägers zeigen.

Für den Beschuldigten und seinen Verteidiger kann die sachwidrige Einflußnahme auf die Laienrichter – wie angedeutet – u. U. sogar ein wesentlicher Punkt der Prozeßtaktik sein. – Eben deshalb versucht der Angeklagte gewöhnlich, durch Kleidung und Auftreten einen günstigen Eindruck zu erwecken, der zudem schlecht zu dem ihm angelasteten Verbrechen paßt.

Gewaltdelinquenten und Halbstarke geben sich einen soliden, bürgerlichen Anschein, während Betrüger und Wirtschaftsdelinquenten einen Ihrer Ansicht nach belastenden äußeren Aufwand vermeiden, z. T. ein bescheidenes oder ärmliches Erscheinungsbild bevorzugen. Selbst die Lebedame gibt sich vor Gericht nicht selten bewußt solide.

Ähnlich wie zuweilen der Ankläger wendet sich häufiger der Verteidiger mehr an Gefühle als an Tatsachen und Verstand. Derartige Stimmungsmache kann gerade bei Laienrichtern leicht zu falschem Freispruch oder ungerechtfertigter Milde führen.

Beispiele dafür bietet das bereits erwähnte „crime passionel", bei welchem sich der Laie leicht von der so erzeugten Stimmung der Allgemeinheit beeindrucken läßt.
Seltener wirken sich Aggressivität und Ungenauigkeit des Vertreidigers zu Lasten seines Mandanten aus.

Bei den Beweispersonen schauen die Laienrichter oft mehr auf diese Menschen und ihr Verhalten im Prozeß als auf die von ihnen berichteten Tatsachen.

So kann sich z.B. der gute Eindruck einer als Zeugin aussagenden, treusorgenden Ehefrau – selbst eine gekonnte Komödie derselben mit Tränen und gar Ohnmacht – ohne weiteres zum Vorteil des angeklagten Mannes auswirken. Stellt der Laie dagegen eine einzelne Ungenauigkeit oder Unrichtigkeit fest, so hält er oft vorschnell die gesamte Aussage für unzuverläßig oder falsch.
Sachverständige dagegen können, wenn sie sich für den Laien unverständlich ausdrücken oder nach deren Meinung arrogant verhalten, die Wirkung ihres Gutachtens auf den Laienrichter entkräften. Natürlich kann umgekehrt ihre Überlegenheit den Laien so imponieren, daß diese ihnen bei der Urteilsbildung unkritisch folgen.

Noch mehr als Berufsrichter unterliegen Laienrichter den keineswegs sachdienlichen Einflüssen der Öffentlichkeit und insb. der Massenmedien.

Während sich die Öffentlichkeit in der Regel auf die Stimmung der im Gerichtssaal anwesenden Zuhörer beschränkt, die aus politischen, religiösen oder anderen Gründen voreingenommen sein können, stellen die Massenmedien gerade bei sensationellen Strafsachen eine Gefahrenquelle erster Ordnung dar. Dabei kann sich ihre Haltung negativ oder positiv für den Angeklagten auswirken. Der Laie tut sich jedenfalls noch schwerer als der Berufsrichter damit, trotz einer solchen Stimmung Unvoreingenommenheit zu wahren.

Die interessanteste und in der Praxis wichtigste Fehlerquelle für die Überzeugungsbildung der Laienrichter aber dürfte der Einfluß der mit ihnen zusammenwirkenden Richter darstellen.
Besonders gilt dies zunächst einmal für die Berufsrichter und dabei für den Gerichtsvorsitzenden, deren Autorität und Sachkunde vor allem dann gefährlich wird, wenn jene Richter voreingenommen sind.

Auch hier gibt es Fehlurteile, die selbst bei anglo-amerikanischen Geschworenengerichten den Einfluß des Richters gegenüber der Jury dartun.

Allerdings kann eine sachgemäße Urteilsbildung andererseits ebenso durch mitwirkende Laienrichter erschwert oder verhindert werden. Sind unter ihnen Personen mit besonderer Autorität oder Überzeugungskraft, so kann es sein, daß diese die Jury auf ihre Seite bringen oder Schöffen bewegen, gegen die Berufsrichter zu stimmen.

In derartigen Fällen spielt allerdings bei einem solchen Wortführer häufig Voreingenommenheit dieser oder jener Art mit.

Insgesamt bildet sich nach allem die Überzeugung des Laienrichters weniger logisch als beim Berufsrichter und entspricht oft eher einem Pauschalurteil. Er legt dabei u. U. Äußerlichkeiten großen Einfluß bei, kreidet diese, wie z. B. liederlichen Lebenswandel, nicht selten dem Angeklagten an oder schreibt ihnen Dinge gut, obwohl sie in Wahrheit mit der kriminellen Tat überhaupt nichts zu tun haben. Im ganzen urteilt er somit häufiger nach dem Gesamteindruck und weniger nach Einzelheiten bzw. dem genauen Inhalt der Bekundungen und anderer Beweise.

Alles dies hängt – wie schon angedeutet – vor allem mit der geringen forensischen Erfahrung der Laien zusammen. Zu mangelnder Übung, die oft komplizierte Beweisaufnahme richtig zu deuten, kommt der fehlende Überblick hinzu, der es ihnen erschwert, sich vor Vorurteilen zu hüten. Die daraus u. U. resultierende Unsicherheit bewirkt, daß Zweifel nicht erkannt oder doch nicht geäußert, d. h. unterdrückt werden.

Diesen Gefahren müssen die Berufsrichter und insb. der Vorsitzende mit Erfahrung und Takt entgegenwirken. Sie müssen sie schon bei der Leitung des Prozeßes in Rechnung stellen, weil Vorurteile sich in der Beratung kaum mehr korrigieren lassen.

Das gilt für Rechtsfragen, welche sie dem Laienrichter in verständlicher Form erläutern sollten, ebenso wie für Tatfragen und insb. die Beweiswürdigung. Und selbst bei der Strafzumessung wird die nötige Information, sofern es sich nicht um den seltenen Fall eines impertinenten Laienrichters handelt, zumindest grobe Pannen vermeiden.
So kann z. B. der Berufsrichter den Laienrichter u. U. irritierende Manöver des Angeklagten oder seines Verteidigers schon in der Beweisaufnahme vereiteln, indem er durch entsprechende Fragen das zerpflückt, was angeblich die Not des Angeklagten oder seine Sorge für die Familie beweisen soll.

Es hängt ebenso nicht zuletzt vom Geschick der Berufsrichter ab, inwieweit sie es verstehen, etwaige Sachkunde und Erfahrung sowie das allgemeine Urteil des Laien für die Urteilsbildung nutzbar zu machen.

Der Verdruß mancher Berufsrichter über den damit verbundenen Zeitaufwand und die Mühe läßt sie verkennen, daß gerade das Gespräch mit Berufsexternen den Einblick vertiefen und die Urteilsbildung auf eine solidere Basis stellen kann, zumal da so etwas der Selbstkritik förderlich ist.

Insgesamt ist die Mitwirkung der Laienrichter trotz der z. T. bestehenden Grenzen und der oben geschilderten Gefahren letztlich kriminalpolitisch vor allem deshalb sinnvoll, weil dadurch auf eine lebensnahe Rechtspflege hingewirkt wird und diese so deutlicher als ein Anliegen der Gesellschaft erscheint. Wichtig ist, um Fehlentscheidungen zu erschweren, neben der Auswahl vor allem die Art der Besetzung solcher Kollegialgerichte.

In ihnen sollten die Laien nicht die erforderliche Mehrheit bilden. Wichtig ist ferner die Gestaltung des Rechtsmittelzuges, in welchem ggf. Fehler der ersten Instanz korrigiert werden müssen. Im übrigen kann man die Gefahrenquelle durch eine längere Dauer des Laienrichteramtes, welche forensische Erfahrung mit sich bringt, und durch eine bessere Auswahl vermindern.

8. Der Urkundsbeamte

Der Urkundsbeamte hat in Strafsachen eine Rolle, die man nur zu oft unterschätzt. Dies gilt, obwohl wie die Probleme der Protokollierung bei Vernehmungen nur kurz andeuten konnten (§ 21-III-1-c), außer für das Vorverfahren ebenso für das Erkenntnisverfahren erster Instanz. Denn in Rechtsmittelsachen kommt es oft entscheidend auf das Protokoll und damit auf die frühere Arbeit des Urkundsbeamten an.

Graßberger S. 300 ff.

Was die Art und Weise des Protokollierens anlangt, dürfen wir uns hier auf das bei der Vernehmung, insb. bei der Wiedergabe der Aussage Gesagte beziehen. Beachtet man diese Erkenntnisse und gewisse Vorsichtsmaßregeln, so werden bereits viele „Protokoll"-Fehler vermieden.

Vor allem sollte sich der Protokollierende davor hüten, seine Auffassung von den Vorgängen aufzuzeichnen, wenn er – wie üblich – eine Zusammenfassung des Gesprochenen geben soll. Ebenso wie Vernehmungsprotokolle regelmäßig in die Form von Frage und Antwort zu kleiden sind, sollte das auch bei Vernehmungen in der Hauptverhandlung erfolgen. Dabei ist die Ausdrucksweise jener der Aussageperson anzupassen; wichtige Angaben sollten möglichst wörtlich wiedergegeben werden.

Sicherlich bestehen Unterschiede zwischen Protokollen, wie sie der Urkundsbeamte im Rahmen einer Hauptverhandlung anfertigt und wie sie im Vorverfahren von Kriminalpolizei und Staatsanwaltschaft verfaßt werden. Da der Urkundsbeamte ungeachtet der Gegenzeichnung des Vorsitzenden selbständig arbeitet, ist es gewiß von Vorteil, wenn er entweder juristisch vorgebildet ist oder zumindest über eine hinreichende Ausbildung sowie forensische Praxis verfügt.

Diese Niederschriften sind übrigens durchweg kürzer als die Protokolle einer Vernehmung im Vorverfahren, für welche der vernehmende Beamte verantwortlich ist, der dabei zugleich mancherlei Vorkehrungen treffen kann, die den Beweiswert der Niederschrift noch erhöhen. Immerhin ist auch in der Hauptverhandlung ein gut geführtes Protokoll eine gediegene und wichtige Entscheidungsgrundlage.

III. Das Rechtsmittelverfahren

Das Rechtsmittelverfahren ist dasjenige Stadium des Prozesses, welches sich an das Erkenntnisverfahren erster Instanz anschließt. Haben wir es – wie häufiger – mit zwei weiteren Instanzen zu tun, der Berufungs- und der Revisionsinstanz, so unterscheiden sich diese grundlegend voneinander. Bei der Berufung prüft das Rechtsmittelgericht (ähnlich wie regelmäßig bei einer Beschwerde über bestimmte Punkte) die Sache sowohl in tatsächlicher als auch in rechtlicher Hinsicht. Dagegen ist das auf Revision (oder Rechtsbeschwerde) hin tätig werdende Gericht zumindest formell auf eine rechtliche Nachprüfung beschränkt.

Graßberger S. 344 ff.

In der Rechtsmittelinstanz sind infolgedessen auch vom Kriminalisten zwei ganz unterschiedliche Situationen zu beachten. Dabei entspricht das Verfahren vor einem Berufungsgericht trotz gewisser Abweichungen in großen Zügen mehr dem Erkenntnisverfahren erster Instanz, während das Revisionsgericht wegen seiner doch andersartigen Aufgabe in ganz anderer Weise als ein Gericht erster Instanz oder ein Berufungsgericht prozediert. Wir müssen daher, wenn wir die Psychologie des Rechtsmittelverfahrens richtig erfassen wollen, diese beiden Instanzen getrennt betrachten.

1. Berufung und Beschwerde

Berufung und Beschwerde sind Rechtsmittel, die eine Überprüfung der gerichtlichen Entscheidung sowohl in tatsächlicher als auch in rechtlicher Hinsicht durch ein höheres Gericht bezwecken. Daher muß der Prozeß erster Instanz im wesentlichen vor dem Berufungsgericht wiederholt werden. Grundsätzlich gelten hier daher dieselben Erkenntnisse und Grundsätze, die wir oben für jene als aufschlußreich herausgearbeitet haben (§ 22-II).
Allerdings haben wir es bei Berufung oder Beschwerde wohl regelmäßig mit einem Kollegialgericht zu tun, welches jedoch wiederum mit Berufs- und Laienrichtern besetzt sein kann. Gewisse Abweichungen ergeben sich ferner dadurch, daß bereits eine Entscheidung des Gerichts erster Instanz ergangen ist, das Verfahren nunmehr also in gewisser Weise präjudiziert ist. Diese Besonderheit der Rechtsmittelinstanz betreffen vor allem die „Parteien“ und das Gericht, weshalb wir uns im Folgenden auf diese beschränken wollen; dabei muß naturgemäß die Tätigkeit des Berufungsgerichts den breitesten Raum einnehmen.

Allerdings ist nicht von der Hand zu weisen , daß zu dem insoweit deformierend wirkenden Zeitfaktor in der Berufungsinstanz bei Zeugen eine größere Neigung zu gefärbten oder unwahren Aussagen hinzutreten kann.

a) Beschuldigter und Verteidiger

Die Position des Beschuldigten und seines Verteidigers im Rechtsmittelverfahren zweiter Instanz ist zumindest in denjenigen Fällen eine ungünstigere, in denen sie selbst ein Rechtsmittel eingelegt haben, weil sie meinen, das Gericht erster Instanz habe zu ihrem Nachteil entschieden.
Für den Beschuldigten sind die Aussichten des Rechtsmittelverfahrens gewöhnlich schwer zu überblicken, weshalb hier der Verteidiger an Bedeutung gewinnt. Wenngleich dann und wann Fälle der sogen. Rechtsmittel-Neurose vorkommen, so ist doch nicht zu verkennen, daß der Beschuldigte oft auch deshalb ein Rechtsmittel einlegt, weil das Gericht erster Instanz nicht in der Lage war, seine Ansicht wirklich überzeugend zu begründen.
Mehr als beim Beschuldigten kommt es in der Berufungsinstanz beim Verteidiger darauf an, daß er neben hinreichenden Rechtskenntnissen auch ausreichend kritikfähig ist, um die Aussichten der Berufung objektiv beurteilen zu können. Eine nicht unbeträchtliche Zahl von Berufungen ist schon infolge mangelnder Sachkunde im Strafrecht, mit dem die Rechtsanwälte durchweg weniger als mit dem Zivilrecht vertraut sind, und wegen unzureichender Selbstkritik aussichtslos.

Zuweilen raten verantwortungslose Verteidiger selbst dann zu einem aussichtslosen Rechtsmittel oder übernehmen eine Berufungssache, wenn sie einen Mißerfolg voraussehen; solchen Anwälten kommt es allein oder wesentlich auf die für sie in jedem Falle vorteilhafte pekuniäre Seite an, obwohl das auf die Dauer gesehen kurzsichtig sein dürfte. In allen diesen Fällen aussichtsloser Rechtsmittel treten daher die oben beim Verteidiger geschilderten Mißstände gehäuft auf.

Bei aussichtsreichen bzw. nicht völlig aussichtslosen Berufungen und Beschwerden ist die Situation in der Berufungsinstanz sowohl für den Beschuldigten als auch für seinen Verteidiger oft schon deshalb prekärer als in der ersten Instanz, weil bereits ein ungünstiges Urteil vorliegt. Wesentlich ist im übrigen, ob das betreffende Rechtsmittel diese Entscheidung in der Tatfrage, der Rechtsfrage oder der Straffrage angreift.
Am ehesten dürfte ein solches Rechtsmittel noch aussichtsreich sein, wenn eine fehlerhafte Beurteilung von Tatfragen gerügt wird.

Da es hier jedoch vor allem um die Beweiswürdigung geht, wirkt sich infolge der doch recht einseitigen Juristenausbildung das auch bei Rechtsanwälten häufige Defizit an kriminalistischen Kenntnissen ungünstig aus.

Halten Beschuldigter und Verteidiger das Urteil erster Instanz für rechtlich anfechtbar, so kommt es naturgemäß ebenfalls auf den Verteidiger an, weil der Beschuldigte juristisch nicht hinreichend versiert zu sein pflegt.

Doch sind die Kenntnisse mancher Rechtsanwälte im Strafrecht und vor allem im Strafprozeßrecht des öfteren nicht sonderlich eindrucksvoll oder sogar lückenhaft. Derartige Verteidiger sind daher nicht oder nur begrenzt in der Lage, ihre rechtlichen Zweifel überzeugend zu formulieren, sondern rühren gewissermaßen mehr mit der Stange im Nebel herum.

Nicht viel anders ist es, wenn vor allem die Strafzumessung des Gerichts erster Instanz angegriffen wird, welche der Beschuldigte aus seiner Sicht ohnehin in aller Regel als zu hart empfindet.

Abgesehen von der insoweit unsicheren Rechtslage kommt bei vielen Verteidigern zu den auch insoweit dürftigen Rechtskenntisse hinzu, daß sie mit den dafür wichtigen Tatfragen kriminologischer, insb. kriminalpädagogischer sowie ggf. kriminalistischer Art nur unzureichend vertraut sind. Ihre Kritik reduziert sich daher nicht selten auf das zwar verständliche, jedoch nicht wirklich überzeugend zu begründende Verlangen nach einer milderen Strafe bzw. nach Anerkennung irgendwelcher mildernder Umstände.

b) Ankläger

In Berufungs- und Beschwerdesachen spielt der öffentliche Ankläger oft eine größere Rolle als im Verfahren erster Instanz; denn auch hier wirkt sich die andersartige Stellung des öffentlichen Anklägers aus. Das äußert sich u. a. darin, daß der öffentliche Ankläger weniger als der Angeklagte und sein Verteidiger die Strafzumessung, sondern in erster Linie die Gesetzesanwendung rügt; ihm geht es dabei vor allem um Rechtsfragen, welche bei einer Berufung oder Beschwerde allerdings mit Tatfrage verbunden sein können.
Aussichtslose Rechtsmittel werden vom Staatsanwalt sehr viel seltener als von seiten des Angeklagten eingelegt, da der Staatsanwalt im allgemeinen persönlich nicht so engagiert ist, wenngleich zuweilen auch hier das Motiv der verletzten Eitelkeit mitspielen kann. – Dies bewirkt zugleich, daß der Staatsanwalt seltener ein für ihn ungünstiges, hinter seinem Strafantrag zurückbleibendes Urteil mit Rechtsmitteln angreift; er kann daher häufiger als der Angeklagte von der in gewissem Sinne präjudizierenden Wirkung des Urteils oder Beschlusses erster Instanz profitieren.
Vom Staatsanwalt eingelegte Berufungen oder Beschwerden sind also in aller Regel nicht aus der Luft gegriffen. Die rechtliche Rüge ist hier schon deshalb ernster zu nehmen, weil der öffentliche Ankläger in der Mehrzahl der Fälle doch besser mit Straf- und Strafprozeßrecht vertraut ist.
Uneinheitlicher ist die Lage, wenn der Staatsanwalt die unzutreffende Beurteilung von Tatfragen rügte. Denn hier wirkt sich bei ihm u. U. ebenfalls das kriminalistische Defizit der Juristenausbildung aus, welches erst mit der Zeit durch die praktische Erfahrung in etwa ausgeglichen wird.

Das aber ist – wie gesagt – nur bei einem Teil der Staatsanwälte der Fall, weil diese Tätigkeit leider oft nur vorübergehend und gerade von jungen Juristen ausgeübt wird.

Aus denselben Gründen bereiten vielen Staatsanwälten bei der Straffrage weniger die juristischen als vielmehr die kriminalpädagogischen Probleme erhebliche Schwierigkeiten.

c) Das Berufungs- oder Beschwerdegericht

Noch mehr als im Erkenntnisverfahren erster Instanz stehen beim Berufungs- bzw. Beschwerdegericht die Richter im Mittelpunkt, weshalb man sich in der Psychologie des Strafverfahrens auf sie besonders konzentrieren muß. Da wir es hier stets mit einem Kollegialgericht zu tun haben, müssen wir nach der Stellung der Richter zwischen dem Vorsitzenden und den beisitzenden Berufsrichtern unterscheiden, von denen der Berichterstatter besonders gewürdigt werden muß; daneben gibt es auch in Berufungsgerichten u. U. Laienrichter.

Ist es das Ziel des Rechtsmittelverfahrens, durch das Kollegialgericht eine genauere Überprüfung der Sache zu erreichen, so ist es eine der wichtigsten Aufgaben des **Vorsitzenden** zu verhindern, daß die anderen Richter sich mehr oder weniger gedankenlos dem Berichterstatter anschließen.

Der Vorsitzende sollte Bedenken oder abweichende Ansichten daher besonders beachten oder ggf. selbst in dieser Richtung tätig werden. Dies gilt außer für Rechtsfragen hier auch für Zweifel in der Tatfrage; dies ist besonders wichtig, weil die Situation für die Beweisaufnahme – schon wegen der inzwischen verstrichenen Zeit – in der Berufungsinstanz eher ungünstiger als in erster Instanz zu sein pflegt.

Mehr als im Verfahren erster Instanz kann der **Berichterstatter** die Entscheidung des Berufungsgerichts beeinflussen, weil er häufig nur als einziger die Vorgänge aktenmäßig wirklich kennt. Hier ist also die Gefahr eines Fehlurteils besonders groß, weil sich unter dem äußeren Schein des Kollegialgerichts die anderen Richter oft nur dem Berichterstatter als sachlich allein entscheidendem Richter anschließen.

Diese Überlegenheit des Berichterstatters ist allerdings bei der Tatfrage deutlicher als bei Rechtsfragen im eigentlichen Sinne. Immerhin kann diese Sonderstellung des Berichterstatters hier leichter zu einer Gefahr für die Rechtsfindung werden.

Die **Beisitzer** eines Berufungsgerichts befinden sich von vornherein in einer prekären Lage, weil die Prozeßleitung wesentlich in den Händen des Vorsitzenden liegt und ihre Kenntnis des Falles im Gegensatz zum Berichterstatter eine begrenzte zu sein pflegt; das gilt auch für beisitzende Berufsrichter.

Bei ihnen kann einmal ein Gefühl der Kollegialität bewirken, daß man bewußt oder unbewußt nach Aufrechterhaltung des Urteils erster Instanz strebt. Zum anderen gibt es aber auch Fälle, in denen beisitzende Berufsrichter blind dem Berichterstatter oder dem Vorsitzenden vertrauen.

Beisitzende Laienrichter haben es noch schwerer als in der ersten Instanz, da sich das Schwergewicht in Rechtsmittelsachen im allgemeinen mehr auf die rechtliche Ebene verlagert, über die sie naturgemäß wenig informiert sind. Auch psychologisch mag sich das Urteil erster Instanz auf sie noch eindrucksvoller als auf Berufsrichter auswirken.

Doch sind im Grunde alle Richter eines Berufungsgerichts angesichts der Entscheidung erster Instanz – wie angedeutet – Gefahren ausgesetzt, welche für Rechtsmittelgerichte geradezu typisch sind. Dies kann sich jedoch, wie man nicht verkennen sollte, recht verschieden auswirken.

Einmal können die Berufungsrichter bestrebt sein, die angefochtene Entscheidung grundsätzlich als richtig anzuerkennen, d. h. sie sind im einen oder anderen Sinne voreingenommen. Zum anderen aber weisen Entscheidungen der Berufungsgerichte nicht gar so selten Symptome auf, die für eine Besserwisserei sprechen.

Das gilt außer für die Tatfrage vor allem für die Rechts- und Straffrage. Dies äußert sich möglicherweise darin, daß Rechtsmittelrichter geringfügige, vor allem mildernde Korrekturen vornehmen, den sogen. „Rabatt" gewähren; das ist nicht nur verfahrenspsychologisch falsch, sondern strafrechtlich in dieser diffizilen Form nicht überzeugend zu begründen.

Es ist daher eine wichtige Aufgabe gerade des Vorsitzenden, solchen Gefahren bei der Verhandlungsleitung und bei der Beratung entgegenzuwirken. Dies aber sollte bei diesen Rechtsmitteln eigentlich nicht sonderlich schwer fallen, weil die für die Entscheidung der Tatfrage erhebliche Beweisaufnahme doch in weitem Umfange wiederholt wird.

2. Revision und Rechtsbeschwerde

Bei Revision und Rechtsbeschwerde geht es dagegen in der Rechtsmittelinstanz vor allem darum, die Auslegung des Gesetzes und seine Anwendung in rechtlicher Hinsicht nachzuprüfen. Dies bedeutet, daß die Tatfrage zwar formell ausgeschieden wird; materiell aber ist die Lage dennoch etwas anders, obwohl man das häufig verkennt.

Geht es um die Rüge der Verletzung formellen Rechts, so läßt sich die Ordnungsmäßigkeit der Prozedur des Erstgerichts häufig nur im Zusammenhang mit den Tatsachen beurteilen. Über das Beweisrecht kommt man so im Grunde sogar zu einer mittelbaren Prüfung der Tatsachen, weshalb in der Sache selbst auch die Tatfragen bei Revisionen oder Rechtsbeschwerden eine bedeutsame Rolle spielen kann.

Geerds, Friedrich: Revision bei Verstoß gegen Denkgesetze oder Erfahrungssätze? Ein Beitrag zu Umfang und Art richterlicher Kontrolle – in: Einheit und Vielfalt des Strafrechts. Festschrift für Karl Peters, hrsg. v. J. Baumann u. Kl. Tiedemann, Tübinger Rechtswiss. Abh. Bd. 35, Tübingen 1974, S. 267 ff.

Dennoch bewirkt der andersartige Zuschnitt dieser Rechtsmittel, daß das Verfahren vor einem Revisionsgericht grundlegend anders aussieht als das Erkenntnisverfahren erster Instanz oder das Verfahren vor einem Berufungsgericht.
So sind im Revisionsverfahren z. B. grundsätzlich der Inhalt der Akten und die Schriftsätze der Prozeßbeteiligten ausschlaggebend; die überragende Stellung des Gerichts wird infolgedessen noch deutlicher.

a) Beschuldigter und Verteidiger

Beim Beschuldigten und seinem Verteidiger verlagert sich das Schwergewicht noch mehr als bei der Berufung auf den Juristen; der Beschuldigte selbst wird daher oft gar nicht mehr gehört. Die Verantwortung des Verteidigers ist hier daher ungleich größer als in der ersten oder zweiten Instanz.
Um so mehr Mühe und Sorgfalt sollte er aus diesem Grunde auf die Rechtsmittelschriften legen, wenn er Einfluß auf die richterliche Entscheidung nehmen möchte.

Hier rächt sich, abgesehen von z. T. flüchtiger Arbeitsweise, häufiger die Tatsache, daß manche Verteidiger schlechter als Staatsanwälte mit Straf- und Strafprozeßrecht sowie mit den mit ihrer Anwendung sich ergebenden Tatfragen vertraut sind. Denn manche Rechtsanwendung ließe sich gerade mit

Erkenntnissen der Kriminologie oder Kriminalistik angreifen. Solide Kenntnisse ermöglichen eine klare Begründung, die bei knapper Ausdrucksweise – und sorgfältig belegt – besonders beeindrucken dürfte.

Diejenigen Gründe, aus denen es zu Revisionen und Rechtsbeschwerden kommt, sind zwar im wesentlichen dieselben wie bei der Berufung; doch dürfte hier die verantwortliche Mitwirkung des Verteidigers noch wichtiger sein.

Für dessen Aktivität spielen allerdings leider die finanziellen Mittel des Angeklagten, sofern dieser nicht schon über „Hausjuristen" verfügt, nicht gar so selten eine wichtige Rolle.

b) Ankläger

Für den öffentlichen Ankläger gilt im großen und ganzen das beim Berufungsverfahren Ausgeführte, wenngleich er hier etwas häufiger derjenige ist, der das Rechtsmittel einlegt. Da es bei Revision und Rechtsbeschwerde jedenfalls primär um vermeintliche Rechtsverletzungen geht, sollte einleuchten, daß der Staatsanwalt seine Rechtsansicht gegen die vermeintlich unzutreffende von Erst- oder Berufungsrichtern ggf. im Wege der Revision durchzusetzen versucht. Kann man hier zudem in der Regel mit juristisch besonders qualifizierten Staatsanwälten rechnen, so wirkt sich, wenn es in Wahrheit mehr um Tatfragen geht, u. U. dennoch das auch bei ihnen mitunter zu verzeichnende kriminalistische Defizit ungünstig aus.

Im übrigen sollte sich der Staatsanwalt in Rechtsmittelschriften und Äußerungen um eine knappe, aber klare Ausdruckweise bemühen; das gilt besonders, wenn er auf diese Weise einen Kontrast zu den mitunter weitschweifigen und nicht sonderlich gehaltvollen Ausführungen der Verteidigung bieten könnte.

c) Das Revisionsgericht

Am meisten unterscheidet sich bei Revision oder Rechtsbeschwerde, wie nach allem nicht überraschen kann, die Situation des Gerichts von den Gegebenheiten einer Berufung. Daher verdient die Arbeitsweise der höchstrichterlichen Judikatur auch in diesem Zusammenhang besondere Aufmerksamkeit.

Die prozeßleitende Tätigkeit des **Vorsitzenden** verliert hier allerdings etwas an Gewicht, weil das Verfahren der Sache nach wesentlich auf Grund der Akten entschieden wird. Dagegen gewinnt der **Berichterstatter** beim Revisionsgericht eine überragende Bedeutung. Dies gilt vor allem für die Tatfrage, da er häufig als einziger den Akteninhalt voll und ganz kennt, welcher sich auch durch den besten Vortrag nicht ersetzen läßt. Er hat hier also entscheidenden Einfluß. – Weniger deutlich ist seine Überlegenheit wiederum bei bloßen Rechtsfragen, weil hier der Informationsstand der Richter insoweit sehr viel ausgeglichener ist. Immerhin ist seine Ansicht oft auch hier maßgebend, weil er sich mit den wichtigen, u. U. doch schon sehr komplizierten Rechtsproblemen der Sache genauer als die anderen Richter befaßt hat.

Die **Beisitzer** des Revisionsgerichts sind, was ihrer Aufgabe entspricht, stets Berufsrichter. Obwohl die Informationsmöglichkeiten an sich ausgeglichener sind, ist ihre Aktenkenntnis vielfach doch tatsächlich eine beschränkte. Das aber bringt die Gefahr mit sich, daß sie sich oft dem insoweit überlegenen Berichterstatter anschließen.

Auch hier kann also die anscheinend größere Sicherheit der Kollegialentscheidung täuschend sein. Doch wirkt sich dieser Nachteil bei den zur Diskussion stehenden Rechtsfragen am wenigsten aus; denn bei diesen Gerichten findet man nur seltener junge Richter, die möglicherweise mit Spezialproblemen noch nicht wirklich vertraut sind.

Dem Vorsitzenden fällt wiederum die Aufgabe zu, derartigen Gefahren nach Möglichkeit entgegenzuwirken. Allerdings sollte er sich hüten, dabei vorschnell seinen Standpunkt zu äußern oder sich ausdrücklich auf seine wirkliche bzw. vermeintliche Erfahrung zu stützen, um die Behandlung der Sache zu verkürzen. Denn selbst bei den Beisitzern eines Revisionsgerichts wäre dann eine Einflußnahme – und sei es auch nur aus Gründen falsch verstandener Kollegialität – nicht völlig auszuschließen.
Bedenklicher als bei der Rechtsfrage ist die Situation aller Revisionsrichter, wenn es in Wahrheit mehr um Probleme der Tat- oder Straffrage geht. Neben den bei zahlreichen Strafjuristen doch verhältnismäßig geringen Kenntnissen in Kriminologie und Kriminalistik kann sich hier zuweilen überdies eine mangelnde Vertrautheit mit den Gegebenheiten des Ermittlungsverfahens oder der Rechtspraxis der Vorinstanzen ungünstig auswirken. Denn die insoweit ausgleichend wirkende Erfahrung kann im Einzelfalle recht begrenzt sein und liegt des öfteren schon einige Zeit zurück. Eben deshalb mag insoweit mitunter bei Höchstgerichten eine merkwürdige Praxisferne zu beobachten sein.

IV. Das Wiederaufnahmeverfahren

Das Wiederaufnahmeverfahren bezieht sich anders als bei förmlichen Rechtsmitteln auf ein bereits durch rechtskräftiges Urteil abgeschlossenes Strafverfahren. Es zielt darauf ab, diese Entscheidung nachträglich doch noch in einem für den Verurteilten günstigen oder ungünstigen Sinn abzuändern.
Eine solche außerordentliche Korrektur rechtskräftiger Strafurteile ist in allen Rechten im Hinblick auf die Rechtskraft des Strafurteils, welche dem Bedürfnis nach Rechtsruhe und Rechtssicherheit entgegenkommt, nur in recht begrenztem, wenngleich unterschiedlichem Umfange zulässig. Allerdings kann man sich kriminalpolitisch darüber streiten, ob die heutzutage überwiegend sehr engen Grenzen wirklich der Sache entsprechen. Denn die im Zusammenhang mit der richterlichen Überzeugungsbildung geschilderten Justizirrtümer (§ 22-II-7-a-cc) haben gezeigt, daß in manchen Fällen eine solche Wiederaufnahme der einzige Weg ist, um dem Verurteilten Gerechtigkeit widerfahren zu lassen.

Graßberger S. 347 ff.; *Peters,* Karl: Ermittlungsfehler als Ursache für Wiederaufnahmeverfahren – in: GrKrim Bd. 11, S. 391 ff. (1973).

Trotz der z. T. abweichenden Regelungen in den einzelnen Ländern lassen sich bei der Wiederaufnahme zwei bzw. drei große Komplexe in etwa unterscheiden. Wir fassen im Folgenden jedoch die sich mit dem Wiederaufnahmebegehren oder -antrag ergebenden Probleme zusammen, um sie der erneuten Sachbehandlung des rechtskräftig abgeschlossenen Strafverfahrens gegenüberzustellen.

1. Das Wiederaufnahmebegehren

Ein Wiederaufnahmebegehren kann – wie gesagt – eine Änderung der rechtskräftigen Entscheidung zum Nachteil oder zugunsten des Verurteilten bezwecken. Dabei unterscheiden viele Rechte zwischen der Zulässigkeit und der Begründetheit eines solchen Wiederaufnahmeantrags. Psychologisch ist die Situation aber dennoch in beiden Stadien dieselbe, weil es zunächst lediglich um den Antrag als solchen geht.

Dabei beschränkt sich die Zulässigkeitsprüfung darauf, ob die dafür geltend gemachten Gründe – ungeachtet ihrer Beweisbarkeit – überhaupt den oft engen gesetzlichen Voraussetzungen einer Wiederaufnahme genügen. Erst wenn diese Schlüssigkeitsprüfung des Vorbringens ergibt, daß dieses der Fall ist, wird geprüft, inwieweit der Antrag begründet ist, d. h. die darin behaupteten Tatsachen richtig oder doch wahrscheinlich sind. Dabei ist gleich, ob es sich um neue, bisher nicht berücksichtigte Tatsachen handelt oder ob im Wiederaufnahmbebegehren behauptet wird, das Urteil sei infolge einer Täuschung oder ähnlichem von falschen Tatsachen ausgegangen. Diese Begründetheitsprüfung darf nicht mit der erneuten Sachbehandlung verwechselt werden; denn sie beschränkt sich auf diejenigen (bestimmten) Tatsachen, auf Grund derer eine Wiederaufnahme verlangt wird. Diese brauchen überdies gewöhnlich nicht voll bewiesen zu werden, sofern nur eine andere Entscheidung in der Sache nunmehr nach Lage der Dinge als möglich erscheint.

Lassen sich die für das Wiederaufnahmebegehren wesentlichen Tatsachen beweisen oder doch zumindest wahrscheinlich machen, was allerdings wegen der durch u. U. langen Zeitablauf verschlechterten Beweissituation keineswegs immer leicht darzutun ist, so wird in dieser oder jener Form die Rechtskraft des zweifelhaft gewordenen Strafurteils suspendiert und eine neue Verhandlung der Strafsache angeordnet; erst in dieser wird dann entschieden, ob und inwieweit das Urteil wirklich abgeändert wird.
Wesentlich für die Psychologie des Strafverfahrens ist es in diesem Stadium der Sache, zwischen Wiederaufnahmebegehren zugunsten und zuungunsten des Verurteilten zu unterscheiden.

a) Wiederaufnahme zugunsten des Verurteilten

In der Praxis häufiger und zudem in der Sache problematischer ist das Wiederaufnahmebegehren zugunsten des Verurteilten. Relativ einfach liegen hier die Dinge gewöhnlich noch, wenn tatsächlich neue Beweise präsentiert werden, welche die Urteilsgrundlage entscheidend ändern könnten. Schwieriger ist die Situation jedoch üblicherweise, wenn eine Wiederaufnahme mit der Behauptung verlangt wird, das Urteil sei durch verfälschende Praktiken beeinflußt worden.
Insgesamt läßt sich sagen, daß die Hartnäckigkeit wiederholter Wiederaufnahmebegehren keineswegs für ihre Begründetheit spricht. Vielmehr scheint ein solches Verhalten häufiger die Folge einer ausgesprochenen Rechtsmittelsucht, einer in der Haftsituation begreiflichen Aktivität oder eines Wunderglaubens zu sein, sein Schicksal doch noch irgendwie zu ändern.

Dabei kann u. U. die durch Massenmedien bewirkte Anteilnahme der Öffentlichkeit eine stimulierende Rolle spielen. Typisch ist für viele dieser Fälle, daß das angebotene Beweismaterial weder neu noch sonderlich gewichtig ist, sondern es häufiger nur so drapiert wird, daß man hoffen kann, die Hürde dennoch nehmen zu können.

b) Wiederaufnahme zuungunsten des Verurteilten

Die Wiederaufnahme zum Nachteil des Verurteilten, wie sie üblicherweise von der Staatsanwaltschaft begehrt wird, ist der in der Praxis sehr viel seltenere Fall. Denn in aller Regel wird ein solches Verlangen nur dann geltend gemacht, wenn wirklich neue Tatsachen und Beweise vorliegen, die eine zudem erhebliche Änderung im Sinne des Begehrens wirklich wahrscheinlich machen.

Bei einem solchen Wiederaufnahmebegehren von seiten des Anzeigenden, der z. B. als Nebenkläger dazu legitimiert sein kann, haben wir es allerdings häufig mit rachedurstigen Querulanten zu tun.

Vorbehaltlich dieser Differenzierung scheinen diese Fälle somit für die Psychologie des Strafverfahrens weniger problematisch zu sein, was jedoch nicht heißen soll, daß sich hier nicht ebenfalls noch etwas tun ließe, um die Hintergründe der Wiederaufnahme aufzuhellen.

2. Verhandlung und Entscheidung über die wiederaufgenommene Strafsache

Ist der Wiederaufnahmeantrag des rechtskräftig Verurteilten (bzw. seines Verteidigers) oder der Staatsanwaltschaft nach Ansicht des dafür zuständigen Gerichts zulässig und begründet, so kommt es zur erneuten Behandlung der fraglichen Strafsache und damit u. U. zu einer anderen Entscheidung. Von Sonderfällen abgesehen, in denen nach Tod des Verurteilten oder bei eindeutigem Sachverhalt in vereinfachter Form nach Lage der Akten entschieden werden kann, findet eine neue Hauptverhandlung in der wiederaufgenommenen Strafsache statt; dabei pflegt die Beweisaufnahme über die neuen, den Wiederaufnahmeantrag begründenden Tatsachen hinauszugehen.
Ein erstes Problem ist hierbei, welche Richter in der erneuten Hauptverhandlung zu entscheiden haben; denn nicht selten ist immer noch das Gericht erster Instanz dafür zuständig. Dann aber besteht ungeachtet eines inzwischen ggf. erfolgten personellen Wechsels die Gefahr, daß Richter in der Wiederaufnahme tätig werden, die an der fraglichen Entscheidung mitgewirkt haben.

Es ist verständlich, daß diese die Voraussetzungen der Wiederaufnahme recht engherzig prüfen. Man kann geradezu von einer Befangenheit dieser Richter durch Vorbefassung mit der Sache sprechen.

Ebenso wie Deutschland sind daher auch andere Staaten dazu übergegangen, für die erneute Verhandlung und Entscheidung eine anderes Gericht gleicher Qualifikation für zuständig zu erklären.

Obgleich diese Zuständigkeitsregelung aus den soeben genannten Gründen vorzuziehen sein dürfte, sollte man auch hier nicht die einer kritischen Kontrolle möglicherweise entgegenstehenden Umstände wie z. B. falsche Solidarität mit den Richterkollegen, die früher entschieden haben, zu gering einschätzen. Immerhin gleicht die Situation bei einer solchen Reglung doch schon mehr dem Verfahren in der Rechtsmittel- und insb. der Berufungsinstanz.

Das weitere Verfahren in der erneuten Hauptverhandlung bietet davon abgesehen an sich regelmäßig keine anderen Schwierigkeiten als in der Rechtsmittelinstanz außer der, daß seit der Tat u. U. bereits eine beträchtliche Frist verstrichen sein kann, was naturgemäß die Beweissituation für die Anklage erschwert.
Im übrigen entspricht das Verfahren in seiner Form dem erster Instanz. Nicht gar so selten kann der Verurteilte hier sogar auf eine ihm günstige Stimmung rechnen, weil das frühere Verfahren bereits durch die Zulassung der Wiederaufnahme in Zweifel gezogen worden ist. Nur in Ausnahmefällen, z. B. bei besonderem Interesse einer kritischen Öffentlichkeit, kann auch dann noch falsche Solidarität der mit der Wiederaufnahmesache befaßten Richter hemmend wirken.
Insgesamt aber ähnelt das Wiederaufnahmeverfahren somit trotz andersartiger rechtlicher

Konstruktion in vielem dem Prozeß in der Rechtsmittelinstanz. Abgesehen von den sich durch Zeitablauf ergebenden tatsächlichen Besonderheiten aber ist gerade das in Wiederaufnahmefällen zu gewinnende Material (z. B. über Fehlurteile) für den Kriminalisten wertvoll, der sich mit der Psychologie des Strafverfahrens befaßt.

§ 23
Zur Kriminaltaktik bei den einzelnen Verbrechen

Nach dem Überblick über die allgemeinen Grundsätze und Erkenntnisse der Kriminaltaktik erscheint es angebracht, dieses Gebiet der Kriminalistik nunmehr abschließend in seiner speziellen Bedeutung für die vielfältigen Erscheinungsformen kriminellen Verhaltens noch etwas genauer zu erläutern. Es geht uns jetzt also vor allem darum, die unterschiedliche praktische Bedeutung der oben geschilderten kriminaltaktischen Erkenntnisse und Grundsätze herauszuarbeiten und dabei spezielle Gesichtspunkte für die einzelnen Formen der Kriminalität aufzuzeigen.

Selbstverständlich können die folgenden Ausführungen keine erschöpfende Darstellung der Einzelprobleme bieten. Unser Ziel kann es bei der Taktik für die einzelnen Verbrechen nur sein, die Anwendung der behandelten Grundsätze auf typische Fälle kriminellen Verhaltens beispielhaft zu erläutern, um so die Notwendigkeit der Differenzierung zu verdeutlichen und das Gesamtbild abzurunden. Zugleich sollte damit anschaulicher werden, wie man auf diese Weise die Tätigkeit der Strafverfolgungsorgane und insb. die kriminalistische Praxis auf eine rationalere Grundlage stellen kann. Die wissenschaftlich geprüften und geordneten Daten und Erfahrungen sollen nicht zuletzt helfen, der kriminalistischen Praxis durch Aufzeigen der Schwierigkeiten und Möglichkeiten die Arbeit zu erleichtern, d. h. diese zweckmäßiger und wirksamer zu gestalten. Obwohl dabei, was der Entwicklung und der gegenwärtigen Situation entspricht, die Gesichtspunkte der repressiven Verbrechensaufklärung im Vordergrund stehen werden, soll dort, wo dies notwendig oder doch sinnvoll erscheint, jeweils auch – wie oben (§ 17-III) angedeutet – auf Möglichkeiten und Erfordernisse der präventiven Verbrechensvorbeugung eingegangen werden.

Ebenso wie bei der Kriminaltechnik (§ 16) wollen wir uns daher auch bei der folgenden, auf die Belange der Kriminaltaktik bei den einzelnen Verbrechen zugeschnittenen Darstellung vor allem an den verschiedenen Formen der Kriminalität orientieren.

A. Delikte gegen die Person

Die Lage ist kriminaltaktisch bei den Delikten gegen die Person in der Regel trotz aller auch hier zu verzeichnenden Unterschiede insgesamt doch ganz anders als bei anderen Formen kriminellen Verhaltens. Innerhalb dieser Gruppe von Straftaten muß zudem wiederum zwischen einzelnen, verschieden strukturierten Deliktstypen unterschieden werden; bei diesen empfiehlt es sich kriminaltaktisch ebenfalls, in aller Regel wiederum – wie oben (§§ 8, 16-A-I) – an Hand der einzelnen Verbrechenstechniken vorzugehen.

I. Vorsätzliche Tötungen
II. Fahrlässige Tötungen
III. Abtreibungen u. a.
IV. Vorsätzliche Körperverletzungen
V. Fahrlässige Körperverletzungen
VI. Nötigung und Freiheitsberaubung
VII. Delikte wider den persönlichen Frieden
VIII. Ehrverletzungen

Ein Sonderproblem, das – wie angedeutet – weit über die Delikte gegen die Person hinausreicht, diese zudem nur teilweise betrifft, ist die Bekämpfung der **Gewaltkriminalität.** Ungeachtet der Tatsache, daß schnelle und sichere Aufklärung einzelner Gewaltdelikte auch für dieses allgemeinere Phänomen eine nicht zu unterschätzende Bedeutung hat, ist hier ggf. doch der größere Zusammenhang zu beachten, sofern es nicht schon um die später zu behandelnden Aktivitäten von Verbrecherorganisationen geht (§ 23-C-IX-3). – Bald noch mehr als auf intensive Aufklärungsarbeit kommt es hier zudem auf Maßnahmen der Kriminalprävention, z. B. entsprechende Fahndungstätigkeit und Vorfeldarbeit an.

Bei den vorsätzlichen Tötungen lassen sichallerdings sogleich einige Punkte berücksichtigen, die ebenso bei fahrlässigen Tötungen zu beachten sind, zumal da derartige Strafsachen zumindest zunächst nicht immer klar zu unterscheiden sind. Vor allem aber läßt sich kriminaltaktisch zu Beginn der Ermittlungen gewöhnlich nicht zwischen vorsätzlichen Tötungen und Selbstmord unterscheiden, weshalb diese Fallgruppen hier zusammenfassend behandelt werden sollen.

I. Vorsätzliche Tötungen

Die vorsätzlichen Tötungen, deren Prototyp der Mord bzw. Totschlag ist, sind nicht nur kriminologisch außerordentlich vielgestaltig, sondern umfassen – wie wir gesehen haben (§ 8-I) – sehr verschiedenartige Verbrechenstechniken. Dennoch läßt sich einiges für die kriminaltaktische Situation vorausschicken.

Svensson/Wendel S. 216 ff.; *Falter,* Josef: Todesermittlungen – Kriminalistik 1963, S. 244 ff., 299 ff., 362 ff., 517 ff.; 1964, S. 81 ff., 251 ff.; *Weber,* Fritz: Bearbeitung von Kapitalverbrechen, insb. Todesermittlungen – Fehler, welche die Aufklärung gefährden oder verhindern – Kriminalistik 1963, S. 501 ff., 564 ff.; 1964, S. 26 ff.; *Meixner* II-170 ff.; *Fischer,* Johann: Die kriminalpolizeiliche Todesermittlung – BKA 1968/3; *Bauer,* Günther: Morde durch Kinder und Jugendliche. Eine kriminologische Untersuchung – in: TbKrim Bd. XIX, S. 9 ff., insb. S. 68 ff. (1969); *Hughes,* insb. S. 3 ff., 57 ff. Vgl. schon *Weingart,* Albert: Kriminaltaktik. Ein Handbuch für das Untersuchen von Verbrechen – Leipzig 1904 – S. 347 ff.; *Schneickert,* S. 16 ff., 25 ff.

Ein Kardinalproblem ist in Todesfällen zunächst einmal, daß überhaupt der Verdacht einer vorsätzlichen Tötung aufkommt. Das ist, wie im Zusammenhang der Kriminaltechnik dargelegt worden ist, nicht einmal dann der Fall, wenn der Tod eines Menschen bekannt und sicher ist. Denn die Tatsache des Todes allein läßt die Frage offen, ob dieser auf natürliche Ursachen, ein Unglück, Selbstmord oder auf die hier besonders interessierende bewußte Tötung durch dritte Hand zurückzuführen ist.

Aus diesem Grunde muß in allen diesen Fällen zunächst einmal die **Todesursache** eindeutig festgestellt werden. Dabei kann ferner die ebenfalls im Rahmen der Gerichtsmedizin behandelte Feststellung der Todeszeit eine Rolle spielen; neben medizinischen Erkenntnissen können hierbei aber u. U. auch kriminalistische Ermittlungsergebnisse bedeutsam werden.

Außer auf Zeugenaussagen kann es bei Todesermittlungen ferner auf Sachbeweise ankommen. Bei einer etliche Tage zurückliegenden Ermordung einer Prostituierten konnte der Todestag u. a. dadurch fixiert werden, daß zwar die Zeitung vom Monatsersten auf dem Küchentisch lag, aber die folgenden Zeitungen mit der Briefpost unterhalb des Briefeinwurfschlitzes der Wohnungstür lagen. Das Patenkind, welches das spätere Opfer am fraglichen Monatsersten besucht hatte, bekundete überdies, man habe Äpfel gegessen, bevor die Frau in das Kino gegangen sei. Dem entsprach, daß man bei der Obduktion im Mageninhalt schalenartige Gebilde fand, die nach der üblichen Verdauungszeit auf eine Tatzeit um Mitternacht hindeuteten, die später durch das Geständnis des Täters bestätigt wurde.

Ist der Tote unbekannt, so muß er in der oben geschilderten Weise identifiziert werden, wenn man mit den Ermittlungen vorankommen will (vgl. auch § 19-III-1-b).
Selbst wenn gewisse Umstände auf eine vorsätzliche Tötung hinzudeuten scheinen, muß man dennoch alle **anderen Todesursachen sicher ausschließen** können. Daß dies selbst bei natürlichen Ursachen nicht immer leicht ist, beweist u. a. der Umstand, daß sich sogar von Ärzten ausgestellte Todesbescheinigungen mitunter als falsch erweisen. Und dies gilt nicht nur für außergewöhnliche, wenngleich natürliche Umstände, sondern vor allem für gewisse Unfälle, Selbstmord und sogar vorsätzliche Tötungen. Da der erste Anschein mithin trügen kann, sollte man nicht leichthin einen „Mord" verneinen.
Dies gilt besonders – wie wir bei allen Todesarten sehen werden – für Fälle, in denen bewußt oder unbewußt mit Verschleierungspraktiken gearbeitet worden ist, was einen insoweit irritierenden Eindruck bewirken kann.

Wagner, K.: Verschleierte Tatbestände bei Todesfällen – in: Grundfragen der Kriminaltechnik, hrsg. v. Bundeskriminalamt, Wiesbaden 1958, S. 157 ff. (reichhaltiges Fallmaterial).

So kann beispielsweise die Situation, was die Todesart und -ursache anlangt, verwirrend wirken, wenn beim Tod eines Menschen die Begleitumstände auf einen **Unglücksfall** hinzudeuten scheinen, für den Verantwortlichkeit wegen fahrlässiger Tat in Betracht kommen könnte.

Ein junger Bauer hatte seine Frau erwürgt und seine Tat so geschickt als Unfall im Stall eines als bösartig bekannten Pferdes kaschiert, daß selbst das gerichtsmedizinische Gutachten nicht eindeutig ausfiel. Er konnte aber durch noch vor der Obduktion beginnende, geschickte Vernehmung überführt werden (*Schober,* Andreas: Verbrechen oder Unglücksfall? Rasche Aufklärung durch angewandte Technik und Taktik im Verhör – Kriminalistik 1950, S. 104 ff.).

Mäule, Richard: Unfall oder Verbrechen? Die vorgetäuschte Gedächtnislücke – Kriminalistik 1963, S. 317 f.; *Kremmling,* Gerhard: Vortäuschung eines Unfalls – Kriminalistik 1967, S. 532 ff.

Besteht angesichts der Umstände des Falles zumindest der Verdacht eines unnatürlichen Todes, so muß die Todesursache ohnehin exakt festgestellt werden, um eine vorsätzliche Tötung ausschließen zu können. Die meisten Rechte sehen – wie § 159 dtsch. StPO – für diese Fälle ohnehin besondere Todesermittlungen (sogen. **Leichensachen**) vor, die vor allem den Zweck haben, ob sich bei Feststellung der Todesursache überhaupt Anhaltspunkte

für einen strafrechtlich relevanten Tatverdacht dieser oder jener Art ergeben; denn erst dann wäre ein förmliches Strafverfahren einzuleiten.
Nicht gar so selten erweist sich bei solchen Leichensachen der Verdacht als unbegründet, weil der **natürliche Tod** unter irritierenden Umständen erfolgen kann.

Der zunächst unerklärlich erscheinende Tod eines 2 Jahre und 3 Monate alten Kindes konnte mithilfe der Obdukktion auf eine konstituionelle Überempfindlichkeit zurückgeführt werden, bei welcher der Genuß von Krabben tödlich gewirkt hatte.

Holz, Arthur: Tod durch Überempfindlichkeit – Kriminalistik 1959, S. 91, *Schäfer,* Edgar: Wider Erwarten: Doppelter natürlicher Tod – Kriminalistik 1969, S. 599 ff.; *Kobusch,* Werner: Fremdverschulden??!! – der kriminalist 1972 / H. 6/S. 17 f.; *Mätzler,* Armin: Es war kein Mord – Kriminalistik 1973, S. 54 ff.; *Hughes* S. 332 ff.

Selbstmord wird vereinzelt unter solchen Umständen begangen, die auf vorsätzliche Tötung – u. U. sogar durch eine bestimmte Person – hindeuten; auch gibt es Fälle von Selbstmord, die später von Dritten auf derartige Weise verheimlicht werden sollen.

Rautenstrauch. Ernst: Mord oder Selbstmord? Rache über den Tod hinaus – Kriminalistik 1957, S. 435 ff.

Eine übel beleumundete 50jährige Frau, die früher schon als „gefährliche Großstadtdirne“ aus Berlin ausgewiesen war, machte sich an einen 65jährigen Rentner heran, dessen bettlägerige, todkranke Frau sie pflegen sollte. Wegen Mißhandlung dieser Frau kam es zu einem Strafverfahren gegen die Täterin; der Rentner brach die Beziehungn zu ihr ab. Aus Rache gestaltete sie einen Selbstmord so, daß der Rentner in den Verdacht des Mordes geraten mußte.
Obwohl ein Mann den Tod seines Schwiegervaters mit einem epileptischen Anfall in Verbindung gebracht hatte, konnte als Todesursache auf Grund von Strangulationsmerkmalen Erhängen festgestellt werden. Ferner ermittelte man, daß der Schwiegervater sich zwar erhängt hatte, aber alsbald von dem Zeugen abgeschnitten worden war, weil dieser den Selbstmord verheimlichen wollte.

Bornemann, Wilhelm: Eine mysteriöse Bluttat – Kriminalistik 1951, S. 56 f.; *Dorsch,* A./*Folger,* G: Mord durch Erdrosseln oder Selbstmord durch Erhängen? – Kriminalistik 1959, S. 303 ff.; *Wehrle,* Klaus: Selbstmörderischer Raubüberfall – der kriminalist 1972/H. 8/S. 25 f.; *Scheidgen,* Wolfgang: Raubmord oder Selbsttötung. Analyse eines mysteriösen Todesfalles – der kriminalist 1973, S. 155 ff.; *Hughes* S. 108 ff. (allgemein zur Selbstmorduntersuchung); *Klamroth,* Gerd: Dennoch kein Mord – der kriminalist 1975, S. 429 f. (Selbstmord durch vier Schüsse in die Brust); *Scheib,* Karlheinz: Selbsttötung mit Gift und Versuch, sich zu erschlagen – Kriminalistik 1976, S. 366 f.; *Maurer,* Martin/*Eisenmenger,* Wolfgang: Eine nicht alltägliche Todesermittlungssache zum Thema: Unfall, Selbsttötung, Fremdtötung? – Kriminalistik 1977, S. 401 ff.

Umgekehrt gibt es Fälle vorsätzlicher Tötung, in denen ein **Selbstmord vorgetäuscht** werden soll.
So war es, als ein toter Mann in einer Küche aufgefunden wurde, in welcher zwei Gashähne offen standen. Die Ehefrau sagta aus, der Mann sei um 0.45 Uhr in die Küche gegangen, sie sei eingeschlafen und erst um 6.30 Uhr durch den Wecker geweckt worden. Während für diese Erklärung sprach, daß der Mann bereits früher einen Selbstmordversuch begangen hatte, stimmte bedenklich, daß die Ehe der beiden als zerrüttet galt. Unergiebig erschien insoweit zunächst, daß bei der Obduktion festgestellt wurde, der an Gasvergiftung Verstorbene habe unter starkem Alkoholeinfluß gestanden. Erst der ihrer Aussage widersprechende Umstand, daß der Wecker auf 5.20 Uhr statt auf 6.30 Uhr gestellt war, veranlaßte die

Frau zu dem Geständnis, sie sei früher, als zunächst behauptet, aufgestanden, um ihren betrunken in der Küche schlafenden Mann durch Aufdrehen der Gashähne zu töten.
Da neben der Leiche eines Mannes, der mit zwei Schußwunden im Kopf aufgefunden wurde, ein Revolver lag, schien alles auf Selbstmord hinzudeuten. Zweifel erweckten nicht so sehr die mitunter vorkommenden zwei Schüsse als der Umstand, daß der Revolver, der nicht geladen war und auch keine leeren Hülsen enthielt, in seinem Lauf eine Menge Staub aufwies. Es bedurfte bei dieser simplen Verschleierungstaktik kaum noch der vergleichenden Schußwaffenuntersuchung, um darzutun, daß der Mörder lediglich einen Revolver vom gleichen Typ und Kaliber neben sein Opfer gelegt hatte (*Svensson/Wendel* S. 175).

Benack: Raffinierter Gattenmord – Kriminalistik 1952, S. 182 ff.; *Ballhause,* Werner: Mord an der Ehefrau. Vortäuschung eines Selbstmordes durch nachträgliches Erhängen – Kriminalistik 1954, S. 283 ff.; *Ballhause,* Werner: Mord an der Mutter. Vortäuschung eines Selbstmordes durch nachträgliches Erhängen – Kriminalistik 1958, S. 448 ff.; *Klinger,* Günter: Noch einmal gut gegangen. Beitrag zum Thema „Fehler im Ermittlungsverfahren" – Kriminalistik 1976, S. 17 f.; *Schneider,* Volkmar: Trotz negativem Obduktionsbefund – Tötungsdelikt – Kriminalistik 1976, S. 205 f.

Kompliziert gestalten sich die Ermittlungen u. a. bei **Doppelselbstmord,** wenn einer der Beteiligten zur Tötung des anderen mitgewirkt hat.

Scheib, Karl-Heinz/*Buchert,* Rainer: Einseitig fehlgeschlagener Doppelselbstmord – Kriminalistik 1972, S. 482 ff.

Ein Selbstmord oder Selbstmordversuch kann aber zugleich eine vorsätzliche Tötung darstellen. Hier kommt es außer auf die Sachspuren vor allem auf die Vernehmungen an.

So verursachte ein selbstmörderisch handelnder Lastwagenfahrer vor etlichen Jahren in Waldshut einen Frontalzustammenstoß mit einem entgegenkommenden Personenwagen, was Totschlagsversuch sowohl seiner Beifahrerin als auch dem anderen Kraftfahrer gegenüber bedeutete (*Bachmann,* Hans-Joachim: Totschlagsversuch durch vorsätzlichen Verkehrsunfall – Kriminalistik 1954, S. 182 ff.).

Stöller, Johann: Ein Schuß – 2 Tote – Kriminalistik 1969, S. 381 ff.

Zum Selbstmord eines Täters kann es ferner nach Mord und anderen Bluttaten kommen.

Weiß, Rainer: Dreifacher Mord und Selbstmord – Kriminalistik 1968, S. 441 ff.; *Raffenstein,* Friedrich: Mord oder Selbstmord? – Kriminalistik 1972, S. 599 ff.

Ist mit dem Vorhandensein einer Leiche in allen diesen Fällen der Tod eines Menschen sicher, so kann es doch auch **ohne Leiche** zu Ermittlungen wegen vorsätzlicher Tötung kommen, die sich dann naturgemäß anders gestalten; denn zunächst müssen hier zureichende Anhaltspunkte dafür vorliegen, daß ein Mensch getötet worden sein könnte.

Ulonska, Kurt: Mord ohne Leiche. Ein interessanter viel besprochener Kriminalfall – Kriminalistik 1961, S. 299 ff.

Typische Fälle dieser Art ergeben sich, wenn eine Person als vermißt gemeldet worden ist. Hier kommt es also auf diejenigen Umstände an, die – wie wir gesehen haben (§ 19-III-1-b) – Zweifel an einer bloßen Vermißtensache erwecken.
Zu **Ermittlungen wegen eines Tötungsdelikts** kommt es in der Praxis vor allem durch Anzeigen von Ärzten oder anderen Privatpersonen bzw. mitunter durch Meldungen oder eigene Wahrnehmungen. In allen derartigen Fällen sollte die Kriminalpolizei sofort die zuständige Anklagebehörde informieren, wozu sie gewöhnlich sogar verpflichtet ist.

In allen Todesfällen, in denen der Verdacht einer vorsätzlichen Tötung aufgekommen ist, muß als erste kriminaltaktische Maßnahme eine nach Lage der Dinge hinreichende **Tatortsicherung** erfolgen, um Veränderungen an der Leiche und am möglichen Tatort und damit das Zerstören oder Beschädigen von Tatspuren jedenfalls bis zum Eintreffen der kriminaltechnischen Experten auszuschließen.
Die den Experten vorbehaltene, bei Mordverdacht besonders wichtige **Tatortbesichtigung** ist, was die Leiche anlangt, vor allem eine Sache des Gerichtsmediziners.

Siegrist, Hans: Die Notwendigkeit sorgfältiger Leichenbesichtigungen – Kriminalistik 1963, S. 462 ff.

Für den Tatort als solchen, der u. U. nicht mit dem Fundort der Leiche übereinstimmt, sind jedoch möglicherweise auch andere Methoden der Spurensuche und -sicherung wichtig. Am Tatort beginnt man zweckmäßig mit der Fotografie und ergänzenden Skizzen, welche sich mit Fortschreiten der Ermittlungen immer mehr auf die Einzelheiten konzentrieren; je nach Stand der Ermittlungen kann sich die Spurensuche dann über den Tatort hinaus erstrecken.

Bei der Leichenschau nach dem plötzlichen Tod einer 45jährigen Frau war auf Grund der Angaben der Angehörigen Herzschlag angenommen worden. Auch die Ermittlungsbeamten entdeckten nichts Besonderes, bis sie den Oberkörper der auf einer Couch liegenden Leiche anhoben; der aus Mund und Nase dringende gelbliche, scharf riechende Schleim ließ die ärztliche Diagnose zweifelhaft werden. Die Obduktion ergab Vergiftung durch E 605. Die Angehörigen hatten den Selbstmord der Frau zu verschleiern versucht.
Ein 72jähriger Rentner wurde tot in seiner Wohnung aufgefunden. Sein Kopf lag mit erheblichen Gesichtsverletzungen in einer großen Blutlache. Sonst allerdings ergaben sich am Tatort keine Anhaltspunkte für den Verdacht eines unnatürlichen Todes. Da die Verletzungen sich bei der Obduktion als postmortal erwiesen, untersuchte man die beiden Rauhhaardackel des Verstorbenen, die sich ebenfalls in der Wohnung befanden. An Barthaaren, Halsband und Steuermarke der Hündin konnten Menschenhaar und Blutspuren der Gruppe des Verstorbenen festgestellt werden. So konnte mit der Todesursache Herzversagen der seltsame Tatortbefund geklärt und natürlicher Tod angenommen werden.
In Berlin wurde eine Sprachlehrerin tot in entkleidetem Zustand auf dem Bett aufgefunden. Bei der gründlichen Tatortbesichtigung stellten Beamte der Mordkommission fest, daß an der rechten Seite der Toten die dunkelgrüne Tapete zwei offenbar jüngst durch Abreiben beschädigte Stellen aufwies. Trotz regen Herrenverkehrs der Verstorbenen konnte nach einer Gruppe von Besuchern, die jedoch am Vorabend gemeinsam gegangen waren, nicht nur der letzte Gast ausfindig gemacht, sondern überdies am linken Ärmel seines Überziehers mit der Tapete übereinstimmende Farbreste festgestellt werden. Die Obduktion bestätigte jedoch mit natürlichem Tod die Angaben des Mannes, der sich plötzlich in den Armen einer Sterbenden befand, woraufhin er das Zimmer unter Mitnehmen des Schülers verlassen habe (*Brüning,* A.: Die Spur an der Tapete – Arch. f. Krim. Bd. 118, S. 61 ff. (1956).

Wichtig ist gerade bei Verdacht eines Kapitalverbrechens die **Ermittlung von Zeugen**. Dabei geht es keineswegs nur um die hier häufige Inanspruchnahme der breiten Öffentlichkeit, sondern zunächst einmal um dem Opfer bzw. Tatverdächtigen nahestehende Personen und die jeweilige Nachbarschaft. Eile ist hier deshalb geboten, da die durch Zeugenaussagen ggf. zu ermittelnden Tatspuren in diesen Fällen vielfach allein durch Zeitablauf Schaden nehmen, was die Beweismöglichkeiten verringert.

Ein 27jähriger Mann meldete – völlig gebrochen – auf einer Polizeidienststelle, seine Ehefrau sei in der letzten Nacht bei einem von ihm unbemerkten epileptischen Anfall ums Leben gekommen. Die Obduktion ergab Erstickungstod ohne Anzeichen äußerer Gewalt. – Merkwürdig war allein, daß der Witwer von dem Anfall nichts bemerkt haben wollte, zumal da die Nachbarn bekundeten, der Anfall habe – wie üblich – mit einem schrillen Schrei um etwa 23 Uhr begonnen. Dann sei es aber entgegen den üblichen

Erfahrungen völlig ruhig geblieben; erst um 2.30 Uhr sei der Mann gekommen und habe erklärt, die Frau sei bei einem Anfall erstickt. Die Zeugen hätten im Schlafzimmer bemerkt, daß die Leiche quer über den Ehebetten auf dem Bauche lag, Mund und Nase in dem seitlich gewandten Gesicht aber frei lagen. Die erneute gründliche Vernehmung des Mannes ergab nunmehr, daß er den Anfall genutzt hatte, um die Frau mit einem Kopfkissen zu ersticken. Die Ehe war entgegen seinen ersten Angaben nicht ausgezeichnet, sondern die ermordete Ehefrau stand seinem Verhältnis mit einem Mädchen im Wege.
Auch in einem anderen Falle führte erst die Vernehmung weiter. In der Wohnung einer 48jährigen verheirateten Frau war eine Frau plötzlich verstorben. Der Arzt bescheinigte akute Herzlähmung. – Seltsam erschien, daß die Wohnungsinhaberin, obwohl es sich um eine Bekannte handeln sollte, keine exakten Personalangaben machen konnte. Sie war überdies dem schließlich ermittelten Ehemann der Verstorbenen unbekannt. Als man ferner entdeckte, daß der Ehemann der anzeigenden Wohnungsinhaberin mehrfach wegen Abtreibung bekannt worden war, wurde eine Obduktion angeordnet, die bei einer Schwangerschaft im 3. bis 4 Monat eindeutig Luftembolie als Todesursache ergab. Das angebliche Bekanntschaftsverhältnis sollte also nur den tödlichen Abtreibungsversuch verschleiern.

Es gibt aber auch Tötungsfälle (ob ohne oder mit Leiche), in welchen nur zahlreiche und komplizierte Vernehmungen schließlich zum Tatverdächtigen führen oder dieser so zu einem Geständnis gebracht werden muß.

Hughes S. 94 ff.; *Isenschmid,* Hugo: Kindsleiche im Altersheim – Kriminalistik 1976, S. 371 ff.

Bei der oft notwendigen **Fahndung nach dem Tatverdächtigen** bieten neben dem Opfer und seinem Lebenskreis mitunter Tatort und -zeit gewisse Anhaltspunkte, zu denen solche hinzutreten, welche sich aus der Tatausführung, den nunmehr zu behandelnden Verbrechenstechniken, ergeben; doch setzen diese Erkenntnismöglichkeiten voraus, daß sich der Verdacht bereits auf eine bestimmte Person konzentriert hat und diese verfügbar ist. Erst dann kann man sich gewöhnlich fundierte Gedanken über Motive machen, die in gewissen Fällen aber zumindest zu Verdächtigen hinführen können; überdies muß man die Verhältnisse des Ermordeten genau kennen. Beim ermittelten Tatverdächtigen gesicherte Tatspuren oder Tatmittel sind oft ausgezeichnete Überführungsstücke.

Burghard, W.: Mord nach zehn Jahren aufgeklärt. Oder: Hat die Personenfahndung Mängel? – Ein heißes Eisen angefaßt – Kriminalistik 1959, S. 367 ff.; *Grob,* Paul: Fandungsmaßnahmen auf Grund von Tatbestandsfeststellungen bei Tötungsdelikten – Kriminalistik 1966, S. 15 ff.; 74 ff.

Tötungen im Zusammenhang mit anderen Straftaten wie Raub, Notzucht usw. weisen naturgemäß auch die für jene Delikte typischen Spuren und Gegebenheiten auf, weshalb hier beim Vorgehen auch das dort Ausgeführte zu beachten ist.
Ebenso wie besondere Tatsituationen (Tötung mehrerer im Sinne von Amoklauf, serienmäßig handelnder Massenmörder usw.) können auch die nunmehr zu behandelnden einzelnen Verbrechenstechniken den Gang der Ermittlungen u. U. erheblich beeinflussen und verändern. Daneben kommt es selbstverständlich für Fahndung und Vernehmungen auf die allgemeinen Ermittlungsmöglichkeiten an.

1. Tötung durch Schußwaffen

Ist der Tod eines Menschen sicher oder vermutlich auf einen Schuß zurückzuführen, so kommt es außer auf die gerichtsmedizinische Untersuchung der Todesursache und charakteristischer Verletzungen vor allem darauf an, mit Hilfe ballistischer Experten Merkmale der in Betracht kommenden Tatwaffe zu ermitteln oder verdächtige Waffen bzw. Munition zu identifizieren bzw. auszuschließen.

Hughes S. 161 ff.

Steht als Todesursache Schußwaffengebrauch fest, so können Obduktion und andere gerichtsmedizinische Untersuchungen ferner z. T. Aufschluß über Zeitpunkt und Umstände der Tat wie die Schußentfernung ergeben; außer auf die Art der Schußverletzung kommt es schon hier u. U. auf ergänzende chemische und physikalische Methoden an. Geschosse, Hülsen, verdächtige Munition oder gar Waffen sind Gegenstände der Schußwaffenuntersuchung bzw. ballistischer Methoden; diese weisen bei Faust- und Handfeuerwaffen einige Unterschiede auf, welche auch kriminaltaktisch zu beachten sind.

a) Faustfeuerwaffen

Bei der in der Praxis überwiegenden Tötung durch Faustfeuerwaffen spielt die im Rahmen der Kriminaltechnik behandelte Unterscheidung zwischen Nah- und Fernschuß eine Rolle, genauere Schlüsse sind daher nur durch den Experten zu erlangen, der baldmöglichst einzuschalten ist.

Waller/Strasser: Zwanzigjähriger Raubmörder. Zusammenarbeit zwischen deutschen und österreichischen Behörden und Gerichtsmedizinern führt zum Erfolg – Kriminalistik 1959, S. 66 ff.; *Naeve,* Werner/*Schildt,* Heinz: Schreckschuß- und Gasrevolver als „gefährliches" Werkzeug – Kriminalistik 1959, S. 66 ff.; *Danek,* Eduard: Schlachtschußapparat als Mordwaffe – Kriminalistik 1965, S. 380.

In aller Regel geht es außer um die exakte Feststellung der Todesursache um Identifizierung der Tatwaffe und Rekonstruktion des Tathergangs.

Es können u. U. aus derselben Waffe verschiedene Arten von Munition abgefeuert werden (z. B. Pistolenmunition vom Kaliber 7,65 mm und Revolvermunition vom Kaliber 320; *Svensson/Wendel* S. 181 f.).

Doch können die Ermittlungen auch wichtig sein, um Aussagen zu bewerten.

Eine Frau sollte sich nach Angaben ihres Mannes mit einer Pistole Walther, kal. 6,35, in der Diele ihrer Wohnung zufällig erschossen haben. Da eine passende Patronenhülse jedoch nicht in der Diele, sondern in der Küche auf dem Geschirrbrett gefunden wurde, wo sie unmöglich hingeflogen sein konnte, war so die Unrichtigkeit der Aussage dargetan (*Svensson/Wendel* S. 164).

Verwirrend kann die Situation am Tatort sein, wenn ein Bolzenschußapparat benutzt worden ist, wie man ihn sonst zum Töten von Tieren oder auch im handwerklich-industriellen Bereich verwendet. Obwohl derartige Tatwerkzeuge nur selten und unter besonderen Umständen als Mordwaffe dienen, kommen sie doch zuweilen beim Selbstmord vor. Das hier ebenfalls nötige gerichtsmedizinische Gutachten muß regelmäßig durch gründliche Tatort- und Ermittlungsarbeit ergänzt werden.

Reitberger, L.: Tierschußapparat – eine seltene Mordwaffe – Kriminalistik 1951, S. 70 ff.; *Taschen,* B./*Kühn,* Erwin: Selbstmorde und Mord durch Bolzenschußapparate – Kriminalistik 1951, S. 95 ff.

b) Handfeuerwaffen

Eher noch komplizierter gestalten sich die Ermittlungen bei den mit Handfeuerwaffen wie Gewehren oder Flinten begangenen Mordfällen, weil die gewöhnlich größere Distanz das

Fehlen gewisser Spuren bewirkt. Man ist hier noch mehr auf Tatgeschosse und -hülsen angewiesen, wenn man den Hergang der Ereignisse rekonstruieren will.
Nicht selten verwenden Rechtsbrecher besonders präparierte Handfeuerwaffen, was für die Ermittlungen verwirrend wirken kann.

Ulonska, Kurt: Ein gut geplanter Raubmord – Kriminalistik 1968, S. 262 ff.

Etwas anders liegen die Dinge bei Sicherstellung einer verdächtigen Handfeuerwaffe, wenngleich hier mitunter an einen Unglücksfall zu denken ist.
Ungewöhnlich und daher irritierend sind Fälle des Selbstmordes mit einem Gewehr oder einer anderen Handfeuerwaffe.

Da eine junge Frau mit einem am Tatort sichergestellten Gewehr erschossen worden war, geriet ihr Geliebter in Verdacht. Doch konnte man mit Hilfe mikroskopischer und chemischer Untersuchungen Substanzen am Abzugsbügel und -hahn als Braunkohlenasche identifizieren, was die Aufmerksamkeit auf einen Schürhaken lenkte, mit welchem die Frau die auf ihre Brust gesetzte Waffe selbst betätigt hatte (*Svensson/Wendel* S. 163).

2. Tötung durch Sprengstoff

Ist ein Mensch sicher oder möglicherweise durch Sprengstoff oder ähnliches getötet worden, so muß neben dem Gerichtsmediziner jedenfalls ein Sachverständiger für Sprengtechnik hinzugezogen werden, welcher möglichst die u. U. wichtigen chemischen und physikalischen Methoden beherrschen sollte.
Besondere Schwierigkeiten bereitet es gewöhnlich, Unglücksfälle mit Sprengstoff von derartigen vorsätzlichen Tötungen zu unterscheiden.

Saxer, Hans: Mordversuch mit Sprengstoff – Kriminalistik 1965, S. 35 ff.; *Hughes* S. 268 ff.

3. Tötung durch Stich

Kommt nach Lage des Falles eine Tötung durch Stich in Betracht, wobei die Situation u. U. der einen tödlichen Stichverletzung ähneln kann, so ist auf hier ebenfalls mögliche Abwehrverletzungen des Opfers zu achten; denn zum Stich benutzte Werkzeuge können gerade bei Abwehr z. T. auch schneidend wirken. Für die Frage, ob Mord oder Selbstmord durch Stich vorliegt, kann neben der Lokalisation u. U. auch eine durch das sich bewegende Opfer bewirkte Verbiegung des Tatwerkzeugs aufschlußreich sein; doch liegen derartige Fälle wohl schon so kompliziert, daß man zur Klärung dieser Frage einen Sachverständigen beiziehen sollte, also eine kriminaltechnische Untersuchung stattfinden muß.

Mueller, B.: Mord oder Selbstmord durch Stich? Deformierung des Stichwerkzeugs als Indiz für Beibringung der Verletzung von fremder Hand – Arch. f. Krim. Bd. 122, S. 107 ff. (1958); *Heger,* Franz: Der Wiener Opernmord – Kriminalistik 1964, S. 529 ff.; *Jäger,* Heinz: Besonderer Fall der Tötung auf Verlangen – Kriminalistik 1968, S. 246 ff.; *Mitschke,* Peter/*Reß,* Werner:Der Mörder kam zum Tatort zurück. Ein in mancher Hinsicht bemerkenswertes Verbrechen – der kriminalist 1972/H. 6/ S. 15 ff.; *Hughes* S. 203 ff.

Ein amerikanischer Soldat wurde in einem Zimmer nach einem Wortwechsel mit einer deutschen Frau, mit der er ein Verhältnis hatte, mit einer schweren Stichverletzung gefunden, an welcher er verstarb. Die Behauptung der Frau, er habe Selbstmord begangen, konnte außer wegen der Situation am

Typische Lokalisationen beim Selbstmord durch Stich

Abb. 23/1. Der Mann pflegt beim Selbsterstechen die Klinge parallel zu den Rippen in der Gegend des Herzspitzenstoßes anzusetzen.

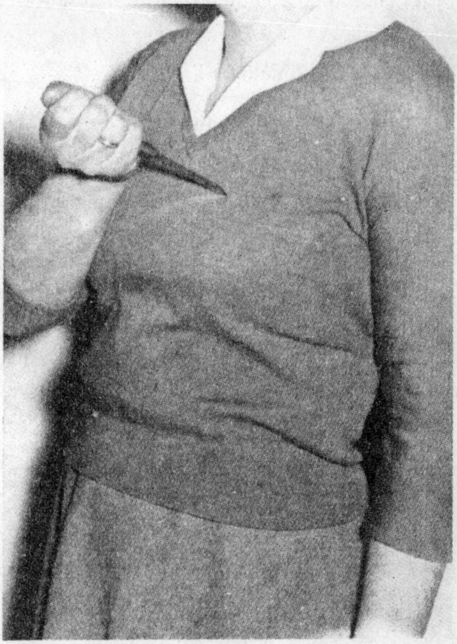

Abb. 23/2. Die Frau setzt die Klinge beim Selbsterstechen ähnlich, aber gewöhnlich etwas höher (oberhalb der Brust) an.

Tatort vor allem deshalb widerlegt werden, weil einmal die Lokalisation der Stichverletzung für einen Selbstmörder ungewöhnlich war (oberhalb der Brustwarze und nach innen zu im vierten Zwischenrippenraum) und zum anderen das Tatwerkzeug in der Nähe des Griffes verbogen worden war. (Abb. 23/3). Das Gericht nahm zwar Tötung durch die angeklagte Frau an, kam aber aus anderen Gründen zu einem (problematischen) Freispruch.

Läßt sich am Tatort keine verdächtige Waffe sicherstellen, die dann zu Vergleichszwecken benutzt werden könnte, so ist man vom nicht immer sicheren äußeren Spurenbild abgesehen vor allem auf das angewiesen, was der Mediziner über Ausmaß und Art der Schäden fest-

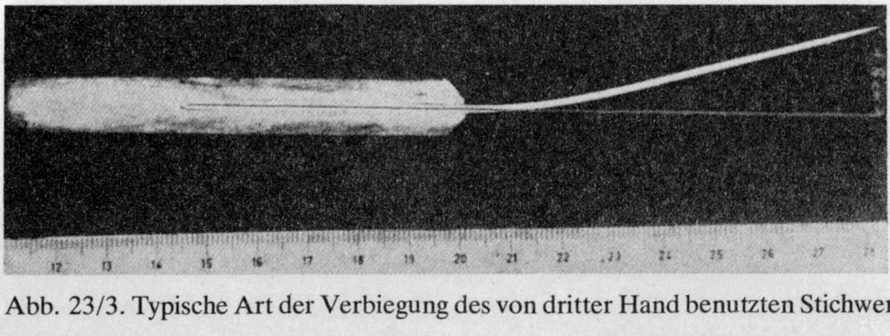

Abb. 23/3. Typische Art der Verbiegung des von dritter Hand benutzten Stichwerkzeugs.

stellen kann. Erst wenn sich auf diese Weise Anhaltspunkte für die Art des Tatwerkzeugs ergeben, kann nach diesem gezielt gefahndet werden.

4. Tötung durch Schnitt

In denjenigen Fällen, in denen eine tödliche Verletzung durch einen Schnitt verursacht worden sein kann, sind für die Ermittlungen aus ähnlichen Gründen zunächst einmal die gerichtsmedizinischen Erkenntnisse und Erfahrungen über schneidende Tatwerkzeuge wichtig.

Denn der mit diesen vertraute Rechtsmediziner kann nicht nur die wirkliche Todesursache feststellen, sondern ggf. zugleich Anhaltspunkte für das Tatwerkzeug und die Art der Tatausführung herausfinden.

Nicht selten finden sich in diesen Fällen Abwehrverletzungen am Opfer, typischerweise an den Händen oder Armen.

Hughes S. 203 ff.

Mitunter kann der Spurenbefund bei einem Selbstmord durch zahlreiche Schnitte irritierend sein (*Hackl,* Franz-Xaver: Begleiterscheinungen eines nicht alltäglichen Selbstmordes – Kriminalistik 1968, S. 598 ff.).

Bei Beschädigung von Kleidungsstücken ist an eine auch insoweit mögliche Textiluntersuchung zu denken.
Im übrigen aber kommt es, sobald verdächtige Werkzeuge ermittelt wurden, auf diejenigen Experten an, die deren Spuren richtig zu deuten und ggf. durch Vergleich das Tatwerkzeug identifizieren vermögen; das können – wie in der Kriminaltechnik dargelegt – durchaus andere Sachverständige als der Gerichtsmediziner sein.

5. Tötung durch halbscharfe Gewalt

Ähnlich wie beim Schnitt ist bei Tatwerkzeugen, die man wie Beile, Äxte usw. zur halbscharfen Gewalt rechnet, wegen der schneidenden Wirkung starker Blutverlust typisch.

Unter dem von mehreren Axtschlägen teilweise zerschmetterten Kopf einer im Freien gefundenen Frauenleiche fand man jedoch nur eine geringe Blutmenge. Der Tatort, der woanders liegen mußte, wurde daraufhin – mit reichlich Blut – etwa 400 m entfernt entdeckt (*Svensson/Wendel* S. 221 f.).

Mitunter kann es sich aber sogar bei solchen Tatwerkzeugen um Selbstmord handeln.

Eine 70jährige Frau, die als lebensbejahend geschildert wurde, fand man in einer Blutlache mit schweren Kopfverletzungen, die von einem am Tatort sichergestellten Beil herrührten, auf. Obwohl alles auf einen Mordversuch hindeutete, gestand die Frau, nachdem sie ihr Bewußtsein wiedererlangt hatte, sie habe sich die Verletzungen selbst beigebracht, weil sie wegen unfreundlichen Verhaltens einer Mitbewohnerin nicht mehr leben wollte.

6. Tötung durch stumpfe Gewalt

Anders liegen die Dinge bei den in der Praxis häufigen Fällen der Tötung durch stumpfe Gewalt, zumal da hier Praktiken vorsätzlicher Taten oft nur schwer von Unglücksfällen zu unterscheiden sind; ähnliches gilt für die Abgrenzung vom Selbstmord, wenn man etwa an den Sturz aus der Höhe als häufige Selbstmordart denkt.

Hughes S. 224 ff.

Ist es daher mitunter bereits für den Gerichtsmediziner schwierig, die Todesursache exakt festzustellen, bleiben im übrigen die Anhaltspunkte und Spuren hinsichtlich der Frage Unglücksfall, Selbsttötung oder vorsätzliche Tat nicht selten mehrdeutig. Sicherlich können hier u. U. technische und andere Experten helfen, an Hand der Wirkungen Erkenntnisse über den verursachenden Vorgang und damit über mögliche Beteiligung von menschlichem Verhalten zu tätigen.

Hammer, Hans-Joachim/Leopold, Dieter: Atypischer Selbstmord durch multiple Schnittverletzungen – Arch. f. Krim. Bd. 138, S. 164 ff. (1966).

Abb. 23/4. Die Fundsituation dieser Leiche deutete bei Blutlachen bis zur 5. Treppenstufe und Blutwisch- sowie Haarspuren an der Wand daneben auf Sturz von der Treppe hin, wenngleich zahlreiche, z. T. atypische Schnittverletzungen irritierten. Die Tatortbesichtigung führte außer zu einem abgebrochenen Küchenmesser zu einem weiteren blutbeschmierten Küchenmesser und weitere Blutspuren im Wohnzimmer des angrenzenden Untergeschoßes. Im Zusammenhang mit weiteren Ermittlungen und der Obduktion konnte der Fall als ein Selbstmord mit verschiedenartigen Schnittverletzungen und nachfolgendem Treppensturz aufgeklärt werden.

Wichtig für die Verbrechensaufklärung sind bei stumpfer Gewalt mithin vor allem die vom Tatwerkzeug am Körper des Opfers verursachten Spuren.

Lühr, Hans: Das Tatwerkzeug als Hauptindiz. Ermittlung und Überführung eines Mörders nach seinem Tode – Kriminalistik 1954, S. 233 ff.; *Zanng,* Aldo: Der Raubmord auf dem Inseli in Thun – Kriminalistik 1961, S. 522 ff.; *Weber,* Fritz: Mordsache Seidel. Raubmord innerhalb 24 Stunden geklärt – Kriminalistik 1966, S. 303 ff.; *Peter,* Franz: Zwei jugendliche Mörder – Kriminalistik 1973, S. 115 ff.; *Brandt,* Horst: Die Leiche im Bad – der kriminalist 1974, S. 396 ff.

Obwohl es sich insoweit vor allem um fahrlässige Tötung handelt, werden vereinzelt doch auch Verkehrsmittel zu vorsätzlicher Tötung mißbraucht, worüber die einem Unfall gleichende Situation des Tatortes täuschen kann.

Hughes S. 256 ff.

Überhaupt läßt sich bei tödlich wirkender stumpfer Gewalt die Tatsituation oft nur schwer von der eines Unfalls unterscheiden, der lediglich als fahrlässige Tötung gewertet werden könnte.

7. Tötung durch Ersticken, Erwürgen, Erdrosseln, Erhängen

Tötungen durch Ersticken, Erwürgen, Erdrosseln oder Erhängen sind wiederum deutlicher eine Domäne der Rechtsmedizin, was selbstverständlich kriminaltaktisch beachtet werden sollte. Während Erhängen z. B. nahezu immer für Selbstmord spricht, ist aber bei Erwürgen stets auf Mord zu schließen.

Alle diese Tötungsarten – vom Ersticken abgesehen – bewirken, wie wir in der Verbrechens- und Kriminaltechnik gesehen haben, recht charakteristische Tatspuren wie Würgemale, Drossel- und Strangfurche. Das heißt jedoch nicht, daß Irrtümer ausgeschlossen sind.

Werner, Rüdiger: Ein ungewöhnlicher „Verkehrstod" – Kriminalistik 1973, S. 399 f.; *Engenhorst,* Norbert: Aus Fehlern wird man klug. Ermittlungsablauf in einem Mordfall – Kriminalistik 1975, S. 255 ff.

In allen diesen Fällen ist es jedoch besonders wichtig, den Tathergang relativ schnell einzuschätzen, damit man Vorstellungen vom Tatwerkzeug bekommt, nach welchem sodann zu fahnden ist. Erst im Zusammenhang mit den hier zuweilen benutzten Tatwerkzeugen und anderen Begleitumständen können dann weitere Untersuchungsmethoden bedeutsam werden.

Brütsch, Max: Ungewöhnlicher Tod einer Kindsmörderin – Kriminalistik 1965, S. 85 ff.

Obwohl das **Erhängen** eine typische Selbstmordart ist, gibt es doch auch vorsätzliche Tötungen, weshalb andere Spuren Verwirrung stiften können.

In einem Kesselraum wurde der Hausmeister in sitzender Stellung erhängt aufgefunden. Zweifel an einem Selbstmord erweckten außer einer kleinen, aber tiefen Platzwunde an der Schläfe Umstände, die auf einen Kampf hindeuten konnte. Nachdem man ermittelt hatte, daß der Mann unter starken Kopfschmerzen litt, die von einer Gehirnkrankheit herrührten, und er dann lebensmüde war, wobei er wie von Sinnen mit Händen vor den Augen herumzulaufen pflegte, untersuchte man den Raum genauer. Dabei stellte man Blut und Haare des Verstorbenen an einem aus einem Kessel hervorstehenden Bolzen fest. Nun fand man weitere Spuren, welche die Annahme erhärteten, der Mann sei im Kesselraum herumgerannt, habe sich dabei den Kopf gestoßen und sich dann in seiner Verzweiflung erhängt (*Svensson/Wendel* S. 265 f.).

Boltz, W.: Mord durch Erhängen oder fahrlässige Tötung? – Arch. f. Krim. Bd. 117,

S. 133 ff. (1956); *Simon,* Axel: Auf Mithilfe dritter Hand deutende Befunde beim Suicid durch Erhängen – Arch. f. Krim. Bd. 137, S. 33 ff. (1966).

Steht Tod durch „Ersticken“ fest, so kann bereits die der Strangfurche ähnliche Drosselfurche für Tötung durch **Erdrosseln** sprechen. Obwohl man des öfteren außer der glatt um den Hals des Opfers laufenden Drosselfurche sogar das Drosselwerkzeug findet, können die Ermittlungen, wenn z. B. jenes dem Opfer gehört, schwierig werden. In manchen Fällen – z. B. vorgetäuschten Selbstmorden – kann das Spurenbild zunächst täuschen.

Weimann, W./*Spengler,* H.: Der Selbstmord durch Erdrosseln und seine Unterscheidung vom Mord – Arch. f. Krim. Bd. 117, S. 23 ff., 75 ff., 145 ff. (1956); Bd. 118, S. 71 ff., 110 ff. (1956).

Am ungünstigsten ist gewöhnlich das Spurenbild beim **Ersticken,** das die eigentliche Todesursache in allen diesen Fällen ist. Doch wird der Verschluß der Atemwege hier auf andere Weise als mechanische Gewalt gegen die Halspartie erreicht, weshalb die dafür typischen Spuren fehlen.

Eine an der Küste angetriebene Frauenleiche war nicht durch Ertrinken, sondern Ersticken um das Leben gekommen. Sie war in einem Sack, in welchem zur Beschwerung dienende Gegenstände auf einen bestimmten Dampfer hinwiesen, in das Wasser geworfen worden. So konnte der Täter ermittelt werden. Er gestand, die lockere Frau, die sich in seiner Kabine versteckt hatte und ihn dann zu erpressen versuchte, als sie zu schreien begann, mit einem auf das Gesicht gedrückten Kissen erstickt zu haben (*Svensson/Wendel* S. 269.

8. Tötung durch Gift

Bei Giftverdacht in Todesfällen ist naturgemäß sofort der Toxikologe einzuschalten, sofern der mit der Feststellung der Todesursache beauftragte Gerichtsmediziner nicht über eine solche Spezialausbildung verfügt.

Heindl: Die Geruchsdiagnose bei der Zyankalivergiftung – Arch. f. Krim. Bd. 120, S. 74 ff. (1957); *Hughes* S. 274 ff.

Neben den Befunden der Leiche und ihrer je nach Art des in Betracht kommenden Giftes wichtigen Teile spielen hier vor allem Materialspuren, die sich mit dem Todesfall in Verbindung bringen lassen, eine erhebliche Rolle; bei manchen Giften kann bekanntlich der Geruch erste Anzeichen für eine Vergiftung liefern. Alle diese Spuren können sich sowohl im Bereich des Opfers als auch des Tatverdächtigen finden. Darauf ist also schon bei der Tatortarbeit besonders zu achten, weil die gefährliche Substanz u. U. in unverfänglich erscheinender Form verwahrt oder gefunden wird. Ähnlich ist es später bei Durchsuchungen im Bereich eines Tatverdächtigen.
Daß sich Gift und damit Todesursache mit den heutigen Analysenmethoden selbst in scheinbar aussichtslosen Fällen nachweisen lassen, soll der folgende Fall dartun.

Arnold, Irmgard/*Arnold,* Wolfgang: Positiver Veronalnachweis in Leichenüberresten nach elfmonatiger Liegezeit im Freien – Arch. f. Krim. Bd. 139, S. 80 ff. (1967).

Im Juli 1966 fanden Pilzsammler in einer Kiefernschonung der Lüneburger Heide eine fast völlig skelettierte Leiche (vgl. Abb. 23/5).
Lediglich im Bereich des Beckens fanden sich noch Weichteilreste von seifenartigem, weißlich-bräunlichen Aussehen. Mit Hilfe dieser nach grobmechanischer Vorreinigung etwa 100 g vorwiegenden Weichteilreste konnte kriminaltechnisch einwandfrei Veronal-Vergiftung nachgewiesen werden. Die

Abb. 23/5. Fundsituation des Skeletts in der Kiefernschonung.

bei der Tatortarbeit irritierenden, auf stumpfe Gewalt hindeutenden Öffnungen in der Schädelkalotte konnten mit Hilfe der Obduktion und weiterer Ermittlungen auf eine gut ein Jahr zurückliegende Trepanation zur operativen Entfernung eines Hirntumors zurückgeführt werden. Mit Zahnstatus, drei leeren Tablettenröhrchen und eine bei der Toten gefundenen Zeitung („Die Welt" vom 5. Aug. 1965) konnte die Tote dann identifiziert werden. Später fand sich noch ein Abschiedsbrief.

Ist Tod eines Menschen durch Gift zu vermuten oder gar zu beweisen, so bereitet es dennoch in vielen Fällen Schwierigkeiten festzustellen, ob es sich bei der Vergiftung um einen Giftmord, einen Selbstmord oder einen Unglücksfall handelt; denn ebenso wie Gifte häufig als Selbstmordmittel fungieren, können giftige Substanzen im Haushalt und Beruf durch unglückliche Umstände zum Tode von Menschen führen. Ungeachtet der Einschaltung von Sachverständigen sollte der Ermittlungsbeamte daher alle diese Möglichkeiten im Auge behalten.

Schwierig gestalten sich infolgedessen häufiger die Ermittlungen bei CO- und Leuchtgasvergiftungen.

Verburgt, J. W.: Mordversuch mit Leuchtgas oder Unfall? – Arch. f. Krim. Bd. 121, S. 3 ff (1958); *Weimann,* W.: Verschleierte Tatbestände bei Kohlenmonoxyd- und Leuchtgasvergiftungen – Kriminalistik 1962, S. 337 ff., 412 ff.; *Rudnik,* Günter: Nur ein Gerücht . . . Zur Zufallsentdeckung von Giftmorden – Kriminalistik 1968 – S. 320 ff.

Ähnlich aber kann das auch bei anderen Giften sein, wenn man sich die Vielfalt der in der Verbrechenstechnik angedeuteten Tatsituationen vorstellt. Obgleich dem Toxikologen und dem Mediziner die dominierende Rolle zukommt, haben nicht selten umsichtige Ermittlungen der Begleitumstände durch Kriminalbeamte entscheidend geholfen, den wahren Sachverhalt aufzuklären, wenngleich das Gutachten ihnen oft erst die wesentlichen Anhaltspunkte liefert.

Ist man sich über das benutzte Gift klar geworden oder hat man sogar eine entsprechende Substanz sicherstellen können, so kommt es gewöhnlich auf Aussagen von Beschuldigten und Zeugen an, die etwas über die Erreichbarkeit giftiger Stoffe für den Tatverdächtigen und dessen Vertrautheit mit solchen ergeben können. Dies leitet dann mit Angaben, die für die Art der Tatausführung aufschlußreich sein können, zur auch hier wichtigen Hintergrundklärung über.

Vossen, Bruno: Giftbeibringen durch einen Zwölfjährigen – Kriminalistik 1969, S. 514 ff.

9. Andere Formen der Tötung

Ähnlich wie bei den bisher geschilderten Verbrechenstechniken ist bei anderen Formen der Tötung auf die Todesursache und die jeweilige Art der Tatausführung abzustellen, wenn man die Ermittlungen zügig und treffsicher gestalten will. Dies gilt gerade auch dann, wenn die Situation am Tatort zunächst auf einen Unfall hinzudeuten scheint.
Dies gilt u. a. für den „feuchten Tod“, bei welchem außer an das Ertrinken als häufige Form des Selbstmordes und Unfallfolge an das viel seltenere **Ertränken** zu denken ist. Ein Beispiel dafür ist der folgende Fall eines „Mordes in der Badewanne“.

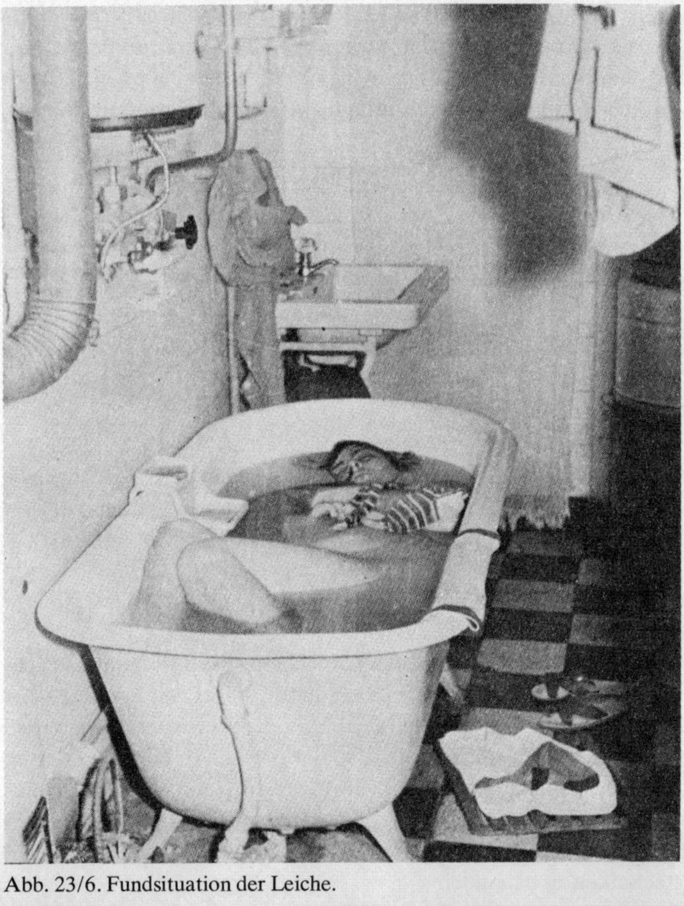

Abb. 23/6. Fundsituation der Leiche.

Kosa, Ferenc/ *Viragos-Kis,* Elisabeth: Mord in der Badewanne – Arch. f. Krim. Bd. 146, S. 98 ff. (1970).

Da die Tote ohne Spuren äußerer Verletzung und mit dem Gesicht über der Wasseroberfläche gefunden wurde, vermutete man zunächst eine CO-Vergiftung. Da diese jedoch ebenso wie andere Todesursachen ausgeschlossen werden konnte, blieb nur Mord durch Ertränken, was der Täter dann durch sein Geständnis bestätigte.

Es gibt aber – von der Kindestötung abgesehen, wo diese Verbrechenstechnik relativ häufig ist – auch andere Fälle des Mordes durch Ertränken, welche bei den Ermittlungen erhebliche Schwierigkeiten zu bereiten pflegen, weil es meistens mehr auf andere Umstände als auf die Tatausführung selbst ankommt; auch Selbstmord kann irritierend wirken.

Neugebauer, Walter: Mord durch Ertränken – Kriminalistik 1959, S. 53 ff.; 115 ff.; *Heger:* Ein bedenklicher Ertrinkungstod – Kriminalistik 1964, S. 136 ff.; *Hughes* S. 237 ff.

Feuer, d. h. **Verbrennen,** kommt als Mittel der Tötung oder des Selbstmordes selten vor. Wird es als Todesursache festgestellt, ist eher an einen Unglücksfall oder eine fahrlässige Tötung zu denken.

Hughes S. 244 ff.

Eher schon sollte man beim „Stromtod", der tödlich wirkenden **Elektrizität,** an Mord denken, wenngleich Unfälle und damit fahrlässige Tötungen hier häufiger zu sein pflegen. Auch hier ist neben kriminaltechnischen Untersuchungen gründliche Ermittlungsarbeit notwendig.

Kosyra, Herbert: Mord durch Elektrizität – Kriminalistik 1956, S. 360 ff.; *Schwerd,* Wolfgang/ *Lautenbach,* L.: Mord mit elektrischem Strom in der Badewanne – Arch. f. Krim. Bd. 126, S. 33 ff. (1960); *Dürwald,* Wolfgang/ *Holzhausen,* Günther/ *Hunger,* Horst: Elektro-Todesfälle in der Badewanne – Arch. f. Krim. Bd. 134, S. 164 ff. (1964).

II. Fahrlässige Tötungen

Beim Verdacht einer fahrlässigen Tötung muß ebenfalls zunächst einmal die Todesursache genau festgestellt werden. Die Ausgangslage ist also weithin dieselbe wie bei den vorsätzlichen Tötungen und beim Selbstmord (oben I.), von denen Unglücksfälle nicht immer leicht zu unterscheiden sind; zudem muß für den Unfalltod Verantwortlichkeit eines anderen Menschen wegen Fahrlässigkeit in Betracht kommen, was selbst bei eindeutig festgestellter Todesursache schwierig sein kann. Da das Tatgeschehen hier aber typischerweise den Charakter eines Unfalls hat, also auffälliger als bei manchen Mordfällen wirkt, ist darauf zu achten, daß die allfälligen Ermittlungen hinreichend gründlich durchgeführt werden; z. T. sorgen dafür schon finanzielle Interessen der Hinterbliebenen und der Versicherungen. Doch selbst bei einem eindeutigen Unfall ist sein Hergang nicht selten zweifelhaft und mehrdeutig; neben dem Mediziner muß daher noch häufiger als bei vorsätzlichen Taten ein Experte hinzugezogen werden, der mit dem fraglichen Lebens- oder Arbeitsbereich vertraut ist. Deshalb empfiehlt es sich auch hier, die kriminaltaktische Situation an Hand der oben gebildeten Gruppen von Verbrechenstechniken zu behandeln.

Trotz der für fahrlässige Tötungen typischen Unfallsituation soll auf das Verhalten der Beamten und Angehörigen der Rettungsdienste erst später (§ 23-A-V) eingegangen werden.

1. Tödliche Straßenverkehrsunfälle

In der Praxis ereignen sich die weitaus meisten fahrlässigen Tötungen im Zusammenhang mit dem Straßenverkehr. Da die Ermittlungen bei Verkehrsdelikten als solchen jedoch erst später (§ 23-C-VII-A) behandelt werden sollen, können wir uns hier vergleichsweise kurz fassen. Denn für derartige Todesfälle im Straßenverkehr sind die allgemein für die Untersuchung von Verkehrsunfällen erarbeiteten Regeln maßgebend. Diese aber bedeuten, daß es letztlich, obwohl die Ermittlungen davon auszugehen pflegen, weniger auf den fatalen Erfolg als mehr auf dazu führende Verhaltensweisen von Menschen und auf gewisse technische Gegebenheiten ankommt.

Während die Mediziner von den Folgen ausgehend oft nur etwas über dafür möglicherweise ausschlaggebende Wirkungen aussagen kann, vermag beispielsweise der Experte für den Straßenverkehr u. U. das Verhalten der am Unfall Beteiligten fundierter zu beurteilen. Eben deshalb kommt es auf die für alle Verkehrsdelikte wichtigen exakten Feststellungen am Unfallort (Foto, Skizze) an.

Die Unfalluntersuchung geht üblicherweise von den Schäden an Personen und Sachen aus, um über die Art der beteiligten Fahrzeuge oder Personen zu einer Analyse der Verkehrssituation zu gelangen.

Obwohl Vernehmungen alsbald nach dem Unfall zu beginnen pflegen, können sie doch gewöhnlich erst dann effektiv gestaltet werden, wenn die Unfallsituation einigermaßen oder schon sicher geklärt ist. Die bei den Verbrechenstechniken geschilderten besonderen Gefahrenlagen sind diejenigen Punkte, auf welche man bei den Ermittlungen abstellen wird, die dann aber ggf. über den Unfallort hinausgehen können.

Das ist z. B. der Fall, wenn das Fahrzeug eines Tatverdächtigen nicht sichergestellt werden konnte, sondern möglicherweise erst mit Hilfe von Zeugenaussagen mühsam ermittelt werden muß. Hier muß man dann u. U. wieder auf die Möglichkeiten der Kriminaltechnik zurückgreifen, um die Beteiligung am Unfallgeschehen nachzuweisen.

2. Andere tödliche Verkehrsunfälle

Eher noch komplizierter gestaltet sich die Aufklärung anderer tödlicherVerkehrsunfälle. Denn im Schienen-, Luft- und Schiffsverkehr (vgl. § 23-C-VII-B) sind die Unfallfolgen oft nicht nur ausgeprägter, sondern zumindest für den Außenstehenden nicht ohne weiteres durchschaubar. Hier haben also Experten für Technik und Verkehr, was nach dem zur Kriminaltechnik Gesagten nicht verwundern sollte, gewöhnlich das ausschlaggebende Gewicht.

Gemeinsam ist allen diesen Fällen, die der Polizei gewöhnlich schnell zur Kenntnis gelangen, daß die Ermittlungen nicht nur durch das Ausmaß der oft katastrophenartigen Verheerung erschwert werden, sondern am Unfallort mannigfache Hilfeleistungen erforderlich sind; der Tatort ist gewöhnlich schlecht oder doch nur für kurze Zeit zu sichern. Dennoch müssen die Untersuchungen oft ins Detail gehen und sehr exakt sein, weil später kaum noch Beweise zu erzielen sind.

Im Verhältnis zur Tatortarbeit und der an sie anschließenden Spurenauswertung hat die Tätigkeit anderer Kriminalisten in diesen Ermittlungssachen oft mehr ergänzenden Charakter, obwohl sie u. U. die für das Verhalten der Menschen ausschlaggebenden Erkenntnisse zu zeitigen vermag.

a) Schienenverkehr

Tödliche Unfälle beim Schienenverkehr zwingen den Kriminalisten außer zur Inanspruchnahme einschlägiger Experten zu enger Zusammenarbeit mit in solchen Verkehrsunternehmen Tätigen, sofern es dafür nicht sogar besondere Stellen oder Einrichtungen wie eine Bahnpolizei und Fahndungsdienst der Deutschen Bundesbahn gibt.

b) Luftverkehr

Der Luftverkehr hat mit Katastrophen, deren Umfang der Größe der Flugzeuge entsprechend zunimmt, auch die Strafverfolgungsorgane vor große und schwierige Aufgaben gestellt. Ist der unerwartete Eintritt ein Charakteristikum aller Verkehrsunfälle, so wird die Ausgangslage hier außer durch das oft gewaltige Ausmaß der Schäden, für das man kaum routinemäßig Vorsorge treffen kann, vor allem dadurch erschwert, daß der Unfallort oft viel schwieriger als im Straßenverkehr zu erreichen ist. Selbst bei Vorhandensein gewisser Alarmpläne kann sich das Anlaufen der Rettungsaktion ziemlich verzögern, die überdies Vorrang gegenüber den Ermittlungen hat.
Tatortarbeit und sonstige Ermittlungen entsprechen in diesen Fällen – wie gesagt – denen bei anderen Straftaten im Zusammenhang mit dem Luftverkehr, weshalb auf jene Ausführungen verwiesen werden kann.

c) Schiffsverkehr

Bald noch ungünstiger sieht es mit Ermittlungen bei tödlichen Unfällen im Schiffsverkehr aus. Dabei braucht man keineswegs nur an Unfälle auf hoher See zu denken. Schon im Küstengebiet oder in der Binnenschiffahrt kann der in solchen Fällen nicht seltene Untergang des Schiffes die Ermittlungen erschweren oder gar unmöglich machen.
Selbst wenn solche Hindernisse nicht bestehen, wirken doch die besonderen Gegebenheiten der Schiffahrt für die meisten Kriminalbeamten außerordentlich komplizierend; zudem kommt man auch hier kaum jemals ohne Experten aus.

3. Tödliche Betriebsunfälle

Den Unfällen in den besonderen Verkehrsbereichen ähneln z. T. die tödlichen Betriebsunfälle. Der Mediziner stellt die Schäden fest, an Hand derer er ggf. schon etwas über die Ursachen sagen kann.

Meixner II-162 ff.

Ist die Unfallursache, wozu häufig nur ein Experte in der Lage sein wird, ermittelt, so benötigt man einen mit der Branche oder solchen Betrieben vertrauten Sachverständigen, um das Verhalten möglicherweise Verantwortlicher einschätzen zu können. Dabei kann man sich an den einschlägigen Sicherheitsvorschriften orientieren.

In der Praxis geht es hier – wie wir gesehen haben – vor allem um das Bauwesen und die Landwirtschaft,

d. h. Bereiche, die vielen nicht vertraut sein dürften. Aber es kommen daneben alle möglichen Arbeits- und Unternehmensformen in Betracht; denn die berufliche Tätigkeit der Menschen ist vielgestaltig und nicht selten gefährlich.

Berke-Müller, Paul: Das Grubenunglück in Lengede. Ein Sonderfall kriminalpolizeilicher Katastrophenbearbeitung – Kriminalistik 1965, S. 616 ff.; *Heinemann,* Theo/*Ulonska,* Kurt: Häufung tödlicher Betriebsunfälle mit Gabelstaplern. Schutzdach wirkt verhängnisvoll – Kriminalistik 1966, S. 472 f.

4. Tod infolge unsorgfältiger Berufsausübung

Ob unsorgfältige Berufsausübung zum Tod eines Menschen geführt hat, läßt sich häufiger nur durch kriminaltechnische Untersuchungen und zu diesem Zweck in die Ermittlungen eingeschaltete Sachverständige beweisen. Die Situation ist ähnlich vielgestaltig wie bei den Betriebsunfällen; nur der Opferkreis pflegt hier ein etwas anderer zu sein.
Deshalb ist das kriminaltaktische Vorgehen am besten an Hand der Erscheinungsformen bzw. Verbrechenstechniken zu erläutern.

a) Medizinalpersonen

Da durch Medizinalpersonen verursachte Todesfälle mit der ärztlichen Tätigkeit zusammenhängen, dürfte die Hilfe des Mediziners, ggf. des Fachmediziners unerläßlich sein. Das bedeutet allerdings nicht, daß man auf andere spurenkundliche Untersuchungen und auf Vernehmungen verzichten kann.

Vossen, Bruno: Natürlicher Tod nach Unglücksfall. Tödlich verlaufende Blutübertragung – Kriminalistik 1969, S. 469 f.

Häufiger kommt es bei pseudomedizinischen Aktivitäten von Kurpfuschern, magischen Heilern und dergl. zu Todesfällen. Dabei geht es keineswegs nur um das durch diese Praktiken bewirkte Unterlassen einer ordentlichen medizinischen Behandlung, deren Notwendigkeit außer durch eine Obduktion auch durch Aussagen dargetan werden kann, sondern nicht selten um gefährliche Manipulationen des Täters, welche sich gewöhnlich kriminaltechnisch gut nachweisen lassen.

Ulonska, Kurt: Tödliche „Heilpraktik" – Kriminalistik 1959, S. 113 ff.

Neben dem medizinischen Gutachter spielt der Kriminalbeamte hier eher noch eine etwas größere Rolle als bei in Tatverdacht geratenen Medizinern; denn Spurenmaterial und vor allem Vernehmungen gestalten sich hier oft umfangreicher.

b) Handwerker

Im handwerklichen Bereich sind tödliche Unfälle häufiger nur dann aufzuklären, wenn der den Sachverhalt untersuchende Beamte oder der zu diesem Zweck eingeschaltete Experte mit dem in Frage stehenden Beruf wirklich vertraut ist. Allerdings können ergänzende Beweise hier des öfteren zur Aufklärung beitragen; denn der Sachverständige übersieht mitunter andere, ihm nicht vertraute kriminalistische Möglichkeiten.

c) Exekutivbeamte

Sind Exekutivbeamte in einen tödlichen Unfall verwickelt, so geht es überwiegend um Schußwaffengebrauch, wenngleich bei Militär und Polizei auch andere Unfälle vorkommen können. Je nach Tatwerkzeug oder -mittel greift man zu kriminaltechnischen Untersuchungen, um im übrigen das Feld durch Vernehmungen und dgl. zu erhellen.

d) Sonstige Berufe

Es gibt aber noch viele andere Berufe, deren unsorgfältige, d. h. fahrlässige Ausübung den Tod von Menschen bewirken kann. Ungeachtet der hier zu verzeichnenden Vielfalt muß sich der Kriminalist daher mit einschlägigen wissenschaftlichen Untersuchungsmethoden vertraut machen und sich besonders um ein der konkreten Situation angepaßtes Vorgehen bemühen.

5. Tödliche Haushaltsunfälle

Tödliche Haushaltsunfälle sind demgegenüber oft einfacher aufzuklären, wenngleich auch hier mitunter die Technik– man denke an Elektro- und Gasgeräte – komplizierend wirken kann.

Nicht selten finden sich z. B. bei vorsätzlichen Tötungen – wie wir gesehen haben – Praktiken, die den wahren Hergang verschleiernd einen solchen Unglücksfall vortäuschen sollen.

Immer sollte man bei solchen Unfällen daran denken, daß der Verantwortliche, der das Einschreiten der Polizei erwartet, irgendwelche Manipulationen vornimmt, um sein Verschulden zu verschleiern.
Nicht gar so selten handelt es sich aber um recht merkwürdige Unglücksfälle, für welche nur das Opfer selbst oder niemand verantwortlich ist. Doch das ist dann oft nur schwer herauszufinden.

Zimmermann, Hans: Ein nicht alltäglicher Fall von Kohlenoxydvergiftung – Arch. f. Krim. Bd. 117, S. 11 ff. (1956); *Frei,* M.: Mikroskopische Spuren bei Elektrounfällen – Kriminalistik 1957, S. 20 ff.; *Krull,* Erich: Lebensgefährlicher „Schutz"-Kontakt – Kriminalistik 1957, S. 426 ff., *Marsch,* Gerhard: CO-Vergiftung bei Propangas – Kriminalistik 1969, S. 512 ff.; *Kesel,* Arno: Der Tod in der Küche – Kriminalistik 1974, S. 559 ff.; *Althaus,* Rainer Jörg/*Stichnoth,* Egon: Tödliche Unfälle beim Gebrauch von Gasdurchlauferhitzern – Kriminalistik 1976, S. 298 ff.; *Maschka,* Reimund: Aus Angst in schweren Verdacht geraten. Ermittlungen zum Tod eines Kleinkindes – Kriminalistik 1976, S. 308 ff.

Die wichtigsten Gefahrenquellen im Haushalt bieten gegenwärtig ersichtlich **Elektrizität** und **Gas**. Sobald sich nur der geringste Anhaltspunkt dafür ergibt, daß diese Dinge im Spiele sein könnten, ist besondere Umsicht geboten und sofort ein entsprechender Experte bei zuziehen.
Bei tödlichen **Unfällen mit Haustieren** ist außer auf Materialspuren, die helfen können, den Hergang der Ereignisse zu klären, u. U. auch auf Formspuren zu achten.

So konnte der Tod eines auf einem ehemaligen Schuttabladeplatz gefundenen 10jährigen Jungen, nachdem der Verdacht im Zuge der Ermittlungen auf zwei Schäferhunde gelenkt worden war, wesentlich an Hand charakteristischer Verletzungsmuster und einer Anomalie des einen Hundegebißes aufgeklärt werden.

Flügel, Hermann: „Täter" bleibt straflos – Kriminalistik 1966, S. 522 f.; *Mittmeyer,* Hans-Joachim/*Staak,* Michael/*Kraemer,* Roland. Über Verletzungsmuster und Identifizierungsprobleme bei Hundebissen – Arch. f. Krim. Bd. 157, S. 172 ff. (1976).

6. Tödliche Spielunfälle

Noch einfacher liegen in aller Regel die tödlichen Spielunfälle, weil hier nur selten kompliziertere technische Dinge oder Schußwaffengebrauch mit im Spiele sind.
Neben dem Mediziner, der oft schon Wesentliches über den Unfallhergang wird aussagen können, sind in diesen Fällen vor allem Vernehmungen wichtig, um den wahren Sachverhalt aufzuklären; dann und wann aber kommt es auf umsichtige Tatortarbeit an.

7. Tödliche Sportunfälle

Tödliche Sportunfälle kommen seltener und im übrigen vor allem bei ganz bestimmten Sportarten vor. Deshalb muß sich der ermittelnde Beamte mit ihnen vertraut machen oder aber einen entsprechenden Experten einschalten.
Dies gilt beispielsweise für den nachstehend beschriebenen **Jagdunfall,** bei welchem ein regelwidrig abgegebener Schrotschuß infolge unglücklicher Umstände trotz zunächst nicht schwerwiegend erscheinender Verletzung zum Tode eines anderen Jägers führte.

Berka, Vladimir/*Krejzlik,* Zdenek: Eine eigenartige tödliche Schrotschußverletzung – Arch. f. Krim. Bd. 140, S. 139 ff. (1967).

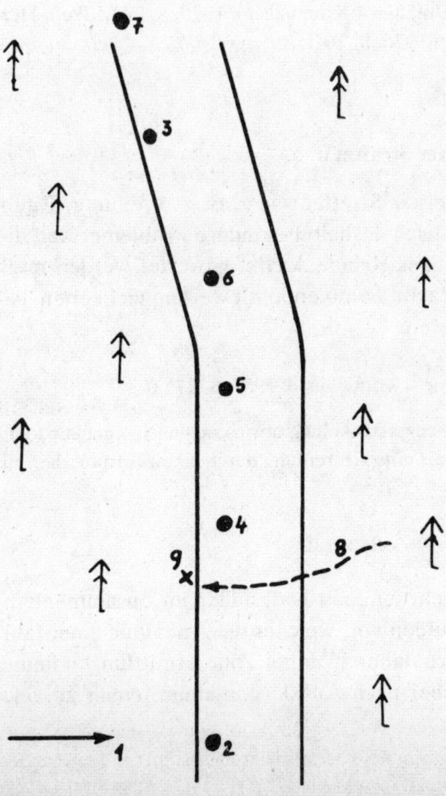

Abb. 23/7. Tatortsituation bei Abgabe des tödlichen Schrotschußes.
(1) Blickrichtung der Jägerreihe, (2) Standort des Täters, (3) Standort des Verletzten, (4-7) übrige Jäger, (8) Laufrichtung des Hasen, (9) Stellung des Hasen im Augenblick der Schußabgabe.

Holzer, Franz Josef: Beziehungen der Gerichtsmedizin zu Jagd und Jäger – Arch. f. Krim. Bd. 153, S. 1 ff. (insb. Jagdunfälle), 65 ff. (1974).

Ein in der Dämmerung zusammen mit seiner Frau auf der Couch sitzender Mann wurde durch ein von außen durch eine Fensterscheibe eingedrungenes Geschoß an der Schläfe tödlich getroffen.Dies war, wie die Obduktion ergab, ein von Jägern verwandtes H-Mantelgeschoß. Über Schußrichtung und ballistische Kurve vermutete man einen Schuß aus weiter Entfernung (mehr als 2 km). So konnte auch ein Jäger ermittelt werden, der aus etwa 3,5 km Entfernung zur fraglichen Zeit einen Schuß auf einen Fuchs abgegeben, diesen aber verfehlt hatte. Die kriminaltechnische Untersuchung ergab einwandfrei, daß das tödliche Geschoß aus diesem Gewehr verfeuert worden war.

Auch bei anderen **Unglücksfällen mit Schußwaffen** können sich die Ermittlungen recht schwierig gestalten.

Ulonska, Kurt: Ein interessanter Fall fahrlässiger Tötung – Kriminalistik 1959, S. 393 f.

Je nach Art der sportlichen Betätigung gestalten sich die Ermittlungen also recht verschiedenartig. Aber auch bei anderen Formen des Sports oder der Freizeitgestaltung, bei denen es zu Todesfällen kommt, können sich die Ermittlungen – man denke etwa an Bergunfälle – sehr schwierig gestalten, weshalb gewöhnlich Experten beigezogen werden müssen.

Zisler, M.: Die polizeilichen Erhebungen bei alpinen Unfällen – Kriminalistik 1970, S. 99 f.; *Wolf,* Herbert: Zur Aufnahme von Skiunfällen – Die Neue Polizei 1975, S. 26 ff.

8. Fahrlässige Tötung im Zusammenhang mit einer Straftat u. a.

Fahrlässige Tötungen im Zusammenhang mit einer Straftat wie z. B. Abtreibung, Raub, Notzucht oder Brandstiftung bieten kriminaltaktisch deshalb besondere Probleme, weil das Verhalten des Täters zugleich als ein andersartiges Kriminaldelikt gewertet werden muß. Deshalb könne auch für jene Straftat in Betracht kommende Beweismöglichkeiten genutzt werden, um den Sachverhalt zu rekonstruieren.

Stemphuber, M.: Grauenhafte Entdeckung in Kellerruine – Kriminalistik 1957, S. 271 ff.

Ein auf einen Sexualmord hindeutender Fall von Leichenzerstückelung erwies sich nach schneller Identifizierung des Opfers auf Grund von Vernehmungen als eine Abtreibung durch einen Kurpfuscher mit Todesfolge.

Gerkens, Ernst: Auf Irrwegen zum Ziel – Kriminalistik 1963, S. 322 ff.

Nur ausnahmsweise liegt bei den in der Praxis nicht seltenen Todesfällen im Zusammenhang mit autoerotischer Betätigung ein Fremdverschulden vor, welches die Annahme einer fahrlässigen Tötung rechtfertigt. Der Kriminalist wird daher zwar bei Todesermittlungen immer wieder mit solchen Sachverhalten befaßt, die aber nach Aufklärung kaum jemals zu einer Anklage gegen einen Dritten führen.

Hughes S. 332 ff.

III. Abtreibungen u. a.

Bei kriminellen Abtreibungen, die u. U. von Fällen legalen Schwangerschaftsabbruchs unterschieden werden müssen, werden die Ermittlungen nicht selten durch die Kooperation von Täter und Opfer behindert.

Vieht: Die kriminalpolizeiliche Untersuchung von Abtreibungsdelikten – in: TbKrim Bd. V, S. 79 ff., insb. S. 94 ff. (1955); *Svensson/Wendel* S. 283 ff.; *Meixner* II-132 ff.

Die Möglichkeiten der **Prävention** gegen kriminelle Abtreibungen sind in vielen Ländern leidenschaftlich und ausführlich diskutiert worden. Wichtiger als die hierbei umstrittenen Fälle legalen Schwangerschaftsabbruchs dürften jedoch Maßnahmen der Empfängnisverhütung sein, sofern man von der Fürsorge für Schwangere hier einmal absieht. Denn Sterilisation und vor allem der Einsatz empfängnisverhütender Mittel vermeiden die mit jedem Schwangerschaftsabbruch verbundenen Gefahren. Für eine effektive Empfängnisverhütung kommt es außer auf Aufklärung durch staatliche Stellen vor allem auf eine entsprechende private Aktivität an.
Die **Ermittlungen** bei Verdacht kriminellen Aborts gestalten sich oft schwierig. Das gilt schon für die Ausgangslage, weil nur relativ selten Anzeigen erstattet werden; und dies erfolgt überwiegend aus unschönen Motiven wie Haß, Rachsucht usw. oder anonym. Eher schon werden derartige Straftaten durch Eintritt körperlicher Komplikationen bei der Schwangeren oder gar durch ihren Tod ruchbar. Schließlich werden solche Strafverfahren durch Gerüchte oder überhaupt erst durch eigene Wahrnehmungen der Behörden – z. B. bei Tod einer gebärfähigen Frau unter verdächtigen Umständen – ausgelöst. Dann aber kommt es zunächst überhaupt auf Sachspuren an.

In Sterbefällen oder bei schweren Körperschäden können jedoch u. U. Vernehmungen Dritter – z. B. von Ärzten, Pflegepersonal, Angehörigen, Arbeitgebern oder Arbeitskollegen – weitere Anhaltspunkte für einen solchen Tatverdacht ergeben.

Schon die Tatsache, daß Schwangerschaft vorliegt oder vorlag, kann möglicherweise nicht bemerkt worden sein. Dieses läßt sich aber ggf. durch eine ärztliche Untersuchung feststellen. Die Mediziner haben, wie in der Kriminaltechnik dargelegt worden ist, eine ganze Reihe von Anzeichen erarbeitet, die eine Schwangerschaft sicher oder wahrscheinlich machen. Dasselbe gilt bei Todesfällen im Zusammenhang mit dem Verdacht einer Abtreibung; denn hier ist eine Obduktion unerläßlich, um die Todesursache festzustellen.
Ebenso kann die Tatsache einer vollzogenen Abtreibung selbstverständlich nur durch den Mediziner bewiesen werden. Sie ist jedoch in der Mehrzahl der Fälle kaum strittig, weshalb es mehr darauf ankommt, wie der Abort durchgeführt worden ist. Aufschlußreich können auch insoweit die Abtreibungsfolgen (Verletzungen der Frucht oder der Schwangeren) sein. Dabei ist zu beachten, daß sich bei medizinisch aus- oder vorgebildeten Personen die kriminelle Arbeitsweise der eines ärztlichen Eingriffes mehr oder weniger nähern kann.

Vereinzelt werden, z. B. im Zusammenhang mit einer Erpressung, Schwangerschaft und Abtreibung auch nur vorgetäuscht; außer auf dafür sprechende Tatspuren kommt es hier vor allem auf Vernehmungen an.

Huber, O.: Anklage wegen Abtreibung mit Safran bei vorgetäuschter Schwangerschaft – Kriminalistik 1962, S. 219 ff.

Bei Durchsuchungen, die ebenso wie derartige Verfahren überhaupt zuweilen durch anonyme Anzeigen oder vertrauliche Hinweise ausgelöst werden, ist außer auf für den Eingriff geeignete Instrumente bzw. Geräte auch auf dafür u. U. benutzte Tatmittel zu achten.

Als Abtreibungsinstrumente kommen – wie dargelegt – vor allem Gummispritzen (Frauenduschen), Katheter, Mutterspiegel, Pessare, aber auch Stricknadeln und dergl. in Betracht. Derartige Geräte werden z. T. auch bei chemisch-physikalischen Manipulationen benutzt.

Im übrigen ist an demjenigen Ort, an welchem der Eingriff vorgenommen worden sein könnte, und insb. bei der Schwangeren selbst auf Materialspuren zu achten, welche ein Abort der fraglichen Art hinterlassen haben kann. Diese können außer durch den Mediziner ggf. auch durch Chemiker wie z. B. den Toxikologen oder durch einen Biologen ausgewertet werden.

Bei solchen Durchsuchungen sollte ggf. der Experte zugegen sein, der Instrumente und Materialien am ehesten auf ihre Eignung für derartige Zwecke hin zu beurteilen vermag. Allerdings wird sich das in der Praxis nicht immer einrichten lassen, weshalb durchsuchende Kriminalbeamte zumindest mit dem Wesentlichen vertraut sein und ansonsten besonders vorsichtig zu Werke gehen sollten.
Es ist ferner auf Notizbücher, Papiere und dergl. zu achten, aus denen nicht nur Termine und Anschriften, sondern u. U. auch Anhaltspunkte zu entnehmen sein können, ob Geld gezahlt oder empfangen worden ist.

Als Tatverdächtige kommen neben der Schwangeren selbst vor allem der Schwängerer und sodann diejenigen in Betracht, die den Eingriff durchgeführt oder unterstützt haben; außer an Ärzte und andere Medizinalpersonen ist in diesem Zusammenhange an Lohnabtreiber sowie an Angehörige oder Freunde der Schwangeren zu denken. Die insoweit aufschlußreichen persönlichen Verhältnisse zur Schwangeren können nämlich ganz verschieden geartet sein.
Vernehmungen in Abtreibungssachen erfordern besonderes Geschick. Dabei sollte immer versucht werden, den Namen des Schwängerers zu ermitteln, der gewöhnlich Mitwisser oder sogar Tatbeteiligter ist. Bei der Schwangeren selbst geht es um konkrete Angaben über ihr Befinden in der fraglichen Zeit, weil diese für den Sachverständigen wichtig sind. Die größten Probleme aber bieten die Vernehmungen von Personen, die als Fremdabtreiber in Betracht kommen. Während Ärzte hier mancherlei Ausreden parat haben, die außer durch medizinische Gutachten vor allem durch den Nachweis eines unangemessen hohen Honorars zu widerlegen sind, haben sich Laien angesichts der Illegalität ihrer Machenschaften gewöhnlich auf diesen Fall eingestellt; und handelt es sich um Rückfallstäter muß man sicher mit Vorsicht und Widerstand rechnen. Hier pflegen nur handfeste Sachbeweise Eindruck zu machen.

Wichtig für Vernehmungen in derartigen Sachen ist, daß eine Kontaktaufnahme der Beteiligten möglichst verhindert wird; denn Kollusion ist hier verständlicherweise üblich. Auch gibt es typische Ausreden und Schutzbehauptungen, durch welche man sich nicht irritieren lassen darf; natürlich sind diese beim Arzt oder sonstigen Drittabtreiber andere als bei der Schwangeren. Der Vernehmungsbeamte sollte sich ggf. auf solche Einwände und Ausflüchte vorbereiten.

Diese allgemein kriminaltaktische Situation in Abtreibungsfällen weist natürlich auch bei den einzelnen Verbrechenstechniken Modifikationen auf.

1. Mechanische Manipulationen

Die Untersuchung mechanischer Manipulationen ist Sache des Rechtsmediziners oder des Gynäkologen. Der Kriminalbeamte hat sich außer mit Vernehmungen vor allem mit der Suche nach Instrumenten und dergl. zu befassen, die als Tatwerkzeuge in Betracht kommen. Da auf den Gesamtkörper wirkende Manipulationen später (3.) behandelt werden sollten, haben wir es hier vor allem mit lokal wirkenden Maßnahmen zu tun.

a) Zerstören der Fruchtblase

In besonderem Maße gilt das für intrauterine Eingriffe, die auf ein Zerstören der Fruchtblase hinauslaufen. Hier muß sich die Aktivität des Kriminalbeamten auf Begleitumstände und Folgen sowie darauf beschränken, Kontakte zwischen den beteiligten Personen und Besonderheiten ihres Verhaltens zu ermitteln.

b) Äußere Gewaltanwendung

Könnte der Abort auf äußere Gewaltanwendung zurückzuführen sein, so ist die Lage etwas anders. Denn hier kommt der kriminalpolizeilichen Ermittlung neben dem medizinischen Gutachten häufiger größere Bedeutung zu.
Die äußere Gewaltanwendung zum Zwecke der Abtreibung kann allerdings seltsame und die Ermittlungsorgane irritierende Formen annehmen.

So schoß sich eine von einem Knecht geschwängerte Bauerntochter, mit einer von jenem beschafften Pistole mehrfach in den Unterleib, um mit dem auf diese Weise vorgetäuschten Überfall bzw. der daher notwendigen Operation einen Abgang der Leibesfrucht zu erreichen. Die Tat wurde jedoch durch bei der Vernehmung des Liebhabers entdeckte Briefe aufgeklärt

Lindner, Alfons: Eine eigenartige Form der Abtreibung – Kriminalistik 1959, S. 396f.; *Christen,* Hans: Nicht alltägliche Unterbrechung der Schwangerschaft – Kriminalistik 1961, S. 244f.

2. Chemisch-physikalische Manipulationen

Bei chemisch-physikalischen Manipulationen zum Zwecke einer Abtreibung kommt es außer auf den Mediziner vor allem auf den Chemiker an. Denn neben den mehr oder weniger typischen Folgen dieser Verbrechenstechnik spielen bei der Überführung selbstverständlich diejenigen Materialien eine wichtige Rolle, die als Tatmittel verwendet worden sein können. Aus der Vielzahl derartiger Abortiva, zu denen u. a. alle Allgemeingifte zählen, können hier nur solche als Beispiele herausgegriffen werden, die kriminaltaktische Besonderheiten bedingen.

a) Ätzende Flüßigkeiten

Selbst der Gebrauch ätzender Flüssigkeiten, der oft mit mechanischen Manipulationen verbunden ist, läßt sich von Laien nicht immer leicht erkennen. Doch spielen die schon allgemein erwähnten Begleitumstände bei diesen Ermittlungen eine wesentliche Rolle.

Bosch, Rudolf: Ungewöhnliche und gefährliche Abtreibungsmethode – Kriminalistik 1961, S. 546 f.

b) Einnehmen von Medikamenten

Noch komplizierter pflegen sich die Dinge zu gestalten, wenn der Abort mit Hilfe von Medikamenten herbeigeführt worden sein könnte. Erst wenn durch kriminaltechnische Untersuchungen das fragliche Mittel seiner Art nach – durch Mediziner, Toxikologen oder Pharmazeuten – einigermaßen sicher identifiziert ist, lohnen sich gezielte Durchsuchungen nach diesen Substanzen und Vernehmungen von tatverdächtigen Personen oder von Zeugen.

c) Anwendung von Chemikalien
Kommt die Anwendung von Chemikalien zum Zwecke der Abtreibung in Betracht, so ähneln die Ermittlungen vielfach denen bei kriminellem Mißbrauch von Medikamenten.

d) Einnehmen von Kräutern
Kräuter oder andere pflanzliche Abtreibungsmittel bringen wegen der allgemeinen Verfügbarkeit oft erhebliche Schwierigkeiten für die Aufklärung mit sich. Denn hier bewegt man sich nicht selten an oder jenseits der Grenze tauglicher Abortmittel.

e) Röntgenstrahlen u. a.
Die für diesen Zweck schwierig zu handhabenden Röntgenstrahlen oder der elektrische Strom werden nur selten vom Abtreiber verwendet. Da hier nur sehr wenige Örtlichkeiten in Betracht kommen, ist es vor allem wichtig festzustellen, wie und wann die Schwangere Zugang zu derartigen Geräten erlangt haben kann.

3. Andere abortive Maßnahmen

Ungleich ungünstiger noch als bei den bisher behandelten Verbrechenstechniken ist die Ausgangslage bei anderen einen Abort fördernden Verhaltensweisen; denn sie hinterlassen nur selten brauchbare Spuren und sind zudem in ihrer Wirkung oft nicht sicher einzuschätzen.
Hier helfen medizinische Gutachten zudem gewöhnlich nur bedingt; denn über den Nachweis, daß Schwangerschaft vorgelegen hat und ein Abbruch erfolgt ist, kommen sie häufig nicht hinaus, zumal da die Ursachen zunächst offen bleiben können.
Daher hängt die Aufklärung solcher ebenfalls oft an der Grenze des Strafbaren liegenden Sachen wesentlich von den Kriminalbeamten ab, die sich hier in der Regel aber mehr als auf Sachspuren auf ihr Geschick bei Vernehmungen stützen müssen.

IV. Vorsätzliche Körperverletzungen

Vorsätzliche Körperverletzungen gleichen kriminalistisch weithin den vorsätzlichen Tötungen, weshalb auf die Ausführungen dort verwiesen werden kann (§ 23-A-I).
Eine wesentliche Besonderheit ist kriminaltaktisch hier vor allem die, daß das Opfer die Tat überlebt und daher als Zeuge fungieren kann; lediglich bei sehr schweren Verletzungen kann diese Möglichkeit durch Nichtansprechbarkeit des Opfers zeitlich verzögert sein. Zudem ist bei vorsätzlichen Körperverletzungen noch eher als bei Tötungen mit weiteren Tatzeugen außer dem Opfer zu rechnen, wenn man sich die Erscheinungsformen dieser Kriminalität vor Augen führt.

Allerdings begünstigt die diesen Taten häufig zugrunde liegende Konfliktsituation Falschaussagen, weshalb selbst bei entsprechend vorsichtig gehandhabten Vernehmungen die Sachbeweise ihren Wert heben. Schon die Art der Verletzung kann für einen vom Beschuldigten bestrittenen Tötungsvorsatz sprechen.

Komplizierter können sich beim Verdacht einer Körperverletzung die Ermittlungen in solchen Fällen gestalten, in denen der Gesundheitsschaden auf eine Selbstbeschädigung oder gar Selbstverstümmelung zurückzuführen sein könnte; denn hier muß außer dem Handeln dritter Personen ggf. auch ein Unglücksfall ausgeschlossen werden, weshalb die Situation der fahrlässig begangener Taten ähneln kann. Dies alles enspricht also der Lage bei Selbstmordverdacht; ist ein solches Vorhaben – der Selbstmordversuch – gescheitert, kann es daher leicht sein, daß zunächst wegen vorsätzlicher Körperverletzung ermittelt wird. Da sowohl die Sachbeweise als auch die Vernehmungen in diesen Fällen komplizierter als sonst liegen, ist Vorsicht geboten, sobald ein solcher Verdacht der Selbstbeschädigung auftaucht.

Wichtig für die Rekonstruktion der fraglichen Ereignisse sind zunächst einmal das Tatwerkzeug und die an Hand der Folgen, d. h. mit Hilfe des rechtsmedizinischen Gutachtens, zu untersuchende Art und Weise der Tatausführung.
Ferner ist bei den Vernehmungen auf den Hintergrund zu achten, welcher Anhaltspunkte für die hier vorkommenden falschen Aussagen zu liefern vermag.

Dies gilt übrigens nicht nur für gewisse Fälle des Versicherungsmißbrauchs, sondern ebenso für die Deliktsvortäuschung, da man oft Gewalttaten behauptet, um auf andere Art entstandene Verletzungen plausibel zu machen.
Nur seltener, obgleich auch das vorkommen kann, bereitet es Schwierigkeiten, ansonsten vorsätzliche von fahrlässigen Körperverletzungen zu unterscheiden, weil dann die für jene Taten typische Unfallsituation vom Täter bewußt ausgenutzt worden sein müßte.
Im übrigen gibt es bei den einzelnen Verbrechenstechniken nur wenige Besonderheiten, die über das bei den Tötungsdelikten Gesagte hinausgehen und daher in solchen Ermittlungssachen zu beachten sind.
Während man bei Verletzungen durch vorsätzlich mißbrauchten **Sprengstoff** nur unter besonderen Umständen Tötungsvorsatz wird verneinen können, ist das bei **Schußverletzungen** schon eher der Fall. Allerdings kann einer solchen Einlassung des Tatverdächtigen schon die Art der Verletzungen widersprechen; selbstverständlich sind Abwehrsituationen und gewisse Fehlreaktionen in Rechnung zu stellen. Im übrigen kommt es hier, wie bei allen vorsätzlichen Körperverletzungen, darauf an, die Verhältnisse zwischen Tatverdächtigem und Opfer vor der Tat und im Zusammenhang mit ihr zu klären, weil so die Willensbildung am ehesten verständlich sein dürfte. Es kommt daher vor allem auf Vernehmungen an, bei denen sich die Aussagen natürlich oft widersprechen werden. Dies gilt für alle Körperverletzungen, die im Zuge von Auseinandersetzungen begangen werden.
Handelt es sich um **Schnitt- oder Stichverletzungen**, wird man bei entsprechenden Tatumständen bloßen Verletzungsvorsatz annehmen können, sofern nicht ausnahmsweise die Art der Verletzung oder andere Umstände für weitergehende Absichten des Beschuldigten sprechen.

Jordan, P.: Messerstecherei. Rasche Abklärung durch Mitarbeit des Publikums– Kriminalistik 1969, S. 627 ff.

Bei **halbscharfer und stumpfer Gewalt** ist die Lage wegen der oft größeren Gefährlichkeit dieser Tatwerkzeuge vielfach wieder kritischer, wenngleich der Rechtsbrecher bei tätlichen Auseinandersetzungen oft mehr zufällig zu solchen Instrumenten oder Praktiken greift. Noch häufiger als bei den bisher behandelten Verbrechenstechniken wird es hier nötig sein, von der fahrlässigen Körperverletzung abzugrenzen, weil der Tatverdächtige sich auf unglückliche Umstände beruft.

Anders ist das bei **Verletzungen durch Würgen, Drosseln usw.** Doch sind solche Folgen bei einem Kampf zwischen Täter und Opfer keineswegs ungewöhnlich, sprechen also nicht ohne weiteres für Tötungsvorsatz. Hier kommt es also außer auf die konkrete Tatausführung und ihre Begleitumstände auf geschickte Vernehmungen an.

Verletzungen durch Gift und Chemikalien sind wegen der für den Täter kaum überschaubaren Wirkungen dagegen wohl nur selten als (vorsätzliche) Körperverletzungen zu werten. Wer derartige Substanzen bewußt gegen Menschen einsetzt, muß in der Regel mit ernsten Folgen, d. h. auch mit dem Tod des Opfers, rechnen. Schwieriger ist es hier, von Unglücksfällen und damit ggf. fahrlässiger Körperverletzung zu unterscheiden, zumal da die Art und Weise der Tatausführung – wie beim Giftmord – recht kompliziert liegen kann. Deshalb sind auch hier neben dem Sachverständigengutachten mit Umsicht betriebene Ermittlungen geboten.

Gemeinschaftliche Körperverletzungen, hinterlistige Überfälle und andere, z. T. erschwert gewertete Formen der vorsätzlichen Körperverletzung hängen in der Aufklärung häufig mehr von Vernehmungen als von Sachbeweisen ab; denn die körperlichen Folgen sind in diesen Fällen des öfteren wenig signifikant.

V. Fahrlässige Körperverletzungen

Noch kürzer lassen sich die kriminaltaktischen Hinweise für fahrlässige Körperverletzungen fassen. Denn vom Verhalten des Täters her entsprechen sie mit ihrem Unfallcharakter völlig den fahrlässigen Tötungen (§ 23-A-II).

Zudem verfügen wir auch hier – wie bei den vorsätzlichen Körperverletzungen – mit dem Opfer über einen wichtigen Zeugen. Denn der Beschuldigte wird naturgemäß bemüht sein, die Umstände so darzustellen, daß ihm ein Verschulden nicht nachzuweisen ist. Gerade deshalb sind Sachbeweise und Aussagen Dritter in diesen Fällen bedeutsam. Auf diese Sachbeweise kommt es – wie bei fahrlässigen Tötungen – vor allem wegen der Unfallsituation an, weshalb gründliche Tatortarbeit nötig ist, um etwaige Einwände widerlegen und das Verschulden beurteilen zu können.

Bedeutsamer als bei fahrlässigen Tötungen, wenngleich es bei größeren Unfällen neben Toten auch Verletzte geben kann, ist das Verhalten der Beamten und der Angehörigen von Rettungsdiensten in Unglücksfällen; denn sie kommen nicht nur als Beweispersonen in Betracht, sondern können leicht selbst in den Verdacht einer fahrlässigen Körperverletzung geraten.

Gelbert: Neue Erkenntnisse und Erfahrungen beim Unfalleinsatz der Berufsfeuerwehr – Kriminalistik 1960, S. 229 ff., 320 ff.

Wichtiger als umsichtiges Vorgehen im Hinblick auf etwaige Spuren und ggf. Absperrung des Unfallortes ist – wie gesagt – die Notwendigkeit einer ersten Hilfe, die sachgerecht und wirksam geleistet werden sollte, um nach Möglichkeit Menschenleben zu retten und Schäden gering zu halten.

Außer auf entsprechende Ausbildung der Beamten in erster Hilfe kommt es auf schnelles Herbeirufen eines Rettungs- oder Notarztwagens und damit auf ärztliche Hilfe an. Für diese Zwecke können u. U. sogar Hubschrauber eingesetzt werden. Neben einer möglichst zweckmäßigen Ausstattung dieser Rettungsmittel spielen daher die Durchführung der ersten Maßnahmen am Unfallort und der Transport eine wichtige Rolle.

Was die verschiedenen Unfallsituationen anlangt, so gelten hier die bei der fahrlässigen Tötung für die einzelnen Verbrechenstechniken dargelegten Grundsätze (§ 23-A-II), weshalb sich besondere Ausführungen erübrigen dürften.

VI. Nötigung und Freiheitsberaubung

Nötigung und Freiheitsberaubung sind in der Praxis viel seltener als vorsätzliche oder fahrlässige Tötungen bzw. Körperverletzungen. Allerdings ist die Ausgangslage hier oft deshalb problematisch, weil Sachspuren gewöhnlich fehlen, wenn der Täter keine Gewalt angewendet hat. Wir sind dann außer auf die Angaben des Anzeigenden vor allem auf die Aussagen von etwaigen Zeugen angewiesen.

1. Nötigung

Sieht man einmal von der Gewalt als Tatmittel ab, dessen Spuren ähnlich wie bei vorsätzlicher Tötung bzw. Körperverletzung zu behandeln sind, so kommt es hier wesentlich auf die Aussagen des Opfers und ggf. Dritter an, welche allerdings durch Begleitumstände oder andere Beweise erhärtet werden können; das gilt beispielsweise für schriftliche Drohungen oder fernmündliche, sofern diese auf einem Tonband aufgezeichnet worden sind.
Von derartigen Möglichkeiten des Sachbeweises abgesehen kommt es jedoch in Nötigungsfällen vor allem auf Personalbeweise und diese ergänzende Ermittlungen an, bei denen gerade auch die typischen Konfliktslagen aufgeklärt werden sollten. Im Zuge der mithin wichtigen Vernehmungen wird der Kriminalist häufig auf unter den Beteiligten strittige Rechtsfragen stoßen, mit denen der Tatverdächtige Zwang zu legitimieren sucht; das erschwert es verständlicherweise, die subjektive Verantwortlichkeit zu beurteilen.

2. Freiheitsberaubung

Ähnlich sind die Verhältnisse bei den Freiheitsberaubungen geartet, sofern wir es nicht mit den schweren Fällen von Menschenraub oder Entführung zu tun haben.

a) Einfache Einsperrung
Besteht der Verdacht einer einfachen Einsperrung, so ist die kriminaltaktische Situation gleich oder ähnlich wie in Nötigungsfällen. Es kommt also auch hier ungeachtet des Ge-

wichts etwaiger Sachbeweise, die vor allem das Eingesperrtsein und die Art dartun können, in welcher der Freiheitsentzug erfolgt ist, auf Vernehmungen an. Wichtiger als die Angaben des Beschuldigten dürften regelmäßig die des gewöhnlich verfügbaren Opfers und mehr oder weniger unbeteiligter Dritter sein; allerdings pflegen solche bei diesen Straftaten nicht so zahlreich zu sein.

b) Menschenraub

Bei einem Menschenraub finden sich außer Zeugen häufiger auch Sachbeweise; dies gilt nicht nur für Fälle von Gewaltanwendung, weil auch die Verwahrung als solche Spuren zu hinterlassen pflegt. Die Ausgangslage der Ermittlungen wird einmal dadurch gekennzeichnet, wie es zu dem Verfahren kommt, und zum anderen dadurch, ob Tatortarbeit möglich und sinnvoll ist.
Dies hängt z. T. bereits davon ab, ob der Menschenraub das eigentliche Ziel der Täter ist oder er wie bei der Kindesentführung und der alsbald zu behandelnden Geiselnahme nur als Mittel zu einem anderen Zweck fungiert; mitunter will man durch zeitlich befristeten Menschenraub sich auch nur Tatmittel (z. B. Schlüssel) und eine ungestörte Tatausführung sichern.

Suter, Werner: Außergewöhnlicher Raubüberfall – Kriminalistik 1973, S. 21 ff.

Fälle von Menschenraub werden den Strafverfolgungsorganen in der Regel schnell durch Strafanzeige bekannt; auch finden sich nicht gar so selten Zeugen, welche die Ereignisse selbst oder doch wenigstens für sie wesentliche Umstände wahrgenommen haben. Natürlich kann zuweilen etliche Zeit vergehen oder erst eine Vermißtenanzeige schließlich zu Ermittlungen wegen Menschenraubs führen.
Obwohl die Täter infolgedessen bei Bekanntwerden ihres Verbrechens eigentlich immer einen mehr oder weniger großen zeitlichen Vorsprung haben werden, sollte man ungeachtet anderer Fahndungsmaßnahmen bei Verdacht von Menschenraub die Tatortarbeit nicht vernachlässigen, die auch für die Fahndung aufschlußreich sein kann. Denn diese gestaltet sich bei Menschenraub zumindest solange sehr schwierig, als sich das Opfer in der Gewalt der Täter befindet.

Nur relativ selten erlangt man von der Tatortarbeit abgesehen Anhaltspunkte oder gar Beweise, die bei der Fahndung nach Personen oder gar Sachen behilflich sein können.

Da eine unmittelbare Nacheile nur selten möglich sein wird, konzentriert sich die Fahndung außer auf Abschneiden möglicher Fluchtwege auf den Aufenthaltsort des Opfers und der Tatverdächtigen. Durchsuchungen sind hier erst bei Vorliegen konkreter Anhaltspunkte möglich. Zudem ist zu berücksichtigen, daß durch Zwangsmaßnahmen das Opfer gefährdet werden kann, zumal da die Täter zu Praktiken der Geiselnahme übergehen können. Das ist insb. auch bei Einschaltung der Öffentlichkeit zu bedenken.
Etwas günstiger wird die Situation, sobald das Opfer wieder frei ist und es durch seine Angaben helfen kann, die Rekonstruktion der Tat zu erleichtern und die Absichten der Täter besser einzuschätzen.
Ein Sonderfall des Menschenraubs ist die **Geiselnahme,** die sich mehr gegen einen Dritten als gegen den seiner Freiheit Beraubten zu richten pflegt.
Die Geiselnahme hat sich aus dem Kidnapping, der erpresserischen Kindesentführung,

entwickelt, die vom ausgehenden 19. Jahrhundert an dann auch – und zwar verstärkt nach dem 2. Weltkrieg – auf europäische und andere Länder übergegriffen hat.

Neukirchner, Horst/*Frey*: Der Stuttgarter Fall Tillmann – Kriminalistik 1958, S. 399 ff., 439 ff., 501 ff., *Schreiber,* Manfred: Kindesentführungen. Versuch einer Zwischenbilanz anhand des Falles Luhmer aus vorwiegend kriminalpolizeilicher Sicht – Kriminalistik 1971, S. 225 ff.; *Häusler,* Karl: Geschäft mit einer Leiche. Einer der ersten Kidnappingsfälle in der Bundesrepublik – Kriminalistik1971, S. 312 ff.; *Fischer,* Johann: Der erpresserische Kindesraub. Analyse und Erfahrungen – Kriminalistik 1972, S. 1 ff.

Während das Kidnapping auch dann, wenn Erwachsene ihrer Freiheit beraubt werden, gewöhnlich heimlich, d. h. für Dritte nicht ohne weiteres erkennbar verübt wird, findet sich heute bei terroristischen, aber auch vermögenskriminellen Aktivitäten häufiger die offene Geiselnahme, die ohne Rücksicht auf anwesende Dritte durchgeführt wird.

Bauer, Günther: Geiselnahme aus Gewinnsucht – Arch. f. Krim. Bd. 150, S. 65 ff., 129 ff., insb. S. 135 ff. (1972); *Bauer,* Günther: Kriminaltaktische Bemerkungen zur Geiselnahme – der kriminalist 1972/ H. 5/S. 9 ff.; *Dietrich,* Rasso: Terroristische und erpresserische Gewaltkriminalität. Ein Beitrag zur Bewältigung des Phänomens – der kriminalist 1973, S. 190 ff; *Krefft,* S.: Kriminalität in der Luftfahrt – Arch. f. Krim. Bd. 153, S. 84 ff.; insb. S. 88 ff. (1974); *Hamacher,* Hans Werner: Straftaten mit offener Geiselnahme – in: TbKrim Bd. XXIV, S. 83 ff. (1974); *Ludwig,* Erwin: New York: Taktiken gegen Geiselnehmer. Verhandeln (fast) um jeden Preis – Die Neue Polizei 1975, S. 26 ff.; *Günther,* Irmgard/ *Zeller,* Reiner: Täterphasen und Tatgeschehen – TbKrim Bd. XXVI, S. 153 ff. (1976); *Bauer* 3-196 ff.; *Dikanich,* Manfred: Geiselnahmen – und deren taktische Bewältigung – Die Polizei 1977, S. 106 ff.

Hier bietet die infolgedessen nötige Kommunikation mit dem Drittopfer schon während der Tat die besten kriminaltaktischen Ansätze.
Die zunächst von der Entwicklung überraschten Kriminalisten haben sich mit dem erpresserischen Kindesraub, dem Kidnapping, einem Sonderfall gewinnsüchtiger Geiselnahme und in den letzten Jahren mit der Geiselnahme überhaupt relativ gründlich befaßt. Die kriminaltaktischen Maßnahmen sind gerade bei der gewinnsüchtigen Geiselnahme dieselben wie bei der Fahndung nach einem anonymen Erpresser. Aber auch andere Formen der Geiselnahme leiten u. U. zu den bei der Erpressung geschilderten Maßnahmen über; immerhin bietet die Situation des Menschenraubes hier kriminaltaktisch besondere Probleme.

Wie sonst beim Menschenraub sind in denjenigen Fällen, in denen er in Form der Geiselnahme erfolgt, gewöhnlich zunächst die Täter und ihre Motive ebenso unbekannte Größen wie das Verhalten der Geiseln, der Drittopfer oder auch der Zuschauer. Nur bedingt lassen sich von Fällen gewinnsüchtiger Geiselnahme (Vermögenstäter) Aktionen von politischem oder terroristischem Charakter sowie Geiselnahmen zum Zwecke der Flucht (sogen. Escapisten) unterscheiden.

Dabei sind die mit der Geiselnahme verfolgten Zwecke ebenso wie die unterschiedliche kriminelle Intensität wichtig für die Reaktionen der Strafverfolgungsorgane und die u. U. mit den Tätern zu führenden Verhandlungen.

Obwohl in aller Regel die Entscheidung an demjenigen Ort gesucht werden sollte, an welchem die Geiseln und Täter sich aufhalten, was Bekanntsein desselben voraussetzt, gibt es hier 'Ausnahmen von der Regel, daß staatliche Organe nicht mit Rechtsbrechern verhandeln. Denn noch wichtiger als die Ergreifung der Straftäter ist es, die Geiseln baldmöglichst zu befreien oder doch die für sie bestehende Lebensgefahr zu vermindern.

Die kriminaltaktische Situation bei Geiselnahmen hängt naturgemäß wesentlich davon ab, ob der Ort, an welchem die Rechtsbrecher ihre Geisel verwahrt halten, bekannt ist oder nicht; denn bei unbekanntem Verwahrort ist die Position der Strafverfolgungsorgane natürlich ungünstiger als in anderen Fällen, bei welchen die Täter dann gewissermaßen in der Falle sitzen.

Anders als beim schlichten Menschenraub müssen Geiselnehmer, deren Aktivität sich vor allem gegen Dritte richtet, den Kontakt mit diesen aufnehmen, weshalb es zu einer Kommunikation kommt, wie sie für Erpressungen typisch ist (vgl. § 23-B-VIII).

Im Zuge der sich daraus ergebenden „Verhandlungen" ist, da die unmittelbaren Opfer beim sogen. Kidnapping nicht selten alsbald getötet werden, sicherzustellen, daß die Geisel noch am Leben ist.

Noch besser als fernmündliche oder schriftliche Mitteilungen, die sich identifizieren lassen, bzw. Kleidungsstücke der Geisel eignen sich Antworten auf Fragen, die nur das Opfer zu geben vermag.

Inzwischen hat man in vielen Ländern auf Grund der Erfahrungen Einsatzpläne ausgearbeitet, welche sich den Gegebenheiten des besonderes Falles anpassen lassen.

So ist beispielsweise bei einem zunächst stillen Alarm zu überlegen, ob die Polizei mit Martinshorn und Blaulicht ausrückt, wodurch Reaktionen der Täter und weitere Geiselnahmen bewirkt werden können. In der Mehrzahl der Fälle sollte sie sich dem Ort der Ereignisse unauffällig nähern und ihn weiträumig sichern.

Am Einsatzort sind von der dortigen Befehlsstelle, sofern diese nicht mit der Einsatzleitung identisch ist, weitere Maßnahmen zu treffen, in welche zugleich Spezialeinheiten (wie mobile Einsatzkommandos, Präszisionsschützenkommandos usw.) einzubeziehen sind. Auch sind je nach Sachlage neben Beamten des Erkennungsdienstes besondere Experten nötig. Außer für den in diesen Fällen besonders wichtigen Nachrichtenverkehr ist auch für das Funktionieren der Öffentlichkeitsarbeit Sorge zu tragen.

Ohne Rücksicht darauf, ob aus einer zunächst verdeckten Geiselnahme infolge der Fahndung eine offene geworden ist, die Täter also eingekreist sind, lassen sich kriminaltaktisch in der Regel drei für das weitere Vorgehen bei andauernder Geiselnahme wesentliche Phasen unterscheiden.

In der ersten, der affektiven Phase sollte man im Regelfall auf Maßnahmen wie gewaltsames Eindringen verzichten, nicht einmal auffällig Macht demonstrieren, weil es sonst bei den Tätern leicht zu Panikreaktionen kommen kann.

Je nach Persönlichkeit und Zahl der Täter beginnt nach wenigen Stunden oder relativ schnell die zweite, kognitive Phase. Die erste Erregung der Täter nach der Tat und ihrer Entdeckung ist abgeklungen. Sie denken wieder rationaler, Gewaltakte an den Geiseln werden weniger wahrscheinlich, sofern sie nicht erneut in Panik geraten. Hier kann man nicht nur Essen und Trinken, Versorgung Kranker, sondern auch alternative Lösungen anbieten, d. h. mit Verhandlungen beginnen. Solche Verhandlungen sollten möglichst nicht auf hoher Ebene geführt werden, was ggf. zu machenden Zusagen erhebliche Reichweite geben kann.

Jetzt läßt sich u. U. an die Vernunft appellieren oder kann man auch einmal Macht demonstrieren, um die Verhandlungen zu beschleunigen. Allerdings sind dabei Geduld und Zeitgewinn (Ermüdungsfaktor!) wichtiger als Schnelligkeit. Man sollte nie sofort oder vollständig auf Bedingungen der Täter eingehen, sondern mit ihnen handeln, was auch weitere Erkenntnismöglichkeiten mit sich bringen kann. Die Verhandlungen sollten hart aber fair sein, um möglichst viel Kooperation zu erwirken. Zusagen sollten wohlüberlegt sein, weil sie – auch außerhalb der Legalität – später gehalten werden müssen; andererseits braucht man die Täter nicht auf Lücken in ihren Überlegungen aufmerksam zu machen und sollte nicht auf vernünftige Chancen der Strafverfolgung verzichten. Es ist keineswegs nötig, unbedingt schnell zu einem positiven Abschluß zu gelangen.

Denn nach etwa 24 bis 48 Stunden Belagerung pflegt das Geschehen in eine dritte, die chaotische Phase zu treten; selbst wenn das bei einer entschlossenen Tätergruppe noch länger dauern kann, arbeitet die Zeit nunmehr eindeutig für die Strafverfolgungsorgane. Kennzeichnend für diese Phase ist ein Zermürbungszustand der Täter, welche sich immer mehr ihrer Ohnmacht bewußt werden.

Eher als zu Gewaltakten gegen die Geiseln kann es zu Selbstmord der Täter oder ähnlichen Aktionen kommen. Man kann also ruhig abwarten, sollte jetzt aber die Verhandlungen im Interesse der Geiseln intensivieren, dabei den Tätern ruhig „goldene Brücken" bauen, wenn eine bedingungslose Kapitulation immer noch nicht zu erwarten ist.

Diese Phasen und die genannten Verhaltensmaßregeln bieten selbstverständlich nur eine allgemeine Orientierung, die je nach Lage der Geiselnahme und nach Täterpersönlichkeit modifiziert werden kann oder muß. Ebenso wie bei sich bietender günstiger Gelegenheit mit geringen Risiken die kriminelle Aktion u. U. relativ schnell durch Maßnahmen der Strafverfolgungsorgane beendigt werden sollte, kann sich ein solches Vorgehen auch später trotz gewisser Risiken für die Geiseln als unvermeidbar erweisen.
Dieses allgemein skizzierte Bild der Geiselnahme kann sich überdies bei besonderen Zwecken oder Umständen ändern. Das kann außer bei Fluchtgeiseln, wie sie nach einem insoweit mißlungenen Bankraub oder beim Ausbruch aus einer Strafantalt genommen werden, auch bei Geiselnahme in Flugzeugen der Fall sein.

Bauer 3-223 ff.

Wird die Ausgangslage einmal entweder durch die Situation eines räuberischen Banküberfalles oder die besonderen Verhältnisse einer Strafanstalt bzw. ähnlichen Institutionen bestimmt, muß das Vorgehen bei Flugzeugentführungen mit Geiselnahme den Gegebenheiten des Luftverkehrs angepaßt werden. Die Lage ist bei einem in der Luft befindlichen Flugzeug dann aber naturgemäß eine ganz andere, als wenn sich die Maschine am Boden, d.h. auf einem Flugplatz, befindet. Ähnelt die erstgenannte Situation mehr der bei verdeckter Geiselnahme, so ist die Tatausführung bei dem am Boden befindlichen Luftfahrzeug gewissermaßen offen. Aber auch hier spielen die politischen Aspekte, die bei in der Luft befindlichen Flugzeugen dominieren, ungeachtet der kriminalpolizeilichen Maßnahmen eine u. U. noch recht erhebliche Rolle.

Ganz anders ist die Situation, wenn die Geiselnahme so oder so beendet ist, z. B. das unmittelbare Opfer nach Zahlung eines Lösegeldes bzw. nach anderen Leistungen freigelassen worden ist und daher als Beweisperson und Augenscheinsobjekt verfügbar ist oder aber sein Tod sicher ist. Denn dann braucht auf die Lebensgefahr keine Rücksicht mehr genommen zu werden und gibt es weitere Personal- und Sachbeweise.

Zureich, August: Geiselmord auf der Autobahn – der kriminalist 1972/H. 5/S. 5 ff.

Hat man den Tätern im Rahmen der Verhandlungen Zugeständnisse gemacht, die als solche gehalten werden sollten, kann sich das wiederum – vor allem zunächst – hemmend für die Strafverfolgungsorgane auswirken. Eben deshalb sollte man sich rechtzeitig überlegen, wie weit man mit solchen Zugeständnissen gehen kann.

Selbstverständlich können sich auch die unterschiedlichen Zwecke von Geiselnahmen auf das Vorgehen der Strafverfolgungsorgane auswirken. Ebenso wie es keineswegs immer nur um ein Lösegeld geht, sondern auch andere Leistungen erzwungen werden sollen, gibt es Fälle, in denen man von Flucht- oder Gefängnisgeiseln spricht, die also wesentlich die Flucht des Täters sichern oder andere Vorteile im Strafvollzug sichern sollen. Je nach Zweck der Geiselnahme können hier also auch die bei Raubüberfällen, Gefangenenbefreiung usw. zu behandelnden kriminaltaktischen Möglichkeiten genutzt werden.

c) Entführung

In gewisser Weise ähneln die Fälle der Entführung dem Menschenraub, weil es auch hier gewöhnlich zu einem länger andauernden, mit persönlicher Abhängigkeit vom Täter verbundenen Freiheitsentzug kommt. Seltener sind, da der Entführer sich seines Opfers mit List zu bemächtigen pflegt, die für den Menschenraub typischen, oft verräterischen Spuren von Gewaltanwendung.

Schneider, Hans/*Rudnik,* Günter: Kindesentführung mit tödlichem Ausgang. Analyse einer ungewöhnlichen Straftat – der kriminalist 1974, S. 660 ff.; 1975, S. 31 ff.

Dennoch gibt es zuweilen auch in Entführungsfällen Form- und Materialspuren von Personen oder Sachen (Fahrzeugspuren, Fundgegenstände), die für die Fahndung und Überführung aufschlußreich sein können. Sobald die Strafverfolgungsorgane – wie üblich – durch eine Anzeige Verdacht schöpfen, sollte man sich also um eine Untersuchung des Tatorts bemühen.

Ist der Tatverdächtige bekannt, was hier nicht selten der Fall ist, da es häufig um das Sorgerecht geht, so ist eine Personenfahndung relativ aussichtsreich. Ansonsten muß man sich bemühen, Anhaltspunkte dafür zu gewinnen, wer als Tatverdächtiger in Betracht kommt oder wo dieser sich aufhalten könnte.

VII. Delikte wider den persönlichen Frieden

Kriminaltaktisch sind die Gegebenheiten bei den einzelnen Delikten wider den persönlichen Frieden recht unterschiedlich, weshalb Bedrohung, Hausfriedensbruch und Verletzung privater Geheimnisse als die insoweit wichtigsten Deliktstypen gesondert behandelt werden müssen.

1. Bedrohung

Bei der Bedrohung fehlen ganz überwiegend Sachbeweise, weshalb man auf Aussagen angewiesen ist, die sich zudem nicht selten widersprechen. Allerdings ist der Täter in diesen Fällen regelmäßig bekannt oder doch identifizierbar.

Bei den Vernehmungen ähnelt die Lage insoweit der von Nötigung und einfacher Freiheitsberaubung. Man muß hier gründlich und umsichtig die für diese Fälle typische Konfliktslage aufklären und die Angaben an Hand der Begleitumstände nachprüfen. Dasselbe gilt für die Aussagen Dritter, die zwar als solche unbeteiligt sein können, aber doch nur selten unparteiisch sind.

Anders liegen kriminaltaktisch die Dinge bei den schriftlichen Bedrohungen, bei denen der Täter häufig zunächst unbekannt ist. Man kann den in Betracht kommenden Personen-

kreis jedoch nicht nur an Hand des Zweckes der Bedrohung herausfinden, sondern vor allem das Schriftstück durch Methoden der Urkundenuntersuchung für diesen Zweck nutzbar machen.
In denjenigen Fällen, in denen der Täter seiner Drohung durch Tätlichkeiten Nachdruck verliehen hat, ergeben sich ferner Möglichkeiten für Sachbeweise, die denen bei vorsätzlichen Tötungen und Körperverletzungen entsprechen, wenngleich sie schwächere Intensität aufzuweisen pflegen.

2. Hausfriedensbruch

Dagegen sind wir bei einem Hausfriedensbruch durchweg auf die Anzeige des Opfers und auf dessen Aussagen angewiesen, sofern der Täter nicht ausnahmsweise Spuren am Tatort zurückgelassen hat.

Hat der Hausfriedensbrecher Gewalt gegen Sachen geübt, so ist Tatortarbeit geboten, die sich an den für die Sachbeschädigung maßgebenden Erfahrungen orientieren kann (§ 23-B-IV). Bei Gewalt gegen Personen ähneln Lage und Vorgehen dem bei vorsätzlichen Tötungen und Körperverletzungen Gesagten (§ 23-A-I, IV).

In aller Regel aber kommt es bei Verdacht von Hausfriedensbruch auf Vernehmungen an, bei denen man nur zuweilen auf mehr oder weniger unbeteiligte Dritte zurückgreifen kann. Solche Vernehmungen sind angesichts der widerstrebenden Interessen von Opfer und Beschuldigtem nur dann erfolgreich durchzuführen, wenn man einerseits die Örtlichkeiten genau kennt und man sich andererseits um Begleitumstände und Hintergründe des mutmaßlichen Konflikts bemüht.

Eine besondere Situation für Ermittlungen bieten solche Fälle, die weniger individuellen Charakter haben, sondern – wie Häuserbesetzungen – ein Gepräge zeigen, welches an Sozialdelikte erinnert. Hier lassen sich u. U. auch für jene wichtige Erkenntnisse nutzen, um die Ereignisse und das Verhalten der daran Beteiligten aufzuklären.

Hubatka, Walter: Häuserbesetzung – Kriminalistik 1973, S. 145 ff.; *Barth,* Walter: Probleme der Beweisführung beim demonstrativen Hausfriedensbruch – der kriminalist 1974, S. 488 ff.; *Beierl,* Maximilian: Die Praktiken der Hausbesetzer und daraus abzuleitende Einsatzgrundsätze der Polizei – Die Polizei 1977, S. 144 ff.

3. Verletzung privater Geheimnisse

In der Praxis kommt es zu derartigen Ermittlungsverfahren vor allem dann, wenn der Verdacht entsteht, ein Brief sei unbefugt geöffnet worden. Allerdings haben wir gesehen, daß Privatgeheimnisse beispielsweise durch Berufspersonen auch auf andere Weise erlangt werden können; dann erregen entweder die Folgen der Tat oder entsprechende Hinweise Dritter Verdacht. Ferner sind in manchen Strafvorschriften auch die Weitergabe oder das Verwerten von Geheimnissen erfaßt. Ebenso wie bei den genannten Verbrechenstechniken die Möglichkeiten kriminaltechnisch recht verschieden geartet sind, gestaltet sich das kriminaltaktische Vorgehen verschieden.
Präventiv divergieren die Möglichkeiten entsprechend, wenngleich man sowohl beim Briefgeheimnis als auch beim Berufs- oder Geschäftsgeheimnis außer an technischen Schutz vor

allem an vorsichtiges Verhalten der Geheimnisträger und entsprechende organisatorische Maßnahmen denken muß.

Schneickert S. 65 ff.

Bei **Aufklärung** solcher Gesetzesverstöße spielt außer der Tatausführung – wie angedeutet – vor allem der Umstand eine Rolle, wie der Verdacht entsteht. Im übrigen sind vom kriminellen Erlangen privater Geheimnisse die Praktiken der illegalen Weitergabe oder Verwertung zu unterscheiden, obwohl manche Täter solche Taten nur zum letztgenannten Zweck begehen.

a) In Fällen von **Verletzung des Briefgeheimnisses,** die zweckmäßig von anderen Geheimnisverletzungen zu unterscheiden sind, hinterläßt der Täter beim hier wesentlichen **Erlangen von Privatgeheimnissen** in aller Regel Sachspuren.
Mehr als auf Vernehmung des Tatverdächtigen kommt es daher bei Verdacht der Verletzung des Briefgeheimnisses zunächst einmal auf eine gründliche kriminaltechnische Untersuchung des fraglichen Briefes oder der sonstigen Postsendung an. Denn trotz hier möglicher raffinierter Methoden ist häufiger mit ‚Arbeitsspuren' (Beschädigen des Umschlags, Verwenden anderen Klebstoffes zum Verschließen) oder mit Fingerabdrücken zu rechnen. Derartige Taten werden zuweilen von Postbediensteten begangen, die auf diese Weise Geldscheine oder andere Wertsachen zu erlangen suchen.

Reimers, Emanuel: Der Nietenonkel. Neugier als Tatmotiv – Kriminalistik 1954, S. 53 f.; *Hofmann,* W.: Untersuchungen von Selbstklebe-Briefumschlägen auf Öffnung und Wiederverschluß – Kriminalistik 1959, S. 440 ff.; *Mihm,* Peter: Kriminalistisches Denken beweist falsche Anschuldigung – Kriminalistik 1963, S. 224 f.

Eine relativ junge Form von Geheimnisverletzungen ermöglicht die illegale Anwendung der in den letzten Jahrzehnten gewaltig entwickelten technischen Abhörmöglichkeiten (Minispione, Wanzen). Hier sind ohne Experten kaum verwertbare Spuren auszumachen.

Kröger, Uwe: Geheime Abhörmethoden und ihre Abwehrtechnik – Kriminalistik 1970, S. 446 ff.

Muß der Täter, um an ein Privatgeheimnis heranzugelangen, Räume, u. U. widerrechtlich bzw. sogar Mithilfe von Einbruchstechniken, betreten, so ist bei den Ermittlungen außer auf Finger- und Fußabdrücke ggf. natürlich auch auf Werkzeug- und Materialspuren zu achten.

Geht es um Praktiken der **Weitergabe oder Verwertung von Privatgeheimnissen,** so ist alles wichtig, was geeignet erscheint, derartige Praktiken zu beweisen. Allerdings sind auch hier Sachspuren selten, sofern der Täter sich nicht der schriftlichen Übermittlung bedient hat.

b) Dasselbe gilt, wenn der Verdacht der **Verletzung des Berufsgeheimnisses** oder der des Verdachts eines **Verrates von Geschäfts- oder Betriebsgeheimnissen** durch möglicherweise vertrauliche Hinweise dritter Personen hervorgerufen wird. In diesem Bereich können diese sonst nicht schwerwiegenden Taten, wenn man an Mode- oder überhaupt **Wirtschaftsspionage** denkt, u. U. erhebliches Gewicht erlangen.

Steiner, A.: Der Verrat von Unternehmensgeheimnissen – Kriminalistik 1956, S. 53 ff.; *Heinz,* Walter: Modespionage – Kriminalistik 1956, S. 181 f.; *Konz,* Hans: Modespionage – Kriminalistik 1960, S. 34 ff.; *Amelunxen,* Clemens: Spionage und Sabotage im Betrieb – Heidelberg/Hamburg 1977, S. 1 ff., 54 ff.

Hinsichtlich der Spuren kann man, sofern sich der Verdacht gegen eine bestimmte Person oder einen Personenkreis richtet, mit Durchsuchung und Beschlagnahme operieren. Im übrigen aber kommt es bei Geheimnisverletzungen vor allem auf Vernehmungen des Opfers bzw. Dritter und des Tatverdächtigen an.

Sobald die verdächtigen Umstände hinreichend durch Aussagen Dritter und ggf. durch Sachbeweise belegt sind, kann man auch in diesen Fällen mit Zwangsmaßnahmen gegen den Tatverdächtigen vorgehen.

VIII. Ehrverletzungen

Die Ehrverletzungen beschäftigen die Strafverfolgungsorgane mit Ermittlungen durchweg noch weniger als die Strafgerichte, zumal da der Verletzte bei den kriminell durchweg wenig intensiven Taten in vielen Ländern überwiegend auf den Weg des Zivilrechts oder einer strafrechtlichen Privatklage verwiesen wird, die er dann mit eigenen Mitteln betreiben muß. Dennoch werden die Strafverfolgungsbehörden nicht nur dann und wann mit Ehrverletzungen befaßt, sondern sie müssen sich ggf. auch in anderem Rahmen mit derartigen Praktiken befassen; ein Beispiel dafür sind von anonymen Briefschreibern begangene Erpressungen und dergl. – Kriminaltaktisch kommt es jedenfalls nicht auf juristische Differenzierungen, sondern vor allem darauf an, in welcher Form sich der Täter in für das Opfer ehrenrühriger Weise äußert.

1. Worte

So macht es beispielsweise bei der in der Praxis üblichen Ehrverletzung durch Worte etwas aus, ob diese schriftlich oder lediglich mündlich geäußert worden sind.

a) mündlich

Bei mündlichen Beleidigungen oder ehrenrührigen Tatsachenbehauptungen ist man üblicherweise auf Aussagen des Opfers oder Dritter angewiesen.
Etwas anders ist die kriminaltaktische Situation bereits bei fernmündlichen Beleidigungen, insb. anonymen Anrufern, weil diese serienmäßig zu handeln pflegen. Außer an eine Tonaufnahme, die kriminaltechnisch auszuwerten ist, kann hier u. a. auch an eine Falle gedacht werden.

Günther, Fritz/*Lotze*, Heinz-Otto: Anonymer Anrufer ging in die Falle – Kriminalistik 1960, S. 393 ff.; *Hermann*: Beleidigung auf sexueller Grundlage – Kriminalistik 1967, S. 209 f.

b) schriftlich

Dagegen kann man bei schriftlichen Beleidigungen ggf. auch das Schriftstück für die Ermittlungen nutzen. Komplizierter werden die Ermittlungen bei den hier allerdings häufig anonymen oder pseudonymen Schmähbriefen.

Schneickert S. 164 ff.; *Mielsch*, Herbert: Nur „kleine“ Kriminalität, aber „große“ Sorgen. Ungewöhnlicher Ermittlungsverlauf bei einer Anzeige gegen Unbekannt wegen . . . durch anonyme Briefsendungen – Kriminalistik 1957, S. 167 ff.; *Manno,* Werner: Ein anonymer Briefschreiber besonderer Art Kriminalistik 1957, S. 94 ff.; *Pommerening,* Heinz: Rufmord. Anonymer Briefschreiber beunruhigte sechs Jahre lang eine süddeutsche Kleinstadt – Kriminalistik 1968, S. 367 ff.

Hier sind kriminalistisch ähnliche Grundsätze wie bei der anonymen Anzeige (§ 18-I-1-a-dd) zu beachten. Läßt sich der Kreis der Tatverdächtigen begrenzen, so kann man es mit Schriftproben oder der Fahndung nach entsprechendem Material versuchen.

Drei weibliche Angestellte eines Textilbetriebes erhielten außer obszönen Anrufen auch entsprechende Karten und Briefe. Sie waren zunächst nicht in der Lage, brauchbare Hinweise zu geben. Erst nach Monaten erinnerte sich eine von ihnen eines 26jährigen Anstreichers, mit dem sie früher ein Verhältnis gehabt hatte. Bei Durchsicht der Schriftstücke stieß der Beamte auf Schriftproben, die – der Tatschrift ähnlich – vom Bruder des ungetreuen Geliebten stammten. Nachdem diese Annahme durch ein Gutachten des Landeskriminalamts erhärtet worden war, gestand der Bruder die Taten ein.

2. Schlüssiges Verhalten

Schlüssiges Verhalten wiederum hinterläßt regelmäßig keine Sachspuren, weshalb hier oft die Aussage des Opfers gegen die des Täters steht. Der Sachverhalt ist in diesen Fällen also nur durch Vernehmungen aufzuklären, bei welchen Begleitumstände und Konfliktssituationen sorgfältig zu beachten sind.

3. Aggressives Handeln

Beim aggressiven Handeln kann man u. U. mit Verletzungsfolgen rechnen, weshalb hier oft eine Begutachtung durch einen Mediziner angezeigt ist, um die Aussagen von Opfern und Zeugen zu erhärten; im übrigen ähnelt die Lage der bei vorsätzlichen Körperverletzungen (§ 23-A-IV).

B. Delikte gegen das Vermögen

Ebenso wie in der Kriminaltechnik stellen uns die Delikte gegen das Vermögen auch in der Kriminaltaktik vor ganz andere Probleme als die Personendelikte. Schon wegen der zahlenmäßig ungleich größeren praktischen Bedeutung muß der Kriminalist die daraus resultierende Vielfalt berücksichtigen, wenn er schnell und sicher zu einem Erfolg gelangen will.
Für die kriminaltaktischen Überlegungen empfiehlt es sich daher, ebenso wie in der Phänomenologie, zwischen den Deliktstypen und ihren einzelnen Verbrechenstechniken zu unterscheiden.

I. Diebstähle
II. Raub
III. Unterschlagung
IV. Sachbeschädigung
V. Wilderei
VI. Sachliche Begünstigung und Hehlerei
VII. Betrug
VIII. Erpressung
IX. Untreue
X. Wucher u. a.

I. Diebstähle

Die Ermittlungen in Diebstahlssachen, der in der Praxis wichtigsten Form der Vermögenskriminalität, können sich sehr unterschiedlich gestalten; das gilt ebenso für einfache wie für schwere Diebstähle. Dennoch lassen sich einige Gesichtspunkte vorwegnehmen, weil sie häufiger bei Diebstählen aller Art anzutreffen sind.

Diebstahl, Einbruch und Raub – hrsg. v. Bundeskriminalamt – Wiesbaden 1958; vgl. schon *Weingart,* Albert: Kriminaltaktik. Ein Handbuch für das Untersuchen von Verbrechen – Leipzig 1904 – S. 171 ff.

Nicht gar so selten werden beispielsweise in der kriminalistischen Praxis (einfache oder schwere) Diebstähle vorgetäuscht, weshalb stets nach sicheren Anhaltspunkten für das Vorliegen einer solchen Tat zu suchen ist, zumal da diese ohnehin für die Fahndung aufschlußreich sein können. Auf diese Weise kann man zudem mögliche Irrtumsfälle ausschließen, welche z. B. bei bloßem Verlieren den Verdacht von Taschendiebstahl aufkommen lassen (vgl. auch § 18-II-3, § 23-D-III-C).

Welker, Hans: Vorgetäuschter Einbruchdiebstahl. Ein Beitrag über die Spurensuche – Kriminalistik 1953, S. 160 ff.; *Wagner,* Karl: Zum Erkennen vorgetäuschter Einbruchdiebstähle – in: TbKrim Bd. VIII, S. 189 ff. (1958).

Wichtiger als die Aussagen des Anzeigenden sind in solchen Zweifelsfällen Sachbeweise oder verläßliche Aussagen darüber, daß die fragliche Sache zuvor wirklich vorhanden war. Sodann aber kommt es vor allem auf Spuren an, die etwas über den Tathergang aussagen; sie können allerdings „frisiert", d. h. irreführend sein.
Steht jedoch fest, was gestohlen worden sein könnte, so kommt es wesentlich darauf an, zu ermitteln, wie die Tat ausgeführt, d. h. wo, wann und ggf. mit welchen Mitteln sie begangen worden ist. Hierauf aber wird bei den einzelnen Verbrechenstechniken zurückzukommen sein; wichtig sind dabei schließlich sichere Anhaltspunkte für eine gemeinschaftliche Tatausführung.
Sofern nicht schon die Tat den Verdacht auf einen bestimmten Menschen oder einen Personenkreis lenkt, ist sodann mithilfe der Tatspuren oder anderer Beweise herauszufinden, wer oder welcher Personenkreis als Täter in Betracht kommt.

Neben dem Nachweis der Anwesenheit am Tatort kommt es hier außer auf für die Tatausführung eventuell erforderliche Fähigkeiten vor allem auf besondere Kenntnisse und Motive an. Ebenso wie mit dem Besitz der Beute oder bei der Tat benutzter Mittel kann den Dieb, sobald man eine verdächtige Person ausgemacht hat, auch mithilfe von Tatspuren überführen.

Im Folgenden sollen nunmehr wiederum zunächst die schweren Diebstähle behandelt werden, zu denen außer dem Einbruchdiebstahl insb. auch Einsteige- und Nachschlüsseldiebstähle gehören, bei welchen mechanische Sicherungen der Diebesbeute so oder so vom Täter überwunden werden müssen.

A. Schwerer Diebstahl (Einbrüche u. a.)

Einbrüche und andere schwere Diebstähle können schon vom Tatort her recht verschieden sein. Die kriminaltaktische Situation ist beispielsweise bei einem Geschäftseinbruch eine ganz andere als bei einem Wohnungs- oder Gartenlaubeneinbruch. Und selbst bei Geschäftseinbrüchen finden sich bemerkenswerte Unterschiede, was Sicherung, Art und Menge der Beute anlangt; denn bei einzelnen, nicht sonderlich wertvollen Gegenständen kann man einen Einzeltäter vermuten, während bei einem Diebstahl von beispielsweise 60 Damenpelzmänteln eine Bande und eine entsprechende Hehlerorganisation zu erwarten sind.

Bauer 2-406 ff.

Speziell gegen Einbruch und ähnliche kriminelle Aktivitäten hat man auf Grund der Erfahrungen der Kriminaltechnik und -taktik zahlreiche Maßnahmen des **Diebstahlschutzes** entwickelt, auf welche hier – vor allem soweit sie baulicher oder technischer Natur sind – hingewiesen sei, während andere Vorsichtsmaßnahmen, die an die Verbrechenstechniken anknüpfen, mehr auf das Verhalten potentieller Opfer abzielen.

Bruckmeier, Anton: Mit elektrischen Alarmanlagen gegen Schaufenstereinbrecher – Kriminalistik 1961, S. 18 ff.; *Karl,* Heinz: Der Sicherheitswert von Alarmgebern – Kriminalistik 1961, S. 213 ff.; *Roll,* Winfried: Crime Prevention gegen Einbruch und Raub – groß geschrieben – Die Neue Polizei 1965, S. 247 ff.; *Bradavka,* Heinz: Alarmanlagen – Kriminalistik 1974, S. 88 ff.; *Raab,* J.: Aus der Beratungspraxis für die Eigensicherung gegen Raub und Einbruch – Die Polizei 1975, S. 25 ff., 86 ff.; *Unruh,* Hartmut: Einbruchmeldeanlagen – Sicherheits-Report 1977/Nr. 3, S. 2 ff.

Ein Einbruch wird einmal durch Raumsicherungsanlagen, mit denen man Räume oder Flächen schützen kann, erheblich erschwert. Eine solche Anlage kann die Tatbegehung entweder still dem Eigentümer, seinem Werkschutz oder anderen Angestellten, einem Wachhabenden bzw. einer Polizeidienststelle melden oder aber durch „lauten Alarm" auf die Tat aufmerksam machen.

Der Art nach unterscheidet man Arbeitsstrom- und Ruhestromanlagen, elektro-optische, elektroakustische und elektro-magnetische Sicherungsanlagen.

Dütwyler, F.: Das elektronische Ohr – Kriminalistik 1968, S. 389 f.; *Kürten,* Adolf: Was geschieht, wenn eine Einbruchsmeldeanlage unvollständig installiert ist? – der kriminalist 1975, S. 431 ff.

Eine besondere Situation stellt der bei Alarmanlagen nicht gerade seltene Fehlalarm dar. Selbst wenn dieser bei bestimmten Objekten häufiger zu verzeichnen ist, sollte man sich vor einer Feststellung „Fehlalarm" exakt versichern, weil es schon vorgekommen ist, daß Täter bewußt den Alarm auslösen, um nach Abzug der getäuschten Beamten ihr verbrecherisches Vorhaben in Ruhe ausführen zu können.

So lösten Einbrecher, die durch den Fußboden in ein Juweliergeschäft gelangen wollten, nach entsprechenden Vorarbeiten bewußt den Alarm aus. Sie warteten den Abzug der Beamten, welche die Veränderungen unter dem Teppich von außen nicht erkennen konnten, ab und erbeuteten Schmuck im Werte von DM 45 000,– Sie konnten dann nur mit Mühe überführt werden.

Besondere Sicherheit gegen Einbruch bieten Geldschränke und Tresore. Tresore sind bauliche Anlagen, die nach bestimmten Richtlinien hergestellt und mit Sicherungsanlagen versehen, eine hohe Sicherheit gegen Einbruch bieten. Für kleinere Objekte benutzt man sogen. Geld- oder Stahlschränke, die in verschiedenen Typen hergestellt ein unterschiedliches, aber relativ hohes Maß von Sicherheit gewähren.

Man unterscheidet hier in der Industrie die Sicherheitsstufen A bis E oder Kriterien für Begriffe wie „diebessicher", „einbruchssicher", „schmelzsicher" oder „formbeständig".

Pagel, Friedrich: Unterschiede zwischen Geldschränken, Panzerschränken und Tresoranlagen – der kriminalist 1973, S. 6 ff.; *Pagel,* Friedrich: Der Sicherheitswert von Bankmietfächern – der kriminalist 1976, S. 580 ff.

Neben solchen Sicherungen spielen allgemein die Konstruktionen der Schlösser eine wesentliche Rolle beim technischen Schutz gegen Einbruch. – Neben den gebräuchlichen Buntbart-, Besatzungs- und Zuhaltungsschlössern (Chubbschlösser) kommt es hier vor allem auf die Zylinder- oder Sicherheitsschlösser sowie die durch sie ermöglichten Schließsysteme an.

Besonderheiten bieten Vorhängeschlösser, die z. T. als Sicherheitsschlösser konstruiert sind sowie Fahrrad- und Autoschlösser, wenngleich man für Kraftfahrzeuge auch andere Sicherungen (z. B. mit Alarmeffekt) entwickelt hat.

Besondere Probleme, die z. T. schon zum nächsten Komplex überleiten, bietet die Sicherung von Kraftfahrzeugen, weil der Dieb hier relativ oft die Verglasung angreift.

Bruckmeier, Anton: Sicherungsvorkehrungen gegen Diebstähle von Kraftfahrzeugen – Kriminalistik 1959, S. 250 ff.; *Goedecke,* Willy: Vorbeugen durch Sicherungseinrichtungen für Kraftfahrzeuge. Sicherung gegen Diebstahl und unbefugte Ingebrauchnahme – Kriminalistik 1961, S. 444 ff.; *Karl,* Heinz: Zum Problem der Sicherungseinrichtungen von Kraftfahrzeugen – Kriminalistik 1963, S. 24 ff.

Auch bei der Sicherung von Räumen und Behältnissen ist auf Fenster und überhaupt auf Glas besonderes Gewicht zu legen, weil diese bei Einbrechern beliebte Angriffspunkte sind. Zu der Konstruktion des Fensters oder besonderen Sicherheitsvorkehrungen tritt hier also das Glas hinzu, welches unter bestimmten Voraussetzungen sogar selbst Sicherheit zu bieten vermag (z. B. Sekurit- und Duro-Glas, Verbund-Sicherheitsglas, Glasbausteine).

Kuhn, H.: Alarmglas – Kriminalistik 1959, S. 470 ff.

Schließlich ist noch auf Sicherungen von Automaten gegen Diebstahl hinzuweisen, die als Tatobjekte wegen der öffentlichen Anbringung besonders gefährdet sind.

Dörner, Franz: Vorbeugung bei Automatendiebstählen – Kriminalistik 1974, S. 553 ff.

Schon diese wenigen Hinweise zeigen, daß ein wirksamer Einbruchschutz durch mechanische (bauliche) und elektrische bzw. andere Sicherungen nur zu erreichen ist, wenn eine fachmännische Beratung erfolgt, welche alle einschlägigen kriminalistischen Erkenntnisse berücksichtigt. Wie kompliziert die Dinge werden können, zeigen beispielsweise Diebstähle aus Museen und aus Kirchen. Hier müssen zu äußeren und inneren Sicherungen ggf. noch organisatorische Maßnahmen hinzutreten, wie sie z. T. auch zum Schutze gegen einfache Diebstähle – z. B. Laden- und insb. Warenhausdiebstähle – benutzt werden.
An der Grenze zur repressiven Bekämpfung von Einbruchdiebstählen liegen die bereits behandelten **Diebesfallen** (§ 19-II-2-b-cc), die aber nicht nur bei wiederholter Tatbegehung, sondern bei gewissen Objekten auch präventiv – u. U. mit Alarmanlagen gekoppelt – eingesetzt werden.

Bartsch, Hansgeorg: Indizienbeweis bei Bargelddiebstählen – Kriminalistik 1955, S. 334 ff.

Die **Aufklärung** von schweren Diebstählen weist einige vom eingangs allgemein geschilderten Bild abweichende Besonderheiten auf.

Brückner, Günther: Schwere Diebstähle. Mehr Sorgfalt bei der Bearbeitung – Kritische Bemerkungen – Kriminalistik 1954, S. 104 ff.; *Meixner* II-40 ff.; vgl. schon *Schneickert* S. 54 ff.

Mitunter kann – bei bestimmten Tatorten oder Objekten – bereits eine Observation zum Ziele führen, die jedoch hinreichend Handhaben für eine dergestalt gezielte, personell gewöhnlich aufwendige Fahndungsmaßnahme voraussetzt.

Ein Gaststätteneinbrecher, der nach und nach alle Wirtschaften eines Stadtviertels heimsuchte, um Spiel- und Musikautomaten auszuräumen, wurde von zwei mit einem Hund in einer Wirtschaft stationierten Observanten gestellt (vgl. *Bauer* in: GrKrim Bd. 5, S. 346 f. (1970)).

Langhammer, Alfred: Das „Phantom" des Vogelsberges – Kriminalistik 1967, S. 84 ff.

Insgesamt ist bei schweren Diebstählen bemerkenswert, daß wegen der mechanischen Sicherung der Beute vermehrt mit Arbeitsspuren und sonstigen Spuren von Tat oder Täter zu rechnen ist, obwohl der Einbrecher noch seltener als andere Diebe auf gut Glück stehlen geht. Diese Taten sind daher häufiger geplant und werden z. T. auch vorsichtiger ausgeführt. Dies bedeutet aber nicht, daß selbst bei gewieften Tätern nicht u. U. doch mit brauchbaren Spuren wie Fingerabdrücken, Fuß- oder Werkzeugspuren zu rechnen ist, weshalb sorgfältige Suche angezeigt ist.

Ein international arbeitender Einbrecher, auf dessen Konto außer 200 Schulhauseinbrüchen in Nord- und Mitteldeutschland auch ein Totschlag ging, konnte durch Fußspuren sowie vor allem mithilfe eines Daumenabdrucks identifiziert und schließlich geschnappt werden (*Brade,* Ernst: Der Daumenabdruck des Direktors Sternberger – Kriminalistik 1954, S. 185 f.).

Auch beim schweren Diebstahl können ferner die Beute, ihre Kennzeichnung oder ihr anhaftende Form- bzw. Materialspuren helfen, den Täter zu überführen, sobald diese Gegenstände sichergestellt sind.

Enklaar, Frederik: Ein neues Einbruchswerkzeug und Metallsplitter beim Täterschafts-Nachweis – Kriminalistik 1956, S. 452 ff.; *Pagel,* Friedrich: Beweismittel Staub – der kriminalist 1974, S. 119 ff.

Dasselbe gilt für solche Spuren, die sich im Zusammenhang mit Transport und Verpackung der Beute ergeben können.

Dietrich, Friedel: Hilft die Wäscheleine weiter? – der kriminalist 1974, S. 343.

Bei serienmäßig begangenen schweren Diebstählen bietet schließlich der Absatz der Beute weitere Möglichkeiten, um eventuell über den Hehler an den Einbrecher heranzukommen. Hier ist also von den Gegebenheiten der Sachhehlerei auszugehen (§ 23-VI-B).
Von diesen Gemeinsamkeiten abgesehen geht es in diesen Strafsachen außer um die Frage, ob überhaupt ein schwerer Diebstahl vorliegt, d. h. ein solcher nicht nur vorgetäuscht wird, vor allem darum herauszufinden, wie der Täter an die Beute gelangt ist (sich Zugang zu ihr verschafft hat), was er tatsächlich gestohlen hat und in welcher Weise er sich mit der Beute entfernt hat. Ausschlaggebend für die einzelnen Verbrechenspraktiken ist dabei vor allem das Vorgehen des Täters beim Überwinden der Sicherung der Beute, weshalb sich die Ermittlungen in Einbruchssachen insoweit an den Verbrechenstechniken orientieren.

1. Öffnen von Türen

Wird ein Diebstahl durch Öffnen von Türen begangen, so sind wiederum von gewaltsamen Praktiken solche des Nachschlüsseldiebstahls zu unterscheiden, die weniger deutliche Sachspuren zu hinterlassen pflegen, was gewöhnlich schon bei der hier wichtigen Tatortarbeit erkennbar wird. Bei der Spurensuche ist natürlich auch auf andere Dinge wie Finger- und Handschuhabdrücke, zurückgelassene Gegenstände und sonstiges zu achten. Angesichts der insgesamt nicht ungünstigen Lage ist nur zu bedauern, daß wegen der großen Zahl dieser Fälle die Tatortarbeit häufig unterbleibt oder aber sehr flüchtig durchgeführt wird.

a) Gewalt gegen die Tür

Das Zertrümmern der Tür hinterläßt ebenso wie das Schlösserbohren in aller Regel unverkennbare Spuren, welche auf die Arbeitsweise hindeuten und als Beweis genutzt werden können, sobald ein Tatverdächtiger ermittelt worden ist.

Mitunter übt der Täter gezielt Gewalt gegen die Verschlußeinrichtung. Außer an das Abreißen von Türgriffen bei Kraftfahrzeugen ist hier an das Herausdrehen hervorstehender Zylinder von Sicherheitsschlössern zu denken. Sieht man von seltenen Fingerabdrücken oder Werkzeugspuren ab, ist der Spurenbefund hier jedoch gewöhnlich mager.

Schell, Helmut/*Ruf*, Manfred: Die sonderbaren Methoden des Kommissars Zufall – Kriminalistik 1968, S. 543 ff.

Hat man einen Tatverdächtigen ermittelt, so ist bei ihm oder in seinem Lebenskreis außer nach der Beute vor allem nach dem Tatwerkzeug zu suchen, das – kriminaltechnisch untersucht – gute Beweise zu liefern pflegt.

b) Illegales Betätigen der Verschlußeinrichtung

Wird vom Einbrecher die Verschlußeinrichtung illegal betätigt, wie das außer bei Gebrauch falscher Schlüssel etwa die Nachschlüsseleinbrecher, Bleistreifeneinbrecher oder Riegelzieher und -schieber tun, so sind mit dieser Arbeitsweise zusammenhängende Tatspuren oft nur schwer – gewöhnlich erst nach Ausbau des Schlosses – auszumachen.

Nickenig, A.: Spuren am Schloß. Kriminaltechnische Untersuchungen am Schloßmechanismus – Kriminalistik 1954, S. 73 ff.; *Ehrlich*, Camillo: Die Praxis des „Nachschließens". „Bleistreifeneinbrecher" – Kriminalistik 1959, S. 390 ff.; *Karl*, Heinz: Das Hobbsche Aufsperrverfahren bei Zylinderschlössern – Kriminalistik 1961, S. 310 ff.; *Schmid*, Jakob: Ein raffinierter Schlafwagendieb – Kriminalistik 1966, S. 651 f.; *Kragjcek:* Postamtseinbruch. Täter fingieren Autodiebstahl – Kriminalistik 1968, S. 47 ff.; *Mistlberger*, Karl: Modus operandi „Riegelzug" – Kriminalistik 1970, S. 264.

Derartige Nachschlüsseldiebe arbeiten nicht nur mit den erwähnten Schließwerkzeugen oder mit Schlüsseln, die sie sich mithilfe eines zuvor beschafften Abdrucks hergestellt haben, sondern spezialisieren sich mitunter sogar auf den Diebstahl von Schlüsseln, um damit später die Tat ausführen zu können. Deshalb sollte man bei Fehlern von Spuren diese Möglichkeit im Auge behalten.

In der Schweiz hatte sich eine bald sechzigjährige Frau auf solche Schlüsseldiebstähle spezialisiert (*Vonmord*, Francis: Eine Frau als Einbrecherin – Kriminalistik 1968, S. 253 ff.).

Arbeitsweise, besondere Fähigkeiten und Kenntnisse können ebenso wie andere Umstände den Verdacht auf einen bestimmten Personenkreis oder gar den Täter lenken. Obwohl die Frage des Zugriffs auch von anderen Umständen abhängen kann, empfiehlt sich doch in der Mehrzahl der Fälle schnelles Einschreiten.

Bei verdächtigen Personen ist außer nach der Beute und etwaigen Tatspuren vor allem nach Tatwerkzeugen sowie Material und Gerät zu suchen, um diese anzufertigen. Eine solche

Suche verspricht bei einem Nachschlüsseldieb oft Erfolg, weil er sich durchweg ungern von seinem Werkzeug trennt.
Doch auch bei Nachschlüsseldieben liefern nicht selten, wenn man dem Tatverdächtigen auf die Spur kommen will, Vernehmungen die ausschlaggebenden Hin- und Beweise; zumindest aber helfen sie oft bei der Fahndung weiter.

Niklasch, Franz: Der weibliche Einbrecher – Kriminalistik 1953, S. 198 ff.

2. Zugang durch Fenster und dergl.

Dem illegalen Öffnen von Türen ist bei schweren Diebstählen der Zugang durch Fenster und dergl. vergleichbar, wobei auch kriminaltaktisch gewaltsame und gewaltlose Arbeitsweise zu unterscheiden sind.

Sonderfälle dieser Art sind Schaufenstereinbrüche und das Aufbrechen von geparkten Kraftfahrzeugen. Diesen Verbrechenstechniken ähnelt der Automateneinbruch, der wegen häufig etwas anderer Tatsituation jedoch gesondert behandelt werden soll (unten 5.).

a) Gewaltsame Arbeitsweise

Die Praktiken der Gewalt sind hier eher noch vielfältiger als beim Aufbrechen einer Tür. Sie hinterlassen daher oft recht charakteristische Arbeitsspuren, zu denen Materialspuren und sogar Fingerabdrücke oder ähnliches hinzutreten können. Allerdings arbeiten manche Laden- und Geschäftseinbrecher ebenso wie insb. Schaufenstereinbrecher in aller Regel auf Schnelligkeit, wobei gestohlene Kraftfahrzeuge oder solche mit falschen Nummern benutzt werden.

aa) Zertrümmern

Ist im Zusammenhang mit einem Einbruchdiebstahl eine Fensterscheibe oder dergl. zertrümmert worden, so sollte eine sorgfältige Spurensicherung erfolgen, die außer auf Fingerabdrücke ggf. auch auf Fußspuren zu achten hat.

Keller, W.: Die Einbrecherbande Thrams – Kriminalistik 1962, S. 65 ff.; *Keller,* W.: Hehler oder Stehler? – Kriminalistik 1964, S. 143 ff.; *Bürkli,* A.: Der Steinwurf-Einbrecher – Kriminalistik 1966, S. 126 ff.; *Juon,* A.: Nochmals Braskys – Kriminalistik 1966, S. 625 ff.; *Gollong,* Heinrich: Serieneinbrüche durch eine Bande – Kriminalistik 1969, S. 569 ff.

Kommt man dem Täter oft nur so auf die Spur, sind solche Sachbeweise zudem später nötig, um den Schuldigen sicher überführen zu können.

bb) Fensterbohrer

Ähnlich wie man bei Türen Schlösser herausbohrt gibt es zuweilen Täter, die bei Fenstern ihre Aktivitäten nicht gegen das Glas richten, sondern den Fensterrahmen durchbohren, um dann Riegel oder dergl. aufzustoßen.

Harms, Johann: Langjähriger Einbrecher durch XY-Sendung ermittelt – Kriminalistik 1970, S. 234 ff.; *Bucher,* Hans: „Die Katze". Ein internationaler Fassadenkletterer – Kriminalistik 1972, S. 371 ff.

Die recht charakteristischen Tatspuren können nicht nur auf einen bestimmten Tatverdächtigen hinweisen, sondern ermöglichen jedenfalls dann die Aufklärung der Tat, wenn der Einbrecher bei anderem Anlaß geschnappt wird oder in Verdacht gerät.

cc) Kittlöser

Typisch für die Arbeitsweise der Kittlöser ist es, dadurch Zugang zu Räumen zu erlangen, daß sie an einem geeignet erscheinenden Fenster den Kitt entfernen, um so die Scheibe möglichst heil herauszunehmen; dann greifen sie hinein und öffnen das Fenster oder steigen durch die Öffnung. Diese Verbrechenstechnik ist zwar aufwendig und erfordert Zeit, verursacht dann aber nur wenig Lärm.

Ein über die Festtage verreistes Ehepaar zeigte einen versuchten Einbruchdiebstahl an. Der unbekannte Täter hatte ein Oberlicht entkittet, um dann den Riegel hochzuschieben und einzusteigen. Betten und Schränke waren durchwühlt, entwendet war nichts; von der Hausfrau und vom Sohn verstecktes Geld hatte er anscheinend nicht gefunden. – An der zerbrochenen Fensterscheibe konnten Fingerabdrücke gesichert werden. Der Hinweis des Beamten, der Täter sei numehr „so gut wie sicher", kam diesem, einem 17jährigen Nachbarssohn, zu Ohren. Er offenbarte sich seiner Mutter. Nun stellte sich heraus, daß der Jüngling, der die noch recht ansehnliche Nachbarsfrau „anbetete", am Tattage in der Wohnung eine „Wäscheorgie" gefeiert hatte.

dd) Fensterschneider

Eine ebenfalls insoweit recht typische Arbeitsweise ist die der Fensterschneider. Außer den Spuren, die ihr Werkzeug – z. B. der Glasschneider mit kleinmuscheligen Abbröckelungen – zu hinterlassen pflegt, kann die Art und Weise des Vorgehens (Wahl des Fensters, Schneiden in der nähe des Riegels) aufschlußreich für die Strafverfolgungsorgane sein.

b) Gewaltlose Arbeitsweise

Ungünstiger ist kriminaltaktisch die Ausgangsposition bei Einbrechern, die sich wie der übliche Einsteigedieb einer gewaltlosen Arbeitsweise bedienen, z. B. offene Fenster oder Fensterklappen benutzen, um sodann das Fenster zu öffnen; denn hier fehlen in der Mehrzahl der Fälle Tatspuren.

Berndt: Diebstahl aus Kraftfahrzeugen – in: Diebstahl, Einbruch und Raub, hrsg. v. Bundeskriminalamt, Wiesbaden 1958, S. 61 ff.; *Siebert,* Conrad: Ein „Vitrinenangler" – Kriminalistik 1959, S. 17 f.; *Otto,* Hermann: Der Bremer „Villenschreck" – Kriminalistik 1969, S. 197 ff.; *Harder,* Landolin: Autoaufbrüche durch Spuren geklärt – Kriminalistik 1970, S. 179 ff.

Auch bei Kraftfahrzeugeinbrüchen gibt es übrigens eine „gewaltlose" Arbeitsweise, die sich gegen Fenster richtet. Außer nicht verschlossenen Fenstern, die ein Hineingreifen erlauben und Nachhelfen mit einem Schraubenzieher oder dergl. haben derartige Täter andere Werkzeuge konstruiert, um ein Fenster ohne nennenswerte Beschädigungen zu öffnen.

Insgesamt sind solche Einsteigediebstähle, sofern nicht glückliche Umstände Spuren bewirken, nur durch Fahndung, Ermitteln Tatverdächtiger und Durchsuchungen sowie vor allem durch Vernehmungen zu klären.

c) Fassadenkletterer

Der Fassadenkletterer hinterläßt als Profi unter den Einsteigedieben am Tatort kaum jemals brauchbare Tatspuren, weshalb es für die Ermittlungen hier noch mehr auf seine oft recht typische Arbeitsweise bzw. auf Beute bestimmter Art ankommt.

Landmann, Hermann: Die Serienbrände in Lüneburg. Der Brandstifter Herbert Rademacher eine frühreife Verbrecherpersönlichkeit – Kriminalistik 1962, S. 196 ff.; *Bucher,* Hans: „Die Katze". Ein internationaler Fassadenkletterer – Kriminalistik 1972, S. 371 ff.

3. Anderer illegaler Zugang

Selbstverständlich können Einbrecher dann und wann noch auf andere als die geschilderten Arten zu ihrem kriminellen Ziel gelangen. Einige Situationen sollen nun geschildert werden, um die kriminaltaktischen Möglichkeiten des Vorgehens zumindest anzudeuten.
Insgesamt betrachtet lassen die hierfür benötigten Werkzeuge nicht nur Tatspuren erwarten, sondern kann man beim Tatverdächtigen in der Regel außer Beutestücken und diesen Werkzeugen auch Materialspuren vom Tatort erwarten.

a) Decke

Der Zugang durch die Decke, der eine Zeitlang bei sonst gut gesicherten Objekten recht beliebt war, ist durch die neueren Deckenkonstruktionen (z. B. Beton) erschwert worden; eher greifen Einbrecher daher vom Dach aus an.

Gröpper, Ernst-August: Der Dieb kam durch das Lagerdach – Kriminalistik 1967, S. 481 ff.; *Rieger,* Ingo: Juwelier-Einbruch: Eine Notrufanlage wird ausgeschaltet – Kriminalistik 1973, S. 295 ff.

b) Wand

Ähnlich liegen die Dinge, wenn der Einbruch durch eine Wand hindurch erfolgt ist.

Kersjes, Heinz: in $1^1/_2$ Stunden durch die Wand – Kriminalistik 1973, S. 162 f.

c) Fußboden

Der Zugang durch den Fußboden erfolgt nur ganz ausnahmsweise mit so aufwendigen Techniken wie Tunnelbau; vielmehr nutzt der Täter den über Keller oft leichteren Zugang, um unter den Raum zu gelangen, in welchem seine Beute lagert. Da es sich hier ebenfalls um wertvolle Objekte zu handeln pflegt, die einen solchen Arbeitsaufwand als lohnend erscheinen lassen, spielt wohl auch noch der Gesichtspunkt mit, daß der Fußboden oft weniger gesichert wird als das bei Wänden und Decke der Fall ist.

Einbrecher, die vom Keller aus ein mannsgroßes Loch in den Fußboden eines Juweliergeschäftes gebohrt hatten, was durch den darüber liegenden dicken Teppich, der in dieser Stellung gehalten wurde, verborgen blieb, lösten – wie oben (A.) geschildert – bewußt mit den im Boden verlegten Drähten Alarm aus, um nach Abzug der Beamten dann beträchtliche Beute zu machen.

d) Autospringer

Die Wegnahme durch sogen. Autospringer kann u. U. ein schwerer Diebstahl sein, ist ansonsten dem Diebstahl von Transportgütern (§ 23-I-B-3-d) zuzuordnen.

Tegethoff, Jürgen: Das Delikt der Autospringer – Kriminol. Unters. Bd. 3 – Bonn (1951); *Meixner* II-38 f.

Die Ermittlungen sind sowohl wegen der weniger eindeutigen Spuren als auch wegen der örtlichen Gegebenheiten noch schwieriger als bei anderen Einbruchstechniken. Wichtig ist zunächst einmal festzuhalten, wann die Ladung zuletzt noch bestimmt in Ordnung war. Sodann hängt es von der Arbeitsweise der Täter ab, wann und wo das Delikt vermutlich begangen worden ist. Werkzeugspuren und andere Spuren haben insoweit mehr eine ergänzende Funktion.

4. Geldschrankknacker

Eine besondere Spezies von Einbrechern sind die Geldschrankknacker, deren Vorgehen trotz gewisser Ähnlichkeiten mit anderen Einbruchstechniken wegen der vermehrten Sicherung des Tatobjekts besonders viele Tatspuren zu hinterlassen pflegt. Gerade diese Werkzeugspuren und die Art des Vorgehens sind für Fahndung und Überführung besonders wichtig.
Da es sich um Straftaten von erheblicher Intensität handelt, sollten die Ermittlungen entsprechend intensiv sein. Dies gilt ebenso für die Tatortarbeit wie für die Fahndung. Anhaltspunkte kann die hier nicht selten serienmäßige Begehung dieser Taten bieten.

Wianke, Fred-Heinz: Die Delmenhorster Geldschrankknacker – Kriminalistik 1961, S. 305 ff.; *Schillinger,* Willy: Die Fahndung nach Bankräubern und Einbrechern in ländlichen Gebieten – in: GrKrim Bd. 5, S. 241 ff. (1970).

Da die Sicherung der Tatbeute entsprechende Einbruchstechniken bedingt, kann man beim Tatverdächtigen, sobald man ihn gefaßt hat, mit Form- oder Materialspuren vom Tatort rechnen.

Eine Serie von Geldschrankeinbrüchen in Stockholm konnte vor allem dadurch aufgeklärt werden, daß man bei Untersuchung der Kleidung von vier festgenommenen Tatverdächtigen Spuren von Farbe, Kieselgur und pulverisiertem Kork sicherstellte. Bei einem Beschuldigten fand man in einer etwas aufgetrennten Naht des rechten gefütterten Schweinslederhandschuhs Farbpartikel, die in ihren Schichten (weiß, grün, grau) genau dem Anstrich eines der aufgebrochenen Geldschränke entsprachen, womit dieser Täter zu einem Geständnis veranlaßt werden konnte (*Svensson/Wendel* S. 120).

Mitunter führen aber auch Recherchen durch V-Personen auf die Spur solcher Täter, die dann durch kriminaltaktisch geschicktes Vorgehen überführt werden.

Niklasch, Franz: Umsichtiges Vorgehen ermöglicht Festnahme langgesuchter Geldschrankknacker – Kriminalistik 1951, S. 153 ff.

a) Warme Arbeit
Verstehen wir unter warmer Arbeit u. a. das Schweißen und Sprengen, so ist klar, daß der Tatort hier signifikante Arbeitsspuren aufweist, die außer vom Werkzeug als solchem herrühren als auch aus charakteristischem Material bestehen können.

Wenzky/Niedballa: Außenseiter als Tresoreinbrecher – Kriminalistik 1950, S. 10 ff.; *Zeiger,* Ludwig: „Schmiermaxe". 9 Jahre Schrecken der Saarbrücker Villenviertel – Kriminalistik 1966, S. 511 ff.

Vor allem ist bei der Fahndung nach solchen Taten auf Personen abzustellen, die infolge beruflicher Tätigkeit oder aus anderen Gründen mit der Handhabung solcher Schweißgeräte bzw. Materialien vertraut sind.

b) Kalte Arbeit
Ähnlich ist es bei der kalten Arbeit von Geldschrankknackern, zu welcher wir außer dem hier nur schwer möglichen Aufbrechen das Bohren und das Aufknabbern rechnen. Die vielfach für einen Täter typische Arbeitsweise hinterläßt zwar als solche oft weniger in das Auge fallende, aber doch u. U. wesentliche Tatspuren, die Rückschlüsse auf das Werkzeug und das Vorgehen des Rechtsbrechers erlauben.

Zeiger, Ludwig: Zwei Einzeltäter als Serieneinbrecher – Kriminalistik 1966, S. 464 ff., 505 ff.

c) Abtransport

Schließlich greifen manche Geldschrankknacker, obwohl das technisch nur noch selten möglich ist, zum Abtransport des Kassenschranks. Erst wenn dieser sichergestellt ist, lassen sich die bei warmer und kalter Arbeit üblichen Untersuchungsmethoden anwenden; denn ansonsten ist man gewöhnlich einstweilen auf diejenigen Spuren angewiesen, welche durch das Herausreißen und den Transport bewirkt worden sind.

Schneider, Erhard: Fahrtenschreiber als Helfer bei der Aufklärung – Kriminalistik 1966, S. 365 f.

Daneben kann man zuweilen allerdings Beweise für den Transport finden, wobei Aussagen aber wohl häufiger als brauchbare Reifenspuren sind.

5. Automateneinbrüche

Automateneinbrüche werden ganz überwiegend gewaltsam begangen, gewöhnlich aber erst einige Zeit nach der Tat bemerkt, sofern nicht ausnahmsweise der Täter auf frischer Tat von einer Polizeistreife, dem Opfer oder dritten Personen gestellt bzw. beobachtet wird. Obwohl Geld- und Warenautomaten zuweilen Obejkte einer kriminellen Einzelaktion sind, werden derartige Straftaten doch häufiger serienmäßig begangen; denn sonst lohnt diese Masche gerade bei Bargeld als Beute nicht sonderlich. Aus eben diesem Grunde benutzt der Automateneinbrecher gern ein Kraftfahrzeug. Es kann sich dabei im übrigen außer um örtliche auch um überörtliche Täter handeln.

Kahlan, Herbert: Einbrüche in Münzfernsprecher – ihre Bekämpfung – Kriminalistik 1954, S. 257 ff.; *Goedecke,* Willy: Automatenknacker – Kriminalist 1964, S. 93 ff.; *Meixner* II-35 ff.; *Seyock,* Wilhelm: Die Art einen Spielautomaten ohne sichtbare Beschädigung und fast lautlos zu „knacken" – der kriminalist 1972/H. 9/S. 31 f.

Obwohl die **Tatortbesichtigung** in aller Regel wenig Anhaltspunkte liefert, was die Person des Täters anlangt, sollte sie gerade wegen der serienmäßigen Begehung genau genommen werden.

Denn neben Finger- und Handspuren finden sich gewöhnlich Werkzeugspuren, die als solche markant oder für die Arbeitsweise aufschlußreich sein können. Man sollte auch auf Lack- und Glassplitter achten, die als beim Tatverdächtigen u. U. zu sichernde Materialspuren beweiserheblich werden können.

Denn ohne solche Anhaltspunkte ist die **Fahndung** in diesen Fällen wenig aussichtsreich, solange nicht das Erkennen einer bestimmten Arbeitsweise gezielte Maßnahmen erlaubt. Allerdings sind hier bei den einzelnen Verbrechenstechniken einige Unterschiede zu verzeichnen.

a) Geldautomaten

Bei Geldautomaten, bei denen es der Einbrecher naturgemäß auf das Bargeld abgesehen hat, lassen sich für die Zwecke der Kriminaltaktik vor allem drei Verbrechenstechniken unterscheiden.

aa) Aufbrechen und Anbohren

Aufbrechen und Anbohren hinterlassen wie andere gewaltsame Praktiken Spuren am Tatort, welche Schlüsse auf das Tatwerkzeug und die Arbeitsweise zulassen.

Richtet sich der Tatverdacht auf eine bestimmte Person, so kommt es bei Durchsuchungen weniger auf die nicht sonderlich signifikante Beute, das Geld, als auf das Werkzeug und die Möglichkeiten der Tatausführung an.

bb) Illegales Betätigen der Verschlußeinrichtung

Schwieriger ist bereits die Spurensuche, wenn der Rechtsbrecher die Verschlußeinrichtung des Automaten illegal betätigt hat. Immerhin gibt es vereinzelt selbst bei dieser Verbrechenstechnik nicht nur Anhaltspunkte für die Arbeitsweise, sondern mitunter sogar brauchbare Werkzeugspuren oder andere Spuren.

cc) Entwenden des Geldautomaten

Entwenden die Täter den ganzen Geldautomaten, so kann dieser – solange er nicht sichergestellt worden ist – nicht für Beweiszwecke genutzt werden. Außer auf die gewöhnlich wenig ergiebigen Aussagen ist man hier auf diejenigen Spuren der Gewalt angewiesen, die das Entfernen des Automaten verursacht.

Im übrigen ist hier nach dem Automaten, der gewöhnlich irgendwann aufgebrochen gefunden wird und weitere Spuren bieten kann, und nach Aussagen über etwaige Beförderungsmittel und den Transportweg zu fahnden. Erst bei konkretem Tatverdacht gegen eine bestimmte Person kann die Fahndung gezielter erfolgen und ggf. eine Durchsuchung und Vernehmung weiterhelfen.

b) Warenautomaten

Bei Warenautomaten kann als Diebesbeute außer dem eingenommenen Geld auch die vom Automaten angebotene Handelsware als Diebesobjekt fungieren, was insoweit etwas bessere Beweismöglichkeiten an Hand der Beute bedeutet. Rechnet man hierzu ferner die früher häufigeren Diebstähle aus Münzfernsprechern oder aus Fahrkartenautomaten und dergl., so geht es bei solchen Dienstleistungsautomaten natürlich vor allem um das in ihnen enthaltene Bargeld, was in der Fallgestaltung mehr den Geldautomaten entspricht. Auch ansonsten ist die Ausgangslage für die Ermittlungen eine ähnliche oder dieselbe wie bei Geldautomaten, weshalb auf die dortigen Ausführungen – insb. auch hinsichtlich der einzelnen Verbrechenstechniken – verwiesen werden kann.

Gollong, Heinrich: Fahndung nach Automatendieben – Kriminalistik 1969, S. 192 f.

B. Andere (einfache) Diebstähle

Andere, einfache Diebstähle bieten kriminaltaktisch schon deshalb noch größere Schwierigkeiten als Einbrüche, weil hier diejenigen Spuren fehlen, welche beim Überwinden der mechanischen Sicherung entstehen können. Zudem schwankt das Bild bei den einzelnen Verbrechenstechniken erheblich.

Präventive Maßnahmen des **Diebstahlschutzes** sind hier dagegen meistens Ratschläge und Empfehlungen, durch welche man potentielle Opfer zur Vorsicht und einem Verhalten zu veranlassen sucht, welches den unbemerkten Zugriff des Diebes verhindert oder doch erschwert. Eine klare Kennzeichnung diebstahlsgefährdeter Gegenstände, welche die spätere Identifizierung erleichtern soll, kann bei vorsichtigen Tätern u. U. bereits präventiv wirken.

Andere Maßnahmen, wie man sie insb. in Warenhäusern und Selbstbedienungsläden, z. T. aber auch in gewissen Einzelhandelsgeschäften wie Juwelierläden findet, laufen mehr auf Kontrolle und Überwachung hinaus, erschweren also lediglich eine unbeobachtete Tatausführung.

N. N.: Erkennnen und Überwachen von Ladendieben – Sicherheits-Report 1977, Heft 1, S. 41 f.

Beispiele dafür sind außer dem Einsatz eines Hausdetektivs etwa Fernsehüberwachung oder Kontrolle durch geschultes Personal. Auch dieses kann, wenn es erkennbar ist, bereits präventiv wirken und Ladendiebe von Straftaten im fraglichen Geschäft abhalten.

Wieder anders sind Schutzvorkehrungen, die, abgesehen von Maßnahmen gegen Einbruchspraktiken, in Kirchen, Museen oder im privaten Bereich zum Schutz von Kunstgegenständen gegen einfachen Diebstahl getroffen wurden. Denn außer organisatorischen Maßnahmen gibt es auch hier einige technisch (sichernd oder alarmierend) wirkende Mittel.

Tegel. Heinrich: Sicherung von Museen und Kirchen in Österreich – Kriminalistik 1968, S. 621 ff.; *Farka,* Marian: Dokumentation und Information im Dienste des Österreichischen Kulturgüterschutzes – Öff. Sicherheit 1977, Juli, S. 20 f.

Gerade bei einfachen Diebstählen greift man präventiv oder vor allem bei gegebenem Anlaß repressiv zur sogen. **Diebesfalle.** Diese im einzelnen recht unterschiedlichen Vorkehrungen laufen – wie dargelegt (§ 19-II-2-b-cc) – darauf hinaus, den Dieb durch unwiderlegbare Spuren zu überführen.

Sieht man einmal von den bei einfachen Diebstählen seltenen Lauer- und Köderfallen ab, so arbeiten viele Diebesfallen fotomechanisch, d. h. der Täter wird – typischerweise bei der Tatausführung – fotografiert. Andere Diebesfallen jedoch wirken chemisch, wobei die markierende Wirkung für den Täter offenbar oder mehr verborgen bleiben kann. Insgesamt also kann auf das oben Gesagte verwiesen werden, da es hier nur darauf ankam, diese Möglichkeit zu erwähnen, die man gerade auch bei einfachen Diebstählen kriminaltaktisch nutzen kann.

Die **Aufklärung** der einfachen Diebstähle, auf die ein großer Anteil der Kriminalität entfällt, ist – wie gesagt – eher noch schwieriger als bei Einbruch oder anderen schweren Diebstählen, weil die Ansatzpunkte insgesamt noch spärlicher sind.

Graeter, Louis-Albert: Der einfache Diebstahl – ein schwieriger Fall – Kriminalistik 1952, S. 208 ff.; *Meixner* II-20 ff.

Obwohl dann und wann auch bei einfachen Diebstählen Finger-, Fuß- oder Werkzeugspuren sowie Materialspuren vorkommen, fehlen sie doch meistens, weil die Beute nicht mechanisch gesichert und überhaupt dem Zugriff des Täters ausgesetzt ist. Man muß also die einzelnen Verbrechenstechniken kennen, um aus der Tatsituation und Aussagen von Opfern oder anderen Zeugen auf den möglichen Tathergang schließen zu können.
Manchmal kann – ebenso wie bei schweren Diebstählen (oben I-A) – früher oder später die Beute als Fahndungs- oder Überführungsobjekt wichtig sein. Das gilt besonders dann, wenn sie schlecht zu verbergen oder abzusetzen ist und wenn sie sich als solche oder wegen gewisser Spuren gut identifizieren läßt.
Im übrigen aber kommt es für das kriminaltaktische Vorgehen in aller Regel entscheidend auf den Tatort, d. h. die einzelnen Verbrechenstechniken an.

1. Diebstähle aus Wohnungen, Privathäusern und dergl.

Bei einfachen Diebstählen im privaten Bereich spielen – von der Beute abgesehen – Arbeitsspuren von Werkzeugen oder von ihnen herrührende Spuren eine relativ geringe Rolle. Vielmehr kommt es hier vor allem auf Aussagen des Opfers und anderer an. Denn der als Täter in Betracht kommende Personenkreis läßt sich in aller Regel schnell ermitteln, wenngleich Betroffene ihn, was bei Vernehmungen zu beachten ist, oft anders einschätzen, was in die falsche Richtung führen kann.

a) Verwandte

Das trifft in besonderem Maße für Diebstähle zu, die von oft sogar im Hause des Opfers wohnenden Verwandten begangen werden; man sollte bei Diebstählen in Wohnungen daher selbst bei anderen Angaben oder Vermutungen des Opfers nicht nur in die Ferne schweifen.

Fröhling, P.: Eine hartnäckige Diebin – Kriminalistik 1957, S. 174 ff.

b) Hausangestellte

Hausangestellte wie Dienstmädchen oder Putzfrauen begehen nicht nur bei günstiger Gelegenheit, sondern mitunter sogar systematisch Diebstähle zum Nachteil ihrer Arbeitgeber. Entsteht der Verdacht während der Beschäftigungszeit, so kann man mit Diebesfallen arbeiten; jedenfalls aber ist die verdächtige Person genau zu prüfen. Schwieriger ist die Ausgangslage, wenn der Tatverdächtige verschwunden und nicht ohne weiteres zu identifizieren ist. Wichtig ist es stets, in den Vernehmungen exakte Angaben über mögliche Tatzeit und -gelegenheit zu erlangen.

Meinert, F.: Hausangestelltendiebstähle – Kriminalistik 1950, S. 232 ff., 247 f.; *Scherrmann-Brehm,* Gustav: Der Täterkreis – Kriminalistik 1966, S. 574 ff.; Zink, Werner – Wohnungsdiebstähle – Kriminalistik 1972, S. 307.

Mitunter nehmen Diebe eine solche Tätigkeit – natürlich unter falschem Namen – eigens zu dem Zweck an, um bei nächster Gelegenheit einen Diebstahl auszuführen und zu verschwinden. Dann kommt es zunächst vor allem auf die Personenbeschreibung an.

So war es auch bei einer reisenden, 45jährigen Diebin, die sich bei einem 78jährigen Witwer als Haushälterin eingeschlichen hatte. Sie verschwand nach 4 Tagen, und zwar nicht – wie angegeben – zum Frisör, sondern mit DM 1400. Personenbeschreibung, Aliasname und Arbeitsweise führten zusammen mit einem Lichtbild zur Identifizierung dieses „Rentnerschrecks". Doch konnte die Frau dennoch erst 8 Monate später gefaßt werden, als sie sich wieder bei dem Rentern einstellte und um Geld bat; dem vorsorglichen Rat des Kriminalbeamten folgend hatte dieser sie mit der Notwendigkeit einer Abhebung vertröstet. So konnte die Diebin abends festgenommen werden.

c) Besucher

Teilweise ähnelt die Lage den soeben geschilderten Fällen, wenn der Diebstahl von einem Besucher begangen sein könnte, der sich für längere oder kurze Zeit im fraglichen Wohnbereich aufhält. Allerdings kann sein legaler Bewegungskreis, was u. U. für Spuren bedeutsam ist, begrenzt sein. Komplizierter wird die Aufklärungstätigkeit jedoch mit zunehmender Zahl von Besuchern oder auch Bewohnern, wie sie etwa bei Heimen vorkommen. Deshalb passen diese Fälle, da es an engen persönlichen Bindungen fehlt, besser hierher.

In einem Schwesternwohnheim eines Kreiskrankenhauses häuften sich Diebstähle von Geld und

Kosmetika, die insb. nach den „Zahltagen“ begangen wurden. Da die sich gegenseitig verdächtigenden Heiminsassen mit Silbernitrat und dergl. experimentierten, verwendete die Kriminalpolizei als „Fangmittel“ eine Zahnpasta von seltener, sonst im Heim nicht verwendeter Marke. Prompt war diese Tube zusammen mit zwei auffällig darauf abgelegten goldenen Kettchen verschwunden. Die Durchsuchung aller Räume führte zu einer 18jährigen Lernschwester, deren Ausrede, die Zahnpasta in einem bestimmten Geschäft gekauft zu haben, leicht widerlegt werden konnte. Sie war übrigens selbst die erste Anzeigerin gewesen, weil sie den Verlust eines Ringes verschleiern wollte; sie gab Diebstähle von etwa DM 500 und von Kosmetika zu.

d) Handwerker

Ist das Verschwinden einer Sache aus einer Wohnung möglicherweise auf Diebstahl zurückzuführen, sollte der Ermittlungsbeamte außer an Verwandte und Besucher zweckmäßig auch an Handwerker denken. Denn es kommt immer wieder vor, daß Personen, die als Handwerker oder dergl. Zugang finden, eine sich ihnen bietende günstige Gelegenheit zum Diebstahl ausnutzen. Beachtet man diesen Aspekt, so sollte eine derartige Möglichkeit eigentlich nicht unerkannt bleiben.

Zilling, Hans Joachim: Nicht nur das Handwerk hat goldenen Boden – der kriminalist 1974, S. 606 ff.

Die Gelegenheit von Reparaturarbeiten im Braunschweiger St.-Blasius-Dom nutzten Handwerker aus, um kupferne Sarkophagteile aus der historisch bedeutsamen Grabstätte zu entwenden, mit dem firmeneigenen Lastwagen abzutransportieren und an einen Buntmetallhändler zu verkaufen.

e) Bettler, Hausierer

Ist der Diebstahl vermutlich von einem Bettler oder Hausierer begangen worden, so helfen Fingerabdrücke oder andere Tatspuren zunächst kaum weiter. Gerade wegen des Fehlens jeder persönlichen Beziehung sind Angaben des Bestohlenen oder Dritter zur Personenbeschreibung des Verdächtigen wichtig, weil dieser dem Opfer gewöhnlich nicht bekannt ist.

Hurdalek, Franz: Unermüdliche Ermittlungen führen zum Erfolg – Kriminalistik 1962, S. 205 ff.

So konnte ein Täter, der für eine Modezeitschrift werbend herumzog und dabei Gedldiebstähle beging, trotz ansonsten unterschiedlicher Angaben Dritter, die den Unbekannten gesehen hatten, schließlich deshalb überführt werden, weil etlichen Zeugen aufgefallen war, daß er hinkte.

f) Falsche Beamte usw.

Der Situation bei diebischen Bettlern, Hausierern oder auch Handwerkern entspricht die Lage in denjenigen Fällen, in welchen sich der Täter unter irgendeinem Vorwand – z. B. als falscher Beamter oder Handwerker – den Zugang zur Wohnung seines Opfers erschlichen hat.

Derartige Diebe geben u. U. auch vor, an einer Miete oder Untermiete interessiert zu sein, um den Vermieter dann unter irgendeinem Vorwand wegzuschicken und Begehrenswertes mitgehen zu lassen. In diesen Fällen können jedoch oft Fingerabdrücke weiterhelfen.

Da bei dieser Verbrechenstechnik ein Kontakt mit dem Opfer oder mit seinen Angehörigen stattgefunden haben muß, ist bei deren Vernehmung nach solchen Personen und vor allem einer brauchbaren Personenbeschreibung von ihnen zu forschen. Denn ohne diese ist weder eine Fahndung nach dem Tatverdächtigen noch in aller Regel eine spätere Überführung des anderweitig Ertappten möglich.

g) Klingelfahrer

Bei Klingelfahrern fehlt es häufig sogar an einer Personenbeschreibung, weil diese persönlichen Kontakt zu meiden suchen. Da ein solcher aber zufällig erfolgt sein kann, sollte man sich bei entsprechenden Anhaltspunkten bei anderen Mietern des betreffenden Hauses oder in der Nachbarschaft umhören. Denn Hinweise Dritter, die der Täter angetroffen hat oder denen er irgendwie aufgefallen ist, haben nicht gar so selten bewirkt, daß es auch für diese an sich publikumsscheuen Diebe „geklingelt" hat.

Je nach Persönlichkeit und Lebensart des Klingelfahrers kann die Fahndung aber selbst bei einer brauchbaren Personenbeschreibung schwierig werden.

Linke, Wolfgang: Hilfe, eine Landfahrerin! – Kriminalistik 1967, S. 90 f.

Nur selten, z. B. bei sehr schnellem Zugriff, kann die Beute, die beim Dieb gefunden wird, für ihn verräterisch werden. Da Klingelfahrer es gewöhnlich auf Geld abgesehen haben, schwindet diese Möglichkeit in der Regel aber schon in sehr kurzer Zeit.

h) Beischlafdiebstähle

Die Beischlafdiebstähle ähneln z. T. dem Taschendiebstahl (unten 3-e), der zwar in der Öffentlichkeit, aber keineswegs immer im Freien begangen wird. Die Täterin bestiehlt den oft nicht mehr nüchternen Freier nach oder eventuell schon vor dem in Aussicht gestellten Geschlechtsverkehr.

Der Beamte muß bei den unter diesen Umständen verständlicherweise seltenen Anzeigen von der Personenbeschreibung durch das im allgemeinen nicht sehr aussagefähige Opfer ausgehen, kann es u. U. aber auch mit der Vorlage von Lichtbildern einschlägig vorbestrafter Frauen versuchen. – Erst nachdem die Tatverdächtige gestellt ist, bieten in ihrem Besitz befindliche Beutestücke weitere Beweise.

Finger, Erich: Gewalttätige Beischlafdiebin – Kriminalistik 1959, S. 397; *Hermann,* Ingo: Beischlafdiebstahl. Eine kriminologische Betrachtung – Kriminalistik 1964, S. 357 ff.

Eine bereits 16mal vergeblich wegen Beischlafdiebstahls belangte Prostituierte konnte, obwohl die im Dirnenviertel einem Bahnbeamten entwendete Geldbörse, die 450 DM enthielt, an Hand eines bei ihr sichergestellten Einhundert-Markscheines überführt werden. Die Banknote, welche die Nr. N 18553883 A trug, gehörte zu einer erst Ende des fraglichen Monats in Umlauf gebrachten neuen Serie. Von dieser hatte die Bundesbahn erstmalig am Tattage Lohnzahlungen vorgenommen. Obwohl der Bestohlene die Nummer der Banknote nicht kannte, konnte mithilfe von zwei gleichwertigen Banknoten, die sein Arbeitskollege vor ihm erhalten hatte (N 18553881 A, N 18553882 A) der Beweis erbracht werden, daß der fragliche Geldschein dem Opfer ausgezahlt worden sein mußte.

Ähnlich ist die Lage, selbst wenn der Terminus „Beischlaf" hier nicht ganz stimmt, bei Diebstählen, welche von Strichjungen an Homosexuellen begangen werden; doch dürfte hier die Dunkelziffer noch größer als bei den Kunden weiblicher Prostituierter sein.

2. Diebstähle aus Läden, Geschäftshäusern, Fabriken usw.

Diebstähle im geschäftlich-wirtschaftlichen Bereich verursachen ebenfalls nur selten markante Tatspuren; dennoch ist die Ausgangslage der Ermittlungen hier häufig etwas günstiger.

Ein Sonderfall, der bereits eine Vorstufe zum Einbruch darstellt, ist der gerade in diesem

Bereich anzutreffende **Einschleichdieb,** der sich beispielsweise bei Betriebsschluß in Warenhäusern, Fabriken oder öffentlichen Gebäuden einschließen läßt, um dort etwas zu entwenden und während der Nacht bzw. kurz nach Betriebsbeginn das betreffende Gebäude zu verlassen. Derartige Diebe müssen mithilfe von Kontrollen ihrer möglichen Verstecke oder durch andere Überwachungsmaßnahmen gefaßt werden.

Ein solcher Täter, der mehrfach in einem Großkaufhaus dort über Nacht verwahrte Geldbeträge entwendet hatte, konnte bei einer Observation des Büroraumes festgenommen werden (vgl. *Bauer* in: GrKrim Bd. 5, S. 347 f. (1970)).

Im übrigen ist bei diesen Diebstählen, selbst wenn sich das nicht immer sogleich einschätzen läßt, nach dem Tatverdächtigen zwischen dort beschäftigten Arbeitnehmern und anderen – insb. Kunden – zu unterscheiden.

a) Arbeitnehmerdiebstähle

Arbeitnehmerdiebstähle, die außer zu Lasten des Arbeitgebers auch zum Nachteil von Arbeitskameraden oder gar Kunden begangen werden können, liegen relativ einfach, wenn der Täterkreis begrenzt ist. Allerdings kann dieser im Einzelfalle groß oder doch schwer zu überblicken sein, wobei von der mitunter schwierigen Abgrenzung von einem Kundendiebstahl noch ganz abgesehen wird.

Bei der Aufklärung der an Kunden begangenen Diebstähle ist je nach Ausführungsart – z. B. wie beim Taschendiebstahl – vorzugehen.

Kameradendiebstähle lassen sich bei wiederholter Begehung u. U. mithilfe von Diebesfallen aufklären (§ 19-II-2-b-cc-(1)); auch ist ggf. an den Einsatz von V-Personen zu denken, wenn dieser sicher und gut getarnt durchgeführt werden kann. Neben Fingerabdrücken oder anderen Tatspuren ist selbstverständlich auch an andere Möglichkeiten zu denken.

Dasselbe gilt für die größere Zahl von Arbeitnehmerdiebstählen, die zu Lasten des Arbeitgebers begangen werden.

Als in einer Bundeswehrkaserne während des Manövers Spinde aufgebrochen und Geld sowie Sachwerte entwendet worden waren, half ein dabei gestohlenes Postsparbuch weiter. Da der Täter das Guthaben abgehoben hatte, fanden sich bei der Post von ihm handschriftlich ausgefüllte Rückzahlungsformulare. An die hier benutzten Ziffern anknüpfend beschaffte sich die Kriminalpolizei unverfänglich über einen Kompaniechef Schriftproben von den 24 als Täter in Betracht kommenden Soldaten. Dabei wurde einem Gefreiten die böse „7“ zum Verhängnis, was auch durch ein Schriftgutachten bestätigt wurde.

In einem Kaufhaus machten ständige Verluste vor allem deshalb Sorgen, weil es sich um bestimmte, für Kunden zurückgelegte Sachen handelte, die verschwanden. Die Kriminalbeamten kamen durch den Hinweis einer Verkäuferin auf die Spur von zwei Putzfrauen, die schon lange im Hause tätig waren; sie hatte sie bei versteckten Anproben beobachtet. Über vorsichtige Ermittlungen, die Verkäufe ergaben, kam es dann zu Durchsuchungen bei den Beschuldigten, wo man noch umfangreiche Beute fand. Die 54jährige Diebin mußte Schäden im Wert von etwa DM 15000, die nach ihrer Ansicht noch dreistere 46jährige Täterin jedoch „nur“ solche im Wert von DM 10000 zugeben; denn mehr als das, was man bei ihr fand, gab sie nicht zu. Die diebischen Putzfrauen, die man für vertrauenswürdig hielt und nicht kontrollierte, dürften Sachen für weit mehr als DM 25000 entwendet haben.

Graeter, Louis-Albert: Der einfache Diebstahl – ein schwieriger Fall – Kriminalistik 1952, S. 208 ff. (Diebische Hausmeistersfrau bei Spielwarengroßhandlung).

Noch komplizierter gestalten sich die Ermittlungen gewöhnlich, wenn ungetreue Angestellte mit „Kunden“ zusammenarbeiten; hier ist man in der Regel auf den Kommissar Zufall oder auf vertrauliche Hinweise Privater angewiesen, sofern nicht besonders hohe Inventurdifferenzen Verdacht erwecken.

Middendorff, Wolf: Gerechtigkeit bleibt auf der Strecke. Wieder einmal Ladendiebstahl – Kriminalistik 1970, S. 66 ff.

So kam man einer wenig appetitlichen kriminellen Aktivität durch den Hinweis eines Lagerarbeiters auf die Spur. Ein in der Frischfleisch-Abteilung eines Kaufhauses angestellter 25jähriger Schlachtergeselle, der gegen ein geringes monatliches Entgelt die Abfälle aus Schlachterei und Kantine erwarb, die sein Bruder – ein selbständiger Schlachtermeister – abholte und für Mastzwecke verwendete, gestaltete diesen Drank-Export auf folgende Weise lukrativer. Er packte große Frischfleischstücke (in einem Falle bis zu 4o kg) in die Transportkübel; dann kippte er Abfälle darüber. Der Bruder, der die Drankkübel abholte, verkaufte das so aus dem Kaufhaus hinausgeschmuggelte Frischfleisch in seinem Geschäft, um dem Gesellen finanziell bei der Anschaffung eines Autos behilflich zu sein. – Die beiden Angeklagten wurden – auf frischer Tat überrascht – nur wegen Diebstahls und Hehlerei bestraft. Da die Beamten es nach dem Geständnis nicht für angezeigt hielten, im Drank herumzurühren, langten die Beweise für einen Verstoß gegen das Lebensmittelgesetz nicht, weil dem Täter nicht widerlegt werden konnte, das Fleisch vorher in Plastikbeutel getan zu haben. Und der Lagerarbeiter war als Hauptzeuge selbst in das Zwielicht geraten, weil gegen ihn jetzt wegen Diebstahls von Alkoholika – natürlich im betreffenden Kaufhaus – verhandelt wurde. Allerdings sollen, da sich diese wenig appetitliche Masche herumgesprochen hatte, dem cleveren Schlachtermeister viele Kunden weggeblieben sein.

Daß neben dem Einsatz von V-Leuten auch bei Arbeitnehmerdiebstählen die Observation erfolgreich sein kann, beweist folgender Sachverhalt größeren Zuschnitts.

Eine Mineralölfirma, die im Verlaufe von 4 Monaten mindestens einen Verlust von 200000 l Benzin zu verzeichnen hatte, erstattete Anzeige. Sie konnte neben vagen Verdachtsgründen nur dartun, daß die Tankwagenfahrer durch Manipulation an den Auslaufhähnen erreichen konnten, daß die Benzinuhren der Erdtanks belieferter Tankstellen eine überhöhte Menge von Treibstoff anzeigen. Da die Firma insgesamt 24 Fahrer beschäftigte, wurden für die Observation an Hand der Diagrammscheiben und weiterer Unterlagen solche Wagen ausgesucht, die besonders auffälige Unregelmäßigkeiten zeigten. Von einem mit Ferngläsern, Fotoapparaten usw. ausgerüsteten Beobachtungswagen wurde ein Tankzug observiert, der nach Lieferung von 20000 l leer sein mußte. Nach einem kurzen Telefongespräch steuerte der Täter den Tankzug über eine Seitenstraße neben ein Waldstück. Alsbald kamen zwei Personenwagen mit vier Männern, von denen übrigens einer ebenfalls ein Fahrer der Firma war. Nachdem sie aus dem Tankzug bereits 12 Kanister mit je 20 l gefüllt hatten, schritten die Beamten, die alles beobachtet und fotografiert hatten, beim bösen 13. Kanister ein. Sie hatten zwei Täter, die in vier Monaten allein 38000 l Benzin verschoben hatten und drei Hehler gefaßt. Der Schaden war aber weit höher, da sich – wie sich jetzt herausstellte – alle 24 Fahrer mehr oder weniger unredlich verhalten hatten (vgl. *Bauer* in GrKrim Bd. 5, S. 349 f. (1970)).

b) Kundendiebstähle

Durch Kundendiebstähle wird hingegen – und zwar durch Personen, die dem betreffenden Betrieb nicht angehören – stets eine Firma geschädigt, weshalb die Ausgangslage, was den Kreis der Tatverdächtigen anlangt, durchweg schlecht zu sein pflegt, obwohl die einzelnen Verbrechenstechniken insoweit etwas verschieden zu liegen pflegen.

aa) Ladendiebstähle

Die Ladendiebstähle (i. e. S.) sind, wenn wir darunter Taten in herkömmlich betriebenen

Einzelhandelsgeschäften verstehen, von recht unterschiedlichem Zuschnitt. In der Mehrzahl handelt es sich bei den Tatobjekten dort um relativ billige Handelswaren, die zum Verkauf ausliegen. Doch gibt es hier auch besondere Fälle, in denen mit Tricks gearbeitet wird, wobei man es oft auf recht wertvolle Objekte abgesehen hat.
Die **Trickdiebstähle** stellen mithin einen Sonderfall des Ladendiebstahls dar. Zur üblichen Nichtentdeckung kommt hier üblicherweise der schnelle Ortswechsel des Täters hinzu; die Fahndung muß daher gewöhnlich auf die Beute zielen und sich auf einen größeren Bereich erstrecken.

Tegel, Heinrich: Trickdiebe – Trickbetrüger – Kriminalistik 1964, S. 450 f.; *Herrnstadt,* Paul: Der „Durchhaustrick" – Kriminalistik 1965, S. 467 f.; *Frommolt,* K. H./*Schwarz,* K. G.: Internationale und überlokale Trickdiebe – der kriminalist 1974, S. 23 ff., 104 ff., 224 ff., 335 ff.

Trickdiebstähle werden – wie gesagt – oft nicht oder sehr spät bemerkt, weshalb es dann gewöhnlich mit der Personenbeschreibung hapert. Ist deshalb häufig zunächst keine Personenfahndung – auch nicht mithilfe von V-Leuten – möglich, müssen die Ermittlungen bei etwaigen Hehlern oder Absatzstellen wie Pfandhäusern einsetzen.

So kam man einer in Juweliergeschäften arbeitenden Trickdiebin erst einen Monat nach der Tat auf die Spur, obwohl diese sofort entdeckt werden konnte. Die Aufklärung begann bei einer routinemäßigen Pfandhausüberprüfung, bei welcher man auf den gestohlenen 5steinigen Brillantring stieß. Erst jetzt, als man die Beschuldigte aufsuchte, zahlte sich die Personenbeschreibung aus; zudem fand man bei der Durchsuchung den fraglichen Pfandschein. Obwohl die einschlägig Vorbestrafte weitere Taten bestritt, führte man weitere Pfandhauskontrollen durch, bei denen man noch vier Brillantringe, die sie versetzt hatte, sicherstellen und damit vier Trickdiebstähle aufklären konnte, die von den Geschädigten noch nicht einmal bemerkt worden waren.

bb) Diebstähle in Selbstbedienungsläden

Bei Diebstählen in Selbstbedienungsläden erleichtern neben gewissen technischen Vorkehrungen vor allem intensivere Formen der Überwachung das Ergreifen des Diebes auf frischer Tat.

Tegel, Heinrich: Der Diebstahl im Selbstbedienungsladen. Eine kriminologisch-kriminalistische Betrachtung – in: TbKrim Bd. XVI, S. 148 ff. (1966).

Die Kriminalpolizei wird hier daher gewöhnlich erst dann eingeschaltet, wenn die Schutzmaßnahmen der Firmen sich im Einzelfall als unzureichend erweisen oder man den Täter bereits gefaßt hat. Ausnahmefälle bilden unerklärliche Verluste, die aber des öfteren auf Beteiligung oder Täterschaft von Arbeitnehmern zurückzuführen sind.

cc) Warenhausdiebstähle

Ähnlich ist die Situation teilweise in Warenhäusern, wenngleich auch hier recht verschiedenartige Praktiken angewendet werden.

Besekow: Bekämpfung des Warenhausdiebstahls – in: TbKrim Bd. IV, S. 85 ff. (1954); *Lehr,* Kurt: Bandenmäßig verübter Warenhausdiebstahl – Kriminalistik 1969, S. 433 ff.; *Kraft,* Günther: Die vierte Gewalt: Warenhausjustiz? – der kriminalist 1977, S. 189 ff.

Der Warenhausdieb wird am ehesten mithilfe der hier weithin üblichen Überwachungsmaßnahmen auf frischer Tat gefaßt; erst dann kann man ihm auf Grund sichergestellter Beute u. U. noch andere Warenhausdiebstähle nachweisen.

Ganz überwiegend werden derartige Diebe also vom Personal und insb. von Hausdetektiven gestellt, denen allerdings die Kriminalpolizei u. U. durch Hinweise und Lichtbilder bekannter Täter die Arbeit erleichtern kann. Obwohl Warenhausdiebe zuweilen mit ungetreuen Angestellten zusammenarbeiten, sind Aussagen Betriebsangehöriger selbst dann wichtig, wenn einmal bei gezielter Fahndung Beamte eingesetzt werden.

So kam man einer Frauenbande in einem Elberfelder Kaufhaus vor allem dadurch auf die Spur, daß eine Verkäuferin sehr schnell nach der Tat einen leeren Kleiderbügel auf einer Garderobenstange der Pelzabteilung sah. Man nahm die Verfolgung nach vier honorig wirkenden Frauen au, die sich dort kaufinteressiert gezeigt hatten. Drei von ihnen konnten gefaßt werden, die vierte floh; das fehlende Nerzcape wurde in Geschäftsnähe gefunden. – Obwohl die Frauen sich zunächst nicht kennen wollten, konnte durch mühevolle Vernehmungen (zwei der Festgenommenen wohnten in Köln in demselben Haus; obwohl alle mit der Bundesbahn gekommen sein wollten, hatten sie keine Rückfahrkarten) eine gut florierende Warenhausdiebstahls-GmbH ermittelt werden. Zu dieser gehörte außer der zunächst entkommenen Bandenführerin, die ggf. mit Prügeln ein hartes Regiment führte, noch eine Fahrerin, welche die Bande mit einem Wagen an ihre Einsatzorte gebracht hatte, wo sie regelmäßig in zwei Gruppen (eine lenkte Personal ab, die andere entwendete und transportierte ab) operierte. An Hand der bei den Durchsuchungen sichergestellten Beutestücke konnte man der seit etwa fünf Jahren bestehenden Frauenbande weit über 300 Warenhausdiebstähle im Raum Köln-Bonn-Wuppertal-Aachen nachweisen.

dd) Messen- und Marktdiebstähle

Wieder ungünstiger und mehr an später zu behandelnde Taschendiebstähle erinnernd ist die Lage bei Messen- und Marktdiebstählen. Denn hier fehlen durchweg brauchbare Angaben zur Person des Diebes, weshalb man eigentlich nur in Fällen serienmäßiger Begehung mit einer Observation vorankommen kann.

ee) Kassen- und Schalterdiebstähle

Einen anderen Sonderfall des einfachen Diebstahls stellen die Kassen- und Schalterdiebstähle dar, die jedoch nicht auf Handelswaren, sondern auf Bargeld abzielen. Hier wendet man wiederum häufig Praktiken des oben geschilderten Trickdiebstahls (aa) an.

Harder, Klaus: Der Wechselfallendiebstahl – Kriminalistik 1964, S. 510 ff.

Wegen der besonderen Örtlichkeit und gewissen Sicherungen kann man in diesen Fällen wieder eher mit Tatspuren rechnen, wofür aber Geld als Beute durchweg kein sonderlich beweiskräftiges Indiz abzugeben pflegt. Zudem hapert es, da diese Täter es vorziehen, unbeobachtet und ohne Kontakt mit Personal vorzugehen, gewöhnlich zunächst an einer brauchbaren Personenbeschreibung.

ff) Hotel- und Gaststättendiebstähle

Wieder etwas anders als beim Ladendiebstahl i. w. S. sind die Ermittlungen bei Hotel- und Gaststättendiebstählen zu handhaben. Dabei sollte versucht werden. möglichst schnell den Gelegenheitsdieb vom Profi zu unterscheiden, was am ehesten an Hand der Tatausführung gelingt; allerdings ist auch hier an Personaldiebstähle zu denken.

Während der allein arbeitende Hoteldieb gewöhnlich nicht in demjenigen Hotel wohnt, in welchem er stiehlt, ist das anders, wenn ein Pärchen sich zu diesem Zweck zusammengetan hat. Dann mietet sich entweder die Frau in dem betreffenden Hotel ein, um auszubaldowern, wo und wann der Mann stehlen kann, oder aber der männliche Komplize schafft das von der Frau Entwendete fort.

Gabeler, Wolfgang: Der „Hotelschreck" Peschel – Kriminalistik 1955, S. 331 ff.; *Setzepfand,* Ernst: Auf großem Fuß und leisen Sohlen – Kriminalistik 1961, S. 542 ff.; *Burkhalter,* A.: Der Geisterdieb des Hotels „Löwen" – Kriminalistik 1967, S. 18 ff.

Gaststättendiebstähle, die natürlich auch an vergleichbaren anderen Orten begangen werden können, zielen dagegen auf vorübergehend abgelegte Garderobe, Dinge, die in dieser belassen worden sind oder Handtaschen bzw. deren Inhalt ab; man spricht daher plastisch von Manteldieben, Mantelmardern und Handtaschendieben. – Auch in Badeanstalten oder an Badeplätzen werden derartige Diebstähle begangen, welche kaum Spuren hinterlassen und daher gewöhnlich nur durch Ertappen auf frischer Tat oder durch Besitz der Beute aufgeklärt werden.

Stadler, Ferdinand: Lichtbild überführt Manteldieb – Kriminalistik 1965, S. 266 f.

gg) Andere Örtlichkeiten

Ebenso wie Taschendiebstähle (vgl. unten 3-f) werden auch andere Diebstähle auf Bahnhöfen, in der Eisenbahn oder in anderen Massenverkehrsmitteln begangen. Man entwendet etwas aus abgelegter Garderobe oder dieselbe bzw. Handgepäck wie z. B. Koffer, Taschen und dergl., wobei die Ausführungsart zuweilen an den Trickdiebstahl (vgl. oben a) erinnern kann.

Ein besonderes Kapitel stellen hier Diebstähle von Kunstwerken und Antiquitäten dar, sofern diese Taten nicht – wie üblich – mittels Einbruchs begangen werden. Derartige **Kunstdiebstähle** werden nicht nur des öfteren bandenmäßig oder doch von weiträumig arbeitenden Tätern begangen; daher pflegt die Fahndung nach Beute und Tätern auf viele Schwierigkeiten zu stoßen.

Tegel, Heinrich: Kirchendiebstähle – Arch. f. Krim. Bd. 128, S. 121 ff. (1961); *Tegel,* Heinrich: Ein origineller Museumseinbruch – Kriminalistik 1961, S. 345 ff., 397 ff.; *Martin,* Leopold: Kirchendiebstähle in Bayern – in: TbKrim Bd. XV, S. 141 ff. (1965); *Tegel,* Heinrich: Kunstdiebstähle – einmal anders – Kriminalistik 1967, S. 329 f.; *Tegel,* Heinrich: Der Diebstahl von Kunstwerken – in: TbKrim Bd. XVIII, S. 115 ff. (1968); *Bestgen,* Kurt: Ein alltäglicher Einbruchsversuch – der kriminalist 1976, S. 299 f.; *Holliger,* Hans: Diebstähle aus Opferstöcken – Kriminalistik 1976, S. 227 ff.; *Frei,* Hans: Kultureller Umweltschutz. Anmerkungen zur Eindämmung von Kunstdiebstählen in Kirchen, Kapellen, Museen und Privathäusern – Die Neue Polizei 1977, S. 104 ff.; *Walch,* Timothy: Stealing America's Heritage: Thefts of Documents form Archives and Libraries – FBI Law Enf. Bull. 1977, Juli, S. 16 ff.

Für die Sachfahndung wirkt sich ungünstig aus, daß die Beutestücke oft nicht hinreichend sicher beschrieben werden können (mangels Katalogisierung, Fotografie usw.). – Hinzu kommen die gerade auch für die Personenfahndung oft nicht glücklichen Unsancen des Kunst- und Antiquitätenhandels; und das gilt keineswegs nur für die Sammler.

Für Ermittlungen hat man in allen diesen Fällen, sofern der Dieb nicht auf frischer Tat gefaßt wird, kaum etwas in der Hand außer einer gewöhnlich dürftigen Personenbeschreibung und der Hoffnung, ggf. über die veräußerte Diebesbeute zum Täter zu gelangen.

Da derartige Straftaten häufiger von überörtlich tätigen Rechtsbrechern (z. B. auch Landfahrern) oder gar von darauf spezialisierten Banden begangen werden, welche als Zulieferer des illegalen Kunsthandels bzw. des entsprechenden grauen Marktes fungieren, verspricht eine mehr oder weniger zentrale Bearbeitung gewisse Erfolge.

So hat man beispielsweise in Bayern, wo insb. die Kirchendiebstähle (vor allem von Heiligenfiguren) überhand nahmen, schon 1962 eine Sonderkommission für derartige Ermittlungssachen gebildet. Auch andere Bundesländer haben – durch die Erfolge ermutigt – ähnliche Maßnahmen ergriffen und bearbeiten den Bereich Kunstdiebstahl ebenfalls mehr oder weniger zentral.

Obgleich die Fahndung auch bei einer solchen Organisationsform erhebliche Schwierigkeiten bereitet, werden nicht nur größere Tatzusammenhänge leichter aufgedeckt, sondern kann man auch besser von den Absatzmöglichkeiten solcher Objekte her ermitteln. Schließlich können Kontrollen besser gelenkt und dabei oder durch Zufall sichergestellte Kunstgegenstände schneller lokalisiert werden, um von einer so ermöglichten Intensivierung der Prävention in diesem Bereich noch ganz abzusehen.

3. Diebstähle in der Öffentlichkeit

In der Öffentlichkeit, d. h. typischerweise im Freien begangene Diebstähle bieten in der Regel kaum brauchbare Spuren. Immerhin kommen außer Fingerabdrücken zuweilen auch Fußspuren und Materialspuren vor.
Aus der Vielfalt der hier möglichen Verbrechenstechniken können nur einige herausgegriffen werden, um die kriminaltaktische Situation zu beleuchten. Hierher gehören im übrigen beispielsweise Baustellendiebstähle, zahlreiche Metalldiebstähle, usw.; auch derartige Taten können ein beträchtliches Ausmaß haben.

Kabeldieben, die das Metall verkaufen wollten, kam man durch einen vertraulichen Hinweis auf die Spur, daß auf einer Müllkippe des öfteren Kabelteile abgebrannt würden. Die Observationsgruppe hatte dort schon nach einigen Nächten Erfolg; sie nahm zwei Männer und eine Frau fest, die dort Kabelteile abbrannten. Es handelte sich um Stromkabel von Großbaustellen, die mit rund hundert Beschäftigten jeweils still lagen, bis Ersatz für die Stromkabel der Großkräne beschafft worden war (vgl. *Bauer* in GrKrim Bd. 5, S. 351 f. (1970)).

a) Kraftfahrzeugdiebstähle

Das Vorgehen bei Verdacht eines Kraftfahrzeugdiebstahls hängt vor allem davon ab, welchen Zweck der Täter vermutlich verfolgt. Trotz aller Gemeinsamkeiten ergeben sich bei Kraftfahrzeugen verschiedener Art wie Lastwagen, Personenwagen und Motorrädern tatsächlich naturgemäß einige Unterschiede, welche kriminaltaktisch zu beachten sind.

Frieden, Kurt/*Hertler,* Jakob: Bekämpfung der Autodiebe und Strolchenfahrer mit neuen Methoden. Eine Aktion der Kantonspolizei Zürich – Kriminalistik 1962, S. 492 ff.; *Frieden,* Kurt: Fahrzeugdiebstahl – Hamburg 1962; *Läderich,* Hans: Autohandel mit neuen Fälschungsmethoden – Kriminalistik 1967, S. 75 ff.; *Achtert,* Hans-Joachim: Bandenmäßig verübte Pkw-Diebstähle – Kriminalistik 1969, S. 119 ff.; *Metzner,* Joachim: Kfz-Diebstähle und Kfz-Verschiebungen. Schwerpunkt Hessen – der kriminalist 1973, S. 517 ff.

Benutzt er das Fahrzeug – wie üblich – lediglich als Fahrobjekt, so wird es gewöhnlich alsbald gefunden; Fundsituation und Spurensuche können auf den fraglichen Täter hinweisen. Anders ist dieses in Fällen, in denen das gestohlene Fahrzeug bei einer Straftat verwendet wird; dann ist zweckmäßig von jenen Ermittlungen auszugehen.
Deuten die Tatumstände jedoch auf einen Autoschieber oder Autoschlachter hin, so müssen entweder in der Fahndung die Werkstätten und Örtlichkeiten kontrolliert werden, in denen man das Fahrzeug „frisieren“ oder auseinandernehmen kann bzw. mögliche Absatzwege überwacht werden.

Blaneck, Günter/*Holzenbecher,* Günter: Kfz-Diebe unterhalten Spezialfirma für VW-Verwertung – Kriminalistik 1970, S. 546 ff.

Bei der in der Praxis großen Zahl von Autodiebstählen, die lediglich Gebrauch des Fahrzeugs (ggf. als Tatmittel) bezwecken, kann man in der Regel zunächst nur nach dem entwendeten Kraftfahrzeug fahnden, was zuweilen zwar schnell, aber überwiegend erst dann Erfolg zeitigt, wenn das Fahrzeug verlassen vorgefunden wird; nicht selten geschieht das auf Hinweise aus der Bevölkerung. Erst wenn die dann mögliche Untersuchung des gestohlenen Fahrzeugs brauchbare Anhaltspunkte ergibt, kommt man voran und kann u. U. gezielter nach Tatverdächtigen fahnden. Ganz überwiegend wird diese Art von Kriminalität unter den obwaltenden Umständen daher in den meisten Ländern nur „verwaltet", wobei man sich vielfach damit begnügt, dem Bestohlenen das gefundene, z. T. beschädigte Fahrzeug zurückzugeben.

b) Fahrraddiebstähle

Neben Gelegenheitstätern, insb. jungen Menschen gibt es auch hier serienmäßig arbeitende Rechtsbrecher oder Banden.

Frieden, Kurt: Fahrraddiebe. Zur Kriminologie des Fahrraddiebstahls – Kriminalistik 1955, S. 465 ff.; *Walter,* Heinrich: Fahrradmarder im Ruhrgebiet – Kriminalistik 1957, S. 26 f.; *Siebert,* Conrad: Die leidigen Fahrraddiebstähle – Kriminalistik 1957, S. 141 ff.; *Frieden,* Kurt: Fahrzeugdiebstahl – Hamburg 1962. Vgl. aus früherer Zeit *Zbinden,* Karl: Der Fahrraddiebstahl und seine Bekämpfung als kriminalistisches Problem – Sonderabdruck aus „Schweiz. Zeitschrift f. Strafr." 1940, H. 1–3 – Bern 1940.

Die Aufdeckung ist nur mit Hilfe von Observation und Diebesfallen zu erreichen, sofern man nicht über Hehlerpraktiken und dergl. an verräterisches Diebesgut herankommt. Doch können auch Verlustanzeigen an Versicherungen hilfreich sein, weil der Anzeigende u. U. nicht Opfer eines Diebstahls, sondern Täter seines Betrugs ist.

c) Diebstähle von Fahrzeugteilen

In engem Zusammenhang mit Kraftfahrzeug- und Fahrraddiebstählen steht die Entwendung von Fahrzeugteilen, die zugleich eine Sachbeschädigung sein kann.

Männel, Günther: Ein einträglicher Geschäftsbetrieb – Kriminalistik 1963, S. 156 ff.; *Rabenstein,* Friedrich: Rayonsposten greifen Scheinwerferdiebe – Kriminalistik 1968, S. 452 f.

Mit den Ermittlungen kommt man hier außer durch Überwachen gefährdeter Örtlichkeiten am ehesten noch durch Fahndung nach etwaigen Absatzmöglichkeiten voran.

d) Diebstähle von Transportgütern

Die Diebstähle von Transportgütern, z. Zt. der bespannten Rollwagen Kollidiebstähle genannt, haben eine lange Geschichte und deshalb die Polizei immer wieder beschäftigt. Hierher gehören beispielsweise auch die oben (§ 23-B-I-A-3-d) erwähnten Autospringer, welche allerdings gewöhnlich Einbruchspraktiken benutzen. Überhaupt werden Diebstähle aus Kraftfahrzeugen nicht selten mit Praktiken des schweren Diebstahls begangen, weshalb sie hier zusammenfassend behandelt werden sollen.

Königsmark, Karl: Eigenartige Fälle von Kraftfahrzeug-Aufbrüchen – Kriminalistik 1961, S. 389 ff.; *Bartmann,* Willi: Seriendiebstähle und Täterspezialisierung – Kriminalistik 1962, S. 525 ff.; *Müller,* Heinz: Eisenbahntransport-Diebstähle – Kriminalistik 1965, S. 631 ff.; *Meixner* II-43 ff.; *Rodel,* Max/

Holliger, Hans/*Juon,* Adolf/*Moser,* Albert: Einbruchdiebstähle in Bijouterien und Diebstähle aus stationierten Autos – Kriminalistik 1968, S. 83 ff.; 133 ff.

Bei allen Transportdiebstählen, insb. solchen mit Einbruchspraktiken ist zunächst einmal Tatortarbeit wichtig. Denn Tatspuren sind für die Arbeitsweise wichtig und können u. U. auf den Täter oder einen Täterkreis hinweisen; sie sind insoweit für die Fahndung bedeutsam.
Vor allem aber werden diese Spuren dann wichtig, wenn ein Verdächtiger gestellt worden ist, bei welchem sich u. U. auch Diebesbeute findet. Ansonsten ist man auf Überwachungsmaßnahmen bei gefährdeten Transporten angewiesen.

Selbst Diebstähle von fahrenden Eisenbahnzügen, welche zum Gütertransport benutzt werden, konnten auf diese Weise geklärt werden. Nachdem man als, was Ort und Zeit anlangte, eine für derartige Taten günstige Fahrstrecke zwischen Obervellmar und Kassel ermittelt und dort am Bahnkörper Reste von Verpackungsmaterial gefunden hatte, wurde Ermittlungs- und Begleitpersonal eingesetzt, das einen der Täter festnehmen und den zur Tat benutzten Lastwagen sicherstellen konnte (vgl. *Bauer* in GrKrim Bd. 5, S. 350 f. (1970)).

e) Garten-, Feld- und Forstdiebstahl

Garten-, Feld- und Forstdiebstahl sind typischerweise Taten von begrenztem Ausmaß, primitiver Tatausführung und geringer Intensität; wenngleich es Ausnahmefälle – z. B. umfangreiche Holzdiebstähle – geben kann. Die Tatortsituation ist in der Regel unergiebig, was Sachspuren anlangt und deutet nur seltener auf einen Täter hin.

In Notzeiten, wie sie in Deutschland nach den Weltkriegen herrschten, können diese Diebstähle jedoch ein erhebliches Ausmaß annehmen. Es werden dann derartige Taten u. U. auch geradezu organisiert und somit in großem Stil begangen.

Lang, Theo: Holzdiebstähle mittels LKW – Kriminalistik 1953, S. 66 ff.

Bedenklichere, aber ähnlich schwierig zu ermittelnde Straftaten sind die auch in normalen Zeiten vorkommenden Viehdiebstähle von der Weide.

Ein in Schulden geratener Schlachtermeister führte im Winter 1960/61 zusammen mit seiner Frau, seinem 17jährigen Lehrling und dessen Bruder in Schleswig-Holstein Viehdiebstähle von Weiden durch, die an bestimmten Bundesstraßen lagen; wegen der Jahreszeit ging es um Schafe. Auf 13 Fahrten erbeuteten sie 61 Schafe, die alsbald in dem Kofferraum und dem dafür freigemachten Fond des Mercedes lebend verfrachtet und erst zu Hause geschlachtet wurden, um ein Ausbluten zu verhindern. – Die Viehdiebe konnten im Zuge der unter Mithilfe der betroffenen Landwirte an der B 404 auf einer Weide, die sie bereits frequentiert hatten, gestellt werden.

f) Taschendiebstahl

Taschendiebstähle, die gewöhnlich serienmäßig begangen werden, lassen sich in der Regel nur sehr schwer aufklären.

Besekow: Bekämpfung des Taschendiebstahls – in: TbKrim Bd. IV, S. 77 ff. (1954); *Sprung,* Ernst: Wie man Taschendiebe fängt – Kriminalistik 1958, S. 219 ff.; *Buchner,* August: Taschendiebstähle und ihre Bekämpfung – Kriminalistik 1961, S. 499 ff.; *Harnisch,* Gerhard: Taschendiebe – BKA 1962/2 – insb. S. 134 ff.; *Wendl,* Peter: Überführung einer Taschendiebin – Kriminalistik 1971, S. 139 f.

Wird der Täter nicht – aus Zufall oder infolge von Observation – auf frischer Tat gefaßt, fehlen im allgemeinen für die Personenbeschreibung brauchbare Angaben. Oft weiß man als

Beamter nicht einmal sicher, ob es sich um eine Diebstahls- oder Verlustanzeige handelt. Deshalb muß bei der Anzeigeaufnahme besonders systematisch und gründlich gefragt werden.

Außer auf möglichst exakte Feststellungen von Tatort und Tatzeit kommt es auf die Begleitumstände an. Besondere Zwischenfälle oder Verhaltensweisen wie Hilfsbereitschaft, Ansprechen oder Belästigen können auf Ablenkungsmanöver hinweisen und insoweit sogar charakteristisch sein. Andere Fragen wie solche nach Aufbewahrung oder Art des Tragens der verschwundenen Sache können u. U. für die Verbrechenstechnik aufschlußreich sein. Auch die Ausführungsart bietet als solche regelmäßig keinerlei Anhaltspunkte, wenn nicht ausnahmsweise Rasierklingen bzw. -messer oder dergl. verwendet worden sind.

An diese Modalitäten der Tatausführung muß daher die Fahndung nach Taschendieben anknüpfen. Sie sollte sich in Form der Observation auf Warenhäuser, Märkte, Straßen- und S-Bahnen und auf diejenigen Stunden konzentrieren, in den vermutlich häufig Taschendiebstähle begangen werden. Zweckmäßig sind dabei im Interesse der Aufgabenteilung zwei Beamte – u. U. zur besseren Tarnung dieser Aktivität eine weibliche Beamtin – einzusetzen, weil der Taschendieb ebenfalls u. U. zu zweit arbeitet oder er doch jedenfalls seine Umgebung scharf beobachtet; er kann aus diesem Grunde bei einem einzigen Verfolger leicht mißtrauisch werden. Selbstverständlich müssen sich die observierenden Beamten in Kleidung und Verhalten der jeweiligen Umgebung anpassen.

Obwohl nur fünf Anzeigen eingegangen waren, erweckte eine große Zahl leerer Geldbörsen im Fundbüro beim bearbeitenden Kriminalbeamten den Verdacht von Taschendiebstahl. Über das Fundbüro wurden nunmehr weitere Geschädigte ermittelt; mit Hilfe ihrer Aussagen konnten der Wochenmarkt und ein Kaufhaus als mutmaßliche Tatorte ausgemacht werden. Bei Observation dieser Örtlichkeiten wurde schließlich eine 45jährige Taschendiebin auf frischer Tat gefaßt.

Der Taschendieb ist, sofern er nicht als solcher bekannt ist, am ehesten an seinen suchenden und sichernden Augen zu erkennen. Erst wenn er Anstalten macht, mit der Tatausführung zu beginnen, schließt der observierende Beamte näher auf, um besser zu beobachten und Pannen (wie schnelles Verschwindenlassen der Beute) verhindern zu können.

Eine ertappte Taschendiebin identifizierte an Hand ihr vorgelegter Fotos eine angeblich in den gleichen Kaufhäusern besonders geschickt tätige „Berufskollegin“. Die Observation der nunmehr bekannten Frau ergab, daß sie in einem Kaufhaus in 50 Minuten sechs Geldbörsen und zwei Brieftaschen erbeutete. Von dem Beamten gestellt ergab sich, daß in diesem Falle offenbar sexuelle Motive für die Taten der wirtschaftlich gutsituierten 35jährigen Ehefrau ausschlaggebend gewesen sein dürften.

Die Festnahme eines Taschendiebes auf frischer Tat bringt dem Beamten nicht nur ein Erfolgserlebnis, sondern gewährleistet vor allem eine einwandfreie und sichere Überführung. Allerdings ist Behutsamkeit am Platze, damit der Erfolg für die Fahndung nicht in letzter Minute verspielt wird. Auch hier ist der Einsatz von zwei Beamten sehr zweckmäßig. Denn der „Zieher“ gibt die Beute oft sogleich an den „Schlepper“ weiter, während der allein arbeitende Taschendieb nach der Tat möglichst schnell das Weite sucht, um sich ggf. schon dabei verräterischer Dinge zu entledigen. Wichtig ist es also bei der Festnahme, den Taschendieb zu hindern, die Beute wegzuwerfen oder einer anderen Person in die Tasche zu praktizieren.

Widerstand wird in diesen Fällen nur ausnahmsweise geleistet; immerhin hat der russische Taschendieb Wasilenko es versucht, dem festnehmenden Beamten Pfeffer in die Augen zu schleudern.

Werden zwei Taschendiebe festgenommen, so sollte man sie sofort trennen; auf jeden Fall aber sind ertappte Taschendiebe sogleich zu durchsuchen.
Eher noch schwieriger gestalten sich die Ermittlungen in Fällen der sogen. Fledderei, in denen der Täter Angetrunkenen oder sonst nicht Aktionsfähigen – möglicherweise sogar unter dem Vorwand, Hilfe zu leisten – etwas aus der Kleidung entwendet. Zudem sind von einem solchen Opfer kaum brauchbare Angaben zu erwarten.

II. Raub

Bei Verdacht eines Raubes ist zu beachten, daß es hier weniger um ein Vermögensdelikt als mehr um ein Gewaltdelikt geht, welches mit brachialem Zwang gegen die Person Leib und Leben von Menschen gefährdet oder verletzt. Zudem werden Raubüberfälle – anders als Diebstähle – ganz überwiegend in der Öffentlichkeit begangen, stören sie also die innere Sicherheit besonders nachhaltig.

Diebstahl, Einbruch und Raub – hrsg. v. Bundeskriminalamt – Wiesbaden 1958; *Meixner* II-53 ff.; *Bauer,* Günther: Probleme der Sachverhaltserforschung bei Raubüberfällen – Kriminalistik 1966, S. 94 ff.; *Eigenbrodt,* Otto: Moderne Erscheinungsformen des Raubes und ihre Bekämpfung – Die Polizei 1966, S. 326 ff.; *Bauer,* Günther: Raub und Räuber – GrKrim Bd. 6 (1970) – insb. S. 280 ff.; *Bauer* 1-127 ff.; *Müller-Engelmann,* Kurt Peter: Der Raub. Zur Kriminologie und strafrechtlichen Regelung dieser Deliktstypen unter besonderer Berücksichtigung der Geschichte und der Kriminalistik – Diss. Frankfurt a. M. – München 1973 – insb. S. 177 ff.

Da der Raubüberfall in aller Regel unerwartet und überraschend erfolgt, kommt es für die **Ermittlungen** darauf an, wie schnell und wie genau die Strafverfolgungsorgane über das Tatgeschehen unterrichtet werden. Denn je mehr Zeit bis zur Anzeige verstreicht, desto größer ist der Vorsprung des Tatverdächtigen.
Schon bei der Anzeigenaufnahme sollte man daher auf eine brauchbare, möglichst genaue Schilderung des Tatgeschehens – insb. auch eine exakte Personenbeschreibung – Wert legen, um die Fahndung schnell und gezielt anlaufen zu lassen. Dasselbe gilt für vom Räuber bei der Tat benutzte Kraftfahrzeuge, wenngleich u. U. mit baldigem Wechsel der Fahrzeuge gerechnet werden muß.
Allerdings ist zu beachten, daß Raubanzeigen nicht gar so selten falsch sind, weil es sich um Körperverletzungen, Diebstahl oder Deliktsvortäuschung handeln kann.

Wegen der Anhaltspunkte für einen vorgetäuschten Raubüberfall sei daher auf das bei der Deliktsvortäuschung (§ 23-D-III-C) Ausgeführte verwiesen (vgl. auch *Müller-Engelmann* aaO. S. 177 ff.).

Obwohl sich bei Raubüberfällen, in denen es nicht bei der Drohung geblieben ist, sondern Gewalt angewendet wurde, diese regelmäßig gegen Personen geübt wird, sollte außer der hier angezeigten gerichtsmedizinischen und sonstigen Untersuchung des Opfers eine gründliche **Tatortarbeit** keinesfalls unterbleiben; dies gilt insb. auch für im Freien begangene Raubtaten. – Selbst in Fällen, in denen der Räuber lediglich bedroht hat, können die Verhältnisse am Tatort für die Fahndung wichtige Anhaltspunkte liefern. Überdies finden sich sogar bei solchen Verbrechenstechniken häufiger Tatspuren (Fingerabdrücke, Fußspuren, Schmutz- und andere Materialspuren), mit denen bei gewaltsamer Tatausführung ohnehin zu rechnen ist.

Außer an Verletzungen und Werkzeugspuren ist ferner an Materialspuren wie Blut und Haare zu denken, die sich – wie insb. bei Abwehr des Opfers – außer am Tatort bzw. Opfer auch am Tatverdächtigen und in seinem Bereich finden können. Beim Raub kommt daher Spurensuche und -sicherung besonderes Gewicht zu.
Die Tatortarbeit ist ferner dann wichtig, wenn im Zusammenhang mit dem Raubüberfall andere Straftaten – z. B. Notzucht, Sachbeschädigung, Brandstiftung – begangen werden, weshalb auch auf solche Spuren zu achten ist.

Selbstverständlich sind etwaige Verletzungen des Opfers von einem Gerichtsmediziner zu untersuchen, um nach Möglichkeit Aufschluß über das verursachende Tatwerkzeug und die Art der Gewaltanwendung zu erhalten.
Parallel zur Tatortarbeit ist zweckmäßig sogleich mit anderen Ermittlungsmaßnahmen wie Vernehmungen des Opfers und anderer Zeugen zu beginnen. Diese sollten möglichst schnell erfolgen, um weitere Anhaltspunkte zu erhalten. Das ist bei den von der Tat Betroffenen und wegen der Schnelligkeit der Ereignisse nicht immer leicht. Im allgemeinen sind zudem die Aussagen Unbeteiligter ergiebiger.

Außer um Angaben zur Personenbeschreibung dreht es sich hier um Fluchtwagen und -weg. Doch bleiben auch hier bei der besonders wichtigen Personenbeschreibung Schwierigkeiten. Ähnliches gilt für Besonderheiten von Sprache und Redeweise. – Schließlich sind weitere Zeugen ggf. durch Einschaltung der Öffentlichkeit, ausfindig zu machen. Es ist erstaunlich, wie oft man auf diese Weise gerade von Gewerbetreibenden brauchbare Hinweise auf die Täter erhält. Dies gilt insb. für auffälliges Verhalten der Räuber nach der Tat.

Im übrigen aber ist – wie angedeutet – bei Raubüberfällen, zumindest sobald sie bekannt werden, besonderer Wert auf schnelle **Fahndungsmaßnahmen** zu legen. Dabei ist zu bedenken, daß der bzw. die Täter sich u. U. nicht mehr am Tatort befinden, weshalb mögliche Fluchtwege abgeschnitten werden sollten, was auf Maßnahmen wie eine Alarm- oder Großfahndung hinauslaufen kann. Die Zahl der für Tatortarbeit und zum Ermitteln von Zeugen bereitzustellenden Kräfte kann in solchen Fällen vergleichsweise klein sein. Die Personenfahndung kann gerade nach einem Raubüberfall des öfteren unmittelbar erfolgen, selbst wenn der Täter nicht auf frischer Tat verfolgt worden ist. Wichtiger als der Spurenhund sind hier aber gewöhnlich Kraftwagen oder Hubschrauber der Polizei, sofern die Fluchtrichtung erkennbar ist. Im übrigen erfolgen Innen- und Außenfahndung nach den üblichen Grundsätzen.

Im Februar 1969 ging um 11.56 Uhr bei der zuständigen Polizeistation die Meldung ein, daß ein mit einem Damenstrumpf maskierter Täter im Lohnbüro einer Fabrik mit vorgehaltener Pistole Lohngelder in Höhe von DM 8000 geraubt hätte und mit einem Personenwagen geflohen sei; Fabrikat und Kennzeichen des Wagens waren bekannt. Auf die um 11.58 Uhr ausgelöste Alarmfahndung hin wurde der Wagen um 12.23 Uhr auf einer Bundesstraße gesichtet und über Funk der nächste Sperrposten informiert, der um 12.24 Uhr den Räuber und seine Mittäter festnehmen konnte.
Ein Täter, der in einem niedersächsischen Dorf eine Darlehenskasse ausgeraubt hatte, floh zu Fuß in ein nahes Waldgelände, wo seine Frau ihn im Personenwagen erwartete. Da dieser jedoch von einem sofort eingesetzten Hubschrauber ausgemacht wurde, konnten mit Funk dirigierte Polizeiwagen dem Räuberpaar den Fluchtweg abschneiden.

Kann man einen Tatverdächtigen stellen, so muß der Kriminalbeamte damit rechnen, daß Räuber oft bewaffnet und entschlossen sind, ihre Freiheit mit allen Mitteln zu verteidigen. Der Ort der Festnahme und das Vorgehen sollen, soweit die Umstände das gestatten, wohlüberlegt sein und diesen Gefahren Rechnung tragen.

Daß der Festgenommene sofort entsprechend zu sichern und sogleich gründlich auf Waffen und Spuren zu untersuchen ist, versteht sich von selbst.

Gerade bei Raubüberfällen, die schnell durchgeführt werden, kann es schwierig sein, den Täter zu identifizieren und zu überführen. Nicht nur bei möglicher Maskierung, sondern auch infolge schnellen Ablaufs der Ereignisse und wegen des Schreckens bei Opfer und Zeugen können Wahrnehmung und damit Angaben zur Personenbeschreibung lückenhaft oder falsch ausfallen. Obwohl es daher oft nicht weiter führt, wenn man Aussagepersonen die Lichtbilder möglicher Tatverdächtiger vorlegt, kann man darauf ebensowenig verzichten wie auf etwaige Rekonstruktionen. – Allerdings sollte man die genannten Fehlerquellen im Auge behalten; und selbst dergleichen ausschließende Aussagen sollte man nicht als absolut sicher werten. – Konzentriert sich der Tatverdacht jedoch auf einne bestimmte Person, so ist eine Gegenüberstellung – möglichst in Form der Wahlkonfrontation – zu erwägen, bei welcher allerdings die üblichen Vorsichtsmaßregeln und die typische Unsicherheit der Wahrnehmungen beachtet werden sollten.

Hat man einen Tatverdächtigen festgenommen oder ermittelt, so ist nicht nur – wie gesagt – er selbst, sondern auch seine Wohnung gründlich zu durchsuchen, um eventuelle Beute, aber auch Waffen, Masken und andere Tatmittel sicherzustellen; dabei dürfen etwaige Transportmittel nicht übersehen werden.

Bevor wir näher auf Probleme der Aufklärung bei den einzelnen Formen des Raubes eingehen, sei kurz noch einiges zur **Prävention** gesagt. Obgleich diese Thematik selbstverständlich auch umfassend behandelt wird, befaßt man sich wegen der recht unterschiedlichen Gegebenheiten in technischer und organisatorischer Hinsicht doch häufiger mit bestimmten Komplexen.

Ehrlich, Camillo: Raubüberfälle. Maßnahmen zu ihrer Bekämpfung – Kriminalistik 1959, S. 8 ff.; *Roll,* Winfried: Crime Prevention gegen Einbruch und Raub – groß geschrieben – Die Neue Polizei 1965, S. 247 ff.; *Bauer,* Günther: Raub und Räuber. Ein kriminalistischer und kriminologischer Beitrag zur Bekämpfung und Verhütung der Raubkriminalität – GrKrim Bd. 6 (1970) – insb. S. 365 ff.; *Raab,* J.: Aus der Beratungspraxis für die Eigensicherung gegen Raub und Einbruch – Die Polizei 1975, S. 25 ff., 86 ff.

Die Zunahme der Raubüberfälle – insb. auf Banken und Kassen – hat in den letzten Jahren bzw. Jahrzehnten bewirkt, daß hier Sicherungen erarbeitet und z. T. vorgeschrieben worden sind, die häufig zugleich Schutz gegen Einbruch gewähren.

Reinhard, Willy: Verhütung von Geldschrankeinbrüchen und Raubüberfällen auf Geldinstitute – Kriminalistik 1953, S. 60 ff.; *Bruckmeier,* Anton: Schutzmaßnahmen gegen Raubüberfälle in Geldinstituten – Kriminalistik 1964, S. 301 ff.; *Jahnke,* Willi: Tresoranlagen und Panzerschränke – Kriminalistik 1965, S. 412 ff.; *Bellemin-Noël,* Jean: Le banditisme et la sécurité dans les banquos en France – Rev. int. d. crim. et d. police techn. 1976, S. 375 ff. (= Rev. int. de police crim. 1977, S. 134 ff.).

Diese Sicherungen betreffen z. T. die Baulichkeiten und die Ausstattung; dabei geht es u. a. um Tresore und Stahlschränke, bei denen man auch mit Zeitschlössern oder Schaltuhren arbeiten kann. Besondere Aufmerksamkeit hat man bei Banken und Kassen dem Schutz des Kassierers gewidmet. Selbstverständlich werden auch hier laute und stille Alarmanlagen (z. B. Polizeinotruf) in das Sicherheitskonzept einbezogen. Mehr organisatorischer Natur sind dagegen Verhaltensregeln für das Personal während eines Überfalls und nach demselben.

Ein anderes Sicherheitsproblem für Raubüberfälle stellen Geldtransporte dar. Aus diesem

Grunde hat man sowohl für Bau und Ausstattung der Transportfahrzeuge als auch für besondere Transportbehälter (Geldcontainer) gewisse Regeln entwickelt, die ein möglichst hohes Maß von Sicherheit für Geld und Personal bieten, sofern dieses die übrigen vorgeschriebenen oder empfohlenen Verhaltensregeln befolgt.

Kuhn, H.: Geldtransporte unter TV-Bewachung: Tresoranlagen der Zukunft? – Kriminalistik 1966, S.183 ff.; *Raab,* Josef: Moderner Geldtransporter in Köln entwickelt – Kriminalistik 1969, S. 213 f.

Bei Wohnungen und Geschäften lohnt der große Aufwand, den eine wirksame Sicherung gegen Raub erfordern würde, in aller Regel nicht. Ausnahmen bilden jedoch beispielsweis Juweliergeschäfte oder größere Handelsunternehmen, die zumindest zeitweise über erhebliche Mengen an Bargeld verfügen. Hier greift man üblicherweise zu partiellen Sicherungen, die z. T. bereits mit dem Transport des Geldes oder mit der Verwahrung desselben (Geldschrank, Tresor, Kassenraum) zusammhängen, weshalb insoweit auf das oben Gesagte verwiesen werden darf.
Wenig Erfolg haben in den meisten Ländern bisher Sicherungen gegen Raubüberfälle auf Taxifahrer gehabt, obwohl sich hier mit der Trennwand und bestimmten Verhaltensweisen der Fahrer durchaus ein gewisser Schutz erreichen ließe; man kann übrigens auch in diesem Bereich mit Alarmanlagen arbeiten.

Müller, E.: Gegen Taxiüberfälle kann man sich schützen – Kriminalistik 1962, S. 56 ff.

Derartige Bestrebungen scheitern außer an Unternehmern, welche die damit verbundenen Kosten scheuen, auch an dem Widerstand von Taxifahrern, die Unbequemlichkeiten befürchten, weshalb man auch bei Ihnen nur begrenzt auf Kooperation bei Maßnahmen zu ihrem Schutz rechnen kann.

Gegen Raubüberfälle auf Kassenboten oder Handtaschenraub gibt es bisher nur begrenzt wirksame technische Sicherungen. Meistens kommt es daher mehr auf organisatorische Maßnahmen und das Verhalten der Betreffenden an; das aber läßt sich nur bei Kassenboten und erfahrungsgemäß selbst dort lediglich in begrenztem Umfang erreichen.

1. Raubüberfälle in Gebäuden

Bei Raubüberfällen in Gebäuden sieht die Tatortsicherung und damit die Tatortarbeit anders als bei im Freien begangenen Taten aus; auch sonst ergeben sich in diesen Ermittlungssachen kriminaltaktisch einige Besonderheiten.

a) Bankraub

Recht gründlich hat man sich in den letzten Jahren außer mit präventiven Maßnahmen auch mit dem Vorgehen bei der Aufklärung von Bankraub befaßt. Zudem ist im Gegensatz zu früher durch vermehrt benutzte Sicherungen die Ausgangslage für die Strafverfolgungsorgane des öfteren etwas günstiger.

Alisch, Richard: Schnelle Aufklärung eines Raubüberfalles auf eine Sparkasse – Kriminalistik 1952, S. 206 ff.; *Kinas,* Willi/*Strickstrock:* Bankräuber durch Fotomontage ermittelt – Kriminalistik 1964, S. 404 ff.; *Witkowski,* Willi: Raubüberfälle auf Einmann-Sparkassen – Kriminalistik 1964, S. 505 ff.; *Rather,* Fritz/*Gerkens,* Ernst/*Hoppe,* Karl Heinz: Bankräuber und Komplizenmörder – Kriminalistik 1965, S. 472 ff.; *Terpitz,* Werner: Raubüberfälle auf Kreditinstitute unter besonderer Berücksichtigung der Überfälle auf Sparkassen – Merkblatt NF 38 hrsg. v. Dtsch. Sparkassen- u. Giroverband – Bonn (1966); *Gundolf,* Hubert: Überfälle auf Raiffeisenkassen in Tirol – Kriminalistik 1967, S. 198 ff.;

Rother, Hermann/*Schröder,* Günter: Polizeihubschrauber bei Überfällen auf Geldinstitute – Kriminalistik 1968, S. 18 ff.; *Gehrig,* Franz: Fahndung nach Bankräubern – Kriminalistik 1969, S. 113 ff.; *Wachtendorf,* Ewald/*Bringel,* Heinz: Zwei ehemalige Offiziere als Bankräuber. 2,5 cm Tesafilm brachten über 13 Jahre – Kriminalistik 1974, S. 161 ff.; *Schillinger,* Willy: Die Fahndung nach Bankräubern und Einbrechern in ländlichen Gebieten – in: GrKrim Bd. 5, S. 241 ff. (1970); *Heyn,* Walter: Der Fall Gisela Werler (Banklady) – Kriminalistik 1970, S. 6 ff.; *Raith,* Herbert: Ein Bankraub mit Geiselnahme. Ein Beitrag zum Thema „Fehler mit Ermittlungsverfahren" – Kriminalistik 1977, S. 215 ff.

Der Bankraub wird durchweg von mindestens zwei oder mehr Tätern durchgeführt, die dabei üblicherweise Schußwaffen mit sich führen und ein Kraftfahrzeug (gestohlen oder Leihwagen) benutzen.
Nur ausnahmsweise kann eine Fahndung, etwa durch Alarm vom Opfer ausgelöst, schon während der Tatausführung anlaufen, wobei unter günstigen Umständen die Räuber bei der Tat überrascht (Unauffälliges Vorgehen! Gefahr der Geiselnahme!) oder sogleich verfolgt werden können.

So war es 1961 bei einem eher hierher als zum Ladenraub zu zählenden Überfall auf ein renommiertes Juweliergeschäft auf der Düsseldorfer Königsallee. Auf den von einer Angestellten während der Tat (Beute: über 4000000 DM) ausgelösten Alarm wurden von einer Funk-Zentrale nicht nur die Polizeiwagen, von denen einer etwa eine Minute, nachdem die Räuber den Tatort verlassen hatten, die Verfolgung aufnahm, sondern auch einer zuvor getroffenen Absprache gemäß die Funk-Taxen zur Mitfahndung aufgefordert. So konnte mit Hilfe eines Taxifahrers, der den Tatwagen in der Innenstadt (etwa1,5 km vom Tatort entfernt) ausmachte, die Spur aufgenommen werden. In einem Haus, das die Täter vor dem Wechsel des Kraftwagens aufsuchten, konnten sie gestellt werden.

Da die Gegenmaßnahmen mithin nur selten während der durchweg nur kurze Zeit beanspruchenden Tatausführung anlaufen, müssen Tatortsicherung und -besichtigung gewöhnlich parallel mit der Fahndung nach den flüchtigen Tätern erfolgen, welche dann bereits einen mehr oder weniger großen Vorsprung haben. Deshalb und wegen der örtlichen Verhältnisse kann es für eine Alarmfahndung des öfteren schon zu spät sein. Die Fahndung muß sich daher häufig auf das in aller Regel alsbald entdeckte Tatfahrzeug konzentrieren, welches die Täter aber meistens schnell gegen den eigentlichen Fluchtwagen austauschen. Da dieser Vorgang jedoch nur selten beobachtet wird, hat man gewöhnlich zunächst keine Anhaltspunkte für dieses eigentliche Fluchtfahrzeug.
Beträchtliche Unterschiede ergeben sich bei der Fahndung ferner in ländlichen Gebieten und im Stadtgebiet. Es gibt zudem nicht nur Mischformen gerade von Bankraub und Geiselnahme, sondern eine zunächst als Raub geplante Tat kann wegen schnellen Eingreifens der Polizei oder aus anderen Gründen zur Geiselnahme werden, wenn die Täter Fluchtgeiseln nehmen. Dann ist nach den beim Menschenraub dargelegten Grundsätzen zu verfahren (§ 23-A-VI-2-b).

b) Kassenraub

Kriminaltaktisch ist die Ausgangslage bei einem Kassenraub oft dieselbe wie beim Bankraub oder doch eine ähnliche. Da Sparkassen und ähnliche Geldinstitute bereits beim Bankraub (a) berücksichtigt worden sind, handelt es sich hier vor allem um Überfälle auf öffentliche Kassen (z. B. der Städte, Post, Bahn). Kriminaltaktisch aber gelten im wesentlichen die oben dargelegten Grundsätze.

Heitmann, Heinz: Das Risiko des Kassenräubers – Kriminalistik 1957, S. 209 ff.; *Mistlberger,* Karl: Der

Linzer Postraub – Kriminalistik 1966, S. 595 ff.; *Kost,* Robert: Schwerer Raubüberfall – trotz guter Anhaltspunkte, langwierig in der Aufdeckung – Kriminalistik 1973, S. 467 ff., 515 f.

Auch nach einem Kassenraub bereitet die Identifizierung der Täter ebenso wie eine brauchbare Personenbeschreibung oft große Schwierigkeiten. Bald noch wichtiger als die hier ebenfalls erforderliche sorgfältige kriminaltechnische Auswertung aller Spuren sind daher Fragen der Personenfahndung und später dann geschickt durchgeführte Vernehmungen, bei welchen das gesamte verfügbare Beweismaterial umsichtig genutzt werden muß.

c) Ladenraub

Der Ladenraub, welcher auch von Einzeltätern begangen werden kann, wird meistens erst gewisse oder geraume Zeit nach der Tat bekannt. Sofern man dann keine brauchbaren Aussagen von Opfern oder Zeugen erlangt, die hier seltener sind, ist die Ausgangslage der Ermittlungen oft sehr ungünstig. Allerdings kann die bei diesen Tätern typische Gewaltanwendung Spuren zeitigen, die entweder zum Täter führen oder durch seine spätere Überführung ermöglichen.

Brüschweiler, Walter: Nach Mordversuch und Raub: Der Beweiswert einer Krepp-Naturkautschuk-Sohle – Kriminalistik 1976, S. 169 ff.

Die Lage ist selbst dann, wenn das Opfer Aussagen machen kann, verhältnismäßig ungünstig, weil die Angaben wegen Maskierung des Täters, schnellen Ablaufs der Tat oder infolge von Verletzung der Betroffenen wenig ergiebig zu sein pflegen. An- und Abmarsch (bzw. -fahrt) der Täter sind wegen des geringen Aufwands weniger auffällig als in Fällen des Bankraubs. Eher können in diesen Fällen besondere Kenntnisse den Täter oder die Täter (seltener) verraten.

Erst wenn man des Tatverdächtigen habhaft geworden ist, können neben einer Gegenüberstellung vor allem die am Opfer bzw. Tatort gesicherten Spuren weiterhelfen, denen bei den Vernehmungen erhebliches Gewicht zukommt.

d) Wohnungsraub

Während der Wohnungsraub in normalen Zeiten sehr selten ist, am ehesten noch im „Milieu“ oder im Zusammenhang mit Homosexualität vorkommt, können in Zeiten ungeordneter staatlicher Verhältnisse Überfälle auf Wohnungen, Häuser und Gehöfte, die dann oft sogar von Banden begangen werden, ein erhebliches Ausmaß annehmen. Das aber bedeutet, daß ähnliche Entwicklungen auch in Ländern und Städten zu befürchten sind, in denen man die öffentliche Sicherheit nicht mehr in hinreichendem Ausmaß gewährleisten vermag.

Jelinek, Franz: Raubüberfall nach Mittag – Kriminalistik 1971, S. 103 ff.

Es versteht sich, daß gegen solche Formen der Raubkriminalität gerichtete repressive und präventive Maßnahmen ganz anders aussehen als in sonstigen Fällen. Allerdings hapert es hier mit der Prävention ziemlich; denn am ehesten hilft hier ein vorsichtiges Verhalten beim Einlaß unbekannter Personen. Aus eben diesem Grunde greifen Wohnungsräuber daher oft zu Tricks.

Was die Ermittlungen nach einem Wohnungsraub anlangt, ist die kriminaltaktische Situation hier noch ungünstiger als beim Ladenraub. Bekommt man vom Opfer oder seinem Nachbarn keine brauchbare Personenbeschreibung, so ist man zunächst vielfach allein darauf angewiesen, im Bekanntenkreis des Opfers oder bei Personen mit für die Tat wichtigen Kenntnissen nach einem Verdächtigen zu fahnden. Natürlich sollte bei allem die Tatortarbeit nicht vernachlässigt werden, die sich durch stichhaltige Beweise zumindest später als für die Überführung des Räubers nützlich zu erweisen vermag.

2. Raubüberfälle im Freien

Bei im Freien begangenen Raubüberfällen ist die Ausgangslage meistens aus verständlichen Gründen noch schwieriger als bei in Gebäuden begangenen Raubtaten, weil hier ein lokaler Bezugspunkt fehlt. Trotz der Öffentlichkeit werden solche Überfälle nur relativ selten unter den Augen Dritter ausgeführt, weshalb Zeugenaussagen anderer Personen vergleichsweise selten sind.

a) Handtaschenraub

Der Handtaschenraub, auf den ein großer Teil aller Raubtaten entfällt, kommt der Polizei in aller Regel erst spät durch eine Anzeige des Opfers zur Kenntnis. Abgesehen von den gerade hier überdies häufig falschen Anzeigen (vgl. § 23-D-III-C) ist die Ausgangslage infolgedessen in den meisten Fällen dieser Art ausgesprochen ungünstig.
Da sich am Tatort und am Opfer häufiger keine oder kaum brauchbare Spuren finden, ist man zunächst im wesentlichen auf die Angaben des Überfallenen oder zufälliger Zeugen angewiesen. Diese Angaben aber sind wegen der überraschenden und schnellen Tatausführung und infolge typischerweise für die Wahrnehmung ungünstiger Umstände (Dunkelheit, Maskierung) meistens ziemlich unergiebig.

Mitschke, Peter: Kriminologie im Alltag. Schnelle Klärung eines Raubüberfalles auf der Grundlage der Täter/Opfer-Beziehung – der kriminalist 1971, S. 26 f.; *Jelinek,* Franz: Ein netter Nachbar – Kriminalistik 1971, S. 271 f.

Nur in besonderen Fällen kann eine Observation zum Erfolg führen. So war ein Täter, der wiederholt in einem bestimmten Park Liebespaare beraubt hatte, überrascht, das nicht nur das Liebespaar von der Kriminalpolizei stammte, sondern ihm gleich zwei auf einem Baum postierte Beamte vor die Füße sprangen (vgl. *Bauer* in GrKrim Bd. 5, S. 346 (1970).

Doch sollte man auch bei Skepsis an der Richtigkeit niemals eine Tatortarbeit unterlassen. Sie kann nicht nur Anhaltspunkte oder später für Beweiszwecke zu nutzende Spuren liefern, sondern ist auch bei der Überprüfung von Aussagen wichtig.

Im übrigen haben wir gesehen (§18-II-2, 3), daß selbst das Fehlen von Spuren in Fällen, wo solche zu erwarten sind, oder das Feststellen irreführender Spuren wesentlich dazu beitragen kann, den wahren Sachverhalt aufzuklären. Man erspart sich damit zumindest unnötige Arbeit.

b) Milieubestimmte Raubüberfälle

Die Situation bei milieubestimmten Raubüberfällen ähnelt in vielen Punkten der des Handtaschenraubes. Allerdings können sich die besonderen Verhältnisse im Milieu sowohl hinderlich als auch förderlich für die Ermittlungen auswirken.

Merz, Ernst: Raubüberfälle im „Milieu" – Kriminalistik 1962, S. 25 ff.

Beim **Zech-, insb. Zechanschlußraub,** liegen außer Verletzungen allerdings gewöhnlich nur unergiebige Angaben des Opfers und eventuell seiner Freunde bzw. des Wirtes und anderer Gäste vor.

Ullrich, Johannes: Zwei Fälle von Zechanschlußraub – Kriminalistik 1971, S. 514 ff.

Den alkoholisierten Zustand des Opfers haben sich Räuber auch schon dadurch zunutze gemacht, daß sie den Überfall als einen Verkehrsunfall erscheinen lassen.

So wären in Bochum zwei Brüder, die einen Mann auf der Straße so zusammengeschlagen hatten, daß er einen Schädelbasisbruch erlitt, und ihn dann ausgeraubt hatten, bald der Strafe entgangen; denn sie selbst hatten als „Zeugen" die Polizei über einen zufällig vorbeikommenden Motorradfahrer von dem „Verkehrsunfall" unterrichtet, von dem sie sonst nichts zu wissen vorgaben. Im Zuge der Ermittlungen wegen anderer schwerer Straftaten – u. a. weiterer fünf schwerer Raubüberfälle – konnte ihnen aber auch dieses Verbrechen nachgewiesen werden, obwohl die Akten zunächst als ungeklärte Verkehrsunfallsache an die Staatsanwaltschaft abgegeben waren. Dabei fehlten nicht nur am Tatort typische Unfallspuren, sondern waren die Verletzungen auch nicht für ein solches Ereignis typisch; umso mehr hätte man sogleich sein Augenmerk auf die angeblich hilfsbereiten Zeugen richten sollen.

Beim **Beischlafraub** kann jedenfalls dann, wenn eine Prostituierte das Opfer war, u. U. bei ihr und anderen Personen des Milieus auf Kooperation gerechnet werden, was aber meistens professionelle Betätigung der Dirne voraussetzt.

Jelinek, Franz: Eine merkwürdige Art von Unterhaltung – Kriminalistik 1972, S. 291 ff.; *Birkle,* Alfred: Der Mordfall Barabara Tosiliane – der kriminalist 1973, S. 594 ff.; *Frieden,* Marcel: In Stücke gebrochener Spiralbohrer, der „Schlüssel" zur Aufklärung eines Mordfalles – Kriminalistik 1974, S. 179 ff.

Kann man mit Kooperation seitens des „Milieus" rechnen, in welchen man sich zu beobachten pflegt, gibt es möglicherweise brauchbare Personenangaben. Bei Wiederholungsgefahr kann man sogar auf V-Mann-Unterstützung rechnen. – Anders ist es aber gewöhnlich, wenn der Beraubte Opfer des Milieus geworden ist; hier treten naturgemäß zu den üblichen noch weitere Schwierigkeiten hinzu.
Wiederum ungünstiger ist durchweg die Ausgangslage der Ermittlungen bei **Raubüberfällen auf Homosexuelle;** denn derartige Taten werden abseits der Öffentlichkeit oder doch unter solchen Umständen begangen, daß sie schwer zu beobachten sind.

Wesch, Herbert A.: Jugendliche Tischfußballelf erpreßte und beraubte Homosexuelle – der kriminalist 1971/H. 4/S. 24 ff.; *Burkhalter,* A.: Die Leiche im Brandobjekt – Kriminalistik 1974, S. 227 ff.; 275 ff.

Strafanzeigen des Opfers sind hier eine Seltenheit; deshalb werden derartige Überfälle in aller Regel nur wegen schwerer Folgen oder auf Grund von Hinweisen Dritter bekannt. Aber selbst dann will oder kann der Beraubte des öfteren den Behörden nicht mit Aussagen behilflich sein. Es ist infolgedessen schwer, den wahren Sachverhalt aufzuklären oder den bzw. die Tatverdächtigen einzukreisen.

c) Überfälle auf Kassenboten

Bei Überfällen auf Kassenboten, die ihren Auftrag allein ausführen, kommt es außer auf etwaige Verletzungen vor allem auf die Aussage des Opfers an; selbst wenn es beim öffentlichen Tatort Augenzeugen gibt, sind deren Angaben doch oft unpräzise.

Hofstetter, Erich: Wir suchten Räuber und fanden Mörder – der kriminalist 1972, S. 24 ff.; *Zühlsdorf,*

Hans/*Kadler,* Helmut: Die Bekämpfung einer überregionalen Räuber- und Diebesbande – Kriminalistik 1975, S. 97 ff.; *Koopmann,* Karl-Heinz: Soko „Geldbombe" – der kriminalist 1977, S. 429 ff.

Ohne einigermaßen klare Angaben zur Personenbeschreibung gestalten sich die Ermittlungen in diesen Fällen regelmäßig sehr kompliziert, wenn man nicht ausnahmsweise post festum vertrauliche Hinweise – z. B. auch über unverständliche Geldausgaben – erhält. Denn man kann hier gewöhnlich die Täter nicht an Hand etwaiger Kenntnisse einkreisen. Selbst Verletzungen durch Abwehr des Boten oder seiner Begleiter helfen den Strafverfolgungsorganen nur ganz ausnahmsweise weiter.

d) Autofallenraub

Beim Autofallenraub kann man nur in den seltenen Fällen mechanischer Sperren von einem Tatort sprechen, an welchem sicher Sachspuren zu erwarten sind. Denn gewöhnlich arbeiten diese Räuber ebenfalls mit Tricks, die keine oder nur unwesentliche Tatspuren verursachen. Solche finden sich zwar, wenn Gewalt gegen Personen oder gegen das Kraftfahrzeug angewendet worden ist, was jedoch voraussetzt, daß das Opfer und das Fahrzeug bereits für solche Untersuchungen verfügbar, d. h. sichergestellt sind.

Rodenberg, Wolfgang: Ungewöhnlicher Auto-Straßenraub – Kriminalistik 1970, S. 191 ff.

Neben dem, was der Überfallene zur Personenbeschreibung oder zur Identifzierung eines vom Täter benutzten Kraftfahrzeugs beitragen kann, muß man sich daher bemühen, solche Angaben von denjenigen zu erhalten, welche Täter oder Tatwagen – zufällig – in der fraglichen Gegend beobachtet haben.
Erst wenn sich der Tatverdacht so oder so auf gewisse Pesonen konkretisiert hat, kann man mit den eventuell gesicherten Sachbeweisen – insb. auch bei Vernehmungen – etwas anfangen.

e) Raubüberfälle auf Geldtransporte

Sicherlich werden Raubüberfälle auf fahrende Geldtransporte ebenfalls dann und wann mit Tricks begangen, um den Fahrer zum Anhalten zu veranlassen. Hier finden sich aber doch häufiger Sperren oder eine dem Anhalten folgende Gewaltanwendung, die Spuren hinterläßt. Dies gilt namentlich auch für den Geldtransporter, der üblicherweise relativ schnell nach der Tat entdeckt wird.

Kanetkar, V. G.: Überfall auf einen Postwgen – Internat. kriminalpol. Revue 1955, S. 120 ff.

Dennoch sind die Ermittlungen in aller Regel kompliziert, weil diese von mehreren Tätern begangenen Überfälle generalstabsmäßig vorbereitet zu sein pflegen. Es sind so gesehen mehr glückliche Zufälle, die uns Beweise an die Hand geben. Doch empfiehlt es sich wegen der Planung und des Aufwands an Vorbereitung ebenso wie der erheblichen Beute wegen Ermittlungen verdeckt im Untergrund anzusetzen, um Hinweise auf Tatverdächtige zu erlangen, welche dann – u. a. mithilfe von Tatspuren und Aussagen – überführt werden können.

3. Raubüberfälle in Verkehrsmitteln

Raubüberfälle in Verkehrsmitteln bieten schon deshalb kriminaltaktisch besondere Schwierigkeiten, weil der Täter dem Opfer üblicherweise nicht oder nur unzureichend bekannt ist.

a) Taxiraub

Die Ermittlungen bei Taxiraub hängen somit wesentlich davon ab, ob der Fahrer eine einigermaßen genaue Personenbeschreibung zu geben vermag; das hat, vom Abholort und angegebenen (durchweg falschen) Fahrtziel abgesehen, schon wegen der üblicherweise herschenden Dunkelheit seine Schwierigkeiten. Wird das Taxi aus einer Gaststätte bestellt, so können möglicherweise auch Angaben von Wirt, Personal oder Gästen behilflich sein.

So konnte ein Überfall auf einen Taxifahrer relativ schnell auf Grund der vom Opfer und dem Gastwirt gelieferten Personenbeschreibung aufgeklärt werden. Obwohl der Fahrer einen der Tatverdächtigen an Hand der Verbrecherlichtbildkartei identifiziert hatte, verneinte er allerdings bei der Gegenüberstellung zunächst ein Wiedererkennen; vermutlich hatte er sich dadurch täuschen lassen, daß dieser Räuber bei der Tat die Lederjacke des anderen trug.

Riester: Raubüberfälle auf Taxifahrer – in: Diebstahl, Einbruch und Raub, hrsg. v. Bundeskriminalamt, Wiesbaden 1958, S. 175 ff.; *Grandig,* Franz: Überfall auf einen Taxilenker oder Mißhandlung eines Taxifahrgastes – Kriminalistik 1975, S. 182 ff.

Die zu untersuchenden Verletzungen des Fahrers und die Tatortarbeit können sich aber, sofern sie nicht schon mit besonderer Arbeitsweise auf einen bestimmten Täter hindeuten, später als sehr hilfreich erweisen.
Selbst wenn eine bei Taxiraub mitunter mögliche und dann aussichtsreiche schnelle Fahndung nicht mehr erfolgen kann, so lassen sich doch bei intensivem Vorgehen – z. B. über verdächtige Personenkreise – Erfolg erzielen.

b) Räuberischer Mitfahrer

Noch schwieriger als bei den vorstehenden Verbrechenstechniken pflegen sich die Ermittlungen nach einem räuberischen Mitfahrer zu gestalten, da neben der Aussage des Opfers kaum jemals Angaben zur Person vorliegen, z. B. von Gästen usw., die Täter und Opfer beobachtet haben. Denn ein solcher Räuber ist eigentlich nie mit seinem Opfer bekannt; seine diesbezüglichen Angaben werden daher oft falsch sein.

In einem solchen Falle gelang es trotz dürftiger Personenbeschreibung des Tankwagenfahrers, ein Räuberpärchen zu überführen, weil dieses anderweitig bei einem Betrug aufgefallen war. Die mitfahrende Frau hatte nach dem Aussteigen vor dem Führerhaus stehend sogar einen Pistolenschuß auf den Tankwagenfahrer abgegeben, der sich zur Wehr setzte; die Frau stieg daraufhin in einen schwarzen Opel ein, wie er ebenso etwas später bei dem Betrugsmanöver aufgefallen war (*Werthmann,* Fritz: Eine unheimliche Mitfahrerin – Kriminalistik 1952, S. 86 ff.).

c) Eisenbahnräuber

Die seltenen Überfälle in der Eisenbahn werden gewöhnlich erst bemerkt, wenn der Zug an einem Bahnhof hält. Häufiger werden Menschen seit einiger Zeit in den S- und U-Bahnen mancher Städte beraubt; diese Tatsituation ähnelt schon mehr dem Handtaschenraub. Da aber außer dem Opfer meistens keine Augenzeugen verfügbar sind, gestalten sich die Ermittlungen gewöhnlich äußerst schwierig.

III. Unterschlagung

Das kriminalistische Vorgehen bei Verdacht einer Unterschlagung erinnert sehr oft an die später zu behandelnden Betrugsermittlungen, weshalb insoweit auf das dort Auszuführende verwiesen sei (§ 23-B-VII).

Hier genügt es daher, wenn wir auf einige Besonderheiten bei einzelnen Unterschlagungspraktiken hinweisen, bei denen in der Mehrzahl der Fälle – anders als bei Diebstahl oder Raub – klar ist, da ja die Tat als solche bekannt geworden sein muß, wer konkret als Verdächtiger in Betracht komme; anders ist das beispielsweise bei Unterschlagungen in großen Betrieben und Dienststellen, sofern nicht alles auf einen begrenzten Täterkreis hindeutet. In aller Regel sind wegen des dafür ausschlaggebenden persönlichen Verhältnisses von Täter und Opfer bei diesen Strafsachen insgesamt betrachtet die Vernehmungen am wichtigsten. Es gibt aber auch Verbrechenstechniken oder Fälle, in denen man außer mit dem Beweis durch sichergestellte Beute auch mit anderen Tatspuren rechnen kann; sie können insb. bei Machenschaften entstehen, welche die Unterschlagung verschleiern sollen. Doch ist kriminaltaktisch in nahezu allen Fällen von dem für die Unterschlagung charakteristischen Rechts- oder Lebensverhältnis zwischen Opfer und Täter auszugehen.

1. Vorbehalts- und Sicherungseigentum

Bei Unterschlagung von Vorbehalts- oder Sicherungseigentum dreht es sich kaum jemals um den Nachweis solcher Rechtsverhältnisse, sondern eher darum, ob und wie die Pflichten vom Tatverdächtigen erfüllt worden sind.

N. N.: Die Bearbeitung von Anzeigen wegen Betruges und Unterschlagung bei Warenkreditgeschäften – in: TbKrim Bd. III, S. 106 ff. (1953).

Dies aber läßt es gewöhnlich notwendig werden, Art und Weise des Absatzes der fraglichen Sache an einen zunächst oder überhaupt den Kriminalbeamten unbekannten Dritten zu klären. Kennt man ihn, kann man ggf. auch die Beute identifizieren. Auf die zwischen den am Kreditgeschäft Beteiligten oft strittigen Rechtsfragen sollte sich der Kriminalbeamte regelmäßig nicht einlassen, weil diese besser vom Staatsanwalt oder Richter beurteilt werden können.

2. Provisionsvertreter

Unterschlagungen von Provisionsvertretern werden vom Opfer oft erst spät als solche erkannt. Der an sich leicht auszumachende Tatverdächtige hat daher u. U. einen erheblichen Zeitvorsprung. Je nach Lage kann hier zudem die Personenbeschreibung Schwierigkeiten bereiten. Dafür aber können hier zuweilen Quittungen und dergl. einen Sachbeweis gestatten.

Die Vernehmungen gestalten sich deshalb schwierig, weil – vom konkreten Vorgang abgesehen – das Rechtsverhältnis zwischen Täter und Opfer oft mancherlei Streitpunkte und Unklarheiten bietet.

3. Auftragsverhältnisse

Bei Auftragsverhältnissen des Alltags pflegt die Täter-Opfer-Beziehung lockerer zu sein; zudem werden solche Taten häufig erst spät bekannt. Doch gibt es neben Aussagen hier ebenfalls des öfteren Sachbeweise, wenn nämlich der Täter irgendwelche Manipulationen an Schriftstücken vornehmen muß.

4. Dienst- und Arbeitsverhältnisse

Bei Unterschlagungen in Dienst- und Arbeitsverhältnissen, die oft Diebstählen ähneln, ist im Rahmen der Ermittlungen auf verschleiernde Manipulationen zu achten, die hier häufiger als bei anderen Unterschlagungen zu beobachten sind.

Zimmerriemer, Erich: „Wirtschafts-Wunder" – einmal anders. Unterschlagung bei einer kommunalen Behörde und ihre Lehren – Kriminalistik 1960, S. 222 f.; *Zirpins,* Walter/*Terstegen,* Otto: Wirtschaftskriminalität. Erscheinungsformen und ihre Bekämpfung – Lübeck 1963 – S. 762 ff.; *Teufel,* Manfred: „Geister". Ein Beitrag zur Phänomenologie der Buchhalteruntreue – Kriminalistik 1969, S. 624 ff.; *Gerharter,* Gustav: Veruntreuung und ihre Untersuchung – Kriminalistik 1970, S. 206 f.; *Vollmuth,* Emil: Buchhaltungs- und Buchhalterkriminalität – der kriminalist 1975, S. 621 ff.

Unterschlagungen durch Boten, die z. T. an Auftragsverhältnisse (3.) erinnern, sind oft nur am Verlust zu erkennen; deshalb bedarf es mitunter genauerer Recherchen, um Tatausführung und -zeit einschätzen zu können. Fangmittel helfen bei solchen Ermittlungen wenig, solange der Verdächtige oder ein Personenkreis unbekannt sind; überdies muß man für solche und andere Fälle auch etwas über die Arbeitsweise des Täters und von ihm begehrte Tatobjekte wissen.

Eine Landesbank, die ausländische Zahlungsmittel mithilfe von Wertbriefen an Filialen, andere Banken und an Kunden versandte, verzeichnete den Verlust solcher Sendungen. Da die Aufgabe zur Post dem Boten der Landesbank quittiert worden war, schaltete man die Postüberwachung ein, die jedoch im Postbereich nichts ermitteln konnte. Die nunmehr beigezogenen Kriminalbeamten erkannten, daß ein Bankbediensteter beteiligt sein mußte, weil trotz gleicher Wertdeklarierung jeweils der wertvollste Brief verloren gegangen war. Nunmehr wurde mit der Post vereinbart, die für die Landesbank aufgegebenen Wert- und Einschreibebriefe in einer besonderen Liste zu erfassen. Nach der nächsten Reklamation ergab sich, daß dieser Brief nicht in der Liste aufgeführt worden war. Er fand sich bei einer Durchsuchung des Boten, der auf diese Weise insgesamt etwa DM 52000 an sich gebracht hatte. An die Stelle des Wertbriefes hatte er einen normalen Brief gelegt, was – wie er vermutet hatte – kein Schalterbeamter bemerkte, weil sie nur die Zahl der Sendungen festzustellen pflegten.

5. Verwahrung und Aufbewahrung

Dagegen ist bei Verwahrung oder Aufbewahrung fremder Sachen aus Gefälligkeit nur selten mit schriftlichen Unterlagen zu rechnen, weshalb möglicherweise schon das den Gewahrsam des Täters begründende Rechtsverhältnis strittig sein kann. Zudem bleibt die Schwierigkeit zu beweisen, wie der Täter diese fremde Sache verbraucht oder durch Verkauf und dergl. wirtschaftlich verwertet hat. Hier ist außer an Aussagen Dritter und Belege mitunter an andere Tatspuren zu denken.

6. Miete und Leihe

Nicht viel anders liegen kriminaltaktisch die Dinge bei Unterschlagungen in Miet- oder Leihverhältnissen. Selbst wenn man bei diesen Rechtsverhältnissen schon eher mit schriftlichen Unterlagen darüber rechnen kann, bleibt oft umstritten, wie der Täter mit der fremden Sache verfahren ist und ob er es in dieser Form durfte.

7. Fundunterschlagung

Beim Aufklären von Fundunterschlagungen kommt es außer auf geschickt geführte Vernehmungen von Opfern und Tatverdächtigen mitunter ebenfalls außer auf sichere Identifizierung der Beute auf kriminaltechnische Möglichkeiten – z. B. Mikrospuren – an, welche den Tathergang beleuchten können.

Frei, Max: Mikrospuren bei Fundunterschlagungen – Kriminalistik 1954, S. 155 f.

IV. Sachbeschädigung

Sachbeschädigungen, die in der Praxis oft als Mittel oder Folgen anderer Verbrechen den Charakter einer Begleittat haben, sind kriminaltechnisch wegen der Möglichkeit eines Sachbeweises besonders interessant, was folglich bei der Kriminaltaktik zu beachten ist. Diese Ermittlungen sind zugleich ein Prototyp für Strafsachen, welche Gewalt gegen Sachen zum Gegenstand haben. – Der Kriminalist sollte sich daher ausführlicher mit dieser Materie befassen, als das der Strafjurist oder der Kriminologe angesichts der geringen kriminellen Intensität der meisten schlichten Sachbeschädigungen für angezeigt halten mögen.
Relativ gleich ist dabei einstweilen, ob es sich der Verbrechenstechnik nach um gezielte Einzelaktionen oder um Vandalismus handelt, der bei Wiederholungsgefahr natürlich eher präventive Maßnahmen angezeigt sein läßt.

Frei, Max: Spurenuntersuchungen bei Sachbeschädigung – Kriminalistik 1955, S. 54 ff.; *Tegel,* Heinrich: Kunstvandalen – Kriminalistik 1968, S. 103 f.; *Amelunxen,* Clemens: Spionage und Sabotage im Betrieb – Heidelberg/Hamburg 1977, S. 11 ff., 64 ff.

Sofern eine durch kriminelle Aktivität beschädigte bzw. zerstörte Sache sich nicht im Bereich des Opfers findet, womit sie für kriminaltechnische Untersuchungen verfügbar sein dürfte, geht es hier naturgemäß zunächst vor allem um Probleme der Sachfahndung. Dabei spielen neben Art und Größe der fraglichen Sache naturgemäß mögliche Verstecke und Verwendungsarten eine Rolle. Allerdings ist wegen der Tathandlung auch an Umarbeitung und Verbrauch zu denken, d. h. ggf. auf Rückstände der zerstörten Sache – das sind Materialspuren – zu achten.
Natürlich können bei einer solchen Sachfahndung auch Aussagen von Nutzen sein.
Ist eine verdächtige Sache bzw. sind Teile oder Rückstände einer solchen jedoch ermittelt, so ist nicht selten die Identifizierung das wesentliche Problem, bei welchem vielfach das Opfer oder andere Personen helfen können. Handelt es sich dagegen nur um Teile oder verdächtige Rückstände, so wird man kaum ohne kriminaltechnische Untersuchungen auskommen.

Für den Nachweis tatbestandsmäßigen Handelns ist es schließlich notwendig festzustellen, wodurch und mit welchen Werkzeugen oder Mitteln die fremde Sache beschädigt oder zerstört worden ist. Diese bisweilen einfache Frage kann aber u. U. schon bei der Tatortarbeit, die hier durchweg möglich ist, erhebliche Schwierigkeiten bereiten. – Als Tatmittel dienen neben Werkzeugen der verschiedensten Art nicht selten Farben, mit denen Wände oder andere Gegenstände beschmiert oder mit beleidigenden bzw. vermeintlich revolutionären Worten, Zeichen bzw. Bildern beschmiert werden. Außer auf das Farbenmaterial kommt es hier auf Malgeräte und ggf. auf Verpackung an, wenn man Anhaltspunkte für die Täter erlangen will.

Eine „unpolitische“, aus Nachbarstreitigkeiten zu erklärende nächtliche Schmieraktion an der mißliebigen Grundstücksumfriedungsmauer wurde mithilfe der Farbenbehälter aufgeklärt, weil Nachfragen in benachbarten Farbengeschäften nicht weiter geführt hatten. Während eine offenbar für die Schmieraktion benutzte Gurkendose nichts Konkretes erbrachte, gelangte man über den ebenfalls zweckentfremdeten Honigeimer eines Versandhauses mithilfe der Kundenkartei zur Nachbarin des Geschädigten; deren 19jähriger Sohn hatte vier Freunde zu diesem von ihm inszenierten und vorbereiteten Nachteinsatz animiert.

Bevorzugte Objekte von Sachbeschädigungen sind neben Kraftfahrzeugen vor allem Baulichkeiten, Plakate und in der Öffentlichkeit aufgestellte Beleuchtungskörper, Aushangkästen, Bänke, Denkmäler und dergl.; zuweilen werden auch Bäume, Sträucher oder Pflanzenkulturen beschädigt oder zerstört.

Frei-Sulzer, M./*Meier,* J.: Sachbeschädigung an Pflanzen durch Unkraut-Vertilgungsmittel – Kriminalistik 1961, S. 254 ff.; *Mihm,* Peter: Versuchte Diebstähle aus Warenautomaten oder Unfug – Kriminalistik 1962, S. 319 ff.

Gegenstand einer Sachbeschädigung können ansonsten Haustiere, Wild in Wildparks und Fische in Privatgewässern sein, in welchen Fischzucht betrieben wird. Die Tatsituation, die zuweilen der einer Wilderei (§ 23-B-V) ähnelt, kann auch mehr an einen Unglücksfall erinnern.

Will, Albert: Fischsterben – ein „bewegtes“ Tatortbild – der kriminalist 1973, S. 661 f.

Besondere Situationen, wie sie sich außer bei **Kunstvandalismus** beispielsweise auch bei den mannigfachen Formen der **Sabotage** in Betrieben finden, bieten zugleich besondere kriminaltaktische Probleme, die man repressiv beachten und präventiv nutzen sollte.

Sind die Strafverfolgungsorgane hier bei Ermittlungen auf die Mitarbeit der mit den speziellen Gegebenheiten vertrauten Personen, z. B. des Werkschutzes, angewiesen, wenngleich sich Betriebssabotage mit Feuer und Sprengstoff oder politischen Hintergründen zuweilen mit anderen Formen kriminellen Verhaltens deckt, so können sie sich bei vorbeugenden Aktivitäten doch oft auf dasselbe Personal stützen.

Konzentrieren sich Sachbeschädigungen auf bestimmte Objekte oder Örtlichkeiten, so kann man möglicherweise auch mit Alarmanlagen oder Fangmitteln arbeiten. Derartige Sicherungen sind ebenso wie eine technisch möglichst sichere Aufbewahrung vor allem für gefährdete Objekte wie Kunstgegenstände und Antiquitäten in Kirchen und Museen wichtig. Hier lassen sich aber zugleich auch gewisse, sichernd wirkende organisatorische Maßnahmen (Bewachung usw.) treffen.

So wurde ein Reifenstecher gefaßt, der mehrfach den Hof eines Autohändlers heimgesucht, dort 70

Reifen zerstochen und 19 Windschutzscheiben zertrümmert hatte. Obwohl er, nachdem er weitere 24 Reifen zerstochen und 17 Windschutzscheiben zerstört hatte, dem durch Mikrophon gewarnten Inhaber entkommen konnte, wurde außer Tatwerkzeugen sein Schlüsselbund gefunden, das dann ausreichte, um den Täter aus dem Kreis der Verdächtigen herauszufinden; es enthielt gewissermaßen den Schlüssel zur Aufklärung dieser Straftaten.

Sofern das nicht nach Lage der Dinge von vornherein klar ist, dürfte es erst nach gründlicher Tatortarbeit und Auswertung sonstiger Tatspuren zweckmäßig sein, sich darüber Gedanken zu machen, wer als Täter dieser Handlung in Betracht kommt. Neben Aussagen des Opfers, die zunächst mehr für den Schaden bedeutsam sind, können insoweit auch Angaben anderer Personen aufschlußreich sein.
Sachbeschädigungen werden – als Begleittaten und vereinzelt sogar als schlichte Taten – hin und wieder vom „Opfer“ selbst begangen. Die Problematik dieser Eigensachbeschädigung, die der Beamte deshalb im Auge behalten solle, entspricht den Selbstbeschädigungen von Personen und weist für den Versicherungsmißbrauch typische Gegebenheiten auf.

Bachmann, Bruno: Selbstbeschädigung – Kriminalistik 1962, S. 410 ff.

Ferner gibt es dann und wann Fälle, die auf eine Sachbeschädigung hinzudeuten scheinen, obwohl der Schaden in Wahrheit durch andere Umstände – z. B. Tiere – verursacht worden ist.

Mulzer, Hans/ *Dietrich,* Horst: Der „kriminelle“ Specht – Kriminalistik 1959, S. 211 f.

Beschädigungen in einer Jungpappelanlage, die auf Bohrer oder Stemmeisen als Tatwerkzeuge hinzuweisen schienen, waren in Wahrheit auf einen Specht zurückzuführen, der es auf die in den jungen Stämmen hausenden Larven des „Großen Pappelbocks“ abgesehen hatte.

Permosen, Leopold: Sensationelle Aufklärung einer „boshaften“ Sachbeschädigung. Großer Buntspecht entpuppt sich als „Krimineller“ – Kriminalistik 1975, S. 567 f.

In einem anderen Falle, in welchem zunächst sogar Mordversuch vermutet wurde, hatte – wie sich später herausstellte – der wahrscheinlich eine Maus verfolgende Schäferhund die Bremsschläuche eines im Hof geparkten Personenwagens durchbissen.

Kann man Eigenbeschädigung oder andere Schadensursachen jedoch hinreichend sicher ausschließen, so ist zu überlegen, in welcher Richtung ein möglicher Täter zu suchen ist. Hier kann schon die Tatausführung Hinweise enthalten; so deuten beispielsweise insb. serienmäßig begangene Beschädigungen bestimmter Sachen auf sexuelle Motive hin.

Borstorff, Georg: Der Bettenschlitzer von Rothenburg – Kriminalistik 1965, S.-324 ff.; *Adams,* Karl-Heinz: Ein „Bettenaufschlitzer“ – Kriminalistik 1973, S. 220 ff.

Besteht von vornherein Verdacht gegen eine bestimmte Person oder verdichtet sich ein solcher im Zuge der Ermittlungen, ist nicht nur an Vernehmungen derselben oder von Menschen ihres Lebensbereiches zu denken, um ggf. Motive aufzuhellen, sondern angesichts der gesicherten Spuren auf Sachbeweise zu achten, die mittels Durchsuchung und Beschlagnahme einer hier recht vielversprechenden kriminaltechnischen Untersuchung zuzuführen sind.

V. Wilderei

Viele Formen der Wilderei bereiten dem Kriminalisten erhebliches Kopfzerbrechen. Das beginnt schon damit, daß Fälle von Wilderei oft nicht oder erst sehr spät bekannt werden, weil es an Anzeigen fehlt oder diese kaum in das Auge fallen. Daher kommen in derartigen Fällen Ermittlungen meistens durch eigene Wahrnehmungen oder aber Meldungen der insoweit mehr präventiv kontrollierenden Forstbeamten und der Jagdberechtigten sowie ihrer Helfer zustande. Der Verdacht der Wilderei entsteht im übrigen mehr oder weniger zufällig, da man bei anderen Verfahren oder Tätigkeiten auf Anhaltspunkte stößt, die darauf hinweisen, oder aber man wird durch Gerüchte hellhörig.

Meixner II-63 ff.

Bei Jagd- und Fischwilderei ist bisweilen zugleich an andere Delikte wie Diebstahl und Sachbeschädigung zu denken, wenn es sich nämlich um Entwendungen aus eingezäunten Wildparks oder privaten Fischgewässern bzw. um Akte bloßer Zerstörung handelt; daneben kommen Verstöße gegen das Tierschutzgesetz in Betracht.
Außer den bereits behandelten vielfältigen Möglichkeiten der Kriminaltechnik sind bei der Aufklärung dieser Straftaten mancherlei kriminaltaktische Erkenntnisse und Erfahrungen zu beachten.

A. Jagdwilderei

In Fällen von Jagdwilderei orientiert man sich kriminaltaktisch am besten an den verschiedenen Verbrechenstechniken, was jedoch immer allgemein Vertrautheit mit der Jagd und ihrer Ausübung voraussetzt. Gerade bei Jagdwilderei kann ein V-Mann nützlich sein, der oft mehr erfährt als der Beamte.

Hesse, Robert: Ein Erlebnis mit Wilddieben – Kriminalistik 1953, S. 65 f.; *Schäfer,* Herbert: Forstkriminalität – Hamburg 1954; *Matthiesen,* Wilhelm: Die Wilderei und ihre Bekämpfung in Niedersachsen – Kriminalistik 1957, S. 12 f.; *Beine,* Engelbert: Motorisierte Jagdwilderei – Kriminalistik 1962, S. 472 ff.; *Rüttimann,* Hans: Diebstahl wird Wilderern zum Verhängnis – Kriminalistik 1967, S. 307 ff.; *Hackl,* Franz-Xaver: Jagdwilderei – Kriminalistik 1969, S. 533 ff.; *Busdorf,* Otto: Wilddieberei und Förstermorde – neu hrsg. v. Wilhelm Holldorf – München 1971; vgl. schon *Schneickert* S. 71 ff.

Stößt man auf verendetes Wild, darf man noch nicht ohne weiteres auf Wilderei schließen, sondern ist Vorsicht geboten, weil der Tod des Tieres beispielsweise auch durch Tollwut oder Gift bewirkt worden sein kann.

Vogel: Fallwild und Wildsterben – Tollwut! – Kriminalistik 1966, S. 130 ff.

War der Wilderer erfolgreich, so liefern, wenn man ihn gestellt hat, die Beute oder Spuren davon (eventuell auch im Rucksack oder Gepäckraum des Wagens) die stichhaltigsten Beweise, zumal da diese – wie geschildert – durch kriminaltechnische Untersuchungen zu erhärten sind.

1. Wildschütze

Da der Wildschütze für seine Straftaten Schußwaffen benutzt, kommt es hier vor allem auf diese und auf das für Schußwaffenuntersuchungen notwendige Material an.
Dieses kann sich entweder im Tatortbereich, z. B. in verendetem Wild oder aber als Vergleichsmaterial im Bereich des Täters finden, was voraussetzt, daß der Verdacht sich bereits auf bestimmte Personen konkretisiert hat.

Allerdings gibt es neben Förstermorden auch im Bereiche der Wilderei mitunter Fallsituationen und Spuren, wie sie bereits bei den Jagdunfällen (§ 23-A-II-7) geschildert worden sind, weshalb man u. U. ähnlich wie dort vorgehen kann.

Da Wilderer nur vergleichsweise selten auf frischer Tat gestellt werden, muß gewöhnlich zunächst nach möglichen Tätern gefahndet werden. Anhaltspunkte hierfür bieten außer einschlägigen Vorstrafen vor allem Bekundungen Dritter. Denn für eine Observation, die zur Ermittlung Tatverdächtiger führen kann, reicht es meistens nicht. So bleibt bei allgemein gehaltenem Verdacht der Wilderei durch Wildschützen üblicherweise nur die Wildererstreife, die wegen des immer möglichen Zusammenstoßes mit dem bewaffneten Wilderer besondere Planung und Vorsicht erfordert.
Ist jedoch eine bestimmte Person in den Verdacht der Jagdwilderei geraten, so helfen neben sorgfältiger Durchsuchung eines etwaigen Kraftfahrzeuges und der Häuslichkeit gewöhnlich nur Vernehmungen weiter, die aber beim Wilderer und seinen Gesinnungsgenossen ohne entsprechende Sachbeweise häufig keinen Erfolg bringen. Beim Wildschützen kommt es bei der Suche außer auf Spuren erbeuteten Wildes naturgemäß auf alles an, was mit der Schußwaffe zusammenhängt. Die üblichen Verstecke sind seltener in der Wohnung, sondern häufiger in Nebengebäuden, z. B. auf dem Speicher, zu finden.

2. Schlingen- und Fallensteller

Teilweise liegen die kriminaltaktischen Probleme beim Schlingen- und Fallensteller ähnlich wie beim Wildschützen. Anders sind bei diesen Rechtsbrechern das Wildereigerät sowie die Art seiner Benutzung. Während der Wildschütze sein Tatwerkzeug mit sich führt, er also u. U. an Hand desselben überführt werden kann, belassen Schlingen- und Fallensteller ihr Gerät natürlich im Jagdrevier; sie sind also lediglich bei An- und Abtransport im Besitz solcher belastenden Gegenstände, ansonsten nur auf frischer Tat zu ertappen.
Aus diesem Grunde kann man diese Wilderer jedoch leichter als den Wildschützen mithilfe der im Jagdgebiet angebrachten Schlingen oder aufgestellten Fallen ermitteln. Denn die bei Kontrollen oder durch Zufall mögliche Entdeckung solcher Geräte ist dem Täter nicht bekannt, weshalb sie kriminalistisch genutzt werden kann. Allerdings sollte der „ansitzende" Beamte nicht ohne zwingende Gründe sofort zugreifen, wenn der Wilderer Beute aus der Schlinge oder Falle nimmt; dieser könnte sich sonst u. U. damit herausreden, daß er das Tier nur mitnehmen und abliefern wolle. Beweiskräftiger ist die Lage, wenn er die Schlinge wieder fängig stellt.

Ein Jagdaufseher, der Schlingen bemerkt hatte, beobachtete versteckt einen Unbekannten, der sich daran zu schaffen machte. Als er später wieder nachschaute, sprachen Spuren wie aufgewühlter Waldboden dafür, daß sich in der nunmehr verschwundenen Schlinge ein Wildschwein gefangen hatte. Erst jetzt gab der Jagdaufseher die Personenbeschreibung weiter, mit welcher der Unbekannte identifiziert werden konnte. Bei der Durchsuchung fand man außer einer möglicherweise für Schlingen verwendeten Rolle Kabeldraht vor allem mehrere Dosen mit eingekochtem Wildschweinfleisch. Daraufhin gestand der Mann den Fang eines Wildschweines von 60 Pfund und führte die Beamten zu der Stelle, an welcher er Eingeweide und Decke versteckt hatte.

Ist ein Tatverdächtiger ermittelt oder auf frischer Tat gestellt worden, so kommt es wiederum entscheidend auf Sachbeweise an. Außer Spuren des Wildes, für die das oben Gesagte gilt, sind hier die Geräte sowie dafür benutztes Material und Werkzeuge wichtig. Einschlägige Vortaten stellen zumindest ein bedeutsames Indiz dar.
Die in Betracht kommenden einzelnen Verbrechenstechniken zeigen kriminaltaktisch vergleichsweise nur wenige Besonderheiten.

a) Schlingensteller
Beim Schlingensteller kann z. B. nicht nur die Identität des in seiner Wohnung gefundenen Materials mit dem Wildereigerät, sondern durch Vergleich von Werkzeugspuren mitunter auch die Benutzung sichergestellter Instrumente nachgewiesen werden.

b) Fallensteller
Etwas schwieriger ist es mit Sachbeweisen beim Fallensteller, obwohl auch hier u. U. ein Vergleich mit gesichertem Material und Werkzeug zum Zuge führen kann; doch sind diese Dinge manchmal wenig signifikant.

3. Benutzung von Tieren

Die in der Praxis hierzulande seltene Benutzung von Tieren läßt sich in aller Regel kaum exakt beweisen. So spielen Zufallsentdeckungen, erfolgreiche Observation und Aussagen Dritter in solchen Fällen die in der Praxis entscheidende Rolle.

4. Aneignung von Fallwild und Ähnlichem

Bei der dagegen recht häufigen Aneignung von Fallwild kommt es außer auf Teile bzw. Spuren desselben nicht selten auf Untersuchung des Kraftfahrzeugs an, das am Wildunfall beteiligt war oder zum Transport benutzt worden ist. Außer an Spuren vom Unfall herrührender Beschädigungen ist hier wiederum eher an Materialspuren – z. B. vom Wild – zu denken.

B. Fischwilderei

Die Probleme der Ermittlung von Fischwilderei sind zwar z. T. denen der Jagdwilderei vergleichbar; doch sind Beute und Arbeitsweise anders geartet. Zahlenmäßig dürften diese Gesetzesverstöße jedoch nicht geringer als die bei Jagdwilderei sein. Doch ist die Tatausführung beim unbefugten Fischen gewöhnlich viel unauffälliger; der Täter kann sich z. B. leicht als Badender oder Wassersportler tarnen.
Die Ermittlungen konzentrieren sich, sobald Wahrnehmungen des Berechtigten oder Dritter

einen solchen Verdacht aufkommen lassen, außer auf das bei den einzelnen Verbrechenstechniken unterschiedliche Wildereigerät vor allem auf Spuren der Beute wie Fischblut und Schuppen, aus denen der Experte mancherlei zu erkennen vermag. Dies aber setzt eben voraus, daß der Verdacht personell konkretisiert werden kann, was außer durch Observation häufiger durch einschlägige Vorstrafen oder sachdienliche Hinweise aus der Bevölkerung geschehen kann.

1. Fischereigerät

Für Fischereigerät gilt dann aber im Grunde dasselbe wie für die vom Wilderer benutzten Tatwerkzeuge. Allerdings ist das Gerät, anders als bei Schlingen und Fallen, oft überhaupt nicht von legal benutztem Fanggerät zu unterscheiden. Auch ist der Besitz solchen Gerätes anders als der von Schußwaffen in der Regel weniger verfänglich. Unter diesen Umständen können sich Vernehmungen, selbst bei einem Tatverdächtigen, noch als sehr mühsam erweisen.

2. Sprengstoff

Anders liegen die Dinge, wenn der Fischwilderer Sprengstoff oder Gift benutzt hat. Ist hier durch Tatortarbeit und kriminaltechnische Auswertung die Arbeitsweise des Rechtsbrechers ermittelt worden, so kann schon dieses auf einen etwaigen Täter hinweisen. Kommt man so an einen Tatverdächtigen heran, kann man möglicherweise über seine Kenntnisse oder über in seinem Besitz befindliche Substanzen und Spuren die Beweiskette oft relativ schnell schließen.

VI. Sachliche Begünstigung und Sachhehlerei

Sachliche Begünstigung und Sachhehlerei sind ein Schwerpunkt sinnvoller kriminaltaktischer Arbeit. Denn mit Sachbeweisen ist hier in aller Regel nur wenig anzufangen. Sie können vor allem bedeutsam werden, wenn die Beute anders nicht zu identifizieren ist.
Wichtig für alle diese Gesetzesverstöße ist, daß sie im Zusammenhang mit einer früher begangenen Straftat stehen, weshalb Ermittlungen wegen sachlicher Begünstigung oder Sachhehlerei in der Praxis häufig im Rahmen des Ermittlungsverfahrens der Vortat erfolgen. Allerdings kommt es, gerade bei der Hehlerei, vor, daß man erst über Beute und Hehlerei zur eigentlichen, vorangehenden Straftat gelangt; ebenso muß man Fahndungsmaßnahmen zuweilen notgedrungen von vornherein auf Hehlerkreise konzentrieren.

Diesen nicht selten unterschätzten Deliktstypen kommt bei der Bekämpfung der Vermögenskriminalität nicht unerhebliches Gewicht zu. Sicher schliddern manche dieser Täter als Angehörige oder Freunde des Vortäters mehr oder weniger in die Delinquenz herein. Doch das darf nicht dazu verführen, diejenigen kriminellen Subjekte zu übersehen, die bei der Hehlerei noch häufiger als bei der Begünstigung als Schmarotzer der Illegalität die Vermögensdelinquenten motivieren und schützen.

A. Sachliche Begünstigung

Bei den vielfältigen Praktiken der sachlichen Begünstigung, die z. T. mehr den Charakter einer „Beihilfe nach der Tat" hat und vielfach philantropische Züge aufweist, welche verständlich erscheinen mögen, kommt es im Zusammenhang mit den kriminellen Aktivitäten letztlich vor allem auf Aussagen an. Da jedoch Vortäter und Begünstigter zusammenhalten und ihre Aktivität nicht auf dem Marktplatz zur Schau zu stellen pflegen, sollte man dennoch die Chancen eines Sachbeweises nicht außer Acht lassen.

Diese Beweismöglichkeiten sind zweifacher Art. Einmal kann es sich um die Tatbeute, im Hinblick auf die begünstigt worden ist, oder Spuren davon handeln. Zum anderen gibt es bei gewissen oben geschilderten Verbrechenstechniken (§ 9-VI-A) durchaus Spuren, die – sofern man überhaupt an den Verdächtigen herankommt – einen dann allerdings zwingenden Sachbeweis ermöglichen. So kann man beispielsweise durch Materialspuren am Verwahrungsort oder im Transportmittel beweisen, daß jene von der Beute herrühren müssen.

B. Sachhehlerei

In Fällen von Sachhehlerei kann man bei den Ermittlungen sogar noch etwas häufiger von Sachbeweisen ausgehen, weil entweder die gestohlene Beute für eine Sachfahndung hinreichend bekannt ist oder es um Identifizierung und Herkunft verdächtiger Gegenstände geht. Dies ist bei den hier z. T. doch kriminell intensiven, von Eigennutz gekennzeichneten Verhaltensweisen von großem Vorteil.

Meixner II-50 ff.; *Bux:* Intensivere Bekämpfung der Hehlerei – Die Polizei 1966, S. 215 ff.

Allerdings ist die Ausgangslage von Hehlerei-Ermittlungen ansonsten alles andere als versprechend. Solchen Tätern kommt man im allgemeinen nur durch Ermittlungen wegen des als Vortat fungierenden Vermögensdelikts oder aber durch speziell auf notorische bzw. gewerbsmäßig handelnde Hehler abzielende Fahndungsmaßnahmen auf die Schliche.
Während bei gelegenheitsmäßigen Hehlern alle möglichen Sachen als Tatobjekte in Betracht kommen, spezialisieren sich berufsmäßige Täter erfahrungsgemäß auf Sachen bestimmter Art wie z. B. Schmuck, Pelze, Kraftwagen, Fahrräder, gewisse Elektrogeräte usw.
Hegt man gegen jemand den Verdacht der Hehlerei, so bringen auch die Vernehmungen besondere Probleme mit sich, weil man über den Hehler entweder an seine Hintermänner (Abnehmer) oder an den noch unbekannten Vortäter herankommen möchte. Das aber ist wegen der in beiden Richtungen üblichen Kooperation ausgesprochen schwierig.

Zudem müssen hierfür Personen bereits verdächtig sein. Außer an bestimmte Kreise oder auch Berufe (Hehlergut?) ist hier u. a. an Verwandte oder Bekannte desjenigen zu denken, welcher der Vortat verdächtig ist. In gewichtigeren Fällen kann daher eine Observation bestimmter Örtlichkeiten oder Personen angezeigt sein, bevor man zu Durchsuchungen oder gar Festnahmen schreiten kann.

Will man den Hehler überführen, so muß man ihm beweisen, daß er den Vortäter oder Veräußerer kennt und überdies um die kriminelle Herkunft der Waren wußte, was sonst geleugnet wird. Neben Art und Menge des Hehlergutes können vor allem ein sehr niedriger Preis oder besondere Umstände beim Erlangen der Sache verräterisch sein.

Im übrigen kommt es für das Vorgehen wesentlich auf die verschiedenen Verbrechenstechniken der Hehlerei an.

1. Ankauf

Der Ankauf, mit welchem der Hehler – wie gesagt – verschiedene Zwecke verfolgen kann, erfolgt recht unterschiedlich und oft verdeckt, weshalb Beweise schwierig zu erlangen sind. Zudem kann der Personenkreis der Beteiligten hier sehr weit gehen.
Ist der Ankauf zum Zweck gewinnbringenden Verkaufs erfolgt (**Beutehandel**), so ist die Beweislage nach erfolgtem Absatz ungünstig, sofern man nicht gerade diesen beweisen kann. Hier ist man gewöhnlich auf Aussagen der Vortäter oder Hinweise von V-Leuten angewiesen, sofern man nicht noch Teile der Beute oder Spuren davon im Bereich des Tatverdächtigen sicherstellen kann.

Ullrich, Johannes: Ein weit verbreitetes Einbrecher- und Hehlernetz. Erfahrungen und kritische Betrachtungen nach der Aufklärung – Kriminalistik 1971, S. 230 ff.

Bei Ermittlungen gegen Einbrecher kam man auf die Spur eines Kölner Hoteliers, der sich – wohl erstmalig – als Großhehler betätigte; denn er hatte seine Zulieferer enttäuscht. Bei der Durchsuchung der Hotel- und Privaträume, die bis dahin ergebnislos verlaufen war, stand man schließlich vor einem Schrank, dessen Schlüssel angeblich nicht aufzufinden war. Sein Angebot, einen Schraubenzieher zu holen, benutzte der Hotelier zur Flucht. Man fand in dem Schrank Diebesgut im Wert von etwa DM 30 000, aber auch die Brieftasche des Tatverdächtigen. Gegen Morgen konnte er sogar unbemerkt noch einmal zurückkehren, um mit einem Austin Healey, der angeblich einem Hotelgast gehören sollte, zu fliehen. Die Fahndung verlief negativ. – Nach 4 Wochen kam der Hotelier zwar ohne den Austin Healey, aber mit vielen Ausreden und einer eidesstattlichen Versicherung zurück, in welcher ein gewisser G. versicherte, die Sachen seien sein Eigentum und als Sicherheit für eine hohe Hotelschuld zurückgelassen worden. Die Pannen bei der Durchsuchung waren jetzt nur schwer auszubügeln, was aber mithilfe einiger in der „Versicherung" nicht bedachter Einzelheiten gelang; auch gab es durch „aufgelaufene" Einbrecher und Briefe von Käufern weitere Beweise. Der zuvor gestohlene Austin Healey wurde gefunden und G., der gefälligerweise die Versicherung abgegeben hatte, stellte sich selbst. – Der Fall mahnt nicht nur zur Umsicht bei Durchsuchungen, sondern beweist, daß man bei Hehlerei außer mit Vernehmungen vor allem mit Kleinarbeit in Sachbeweisen weiterkommt.

Aussichtsreicher ist die Lage für die Kriminalpolizei, wenn der Hehler zu eigenem Ge- oder Verbrauch ankauft. Denn dann kann man mit dem Hehlergut bzw. Teilen oder Rückständen desselben Sachbeweise erwarten.

2. Unentgeltliches Ansichbringen

Praktiken des unentgeltlichen Ansichbringens finden sich vor allem unter Verwandten oder guten Bekannten, weshalb der als Vortäter oder Hehler in Betracht kommende Personenkreis in aller Regel leichter zu überblicken ist. Der hier typische Eigenbesitz oder -verbrauch läßt sich zudem außer durch Aussagen Dritter auch an Hand von Sachbeweisen dartun, weil die Lage insoweit dieselbe wie bei entgeltlichem Erwerb für eigene Zwecke ist. Für die Vernehmungen ist von Vorteil, daß diese Täter zumindest z. T. nicht so erfahren und sattelfest wie beispielsweise hartgesottene Beutehändler sind.

3. Verbergen

Besteht der Verdacht, daß Hehlerei durch Verbergen begangen ist, kommt es zunächst auf das Versteck an, das zwar überwiegend bei nahestehenden Personen als Hehlern zu suchen ist, aber mitunter auch ganz anders beschaffen ist. Noch schwieriger ist gewöhnlich die Beweislage, wenn sich das gehehlte Gut nicht mehr im fraglichen Versteck befindet. Freiwillig werden derartige Kriminalhelfer kaum jemals etwas zugeben, weil damit der Erfolg ihrer Aktion vereitelt wäre und sie selbst bestraft würden. Mit anderen Worten muß der Kriminalbeamte in solchen Fällen per Durchsuchung das Beuteversteck oder eindeutige Beweise dafür finden, daß die Beute vom Begünstiger versteckt worden ist.

4. Absatzhilfe

Am schwierigsten sind jedoch wohl die Ermittlungen in Fällen der Absatzhilfe, da die Handhaben, um die Hehler zu überführen, hier noch geringer als beim Beutehandel sind. Der Hehler, der sich nur als Vermittler betätigt, bekommt die Beute ja niemals in seine Gewalt. Man muß seine Aktivitäten also durch Aussagen oder ggf. durch aus seinen Kontakten herrührende schriftliche Unterlagen beweisen, die jedoch bei erfahrenen Ganoven eine Rarität darstellen dürften.
Sind mithin Sachbeweise als Trümpfe rar, so gehört schon einiges Geschick dazu, einen kriminellen Makler durch Vernehmungen zu überführen. Am ehesten gelingt das noch, wenn man sich dabei auf klare Aussagen Unbeteiligter stützen kann.

VII. Betrug

Der Betrug ist ein auch kriminaltaktisch außerordentlich komplizierter Deliktstyp; und das gilt nicht nur für die meisten Wirtschaftsbetrügereien, sondern auch für manche Fälle des Schwindels.

N. N.: Die Bearbeitung von Anzeigen wegen Betruges und Unterschlagung bei Warenkreditbetrügereien – in: TbKrim Bd. III, S. 106 ff. (1953); *Betrug und Urkundenfälschung* (unter Ausschluß der Korruption und der Wirtschaftsdelikte) – hrsg. v. Bundeskriminalamt – Wiesbaden 1956; *Zirpins,* Walter/*Terstegen,* Otto: Wirtschaftskriminalität. Erscheinungsformen und ihre Bekämpfung – Lübeck 1963 – insb. S. 363 ff.; *Meixner* II-71 ff.; vgl. schon *Weingart,* Albert: Kriminaltaktik. Ein Handbuch für das Untersuchen von Verbrechen – Leipzig 1904 – S. 241 ff.; *Schneickert* S. 79 ff.

Präventive Maßnahmen gegen Betrüger beschränken sich, wenn man von gewissen technischen Sicherungen gegen Urkundenfälschung absieht, vor allem auf organisatorische Maßnahmen kontrollierender Art und anderweitige Beratung, welche auf das Verhalten potentieller Opfer Einfluß zu nehmen sucht. Nur so läßt sich in dem je nach Verbrechenstechnik des Betrügers in Betracht kommenden Personenkreis ein gesundes Mißtrauen erwecken, welches derartige Machenschaften erschwert oder verhindert. Bei der oft großen Zahl potentieller Opfer ist hier daher an die Möglichkeiten der Öffentlichkeitsarbeit zu denken.
Bei vorbeugenden Maßnahmen gegen Wirtschaftsbetrügereien geht es dabei vor allem um

die Beratung von Geschäftleuten und sonst in der Wirtschaft Tätigen. Die Anregungen und Vorschläge für Kontrollen und andere Vorsichtsmaßnahmen divergieren – wie verständlich sein sollte – nach den nunmehr zu behandelnden Verbrechenstechniken. – Noch schwieriger aber dürfte es sein, von derartigen Taten bedrohte Teile der Allgemeinheit anzusprechen, weil der Personenkreis sich bei Wirtschaftsbetrügereien nur z. T. überblicken läßt. Zudem wird bei fehlendem Überblick die Gefahr hier noch leichter unterschätzt. Ebenso wie im letztgenannten Falle oft nur eine breite, nicht immer einfach zu gestaltende Öffentlichkeitsarbeit präventive Erfolge verspricht, ist das bei Praktiken des Schwindels, mit welchem gerade Laien übervorteilt werden sollen. Auch hier ist nur vereinzelt ein zielbewußtes Ansprechen eines bestimmten, besonders gefährdeten Personenkreises möglich, der sich allerdings infolge der Aktivität des Betrügers u. U. lokal beschränken kann.

A. Wirtschaftsbetrügereien

Die Wirtschaftsbetrügereien ähneln – wie ihr Name bereits angedeutet – den echten Wirtschaftsdelikten (§ 10-III, § 16-C-III); da hier der Betrug in Formen des Wirtschaftslebens begangen wird, ist dieser Deliktstyp insgesamt als Wirtschaftsdelikt i.w.S. zu werten. Deshalb ist für die Kriminaltaktik beim Betrug auch auf die dortige Darstellung zu verweisen (§ 23-C-III).

Berling, Günter: Kaufmännischer Betrug und Steuervergehen – in: TbKrim Bd. VII, S. 56 ff., insb. S. 62 ff. (1957); *Logroïo,* Gregorio: Neues zum Großbetrug in Argentinien – Internat. Kriminalpol. Revue 1964, S. 98 ff., 144 ff., 168 ff.; *Wirtschaftskriminalität und Wirtschaftskriminalistik* – GrKrim Bd. 2 (1967).

Allgemein läßt sich für die Bekämpfung von Wirtschaftsbetrügereien festhalten, daß es durchweg mehr auf Aussagen und damit auf geschickt geführte Vernehmungen als auf Sachbeweise ankommt, die dann aber oft eine Schlüsselposition haben. Das gilt ebenso für gefälschte Urkunden, mit denen jemand betrogen wird, als auch für andere Unterlagen; u.U. kann es natürlich insoweit auf die Ware bzw. die Dienstleistung selbst ankommen.
Die Ermittlungen werden häufig dadurch erschwert, daß die für die Einleitung eines Verfahrens typische Strafanzeige nur in einem Bruchteil der Fälle und zudem oft sehr spät erfolgt. Selbst nach einer Anzeige ist das Opfer zuweilen nur bedingt kooperativ, weil es sich entweder seiner Naivität schämt oder sich gar bewußt – wegen vorgegaukelten großen Gewinns – auf die zweifelhaften Praktiken des Betrügers eingelassen hat.
Dafür ist in den meisten Fällen von Wirtschaftsbetrügereien der Tatverdächtige jedoch bekannt und mithin verfügbar, sofern er nicht ausnahmsweise flüchtig ist.

In diesem Falle oder bei Verwenden falscher Namen oder Firmen kann allerdings eine Personenfahndung nötig werden, welche sich auf den Tatverdächtigen als solchen richten oder an seiner Arbeitsweise orientieren kann; vereinzelt muß sie sogar als internationale Fahndung erfolgen.

Ist der Tatverdächtige, wie üblich, bekannt, so ist es regelmäßig angezeigt, Beweismaterial wie Unterlagen, Geschäftsbücher und dergl. im Wege von Durchsuchung und Beschlagnahme sicherzustellen; denn mit der Beschuldigtenvernehmung hat es sonst seine Schwierig-

keiten. Um welche Dinge es sich dabei handelt, hängt von der jeweiligen Art der Tatausführung ab.
Vernehmungen in Betrugssachen allgemein und speziell bei Wirtschaftsbetrügern erfordern besonderes Geschick, viel Umsicht und vor allem Geduld; häufiger sind zudem Branchen- und Fachkenntnisse erforderlich. Denn angesichts der oft dürftigen oder vagen Sachbeweise ist der vernehmende Beamte in aller Regel gezwungen, den nicht selten quicklebendigen Fisch gewissermaßen im eigenen Netz seiner Lügen zu fangen. Das aber ist, wie die Praxis lehrt, leichter gesagt als getan. Auf alle Fälle tut der Beamte gut daran, wenn er sich auf solche Vernehmungen besonders sorgfältig vorbereitet und sich im übrigen dafür mit Geduld wappnet.
Die Vielfalt der kriminaltaktischen Probleme dieser Betrugssachen läßt sich wiederum am besten an Hand der Verbrechenstechniken demonstrieren.

1. Warenbetrug

Beim Warenbetrug, der sich auf eine Ware oder Dienstleistung bezieht, bestehen zumindest teilweise Möglichkeiten für einen Sachbeweis, obgleich Vernehmungen der Beteiligten und beobachtender Dritter natürlich auch hier eine wichtige Quelle bilden.

a) Betrug mit Waren
Dies gilt in vielen Fällen für den Betrug mit Waren, weil hierbei gerade über die Qualität oder den Wert der Ware bzw. Leistung getäuscht wird. Deshalb kommt es bei derartigen Verbrechenstechniken vor allem auf Sachbeweise für den wirklichen Verkehrswert der betreffenden Ware oder Dienstleistung an.

aa) Bezahlungs- oder Vorschußbetrug
Eine Ausnahme bilden insoweit vor allem die Fälle des Bezahlungs- oder Vorschußbetrugs. Mehr als auf den möglicherweise günstigen Preis kommt es hier darauf an, ob der Täter überhaupt über die an das Opfer veräußerte Ware verfügte oder verfügen durfte. Mitunter finden sich schriftliche Unterlagen, die für die Verhandlungen Wesentliches enthalten.

bb) Qualitätsbetrug
Dagegen spielt beim Qualitätsbetrug die in aller Regel in Händen des Opfers befindliche und somit verfügbare Ware (oder Leistung) die entscheidende Rolle. Denn mit ihr läßt sich sehr oft beweisen, daß eine vom Täter zugesicherte oder doch die übliche Beschaffe nheit nicht gegeben ist, der Käufer also über das Ohr gehauen worden ist. Ohne schriftliche Unterlagen hierüber kann dennoch der Nachweis einer arglistigen Zusicherung Schwierigkeiten bereiten.

von Ecken, Peter: Der Diamant, König der Edelsteine. Seine Lagerstätten, seine Bearbeitung und Verwendung als Schmuck und in der Industrie – Kriminalistik 1962, S. 343 ff.; *Dick,* W./*Schramm,* E.: Feingehaltsbestimmung und Punzierung von Schmuckwaren aus Edelmetallen und Edelmetall--Legierunngen – Kriminalistik 1963, S. 66 ff., 124 ff., 165 ff., 206 ff., 256 ff.; *von Ecken,* Peter: Naturperle, Zuchtperle, Japanperle und Imitationen – Kriminalistik 1963, S. 162 ff.; *Dick,* W./*Schramm,* E.: Edelsteinkunde. Die Geheimnisse edler Farbsteine – Kriminalistik 1963, S. 480 ff.; *Reichinger,* Siegfried: Wertpapierschwindel – der kriminalist 1974, S. 487 ff.

Ein Sonderfall dieser Art ist der sogen. **Raritätenbetrug,** mit welchem vor allem Kunstliebhaber und Sammler übervorteilt werden. Da der hierfür typische illegale Kunsthandel außer durch Kunstdiebstähle (§ 23-B-I-B-2-b-gg) vor allem mit Kunstfälschungen versorgt wird, kann insoweit auf die späteren Ausführungen Bezug genommen werden (§ 23-C-III-B-3); denn die Absatzpraktiken liegen insoweit ziemlich gleich.

cc) Einsponbetrug
Ähnlich sind die Verhältnisse beim Einsponbetrug, bei welchem aber die Tatverdächtigen nach den Ereignissen – dem Platzen des Bluffs, nachdem das eingesponnene Opfer gezahlt hat – oft nicht ohne weiteres greifbar sind.

Da wir es hier jedoch häufig mit Serientätern und beträchtlicher krimineller Intensität zu tun haben, sind Fahndungsmaßnahmen angezeigt, bei welchen man ggf. an die Arbeitsweise der Täter anknüpfen kann.

b) Warenkreditbetrug
Komplizierter gestalten sich gewöhnlich die Ermittlungen bei dem in der Praxis viel häufigeren Warenkreditbetrug. Denn hier geht es nicht um eine vom Opfer gelieferte Ware, sondern um die Tatsache, daß der Täter über Zahlungsfähigkeit oder -willigkeit getäuscht hat. Seine Arglist ist daher nur durch seine finanziellen Verhältnisse oder mithilfe seiner Aussagen oder Bekundungen von dritter Seite zu beweisen.

aa) Lieferungsbetrug
Das gilt jedenfalls für die in der Praxis insoweit typischen Fälle des Lieferungsbetrugs. Aus der sofortigen Weiterveräußerung unter Preis, die sich z. B. durch die Ware oder Aussagen des Erwerbers beweisen läßt, kann man hier auf den Betrugsvorsatz zurückschließen. Häufiger werden diese Betrügereien bei Abzahlungsgeschäften begangen.

Dietrich, Jürgen: Aufklärung von Betrügereien durch Auswertung kriminalpolizeilicher Personenakten – Kriminalistik 1963, S. 87; *Häusler,* Karl: Telexanschluß als einziges Geschäftskapital – Kriminalistik 1972, S. 339 ff.

Ein fünfzehnmal Vorbestrafter ernährte Frau und Kind, mit denen er jahrelang durch ganz Deutschland zog, auf folgende Weise. Unter ständig wechselnden Namen bestellte er – angeblich für seine Mutter, Tante oder Ehefrau – ein größeres Elektrogerät, das bei Lieferung am Nachmittag bezahlt werden sollte. Wie zufällig kaufte er dann noch ein kleineres Gerät (Trockenrasierer, Mixquirl, Bügeleisen, Kofferradio oder dergl.), das er sogleich mitnehmen durfte, obwohl es erst am Nachmittag zusammen mit der großen Lieferung bezahlt werden sollte, die sich natürlich als unzustellbar erwies. – Der nahezu täglich auftretende Betrüger konnte schließlich in einem Geschäft, das durch ein beim betreffenden Einzelhandelsverband veranlaßtes Rundschreiben vier Tage zuvor zur Mitfahndung aufgefordert worden war, gefaßt werden. Dem Täter, der seine Beute sofort weit unter Preis verkauft hatte, konnten immerhin noch 102 Fälle nachgewiesen werden.

Ein umfangreicher Betrug zu Lasten eines italienischen Blumenexporteurs (Verrechnungswert rund DM 100000), bei welchem die Spedition auch gegen Zollvorschriften verstoßen hatte, konnte letztlich ungeachtet weiterer Fahndungsmaßnahmen mithilfe einer Beschlagnahme von bei der Post verwahrten Telegrammunterlagen aufgeklärt werden. Auf Grund der verschiedenen Fernsprechanschlüsse, von denen die fraglichen Telegramme aufgegeben waren, konnte man als Täter zwei Blumenimporteure und ihren mit einer Scheinfirma figurierenden Komplizen überführen.

bb) Stoßbetrug

Beim Stoßbetrug ist zwar die Sachlage durchweg einfacher zu beurteilen, bereitet jedoch die Ermittlung der Täter üblicherweise Schwierigkeiten. Denn nicht selten sitzt das Opfer, wenn sich mit dem angeblich gewinnträchtigen Projekt, in das es Geld hineingepumpt hat, anscheinend auch die „Genossen" in Luft aufgelöst haben, allein mit der Weisheit da, daß es Lug und Trug aufgesessen ist.

Kinzl, Hans: Der Stoßbetrug und seine Bekämpfung – der kriminalist 1975, S. 698 ff.

Immerhin gibt es einige Anhaltspunkte, um auch in solchen Ermittlungssachen noch voranzukommen.

2. Geldbetrug

Der Geldbetrug ähnelt in vielem dem Warenkreditbetrug, zumal da es sich überwiegend um illegale Kreditschöpfung handelt. Die kriminaltaktische Ausgangslage ist daher in diesen Fällen entsprechend trist.

Götz: Betrug im Zahlungsverkehr – in: Betrug und Urkundenfälschung, hrsg. v. Bundeskriminalamt, Wiesbaden 1956, S. 139 ff.

a) Betrug mit Geld

Anders ist das nur teilweise beim Betrug mit Geld, da dieses hier den eigentlichen Geschäftsgegenstand bildet, obwohl es dem Täter allein auf die Gegenleistung ankommt; diese aber dürfte in der Regel zu beweisen sein.

Ungeachtet der unterschiedlichen Verbrechenstechniken kommt es in solchen Verfahren mithin darauf an festzustellen, ob der Täter überhaupt über die finanziellen Mittel verfügte, für die er sich vom Opfer etwas hat zahlen lassen. Zu diesem Zweck sind seine wirtschaftlichen Verhältnisse genau zu untersuchen, damit man ggf. die hier beliebte Ausrede (Hoffnung auf künftige Einnahmen usw.) und Schutzbehauptungen entkräften kann.

aa) Darlehensbetrug

Alles dies ist insb. zu beachten, wenn im Zusammenhang mit einem vom Beschuldigten angebotenen Darlehensgeschäft der Verdacht eines Betruges entstanden ist.

bb) Hypothekenbetrug

Der Hypothekenbetrug ist lediglich ein Sonderfall, der allerdings häufiger durch unlautere Wirtschaftsunternehmen begangen wird. Die geschäftliche Situation wirkt hier oft besonders verwirrend. Im übrigen sind kriminaltechnische Untersuchungen möglich, die allerdings das Vorhandensein von Untersuchungsobjekten voraussetzen.

cc) Zessionsbetrug

Beim Zessionsbetrug kommt es darauf an, ob die Angaben des Täters über den Wert seiner Forderung zutreffen und ob er überhaupt über diese verfügen durfte.

Winkler: Kreditbetrug durch Abtretung fingierter Forderungen – Kriminalistik 1963, S. 218 ff.

Dies läßt sich außer durch Aussagen des Opfers zuweilen überzeugender durch Schreiben und dergl. des Täters dartun.

b) Geldkreditbetrug

Der Geldkreditbetrug ist die wohl häufigste Form von Wirtschaftsbetrügereien. Obwohl er daher entsprechend vielgestaltig ist, läßt sich die kriminelle Aktivität doch auf einige Grundmuster zurückführen, die für das kriminaltaktische Vorgehen aufschlußreich sein dürften.

Gibbs, N. J.: Internationaler Bankbetrug – Internat. Kriminalpol. Revue 1955, S. 34 ff.

Ebenso wie beim Warenkreditbetrug sollten die Strafverfolgungsorgane jedoch auch beim Geldkreditbetrug bedenken, daß sie von manchen Gläubigern gern als Schuldnerschreck mißbraucht werden; deshalb sind zweckmäßig auch Aussagen des Geschädigten genau zu durchleuchten.

aa) Darlehenskreditbetrug

In der Mehrzahl dieser Betrügereien haben wir es mit einem Darlehenskreditbetrug zu tun, bei welchem der Täter über seine Kreditwürdigkeit, vorhandene Sicherheiten oder den ähnlich fungierenden Verwendungszweck des Geldes täuscht, welches er von seinem Opfer erhält. In anderen Fällen benutzt der Täter gefälschte Dokumente, um über seine Person oder seinen Verdienst zu täuschen.

Durch Prüfung der Gegebenheiten und durch Aussagen damit vertrauter dritter Personen muß nachgewiesen werden, daß diese Angaben des Täters in diesem oder jenem Punkte unrichtig und daher als Lügen zu werten sind, mit welchen er zu Lasten seines Opfers einen Kredit zu erlangen suchte.

bb) Hypothekenkreditbetrug

Der Hypothekenkreditbetrug, der vor allem mit Briefhypotheken begangen wird, unterscheidet sich davon nur durch einen spezielleren Zuschnitt. Denn hier geht es um den Wert des Grundstücks und um andere Belastungen, weshalb ein den lügenden Täter entlarvender Sachbeweis in der Regel gelingen sollte.

cc) Scheck- und Wechselbetrug

Vielfältig sind – wie wir gesehen haben – die Praktiken des Scheck- und Wechselbetruges, bei welchen die vermeintliche Sicherheit eines Wertpapiers vom Täter genutzt wird, um sich finanzielle Mittel zu verschaffen, die in der Praxis wie ein Kredit wirken.

Soederlund, M. I.: Betrug mit Zahlungspapieren auf internationaler Ebene – in: Betrug und Urkundenfälschung, hrsg. v. Bundeskriminalamt, Wiesbaden 1956, S. 145 ff.

Obwohl Wertpapiere aller Art – mehr oder minder leicht – betrügerische Machenschaften oft internationalen Formats ermöglichen, überwiegen in der Praxis doch bei weitem kriminelle Praktiken, die sich auf Schecks oder Wechsel beziehen.

Täter von Wirtschaftsbetrügereien mißbrauchen besonders häufig den **Scheck,** zu welchem hier auch Sonderformen wie der Reisescheck oder ergänzende Dokumente wie die Scheckkarte rechnen.

Michalke, H./*Heinbücher,* F.: Das gefährliche Spiel großer Reisescheckbetrüger – Kriminalistik 1957, S. 124 ff.; *Hoeveler,* Hans-Joachim: Reisescheckbetrüger – in: TbKrim Bd. XIII, S. 67 ff. (1963); *Koller,* Max: Scheckbetrügerbande Peter Hille und Konsorten – Kriminalistik 1963, S. 116 ff.; *Schläpfer,* Rolf: Bandenmäßiger Betrug mit totalgefälschten Wertpapieren – Kriminalistik 1971,

S. 615ff.; *Keidel,* Kurt: Zur Bekämpfung von Straftaten mit gefälschten und gestohlenen Schecks und Scheckkarten – Kriminalistik 1973, S. 15 ff.

Bei Betrug mit ungedeckten Schecks wird der Täter sich damit herauszureden versuchen, daß er sich entweder über die Höhe seines Guthabens nicht klar war oder daß er mit baldigem Eingang von Mitteln zur Deckung rechnen durfte. Derartige Umstände müssen genau geprüft werden, um solche Angaben zu widerlegen, damit vorsätzliches Handeln bejaht werden kann.
Bald noch vielfältiger sind kriminellen Praktiken beim **Wechsel.**

Zirpins, Walter: Kriminalpathologischer Wechselverkehr – Kriminalistik 1957, S. 41 ff.; *Gemmer,* K. H.: Wechselmißbrauch aus der Sicht des Betrugssachbearbeiters – in: TbKrim Bd. XIV, S. 149 ff. (1964); *Wahl,* Adolf: Halbdiskont-Geschäfte. Sonderfall strafbarer Kreditschöpfung durch Finanzwechsel – Kriminalistik 1972, S. 67 ff.

Außer an das Nichteinlösen von Wechseln ist an Wechseltausch, Fälschungspraktiken und sogen. Wechselreiterei zu denken.
Allerdings kann man bei Wertpapieren mit Praktiken rechnen, welche einer Urkundenuntersuchung zugängliche Spuren hinterlassen. Im übrigen kommt es auch hier auf die Unterlagen und die geschäftlichen Verhältnisse des Tatverdächtigen an.
In diesen Rahmen gehört im Grunde auch der Betrug mit gefälschten Überweisungen oder ähnlichen Dokumenten.

Herrnstadt: Betrug bei Banküberweisungen – Kriminalistik 967, S. 161 f.

3. Grundstücks- und Baubetrug

Im Bereiche des Grundstücks- und Baubetrugs mögen die Verhältnisse für den Laien zwar kompliziert erscheinen, finden sich aber doch vergleichsweise gute Möglichkeiten für einen Sachbeweis, weshalb man hier nicht allein oder wesentlich auf Vernehmungen angewiesen ist.

a) Betrügerische Veräußerung und Vermietung
So kann man z. B. bei betrügerischer Veräußerung oder Vermietung außer auf die hier üblichen schriftlichen Unterlagen auf Grundbücher und andere Urkunden zurückgreifen, welche etwas über die Berechtigung zu solchen Geschäften aussagen. Wird über die Beschaffenheit oder wesentliche Eigenschaften des Grundstücks oder der Mietsache getäuscht, läßt sich das bei Fehlen anderer Unterlagen ebenfalls – eventuell mithilfe eines Experten – dartun.

b) Betrügerische Bau- und Zwecksparkassen
Die Aktivitäten betrügerischer Bau- und Zwecksparkassen entsprechen denen von Schwindelfirmen, weshalb man sich bei derartigen Ermittlungen an dem dazu Ausgeführten orientieren kann.

c) Baubetrug
Im Gebiet des vielgestaltigen Baubetrugs gibt es ebenfalls zahlreiche Möglichkeiten des Sachbeweises, weshalb man hier nicht so sehr auf Vernehmungen angewiesen ist.

Hein, Karl-Hans: Aufklärung von strafbaren Handlungen beim Straßenbau – Kriminalistik 1965, S. 456 ff.; *Hein,* Karl-Hans: Aufklärung von strafbaren Handlungen im Tiefbau – Kriminalistik 1966, S. 6 ff.; *Meyer,* Heinrich: Der Betrug im Tiefbau – der kriminalist 1976, S. 637 ff.; *Scheidges,* Gerhard: Wirtschaftsstraftaten bei öffentlichen Aufträgen – Kriminalistik1976, S. 450 ff.; *Gerdes,* Eduard: Ein Fall aus der Praxis zum Artikel „Betrug im Tiefbau" – der kriminalist 1977, S. 161 f.

Allerdings lassen sich Mängel der Bauplanung und -ausführung gewöhnlich nur mithilfe von Sachverständigen feststellen. Das gilt für minderwertiges Baumaterial ebenso wie für eine mangelhafte Arbeitsweise.
Betrügt der Täter mit falschen Angaben über Menge bzw. Wert des Baumaterials oder über seinen Arbeitsaufwand, so ist außer auf die tatsächlichen Gegebenheiten auf seine Unterlagen (z. B. Wiegekarten, Lieferscheine) zurückzugreifen bzw. bei Dritten Auskunft über das an den Täter Gelieferte einzuholen.

4. Beteiligungs- und Kautionsbetrug

Beteiligungs- und Kautionsbetrug sind Verbrechenstechniken, die wieder mehr das Gepräge eines intellektuellen Delikts aufweisen. Gewiß gibt es auch hier zuweilen schriftliche, möglicherweise jedoch gefälschte Unterlagen. Im allgemeinen aber kommt es in den nun zu behandelnden Sachen mehr auf größere wirtschaftliche Zusammenhänge und auf die Aussagen der Beteiligten an.

Bertling, Günther: Betrugs- und Wirtschaftskriminalität durch Umtriebe von Schwindelfirmen – Kriminalistik 1967, S. 1 ff.

Die nunmehr zu behandelnden Praktiken werden nicht selten von Schwindelfirmen oder zumindest unlauteren Wirtschaftsunternehmen benutzt; das wirkt sich naturgemäß komplizierend auf das kriminaltaktische Vorgehen aus.

a) Beteiligungsbetrug
Beim Beteiligungsbetrug ist einmal auf die Art des Unternehmens und der Beteiligung des Opfers daran und zum anderen darauf abzustellen, welche Angaben der Täter gemacht hat bzw. was ggf. als üblich anzusehen ist. Hier darf man daher mit schriftlichen, aber vage bzw. raffiniert formulierten Unterlagen rechnen. Doch läßt sich die Unrichtigkeit der gemachten Angaben oft nur durch mühsame Prüfung der fraglichen wirtschaftlichen Gegebenheiten beweisen.

b) Betrug durch Gründer
Der Betrug durch Gründer ähnelt ebenfalls den Problemen, die sich speziell bei Schwindelfirmen und anderen unlauteren Wirtschaftsunternehmen ergeben. Die zunächst rosige Aussicht erweist sich als eine für das Opfer kostspielige Fata Morgana, mit welcher dann auch seine „Geschäftsgenossen" zu verschwinden pflegen.

c) Erfinderbetrug
In Fällen von Erfinderbetrug ist selbstverständlich zunächst einmal die Art der angeblichen Erfindung ausschlaggebend und zum anderen die Möglichkeit ihrer wirtschaftlichen Verwertung. So obskur im nachhinein alles anmuten mag, ist es dennoch mitunter nicht leicht,

dem Erfinder nachzuweisen, daß seine angebliche Entdeckung nicht nur fauler Zauber war, sondern daß er dies auch gewußt hat, als er anderen dafür Geld aus der Tasche zog.

Diese Lage erinnert an die bei Okkulttätern, denen sehr häufig nicht zu beweisen ist, daß sie selbst nicht an ihren Hokuspokus glauben.

d) Pachtbetrug

Bei einem Pachtbetrug wird gewöhnlich über die Ertragsmöglichkeiten getäuscht, weshalb bei den Ermittlungen die tatsächlichen Erträge festgestellt werden sollten.

Selbst wenn die Betriebsprüfung durch einen Experten im Vergleich zu den Behauptungen des Verdächtigen desillusionierende Daten zutage fördert, bleibt häufig noch genügend Raum, um sich über etliche Positionen streiten zu können. Trotz Verfügbarkeit des Beschuldigten können seine Vernehmungen es „in sich" haben.

e) Kautions- und Lizenzbetrug

Der Kautions- und Lizenzbetrug weist dem Beteiligungsbetrug ähnliche Charakteristika auf. Es ist daher wichtig, welcher Art das betreffende Vorhaben ist und wie die Tätigkeit des Opfers aussehen soll.

Da hier manches unsicher, wenn nicht dubios sein dürfte, ist es nicht leicht, bestimmte Angaben des Täters als sicher unrichtig abzutun. Mehr Aussicht verspricht deshalb eine auf die zu klärende Gesamtsituation abstellende Beweisführung; dies macht u. U. sogar auf den Beschuldigten Eindruck.

5. Vermittlungsbetrug

Da der Vermittlungsbetrug überwiegend von kleinerem Zuschnitt ist, allerdings durch eine Vielzahl gleichartiger Taten an Gewicht gewinnen kann, sind die Ansätze für Ermittlungen oft dürftig. Zudem werden die Beamten gerade hier durch eine tatsächliche Vielfalt verwirrt, die in diesem Rahmen jedenfalls in etwa angedeutet werden muß.

a) Vermittlerbetrug

Allen Fällen des Vermittlerbetrugs ist gemeinsam, daß Geld für irgendeine Vermittlungverlangt wird. Ob dieses Verlangen arglistig ist, hängt somit in erster Linie davon ab, ob der Täter überhaupt in der Lage ist bzw. war, seinem Opfer Sachen oder Gelegenheiten der fraglichen Art zu vermitteln. Dementsprechende Behauptungen sollten also sorgfältig geprüft werden.

Hoffmann, Andreas: Millionenbetrug außerhalb des kaufmännischen Bereiches – Kriminalistik 1976, S. 364 ff.

Eine besondere Spielart bilden Inseraten- und Anzeigenbetrug, bei welchem der Täter vorspiegelt, auf diese Weise Interessenten beibringen zu können, obwohl diese Möglichkeit oder die Absicht dazu überhaupt nicht besteht, was dann schon dem Lohnvorschußschwindel (B-2-a) ähnelt.

Im übrigen ist es zweckmäßig, wie bei den Verbrechenstechniken nach dem Gegenstand der Vermittlung zu differenzieren.

aa) Warenvermittlung
Die Masche des Betrügers bei einer Warenvermittlung kann einmal auf deren billigen Preis, was an den Betrug mit Waren erinnert, und zum anderen darauf abstellen, daß dem Partner vorgegaukelt wird, eine Ware oder Leistung trotz einer insoweit bestehenden Mangellag überhaupt zu erhalten. Je nach Inszenierung variieren auch die Ermittlungen.

Außer auf diejenigen Umstände, die dafür ausschlaggebend sind, ob der Tatverdächtige überhaupt ein Geschäft über Waren der fraglichen Art vermitteln konnte und so dafür kassieren durfte, kommt es darauf an, ob der von ihm genannte Preis realen Hintergrund hatte. Beides läßt sich nur dann bejahend klären, wenn Aussagen der Hintermänner des Tatverdächtigen entsprechend und glaubhaft ausfallen.

bb) Darlehens- und Hypothekenvermittlung
In diesen Fällen fungieren Darlehen (ggf. in Form einer Hypothek) ähnlich wie oben (aa) Waren; der Täter gibt vor, seinem Opfer bei Dritten Geld vermitteln zu können, wofür er einen Obulus einstreicht. Ob dies zu Recht geschieht, hängt somit davon ab, ob er überhaupt über Geldgeber verfügt und die von ihm genannten Konditionen realistisch sind, was durch sorgfältige Ermittlungen geklärt werden muß.

cc) Geschäftsvermittlung
Neben Waren und Krediten geben betrügerische Vermittler vor, auch andersartige Geschäfte vermitteln zu können, was zu entsprechenden Recherchen zwingt, die ebenfalls mehr von Aussagen etwaiger Hintermänner als von Realbeweisen abhängen.

dd) Stellenvermittlung
Noch häufiger als die angebliche Vermittlung von Stellen für die hauptamtliche Tätigkeit sind in der Praxis betrügerische Angebote, die Nebenverdienstmöglichkeiten betreffen. Außer auf das Werbematerial kommt es hier darauf an, Unrichtigkeit der Angaben oder Aussichtslosigkeit des Vorhabens zu beweisen, für welches der Täter so oder so deklarierte Entgelte zu erlangen sucht.

Kalden, Winfried: Schwindel mit neuer Masche – Kriminalistik 1970, S. 113 ff.

ee) Wohnungsvermittlung
Je nach Lage am Wohnungsmarkt kann ferner die betrügerische Wohnungsvermittlung ein blühendes Geschäft für dubiose Vermittler darstellen. Betrügerisch ist das Verhalten nicht nur, wenn keinerlei Beziehungen zu Vermietern festzustellen sind oder zu günstige Preise genannt werden, sondern auch, wenn Doppel- und Dreifachvermittlung praktiziert wird.

ff) Heiratsvermittlung
Eine mögliche Eheschließung als Objekt betrügerischer Vermittler setzt in der Regel geschäftsmäßiges Handeln voraus, gewissermaßen einen kommerzialisierten Heiratsschwindel (unten B-1-b), weil der Täter nicht selbst als Heiratkandidat auftritt. Doch dingen sich clevere Vermittler bisweilen „Lockvögel“, worauf bei dem Hintergrund-Recherchen machten ist.
Es gibt allerdings auch Fälle, die mehr an die Praktiken des Schwindels erinnern, weil ersichtlich kein gewerbsmäßiges Handeln vorliegt.

Ein in Ratenzahlungsschwierigkeiten befindlicher Familienvater verfiel auf den Gedanken, seinen heiratslustigen Arbeitskollegen, einen adligen, aber schwachsinnigen Hilfsarbeiter, anzuzapfen, indem er ihm eine Ehe mit einer angeblich verwitweten Bäuerin vorgaukelte.– Die Sache fiel in einem Entmündigungsverfahren auf, da der Heiratswütige mehr als DM 6.000 abgehoben hatte, welche der Täter angeblich der Bäuerin über deren Sohn zur Anschaffung von Landmaschinen zukommen lassen wollte. Als das Opfer dem ihm vom Täter als Sohn der nichtexistenten Bäuerin vorgestellten eigenen Jungen das Geld übergab, griffen die observierenden Beamten zu. Es stellte sich nun heraus, daß seine Ehefrau einen Liebesbrief der ominösen Bäuerin geschrieben hatte, die er überdies dem Schwachsinnigen bereits viermals als „leichtes Mädchen" zugeführt hatte, um für die Liebensdienste jeweils einen „Hunderter" zu kassieren.

gg) Adoptionsvermittlung u. a.

Auch die betrügerische Adoptionsvermittlung weist Ähnlichkeiten mit Praktiken des Schwindels, insb. dem Geltungsschwindel (unten B-1-a) auf, der hier jedoch professionell betrieben wird.

Die Aufklärung solcher Praktiken setzt einmal voraus, daß geklärt wird, ob der Täter überhaupt etwas Derartiges (Adoption, Titel, Orden) vermitteln kann. Ist im negativen Falle relativ leicht Betrug zu bejahen, so werden die Ermittlungen komplizierter, wenn man herausfinden muß, ob die dem geltungsbedürftigen Opfer zu verschaffenden Dinge tatsächlich von Bestand und Wert sind; denn nicht selten wissen diese Opfer um die Dürftigkeit der von ihnen erstrebten Prestige-Kulisse. Außer bei den Hintermännern des Täters können also auch die Vernehmungen der angeblichen Opfer problematisch werden.

b) Vertreterbetrug

Dagegen kommt es beim Vertreterbetrug zu Lasten des Dienstherrn oder Auftraggebers entscheidend auf die Regelung des Vertretungsverhältnisses und die tatsächlichen Gegebenheiten an. Auch hier findet man keineswegs immer klare Rechtsverhältnisse und eine leicht zu überblickende Sachlage.

aa) Provisionsbetrug

In Fällen von Provisionsbetrug kann z. B. zweifelhaft sein, ob überhaupt und in welcher Höhe diejenigen Kosten entstanden sind, welche der Vertreter erstattet verlangt. Mit etwaigen schriftlichen Unterlagen kann man häufig nur wenig anfangen, weil sie nur selten gefälscht sind. Des öfteren arbeiten, gerade wenn es sich um überhöhte oder sogen. Gefälligkeitsrechnungen handelt, die Aussteller derselben mit dem Betrüger zusammen, weshalb die Vernehmungen solcher Personen problematisch sind.

bb) Betrügerisches Erlangen von Musterkollektionen

Anders liegen die Dinge beim betrügerischen Erlangen von Musterkollektionen. Ist das abredewidrige Verwenden derselben und damit eine Unterschlagung in aller Regel kaum zweifelhaft, so kann man den Betrugsvorsatz doch nur selten – z. B. an Hand einschlägiger Vortaten – nachweisen. Hier kommt es also wesentlich auf die Beschuldigtenvernehmung an, welche durch Aussagen seiner Abnehmer bestenfalls erleichtert werden kann.

cc) Andere Formen
Nur der Vollständigkeit halber sei noch erwähnt, daß der Vertreter seinen Auftraggeber auch in anderer Weise durch betrügerische Manipulationen finanziell schädigen kann, was bei den unklaren Verhältnissen nicht selten umfassende Recherchen erfordert.

6. Versicherungsbetrug

Beim Versicherungsbetrug kann man zwar mit Unterlagen rechnen, die jedoch nicht immer das Betrügerische solcher Manipulationen dartun. Ungeachtet der bei den einzelnen Versicherungssparten unterschiedlichen Gegebenheiten lassen sich vier Verbrechenstechniken unterscheiden, die jedoch – ebenso wie das Schrifttum – ausführlicher beim Versicherungsmißbrauch (§ 23-C-III-6) behandelt werden. Hier ist also nur darauf hinzuweisen, daß diese Dinge u. U. auch bei Betrugsermittlungen wichtig werden können, weil alle diese Praktiken früher oder später zu einem Vermögensschaden der einzelnen Versicherung führen oder doch führen sollen.

aa) Betrügerischer Vertragsabschluß
Bei einem betrügerischen Vertragsabschluß, der erst später als solcher erkennbar zu werden pflegt, geht es außer um die Richtigkeit oder Unrichtigkeit der Angaben des verdächtigen Versicherungsnehmers darum, diesem nachzuweisen, daß er die Unrichtigkeit seiner Behauptung gekannt oder um die Wichtigkeit unterlassener Angaben gewußt hat. Je nach Art der Versicherung sind daher entsprechende Ermittlungen anzustellen.

bb) Betrügerisches Vortäuschen eines Versicherungsfalles
Ist der Schadenfall erwiesen und läßt sich betrügerisches Herbeiführen desselben (vgl. cc) ausschließen, so ist ein Betrug nur dadurch zu beweisen, daß dieser Schaden nicht unter die Versicherung fällt. Noch eher als bei lediglich unrichtigen Angaben des betrügerischen Versicherungsnehmers oder seiner Helfer gelingt das, wenn man den Worten durch Taten (z. B. frisierte Spuren) nachgeholfen hat; denn hier kann man sich auf kriminaltechnische Untersuchungen stützen.

cc) Betrügerisches Herbeiführen eines Schadensfalles
Bei ebenfalls eindeutigem und alsbald der Versicherung oder der Polizei angezeigtem Schadensfall geht es hier darum festzustellen, wie es zu diesem Schadenseintritt gekommen ist. Obwohl auch dabei Vernehmungen helfen können, sind diese Fälle doch – wie dargelegt – eine Domäne der Kriminaltechnik.

dd) Betrügerisches Ausnutzen eines Versicherungsfalles
Ergeben die Ermittlungen jedoch, daß es sich wirklich um einen Versicherungsfall handelt, so kann ein Betrug dadurch begangen worden sein, daß der Täter überhöhte Schadensersatzforderungen geltend gemacht hat. Es muß also nicht nur ermittelt werden, welche Schäden bzw. Reparaturen wirklich ersatzpflichtig sind, sondern auch dolose Kooperation des Täters mit Reparaturwerkstätten und dergl. ausgeschlossen werden.
Im Grunde geht es also in diesen Fällen des Individualbetrugs zum Nachteil einer Versicherung kriminaltaktisch um dieselben Probleme wie beim später zu behandelnden Versicherungsmißbrauch.

B. Schwindel

Der Betrug in den Formen des Schwindels ist beinahe noch vielgestaltiger als die Wirtschaftsbetrügereien. Die Tataufklärung hängt hier in besonderem Maße vom kriminaltaktischen Geschick der ermittelnden Beamten ab.

Vgl. aus älterer Zeit *Senf,* Walter: Der Kampf gegen Schwindel und Tricks – Hamburg 1931

1. Personenschwindel

Dies gilt mehr oder weniger für alle Fälle des Personenschwindels, weil diesen Verbrechenstechniken vielfach ein schauspielerisches Element eigentümlich ist. Das ausgesprochen persönliche Verhältnis des Betrügers zu seinem Opfer läßt zudem Sachbeweise für seine kriminellen Aktivitäten zu Ausnahmen werden, zumal da etwaige Schriftstücke oft mehrdeutig sind.

a) Hochstapler

Beim Hochstapler kommt es außer auf die wirkliche Identität vor allem auf das an, was sich der Täter finanziell von seinen Praktiken erhofft hat. Kann man hier nur selten mit Quittungen und dergl. rechnen, wobei Zweck und Schaden unsicher bleiben können, so läßt sich jedenfalls die Identitätstäuschung sehr häufig außer durch den Nachweis des Führens falscher Namen oder Titel auch mitunter durch gefälschte Ausweise, Briefköpfe, Unterschriften und dergl. beweisen. Dabei sind aber nicht nur Strafanzeigen relativ selten, sondern die Opfer aus Scham über ihre Einfalt oft wenig aussagewillig.

Mayer, R.: Verbrecher aus Gewohnheit oder Psychopathie? – Kriminalistik 1964, S. 396 ff.

Eine Sonderform, die noch deutlicher eine Kooperation zwischen Täter und Opfer voraussetzt, ist der **Geltungsschwindel,** wie er mit falschen Titeln und Orden betrieben wird (vgl. § 23-B-VII-A-5-gg). Auch hier sollte man sich daher bei mit Adelstiteln und ähnlichem vertrauten Stellen informieren; denn die in den einzelnen Staaten recht unterschiedlichen Verhältnisse sind oft recht verzwickt und nur schwer zu durchschauen.

b) Heiratsschwindler

Bei den Praktiken des Heiratsschwindels kommt es ebenfalls und vielleicht noch mehr auf Vernehmungen als auf Sachbeweise an, welche dann gewöhnlich falsche Namen, Titel oder unrichtige Angaben über die finanziellen Verhältnisse des Betrügers dartun.

Die heiratswütigen Opfer verzichten nicht nur nach Erkennen der Blamage auf eine Strafanzeige, sondern halten zuweilen sogar dem in Untersuchungshaft einsitzenden Heiratsgaukler – blind vor Liebe – die Treue. Selbst das triste Geschäft einer Hauptverhandlung vor dem erkennenden Strafgericht entbehrt so oft einer gewißen Tragikomik nicht. Kann man von den Geschädigten daher nur relativ selten brauchbare Aussagen erwarten, sollte man mehr auf Dritte, z.B. Angehörige des Opfers Wert legen, die weniger unter dem Einfluß des Täters zu stehen pflegen.

c) Grußbesteller, Bekanntenschwindler

Grußbesteller und Bekanntenschwindler werden gewöhnlich nur durch Zufall gestellt, sofern sie nicht ausnahmsweise als Wiederholungstäter durch gezielte Observation oder Einschaltung der Öffentlichkeit – z. B. durch Pressehinweise – gefaßt werden können.

d) Bettel- und Unterstützungsschwindler

Ähnlich ist die Lage bei Bettelschwindlern, während bei Unterstützungsschwindlern mit schriftlichen Unterlagen zu rechnen ist, die entweder nachweislich unwahre Angaben enthalten oder gefälscht sind. Besonders gefährdet sind insoweit Arbeitsämter, Sozialbehörden und kirchlich-karitative Stellen (vgl. auch unten 2-d).

Schmid, Jakob: Wenn es den Betrügern so leicht gemacht wird – Kriminalistik 1966, S. 433 f.; *Beitlich,* Wolfgang/ *Wahl,* Adolf: Für erfundene Arbeitslose kassiert – Kriminalistik 1970, S. 595 ff.

Der Unterstützungsschwindler kann dem Bekanntenschwindler ähneln, wenn er sich auf bestimmte Personenkreise oder Stellen konzentriert, die ihm als für seine Mitleidspredigt besonders empfänglich erscheinen. Die Gaunerei mit der Nächstenliebe kann durch Aufmachung oder mitgeführte Kinder außerordentlich eindrucksvoll gestaltet werden. Dabei sind Strafanzeigen selten und mehr zufällig.

Um 1960 machte ein aus Schlesien stammender Gelegenheitsarbeiter, der bis 1959 bei Magdeburg mit einer Witwe zusammengelebt hatte, mit seinem damals 6 Jahre alten unehelichen Jungen eine etwa $1^1/_2$ Jahre dauernde „Mitleidstour" durch die Bundesrepublik. Außer „Landsleuten", deren Namen er aus Heimatzeitungen entnahm, suchte er vor allem kirchliche und karitative Stellen heim, wobei das immer mehr verwahrlosende Kind sehr wirkungsvoll war. Sachspenden versilberte er alsbald bei Althändlern, das Geld verbrauchte er. Obwohl er z. B. bei einer Stelle Geld- und Sachspenden im Werte von DM 700 ergattert hatte, waren kaum Anzeigen eingegangen. Nur mit Mühe und durch Hinweis auf das Kind konnten die Kriminalbeamten schließlich ein Erzbischöfliches Generalvikariat zu einer Warnung veranlassen, welche dem Schwindler zum Verhängnis wurde. Als ein Vikar das Kirchenbüro anweisen wollte, eine Unterstützung auszuzahlen, wurde er von dieser Warnung unterrichtet und schaltete die Kriminalpolizei ein, die den Täter, der sich mit dem Kind absetzen wollte, fassen konnte.

e) Sammelschwindler

Dem Bettelschwindler, der für sich selbst kassiert, sind in etwa die Sammelschwindler vergleichbar, welche zuweilen außer entsprechender Kleidung (z. B. geistliche Tracht oder Uniform) auch gefälschte Ausweise benutzen, um angeblich für wohltätige Zwecke oder Organisationen Geld zu erlangen, welches in Wahrheit nur ihrem eigenen Wohlleben dienen soll.

Huber, Hansuli: Großbetrügerin im Ordenskleid – Kriminalistik 1970, S. 488 ff.

2. Legitimationsschwindel

Manche Fälle von Legitimationsschwindel erinnern demgegenüber teilweise mehr an die Wirtschaftsbetrügereien, wenngleich man hier genau genommen nicht von wirtschaftlichen Vorgängen sprechen kann. Es wird vielmehr lediglich eine rechtsgeschäftliche Legitimation vorgetäuscht.

a) Lohnvorschuß- und Heimarbeitsschwindler

Lohnvorschuß- und Heimarbeitsschwindler sind als abhängige oder unabhängige Arbeitnehmer fungierende Täter, die sich Vorleistungen vom Arbeitgeber erschleichen, ohne die dafür vereinbarte Gegenleistung erbringen zu wollen oder zu können.

Nicht selten ist es bei Eingang entsprechender Strafanzeigen schwierig, vom Betroffenen eine einigermaßen brauchbare Personenbeschreibung vom Tatverdächtigen zu erlangen. Ist dies der Fall oder der Verdächtige anderweitig ermittelt worden, so hängt das Betrugsverfahren vor allem von Vernehmungen ab, weil nur auf diese Weise die in Wahrheit charakteristische Arbeitsunwilligkeit des Täters bewiesen werden kann.

b) Quittungsschwindel

Der Trick beim Quittungsschwindel besteht darin, daß eine Inkassovollmacht vorgetäuscht wird, die in Wahrheit nicht besteht. Nur seltener benutzt der Täter falsche Ausweise oder Vollmachten, die dann für die Ermittlungen jedoch gewöhnlich nicht verfügbar oder deren Inhalt den Opfern kaum jemals bekannt ist, weshalb es wesentlich auf Vernehmungen ankommt.

c) Brief- und Paketfallenschwindler

Bei den Brief- und Paketfallenschwindlern gibt es von der Beute abgesehen kaum jemals Ansatzpunkte für einen Sachbeweis. Und schon die Personenfahndung gestaltet sich bei dieser Verbrechenstechnik in aller Regel schwierig, weil Augenzeugen selten oder doch nicht ergiebig sind. Sollte man daher von den Strafverfolgungsorganen keine Wunder erwarten, bleibt nur der Trost, daß es sich überwiegend um nicht besonders gewichtige Straftaten handelt.

d) Fürsorgeschwindel

Der Fürsorgeschwindel, ein Prototyp von Sozialbetrügereien, ähnelt in manchem dem Versicherungsmißbrauch (§ 23-B-VII-b, § 23-C-III-F), weshalb wegen der Ausgangslage, der kriminaltechnischen Möglichkeiten und des Vorgehens bei solchen Ermittlungen auf das dort Gesagte verwiesen werden kann. Selbstverständlich ist in diesen Fällen eine gute Zusammenarbeit mit den vom Tatverdächtigen in Anspruch genommenen staatlichen Stellen besonders wichtig.

3. Leistungsschwindel

Der Leistungsschwindel ähnelt in mancher Hinsicht dem Legitimationsschwindel; allerdings wird hier nicht eine Legitimation vorgetäuscht, sondern die Leistung des Opfers erschlichen, ohne die später fällige eigene Gegenleistung erbringen zu wollen.

a) Hotel-, Pensions- und Einmieteschwindler. Zechpreller

Bei diesen Schwindlern ist die im allgemeinen verfügbare Personenbeschreibung wichtiger als die z. T. vorhandenen Schriftstücke. Der Täter wird des öfteren sogar vom Opfer der Polizei überstellt.

Heyn, Günter: Der Zechbetrug. Eine kriminologisch-kriminalistische und strafrechtlich-kriminalistische Betrachtung – Kriminalistik 1968, S. 600 ff.

Zudem kann man gerade im Gaststätten- und Beherbergungsgewerbe aus Eigeninteresse auf Kooperation rechnen. Ist der Täter erst einmal gestellt, dürfte es daher durchweg nicht schwierig sein, ihn zu überführen. Aus denselben Gründen kann man es bei Serientätern ggf. auch mit Mitteilungen in der Fachpresse oder Rundschreiben versuchen, solchen Betrügern das Handwerk zu legen.

b) Fahrgeldpreller

Der Fahrgeldpreller oder Schwarzfahrer läßt sich eigentlich nur durch Kontrollen ermitteln, weil Sachbeweise fehlen und seine Identität ansonsten unbekannt ist.

Bialek, Hans-Dieter: Leistungserschleichung – der kriminalist 1975, S. 680 ff.; 1976, S. 22 ff.

Beruht die Aufklärung solcher Taten, die durchweg Bagatelldelikte darstellen, demnach mehr auf Zufall, kommt es in der Praxis vor allem auf präventive Sicherungs- und Kontrollmaßnahmen an, welche Sache der Verkehrsbetriebe sind, die jedoch mit Pauschalbeträgen (sogen. „erhöhtes Fahrgeld") zuweilen zu nicht unbedenklichen Formen der Selbstjustiz bei Schwarzfahrern greifen.

c) Eintrittsschwindler

Dasselbe gilt für Eintrittsschwindler, weil man ohne Ertappen des Täters nichts Sicheres über seine Aktivität und Identität weiß. Die Sache ist also ähnlich wie beim Schwarzfahrer vor allem eine Angelegenheit der Veranstalter und rechtfertigt wegen geringer krimineller Intensität nicht den präventiven Einsatz staatlicher Strafverfolgungsorgane.

d) Wechselschwindler

Eine ähnliche, wenngleich etwas andersartige Situation kennzeichnet das Treiben der Wechselschwindler, welche noch am ehesten durch Aufmerksamkeit des Opfers „auflaufen".

Aeberli, Emil: Internationale Geldwechseldiebe und -betrüger. Ein Fall aus der Praxis – Kriminalistik 1966, S. 249 ff.; *Jurasek:* Informierte Geschäftsleute helfen Chilfener fangen – Kriminalistik 1966, S. 486.

Sind die Überführungschancen auch hier in der Mehrzahl der Fälle schlecht, so muß beispielsweise bei Serientätern die Kriminalpolizei doch durch Hinweise oder Observation aktiv werden.

e) Bauernfänger. Nepper

Die Taten der Bauernfänger und Nepper bleiben weithin im deckenden Dunkel der Latenz. Selbst wenn es dann und wann zu einer Strafanzeige kommt, hilft die Personenbeschreibung durch das Opfer bei dem turbulenten Milieu, in welchem diese Betrügereien verübt werden, gewöhnlich nicht viel weiter.

Nepper und Bauernfänger lassen sich daher am ehesten in präventiv ausgelegten Netzen – z. B. Streifen, Personenkontrollen und Razzien – fangen. Sie sind als Figuren des Milieus nicht auf die leichte Schulter zu nehmen.

4. Spielschwindel. Falschspiel

Die vielfältigen Praktiken des Spielschwindels sind im allgemeinen nur schlecht festzustellen, weil der Falschspieler möglichst ohne unberufene Zuschauer oder undurchschaubar handelt (vgl. auch § 23-C-7).

Schneickert S. 85 ff.; *Bekämpfung von Glücks- und Falschspiel* – hrsg. v. Bundeskriminalamt – Wiesbaden 1955 – insb. S. 83 ff., 98 ff., 115 ff.

Tatverdächtige werden daher, sofern das Opfer und seine Freunde, was nicht immer möglich ist, den Schwindler entlarven und dingfest machen, in aller Regel nur durch vorbeugende Kontrollen oder durch nach einem Tip mögliche gezielte Maßnahmen gefaßt. Aber auch dann ist es gewöhnlich schwierig, das Falschspiel und damit den Betrug zu beweisen, weil manipuliertes Spielgerät nur selten sichergestellt werden kann und das Betrügerische oft lediglich in der arglistigen Handhabung des Spiels besteht.

Dittmann, Walter/*Foell,* Konrad: Falschspieler mit Funkapparatur. Eine neue Methode, um beim Geschicklichkeitsspiel dem „Zufall" nachzuhelfen – Kriminalistik 1953, S. 195 ff.

5. Okkultschwindel

Viel Kopfzerbrechen bereitet den Kriminalisten schließlich die Aufklärung der phantasiereichen und oft phantastischen Fälle von Okkultschwindel (§ 6-IV). Denn angesichts der Zusammenarbeit von Täter und Opfer kann man bei diesem kaum auf Kooperation hoffen; vielmehr ist außer verstocktem Schweigen u. U. sogar tatkräfiger Beistand des Opfers zu befürchten.
Ist daher bei ohnehin großem Dunkelfeld oft schon der Nachweis okkulter Praktiken sehr schwierig, so gelingt es in der Praxis nur selten, dem Tatverdächtigen zu beweisen, daß er selbst nicht abergläubisch ist, seine Opfer also bewußt getäuscht hat; vielfach müssen daher solche Betrüger, die arglistig fremden Aberglauben ausnutzen, doch wie echte Okkulttäter behandelt werden.

Ist deshalb eine Verurteilung wegen Betrugs nicht möglich, so sollte man umso intensiver über andere Möglichkeiten strafrechtlicher Verantwortlichkeit nachdenken, z. B. bei Eintritt von Personen- oder Sachschaden wegen fahrlässiger Tat oder wegen Verstoßes gegen das Heilpraktikergesetz oder andere Nebengesetze.

Bei den einzelnen Arten von okkulten Praktiken kann man sich des Rates recht verschiedener Sachverständiger bedienen, wobei allerdings – wie gesagt (§ 15-IX-C) – sogen. Parapsychologen außer Betracht bleiben müssen, um nicht den Bock zum Gärtner zu machen.

a) Kurpfuscher. Magischer Heiler u. a.

In Fällen von Kurpfuscherei oder bei anderen Praktiken magischen Heilens ist zunächst einmal mithilfe des Mediziners festzustellen, ob das abergläubische Opfer wirklich krank ist und ggf. an welcher Krankheit es leidet. Damit läß sich nicht nur zuweilen die Diagnose als absurd entlarven, sondern zugleich feststellen, ob die Behandlung durch den Okkultisten nicht gesundheitsschädigend oder doch zumindest sinnlos war; das gilt auch dann, wenn er eine indizierte medizinische Behandlung verhindert oder verzögert hat.
Vom volksmedizinischen Kurpfuscher verordnete Mittel sind – soweit möglich – zu analysieren und vom Mediziner auf ihre ggf. wenig okkulte, nämlich möglicherweise gefährliche Wirkung hin zu beurteilen. Derartige Sachbeweise, die durch beim Beschuldigten sichergestelltes Vergleichsmaterial erhärtet werden können, sind in der Regel eindrucksvoller als die Aussagen befangener oder unbefangener Zeugen.
Gerade bei Kurpfuscherei und sonstigem Heilmittelschwindel ist auf eine ganze Reihe von

Institutionen und Organisationen hinzuweisen, die dem Kriminalisten seine Arbeit u. U. erheblich erleichtern können.

Schüppert, Roman: Kurpfuschertum und Kriminalität – Arch. f. Krim. Bd. 133, S. 78 ff. (1964).

b) Andere Okkultschwindler

Das bei den Verbrechenstechniken genauer ausgeleuchtete Betätigungsfeld anderer Okkultschwindler (§ 6-IV) zwingt den Ermittlungsbeamten zu besonderem Einfallsreichtum bei der kriminaltaktischen Konzeption.

Schmied, Erich: Die Bekämpfung der Wahrsagerei – Kriminalistik 1951, S. 8 ff.; *Wimmer,* Wolf: Die Wunder von Konnersreuth im Lichte der Kriminalistik. Zur Psychologie des frommen Schwindels – Kriminalistik 1976, S. 399 ff., 459 ff., 515 ff.

Neben z. T. schon recht komplizierten Sachbeweisen, die gerade der hier übliche Humbug notwendig macht, geht es doch in den meisten Fällen um Vernehmungen, die geschickt und beharrlich geführt werden müssen, wenn man zum Ziel gelangen und das okkulte Dunkel solcher Machenschaften aufhellen will.

VIII. Erpressung

Die Erpressung bietet kriminaltaktsich zwar beträchtliche, aber doch reizvolle Probleme. Dabei dreht es sich keineswegs nur um die Verbrechensaufklärung, sondern zuweilen mehr um Verbrechensverhinderung und **Prävention,** weil diese Straftaten auf mehr oder weniger lange Dauer angelegt sind. Jedoch lassen sich diese Maßnahmen am besten im Zusammenhang der Ermittlungsarbeit behandeln. Denn für die eigentliche Prävention vor der mit einer Drohung beginnenden Tat gibt es nur den gutgemeinten, aber oft nicht beherzigten Rat, sich entweder nicht die Blöße einer Verfehlung zu geben, die der Erpresser gern ausnutzt, oder sich so vorsichtig zu verhalten, daß er nicht einmal durch Gewalt eine Zwangslage schaffen kann.

Die gerade bei Erpressungen wichtige Kooperation mit dem Opfer wird dadurch erschwert, als dieses bei ausbeuterischer Erpressung Strafe oder Blamage fürchtet und bei erpresserischer Bedrohung um seine eigene Sicherheit oder die ihm nahestehender Personen besorgt ist. Neben zuverlässiger Arbeit ist vor allem Verständnis wichtig, wenn man das Vertrauen des Opfers oder Drittopfers gewinnen will; dazu gehören beispielsweise eindeutige Zusagen und wirksame Schutzmaßnahmen.

Die **Ermittlungen** sind in denjenigen Fällen, in denen der Erpresser dem Opfer und damit den Strafverfolgungsorganen bekannt ist, naturgemäß ganz anders als in den Fällen eines noch unbekannten Täters.

Besekow, Arno: Der Erpresser – in: TbKrim Bd. VIII, S. 70 ff., insb. S. 80 ff. (1958); *Geerds,* Friedrich: Erpressung – in: HdwKrim (2) I-179 ff., insb. S. 186 f.; *Meixner* II-58 ff.; *Reinsberg,* Dietrich: Die Erpressung. Eine kriminologische, kriminalistische und strafrechtliche Untersuchung – Diss. Frankfurt a. M. – München 1970 – insb. S. 130 ff.; *Bauer* 3-236 ff.; vgl. schon *Schneickert* S. 113 ff.

Wendet ein solcher Erpresser jedoch Gewalt gegen Menschen oder Sachen an, um seiner Drohung Nachdruck zu verleihen, so ist tunlichst an Sachbeweise wie bei Körperverletzungsdelikten oder aber Sachbeschädigung bzw. Einbruch zu denken.

1. Bekannte Erpresser

Beim bekannten Erpresser geht es kriminaltaktisch eigentlich nur um die Frage, wann der Zugriff zweckmäßig erfolgt, um über optimale Beweise verfügen zu können oder eventuelle Hintermänner zu ermitteln. Denn auch hier sind die in der Praxis selteneren Sachbeweise wichtig, weil sonst leicht Aussage gegen Aussage stehen kann.
Schwierigkeiten bereitet allerdings, daß Anzeigen vom Opfer häufig erst sehr spät erstattet werden, etwa dann, wenn es ihm – den wirtschaftlichen Ruin bereits vor Augen – gleichgültig ist, ob es wegen früherer Verfehlungen belangt oder bloßgestellt werden kann.

Vereinzelt gibt es sogar Täter, die dann dem Opfer regelmäßig sogar bekannt sind, welche mit Praktiken der ausbeuterischen Erpressung oder erpresserischen Bedrohung ihr Opfer zur Begehung von Vermögensdelikten zwingen, um auf diese Weise Beute zu machen.

Zink, Werner: Wohnungsdiebstähle – Kriminalistik 1972, S. 307.

Mitunter treten Erpresser auf, die nicht einmal bei Beginn der Tatausführung mündlichen Kontakt scheuen, die also trotz Unkenntnis der Personalien vom Opfer identifiziert werden könnten, was auf Grenzfälle zu anonymen Tätern hinausläuft. Hier kann, da der Erpresser gewöhnlich mehrfach Kontakt mit seinem Opfer aufnehmen muß, Observation angezeigt sein.

Zwei wegen Erpressung bzw. Betrugs vorbestrafte Täter, die erst vor zwei Monaten aus der Strafanstalt entlassen waren, erpreßten als falsche Kriminalbeamte ziemlich dreist von ihnen in Toiletten ertappte Homosexuelle um angebliche Bußgelder, Strafbefehle usw. Auf Anzeige eines Opfers konnten die falschen von echten Kriminalbeamten gefaßt werden, als sie sich in dessen Wohnung ein „Bußgeld" abholen wollten. Trotz Lichtbildveröffentlichung in der Presse fand außer zwei Anzeigenden keines der Opfer den Weg zur Kriminalpolizei, obwohl nach einer Durchsuchung der Täter und ihrer Unterkunft neben anderen belastenden Dingen Anschriften gefunden wurden und man so 16 Geschädigte ermitteln konnte; dabei hatten sie allein einem von ihnen DM 10000 abgepreßt.

Erscheinen Durchsuchung oder andere Zwangsmaßnahmen nach Lage der Dinge als angezeigt, so ist außer auf vom Opfer herrührende Gegenstände wie Briefe, Geld ferner vor allem auf Geräte und Materalien zu achten, wie sie der Täter zuvor zur Kommunikation benutzt hat; möglicherweise kann es auch auf Vergleichsmaterial – z. B. Schriftproben – ankommen. Mitunter findet man sogar Dinge, welche der Erpresser – wie Fotoabzüge oder -negative – als Tatmittel verwendet hat; selbst Kohlepapier und Schreibunterlagen sollten nicht übersehen werden.
Die Festnahme eines Erpressers darf in der Regel erst dann erfolgen, wenn der Tatverdacht sicher ist und einwandfrei bewiesen werden kann. Man muß dabei insb. sicher sein, den eigentlichen Täter und nicht nur seinen Helfer oder gar einen unwissenden Boten vor sich zu haben. Zu einer solchen Festnahme kann es insb. auch in den sogleich zu behandelnden Fällen noch unbekannter Erpresser im Zusammenhang mit Nachrichtenübermittlung oder Entgegennahme des Geldes kommen; hier aber ist besondere Vorsicht geboten.

Handelt es sich wahrscheinlich oder möglicherweise nur um einen Boten, so sollte dieser im Regelfalle so unauffällig observiert werden, daß weder er noch der ihn u. U. beobachtende Erpresser etwas bemerkt.

2. Anonyme Erpresser

Solange der Erpresser unbekannt oder anonym ist, muß der Kriminalist mit besonderer Vorsicht zu Werke gehen, damit der Täter nicht im Schutze der Anonymität entwischen und anderweitig aktiv werden kann.

Wehner, Bernd/*Lissy,* Hans: Aufklärung einer bundesweiten Erpressungsserie – Kriminalistik 1967, S. 37 ff.; *Wilmsen,* Hermann: Ein gemeingefährlicher Erpresser. Der Duisburger Fall Manfred Hendl – Kriminalikstik 1969, S. 561 ff.; *Stadler,* Max: Anonyme Briefe auf dem Lande — Kriminalistik 1971, S. 206 f.; *Domenig,* Georg: Eine nicht alltägliche Erpressung – Kriminalistik 1972, S. 332 ff.; *Schima,* Konrad: Die anonyme Erpressung – Arch. f. Krim. Bd. 152, S. 146 ff., insb. S. 150 ff. (1973); *Häusler,* Karl: Primitivtäter versuchen Erpressung großen Stils – Kriminalistik 1973, S. 53 ff.; *Häusler,* Karl: Lehren aus einer Erpresser-Ermittlung – Kriminalistik 1974, S. 17 ff.

Zweckmäßig sollte daher das Opfer für eine Mitarbeit gewonnen werden, um den Kontakt zum Täter nicht abreißen zu lassen.

Das Aufrechterhalten der Verbindung verschafft insb. dann, wenn man den Täter in dem Glauben belassen kann, die Polizei sei nicht eingeschaltet, Zeit und Gelegenheit, den verdächtigen Personenkreis oder sogar einen Tatverdächtigen zu ermitteln. Aus denselben Gründen ist auf Verhandlungen einzugehen; es muß u. U. später entschieden werden, ob das wirklich oder nur zum Schein geschieht.

Bei anonymen Erpressern bieten sich zuweilen dadurch weitere kriminaltaktisch wertvolle Ansatzpunkte, daß sie entweder Straftaten begehen, um ihrer Drohung Nachdruck zu verleihen oder um sich so für ihre Zwecke geeignetes (wertvolles oder komprimittierendes) Material zu verschaffen, welches sie dann zum „Rückkauf" anbieten.

Grohe, Ernst/*Gierig,* Bernd: Ein nicht alltäglicher Fall – der kriminalist 1974, S. 22 ff.

Hier gibt es neben Möglichkeiten der Tatortarbeit auch Ermittlungen in jener Straftat (z. B. Einbruch, Sachbeschädigung, Brandstiftung, Sprengstoffanschlag), die bei Aufklärung der Erpressungssache weiterhelfen können.

Zwang wie Durchsuchung oder Festnahme setzt nicht nur einige Klarheit über die Identität voraus, sondern sollte erst dann angewendet werden, wenn hinreichend sicher ist, daß der Betreffende wirklich ein Täter und nicht nur ein Mittelsmann ist; zudem muß man ohnehin zuwarten, um auch etwaige Hintermänner des agierenden Täters ermitteln zu können. Dann aber gelten ähnliche Grundsätze wie beim bekannten Erpresser.

Im übrigen kommt es für das Vorgehen bei einem anonymen Erpresser entscheidend darauf an, welcher Kommunikationsmittel er sich bedient, weil man nur daran anknüpfend seine Anonymität durchbrechen kann. Gelingt das, so ist die Situation günstiger als beim bekannten Erpresser, da der Versuch, die Anonymität zu wahren, Sachbeweise zu zeitigen pflegt, die man für Fahndungs- und Beweiszwecke nutzen kann. Dasselbe wie für die Nachrichtenübermittlung gilt selbstverständlich auch für die Aushändigung des abgepreßten Geldes oder sonstiger Beute.

Natürlich gibt es immer wieder Fälle, in denen der Erpresser mehrere der nachstehend geschilderten Kommunikationsmöglichkeiten kombiniert, was selbstredend auch kriminaltaktisch zu beachten ist.

a) Schriftliche Verbindung

Bei schriftlichem Kontakt mit dem Täter muß sich das Vorgehen nach dem Weg richten, den für den Täter bestimmte Nachrichten nehmen sollen. Die vom Erpresser stammenden schriftlichen Nachrichten sind selbstverständlich kriminaltechnisch genau zu untersuchen, um Anhaltspunkkte für Fahndung und überführende Beweise zu erlangen.

Dies gilt sowohl für alle Anonymschreiben in der fraglichen Ermittlungssache als auch für die bei ihrem Versand benutzten Umschläge. Weitere Briefe sollte das Opfer möglichst ungeöffnet an die Experten weitergeben, deren Möglichkeiten dadurch verbessert werden.

Ott, Georg: Rasche Aufklärung einer versuchten Erpressung durch Maschinenschrift-Vergleich – Kriminalistik 1957, S. 225 ff.; *Klotzbach,* Kurt: Erpresserbriefe mit Mordandrohung – Kriminalistik 1962, S. 314 f.

Außer auf die Untersuchung von Hand-, Schreibmaschinen- und Druck- (z. B. Klebe-)schriften sowie die Suche nach Fingerabdrücken kommt es u. U. auch darauf an, durch Analyse der Schriftträger und des Schreibmaterials Erkenntnisse für Fahndungs- und Beweiszwecke zu zeitigen.

Müller, Werner F.: Ein merkwürdiger Erpresser – Kriminalistik 1954, S. 52 f.

Wie wichtig die Urkundenuntersuchung bei schreibenden Erpressern ist, beweist der folgende Sachverhalt.

Erst nach einem Mordversuch an der Ehefrau eines Fabrikanten überprüfte man an Hand drei schon früher eingegangener Erpresserbriefe, die Derartiges androhten, die Handschrift der in drei Betrieben des Ehemannes Tätigen und kam so auf einen 20jährigen, der schließlich alle diese und noch weitere Gewalttaten gestand.

Bei Erpresserbriefen in Maschinenschrift gestalten sich die Recherchen etwas anders, weil es gilt, die Tatmaschine ausfindig zu machen, die sich nicht einmal beim Täter selbst zu befinden braucht. Hier kommt es also zunächst auf Fahndung und Vernehmungen an.

Ein Erpresser hatte einen Gastwirt durch einen Brief in Maschinenschrift zu Verhandlungen über ein Lösegeld für angeblich belastende Unterlagen aufgefordert. Da der angekündigte Anruf ausblieb, erwies sich die eingebaute Fangschaltung als nutzlos. Es bestand jedoch Verdacht gegen einen Aushilfskellner, der aber weder eine Schreibmaschine noch die Fähigkeit zu solcher Formulierung besaß. Daher fahndete man im Bekanntenkreis des Verdächtigen nach geeigneten Personen. Während bei drei in Betracht kommenden Personen die Schreibmaschinen nicht zur Tat benutzt worden sein konnten, wurde man bei einer Witwe fündig, deren 17jähriger Sohn als Realschüler eine entsprechende Maschine besaß. Man fand bei der Durchsuchung außer der Maschine nicht nur gleichartiges Briefpapier, sondern sogar noch den vom Täter handschriftlich aufgesetzten Entwurf des Erpresserbriefes.
Ebenso wie die Art der Erpressung können auch Inhalt und Form des Erpresserbriefes gewisse Rückschlüsse auf den Täter oder den dafür in Betracht kommenden Personenkreis ermöglichen.

Die schriftliche Kommunikation wird vom Täter zuweilen nicht unmittelbar, sondern unter Einschaltung eines möglicherweise unwissenden Boten geführt; das gilt sowohl für das Zustellen seiner Mitteilungen als auch für das Abholen der für ihn bestimmten.

aa) Postlagernd

Bei postlagernden Sendungen ist zwar eine Kontrolle relativ leicht zu bewerkstelligen,aber sie führt häufig nicht weiter; denn der Täter, der um diese Gefahr für sich weiß, benutzt zum Abholen gern einen Strohmann oder doch nicht Eingeweihten. Ein schneller Zugriff dürfte hier mithin oft falsch sein. Der überwachende Beamte kann entweder mit dem Postbediensteten zusammenarbeiten oder aber sich darauf verlassen, daß er eine auffällig gestaltete Sendung beim Aushändigen ausmachen wird.

So kann z. B. der Postbedienstete ein zuvor vereinbartes Zeichen geben; aber auch ein „untergeschobener" Großumschlag läßt sich leicht beaufsichtigen. Während ein Bote daran keinen Anstoß nehmen dürfte, kann der Täter allerdings stutzig werden und die Annahme verweigern, was dann zu schnellem Eingreifen zwingt.
Auch bei dieser Verbrechenstechnik kann man im übrigen mit einer Fotofalle arbeiten.

Loitz, Rolf: Fotofalle überführt Erpresser – Kriminalistik 1966, S. 364 f.

Ein Dortmunder Kaufmann wurde brieflich aufgefordert, DM 1.000 postlagernd „zum Schutz seiner Schaufensterscheiben" zu zahlen, die anderenfalls oder auch bei Einschaltung der Polizei zerschlagen würden. Obwohl die das Postamt abservierenden Beamten schon wieder abgezogen worden waren, teilte die Postüberwachungsstelle fernmündlich mit, daß der Antwortbrief schließlich von einem 18jährigen abgeholt worden sei, dessen Personalien man notiert habe. Der angeblich nur für DM 5 als Bote fungierende Heranwachsende verwickelte sich bei der Vernehmung in Widersprüche und mußte schließlich gestehen, daß er zusammen mit einem 19jährigen nach einem Kriminalfilm auf diese Art von Gelderwerb gekommen sei.

bb) Deckanschrift
Etwas anders, aber ähnlich ist es, wenn der anonyme Erpresser eine Deckanschrift verwendet; denn die zu diesem Zweck benutzte Örtlichkeit muß so observiert werden, daß der sie sicher beobachtende Täter nicht mißtrauisch wird. Obwohl er auch hier einen Boten benutzen kann, holt er die Nachricht erfahrungsgemäß doch häufiger selbst ab.
Die Deckanschrift kann nicht nur die einer gutgläubigen Mittelsperson sein, sondern es kann sich dabei auch um einen Komplizen oder in Wahrheit um den Täter (manipulierte Zweitanschrift) handeln.

Peter, Franz: Erpressung auf sexueller Grundlage – Kriminalistik 1967, S. 489 f.

cc) Hinterlegung an bestimmtem Ort
Muß die Nachricht an einem bestimmten Ort hinterlegt werden, so kann man hier schon eher einen Täter als Abholer erwarten. Der Erpresser, der sich über diese Gefahr klar ist, versucht natürlich, sie durch Wahl des (belebten oder wenig frequentierten) Ortes zu vermindern, was er am ehesten noch durch dauerndes Umdirigieren des Überbringers erreicht.

Gundolf, Hubert: Jugendliche als Erpresser. Zwei Kriminalfälle mit lehrreichen Hinweisen – Kriminalistik 1962, S. 165 ff., insb. S. 167 ff.; *Kimmel,* Anton: Eigenartige Zufälle bei Aufklärung von Erpressungen – Kriminalistik 1966, S. 352 ff.; *Feld,* Reinhard: Bilanz einer Erpressung mit Sprengstoffanschlag zum Nachteil eines Kaufhauses in Münster – der kriminalist 1974, S. 17 ff.

Außer an die oft schwierige Überwachung des Ortes ist ferner an Alarmanlagen und chemische Fangmittel zu denken.

Alle diese Dinge sollten ebenso wie Fotofallen, die deshalb nur selten in Betracht kommen, so beschaffen sein, daß sie vom Tatverdächtigen nicht bemerkt werden. Bei geeigneten Örtlichkeiten kann man natürlich auch dafür sorgen, daß aller Voraussicht nach mit brauchbaren Finger- oder Fußabdrücken zu rechnen ist.

Ist der Hinterlegungsort – zumindest der zunächt genannte – bekannt, so ist für eine sorgfältig geplante und gut getarnte Observation zu sorgen.

Dies führte bei einem Täter zum Ziel, der Frauenärzte zu erpressen suchte und Ablegen des „Schweigegeldes" in einem bestimmten Papierkorb im Hauptbahnhof verlangte. Die an unauffälligem Ort befragte, anzeigende Ärztin lief über eine wesentlich zu ihrem Schutz eingerichtete Observationskette mit einem präparierten Brief zum Hauptbahnhof, wo in der Nähe des Papierkorbs mehrere Beamte in unverfänglicher Aufmachung postiert waren. Sie konnten den 19jährigen Täter festnehmen, als er sich am Papierkorb zu schaffen machte.

Soll bei dieser Gelegenheit eine Festnahme erfolgen, so ist – wie schon gesagt – mit Umsicht zu Werke zu gehen, damit der die Örtlichkeit beobachtende Täter nicht verscheucht wird oder man nicht an den Falschen gerät. Die Beamten, welche die Umgebung und eventuelle Fluchtwege genau kennen sollten, müssen frühzeitig versteckt werden oder unauffällig und milieuecht getarnt sein.
Mühsam und vor allem zeitraubend kann die Hinterlegung werden, wenn der Täter die Nachricht oder das Geld an einem bestimmten Ort verstecken oder gar vergraben läßt, um dann den Platz zu beobachten und einen günstigen Zeitpunkt zum Abholen abwarten zu können.

b) Fernmündliche Verbindung

Benutzt der anonyme Erpresser zur Kommunikation, was immer häufiger geschieht, den Fernsprecher, so sollte man nicht nur für Fixierung des Gesagten, sondern auch für Fangschaltungen und dergl. sorgen.

Rösner, Eginhard: Erpressung nach zweifachem Wohnungseinbruch – Kriminalistik 1972, S. 285 ff.; *Mitschke,* O./*Heukemes,* H.: Eine Erpressung und der Hindernislauf zum Täter – der kriminalist 1973, S. 527 ff.; *Huhn,* Jürgen: Die Tonbandaufzeichnung von Telefongesprächen – der kriminalist 1974, S. 611 ff.

Obgleich für das Ermitteln des Anschlusses – oft eines öffentlichen Fernsprechers – übliche - weise mehrere Minuten benötigt werden, besteht so doch die Chance, den Anrufer oder Anhaltspunkte von ihm zu erhalten, wenn man – z. B. durch entsprechend verteilte Streifenfahrzeuge – dafür sorgt, daß man schnell an dem benutzten Fernsprecher sein kann. Ansonsten kann man zumindest auf die konservierte Stimme des Anrufers als Fahndungs- und ggf. Überführungsmittel (Stimmvergleichung) zurückgreifen.

Die Chancen werden umso günstiger, je länger das Gespräch dauert, was z. T. vom Geschick des angerufenen Opfers abhängt. Selbst wenn der Täter nicht mehr an dem von ihm benutzten Anschluß ertappt werden kann, lassen sich unter günstigen Umständen auf diese Weise doch Spuren von ihm oder Hinweise auf ihn ermitteln.

c) Persönlicher Kontakt

Soll der Kontakt mündlich und die Zahlung des Lösegeldes persönlich erfolgen, so kann man natürlich an Fallen – z. B. fototechnischer Art – denken, wenngleich der Erpresser sich darum bemühen wird, das Risiko auch hier durch Anweisungen und ihm geeignet erscheinende Örtlichkeiten gering zu halten. Die Maßnahmen sollten daher in der Regel weiträumig erfolgen.

Sofern mündlicher, d. h. persönlicher Kontakt vom Täter in Aussicht gestellt wird, handelt es sich in der Mehrzahl der Fälle um einen Anfänger, weil dabei die Anonymität nur schwer zu wahren ist. – Häufiger sind persönliche Rücksprache oder Entgegennahme daher bei einem dem Opfer bereits bekannten Erpresser.

Manche Fälle schwerer Erpressung, typischerweise erpresserischer Bedrohung, ähneln mehr dem Raub, weil ein nicht ohne weiteres zu identifizierender Täter sein Opfer durch Drohen – z. B. mit einer Schußwaffe – zur Herausgabe von Geld zwingt, das er nicht ohne weiteres selbst an sich nehmen konnte.

Leimgruber, Eugen: Der Räuber kam nach Mitternacht – der kriminalist 1974, S. 39 ff.

Der mündliche Kontakt, der hier oft sogleich zum Ziel führt, zwingt zu einem ähnlichen Vorgehen wie bei Raubüberfällen (§ 23-B-II).

IX. Untreue

Die Situation in Untreue-Fällen entspricht weithin der bei Wirtschaftsbetrügereien. Allerdings spielen geschäftliche Unterlagen und somit auch Fälschungen hier wohl eine etwas größere Rolle. Das gilt in etwa sogar für Untreue in anderen Verhältnissen.

Zirpins, Walter/*Terstegen,* Otto: Wirtschaftskriminalität. Erscheinungsformen und ihre Bekämpfung – Lübeck 1963 – insb. S. 664 ff.

1. Untreue im Wirtschaftsleben

Bei den im Zusammenhang mit dem Wirtschaftsleben begangenen Untreuetaten kommt es auch für die Ermittlungen sehr darauf an, in welcher Position sich der Täter befindet; denn je nach Lage sind die Verbrechenstechniken verschieden geartet.
Allgemeiner läßt sich für diese Untreutetaten jedoch sagen, daß ein Verdacht häufig mit den oft erst nach längerer Zeit bemerkten Verlusten entsteht. Zudem werden die Ermittlungen selbst dann noch durch das besondere Verhältnis von Täter und Opfer belastet, welches einen solchen Verdacht oder gar gezielte Maßnahmen nicht zu gestatten scheint, zumal da der Schaden zunächst oft nur teilweise erfaßt wird.
Die Ermittlungen dürfen sich nicht auf Buchführung und die Situation beim Geschädigten beschränken, sondern bieten oft im Bereich des Tatverdächtigen bessere Ansätze, wo sich etwa unerklärliche Bewegungen auf seinen Konten feststellen lassen.
Erst nach derartigen Feststellungen hat eine Beschuldigtenvernehmung wirklich Aussicht auf Erfolg. Im übrigen sind in diesen Sachen die für Wirtschaftsdelikte maßgebenden kriminaltaktischen Grundsätze (§ 23-C-III) zu beachten.

a) Angestellten-Untreue

Die in der Praxis überwiegenden Fälle der Angestellten-Untreue sind in der Tatausführung oft so primitiv, daß keinesfalls immer mit Sachbeweisen zu rechnen ist.

Prümers/Henduk/Wahl: Die lukrativen Nebeneinnahmen eines Buchhalters – Kriminalistik 1972, S. 185 ff.; *Buchhold,* Karl: Untreuehandlungen weiblicher Angestellter – Kriminalistik 1976, S. 174 ff.

Die kriminaltaktische Situation ähnelt hier daher oft mehr der Unterschlagung oder einfacheren Betrügereien als der bei Wirtschaftsdelikten. Ebenso wie man den Tatverdächtigen durch gezielt angesetzte Vernehmungen einkreisen muß, kam man ihn im übrigen nur durch seine eigene Aussage überführen.

b) Geschäftsführer- und Teilhaber-Untreue
Wird eine Untreue von einem Geschäftsführer oder Teilhaber begangen, so wird man häufig mit Manipulationen an der Buchführung oder an Unterlagen rechnen dürfen, die dieses ermöglichen oder verschleiern sollen.

Buchhold, Karl/*Lauer,* Bernd: Aktienrechtliche Untreue – Krmininalistik 1966,S. 389 ff.

Aus diesem Grunde ist es häufiger als bei einer Angestellten-Untreue nötig, die Buchführung oder die betriebliche Situation durch Experten prüfen zu lassen, um dem Täter auf die Schliche zu kommen.

c) Unternehmer-Untreue
Ähnlich ist das in Fällen von Unternehmer-Untreue zu Lasten von Gläubigern. Auch hier sollten neben den Aussagen des öfteren die Unterlagen des Täters bzw. Opfers Aufschluß bieten.
Die Situation der Ermittlungen kompliziert sich hier weiter dadurch, daß man nicht selten in zwei verschiedenen Betrieben ermitteln muß, wobei die Kommunikationswege weitere Unsicherheit mit sich bringen können. Insgesamt aber dürften hier Sachbeweise bereits wichtiger als Aussagen sein.

2. Untreue in anderen Verhältnissen

Für Untreuefälle in anderen Verhältnissen lassen sich in diesem Rahmen kaum Regeln aufstellen. Denn die Tatsituationen sind überaus unterschiedlich und sind daher nur bedingt und teilweise mit denen der Untreue im Wirtschaftsleben zu vergleichen. Der Beamte muß daher im Einzelfall entscheiden, ob und wo er nach Sachbeweisen fahnden kann oder ob er sich auf Vernehmungen zu konzentrieren hat.

X. Wucher u. a.

Die Beweisschwierigkeiten beim Wucher sind so groß, daß dieses wohl der wesentliche Grund für die dürftigen Verurteiltenzahlen ist. Sieht man davon ab, daß bei diesem Wirtschaftsdelikt i. w. S. möglicherweise ähnliche Verhältnisse wie bei der eigentlichen Wirtschaftskriminalität anzutreffen sind (vgl. daher § 23-C-III), so sollte nicht überraschen, daß man kaum allgemeingültige Ratschläge geben kann.

1. Kreditwucher

Vor allem werden vom Wucherer Kreditwünsche seiner Opfer ausgenutzt. Der von diesen erstrebte Kredit kann außer in einer Darlehenshingabe auch in der Stundung einer früher kreditierten Schuld bestehen. Doch ist hier selbst bei größeren Transaktionen nicht immer mit Unterlagen zu rechnen.
Insgesamt wird die Arbeit der Strafverfolgungsorgane durch die hier übliche Kooperation zwischen Täter und Opfer erheblich erschwert. Sowohl bei Darlehens- als auch bei Stundungswucher ist außer auf die eigentlichen Transaktionen darauf zu achten, Anhaltspunkte

für die tatsäschlich volle Erfüllung oder für etwaige Nebengeschäfte zu erhalten. Denn ohne handfeste Tatsachen dieser Art dürfte man in Vernehmungen ziemlich hilflos sein.

2. Leistungswucher

Eher noch problematischer liegen die Dinge beim Leistungswucher, wobei es relativ gleich ist, ob der Vedacht sich auf Waren- oder Mietwucher bezieht. Immerhin kann man hier eher als beim Kreditwucher mit brauchbaren Angaben des Bewucherten rechnen, die dann auch zu Sachbeweisen führen können.

C. Delikte gegen das Gemeinschaftsleben

Die Delikte gegen das Gemeinschaftsleben sind nicht nur für die moderne Gesellschaft besonders bedeutsam, sondern auch kriminalistisch außerordentlich vielgestaltig; sie werden zudem des öfteren durch Technik und Zivilisation geprägt. Damit hängen sowohl die bereits geschilderten vielfältigen Möglichkeiten der Kriminaltechnik in diesem Bereich als auch weithin die Probleme der Kriminaltaktik zusammen. Die sich daraus ergebende Bedeutung von Sach- und insb. Sachverständigenbeweis besagt allerdings nicht, daß andere Personalbeweise hier unwesentlich sind.
Die teilweise auch kriminalistisch und insb. kriminaltaktisch durch einen erheblichen Nachholbedarf gekennzeichnete Situation der Delikte gegen das Gemeinschaftsleben läßt sich am besten überblicken, wenn wir uns im Folgenden wieder an den einzelnen Deliktsgruppen bzw. -typen und ggf. an den verschiedenen Verbrechenstechniken orientieren.

I. Urkundendelikte
II. Falschgelddelikte
III. Wirtschaftsdelikte
IV. Sexualdelikte
V. Gemeingefährliche Delikte
VI. Delikte gegen die Volksgesundheit
VII. Verkehrsdelikte
VIII. Verletzungen sozialer Pflichten
IX. Andere Delikte gegen öffentliche Sicherheit und Ordnung

I. Urkundendelikte

Die soeben angedeutete Situation kennzeichnet u. a. das Vorgehen der Strafverfolgungsorgane im Bereich der Urkundendelikte. Bei diesen überwiegen – wie wir gesehen haben (§ 10-I) – bei weitem die Urkundenfälschungen.

A. Urkundenfälschungen

Die Urkundenfälschungen sind zudem kriminalistisch über den Bereich der Urkundendelikte hinaus – z. B. auch für die Aufklärung von Betrugsfällen – bedeutsam. Denn die Fälschung ist in aller Regel nicht der Endzweck der kriminellen Aktion, sondern dient dabei als Mittel zum Zweck. Außer an Betrug und Untreue ist hier an Unterschlagung, Wirtschaftsdelikte u. a. zu denken.

Betrug und Urkundenfälschung (unter Ausschluß der Korruption und der Wirtschaftsdelikte) – hrsg. v. Bundeskriminalamt – Wiesbaden 1956; *Meixner* II-96 ff.; *Stehling,* Jürgen: Die Urkundenfälschung. Ein Beitrag zur Kriminologie, Kriminalistik und strafrechtlichen Problematik dieser Gesetzesverstöße – Diss. Frankfurt a. M. – München 1973 – insb. S. 222 ff.; vgl. schon *Weingart,* Albert: Kriminaltaktik. Ein Handbuch für das Untersuchen von Verbrechen – Leipzig 1904 – S. 300 ff.; *Schneickert* S. 91 ff.

Bei den folglich auch in der kriminalistischen Praxis dominierenden Urkundenfälschungen geht es **repressiv** außer um Probleme der Sachfahndung nach verdächtigen Urkunden, wie sie im Zusammenhang mit anderen Straftaten – insb. Betrug und Wirtschaftsdelikten – vorkommen, um die kriminaltechnische Urkundenuntersuchung. Dabei werden – wie oben dargelegt (§ 15-IV-3) – das Schriftstück als solches und ggf. das Schreibmaterial analysiert. Für Hand-, Schreibmaschinen- und Druckschrift sind verschiedene Untersuchungsmethoden entwickelt worden, mit deren Hilfe man Fälschungen und Verfälschungen feststellen kann (§ 15-III-C, VII-A-1, 2).

Dvorak, A.: Wer ist der Fälscher? Neue Untersuchungsmethode zur Feststellung des Herstellers von Buchdruckfälschungen – Kriminalistik 1954, S. 56 ff.

Der Verdacht einer Urkundenfälschung, der zu solchen Maßnahmen Anlaß gibt, kann außer durch den Inhalt ebenso durch den Zustand des Schriftstückes erweckt werden; dabei achtet man außer auf Materialbeschaffenheit des Schriftträgers und der Schreibmittel insb. auf die Schrift selbst.

Ein Sonderfall, der auf Fälschungspraktiken hinzudeuten scheint, obwohl es in Wahrheit um Betrug gehen dürfte, ist das Verstellen der eigenen Unterschrift.

Derartige mit den Mitteln der Kriminaltechnik erzielte Erkenntnisse können bereits auf einen Tatverdächtigen oder doch einen bestimmten Personenkreis hinweisen, d. h. die Fahndung konkretisieren. Erhärtet sich bei diesen kriminaltechnischen Untersuchungen der Verdacht der Fälschung, so ist nach solchen Beweisstücken zu fahnden, die im Bereiche des Tatverdächtigen seine Beteiligung am kriminellen Geschehen dartun. Das kann durch Nachweis der Identität mit dem Material des Schriftträgers, den Schreibstoffen und -geräten ebenso erfolgen wie durch vergleichende Untersuchung der verschiedenartigen Schriftproben.
Urkundenfälschungen hängen zuweilen mit täuschenden Praktiken im Hinblick auf Fotos oder auf das Fotokopieren zusammen.

Zbinden, Karl: Verbrecherische Photomontage und Fälschungen beim Photokopieren – Kriminalistik 1976, S. 211 ff., 254 ff.

Dabei geht es keineswegs nur um die täuschende Verwendung echter Lichtbilder, wie man sie bei Ausweisfälschungen findet, sondern auch um verfälschende Retuschen, Fotomontagen oder unkorrektes Fotokopieren. Bei Verdacht solcher Machenschaften in Fälschungsaffären ist ein fototechnischer Sachverständiger beizuziehen.
Neben Fehlern bei der Auswahl des Sachverständigen spielt bei den kriminaltechnischen Untersuchungen das zuweilen mit Überschätzen der eigenen Fähigkeiten verbundene Übersehen der Unzulänglichkeit des Untersuchungsmaterials eine verhängnisvolle Rolle. Die Tatschrift z. B. sollte stets im Original untersucht werden. Bei den zum Vergleich erforder-

lichen Schriftproben ist die Quantität oft dürftig und die wünschenswerte Unbefangenheit nicht hinreichend gewährleistet. Das gilt vor allem dann, wenn der Tatverdächtige veranlaßt werden muß, eine solche Schriftprobe anzufertigen; dabei sollten die oben geschilderten Grundsätze genau beachtet werden.
Die zentrale Bedeutung des Sachbeweises für Urkundenfälschungen, die zugleich deren Schlüsselposition für andere Delikte verständlich werden läßt, schmälert jedoch nicht den eventuellen Nutzen von Zeugenaussagen und der Beschuldigtenvernehmung, wenngleich der Sachverständigenbeweis auch hier der neuralgische Punkt sein dürfte.
Alle diese Erkenntnisse lassen sich zugleich **präventiv** nutzen; da das bereits in mehr oder minder großem Umfang geschieht, wird es dadurch ebenfalls erleichtert, Urkundenfälschungen aufzuklären.

Windhaber: Sicherungsmaßnahmen gegen Paßfälschungen – in: Betrug und Urkundenfälschung, hrsg. v. Bundeskriminalamt, Wiesbaden 1956, S. 115 ff.; *Steinke,* Wolfgang: Fälschungssichere Kfz-Kennzeichen schaffen! – Kriminalistik 1972, S. 380 f.; *Stehling,* Jürgen: Zur Kriminalistik der Urkundenfälschung – Arch. f. Krim. Bd. 153, S. 20 ff., insb. S. 30 ff. (1974); *Forster,* Fred: Sicherungstechniken gegen Fälschungen von Wertpapieren und Ausweisen – Kriminalistik 1976, S. 419 ff.

Produktionstechnische Sicherungen können sich einmal auf den Schriftträger beziehen, um mechanische oder technische Rasuren zu erschweren. Das Material des Schriftträgers muß so beschaffen sein, daß es eine enge Verbindung mit dem Schreibmittel ermöglicht, um mechanische Rasuren zu erschweren. Das Material sollte ferner Eingriffe erkennen lassen, wie sie durch chemische Rasuren entstehen. Alle diese Dinge hat man beim sogen. Sicherheitspapier berücksichtigt.

Zur Auswahl bestimmter Papierrohstoffe (auch Füll- und Leimstoffe) tritt hier das Einarbeiten von Fremdkörpern (z. B. von farbigen Papierschnitzeln, präparierten Melierfasern, Metallstreifen und dergl.) hinzu. Eine gute produktionstechnische Sicherung bieten echte und künstliche Wasserzeichen. Es sind aber noch weitere Sicherungen möglich, die entweder optisch (z. B. auf UV-Strahlen) oder chemisch (auf ein bestimmtes Reagenz) ansprechen.

Aber auch beim Schreibmittel lassen sich Erkenntnisse der Kriminaltechnik taktisch zum Zwecke der Sicherung nutzen. Flüssige, pastöse und feste Schrifteinfärbungsmittel können nicht nur so beschaffen sein, daß sie gegen mechanische Manipulationen relativ resistent sind, sondern können überdies auf chemische Reaktionen ganz charakteristisch reagieren (z. B. durch Verfärben oder auf UV- bzw. IR-Strahlen). Man spricht hier daher auch von „urkundenfesten" oder „Dokumententinten".
Ein sichernder Effekt läßt sich bei Urkunden schließlich im Zusammenhang mit der Form erzielen; denn diese kann Zusätze, Auswechseln von Blättern oder Fotos oder auch Totalfälschungen sehr erschweren. Das nutzt man – wie wir sehen werden – insb. beim Druck von Banknoten.
Im übrigen ist im Zusammenhang mit Urkunden wiederum auf organisatorische Sicherungen hinzuweisen, welche außer bestimmten Verhaltensweisen bei Produktion, Zustellung und Aufbewahrung vor allem Kontrollmaßnahmen betreffen, welche den Austausch von Informationen zwischen den interessierten Kreisen oder Stellen einschließen.

Ähnliches gilt für das Einarbeiten von Fotos und Stempeln. Beim Schreibmittel versucht man nachträgliche Veränderungen zu verhindern oder doch so zu erschweren, daß sie erkennbar bleiben. Drucktechnische Sicherungen findet man außer bei Banknoten auch bei gewissen Wertpapieren. – Alles dies wirkt nicht nur Urkundenfälschungen entgegen, sondern es kann – wie gesagt – zugleich erleichtern, derartige Straftaten aufzuklären.

Bei den **Ermittlungen** geht es in allen diesen Fällen nach dem eingangs Gesagten zunächst einmal um den Verdacht und sodann um den Nachweis der Urkundenfälschung. In beiden Bereichen kommt es außer auf die oben behandelten Erkenntnismöglichkeiten der Kriminaltechnik, welche Hinweise auf den Täter oder den verdächtigen Personenkreis geben können, auch auf größere Zusammenhänge und damit auf Ausagen an; Zeugen und insb. das Opfer können z. B. oft wichtige Angaben zur Person des Täters machen. Weiteren Aufschluß können im Zusammenhang mit kriminaltechnischen Untersuchungen die Sachverständigengutachten bieten, deren Fehlerquellen bereits behandelt worden sind. Schließlich kann die Beschuldigtenvernehmung wesentlich dazu beitragen, den Täter zu überführen. Doch sind dabei und überhaupt bei Urkundenfälschungen Sachbeweise besonders wichtig.
Selbstverständlich ergeben sich bei den einzelnen Verbrechenstechniken z. T. Besonderheiten, auf die abschließend kurz hingewiesen werden soll.

a) Paß- und Ausweisfälschungen

Bei Paß- und Ausweisfälschungen ist es wichtig, diese schnell und möglichst sicher als solche zu erkennen.

Franzheim: Erkennen von Paß- und Ausweisfälschungen – in: TbKrim Bd. IX, S. 131 ff. (1959); *Gloor,* O.: Paßfälschung und Edelsteinschmuggel – ein Fall aus der Praxis – Kriminalistik 1960, S. 273 ff.; *Hofmann,* W.: Die Untersuchung auf Paß-Verfälschungen mit einfachsten Mitteln – Kriminalistik 1962, S. 208 ff.; *Grandig,* Franz: Eine Paßfälschungsvariante. Ein Beitrag zur Vielfältigkeit eines Lichtbildaustausches in einem Reisedokument – Kriminalistik 1974, S. 184 ff.; *Jelinek,* Franz: Ein phantasievoller Ausweis – Kriminalistik 1974, S. 279 f.; *Meyer,* Gerd: Der türkische Paß – der kriminalist 1974, S. 552 ff.

Dies ist gerade bei guten Falsifikaten leichter gesagt als getan. Bei Totalfälschungen kann möglicherweise schon das Druckbild Verdacht erregen, während es sonst – bei Ver- oder Teilfälschungen – auf die Spuren der Rasuren oder verfälschenden Manipulationen ankommt.

Außer dem Schriftbild (Druck-, Maschinen- und Handschrift, Unterschrift) ist auch der Inhalt – z. B. die Registriernummer – zu beachten; selbst Schreibfehler, die manchen Fälschern unterlaufen, können Verdacht erwecken.
Bei Lichtbildausweisen ist der Befestigung und Überstempelung des Fotos besondere Aufmerksamkeit zu widmen, um Austausch und damit Fälschung zu erkennen.
Der ungeschulte Beamte sollte wissen, daß er gute Fälschungen nicht oder doch nicht ohne weiteres erkennen kann, weshalb bei den geringsten Zweifeln weitere Maßnahmen – z. B. eine kriminaltechnische Untersuchung – geboten sind.

b) Wertpapierfälschungen

Eine ähnliche Lage ist bei Wertpapierfälschungen zu verzeichnen, weil man hier den Schriftträger ebenfalls zu sichern trachtet. Außer auf Totalfälschungen ist daher auf Teilfälschungen zu achten, welche sogar bis zum Ausfüllen richtiger, jedoch entwendeter Wertpapierformulare gehen können.

Steiner, A.: Eine Scheckfälschung – Kriminalistik 1955, S. 263 ff.; *N. N.:* Scheckfälschungen und Bankpolizei – Internat. kriminalpol. Revue 1955, S. 310 ff.

Diese Fälschungen werden mitunter erst spät erkannt, wenn es nämlich zu Reklamationen anderer Banken oder des Kontoinhabers kommt.

So war es auch bei Fälschungen von Reiseschecks, die ein 17jähriger Hotelpage mithilfe entwendeter Formulare (meist unentdeckt geblieben) im Wege der Pausfälschung der Unterschrift (von den in Zahlung gegebenen Schecks der Gäste) bewerkstelligte. Die erschwindelten DM 5000 hat er für einen Besuch der Filmfestspiele in Berlin verbraucht. Auf den Jugendlichen kam man erst, als man den Weg der Falsifikate zurückverfolgte.

Thomsen, W.: Strafbare Handlungen mit Reiseschecks – Kriminalistik 1955, S. 212 ff.; *Adler,* J. A.: Gestohlene und gefälschte Reiseschecks – Internat. kriminalpol. Revue 1956, S. 152 ff.

Neben Schecks und Reiseschecks sind zuweilen aber auch Wechsel und andere Wertpapiere ge- oder verfälscht worden.

Kallenborn, J. W.: Die Fälschung niederländischer Dividendencoupons – Internat. kriminalpol. Revue 1960, S. 154 ff.

c) Wertzeichenfälschungen

Wertzeichenfälschungen spielen in der Praxis zahlenmäßig und ihrem Gewicht nach eine ganz untergeordnete Rolle, weil philatelistische Fälschungen eben keine gültigen Wertzeichen mehr betreffen; sie sind daher besser den Waren- und Kunstfälschungen zuzuordnen (§ 23-C-III-2, 3).

Totalfälschungen sind sehr selten. Dann und wann kommt es zu Verfälschungen beispielsweise der Wiederverwendung bereits entwerteter Briefmarken nach gewissen Manipulationen.

d) Fälschung schriftlicher öffentlicher Urkunden

Bei Verdacht der Fälschung schriftlicher öffentlicher Urkunden ist die Ausgangslage der Ermittlungen häufig bereits ungünstiger als bei Ausweisen oder Wertpapieren. Immerhin kommen auch hier gedruckte Formulare, Stempel usw. vor, welche Fälschungen erschweren. Doch sind hier Totalfälschungen etwas häufiger; mehr als auf Schriftträger und Schreibmaterial kommt es regelmäßig auf die Schrift selbst, d. h. auf Handschriften- und Maschinenschriftuntersuchung an.

e) Fälschungen von Sparkassenbüchern und Überweisungen

Den öffentlichen Urkunden entsprechen, was Fälschungen anlangt, bei den Privaturkunden am ehesten Sparkassenbücher und Überweisungen, bei welchen Urkundenfälschungen in der Praxis relativ häufig vorkommen. Derartige Taten werden naturgemäß gewöhnlich von Angestellten der Geldinstitute oder von den Betroffenen auf Grund für sie unverständlicher Kontobewegungen entdeckt.

Gemmer, Karlheinz: Heranwachsender als Betrüger und Fälscher – Kriminalistik 1957, S. 419 ff.; *Herrnstadt:* Betrug bei Banküberweisungen – Kriminalistik 1967, S. 161 f.; *Enzemüller,* Franz/*Dornstauder,* Karl: Fälschung von Spareinlagen – Kriminalistik 1969, S. 48 ff.; *Kohlhaas,* Detlef: Das Millionending – der kriminalist 1975, S. 313 ff.

f) Fälschungen schriftlicher Privaturkunden

Bei gefälschten Privaturkunden handelt es sich nicht selten um Bestellscheine, Vertrags-

formulare und Quittungen oder um die seit alters her bekannten Testamentsfälschungen. Hier kann sich auch bei echten Urkunden zuweilen der desolate Zustand des Urhebers deformierend auf das Schriftbild und infolgedessen irritierend auswirken.
Ungeachtet der Möglichkeiten des Sachbeweises (Untersuchungen von Schriftträger, Schreibmaterial und Schrift), der jedoch am Original und an entsprechenden Vergleichsschriften zu führen ist, kommt es auch hier oft mehr auf andere Ermittlungen an.

Pfanne, Heinrich: Bestellscheinfälschungen aus der Sicht des Handschriftexperten – Arch. f. Krim. Bd. 141, S. 14 ff. (1968).

Solche haben u. a. das Ziel festzustellen, welche Bestellerunterschriften überhaupt gefälscht sein könnten und von welchen Personen zum Zwecke des Vergleichs Unterschriften (möglichst auch aus der Zeit vor dem fraglichen Datum) beschafft werden müssen; dasselbe gilt ggf. für Blankoformulare. Sodann müssen Textschriftproben des Beschuldigten beschafft werden.

Eine Schutzgemeinschaft kreditgewährender Unternehmer überspielte ein vorbestrafter Möbelvertreter so, daß er bei „faulen Kunden" im Auskunftsantrag einen falschen (kürzeren) Namen einsetzte, bei dem sich daher nichts Negatives ergeben konnte. Später fügte er die fehlenden Buchstaben hinzu (z. B. wurde aus „Burg" ein „Bürger") und legte diese Auskunft dann mit den anderen Unterlagen dem Kreditinstitut vor. – Die Tat konnte erst durch Vergleich der verfälschten Auskünfte mit den bei der Gemeinschaft verwahrten Durchschlägen der ursprünglichen Fassung aufgeklärt werden.

Objekte einer Fälschung werden aber auch Privaturkunden anderer Art wie Vertragsformulare, Korrespondenz, Testamente usw.

Franzheim, Ludwig: Testamentsfälschungen – Kriminalistik 1951, S. 11 ff.; *Paulus,* Walter: Eine psychologisch interessante Testamentsfälschung – Kriminalistik 1951, S. 109 ff.; *Tegel,* H.: Eine neue Betrugsart: Fälschung von Flugscheinen – Internat. Kriminalpol. Revue 1961, S. 150 ff.

Einen Sonderfall stellen Rezeptfälschungen dar, wie sie zur Zeit vor allem von Drogensüchtigen begangen werden.

Karpisek, Karl: Identifizierung von gefälschten Suchtgiftrezepten – Kriminalistik 1957, S. 16 ff.

g) Präge- und Stempelfälschungen

Es hängt von der Güte der Falsifikate und auch von den Begleitumständen ab, ob und wann der Verdacht solcher Fälschungen entsteht, die entweder als Totalfälschungen oder auch als Verfälschungen vorkommen. Bei Verfälschungen ist auf Spuren vorangehender Manipulationen zu achten.

Gerber, Paul-André: Fälschung von Uhren – Kriminalistik 1975, S. 215 ff.

Prägezeichen auf Metall und ähnlichem Untergrund werden des öfteren durch Ausfeilen, Hämmern oder ähnliche Praktiken beseitigt und auf diese Weise verfälscht; deshalb kann es wichtig sein, die ursprünglichen Zeichen wieder sichtbar zu machen oder zu rekonstruieren.

Frieden, Kurt: Die Rekonstruktion entfernter Zeichen und Nummern in Metallen – Kriminalistik 1955, S. 139 ff., 177 ff., 225 ff.

Noch schwieriger gestalten sich die Ermittlungen gewöhnlich bei Totalfälschungen. Hier sind vor allem zwei Möglichkeiten im Auge zu behalten. Einmal geht es um Übertragen echter Stempelabdrücke bzw. um Abdrücke für diesen Zweck vom Täter hergestellter

Stempel, was einige Fähigkeiten und entsprechendes Material voraussetzt. Während die Fähigkeiten den Täterkreis eingrenzen können, wird das Material in der Regel erst bedeutsam, sobald ein Tatverdächtiger ermittelt worden ist.
Zum anderen ist an die Möglichkeit zu denken, daß der Täter sich seine Tatwerkzeuge bei entsprechenden Firmen (Stempelfabriken, Klischeeanstalten, Druckereien) herstellen läßt, wobei er sein Vorhaben ggf. durch Umstellung des Textes verschleiert. Mit solchen Firmen, die bei seltsamen Aufträgen Skepsis zeigen sollten, ist in derartigen Fällen guter Kontakt wichtig.

So erregten bei einem Stempelfabrikanten zwei an demselben Tage getätigte, seltsam anmutende Aufträge Verdacht. Die von ihm eingeschaltete Kriminalpolizei stellte in beiden Fällen kriminelle Absichten fest. So hätte sich z. B. ein in Rundform bestellter Stempel mit dem seltsamen Text „OB VOLL AM ZELTEN – AUTOZAHL NT 12“ leicht zu einem Zollsiegel „ZOLLAMT ELTEN – AUTOBAHN ZOLL 12“ umstellen lassen.

h) Kunst- und Antiquitätenfälschungen

Die bei der Warenfälschung (§ 23-C-III-B-3) ausführlicher zu behandelnden Kunst- und Antiquitätenfälschungen interessieren hier vor allem insoweit, als bei der Tat Signatur oder dergl. gefälscht werden.

Außer auf eine Materialprüfung kommt es hier vor allem auf die verschiedenen Methoden der Schriftvergleichung an, zumal da man unter dem Aspekt der Urkundenfälschung – wie etwa bei der Signatur von Gemälden oder Zeichnungen – auf die Handschrift des angeblichen Urhebers achten muß.

Typischere Druckfälschungen finden sich bei Briefmarken. Doch sind Gegenstand philatelistischer Fälschungen weniger im Umlauf befindliche Postwertzeichen als solche, die nur noch Sammlerobjekte darstellen. Natürlich gibt es auch andere Fälschungen (z. B. Jean de Sperati), die gerade wegen postalischer Behandlung für Sammler wertvoll geworden sind.

Wolff, Willy: Jagd auf Briefmarkenfälscher – Kriminalistik 1958, S. 507 ff.

B. Falschbeurkundungen

Ganz anders liegen die Dinge kriminaltaktisch in Fällen unmittelbarer und mittelbarer Falschbeurkundung, weil der Urkundsbeamte hier keine öffentlichen Urkunden fälscht; denn inkriminiert wird die inhaltliche Unrichtigkeit des Beurkundeten.
Bei Verdacht einer Falschbeurkundung kommt es daher weniger auf Sachbeweise als mehr auf Personalbeweise an. Sachbeweise sind vor allem insoweit wichtig, als mit ihnen – gewissermaßen mittelbar – die Unrichtigkeit des Beurkundeten nachgewiesen werden kann. Ferner kann man mit den Methoden der Urkundenuntersuchung beweisen, wer die öffentliche Urkunde ausgestellt hat, wenn dieses unbekannt oder strittig sein sollte.
Im übrigen jedoch kommt es, sofern der Urkundsbeamte bei der **unmittelbaren Falschbeurkundung** vermutlich Alleintäter oder (bösgläubiger) Komplize eines Dritten ist, vor allem darauf an, durch Vernehmungen einen etwaigen Kontakt des Beamten mit dem Dritten und mögliche Motive für eine solche Tat zu ermitteln. Und jedenfalls sind Vernehmungen wichtig, um den für diesen Deliktstyp wesentlichen Vorsatz des Beamten nachzuweisen.
In Fällen der **mittelbaren Falschbeurkundung** muß zunächst einmal eine Mitwisserschaft des

Urkundsbeamten einwandfrei ausgeschlossen werden. Ist dies der Fall, so kann man bei ihm wohl mit Kooperation rechnen, weshalb seine Aussage zum Hintermann und eigentlichen Urheber führen sollte. – Wichtig ist dabei, auf welche Weise der Beamte getäuscht und zu einer Falschbeurkundung veranlaßt worden ist. Neben mündlichen Angaben ist hier vor allem an das Verwenden gefälschter Urkunden zu denken; denn insoweit kann man in der bei der Urkundenfälschung dargestellten Weise mit der Fälschung u. U. die Arglist des Hintermannes beweisen.

Buchhold, Karl/ *Wahl,* Adolf: Mittelbare Falschbeurkundung – einmal anders! – Kriminalistik 1965, S. 377.

C. Beeinträchtigen des Beweiswertes von Urkunden

Andere kriminelle Praktiken laufen darauf hinaus, den Beweiswert von Urkunden zu beeinträchtigen und ihre Benutzung durch den Berechtigten zu erschweren bzw. zu verhindern. Hier haben wir es vor allem mit zwei Fallgruppen zu tun.

1. Urkundenunterdrückung

Die Fälle der Urkundenunterdrückung ähneln z. T. der Sachbeschädigung und im übrigen – beim Beiseiteschaffen – dem Diebstahl, weshalb auf das dort Gesagte verwiesen werden kann (§ 23-B-I, IV).

2. Grenzverrückung

Die in der Praxis seltenen Fälle der Grenzverrückung lassen sich, sofern ein solcher Verdacht tatsächlich aufgekommen ist, objektiv relativ leicht mithilfe kriminaltechnischer Methoden klären; jedoch kann der Nachweis vorsätzlichen Handelns erhebliche Schwierigkeiten bereiten.

Frei-Sulzer, M.: Methoden zum Nachweis der Grenzverrückung – Kriminalistik 1959, S. 169 ff.; *Frei-Sulzer,* M.: Kriminaltechnische Untersuchungen zum Delikt der Grenzverrückung – Kriminalistik 1964, S. 433 ff.

Außer an Untersuchungen am fraglichen Grenzzeichen selbst und seinem derzeitigen bzw. früheren Standort ist z. B. ferner an eine infolge unterschiedlicher Bewirtschaftung verschiedenartige Vegetation zu denken.

D. Mißbrauch ordnungsmäßiger Urkunden

Der Mißbrauch ordnungsmäßiger Urkunden – insb. Ausweispapiere – betrifft nicht gefälschte Schriftstücke, sondern die täuschende Verwendung echter und inhaltlich richtiger Dokumente. Wichtig für die Ermittlungen ist es daher, durch Vergleich der Angaben mit der

Wirklichkeit triftige Anhaltspunkte für ein solches Verhalten zu erlangen. Dann jedoch kommt es entscheidend auf Vernehmungen an, um zu klären, ob die Täuschung mit oder ohne Willen des Berechtigten erfolgt ist.

II. Falschgelddelikte

Die Falschgelddelikte ähneln, was die Probleme der Kriminaltaktik anlangt, in vielem den Urkundendelikten.

Bekämpfung des Falschgeldunwesens – hrsg. v. Bundeskriminalamt – Wiesbaden 1954; *Sicot,* M.: Finanzbrigade gegen Geldfälscherbanden – Internat. Kriminalpol. Revue 1954, S. 66 ff., 98 ff.; *N. N.:* Falschgeld – Internat. Kriminalpol. Revue 1954, S. 302 ff.; *Wolff,* Willy: Falschgeld, Fälscher und Kriminalpolizei – in: TbKrim Bd. VII, S. 30 ff. (1957); *Steinke,* Richard: Geldfälschungen und Geldfälscher – in: Internationale Bekämpfung des Verbrechens, hrsg. v. Hans-J. Hoeveler, Hamburg 1966, S. 97 ff.; *Schmiedl-Neuburg,* Dieter: Die Falschgelddelikte. Ein Beitrag zur Kriminologie, Kriminalistik und strafrechtlichen Problematik dieser Gesetzesverstöße – KrimWissAbh Bd. 2 (= Diss. Frankfurt a. M.) – Lübeck 1968 – insb. S. 99 ff.; *Steinke,* Richard: Bekämpfung der Falschgeldkriminalität – Die Neue Polizei 1969, S. 93 ff.; *Steinke,* Richard: Die internationale Zusammenarbeit bei der Bekämpfung von Falschgelddelikten – in: TbKrim Bd. XXI, S. 237 ff. (1971).

So gibt es wie bei wichtigeren Urkunden auch in diesem Bereich der Zahlungsmittel mancherlei **präventiv** bedeutsame Sicherungen gegen Übervorteilung durch Falsifikate. Wesentlich sind zunächst einmal technische Sicherungen, welche es dem Laien erleichtern, Falschgeld als solches schnell zu erkennen. Zumindest gegen schlechte Fälschungen läßt sich auf diese Weise ein wirksamer Schutz erzielen.
Beim Hartgeld benutzt man Legierungen, die jedenfalls Vorgebildeten durch Farbton und Glanz auffallen, was sich durch Benutzen schwer erhältlicher Metalle noch verbessern ließe. Zum Prägen lassen sich Formen verwenden (z. B. Rändelung), die schwer nachzuahmen sind. – Papiergeld läßt sich so präparieren, daß es sich griffig und gefühlsmäßig von anderem Papier unterscheidet. Neben dem Wasserzeichen lassen sich zur Sicherung Metallstreifen und andere Zusätze verwenden, die z. T. – etwa bei Fluoreszieren – für den Laien jedoch nicht ohne weiteres erkennbar sind. Schließlich kann die Art der Darstellung, d. h. der Formen und Farben des Druckes, dem Fälscher sein Handwerk sehr erschweren.
Daneben gibt es gewisse organisatorische Maßnahmen, die einen vorbeugenden Effekt gegenüber Falschgelddelikten haben. Neben Information der Geldinstitute und ggf. der Bevölkerung in einschlägigen Fällen ist hier insb. an Kontrollmaßnahmen zu denken.

Ermittlungen wegen eines Falschgelddelikts werden in der Mehrzahl der Fälle auf Anzeigen von Banken oder Geldinstituten hin eingeleitet, die ein Falsifikat angehalten haben; nur selten kommen Anzeigen von Privatpersonen vor, die ihnen angebotenes oder ausgehändigtes Geld für falsch halten.

Meixner II-100 ff.; *Bauer* 1-503 ff.; *Werner,* Klaus: Wie und woran erkennt man Falschgeld – der kriminalist 1972, H. 7, S. 21 ff.; vgl. schon *Weingart,* Albert: Kriminaltaktik. Ein Handbuch für das Untersuchen von Verbrechen – Leipzig 1904 – S. 321 ff.; *Schneickert* S. 100 ff.

Die erste Aufgabe bei Aufkommen solchen Tatverdachts ist es, definitiv festzustellen, ob es

sich bei dem fraglichen Geld um ein Falsifikat handelt. Das können – wie gesagt – nur Experten wirklich sicher beurteilen. Diese, wie z. B. Sachverständige für Chemie, Physik, Urkundenuntersuchung, Druckereigewerbe und Fotografie sowie insb. Spezialisten der Banken vermögen zudem diejenigen Charakteristiken der Fälschung zu erkennen, die für Fahndung und Hinweise an die Öffentlichkeit wichtig sind.
Wird ein Falsifikat als solches erkannt, ist ferner zu prüfen, ob es möglicherweise oder sicher mit anderen Fälschungen in Zusammenhang steht. Angaben über solche Serien können die Strafverfolgungsorgane nur durch Experten der Banken – z. B. in Deutschland der Bundesbank – erhalten.
Im übrigen fehlt es bei Verdacht eines Falschgelddelikts zunächst gewöhnlich an sonstigen für die Fahndung brauchbaren Spuren, weshalb die Ermittlungen in erster Linie an diejenigen Anhaltspunkte anknüpfen müssen, welche das Falsifikat bietet; daneben kann möglicherweise diejenige Person weiterhelfen, die das Falschgeld erkannt oder abgesetzt hat.

Bei den nun einsetzenden Ermittlungen ist daher oft zweigleisig zu verfahren. Obwohl man üblicherweise zunächst an die Absatzpraktiken anknüpft (B), gilt es doch vor allem, den Produzenten (A) oder eventuelle Händler der Falsifikate zu überführen.

A. Herstellen von Falschgeld

Das Herstellen von Falschgeld wird in der Praxis häufig erst dann aufgeklärt, wenn die Strafverfolgungsorgane Absatztäter (B) dingfest gemacht und die sich bei ihnen ergebenden Beweismöglichkeiten genutzt haben.
Allerdings kann man, sofern man Falsifikate gleicher Produktion festgestellt hat, zuweilen auch unmittelbar gegen den Falschgeldhersteller ermitteln. Dabei kommt es zunächst nicht so sehr darauf an, ob Banknoten oder Hartgeld gefälscht worden sind. Fahndungsmaßnahmen versprechen hier zumindest dann Erfolg, wenn die bearbeitende Dienststelle aus denjenigen Plätzen, an welchen Falsifikate entdeckt worden sind, Anhaltspunkte für den Sitz der Fälscherwerkstatt (bzw. der Absatzhelfer) gewinnen kann.

Denn Falsifikate werden teilweise in unmittelbarer Nähe der Werkstatt oder der Wohnung abgesetzt, teilweise aber auch gerade in gewisser Entfernung, sofern man nicht eine benachbarte Stadt bevorzugt.

Bei der Suche nach dem Geldfälscher ist übrigens der Einsatz von V-Leuten durchaus sinnvoll.

Borgards, H.: Lehrreiche Bilanz aus zwei Münzverbrechen – Kriminalistik 1953, S. 172 ff.

Ansonsten ist bei der Fahndung nach dem speziellen Standort der Werkstatt oder nach dem betreffenden Fälscher zwischen den einzelnen Praktiken der Geldfälschung zu unterscheiden, wie alsbald darzulegen sein wird.
Obwohl die auf den Täter hindeutenden Indizien bei den einzelnen Herstellungstechniken verschieden sind, läßt sich dennoch etwas allgemein vorab sagen. Außer auf Vortaten mit gleicher Arbeitsweise kommt es vor allem darauf an, wer aus beruflichen oder sonstigen Gründen über die jeweils erforderlichen Fähigkeiten verfügt und wer Zugang zu dafür

benötigten Maschinen bzw. Geräten sowie Materialien hat. Mitunter kann aber auch auffälliges Verhalten des Rechtsbrechers während oder nach der Tat auf seine Spur führen; hier kommt es vor allem auf Zeugenaussagen und eigene Beobachtungen an.

Ist eine bestimmte Person in den Verdacht geraten, Falschgeld herzustellen, so kommt es nach dem Zeitpunkt des Zugriffs, der wesentlich von der Organisationsform abhängt, für die Überführung in erster Linie darauf an, im Wege von Durchsuchung und Beschlagnahme Beweismaterial sicherzustellen, welches durch Vergleich mit den Falsifikaten eine sichere Identifizierung ermöglicht. Die hierfür in Betracht kommenden Materialien und Instrumente sind bei den einzelnen Herstellungspraktiken naturgemäß verschieden; besonders gute Beweisstücke sind außer den noch im Besitz des Tatverdächtigen befindlichen Falsifikaten paradoxerweise mißlungene oder noch in Arbeit befindliche Stücke. Bei allem ist zu beachten, daß Fälscherwerkstätten gewöhnlich gut getarnt zu sein pflegen.

Bei jeder Person, die der Herstellung von Falschgeld verdächtig ist, sollte man außer auf einschlägige Vorstrafen ferner auf die jetzige oder frühere Berufsausübung (graphisches Gewerbe, Graveur, Chemigraph, Former usw.) achten, um die für die einzelnen Verbrechenstechniken notwendige Qualifikation beurteilen zu können.

1. Herstellen falscher Banknoten

Das Herstellen falscher Banknoten erfolgt – wie wir gesehen haben (§ 10-II-A-1) – in recht verschiedenartiger Weise, was folglich bei der Fahndung zu beachten ist. Verdacht einer Fälschung erwecken neben der Papierbeschaffenheit vor allem drucktechnische Mängel oder Schwächen, wie sie ähnlich auch bei anderen derartigen Verbrechenstechniken auftreten können.

Rogers, J. H.: Fälschung von 10-Pfund-Noten – Internat. Kriminalpol. Revue 1954, S. 197 ff.; *Eigenbrodt,* Otto/*Müller:* Der Banknotenfälscher Peglow – Kriminalistik 1955, S. 405 ff., 451 ff.; *Molenkamp,* H.: Die falschen staatlichen Banknoten über 2.50 Gulden – Internat. Kriminalpol. Revue 1957, S. 17 ff.; *Rupp,* Heinz: Moderner Offsetdruck im Dienste gerissener Verbrecher – Kriminalistik 1970, S. 384 ff.

a) Handzeichnung

Handelt es sich um Handzeichnungen, so ist gewöhnlich der Fälscher mit demjenigen, der den Absatz versucht hat, identisch oder doch in dessen unmittelbarer Nähe zu suchen. Da der apparative Aufwand bei derartigen Fälschungen gering zu sein pflegt, kann man somit eigentlich nur über die Person des Fälschers zur Produktionsstätte gelangen.

Hechtl, Erich: Handgezeichnete Eintausend-DM-Noten ein Kuriosum im Zeitalter fortschreitender Drucktechnik – Kriminalistik 1975, S. 452 ff.

b) Druckverfahren

Anders sieht das bei Druckverfahren aus, da der Fälscher nicht nur mit diesen vertraut sein, sondern auch über entsprechende Einrichtungen verfügen muß. Obwohl es dann und wann in Privatwohnungen gut getarnte und unauffällig betriebene Fälscherwerkstätten gibt, man also nicht unbedingt sachdienliche Hinweise von Nachbarn erwarten darf, überwiegt doch die Unterbringung derartiger Apparaturen in Werkstätten oder ähnlichen Räumen.

Hier kann man also über die Art der Betriebe, verdächtige (insb. einschlägig vorbestrafte) Personen oder Hinweise Dritter weiterkommen. Verdichtet sich dabei der Verdacht, so muß man u. U. eine Observation anordnen, um sich Gewißheit zu verschaffen.

c) Fotoverfahren

Bei Fotoverfahren, die allerdings z. T. mit Druckverfahren kombiniert werden, ist auf entsprechende Gesichtspunkte abzustellen; hier ist jedoch eher „Heimarbeit" möglich. Immerhin sollte man im Zusammenhang mit Banknotenfälschungen immer auch auf Dinge aus dem Gebiet der Fototechnik achten.

d) Technische Manipulationen

Die Situation bei den in der Praxis seltenen technischen Manipulationen ähnelt wieder mehr der bei Handzeichnungen. Sie bereiten, sobald der Verdächtige ermittelt worden ist, kaum noch Schwierigkeiten, wenngleich diese Täter vor allem durch Vernehmungen überführt werden müssen.

2. Herstellen falschen Hartgeldes

Das Herstellen falschen Hartgeldes erfordert demgegenüber meistens mehr technischen Aufwand als das Fälschen von Banknoten (§ 10-II-A-2); die dafür benötigten Mittel können infolgedessen noch auffälliger sein. Verdacht erwecken neben Farbe, Glanz und Klang vor allem Größe, Dicke und Gewicht der Falsifikate. Dabei zeigen hier wie ebenso Merkmale der Form bei den einzelnen Verbrechenstechniken Unterschiede, die mithin für die Fahndung bedeutsam sind.

a) Gußverfahren

Hat der Fälscher Gußverfahren benutzt, so ist oft die Randnaht verräterisch; auch muß der Gußzapfen abgekniffen oder abgeschliffen werden. Als Beweismaterial sind außer dem für diese Fälschungspraktiken geeigneten Material vor allem dafür dienliche Gerätschaften wie Formen und dergl. wichtig. Etwaige einschlägige Kenntnisse eines Tatverdächtigen verkörpern zumindest ein gewichtiges Indiz.

b) Prägeverfahren

Benutzt der Fälscher Prägeverfahren, weichen die Falsifikate gewöhnlich weniger auffällig vom Original ab. Neben Unkorrektheiten der Form (z. B. bei der Rundumschrift) fallen hier u. U. Gewichtsunterschiede auf. Die Recherchen zielen außer auf das benötigte Material auf die erforderlichen Gerätschaften und die dafür regelmäßig benötigten besonderen Räumlichkeiten ab. Denn in einer Wohnung oder auch einem Privathaus lassen sich solche Maschinen kaum unbemerkt unterbringen und betreiben.

c) Galvanoplastikverfahren

Mit Galvano-Technik hergestellte Münzen lassen sich u. U. schon dadurch erkennen, daß die galvanisch aufgetragene Schicht abblättert oder sich abreiben läßt. Der Aufwand ist bei dieser Methode geringer, weshalb die Produktionsstätte weniger auffällig zu sein pflegt; findet man sie jedoch, so sollte bei entsprechender Umsicht genügend Beweismaterial sicherzustellen sein.

B. Absetzen von Falschgeld

Beim Absatz von Falschgeld ist kriminaltaktisch ebenfalls zwischen als Ware gehandelten Falsifikaten und der Verwendung als Zahlungsmittel zu unterscheiden. Denn nicht nur die Orte des Auftauchens von Falschgeld, sondern auch die Zahl der Falsifikate hängt wesentlich von der Art des Vertriebs bzw. der Verteilung ab. Nur so aber lassen sich Vermutungen darüber anstellen, wo, wie und wann das betreffende Falschgeld angefertigt bzw. importiert worden ist.

1. Absatz als Ware

Der Absatz von Falschgeld als Ware steht als ein in diesen Fällen häufiger die Staatsgrenzen überschreitender Vertrieb kriminalistisch der Produktion relativ nahe. Wenn die Strafverfolgungsorgane nicht auf andere Weise – etwa durch Hinweise, Einsatz von V-Personen oder Observation – etwas über solche Praktiken erfahren, stößt man gewöhnlich erst im Zuge von Ermittlungen, welche durch Verwenden der Falsifikate als Zahlungsmittel ausgelöst worden sind, auf Falschgeldimporteure oder „Blütenhändler".

Allerdings kann die bei den Zolldelikten zu schildernde Kontrolle des grenzüberschreitenden Verkehrs (§ 23-C-III-7) zuweilen – wenngleich in der Praxis mehr zufällig – zur Aufdeckung von Falschgeldschmuggel führen. Intensiver wird gewöhnlich erst dann nach Falschgeld gesucht, wenn die Behörden Tips für solche Transaktionen erhalten haben.

2. Absatz als Zahlungsmittel

Bei dem in der Praxis somit ungleich häufigeren Absatz von Falschgeld als Zahlungsmittel müssen sich die Sachbearbeiter der Kriminalpolizei zunächst an den Letztbesitzer halten, der relativ häufig mithilfe des anzeigenden Geldinstituts oder sonstigen Opfers zu ermitteln ist. Doch nicht immer kann der Letztinhaber, z. B. ein Geschäftsmann oder seine Angestellten, Angaben über die Person desjenigen machen, der das Falsifikat bei ihm abgesetzt hat; dies gilt selbst dann, wenn man ihn bei der Vernehmung mit den üblichen Absatzpraktiken vertraut macht.

Diese sind gewöhnlich so geartet, daß insoweit keine exakten Beobachtungen möglich sind. Ist daher nicht sogleich eine brauchbare Personenbeschreibung oder gar eine Identifizierung zu erzielen, kann bei gleichartigen Falsifikaten dennoch mit der Zeit ein Bild desjenigen gewonnen werden, der den Absatz bewerkstelligt.

Jedenfalls werden bei serienmäßig begangenen Falschgelddelikten nach Lage der Dinge besonders gefährdete Teile der Geschäftswelt über die fragliche Fälschung informiert und um Mithilfe gebeten; ggf. muß sogar die Allgemeinheit gewarnt werden.

Mäule, Richard: Falsches Geld – kurzes Glück. Die Ermittlung eines Falschgeldherstellers und -verbreiters – Kriminalistik 1954, S. 82 ff.

Nur ausnahmsweise wird man zu einer Observation schreiten können, die bei einem Hersteller falscher 1-DM-Stücke zum Ziele führte, als dieser das Falsifikat – wie üblich – in einen (überwachten) Zigarettenautomaten warf (vgl. *Bauer* in: GrKrim Bd. 5, S. 345 f. (1970).

Personen, die wegen Verdachts des Absetzens von Falschgeld angehalten werden, sollte man sofort durchsuchen; dabei ist außer auf weiteres Falschgeld insb. auf größere Mengen von Kleingeld, das bereits eingewechselt worden ist, und auf solche Gegenstände zu achten, welche mit dem Falschgeld eingekauft worden sein könnten. So kann man eventuell weitere Fälle von Falschgeldabsatz relativ schnell ermitteln. Verdächtig ist u. a. der Umstand, wenn der gescheiterte Einkauf weit entfernt von Wohnung oder Arbeitsplatz erfolgen sollte. Ferner ist bei der Festnahme eines solchen Tatverdächtigen auf mögliche Komplizen zu achten, mit welchen bei gewissen Praktiken zu rechnen ist.
Allerdings will ein Zugriff in Form einer vorläufigen Festnahme bei Falschgeldsachen kriminaltaktisch gut überlegt sein. Denn bei bandenmäßiger Begehung oder nach Import kann durch zu schnelles Zugreifen die Chance vertan werden, über den Absatztäter zu seinen Hintermännern zu gelangen.

Entweder schweigt der Festgenommene oder er kennt seine Hintermänner nur noch begrenzt bzw. diese setzen sich – durch das Einschreiten gewarnt – schleunigst ab. Mißtrauisch sollte immer stimmen, wenn ein Verteiler ohne plausible Gründe das Falschgeld weiter von seinem Wohnort oder -viertel entfernt abzusetzen sucht.

Sodann sollte die Wohnung des festgenommenen Tatverdächtigen in gleicher Weise gründlich durchsucht und im Wege einer sorgfältigen Vernehmung versucht werden, die Herkunft des Falschgeldes aufzuklären; allerdings wird man oft Schwierigkeiten haben, brauchbare Äußerungen über einen Zwischenhändler oder gar über den Fälscher zu erhalten. Und das ist nicht immer nur auf mangelnde Bereitschaft des Ertappten, sondern möglicherweise auch auf die Vorsicht seiner Hintermänner zurückzuführen.
Sowohl bei der Fahndung als gerade auch beim Zugriff weisen die einzelnen Absatzpraktiken jedoch gewisse Unterschiede auf.

a) Einzelgänger
Verhältnismäßig einfach liegen die Dinge kriminaltaktisch oft, wenn der angehaltene Tatverdächtige das Falschgeld als Einzelgänger abgesetzt hat. Denn dann ist er häufig identisch mit dem Fälscher oder doch mit diesem bekannt bzw. verwandt. Immerhin kann auch bei anderen Verhältnissen Absatz durch Einzelgänger vorkommen.

Baughman, U. E.: Der Einzelgänger – Internat. Kriminalpol. Revue 1956, S. 137 ff.

Typischerweise taucht in derartigen Fällen das Falschgeld nur an einem Ort oder an wenigen, räumlich begrenzten Stellen auf. Die Umstände können dabei für die Absatzpraktiken typisch sein.

b) Mehrere Partner
Das der Absatz durch mehrere Partner arbeitsteilig bewerkstelligt wird, dürfte man nur ausnahmsweise – z. B. bei gezielter Observation – im Zusammenhang mit der Festnahme eines Tatverdächtigen entdecken.

Immerhin kann man einen nach Lage der Dinge zu vermutenden Komplizen in seiner Familie oder seinem Freundeskreis finden oder durch eine geschickte Vernehmung des Beschuldigten ermitteln. In diesen Fällen ist des öfteren der Weg zum Fälscher nicht weit, wenngleich man zuweilen auch auf Zwischenhändler stößt.

Die Falsifikate tauchen hier in ähnlicher Weise wie bei einem Einzelgänger auf. Der Ort braucht in diesen Fällen nicht mit dem Wohnsitz der Täter identisch zu sein. Wenngleich eine Massierung der aufgefallenen Falsifikate dafür spricht, gibt es doch auch Absatztäter, die nur im Nachbarort oder in um ihren Wohnort herum liegenden Ortschaften tätig werden, weshalb eine Lücke ebenso verräterisch sein kann.

Aus diesen Gründen kann es zweckmäßig sein, diejenigen Punkte, an denen Falschgeld, das aus derselben Produktion zu stammen scheint, abgesetzt worden ist, auf Städteplänen oder Landkarten – etwa durch farbige Stecknadeln – zu markieren.

c) Organisierte Bande

Sehr kompliziert gestalten sich vielfach die Ermittlungen, wenn der Absatz durch eine organisierte Bande erfolgt. Zu den bereits bei mehreren Partnern möglichen Komplikationen tritt hinzu, daß eine solche Organisationsform gerade den Zugang zu Zwischenhändlern, Importeuren oder Produzenten erschweren soll. Zudem handelt es sich auch bei denjenigen, die den Absatz durchführen, um überörtliche oder gar internationale Täter, welche sich nur zeitlich begrenzt an einem Ort oder überhaupt im Inland aufhalten.

Die Kürze der verfügbaren Zeit verhindert die hier nötigen großräumigen oder an verschiedenen Orten durchzuführenden Fahndungsmaßnahmen gewöhnlich, weshalb man sich in der Regel damit nur für eine erneute Aktion der betreffenden Bande oder Verbrecherorganisation vorbereiten kann.

III. Wirtschaftsdelikte

Die Wirtschaftsdelikte (i. e. S.) sind erst relativ spät in den Blickpunkt des allgemeinen Interesses gerückt. Deshalb ist das Vorgehen der Strafverfolgungsorgane noch in vielen Punkten unsicher und unzureichend geklärt, wenngleich die Lage in den einzelnen Ländern bemerkenswerte Unterschiede aufweisen kann. Doch sollte zumindest außer Frage stehen, daß der Kriminaltaktik bei der Bekämpfung der Wirtschaftskriminalität besonderes Gewicht zukommt.

Wie in der Kriminaltechnik (§ 16-C-III) läßt der uns gesetzte Rahmen lediglich die Behandlung einer Auswahl von echten Wirtschaftsdelikten zu, weshalb wegen weiterer derartiger Straftaten auf die Ausführungen oben zu verweisen ist (§ 10-III).

Wirtschaftsdelikte (einschließlich der Korruption) – hrsg. v. Bundeskriminalamt – Wiesbaden 1957 – insb. S. 49 ff., 71 ff., 91 ff.; *Teufel*, Manfred: Sicherstellung von Beweismaterial bei Wirtschaftsdelikten – Kriminalistik 1961, S. 401 ff.; *Grundfragen der Wirtschaftskriminalität* – hrsg. v. Bundeskriminalamt – Wiesbaden 1963; *Zirpins*, Walter/*Terstegen*, Otto: Wirtschaftskriminalität. Erscheinungsformen und ihre Bekämpfung – Lübeck 1963 – z. B. S. 109 ff.; *Zirpins*, Walter: Wirtschaftskriminalität unter besonderer Berücksichtigung der Korruption – in: TbKrim Bd. XVI, S. 68 ff. (1966); *Teufel*, Manfred: Das kriminalpolizeiliche Melde- und Karteiwesen bei der Bekämpfung von Wirtschaftsdelikten unter besonderer Berücksichtigung der Tätigkeit des Bundeskriminalamts – in: TbKrim Bd. XVI, S. 97 ff. (1966); *Wirtschaftskriminalität und Wirtschaftskriminalistik* – GrKrim Bd. 2 (1967); *Teufel*, Manfred: Die aktenmäßige Bearbeitung von Wirtschaftsdelikten – in: TbKrim Bd. XIX, S. 255 ff. (1969); *Bauer* 1-492 ff.; *Wirtschaftskriminalität* und Weiße-Kragen-Kriminalität – GrKrim Bd. 13/1 (1974), Bd. 13/2 (1976); *Scheidges*, Gerhard: Wirtschaftsstraftaten bei öffentlichen Aufträgen – Kriminalistik 1976, S. 450 ff.; *Berckhauer*, Friedrich H./*Rada*, Horst D.: Organisierte und grenzüberschreitende Wirtschaftskriminalität. Erscheinungsformen und Entwicklungstendenzen – der kriminalist 1977, S. 46 ff., 151 ff.

Präventive Maßnahmen gegen Wirtschaftsdelikte entsprechen weithin dem bei Wirtschaftsbetrügern Gesagten, wenngleich zielgerichtetes Vorgehen hier eher möglich sein dürfte. Doch sollte das Ansprechen der Öffentlichkeit deshalb nicht vernachlässigt werden.

Wirtschaftskriminalität – Möglichkeiten der Prophylaxe – Schriftenreihe des Verbandes der Vereine Creditreform Bd. 1 – Würzburg 1973; *Schmid,* Rainer: Vorbeugende Bekämpfung und Vorfelderhebungen bei Wirtschaftsdelikten – der kriminalist 1975, S. 95 ff.; *Vollmuth,* Emil: Bekämpfung der Wirtschaftskriminalität durch gezielte Prävention – der kriminalist 1976, S. 505 ff., 587 ff. (= Öff. Sicherheit 1977/Jan./S. 3 ff., Febr./S. 4 ff.); *Schmid,* Rainer: Praxisorientierte Prävention und Vorfeldarbeit bei Wirtschaftsdelikten – Kriminalistik 1976, S. 64ff; *Nepote,* Jean: La police et les assecurances face à quelques formes modernes de la Criminalité – Rev. int. de Crim. et de police techn. 1977, S. 141ff. (XXX. Jahrg.).

Sieht man einmal von gesetzlichen Regelungen außerhalb des Strafrechts ab, die präventiv oft recht wirksam gestaltet werden könnten, so kommt es bei der Vielfalt der wirtschaftskriminellen Praktiken doch wohl mehr auf Organisationsformen und auf eine Handhabung an, welche solche Machenschaften vereiteln oder erschweren. Obgleich man hier auf das Eigeninteresse der potentiellen Opfer rechnen können sollte, liegen die Dinge doch ziemlich im argen.

Im privaten Bereich stört neben der für viele kennzeichnenden Unüberschaubarkeit wirtschaftlicher Vorgänge mitunter eine aus Leichtsinn oder anderen Gründen (z. B. Kostenersparnis) resultierende Laxheit.

Selbst im öffentlichen Bereich, wo die Dinge besser liegen sollten, verfährt man des öfteren in einer präventiv wenig sinnvollen Weise. Ein Beispiel dafür sind die hier üblichen Ausschreibungen, die für Wirtschaftskriminelle sowohl bei der Vergabe der öffentlichen Aufträge als auch bei ihrer Durchführung bzw. der Kontrolle des Geleisteten in der Praxis dennoch zahlreiche Möglichkeiten für Manipulationen bieten, was man mehr als bisher im Auge haben sollte.

Allgemein läßt sich für die **Ermittlungen** in Wirtschaftsstrafsachen sagen, daß Anzeigen hier noch seltener als bei vielen anderen Formen kriminellen Verhaltens sind; sie bringen überdies kaum jemals das Ausmaß der kriminellen Machenschaften in etwa zum Ausdruck, weil der Anzeigende sich auf seinen Einzelfall zu beschränken pflegt. Deshalb kommt es bei Wirtschaftsdelikten noch mehr als sonst auf eigene Wahrnehmungen und vor allem auf sachgemäßes Kombinieren an, wenn verdächtige Tatsachen bekannt werden.
Bei der folglich insgesamt dürftigen und unsicheren Ausgangslage derartiger Ermittlungsverfahren kann oft zweifelhaft sein, in welcher Richtung man zunächst vorgehen soll. Feste Regeln dürften sich hier kaum aufstellen lassen, weil es außer auf den Deliktstyp auch auf die besonderen Tatumstände ankommt. Kann einmal Aufklärung in tatsächlicher Hinsicht, was Tatmodalitäten und Zahl der Verstöße bzw. Opfer anlangt, Vernehmungen derselben als angezeigt erscheinen lassen, so ist zum anderen zu bedenken, daß der Tatverdächtige auf diese Weise leicht von den Ermittlungen erfährt und Beweismaterial verschwinden läßt, das man bei sofortigem Zugriff hätte sicherstellen können. Natürlich setzt derlei voraus, daß der Tatverdächtige bekannt ist, was jedoch bei Wirtschaftsdelikten überwiegend der Fall sein dürfte.

Der Kriminalist kann sich bei seinen Ermittlungen teilweise derjenigen Formen bedienen, die man bei Prüfungen von Wirtschaftsunternehmen verwendet. Denn Kontrollen dienen ebenso wie Revisionen und eine umfassende Betriebsprüfung sowohl der Überwachung als auch der Feststellung wirtschaftlich erheblicher Daten. Alles dies läßt sich je nach Lage der Dinge leicht mit den Ermittlungszielen einer wirtschaftskriminalistischen Prüfung verbinden.
Die durch Hinweise, Strafanzeigen oder dergl. ausgelösten Ermittlungen können sich bereits auf gewisse Tatsachen oder Aussagen über solche gründen. Im übrigen stützen sie sich auf Aufzeichnungen, Buchführung und andere Geschäftsunterlagen des fraglichen Unternehmens. Doch müssen hierbei besonders geschulte Beamte oder externe Sachverständige eingesetzt werden; das gilt insb. für Prüfungen des Geld- und Warenverkehrs.

Wegen der oft schwierig zu überblickenden Verhältnisse und der teilweise doch recht geringen Möglichkeiten eines Sachbeweises kommt es demnach für die Aufklärung von Wirtschaftsdelikten in vielen Fällen entscheidend auf Vernehmungen an, die sich vor allem beim Tatverdächtigen schwierig gestalten können.

Gössweiner-Saiko, Th. C.: Die Vernehmung in Wirtschaftsstrafsachen. Ein Beitrag zur Psychologie des Beschuldigten und zur Technik seiner Befragung – Arch. f. Krim. Bd. 133, S. 32 ff., 89 ff. (1964).

Insb. für die Vernehmung zur Sache muß der Beamte nicht nur allgemein mit den Gegebenheiten des Wirtschaftslebens vertraut sein (Umsatz, Gewinn, Wert des Lagers, Skonti, Kosten von Kredit usw.), sondern auch über die Verhältnisse sowohl der fraglichen Branche als auch des betreffenden Unternehmens informiert sein (Geschäftsorganisation, Änderungen des Geschäftsbetriebs, Vermögenslage, insb. Zahlungs- und Leistungsfähigkeit, Höhe der Entnahmen, andere Gründe für Verluste usw.).

Wichtiger als Festnahmen und Verhaftungen sind bei Wirtschaftsstrafsachen Durchsuchungen und Beschlagnahmen, deren sachgerechte Durchführung jedoch Vertrautheit mit den wirtschaftlichen Gegebenheiten voraussetzt. Auf diesem Wege zu erlangnde Sachbeweise sind von großem Wert, weil sie die gewöhnlich ausschlaggebenden und schwierigen Vernehmungen der Tatverdächtigen erheblich erleichtern können. Sie sind überdies wichtig, um im Hauptverfahren den typischen Beweisschwierigkeiten und Ausreden wirksam entgegentreten zu können.
Gerade bei Ermittlungen in Wirtschaftsstrafsachen ist nach Möglichkeit eine enge Zusammenarbeit mit Privatdetektiven und Auskunfteien anzustreben (vgl. § 25), die schon deshalb gern von Unternehmen eingeschaltet werden, weil sie auch für bürgerliche Rechtsstreitigkeiten Hilfe bieten können.

Zirpins, Walter: Kontakte mit führenden Handelsauskunfteien. Eine wichtige Hilfe bei der Bekämpfung der Wirtschaftskriminalität – Kriminalistik 1968, S. 12 f.

Aus allen diesen Gründen und wegen der gerade in Wirtschaftsstrafsachen wichtigen Konzentration der Ermittlungen auf das Wesentliche ist es sehr oft notwendig, sogleich Experten einzuschalten. Da hierzu u. a. spezialisierte Staatsanwälte zählen, ist jedenfalls dort, wo es solche – wie z. B. bei Schwerpunktstaatsanwaltschaften – gibt, ähnlich wie bei Kapitalverbrechen sofort mit dem zuständigen Staatsanwalt Kontakt aufzunehmen, also anders wie üblich zu verfahren. Auf diese Weise kann nicht nur alsbald ein kriminaltaktisches Konzept erarbeitet und der Einsatz der nötigen Sachverständigen erreicht werden; vielmehr läßt sich auch die Anwendung von Zwang beschleunigen und damit wirksamer gestalten.

A. Preistreiberei

Bezeichnend für die geschilderte allgemeine Situation ist die Lage auf dem Gebiet der Preistreiberei. Abgesehen von der in vielen Ländern keineswegs glücklichen, z. T. überhaupt fehlenden Regelung ist das Preisgebaren nur schwer zu durchschauen und die Verbrechensbekämpfung schon infolgedessen kaum wirksam zu handhaben. – Einige Aussicht auf Erfolg bieten hier nur regional oder gar zentral tätige Stellen, deren Wirtschaftsexperten mit Kartellämtern und ähnlichen Wirtschaftsbehörden oder den entsprechenden Institutionen der Wirtschaft eng zusammenarbeiten sollten.

B. Warenfälschungen

Günstiger erscheinen kriminaltaktisch trotz einer ebenfalls in vielen Ländern unübersichtlichen, z. T. desolaten Regelung die Verhältnisse im Bereich der Warenfälschungen und hier insb. der Lebensmittelfälschungen. Sicherlich hängt es auch hier weithin immer noch vom Zufall ab, ob und wann man Kenntnis vom Verdacht einer Warenfälschung erlangt. Dabei dürfte es in der Praxis weniger auf Anzeigen von insoweit nicht gerade sachkundigen Verbrauchern oder von Konkurrenten, sondern eher auf Wahrnehmungen bei amtlichen Kontrollen, etwa durch Organe der staatlichen Lebensmittelüberwachung, ankommen; deren Wirksamkeit ließe sich aber gewiß vielerorts noch vergrößern. Allerdings sollte man beachten, daß damit nur ein, wenngleich wichtiger Teilbereich der Warenfälschungen zu erfassen ist.

Erlangt man Kenntnis vom Verdacht einer Warenfälschung, so ist es in der Mehrzahl der Fälle – wie dargelegt (§ 16-C-III-B) – nicht sonderlich schwierig, mithilfe kriminaltechnischer Untersuchungen festzustellen, ob eine Handelsware wirklich eine täuschende Beschaffenheit aufweist.

Ist dies der Fall, so steht im allgemeinen zugleich fest, wer als Tatverdächtiger in Betracht kommt, wenngleich bei der gegliederten Wirtschaft die Verantwortlichkeit von Handel und insb. Produktion nicht immer leicht zu beurteilen ist, was rechtlich aber vor allem für die subjektive Seite bedeutsam sein dürfte.

Die Aufklärungstätigkeit wird sich daher auf die jeweils in Betracht kommenden Handelsunternehmen und diejenigen Firmen konzentrieren, die an Bearbeitung oder Produktion der fraglichen Ware beteiligt sind. Inwieweit sie für die täuschende Beschaffenheit wirklich verantwortlich sind, muß dann durch Untersuchung von Vergleichsmaterial, der technischen Einrichtungen und der Arbeitsweise ermittelt werden, wobei ggf. auch auf Geschäftsunterlagen zurückzugreifen ist.

Im Zusammenhäng mit den hier nötigen kriminaltechnischen Untersuchungen, bei denen gewöhnlich Sachverständige mitwirken müssen, ist neben dem objektiven Befund durch Vernehmungen leitender und ausführender Personen zu klären, ob und inwieweit Anhaltspunkte für schuldhaftes Verhalten gegeben sind.

Einen Sonderfall stellen, wie das zu Verbrechens- und Kriminaltechnik Ausgeführte verdeutlichen dürfte, die **Kunst- und Antiquitätenfälschungen** dar. Hier kommt es noch mehr als bei anderen Fälschungen auf kriminaltechnische Untersuchungen und ggf. die Beiziehung etwa für die Stilkritik kompetenter Experten an.

Froentjes, W.: Kunstfälschungen (Bilderfälschungen) im internationalen Bereich – in: Grundfragen der Kriminaltechnik, hrsg. v. Bundeskriminalamt, Wiesbaden 1958, S. 237 ff.; *Schüller,* Sepp: Fälscher, Händler und Experten. Das zwielichtige Abenteuer der Kunstfälschungen – München 1959; *Tegel,* Heinrich: Kunstwerkfälschungen. Der Madonnenschnitzer vom Grödnertal – Kriminalistik 1960, S. 505 ff.; *Ewald-Schübeck,* Fridl: Zur Frage der Echtheit bei Kunstwerken – Arch. f. Krim. Bd. 133, S. 125 ff. (1964); *Dittmer,* Reinhart: Der Betrug mit Sammlungsobjekten (Raritätenbetrug) – in: TbKrim Bd. XIV, S. 174 ff. (1964).

Denn Vernehmungen sind bei derartigen Sachverhalten in aller Regel erst dann aussichtsreich, wenn man dem Beschuldigten entsprechende Sachbeweise vorhalten kann.

Wie leicht überhaupt die Sammlerleidenschaft kriminell mißbraucht werden kann, zeigen die philatelistischen Fälschungen, deren Aufklärung z. T. denen von Urkundenfälschungen ähnelt.

Nitsche, Aug. J.: Die „Spittaler Hebemärke" – eine philatelistische Fälschung – Kriminalistik 1960, S. 385 ff.

Die Kunstfälschungen sind ebenso wie Kunstdiebstähle im weitesten Sinne (§ 23-B-I-B-2-b-gg) in engem Zusammenhang mit dem illegalen Kunsthandel zu sehen, dessen Grenzzone außerordentlich weit reicht. Gerade diese enge Verflechtung macht deutlich, daß es bei der Problematik Kunst und Kriminalität weniger um rechtliche, insb. legislative Maßnahmen als um Fragen der Rechtsanwendung geht, weshalb die größeren Zusammenhänge – insb. auch der hier ausgeprägtere soziale Hintergrund – vor allem kriminalpolitisch klarer herausgearbeitet werden sollten.

C. Unlauterer Wettbewerb

Ungünstiger als bei Warenfälschungen, die sich auf Handelswaren – also Sachen – beziehen, sind die Verhältnisse bei den Wettbewerbsdelikten, bei denen man sich wegen des kaufmännischen Rahmens nur begrenzt auf Sachbeweise stützten kann. Zu Unsicherheiten der rechtlichen Regelung und ihrer Anwendung kommt hinzu, daß die insoweit maßgebenden Umstände in einer Marktwirtschaft nicht immer leicht zu durchblicken sind.

Zirpins, Walter/ *Terstegen,* Otto: Wirtschaftskriminalität. Erscheinungsformen und ihre Bekämpfung – Lübeck 1963 – S. 873 ff.

Spezialvorschriften gegen den Verrat von Geschäfts- und Betriebsgeheimnissen brauchen hier wegen des bei den privaten Geheimnisverletzungen Ausgeführten (§ 23-A-VII-3) und solche gegen geschäftlichen Rufmord deshalb nicht besonders behandelt zu werden, weil hier kriminalistisch auf die Ehrverletzungen (§ 23-A-VIII) verwiesen werden kann.

1. Trügerische Reklame

Bei Verdacht trügerischer Reklame dürfte es vor allem darauf ankommen zu beweisen, daß bestimmte Angaben, die im Rahmen der öffentlichen Wirtschaftswerbung gemacht werden, unrichtig sind und dies sowohl dem Werbefachmann als auch dem Wettbewerber bewußt war. Dabei ist das Bild bei den einzelnen Verbrechenstechniken unterschiedlich.

a) Täuschungen über das Angebot

In der Mehrzahl der Fälle wird bei trügerischer Reklame über das Angebot des Wettbewerbers getäuscht. Derartige Täuschungen können sich auf die Qualität seiner Ware oder Leistung, ihren Preis oder die Gründe des Verkaufs beziehen. Die Unrichtigkeit des Behaupteten ist daher am besten durch Vergleich mit den tatsächlichen Gegebenheiten zu beweisen.

aa) Qualitätsschwindel

Beim Qualitätsschwindel können die Strafverfolgungsorgane daher z. T. ähnlich wie bei Warenfälschungen vorgehen, die Unrichtigkeit der Angaben also durch Sachbeweis dartun.

(1) Täuschungen über die Herkunft

Dies gilt bereits für Täuschungen über die Herkunft, soweit diese nach allgemeiner Ansicht (Verkehrsauffassung) als qualitätserheblich gilt. Durch Untersuchung von Material und Bearbeitung sowie Prüfung der Geschäftsunterlagen läßt sich nämlich ermitteln, wo die betreffende Ware wirklich herstammt.

(2) Täuschungen über die Beschaffenheit

Noch deutlicher ist die Parallele zur Warenfälschung bei Täuschungen über die Beschaffenheit. Denn die wirkliche Beschaffenheit ist in der Regel ohne weiteres mit den bei der Warenfälschung genannten Methoden festzustellen.

(3) Falsche Angaben über die Wertschätzung

Etwas anders ist das bei falschen Angaben über die Wertschätzung, sei es bei Verbrauchern oder Experten. Hier müssen sich die Ermittlungen darauf konzentrieren festzustellen, ob tatsächlich die behauptete Anerkennung erfolgt ist. Trifft dies zu, so kann man auf die schwierige Frage stoßen, ob eine solche Anerkennung nicht vom Wettbewerber bewußt manipuliert worden ist; dann würde die Berufung darauf dennoch als arglistig erscheinen.

bb) Preisschwindel

Der Preisschwindel, der sich mehr im kaufmännischen Gebiet bewegt, ist im allgemeinen schwerer zu erfassen. Hier kommt es naturgemäß mehr auf die Faktoren der Preiskalkulation an, die sich selbst bei Durchblick nicht immer exakt bestimmen lassen. Ein Gesetzesverstoß wird sich daher am ehesten nachweisen lassen, wenn die Angaben im Zuge der Werbung nicht den Tatsachen entsprechen; daß ist außer mit einer Betriebsprüfung vor allem mithilfe von Aussagen zu klären.

(1) Preisverschleierung

So müssen sich beispielsweise Praktiken der Preisverschleierung letztlich aus dem Werbetext selbst ergeben, dessen nachprüfbare Angaben man zu diesem Zweck mit der Ware und ihrem Erwerb durch den Tatverdächtigen vergleicht.

(2) Falsche Preisbenennung

Noch einfacher dürfte es in den betreffenden Fällen sein, auf ähnliche Weise darzutun, daß eine Preisbenennung falsch ist.

(3) Angabe preisgünstiger Bezugsquellen

Die Angabe preisgünstiger Bezugsquellen ist vor allem dann unrichtig, wenn die Strafverfolgungsorgane nachweisen können, daß der Bezug tatsächlich anderweitig erfolgt ist.

cc) Verkaufsschwindel

Ebenso kommt es beim Verkaufsschwindel darauf an, die Angaben der öffentlichen Wirtschaftsinformation mit den tatsächlichen Gegebenheiten beim Wettbewerber zu vergleichen, wobei wiederum vor allem dessen Unterlagen aufschlußreich sein können.

(1) Falsche Vorratsangaben

Die Unrichtigkeit von Vorratsangaben ist gewöhnlich leicht durch Kontrolle der Bestände darzutun; Streitfragen ergeben sich insoweit nur bei mehreren Filialen eines Unternehmens, weil manche Täter die Bestände zusammenfassend beziffern.

(2) Falsche Angaben über den Verkaufsgrund

Der angegebene Verkaufsgrund ist falsch, wenn eine Betriebsprüfung in Wahrheit keine Anhaltspunkte dafür bietet, sondern andere Zwecke nahelegt.

Kriesten, Eckehard: Ein Blick hinter die Kulissen organisierter Totalverkäufe – der kriminalist 1976, S. 345 ff.

(3) Verschweigen gewerbsmäßigen Handelns

Einfach ist in aller Regel auch das Verschweigen gewerbsmäßigen Handelns nachzuweisen, das aber durchweg von geringerer krimineller Intensität ist.

(4) Vermittlungsschwindel

Ähnlich liegen Praktiken des Vermittlungsschwindels, bei denen dem Täter an Hand der Aussagen seiner Abnehmer nachgewiesen werden muß, daß er fälschlich bloß als Vermittler aufgetreten ist.

b) Täuschung über die Solidität

Trügerische Reklame durch in der Praxis demgegenüber seltenere Täuschung über die Solidität des Unternehmens kann des öfteren noch mehr Schwierigkeiten bereiten, weil die dafür wesentlichen Faktoren schwieriger zu erfassen sind.

aa) Firmenschwindel

Das gilt bereits für Praktiken des Firmenschwindels, bei denen die Täuschung vor allem durch Vergleich mit den realen Gegebenheiten darzutun ist.

Manchmal lassen sich obskure Werbemanöver wie Fotomontagen und dergl. allerdings relativ einfach entlarven.

bb) Prestigeschwindel

Besonders problematisch ist die Situation der Strafverfolgungsorgane beim Prestigeschwindel, soweit es sich nicht um ausgesprochen primitive Machenschaften handelt.

2. Angestelltenkorruption

Die Angestelltenkorruption kann als Wettbewerbsdelikt hier relativ kurz abgetan werden, weil die Probleme der Strafverfolgung dieselben wie bei der ausführlicher zu behandelnden Korruption von Exekutivbeamten (§ 23-D-IV-6-a) sind. Es genügt daher, auf einige Besonderheiten hinzuweisen, welche sich aus der betrieblichen Situation ergeben.

Zirpins, Walter/*Terstegen,* Otto: Wirtschaftskriminalität. Erscheinungsformen und ihre Bekämpfung – Lübeck 1963 – S. 727 ff.; *Wallraven,* Lutz: Die Prävention gegen Angestelltenbestechung. Der Verein gegen Bestechung und Wirtschaftskriminalität – in: GrKrim Bd. 13/2 (1976), insb. S. 330 ff., 347 ff.

a) Materielle Vorteile

Bestochen wird in der Praxis nahezu ausschließlich mit materiellen Vorteilen, deren Zusage oder Zuwendung jedoch üblicherweise verschleiert und getarnt wird. Deshalb ist auch bei den Ermittlungen auf die einzelnen Verbrechenstechniken abzustellen.

aa) Bargeld

Bargeld wird nur realtiv selten und vorzugsweise in Fällen von geringerer Bedeutung zugewendet. Dann aber fehlt es oft an Beweisen für diesen Vorgang. Handelt es sich ausnahmsweise um größere Summen, so ist bei der Buchprüfung auf mögliche Verschleierungspraktiken zu achten.

bb) Geldwerte

Bei den Geldwerten sind mannigfache Tarnmöglichkeiten zu beachten, mit denen insb. der Bestechende u. U. steuerliche Vorteile verfolgt.

cc) Sachwerte

Erfolgt die Angestelltenkorruption mit Sachwerten, so läßt sich der Vorgang einmal mithilfe der im Gewahrsam des Bestochenen befindlichen Sachen und zum anderen mit den Unterlagen des Bestechenden beweisen, der hier allerdings gern mit fingierten Verträgen arbeitet.

dd) Nutzwerte

Am schwierigsten ist es in der kriminalistischen Praxis wohl, eine Bestechung mit Nutzwerten zu beweisen, da im allgemeinen nur die Teilnahme an der fraglichen Veranstaltung oder dergl. festzustellen ist, die für den bestechlichen Angestellten einen solchen Nutzen darstellen könnte.

b) Immaterielle Werte

Die immateriellen Werte spielen in der juristischen Diskussion eine viel größere Rolle als in der forensischen Praxis. Die Beweisschwierigkeiten aber sind naturgemäß erheblich.

D. Verletzungen von Patenten, Gebrauchsmustern und Warenzeichen

Strafbare Verletzungen von Patenten, Gebrauchsmustern und Warenzeichen haben anscheinend eine relativ einfache Ausgangsposition, da das Opfer bei der Anzeige nicht nur über die für seine Legitimation wesentlichen Beweise verfügt, sondern zugleich Gegenstände oder Tatsachen zur Hand haben dürfte, welche das gesetzwidrige Verhalten des Tatverdächtigen beweisen sollen.

Zirpins, Walter/*Terstegen,* Otto: Wirtschaftskriminalität. Erscheinungsformen und ihre Bekämpfung – Lübeck 1963 – S. 866 ff.

Damit ist allerdings, wie die Praxis lehrt, oft nicht allzuviel gewonnen. Denn außer um eine damit mögliche Untersuchung auf Identität kommt es ferner darauf an zu beweisen, wie diese Vorgänge zustande gekommen sind und ob ein Verschulden des Verdächtigen vorliegt. Bei allem können sich zudem schwierige Abgrenzungsfragen ergeben.

E. Unzulässige Wettbewerbsbeschränkungen

In den meisten Ländern stellen die Kartelldelikte ein kriminalistisch noch wenig erforschtes Gebiet dar, da mit diesen Fragen weniger die Strafverfolgungsorgane, sondern eher Wirtschaftsbehörden wie Kartellämter befaßt zu werden pflegen.

Gutzler, Helmut: Die Ermittlungstätigkeit des Bundeskartellamts – in: GrKrim Bd. 13/1, S. 529 ff. (1974).

Die Sachverhaltsaufklärung wird bei Kartellpraktiken vor allem durch zwei Umstände erheblich erschwert. Einmal handelt es sich um insoweit ohnehin schwer zu durchschauende wirtschaftliche Zusammenhänge. Zum anderen bemühen sich die Kartelldelinquenten nach Kräften darum, den Verstoß gegen etwaige Vorschriften möglichst unauffällig und ohne verräterische Spuren durchzuführen.
Selbst wenn man angesichts des Verhaltens beteiligter Unternehmen den Verdacht von illegalen Kartellpraktiken hegen muß, ist damit eben noch nicht geklärt, wie z. B. gleichförmige Verhaltensweisen tatsächlich zustande gekommen sind.

Eher als schriftliche Unterlagen entdeckt man Umstände, die auf das Zustandekommen einer solchen Absprache hindeuten. Es kommt daher wesentlich auf Vernehmungen an, die aber angesichts des Zusammenwirkens solange keine sonderliche Aussicht auf Erfolg haben, als nicht einer der Beteiligten aus diesem oder jenem Grunde zu Aussagen über wesentliche Umstände veranlaßt wird.

F. Versicherungsmißbrauch

Der Versicherungsmißbrauch, der z. T. nur unter dem Gesichtspunkt des Individual-Betruges strafrechtlich zu erfassen ist (vgl. § 23-B-VII-6), bietet mit den erwähnten kriminaltechnischen Möglichkeiten vergleichsweise günstige kriminaltaktische Ansätze. Abgesehen von den in den einzelnen Versicherungssparten z. T. unterschiedlichen Verhältnissen sollte sich das Vorgehen der Strafverfolgungsbehörden an den hier üblichen Verbrechenstechniken orientieren.

Helmer: Betrug zum Nachteil der Versicherung – in: Betrug und Urkundenfälschung, hrsg. v. Bundeskriminalamt, Wiesbaden 1956, S. 89 ff.; *Schöntag,* A.: Richtige Taktik des ersten Ermittlungsbeamten bringt das Sachverständigen-Gutachten erst zur Wirkung (Versicherungsbetrug) – Arch. f. Krim. Bd. 121, S. 169 f. (1958); *Farny,* Dieter: Das Versicherungsverbrechen. Erscheinungsformen, Motive, Häufigkeiten und Möglichkeiten der versicherungstechnischen Bekämpfung – Berlin 1959; *König,* Walter: Der Versicherungsbetrug. Aktuelle Formen und ihre Bekämpfung – Diss. Zürich – Zürich 1968; *Gastberger,* Leo: Ein ideenreicher Versicherungsbetrüger – Kriminalistik 1975, S. 364 ff.; *Deichl,* Alois: Betrügereien bei der Abwicklung von Kfz-Schäden – in: GrKrim Bd. 13/2, S. 281 ff. (1976).

1. Betrügerischer Vertragsabschluß

Der betrügerische Vertragsabschluß erinnert am meisten an den Betrug als Individualvermögensdelikt. Da der Täter hier beim Vertragsabschluß über für die Versicherung wesentliche Umstände getäuscht hat, sind seine Angaben in aller Regel an Hand der Vertragsunterlagen klar und bereitet selbst das hier häufige Verschweigen solcher Punkte keine allzu großen Schwierigkeiten.

Wichtig aber ist neben dem oft nur kriminaltechnisch zu erbringenden Nachweis der Unrichtigkeit der Angabe zu beweisen, daß der Täter schon bei Vertragsabschluß um die wahre Sachlage wußte. Hier helfen seine Unterlagen oder Bekundungen Dritter weiter, aus denen sich ergibt, daß der Tatverdächtige schon vorher über die fraglichen Umstände informiert war.

2. Betrügerisches Vortäuschen eines Versicherungsfalles

Das betrügerische Vortäuschen eines Versicherungsfalles zwingt zuerst einmal dazu zu klären, wie der in Frage stehende Schadensfall überhaupt zustande gekommen ist. Denn damit wird nicht nur die Verantwortlichkeit des Täters für die Herbeiführung (vgl. unten 3) ausgeschlossen, sondern zugleich festgestellt, daß es sich nicht um einen Versicherungsfall handelt.

Die Praktiken des Versicherungsmißbrauchs bestehen hier vor allem in unrichtigen Angaben oder aber in tatsächlichen Manipulationen, welche den Schluß auf eine andere (versicherungspflichtige) Schadensursache nahelegen sollen; z. T. sind daher kriminaltechnische Untersuchungen angezeigt. Denn kann man eine solche nachträgliche Manipulation nachweisen und damit den Versicherungsnehmer in Zusammenhang bringen, so ist für die Aufklärung schon viel gewonnen.

Im Grunde gehören hier daher auch diejenigen Fälle, in denen der Täter mithilfe fingierter Reparaturrechnungen Ersatz für einen angeblichen Schadensfall verlangt, was bei geringen Summen häufig nicht ordentlich nachgeprüft wird.

Beuter, Rudi: Betrug zum Nachteil von Kraftfahrzeugversicherern – Kriminalistik 1964, S. 96 f.; *Droste,* Helmut: Betrug durch Fingierung von Verkehrsunfällen – Kriminalistik 1964, S. 363 ff.; *Zürcher,* Anton: Betrugs-Versuch durch vorgetäuschte Autokollision – Kriminalistik 1969, S.122 ff.; *Hinrichsen,* Reinhard: Betrug durch fingierte Kfz-Brandschäden. 40 Versicherungsgesellschaften sollten für einen Pkw-Brandschaden zahlen – der kriminalist 1975, S. 419 ff.

Solche Machenschaften erwecken am ehesten den Verdacht der Versicherung, wenn bei einem ihrer Kunden Schadensfälle gehäuft auftreten; aber auch das Nichthinzuziehen der Polizei oder das Fehlen von Zeugen sollte skeptisch stimmen. Jedenfalls sollte die betreffende Versicherung solche Schadensfälle zusammenstellen, bevor Kontakt mit anderen Versicherungen und der Kriminalpolizei aufgenommen wird.

So war es auch bei einem Mechanikermeister, der eine Kfz-Reparaturwerkstatt und eine Tankstelle betrieb. In gut zwei Jahren hat er in mindestens 68 Fällen mithilfe von fast 100 beteiligten Personen Versicherungen durch fingierte Schadensfälle um mehr als DM 80000 betrogen. Da in fast der Hälfte der Fälle Wagen, die auf seinen Namen bzw. den seines Sohnes oder seiner Tochter zugelassen waren, geschädigt sein sollten, schöpfte schließlich ein Schadensregulierer Verdacht, wobei sich 7 von 9 untersuchten Fällen als fingiert erwiesen. Erst jetzt wurde Anzeige erstattet und das volle Ausmaß der Taten ermittelt.

3. Betrügerisches Herbeiführen eines Schadensfalles

Das betrügerische Herbeiführen eines Schadensfalles, welcher als solcher entweder der Kriminalpolizei unmittelbar oder über die Versicherung alsbald bekannt zu werden pflegt, macht ebenfalls zunächst eine genaue Untersuchung der Schadensursache und dafür möglicherweise ausschlaggebenden menschlichen Verhaltens notwendig. Je nach Art des Schadens und damit der Versicherung muß man hier auf medizinische, technische, insb. brand- und verkehrstechnische Sachverständige zurückgreifen.

Gemmer, Karlheinz: Versicherungsbetrug mit Rosenöl – Kriminalistik 1957, S. 213 ff.; *Poxleitner,* Johann/*Schöntag,* Adolf: Aufklärung einer vorsätzlichen Brandstiftung mit Versicherungsbetrug durch Zusammenarbeit von Kriminalpolizei und Sachverständigen – Arch. f. Krim. Bd. 130, S. 121 ff. (1962); *Teufel,* Manfred: Zum Nachweis des Versicherungsbetrugs durch steuerliche und betriebswirtschaftliche Verprobungsmethoden – Arch. f. Krim. Bd. 135, S. 135 ff. (1965); *Wahl,* Adolf: „Autobumser". Fingierte und provozierte Verkehrsunfälle – eine aktuelle Spielart des Betruges – Kriminalistik 1973, S. 451 ff.; *Nehlert,* Rainer/*Wahl,* Adolf: Der Fall „Leonhard B.". Ein Beitrag zur Bekämpfung der organisierten Kriminalität – Kriminalistik 1976, S. 105 ff.

In diesen Fällen von Versicherungsmißbrauch, bei welchen der Versicherungsnehmer selbst den Schaden herbeiführt oder zumindest daran vorsätzlich beteiligt ist, muß man beispielsweise im Bereiche der Kranken-, Invaliden- und Lebensversicherung – wie gesagt – mit Praktiken der Selbstbeschädigung rechnen, die über eine Selbstverstümmelung hinaus sogar bis zum Selbstmord gehen können. Zuweilen arbeitet der Versicherte dabei mit Helfershelfern zusammen.
Ergeben sich bei Aufnahme der Sache Anhaltspunkte dafür, daß der Schaden bewußt herbeigeführt worden ist, so muß auf Grund der Tatumstände und der Interessen nach dafür in Betracht kommenden Personen gesucht werden; diese können, aber müssen nicht mit dem Versicherungsnehmer verwandt oder bekannt sein. Dann allerdings ist eine Kooperation und damit eine Beteiligung des Versicherten eher zu beweisen.

4. Betrügerisches Ausnutzen eines Versicherungsfalles

Die je nach Art des Schadens unterschiedlichen Praktiken, durch welche ein Versicherungsfall betrügerisch ausgenutzt wird, setzen zunächst einmal exakte Feststellungen über

Ursache und Ausmaß des Schadens voraus. Sodann muß sorgfältig geklärt werden, wie der Täter, der hier oft mit Dritten – z. B. Werkstattinhabern – zusammenarbeitet, vorgegangen ist, um eine überhöhte Versicherungsleistung zu erlangen. So muß beispielsweise bewiesen werden, daß ein geltend gemachter Schaden nichts mit dem Versicherungsfall zu tun hat oder aber zumindest der Reparatur- oder Ersatzaufwand als übersetzt angesehen werden muß.

Katte, Werner: Brandversicherungsschwindel bei der Schadensangabe. Winke für die Regulierungsbeamten der Versicherungsgesellschaften und die Ermittlungsbeamten der Polizei – Arch. f. Krim. Bd. 123, S. 123 ff. (1959); *Lichtblau,* Julius: Versicherungsschäden – Kriminalistik 1966, S. 88 ff.; *Hinrichsen,* Reinhard: Betrug durch fingierte Verkehrsunfallschäden – der kriminalist 1975, S. 257 ff.; *Lichtblau,* Julius: Versicherungsschäden im Alltag – Kriminalistik 1976, S. 516 ff.

Beim Verdacht überhöhter Schadensangaben gegenüber Brand- und Sachschadenversicherungen ist außer an Zeugenaussagen vor allem auch an eine Prüfung der Geschäftsunterlagen zu denken.

Teufel, Manfred: Zum Nachweis des Versicherungsbetruges durch steuerliche und betriebswirtschaftliche Verprobungsmethoden – Arch. f. Krim. Bd. 135, S. 135 ff. (1965).

G. Steuer- und Zolldelikte

Kompliziert sind gewöhnlich die Ermittlungen bei Steuer- und Zolldelikten, was nach den Ausführungen zur Verbrechenstechnik nicht mehr verwundern sollte. Denn schon im Hinblick auf das Finanzamt pflegen solche Machenschaften mehr oder weniger geschickt getarnt zu sein.

1. Steuerdelikte

Aus diesem Grunde werden Strafverfahren wegen eines Steuerdelikts sehr häufig durch eine Initiative des Finanzamts ausgelöst, mit welchem die Strafverfolgungsorgane tunlichst eng zusammenarbeiten sollten.

Terstegen: Besonderheiten der Steuerstraftaten und des Steuerstrafrechts, insb. unter dem Gesichtspunkt einer Zusammenarbeit zwischen Finanzamt und Kriminalpolizei – in: Wirtschaftsdelikte (einschließlich der Korruption), hrsg. v. Bundeskriminalamt, Wiesbaden 1957, S. 213 ff.; *Zirpins,* Walter/ *Terstegen,* Otto: Wirtschaftskriminalität. Erscheinungsformen und ihre Bekämpfung – Lübeck 1963 – S. 995 ff.; *Gößweiner-Saiko,* Theodor C.: Steuerdelikte. Phänomenologie, Tatbestandsmäßigkeit und Fragen der kriminalistischen Untersuchungsführung – Arch. f. Krim. Bd. 134, S. 38 ff., insb. S. 103 ff. (1964); *Herrnstadt:* Der Absturz am Raccaraso-Paß – Kriminalistik 1970, S. 368 f.; *Selbach,* Karl-Heinz: Die Schwierigkeiten bei der Strafverfolgung der Steuerhinterziehung – Kriminalistik 1976, S. 389 ff.; *Hoffmann,* Andreas: Steuerhinterziehung und Betrug unter dem Deckmantel der Unternehmensberatung – Kriminalistik 1977, S. 66 ff.

Denn die Sachverhaltsaufklärung, die von der Steuererklärung oder anderen Angaben des Tatverdächtigen auszugehen pflegt, ist schon deshalb schwierig, da der Beamte außer mit dem Steuerrecht auch mit den wirtschaftlichen Gegebenheiten vertraut sein muß, was man nur bei einem Spezialisten erwarten kann. Zu den Schwierigkeiten, die sich aus der Tatausführung ergeben, kommen ferner solche hinzu, die mit der Person und Position des Täters zusammenhängen. Daher ist die Unterstützung durch die Finanzämter, die oft über wesentliche Unterlagen verfügen, hier besonders wichtig.

2. Zolldelikte

Kommt es bei den Finanzämtern vor allem auf die Steuerfahndung an, so entspricht dem beim Zoll die Zollfahndung. Die Kooperation kann in Form gemeinsamer Ermittlungsarbeit oder auch unter laufendem Informationsaustausch erfolgen. Natürlich gestaltet sie sich je nach Art des in Frage stehenden Steuer- oder Zolldelikts verschieden.

Teufel, Manfred: Methoden des Schmuggels und seine Abwehr. Zollkriminalistische Betrachtungen – Arch. f. Krim. Bd. 133, S. 20 ff. (1964).

Die Zollbehörden verfügen überdies nicht nur in vielen Ländern über den Polizeilaboratorien vergleichbare kriminaltechnische Einrichtungen. Vielmehr können die Zollbeamten im Zusammenhang mit der ihnen obliegenden Kontrolle des grenzüberschreitenden Verkehrs zugleich kriminalistisch wichtige präventive Aufgaben wahrnehmen oder sogar im Rahmen gezielter Grenzfahndung eingesetzt werden. Alles das setzt neben guter nachrichtentechnischer Verbindung auch entsprechenden persönlichen Kontakt zwischen Kriminal- und Zollbeamten voraus.

3. Delikte im Außenwirtschaftsverkehr. Subventionserschleichung

Einen anderen wegen der hier oft inernationalen Verflechtung schwierig zu bearbeitenden Komplex, den man erst in der jüngsten Vergangenheit etwas besser in den Griff zu bekommen scheint, bilden Subventionskriminalität, Delikte im Zusammenhang mit der Außenwirtschaft und dergl.

Tiedemann, Klaus: Kriminologische und kriminalistische Aspekte der Subventionserschleichung – in: GrKrim Bd. 13/1, S. 19 ff., insb. S. 64 ff. (1974); *Graeber,* Heinz: Subventionsbetrügereien in der EWG – in: GrKrim Bd. 13/1, S. 423 ff. (1974); *Marten,* Karl Heinz: Urkundenfälschungen in der Außenwirtschaft – in: GrKrim Bd. 13/2, S. 155 ff. (1976).

Neben gründlicher Prüfung der Unterlagen – u. a. auf Urkundenfälschung und andere Manipulationen hin – sind Ermittlungen sowohl im Betrieb des Tatverdächtigen als auch seiner in- und ausländischen Geschäftspartner erforderlich. Es ist daher in diesen Fällen oft eine Zusammenarbeit mit ausländischen Behörden nötig.

H. Insolvenzdelikte

Ermittlungen in Insolvenzsachen leiden im allgemeinen darunter, daß die fraglichen Vorgänge schon einige Zeit zurückliegen. Neben den in Fällen einer Pleite nicht selten unordentlichen Unterlagen ist daher an im Laufe dieser Zeit mögliche verschleiernde Manipulationen des Gemeinschuldners und seiner etwaigen Helfer zu denken.

Blümel, W.: Bearbeitung von Konkursstraftaten – Kriminalistik 1956, S. 124 ff.; *Bertling,* G.: Erster Angriff bei Insolvenzdelikten – in: TbKrim Bd. X, S. 390 ff. (1960); *Zirpins,* Walter/*Terstegen,* Otto: Wirtschaftskriminalität. Erscheinungsformen und ihre Bekämpfung – Lübeck 1963 – S. 918 ff.

Wesentlich ist es daher in solchen Strafverfahren, beim Tatverdächtigen oder in seiner Firma baldmöglichst die Geschäftsunterlagen sicherzustellen und ferner zu verhindern, daß noch Schuldnervermögen auf die Seite geschafft werden kann.

Wichtig ist dafür allerdings, daß man weiß, auf welche Unterlagen es ankommt oder ankommen könnte, was gewöhnlich nur der in Wirtschaftsdingen und Buchführung erfahrene Experte zu beantworten vermag. Er sollte daher bei Durchsuchungen und Beschlagnahmen zugegen sein. Das Schuldnervermögen wird im übrigen gewöhnlich in Zusammenarbeit mit dem Konkursverwalter ermittelt und sichergestellt.

Nur relativ selten ist bei Insolvenzdelikten eine Festnahme bzw. Verhaftung von Tatverdächtigen (Inhaber, Gesellschafter, Geschäftsführer, Vorstandsmitglieder und leitenden Angestellten) nötig, um deren Flucht oder von ihnen zu befürchtende Verdunkelungsmaßnahmen zu verhindern. Doch sollte man in großen Sachen durchaus zu einer solchen Maßnahme greifen, die weniger in ihrer tatsächlichen Durchführung als mehr in ihrer rechtlichen Bestandskraft zu Komplikationen führen kann.

IV. Sexualdelikte

Die Sexualdelikte verkörpern für die Kriminalistik ein besonders heikles Kapitel. Neben den oben erwähnten Möglichkeiten des Sachbeweises kommt wegen des durchweg intimen Charakters dieser Taten jedoch den Vernehmungen besonderes Gewicht zu. Und dabei wirken nicht nur die Interessen von Täter und Opfer, sondern des öfteren soziale Tabus irritierend.

Sittlichkeitsdelikte – hrsg. v. Bundeskriminalamt – Wiesbaden 1959; *Ester:* Zur Überführung von Sittlichkeitsverbrechern – in: TbKrim Bd. XI, S. 72 ff. (1961); *Berg,* Steffen: Das Sexualverbrechen. Erscheinungsformen und Kriminalistik der Sittlichkeitsdelikte – 2. Aufl. – Hamburg 1963.

Der Schutz gerade der Kinder vor derartigen Verbrechen ist eine wesentliche Aufgabe der **Prävention,** die als Jugendschutz jedoch weit über die eigentlichen Sexualdelikte hinausreicht, welche hier allerdings eine besondere Gefahrenquelle darstellen. Vorbeugend wirken hier vor allem Maßnahmen, die sich über die Eltern oder unmittelbar an die Kinder wenden, um bei ihnen ein Verhalten zu erwirken, das solche Gefahren vermindert.

N. N.: Privatprävention, Flugblattaktionen – in: GrKrim Bd. 1, S. 55 ff., 58 ff. (1965).

Die Gefahrenquellen sind vor allem dreifacher Art, wobei der Erfolg präventiver Bemühungen stets wesentlich davon abhängt, ob sich das in der erforderlichen Weise sexuell aufgeklärte Kind seinen Eltern oder anderen Erziehungspersonen anvertraut, die dann helfend eingreifen können. Damit ist aber kaum zu rechnen, wenn das Kind im familiären oder häuslichen Kreis gefährdet wird, d. h. durch Erziehungsberechtigte oder Verwandte.
Eher schon werden diejenigen Gefahren bekannt, die sich in der Schule oder im Kindergarten ergeben können. Dies gilt besonders für kleinere Kinder, während mit der Pubertät der Kontakt zu Erwachsenen häufig schwächer wird.

Die größten Gefahren aber bieten wohl Nachbarschaft und Straße. Hier ist also das Vertrauen des Kindes zu den Eltern am wichtigsten. Man sollte nicht nur über den Umgang seines Kindes informiert sein, sondern auch über seine Aktivitäten Bescheid wissen, um rechtzeitig auf Gefahren hinweisen oder einschreiten zu können. Ganz besonders ist darauf zu achten, daß das Kind fremden Menschen gegenüber Zurückhaltung und Vorsicht zeigt.
Weithin anders liegen die Dinge, wenn man Erwachsene vor Sexualdelinquenten – z. B. Frauen vor Notzuchtstätern – schützen will. Obwohl es auch hier nicht an Vorschlägen fehlt, die von der Kleidung über das Meiden bestimmter Örtlichkeiten bis hin zu Selbstverteidigungslehrgängen reichen, bleibt bei Licht besehen der praktische Nutzeffekt der breiten Palette doch recht dürftig. Abgesehen von allgemeiner Vorsicht und einem gesunden Mißtrauen gegenüber Unbekannten, hängt die Wirkung doch zu sehr von Zufälligkeiten und der Persönlichkeit des potentiellen Opfers ab.
Die kriminaltaktischen Probleme der **Ermittlung** sind bei den einzelnen Sexualdelikten und ihren verschiedenen Formen recht unterschiedlich geartet, wie das Folgende dartun dürfte. Insgesamt läßt sich daher nur sagen, daß man keinesfalls immer mit Kooperation des Opfers oder gar schneller Strafanzeige rechnen sollte.

Meixner, Franz/*Helldörfer,* Heinrich: Kriminalität und Sexualität. Leitfaden für die Untersuchung von Sexualverbrechen – 4. Aufl. – Hamburg 1965; *Bauer,* Günther: Grundsätze für die Ermittlung von gewalttätigen Triebverbrechern – Die Neue Polizei 1970, S. 105 ff.; *Bauer,* Günther: Aufklärung von Triebverbrechern minderjähriger Delinquenten – Kriminalistik 1970, S. 197 ff.; *Naeve,* Werner: Körperliche Befunderhebung nach Sittlichkeitsdelikten – Kriminalistik 1971, S. 340 ff.; *Hughes* S. 139 ff. (Todesfälle im Zusammenhang mit Sexualdelikten); *Endris,* Rolf: Bißmarken bei Sexualdelikten. Spurensicherung, Abformung und Beweisführung – Kriminalistik 1975, S. 406 ff.; *Wimmer,* Wolf: Triebverbrecher – Tiger im Schafspelz dargestellt am Fall des multiplen Mörders Josef L. – Kriminalistik 1976, S. 241 ff.; *Bauer* 3-243 ff.; *Petersohn,* F.: Sittlichkeitsdelikte – taktische Fehler bei der Vernehmung – Ill. Rundschau d. Gend. 1977/März/S. 5 ff., Mai/S. 3 ff., Juli/Aug./S. 7 f., Sept./S. 5 f., Nov./S. 5.

Allgemein läßt sich im übrigen nur noch festhalten, daß die gerade für Sexualdelikte wichtigen Vernehmungen von Zeugen insb. Opfern nicht selten ziemlich problematisch sind; und das gilt keineswegs nur für die Vernehmung von Mädchen, sondern z. T. ähnlich für die von Frauen. Während einerseits zuweilen übertrieben wird, findet man andererseits häufiger unvollständige oder unrichtige Aussagen, die auf Schamgefühle und dergl. zurückzuführen sind.

Obwohl nach Anzeige von drei Frauen auf Grund exakter und übereinstimmender Personenbeschreibung recht schnell ein jugendlicher Maurerlehrling ermittelt werden konnte, der als Radfahrer im Vorbeifahren die Frauen in die Brüste gekniffen hatte, gab es bei der in der ländlichen Gegend problematischen Wahlgegenüberstellung eine Panne. Im Gegensatz zu den beiden anderen Zeuginnen, wollte eine Frau den Täter nicht wiedererkennen, obwohl dieser sodann sieben derartige Fälle zugab. Er selbst erklärte jetzt, er würde die Frau wiedererkennen, wenn sie dasselbe Kleid wie zur Tatzeit trage. Als die Zeugin daraufhin aufgesucht wurde, erklärte sie sofort, sie habe den Täter sicher erkannt, habe dies nur nicht sagen mögen. Bei der Gegenüberstellung im fraglichen Kleid machte sie dem Jugendlichen überraschenderweise Vorwürfe, sich ihr auch exhibitionistisch gezeigt zu haben, was der Lehrling nunmehr ebenfalls gestand. In allen drei Fällen hatten wohl die Ehemänner auf Strafanzeige bestanden, obwohl sie – wie der Fall beweist – nicht einmal alles erfahren hatten.

A. Delikte gegen die geschlechtliche Freiheit

Die Delikte gegen die geschlechtliche Freiheit haben als Formen der Gewaltkriminalität hohes kriminalpolitisches Gewicht, weshalb die Aufklärung dieser Taten mit Nachdruck, aber auch der gebotenen Umsicht betrieben werden muß. Die Möglichkeiten der Prävention sind begrenzt, wenn man von jungen Opfern absieht und von Erwachsenen, die sich an gewissen Orten völlig über alle Aspekte einer vernünftigen Eigensicherung hinwegsetzen.

1. Notzucht und sexuelle Nötigung

Bei Ermittlungen wegen Notzucht oder sexueller Nötigung (gewaltsamer Unzucht) ist zu beachten, daß die Situation des Täters sehr verschieden geartet sein kann.

Meixner II-114 ff.; *Gödde,* Gerhard: Ein Spanner geht Streife – Kriminalistik 1962, S. 469 ff.; *Dost,* Oskar Paul: Psychologie der Notzucht. Untersuchung – Verfolgung – Vorbeugung – Hamburg 1963; *Brandenberger,* W.: Triebverbrecher oder Räuber? Ein Fall aus der Praxis der Jugendstaatsanwaltschaft des Kantons Basel-Stadt – Kriminalistik 1967, S. 187 ff.; *Witschi,* Hans: Angriffe auf die geschlechtliche Freiheit und Ehre der Frau – Kriminalistik 1968, S. 414 ff.; *Häusler,* Karl: Überfälle auf Liebespaare. Ein Fall von Verbrecher-Perseveranz – Kriminalistik 1970, S. 555 ff.; *Johannsen,* Ulrich: Ein klassischer Sachbeweis – der kriminalist 1971/H. 10/S. 33 f.; *Blaszyk,* Franz: Eine unglaubwürdig erscheinende Notzucht und ihre überraschende Aufklärung – der kriminalist 1974, S. 286 ff.

Allgemein ist bei Eingehen einer solchen Strafanzeige jedoch Skepsis geboten, weil diese Anzeigen recht häufig nachweisbar falsch sind; das gilt besonders, wenn die Anzeige nach Lage der Dinge verspätet erfolgt. – Man sollte daher etwaige Verletzungen des Opfers oder Schäden an seiner Kleidung beachten, welche dazu beitragen können, die Anzeige für richtig zu halten. Kleidungsstücke sollten zum Zwecke kriminaltechnischer Untersuchungen sichergestellt werden. Ebenso empfiehlt es sich, nicht nur Verletzungen, sondern das Opfer überhaupt ärztlich untersuchen zu lassen.

Das kann, obwohl es dabei nicht zuletzt um Anhaltspunkte für den tatsächlich vollzogenen Geschlechtsverkehr geht, auch damit begründet werden, daß man für die Überführung des Täters dienliche Spuren zu sichern sucht.

Bei der Vernehmung des Opfers und anderer Zeugen ist in allen diesen Fällen darauf Wert zu legen, daß auch die der Straftat vorangehenden Ereignisse wie Ort und Zeitpunkt des Kennenlernens, Verhalten des Opfers genau festgestellt werden. Zeugen sind selbst dann wichtig, wenn sie erst nach der Tat etwas vom Opfer gesehen oder gehört haben.

Mistlberger, Karl: Untersuchung des Tatores bei Notzuchtsverbrechen – Kriminalistik 1968, S. 104 ff.

In den meisten Fällen dieser Art kann auf Tatortarbeit – sofern eine solche überhaupt möglich ist – nicht verzichtet werden. Denn außer um das Ermitteln etwaiger Spuren, welche zudem das Anzeigevorbringen erhärten können, kommt es darauf an, daß der Kriminalbeamte sich ein plastisches Bild von den Gegebenheiten am Tatort machen kann.
Die Fahndung nach dem Tatverdächtigen bereitet in aller Regel keine sonderlichen Probleme, wenn dem Opfer – was gar nicht so selten zutrifft – seine Identität bekannt ist. Schwieriger wird es aber schon, wenn der Täter falsche Angaben gemacht hat oder aus anderen Gründen lediglich eine Personenbeschreibung vom Opfer zu erlangen ist.

Denn die Lichtbildvorlage führt hier nur in seltenen Fällen weiter, wenngleich man sie ggf. durchführen sollte. Mitunter helfen allerdings auch Angaben über ein vom Täter benutztes Kraftfahrzeug, um den Tatverdächtigen zu identifizieren.

Sexuelle Gewalttäter sind zwar z. T. abnorme Triebtäter, aber in nicht geringem Ausmaß auch schwachsinnige oder sonst primitive jüngere Männer. Dies alles darf aber nicht über die Tatsache hinwegtäuschen, daß ein größerer Anteil dieser Rechtsbrecher insoweit relativ unauffällig ist.

Kommt man mangels brauchbarer Personenbeschreibung nicht weiter, so kann man es bei wiederholten Straftaten dieser Art mit einer Observation versuchen, sofern die Tatausführung dafür geeignete Charakteristika aufweist; dabei kann man weibliche Beamte oder als Frauen verkleidete Beamte verwenden. Noch komplizierter aber wird eine solche Fahndung, wenn man einen Kraftfahrer als Täter vermutet, also der Beamte die Anhalterin spielen muß.

Dann sollte man den anhaltenden Fahrer nach dem Fahrtziel fragen und sich mit einem anderen Ziel entschuldigen; auf keinen Fall darf die Beamtin in das Auto einsteigen und mitfahren.

Ansonsten muß man sich bei den Ermittlungen auf wegen einschlägiger Vortaten oder aus anderen Gründen als Täter in Betracht kommenden Personen konzentrieren bzw. man muß zuwarten, ob nicht andere Verbrechen desselben Täters bessere Ansätze für die Personenfahndung bieten.

In gewissen Fällen, in denen beispielsweise eine im Freien begangene Notzucht sofort angezeigt wird, kann der Einsatz eines Polizeihundes sinnvoll sein.

Wird ein Tatverdächtiger ermittelt, so kommt es auch bei ihm – wie beim Opfer – auf eine genaue Spurensuche an seinem Körper und seiner Kleidung an.

Derartige Sachbeweise können nicht nur Geschlechtsverkehr oder andere sexuelle Manipulationen, sondern nicht selten sogar den sonst bestrittenen Kontakt dem Opfer beweisen. Außer an Spuren des sexuellen Kontakts oder andere Spuren vom Körper des Opfers – ggf. auch Verletzungsspuren – ist an solche vom Tatort zu denken. Man darf insoweit die Möglichkeiten der Kriminaltechnik nicht unterschätzen.

Bei der Vernehmung eines Tatverdächtigen ist in diesen Sachen stets mit recht typischen Schutzbehauptungen zu rechnen, die jedoch keineswegs immer leicht zu widerlegen sind.

So behauptet der Täter beispielsweise, wenn er nicht den Vorgang als solchen in Abrede stellen kann, daß das Opfer – nach anfänglichem Widerstand – mit dem Geschlechtsverkehr einverstanden gewesen sei. Er stellt möglicherweise das vorangehende Verhalten des Opfers als provozierend dar, um einen Irrtum als plausibel erscheinen zu lassen. Er exkulpiert sich ferner mit Alkoholgenuß, Triebhaftigkeit (eventuell ausgelöst durch entsprechende Lektüre oder Filme) oder Sexualnot.

Etwas günstiger ist die Situation in Fällen von Gruppennotzucht wegen der größeren Zahl von Tatbeteiligten. Trotz der hier zu erwartenden Solidarität kann der Beamte mithilfe der Vernehmung der einzelnen Täter naturgemäß eher vorankommen.

Bei der Vernehmung sollte man im übrigen – wie überhaupt bei Sexualdelinquenten – regelmäßig möglichst behutsam vorgehen, damit der Beschuldigte nicht verstockt wird; denn er ist gerade bei diesen Straftaten die neben dem Opfer wohl wichtigste Erkenntnisquelle. Es versteht sich, daß ein vom Beschuldigten vorgebrachtes Alibi genau zu prüfen ist.

Man sollte jedenfalls zunächst mit gezielten und drastischen Vorhalten vorsichtig sein, vielmehr – ohne das jedoch zu billigen – Verständnis oder Interesse für die Situation des Tatverdächtigen zeigen, die in mancher Hinsicht für sein Verhalten aufschlußreich sein kann. Etwa vorhandenen Abscheu, den man gerade bei solchen Straftaten leicht haben kann, sollte der Vernehmungsbeamte im Interesse der Sache tunlichst nicht erkennen lassen. – Selbstverständlich kann es ausnahmsweise früher oder später durchaus am Platz sein, mit grob lügenden oder sexuell vernarrten Beschuldigten einmal Fraktur zu reden. Bei Anhaltspunkten für tiefer greifende Defekte dürfte sich die Begutachtung durch einen Sachverständigen empfehlen.

Sodann können eine Gegenüberstellung oder – beim leugnenden Tatverdächtigen – auch eine Wahlkonfrontation erfolgen, die unter ähnlichen Bedingungen wie die fragliche Tat durchgeführt werden sollte.

2. Schändung

In Fällen der Schändung, die von Notzucht und sexueller Nötigung nicht immer leicht zu unterscheiden sind, wirkt komplizierend, daß man vom Opfer keine oder nur bedingt brauchbare Aussagen erwarten kann.

Brand, Anton: Seltenes Delikt – Unzucht mit einer Schlafenden – Kriminalistik 1969, S. 311 f.

Zu einer Schändung kann es manchmal auch im Zuge eines andersartigen Verbrechens – z. B. eines Raubes – kommen; dann können die für jenes Delikt typischen Tatspuren Fahndung und Überführung erleichtern.

Zwei jüngere Täter (21 und 23 Jahre alt) wollten sich durch einen Überfall das bei einer 68jährigen kränklichen Frau vermutete Bargeld beschaffen. Als der dieser Frau unbekannte Täter sie niedergeschlagen und die Bewußtlose auf ihr Bett geworfen hatte, änderte er seine Absicht und vollzog an der Wehrlosen, die sich an nichts erinnern konnte, den Geschlechtsverkehr. Da sein Mittäter, der an der Wohnungstür sichern sollte, Schlimmes befürchtend geflohen war, suchte er sodann ebenfalls das Weite. Sachspuren untermauerten die Geständnisse der Täter, von denen einer bei der Flucht von der eigenen Mutter erkannt worden war.

Außer auf die Sachbeweise kommt es hier noch mehr darauf an, daß die Vernehmung des Tatverdächtigen sorgfältig und unter Beachtung seiner Persönlichkeit sowie aller Nebenumstände durchgeführt wird.

B. Mißbrauch der Unreife und der Abhängigkeit

Die den Sexualfreiheitsdelikten verwandten Fälle des Mißbrauchs der Unreife und der Abhängigkeit bereiten kriminalistisch vor allem deshalb Schwierigkeiten, weil bei den Vernehmungen des Opfers zur allgemeinen Problematik der Sexualdelikte mit dem geringen Alter zusammenhängende Fehlerquellen hinzutreten. Das trifft natürlich vor allem für die Unzucht mit Kindern zu, die in der kriminalistischen Praxis sehr breiten Raum einnimmt.

1. Sexueller Mißbrauch von Kindern

Bei Verdacht einer Unzucht mit Kindern ist ebenfalls zunächst einmal der Wahrheitsgehalt der Anzeige zu prüfen, der durch Verletzungen, beschädigte oder beschmutzte

Kleidung des Opfers bestätigt werden kann. Schon bei der Anzeige und auch sonst sind ferner die bei Kindervernehmungen geschilderten Schwierigkeiten und Fehlerquellen zu beachten (§ 21-VI-2).

Meixner II-111 ff.; *Köhn,* Klaus: Die aktive Rolle des Mädchens unter 14 Jahren bei Sexualdelikten. – Kriminalistik 1975, S. 319 ff.

Es kann daher bereits schwierig sein, den Tathergang vollständig und einwandfrei zu ermitteln. Das aber ist wichtig, weil diese Taten regelmäßig ohne weitere Zeugen ausgeführt werden.

Ähnlich problematisch sind Aussagen des Kindes über die Person des Tatverdächtigen, sofern es diesen nicht kennt. Bei brauchbarer Personenbeschreibung oder Lichtbildidentifizierung kann man es mit einer Personenfahndung versuchen, die bei völlig unbekannten Tätern aber nur dann einen Sinn haben dürfte, wenn die Tatausführung charakteristische Anhaltspunkte bietet; dies wird jedoch nur selten der Fall sein.

Bei Anzeigen Erwachsener über einen „Kinderfreund" oder auffälliges Verhalten im Umgang mit Kindern ist ebenfalls Vorsicht geboten. Selbst die Vernehmung des fraglichen Kindes oder anderer Kinder führt nicht immer weiter.

Ein Tatverdächtiger sollte, wenn entsprechende Aussagen oder Anhaltspunkte dafür sprechen, stets auf Tatspuren untersucht werden, weil bei seiner Vernehmung eigentlich immer mit Ausreden zu rechnen ist. Allerdings kommt es durchaus vor, daß ein Kind bei derartigen Taten bereitwillig mitgemacht oder den Täter sogar provoziert hat, weshalb man solche Aussagen des Beschuldigten nicht ohne weiteres von der Hand weisen darf.

Im übrigen kommt es wesentlich darauf an, welches Alter der Täter hat; denn es sind nicht nur die Verbrechenstechniken bei den Altersgruppen recht verschieden, sondern auch die kriminaltaktische Situation weist bemerkenswerte Unterschiede auf. Ungeachtet der auch hier möglichen sexuellen Abnormitäten, die entweder Dritten bekannt sein oder durch Sachbeweise wie sichergestellte pornographische Artikel bewiesen werden können, weist das Sexualverhalten der einzelnen Altersgruppen typischerweise Unterschiede auf.

Was Beschuldigtenvernehmungen in diesen Strafsachen anlangt, muß der Beamte mit den für diese Strafsachen typischen Schutzbehauptungen vertraut sein.

Obwohl diese bei den einzelnen Altersgruppen etwas divergieren, läßt sich allgemein doch Folgendes festhalten. Der Beschuldigte bestreitet, sofern das nach Lage der Dinge angängig ist, das Kind überhaupt zu kennen oder doch seine Anwesenheit am Tatort. Er gibt fehlende Erinnerung – z. B. wegen Alkoholeinflusses – vor oder stellt die Berührung des Kindes als unabsichtlich dar.

Ist der Sachverhalt insoweit zu beweisen, so versucht der Täter sich durch seine Aussage zumindest zu entlasten. Er behauptet beispielsweise, das Kind für älter gehalten zu haben, als es wirklich ist. Er stellt das Verhalten des Opfers als provozierend dar oder erklärt seine Handlungsweise mit väterlicher Zuneigung bzw. Triebhaftigkeit oder Sexualnotstand. Überhaupt ist er bemüht, die Glaubwürdigkeit des Kindes oder anderer Zeugen in ein zweifelhaftes Licht zu rücken. – Da man nach dem zur Vernehmung junger Menschen Gesagten derartige Aussagen des Beschuldigten nicht ohne weiteres von der Hand weisen kann, ist mithin bei derartigen Vernehmungen besondere Vorsicht und Geduld angezeigt.

a) Jugendunzucht

Bei der Jugendunzucht bietet die mangelnde Reife die bereits allgemein bei der Vernehmung Jugendlicher geschilderten Schwierigkeiten (§ 21-VI-2); denn ebenso wie für das

Opfer ergeben sich hier beim minderjährigen Täter entsprechende Probleme. Hinzu kommen kann ferner, daß die Tat von mehreren bzw. von einer Gruppe begangen wird.

b) Altersunzucht

Ganz anders liegen die Dinge, wenn die Tat als ein Phänomen der Alterskriminalität zu werten sein könnte. Hier ist nach dem zur üblichen Tatausführung Gesagten weniger mit Sachspuren und Dritten als Augenzeugen zu rechnen. Da es mithin wesentlich auf die nicht immer einfachen Vernehmungen des alternden Menschen und des jugendlichen Opfers ankommt, sollte man an das in der Praxis nicht selten provozierende oder verführende Verhalten der Kinder denken. Die Aussage des Kindes kann jedoch durch Bekundungen seiner Freunde oder Spielgefährten ergänzt werden, mit denen der junge Mensch derartige Dinge oft eher als mit Erwachsenen bespricht.

c) Erwachsenenunzucht

Am kompliziertesten gestaltet sich oft die Vernehmung erwachsener, nicht sonderlich alter Tatverdächtiger, zumal da die Probleme der Aussagen der Kinder hier dieselben wie sonst sind. Deshalb sollte man gerade in diesen Fällen auf Sachbeweise sowie den eindeutigen Nachweis von Indizien besonderen Wert legen.

Selbst hier darf man nicht ohne weiteres vom perversen Kinderschänder ausgehen, sondern sollte sich bemühen, durch die Vernehmung herauszufinden, ob nicht Tatausführung und sonstiges Verhalten des Beschuldigten mehr auf eine zufällige, durch die Gegebenheiten oder gar das Verhalten der jungen „Opfer" begunstigte (provozierte?) Entgleisung schließen lassen, was Anlaß zur Skepsis gegenüber deren Aussagen sein könnte. – Denn nur wenn sich dies ausschließen läßt, kann man einigermaßen sicher auf besondere kriminelle Intensität oder doch bedenkliche sexuelle Aberrationen beim Beschuldigten schließen, was regelmäßig die Hinzuziehung von Experten erforderlich macht.

2. Verführung Minderjähriger

Bei der Verführung Minderjähriger kommen als Opfer Jugendliche oder – z. B. bei homosexuellen Praktiken – auch Heranwachsende in Betracht. Die Besonderheiten dieser Altersgruppen, die man bei Vernehmungen beachten muß, wirken sich zudem bei heterosexuellen und bei homosexuellen Kontakten leicht etwas verschieden aus.
Ungeachtet der natürlichen Scham kann man von Mädchen, die das Opfer solcher Taten geworden sind, in der Regel brauchbare Aussagen erwarten, wenngleich die Angaben auch in diesem Alter zuweilen noch übersteigert sein können.
Bei homosexuellen Kontakten, d. h. in der Praxis vor allem bei männlichen Jugendlichen, liegen die Dinge dagegen oft komplizierter, weil das „Opfer" bemüht sein kann, seine eigene Beteiligung zu verharmlosen.

3. Mißbrauch von Abhängigen

In Fällen des Mißbrauchs von Abhängigen sind die Möglichkeiten einer kriminaltechnischen Untersuchung begrenzt, sofern die Tat nicht zugleich ausnahmsweise den Charakter eines Sexualfreiheitsdelikts hat. Die Ermittlungen, die in derartigen Strafsachen oft

erst spät einsetzen, hängen daher wesentlich von den Vernehmungen der so oder so am Tatgeschehen Beteiligten ab.
Während Tatverdächtige naturgemäß ihr Verhalten zu bagatellisieren suchen, ist die Lage bei den Abhängigen unterschiedlich. Manche übertreiben, wogegen andere mit dem Täter sympathisieren und ihre Aussage entsprechend gestalten, zumindest färben. In jedem Falle ist also bei der Vernehmung der zudem gewöhnlich jungen Abhängigen eine gewisse Skepsis geboten.

4. Blutschande

Die Blutschande bietet ebenfalls nur selten eine Chance für einen Sachbeweis. Deshalb ist besonders unglücklich, daß sich das enge persönliche Verhältnis zwischen Täter und Opfer bei Vernehmungen sehr hemmend auszuwirken pflegt; zudem sind an inzestuösen Verhältnissen insgesamt und vor allem auf der Opferseite relativ junge Menschen beteiligt.

Schäfer, Herbert: Der Inzest – Kriminalistik 1955, S. 48 ff., 103 ff., insb. S. 105 f.; *Meixner* II-118 ff.

Zu dieser schwierigen Ausgangslage der Ermittlungen kommt hinzu, daß wegen der typischerweise verwandtschaftlichen Verhältnisse zwischen Täter und Opfer Zeugnisverweigerungsrechte oft rechtlich blockierend wirken. Deshalb sollte, sofern ein solcher Tatverdacht entsteht, besonderes Gewicht auf Sachbeweise gelegt werden. Allerdings entsteht der Inzest-Verdacht nicht selten erst dann, wenn ein Kind geboren wird. Aber selbst dann gelingt es den Beteiligten zuweilen durch seltsame Ausreden ihr Verhalten zu verschleiern, weshalb es hier – wie auch sonst – letztlich doch wohl vor allem auf Vernehmungen ankommt.

Eine von einem Kinde entbundene 19jährige behauptete, der Erzeuger sei ein kürzlich auf dem Hauptbahnhof verunglückter Gymnasiast gewesen. Erst als sie mit dem Kinde bei den wohlhabenden Eltern des Verunglückten, der zudem katholischer Pfarrer hatte werden wollen, aufkreuzte, wurde von diesen das Jugendamt informiert; dieses unterrichtete die Kriminalpolizei darüber und über inzwischen ruchbar gewordene verdächtige Umstände. – Nun kam – vor allem durch Vernehmungen bei Nachbarn und Bekannten – heraus, daß die Kindesmutter, wie sie dann einräumen mußte, seit ihrem 14. Lebensjahr häufig sexuellen Verkehr mit dem Vater hatte, der auch Erzeuger des fraglichen Kindes war. Der Vater/Großvater, der zufällig den Unfall beobachtet und dabei die Personalien des Toten festgestellt hatte, war übrigens auch auf den Gedanken gekommen, diesem die Vaterschaft gewissermaßen posthum in die Schuhe zu schieben.

C. Delikte wider die Normalität des Geschlechtslebens

Obwohl in vielen Ländern sexuell abnorme Verhaltensweisen heute nicht mehr isoliert als Deliktstypen gewertet werden, stößt der Kriminalist sowohl bei anderen Sexualdelikten als auch sonstigen Straftaten auf derartige Praktiken. Deshalb ist hier zumindest auf die wesentlichen Formen **sexueller Aberrationen** einzugehen, soweit diese nicht anderweitig behandelt werden. Denn die Abnormpraktiken sind oft von Einfluß auf das Vorgehen der Strafverfolgungsorgane in anderen Strafsachen. Dies haben wir u. a. bei der Untersuchung von Todesfällen gesehen, die sich mitunter sowohl bei vorsätzlicher als auch fahrlässiger Tötung ebenso wie Unglücksfälle auf sexuelle Abnormpraktiken zurückführen lassen (vgl. § 16-C-IV-C).

Hughes S. 139 ff.

Da die Homosexualität als der praktisch bedeutsamere Fall der **Homophilie** sogleich (unten 1.) zu erörtern ist, braucht insoweit nur noch auf die **lesbische Liebe,** die gleichgeschlechtliche Unzucht zwischen Frauen, hingewiesen werden.

Bei manchen Sexualdelikten, aber auch anderen Straftaten (gegen Personen) stößt man ferner auf Charakteristika des **Sadismus,** bei welchem aus sexuellen Gründen anderen Menschen – ob mit oder ohne ihren Willen – Schmerzen oder Verletzungen zugefügt werden.

Ein 49jähriger konnte an Hand der Befunde bei einem14jährigen Schüler, der über Nacht bei ihm geblieben war, und auf Grund der bei der Haussuchung sichergestellter Briefe anderer Schüler, denen er dafür Geldgeschenke machte, überführt werden, an den in Hypnose versetzten Jugendlichen homosexuelle Handlungen sadistischen Charakters (Nadelstiche, flüssiges Kerzenwachs, Daumenschrauben, Peitsche) begangen zu haben.

In Hannover konnte ein sadistischer Messerstecher, der wiederholt radfahrende jüngere Frauen verletzt hatte, durch ein Opfer überführt werden, das ihn auf dem Moped – offenbar auf dem Wege zur Arbeit – hatte vorbeifahren sehen. Zusammen mit Beamten identifizierte am nächsten Tage das zur fraglichen Zeit in der betreffenden Straße postierte Opfer den Täter; der 24jährige, geistig zurückgebliebene Mann konnte gestellt werden.

Die dem Sadismus gegenüberstehende sexuelle Aberration ist der **Masochismus,** bei welchem sexuelle Befriedigung umgekehrt gerade durch Erleiden von Schmerz oder Demütigung erlangt wird.

Auf diesen Gesichtspunkt ist vor allem bei wenig plausiblen Verletzungen des „Opfers“ zu achten, die zuweilen als Unglücksfall dargestellt werden. Solche Machenschaften können zu schweren, bleibenden Gesundheitschäden oder gar zum Tode des Betreffenden führen.

Kellerhals, Adolf: Ein Fall von Masochismus – Kriminalistik 1963, S. 28 f.; *Görig,* Heinrich: Sexuelle Selbstverstümmelung – Arch. f. Krim. Bd. 139, S. 113 f. (1967); *Daucher,*Emmeran: Todesfälle bei masochistischen Praktiken – Kriminalistik 1974, S. 262 ff., 360 ff., 453 ff.; 1975, S. 15 f.

Die **Pädophilie** ist eine auf Kinder ausgerichtete sexuelle Verirrung, wie wir beim Mißbrauch von Kindern gesehen haben (oben B-1).

An diese Aberration ist außer bei gewissen Sexualdelikten auch bei anderen Straftaten zum Nachteil von Kindern oder Jugendlichen zu denken, wenn man vor allem die subjektive Seite aufzuhellen sucht.

In Fällen von **Nekrophilie** kann man des öfteren mit brauchbaren Sachspuren rechnen, die gerade angesichts der hier zu verzeichnenden Schwierigkeiten der Personenfahndung wichtig sind. Diese sexuelle Aberration kann außer bei Leichenschändung (Störung der Totenruhe) auch bei Ermittlungen wegen Sachbeschädigung, Hausfriedensbruch oder Einbruchdiebstahls bedeutsam werden.

Sendler, Walter: Ein Fall von Nekrophilie – Kriminalistik 1954, S. 207.; *Gregg,* Benedikt: Überführung eines jugendlichen Fetischisten – Kriminalistik 1957, S. 434 f.; *Nelles,* Franz: Gründliche Tatortarbeit hilft aufklären – Kriminalistik 1959, S. 397; *Schollmeyer,* W.: Zur Aufklärung nekrophiler Straftaten – Kriminalistik 1966, S. 82 f.; *Permoser,* Leopold: Voyeur, Fetischist und Nekrophilie in einer

Person. Exakte Spurensicherung, Lokal- und Personalkenntnis brachten Leichenschänder zur Strecke – Kriminalistik 1975, S. 326 ff.

Eine vielgestaltige sexuelle Verirrung ist der **Fetischismus,** bei welchem der Sexualtrieb des Betreffenden entweder auf absonderliche Körperteile, Kleidungsgegenstände oder sonstige Artikel, aber auch auf Ereignisse wie Feuer fixiert sein kann.
Daß andere Delikte und selbst Unglücksfälle zuweilen fetischistische Züge aufweisen können, mag der folgende Sachverhalt verdeutlichen (vgl. Abb. 23/8).

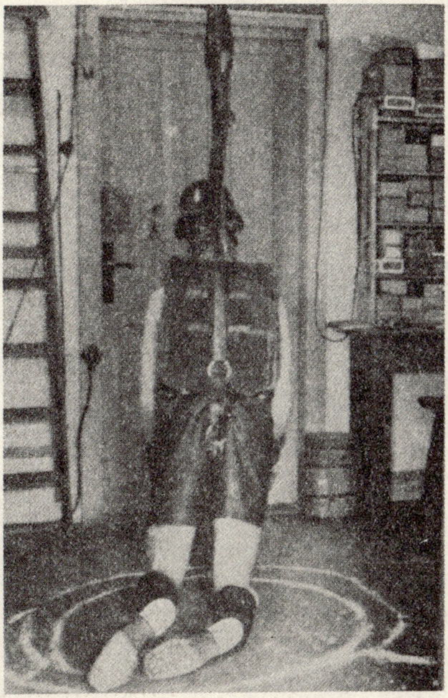

Abb. 23/8. In dieser sehr auffälligen Situation wurde ein 47 jähriger Mann eines Morgens tot in seiner Werkstube gefunden; vor dem von Bürolampen beleuchteten Toten stand ein großer Wandspiegel. Der offenbar zum Lederfetischismus mit militärischen Ausrüstungsgegenständen neigende Mann war bei Strangulationspraktiken, bei welchen er Samenerguß hatte, zu Tode gekommen.

Schollmeyer, W.: Strangulationstod bei Fetischismus – Arch. f. Krim. Bd. 136, S. 22 ff. (1965); *Kragjcek,* A.: Erfolgreiche Fahndung nach einem Kleiderschlitzer – Kriminalistik 1967, S. 159 f.

An Fetischismus ist daher bei ganz verschiedenartigen Delikten zu denken; während aggressive Fetischisten es oft auf Frauen oder deren Bekleidung abgesehen haben, weshalb insoweit Körperverletzung oder Sachbeschädigung in Betracht kommen, ist bei anderen an Diebstahl oder auch Brandstiftung zu denken.
So hat beispielsweise gründliche Tatortarbeit einen vermeintlichen „Schaufenstereinbruch" als das Betätigungsfeld eines sexuell abnormen Fetischisten entlarvt.

Von **Transvestitismus** spricht man bei Personen, die zeitweise oder dauernd Kleidung des anderen Geschlechts und auch dessen Verhaltensweisen benutzen.

Klein, Werner: Ein mysteriöser Fund – Kriminalistik 1957, S. 276 ff.; *Vieth,* G.: Transvestiten – in: TbKrim Bd. X, S. 120 ff. (1960); *Disse,* Manfred: Selbstmord oder Unglücksfall eines Transvestiten? – Arch. f. Krim. Bd. 131, S. 158 ff. (1963).

Mit Transvestiten bekommen die Strafverfolgungsorgane nicht nur wegen Erregung öffentlichen Ärgernisses zu tun, sondern u. U. auch wegen anderer Sexualdelikte (gleichgeschlechtliche Unzucht, Jugendschutz) oder irgendwelcher Urkunden- und Aussagedelikte. Selbst bei Unglücksfällen oder Todesermittlungen kann man auf das Phänomen des Transvestitismus stoßen (vgl. Abb. 23/9).

Abb. 23/9. Die Abbildung gibt eine irritierend wirkende Tatsituation wieder. Ein verheirateter Transvestit, von dessen sexuellen Verirrungen (angeblich) nichts bekannt war, wurde eines Nachts bei der Kontrolle an seinem Arbeitsplatz vermißt. Auf der Suche nach ihm fand man seine Kleidung und Schuhe in unmittelbarer Nähe des rechts zu sehenden Sprungbrettes am Feuerlöschteich des Betriebes. Bald darauf wurde der Betreffende an der mit einem Pfeil bezeichneten Stelle tot aus dem Wasser geborgen; die Leiche war mit einem Damenschlüpfer und mit einem Büstenhalter bekleidet.
Die Obduktion stellte Erstickungstod bei einem Blutalkoholgehalt von 2,06‰ ohne andere wesentliche Befunde fest. Der Gutachter gelangte deshalb zu der Annahme, der Mann habe sich in der seltsamen Verkleidung auf das Sprungbrett begeben, um sich in der vom Vollmond beschienenen Wasseroberfläche zu betrachten. Dabei habe er vermutlich wegen des Alkoholeinflusses das Gleichgewicht verloren und sei in das Wasser gefallen, wo er als Nichtschwimmer ertrank.

In der kriminalistischen Praxis kommt es außer auf die Begutachtung des Transvestiten vor allem auf Vernehmungen und Besonderheiten der Fahndung an, die etwa beim Vorzeigen von Lichtbildern oder bei Gegenüberstellungen verwirrend wirken können.

Es ist allerdings auch schon vorgekommen, daß sich eine Frau, nach der wegen Einmietebetruges gefahndet wurde, in eine andere Stadt verfügte, wo sie sich – mit ungedeckten Schecks – Herrenkleidung zulegte und dann als Mann arbeiten und betrügen ging, ohne daß sexuelle Motive für den Kleiderwechsel ersichtlich waren.

Eine in der Praxis bedeutsame, in den meisten Ländern so oder so unter Strafe gestellte Aberration ist der **Exhibitionismus,** der alsbald gesondert behandelt werden soll (unten E-1).
Der **Voyeurismus,** die sexuelle Schaulust kann, so belanglos sie auch erscheinen mag, außer zu verbalerotischen Aktivitäten, Hausfriedensbruch und fetischistischen Diebstählen

auch zu Sexualfreiheitsdelikten führen. Je nach Art der Aktivitäten kommt es auch auf die für die Ermittlungen wesentlichen Spuren an.

Zwei jugendlichen Tätern, die nach zahlreichen Delikten versuchten, eine sie „besonders faszinierende Frau" zu vergewaltigen, wurden bei der durch heftige Gegenwehr und Schreien des Kindes veranlaßten Flucht ein Schuheindruck und ein abgerissener Knopf zum Verhängnis.
Da der ertappte Voyeur mitunter aggressiv reagiert, kann diese Aberration auch die Ursache für Beleidigungen oder Körperverletzungen sein.

1. Gleichgeschlechtliche Unzucht (Homophilie)

Die gleichgeschlechtliche Unzucht zwischen Männern, die sogen. **Homosexualität,** bringt vor allem durch die hier übliche Kooperation von Täter und Opfer für einschlägige Strafsachen besondere Probleme mit sich.

Kosyra, Herbert: Die Homosexualität – ein immer aktuelles Problem – Kriminalistik 1962, S. 58 ff., 10 ff.; *Schramm,* Ernst/*Kaiser,* Karl: Der homosexuelle Mann als Opfer von Kapitalverbrechen. Ursachen und Aufklärungsschwierigkeiten – Kriminalistik 1962, S. 255 ff.; *Gressmann,* Hans-Carl: Bekämpfung homosexueller Umtriebe an und in öffentlichen Bedürfnisanstalten – Kriminalistik 1967, S. 351 f.; *Meixner* II-123 ff.

In derartigen Ermittlungen kommt es vor allem darauf an, Einblick in das Milieu zu haben und potentielle Tatverdächtige, insb. Strichjungen zu kennen. Bei Durchsuchungen ist daher auf Adressenmaterial achtzugeben. Dasselbe gilt für Vernehmungen, die sich – wie gesagt – des öfteren schwierig zu gestalten pflegen. Alles dies kann auch im Rahmen anderer Strafsachen wichtig werden.
Bei Homosexuellen weisen gerade die Vernehmungen solcher Menschen – seien sie nun Beschuldigte oder Zeugen – Besonderheiten auf.

Typische Schutzbehauptungen sind unabsichtliche Berührung des anderen oder Handeln ohne sexuelles Motiv. Neben Vorgeben provozierenden Verhaltens anderer Personen entschuldigt sich der Homosexuelle mit Alkoholgenuß, Ekel vor dem weiblichen Geschlecht, Triebhaftigkeit und dergl.

Andere Eigentümlichkeiten hängen mehr mit den unterschiedlichen Formen homosexueller Betätigung zusammen.

a) Gewalttätige und arglistige Homosexualität

Dies alles gilt allerdings weniger für Fälle gewalttätiger oder arglistiger Homosexualität, bei denen ein insoweit nicht empfängliches Opfer häufig vom Täter überrumpelt wird; der Verletzte dürfte daher im allgemeinen kooperativ sein.

Elmer, Ernst: Der Täter war das eigentliche Opfer – Kriminalistik 1972, S. 431 ff.

Außer auf eine brauchbare Personenbeschreibung kommt es bei solchen Ermittlungen auf die Sicherung von Tatspuren und vor allem auf das Feststellen anderer Begleitumstände an.

Ein Bäckergeselle machte auf St. Pauli die Bekanntschaft eines etwa 50jährigen, seriös wirkenden Mannes. Dieser erbot sich schließlich, ihn in seinem Wagen mit nach Hamburg-Wandsbek zu nehmen, weil man den gleichen Weg habe. Nach einem kurzen Halt auf einer Landstraße fiel der Fahrer, der angeblich nur hatte austreten wollen, über den schlaf- und alkokohltrunkenen Bäckergesellen her.

Der aber widersetzte sich den unsittlichen Manipulationen und verletzte den Fahrer bei dem sich entwickelnden Ringkampf. Er konnte schließlich nicht nur entkommen, sondern nahm auch den Autoschlüssel mit. Über dessen Nummer und die Beschreibung des Wagens (neuer Opel-Rekord, rosa mit weißem Dach) konnte die Kriminalpolizei, die sich auch durch die Durchsicht von 25 000 Karteikarten nicht schrecken ließ, zu einem einschlägig vorbestraften Hamburger Friseurmeister gelangen, welcher die Tat sofort gestand.

b) Homosexuelle Prostitution. Eigennützige Homosexualität

Dagegen sind die eingangs erwähnten Schwierigkeiten ausgeprägt, wenn wir es mit homosexueller Prostitution oder anderen Praktiken eigennütziger Homosexualität in Strafsachen zu tun bekommen; denn diese setzen im Grunde Einverständnis bei Täter und Opfer voraus. Zudem bietet der unbeobachtete sexuelle Kontakt regelmäßig kaum Sachspuren.

Kuhn, Gerhard: Das Phänomen der Strichjungen in Hamburg – BKA 1957/2 – insb. S. 107 ff.

Außer auf die daher nur begrenzt wichtigen Aussagen Dritter ist vor allem auf die Vernehmungen der Beteiligten Gewicht zu legen; die Situation gestaltet sich hier üblicherweise noch schwieriger als bei anderen Sexualdelikten.

Beim Strichjungen, der keine homosexuelle Neigung zu haben braucht, obwohl er sich als männlicher Prostituierter betätigt, ist kaum jemals mit Anzeigen zu rechnen, sofern er nicht sein homosexuelles Opfer bestiehlt, beraubt oder erpreßt. Überwindet sein Opfer die Scham, so kann man von ihm brauchbare Aussagen erwarten und braucht sich nicht nur mit den verlogenen Angaben des Strichjungen herumzuplagen, der oft eine völlig deformierte Persönlichkeit aufweist.

Die Sachbearbeiter erfassen üblicherweise nicht nur präventiv den Personenkreis der Strichjungen, sondern kennen im allgemeinen diejenigen Orte, an denen sich Homosexuelle zu treffen pflegen. Daher können durch Streifen oder bei entsprechendem Anlaß durch eine Razzia die Anwesenden kontrolliert werden, wobei man zweckmäßig auch auf ihre Kraftfahrzeuge achten sollte.

Mitunter werden Strichjungen auch im Zusammenhang mit Vermißtenfällen (Ausreißer) oder mit anderen Straftaten ergriffen.

c) Andere homosexuelle Beziehungen

Soweit sonstige homosexuelle Beziehungen entweder als solche kriminalisiert sind oder doch in anderen Ermittlungssachen eine Rolle spielen, haben es die Strafverfolgungsorgane nach allem gewöhnlich sehr schwer. Denn die an solchen Manipulationen Beteiligten werden aus eigenem Interesse schweigsam sein oder nach Ausflüchten suchen; nur bei divergierenden Interessen – z. B. wegen Strafverfolgung in einer anderen Sache – kann diese Solidarität möglicherweise aufgebrochen werden.

2. Widernatürliche Unzucht (Sodomie)

Praktiken der widernatürlichen Unzucht mit einem Tier spielen, sofern sie nicht als solche kriminalisiert sind, insb. bei Sachbeschädigung, Hausfriedensbruch und Tierquälerei eine gewisse Rolle.

Hartmann, Hermann: Sodomie an Hühnern – Kriminalistik 1962, S. 119 ff.; *Meixner* II-127 f.

Entsteht der Verdacht eines sodomitischen Hintergrunds, so müssen die Spuren, die der äußere Tathergang zu hinterlassen pflegt, gewöhnlich mit den Mitteln der Kriminaltechnik geklärt werden. Das gilt insb. für die Untersuchung der getöteten oder sonst mißbrauchten Tiere.
Die Fahndung kann sich bei Einschaltung der Öffentlichkeit, um diese nicht unnötig zu beunruhigen und den unbekannten Täter nicht zu warnen, auf das Delikt als solches (Diebstahl, Einbruch usw.) beschränken.
Bei Verdacht sodomitischer Handlungen kann der Täter bei konstanter Arbeitsweise eventuell mithilfe einer Falle überführt werden.

Steiner, A. Ein Fall von Sodomie – Kriminalistik 1959, S. 119 f.

Wird ein Verdächtiger gefaßt, so sind seine Kleidung und sein Körper von Sachverständigen gründlich zu untersuchen, um Spuren festzustellen, die mit der fraglichen Tat zusammenhängen.
Erst dann wird sich in aller Regel ein Experte genauer mit Geisteszustand und Persönlichkeit des Tatverdächtigen zu befassen haben. Im übrigen kann die Vernehmung des Beschuldigten ebenso wie die dritter Personen weitere wichtige Aufschlüsse bieten.

D. Ausbeuten und Fördern fremder Unzucht. Prostitution

Diejenigen Verhaltensweisen, die auf ein Ausbeuten oder Fördern fremder Unzucht hinauslaufen, sind ebenso wie die Prostitution in den einzelnen Ländern recht verschiedenartig geregelt. Da sich solche Praktiken aber auch auf Ermittlungen in anderen Strafsachen auswirken können, erscheinen einige Hinweise angebracht, um dem Kriminalisten seine Arbeit zu erleichtern.

Benoit, Jean: Gewerbsmäßige Unzucht und Kuppelei in der Schweiz – Internat. Kriminalpol. Revue 1958, S. 98 ff., 130 ff.; *Meixner* II-128 ff.

1. Kuppelei

Die in den einzelnen Ländern in unterschiedlichem Ausmaß unter Strafe gestellte Kuppelei wirkt sich auch ansonsten auf strafrechtliche Ermittlungen, und zwar nicht nur bei anderen Sexualdelikten aus. Die Kooperation zwischen verkupppelten Personen erstreckt sich nicht selten auf den Kuppler. Sie stört noch mehr als durch Manipulationen der Sachbeweise bei den hier wichtigen Vernehmungen, weshalb man insoweit die Augen offen halten muß.

David, J.: Ein internationaler Fall von Kuppelei. Der Fall Messina – Internat. Kriminalpol. Revue 1958, S. 229 ff.; *Jäggi,* Max: Kuppelei oder Frauenhandel? – Kriminalistik 1971, S. 140 ff.

Die einzelnen Verbrechenstechniken scheinen keine kriminaltaktisch sonderlich wichtigen Unterschiede aufzuweisen, wenngleich die Sachlage bei entgeltlichen und unentgeltlichen Kupplerpraktiken etwas divergiert.
Gewisse Besonderheiten zeigt der sogen. Mädchenhandel, ein Sonderfall der Kuppelei, bei welchem Mädchen oder Frauen mittels List oder Zwanges zum Zwecke der Ausübung der

gewerbsmäßigen Unzucht an einen anderen Ort oder gar in ein anderes Land verbracht werden.
Das in gewissen Presseprodukten und in Filmen aufgebauschte Phänomen hat in der Praxis vieler Länder keine oder nur sehr geringe Bedeutung.

Thomsen, R.: Mädchenhandel – ein kriminalpolizeiliches Problem? – in: TbKrim Bd. X, S. 151 ff. (1960).

Was die Kriminalpolizei hier tun kann, ist wesentlich präventiver Natur. Dabei aber kommt es in der Regel auf gute internationale Zusammenarbeit an, die nicht nur solche Praktiken erschwert, sondern es auch dem Mädchen, das ohne Paß oder sonst im Ausland vom Täter persönlich abhängig ist, ermöglicht, „auszusteigen" und in seine Heimat zurückzukehren. Ganz überwiegend handelt es sich in derartigen Fällen aber um die Vermittlung von Prostituierten oder solchen, die es werden wollen, wenngleich es vereinzelt wohl auch unsagbar dumme Puten gibt, die sich z. B. ohne Tanzausbildung als Tänzerin in fremde Länder verdingen. Die Ausgangslage der Ermittlungen ist infolgedessen schwierig; wichtig ist gute Zusammenarbeit mit den Paßbehörden.

So erhielt die Kriminalpolizei in Bochum vor einigen Jahren den Hinweis, daß eine minderjährige Serviererin mit Einwilligung ihrer Eltern einen Reisepaß beantragt hatte, um in den Libanon zu fahren. Das tanzlustige Mädchen, das übrigens schon einmal im Libanon mit einem holländischen Artistenehepaar animierende und andere Aktivitäten ausgeübt hatte, ohne dafür das angeblich auf ein Sparkonto eingezahlte Geld (DM 250 für eine Nacht) bekommen zu haben, zeigte einen Vertrag einer libanesischen Agentur vor, der von einem Libanesen, den sie damals kennengelernt hatte, veranlaßt sein sollte. Als sich dann herausstellte, daß es sich um dieselbe Agentur handelte wie beim ersten „Engagement", war klar, daß wiederum dieselben „Künste" von ihr verlangt wurden und ein Entgelt daher zweifelhaft sei. Erst jetzt verzichtete sie auf den orientalischen Job.

2. Zuhälterei

Die Bekämpfung der Zuhälterei stellt die Beamten in der Praxis oft vor intrikate Probleme. Am ehesten ist ein Zuhälter noch zu überführen, wenn sich Dirnen finden, die gegen ihn aussagen; denn die von ihm zuweilen mißhandelten Kunden können im allgemeinen nichts oder nur wenig über das Verhältnis zwischen Zuhälter und Dirne aussagen.

Stammler, Wilfried: Die Kriminalität organisierter Zuhälter – in: GrKrim Bd. 11, S. 195 ff. (1973); *Stümper,* Alfred: Maßnahmen zur wirksamen Bekämpfung der Zuhälterei – Kriminalistik 1974, S. 97 ff.; *Dieckmann,* Reiner: Das Bild des Zuhälters in der Gegenwart. Erscheinungsformen und Möglichkeiten der Bekämpfung – BKA 1975/1.

Zuhälter oder ihnen vergleichbare Kriminelle, welche Prostituierte eigennützig ausbeuten, bedienen sich nicht gar so selten körperlicher Gewalt oder handfester Drohungen, um ihr Opfer gefügig zu machen; ihr Vorgehen bekommt dann den Charakter von Erpressungen, weshalb die kriminaltaktische Lage ähnlich wie dort ist.

Zink, Werner: Wohnungsdiebstähle – Kriminalistik 1972, S. 307.

Bei Verdacht der Zuhälterei ist deshalb vor allem festzustellen, woher die Gelder kommen, mit denen der Betreffende seinen Lebensunterhalt bestreitet. Wesentliche Informationsquellen bietet neben den vom Tatverdächtigen abhängigen Dirnen und jenen, die mit diesen räumlich zusammenleben, das Milieu. Die Situation ist nicht gar so günstig, weil die Beziehungen zwischen Zuhälter und Prostituierter nicht nur wechselhaft, sondern oft gespannt sind.

Aber auch andere Personen aus dem Milieu, und zwar nicht nur diejenigen, die Dirnenwohnheime betreiben, können oft wichtige Auskünfte liefern; sie sind aus eigenem Interesse nicht gar so selten an einem gedeihlichen Verhältnis zur Polizei interessiert. Bei ausländischen Zuhältern und Dirnen kann der Futterneid Einheimischer von Nutzen sein.

Liegen einigermaßen sichere Aussagen vor, so ist gewöhnlich Festnahme des Zuhälters angezeigt, weil außer mit Fluchtgefahr jedenfalls in der Regel mit Verdunkelungsgefahr zu rechnen sein dürfte. Zudem kann eine Durchsuchung weiteres Belastungsmaterial erbringen. Aber selbst dann versuchen die Zuhälter – mitunter durch ihre Verteidiger unterstützt – die Belastungszeugen als unglaubwürdig erscheinen zu lassen oder sie einzuschüchtern.

3. Prostitution

Obwohl die Prostitution nur noch selten als solche unter Strafe gestellt wird, handelt es sich hierbei um ein Phänomen, auf welches der Kriminalist bei manchen Ermittlungen achten muß. Denn Prostituierte hängen nicht nur in mannigfacher Form mit Delinquenten und Kriminalität zusammen, sondern werden nicht gar so selten selbst das Opfer strafbarer Handlungen.

Richter, Hans Peter: Prostitution – Kriminalistik 1957, S. 453 ff.; *Witschi,* Hans: Probleme der Prostitution unter besonderer Berücksichtigung der Anwesenheit ausländischer Arbeitskräfte – Kriminalistik 1966, S. 500 ff.; *Leutner,* Siegfried: Autodirnen und ihre Bekämpfung – Kriminalistik 1967, S. 441 f.; *Schwab,* Otto: Prostitution auf dem Lande. Eine neue Erscheinungsform – Kriminalistik 1968, S. 325 ff.

Daraus ergibt sich für die Strafverfolgungsorange zunächst einmal die Möglichkeit, durch Observieren Prostituierter und der Orte gewerbsmäßiger Unzucht etwas über begangene Straftaten zu erfahren. Das ist in besonderem Maße der Fall, wenn sich eine Dirne als kooperativ erweist, was aber wohl eine Ausnahme sein dürfte. Immerhin kann das bei Verbrechen möglich sein, deren Opfer eine Dirne geworden ist oder welche die Ausübung dieses Gewerbes nachhaltig zu stören drohen. Dirnen und überhaupt das Milieu sind daher so oder so eine wichtige Informationsquelle für die Kriminalbeamten.

E. Delikte gegen das öffentliche Anstands- und Schamgefühl

Bei den Delikten gegen das öffentliche Anstands- und Schamgefühl ist der Zusammenhang mit den eigentlichen Sexualdelikten noch lockerer. Allerdings machen diese Gesetzesverstöße in der Praxis einen beträchtlichen Anteil aller Sexualdelikte aus. – Kriminalistisch kommt es hier vor allem auf zwei Komplexe an, deren strafrechtliche Regelung jedoch recht uneinheitlich ist.

1. Erregen öffentlichen Ärgernisses u. a.

Eine nicht unbeträchtliche Zahl der sogen. Sittensachen betrifft das Erregen öffentlichen Ärgernisses. Das kann – wie wir gesehen haben – in sehr verschiedenartiger Form erfolgen.

Gegen einschlägige Strafvorschriften wird in der Praxis vor allem von **Exhibitionisten** verstoßen. Ungeachtet der verschiedenen Praktiken läßt sich für die Ermittlung solcher Täter doch einiges festhalten. Dabei ist danach zu unterscheiden, ob das Opfer selbst bzw. Dritte eine brauchbare Personenbeschreibung machen können oder nicht.

Meixner II-120 ff.; *Stahl,* Harry: „Das Phänomen des Exhibitionisten" – der kriminalist 1971/H. 10/ S. 31 f.

In denjenigen Fällen, in welchen der Tatverdächtige einigermaßen genau beschrieben werden kann, empfiehlt es sich immer, dem Zeugen Lichtbilder einschlägig vorbestrafter Personen vorzulegen.
Können aber keine wirklich brauchbaren Angaben über die Person des Exhibitionisten gemacht werden und führt auch das Vorlegen von Lichtbildern nicht weiter, da es sich um einen Erst- oder Dunkeltäter handelt, so kann eine etwaige Personenfahndung lediglich vom Modus operandi ausgehen, der im Hinblick auf Tatort und -zeit recht signifikant sein kann; eine Observation ist vor allem dann aussichtsreich, wenn der Täter an bestimmten Örtlichkeiten und zu gewissen Zeiten aufzutreten pflegt.

So konnte auf die Anzeige eines Engländers hin, der mit seinem Fahrrad alltäglich zwischen 13.30 und 13.45 Uhr einen bestimmten Weg zu seiner Arbeitsstelle befuhr, ein homosexueller Exhibitionist gefaßt werden, der ihm dort bereits aufgefallen war, bevor er an zwei aufeinander folgenden Tagen sein Geschlechtsteil entblößte und onanierte. Der einschlägig vorbestrafte Täter gab an, er sei durch das gute Aussehen des Engländers fasziniert worden und habe nur auf ihn gewartet, um ihn auf diese Weise als Geschlechtspartner zu gewinnen.

Ist ein Tatverdächtiger ermittelt worden, so muß bei seiner Vernehmung stets mit den für Exhibitionisten typischen Ausreden (Urinieren usw.) gerechnet werden. Die Vernehmungstaktik sollte, wie bei Sexualdelinquenten üblich, behutsam sein und nicht unnötig verletzen.

Bei der Beschuldigtenvernehmung wirken häufiger Schutzbehauptungen irritierend, die widerlegt werden müssen. Außer mit Urinieren versucht der Tatverdächtige sein Verhalten mit einem Blasenleiden zu erklären; er will lediglich seine Kleidung geordnet oder Fremdkörper aus ihr entfernt haben. Beim Onanieren will er Dritte angeblich nicht gesehen haben. Zuweilen behauptet er, diese hätten daran keinen Anstoß genommen, sondern Gefallen daran gefunden. Andere Aussagen zielen darauf ab, die eigene Triebhaftigkeit oder Sexualnot als plausibel erscheinen zu lassen.

Nicht unwesentlich sind dennoch, was man nicht verkennen sollte, gewisse Sachbeweise. Sie lassen sich beispielsweise bei Durchsuchungen als Samenspuren in Kleidung und Wäsche des Tatverdächtigen finden. Schützt der Tatverdächtige irgendwelche Krankheiten vor, so muß er ärztlich untersucht werden, um mögliche Ausreden zu entkräften. Auch bei Exhibitionismus sollte man daher an Spuren und kriminaltechnische Untersuchungen denken.

Andere Fälle der Erregung eines öffentlichen Ärgernisses weisen für die Ermittlungen größere Unterschiede auf; denn die recht verschiedenartigen Praktiken zwingen zu einem entsprechend differenzierenden Vorgehen, wobei man sich einmal mehr auf Sachbeweise und zum anderen – wie üblich – mehr auf Aussagen stützen kann bzw. muß. Bei unbekannten Tatverdächtigen kann ein konstanter Modus operandi auch hier Maßnahmen der Personenfahndung, insb. Observation bestimmter Örtlichkeiten, als aussichtsreich erscheinen lassen. Treten derartige unanständige Verhaltensweisen örtlich gehäuft auf, so kann man dem präventiv durch Streifentätigkeit und ähnliche Maßnahmen begegnen.

2. Unzüchtige oder anstößige Schriften, Abbildungen u. a.

Zum anderen geht es bei den Delikten gegen das öffentliche Anstands- und Schamgefühl um Produktion und Handel mit unzüchtigen oder anstößigen Schriften, Abbildungen und dergl., d. h. um die sogen. Pornographie. An Händler und Produzenten kommt man in der Praxis aber vor allem über die Erwerber pornographischer Produkte heran.

Pohl, Walter: Der Bezieherkreis unzüchtiger Schriften und Bilder – Kriminalistik 1954, S. 237 ff.; *Huelke,* H.-H.: Der Pornographiehandel und seine Bekämpfung – in: TbKrim Bd. V, S. 34 ff. (1955); *N. N.:* Der weltweite Umlauf des unzüchtigen Schrifttums – Internat. Kriminalpol. Revue 1964, S. 177 ff.

Der Handel oder Absatz pornographischer Produkte, die nicht immer leicht als solche auszumachen sind, dient in der Praxis vor allem dazu, um – ähnlich wie in der Drogenszene – den Großhändlern und Importeuren bzw. den Produzenten der Lustindustrie auf die Spur zu kommen. Das aber ist schon wegen der hier oft zu beobachtenden internationalen Verflechtung nicht einfach; denn ebenso wie Import aus dem Auslande erschwert eine gegliederte Vertriebsorganisation oft den Zugriff.
Allerdings eröffnen Grenzkontrollen und andere Formen der Überwachung die Möglichkeit des direkten Zugriffs auf Großhändler oder Produzenten. Denn z. T. handelt es sich um ein internationales Phänomen, welches man durchaus den Aktivitäten von Verbrecherorganisationen zuordnen kann. Solche Erfolge aber setzen, da man in der Kriminaltaktik nicht auf Zufälle bauen sollten, entweder entsprechende Tips ausländischer Dienststellen oder aber gezielten V-Mann-Einsatz voraus.

Ansonsten – und das bei weitem die Mehrzahl der Fälle – kommt es auf eine durchweg mühselige Kleinarbeit an, um jedenfalls die sich im Zusammenhang des Absatzes solcher Produkte an sexbedürftige Konsumenten bietende Chance zu nutzen, über die „kleinen Fische" des Porno-Vertriebes an die wesentlich mehr interessierenden Hintermänner und ihre Machenschaften heranzukommen.

V. Gemeingefährliche Delikte

Die gemeingefährlichen Delikte, die als solche durch die wegen der Naturgewalten kaum beherrsch- und absehbare Gefahr für Leib und Leben vieler Menschen oder für bedeutende Sachwerte charakterisiert werden, führen in der Praxis in aller Regel erst nach Schadenseintritt zu einem Verfahren. Deshalb kann die Ausgangssituation durchaus an die eines Unglücksfalles oder einer Katastrophe erinnern, was die Ermittlungen gewiß nicht erleichtert, wie an einigen typischen Fallgruppen aufgezeigt werden soll.

Prototypisch für diese Formen kriminellen Verhaltens sind die **Branddelikte,** für die deshalb kurz einiges vorab gesagt sei.

Brandermittlung und Brandverhütung – hrsg. v. Bundeskriminalamt – Wiesbaden 1962.

Präventive Ziele verfolgt die Kriminaltaktik hier vor allem im Bereich des Brandschutzes, der sowohl vorsätzlichen Brandstiftungen als auch Fahrlässigkeitsbränden vorbeugen soll. Dabei läßt sich von der Brandbekämpfung die vorbeugende Brandabwehr unterscheiden (vgl. auch § 25-IV-1).

Kuhn, H.: Feuermeldeanlagen – Kriminalistik 1957, S. 263 ff.

Als technische Sicherungen gegen das Feuer sind neben dem allgemein bekannten Feuermelder zunächst einmal selbsttätige Brandalarmanlagen zu erwähnen, die man vor allem in Räumen verwendet, in denen sich insoweit besonders gefährdete Vorräte oder Fabrikationsanlagen befinden.

Hierbei kann es sich außer um Wärmemelder, die das Überschreiten einer bestimmten Höchsttemperatur oder ungewöhnlich schnellen Temperaturanstieg anzeigen, um Rauchmelder oder um Flammenmelder handeln.

Schefer, Josef: Elektronik im Dienste des Brandschutzes – Kriminalistik 1963, S. 240 ff.

Es gibt aber auch Anlagen, die als solche bestimmten Feuergefahren entgegenwirken sollen, die mithin Mittel der Abwehr oder Bekämpfung von Bränden darstellen. Am bekanntesten sind hier die Blitzschutzanlagen, welche durch Auffangen und Ableiten der elektrischen Energie in Erdungsanlagen die Gefahr eines Brandes oder anderer Schäden vermeiden sollen. Versicherungen und z. T. auch Bauvorschriften regeln die technischen Erfordernisse solcher Anlagen. Dasselbe gilt, wenn Alarmeinrichtungen mit Sprinkleranlagen oder automatisch funktionierenden Schaumlöschern gekoppelt sind.

Neben den mit Wasser arbeitenden Sprinkleranlagen, deren Feuerlöschdüsen sich bei einer bestimmten Temperatur öffnen, wobei Feueralarm ausgelöst wird, gibt es Kohlensäurelöschanlagen. Diese werden dort verwendet, wo Wasser als Löschmittel ungeeignet ist; sie versprühen CO_2-Gas oder -Schnee.

Zu diesen technischen Sicherungen treten organisatorische Maßnahmen und solche hinzu, die das Verhalten der Menschen bei Brandgefahr oder bei Bränden betreffen.

Holz, Arthur: Temperaturmessungen zur Verhütung von Rauhfutter-Selbstentzündungen – Kriminalistik 1962, S. 225 f.

Ein wichtiger Komplex des Brandschutzes ist eine gezielte Brandbekämpfung, wenn es zum Ausbruch eines Brandes gekommen ist.

Jenny, Th.: Der Brand des Bahnhofs von Luzern vom 5. 2. 1971. Ein Denkmodell für den Einsatz von Polizei, Feuerwehr und Sanitätskräften in mittelstädtischen Verhältnissen – Kriminalistik 1972, S. 395 ff., 445 f.

In diesem Zusammenhange ist keineswegs nur an die Feuerwehr zu denken, die noch recht unterschiedlich organisiert ist; denn neben der Berufsfeuerwehr in den Städten kommt es auf dem Lande auf die Möglichkeiten der freiwilligen Feuerwehr an. Daneben gibt es von bestimmten Unternehmen eingerichtete Werksfeuerwehren, die bei begrenztem Aufgabenbereich ähnlich wie die Berufsfeuerwehr organisiert sind. Daß derartige Institutionen zudem über die Brandbekämpfung hinausgehende Aufgaben wahrzunehmen haben, soll später dargelegt werden (§ 25-IV-1).

Noch wichtiger aber sind Maßnahmen der vorbeugenden Brandabwehr, durch welche bereits der Ausbruch eines Feuers verhindert werden soll. Außer an Bau- und Betriebsvorschriften ist hier an Verhaltensregeln zu denken, die einer Feuergefahr entgegenwirken sollen.

Ein besonderes Problem bietet in diesem Rahmen die Brandgefahr bei leicht entflammbaren Flüssigkeiten und Gasen. Deshalb gibt es im Bau- und Gewerberecht vieler Länder zahlreiche Vorschriften, mit denen man der hier besonders großen Brand- und Explosionsgefahr entgegenwirken will.

Relativ neu sind die kriminaltechnischen Aufgaben des Brandschutzes im Zusammenhang mit der Produktion und Verarbeitung bestimmter Kunststoffe, Kleber, Lacke usw.

Älter sind teilweise schon Vorschriften, welche Brandgefahren beim Schweißen, Löten und ähnlichen Arbeiten sowie beim Betrieb gewisser Maschinen und Anlagen begegnen sollen.

Ganz allgemein ist im Zusammenhang mit Elektro- und Gasgeräten sowie ähnlichen Anlagen auf Vorschriften und Normen hinzuweisen, die bei Bau und Betrieb zu beachten sind, um Feuersgefahren zu vermeiden.

Ein anderes Gebiet des Brandschutzes stellt die Selbstentzüdnung dar, die es außer in der Landwirtschaft auch in der Industrie und der gewerblichen Wirtschaft gibt. Hier gibt es ebenfalls zahlreiche Vorschriften und Erfahrungssätze, dic beachtet werden müssen.

In engem Zusammenhang mit diesen Formen des Brandschutzes stehen oft – wie angedeutet – andere Tätigkeiten, auf die daher kurz hingewiesen sei. Ebenso wie Brände erfordern andere Katastrophen neben Maßnahmen der ersten Hilfe für Menschen auch den Einsatz technischer Hilfsmittel (§ 25-IV).

Zwischen präventiver und repressiver Tätigkeit steht somit gerade bei gemeingefährlichen Straftaten wie Branddelikten, aber auch anderen Sozialdelikten, die Menschen oder große Sachwerte gefährden, der **Katastropheneinsatz.** Dieser soll vor allem weiteren Schaden verhindern und bereits eingetretenen möglichst gering halten. Derartige umfangreiche Schadensereignisse sind nicht nur die Folgen von Naturgewalten, sondern bei entsprechenden Kräften ebenso die anderer Unglücksfälle mit technischer Ursache (vgl. auch § 23-VII-B, § 25-IV).

Bauer 3-286 ff.; *Bleck,* Siegfried: Polizeibedeutsame Erkenntnisse und Folgerungen aus der Waldbrandkatastrophe in Niedersachsen im August 1975 – Die Polizei 1977, S. 133 ff.

Organe der Katastrophenabwehr sind neben der Polizei vor allem Feuerwehr und Technische Hilfsdienste öffentlichen Charakters sowie gewisse private Organisationen wie z. B. das Rote Kreuz. Trotz einschlägiger Regelung ist nicht nur die Rechtslage in vielen Ländern unübersichtlich, sondern bringt die Koordinierung schon infolge der Unvorhersehbarkeit und der Wirkungen von Katastrophen große Schwierigkeiten mit sich.

Aufgaben des Katastropheneinsatzes sind zunächst einmal Maßnahmen der Schadensbekämpfung und der ersten Hilfe für verletzte oder gefährdete Menschen, d. h. Bergung und ärztliche Versorgung Verletzter. Sodann müssen Tote geborgen und identifiziert sowie Gefahrenquellen durch Sachen beseitigt werden. Schließlich müssen die Ursachen der Katastrophe ermittelt und die Schäden festgestellt werden. Hat die Polizei zunächst mehr

absperrende und sicherende Funktion gegenüber anderen Organen, kommt ihr bei den Ermittlungen eine wesentliche Rolle zu, auf die im Zusammenhang einschlägiger Delikte einzugehen sein wird.
Die **Ermittlungen** gestalten sich bei einzelnen gemeingefährlichen Delikten naturgemäß recht verschieden. Das gilt selbst für vorsätzliche und fahrlässige Brandstiftungen, wenngleich etliches sich hier gemeinsam bei den Vorsatztaten vorwegnehmen läßt.

Dorsch, A.: Brandermittlung – Kriminalistik 1957, S. 185 ff.; *Klauser,* Ernst Eugen: Der Staatsanwalt in der Brandermittlung – Kriminalistik 1962, S. 247 ff.; *Ballhause,* Werner: Ermittlungen am Brandort. Das Ausscheiden von Brandursachen – in: TbKrim Bd. XII, S. 213 ff. (1962); *Meixner* II-139 ff.; *Schrader,* Herbert: Brandstiftung im Zusammenhang mit anderen Straftaten – in: GrKrim Bd. 8/1, S. 261 ff. (1972); *Bauer,* Günther: Fehlerquellen bei der Brandermittlung – in: GrKrim Bd. 8/1, S. 269 ff. (1972); *Fernstädt,* Hans: Brandermittlung – in: GrKrim Bd. 8/1, S. 289 ff. (1972).

Vorsätzliche Brandstiftungen oder Fahrlässigkeitsbrände dienen nicht gar so selten als Mittel zum Zweck anderer Straftaten oder sind eine bloße Folge derselben. Man kann z. B. mit einer Brandstiftung Diebstahl, Unterschlagung, Raub und Mord zu verdecken suchen; ein Brand kann beispielsweise ferner die fahrlässig herbeigeführte Folge von Baubetrug mit schlechtem, nicht hinreichend hitzebeständigem Material sein. In allen diesen Fällen muß der Kriminalist an die für das andere Delikt wesentlichen Erkenntnismöglichkeiten denken, welche mittelbar helfen können, das Branddelikt aufzuklären.
Neben natürlichen Brandursachen und strafrechtlich irrelevantem Verhalten von Menschen entstehen Brände vereinzelt auch durch Tiere, was verwirrend wirken kann.

Scherrmann-Brehm, Gustav: Ein Sperling als Brandstifter? – Kriminalistik 1965, S. 381 f.

Bei der Brandermittlung pflegen die Unterlassungssünden die gewöhnlich größte und wichtigste Fehlergruppe zu bilden. Dies gilt bei der Tatortarbeit z. B. für Spurensuche und -sicherung, die wegen der Lösch- und Aufräumungsarbeiten oft unterbleiben, womit kriminaltechnisch wichtige Spuren vernichtet werden. Der verwüstete Tatort zwingt sogar zu besonderer Gründlichkeit und Sorgfalt. – Mitunter wird ferner nicht genug nach möglichen Zeugen gesucht oder werden solche Aussagepersonen nicht gründlich genug befragt, weshalb wichtige Angaben den Strafverfolgungsorganen unbekannt bleiben können.

1. Vorsätzliche Brandstiftungen

Manche Grundsätze für Brandermittlungen gelten daher wie für vorsätzliche Brandstiftungen so auch für Fahrlässigkeitsbrände; denn bei Beginn der Ermittlungen läßt sich oft ohnehin nicht sagen, ob das Feuer auf vorsätzliches oder fahrlässiges Verhalten von Menschen oder auf natürliche bzw. technische Ursachen zurückzuführen ist.

Stedry, Wilhelm: Zusammenarbeit zwischen Brandermittler und Sachverständigen – in: TbKrim Bd. IX, S. 118 ff. (1959); *Seebald* Otto/*Lechner,* Max/*Schöntag,* Adolf: Brand aus scheinbar technischer Ursache als vorsätzliche Brandstiftung aufgeklärt – Arch. f. Krim. Bd. 127, S. 61ff. (1961); *Schramm,* Horst/*Schießer,* Georg: Der Feuerteufel. Ein Serienbrandstifter in West-Berlin – Kriminalistik 1963, S. 62 ff., 107 ff.; *Eigenbrodt,* O./*Tetzner,* W.: Der „Feuerteufel" von Seesen. Seine Überführung im Rahmen des Kommissionseinsatzes – Kriminalistik 1964, S. 552 ff.; *Haag,* Herbert: Überführung eines Brandstifters mit Hilfe der naturwissenschaftlichen Kriminalistik – Kriminalistik 1965, S. 515 ff., 578 ff.; *Hackl,* F. X.: Kinderbrandstiftung, ihre Beweggründe und ihre Aufklärung – Die Neue

Polizei 1966, S. 277 ff.; *Suter,* Arnold: Ein außergewöhnlicher Serienbrandstifter – Kriminalistik 1968, S. 30 ff.; *Schlüpfer,* Silvia: Kinder als Brandstifter – Kriminalistik 1968, S. 481 ff.; *Wachter,* F.: Brandstiftung durch Funk – Kriminalistik 1968, S. 645 ff.; *Knoll,* Johann: Erfolgreiche Brandermittlung durch systematische Untersuchung – Kriminalistik 1969, S. 47 ff.; vgl. schon *Weingart,* Albert: Kriminaltaktik. Ein Handbuch für das Untersuchen von Verbrechen – Leipzig 1904 – S. 248 ff.; *Schneickert* S. 37 ff.

Von nahezu allen Bränden erfährt neben der Feuerwehr alsbald auch die Kriminalpolizei, der die strafprozessualen Ermittlungen in Brandsachen obliegen. Sie hat für diese Zwecke besondere Brandermittler ausgebildet oder z. T. sogar Brandkommissionen eingerichtet, welche sich an die Brandstätte begeben, die gewöhnlich allerdings schon von anderen Beamten gesichert wird, soweit das die Aufgaben der Feuerwehr im Einzelfall gestatten.

Meinert, Franz: Die zentrale Bearbeitung von Brandfällen durch Spezialdienststellen – Kriminalistik 1962, S. 292 ff.

Ebenso wie bei der Fahrt zum Brandort soll man auch dortselbst die Augen offen halten, z. B. auf Flammen- und Rauchbildung achten, Windrichtung und Witterung ebenso festhalten wie den Verlauf des Brandes. Aber auch Personen am Brandort oder in seiner Nähe können sich als wertvolle Zeugen erweisen, weshalb man – wie erwähnt – eigens für diese Zwecke einen Beamten oder mehrere abstellen sollte.

Nach Ende der Löscharbeiten ist die spätestens dann wie üblich zu sichernde Brandstelle von den Experten genau zu untersuchen; ggf. sind weitere Sachverständige beizuziehen oder ist insoweit ein Zusammenarbeiten mit den Experten der Feuerversicherung möglich. Bei der Untersuchung der Brandstelle muß u. U. der Brandschutt sorgfältig abgehoben und untersucht werden, um die Brandursache feststellen zu können. Wichtiger als Geruchswahrnehmungen von durchweg begrenztem Beweiswert sind in Brandfällen daraufhin angeordnete kriminaltechnische Untersuchungen, welche Zündmittel analysieren oder eine Rekonstruktion der Zündung ermöglichen. Besondere Aufmerksamkeit ist naturgemäß daher dem Brandherd zu widmen. Da es auch hier häufig um Mikrospuren geht, sind schon Spurensuche und -sicherung Sache der Experten.

Katte, Werner: Ein neuartiges Verfahren zur sehr raschen Auffindung geringster Brandmittelspuren bei Brandstiftungen mit Benzin, Petroleum, Dieselöl und anderen kohlenwasserstoffhaltigen Gemischen – Arch. f. Krim. Bd. 115, S. 66 ff. (1955); *Frei-Sulzer,* Max: Aufklärung von Versicherungsbetrug durch Mikrospuren – Arch. f. Krim. Bd. 123, S. 25 ff. (1959); *Poxleitner,* Johann/*Schöntag,* Adolf: Aufklärung einer vorsätzlichen Brandstiftung mit Versicherungsbetrug durch Zusammenarbeit von Kriminalpolizei und Sachverständigen – Arch. f. Krim. Bd. 130, S. 121 ff. (1962); *Hamdy,* Abd el Aziz: Die Aufgabe der Kriminaltechnik bei der Aufklärung einer vorsätzlichen Brandstiftung – Internat. Kriminalpol. Revue 1965, S. 34 ff.

Für eine vorsätzliche Brandstiftung spricht immer das Vorhandensein mehrerer Brandherde. Dasselbe gilt für besondere, sonst nicht am fraglichen Platz befindliche Zündmittel oder andere Vorkehrungen, die – wie das Öffnen von Fenstern und Türen – das Ausbreiten des Feuers erleichtern sollen.

Mitunter sind bei vorsätzlicher Brandstiftung Alarmanlagen, Löschmittel oder -geräte unbrauchbar gemacht bzw. weggeschaft worden. Schließlich liegt eine vorsätzliche Brandstiftung nahe, wenn eine andere als die wirkliche Brandursache vorgetäuscht wird.

Ein exakter Nachweis einer vorsätzlichen Brandstiftung setzt oft voraus, daß Fahrlässigkeit oder sonstiges Verhalten von Mensch oder Tier sowie technische bzw. natürliche Ursachen ausgeschlossen werden; denn der Brandstifter nutzt solche Umstände aus, um seine Täterschaft zu verschleiern.

Hat beispielsweise ein elektrischer Defekt Ausbruch des Brandes bewirkt, so muß genau geprüft werden, ob er nicht bewußt von einem Menschen zu diesem Zweck herbeigeführt worden sein kann.

Wichtig ist bei Verdacht vorsätzlicher Brandstiftung neben der Feststellung der Verbrechenstechnik ferner der mögliche Zweck einer solchen Straftat oder ein etwaiges Motiv des Täters. Die kriminologischen Erscheinungsformen können insoweit einen Fingerzeig dafür bieten, wo der Täter zu suchen ist.
Was den Brand selbst anlangt, ist es vor allem wichtig, den Zustand vor Ausbruch desselben festzustellen. Sodann ist mithilfe der oben dargelegten kriminaltechnischen Erkenntnisse und Möglichkeiten der Brandherd und der Zeitpunkt festzustellen, an dem das Feuer ausgebrochen ist.

Dieser Zeitpunkt kann erheblich von dem abweichen, an welchem ein Zeitzünder in Betrieb gesetzt wird. Deshalb ist bei Brandermittlungen auf Zündvorrichtungen und -mittel besonderes Gewicht zu legen. Denn mit solchen Beweisen läßt sich nicht nur die Tatausführung rekonstruieren, sondern kann man auch das bei mit Zeitzündern arbeitenden Vorsatztätern beliebte Alibi entkräften.

Kann man schon auf diese Weise den Kreis der Tatverdächtigen eingrenzen, so kommt es ansonsten und bei der Überführung des Beschuldigten außer auf Sachbeweise (Zündmittel und -geräte, Tatspuren) oder Indizien wie Anwesenheit am Tatort vor allem auf Vernehmungen an. Sie können außer Aufschluß über die Tat auch etwas für deren Vorbereitung und für Motive des Beschuldigten ergeben.

Heppner, Walter: Hartnäckig leugnende Brandlegerin. Ihre Überführung durch kriminalistische Kleinarbeit – Kriminalistik 1954, S. 107 ff.; *Graßberger,* Roland: Spurensuche in Brand- und Explosionsfällen. Aufklärung von Versicherungsbetrug – Arch. f. Krim. Bd. 115, S. 164 ff. (1955); *Katte,* W./*Specht,* W.: Versicherungsbetrug als Brandstiftungsmotiv, nachgewiesen durch Rundfunk-Amateurkenntnisse des Brandsachverständigen – Arch. f. Krim. Bd. 118, S. 30 ff. (1956); *Stadler,* Max/*Daschner,* Richard: Hindergründe einer Brandstiftung – Kriminalistik 1965, S. 629 ff.; *Mihm,* Peter: Durch Manschettenknopf überführt – Kriminalistik 1966, S. 84 f.; *Stadler,* Max: Erfolgreiche Sicherung von Textilfaserspuren bei Bränden – Kriminalistik 1974, S. 313 f.

Eine Besonderheit, die weitere Sachbeweise ermöglicht, ist der bei vorsätzlichen Brandstiftungen vorkommende **Brandbrief.**

Eschenbach, Eberhard: Brandbriefe – Brandstifter – Brandermittler – in: TbKrim Bd. IX, S. 98 ff. (1959).

Diese Brandbriefe können nicht nur mittels Sachbeweise (Urkundenuntersuchung) zum Tatverdächtigen führen oder ihn überführen, sondern sind überdies oft für seine Persönlichkeit und seine Motive aufschlußreich. Sie spielen daher bei der Brandermittlung eine große Rolle, weshalb auf sorgfältige Auswertung zu achten ist. Außer auf aus dem Inhalt des Schreibens ersichtliche Fakten und Kenntnisse des Schreibers ist auf Art und Stil des Briefes abzustellen.
Anders, aber ähnlich wie beim Brandbrief, liegen die Dinge bei Notizen und dergl., welche beim Tatverdächtigen sichergestellt werden.

Ein Schwerpunkt der kriminaltaktischen Arbeit sind bei Branddelikten die Vernehmungen. Hier kommt es zunächst außer auf den Geschädigten, der jedoch zugleich Tatverdächtiger sein kann, auf bei der Brandbekämpfung eingesetzte Angehörige der Feuerwehr sowie auf

Aussagen dritter Personen an, die den Ausbruch oder den Verlauf des Brandes beobachtet haben.
Ergänzen und erleichtern derartige Aussagen mehr die kriminaltechnischen Untersuchungen, so gehen Vernehmungen – nicht nur die des Geschädigten und seiner Angehörigen – über den eigentlichen Brand hinaus, da man hierbei versuchen wird, die Situation vor Ausbruch des Brandes, das Verhalten gewisser Personen und mögliche Hintergründe aufzuklären. Hier können auch Aussagen von Personen, z. B. Nachbarn oder Versicherungsangestellten, von Nutzen sein, die nichts zum Brande selbst bekunden können.
Hat man einen Tatverdächtigen oder einen dafür in Betracht kommenden Personenkreis ermittelt, so kann man bei diesen Vernehmungen die Aussagen anderer und die Ergebnisse kriminaltechnischer Untersuchungen für Vorhalte nutzen. Möglicherweise ist sogar die Anwendung von Zwangsmitteln – Durchsuchung, Beschlagnahme oder Festnahme – geboten, wenn damit die Sachverhaltsaufklärung gefördert werden kann.
Trotz der großen Bedeutung der Sachbeweise sollte man ersichtlich auch bei Branddelikten den Wert von Vernehmungen nicht unterschätzen.

2. Fahrlässigkeitsbrände

Von einem Fahrlässigkeitsbrand ist auszugehen, sobald sich bei der auf die geschilderte Weise durchgeführten Brandermittlung keine überzeugenden Anhaltspunkte oder Beweise für eine vorsätzliche Brandstiftung finden. Die dann in Frage stehende Fahrlässigkeit ist aber nicht immer leicht von strafrechtlich irrelevanten natürlichen oder technischen Brandursachen zu unterscheiden; deshalb ist es wichtig, solche Unglücksfälle oder natürliche Brandursachen auszuschließen.

Specht, Wolfgang: Der Rote Hahn – der kriminalist 1973, S. 472 ff.

Im übrigen kann man sich beim Vorgehen wiederum an den Verbrechenstechniken der Fahrlässigkeitsbrände orientieren.

a) Leichtsinniger Umgang mit offenem Feuer
Relativ einfach liegen die Dinge, wenn der Brand auf leichtsinnigen Umgang mit offenem Feuer oder Feuerrückständen zurückgeführt werden kann. Bei des öfteren beschränkten kriminaltechnischen Möglichkeiten sind hier die Vernehmungen ausschlaggebend.

Hat sich dieser Gefahrenbereich auch dadurch gegenüber früher vermindert, daß offenes Feuer heutzutage in vielen Ländern nur noch seltener für Heizzwecke oder Beleuchtung benutzt wird, ist der Komplex doch nach wie vor gewichtig genug. Denn außer an achtlos weggeworfene Zündhölzer, Abkochen im Freien, Abflämmen von Grasflächen und dergl. ist beispielsweise an noch glimmende Zigarettenstummel zu denken. Daß diese alltäglich und auf Anhieb vielleicht unbedeutend erscheinenden Verhaltensweisen unter gewissen Voraussetzungen dennoch fahrlässig zu entsetzlichen Katastrophen führen können, beweisen alljährlich ausgedehnte Waldbrände in allen Erdteilen.

b) Leichtsinniger Umgang mit feuergefährlichen Geräten und Anlagen
Aufwendiger und komplizierter sind schon in der Regel die Ermittlungen bei Bränden, die durch leichtsinnigen Umgang mit feuergefährlichen Geräten und Anlagen verursacht sein könnten. Neben den erwähnten kriminaltechnischen Expertisen hängt der Nachweis fahr-

lässigen Verhaltens hier vor allem von den Aussagen des Tatverdächtigen und der Zeugen ab.

Schöntag, A.: Brandzündung durch die Absaugeanlage in einem Spritzlackierraum (Nitrolack). Unfall-, Brand- und Explosionsgefahr trotz Einhaltung der Vorschriften! – Arch. f. Krim. Bd. 120, S. 138 ff. (1957); *Schwabe,* Hermann: Der Schornsteinfeger als fahrlässiger Brandstifter – Kriminalistik 1957, S. 27 ff.; *Hörner,* Willi: Explosion beim Anlassen eines Dieselmotors mit Sauerstoff – Kriminalistik 1959, S. 121 ff.; *Krepela,* Wilhelm: Brände durch landwirtschaftliche Maschinen – Kriminalistik 1963, S. 473 ff.; *Gradmann,* Hans: Elektrische Heizkissen und Heizdecken als Gefahrenquellen – Kriminalistik 1965, S. 247 ff.; *Schöntag,* A.: Brandzündung durch einen elektrischen Heizofen. Die technische Untersuchung widerlegt die Zeugenaussagen und überführt den Schuldigen – Arch. f. Krim. Bd. 138, S. 71 ff. (1966); *Klinger,* Reinhard: Es war doch der Tauchsieder – Kriminalistik 1970, S. 265; *Hackl,* Franz-Xaver: Elektrizität als Brandursache – Die Neue Polizei 1971, S. 25 ff.; *Müller,* Fritz: Am Ölofen manipuliert – zwei Kinder tot – Kriminalistik 1976, S. 257 ff.

Bei den Vernehmungen spielen dennoch durch kriminaltechnische Untersuchungen erlangte Sachbeweise eine Rolle, wenn sie geeignet sind, die Unrichtigkeit von Aussagen darzutun und somit Schutzbehauptungen zu widerlegen.

Bei einem nachts in einer größeren Fabrik in einer Lagerbaracke entstandenem Brande konnte die Aussage des Nachtwärters einwandfrei durch eine kriminaltechnische Untersuchung eines elektrischen Heizofens widerlegt werden, der den Brand verursacht hatte (vgl. Abb. 23/10, 23/11).

Abb. 23/10. Von den fünf Heizregistern des elektrischen Heizofens waren die drei oberen stark verrußt, während die drei unteren ihre ursprüngliche helle Farbe aufwiesen; sie mußten also während des Brandes noch eingeschaltet gewesen sein.

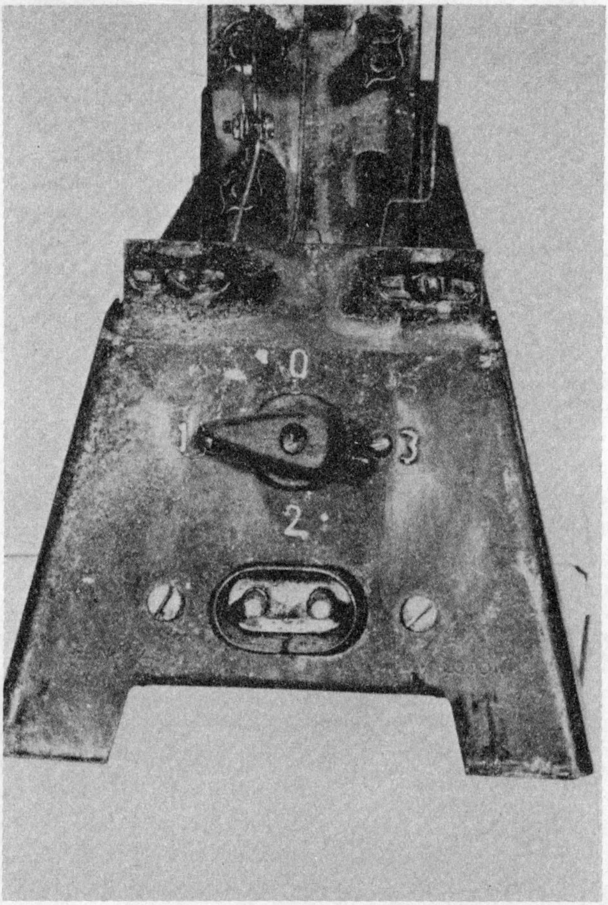

Abb. 23/11. Der Heizofen war während des Brandes auf Stellung 1 gestanden haben. Zudem sprach die Verrußung der Messingstifte am Schukustecker dafür, daß dieser während des Brandes vom Nachtwächter herausgezogen worden war, der mithin am Tatort gewesen sein mußte, obwohl er das bestritt. Vermutlich hat er sich in diesem Raum während der kalten Nachtzeit aufwärmen wollen.

Es sollte einleuchten, daß gerade bei den technisch z. T. doch schon komplizierten Zusammenhängen Fähigkeiten und Kenntnisse eines Verursachers nicht überschätzt werden dürfen.

c) Leichtsinniger Umgang mit feuergefährlichen Stoffen

Ähnlich ist es beim leichtsinnigen Umgang mit feuergefährlichen Stoffen, zu denen auch die Fälle der Selbstentzündung gehören.

Jach, W.: Selbstentzündung oder Brandstiftung? – in: TbKrim Bd. V, S. 55 ff. (1955); *Jach,* W.: Über Selbstentzündungsgefahren in gewerblichen Betrieben. Aus der Praxis der Brandursachenermittlung – Kriminalistik 1956, S. 97 ff.; *Hörner,* Willi: Selbstentzündungen von Heu durch falsche Lagerung – Kriminalistik1960, S. 218 ff.; *Beranek,* Sepp: Ein Funke – zwei Tote – Kriminalistik 1964, S. 399 ff.;

Wehrlin, P.: Explosion im Auhafen – Kriminalistik 1965, S. 127 ff.; *Alther,* Th.: Schutzmaßnahmen bei Arbeiten an Lager- und Transporttanks – Kriminalistik 1968, S. 498 ff., 539 ff.; *Klinger,* Reinhard: Selbstentzündung von Trockenmolke – Kriminalistik 1969, S. 36 ff.; *Hartwig,* Dieter: Hart an einer Katastrophe vorbei – Kriminalistik 1975, S. 166 ff.; *Poxleitner,* Johann: Eine nicht alltägliche Brandursache – Kriminalistik 1976, S. 68 f. (Wühlmausvertilgungsmittel); *Spohr,* Hermann: Heuselbstentzündung und ihr Aussagewert – der kriminalist 1977, S. 533 ff.

Da in diesen Fällen unter gewissen Umständen selbst relativ geringfügiges Verschulden verheerende Folgen haben kann, bedürfen die mannigfachen kriminaltechnischen Expertisen einer Ergänzung durch mit Umsicht und Gründlichkeit durchgeführten Vernehmungen, bei welchen oft die Aussagen Dritter helfen können, den Sachverhalt wirklich aufzuklären.

3. Andere gemeingefährliche Delikte

Den Branddelikten sind kriminaltaktisch die Sprengstoffdelikte verwandt. Obwohl die Sachlage denen bei Bränden ähneln kann, sind dennoch die Ursachen und das dabei mitwirkende Verhalten z. T. anders geartet.
So sind bei Verdacht eines **Sprengstoffdelikts** sofort entsprechende Experten hinzuzuziehen weil nur sie eine sachgerechte Untersuchung gewährleisten, um von Gefahren der Arbeit an einem solchen Tatort noch ganz abzusehen.

Svensson/Wendel S. 197 ff.; *Frei,* M./*Meier,* J.: Plastik-Bomben – Kriminalistik 1961, S. 421 ff.; *Pfister,* Engelbert: Die Tailfinger Raketen- und Bombenspezialisten – Kriminalistik 1962, S. 312 ff.; *Schriber,* Hans: Die 7 Sprengstoffanschläge in Luzern – Kriminalistik 1963, S. 415 ff.; *Wallaschek,* Ernst: Sprengstoffanschlag auf Fluggesellschaft „Alitalia" – Kriminalistik 1970, S. 205 f.; *Wischnath,* Heinz: Spurensicherung nach Explosionen – in: GrKrim Bd. 8/1, S. 437 ff.(1972); *Suter,* H.: Die Abklärung von Sprengstoffdelikten – Kriminalistik 1975, S. 274 ff., 322 ff.; *Meier,* Jakob: Sprengstoffdelikte – Kriminalistik 1975, S. 299 ff.

Nach einer Explosion oder Detonation, die auf Sprengstoff oder ähnliche Materialien hindeutet, kommt der Tatortarbeit besonderes Gewicht zu. Bei einer weiträumigen Spurensuche muß nicht nur charakteristisches Beweismaterial (Metallsplitter, Uhrwerksreste und Teile anderer Zeitzünderkonstruktionen, Verpackungsreste), sondern alles gesichert werden, was als Form- oder Materialspur den Hergang möglicherweise klären helfen könnte.
Kritische Situationen treten im Zusammenhang mit Sprengstoffdelikten auf, wenn lediglich vage Umstände einen Sprengstoffverdacht nahelegen, um von der bloßen Bombendrohung einstweilen noch abzusehen.

N.N.: Zündkonstruktionen – in: GrKrim Bd. 8/1, S. 423 ff., insb. S. 430 ff. (1972); *Gansan,* Helmut: Aufnehmen, Verbringen und Delaborieren von sprengstoffverdächtigen Objekten – in: GrKrim Bd. 8/1, S. 445 ff.; *Poe,* William T.: The „Wheelbarrow", A versatile vehicle – FBI Law Enf. Bull. 1977/Okt., S. 16 ff.

Wird ein Paket oder Behältnis entdeckt, welches sprengstoffverdächtig ist, so sind neben Sicherungsmaßnahmen zum Schutz von Personen und Sachen sofort Ermittlungen über die Herkunft einzuleiten, die den entstandenen Verdacht erhärten oder entkräften können. Zugleich hat, soweit die Umstände es erlauben, eine vorsorgliche Spurensicherung stattzufinden.

Mit dem verdächtigen Objekt sollte sich allein der für das sogen. Delaborieren zuständige Experte befassen (vgl. Abb. 23/12, 23/13, 23/14).

Selbstverständlich bleibt für die Kriminalbeamten in derartigen Fällen ohnehin noch genügend zu tun, zumal da u. U. zunächst auch behelfsmäßige Maßnahmen ergriffen werden müssen.

Dvorek, Alfons: Ermittlung des anonymen Absenders eines Sprengstoffpaketes – Arch. f. Krim. Bd. 119, S. 154 ff. (1957); *Neuschwander,* Adolf: Auffinden eines Sprengkörpers mit einer Zeitzündvorrichtung – Kriminalistik 1968, S. 179 ff.; *Behrendt,* Helmut: Aufnahme, Transport und behelfsmäßiges Entlaborieren subserviser Kampfmittel – Kriminalistik 1969, S. 1349 ff.

Ähnlich wie bei vollendeten Sprengstoffdelikten ist die kriminaltaktische Situation bei Versuch, wozu insb. auch die Fälle der **Bombendrohung** gehören, obwohl diese sich später überwiegend als falsch zu erweisen pflegen.

Abb. 23/12. Ausrüstungsgegenstände für Delaborierarbeiten: Schutzschild aus Polyester/Glasfaser mit Schaumstoffpolsterung, Sichtschlitz und Auflagearm für Stabmanipulatoren; das Schild kann vom fahrbaren Untersatz getrennt werden. Schutzhelme, Eishockey-Handschuhe.

Abb. 23/13. Nach Abhören eines verdächtigen Gegenstandes mit dem Elektrostethoskop aus 3 m Entfernung kann ggf. Einfrieren mit flüssigem Stickstoff erfolgen (siehe oben).

Abb. 23/14. Ein Delaborierungsstand mit Beobachtungsfenstern, „heißen" Manipulatorarmen, ferngesteuerten Objektträgerwagen, Kaltsäge und Laufkatze. Hierher wird der verdächtige Gegenstand eingefroren auf einem besonderen Anhänger transportiert und ggf. nach einer Röntgenuntersuchung delaboriert.

Hecker, Manfred R.: Ein Bombendroher mit „Visitenkarte" – Kriminalistik 1972, S. 467 f.; *Bäuerle,* Manfred: Erpressungsversuch mit Bombendrohung – Kriminalistik 1972, S. 505 ff.; *Fürrmann,* Horst: Überführung eines anonymen Drohanrufers durch Schriftvergleich – Kriminalistik 1976, S. 550 ff.

In allen diesen Fällen kann man gewisse **Präventivmaßnahmen** anwenden, die man vor allem in den letzten Jahren angesichts zunehmender terroristischer und anderer Aktivitäten mit Sprengstoff entwickelt hat.

Röhm, Ernst: Über die Anwendung von Biosensoren beim Aufspüren von Sprengstoffen und Narkotika – Arch. f. Krim. Bd. 152, S. 106 ff. (1973); *Krefft,* S.: Kriminalität in der Luftfahrt – Arch. f. Krim. Bd. 153, S. 84 ff., insb. S. 88 ff. (1974); *Bleck,* Siegfried: Polizeiliche Maßnahmen bei Androhung von Sprengstoffanschlägen – Die Neue Polizei 1975, S. 62 ff.; *Schlüter,* Wilhelm: Bombendrohungen in Waren- und Kaufhäusern – Die Polizei 1976, S. 59 ff.

Zur Kontrolle der Flughäfen und anderer gefährdeter Anlagen verwendet man neben Metallsuchgeräten, Röntgenanlagen auch andere Geräte, um Waffen und zur Herstellung von Bomben verwendete Metallgegenstände bzw. Sprengstoff selbst bei Personen oder in Gepäckstücken bzw. sonstigem Transportgut aufzuspüren.
Ähnliches gilt in Fällen, in denen ein Verstoß gegen Strafvorschriften möglich ist, die den mit **Kernbrennstoffen** oder anderen radioaktiven Materialien verbundenen Strahlen entgegenwirken sollen. Denn nur Experten verfügen über Geräte und Fähigkeiten, die sichere Erkenntnisse erwarten lassen; sie sind zugleich am besten über mögliche Gefahren unterrichtet.

Keller, O.: Atomkraftwerke. Probleme der Sicherheit – Die Polizei 1974, S. 138 ff.; *Spieß,* Roman: Die Polizei im Kontakt mit radioaktiven Stoffen – Kriminalistik 1975, S. 396 ff.

Ähnlich wie das Feuer kann auch das **Wasser** für Menschen und Gut fatale Konsequenzen haben. Die in der Praxis seltenen Fälle hängen dann aber mehr mit vorsätzlicher oder vor allem fahrlässiger Beschädigung von Wasserbauten zusammen.
Kurz ist in diesem Rahmen noch auf gewissen Delikte gegen die **öffentliche Versorgung** hinzuweisen, die ähnlich fatale Folgen wie die soeben genannten gemeingefährlichen Delikte haben können. Sie dürften in aller Regel noch mehr mit Technik und Zivilisation zusammenhängen.

VI. Delikte gegen die Volksgesundheit

Die mit den gemeingefährlichen Verbrechen zuweilen zusammengefaßten Delikte gegen die Volksgesundheit verkörpern nicht nur eine kriminalpolitisch gewichtige Gruppe von Straftaten, sondern beanspruchen auch das Interesse des Kriminalisten. Da hierzu außer dem Verbreiten ansteckender Krankheiten und dem Inverkehrbringen gesundheitsschädlicher Handelswaren und Gegenstände auch die Rauschgiftdelikte und die relativ jungen Umweltdelikte zu rechnen sind, dürfte einleuchten, daß die Ermittlungen in solchen Strafsachen mancherlei kriminaltaktische Probleme mit sich bringen.

1. Verbreiten ansteckender Krankheiten

Relativ kurz können wir uns bei denjenigen Verhaltensweisen fassen, die den Verdacht eines Verbreitens ansteckender Krankheiten erwecken. Denn obgleich die Folgen im Einzelfall ebenso unabsehbar wie fatal sein können, ist das, was die Strafverfolgungsorgane hier zu tun haben, verhältnismäßig einfach zu umschreiben.
Bei Einleitung eines solchen Strafverfahrens dürfte in der Regel bereits feststehen, um welche Art von Krankheit es sich handelt. Aufgabe der Kriminalpolizei, die sich dabei naturgemäß medizinischer Sachverständiger bedienen muß, ist es einmal festzustellen, wo und wie es zu der Infektion der Opfer gekommen ist, und zum anderen, welche Menschen dieses durch gesetzwidriges Verhalten vorsätzlich oder fahrlässig bewirkt bzw. erleichtert haben.

2. Herstellen und Inverkehrbringen gesundheitsschädlicher Gegenstände

Die vor allem im Lebensmittelrecht vorkommenden und unter Strafe gestellten Fälle des Herstellens und Inverkehrbringens gesundheitsschädlicher Gegenstände ähneln in der Praxis vielfach denen der Warenfälschung, weil es durchweg um Handelswaren geht. Allerdings kommt es hier nicht wie dort auf eine irgendwie täuschende qualitative Beschaffenheit, den bloßen Qualitätsschwindel, sondern darauf an, daß diese Handelswaren gesundheitsgefährlichen Charakter haben. Obwohl es dabei rechtlich und tatsächlich vor allem um Verbrauchsgegenstände geht, soll abschließend doch auch ein Blick auf gefährliche Gebrauchsgegenstände geworfen werden.

a) Gesundheitsschädliche Verbrauchsgegenstände

Um einen ungefähren Überblick über die Vielfalt gesundheitsschädlicher Verbrauchsgegenstände zu vermitteln und die sich daraus für die Ermittlungen ergebenden Unterschiede zu verdeutlichen, sollen im Folgenden von Nahrungs- und Genußmitteln wiederum die Heilmittel und Kosmetika usw. unterschieden werden.

aa) Gesundheitsschädliche Nahrungsmittel

Bei Verdacht der Geundheitsgefährlichkeit eines Nahrungsmittels, der gewöhnlich erst mit dem Absatz oder nach ersten Erkrankungen von Menschen entsteht, muß die fragliche Ware selbstverständlich sofort analysiert werden, um festzustellen, ob sie wirklich geeignet ist, Gesundheit oder Leben von Menschen zu gefährden.

Haas, Erich: Kriminalpolizeiliche Ermittlungen bei Verstößen gegen das Nitritgesetz – Kriminalistik 1958, S. 123 f.

Ergibt die Untersuchung, daß eine solche Beschaffenheit gegeben ist, so muß abgesehen von den nötigen Vorsichtsmaßnahmen, welche weiterem Schaden vorbeugen sollen, ermittelt werden, wodurch diese Gefahr entstanden ist und wer dieses verursacht und zu verantworten hat.
Im einzelnen wird man, sobald mehr Material hierüber vorliegt, zwischen Praktiken unterscheiden können, die sich auf feste und auf flüssige Nahrungsmittel beziehen.

bb) Gesundheitsschädliche Genußmittel

Betrifft das Strafverfahren gesundheitsschädliche Genußmittel, so ist im Grunde entsprechend vorzugehen, wenngleich Handel und Absatz hier z. T. etwas anders als bei Lebensmitteln gestaltet sind, weshalb die Ermittlungspraxis zuweilen anders aussehen dürfte.

Denn Produktion und Absatz von Alkoholika, koffein- und teinhaltigen Getränken sowie von Tabakwaren weisen bekanntlich doch z. T. von den Nahrungsmitteln abweichende Gegebenheiten auf; es mag hier ein Hinweis auf das Beherbergungs- und Gaststättengewerbe genügen.

cc) Gesundheitsschädliche Heilmittel

Erst relativ spät ist in diesem Zusammenhang ein anderer Komplex in den Blickpunkt des öffentlichen Interesses gerückt – die gesundheitsschädlichen Heilmittel; damit sind hier alle gefährlichen Produkte der pharmazeutischen Industrie sowie Apotheken-Zubereitungen gemeint.

Selbstverständlich kommt es dabei nicht auf eine bei verschreibungswidrigem Gebrauch durchaus mögliche Gesundheitsgefahr an, sondern auf negative Wirkungen, mit denen zumindest der Patient nicht rechnen kann.

Neben dem Pharmazeuten und dem Chemiker, welche verdächtige Substanzen analysieren, kommt es hier vor allem auf den Mediziner an, wenn man die gefährliche Beschaffenheit feststellen will. Wie diese jedoch zustandegekommen ist, läßt sich oft nur mithilfe von Vernehmungen und anderer kriminalistischer Ermittlungstätigkeit feststellen.

dd) Gesundheitsschädliche Drogen und Kosmetika

Gefahren für Leben und Gesundheit können schließlich außer durch Heilmittel (cc) auch durch andere Drogen sowie durch Kosmetika entstehen, zumal da hier die Kontrollen oft noch weniger wirksam als bei Heilmitteln sind.
Die Konsequenzen für die Ermittlungen entsprechen jedoch in etwa denjenigen, die bei den gesundheitsschädlichen Heilmitteln aufgezeigt worden sind.

b) Gesundheitsschädliche Gebrauchsgegenstände

Abschließend ist, obwohl die strafrechtlichen Regelungen hier recht uneinheitlich sind, noch kurz auf die Problematik gesundheitsschädlicher Gebrauchsgegenstände hinzuweisen. Auch hier kommt es gewöhnlich erst dann zu Ermittlungen, wenn Personen geschädigt worden sind. Soweit es keine besonderen Strafvorschriften gibt, kann es auch darum gehen, Verantwortlichkeit wegen fahrlässiger Tat (z. B. Tötung oder Körperverletzung) festzustellen.

Inwieweit es hier zu Ermittlungen kommt, hängt nicht zuletzt von der Fassung der jeweils geltenden Rechtsvorschriften ab. Diese erwähnen neben Haushalts- und Spielwaren vereinzelt auch Bekleidung. Muß die Gesundheitsgefährlichkeit solcher Handelswaren durch den kriminaltechnischen Experten festgestellt werden, so können für die Verantwortlichkeit der in Produktion und Handel Tätigen doch Vernehmungen sehr wichtig werden.

3. Rauschgiftdelikte

Die Rauschgiftdelikte bieten – wie gerade in den letzten Jahren deutlich geworden ist – kriminaltaktisch zahlreiche und schwierige Probleme, was angesichts der verschiedenartigen, z. T. raffinierten Verbrechenstechniken nicht überraschen kann. In der Praxis gehen die Ermittlungen, obwohl es vor allem auf Produktion und Handel ankommt, ganz überwiegend vom Rauschgiftsüchtigen oder dem „Kleinhändler" (Dealer) aus. Erst über den Dealer kann man dann an Händler und schließlich an Importeure oder gar Produzenten herangelangen.

Rauschgift – hrsg. v. Bundeskriminalamt – Wiesbaden 1956; *N. N.*: Das System der Internationalen Rauschgiftkontrolle – Internat. Kriminalpol. Revue 1957, S. 66 ff.; *Thomsen,* Rudolf: Bekämpfung der Rauschgiftkriminalität – in: TbKrim Bd. VIII, S. 86 ff. (1958); *Meixner* II-164 ff.; *Hoeveler,* Hans-J.: Internationale Bekämpfung des Verbrechens – Hamburg 1966 – insb. S. 71 ff.; *Bauer* 1-455 ff.; *Walder,* H.: Erlaubte und unerlaubte Fahndungsmethoden, insb. bei Verdacht von Rauschgiftdelikten – Kriminalistik 1970, S. 41 ff.; *Rauschgiftmißbrauch.* Rauschgiftkriminalität – GrKrim Bd. 9 (1972); *Bauer,* Günther: Die Suche nach Rauschgiften – in: GrKrim Bd. 9, S. 459 ff. (1972); *Bauer,* Günther: Rauschgift. Ein Handbuch . . . – Lübeck 1972 – S. 201 ff.; *Wenzky,* Oskar: Bekämpfung der Rauschgiftkriminalität. – Problematik der Informationssysteme – Die Polizei 1972, S. 341 ff.; *Uhlhorn,* Klaus: Erfahrungen eines Rauschgiftermittlers – in: GrKrim Bd. 9, S. 491 ff. (1972); *Diener,* Kurt: Prävention und Prophylaxe des Drogenmißbrauchs – in: GrKrim Bd. 9, S. 545 ff. (1972); *Schulz,* Heinz: Die Bearbeitung von Rauschgiftdelikten – in: TbKrim Bd. XXV, S. 263 ff., insb. S. 318 ff. (1975); *Kreuzer,* Arthur: Drogen und Delinquenz. Eine jugendkriminologisch-empirische Untersuchung der Erscheinungsformen und Zusammenhänge – Wiesbaden 1975.

Drogen und Drogenszene können übrigens auch mit anderen Straftaten zusammenhängen; außer an Diebstahl von Rauschgiften, z. B. Apothekeneinbrüche, ist ferner an Diebstahl und Fälschung von Rezepten bzw. an arglistig erlangte Verschreibung solcher Mittel zu denken.
Es steht außer Frage, daß gerade beim Drogenmißbrauch **Prävention** und Prophylaxe Priorität zukommt.

Kühne, H.-H.: Drogenberatungsstellen in der Bundesrepublik Deutschland – MoKrim 1975, S. 109 ff. (58. Jahrg.).

Neben Beratungsmöglichkeiten sind vor allem therapeutische Maßnahmen medizinischer und pädagogischer Art wichtig, die mit gezielter Sozialarbeit gekoppelt sein sollten. Denn besondere Schwierigkeiten bereitet eine stabilisierend wirkende Rehabilitation, für welche man inzwischen jedoch mancherlei Möglichkeiten erarbeitet hat. Im Vorfeld der Szene sollte im Bereich der Erziehung – z. B. in der Schule – eine entsprechende Aufklärungsarbeit betrieben werden.
Präventive Maßnahmen setzen ebenso wie die Ermittlungen in diesem Bereich, da oft großräumig bzw. international gearbeitet werden muß, eine zentral gut gesteuerte Organisation mit entsprechend ausgebildeten Beamten und Experten voraus. Dies gewährleistet bei aller Notwendigkeit von Feldarbeit zugleich den notwendigen, schnellen Nachrichtenverkehr.

a) Illegale Produktion
Da eine illegale Produktion in den meisten Ländern nur begrenzt möglich ist bzw. lediglich in einer Bearbeitung besteht, kann sie teilweise im Inland nur begrenzt bekämpft werden; im übrigen geht es dann mit Importen wie etwa beim Rauschgiftschmuggel um Formen des illegalen Drogenhandels.
Die Überwachung der nur unter bestimmten klimatischen Bedingungen zu produzierenden Drogen oder Rohstoffe ist vor allem Sache jener Länder, in denen diese erfolgen kann.

In anderen Ländern kann insoweit nur noch eine Bearbeitung in sogen. illegalen Laboratorien durchgeführt werden. Es lassen sich dort jedoch andersartige Rauschgifte herstellen, die vom Klima unabhängig sind. Derartige Laboratorien, die recht unterschiedlichen Zuschnitt, haben, werden meistens in Kellern, Speichern, zweckentfremdeten Küchen oder auch in Werkstatträumen untergebracht. Je nach Lage kann die Szenerie deshalb für einen durchsuchenden Beamten täuschend sein. Wesentliches Ziel von Durchsuchungen sind daher Gerätschaften und Rohstoffe, die für die Produktion bzw. Bearbeitung des fraglichen Rauschgiftes in Betracht kommen oder entsprechende Materialspuren.
Ist bei Bekanntwerden von Anhaltspunkten für ein Rauschgiftdelikt – etwa durch eine Vernehmung – nicht sofortiges Einschreiten notwendig, so kann ein verdächtiger Ort natürlich observiert werden, um weitere verdächtige Personen zu ermitteln.

b) Illegaler Handel und Absatz

Vom schwer zu durchschauenden illegalen Handel mit Drogen ist der Absatz an den Verbraucher zu unterscheiden. In beiden Bereichen hat man für die Fahndung bzw. Kontrolle eine Reihe von Hilfsmitteln geschaffen; neben auf die Drogensuche abgerichteten Polizeihunden (vgl. § 18-II-1-i) gibt es auch für diese Zwecke konstruierte Geräte oder Apparate.

Wenzky, Oskar: Kooperation gegen Rauschgifthandel und -konsum – Die Polizei 1970, S. 73 ff., 154 ff.; 182 f.; *Friebel,* Hans-Joachim: Rauschgift-Spürhunde – Kriminalistik 1970, S. 29 ff.; *Röhm,* Ernst: Über die Anwendung von Biosensoren beim Aufspüren von Sprengstoffen und Narkotika – Arch. f. Krim. Bd. 152, S. 106 ff. (1973); *Straß,* Erich: Der illegale Rauschgifthandel und seine Bekämpfung – Die Polizei 1975, S. 371 ff.

aa) Der **Handel mit Drogen** erfolgt in recht verschiedenartiger Form, was kriminalistisch selbstverständlich in Rechnung zu stellen ist. Daher sollen im Folgenden zumindest illegaler Import, Groß- und Zwischenhandel unterschieden werden, während der Kleinhandel zusammen mit dem Absatz behandelt werden kann.

Frias Hernandez, Alfonso: Händler mit gefährlichen Rauschgiften – Internat. Kriminalpol. Revue 1960, S. 10 ff.; *Setzepfand,* Ernst/*Vogel,* Hartmut/*Grochla,* Hans: Rauschgiftschmuggel und -handel – Kriminalistik 1969, S. 253 ff.; *Krause,* Gerhard: Die Zusammenarbeit des Zollfahndungsdienstes und der Kriminalpolizei bei der Bekämpfung des Rauschgiftschmuggels – in: TbKrim Bd. XXI, S. 199 ff. (1971); *Kürbis,* Gerhard/*Müller,* Günther: Im Sondereinsatz gegen Rauschgifthändler – Kriminalistik 1971, S. 449 ff.; *Joachimski,* Jupp: V-Leute in der Bekämpfung der Rauschguftkriminalität – Kriminalistik 1971, S. 555 ff.

(a) Der **illegale Import von Drogen** kann nur durch systematische und intensive Kontrollen der eingeführten Güter und der einreisenden Personen unterbunden oder doch in Grenzen gehalten werden; dabei ist jeweils auch auf die Transportmittel zu achten. Wichtig ist hier die Zusammenarbeit mit Beamten des Zolls und insb. des Zollfahndungsdienstes.
Der im Zusammenhang mit der Einreise von Personen erfolgende Drogenschmuggel ist quantitativ sehr unterschiedlich und wird sehr verschieden gehandhabt. Die Möglichkeit der Verstecke in Personenwagen, Autobussen, Eisenbahnwagen, Flugzeugen und Schiffen ist ebenso vielgestaltig wie bei den einreisenden Personen selbst und in ihrem Handgepäck. Im Güterverkehr ist außer auf die Transportmittel, zu denen hier naturgemäß auch Last- und Güterwagen der Eisenbahn zählen, auch auf die Ladung selbst zu achten; diese kann entweder falsch deklariert sein oder Drogenimporte verbergen.

Aus allen diesen Gründen ist eine genaue Kontrolle des grenzüberschreitenden Verkehrs wichtig, die aber wegen seines Umfanges doch nur relativ selten zur Ergreifung von Tätern führt.

Da es vielfältige Verstecke gibt, müßte die Durchsuchung genauer als üblich erfolgen. Das aber geschieht gewöhnlich doch nur dann, wenn vedächtige Umstände oder gar Tips von ausländischen Stellen oder von V-Personen vorliegen.

Die weiteren kriminalpolizeilichen Ermittlungen gehen gewöhnlich in zwei Richtungen. Einmal versucht man an Hand des beschlagnahmten Rauschgiftes herauszubekommen, woher es kommt und wie der Import organisiert ist, insb. ob Hintermänner vorhanden sind. Zum anderen wird man bemüht sein, den Weg herauszufinden, den die Drogen nehmen sollten, um so an die Händler im Inland heranzukommen. Da man hier aber in aller Regel auf Vernehmungen angewiesen ist, bei welchen sich der ertappte Täter nicht als kooperativ zu erweisen pflegt, sind die Erfolgsaussichten gering.

Gerade bei diesen Formen der Rauschgiftkriminalität müssen die Ermittlungen oft auf das Ausland erstreckt werden, ist also internationale Zusammenarbeit notwendig.

(b) Der **Groß- und Zwischenhandel mit Drogen** ist zumindest zum Teil ähnlich organisiert wie der illegale Import. Man stößt hier auf Absatzorganisationen, die entweder mit Produktion bzw. Import gekoppelt sind oder doch mit Herstellerbanden so zusammenarbeiten, daß man bereits von Verbrecherorganisationen sprechen kann. Allerdings kann der Handel auch viel primitiver organisiert sein oder sogar der Importeur selbst als Händler (Zwischen- oder Kleinhändler) auftreten. Überwiegend sind diese Täter jedoch nicht am riskanten Kleinhandel interessiert. Ihr Handel konzentriert sich zudem gewöhnlich auf eine bestimmte Art von Rauschgift.
An diese Täter kommt man entweder über Rauschgiftsüchtige, Kleinhändler oder aber durch Observation bzw. durch Tips heran, die entweder von V-Leuten oder ausländischen Strafverfolgungsorganisationen stammen. Stammt der Hinweis von einem V-Mann oder einem kooperativen Kriminellen, so ist es in der Regel besser, erst nach einer Observation zuzugreifen, sofern man nicht sogar Beamte in die Drogenszene „einschleusen" muß. Man schont auf diese Weise nicht nur den Informanten, sondern erlangt mit größerer Sicherheit zugleich die Chance, noch weitere Tatverdächtige zu ermitteln.

In Berlin konnte z. B. eine Gruppe von Beamten nach etwa dreimonatiger Observation in Form von Untergrundarbeit Rauschgift im Werte von DM 20000, Verkaufserlöse in Höhe von DM 10000 beschlagnahmen und die Festnahme von 50 Personen veranlassen; gegen 26 wurde Untersuchungshaft bzw. vorläufige Unterbringung angeordnet.

bb) **Kleinhandel und Absatz von Drogen** durch sogen. Dealer sind demgegenüber Praktiken, die noch vergleichsweise leicht aufzudecken sind. Es handelt sich gewissermaßen ja auch um das Fußvolk der Rauschgifthändler, die – z. T. selbst süchtig – mit relativ kleinen Verdiensten ihren eigenen Konsum zu finanzieren trachten. Da hierfür Kontakte mit Konsumenten unvermeidbar sind, müssen diese Delinquenten doch irgendwie den deckenden Untergrund verlassen.

Wienberg, Hans: Kriminaltaktische Erfahrungen bei der Überführung von Rauschgiftdealern – in:

GrKrim Bd. 9, S. 437 ff. (1972); *Bauer,* Günther: Die Bekämpfung des Rauschgiftdealers – der kriminalist 1975, S. 138 ff.

Außer Hinweisen von V-Leuten und anderen Personen sowie bei eigenen Wahrnehmungen in anderen Ermittlungssachen hilft auch hier die Observation verdächtiger Stätten. Kritisch ist allerdings die Frage, da es sich hier um „kleine Fische" zu handeln pflegt, wann Zugriff und Festnahme erfolgen sollen; denn damit verringert sich möglicherweise die Chance, weitere Verdächtige und Beweise zu ermitteln. Umgekehrt ist aber der Zugriff oft das einzige Mittel, um Beweise sicherstellen und durch Vernehmungen überhaupt voranzukommen.

Immerhin kommen gerade in diesem Bereich außer zu vermehrenden Streifen auch Durchsuchungen oder gar Razzien in Betracht. Sie wirken, wenn sie wiederholt an bestimmten Orten vorgenommen werden, durchaus zugleich präventiv.

Gelegentlich werden Ermittlungen im Wege sogen. Vertrauenskäufe geschehen müssen, bei denen der geforderte Preis gezahlt wird, um so eventuell an die Hintermänner des Kleinhändlers heranzukommen; oft genügen allerdings Scheinverhandlungen.– Schreitet man bei günstiger Beweislage zu einer Durchsuchung oder gar Festnahme, so ist zu bedenken, daß selbst bei diesem weithin nicht kriminell intensiven Täterkreis mit Widerstand oder Waffengebrauch zu rechnen ist; zudem kann man den Tatverdächtigen unterschätzt haben.

Daher ist zunächst nach Waffen und dergl. zu suchen, bevor man sich auf Drogen oder Spuren des Drogenhandels konzentriert. Die Versteckmöglichkeiten sind bei den geringen Quantitäten überaus vielfältig. Dies alles gilt auch für Kontrollen auf der Straße und in Lokalen, die – ggf. wiederholt – Dealer und User verunsichern sollen. Allerdings muß der Verdächtige bei solchen Aktionen gut abgeschirmt und sofort abtransportiert werden, damit man keine unangenehme Überraschung durch Anwesende erlebt.

Problematisch gestalten sich des öfteren die Vernehmungen des Tatverdächtigen, selbst wenn dieser nicht mit der hier häufigen Aussageverweigerung operiert. Zur typischen Kollusion kommen Schwierigkeiten wegen der Gleichförmigkeit der Drogenszene hinzu, weshalb es selbst bei gutem Willen mit einer brauchbaren Personenbeschreibung der Abnehmer und Hintermänner hapern kann.– Überhaupt ist es für Beamte nicht leicht, mit Figuren der Drogenszene Kontakt zu bekommen. Man sollte daher in der Regel möglichst informell und auf Umwegen vorgehen, die sogar noch nützliche Erkenntnisse über andere Dealer und gewisse Praktiken mit sich bringen können.

c) Illegales Anschaffen von Rauschgift

Das illegale Anschaffen von Rauschgift zum eigenen Konsum betrifft die typischen Verhaltensweisen des Rauschgiftsüchtigen (User, Konsument). Wir haben gesehen, daß dieser sich dabei zugleich als Kleinhändler betätigen kann, um seinen mit Drogenmißbrauch verbundenen Aufwand bestreiten zu können.

Wenzky, Oskar: Kooperation gegen Rauschgifthandel und -konsum – Die Polizei 1970, S. 73 ff., 154 ff., 182 f.

Drogensüchtige können außer durch ihr Verhalten vor allem durch Kontrollen des Medizinalwesens ermittelt werden. Denn neben dem rauschgiftsüchtigen Patienten waren lange Zeit vor allem drogenabhängige Medizinalpersonen die Hauptfiguren der Drogenkriminalität.

Inzwischen aber hat der illegale Drogenhandel in weitem Umfang die Belieferung der Rauschgiftsüchtigen oder -gefährdeten übernommen. Hier muß die Fahndung daher anders aussehen. Sieht man von den beim Absatz bereits erwähnten Maßnahmen ab, so geht es hier vor allem darum, über den Rauschgiftsüchtigen an seine Bezugsquelle heranzukommen.

Bei der Fahndung nach Rauschgiftsüchtigen ist daher auf die für die einzelnen Drogen benutzten Geräte und die Charakteristika des betreffenden Rauschgifts zu achten. Wird eine verdächtige Substanz sichergestellt, so ist sie als solche von einem Experten zu analysieren. Bei der Durchsuchung gefundene Gegenstände sind ferner genau auf Anhaltspunkte über Drogenhändler zu prüfen.

Die festgenommene Person muß einwandfrei identifiziert werden, was z. B. bei Ausländern nicht immer leicht ist.

In der durchweg nicht einfachen Vernehmung soll sodann ermittelt werden, ob dem Betreffenden die Droge als solche bekannt ist und wo er sie erhalten hat. Der Kontakt mit dem Beschuldigten wird dadurch erschwert, daß die Opfer der Polizei oder überhaupt der Gesellschaft zu fühlen pflegen.

4. Umweltdelikte

Die Umweltdelikte stellen für den Kriminalisten ein neues und nur schwer zu überblickendes Arbeitsgebiet dar.

Mergen, Armand: Ein Verbrechen gegen alle: Umweltvergiftung – Kriminalistik 1974, S. 104 ff.; *Pohl,* W.: Umweltschutz und Polizei – in TbKrim Bd. XXV, S. 349 ff. (1975); *N. N.:* Aufgaben der Polizei im Rahmen des Umweltschutzes – Die Polizei 1975, S. 296 ff.

Bei den rechtlich noch ziemlich unsicheren Umweltdelikten geht es um Verhaltensweisen, die sich über die Umwelt gefährlich für Leib und Leben einer unbestimmt großen Zahl von Menschen auswirken können. Im Grunde wird durch diese Verbote zugleich die Umwelt vor dem Menschen geschützt und so in weiterem Sinne Umweltvorsorge für die Menschen betrieben (vgl. § 10-VI-4).

Der Verdacht eines Umweltdelikts wird oft erst spät bekannt, nachdem es bereits zu Schäden oder doch Belästigungen gekommen ist. Kann es zudem mitunter bereits schwierig sein, die Ursache bzw. Gefahrenquelle zu ermitteln, so ist es regelmäßig nur mithilfe von Experten möglich, den ursächlichen Zusammenhang zwischen diesen Gegebenheiten und den Folgen einigermaßen zuverlässig zu beurteilen.

Eine weitere Schwierigkeit für Strafsachen dieser Art ist es, festzustellen, welche Verhaltensweisen von Menschen diese Gefährlichkeit bewirkt haben und wer dafür im einzelnen verantwortlich ist. Hier ist man bereits mehr auf Aussagen möglicher Beteiligter, ihrer Angestellten oder Dritter angewiesen.

Je nach Art der Umweltgefährdung (Luft, Wasser, Abfall, Lärm) sind daher Experten beizuziehen, um Ursachen und damit Verantwortlichkeiten feststellen und Vernehmungen richtig anlegen zu können. Insgesamt spielen kriminaltechnische Untersuchungen eine wesentliche Rolle, während daran anknüpfende Vernehmungen mehr ergänzenden Charakter haben.

VII. Verkehrsdelikte

Die Verkehrsdelikte, die in vielen Ländern einen wesentlichen oder den größten Teil aller Straftaten verkörpern, bringen nicht nur viel Arbeit für die Strafjustiz mit sich, sondern ihre Bearbeitung erfordert aus demselben Grunde von Kriminal- und Schutzpolizei gebieterisch kriminaltaktisch sinnvolles Vorgehen.
Bei der Untersuchung von Verkehrsdelikten ist – wie schon gesagt – zu beachten, daß mitunter andere Straftaten als Verkehrsunfälle getarnt werden, z. B. ein brutaler Raubüberfall als Folge eines solchen dargestellt wird (vgl. § 23-B-II-2-b).

A. Gefährdungen des Straßenverkehrs

Dies gilt vor allem für die rein zahlenmäßig am meisten zu Buch schlagenden Delikte im Zusammenhang mit dem Straßenverkehr, auf die z. T. schon bei fahrlässigen Tötungen und Körperverletzungen eingegangen worden ist (§ 23-A-II, IV).

Vgl. schon *Schneickert* S. 124 ff.

Bevor wir auf einzelne Fallgruppen und später noch auf die Verkehrsunfallflucht (§ 23-C-VII-C) eingehen, sei einiges allgemein für die kriminalistische Untersuchung von Straßenverkehrsdelikten festgehalten.
Gewöhnlich beginnen derartige **Ermittlungen** mit einer alsbald nach einem Verkehrsunfall bei der Polizei eingehenden Strafanzeige oder Meldung. Da Tatortsicherung meistens nur begrenzt und für kurze Zeit möglich ist, kommt schneller und zuverlässiger Tatortarbeit hier besonderes Gewicht zu.

Denn die dabei zu erlangenden Daten und ihre ggf. durch Experten erfolgende Auswertung bieten in aller Regel eine ungleich sicherere Grundlage als die Aussagen der Unfallbeteiligten und anderer Zeugen; diese haben infolgedessen mehr das objektive Geschehen ergänzenden und oft für die subjektive Seite ausschlaggebenden Charakter.

Suwald, Günther: Verkehrsunfall und Kriminaltechnik – Kriminalistik 1966, S. 630 ff.; *Bürger,* Heribert: Sicherung von Materialspuren nach Verkehrsunfällen – Kriminalistik 1969, S. 70 ff.

Ebenso wie Verletzungen oder die Todesursache bei Personenschaden vom Mediziner festgestellt werden müssen, der dabei auch etwas über mögliche Unfallursachen sagen kann, sind ggf. die beteiligten Fahrzeuge sowohl technisch als auch auf etwaige Tatspuren hin zu untersuchen.
Ein Sonderproblem stellen Führerscheine und andere Kraftfahrzeugpapiere dar, welche den Verdacht einer Fälschung erwecken; hier ist wie bei einer Urkundenfälschung (§ 23-C-1-A) zu verfahren.
Über vorbeugende Maßnahmen kann an dieser Stelle nichts Näheres gesagt werden, weil die **Prävention** im größeren Zusammenhnag der Bemühungen um Unfallverhütung und Verkehrssicherheit gesehen werden muß. Trotz der in vielen Ländern in den letzten Jahrzehnten erheblichen Anstrengungen sollte klar sein, daß sich insoweit noch mancherlei tun läßt.

1. Trunkenheit am Steuer

Speziell für Fälle des Verdachts der Trunkenheit am Steuer ist außer auf dafür sprechende, ohne weiteres auszumachende Anhaltspunkte insb. auf die exakten Methoden der gerichtsmedizinischen Feststellung des Blutalkoholgehalts hinzuweisen (§ 15-I-B-g). Daß die dafür nötige Blutentnahme möglichst schnell durchgeführt und alles verhindert werden muß, was zuverlässige Ergebnisse gefährdet, ist selbstverständlich.

Jackson, R. L.: Unerwartete Ergebnisse einer Autountersuchung – Internat. Kriminalpol. Revue 1961, S. 34 ff.; *Potter,* Harold: Alkohol und Arbeitssicherheit – Kriminalistik 1963, S. 247 ff.; *Hein,* Karl-Hans: Die Beweisanzeichen für die Fahruntüchtigkeit – Blutalkohol 1965, S. 85 ff.

Ungeachtet der bei den Verbrechenstechniken geschilderten für Fahruntüchtige typischen Fehler haben die sonstigen Ermittlungen einmal die Untersuchung des Blutalkoholgehalts zu ergänzen, indem festgestellt wird, wo, wann, was getrunken worden ist und zum anderen weitere für den Sachverhalt wesentliche Punkte zu klären. Außer der Untersuchung der für diese Unfälle typischen Spuren geht es um Aussagen von Zeugen und Unfallbeteiligten, welche Schlüsse auf den Hergang der Ereignisse im Straßenverkehr zulassen. Sie sind besonders wichtig, wenn der Tatverdächtige – wie nicht selten – flieht und seine Person unbekannt ist. Denn mithilfe seines polizeilichen Kennzeichens oder von Angaben über seinen Wagen läßt sich diese Klippe der Ermittlungen zuweilen nehmen.
Der Tatverdächtige, dem des öfteren die Beteiligung am Unfallgeschehen kriminaltechnisch oder mithilfe von Aussagen nachzuweisen ist, wartet bei seiner Vernehmung mit recht typischen Schutzbehauptungen auf, besonders wenn es wegen der seither verstrichenen Frist mit der Bestimmung seines Blutalkoholgehalts nicht mehr klappt. Manche Delinquenten versuchen, diese Analyse durch den sogen. „Nachtrunk„ oder andere Manipulationen zu entwerten oder zu stören; dergleichen ist zu verhindern oder durch gezielte Fragen möglichst eindeutig festzuhalten.

Reimers, E.: Der nachträgliche Alkoholgenuß. Ein Beitrag zur Strafverfolgung der Trunkenheit am Steuer – Kriminalistik 1957, S. 53 f.

2. Andere Fälle der Fahruntüchtigkeit

Seltener sind andere Fälle der Fahruntüchtigkeit, wie sie durch Konsum von Drogen, durch Medikamente oder sonstige Umstände verursacht werden.

Mabileau: Der Einfluß der psychisch wirksamen Drogen auf die Führung von Kraftfahrzeugen – Internat. Kriminalpol. Revue 1964, S. 66 ff.; *Kreuzer,* Arthur: Straßenverkehrsdelinquenz im Zusammenhang mit Drogenmißbrauch – Blutalkohol 1974, S. 329 ff.

Obwohl der Tatverdächtige – anders als bei Alkoholgenuß – des öfteren auf derartige Umstände aufmerksam machen wird, kann selbst die hier nötige Begutachtung durch einen Experten dennoch problematisch sein; deshalb sollte der Kriminalist bei den Vernehmungen auf alle dafür mögicherweise wichtigen Umstände achten.

3. Gefährliches Fehlverhalten im Straßenverkehr

Die anderen Gefährdungen des Straßenverkehrs, sei es von außen oder durch Verkehrsteilnehmer, weisen vor allem wegen abweichender strafrechtlicher Regelungen einige Besonderheiten auf. Obwohl es sich hier häufig um Gefährdungsdelikte handelt, gehen die Ermittlungen in der Praxis doch nahezu immer von einem Verkehrsunfall aus. Eine genaue Aufnahme des Tatorts und Sicherstellung derjenigen Spuren, die sich am Opfer bzw. am Tatverdächtigen oder an ihren Fahrzeugen finden, sind für die Beweisführung wichtig.
Sieht man einmal von den kriminaltechnisch auszuwertenden Unfallfolgen ab, so ist es eine wesentliche Aufgabe der Vernehmungen, die betreffende Verkehrssituation – zudem in ihrem Ablauf – einwandfrei festzustellen. Das ist wegen der schnellen Veränderung der Sachlage und des chronischen Mangels an – zudem brauchbaren – Zeugen nicht einfach. Außer an die Fahrfehler des Tatverdächtigen oder sein sonst für Unfall bzw. Gefährdung ursächliches Verhalten, was möglichst exakt ermittelt werden sollte, muß der Beamte aber auch an fehlerhafte Verhaltensweisen anderer Verkehrsteilnehmer denken; denn relativ häufig kommt es im Straßenverkehr nur durch Zusammenwirken mehrerer Ursachen zu folgenschweren Unfällen.

Doch nur bei Klarheit über die konkrete Verkehrssituation und das Verhalten der daran beteiligten Verkehrsteilnehmer läßt sich das Verschulden eines Tatverdächtigen überzeugend beurteilen. Denn selbst bei schweren Unfallfolgen sollte man sich, da es strafrechtlich auf das Verhalten von Menschen ankommt, davor hüten, die subjektive Verantwortlichkeit zu überdehnen. Auch hier ist also die Arbeit des Kriminalisten für eine lebensnahe, vernünftige Rechtsanwendung sehr wichtig.

4. Gefährliche Eingriffe in den Straßenverkehr

Bestimmte in manchen Ländern unter Strafe gestellte gefährliche Eingriffe in den Straßenverkehr treten demgegenüber zwar zahlenmäßig aber keineswegs mit der Schwere der Unfallschäden zurück. Obwohl in diesen Fällen die Möglichkeiten für kriminaltechnische Untersuchungen – wie wir gesehen haben – häufig etwas günstiger sind, zeigt nicht nur die Tatortsituation das Gepräge eines Straßenverkehrsdelikts, sondern sind im Zuge der Ermittlungen ebenso wie bei anderen Straßenverkehrsgefährdungen die oft wesentlichen Begleitumstände festzustellen.

B. Transportgefährdung

Da unter dem Begriff der Transportgefährdung strafbare Handlungen in den anderen Verkehrsbereichen zusammengefaßt werden, ist im Folgenden wiederum zwischen Schienen-, Luft- und Schiffsverkehr zu unterscheiden, weil das kriminaltaktische Vorgehen in diesen Bereichen divergiert.
Generell läßt sich jedoch für derartige Ermittlungssachen sagen, daß die Tatsituation häufiger als bei Straßenverkehrsdelikten durch eine **Katastrophensituation** geprägt wird (vgl. § 23-C-V). Maßnahmen der Rettung und ersten Hilfe, die selbstverständlich Vorrang

haben, behindern die Ermittlungen zunächst erheblich und verhindern eine oft ohnehin schwierige Sicherung des Tatorts. Umso wichtiger ist es, die dadurch bewirkten Veränderungen am Unfallort fotografisch oder in anderer Weise genau festzuhalten, um Schlußfolgerungen später eintreffender Experten nicht zu gefährden.
Eine weitere Aufgabe der Kriminalbeamten am Unfallort ist es, möglichst schnell Aussagen von am Unfall Beteiligten oder von Zeugen zu erhalten, um sich ein Bild vom Hergang und den möglichen Ursachen machen zu können.

Falter, Josef: Die kriminalpolizeiliche Behandlung im Katastrophenfall – Kriminalistik1961, S. 373 ff.; *Forster,* Fred: Asservierung und Identifizierung von zerstörten Effekten, beim polizeilichen Katastropheneinsatz – Kriminalistik 1965, S. 620 ff.

Erst mit Abschluß der Rettungsmaßnahmen beginnen die eigentlichen Untersuchungen der Experten, welche zwar am Unfallort ebenfalls unter einem gewissen Zeitdruck zu stehen pflegen, aber zuweilen im Laboratorium an Wrackteilen fortgesetzt werden können; Mediziner und Kriminalisten bemühen sich derweil um die Identifizierung der Todesopfer, bei deren Obduktion für den Unfall wichtige Erkenntnisse gezeitigt werden können; dies gilt natürlich besonders für das Bedienungspersonal.
Nur bei Klarheit über die Unfallursachen läßt sich der Ablauf der Ereignisse rekonstruieren und mithin die Frage beantworten, ob menschliches Versagen mitgewirkt hat und deshalb Verantwortlichkeit wegen fahrlässiger oder gar vorsätzlicher Tat bejaht werden kann.

1. Schienenverkehr

Bei Unfällen im Schienenverkehr wird, wenn es sich um einen Eisenbahnunfall mit Personenschaden oder -gefährdung handelt, regelmäßig die Kriminalpolizei an Stelle der Bahnpolizei tätig. Dennoch benötigt man in diesen Strafsachen außer dem Mediziner in aller Regel technische Sachverständige für das Eisenbahnwesen.

Dost, Paul: Kleine Eisenbahnkunde für Kriminalisten – Kriminalistik 1960, S. 357 f.; *Hoyer,* H.: Die Tätigkeit der Kriminalpolizei bei Eisenbahnbetriebsunfällen – in: TbKrim Bd. XIII, S. 374 ff. (1963); *Weinig,* E./*Reinhardt,* G.: Gerichtsmedizinische und kriminalistische Untersuchungen zur Rekonstruktion eines Tathergangs im Zusammenhang mit einer Eisenbahnüberfahrung – Arch. f. Krim. Bd. 139, S. 7 ff. (1967); *Hartwig,* Dieter: Der Kriminalbeamte – sachverständiger Laie? – Kriminalistik 1969, S. 511 f.; *Zureich,* August/*Nezmeskal,* Adolf: Die Eisenbahnkatastrophe von Rheinweiler – der kriminalist 1973, S. 640 ff., 1974, S. 26 ff.; *Bauer* 3-404 ff.

Die Ermittlungen werden typischerweise von dazu ad hoc zusammengestellten Kommissionen durchgeführt; zumindest deren leitender Beamter sollte mit den Gegebenheiten des Schienenverkehrs vertraut sein oder sich mithilfe von Bediensteten der Bundesbahn und anderer Unternehmen schnell in diese Materie einarbeiten. Ansonsten ist bei der Auswahl der Beamten auf Maschinenbauer, Feinmechaniker, Elektriker usw. Wert zu legen, die über einschlägige Fachkenntnisse verfügen. Zur hier gewöhnlich wichtigen Tatortarbeit müssen dennoch häufig Sachverständige zugezogen werden. Die Beamten der Bahnpolizei übernehmen bei Unfällen im Bahnbereich in aller Regel nur die Sicherung des Tatortes.
Bei den Ermittlungen sind außer dem Tatortbereich nach Lage der Dinge selbstverständlich Signalanlagen, Weichen, Schranken usw. sowie deren Bedienung zu beachten.

Ferner können Zugmeldedienst und Fahrdienst neben dem Zustand des fahrenden Materials, der

Schienenlagen und des Oberbaus eine wichtige Rolle spielen. Hier kommt es außer auf kriminaltechnische Untersuchungen bereits auf Vernehmungen an, wenn man Stör- von Bedienungsfehlern unterscheiden will.

Die Vernehmungen sollen die kriminaltechnischen Untersuchungen ergänzen; dabei sind insb. Bedienung sowie sonstige Verhaltensweisen von Menschen festzustellen.

2. Luftverkehr

Der zunehmende Luftverkehr macht bei Unfällen, die nicht selten das Ausmaß einer Katastrophe erreichen, immer häufiger den Einsatz von Kriminalisten in diesem Verkehrsbereich erforderlich. Neben den eigentlichen Unfällen gibt es hier aber auch Alarme, die sich als falsch erweisen und Präventivmaßnahmen. Gerade wegen der komplizierten Verhältnisse des Luftverkehrs hat man sich in der jüngsten Vergangenheit in vielen Ländern relativ eingehend mit der kriminaltaktischen Handhabung dieser Fälle befaßt.

Guldimann, Werner: Die Vorphase von Flugunfalluntersuchungen. Erste Maßnahmen der Polizei an Flugunfallstellen – Kriminalistik 1959, S. 12 f.; *Guldimann,* Werner: Arbeiten auf dem Trümmerfeld nach Flugunfällen – Kriminalistik 1959, S. 420 ff.; *Guldimann,* Werner: Zustands- und Leistungsbeurteilung von Turbotriebwerken bei Flugunfällen – Kriminalistik 1961, S. 291 ff.; *Eschenbach,* E.: Der internationale Luftverkehr und die Kriminalpolizei – in: TbKrim Bd. XI, S. 89 ff., insb. S. 111 f. (1961); *Gundolf,* Hubert: Kriminalistische Kleinarbeit bei einer Flugzeugkatastrophe – Kriminalistik 1964, S. 482 ff.; *Beyer,* Günther/*Materne,* Karl-Heinz/*Schröder,* Rudolph: Katastrophenkommission im Einsatz. Erkenntnisse – Erfahrungen – Vorschläge aus dem Flugunfall in der Gemeinde Stuhr (Lk Oldenburg) am 28. 1. 1966 – Kriminalistik 1966, S. 241 ff.; *Griephan,* Willi: Kriminalpolizeilicher Einsatz bei Flugzeugkatastrophen – Kriminalistik 1968, S. 141 ff.; *Herrmann,* Hans: Das Flugzeugunglück bei Langenbruck – Kriminalistik 1969, S. 75 ff.; *Schreiber/Fischer/Schatzenstaller:* Sprengstoffverbrechen und -anschläge auf Flugzeuge – Kriminalistik 1970, S. 585 ff.; *Hartmann,* Hanspeter/*Baumann,* Claude/*Hofmann,* Werner: Die Identifikation der Opfer des Absturzes der Iljuschin 18 bei Kloten – Kriminalistik 1971, S. 354 ff.; *Furrer,* Paul: Die Schwierigkeiten in der Verbrechensbekämpfung im internationalen Flugverkehr – Kriminalistik 1971, S. 647 ff.; *Beckmann,* G./*Hühn,* H./*Hauck,* G.: Erfahrungen und Schwierigkeiten bei der Identifizierung der Opfer des Flugunfalles in Teneriffa 1972 – Arch. f. Krim. Bd. 153, S. 42 ff. (1974); *Bauer* 3-363 ff.; *Berndt,* Günther: Der Einsatz der Polizei bei Flugunfällen – Die Polizei 1976, S. 215 ff.; *Reichinger,* Siegfried: Einsatz der Identifizierungskommission des Bundeskriminalamtes anläßlich des Flugzeugabsturzes in Zagreb – der kriminalist 1977, S. 118 ff.

Nach Unfällen wie Flugzeugabstürzen kommt es – sofern man von den Erfordernissen des Katastropheneinsatzes absieht – zunächst auf die bereits früher geschilderten kriminaltechnischen Untersuchungen an. Außer technischen Störungen und Materialdefekten sowie den in der Praxis überwiegenden Bedienungsfehlern (Bord- und Bodenpersonal) ist als Ursache aber auch Sabotage oder Attentat möglich.

Die Tatortarbeit muß hier besonders gut organisiert werden, wenn man bei dem gewöhnlich großen Bereich und den verheerenden Folgen außer über medizinische Fragen sicheren Aufschluß über Probleme von Technik und Bedienung erlangen will. Mitunter läßt schon die Situation des Unfallortes gewisse Schlüsse auf den Hergang zu; das gilt außer für die Aufschlagstelle für die Lage der Trümmer- bzw. Spurengruppen. Besonders wichtig aber ist die kriminaltechnische Untersuchung der einzelnen Trümmerstücke bzw. Spuren.
Im Grunde gehören der Bombenalarm oder die Attentatsdrohung gegen Luftfahrzeuge oder Anlagen des Luftverkehrs in diesen Zusammenhang (vgl. aber auch § 23-C-V-3).

Andere Kriminalfälle hängen deutlicher mit dem Flugzeug als Transportmittel zusammen. Als solches ermöglicht es nicht nur die Flucht gesuchter Personen, sondern auch die Einreise Krimineller sowie u. a. Praktiken des Schmuggels.
Trotz des ausgeprägt technischen Rahmens spielen bei der Kriminalität im Zusammenhang mit dem Luftverkehr Ermittlungen der Kriminalbeamten und die von diesen durchgeführten Vernehmungen eine nicht unwichtige Rolle.

3. Schiffsverkehr

Schadensfälle im Schiffsverkehr führen, wenn man von Häfen und Binnenschiffahrt absieht, oft erst spät zu kriminalpolizeilichen Ermittlungen. Die Beamten sind dann darauf angewiesen, was Augenzeugen oder dritte Personen wie der Kapitän über den Hergang der Ereignisse aussagen können.

Wittenberg, Ulrich: Eine Identifizierung gelungen – Kriminalistik 1973, S. 73 ff.

Nach dieser Ausgangslage richten sich nicht nur die hier möglichen kriminaltechnischen Untersuchungen, sondern ebenso die Vernehmungen, die sie entweder ergänzen oder gar erweitern können.

C. Verkehrsunfallflucht

Die Verkehrsunfallflucht spielt zwar als sogen. Fahrerflucht vor allem bei Unfällen im Straßenverkehr eine Rolle, kommt zuweilen aber auch bei anderen Verkehrsteilnehmern und ebenso in anderen Verkehrsbereichen vor.

Schöntag, A.: Verkehrsunfall mit Fahrerflucht durch naturwissenschaftliche Spurenanalyse aufgeklärt. Die großen Vorteile dieser Analysen gegenüber den früher üblichen Beweismethoden – Arch. f. Krim. Bd. 121, S. 54 f. (1958); *Meixner* II-154 ff.; *Schöntag,* Adolf: Die technisch-mechanische Seite bei der Aufklärung von Verkehrsunfällen mit Fahrerflucht – Arch. f. Krim. Bd. 138, S. 8 ff. (1966); *Gollong,* Heinrich: Aufklärung der Unfallflucht erfordert kriminalistische Arbeit – Kriminalistik 1968, S. 27 f.; vgl. schon *Schneickert* S. 128 f.

Die Situation ist hier deshalb eine besondere, weil zunächst eigentlich nur feststeht, daß ein am Unfall möglicherweise Beteiligter, nicht selten der Tatverdächtige, sich den Ermittlungen durch die Flucht entzogen hat. Da dies gewöhnlich mithilfe des Fahrzeugs geschieht, wird durch ein solches Verhalten die Untersuchung am Unfallort bereits erschwert.
Da es zugleich als solches strafbar ist, muß auch aus diesem Grunde nach dem Flüchtigen gefahndet werden. Nur relativ selten ist seine Identität bekannt oder können der Polizei klare Angaben gemacht werden. Man kann sich dann aber an Angaben über den Fluchtwagen und zuweilen an Reifenspuren und dergl. orientieren.

So konnte man einen an einem tödlichen Unfall beteiligten Lastwagen an Hand von Teilen einer Bohle mit Teer- und Zementspritzern und von Zeugenaussagen in einem Dachdeckergeschäft ausfindig machen.

In der Mehrzahl der Fälle von Fahrerflucht sind die Kriminalbeamten, zumal wenn das Opfer vernehmungsunfähig bzw. tot ist und andere Zeugen nicht verfügbar sind, auf die

Tatortsituation und das Fahrzeug des Betroffenen angewiesen; dies kann durch seine Beschädigungen oder durch vom Fahrzeug des Flüchtigen herrührende Materialspuren (Lacksplitter usw.) gewisse Schlüsse auf den Unfallhergang und das daran beteiligte Fahrzeug liefern. Die Spuren sind aber ohnehin zu sichern, weil sie später beweiserheblich werden können.

Günstiger wird die Beweislage bei Verkehrsunfallflucht, sobald der Fluchtwagen sichergestellt ist, zumal da man dann auch einen Tatverdächtigen hat.

So können beispielsweise die gesicherten Spuren am Fahrzeug des Opfers mit jenen, zwischenzeitlich möglicherweise vertuschten am Fahrzeug des Tatverdächtigen verglichen werden, was sowohl durch die Form als auch das Material Beweise ermöglichen kann.

In einer regnerischen Nacht wurde ein Radfahrer auf einer geraden, beleuchteten Straße von rückwärts angefahren und tödlich verletzt. Vom verursachenden Personenwagen, dessen Fahrer geflohen war, konnten neben Scheinwerferglasbruchstücken lediglich Fremdlackanstreifungen am Fahrrad gesichert werden. Nachdem man schließlich den Tatwagen ermittelt hatte, konnte mit Hilfe der Art und Höhe der an ihm festzustellenden Formspuren nicht nur die Unfallbeteiligung nachgewiesen, sondern auch Schutzbehauptungen des Tatverdächtigen über die Fahrweise des Radfahrers durch Rekonstruktion widerlegt werden. Bestätigt wurde dies durch spektrographische Identifizierung der Glassplitter und der Lackspuren (vgl. Abb. 23/15, 23/16).

Abb. 23/15. Einbeulungen und Kratzspuren am rechten vorderen Kotflügel des Fluchtwagens mit zertrümmertem Scheinwerfer. Hinter der Stoßstange eine durch Aufprall des Radfahrers verursachte Delle.

Abb. 23/16. Die dem Fahrrad höhengleich entsprechenden Spuren am Tatwagen zwangen ihrer Form nach zu dieser Rekonstruktion des Unfalls; der Radfahrer versuchte nach rechts außen zu entkommen.

Eventuelle Tatspuren können bei der Beschuldigtenvernehmung zum Vorhalt genutzt werden; denn es ist bei dieser Lage nicht leicht, den Täter zum Geständnis zu bewegen. Am ehesten klappt es noch, wenn es ihm auf diese Weise jedenfalls gelungen ist, seine alkoholbedingte Fahruntüchtigkeit zu verschleiern.

Für die Praxis wäre es von Nutzen, besseren Überblick über die in diesen Fällen typischen Schutzbehauptungen und Möglichkeiten ihrer Kontrolle zu erlangen.

VIII. Verletzung sozialer Pflichten

Unter Strafe gestellte Verletzungen bestimmter sozialer Pflichten haben in der Praxis nur zum Teil eine nennenswerte Bedeutung. Schon deshalb sind lediglich hier und da kriminaltaktische Überlegungen angestellt worden.

1. Personenstandsfälschung

Nach allem kann die insoweit dürftige Situation bei Personenstandsfälschungen kaum überraschen. Neben den bei diesen Straftaten zuweilen gefälschten Urkunden, die kriminaltechnisch zu untersuchen sind, kommt es vor allem auf Vernehmungen an.

Schneickert S. 129 ff.

Sachbeweise kommen hier im Zusammenhang mit einer erkennungsdienstlichen Behandlung vor, mit welcher die Identität des Verdächtigen einwandfrei festgestellt werden kann. – Vereinzelt benötigt man ein erbbiologisches Gutachten.
Im übrigen sind neben Aussagen aus dem Kreise Verwandter und Bekannter vor allem die Vernehmungen des Tatverdächtigen wichtig.

2. Delikte gegen die Ehe

Die Delikte gegen die Ehe spielen in der kriminalistischen Praxis ebenfalls keine große Rolle.

a) Doppelehe
Bei Verdacht der Doppelehe ist neben Vernehmungen Tatverdächtiger eventuell die Untersuchung gefälschter Urkunden möglich, mit deren Hilfe man eine Falschbeurkundung bewirkt hat. Die einzige Schwierigkeit ist die, daß bei Bigamie die Ermittlungen Ereignisse betreffen, die zeitlich u. U. weit zurückliegen und sich an weit entfernten Orten – möglicherweise im Ausland – zugetragen haben.

b) Ehebruch
Der Ehebruch ist in der Praxis nur schwer und vor allem durch Vernehmungen zu beweisen, die jedoch lediglich begrenzt Erfolg versprechen. Denn Augenzeugen sind selten verfügbar und auch ein Sachbeweis – z. B. nach Geburt eines Kindes durch Nachweis der Vaterschaft – sind Raritäten.

3. Verletzung von Unterhalts- und Fürsorgepflichten

Häufiger kommt es in der kriminalistischen Praxis wegen Verdachts der Verletzung von Hilfs-, Unterhalts- und Fürsorgepflichten zu Ermittlungsverfahren.

a) Verletzung der allgemeinen Hilfspflicht

Die Situation der Verletzung der allgemeinen Hilfspflicht ähnelt dabei gewöhnlich Straftaten im Zusammenhang mit Unfällen, insb. mit Unfällen im Straßenverkehr. Häufiger geht es hier jedoch um das Verhalten von Ärzten, die untätig bleiben oder recht spät helfen. In allen Fällen kann also die Ausgangslage kompliziert sein.

Wimmer, Wolf: Wenn es um Minuten geht . . . Zur Ermittlungstaktik in Fällen unterlassener ärztlicher Hilfeleistung – Kriminalistik 1977, S. 24 ff.

Ansonsten läßt sich einstweilen kaum etwas sagen, da diese Materie bisher kriminalistisch wie auch kriminologisch nahezu unerforscht ist, was nur zu bedauern ist und zugleich Unsicherheiten der Rechtsanwendung erklären könnte.

b) Verletzung der Sorgepflicht gegenüber Minderjährigen. Kindesmißhandlung

Ermittlungen, in denen es um Verletzungen der Fürsorgepflicht gegenüber Minderjährigen geht, sind des öfteren denen bei Körperverletzung vergleichbar; Prototypen dieser Art sind Kindesmißhandlung und -vernachlässigung, die nicht gar so selten fahrlässig oder vorsätzlich zum Tode des Opfers führen.

Aigner, Josef/*Simon,* Erich: Teilgeständnis nach Indizienurteil – Kriminalistik 1962, S. 13 ff.; *Bauer,* Günther: Die Kindesmißhandlung. Ein Beitrag zur Kriminologie und Kriminalistik sowie zur Anwendung des § 223b StGB – KrimWissAbh Bd. 3 – Lübeck 1969 – insb. S. 130 ff.; *Hughes* S. 295 ff.

In Fällen von Kindesmißhandlung oder -vernachlässigung gestatten – wie wir gesehen haben – die angesichts der Folgen am Körper des Minderjährigen möglichen Sachbeweise eine hier sonst oft problematische Beweisführung; es können auch Bekleidungsstücke, die in Mitleidenschaft gezogen worden sind, oder Tatwerkzeuge kriminaltechnisch untersucht werden.

Allerdings ist die Ausgangslage dennoch in aller Regel recht ungünstig, da Strafanzeigen spärlich und oft sehr spät erfolgen, sie zudem kaum konkrete Angaben enthalten. Häufiger als Verwandte erstatten Nachbarn oder Amtspersonen solche Strafanzeigen. Manchmal werden derartige Taten von Ärzten angezeigt oder – und das ist häufiger – erst durch die Obduktion des toten Opfers bekannt. Jedenfalls geht die Initiative kaum jemals vom Opfer selbst aus.

Anzeigen oder Hinweise durch Amtspersonen erfolgen u. a. deshalb, weil sich Nachbarn und Ärzte in diesen Fällen häufiger an das Jugendamt oder ähnliche Stellen als an die Polizei wenden.

Die Aufnahme der Anzeige zeigt in diesen Fällen insofern eine Besonderheit, als sie bei Kindesmißhandlung und -vernachlässigung kaum jemals durch das jugendliche Opfer erstattet wird. Man ist also auf Angaben Dritter angewiesen, die nur selten Verwandte des Opfers sind, weshalb mancherlei Unsicherheitsquellen bestehen, welche besondere Umsicht als geboten erscheinen lassen.

In der Regel wird man bei Eingang einer solchen Strafanzeige sofort einschreiten müssen, wenngleich bei vage gehaltenen Angaben doch noch weitere Ermittlungen notwendig sein können.

Obwohl im Regelfall sofort eine körperliche Untersuchung des Opfers durch einen Mediziner zu veranlassen ist und der erste Zugriff auf gründliche Tatortarbeit hinausläuft, kann es dennoch sinnvoll erscheinen, zuvor bei Nachbarn, Hausarzt oder Schule diskrete Erkundigungen einzuziehen, bevor sodann die fragliche Familie aufgesucht wird.

Neben den Spuren am Körper und an der Kleidung des Opfers sind vor allem solche im Tatortbereich, typischerweise der Wohnung des Tatverdächtigen, für die eingangs erwähnte kriminaltechnische Untersuchung zu sichern. Gerade bei den Spuren am Körper des Kindes ist Eile geboten, weil sie oft schnell abklingen; hier ist die Beiziehung des Mediziners unerläßlich.

Die Gerichtsmediziner können nicht nur bei der Obduktion, sondern auch bei der Untersuchung des lebenden Opfers an Hand seiner äußeren Verletzungen oder daher rührender Narben den Hergang der Dinge relativ genau beurteilen, woran dann die Ermittlungen der Kriminalbeamten anknüpfen. Schwieriger ist das bei den für Laien nicht erkennbaren inneren Verletzungen, weshalb bei den geringsten Anhaltspunkten ein Sachverständiger hinzugezogen werden sollte.

Bei der Vernehmung des Opfers können sich wegen seines oft geringen Alters Schwierigkeiten ergeben, weshalb auf erfahrene Beamte (Jugendsachbearbeiter) oder Sachverständige Wert zu legen ist. Dann und wann können auch die Aussagen anderer Zeugen nützlich sein, die nicht zu den Anzeigeerstattern gehören.

Häufiger als sonst ergibt die Vernehmung des Opfers bei Verletzungen der Sorgepflicht jedoch außerordentlich wenig oder nichts. Das liegt z. T. schon an dem geringen Alter der betroffenen Kinder. Aber selbst das bereits aussagefähige Kind hat Hemmungen und oft ausgesprochene Angst davor, Vater oder Mutter zu belasten. Nicht selten haben die Täter schon vor der Vernehmung entweder etwas versprochen oder aber – was häufiger der Fall ist – für den Fall gedroht, daß etwas Belastendes bekannt wird. Dem kann das äußerliche Verhalten des Kindes bei der Vernehmung widersprechen; es bekundet überbetont seine Zuneigung zum barbarischen Elternteil. Natürlich sind manche der Kinder schwierig oder entwicklungsgestört. Deshalb sollte man diese Vernehmungen nur erfahrenen Sachbearbeitern übertragen, die geschickt und verständnisvoll vorzugehen wissen, ggf. sofort einen Sachverständigen beiziehen.
Bei anderen Zeugen können sich emotionale Dinge ebenfalls deformierend auf die Aussage auswirken, weshalb man Tatsachen genau von Wertungen unterscheiden sollte. Doch ebenso wie viele Zeugen sich in diesen Strafsachen nicht gern zur Verfügung stellen, bisweilen mühsam ausfindig gemacht werden müssen, äußern sie sich bei ihrer Vernehmung oft zurückhaltend, um es nicht mit den tatverdächtigen Eltern zu verderben. Relativ gute Aussagen sind von behandelnden Ärzten zu erwarten.

Problematisch ist ferner naturgemäß die Vernehmung Beschuldigter, deren Angaben in allen Punkten besonders genau zu prüfen sind. – Im Zusammenhang mit diesen Vernehmungen sollten u. a. auch die familiären und sozialen sowie die persönlichen Verhältnisse geklärt werden.

Nur selten sind die einer Verletzung der Sorgepflicht gegenüber ihnen anvertrauten jungen Menschen Beschuldigten geständig. Eher leugnen sie rundheraus und dreist das ihnen Vorgeworfene. Am häufigsten aber bagatellisieren sie die fraglichen Ereignisse oder versuchen, die Verletzungen anders zu begründen. In allen diesen Fällen sind eindeutige Sachbeweise, die man vorhalten kann, das beste Mittel, um bei der Beschuldigtenvernehmung voranzukommen. Im übrigen aber muß man hier und zuweilen auch sonst etwas ausholen, um mit der familiären Situation über die Hintergründe und Motive an den Täter heranzukommen. Muß der Tatverdächtige sein Verhalten einräumen, so entschuldigt er es gern als Züchtigung des ungeratenen Kindes oder schützt Krankheit, Nervosität und dergl. vor. Sind beide Eltern in Verdacht geraten, kann man möglicherweise die bei Vater und Mutter zuweilen unterschiedliche Einstellung zu den Vorgängen ausnutzen, um der Wahrheit auf den Grund zu kommen.

Mitunter müssen über die Vernehmungen hinaus die sozialen und persönlichen Verhältnisse der betreffenden Familie geklärt werden, um den Wahrheitsgehalt der Angaben beurteilen zu können.
Je nach Lage der Dinge können eine weitere Überwachung durch Kriminalpolizei oder Jugendamt sowie sonstige vorbeugende Maßnahmen angezeigt sein, in welche man außer vertrauenswürdigen Angehörigen des Minderjährigen möglicherweise sogar Nachbarn unauffällig einschalten kann.

c) Verletzung der Unterhaltspflicht
Relativ häufig sind in der Praxis Verletzungen der familiären Unterhaltspflicht. Diese Ermittlungen hängen davon ab, ob der Unterhaltspflichtige sich durch Ortswechsel oder auf andere Weise seiner Pflicht entzieht.

Falke, Alexander: Verletzung der Unterhaltspflicht – nur Kavaliersdelikt? – Kriminalistik 1965, S. 32 ff.

Bei unbekanntem Aufenthalt ist naturgemäß zunächst mit Mitteln der Personenfahndung herauszufinden, wo sich der Tatverdächtige aufhält und welcher Arbeit er nachgeht.
Ist der Aufenthalt des Tatverdächtigen bekannt, so konzentrieren sich die Ermittlungen auf seine Arbeitsstelle und seine sonstigen Einkommensquellen; denn es kommt hier gewöhnlich auf die wirtschaftlichen Verhältnisse des Unterhaltspflichtigen an.

Da der Verdächtige sich häufig verschleiernder Praktiken bedient, sind die Ermittlungen zuweilen sehr mühsam, zumal da er sich bei Vernehmungen oft störrisch verhält.

IX. Andere Delikte gegen die öffentliche Ordnung und Sicherheit

Abschließend ist noch kurz auf einige andere Delikte gegen die öffentliche Sicherheit und Ordnung einzugehen, um einige hier für das Vorgehen der Strafverfolgungsorgane wichtige Erfahrungen und Erkenntnisse aufzuzeigen.

1. Baugefährdung

Die Baugefährdung weist als ein durch Technik geprägtes Delikt Ähnlichkeiten mit gewissen Fällen der fahrlässigen Tötung und Körperverletzung auf, zumal es in der Regel erst nach einem Unglücksfall zu Ermittlungen kommt. Bei Personenschäden kann man sich deshalb zum Teil an dem zu den fahrlässigen Tötungen Gesagten orientieren (§ 23-A-II).

a) Der gefährliche Bau
Die Gefährlichkeit eines Bauwerks läßt sich naturgemäß nur mithilfe von Sachverständigen beurteilen, sofern das für sie nötige Untersuchungsmaterial sichergestellt worden ist. Die

auf dieser Basis durchzuführenden Vernehmungen zielen dann auf die jeweils in Betracht kommende Verbrechenstechnik ab.

aa) Unsachgemäße Planung
Bei unsachgemäßer Bauplanung müssen vor allem die Baupläne und sonstige Unterlagen durch Architekten und Statiker geprüft werden, die betreffenden Personen und ggf. ihre Mitarbeiter gehört werden.

bb) Verwendung unzureichend geprüften Baumaterials
Die Verwendung unzureichend geprüften Baumaterials läßt sich durch die Analysen von Proben beweisen. Schwieriger ist darzutun, daß der Verantwortliche davon wußte oder hätte wissen müssen. Hier kommt den Aussagen größere Bedeutung zu.

cc) Unsachgemäße Ausführung der Arbeiten am Bau
Am kompliziertesten ist es gewöhnlich festzustellen, ob die Arbeiten am Bau unsachgemäß ausgeführt worden sind. Denn hier kommt es nicht so sehr auf den Vergleich mit den Bauplänen als mehr auf die tatsächlichen Befunde an, die nur mithilfe von Bausachverständigen und anderen Experten zu erheben sind. Vernehmungen der Bauarbeiter können hier nicht nur wichtige Fingerzeige bieten, sondern wesentlich den Verlauf der Arbeiten beleuchten.

b) Das gefährliche Bauen
Die in der Praxis ungleich häufigen Fälle gefährlichen Bauens, d. h. gefahrenträchtiger Handhabung der Bautätigkeit, bieten dem Kriminalisten unterschiedliche Probleme, die oft nur mit der Hilfe von Experten zu bewältigen sind.

Büchler, Otto/*Wyss,* Albert: Krane, Baumaschinen und elektrische Freileitungen – Kriminalistik 1970, S. 504 ff.

aa) Falsche Bedienung von Baumaschinen
Geht es um eine möglicherweise falsche Bedienung von Baumaschinen, so ist außer auf einschlägige Unfallverhütungsvorschriften auf Sachverständige der Baubranche und auf technische Experten zurückzugreifen, die mit diesen Maschinen vertraut sind. Selbstverständlich kommt es nicht zuletzt darauf an, was Augenzeugen des Unfalls wirklich gesehen haben.

bb) Mangelhafte Sicherung der Bauarbeiter gegen Ab- und Einsturz
Die mangelhafte Sicherung der Bauarbeiter – vor allem gegen Ein- und Absturz – hängt ebenfalls mit den Regeln der Baukunst und technischen Erfordernissen zusammen. Doch ist es für die Verantwortlichkeit Tatverdächtiger unerläßlich, den Gang der Ereignisse sowie etwaige spätere Manipulationen durch Zeugenaussagen wirklichkeitsgetreu zu ermitteln.

cc) Mangelhafte Sicherung des Publikums
Dem sind Fälle mangelhafter Sicherung des Publikums vergleichbar. Deshalb sind neben der Klärung der technischen Seite viele Tatsachen lediglich mithilfe von Aussagen der Beteiligten oder Dritter zu ermitteln.

2. Volltrunkenheit

Die in vielen Ländern unter Strafe gestellten Fälle der Volltrunkenheit hängen naturgemäß vor allem mit exakten Feststellungen über die Wirkungen des Alkoholgenusses zusammen. Doch können neben dem Mediziner, da die Beschuldigtenvernehmung hier wenig zu erbringen pflegt, u. U. Zeugenaussagen von Nutzen sein.

3. Störung oder Gefährdung des Gemeinschaftsfriedens

Strafbare Störungen oder Gefährdungen des Gemeinschaftsfriedens werden der Polizei zwar gewöhnlich relativ schnell bekannt, bereiten in den Ermittlungen aber dennoch oft erhebliche Schwierigkeiten. Das gilt sowohl für die eigentlichen Massendelikte wie Landfriedensbruch, Landzwang usw. als auch für den Gemeinschaftsfrieden gefährdende Äußerungs- und Verbindungsdelikte.

Schulte, Werner: Kriminalstrategische Anregungen zu Fragen der Krawallkriminalität – in: GrKrim Bd. 11, S. 225 ff. (1973); *Panitz,* Erich: Krawallkriminalität und Kriminaltaktik – in: GrKrim Bd. 11, S. 243 ff. (1973); *Garbotz,* Gerhard: Die polizeiliche Bewältigung von demonstrativen Aktionen – Die Polizei 1976, S. 246 ff.; *Eder,* Hermann: Rechtliche und taktische Grundsätze beim Einschreiten anläßlich von Demonstrationen, Aufzügen und Versammlungen – Die Polizei 1976, S. 254 ff.; *Toeberg,* Heinrich: Beweissicherung und Dokumentation bei Demonstrationen – der kriminalist 1977, S. 268 ff.; *Krüger,* Ralf: Rechtsfragen zur Dokumentation und Beweissicherung der Polizei bei Großveranstaltungen – Die Polizei 1977, S. 249 ff., 284 ff.; *Ganschow,* Manfred: Einsatzerfahrungen und Beweissicherung. Dargestellt an einer Demonstration in Berlin – Kriminalistik 1977, S. 483 ff.

Massendelikte wie Landfriedensbruch und Landzwang können die öffentliche Ordnung und damit das Vertrauen der Bürger in die Sicherheit erheblich stören. Zu diesen klassischen Formen sind nach den Jugend- oder sogen. Halbstarkenkrawallen der 50er Jahre inzwischen mehr oder minder glaubwürdig politisch eingefärbte Aktionen (Pseudo-Demonstrationen) getreten, bei welchen zuweilen die Übergänge zu Anarchismus und Terrorismus fließend werden.

Beispiele dafür sind etwa gewisse „Rote Punkt"-Aktionen und dergl. sowie die schon erwähnten Hausbesetzungen. Sind hier möglicherweise u. a. kriminelle Subjekte beteiligt, so haben diese in anderen Fällen sogar eindeutig die Oberhand.

Es versteht sich, daß die Polizei, die sich in vielen Ländern zunächst mit solchen neuen Entwicklungen schwer tat, inzwischen auch auf die neuen Formen der Massendelikte zugeschnittene kriminaltaktische Konzepte erarbeitet hat.

Sich abzeichnende Entwicklungen sollte man möglichst schon im Vorfeld erfassen. Durch Absprachen mit zuständigen Stellen lassen sich mitunter Konfrontation und Zwangsmittel vermeiden. Kommt es jedoch wirklich zu einer nennenswerten Störung, muß der dann notwendige Großeinsatz gut durchdacht sein, um einerseits falsche Solidarisierung und andererseits den Eindruck unorganisierten, halbherzigen Vorgehens zu vermeiden. – Bei allem spielt die Öffentlichkeitsarbeit eine wichtige Rolle, um die von den Tätern angestrebte Resonanz auszuschließen oder doch zu vermindern.
Bei Hausbesetzungen sollte man beispielsweise eindeutige Absprachen mit dem Eigentümer herbeiführen. Sodann ist die Räumung und Sicherung des Hauses unter besonderer Berücksichtigung der üblichen kriminaltaktischen Grundsätze durchzuführen. Dabei sollte auffälliges Vorgehen ebenso wie unnötige Härte vermieden werden; auch ist dafür zu sorgen, daß durch den Einsatz keine neuen

Komplikationen (z. B. Obdachlosigkeit) entstehen. Die Öffentlichkeitsarbeit ist entsprechend zu gestalten.

Alle diese besonderen Probleme ergeben sich einmal aus der oft großen Zahl an derartigen Taten Beteiligter und den mitunter turbulenten Verhältnissen, unter welchen es selbst bei Eintritt von Personen- oder Sachschaden schwierig ist, die mit derartigen Spuren möglichen Sachbeweise einzelnen Tätern zuzuordnen.
Zum anderen sind Vernehmungen in diesen Sachen oft wenig ergiebig. Ist z. B. bei Tatverdächtigen und z. T. auch bei Zeugen mit illegaler Kooperation zu rechnen, so bleiben selbst die Aussagen der Opfer und anderer Zeugen oft recht vage. Dies wirkt sich besonders ungünstig in denjenigen Fällen aus, in welchen es bei einer Gefährdung des Gemeinschaftsfriedens geblieben ist, wie das für Äußerungs- und Verbindungsdelikte typisch ist.
Im Grunde ähnlich wie bei den Massendelikten sind die Ermittlungen, wenn der Verdacht eines **Äußerungsdelikts** entstanden ist. Wird nicht schriftlich oder doch in einer Weise, die sich technisch fixieren läßt (Tonband), zum Ungehorsam gegen Gesetze oder zu Straftaten aufgefordert, so kann schon die Ausgangsposition recht fragwürdig sein. Immer aber dürfte die Art und Weise der Beteiligung bestimmter Personen an diesen Ereignissen zweifelhaft und schwer nachzuweisen sein.

Bei den **Verbindungsdelikten** bereiten Banden und Vereinigungen mit den Charakteristika von Verbrechensorganisationen den Strafverfolgungsorganen besondere Probleme; z. T. werden bei derartigen kriminellen Aktivitäten auch die Grenzen zu Terrorismus und Anarchismus fließend. Hinsichtlich der von kriminellen Banden und von Verbrecherorganisationen begangenen Straftaten kann sich der Kriminalist natürlich zugleich an dem orientieren, was zu diesen Formen der Kriminalität in anderem Zusammenhange ausgeführt worden ist. Denn bei der Störung des Gemeinschaftsfriedens geht es um die kriminelle Verbindung als solche.

Gemmer, Karlheinz: Die Bekämpfung organisierter Bandenkriminalität – in: GrKrim Bd. 11, S. 169 ff. (1973); *Mösch,* Maria: Aspekte zur Bekämpfung der Bandenkriminalität. Streiflichter zur Entwicklung der Bandenbildung – Gemeinsame Lösungsversuche der Staatsanwaltschaft und Polizei in Köln – der kriminalist 1973, S. 250 ff.; *Nemeskal,* Adolf: Bekämpfung von Stadtguerillas – der kriminalist 1975, S. 353 ff.; *Schäfer,* Herbert: Erfahrungen bei der Bekämpfung der Organisierten Kriminalität – der kriminalist 1975, S. 498 ff.; *Bauer* 3-178 ff.; *Tophoven,* Rolf: Der internationale Terrorismus. Herausforderung und Abwehr – Die Polizei 1977, S. 237 ff.; *Pfister,* Wilhelm: Verbrechensbekämpfung im gesellschaftspolitischen Spannungsfeld – der kriminalist 1977, S. 302 ff., 355 ff.

Die Schwierigkeiten der Verbrechensbekämpfung hängen in allen diesen Fällen insb. damit zusammen, daß die üblichen Arbeitsmethoden hier kaum ausreichen. Eher sind Erfolge zu erwarten, wenn man entsprechende Sonderkommissionen bildet, die mit den erforderlichen Spezialisten besetzt sind und ggf. großräumig arbeiten können; wichtig ist neben der aus Rechtsgründen wünschenswerten Mitarbeit der Staatsanwälte in geeigneten Fällen sogar eine internationale Kooperation.
Es bleiben bei den nicht in allen Ländern klaren und praktikablen Rechtsgrundlagen ohnehin noch genügend Zweifel.

Der Dienst der Beamten, der außer Observation auch Formen der „undercover"-Arbeit umfassen kann und häufig von V-Personen unterstützt wird, sollte den jeweiligen kriminellen Praktiken angepaßt sein.

Der Zeitpunkt des ersten Zugriffs – z. B. einer Durchsuchung oder Festnahme – will gut überlegt und sollte nicht verfrüht sein. Der den Gang der Dinge mitunter beeinflussende Zufall kann umgekehrt aber auch von den Kriminalisten genutzt werden.

4. Delikte gegen das Pietätsempfinden

Bei Delikten gegen das Pietätsempfinden kann sich das Vorgehen der Strafverfolgungsorgane nur z. T. – etwa in Fällen von Nekrophilie (vgl. § 16-C-IV-C) oder Grabschändung, welche politisch motiviert sein kann – an den für Sachbeschädigungen erarbeiteten Grundsätzen orientieren.

Brückner, E./*Schmidt,* M.: Grabschändungen in der Bundesrepublik – Kriminalistik 1958, S. 328 ff.; *Gilles,* Peter: Grabschändung – Kriminalistik 1967, S. 34.

Werden solche Taten durch bloße Äußerungen – ähnlich wie Beleidigungen – begangen, so ist man in der kriminalistischen Praxis im wesentlichen auf Vernehmungen angewiesen.

5. Tierquälerei

Fälle von Tierquälerei dürften relativ selten, vor allem noch durch Nachbarn oder andere Dritte zur Anzeige kommen. Liegen einigermaßen konkrete Angaben vor, so sollte man durch veterinärärztliche und anderweitige Untersuchung des betroffenen Tieres oder seines Kadavers die hier besonders wichtigen Sachspuren sichern.
Von Vernehmungen ist, da außer dem Beschuldigten und ggf. seinen Angehörigen kaum andere Zeugen in Betracht kommen, in aller Regel wenig zu erwarten.

6. Bettelei. Landstreicherei. Müßiggang

Bettelei, Landstreicherei, Müßiggang usw., die in vielen Ländern unter Strafe gestellt sind, rechnet man zwar zur „Kleinkriminalität“, was jedoch keineswegs heißt, das solche Ermittlungen nicht wichtig und u. U. schwierig sein können. Auch präventiv ist dieser Bereich bedeutsam.

Wehner, B.: Die Stadtstreicherei und ihre Bekämpfung. Ein Beitrag zur vorbeugenden Verbrechensbekämpfung – Kriminalistik 1960, S. 145 ff.; *Linke,* Wolfgang: Hilfe, eine Landfahrerin! – Kriminalistik 1967, S. 90 f.; *Mistlberger,* Karl: Nur Vagabunden? – Kriminalistik 1968, S. 49 f.; *Schem,* Franz: Landfahrerin Hulda trat wieder auf – Kriminalistik 1968, S. 324 f.; *Mätzler,* Armin: Verbrecher auf Wanderschaft. Ein Beitrag zur Problematik des Stadtstreicherunwesens – Kriminalistik 1969, S. 116 ff.

In Verfahren wegen Bettelei, Landstreicherei, Müßiggang und sonstigen Fällen von Kleinkriminalität ist man bald noch mehr als auf Strafanzeigen von Zeugen und deren Aussagen auf die Wahrnehmungen von Polizeibeamten und anderen Amtspersonen angewiesen, um die insoweit wesentlichen Fakten festzustellen.
Denn die Beschuldigtenvernehmung kann hier in aller Regel nur ergänzenden Charakter haben, wird also ohne anderweitige Beweise kaum etwas erbringen.

7. Verbotenes Glücksspiel

Über das zweckmäßige Vorgehen beim Aufklären und Verhindern verbotenen Glücksspiels haben sich die Kriminalisten mancher Länder vergleichsweise viele Gedanken gemacht, über welche daher kurz zu berichten ist. Selbst wenn man derartige Verhaltensweisen häufig als nicht allzu wichtig ansehen kann, darf man doch nicht verkennen, daß verbotene Glücksspiele teilweise zu den Aktivitäten von Verbrecherorganisationen gehören. Hier lassen sich also mit derartigen Ermittlungen u. U. weiterreichendere Erfolge erzielen. Auch bestehen häufig Übergänge zum Falschspiel bzw. Spielschwindel (§ 23-B-VII-B-4).

Vieth: Glücksspiele – in: TbKrim Bd. IV, S. 91 ff. (1954); *Bekämpfung von Glücks- und Falschspiel* – hrsg. v. Bundeskriminalamt – Wiesbaden 1955 – insb. S. 83 ff., 115 ff., 137 ff., 155 ff.; *Meixner* II-91 ff.; *Groß,* Wolfgang: Betrachtungen zum Spielerproblem – Kriminalistik 1965, S. 611 ff.; *Berk,* Wilhelm: Die Glücksspielkriminalität. Begriffe – Rechtsvorschriften – Bekämpfung – in: TbKrim Bd. XV, S. 11 ff. (1965).

Die Ermittlungen gehen in diesen Fällen entweder von Hinweisen – z. T. vertraulicher oder anonymer Art – oder von eigenen Wahrnehmungen aus. Hinweise sind, da die Grenzen des Kriminellen beim Spiel nicht immer leicht zu erkennen sind, jedoch mit Vorsicht zu behandeln. Da Glücksspieler mißtrauisch sind und sich nicht ohne weiteres von Dritten in die Karten blicken lassen, ist es oft schwer, sie auf frischer Tat zu ertappen.
Will man eine Spielerbande ausheben, so muß das Vorgehen, sobald Ort und Zeit bekannt sind, sorgfältig geplant werden. Das Vorgehen sollte unauffällig sein; uniformierte Beamte und als solche auszumachende Polizeifahrzeuge müssen zunächst im Hintergrund bleiben, wenn die Überrumpelung gelingen soll. Denn kann man bei der Durchsuchung keine Sachbeweise sicherstellen, so gestalten sich die Vernehmungen in der Regel schwierig, da die Spieler sich für diesen Fall schon vorher Ausreden haben einfallen lassen, die oft nur schwer zu widerlegen sind; der Vernehmungsbeamte sollte daher die typischen Schutzbehauptungen von Spielern kennen.
Wie in der Verbrechenstechnik lassen sich kriminaltaktisch drei größere Gruppen von Glücksspielen unterscheiden.

a) Spiele

Bei den eigentlichen Formen des verbotenen Glücksspiels geht es in der Praxis vor allem um Karten-, Würfel- und Tafelspiele; daneben spielen die gewöhnlich zugelassenen Spielgeräte (Automaten, einarmige Banditen) eine gewisse Rolle. In den zugelassenen Casinos oder Cercles benutzt man vor allem Tafel- und Kartenspiele. Geht es hier vor allem darum zu überwachen, daß die festgesetzten Bedingungen eingehalten werden, so ist es ungleich schwieriger, heimlichen Spielhöllen oder Glücksspielen auf die Spur zu kommen, welche gelegentlich in Privathäusern oder in der Öffentlichkeit betrieben werden.
Allgemein ist bei Ermittlungen in Glücks- und auch Falschspielsachen Folgendes zu beachten, wobei sich im übrigen bei den einzelnen Formen des Spiels naturgemäß Unterschiede ergeben.

aa) Kartenspiele

Glücksspiele mit Karten lassen sich ohne großen Aufwand an allen möglichen Orten bewerkstelligen, weshalb der Nachweis solcher Gesetzesverstöße nur gelingt, wenn ausnahmsweise ein Beamter Augenzeuge wird, bevor die Szene unverfänglich gestaltet worden ist, oder man sich auf handfeste Aussagen stützen kann, was ebenfalls selten ist.

bb) Würfelspiele

Bei präparierten Würfeln läßt sich das Falschspiel relativ leicht beweisen.

Winkler, Fritz: Seven and eleven – Kriminalistik 1961, S. 74 f.

Ansonsten aber hapert es mit den Personalbeweisen ähnlich wie beim verbotenen Glücksspiel mit Karten.

cc) Tafelspiele

Tafelspiele erfordern demgegenüber mehr Aufwand, was mithin für derartige private Spielhöllen gilt. Sie sind aber, entsprechend vorsichtig gehandhabt, nur schwierig auszuspähen und noch schwerer auszuheben.

Moser, Karl/*Zoller,* Josef: Die derzeitigen Verhältnisse auf dem Glücksspielsektor. Sind Kugelspiele die ideale Lösung? Gedanken zur Bekämpfung der unerlaubten Spiele – Kriminalistik 1974, S. 415 ff.

dd) Spielautomaten

Da zum Glücksspiel in aller Regel zugelassene Spielautomaten verwendet werden, kommt es darauf an, derartige mechanisch betriebene Spielgeräte bei Zulassung und bei Betriebskontrollen gründlich zu prüfen.

Berk: Geldspielautomaten und Polizei. Mechanisch betriebene Spieleinrichtungen, die geltenden Rechtsvorschriften und die polizeiliche Überwachung – in: TbKrim Bd. IX, S. 56 ff. (1959). *Klemt,* M.: Automatische Prüfeinrichtung für mechanisch betriebene Spielgeräte – Kriminalistik 1961, S. 341 ff.

b) Wetten

Kriminelle Praktiken im Bereich der Wetten sehen schon deshalb oft anders aus, weil sie sich gewöhnlich auf diejenigen Stätten konzentrieren, an denen die üblicherweise zum Anlaß von (legalen) Wetten benutzten Ereignisse stattfinden.

Heinrichs, Laurenz: Pferderennen und Wettbetrug – Kriminalistik 1954, S. 110 ff.; *Wenzky,* Oskar: Rätsel um gedopte Rennpferde – Kriminalistik 1954, S. 306 f.; *Moser,* K.: Rennwettbetrug – in: TbKrim Bd. X, S. 92 ff. (1960); *Hippenmeier,* F.: Kontrolle auf Dopingmittel bei Sportanlässen – Kriminalistik 1962, S. 34 f.

Kriminelle Praktiken findet man vor allem im Zusammenhang mit Pferderennen (Flach-, Hindernis- und Trabrennen). Denn derartige Leistungsprüfungen werden vom Rennverein mit einem Totalisator verbunden, wobei der Verein nur eine Vermittlerrolle übernimmt. Das sich beteiligende Publikum wettet also gegeneinander. Die Funktionen des erlaubnispflichtigen Totalisators werden in der Praxis häufig vom konzessionierten Buchmacher übernommen, der ebenfalls Lotteriesteuer abzuführen hat.

Kriminelle Praktiken sind außer in der Form wilder, nicht genehmigter Buchmacherei sowohl bei den konzessionierten Buchmachern als vor allem bei den Wettenden selbst zu beobachten.

aa) Gewerbsmäßiges Vermitteln und Abschließen von Wetten, Auffordern dazu. Wilde Buchmacherei

Wilde Buchmacher findet man bei allen größeren Rennveranstaltungen, und zwar nicht nur am Ort des Geschehens, sondern auch in bestimmten Lokalen. Sie sind, da sie auch Geld am Totalisator unterbringen, in der Regel nur durch Observation (Kontakte mit Kunden) zu überführen.

bb) Unerlaubtes Handeln zugelassener Unternehmer

Gelegentlich lassen sich aber auch bei zugelassenen Unternehmern kriminelle Machenschaften beobachten, die regelmäßig auf Betrug zum Nachteil der Kunden hinauslaufen. Erhöht z. B. der Rennverein oder der konzessionierte Buchmacher die Zahl der Gewinner, so vermindert sich die Gewinnquote der wirklich erfolgreichen Wettkunden. Solche Verhaltensweisen lassen sich vor allem an Hand der Unterlagen nachweisen.
Die Gewinnchancen können außer durch Unternehmer ferner durch Dritte mit sogen. Doping-Methoden manipuliert werden. Darunter ist die innerliche oder äußerliche Anwendung von Mitteln zu verstehen, welche z. B. die Leistungsfähigkeit des Pferdes steigern oder aber schwächen sollen. Hierzu gehören als Grenzfälle auch die Mißhandlung von Tieren, die allerdings schwer von erlaubten Praktiken abzugrenzen ist. – Bei allen diesen Verhaltensweisen kommen neben dem Personalbeweis wiederum Möglichkeiten des Sachbeweises in Betracht.

cc) Anreizen zu Wetten. Gewerbsmäßige Voraussagen. Wettanlagen

Neben dem Anreizen zu Wetten geht es vor allem um verbotene Voraussagen, die sich der sogen. Tipster bezahlen läßt, was möglicherweise schon ein Betrug sein kann. Die Täter geben sich fälschlich als Pferdekenner mit guten Beziehungen aus. Nicht gar so selten erhalten sie vom Opfer Geld zum Zwecke „sicherer Wettanlage“.
Diese Täter täuschen hierbei nicht nur Kenntnisse vor, sondern betrügen außer ihren Geldgebern oft auch die Buchmacher. Doch auch für sich kann der Rennwettbetrüger das Risiko vermindern oder ausschließen, wenn er sich besonders schneller Nachrichtenverbindungen bedient, sich z. B. die Ergebnisse eines ausländischen Rennens per Funk übermitteln läßt, um dann noch vor Schluß auf den Sieger zu setzen.

dd) Dulden illegalen Wettbetriebs

Andere Verbote betreffen Verhaltensweisen, welche lediglich darauf hinauslaufen, daß jemand einen illegalen Wettbetrieb in seinem Bereich duldet. Dies setzt außer dem Nachweis verbotener Wette voraus, daß dem Betreffenden seine Beteiligung zu beweisen ist.

c) Unerlaubte Lotterien und Ausspielungen

Lotterien und Ausspielungen können als solche unzulässig sein. Da sie häufig in geschlossenen Veranstaltungen durchgeführt werden, erfährt die Polizei vielfach erst von solchen Dingen, wenn sie bereits abgewickelt sind.

Frisch, Horst: Kriminaltechnische Überprüfung von Losbriefen der Sachwertlotterien mit sofortigem Gewinnentscheid – Arch. f. Krim. Bd. 129, S. 61 ff. (1962); *Pomplun*, J./*Wahl*, A.: Jedes Jahr zwei Autos. Die lukrativen Nebeneinnahmen eines Lotteriestellenleiters – Kriminalistik 1962, S. 522 ff.

Aber auch bei erlaubten Lotterien finden sich nicht nur kriminelle Praktiken der Spieler, sondern diese begünstigender Leichtsinn der Veranstalter bzw. der dafür arbeitenden Losbriefhersteller. Bei Genehmigungserteilung und Kontrollen sollte daher auf solche Möglichkeiten geachtet werden.

D. Delikte gegen den Staat und seine Organe

Die Delikte gegen den Staat und seine Organe treten nicht nur zahlenmäßig gegenüber anderen Formen der Kriminalität zurück, sondern können auch deshalb vergleichsweise knapp behandelt werden, weil besondere Verhältnisse und Zuständigkeiten anderer Organe eine ausführlichere Darstellung in diesem Rahmen nicht als sinnvoll erscheinen lassen. Der folgende Überblick muß sich daher auf solche Taten konzentrieren, deren Verfolgung üblicherweise durch Strafverfolgungsorgane wie die Kriminalpolizei betrieben wird. Es handelt sich dabei wiederum um folgende Deliktsgruppen:

I. Politische Delikte
II. Delikte gegen die Legislative
III. Delikte gegen die Judikative
IV. Delikte gegen die Exekutive.

I. Politische Delikte

Die klassischen politischen Delikte bewegen sich – wie oben dargelegt (§ 11) – im nachrichtendienstlichen Bereich und sind daher ein wesentliches Aufgabengebiet der verschiedenen Geheimdienste, deren Tätigkeit sich auch dann erheblich von jener der Kriminalpolizei unterscheidet, wenn es schließlich zu Strafverfahren kommen kann.
In diesem Bereich des Staatsschutzes geht es häufiger um mehr **präventive** Maßnahmen, die dem Schutz von bestimmten Personen oder Objekten dienen.

Schaffelder, Kurt: Der Staatsbesuch. Kriminaltaktische Überlegungen und Hinweise – in: TbKrim Bd. XVI, S. 122 ff. (1966); *Prinz,* Heinrich: Begleitschutz bei Staatsbesuchen – der kriminalist 1972, S. 17 ff.; *Middendorff,* Wolf: Kriminologische Bemerkungen zu politischen Straftaten – in: GrKrim Bd. 11, S. 265 ff. (1973); *Hoppe,* Gerhard: Staats- und Personenschutz im Rahmen der XX. Olympischen Sommerspiele in München. Planung, Aufklärung und Kräfteeinsatz, Einsatzerfahrungen und Rückblick – der kriminalist 1973, S. 208 ff., 272 ff.; *Noll,* Richard: Personenschutz in Bayern – K 145 – der kriminalist 1976, S. 688 ff.; *Steinhausen,* Fritz: Staatsbesuch – Schutz prominenter Persönlichkeiten – Die Polizei 1976, S. 24 ff.

Neben dem Schutz der Repräsentanten des Staates und der von ihnen genutzten Einrichtungen geht es hier ferner um die im staatlichen Interesse zu schützende Sicherheit anderer In- und Ausländer, z. B. sogen. Staatsgäste.

So hat man beispielsweise besondere Einatzpläne für Staatsbesuche erarbeitet, bei denen neben beweglicher Sicherung auch Maßnahmen für öffentliche Veranstaltungen notwendig werden können.

Was die **Ermittlungen** bei diesen Formen der Kriminalität anlangt, ist hier allerdings vielfach das zu beachten, was anderweitig bereits zu gewissen Straftaten – z. B. dem politischen Mord, der Geiselnahme, dem Brand- oder Sprengstoffanschlag – gesagt worden ist, welche gerade diese Täter häufiger im Zusammenhang mit ihren Aktivitäten begehen. Insgesamt ist bei politischen Straftaten dieser oder jener Art Schnelligkeit und Treffsicherheit der Strafverfolgung besonders wichtig, weil diese Verbrechen typischerweise spektakulär verübt werden, um die Bevölkerung zu beunruhigen.

A. Hochverrat

Dies zeigt sich bereits deutlich bei der Behandlung von Hochverratssachen, deren Zahl in vielen Ländern jedoch gegenüber früher erheblich abgenommen hat, wenngleich es selbst im 20. Jahrhundert dann und wann zu Staatsstreichen gekommen ist bzw. – vor allem in sogen. Entwicklungsländern – noch kommt. Diese sind durch den organisierten Angriff auf die Machtzentren des herrschenden Regimes gekennzeichnet; dabei wirkt nicht selten Hilfe aus dem Ausland mit. Ähnlich ist die Lage bei Revolution, Aufstand und Rebellion; sie sind lediglich umfassender angelegt und sollen entweder die Staatsmacht unterminieren oder durch Gegenaktion mehr bzw. minder umfassend ausschalten.
Alle diese Aktivitäten werden erfahrungsgemäß allerdings nur im Falle der Erfolglosigkeit eine Aufgabe für Kriminalisten, sofern die Liquidation der Hochverräter nicht schon vom Militär oder anderen Institutionen übernommen wird. Erfolgreiche Hochverräter usurpieren die staatliche Macht und lassen sich als Revolutionäre oder Retter des Vaterlandes feiern, ohne daß sich dabei sagen läßt, ob die Änderung der Machtverhältnisse im betreffenden Staat wirklich notwendig war und für die Bürger tatsächlich einen Fortschritt darstellt.

B. Staatsgefährdung

Dafür hat in diesem Jahrhundert die Zahl andersartiger Aktivitäten erheblich zugenommen, die man als Staatsgefährdung und dergl. unter Strafe gestellt hat.

Amelunxen: Typenbilder politischer Straftäter. Ein Beitrag zur Kriminologie der Staatsgefährdung – Kriminalistik 1962, S. 241 ff.; *Prinz,* Heinrich: Anarchistenbekämpfung aufgabengerecht organisiert – der kriminalist 1975, S. 471 ff., 540 ff.

Die Kontrolle und z. T. auch Bekämpfung derartiger Aktivitäten, die man als solche der 5. Kolonne oder kalten Revolution zu bezeichnen pflegt, obliegt in erster Linie den Geheimdiensten oder besonderen Einrichtungen wie dem deutschen Verfassungsschutz. Allerdings bekommen es des öfteren auch Kriminalpolizei und andere Strafverfolgungsorgane mit solchen Individuen und Organisationen zu tun, weil Extremisten, Terroristen und Anarchisten ihre Ziele häufig mit Verbrechen wie Mord, Geiselnahme, Brand- und Sprengstoffdelikten oder Delikten gegen den Gemeinschaftsfrieden (§ 23-C-IX-3) verfolgen. Ist kriminaltaktisch insoweit das zu diesen Delikten Ausgeführte zu beachten, müssen sich auch Kriminalbeamte im übrigen – z. B. bei der Vorfeldarbeit – ähnlich wie bei den politischen Straftaten (i. e. S.) an den Erfahrungen und Arbeitsweisen der Nachrichten- und Geheimdienste orientieren, wenngleich der rechtliche Rahmen naturgemäß ein etwas anderer ist.

C. Landesverrat

Ebenso wie sich die Spionagetätigkeit trotz gewisser Übereinstimmung mit anderen Formen kriminellen Verhaltens noch deutlicher von der üblichen Kriminalität unterscheidet, ist auch die Arbeit von den gewöhnlich militärischen Organisationen der Abwehr usw. ganz anders geartet. Wenn dennoch diese Organe bei manchen Praktiken von Spionen und anderen Landesverrätern auf die hier geschilderten Erkenntnisse der Kriminalistik zurückgreifen können, kommt doch der Kriminalpolizei und anderen Strafverfolgungsorganen in diesem Bereich nur eine ergänzende Funktion zu. Obgleich nach wie vor erhebliche Aktivitäten dieser Art zu verzeichnen sind, muß daher in diesem Rahmen auf weitere Ausführungen verzichtet werden.

D. Delikte gegen das Völkerrecht

Obwohl Delikte gegen das Völkerrecht z. T. einen geheimdienstlichen Einschlag haben, sind hier vielfach doch wieder eher die üblichen Methoden der Kriminalistik anzuwenden.

Krusell, Ingemar: Terroranschlag auf die deutsche Botschaft in Stockholm – der kriminalist 1976, S. 203 ff.

Doch erscheinen besondere Ausführungen zu diesem Komplex als entbehrlich, da sich das kriminaltaktische Vorgehen nach denjenigen Formen der Kriminalität zu richten hat, welche den nur strafrechtlich anders bewerteten Kern solcher Verhaltensweisen (z. B. Mord, Geiselnahme, Brandstiftung, Sprengstoffdelikte, Straftaten gegen den Gemeinschaftsfrieden, Hausfriedensbruch oder Sachbeschädigung) bilden.

II. Delikte gegen die Legislative

Die sich demgegenüber im nationalen Bereich bewegenden Delikte gegen die Legislative spielen heutzutage zahlenmäßig aus den oben dargelegten Gründen meistens keine große Rolle mehr, weshalb einige Hinweise genügen dürften.

A. Delikte gegen die Volksvertretung und andere Verfassungsorgane

Richten sie sich unmittelbar gegen die Volksvertretung, deren Mitglieder oder andere Verfassungsorgane, so können diese Taten entweder an die klassischen politischen Delikte oder aber an Terrorismus erinnern, sofern sie nicht ausnahmsweise mehr den Charakter eines Individualdelikts haben.
Das Vorgehen in solchen Ermittlungsverfahren ähnelt daher der Handhabung bei entsprechenden Individualdelikten wie z. B. Nötigung, Körperverletzung, Sachbeschädigung, kann allerdings mitunter auch Züge von Sozialdelikten (Brand- und Sprengstoffdelikte, Delikte gegen den Gemeinschaftsfrieden) aufweisen. Dies ist besonders dann zu beachten, wenn nicht Einzelpersonen als Täter fungieren, sondern hinter solchen Taten Personengruppen oder Organisationen stehen.

B. Delikte gegen die Ordnungsmäßigkeit der Wahlen und Abstimmungen

Auch die Delikte gegen die Ordnungsmäßigkeit der Wahlen und Abstimmungen bieten bei kleiner Zahl kriminaltaktisch nur wenige Besonderheiten.

Zirpins, Walter/*Terstegen,* Otto: Wirtschaftskriminalität. Erscheinungsformen und ihre Bekämpfung – Lübeck 1963 – S. 719 ff.

Neben Zwang und Fälschung als Tatmitteln kommt es hier u. a. auf die Praktiken der Korruption an, für deren Bekämpfung aber kaum anderes als bei der Bestechung von Exekutivbeamten (§ 23-D-IV-6-a) gelten dürfte. Allerdings ist die Rechtslage insoweit in vielen Ländern sehr unterschiedlich und überwiegt insgesamt aus tatsächlichen Gründen der Eindruck der Hilflosigkeit, wenn man sich etwa den Komplex der Abgeordnetenbestechung vergegenwärtigt. Nicht von ungefähr berufen sich Revolutionäre gern auf Bestechlichkeit der Machthaber, sondern sind in der politischen Auseinandersetzung, insb. auch in Wahlkämpfen, Vorwürfe wie der von Korruption, Vetternwirtschaft oder Filzokratie gang und gäbe. Sieht man einmal von etwaigen Ehrverletzungen ab, ist strafrechtlich in diesem Zusammenhang ausschlaggebend, ob solche Machenschaften sich tatsächlich und nachweisbar auf Wahlen oder Abstimmungen ausgewirkt haben und ob sie nach geltendem Recht strafbar sind.

III. Delikte gegen die Judikative

Eher haben die Kriminalisten es in der Praxis mit Delikten gegen die Judikative zu tun, weshalb diese Rechtspflegedelikte hier etwas genauer behandelt werden müssen, wenngleich die aus historischen Gründen oft beträchtliche Zahl solcher Straftatbestände in diesem Rahmen zwingt, sich auf Schwerpunkte zu konzentrieren.

A. Aussagedelikte

Entsteht der Verdacht eines Aussagedelikts, so sind bei den Ermittlungen selbstverständlich die Erkenntnisse der Aussage- und Vernehmungspsychologie zu beachten (§ 21).

Vgl. schon *Schneickert* S. 88 ff.

Ebenso wie bei einer solchen Strafanzeige ist auch bei anderer Kenntnisnahme die Ausgangslage oft dürftig. Dies mag manchen überraschen, weil diese Straftaten gewissermaßen unter den Augen der Strafverfolgungsorgane begangen werden. Doch werden diese Schwierigkeiten verständlich, wenn man sich die Erkenntnisse der Vernehmungstechnik und die oft schwer durchschaubare forensische Situation vor Augen führt. Hat man nicht Protokolle mit sich widersprechenden Aussagen des Tatverdächtigen oder entsprechende Bekundungen Dritter, die aber nicht selten nur Zeugen vom Hörensagen sind, so handelt es sich meistens um eine einzige Aussage, die in einem oder mehreren Punkten nachweisbar oder doch vermutlich falsch ist.

Vor einer erneuten Vernehmung des Tatverdächtigen sollte man sich daher um Sachbeweise oder Aussagen Dritter bemühen, welche die Unrichtikgkeit des Ausgesagten sicher dartun, sofern man nicht mithilfe des Vernehmungsbeamten die Umstände genauer klären muß, unter denen die fragliche Aussage gemacht worden ist. Bei wiederholten Falschaussagen, wie sie im Zuge von Rechtsstreitigkeiten vorkommen, ist überdies ein gründliches Studium aller Akten zu empfehlen, um etwaige Lücken oder Widersprüche zu erkennen.

Dies führte in einem Fall unschuldiger Verurteilung wegen Meineids noch zum Erfolg, obwohl der Bundesgerichtshof die Revision bereits verworfen hatte. Der Ausgangspunkt war ein nachbarlicher Streit gewesen, bei welchem ein Rentner dem späteren Kläger, der zunächst verurteilt worden war, einen Eimer mit Schmutzwasser über den Sonntagsanzug gegossen hatte. – Obwohl der Kläger zunächst obsiegt hatte, konnte der Rentner die Sache dann in einem Strafverfahren mithilfe eines großen Zeugenaufgebots so herumdrehen, daß der Betroffene wegen einer angeblich zuvor begangenen Sachbeschädigung der Tür zu 50 DM Geldstrafe verurteilt wurde. Prompt folgte der Meineidsprozeß, der mit demselben Zeugenaufgebot, bei dem ein raffinierter Heranwachsender als Kronzeuge eine besondere Rolle spielte, zur eingangs erwähnten Verurteilung führte. Erst der nach einer Strafanzeige gegen den Heranwachsenden eingeschalteten Kriminalpolizei gelang es, Widersprüche der früheren Aussagen festzustellen und diese durch andere Beweise so zu erhärten, daß der falsche Zeuge ein Geständnis ablegen mußte und nunmehr selbst wegen Meineids bestraft wurde.

Erst wenn man derartige Beweise in Händen hat, empfiehlt es sich, den Tatverdächtigen – mit entsprechenden Vorhalten und ggf. mit einer Gegenüberstellung – erneut zu vernehmen. Dabei geht es dann um die auch strafrechtlich für die subjektive Seite bedeutsame Frage, ob es sich um eine (bewußte) Lüge oder lediglich um einen Irrtum handelt. Insoweit können natürlich gewisse Motive zu einem wichtigen Indiz werden.

1. Eidliche und uneidliche falsche Aussage

Anders als der Laie meinen mag, kommt es den Ermittlungen wegen uneidlicher Falschaussage oder wegen Falscheides – wie gesagt – kaum zugute, daß diese Straftaten gewissermaßen unter den Augen eines Gerichts begangen werden. Nur selten schöpft man sofort Verdacht, weshalb es gewöhnlich oft erst sehr viel später zu solchen Strafverfahren kommt. Sicherlich kann man sich dabei zuweilen auf sich widersprechende Aussagen des nunmehr Beschuldigten stützen. Häufiger aber muß die Unrichtigkeit des von ihm Bekundeten durch Sachbeweise oder durch Aussagen anderer dargetan werden, welche oft schwierig beizubringen sind. Nur so aber ist es in aller Regel möglich, die unredliche Aussageperson zu einem Geständnis zu bewegen oder doch zu überführen. Selbst wenn ihre Lüge, was nicht einmal immer exakt geschieht, protokolliert worden ist, pflegt dies für das Strafverfahren wegen eines Aussagedeliktes kaum die halbe „Wahrheit" zu sein, sondern sind oft noch umfangreiche Ermittlungen nötig.

2. Falsche Versicherung an Eides Statt

Zumindest ähnlich liegen die Dinge bei falschen Versicherungen an Eides Statt, wenngleich die Aussage als solche im entscheidenden Punkt hier seltener zweifelhaft sein dürfte. Überdies läßt sich der Nachweis der Unrichtigkeit der fraglichen Angaben in diesen Fällen etwas häufiger mithilfe anderer Unterlagen führen. Insgesamt wirkt sich also die durch staatliche Verwaltungstätigkeit gekennzeichnete Tatsituation falscher Versicherungen an Eides Statt doch wohl günstig für einschlägige Ermittlungsverfahren aus.

B. Falschverdächtigung

Die Falschverdächtigung ist den Aussagedelikten verwandt, da die fragliche Anzeige bzw. die ihr entsprechenden unrichtigen Angaben vom Täter häufig einer Stelle gegenüber gemacht werden, welche für die Verfolgung von Straftaten zuständig ist.

Küttner, Rudolf: Sexuelle Falschbeschuldigungen durch weibliche Jugendliche – Arch. f. Krim. Bd. 117, S. 110 ff. (1956).

Die Strafverfolgungsorgane werden sich bei einem solchen Tatverdacht zunächst einmal durch Überprüfen der zweifelhaften Angaben darum bemühen, ihre Unrichtigkeit durch Sachbeweise oder Zeugenaussagen darzutun, um dann im Rahmen der Beschuldigtenvernehmung zu klären, ob sich der Täter der Unrichtigkeit des von ihm Behaupteten bewußt war. Da Sachbeweise in diesen Fällen nur selten verfügbar sind, kommt es kriminaltaktisch vor allem auf die Vernehmung an. Diese kann gerade bei Falschverdächtigungen auf sexuellem Hintergrund erhebliche Schwierigkeiten bereiten, zumal wenn es sich um junge Aussagepersonen, insb. angeblich geschädigte Mädchen handelt.

C. Vortäuschen einer Straftat

Eher als bei Aussagedelikten und Falschverdächtigung kann man sich beim Vortäuschen einer Straftat, obwohl auch hier Unrichtiges vom Täter behauptet wird, auf Sachbeweise stützen. Denn ebenso wie angebliche Folgen der Straftat am Körper des Verdächtigen lassen sich die Spuren und der sonstige Tatortbefund kriminaltechnisch untersuchen. Dieser Deliktstyp ist zudem für die Praxis wichtig, weil er eng mit der Arbeitsweise des Kriminalisten zusammenhängt, welche auf diese Weise (störend) beeinflußt werden soll.

Wagner, Karl: Zum Erkennen vorgetäuschter Einbruchsdiebstähle – in: TbKrim Bd. VIII, S.189 ff. (1958); *Witkowski,* Willi: „Äther-Raub" – Kriminalistik 1962, S. 347; *Zirpins,* Walter: Fingierte Überfälle – in: TbKrim Bd. XV, S. 153 ff. (1965); *Giller,* Peter: Deliktsvortäuschung am laufenden Band – Kriminalistik 1968, S. 97 f.; *Meissner,* Ludwig: Die Vortäuschung einer Straftat. Ein Beitrag zur strafrechtlichen und kriminologischen Problematik des § 145d StGB unter Berücksichtigung der Rechtsvergleichung und der Kriminalistik – Diss. Frankfurt a. M. – München 1970 – insb. S. 149 ff.; *Klinger,* Walter/*Straub,* Wolfgang: Erpressung für das Familienglück – Kriminalistik 1971, S. 364 ff.; *Kursack,* Hans: Ein seltsamer Raubüberfall – der kriminalist 1975, S. 695 f.; vgl. schon *Schneikert* S. 116 ff.

Bei solchen Untersuchungen lassen sich, wenn der Tatverdächtige vom wirklichen Täter ablenken will, u. U. doch noch Spuren finden, die auf jenen hinweisen. In allen Fällen, in denen eine Tatortuntersuchung überhaupt möglich ist, kann diese aber ebenso Anhaltspunkte für den wirklichen Hergang der Ereignisse erbringen und damit die Unrichtigkeit des Behaupteten dartun.

Der kriminelles Geschehen oder einen anderen Gang der Ereignisse vortäuschende Täter begeht im allgemeinen objektiv erkennbare Fehler, weil er eben doch nicht so wie ein diese Tat begehender Rechtsbrecher – z. B. ein Einbrecher – vorgeht. Deshalb erfordert die Tatortarbeit hier in besonderem Maße Kenntnis der einschlägigen Verbrechenstechniken; denn nur so lassen sich wirklicher und angeblicher Hergang der Tat rekonstruieren. Skeptisch sollten immer Spuren stimmen, die nach allgemeiner Erfahrung als zu dick aufgetragen erscheinen. Zudem besteht die Schwierigkeit einer perfekten Deliktsvortäuschung nicht so sehr im Fälschen einzelner Spuren als darin, ein passendes Gesamtbild der irritierenden Spuren zu erreichen.
Was die Form- und Materialspuren anlangt, ist hier selbstverständlich auf das zu irreführenden Spuren Gesagte zu verweisen (§ 18-II-3).

Man sollte daher bei Eingang einer Strafanzeige oder entsprechenden Angaben nicht leichtherzig in Richtung des sich abzeichnenden Verdachts ermitteln, sondern besser sogleich an die Möglichkeit einer Deliktsvortäuschung denken. Denn die Besonderheit der Ausgangslage der Ermittlungen ist in diesen Fällen die, daß die (unrichtige) Anzeige in eine ganz andere Richtung als die wirklich gebotene weist. Infolgedessen kann das, wenn man auf die Täuschung hineinfällt, nicht nur Umwege machen, sondern sogar die letztlich wesentlichen Spuren gefährden oder vernichten. Hier ist wiederum an das zu den irreführenden Spuren Gesagte (§ 18-II-3) zu erinnern, welche für diese Straftat prototypisch sind. Eben deshalb ist schon bei der Anzeigenaufnahme Vorsicht geboten, sofern irgendwelche Anhaltspunkte für eine Deliktsvortäuschung vorliegen oder es sich um dafür anfällige Deliktstypen handelt.
Bei den Ermittlungen sollte man sich zweckmäßig auf den angeblichen Tatort und die Untersuchung des „Verletzten“ konzentrieren, weil hier gewisse Spuren für die Deliktsvortäuschung – wie angedeutet – charakteristisch sind.

Es versteht sich, daß bei Verdacht einer Deliktsvortäuschung oder bei entsprechendem Zweifel Tatortarbeit und kriminaltechnische Untersuchungen gründlich und mit der gebotenen Umsicht durchzuführen sind. Nur so läßt sich feststellen, ob eine mit den Angaben in Einklang zu bringende Rekonstruktion des Sachverhalts möglich ist. Wichtig ist dabei auch das Fehlen an sich zu erwartender Spuren (§ 18-II-2).

Schöntag, A.: Richtige Taktik des ersten Ermittlungsbeamten bringt das Sachverständigen-Gutachten erst zur Wirkung (Versicherungsbetrug) – Arch. f. Krim. Bd. 121, S. 169 f. (1958); *Holzer*, F. J.: Zur Aufklärung fingierter Überfälle – Arch. f. Krim. Bd. 143, S. 1 ff., 96 ff. (1969).

Daß selbst Spuren am „Opfer“ erheblich sein können, beweisen nicht nur Selbstverstümmelungen zum Zwecke des Versicherungsmißbrauchs, sondern auch der folgende Sachverhalt.

Ein 25 Jahre altes, geistig beschränktes Küchenmädchen, das mit einer klaffenden Wunde am Hals in ein Krankenhaus eingeliefert worden war, behauptete, von einem – übrigens wegen Sexualdelikts vorbestraften – Nachbarn im Wald überfallen worden zu sein (vgl. Abb. 23/17).

Da sich beim Verdächtigen keinerlei Spuren fanden und die Frau sich bei Vernehmungen und Rekonstruktionen in Widersprüche verwickelte, ist anzunehmen, daß sich die Frau, die etwas schwachsinnig und hysterisch war, die Verletzung aus Wut darüber beigebracht hatte, weil sie von ihrer Mutter zum Holzholen in den Wald geschickt worden war.

Welker, Hans: Vorgetäuschter Einbruchsdiebstahl. Ein Beitrag über die Spurensuche – Kriminalistik 1953, S. 160 ff.; *Münch*, Herbert: Deliktsvortäuschung. „Raubüberfall“ durch Zustand eines Fahrrades geklärt – Kriminalistik 1965, S. 374 ff.; *Egloff*, Paul: Nur ein Einzelfall? Vorgetäuschter Bankraub in

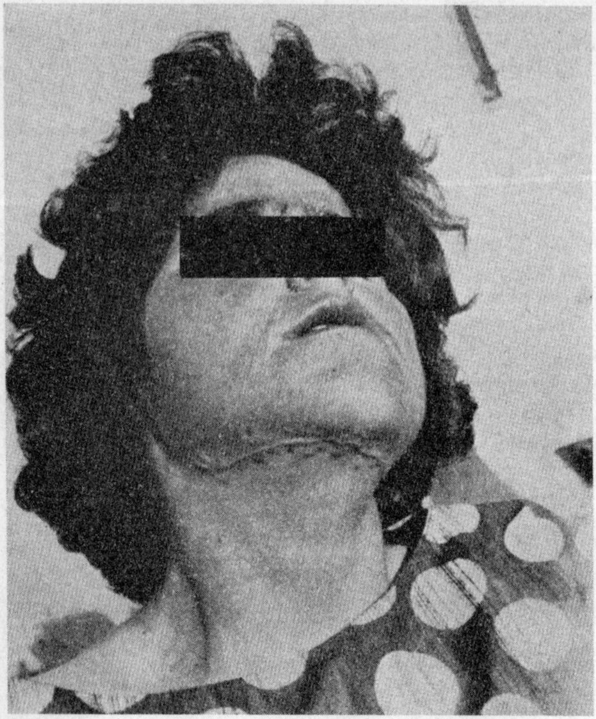

Abb. 23/17. Die ausgedehnte Narbe am Hals ist auf einen selbst beigebrachten Schnitt mit einem Hiebmesser zurückzuführen, der sogar die Luftröhre in Mitleidenschaft gezogen hatte.

Brebach/Saar – Kriminalistik 1966, S. 392 ff.; *Bauer,* Günther: Der entlarvte Klopfgeist – Kriminalistik 1966, S. 581 f.

Spuren können ferner dann zur Auflärung führen, wenn der Täter bei Vorliegen einer Straftat durch eine Deliktsvortäuschung den Verdacht von einem Schuldigen abzulenken sucht.

So täuschte eine Mutter sogar einen Überfall auf sich vor, um ihren Sohn zu schützen, der einen Mord begangen hatte.

Haberstroh, Erich: Der Zufall als Helfer! – Kriminalistik 1953, S. 201 ff.

Tatortarbeit und andere Ermittlungen können zu Zeugen führen, deren Aussagen dann möglicherweise zur Klärung des wahren Sachverhalts beitragen. Diese Zeugen sind, wenn irgendwie möglich, zweckmäßig vor dem Tatverdächtigen zu hören.
Bei der Vernehmung des Beschuldigten sollte man in diesen Fällen möglichst von einem Bericht ausgehen, der jedoch in die Einzelheiten gehen muß, um nachgeprüft werden zu können. Jedoch sollte man mit Vorhalten und Ähnlichem zunächst vorsichtig sein.

Alle Angaben des Beschuldigten (bzw. Anzeigenden) müssen an Hand der Sach- und Personalbeweise genau auf ihren Wahrheitsgehalt hin überprüft werden. Dabei kann der Vernehmungsbeamte sich zu-

nächst ruhig verständnisvoll und gutgläubig geben. Erst wenn eindeutige Widersprüche festzustellen sind oder man über handfeste Gegenbeweise verfügt, sollte man es mit energischen Vorhalten versuchen oder dem Betreffenden den Verdacht auf den Kopf zusagen; sonst versiegt diese Quelle zu früh oder lügt sich der Täter auf einer Linie fest, von der er schwer wieder abzubringen ist.
Unterschiede ergeben sich auch hier bei Taten in der Öffentlichkeit bzw. im privaten Bereich und solchen, die in Geschäften, Fabriken usw. begangen sein sollen. Soweit es nicht um Sachspuren geht, ist beispielsweise zu beachten, ob sehr schnell und sicher über angebliche Verluste Auskunft gegeben wird. Neben der Vermögenslage des Betroffenen sind zuweilen Versicherungsdaten aufschlußreich. Über Zahl und Wert der angeblich entwendeten Gegenstände sowie über etwaigen Transport können ggf. auch Dritte (Nachbarn, Angestellte) Aussagen machen.

Die Vernehmungen anderer Personen haben in diesen Sachen demnach mehr ergänzenden Charakter. Sie sind vor allem wichtig, um die Angaben des Beschuldigten entweder zu bestätigen oder aber zu widerlegen.
Üblicherweise kommt man erst dann, wenn man durch Sachbeweise oder Zeugenaussagen in der Lage ist, dem Tatverdächtigen handfeste Vorhalte zu machen, bei seiner Vernehmung voran und kann es mit Geschick und Verständnis dazu bringen, daß der Schuldige die unwahren Angaben einräumt und somit die Deliktsvortäuschung gesteht.

D. Strafvereitelung

Erhebt sich der Verdacht einer Strafvereitelung, was nicht gar so selten im Zusammenhang mit Ermittlungen gegen den Vortäter der Fall ist, so ist außer auf die konkreten Umstände der Vortat und ihren Täter vor allem auf dessen Verhältnis zum nunmehr Tatverdächtigen abzustellen.
Da zwischen Vortäter und Strafvereiteler naturgemäß mit Kooperation (Kollusion) zu rechnen ist, hat eine Beschuldigtenvernehmung gewöhnlich nur unter besonderen Umständen einen Sinn. Verfrüht und ohne entsprechende Beweise durchgeführt ist sie lediglich geeignet, den der Strafvereitelung Verdächtigen zu warnen.
Daher dürfte es sich in der Regel empfehlen, sich zunächst durch Vernehmung von möglichst unbefangenen Zeugen Klarheit über die Beziehungen zwischen Vortäter und Strafvereiteler zu verschaffen, was sogar zu Sachbeweisen führen kann, die für die Strafvereitelung bedeutsam sind. Zumindest aber läßt sich auf diese Weise dann und wann erkennen, wo solche Beweise zu vermuten sind, die dann ggf. mit Zwangsmitteln sicherzustellen sind.
Erst danach sollten Tatverdächtiger und Vortäter sowie deren Angehörige oder Freunde über die für die Strafvereitelung wesentlichen Umstände vernommen werden. Geht man anders vor, was in der Praxis nicht ganz zu vermeiden ist, läuft man Gefahr, daß man bei den Vernehmungen der Rechtsbrecher und ihrer Sympathisanten in dem Gestrüpp von Schweigen und Lügen stecken bleibt, das sie entweder schon vorher abgesprochen oder – nun gewarnt – präpariert haben.
Was die Tatausführung selbst anlangt, muß man nach den verschiedenen Praktiken der Strafvereitelung differenzieren.

1. Verbergen einer Person

Das Verbergen eines Straftäters läßt sich natürlich am besten dadurch beweisen, daß man ihn im Bereiche des Strafvereitelers aufspürt. Ist das nicht oder nicht mehr möglich, so dürfte es ungleich schwieriger sein, durch Sach- oder Personalbeweise einen solchen Aufenthalt und damit zugleich eine Mitwirkung des Tatverdächtigen nachzuweisen.

2. Ermöglichen der Flucht

Wird der flüchtige Straftäter jedoch ergriffen, ist also das Vorhaben des Strafvereitelers zunächst erfolgreich, so ist es in der Regel schwer, die Einzelheiten der Flucht und die Beteiligung des Tatverdächtigen daran zu beweisen. Immerhin gibt es dann und wann Sachbeweise für eine solche Aktivität oder läßt diese sich zuweilen durch Aussagen Dritter beweisen.

3. Falsche Angaben

Strafvereitelung durch falsche Angaben, die häufigste Begehungsweise, ähnelt in den Ermittlungen weithin den Aussagedelikten oder ähnlichen Delikten wie Falschverdächtigung und Deliktsvortäuschung.
Hat man hier nicht ausnahmsweise einmal Sachbeweise in Händen, so kommt es – wie bei den genannten Straftaten – wesentlich auf Geschick bei den Vernehmungen an. Diese können allerdings durch sorgfältige Hintergrundermittlungen erleichtert werden.

4. Einflußnahme auf persönliche Beweismittel

Kompliziert gestalten sich durchweg die Ermittlungen bei einer Einflußnahme auf persönliche Beweismittel, sofern nicht der vom Tatverdächtigen in dieser Weise Angesprochene rückhaltlos aussagt; aber selbst dann steht noch oft Aussage gegen Aussage.

5. Einflußnahme auf sachliche Beweismittel

Dagegen läßt sich eine etwaige Einflußnahme des Tatverdächtigen auf sachliche Beweismittel des öfteren mithilfe kriminaltechnischer Untersuchungen beweisen. Allerdings müssen die fraglichen Beweisstücke den Strafverfolgungsbehörden zugänglich sein, um diesen Zweck erfüllen zu können. Das ist aber gewöhnlich der Fall, weil sie sich bei den Ermittlungen für den Vortäter günstig auswirken sollen.

6. Sabotage durch Strafverfolgungsorgane

Die glücklicherweise seltenen Fälle einer Strafvereitelung durch Sabotage durch Strafverfolgungsorgane stellen die Ermittlungsbeamten in aller Regel vor erhebliche Schwierigkeiten. Denn ein solcher Täter wird nach Kräften alles vermieden haben, was ihn belasten könnte. Neben seiner Zugangs- und Einflußmöglichkeit kommt es daher auf seine Beziehungen und Kontakte zum Vortäter an. Zudem ist es bei hier häufigen Praktiken des des Unterlassens oft schwer, dem Beamten Wissen und damit schuldhaftes Handeln nachzuweisen.

E. Gefangenenbefreiung. Gefangenenmeuterei u. a.

In Fällen von Gefangenenbefreiung oder Gefangenenmeuterei ist jedenfall die Identität der Gefangenen bekannt, was in Hinblick auf in Betracht kommende Helfer des Täters nützlich sein kann; solche können sich außerhalb und innerhalb der Strafanstalt finden. Vor allem bei der gewaltsamen Selbstbefreiung, dem Ausbruch, gibt es selbstverständlich auch Sachspuren, die man zur Rekonstruktion des Tathergangs und damit für die Zwecke der Fahndung nutzen kann.

Faulhaber, G.: Nur ein Ausbruchsversuch! – Kriminalistik 1955, S. 151 f.; *Frey,* Karl: Ein raffinierter Ein- und Ausbrecher – Kriminalistik 1955, S. 250 ff.; *Gutzeit,* Freimut/*Dossmann,* Werner: „Schwerbewaffnet" in die Freiheit – Kriminalistik 1970, S. 286 f.; *Wehner:* Und so leicht ist das – Kriminalistik 1970, S. 288 f.; *Petschner,* E./*Gröner:* Ausbruchsversuch mit ungewöhnlichem Mittel – Kriminalistik 1972, S. 337 f.; *Wegener,* Gerhard: Flucht eines Hobbybastlers – Kriminalistik 1974, S. 20 f.; *Blaszyk,* Franz: Waffen und Werkzeuge „made in prison" – der kriminalist 1975, S. 197 ff.

Während die in solchen Fällen sofort einzuleitende Personenfahndung nach flüchtigen Gefangenen als solche keine sonderlichen Schwierigkeiten bereitet, obwohl Fluchtweg und möglicher Unterschlupf ungewiß sein können, ist mitunter schon die Rekonstruktion des Tathergangs nicht einfach, wenn nämlich Aussagen von Strafvollzugsbediensteten oder Mitgefangenen ausbleiben.
Eine am besten in diesem Rahmen zu erwähnende Besonderheit sind Staftaten, die von einsitzenden Straf- oder Untersuchungsgefangenen geplant und dirigiert, ja vereinzelt sogar außerhalb der Anstalt ausgeführt werden.

Vollmuth, Emil: Der sicherste Platz zur Durchführung von Straftaten: Die Zelle einer Justizverwahranstalt – Kriminalistik 1975, S. 447 ff.

Die Problematik der Kriminalität von Gefangenen reicht also über den von den genannten Deliktstypen umrissenen Komplex hinaus. Derartige Straftaten setzen aber gewöhnlich das Mitwirken anderer Personen voraus. In Betracht kommen hierfür einmal Vollzugsbeamte, die – wie Einzelfälle beweisen – mit Gefangenen bei Falschmünzerei gemeinsame Sache machten oder sie für Einbruchsdiebstähle kurzfristig frei ließen. Zum anderen, und das ist häufiger der Fall, muß man hier an Zusammenarbeit des Gefangenen mit seinen Angehörigen und Freunden oder auch, wie Beispiele der Terroristenszene aus neuester Zeit zeigen, mit als Strafverteidigern fungierenden Gesinnungsgenossen denken.

Jedenfalls sollte man sich bei Ermittlungen im Zusammenhang mit Gefangenen nicht durch deren äußere Situation täuschen lassen und die in Wahrheit noch bestehenden Möglichkeiten verkennen.

F. Nichtanzeige von Verbrechen

Bei Verdacht der Nichtanzeige von Verbrechen ist es gewöhnlich entscheidend, dem Beschuldigten zu beweisen, daß er rechtzeitig und hinreichend genau von dem kriminellen Vorhaben erfahren hat. Neben Aussagen Dritter kann dies zuweilen durch eine geschickte Beschuldigtenvernehmung festgestellt werden.

G. Richterkorruption. Rechtsbeugung. Unzulässige Strafverfolgung und -vollstreckung

Für andere, in der Praxis seltene Delikte gegen die Rechtspflege ist zumindest das kriminaltaktisch nutzbare Material einstweilen noch zu dürftig, um fundierte Ratschläge machen zu können. Es ist daher angesichts von Ähnlichkeiten mit anderen Rechtspflegedelikten bzw. der Korruption bei Exekutivbeamten (§ 23-IV-6) zu empfehlen, die dortigen Erfahrungen auch in diesen Fällen zu beachten und ggf. etwas zu modifizieren.

IV. Delikte gegen die Exekutive

Neben den Rechtspflegedelikten haben die Strafverfolgungsorgane im kriminalistischen Alltag in diesem Bereich noch am ehesten mit den Delikten gegen die Exekutive zu tun. Ungeachtet der insoweit ebenfalls großen Zahl einschlägiger Strafvorschriften dreht es sich im allgemeinen doch nur um verhältnismäßig wenige Deliktstypen, die häufiger vorkommen.

1. Behörden- und Beamtennötigung. Widerstand

In Fällen von Nötigung oder Widerstand gegen Beamte sind sofort nach Eingang der vom Beamten durchweg prompt erstatteten Strafanzeige die Folgen brachialen Zwanges am Körper und der Kleidung des Betroffenen durch Experten zu sichern. Denn solche Sachspuren haben erfahrungsgemäß mehr Gewicht als die Aussage des Beamten.
Hier wie auch bei psychischem Zwang oder sonst widersetzlichen Verhaltens des Täters ist außer auf die Aussage des Verletzten und seiner Kollegen vor allem Gewicht auf Vernehmungen Dritter zu legen, die aber möglichst nicht mit dem Täter sympathisieren sollten, weil das erfahrungsgemäß den Eindruck der Aussage zu vermindern pflegt. – Natürlich können auch einmal Angaben des Beschuldigten für die Sachverhaltsaufklärung nützlich sein. Solche werden entweder aus Wut oder mehr beiläufig gemacht, was dann häufig voraussetzt, daß man die von ihm als wesentlich erachteten Schutzbehauptungen eindeutig zu widerlegen vermag.
Bei weiter Fassung dieser Vorschriften kann die kriminaltaktische Situation sogar der von Ehrverletzungen ähneln (§ 23-A-VIII).

2. Verletzung staatlicher Rechte

Sind Verletzungen staatlicher Rechte zu untersuchen, so kann man sich dabei außer auf Vernehmungen des öfteren auch auf Sachbeweise stützen. Diese Straftaten – wie z. B. Siegel-, Verstrickungs- und Verwahrungsbruch – ergänzen im Bereich der öffentlichen Verwaltung mitunter so gängige Deliktstypen wie Diebstahl oder Sachbeschädigung, weshalb einige Hinweise als angezeigt erscheinen.

a) Siegelbruch

So lassen sich beispielsweise bei Verdacht von Siegelbruch an Hand der Zerstörung oder Beschädigung möglicherweise Tathergang und Tatwerkzeuge kriminaltechnisch nachweisen. – Hat ein Unbefugter das Siegel völlig entfernt, so ist die Spurenlage oft der des Diebstahls vergleichbar.

Die Fahndung nach dem Tatverdächtigen wird häufig durch eine ohne weiteres erkennbare Interessenlage erleichtert; natürlich kann der an der Entfernung des Siegels Interessierte sich dritter Personen bedient haben, die ihm dann aber gewöhnlich nahestehen.

Vernehmungen Dritter haben in aller Regel mehr bestätigenden Charakter, während die Beschuldigtenvernehmung, die vor allem die Hintergründe der Tat aufklären sollte, in der Praxis durchweg keine Probleme bereiten sollte.

b) Verstrickungsbruch

Ähnlich, wenngleich für Sachbeweise nicht ganz so günstig, ist die Lange in Strafverfahren wegen Verstrickungsbruchs. Die Praktiken sind hier zudem vielgestaltiger als beim Siegelbruch, was der ermittelnde Beamte zu beachten hat.

c) Verwahrungsbruch

Komplizierter liegen die Dinge gewöhnlich ebenfalls bei Verdacht von Verwahrungsbruch. Hier kann man sich jedoch in der Praxis entweder am Vorgehen bei Praktiken der Sachbeschädigung oder noch häufiger an den Erfahrungen bei Diebstahlsermittlungen orientieren.

3. Delikte gegen die Landesverteidigung

Die Delikte gegen die Landesverteidigung stellen wegen des gewöhnlich militärischen Hintergrunds ein Sondergebiet dar, weshalb auf derartige Ermittlungen in diesem Rahmen nicht näher eingegangen werden kann.

4. Amtsanmaßung und dergl.

In den relativ seltenen Fällen von Amtsanmaßung und dergl., die zudem häufiger im Zusammenhang mit anderen Straftaten begangen werden, kommt es außer auf die Aussagen von Zeugen jedenfalls dann auf Sachbeweise an, wenn der Täter unberechtigterweise Uniformen oder dergl. benutzt hat. In aller Regel modifiziert dieser Aspekt jedoch nur die wegen eines anderen Delikts durchzuführenden Ermittlungen.

5. Verletzungen der Amtsverschwiegenheit

Bei Verdacht einer Verletzung der Amtsverschwiegenheit, um noch eine weitere Gruppe von Straftaten gegen die Exekutive zu erwähnen, ist die Situation kriminaltaktisch ähnlich wie bei der Verletzung privater Geheimnisse (§ 23-A-VII-3), da es sich hier durchweg um Berufsgeheimnisse handelt, bei welchen lediglich die Gegebenheiten der staatlichen Verwaltung modifizierend wirken können.
Für derartige Verfahren wird es aber noch weniger als bei den entsprechenden Individualdelikten auf Sachbeweise ankommen, weil der Täter im amtlichen Geheimnisbereich gewöhnlich nicht Gewalt gegen Sachen oder ähnliche Praktiken anwenden muß, welche beweiskräftige Tatspuren bewirken. Noch mehr als dort kommt es auf etwaige Möglichkeiten und konkrete Verhaltensweisen des Tatverdächtigen bei ihm möglicher Motive Gewicht legen sollten.

6. Korruption in der Exekutive

Von den anderen Delikten gegen ein Amt und den sogen. echten Amtsdelikten dürfte kriminaltaktisch vor allem die Korruption in der Exekutive interessieren.
Entsteht durch eine Strafanzeige oder auf andere Weise der Verdacht einer Korruption in der Exekutive, so bieten sich für Ermittlungen im allgemeinen zwei Ansätze; man kann entweder von möglicherweise bestechlichen Beamten oder aber von dem Bestechenden ausgehen. Je nach Art der versprochenen oder zugewendeten Vorteile kann der eine oder der andere Weg mehr Erfolg versprechen, wobei wegen der hier zu erwartenden Kollusion bei Vernehmungen oder bei Anwendung von Zwang möglichst gleichzeitig vorzugehen sein wird. Jedenfalls aber sind solche Ermittlungen schon deshalb schwierig, weil die an der Korruption Beteiligten sich zu decken pflegen. Deshalb sollte ggf. observiert werden, bevor man zugreift.

Kiehne, Karl: Bekämpfung von Korruption. Erfahrungen mit der Tätigkeit zentraler Dienststellen – Kriminalistik 1957, S. 197 ff., 240 ff.; *Haag,* H.: Korruptionsdelikte, ihre Aufklärung und präventive Bekämpfung – in: TbKrim Bd. X, S. 368 ff. (1960); *Hempler,* W.: Erfahrungen bei der Aufklärung von Korruptionsfällen – in: Grundfragen der Wirtschaftskriminalität, hrsg. v. Bundeskriminalamt, Wiesbaden 1963, S. 141 ff.; *Zirpins,* Walter/*Terstegen,* Otto: Wirtschaftskriminalität. Erscheinungsformen und ihre Bekämpfung – Lübeck 1963 – S. 687 ff., 742 ff.; *Zirpins,* Walter: Wirtschaftskriminalität unter besonderer Berücksichtigung der Korruption – in: TbKrim Bd. XVI, S. 68 ff. (1966).

Sehen wir einstweilen von den zugewendeten oder zumindest zugesagten Vorteilen ab, die durchweg materieller Natur sind, so ist bei Durchsuchungen und Beschlagnahmen, die insb. auf Sachbeweise abzielen, im Bereich des bestechlichen Beamten auf die zugewendeten Gegenstände und beim Bestechenden auf Unterlagen zu achten, aus denen sich etwas über Art und Höhe der Zuwendung ergibt. Denn vom Bargeld abgesehen pflegt man die korruptive Zuwendung, das Schmiergeld, zu kaschieren, weshalb mit Scheinverträgen, Buchungen und dergl. zu rechnen ist. Bei größeren Komplexen ist daher oft eine genaue chronologische Übersicht erforderlich.
Erst wenn solche Beweise oder weitere Anhaltspunkte durch Aussagen unbeteiligter Dritter ermittelt worden sind, verspricht eine Vernehmung der Tatverdächtigen wirklich Erfolge; diese müssen natürlich genutzt werden, um weitere Ansatzpunkte für die Sachfahndung zu

finden. Wegen der Heimlichkeit derartiger Transaktionen sind Vernehmungen Dritter jedoch nur selten von Nutzen; am ehesten kann man das noch bei Angestellten oder Angehörigen des Bestechenden annehmen.
Ist der Beamte in einen Fall von Korruption im Wirtschaftsleben verwickelt, so kann des öfteren eine wirtschaftskriminalistische Betriebsprüfung notwendig sein. Sie vermag Aufschluß darüber zu geben, wie die Geld- oder Sachzuwendungen verbucht worden sind; dasselbe gilt für die Kosten einer Bewirtung und dergl.

Habenicht, G.: Der Haftgrund der Verdunkelungsgefahr und seine Bedeutung für die Aufklärung von Wirtschaftsstraftaten – in: Grundfragen der Wirtschaftskriminalität, hrsg. v. Bundeskriminalamt, Wiesbaden 1963, S. 155 ff.

In manchen Korruptionsfällen, insb. solchen mit wirtschaftskriminellem Einschlag, kann es, obwohl die Praxis hier bisher zurückhaltend ist, durchaus sinnvotl erscheinen, mit einer Festnahme die alsbaldige Verhaftung des Tatverdächtigen anzustreben. Dabei geht es jedoch in der Regel weniger darum, die bei einzelnen Wirtschaftsdelinquenten durchaus mögliche Flucht zu verhindern, als um die für diese Ermittlungsverfahren typischere Verdunkelungsgefahr.

Gerade angesichts der hier zu verzeichnenden Schwierigkeiten der Rechtsanwendung ist es nötig, die bei den in Frage stehenden Formen der Wirtschaftskriminalität in Betracht kommenden Verschleierungspraktiken zu kennen, um sie plausibel auf die konkrete Situation beziehen zu können.

Im übrigen ergeben sich bei den einzelnen Verbrechenstechniken einige Unterschiede, wobei wir jedoch von den immateriellen Vorteilen absehen können.

a) Bargeld
Die Zuwendung von Bargeld läßt sich außer durch nicht erklärbaren Geldbesitz oder Vermögenszuwachs beim Bestochenen vor allem durch Schriftverkehr, Kontoauszüge oder Notizen beweisen, wobei übrigens auch auf Unterlagen des Bestechenden über eventuelle Zahlungen zu achten ist.

b) Geldwerte
Ähnlich wie bei Bargeld liegen die Dinge bei den in der Praxis häufigeren Geldwerten; natürlich sieht der Vermögenszuwachs beim bestechlichen Beamten hier gewöhnlich etwas anders aus. Daher ist in diesen Sachen außer nach Geldausgaben und den dafür benötigten Mitteln wiederum nach entsprechendem Schriftverkehr zu forschen.

c) Sachwerte
Bei Sachwerten kommt es außer auf diese selbst vor allem auf die Art und Weise des Erwerbs an, über welche der einer Bestechlichkeit Verdächtige Auskunft geben sollte. Bei Taten größeren Umfangs sind ggf. alle größeren Anschaffungen in der fraglichen Zeit zu überprüfen.

d) Nutzwerte
Kann eine Korruption dadurch begangen worden sein, daß dem Beamten Nutzwerte zugewendet worden sind, so konzentrieren sich die Ermittlungen zweckmäßig zunächst darauf, dem Tatverdächtigen zu beweisen, daß ihm tatsächlich ein solcher Nutzen zugewendet

oder zumindest versprochen worden ist. Im übrigen aber kommt es auch hier auf Beweise für ein entsprechendes Verhältnis der an der Korruption Beteiligten und dabei auf eine vom bestechlichen Beamten erbrachte Gegenleistung an. Selbstverständlich muß man, was die Begleitumstände der Zuwendung anlangt, mit Einwänden und mancherlei Scutzbehauptungen rechnen, die widerlegt werden müssen, wenn man die Betreffenden strafrechtlich für das Schmiergeldgeschäft verantwortlich machen will.

V. Teil
Die Organisation der Verbrechensbekämpfung

Die Darstellung der Probleme der Kriminalistik wäre unvollständig, wenn wir dabei nicht auf die Organisation der Verbrechensbekämpfung eingehen würden. Das diesen Problemen gerade für die kriminalistische Praxis zukommende Gewicht dürfte teilweise schon bei Verbrechenstechnik, Kriminaltechnik und Kriminaltaktik deutlich geworden sein. Denn die kriminalistische Arbeit der verschiedenen Strafverfolgungsorgane und ihrer Helfer hängt in nicht geringem Umfang davon ab, wie man diese Institutionen und ihre Arbeitsweise organisiert hat.

Obwohl und gerade da insoweit die Verhältnisse in den einzelnen Staaten z. T. erheblich divergieren, erscheint hier ein Überblick notwendig, um einerseits etwaige Gemeinsamkeiten aufzuzeigen und andererseits diejenigen Unterschiede herauszuarbeiten, deren Kenntnis nicht nur für die internationale Zusammenarbeit wichtig ist, sondern die zugleich für den nationalen Bereich anregend wirken können.

Auszugehen ist im Folgenden zweckmäßig von denjenigen Strafverfolgungsorganen, die – sei es mehr juristisch oder mehr kriminalistisch – Aufgaben der Kriminalitätsbekämpfung wahrnehmen. Dabei geht es im **1. Abschnitt** zunächst einmal (§ 24) um das Verhältnis und die Zusammenarbeit derjenigen staatlichen Strafverfolgunsorgane, die wir im Zusammenhang mit der Psychologie des Strafverfahrens (§ 22) bereits kennengelernt haben. Da die Verbrechensbekämpfung jedoch nicht allein Aufgabe staatlicher Organe sein kann, sollen sodann private Stellen und Institutionen behandelt werden, die in diesem Rahmen eine zwar zuweilen verkannte, aber oft nicht unwesentliche Rolle spielen (§ 25). Erst dann wird sich allgemeiner etwas über den Untrsuchungsführer sagen lassen (§ 26), d. h. über denjenigen, der die kriminalistische Arbeit zu leisten und insb. diese im Einzelfalle zu leiten hat.

Ausführlicher werden wir uns sodann im **2. Abschnitt** mit der Kriminalpolizei und den ihr vergleichbaren Strafverfolgungsorganen zu befassen haben. Denn insb. im Zusammenhang mit Kriminaltechnik und Kriminaltaktik hat sich bereits ergeben, daß unter denjenigen Strafverfolgungsbehörden, denen so oder so kriminalistische Aufgaben obliegen, der Kriminalpolizei eine ganz besondere Rolle zukommt.

Obwohl es nach allem sicher sein dürfte, daß sich Strafrichter und insb. Staatsanwälte mehr als bisher mit der Kriminalistik befassen müssen, ändert das nichts daran, daß ihre rechtliche Stellung und die Grenzen ihrer Tätigkeit vor allem durch das Strafverfahrensrecht abgesteckt werden. Obgleich ihre Tätigkeit im Rahmen eines Strafprozesses dennoch mehr oder weniger immer zugleich kriminalistischer Natur ist, handelt es sich hier doch mehr um die Rechtsanwendung, d. h. eine juristische Arbeitsweise.

Dasselbe gilt ähnlich für andere Personen wie z. B. den Verteidiger, in gewissem Sinne sogar für den Sachverständigen, soweit dessen Arbeitsweise nicht im Zusammenhang der Kriminaltechnik (§§ 12 ff.) ausführlicher behandelt worden ist.

Ferner ist hier vor allem an die Beamten der allgemeinen (Schutz-)Polizei zu denken, deren Tätigkeit jedoch im größeren Rahmen des Polizeirechts gesehen werden müßte, welches diesen Rahmen sprengen würde; daher muß es mit einigen Hinweisen bei den sonstigen staatlichen Strafvefolgungsorganen (§ 24) sein Bewenden haben. Soweit sie auf dem Gebiet der Strafverfolgung tätig werden, gelten im übrigen für sie durchweg dieselben oder doch ähnliche Grundsätze wie für Kriminalbeamte.

Gilt mithin das, was insoweit für die Kriminalpolizei auszuführen sein wird, teilweise auch für andere Strafverfolgungsorgane, so dürfen wir uns im Rahmen der Organisation der Verbrechensbekämpfung mithin wohl auf die Kriminalbeamten beschränken, um die folgende Darstellung nicht ausufern zu lassen. Relativ ausführlich werden wir uns hier naturgemäß im § 27 mit der deutschen Kriminalpolizei befassen müssen, um nach einem Blick auf die geschichtliche Entwicklung ihre gegenwärtige Organisation darzustellen, bei welcher das föderative Prinzip besondere Probleme für eine gute, d. h. effektive Zusammenarbeit – nicht zuletzt mit dem Bundeskriminalamt als Bundesbehörde – mit sich bringt. Dabei müssen wir allerdings kurz auf einige Sonderpolizeien eingehen, die in bestimmten Bereichen an die Stelle der Kriminalpolizei treten. Daß es bei allem keineswegs nur um Behördenstrukturen oder Organisationsschemata geht, soll dadurch dokumentiert werden, daß wir in diesem Rahmen außer auf Fragen der Aus- und Fortbildung ferner auf die sich bei der Tätigkeit in der Praxis ergebenden organisatorischen Probleme eingehen.
Um die sich mit Abweichungen in anderen Ländern ergebende Vielfalt zu verdeutlichen, sollen sodann in den §§ 28, 29 die entsprechenden Punkte für die Kriminalpolizei oder ihr vergleichbare Strafverfolgungsorgane sowohl in gewissen anderen europäischen als auch in einzelnen außereuropäischen Lädnern behandelt werden. Obgleich der verfügbare Raum hier zur Begrenzung zwingt, erscheint dennoch eine – hoffentlich für den Leserkreis repräsentative – Auswahl unerläßlich und nützlich.
Im abschließenden **3. Abschnitt** sollen die gerade bei der Verbrechensbekämpfung die nationalen Grenzen überschreitenden Formen der Zusammenarbeit und die dafür geschaffenen Institutionen geschildert werden. Nach einem hier ebenfalls instruktiv erscheinenden historischen Überblick, der die Tendenz zur Internationalisierung augenscheinlich werden läßt (§ 30), soll im § 31 die insoweit besonders wichtige Organisation der Interpol geschildert werden. Erst danach wird die Praxis der internationalen Zusammenarbeit bei der Kriminalitätsbekämpfung behandelt werden (§ 32).

1. Abschnitt: Allgemeines über die Organe der Verbrechensbekämpfung

In den vorangehenden Teilen sind die kriminalistischen Aufgaben und Arbeitsweise vor allem, wenngleich nicht nur, aus der Sicht der Kriminalpolizei untersucht worden. Jetzt möchten wir Klarheit darüber erlangen, wie und in welchem Rahmen diese auf Zusammenarbeit mit anderen Strafverfolgungsorganen und privaten Stellen bzw. Personen angewiesene Kriminalpolizei alle diese Aufgaben zu erfüllen sucht. Um die wechselseitigen Abhängigkeiten noch deutlicher herauszuarbeiten, sollen – wie gesagt – zunächst die staatlichen Organe, ihr Verhältnis zueinander und sodann die privaten Institutionen beleuchtet werden, um uns schließlich über einige allgemeine Forderungen für den Untersuchungsführer, den verantwortlich praktizierenden Kriminalisten, klar zu werden.

§ 24
Zum Verhältnis juristischer und nichtjuristischer Strafverfolgungsorgane und zu ihrer Zusammenarbeit mit anderen staatlichen Stellen

Wesentlich für die kriminalistische Praxis ist zunächst einmal, wie die juristischen und nichtjuristischen Strafverfolgungsorgane des Staates und damit ihr Verhältnis zueinander organisiert sind. Da die Lage insoweit in den einzelnen Ländern z. T. recht unterschiedlich ist, wie vor allem in den §§ 28, 29 offenbar werden dürfte, werden diese einleitenden Ausführungen notgedrungen mehr auf die Situation in der Bundesrepublik Deutschland zugeschnitten sein. Dasselbe gilt für die sodann kurz aufzuzeigenden Probleme der Zusammenarbeit der Kriminalpolizei mit anderen staatlichen Stellen.

Kriminalpolitische Gegenwartsfragen – hrsg. v. Bundeskriminalamt – Wiesbaden 1959; *Strafrechtspflege und Strafrechtsreform* – hrsg. v. Bundeskriminalamt – Wiesbaden 1961; *Mayer,* Hans: Die Organe der Verbrechensbekämpfung. Entwicklung der Kriminalität und des Personalbestandes von Staatsanwaltschaft und Polizei – Kriminol. Schriftenreihe Bd. 46 – Hamburg 1969; *Polizei und Justiz* – hrsg. v. Bundeskriminalamt – Wiesbaden 1977.

Wichtig für die Zusammenarbeit der Kriminalpolizei mit allen anderen staatlichen Stellen des Inlands (im Verhältnis zum Ausland vgl. § 32) sind die **Amtshilfe** und als eine Sonderform derselben die **Rechtshilfe.** Kann man die Amtshilfe allgemein als das gegenseitige Gewähren von Unterstützung durch staatliche Behörden bezeichnen, so ist die Rechtshilfe ein solcher Beistand im Bereiche der Rechtspflege. Wesentlich für Amts- und Rechtshilfe ist mithin, daß eine Behörde eine andere um Beistand bittet oder sie zumindest damit einverstanden ist.
Deshalb fällt eine ungerufene Hilfeleistung (sogen. Spontanhilfe) nicht unter den Begriff der Amtshilfe. Dasselbe gilt für eine „scheinbare Amtshilfe", bei welcher die „ersuchte" Behörde ohnehin selbst zu derartigem amtlichen Handeln verpflichtet ist, um welches sie gebeten wird.

In Deutschland wird das Prinzip der Amts- und Rechtshilfe durch Art. 35 Grundgesetz anerkannt.

Was die Voraussetzungen der Amtshilfe anlangt, so muß die Vornahme der fraglichen Amtshandlung der darum ersuchenden Behörde entweder rechtlich bzw. tatsächlich unmöglich oder doch unzumutbar sein. Aus der Sicht der ersuchten Behörde dagegen, die – wie gesagt – nicht schon als solche zur Vornahme der in Frage stehenden Amtshandlung verpflichtet sein darf, muß das Ersuchen zunächst einmal eventuellen formellen Erfordernissen genügen und sich die Amtshandlung zum anderen im Rahmen des rechtlich Zulässigen und des tatsächlich Zumutbaren halten; im übrigen aber darf die ersuchte Behörde weder die Notwendigkeit noch die Zweckmäßigkeit der gewünschten Maßnahme nachprüfen.

Die Amtshilfe wird im Regelfalle kostenlos gewährt. Doch gibt es hier und da besondere Vorschrifte, die es vorschreiben oder gestatten, daß die ersuchende Behörde die Kosten übernimmt.
Auf die von der Kriminalpolizei als ersuchter Behörde bei einer von ihr zu leistenden Amtshilfe zu beachtenden Grenzen wird alsbald zurückzukommen sein (unter § 24-II).

Wichtig für die kriminalistische Praxis ist für den Rahmen der Verbrechensbekämpfung zunächst einmal das Verhältnis der Kriminalpolizei zu anderen staatlichen Strafverfolgungsorganen wie Strafgerichten und insb. Staatsanwaltschaft (siehe I.) Erst danach wird auf die in zahlreichen Fällen wichtige Zusammenarbeit der Kriminalbeamten mit anderen staatlichen Stellen einzugehen sein (§ 24-II).

I. Kriminalpolizei und Staatsanwaltschaft sowie Strafgerichte

Das für die praktische Zusammenarbeit wesentliche Verhältnis der staatlichen Strafverfolgungsorgane wird in Deutschland – wie in manchen anderen Staaten – primär durch die Frage nach dem Verhältnis von Staatsanwaltschaft und Kriminalpolizei bestimmt.

Im wesentlichen ausgeklammert bleiben dabei einstweilen noch die im § 27 genauer zu erörternden Probleme der Organisation der Kriminalpolizei selbst sowie des Berufsbildes der Kriminalbeamten und einer dem entsprechenden Aus- und Fortbildung.

Janetzke, Gerhard: Staatsanwaltschaft und Kriminalpolizei – Kriminalistik 1956, S. 231 ff.; *Herlan:* Die Rechtsstellung des Staatsanwalts – in: Kriminalpolitische Gegenwartsfragen, hrsg. v. Bundeskriminalamt, Wiesbaden 1959, S. 121 ff.; *Wenzky,* Oskar: Staatsanwaltschaft und Kriminalpolizei vor der Strafprozeßreform – Die Polizei 1961, S. 1 ff.; *Händel:* Staatsanwaltschaft und Kriminalpolizei – Zusammenarbeit im Zeichen der Strafprozeßreform – in: Strafrechtspflege und Strafrechtsreform, hrsg. v. Bundeskriminalamt, Wiesbaden 1961, S. 215 ff. (= Kriminalistik 1961, S. 329 ff., 385 ff., 447 ff.); *Gundlach,* Manfred: Das Verhältnis zwischen Staatsanwaltschaft und Kriminalpolizei in seiner geschichtlichen Entwicklung in Deutschland – in: TbKrim Bd. XVI, S. 207 ff. (1966); *Männel,* Günther: Zum Führungsanspruch der Staatsanwaltschaft bei Großeinsätzen. Eine kritische Stellungnahme – Kriminalistik 1971, S. 502 ff.; *Daun,* Willy: Staatsanwaltschaft in der Krise? – Kriminalistik 1971, S. 607 ff.; 1972, S. 16 ff.; *Stümper,* Alfred: Zum Verhältnis Staatsanwaltschaft-Polizei – Kriminalistik 1972, S. 169 ff.; *Rupprecht,* Reiner: Neue Richtlinien: Staatsanwaltschaft und Polizei – Die Polizei 1974, S. 270 ff.; *Kerbel,* Paul: Die Stellung, Organisation und Tätigkeit der Staatsanwaltschaft – Diss. Frankfurt a. M. – o. O. 1974 – insb. S. 76 ff., 92 ff.; *Reitz,* Egon: Bundeskriminalpolizei. Aspekte-Bedenken-Argumente – der kriminalist 1975, S. 291 ff.; *Bauer,* Günther: Organisation und Einsatz der Kriminalpolizei. Probleme–Fehler–Anregungen – der kriminalist 1975, S. 586 ff.; *N. N.:* Modell zur Schaffung einer Bundeskriminalpolizei – der kriminalist 1975, S. 669 ff.; *Sessar,* Klaus: Zu einem neuen Verhältnis zwischen Polizei und Staatsanwaltschaft . Ein Beitrag aus empirischer Sicht – Kriminalistik 1976, S. 534 ff.;*Gemmer,* Karl-Heinz: Neugestaltung des Verhältnisses Polizei und Staatsanwaltschaft – aus der Sicht der Polizei – Kriminalistik 1976, S. 539 ff.; *Hepp,* Robert: Die Professionalisierungschancen von Schutzpolizei und Kriminalpolizei. Ergebnisse der Untersuchung über das „Berufsbild des Polizeivollzugsbeamten“ – der kriminalist 1977, S. 62 ff.; *Polizei und Justiz* – hrsg. v. Bundeskriminalamt – Wiesbaden 1977.

Im Grunde werden damit zugleich zwei andere Problemkreise angesprochen. Zum einen handelt es sich um die ebenfalls zweifelhafte, jedoch nicht in gleichem Ausmaß diskutierte Frage nach dem Verhältnis von Gericht und Staatsanwaltschaft. Dagegen gibt es zwischen Kriminalpolizei und Strafgerichten keine wesentlichen organisatorischen Probleme, sofern man nicht – was in Deutschland niemand ernstlich befürwortet – zu Organisationsformen des gemeinrechtlichen Inquisitionsproezsses zurückkehren wollte. Die Schwierigkeiten der Zusammenarbeit sind hier also mehr praktischer Art und als solche wohl schon hinreichend angedeutet worden.
Zumindest ebenso prekär ist, wie wir alsbald sehen werden, zum anderen das Verhältnis der Kriminalpolizei zur uniformierten Schutzpolizei bzw. ihre Sonderstellung im Rahmen einer umfassenden Polizeiorganisation. Auch diese Frage hat man erst in den letzten Jahren

vor allem deshalb deutlicher gestellt, weil Entwicklungstendenzen diametraler Art erkennbar geworden sind.
Ungeachtet dieser beiden wichtigen Problembereiche hat in der Literatur und in Diskussionen bisher doch vor allem die im Verhältnis zu Polizei und damit auch zu Kriminalpolizei an sich klare Rechtsstellung der Staatsanwaltschaft seit langem zur Kritik herausgefordert, weil die geltenden Rechtsgrundsätze – wie die Ausführungen oben dargetan haben dürften – weithin nicht den tatsächlichen Verhältnissen entsprechen. Die Staatsanwaltschaft, die hierzulande nach dem Gesetz Herr des Vorverfahrens ist und daher die Ermittlungen zu leiten hat, ist in praxi ganz überwiegend mehr zu einer bloßen Rechtskontrolle über die im wesentlichen von der Kriminalpolizei geleistete Ermittlungstätigkeit verkümmert.
Es kann daher nicht überraschen, daß man die verschiedenartigsten Vorschläge gemacht hat, um die auf diese Weise entstandene tatsächliche Lage zu ändern. Dabei versucht man einmal, die Rechtslage den bestehenden Tatsachen anzugleichen, oder zum anderen, die tatsächlichen Verhältnisse dem schon lange geltenden Recht entsprechend umzugestalten. Ein dritter Weg wäre der, beides zu ändern, um so Recht und Lebenswirklichkeit besser in Einklang zu bringen.

Die lange währende Problematik zeigt jedoch augenscheinlich, daß man einerseits nicht durch Rechtsvorschriften die tatsächlichen Gegebenheiten ohne weiteres verändern kann, während andererseits nicht sicher ist, ob die derzeitigen tatsächlichen Verhältnisse rechtlich und kriminalpolitisch zu befriedigen vermögen.

Am wenigsten aussichtsreich erscheint uns von diesen drei grundsätzlichen Standpunkten derjenige zu sein, der meint, man könne die in Jahrzehnten bzw. Jahrhunderten gewachsenen Gegebenheiten doch noch so umgestalten, wie es dem Gesetzgeber des 19. Jahrhunderts vorgeschwebt hat, welcher die für die gegenwärtige Praxis sprechenden Sachzwänge offenbar nicht gesehen oder doch nicht vorausgesehen hat.
Wer diese Illusion nicht hegt, wird daher eher versuchen, das geltende Gesetz so zu ändern, daß es der gegenwärtigen Praxis besser entspricht, was darauf hinausliefe, neben Strafgericht und Staatsanwaltschaft die Kriminalpolizei als eine dritte, selbständige Säule der Strafrechtspflege anzuerkennen. Damit aber würden die bald aufzuzeigenden Schwierigkeiten der gegenwärtigen Lage nicht vermindert, sondern durch eine weiter zergliederte Organisation vermehrt.

Daß eine bloße Wortkosmetik, die den in der Strafprozeßordnung u. a. für Kriminalbeamte verwendete Terminus „Hilfsbeamter der Staatsanwaltschaft" durch einen anderen Begriff – z. B. „Kriminalpfleger", um an in unserer Zeit beliebte Wortschöpfungen anzuknüpfen – ersetzt, an der Sache selbst aber nichts reformiert oder ändert, dürfte sonnenklar sein, was allerdings derartige – zugegebenermaßen billige – „Reformbestrebungen" nicht ausschließen dürfte.

Auf eine wirkliche Reform zielen u. E. nur die an dritter Stelle genannten Vorschläge ab, die so oder so auf eine Zusammenfassung von Staatsanwaltschaft und Kriminalpolizei hinauslaufen. Auf sie wollen wir uns daher beschränken, da sie uns – jedenfalls theoretisch – allein als diskussionswürdig und somit als geeignet erscheinen, um das Verhältnis beider Strafverfolgungsorgane zu beleuchten.

Was die Stellungnahmen von Staatsanwälten und Kriminalbeamten zu einer so oder so zusammenfassenden Strafverfolgungsbehörde anlangt, könnte man bildlich gesprochen sagen, daß sich dagegen beide Partner – die Staatsanwälte vielleicht noch etwas heftiger – mit Händen und Füßen sträuben.

Aber selbst manche Kriminalbeamte unterstreichen demgegenüber ihre Zugehörigkeit zur Polizei mit ihrem von dem der Justiz völlig unterschiedlichen Denken. Ferner wird auf eine für die kriminalpolizeiliche Arbeit aus praktischen Gründen angeblich notwendige enge Verbindung mit der allgemeinen Polizei hingewiesen.
Viele Staatsanwälte sträuben sich im Grunde wohl überwiegend deshalb dagegen, da sie fürchten, damit die Nähe der ihnen unter dem Zeichen der Strafjustiz verbundenen Richter missen zu müssen.

Uns scheint jedoch, daß die Dinge psychologisch komplizierter liegen, als diese Stellungnahmen es wahr haben wollen. Zugleich aber meinen wir, daß sich alles, sofern man die Zusammenhänge einmal durchschaut, jedoch relativ vereinfacht und somit für eine ganz bestimmte Lösung spricht; allerdings wird diese gegen den Widerstand von beiden Seiten und vor allem von anderen Stellen, die Machtverlust oder sonstige Nachteile befürchten, durchgesetzt werden müssen.

So befürchtet man in der Kriminalpolizei wohl vor allem, durch eine Zusammenfassung mit der Staatsanwaltschaft die Sonderstellung im größeren Polizeiverbund zu verlieren und damit wirklich zu einem bloßen Hilfsorgan degradiert zu werden. Es mag dabei das allgemeine Unbehagen vor dem Juristen mitschwingen. Vielleicht spielt ferner die geheime Hoffnung mit, daß die tatsächlichen Verhältnisse, da die Zeit bisher so eindeutig für die Kriminalpolizei gearbeitet hat, letztlich auch zu rechtlichen Konsequenzen zwingen würden, die den faktisch erlangten Status nicht nur legalisieren, sondern noch verbessern würden.
Ebenso wie sich der Kriminalbeamte als „bloßer" Kriminalist vor dem Juristen fürchtet, hat umgekehrt vermutlich mancher Staatsanwalt Sorge vor einer solchen Zusammenfassung, da er damit rechnet, als „bloßer" Strafjurist dann von der Sachkunde der Kriminalisten erdrückt zu werden. Und in der Tat könnte ein Staatsanwalt ohne kriminalistische Kenntnisse und Fähigkeiten im Rahmen einer wesentlich kriminalistisch arbeitenden Behörde auf die Dauer gesehen wohl kaum mit einer leitenden Stellung rechnen. Beim Mißtrauen vieler Staatsanwälte gegen diesen Vorschlag spielt u. E. aber wohl auch das Gefühl mit, daß man sich damit noch weiter von dem Gericht als dem Symbol der Justiz entferne, was zu einer weiteren Minderung des in den letzten 100 Jahren ohnehin schon geschmälerten sozialen Prestiges führen könnte. Stand der Staatsanwalt z. B. im königlichen Preußen seinem sozialen Ansehen nach über den meisten Richtern, so haben sich die Dinge in den letzten 50 Jahren völlig gewandelt, was auch die Nachwuchssorgen der Staatsanwaltschaft erklären dürfte. Daher klammert sich heute mancher Staatsanwalt an das Gericht, um auf diese Weise noch etwas vom verblichenen Nimbus zu retten.

Sind somit beide Standpunkte im Grunde verständlich, so erscheinen sie doch bei Licht besehen als gleichermaßen verfehlt. Es gibt trotz gewisser, keineswegs zu leugnender Schwierigkeiten nichts, was zwingend und überzeugend gegen eine Zusammenfassung von Staatsanwaltschaft und Kriminalpolizei zu einer einzigen Strafverfolgungsbehörde spricht.
Die Kernfrage ist u. E. nicht einmal das Verhältnis von Staatsanwaltschaft und Kriminalpolizei, sondern – wie bereits angedeutet – einerseits das von Gericht und Staatsanwaltschaft und andererseits das von Kriminal- und Schutzpolizei.
Im Verhältnis von Strafgericht und Staatsanwaltschaft hat, wie weithin noch verkannt wird, die Prozeßreform des 19. Jahrhunderts nur halbe Arbeit geleistet. Sie hat zwar dem Richter des Inquisitionsprozesses die eigentliche Untersuchungstätigkeit genommen, weshalb in Deutschland kürzlich das Relikt des Untersuchungsrichters konsequenterweise weggefallen ist, und die Ermittlungen sowie die Erhebung der Anklage der Staatsanwaltschaft als einer besonderen Behörde übertragen. Der Wert dieser Maßnahme, die eine der wichtigsten Errungenschaften des reformierten Strafprozesses darstellt, ist jedoch dadurch geschmälert worden, daß man sich bei der Staatsanwaltschaft zu sehr an den Gerichten orientiert hat.

So hat der tatsächliche Gang der Dinge, da der Aufschwung der Kriminalistik erst später begann, ein Übriges getan; er ließ die personell viel zu gering ausgestattete und einseitig juristisch orientierte Staatsanwaltschaft zum Fußkranken eben dieser Entwicklung werden.

Hier ist es das historische Verdienst der Polizei, daß sie diese Lücke, die der Gesetzgeber in der Organisation der Verbrechensbekämpfung gelassen hatte, ausgefüllt hat.

Nicht minder wichtig ist jedoch das Verhältnis von allgemeiner (Schutz-) Polizei und Kriminalpolizei, das ebenfalls nur selten grundsätzlicher in Frage gestellt wird, wenngleich gewisse Reformbestrebungen, auf die noch zurückzukommen sein wird, gerade bei den Kriminalbeamten Diskussionen und heftige Kritik bewirkt haben. Vielmehr spielt man diese Problematik häufiger mit Begriffen oder Schlagworten wie Einheit der Polizei herunter, um damit u. U. per „Einheitspolizei" das Rad der Geschichte um hunderte von Jahren zurückzudrehen. Denn die Entwicklung zur Kriminalpolizei, welche durch die Sache selbst nahegelegt worden ist, kann wohl kaum ein Fehler gewesen sein.

Wie wir später (§ 27) sehen werden, haben sich in manchen Bundesländern Politiker und Gruppen mit recht unterschiedlicher Motivierung im Zuge der Reformeuphorie nach 1969 mehr oder minder erfolgreich um „einheitliche" Organisationsstrukturen bemüht, in welchen man teilweise die Kriminaldienststellen kaum noch ausmachen kann, weshalb Kritiker nicht ohne Grund von einer „Zerschlagung der deutschen Kriminalpolizei" sprechen. Aber selbst wenn das verbal zu hoch gegriffen sein sollte, bleibt doch ein seltsam aufgeblähter polizeilicher Behördenapparat, der die Forderung nach einer „Bundeskriminalpolizei" durchaus verständlich werden läßt. Und es bleibt ferner der nach dem geschichtlichen Gang der Dinge grotesk anmutende Eindruck, daß sich avantgardistisch gebende Zeitgenossen unter dem Banner einer „Einheitspolizei" etwas als „Reform" deklarieren, was eher als ein Marsch zurück zum preußischen Allgemeinen Landrecht des 18. Jahrhunderts erscheint.

Die heute nicht nur im Verhältnis von Staatsanwaltschaft und Kriminalpolizei, sondern auch von Strafgericht–Staatsanwaltschaft und Kriminalpolizei–Polizei unbefriedigenden Verhältnisse können u. E. nur dadurch überwunden werden, daß das im 19. Jahrhundert Versäumte nachgeholt wird, indem man einerseits die Staatsanwaltschaft aus der zu weit gehenden Verklammerung mit den Strafgerichten löst und zu einer echten, exekutiven Strafverfolgungsbehörde umgestaltet und man andererseits die Kriminalpolizei aus dem Polizeiverbund herauslöst und wirklich verselbständigt.
Dazu drängt u. E. schon die Entwicklung des Gerichtswesens. Gab es damals neben den Strafgerichten praktisch nur noch die Zivilgerichte, so ist nicht einzusehen, warum heute ein immer mehr aus den verschiedenen Ressorts zur Einheit zusammenwachsendes Gerichtswesen lediglich im Sektor Strafgerichtsbarkeit noch einen Appendix in Form der Staatsanwaltschaft aufweisen soll. – Ein Übergang von Juristen der neuen Strafverfolgungsbehörde zu den Strafgerichten und umgekehrt läßt sich beamtenrechtlich unschwer ermöglichen, in gewisser Form u. U. sogar erzwingen.
Klar sollte allerdings sein, daß der Staatsanwalt seine Weisheit in der neuen Kriminalbehörde nicht allein in der Juriprudenz zu erblicken hätte, sondern er sich zugleich intensiv um die Kriminalistik zu bemühen hätte. Im Grunde geschähe damit aber nur das, was vernünftigerweise angesichts der dem Staatsanwalt von der Strafprozeßordnung zugedachten Stellung als Herrn des Vorverfahrens ohnehin geboten ist.

Der gerühmte Nimbus des Staatsanwalts hat u. E. nicht zuletzt dadurch Schaden genommen, daß viele Staatsanwälte insoweit die Zeichen der Zeit nicht verstanden haben, weshalb der wirkliche Einfluß auf die Strafverfolgung immer geringer geworden ist. Es läßt sich unschwer prophezeien, daß es im bisherigen Stil mit diesem Nimbus des Staatswanwalts nur weiter bergab gehen kann. Dagegen dürfte eine umfassende und sinnvolle Tätigkeit im Rahmen einer effektiv arbeitenden Strafverfolgungsbehörde, in Kriminalämtern, dem Ansehen des Staatsanwalts durchaus förderlich sein.

Die soeben geschilderten Konsequenzen dürften schon etliche Bedenken von seiten der Kriminalpolizei zerstreut haben. Aber auch im übrigen sind die von ihr gegen eine Zusammenfassung angeführten Argumente nicht stichhaltig. Die Kriminalpolizei ist nüchtern betrachtet weithin eben nicht polizeilich-präventiv, sondern vorwiegend strafprozessual-repressiv tätig; sie arbeitet also überwiegend nicht mehr „polizeilich", sondern gewissermaßen (nach herkömmlicher Terminologie) „justizförmig"; zumindest sollte sie das tun, insoweit sie sich auf die für sie hier maßgebenden Vorschriften der Strafprozeßordnung stützt. Sie ist bei einer heute schon vernünftigerweise nicht zu bestreitenden Sonderstellung tatsächlich der Polizei entwachsen, also keine Polizei in herkömmlichem Sinne mehr.

Das besagt allerdings nicht, daß es beamtenrechtlich unmöglich wäre, in einer zusammenfassenden Kriminalbehörde den kriminalistisch tätigen Nachwuchs nicht aus der allgemeinen Polizei zu entnehmen. Die in der Praxis oft nötige Zusammenarbeit mit der uniformierten Polizei erfordert ferner jedenfalls nicht eine einheitliche Behördenorganisation, bei welcher erfahrungsgemäß Nichtkriminalisten die ersten Ränge besetzen, sondern ließe sich ebenso im Wege der Amtshilfe erreichen; dem könnten beispielsweise benachbarte Unterbringung sowie entsprechende Nachrichtenmittel Rechnung tragen. Schließlich würde durch eine solche Organisation das Ansehen der Kriminalbeamten nicht vermindert, sondern im Rahmen der neuen Kriminalbehörde eher verstärkt.

Zudem würde aus den besagten Gründen die Furcht von den bloßen Juristen mehr und mehr hinfällig, weil diese – sofern sie erfolgreich sein wollen – jedenfalls nicht mehr Nur-Juristen sein dürfen. Selbstverständlich ließe sich auch dafür Sorge tragen, daß die neuen Kriminalbehörden über eine ausreichende Anzahl von Stellen des höheren Dienstes für solche Beamten verfügen, die keine Juristen sind. Im übrigen wäre das Juristenmonopol in den neuen Kriminalämtern nur das, die heutigen Aufgaben der Staatsanwaltschaft dem Gericht gegenüber wahrzunehmen.

Es steht nach allem für uns außer Frage, daß eine solche Verbindung von Staatsanwaltschaft und Kriminalpolizei zu einer besonderen Kriminalbehörde rein gedanklich sowohl juristisch als auch kriminalistisch die beste Lösung darstellt, weil sie zu wirklicher Zusammenarbeit zwingt. Der Staatsanwalt muß und wird mehr Verständnis als bisher für die kriminalistische Arbeit aufbringen, wird infolgedessen die Rechtskontrolle sinnvoller ausüben und dem Kriminalisten die Arbeit erleichtern. Umgekehrt steht zu erwarten, daß der Kriminalist mehr als heute Verständnis für die der Strafverfolgung durch das Recht gesetzten Grenzen aufbringen wird. In der Verbrechensbekämpfung gilt, was Staatsanwaltschaft und Kriminalpolizei anlangt, also nicht das schöne Wort „Getrennt marschieren und vereint schlagen", da man sich beim Maschieren offenbar nicht selten verfehlt, sondern vielmehr die Umkehrung „Vereint marschieren und nach beiden Seiten schlagen", d. h. sowohl kriminalistisch effektiv als auch juristisch möglichst wirksam vorzugehen.

Übrigens liegt dieses Konzept ganz auf der Linie von Hans Groß, der 1914 über den unserem Staatsanwalt vergleichbaren Untersuchungsrichter ausgeführt hat (6. Aufl. dieses Werkes, 1914, S. 23): „Die richtige Stellung wird die Kriminalpolizei erst erhalten, wenn der U.-R. sich ihr koordiniert und im wohlverstandenen Interesse der Sache gleichmäßig mit der Polizei arbeitet, sie von allem Geschehen und erst zu Geschehendem fortwährend in Kenntnis setzt und nur einen Stolz kennt, die Arbeit zu einem gedeihlichen Ende zu bringen."

Da aber die soeben angedeutete Konzeption, die sich unschwer genauer skizzieren ließe, in Deutschland in absehbarer Zeit wohl noch auf andere als die hier genannten Widerstände treffen würde, wird man sich einstweilen mit kleinen Fortschritten begnügen müssen, ist aber jedenfalls energisch gegen solche Vorschläge Front zu machen, die auf einen Rückschritt hinauslaufen.

Diesem neuen Konzept würde eine dreigegliederte Behördenorganisation entsprechen, an deren Spitze das Bundeskriminalamt stehen müßte, während die Landeskriminalämter, von denen jedoch eines u. U. für das Gebiet mehrerer Bundesländer zuständig sein könnte, zu Mittelbehörden mit regionaler Bedeutung würden; dennoch dürften ihre Kompetenzen größer als gegenwärtig in etlichen Bundesländern sein. Den auf der unteren Ebene nach kriminalgeographischen Gesichtspunkten einzurichtenden Kriminalämtern könnten ggf. besondere Kriminalaußenstellen zugeordnet werden.

In allen diesen Kriminalämtern würden Strafjuristen als Staatsanwälte und Kriminalisten an sich gleichrangig arbeiten. Sofern man überhaupt eine Einzelperson als Behördenleiter für notwendig hält, sollte das keinesfalls notwendig ein Jurist sein. Umgekehrt ist klar, daß Aufgaben eines Staatsanwalts nur von ausgebildeten Strafjuristen wahrgenommen werden dürften, die aber nicht schon deshalb im Gerichtsgebäude untergebracht werden müssen, was sich jedoch z. T. – z. B. bei Höchstgerichten – als zweckmäßig erweisen könnte.

Wichtiger ist u. E. eine Behördenorganisation, welche die Zusammenarbeit von Staatsanwälten und Kriminalbeamten institutionalisiert, z. B. sie in bestimmten Dezernaten oder dergl. zusammenfaßt, womit die Kriminalbeamten „ihren“ Staatsanwalt hättten, der – sogleich eingeschaltet – auf rechtliche Gesichtspunkte hinweisen und ggf. sehr schnell eine Verfahrenseinstellung erwirken kann, um unnötige Ermittlungsarbeiten zu vermeiden.

Ebenso wie der Wechsel solcher Staatsanwälte in das Richteramt auch künftig gewährleistet sein muß, man die Einstellung als Strafrichter u. U. sogar von einer vorherigen Tätigkeit als Staatsanwalt abhängig machen sollte, muß umgekehrt qualifizierten Schutzpolizeibeamten auch weiterhin die Möglichkeit bleiben, Kriminalbeamter zu werden.

Selbstverständlich ließen sich derartige Kriminalämter als Strafverfolgungsbehörden neuer Art dem Bund zuordnen. Doch sollte man sich durch das Reizwort „Bundeskriminalpolizei“ nicht darüber hinwegtäuchen lassen, daß es mehr auf eine für das Bundesgebiet einheitliche Organisation als auf einen Machtzuwachs des Bundes ankommt. Ebenso wie im Bereiche der Rechtspflege Bundes- und Landesbehörden zusammenwirken, könnte das auch bei den Kriminalämtern geschehen, sofern bei sinnvoller Aufgabenverteilung auf die drei Ebenen die für die Praxis der Verbrechensbekämpfung unerläßliche Zusammenarbeit durch eine einheitliche Behördenorganisation erleichtert wird.

Außer mit der Staatsanwaltschaft hat der Kriminalbeamte ferner vor allem mit Strafrichtern und Vollzugsbeamten als Organen der Strafrechtspflege zu tun; Ähnliches gilt für die Strafregisterbehörden.

Bei den **Strafrichtern** gilt dies vor allem für Haft- und Ermittlungsrichter, während für Kontakte mit dem erkennenden Strafgericht das Wesentliche schon an anderer Stelle gesagt worden ist (§ 22-II-7). Die Zusammenarbeit wird teilweise dadurch erschwert, daß die Richter weder hinreichend kriminalistisch ausgebildet worden sind noch über eine entsprechende Erfahrung verfügen.

Obwohl mangelnde Vertrautheit mit der Kriminalistik sich auch beim erkennenden Strafgericht – insb. im Rahmen der Beweiswürdigung – negativ auswirken kann, sind diese Gefahren beim Ermittlungsrichter oder bei Richtern, die über Untersuchungshaftsachen und andere Zwangsanwendung zu entscheiden haben, doch besonders groß. Hier werden Mängel der Juristenausbildung, die von den Strafrichtern nur teilweise durch Eigeninitiative und Erfahrung ausgeglichen werden können, also am ehesten spürbar. Um dem nach Möglichkeit vorzubeugen, sollte darauf einerseits bei der Geschäftsverteilung Obacht gegeben werden und ist andererseits den Kriminalbeamten anzuraten, sich in derartigen Fällen ganz besonders darum zu bemühen, dem Richter die speziell kriminalistischen Probleme verständlich darzulegen.

Im Zuge der kriminalistischen Arbeit kommt es ferner immer wieder vor, daß der Kriminalbeamte mit **Vollzugsbehörden** und -anstalten – dazu gehören auch Untersuchungshaftanstalten – Fühlung nehmen muß.

Außer um Straftaten in der Anstalt oder andere Formen abweichenden Verhaltens geht es um Flucht- oder Ausbruchsversuche, Vorbereitung und Wissen von kriminellen Aktivitäten außerhalb des Vollzugs sowie um Informationen über Anstaltsinsassen. Auch dieses Gebiet kriminalistischer Arbeit dürfte bisher noch nicht in etwa ausgelotet sein, wenngleich klar sein sollte, daß wirkliche Fortschritte und Erfolge hier vielfach nur in verständnisvoller Zusammenarbeit mit Vollzugsbeamten zu erreichen sein dürften, die mit den besonderen Gegebenheiten vertraut sind.

Sehr häufig benötigt die Kriminalpolizei schließlich die Hilfe der **Strafregisterbehörden.** Deshalb hat im Ausland zuweilen sogar die Kriminalpolizei die Aufgabe, derartige Register zu führen.

Aber auch dort, wo die Organisation – wie in Deutschland – anders ist, wofür u. a. Aspekte der elektronischen Datenverarbeitung sprechen können, bedeutet häufige Kooperation ersichtlich nicht notwendig Zusammenfassung in der Hierarchie einer Behörde.

II. Kriminalpolizei und andere staatliche Stellen

Die Aufgaben der Kriminalpolizei bringen es mit sich, daß des öfteren auch eine Zusammenarbeit mit anderen staatlichen Stellen als notwendig oder doch nützlich erscheint.

Der Kriminalbeamte und sein Arbeitsgebiet – zusammengestellt und bearbeitet von Beamten des Bundeskriminalamtes und der Landeskriminalämter – BKA 1964/1–2 – S. 23 ff.; *Schäfer,* Herbert: Zwischenbehördliche Kriminalitätsprophylaxe – Kriminalistik 1977, S. 431 ff.

Da eine Zusammenarbeit mit anderen staatlichen Stellen (vgl. z. T. auch § 25-IV) genaue Kenntnisse von deren Aufgaben, Organisation und Arbeitsweise voraussetzt, erscheint zumindest ein kurzer Überblick als sinnvoll, der sich angesichts der verschiedenartigen Verhältnisse in den einzelnen Staaten wiederum auf die Bundesrepublik Deutschland konzentrieren muß.
In diesem Rahmen ist noch kurz auf eine eingangs allgemein behandelte Problematik zurückzukommen, die sich dann ergeben kann, wenn die Kriminalpolizei ihrerseits von anderen Stellen um **Amts- oder Rechtshilfe** ersucht wird; hier ist daher noch einiges zu ergänzen.
Typischerweise handelt es sich bei der von der Kriminalpolizei erbetenen Hilfe um Auskünfte, wobei man nach Art derselben und der darum ersuchenden Behörde unterscheiden muß.

Eine Auskunft aus den kriminalpolizeilichen Pesonenakten, die lediglich für den internen Dienstgebrauch der Kriminalpolizei bestimmt sind, die also von den Ermittlungsakten zu unterscheiden sind,

wird grundsätzlich selbst an staatliche Stellen nicht gewährt. Dies gilt als Regel sogar für Ersuchen anderer Kriminaldienststellen, was dadurch bestätigt wird, daß es besondere Vorschriften für die Überlassung von Personenakten gibt (z. B. § 96 StPO). Ist aber das Überlassen von Personenakten oder die Auskunft aus ihnen schon bei staatlichen Behörden eine Ausnahme, so kommt sie für Privatpersonen und damit auch für den Verteidiger nicht in Betracht.
Dieses Prinzip bedeutet allerdings nicht, daß die kriminalpolizeilichen Personenakten überhaupt nicht für Auskünfte im Rahmen der Amtshilfe benutzt werden dürfen. Vielmehr ist bei Ersuchen staatlicher Stellen von Fall zu Fall zu entscheiden, ob auf der Grundlage der Personenakten – jedoch ohne Bezugnahme auf sie – eine bestimmte Auskunft erteilt werden darf oder muß.

Die Zahl staatlicher Stellen, mit denen der Kriminalist bei Erfüllung seiner Aufgaben zusammenarbeiten muß oder kann, ist so groß, daß im Folgenden nur eine Auswahl geboten werden kann, um diese Möglichkeiten zumindest in etwa zu verdeutlichen.

1. Schutzpolizei

Wegen der – wie gesagt – zumindest teilweise mehr oder weniger gleich liegenden Aufgaben ist es an erster Stelle auf die Zusammenarbeit der Kriminalbeamten mit der uniformierten Schutzpolizei hinzuweisen, die im Bereich der Kriminalitätsbekämpfung – wie oben (§ 20) dargelegt – sogar eigene Kompetenzen hat (vgl. z.B. §§ 163, 127-Abs. II StPO).

Mayer, Hans: Die Organe der Verbrechensbekämpfung. Entwicklung der Kriminalität und des Personalbestandes von Staatsanwaltschaft und Polizei – Kriminol. Schriftenreihe Bd. 46 – Hamburg 1969 – insb. S. 59 ff.; *Feest,* Johannes/*Lautmann,* Rüdiger (Hrsg.): Die Polizei. Soziologische Studien und Forschungsberichte – Opladen 1971; *Boysen,* Karl: Die Bereitschaftspolizeien der Länder – Die Neue Polizei 1972, S. 93 ff.; *Kötter,* Klaus: Führungs- und Einsatzmittel in der gezielten Bekämpfung der Straßenkriminalität durch die Schutzpolizei – Die Polizei 1976, S. 151 ff.

Eine Zusammenarbeit bei der Kriminalitätsbekämpfung kann sich daher einmal daraus ergeben, daß die Schutzpolizei Meldungen über kriminalistisch relevante Wahrnehmungen oder über aus diesem Grunde von ihr getroffene Maßnahmen macht.
Zum anderen kann die Polizei – wie bei Razzien, Alarm- oder Großfahndungen (§ 19-IV) – von der Kriminalpolizei in ihre Tätigkeit eingeschaltet werden; dies gilt insb., aber nicht nur für die Einheiten der Bereitschaftspolizei.
Eine Kooperation ist ferner notwendig, weil in den deutschen Bundesländern die Schutzpolizei in allerdings unterschiedlichem Ausmaß bei gewissen Strafsachen selbst die Ermittlungen durchzuführen hat. Hier ergeben sich, von den in der Praxis oft unsicheren Kompetenzen abgesehen, mithin Probleme, ob und wann ggf. die Kriminalpolizei einzuschalten ist.
Schließlich können Beamte der Schutzpolizei u.U. für Kriminalbeamte wichtige Auskünfte oder Informationen erteilen.

In allen Punkten ist daher bedeutsam, daß in den 50er und 60er Jahren angesichts der stärker wachsenden Wohnbevölkerung der Bundesrepublik Deutschland im Durchschnitt die Polizeidichte, die auf jeweils 10000 Einwohner entfallende Zahl von Schutzpolizeibeamten ständig abgenommen hat (1954: 15,7; 1964: 14,5). Dies ist besonders ungünstig, weil die uniformierte Polizei im Zusammenhang mit der minderschweren Kriminalität die im gleichen Zeitraum stark vermehrten, von 1954 bis 1963 etwa verdoppelten Straßenverkehrsunfälle im wesentlichen allein zu bearbeiten hat.
Zu der damit zusammenhängenden, zunehmenden Arbeitsüberlastung vieler Polizeibeamter kommen Mängel der Ausbildung und der Organisation hinzu, um vom ebenfalls vielfach als wenig attraktiv eingeschätztten Berufsbild noch ganz abzusehen.

Ungeachtet der kriminalistische Belange zumindest teilweise berücksichtigenden Ausbildung der Schutzpolizeibeamten sollte der für die Zusammenarbeit mit ihnen verantwortliche Kriminalbeamte auf klare Informationen und nicht mißzuverstehende Anordnungen Gewicht legen, um sonst mögliche Pannen zu vermeiden. Wegen der großen Bedeutung der Kooperation sollte man überhaupt im eigenen Dienstbereich auf guten persönlichen Kontakt zur uniformierten Polizei Wert legen, durch den vieles erleichtert wird.

2. Verfassungsschutz. Bundesnachrichtendienst

In bestimmten Bereichen empfiehlt sich für Kriminalbeamte eine Kooperation mit dem Verfassungsschutz, dem Bundesnachrichtendienst und dem Militärischen Abschirmdienst, der dem Verteidigungsminister untersteht.

Römelt, Günter: Geschichte und heutiger Standort der Staatsschutzpolizei – Kriminalistik 1977, S. 207 ff.

Alle diese Nachrichtendienste haben für verschiedene, jedoch nicht immer klar zu trennende Bereiche relevante Informationen oder Daten zu sammeln und auszuwerten. Doch haben die Beamten dieser Dienste zumindest in der Bundesrepublik Deutschland anders als Kriminalbeamte keine polizeilichen Exekutivbefugnisse. Schon deshalb kann sich im Einzelfalle eine Zusammenarbeit mit der Kriminalpolizei als nötig erweisen, wenn es sich um möglicherweise strafrechtlich relevante Vorgänge handelt, welche wie z. B. Staatsschutzdelikte (§§ 80 ff. StGB) von Kriminalbeamten – auf Bundesebene solchen des Bundeskriminalamts – zu bearbeiten sind. Aber auch umgekehrt kann das bei den Nachrichtendiensten vorhandene Material oder die Erfahrung ihrer Bediensteten für die kriminalpolizeiliche Arbeit aufschlußreich sein.

Während Bundesnachrichtendienst und Militärischer Abschirmdienst bundeseinheitlich organisiert sind, muß man bei dem für das Inland zuständigen Verfassungsschutz beachten, daß es neben dem Bundesamt für Verfassungsschutz in Köln auch entsprechende Behörden der Bundesländer gibt.

3. Verwaltungsbehörden

In zahlreichen Fällen bedarf die Kriminalpolizei der Unterstützung durch andere Verwaltungsbehörden, welche ihr mit Auskünften und Meldungen bei ihrer Arbeit behilflich sein können. Die Vielzahl dieser Möglichkeiten kann nur durch einen Hinweis auf Behörden wie Einwohnermeldeamt, Standesamt, Gesundheitsamt, Verkehrsbehörden, Gewerbeamt, Ausländeramt und Fundbüro angedeutet werden.

Die Verkehrsbehörden sind gewöhnlich nach den Verkehrsbereichen aufgefächert. So lassen sich vom Straßenverkehrszulassungsamt beispielsweise Luftverkehrsbehörden (der Länder und das Bundes-Luftfahrtamt, Flugunfallkommissionen der Bundeswehr und der ausländischen Streitkräfte) und Seeämter unterscheiden.

Auch die Forst-, Jagd- und Fischereibehörden nehmen – wie z. T. sogar private Jagdaufseher – nicht nur u. U. polizeiliche Funktionen wahr, sondern die Zusammenarbeit mit ihnen ist bei gewissen Straftaten unerläßlich.
Schließlich sind in diesem Zusammenhange die Sozialversicherungsbehörden und die Sozialversicherungsträger zu erwähnen, obwohl letztere z. T. privatrechtlich organisiert sind;

denn u. U. kann eine Privatversicherung Funktionen einer gesetzlichen Zwangsversicherung übernehmen.

Die eigentliche Sozialversicherung umfaßt vor allem Kranken-, Unfall- und Rentenversicherung. Wichtig für die Kriminalpolizei sind dabei vor allem die Träger der Unfallversicherung, die – wie Berufsgenossenschaften – als Körperschaften des öffentlichen Rechts zugleich Aufgaben der Unfallverhütung ausüben.

Die Zusammenarbeit mit diesen Stellen ist z. T. so wichtig, daß es dafür besondere Dienstvorschriften gibt.

Die Dinge liegen übrigens bei den Privatversicherungen weithin ähnlich, wenngleich hier keine Pflicht zur Amtshilfe besteht und der Kriminalbeamte seinerseits die Pflicht zur Amtsverschwiegenheit zu beachten hat. Dennoch ist die Zusammenarbeit mit den Schadensermittlern, welche diese Versicherungen aus eigenem Interesse beschäftigen, erfahrungsgemäß sehr oft für die Aufklärungsarbeit nützlich.

4. Justizbehörden

Ferner sei noch kurz auf Justizbehörden außerhalb der Strafrechtspflege (dazu vgl. § 24-I) hingewiesen. Denn in gewissen Fällen kommt es auch auf andere Arten der Gerichtsbarkeit an.

So ist z. B. für die Zivilgerichtsbarkeit auf das Grundbuch, das Handelsregister und ähnliche Register sowie auf das Vereinsregister zu verweisen.– Eine nicht unerhebliche Rolle spielen ferner das Vollstreckungswesen und damit u. a. auch der Gerichtsvollzieher. – Seltener sind Kontakte in Strafsache jedoch mit der Arbeitsgerichtsbarkeit. Dagegen erfordern manche Strafsachen eine Fühlungsnahme mit Verwaltungs-, Finanz- und Sozialgerichten.

5. Bundeswehr. Ausländische Streitkräfte

Neben Straftaten im Bereich der Bundeswehr oder der ausländischen Streitkräfte im Inland ergeben sich Berührungspunkte der Kriminalpolizei mit militärischen Dienststellen vor allem durch den Einsatz von Soldaten bei Katastrophen und anderem öffentlichem Notstand; derartige vom Militär gewährte Hilfe entspricht derjenigen, wie sie von den Notdiensten geleistet wird, die später behandelt werden soll (§ 25-IV), weil dort private Organisationsformen überwiegen. Zuweilen kann die Bundeswehr aber auch als Helfer in die Ermittlungsarbeit eingeschaltet werden.

Außer an die Möglichkeiten der Luftaufklärung in unwegsamem Gelände ist z. B. an das Absuchen solcher Gebiete oder von Gewässern zu denken.
Für die Zusammenarbeit mit ausländischen Streitkräften sind drei Personengruppen zu unterscheiden: 1. Militärpersonen, 2. Zivilbedienstete, 3. Angehörige der beiden zuvor genannten Personengruppen.

Roßmann, Norbert: Strafprozessuale Maßnahmen gegen Angehörige der amerikanischen Streitkräfte – der kriminalist 1977, S. 667 ff.

§ 25
Zur kriminalistischen Tätigkeit nichtstaatlicher Stellen und zu den Möglichkeiten der Zusammenarbeit mit ihnen

Es wäre unrealistisch und sachlich falsch, die Verbrechensbekämpfung als ein Monopol anzusehen, zu denen neben Strafgerichten, Staatsanwaltschaft und Kriminalpolizei gewisse andere Organe zählen. Denn ebenso wie es im staatlichen Bereich Sonderpolizeien und andere Behörden gibt, die in mehr oder weniger großem Umfang zugleich Aufgaben der Kriminalitätsbekämpfung wahrnehmen, finden sich im privaten Bereich zahlreiche Stellen und Personen, die bei anderer Organisationsform im Grunde dasselbe tun, d. h. kriminalistische Arbeit leisten, welche möglicherweise sogar den staatlichen Strafverfolgungsorganen zugute kommt. Auf sie ist z. T. schon bei der Fahndung hingewiesen worden (§ 19-II-2-b). Doch erfordert der hier beabsichtigte Überblick, daß wir zumindest auf eigens oder doch nicht zuletzt dafür geschaffene oder solche Institutionen und Stellen etwas genauer eingehen, deren Tätigkeit zumindest für die Strafverfolgungsorgane aufschlußreich sein kann, weshalb insoweit Kooperation angezeigt ist.

Der Kriminalbeamte und sein Arbeitsgebiet – zusammengestellt und bearbeitet von Beamten des Bundeskriminalamtes und der Landeskriminalämter – BKA 1964/1-2, insb. S. 35 ff., 55 ff.

Wie eng der Zusammenhang der Tätigkeit des Kriminalbeamten mit manchen Angehörigen solcher Organisationen ist, beweist schon der Terminus „Detektiv", der aus dem Lateinischen kommend (detegere = aufdecken, enthüllen) in England und später auch in anderen Staaten für bestimmte kriminalistisch tätige Beamte verwendet wurde, neben denen es in vielen Ländern in ähnlicher Weise arbeitende Privatpersonen gab und gibt. Diese werden entweder – wie z. B. Hausdetektive – als Angestellte eines Unternehmens oder aber – wie Privatdetektive – selbständig tätig. Nicht selten haben als Privatpersonen so oder so tätige Detektive zuvor als Schutz- oder gar Kriminalpolizeibeamte gearbeitet.

Schließlich sollte der im Staatsdienst tätige Kriminalist nicht verkennen, daß er von diesen „nichtamtlichen" Kriminalisten auch vom konkreten Fall abgesehen mancherlei lernen kann, weil sie über besondere Kenntnisse und ggf. Erfahrungen in Spezialbereichen verfügen. Diese nichtstaatlichen Stellen sind also nicht nur zuweilen wichtige Helfer der Strafverfolgungsorgane, sondern im fraglichen Bereich oft wertvolle Informationsquellen für den Kriminalbeamten.

Im übrigen zeigt ein Blick in die Praxis, daß sich ebenso wie Unternehmen oder andere Auftraggeber auch die Bürger und ggf. sogar staatliche Stellen darauf verlassen, daß derartige private Organisationen funktionieren und sie gerade in Notfällen die von ihnen erwartete Hilfe leisten können. Obgleich ihnen naturgemäß die lediglich Staatsorganen zustehenden Zwangsbefugnisse fehlen, sie also nur die jedermann eingeräumten Rechte ausüben können, entfallen bei ihnen doch auch die für Behörden typischen rechtlichen Bindungen, was zuweilen von Nutzen sein kann.

Im wesentlichen lassen sich drei Formen solcher im privaten Bereich mehr oder minder kriminalistisch arbeitenden Stellen oder Personen unterscheiden. Einmal haben Wirtschaftsunternehmen oder ähnliche Institutionen sich eigenen Organe wie Werkschutz, Sicherheitsdienste und dergl. geschaffen, die im jeweiligen Bereich u. a. Aufgaben wahrnehmen, welche ansonsten von den staatlichen Strafverfolgungsorganen erfüllt werden müssen. Zum anderen gibt es selbständige Unternehmen, die – wie Wachdienste, Auskunfteien, Detekteien und Privatdetektive – ihre eigentliche Aufgabe darin erblicken, für ihre Auftraggeber – seien es Firmen oder Einzelpersonen – gegen Entgelt u. a. solche sichernden und ermittelnden Funktionen auszuüben, wie sie sonst Strafverfolgungsorganen obliegen. Schließlich haben sich Verbände und Privatpersonen in Form einer freiwilligen Selbsthilfe gewisse Organe geschaffen, welche mehr oder weniger spezialisiert Funktionen ausüben, die präventiv oder repressiv u. a. auch der Kriminalitätsbekämpfung dienen, obwohl die eigentlichen Interessen der Urheber anderweitig liegen können. In diesem Zusammenhang soll sodann noch kurz auf die Kooperation mit anderen nichtstaatlichen (oder staatlichen) Stellen eingegangen werden, die zwar primär andere Ziele verfolgen, deren Tätigkeit aber – wie etwa bei Notdiensten – nicht selten für die Kriminalpolizei wichtig sein kann.

I. Abhängige private Sicherheitsorgane

Zu den von Unternehmen und dergl. abhängigen Sicherheitsorganen, die für den jeweiligen Bereich u. a. kriminalistische Aufgaben wahrnehmen, gehören Einrichtungen wie beispielsweise Werkschutz, Sicherheitsdienste, Hausdetektive usw. Wesentlich ist, daß derartige Stellen im Auftrag eines privaten Dienstherrn tätig werden, sie ihre Befugnisse daher nur aus dessen Recht (z. B. von ihm geschlossenen Arbeitsverhältnissen, seinem Hausrecht und dergl.) oder auch aus einer allgemeinen Rechtsposition ableiten können.

Geerds, Friedrich: Zusammenhänge zwischen Wirtschaft und innerer Sicherheit aus kriminologisch-kriminalistischer Sicht – Arch. f. Krim. Bd. 158, S. 65 ff. (1976), insb. S. 74 ff.

1. Werkschutz

Der Werkschutz ist eine Institution, die vor allem von Wirtschaftsunternehmen geschaffen worden ist und die im Rahmen der von diesen mit ihren Arbeitnehmern eingegangenen Arbeitsverhältnisse (Arbeitsverträge) Sicherungsaufgaben wahrnimmt, die außer auf präventivem Gebiet auch im Bereich der Verbrechensaufklärung liegen können.

Amelunxen, C.: Werkschutz und Polizei – Kriminalistik 1959, S. 497 ff.; *Werkschutz,* Aufbau und Aufgaben – hrsg. v. d. Gemeinschaft zum Schutz der Deutschen Wirtschafte. V. – Körbecke-Möhnesee 1965; *Franzheim,* Horst: Werkschutzrecht. Handbuch für die Betriebspraxis – Köln 1966; *Heinrichs,* Laurenz: Ratgeber für den Werkschutz – Wiesbaden 1969; *Tegel.* Heinrich: Sicherheit im Industriebetrieb – Kriminalistik 1973, S. 423ff.; *Amelunxen,* Clemens: Werkschutz und Betriebskriminalität – 4., neub. Aufl. – Hamburg 1973; *Baak,* Walter (Hrsg.): Werkschutzhandbuch für Ausbildung und Praxis – Köln 1975; *Karl,* Heinz: Werkschutz und Polizei – Kriminalistik 1976, S. 209 ff.; *Kaiser,* Günther/*Metzger-Pregizer,* Gerhard (Hrsg.): Betriebsjustiz. Untersuchungen über die soziale Kontrolle abweichenden Verhaltens in Industriebetrieben – Srafrecht und Kriminologie Bd. 1 – Berlin 1976; *Schäfer,* Herbert: Der Werkschutz als Sicherheitsfaktor – der kriminalist 1977, S. 196 ff. (= Die Polizei 1977, S. 153 ff.); *Amelunxen,* Clemens: Spionage und Sabotage im Betrieb. Die Abwehraufgaben des Werkschutzes und ihre Rechtsgrundlagen – Heidelberg/Hamburg 1977.

In seinen Ursprüngen hängt der heutige Werkschutz zunächst einmal eng mit anderen privaten Wach- und Sicherheitsdiensten (vgl. § 25-II-1) sowie mit den Detektiven (vgl. § 25-II-3) zusammen. Die für

den Werkschutz wesentliche Entwicklung wird jedoch durch Selbstschutzorgane wie sogen. Fabrikdiebstahlsvereine eingeleitet. Hierher gehören beispielsweise der 1861 in Krefeld gegründete „Verein gegen Seidendiebstähle“ und der „Bergische Verein gegen Fabrikdiebstähle“ vom Jahre 1883 in Elberfeld. Diese gaben ebenso wie nach ihrem Vorbild gegründete weitere Vereine ihren Mitgliedsfirmen Berichte und Vorschläge für präventive Maßnahmen; sie beteiligten sich z. T. aktiv an der Aufklärung solcher Straftaten. Schließlich richteten große Einzelbetriebe eigene Organisationen zur Diebstahlsbekämpfung ein, was man als die eigentliche Gebursstunde des Werkschutzes bezeichnen kann. Und in der Tat sprach man schon vor dem 1. Weltkrieg von Werkschutzabteilungen.
Die Anfänge des heutigen Werkschutzes reichen mithin in Deutschland bis in die Zeit vor dem 1. Weltkrieg, der diese Entwicklung naturgemäß intensivierte. So bekam der Werkschutz damals z. T. sogar die Rechtsstellung einer Hilfspolizei. Nach zunächst rückläufiger Entwicklung zeigten die Jahre nach 1933 dann wiederum eine ähnliche Tendenz.

Wichtig ist zunächst einmal, daß der Werkschutz als eine private Institution keinerlei polizeiliche oder hoheitliche Befugnisse besitzt, sondern nur diejenigen Rechte ausüben darf, die entweder dem Unternehmen (insb. als Eigentümer oder Arbeitgeber) oder aber jedermann zustehen. Dies ist deshalb besonders wichtig, da Uniformierung und Arbeitsweise der Werkschutzangehörigen z. T. an eine polizeiliche Tätigkeit erinnert, weshalb hier manche – mit kritischen Unterton – von einem Organ der Selbst- oder Betriebsjustiz zu sprechen pflegen.
Trotz sehr unterschiedlicher Organisationsformen sind für den Kriminalbeamten zwei Arbeitsbereiche des Werkschutzes besonders wichtig, wobei seine Tätigkeit jeweils sowohl präventiven als auch repressiven Charakter haben kann.
Zunächst einmal geht es beim Werkschutz um den Eigenschutz sowohl des Unternehmens als auch der Betriebsangehörigen und ggf. von Betriebsfremden (Kunden, Besuchern). Dies kann außer auf präventive auch auf repressive Maßnahmen bei innerbetrieblichen Straftaten (Betriebskriminalität) hinauslaufen. In diesen Tätigkeitsbereich des Werkschutzes gehören außer Torkontrollen und Streifengängen beispielsweise auch Durchsuchungen von Räumen und Sachen sowie ggf. Leibesvisitationen. Im Zusammenhang mit diesen Aufgaben des Werkschutzes stehen häufiger seine Aktivitäten zum Zwecke des Brandschutzes (z. B. Werksfeuerwehr) und der Katastrophenabwehr. In allen diesen Bereichen befassen sich je nach Lage Werkschutzangehörige mehr oder minder intensiv damit, die Unternehmensleitung bei baulichen und organisatorischen Maßnahmen zu beraten, welche kriminellen oder sonst gefährdenden Praktiken vorbeugen sollen. Präventiv ist ferner auf seine Mitwirkung bei der Einstellungskontrolle oder bei besonderen Überprüfungen für Geheimnisträger hinzuweisen sowie auf die sich daran anschließende Beobachtung von Betriebsangehörigen.
Zum anderen erfüllt der Werkschutz gewöhnlich bedeutsame Funktionen im Zusammenhang mit der Fürsorgepflicht des Unternehmens als Arbeitgeber (Arbeitsschutz) und der ihm auch im Interesse von Betriebsfremden obliegenden Pflicht zur Verkehrssicherung. In diesem Tätigkeitsbereich ist vor allem an diejenigen Gefahren zu denken, die von Produktionsmitteln und -materialien ausgehen. Er ist insb. für den Schutz von Leib und Leben der Menschen im Betriebsbereich und in dessen unmittelbarer Nähe wichtig. Die Pflichten des Werkschutzes im Zusammenhang mit der Betriebssicherheit umfassen nicht zuletzt wirksame Maßnahmen im Interesse des Umweltschutzes. Häufiger obliegt dem Werkschutz auch die Kontrolle der Einhaltung von Vorschriften des Jugendschutzes.

Größere Werkschutzorganisationen haben für alle diese Zwecke z. T. besondere Gruppen oder Einheiten gebildet. So gibt es dort beispielsweise u. U. einen besonderen Ermittlungsdienst, der als solcher Betriebsangehörige – u. U. sogar Besucher – als Beschuldigte oder Zeugen vernimmt. Derartige Maßnahmen können – Einverständnis der Betroffenen vorausgesetzt – sogar außerhalb des Betriebsgeländes vorgenommen werden. Kommt es nicht zu einer innerbetrieblichen Regelung, so können solche Ermittlungsvorgänge und sonstige Unterlagen des Werkschutzes später an die staatlichen Strafverfolgungsorgane abgegeben werden.

Neben dem Ermittlungsdienst und dem zahlenmäßig gewöhnlich noch stärkeren Ordnungsdienst gibt es bei größeren Werkschutzorganisationen oft noch andere Dienste (z. B. Pförtner-, Streifen-, Verkehrsüberwachungs- und Parkplatzwächterdienst).
Größere Ermittlungsdienste werden zuweilen untergliedert (z. B. allgemeine Kriminalität, Wirtschaftskriminalität, Jugendkriminalität, Wareneingangs- und -ausgangskontrolle, Ausweiswesen).
Die Personalstärke des Werkschutzes, der rund um die Uhr in drei Schichten tätig zu sein pflegt, schwankt naturgemäß nach Größe und Situation des Betriebes; sie reicht von 15 Mann bei Klein- und Mittelbetrieben bis zu Stärken von einigen hundert Werkschutzangehörigen bei Großbetrieben.

Um die praktische Bedeutung des Werkschutzes zu beleuchten, sei gesagt, daß man 1977 allein in der Bundesrepublik Deutschland mit 70000 bis 100000 Wach- und Schutzmännern rechnet, welche – betriebsintern oder auch -extern – für diese Aufgaben eingesetzt sind; z. T. übernehmen aber auch selbständige Wach- und Sicherheitsdienste (vgl. § 25-II-1) Funktionen des Werkschutzes.
Die Qualifikation der Werkschutzangehörigen ist allerdings noch recht unterschiedlich und überwiegend nicht sonderlich befriedigend, weil man die besonderen Probleme der Ausbildung vielfach erst jetzt zu erfassen beginnt. Das hängt gewiß aber auch mit den gerade im letzten Jahrzehnt erheblich gewachsenen Anforderungen zusammen.

Sieht man einmal von Kriminal- und Schutzpolizeibeamten ab, die zum Werkschutz gestoßen sind und sich nach der allgemeinen Ausbildung nur noch mit der Spezialmaterie vertraut machen müssen, so muß, da der Werkschutz auf privater Basis arbeitet, im übrigen auch auf diese Weise eine sachgerechte Ausbildung erzielt werden. Das geschieht entweder betriebsintern oder auf der Ebene der Fachverbände, welche sich zwar seit einiger Zeit um Schulung und um besondere Lehrgänge bemühen, bisher aber wohl nur begrenzte Erfolge erzielt haben.
Dies dürfte ein wesentlicher Grund für die 1971 einsetzenden regionalen Bemühungen von Industrie- und Handelskammern um Ausbildungs- und Prüfungsordnungen (IHK Ludwigshafen 1. 3. 1971; IHK Münster/Westf. 1. 11. 1974; IHK Frankfurt a. M. 1. 1. 1976) und für die Schaffung von privaten Werkschutzschulen sein. Zu ihnen gehört z. B. die Teco-Werkschutzschule in Oldenburg (Kreyenstr. 101, 2900 Oldenburg i. O.), welche sich um eine umfassende und durchgängige Ausbildungskonzeption bemüht. An einen vierwöchigen Grundlehrgang (mit Prüfung: Werkschutz-Fachmann) schließt sich ggf. ein zwölfwöchiger Fachlehrgang an (schulinterne Prüfung: Werkschutzmeister). Besondere Ausbildungsgebiete der Werkschutz-Schule in Oldenburg i. O. sind Betrieblicher Brandschutz, Betriebliches Sanitätswesen und Arbeitssicherheit. Aber auch andere Selbstschutzorgange (siehe § 25-III-1-b) befassen sich seit einigen Jahren intensiver mit der Aus- und Fortbildung von Werkschutzpersonal.

Ungeachtet gewisser Gefahren, die mit der Siebfunktion des Werkschutzes als eines Organs der „Betriebs- oder Selbstjustiz“ verbunden sind, da sein Standpunkt oft für die Einschaltung staatlicher Strafverfolgungsorgane ausschlaggebend sein dürfte, überwiegt insgesamt für die Kriminalpolizei doch die positive Seite. Der Werkschutz leistet nicht nur oft wertvolle Vorarbeit, sondern kann die kriminalpolizeilichen Ermittlungen zuweilen sehr eindrucksvoll unterstützen; dies geschieht außer auf Grund besonderer Personal- und Betriebs-

kenntnisse u. U. sogar durch tätige Hilfe in Form von Observation oder durch Einsatz technischer Mittel (z. B. von Fallen).
Allerdings sollte der Kriminalbeamte bei der mithin für ihn wichtigen Zusammenarbeit mit dem Werkschutz darauf achten, daß es dabei nicht zu einem störenden Nebeneinander kommt. Ungeachtet der Amtsverschwiegenheit dem Werkschutz gegenüber kann dieser schließlich sogar bei der Resozialisierung Verurteilter behilflich sein.

2. Andere Sicherheitsdienste

Neben dem Werkschutz gibt es bisweilen noch andere Sicherheitsdienste, die von Unternehmen dann üblicherweise für besondere Aufgaben eingerichtet werden. Obwohl man diese dann organisatorisch nicht dem Werkschutz zurechnet, decken sich ihre gewöhnlich begrenzteren Aufgabenbereiche doch insoweit mit denen des Werkschutzes. Je nach Lage des Falles kann daher auch eine Zusammenarbeit mit ihnen für die Kriminalpolizei von Nutzen sein.

Zu denken ist hier außer an besondere Werksfeuerwehren und dergl. , für die Entsprechendes wie für Notdienste (§ 25-IV) gilt, an interne Revisionsabteilungen oder Kontrollinstanzen und -personen, die – wie beispielsweise Pförtner oder Nachtwächter – Funktionen übernehmen, welche in anderen Betrieben dem Werkschutz vorbehalten sind. Entscheidend ist allein, daß vom Unternehmen oder einer Privatperson abhängige Arbeitnehmer vor allem Aufgaben sichernder Art wahrzunehmen haben.

3. Hausdetektive

In diesem Zusammenhang abhängiger privater Sicherheitsorgane ist daher ferner kurz auf Hausdetektive und dergl. hinzuweisen, da ihre Arbeit bei anderer Organisationsform weithin der von Privatdetektiven entspricht, die alsbald behandelt werden sollen (§ 25-II-3).

Stoperan, Günther: Polizei und Hausdetektiv – der kriminalist 1976, S. 678 f.

Anders als beim Werkschutz und ähnlichen Sicherheitsdiensten handelt es sich hier typischerweise um Einzelpersonen, denen vom Arbeitgeber, insb. einem Unternehmen, in seinem Bereich bestimmte Sicherheitsaufgaben zugewiesen werden. – Bekannte Beispiele hierfür sind Warenhaus- und Hoteldetektive, die dem Schutz des Eigentums sowohl der Firma als auch der Kunden dienen sollen.

Die Wirksamkeit solcher Hausdetektive zeigt sich beispielsweise sehr deutlich bei der Bekämpfung von Laden- und insb. von Warenhausdiebstählen. Von ihnen wird nicht nur ein großer Teil derartiger Straftaten aufgeklärt, sondern sie können auf Grund ihrer beruflichen Tätigkeit im fraglichen Bereich oft mit für die Kriminalbeamten nützlichen Informationen aufwarten; durch entsprechende Hinweise der Kriminalpolizei hat man schließlich Hausdetektive auch für die Fahndung und für gezielte Kriminalprävention nutzbar gemacht.

II. Selbständige Sicherheitsunternehmen

Demgegenüber handelt es sich bei selbständigen Sicherheitsunternehmen wie Wachdiensten, Auskunfteien und Privatdetektiven um Unternehmen bzw. Einzelpersonen, deren – durchweg entgeltliche – berufliche Tätigkeit und Arbeitsweise mehr oder weniger kriminalistischen Charakter hat, weil sie u. a. auf Verbrechensverhütung oder -aufklärung abzielt. Dennoch oder gerade deshalb begegnen manche Kriminalbeamte diesen Stellen und Personen z. T. mit Skepsis oder offenem Mißtrauen, obwohl Ausnahmefälle, die überall vorkommen, ein derart pauschales Vorurteil nicht zu begründen vermögen.

Soweit man dabei auf eine ausreichende Prüfung der persönlichen und fachlichen Eignung blickt, läßt man diese Menschen leider häufig die in der Bundesrepublik im Vergleich zu anderen Staaten zu verzeichnende, in der Sache unverständliche Abstinenz des Gesetzgebers entgelten.

Obgleich die Verhältnisse in den einzelnen Staaten sehr unterschiedlich sind, kommt solchen selbständigen Sicherheitsunternehmen in Deutschland ebenso wie in anderen westlichen Ländern schon seit langem erhebliches Gewicht zu.

So zählt man beispielsweise bereits 1925 in Deutschland allein 132 Detektivinstitute mit 7624 Angestellten und 437 Bewachungsinstitute. Es sollte daher auf der Hand liegen, daß der Kriminalbeamte diesen Berufszweig nicht ignorieren darf, sondern ihn für seine Arbeit nutzen sollte.

Neben den nunmehr zu behandelnden Sicherheitsunternehmen gibt es ferner zahlreiche Firmen der sogen. **Sicherheitsindustrie** sowie Personen, die ähnlich wie die kriminalpolizeilichen Beratungsstellen (§ 27-IV-2-d) sowohl Wirtschaftsunternehmen und Firmen als auch Privatpersonen in Sicherheitsfragen entgeltlich oder unentgeltlich beraten.

Tegel, Heinrich: Private Sicherheitsberatung in der Industrie – Kriminalistik 1974, S. 566 ff.

Auf diesen für repressive und vor allem präventive Kriminalitätsbekämpfung wichtigen Bereich kann hier jedoch nur allgemein hingewiesen werden, zumal da die Arbeitsweise insoweit derjenigen zu entsprechen pflegt, die für die nunmehr zu behandelnden Sicherheitsunternehmen charakteristisch ist; allerdings ist zu beachten, daß eine solche Beratung hier oft mehr ein Begleiteffekt von Produktion und Absatz der fraglichen Produkte ist, weshalb eine gewisse, gesunde Skepsis angebracht sein dürfte.

1. Selbständige Wach- und Sicherheitsdienste

Bei den selbständigen Wach- und Sicherheitsdiensten handelt es sich einmal um Bewachungsunternehmen, die auf Grund von Verträgen mit ihrem Auftraggeber bestimmte, vor allem präventive Sicherungsaufgaben übernehmen. Zum anderen läßt sich aber schon in diesem Bereich, wie abschließend angedeutet werden soll, eine Spezialisierung beobachten.

75 Jahre Wach- und Sicherheitsgewerbe. 1901–1976 – hrsg. v. Bundesverband Deutscher Wach- und Sicherheitsdienste e. V. – Frankfurt a. M. (1976); *Kusch,* Ernst-Günther: Das Wach- und Sicherheitsgewerbe heute – Die Polizei 1977, S. 14 ff.; *Fedler,* Gerhard: Die rechtlichen Grundlagen für gewerbliche Sicherheitsunternehmen in der Bundesrepublik Deutschland – Sicherheits-Report 1977, Nr. 1, S. 2 ff.; *Finnberg,* E.: Der private Selbstschutz unter besonderer Berücksichtigung der Verhütung von Diebstählen – Sicherheits-Report 1977, Nr. 2, S. 2 ff.; *Hoffmann-Riem,* Wolfgang: Übergang der Polizeigewalt auf Private? – PFA 3/77, S. 6 ff.; Vgl. aus älterer Zeit insb. *Nelken,* S.: Das Bewachungsgewerbe. Ein Beitrag zur Geschichte des Selbstschutzes – (2. Aufl. v. „Das Bewachungsgewerbe") – Berlin 1927.

Typisch für diese Sicherheitsunternehmen sind die sogen. Wach- und Schließgesellschaften, die als Privatunternehmen vor allem Anwesen, Betriebe und Parkplätze oder auch den Transport von Sachen überwachen bzw. für die Sicherheit von Personen sorgen. Es gibt aber auch Unternehmen, die sich auf die oben behandelten Aufgaben des Werkschutzes (§ 25-I-1) spezialisiert haben. Sie stellen – wie z. B. das Hamburger Institut für Wirtschaftsschutz GmbH seinen Teco-Sicherungsdienst – ihre Kräfte bestimmten Unternehmen für diese Zwecke zur Verfügung.

Derartige Sicherheitsdienste haben daher eine Doppelstellung; einmal ist die betreffende Einheit den fachlichen Weisungen der jeweiligen Unternehmensleitung (Auftraggeber) unterstellt, zum anderen unterstehen die Sicherheitskräfte personell und disziplinarisch demjenigen Sicherheitsunternehmen, welches die dem betreffenden Betrieb zur Verfügung gestellt hat.

Die Geschichte dieser Wach- und Sicherheitsdienste hat im Grunde dieselben Wurzeln wie die der Polizei, von welcher sie im Mittelalter und der beginnenden Neuzeit oft nur schwer zu unterscheiden waren, wenn man etwa an Nachtwächter und Nachtwachen denkt, die als solche schon im Altertum bekannt waren. Vom 14. und 15. Jahrhundert an geben dann auch deutsche Quellen näheren Aufschluß über die damals schon mannigfachen Aufgaben und die Arbeitsweise solcher Nachtwächter.

Außer auf Diebe und Einbrecher hatten sie schon zu jener Zeit beispielsweise auf Ausbruch von Feuer zu achten. Allerdings wurden diese typischerweise kommunal Bediensteten durchweg dürftig entlohnt und waren daher auf Nebenverdienste angewiesen, was ihren Aufgaben nicht immer förderlich war. Dennoch hielt sich das allseits beliebte, z. T. aber auch beschmunzelte Institut des Nachtwächters bis weit in die Neuzeit hinein.

Doch erst der Ausbau des Polizeiwesens im 18. und 19. Jahrhundert führte zu einer deutlicheren Trennung staatlicher und nichtstaatlicher (privater) Wachdienste.

So wurden beispielsweise in Berlin in den Jahren von 1830–1854 mit dem Feuerlöschwesen auch die Nachtwachen umgestaltet. Die Nachtwächter und damit der nächtliche Schließdienst überhaupt wurden zunächst der Schutzmannschaft, d. h. der Ordnungspolizei, unterstellt bzw. übertragen. Da man jedoch – nicht zuletzt wegen der dadurch dem Staat entstehenden Kosten – die Übernahme des Schließdienstes durch uniformierte Beamte ablehnte und auch die Handhabung durch staatliche Organe den individuellen Sicherheitsinteressen nicht immer gerecht wurde, übernahmen schließlich in Berlin vier für bestimmte Bezirke zuständige Hausbesitzerorganisationen diese Aufgabe, wofür 18 Wächter eingestellt wurden. Ähnlich verlief die Entwicklung in anderen Städten.

Die eigentliche Geburtsstunde der modernen Wach- und Sicherheitsdienste Deutschlands war jedoch die am 15. Juli 1901 nach nordamerikanischen Vorbildern erfolgte Gründung des „Hannoverschen Wach- und Schließinstituts Jacob & Co". Noch in demselben Jahr (18. Nov. 1901) entstand auf Initiative der Herren Kossmann und Steinberg die „Kölner Wach- und Schließgesellschaft". In anderen Städten (z. B. München, Elberfeld, Hamburg, Leipzig, Breslau, Frankfurt a. M., Nürnberg, Düsseldorf, Berlin) folgte man bald diesen Beispielen oder gründete man Filialen bzw. Tochterunternehmen, weil in der Presse mitgeteilte Erfolge dieser neuen Sicherheitsorgane recht ermutigend wirkten.

Mit der wachsenden Zahl solcher Unternehmen sowie der Zunahme des Personals ergaben sich prompt Organisations- und Ausbildungsprobleme, die mehr oder weniger tatkräftig angepackt wurden. Ebenso wie zunächst heftige Widerstände von außen begünstigte ferner ruinöses Preisgebaren aus Furcht vor Konkurrenz derartige Bemühungen.

So wurden auf Initiativen von Kossmann schon 1904 in Köln die „Centralstelle der vereinigtenWach- und Schließgesellschaften (Kölner Verband)" und sodann 1909 der „Internationale Verband der Wach- und Schließgesellschaften" in Köln gegründet, welchem auch ausländische Unternehmen angehörten. Wesentlich für die weitere Entwicklung aber blieb der Kölner Verband; in ihm ging 1909 auch ein früher in Leipzig gegründeter Verband auf.

Die Kriegs- und Nachkriegsverhältnisse trugen trotz aller Schwierigkeiten wesentlich zum Ausbau dieser Wachdienste bei, weshalb man sie hierzulande seit den 20er Jahren als wirklich etabliert ansehen konnte.

Nach 1933 wurden alle Wach- und Sicherheitsunternehmen in einem „Reichsverband des Deutschen Bewachungsgewerbes e. V." zusammengefaßt. Durch eine Verordnung vom 14. Dez. 1937 unterstellte man diese Unternehmen der sicherheitspolizeilichen Aufsicht.– Für die Arbeit brachte der 2. Weltkrieg dann ähnliche, z. T. noch größere Probleme als die Jahre während des 1. Weltkriegs und nach diesem mit sich.

Nach 1945 wurde im Zuge des Wiederaufbaus auch das Wach- und Sicherheitsgewerbe auf privater Basis neu organisiert. So kam es nach regionalen Zusammenschlüssen am 31. März 1948 zu einer vorläufigen Arbeitsgemeinschaft, die am 27. Sept. 1948 zur Konstituierung des „Zentralverbandes des deutschen Bewachungsgewerbes e. V." führte, welcher 1973 in „Bundesverband Deutscher Wach- und Sicherheitsdienste e. V." umbenannt wurde. Diesem Bundesverband gehören zur Zeit etwa drei Viertel aller in diesem Bereich tätigen Unternehmen an; er hat Sitz und Geschäftsstelle in Frankfurt a. M. (Leerbachstr. 113, 6000 Frankfurt a. M.); am 1. Jan. 1978 wird die Geschäftsstelle nach Bad Homburg verlegt (Schwedenpfad 16, 6380 Bad Homburg v. d. H.).

Die geltende Satzung des Bundesverbandes datiert vom 8. Mai 1973. Sie erläutert u. a. seine Aufgaben welche beruflicher, wirtschaftlicher und sozialpolitischer Art sind. Der Verband vertritt nicht nur die Interessen seiner Mitglieder öffentlichen Stellen gegenüber, sondern will neben dem Erfahrungsaustausch unter seinen Mitgliedern auch den lauteren Wettbewerb fördern. Auch andere Regelungen dienen der seriösen Arbeitsweise der Mitglieder wie nicht zuletzt ein Schiedsgericht, für welches eine besondere „Schiedsgerichtsordnung" erlassen worden ist.
Im Rahmen der Öffentlichkeitsarbeit des Bundesverbandes ist außer auf von ihm herausgegebene Einzelpublikationen und Stellungnahmen in den Massenmedien auf die einer Fachzeitschrift ähnliche „W + S – Information" hinzuweisen, von welcher 1977 bereits der 29. Jahrgang erschienen ist.

Für die Aufnahme und Handhabung der Tätigkeit solcher Wach- und Sicherheitsdienste gibt es in der Bundesrepublik eine Reihe von Rechtsvorschriften.

So bedürfen die privaten Wach- und Sicherheitsdienste in der Bundesrepublik – wie schon im Deutschen Reich seit dem 7. Febr. 1927 – einer Gewerbeerlaubnis. Der damals in die Gewerbeordnung nach langen Diskussionen eingefügte § 34a GewO wird seit 1963 durch eine Verordnung über das Bewachungsgewerbe konkretisiert; sie ist am 1. Juni 1976 neu gefaßt worden. Diese Verordnung enthält u. a. Vorschriften für das Wachpersonal, dessen Mindestalter 18 Jahre ist, über die Wachregelung und die Ausstattung der Wachmänner mit Uniform, Dienstausweis und Waffe. Jedes Unternehmen ist gehalten, eine Haftpflichtversicherung abzuschließen, für die es bestimmte Mindesthöhen gibt.

Die Aufgaben der Wachdienste sind heutzutage vielgestaltiger als man gemeinhin annimmt. Sie gehen weit über Schlösserkontrolle und Schließdienst hinaus. Und gerade in den letzten 10–15 Jahren sind die Anforderungen beträchtlich gestiegen. Neben den Schutz vor Brand und Brandgefahren sind andere Formen der Abwehr von Katastrophen und sonstigen Schadensfällen getreten. Weiter werden die Unternehmen außer zur Revierbewachung oder zu denselben Zwecken wie ein (abhängiger) Werkschutz ferner zum gezielten Objektschutz und zu Kontrollaufgaben der verschiedensten Art eingesetzt (z. B. bei Baustellen, Anlagen, Fahrzeugen sowie zum Transportschutz oder zum Personenbegleitschutz).

Dies alles bedingt, daß sich das Bewachungsgewerbe nicht nur relativ früh den Wachhund nutzbar gemacht hat, sondern es schon alsbald nach dem 1. Weltkrieg begann, die Mittel der Technik für seine Zwecke einzusetzen. Dieser Bereich hat sich, wenn man an Raumschutz durch Alarmanlagen der verschiedensten Art sowie bauliche, mechanische und sonstige Sicherungen denkt, die bis hin zu Organisationsfragen reichen, gerade in jüngster Zeit erheblich ausgeweitet. Neben Funkfahrzeugen und Handfunksprechgeräten verfügen manche Unternehmen heute über leistungsfähige Notrufzentralen, welche rund um die Uhr besetzt sind.

Um eine gewisse Vorstellung von der jetzigen praktischen Bedeutung dieser privaten Sicherheitsorgane zu vermitteln, sei gesagt, daß allein der Bundesverband Deutscher Wach- und Sicherheitsunternehmen im Jahre 1976 rund 250 (steuerpflichtige) Unternehmen mit über 51000 Bediensteten in der Budesrepublik umfaßte. Und ungeachtet gewisser Schwierigkeiten der Erfassung können diese Selbstschutzorgane doch gewiß bemerkenswerte Erfolge aufweisen.

Die Erfolge der Arbeit von Wach- und Sicherheitsdiensten im Bereich der Prävention werden beispielsweise dadurch unterstrichen, daß der Bundesverband allein für das Jahr 1975 insgesamt 11,8 Mio von Wachmännern festgestellte Sicherheitsmängel registriert hat. Davon entfallen mit 4,95 Mio Fällen weit mehr als ein Drittel auf offene Türen und Fenster. In 737000 Fällen hatte man Schlüssel stecken lassen. Wachmänner entdeckten in jenem Jahr 68500 Wasserrohrbrüche und 7900 Brände, die z. T. von ihnen gelöscht wurden.
Aber auch im repressiven Bereich kann sich die Erfolgsstatistik der deutschen Sicherheitsunternehmen sehen lassen. So verhinderten im Jahre 1975 Wachmänner in 24600 Fällen Einbrüche oder andere Diebstähle; sie nahmen 6.800 Einbrecher oder sonst tatverdächtige Personen vorläufig fest.

Trotz der privaten Arbeitsbasis dieser Wach- und Sicherheitsdienste kommt ihre Tätigkeit keineswegs nur Privatinteressen – des Auftraggebers bzw. Unternehmers – zugute, sonern unterstützen sie die staatlichen Sicherheitsorgane wie die Polizei dabei, die öffentliche Ordnung und Sicherheit aufrechtzuerhalten, was sicherlich auch den Belangen der Gesellschaft dient.

Während die Polizei den Wach- und Sicherheitsdiensten zunächst skeptisch gegenüberstand, sie sogar als Konkurrenten betrachtete, hat sich dieser Standpunkt längst gewandelt. Sowohl mit Kriminal- und Schutzpolizei als auch mit den einschlägigen Ministerien bestehen ebenso wie mit der Versicherungswirtschaft und naturgemäß mit der Sicherheitsindustrie mancherlei Kontakte und gibt es vielfach bereits eine gute Zusammenarbeit. Eine solche ist übrigens auch für andere staatliche oder private Organe wie beispielsweise die Feuerwehr (§ 25-IV-1) wichtig.

Nach allem steht wohl außer Frage, daß man derartige Unternehmen und ihre Bediensteten, soweit das überhaupt bei privaten Helfern zulässig ist, für kriminalistische Zwecke nutzbar machen sollte. Ebenso wie Wach- und Sicherheitsdienste eine die Tätigkeit staatlicher Organe in sinnvoller Weise ergänzende Funktion für die innere Sicherheit haben, sollte man sich um eine möglichst intensive Kooperation bemühen. Denn nicht nur aus den Orts- und Personenkenntnissen dieser privat arbeitenden Kriminalisten, sondern ebenso aus ihrer Aufmerksamkeit, welche durch entsprechende Informationen intensiviert werden kann, vermögen die staatlichen Strafverfolgungsorgane sowohl bei Ermittlungen als gerade auch bei ihrer präventiven Arbeit mancherlei Nutzen zu ziehen.
Daß es auch innerhalb der Wach- und Sicherheitsdienste noch Spezialisierungen gibt, soll

abschließend für den in den letzten Jahrzehnten in besonderem Maße Gefahren ausgesetzten Transport von Geld und Wertsachen dargelegt werden. Obgleich auch die bereits behandelten Unternehmen den Schutz solcher Transporte übernehmen, hat sich wegen ihrer besonderen Gefährdung – nicht zuletzt durch kriminellen Schußwaffengebrauch – eine Spezialisierung entwickelt, welche dem Kunden ein höheres Maß an Sicherheit verspricht.
So hat sich in der Bundesrepublik am 15. Sept. 1971 ein „Fachverband der Geld- und Werttransportunternehmen e. V." gebildet, welchem sich bisher 16 auf derartige Sicherheitsaufgaben spezialisierte Unternehmen angeschlossen haben; meistens handelt es sich hierbei um Spezialabteilungen von Wach- und Sicherheitsdiensten. Der Sitz des Fachverbandes ist München; seine Geschäftsstelle befindet sich wie die des „Bundesverbandes Deutscher Wach- und Sicherheitsunternehmen e. V." in Frankfurt a. M. (Leerbachstr. 113, 6000 Frankfurt a. M.), ab Anfang Januar 1978 jedoch ebenfalls in Bad Homburg (Schwedenpfad 16, 6380 Bad Homburg v. d. H.).

Der Fachverband, der die Interessen seiner Mitglieder nach außen vertritt, will seiner Satzung (15. Sept. 1971) gemäß dafür sorgen, daß bei den ihm angeschlossenen Unternehmen sowohl technisch als auch in der Handhabung ein Höchstmaß von Sicherheit erreicht wird. Ein zu diesem Zweck eingesetzter Sicherheitsbeauftragter überprüft alljährlich einmal die Einhaltung der Sicherheitsvorschriften des Fachverbandes durch seine Mitglieder.

Die Sicherheitsvorschriften des Fachverbandes der Geld- und Wertransportunternehmen betreffen neben der Einstellung von Arbeitskräften (Mindestalter 20 Jahre, polizeiliches Führungszeugnis, Fingerabdrücke, Lichtbilder) und deren Schulung (theoretischer und praktischer Schußwaffengebrauch, Erste Hilfe) vor allem die besonderen Schutzmaßnahmen gegen rechtswidrige Angriffe auf Geld- und Werttransporte. Außer um entsprechend eingerichtete Transportfahrzeuge geht es hier um technische und organisatorische Maßnahmen zu einer möglichst sicheren Durchführung von Werttransporten (Besatzung, Wegstrecke, Funkbetrieb). Angefügt sind besondere Vorschriften für Waffenträger.
Zu einem Höchstmaß technischer Sicherheit der Transportfahrzeuge und -behälter, deren Inhalt ggf. sekundenschnell vernichtet oder gekennzeichnet werden kann, treten mithin eine besondere Qualifikation des Personals sowie bestimmte Sicherheitsvorschriften, um auf diese Weise wirklich einen echten Sicherheitstransport zu erreichen. Die nach allem einsehbare Spezialisierung von Sicherheitsdiensten läßt im fraglichen Bereich eine enge Fühlungnahme mit diesen Unternehmen und ihren Mitarbeitern auch für staatliche Strafverfolgungsorgane wie die Kriminalpolizei in besonderem Maße als angezeigt erscheinen.

2. Auskunfteien

Bei den Auskunfteien handelt es sich dagegen um Personen oder typischerweise Unternehmen, die durch Sammeln von Informationen und ggf. durch Recherchen ihren Kunden entgeltlich Auskünfte bestimmter Art erteilen. Solche Auskunfteien gibt es vor allem im Bereich der Wirtschaft, wo man sich mit ihrer Hilfe insb. vor Gefahren bei der Kreditvergabe, aber auch bei Firmengründung oder Anstellung von Mitarbeitern zu schützen sucht.

Zirpins, Walter: Kontakte mit führenden Handelsauskunfteien – Wichtige Hilfe bei der Bekämpfung der Wirtschaftskriminalität – Kriminalistik 1968, S. 12 f.; *Windolph,* Albert: Die präventive Bekämpfung der Wirtschaftskriminalität durch Handelsauskunfteien – Die Schimmelpfeng GmbH – GrKrim Bd. 13/2, S. 306 ff. (1976).

Als typisches Beispiel einer Handelsauskunftei kann das von dem Kaufmann Wilhelm Schimmelpfeng am 1. Nov. 1872 in Frankfurt a. M. gegründete „Auskunfts- und Kontrollbüro über geschäftliche, insb. Kreditverhältnisse„ gelten, das als „Auskunftei W. Schimmelpfeng“ 1913 bereits 99 ausländische Niederlassungen hatte; seit 1972 firmiert das Unternehmen als „Schimmelpfeng GmbH“.

Mit damals 96 Niederlassungen und Büros in der Bundesrepublik Deutschland und etlichen ausländischen Schwestergesellschaften lassen sich Kreditauskünfte aus etwa 120 Staaten beschaffen.

Wesentliches Tätigkeitsfeld einer Handelsauskunftei sind Auskünfte über Kreditfähigkeit und Kreditwürdigkeit. Es kann aber auch um Beteiligungen, Lizenzen oder um die Eignung als Vertreter oder sonstiger Mitarbeiter gehen. Mit dem durch derartige Auskünfte bezweckten Schutz vor Verlusten verbindet sich ein erheblicher Einfluß auf die Kreditvergabe. Allerdings bringt die Prävention durch Warnung nicht nur Formulierungsschwierigkeiten, sondern auch manche Risiken für die Auskunfteien mit sich.

Da Auskunfteien aber auch in anderen Bereichen tätig werden können, überschneidet sich ihr Arbeitsgebiet zuweilen mit dem der Privatdetektive (unten 3) und können die Organisationsformen daher dieselben oder ähnliche sein. Doch kann wegen der Arbeitsweise in solchen Fällen auf das Folgende verwiesen werden.

3. Privatdetektive

Der Beruf eines selbständigen Privatdetektivs bzw. des bei einem solchen Angestellten läßt sich in Deutschland jedenfalls im 19. Jahrhundert nachweisen. Nach Berlin und Frankfurt a. M. findet man auch in anderen deutschen Städten solche Unternehmen.

Es ist also – wie schon angedeutet – keineswegs nur an den Privatdetektiv als Einzelperson zu denken, wie er mehr oder weniger realistisch gezeichnet in Kriminalgeschichten aufzutreten pflegt; vielmehr finden sich in der gegenwärtigen Praxis häufiger den oben (2) geschilderten Auskunfteien vergleichbare Organisationsformen, d. h. Betriebe mit entsprechender Zielsetzung.

Dessau, Manfred: Privatdetektive. Ein Leitfaden des Berufes – Düsseldorf 1972; *Dunze,* Helmuth: Der Detektiv in der Bundesrepublik Deutschland und Berlin (West) – in: TbKrim Bd. XVIII, S. 283 ff. (1973); *Dessau,* Manfred/*Brinker,* Horst: Der Privatdetektiv in der BRD – Kriminalist im Dilemma – Arch. f. Krim. Bd. 159, S. 107 ff. (1977); *Dunze,* Helmuth: Der Privatdetektiv in der Bundesrepublik Deutschland und in West-Berlin – Kriminalistik 1977, S. 175 f.; *Dunze,* Helmuth: Privatdetektive und allgemeiner Sicherheitsbereich – der Kriminalist 1977, S. 615f. Aus älterer Zeit vgl. beispielsweise *Wulff,* Erwin: Wie werde ich Detektiv? Hand- und Lehrbuch – 5. Aufl. – Dresden 1920.

Vorläufer der heutigen Privatdetektive gab es schon relativ früh. Denn nicht nur Nachtwächter, andere kommunale Bedienstete und staatliche Amtsträger haben sich in allen Zeiten mehr oder weniger intensiv damit befaßt, kriminelle oder sonst ungewisse Sachverhalte aufzuklären und Straftäter zu überführen, um sie den Rechtspflegeorganen zu überantworten. Aber selbst wenn dies zuweilen gegen Entgelt geschah, läßt sich doch nicht von einem Berufsstand der Privatdetektive sprechen. Dieser entstand, was mit den politischen Verhältnissen zusammenhängen dürfte, in den Vereinigten Staaten von Nordamerika und auch in England viel früher als auf dem Kontinent. Ist hier in Frankreich ein 1831 bezeichnenderweise von Vidocq unternommener Versuch zu verzeichnen (vgl. § 28-C-I), so kann man in Deutschland – soweit bekannt – erst seit 1880 von Privatdetektiven im heutigen Sinne sprechen.

Die erste Detektei soll das 1880 in Berlin von Caspari-Roth Rossi errichtete Detektivbureau gewesen sein. Aber schon Ende der 80er Jahre gründete – ebenfalls in Berlin – der frühere Kriminalkommissar Weier, der außer durch seine Erfolge als Kriminalbeamter auch durch einschlägige Publikationen bekannt geworden war, ein weiteres Institut dieser Art. Bald folgten in Berlin und in anderen großen Städten Deutschlands weitere Detekteien, die überwiegend reell und nicht selten mit guten Erfolgen arbeiteten, weshalb man das Jahr 1880 als den Beginn der Arbeit deutscher Privatdetektive ansehen kann.

Die Tätigkeit der Privatdetektive hat in Deutschland seit jeher privaten Charakter, d. h. sie verfügen über keine amtlichen Befugnisse oder auch nur über eingeräumte berufliche Vorrechte. Vielmehr handelt es sich um Gewerbetreibende, die diesen Beruf bislang ohne besondere Prüfung oder amtliche Zulassung ausüben dürfen.

Man hat daher durch Berufsorganisationen versucht, für das Detektivgewerbe neben der notwendigen fachlichen Qualifikation auch eine solide Arbeitsweise zu gewährleisten. So wurde in Berlin um die Jahrhundertwende der „Reichsverband Deutscher Detektiv-Institute e. V.“ gegründet, neben dem es aber noch andere Organisationen gab. Nach dem 1. Weltkrieg schlossen sich drei bedeutende Berufsverbände zum „Reichsbund Deutscher Detektive e. V.“ mit Sitz in Weimar zusammen. Die nach dem 2. Weltkrieg entstandenen regionalen Verbände gründeten am 11. Juni 1950 den „Bund Deutscher Detektive e. V.“, der seinen Sitz in Hannover nahm. Er unterhält u. a. ein Lehrinstitut in Braunschweig. Dieser Bund ist Mitglied der von ihm am 7. Dez. 1963 mitgegründeten „Internationalen Kommission der Detektivverbände“, die ihren Sitz in Wien hat. Zusammen mit dem am 24. Sept. 1961 gegründeten „Zentralverband der Auskunfteien und Detekteien“ unterhält der „Bund Deutscher Detektive e. V.“ jetzt ein Lehrinstitut in Münster/Westf.
Anfang der 70er Jahre hat man die Zahl der in der Bundesrepublik tätigen Privatdetektive auf etwa 600 geschätzt, von denen aber nur rund die Hälfte den beiden oben genannten Berufsverbänden angehören.

Um im Erwerbsleben bestehen zu können, müssen die Privatdetektive gerade in Deutschland ihre Kenntnisse und ihren Leistungsstand ständig vervollkommnen und verbessern. Dabei ist der Arbeitsbereich oft größer als der von beamteten Kriminalisten.
Das Bild des Privatdetektivs ist in Deutschland – wenngleich nicht nur dort – verzerrt und in vielen Punkten unsicher oder schlicht falsch.

Während die staatlichen Strafverfolgungsorgane und selbst einschlägige Wissenschaften die detektivische Arbeit durchweg ignorieren, findet man in der Öffentlichkeit neben realitätsfernen Idealklischees mitunter ganz entwürdigende Pauschalvorstellungen. Selbst wenn für diese Branche nicht gerade repräsentative Personen daran mitschuldig sein dürften, rechtfertigt das kein Pauschalurteil über diesen Beruf.

Wenzky, Oskar: Unzuverlässige Privatdetektive – Kriminalistik 1950, S. 173 ff.; *Klotzbach,* Kurt: Detektive prellten alte Frau um 20 000 DM – Kriminalistik 1956, S. 250 f.

Angesichts der nun bald einhundertjährigen Geschichte der deutschen Privatdetekteien sollte nicht verwundern, daß sich eine lange Liste negativer Erscheinungen im Detektivgewerbe zusammenstellen läßt, wie dies beispielsweise der Zentralverband der Auskunfteien und Detekteien e. V. im Jahre 1974 selbst getan hat, um die Notwendigkeit besserer Rechtsvorschriften, insb. einer Berufs-Zulassungs-

Regelung darzutun. – Diese Chronik der privatdetektivischen Fehlleistungen beginnt mit einem Sherlock Holmes, der 1913 aus dem Selbstmord eines Oberprimaners partout ein Verbrechen machen wollte und sich mit dem von ihm verdächtigten Dienstmädchen verlobte, um sie zu einem (falschen) Geständnis zu bringen. Ein anderer Detektiv beging Anfang 1929 in Elberfeld Selbstmord, weil er – wegen Betruges zweimal vorbestraft – in einer Ehescheidungssache einen Meineid begangen hatte und deswegen zu Gefängnis verurteilt worden war; er erschoß sich, als Kriminalbeamte ihn zum Antritt dieser Strafe abholen wollten. – Es wird weiter beispielsweise über Detektive berichtet, die im Februar 1955 in Berlin als Großbetrüger und Erpresser festgenommen wurden. Über kriminelle Amateurdetektive (1965) und das 1970 von Betrügern im Gefängnis Tegel gegründete „Detektivbüro" reicht die makabre Skala bis hin zu jenen Privatdetektiven, die 1974 für einen Einbruch und den Diebstahl von Geschäftsunterlagen von einer Konkurrenzfirma ein „Honorar" von DM 130 000 erhielten.

Ungeachtet solcher negativen Beispiele, wie sie in jedem Beruf und auch bei Beamten vorkommen, wirkt sich auf die Praxis wohl noch ungünstiger aus, daß selbst bei den staatlichen Strafverfolgungsorganen nicht selten ein Vorurteil zu beobachten ist, welches den Privatdetektiv als Konkurrenten oder gar Kontrahenten bei der Ermittlung erscheinen läßt.

Das wirkliche Berufsbild des Privatdetektivs läßt sich im übrigen am besten unter drei Aspekten erfassen: Eignungsvoraussetzungen, Ausbildung, Aufgaben und Arbeitsweise.

Bei den Eignungsvoraussetzungen kommt es außer auf die gerade hier wichtige persönliche Qualifikation vor allem auf die Vorbildung an. Neben Anschluß einer Realschule oder Abitur wird eine dieser Tätigkeit förderliche Berufsausbildung angestrebt; außer an kriminalistische Berufe ist insoweit an Kaufleute usw. zu denken.

Die Dauer der theoretischen und praktischen Ausbildung zum Privatdetektiv richtet sich nach der Vorbildung, sollte aber nicht länger als zwei Jahre betragen. Neben Schulung ist hier vor allem auch Einsatz in der Praxis wichtig.

Die Aufgabengebiete der Privatdetektive sind überaus vielfältig, ihre Arbeitsweise ist jedoch weithin kriminalistisch. Dies gilt keineswegs nur für sogen. Ermittlungsaufträge, bei denen der Mandant das Ziel verfolgt, die Wahrheit über einen ihm ungewissen Sachverhalt zu erfahren und ggf. Beweise dafür zu erhalten. Auf einem ganz anderen Blatt steht, ob er dies für ein Strafverfahren oder für andere Rechtswidrigkeiten zu nutzen gedenkt. Denn nicht selten wird ein Privatdetektiv – selbst bei Verdacht von Straftaten – gerade deshalb eingeschaltet, um eine außergerichtliche Erledigung zu erreichen, welche unerwünschtes Aufsehen vermeidet. Es kann aber auch Sinn solcher Ermittlungen sein, eine Entscheidung in Personalangelegenheiten oder dergl. vorzubereiten. – Ist in allen diesen Fällen das Befragen von Personen, das Observieren bestimmter Menschen bzw. Orte oder das Anwenden technischer Untersuchungsmethoden im größeren Zusammenhang der Ermittlungen zu sehen, so gibt es beim Privatdetektiv nicht gar so selten auch reine Beobachtungs- oder Überwachungsaufträge, bei welchen es den Mandanten entweder allein auf Information und Wissen oder aber auf Schutz ankommt.

Die Arbeitsweise der Privatdetektive ist ungeachtet der verschiedenartigen Aufgaben, bei denen in der Praxis neben Eheangelegenheiten vor allem Aufträge im wirtschaftlichen Bereich eine Rolle spielen, als solche eigentlich doch immer kriminalistisch. So geht es beispielsweise, wenn prozessual brauchbares Beweismaterial beschafft werden soll, außer um das Befragen von Personen um Observationen oder u. U. um die Anwendung kriminaltechnischer Methoden. Es lassen sich auch hier Innen- und Außendienst unterscheiden.

Und bei Beobachtungsaufträgen, um ein anderes Beispiel zu nennen, liegen die Dinge für den Privatdetektiv ebenso wie für den Kriminalbeamten bei einer Observation.

Neben dem Umstand, daß der Detektiv als Privatperson keinerlei hoheitliche Befugnisse, aber auch keine entsprechenden Pflichten (z. B. zur Strafanzeige) hat, ist der wesentliche Unterschied zum Kriminalbeamten der, daß der Privatdetektiv in besonderem Maße von seinem Auftraggeber abhängig ist; dies ist nicht nur für die Aufgabenstellung, sondern auch für die Arbeitsweise bedeutsam.

Anders als in der Bundesrepublik Deutschland, wo das Gewerbe des Privatdetektivs bisher kaum reglementiert wird, gibt es in anderen westlichen Staaten häufig eine Lizenzpflicht mit einer staatlichen Kontrolle.

Typisch ist insoweit die Lage in den meisten Bundesstaaten der USA; die Distriktsstaatsanwaltschaft erteilt bei Nachweis von Kapital und Eignung eine auf ein Jahr befristete Lizenz gegen Gebühr und staatliche Aufsicht.

In Österreich ist der Beruf des Privatdetektivs schon 1904 zum „konzessionierten Gewerbe" erklärt worden. Außer der persönlichen Verläßlichkeit wird die fachliche Qualifikation des Bewerbers durch eine Prüfung festgestellt.

In Spanien ist bei ähnlicher Rechtslage insoweit das Innenministerium zuständig.
Auch in England ist der Detektivberuf, der z. T. sogar rechtspflegemäßige Tätigkeiten umfaßt, welche bei uns vom Gerichtsvollzieher wahrgenommen werden, sehr angesehen.

Sicherlich ist in Deutschland, was die rechtliche Regelung dieses Berufes und das gerade insoweit nicht glückliche Nebeneinander mehrerer Berufsverbände anlangt, gegenüber anderen Ländern noch ein gewisser Nachholbedarf zu verzeichnen.

Immerhin ist im zweitgenannten Punkte positiv zu vermerken, daß beide Verbände, die 1979 erstmalig am gleichen Tag und an demselben Ort tagen werden, sich darüber einig sind, den Bund Deutscher Detektive und den Zentralverband der Auskunfteien und Detekteien in absehbarer Zeit zu einem Gesamtverband zu verschmelzen, in welchen das Vermögen der beiden alten Verbände eingebracht und deren Mitglieder aufgenommen werden sollen.

Dürfte schon ein solcher Gesamtverband ungeachtet der noch zu verbessernden rechtlichen Regelung den bei einzelnen Privatdetektiven immer noch zu beobachtenden bedenklichen Erscheinungen entgegenwirken, so ist insgesamt sicher nicht zu bestreiten, daß dem Privatdetektiv in einer freien Gesellschaft, welche nicht alle Konflikte staatlich zu regeln sucht, eine wichtige Rolle zukommt. Seine Arbeit ist kriminalpolitisch nicht nur dann zu begrüßen, wenn durch sie eine Inanspruchnahme staatlicher Organe erübrigt wird. Vielmehr wird seine Tätigkeit auch dann, wenn amtliche Stellen eingeschaltet werden, häufig deren Arbeit erheblich erleichtern. Und dies gilt nicht nur für Kriminalbeamte, die schon deshalb auf die hier bestehenden Möglichkeiten zu vertrauensvoller Zusammenarbeit achten sollten.

Sieht man einmal von den derzeitigen und den mit der Struktur dieses Berufes zusammenhängenden Schwierigkeiten ab, welche den Kriminalbeamten zwingen, sich im Einzelfall zu entscheiden, ob und in welcher Weise eine Zusammenarbeit mit einem Privatdetektiv sinnvoll sein kann, so ist dennoch nicht von der Hand zu weisen, daß eine solche auch abgesehen vom konkreten Fall für beide Seiten von Nutzen sein kann. Allerdings muß der Beamte, da es sich um eine Privatperson handelt, seine Pflicht zur Amtsverschwiegenheit beachten.

III. Organe der freiwilligen Selbsthilfe

Organe der freiwilligen Selbsthilfe können in diesem Bereich teilweise den selbständigen Sicherheitsunternehmen ähneln, obwohl sie in Wahrheit, sei es auf Grund von Weisungsgebundenheiten oder doch infolge der finanziellen Mittel, von ihrem Auftraggeber, Gründer oder ihren Mitgliedern materiell abhängig sind; doch gibt es auch relativ selbständig arbeitende Organe. Ihre Tätigkeit erfolgt zudem oft unentgeltlich, wenngleich damit nicht ausgeschlossen ist, daß manche Stellen für ihre Aktivitäten einen Unkostenbeitrag oder dergl. fordern.
Solche Insitutionen werden häufig aus Gründen geschaffen, die sich z. T. mit den Interessen staatlicher Strafverfolgungsorgane decken. Sie können einmal mehr der gegenseitigen Information, zum anderen aber auch der Wahrnehmung präventiver und repressiver Aufgaben der Verbrechensbekämpfung dienen, indem sie u. a. die staatlichen Rechtspflegeorgane einschalten. Derartige Organe der freiwilligen Selbsthilfe oder des Selbstschutzes gibt es vor allem im Wirtschaftsleben, wo sie helfen sollen, unlautere Praktiken zu verhindern bzw. aufzudecken. Solche Selbsthilfeorgane finden sich z. T. auch in anderen Lebensbereichen.
Organe der freiwilligen Selbsthilfe verfügen nicht nur über das für besondere Sparten wichtige Spezialwissen, sondern können – da privatrechtlich, gewöhnlich als e. V. organisiert – frei von den formalen Zwängen staatlicher Organe arbeiten. Es kommt daher außer auf ihre tatsächlichen Informationsmöglichkeiten vor allem auf ihre in der Praxis allerdings recht unterschiedliche Arbeitskapazität an.
Allgemeiner kann man bei diesen Selbsthilfeorganen solche, die sich im wesentlichen auf interne Informationstätigkeit in Form von Auskünften beschränken, von jenen unterscheiden, die darüber hinaus Ermittlungsaufgaben zu bewältigen haben oder doch vor allem durch Öffentlichkeitsarbeit präventiv tätig werden sollen.

1. Informationsstellen

Als Informationsstellen sind genau genommen natürlich auch die alsbald (unter 2) zu behandelnden Organe zu werten, deren Tätigkeit jedoch über eine bloß interne Information hinausgeht. Allerdings sind die Grenzen nicht immer leicht zu ziehen, da auch diese Selbstschutzorgane z. T. zu einer gewissen Öffentlichkeitsarbeit übergegangen sind, weshalb ggf. auf den urpsrünglichen Zweck abgestellt wird. Sie ähneln also in ihrer Arbeitsweise den bei den selbständigen Sicherheitsunternehmen behandelten Auskunfteien (§ 25-II-2). Doch ebenso wie jene können selbst vor allem für interne Zwecke – z. B. von Wirtschaftsverbänden – geschaffene Informationsstellen in gewissen Ermittlungsverfahren für die Kriminalpolizei von Nutzen sein, wie an Hand einiger Beispiele gezeigt werden soll.

a) Der **Verband der Vereine Creditreform e. V.** in Neuß (Krefelder Str. 56, 4040 Neuß) ist eine Organisation mit Funktionen von Handels- oder Wirtschaftsauskunfteien, die im Zusammenhang mit der Förderung des Warenkreditverkehrs u. a. auch einen Inkassodienst betreibt. Muß sich der Verband daher mit Kreditschädlingen befassen, so verfügt er insoweit naturgemäß über Informationsmaterial.

Rödl, Helmut/*Benninghaus,* Michael M.: Prophylaxe durch Information. Möglichkeiten der Bekämpfung der Wirtschaftskriminalität am Beispiel der Tätigkeit von Wirtschaftsauskunfteien – in: Wirtschaftskriminalität. Möglichkeiten der Prophylaxe, Schriftenreihe des Verbandes der Vereine Creditreform Bd. 1, Würzburg 1973, S. 7 ff.; *Benninghaus*, Michael M.: Prävention der Wirtschaftskriminalität durch Wirtschaftsinformation – Die Vereine Creditreform – in: GrKrim Bd. 13/2, S. 118 ff. (1976).

Die Vereine Creditreform lassen sich auf einen 1879 von Mainzer Kaufleuten gegründeten „Verein Barzahlung" zurückführen, der allerdings zunächst den Kredit beseitigen wollte. Alsbald aber erkannte man, daß es in Wahrheit mehr um Schutz gegen schädliches Kreditgeben ging und änderte den Namen in „Verein Creditreform".
Im Laufe der Zeit wurden entsprechende Vereine in anderen Städten gegründet, die sich dann zum Verband der Vereine Creditreform zusammenschlossen. Zur Wirtschaftsinformation, welche die Vereinsmitglieder vor falscher Kreditgewährung schützen sollte, trat dann der Einzug notleidender Forderungen hinzu.

1972 umfaßte die Organisation 103 Vereine im Bundesgebiet und West-Berlin; es wurden in jenem Jahr rund 5,5 Mio Wirtschaftsauskünfte erteilt. Trotz kleinerer Umordnungen waren auch 1976 im Verband 103 Vereine mit insgesamt etwa 71000 Mitgliedern zusammengeschlossen. Die Zahl der von ihnen festangestellten Mitarbeiter belief sich auf 1957.

Der Verband der Vereine Creditreform ist in erster Linie nach wie vor eine Kreditschutzorganisation, d. h. eine besondere Form einer Wirtschaftsauskunftei. Das für die Kreditwürdigkeitsprüfungen gesammelte Material ist aber nicht selten zugleich geeignet, um wirtschaftskriminelle Praktiken zu erkennen und ggf. zu beweisen. Das gilt ebenso für den in diesem Jahrhundert entwickelten Arbeitsbereich der (internen) Information der Vereinsmitglieder über typische Erscheinungsformen, welche ggf. mit Hinweisen auf mögliche Abwehrmaßnahmen verbunden wird.

Durch organisationsinterne Mitteilungen wie Rundschreiben können alle Mitglieder innerhalb weniger Tage vor unlauteren Praktiken gewarnt werden. Dieser Weg hat nicht nur den Vorteil, daß man nicht – wie bei Veröffentlichung üblich – die Rechtskraft eines Urteils abzuwarten braucht, sondern man vermeidet zugleich unnötige Publizität, welche die Täter zu warnen pflegt. Diese Möglichkeit empfiehlt sich beispielsweise, wenn die Kriminalpolizei den hier in Frage stehenden bestimmten Kreis der Allgemeinheit in eine Fahndung einschalten möchte.
Bei der speziellen Prävention durch Erteilen von Auskünften an ein Mitglied bietet zunächst einmal die Informationssammlung mancherlei Schwierigkeiten. Denn neben organisationsintern anfallenden Informationen und jenen aus allgemein zugänglichen Quellen kommt es auf das an, was man von dem zu Beurteilenden, seiner Umgebung oder seinen Geschäftspartnern erfährt. An die je nach Art der gewünschten Auskunft erforderliche Informationsaufbereitung schließt sich die keineswegs leichte Aufgabe an, die Auskunft zwar nüchtern und unanfechtbar (neutral), aber doch für den Empfänger unmißverständlich zu formulieren; dies geschieht etwa bei neutralem Text durch bestimmte Zusätze.
Selbstverständlich kann auch eine Wirtschaftsauskunftei wie der Verband der Vereine Creditreform getäuscht werden; häufiger aber kommt es dadurch zu Pannen, daß Auskünfte nicht genau genug gelesen oder doch nicht hinreichend ernst genommen werden.
Fernmündliche Auskünfte aus dem Archiv des zuständigen Ortsvereins werden kostenlos erteilt. Schriftliche Auskünfte, insb. solche des Verbandes erfolgen entgeltlich auf ein zu diesem Zweck zu erwerbendes Antragsformular hin. In Eilfällen kann für diese Zwecke auch das Creditreform-Fernschreibnetz benutzt werden.
Die von den Vereinen Creditreform ferner durchgeführten Mahn- und Überwachungsverfahren sind in diesem Rahmen vor allem als Informationsmaterial von Interesse.

Der Verband betreibt neuerdings sogar in gewissem Umfange Öffentlichkeitsarbeit. Während sich das Magazin „Creditreform" vor allem an die Mitglieder wendet, obgleich es

auch anderen Organisationen und Behörden zugänglich gemacht wird, ist hier typischer die Herausgabe der „Schriftenreihe des Verbandes der Vereine Creditreform“, mit welcher 1973 begonnen worden ist. Es gibt jetzt ferner neben vom Verband oder den Vereinen organisierten Vorträgen auch gewisse Kontakte mit den Massenmedien.
Ebenso wie mit seinen Schwesterverv\u00e4nden und -vereinen in den benachbarten Staaten arbeitet der Verband der Vereine Creditreform eng mit Industrie- und Handelskammern des In- und Auslands sowie mit staatlichen Behörden zusammen, welche in diesem Bereich tätig werden. Ihm ist auch schon beratende Funktion bei Gesetzgebungsarbeiten zuteil geworden. Diese über den Bereich der eigenen Organisation hinausgehende Bereitschaft zur Kooperation sollten sich Kriminalbeamte und Strafjuristen in geeignet erscheinenden Fällen nutzbar machen. Denn Wissen und Erfahrung der Spezialisten dieses Selbsthilfeorganisationen nicht nur für präventive Maßnahmen, sondern auch bei den oft schwierigen Ermittlungssachen von großem Wert sein.

b) Um Informationen etwas anderer Art geht es bei einer Reihe von **Verbänden oder Vereinen für innerbetriebliche Sicherheit.**
Ziel dieser Selbstschutzorgane ist es, die innerbetriebliche Sicherheit in ihren Mitgliedsfirmen durch Informationen und Beratung sowie durch Ausbildung ihrer Mitarbeiter zu verbessern.

Als Beispiele für derartige Organisationen seien genannt:
Verband für Sicherheit in der Wirtschaft Norddeutschland e. V. (VSWN), Osterfeldstr. 6, 2000 Hamburg 54
Verband für Sicherheit in der Wirtschaft e. V. (VSW), III. Hagen 31, 4300 Essen 1
Vereinigung für Sicherheit in der Wirtschaft e. V. (VSW), Friedrich Naumann-Str. 6, 6500 Mainz 1
Landesstelle für Betriebsschutz e. V. (LfB), Hohenheimer Str. 41 c, 7000 Stuttgart 1
Bayerischer Verband für Sicherheit in der Wirtschaft e. V. (BVSW), c/o Industrie- und Handelskammer München-Oberbayern, Max-Joseph-Str. 2, 8000 München 2.

Diese durchweg auf der Basis gemeinnütziger Vereine organisierten Zusammenschlüsse befassen sich vor allem mit folgenden Aufgabenbereichen, um durch Maßnahmen gegen Wirtschafts- und Betriebskriminalität sowie andere Schäden durch Straftaten die innerbetriebliche Sicherheit zu verbessern.

Die bis 1977 in Bonn bestehende „Koordinierungsstelle für Sicherheitsfragen in der gewerblichen Wirtschaft“ (KS) darf nicht mit den oben genannten Verbänden und Vereinen verwechselt werden. Denn hierbei handelt es sich nicht um eine selbständige Organisation, sondern lediglich um eine Außenstelle, die vor allem auch für Kontakte mit den Behörden in Bonn genutzt wird.

Ein wesentliches Betätigungsfeld ist die **Information** in Form von Erfahrungsaustausch der verantwortlichen Führungskräfte sowie durch Arbeitstagungen oder entsprechende Publikationen.

Es geht dabei außer um dafür wesentliche technische Entwicklungen auch um organisatorische Maßnahmen, die Weitergabe von Informationen der Sicherheitsverbände wie z. B. die KS-Mitteilungen der Koordinierungsstelle für Sicherheitsfragen in der gewerblichen Wirtschaft.

Im Bereich der **Beratung** ist es Ziel dieser Verbände und Vereine, die ihnen angeschlossenen Unternehmen durch das Erarbeiten von Sicherheitskonzeptionen oder Hinweise auf personelle und technische Möglichkeiten bessere Objektsicherung zu unterstützen.

Dasselbe gilt für Maßnahmen gegen Betriebskriminalität und Formen der Wirtschaftskriminalität wie insb. Wirtschaftsspionage und -sabotage. Zu diesem Zweck werden von Experten die jeweiligen Gegebenheiten untersucht und Sicherheitsanalysen erstellt.

Die **Ausbildung** der für die innerbetriebliche Sicherheit in den angeschlossenen Firmen verantwortlichen Mitarbeiter ist bei diesen Vereinigungen oft sogar der Schwerpunkt ihrer Arbeit.

So befaßt man sich mit der Aus- und Fortbildung von Werkschutzpersonal und bereitet dieses auf seine Prüfungen vor. Es gibt auch besondere Werkschutztechnik-, Fernmeldesicherheits- und Ermittlungslehrgänge. Man führt ferner beispielsweise Seminare über betrieblichen Katastrophenschutz, Alarmplanungen und über Maßnahmen bei anderen Schadensfällen durch. Auch mit Datenschutz und speziell mit der Sicherheit in Banken befaßt man sich neuerdings im Rahmen solcher Bildungsveranstaltungen. Teilweise erfolgt diese Ausbildung betriebsintern, teilweise aber auch in eigens für diesen Zweck organisierten Veranstaltungen außerhalb der Betriebe.

Diese Zusammenschlüsse zur Förderung der innerbetrieblichen Sicherheit unterstützen im übrigen ihre Mitgliedsfirmen ferner gelegentlich beim Herstellen von Kontakten mit Behörden oder für die Betriebssicherheit wichtigen Organisationen.
Die oben bezeichneten Verbände und Vereine für innerbetriebliche Sicherheit ergänzen somit nicht nur die Arbeit anderer Selbstschutzorgane und wirken vor allem im präventiven Bereich dadurch, daß sie Straftaten verhindern oder erschweren, sondern sind als Informationsquelle mit Auskunft und sachverständigem Rat ein wichtiger Partner für die Strafverfolgungsorgane, denen auf diese Weise u. U. auch bei der Aufklärungsarbeit Hilfe geleistet werden kann.

c) Ein Beispiel für ein Selbsthilfeorgan außerhalb der Wirtschaft ist das **Deutsche Adelsarchiv** (Friedrichsplatz 15, 3550 Marburg/Lahn), welches Auskünfte erteilt, die Adelsrecht, Genealogie des Adels und Heraldik betreffen. Derartige Anfragen werden von dort ggf. an andere Adelsverbände weitergeleitet.

Das „Deutsche Adelsarchiv" geht auf Initiative von Hans-Friedrich von *Ehrenkrook* zurück, der nach 1945 zusammen mit einer Bibliothek ein Archiv schuf, welches als Arbeitsgrundlage für Auskünfte über alle mit dem deutschen Adel zusammenhängenden Fragen dienen sollte.
1957 übertrug er Bibliothek und Archiv der „Vereinigung der deutschen Adelsverbände" in Bad Godesberg. Im Jahre 1961 wurde als gemeinnütziger Träger das „Deutsche Adelsarchiv" als eingetragener Verein gegründet, der seinen Sitz in Marburg/Lahn hat, wo die Sammlungen 1968 in Räumen des Staatsarchivs untergebracht werden konnten. 1976 umfaßte die Bibliothek mehr als 12000 Bände; das Archiv enthielt Daten über mehr als 10000 Adelsfamilien.

Im Mittelpunkt der Arbeit des „Deutschen Adelsarchivs" steht die Herausgabe der Genealogischen Handbücher des Adels. Die 1976 über 60 Bände umfassende Reihe wächst alljährlich um zwei bis drei Bände. Ergänzt wird sie durch Adelslexikon, von welchem bisher drei Bände (Buchstaben A-F) erschienen sind. Schließlich gibt es noch die Schriftenreihe „Aus dem Deutschen Adelsarchiv" (bisher vier Bände).
Auf Grund seines umfangreichen Materials vermag das „Deutsche Adelsarchiv" festzustellen, wer von den Trägern eines adeligen Namens (hier sind Namensänderung, Adoption, Übernahme des adeligen Geburtsnamens der Frau usw. zu beachten) wirklich zum historischen Adel zu rechnen ist. – Deshalb wenden sich Gerichte und andere Behörden (insb. Standes-, Paß- und Landratsämter) mit der Bitte um Auskunft oder Gutachten dieser Art

an das Archiv; es gehen dort auch Anfragen über die diplomatischen Vertretungen der Bundesrepublik im Ausland ein. Im Rahmen der Möglichkeiten werden aber auch privaten Personen und Stellen Auskünfte erteilt.

Die Einnahmen halten nur mühsam mit den steigenden Ausgaben Schritt; da die Adelsverbände durch Umlagen nur einen Teil des Bedarfs zu finanzieren vermögen, ist das Archiv auf Spenden angewiesen.

Das „Deutsche Adelsarchiv" ist aus freiwilliger Initiative und den privaten Engagements zu einer Institution geworden, die nicht nur im Adel und in der Wissenschaft anerkannt wird, sondern die mit ihrem Material und Überblick außer für Privatpersonen auch für staatliche Stellen hilfreich ist, indem sie aus ihrem Tätigkeitsbereich Auskünfte und Gutachten erstattet. Das gilt nicht zuletzt für die Kriminalpolizei, Staatsanwaltschaften und Strafgerichte, die keineswegs lediglich in Fällen von Namens- oder Geltungsschwindel bzw. Hochstapelei, sondern auch in manchen anderen Strafsachen auf das Archiv zurückgreifen, dessen Tätigkeit insoweit sicherlich auch einen präventiven Effekt hat.

2. Stellen für Ermittlungstätigkeit und Öffentlichkeitsarbeit

Andere Organe der freiwilligen Selbsthilfe gehen über diese Funktionen einer doch wesentlich internen Auskunftstelle hinaus, weil sie zugleich Öffentlichkeitsarbeit betreiben und ggf. wirkliche Ermittlungstätigkeit ausüben. Diese durchweg als gemeinnützig anerkannten Institutionen können nicht nur durch eine Strafanzeige ein strafprozessuales Ermittlungsverfahren auslösen, sondern haben überdies häufig das Recht, bei einschlägigen Antragsdelikten durch Stellen des Strafantrags die staatlichen Strafverfolgungsorgane einzuschalten.

Köhler, Berthold: Private Einrichtungen zur Bekämpfung der Wirtschaftskriminalität – in: GrKrim Bd. 2, S. 430 ff. (1967).

Wegen der Vielfalt dieser vor allem im wirtschaftlichen Bereich bekannten Formen der Selbsthilfe haben sich diese Organisationen gewöhnlich auf bestimmte Sachgebiete spezialisiert. Wie das geschieht, wie diese Stellen organisiert sind und welche Möglichkeiten sich daher für den Kriminalbeamten bieten, soll zumindest an Hand einiger besonders wichtiger Beispiele aufgezeigt werden, wobei wir uns wiederum auf die Bundesrepublik Deutschland beschränken müssen.

a) Unter dem Namen **Deutscher Schutzverband gegen Wirtschaftskriminalität e. V. Frankfurt/Main** (Verwaltungsanschrift: Landgrafenstr. 24 B, Postfach 2329, 6380 Bad Homburg v. d. H. 1) nimmt eine durch satzungsgemäße Beschlüsse vom 1. und 16. Dez. 1977 neu geschaffene Organisation diejenigen Aufgaben wahr, die bisher dem Verein gegen Bestechung und Wirtschaftskriminalität e. V. Frankfurt/Main und der Deutschen Zentralstelle zur Bekämpfung der Schwindelfirmen e. V. Hamburg oblagen.
Das besondere Arbeitsgebiet des **Vereins gegen Bestechung und Wirtschaftskriminalität e. V. Frankfurt/Main** war der Kampf gegen die Korruption, wobei es jedoch vor allem um dadurch bewirkte Gefährdungen des freien Wettbewerbs ging; in der Praxis handelt es sich vornehmlich, wenngleich keineswegs nur um die seit der Novellierung des Gesetzes gegen den unlauteren Wettbewerb (UWG) im Jahre 1909 als Angestelltenkorruption unter Strafe gestellten Verhaltensweisen (§ 12 UWG).

Wallraven, Lutz: Die Prävention gegen Angestelltenbestechung in: GrKrim Bd. 13/2, S. 330 ff. (1976).

Der Verein setzte die Tradition des 1911 von Institutionen der Wirtschaft in Berlin gegründeten Vereins gegen Bestechung (bis 1944) fort, den man im Jahre 1955 als „Verein gegen das Bestechungsunwesen e. V." mit Sitz in Bonn wieder in das Leben gerufen hatte. 1973 wurde der Verein – wie oben angegeben – umbenannt, nahm seinen Sitz in Frankfurt a. M. und erhielt denselben Verwaltungssitz wie die Zentrale zur Bekämpfung des unlauteren Wettbewerbs (siehe unten b).

Der Verein sammelte nicht nur Erkenntnisse über Schmiergeldpraktiken und unterstützte die Strafverfolgungsorgane im Kampf gegen die Korruption, sondern war überdies berechtigt, bei Verstößen gegen § 12 UWG die erforderlichen Strafanträge zu stellen.
Als ein Organ der Selbsthilfe verfolgte der Verein neben Sammlung von Material und Aufklärungsarbeit vor allem präventive Ziele, was in der Praxis Öffentlichkeitsarbeit bedeutete. Denn gerade in diesem Bereich bleiben staatliche Maßnahmen leicht wirkungslos.
Seit dem 1. Dez. 1977 werden seine Aufgaben – wie gesagt – von den alsbald näher zu behandelnden Deutschen Schutzverband gegen Wirtschaftskriminalität e. V. Frankfurt/Main wahrgenommen.
Die **Deutsche Zentrale zur Bekämpfung der Schwindelfirmen,** die bisher ihren Sitz in Hamburg hatte (Chilehaus C 1, 2000 Hamburg 1), arbeitete seit 1932 in Bürogemeinschaft mit Pro Honore, Verein für Treu und Glauben im Wirtschaftsleben e. V. (hierzu vgl. alsbald unter c).

Köhler: Organisation und Aufgaben der Deutschen Zentralstelle zur Bekämpfung der Schwindelfirmen; Möglichkeiten der Zusammenarbeit mit den Polizeidienststellen – in: Betrug und Urkundenfälschung, hrsg. v. Bundeskriminalamt, Wiesbaden 1956, S. 215 ff.

Die Deutsche Zentrale zur Bekämpfung der Schwindelfirmen leitet sich von einer 1911 im Rahmen des Verbandes der Rechtsauskunftsstellen e. V. gegründeten Abteilung her, die sich speziell mit dem sonst schwer zu durchschauenden Treiben unlauterer Wirtschaftsunternehmen zu befassen hatte. Für ihre Tätigkeit zeigten neben Handels- und Gewerbekammern bald auch Wirtschaftsverbände und Strafverfolgungsorgane reges Interesse. Daher wurde die Abteilung aus dem Verband herausgelöst und erhielt als selbständiger Verein den obigen Namen.

Da sich die Tätigkeitsbereiche der Zentrale und von Pro Honore in glücklicher Weise ergänzten, entschloß man sich 1932 bei Wahrung der Selbständigkeit zu einer engeren Zusammenarbeit in Form einer Bürogemeinschaft mit einheitlicher Geschäftsführung; so nahm man auch nach dem Kriege schon 1946 die Arbeit wieder auf.

Mitglieder beider Vereine waren bzw. sind Industrie- und Handelskammern sowie Wirtschaftsverbände, bei Pro Honore auch einzelne Handelsunternehmen, wobei jedoch dafür Vorsorge getroffen ist, daß die Förderung der Vereinszwecke gewährleistet ist.
Durch satzungsmäßige Beschlüsse vom 16. Dez. 1977 ist die Deutsche Zentrale zur Bekämpfung der Schwindelfirmen nunmehr im Deutschen Schutzverband gegen Wirtschaftskriminalität aufgegangen.

Der **Deutsche Schutzverband gegen Wirtschaftskriminalität e. V.** Frankfurt/Main mit Verwaltungssitz in Bad Homburg v. d. H. dient seiner Satzung vom 1. Dez. 1977 entsprechend der gesamten deutschen Wirtschaft. Er hat die Aufgabe, das Bestechungs- und Schmiergeldunwesen, strafbare Werbung und andere Straftaten in der Wirtschaft wie den Kreditschwindel oder Praktiken von Schwindelfirmen zu bekämpfen und in diesem Bereich vorbeugend zu wirken. Der Schutzverband beobachtet in seinem Aufgabenbereich die Entwicklung der tatsächlichen Verhältnisse, erteilt im Zuge seiner Aufklärungsarbeit unent-

geltlich Auskünfte über die Auslegung gesetzlicher Vorschriften und macht Mitteilungen über einschlägige Gerichtsentscheidungen. Der Schutzverband gegen Wirtschaftskriminalität führt nicht nur ggf. Zivilprozesse, sondern ist wie seine Vorgänger befugt, außer Strafanzeigen auch die möglicherweise erforderlichen Strafanträge zu stellen.
Am bisherigen Sitz der Deutschen Zentrale zur Bekämpfung der Schwindelfirmen (Chilehaus C 1, 2000 Hamburg 1) unterhält der Schutzverband eine Zweigstelle, in welcher die Zusammenarbeit mit dem Verein Pro Honore fortgesetzt wird (vgl. c), der dabei zugleich die Funktion einer Zweigstelle der Zentrale zur Bekämpfung unlauteren Wettbewerbs e. V. Frankfurt/Main (siehe b) ausübt.

Die Zusammenführung der beiden früheren Organisationen geht auf Wünsche der gewerblichen Wirtschaft zurück, die eine einheitliche, schlägkräftige Institution anstreben.
Der Schutzverband gegen Wirtschaftskriminalität zählt heute über 200 Mitglieder, deren Kreis ähnlich wie bei der Zentrale zur Bekämpfung unlauteren Wettbewerbs zusammengesetzt ist.

Für die Zusammenarbeit mit den Strafverfolgungsbehörden ist bei den infolge der Neuorganisation voraussichtlich verbesserten Möglichkeiten des Schutzverbandes im Bereich der repressiven Kriminalitätsbekämpfung bedeutsam, daß neben Fällen strafbarer Korruption (§§ 331 ff. StGB, § 12 UWG) jetzt auch andere Straftaten und Ordnungswidrigkeiten (z. B. § 4 UWG, § 11 RabattG, § 3 ZugabeVO) zu seinem Arbeitsgebiet gehören; neben Schwindelfirmen und ihren Praktiken werden nunmehr alle Formen der Wirtschaftskriminalität – also Wirtschaftsdelikte i. e. S. und i. w. S. – erfaßt, was insb. für die neueren legislativen Maßnahmen auf diesem Gebiet wichtig sein dürfte. Dabei kann einmal die Initiative zur Strafverfolgung im Einzelfalle vom Schutzverband auf Grund der bei seiner Arbeit getätigten Erkenntnisse ausgehen; zum anderen kann er mit dem von ihm gesammelten Material und den Erfahrungen seiner Mitarbeiter den staatlichen Strafverfolgungsorganen u. U. wertvolle Hilfe leisten, wenn diese von sich aus die Intitiative ergriffen haben oder ergreifen wollen.
Der Deutsche Schutzverband gegen Wirtschaftskriminalität e. V. Frankfurt/Main wird ebenso wie seine Vorgänger auch in Zukunft vor allem im kriminalpolitisch wichtigen Bereich der Verbrechensvorbeugung eine bedeutsame Rolle spielen. Dies gilt sowohl für seine Öffentlichkeitsarbeit als auch für die beratende Tätigkeit, welche u.a. auch den mit diesen Fragen befaßten staatlichen Stellen zugute kommen wird.

So wird auch künftig in dem bisher von der Zentrale zur Bekämpfung der Schwindelfirma zusammen mit dem Verein Pro Honore monatlich veröffentlichten „Warnungsdienst" über derartige unsoziale Praktiken berichtet werden; zugleich werden präventive Warnungen vor gewissen Firmen oder Personen ausgesprochen.

b) Die **Zentrale zur Bekämpfung unlauteren Wettbewerbs e. V. Frankfurt/Main** (Verwaltungsanschrift: Landgrafenstr. 24B, Postfach 2329, 6380 Bad Homburg v. d. H. 1) befaßt sich vor allem mit der Bekämpfung des unlauteren Wettbewerbs im weitesten Sinne, d. h. auch mit unlauteren Preispraktiken.

Greifelt: Polizei und unlauterer Wettbewerb – in: Wirtschaftsdelikte (einschließlich der Korruption), hrsg. v. Bundeskriminalamt, Wiesbaden 1957, S. 157 ff.

Diese Zentrale wurde am 13. Febr. 1912 in Berlin gegründet. Nachdem sie im Kriege ihre Tätigkeit zeitweilig nicht hatte ausüben können, wurde sie für das Bundesgebiet am 14. Juli 1949 in Frankfurt a. M. neu gegründet.

Die Zentrale ist die bedeutendste Organisation ihrer Art im Bundesgebiet. Sie verfügt über Zweigstellen in Berlin, Bielefeld, Dortmund und Hamburg. In den letzten Jahren ist die Wettbewerbszentrale dazu übergegangen, die regionale Arbeit in Kooperation mit Industrie- und Handelskammern auszubauen, um auf diese Weise ähnliche Erfolge wie mit Zweigstellen zu erzielen.

Diese Form der Zusammenarbeit besteht bereits für die Industrie- und Handelskammern der Länder Bayern, Baden-Württemberg und des Saarlandes sowie für die Industrie- und Handelskammern Duisburg-Wesel, Hannover-Hildesheim, Koblenz und Wuppertal. Ein weiterer Ausbau ist geplant und dürfte in einigen Jahren für das Bundesgebiet abgeschlossen sein.

Das Aufgabengebiet der Zentrale zur Bekämpfung unlauteren Wettbewerbs e. V. Frankfurt/Main, die mit den Spitzenverbänden der gewerblichen Wirtschaft zusammenarbeitet, ist die Bekämpfung unlauterer Wettbewerbshandlungen sowie die Behandlung der damit zusammenhängenden Rechtsfragen und tatsächlichen Probleme; sie hat also keine wirtschaftspolitischen Aufgaben. Die Bedeutung der Wettbewerbszentrale hat gerade in den letzten Jahren beträchtlich zugenommen.

Ihr gehören gegenwärtig über 1100 Mitglieder an, insb. alle Industrie- und Handelskammern des Bundesgebiets einschließlich Berlin, die Handwerkskammern und rund 400 Verbände.

Um ein gewisses Bild von der Arbeit der Wettbewe bszentrale und ihrer Zweigstellen zu vermitteln, sei gesagt, daß z. Z. alljährlich etwa 7000 Beschwerdefälle zur Begutachtung und Schlichtung vorgelegt werden. Mit dem Ausbau der Organisation hat die Zahl der von ihr geführten Zivilprozesse erheblich zugenommen, die in weit über 90% zu ihren Gunsten abgeschlossen werden sollen.
In dem für staatliche Strafverfolgunsorgane besonders wichtigen Bereich der repressiven Kriminalitätsbekämpfung ist darauf hinzuweisen, daß die Wettbewerbszentrale außer durch Strafanzeigen auch durch Strafanträge initiativ werden kann, sie im übrigen in einschlägigen Fällen Kriminalpolizei, Staatsanwaltschaft und Strafgerichte durch die von ihr getätigten Erkenntnisse und mit dem gesammelten Material zu unterstützen vermag. Sie kann in diesem Rahmen ggf. auch für Sachverständigengutachten sorgen.
Noch bedeutsamer aber dürfte, wie das bereits über Zivilprozesse Gesagte zeigt, die präventive Tätigkeit der Wettbewerbszentrale sein. Denn ihre beratende Funktion beschränkt sich nicht auf ihre Mitglieder, sondern kommt ebenso anderen Personen und Stellen, auch den Strafverfolgungsbehörden und sonstigen staatlichen Organen zugute. In diesem Zusammenhang spielt die von der Wettbewerbszentrale betriebene Öffentlichkeitsarbeit eine große Rolle.

Ihr offizielles Organ ist die Zeitschrift „Wettbewerb in Recht und Praxis“ (WRP), in welcher sie über ihre Tääigkeit unter der Rubrik „Aus der Praxis – Für die Praxis“ berichtet; sie erscheint als Sonderdruck „Der Wettbewerb“ (DW) für die Mitglieder.

Seit 1977 besteht eine büromäßige Verbindung zwischen der Zentrale zur Bekämpfung unlauteren Wettbewerbs e. V. Frankfurt/Main und dem Deutschen Schutzverband gegen Wirtschaftskriminalität e. V. Frankfurt/Main, der ebenfalls bundesweit tätig ist.

c) **Pro Honore, Verein für Treu und Glauben im Wirtschaftsleben e. V.** (Chilehaus C 1, 2000 Hamburg 1) ist eine mit den vorgenannten Selbstschutzorganen eng zusammenarbeitenden Institution.

Der Verein „Pro Honore, Verein für Treu und Glauben im Geschäftsleben e. V." wurde 1925 in Hamburg gegründet, entwickelte sich aber bald über den zunächst lokalen Bereich hinaus; denn außer gegen unlauteren Wettbewerb und Kreditbetrug sollte der Verein vor allem gegen Praktiken der Korruption aktiv werden.

Wie oben (vgl. a) bereits geschildert arbeitete der Verein seit 1932 in Bürogemeinschaft mit der Deutschen Zentrale zur Bekämpfung der Schwindelfirmen.

Mitglieder des Vereins sind außer Industrie- und Handelskammern sowie Wirtschaftsverbänden auch einzelne Handelsunternehmen; jedoch ist die Förderung der ideellen Vereinszwecke gewährleistet. Das gilt sowohl für die Zusammensetzung des Vorstands als auch die Geschäftsführung, die mit der Wirtschaft vertrauten Juristen obliegt.

Im Bereich der repressiven und präventiven Verbrechensbekämpfung sind die Aufgaben und Möglichkeiten des Vereins Pro Honore ähnliche wie die der beiden vorstehend geschilderten Organisationen. Nach Schaffung des Deutschen Schutzverbandes gegen Wirtschaftskriminalität e. V. Frankfurt/Main, bei welcher aus der Zentrale zur Bekämpfung der Schwindelfirmen eine Zweigstelle in Hamburg geworden ist, hat der Verein Pro Honore zugleich die Funktionen einer Zweigstelle der Zentrale zur Bekämpfung unlauteren Wettbewerbs e. V. Frankfurt/Main übernommen. Auf diese Weise ist nach wie vor eine enge Zusammenarbeit gewährleistet.

d) Die **Zentrale zur Bekämpfung der Unlauterkeit im Heilgewerbe** (Postfach 14, 6800 Mannheim L 1, 1) ist zwar im Jahre 1952 von der Landesärztekammer Hessen gegründet worden, will aber seit langem im gesamten Bundesgebiet dem Schutz der Volksgesundheit dienen und Kurpfuschertum sowie anderen unseriösen Praktiken entgegenwirken.
Die von einem Mediziner geleitete Zentrale sammelt Erfahrungen des In- und Auslands über unlautere Herstellungs-, Werbe- und Vertriebsmethoden im Heilgewerbe. Außer um Arzneimittel, Heilgeräte und Heilbehandlungsmethoden geht es auch um diätische oder andere Lebensmittel sowie um Reformwaren. Die Zentrale soll außer durch entsprechende Aufklärungstätigkeit und Beratung derartigen unseriösen, oft sogar gefährlichen Praktiken entgegenwirken und ggf. Maßnahmen gegen sie veranlassen.

Rose, Gerhard: Zentrale zur Bekämpfung der Unlauterkeit im Heilgewerbe. Jahresbericht 1975 – Mannheim 1976; *Rose,* Gerhard: Jahresbericht 1976. 25 Jahre Mannheimer Zentrale zur Bekämpfung der Unlauterkeit im Heilgewerbe – Mannheim 1977.

Die Zentrale zur Bekämpfung der Unlauterkeit im Heilgewerbe (ZBUH) entstand im Jahre 1952 in Mainz auf Initiative des pensionierten Obermedizinalrats Dr. Schüppert mit Unterstützung der Hessischen Landesärztekammer, die sich schon vorher durch Anfragen sein Wissen und das von ihm gesammelte Material zunutze gemacht hatte. In diesem Archiv, das eine wesentliche Basis der Zentralstelle wurde, hatte Schüppert Anfragen und Beschwerden über unseriöse Werbe- und Vertriebsmethoden, entsprechende Inserate und Prospekte sowie einschlägige Gerichtsentscheidungen gesammelt. Diese Sammeltätigkeit wurde fortgesetzt sowie ausgebaut und zugleich die von Schüppert durch Beiträge in Tageszeitungen und Illustrierten betriebene präventive Aufklärungstätigkeit intensiviert. Schon bald entwickelte sich eine rege Zusammenarbeit mit Ärzten, Apothekern und gewissen Verwaltungsbehörden, was bewirkte, daß auch andere Landesärztekammern die Zentrale unterstützten.

Nach dem Tode Schüpperts im Jahre 1965 übernahm Regierungsmedizinaldirektor Dr. Gerhard Rose, sein langjähriger Mitarbeiter und Stellvertreter, mit Unterstützung der Bundesärztekammer die Weiterführung der Zentrale, deren Sitz nach Mannheim verlegt wurde. Neben Fortsetzung des Archivs und erweiterte Öffentlichkeitsarbeit, welche u. a. die Beratung von Massenmedien umfaßt, traten einschlägige Gutachten für staatliche Stellen, insb. Justizbehörden.

Die Zentrale zur Bekämpfung der Unlauterkeit im Heilgewerbe ist nach wie vor im Prinzip ein „Einmannbetrieb“, der von einem Mediziner nebenamtlich geleitet wird. Doch verfügt sie auf Grund ihrer Kontakte über einen Kreis ständiger (ehrenamtlicher) Mitarbeiter, zu denen neben Ärzten und Apothekern jetzt auch Rechtsanwälte zählen. Die Zentrale ist auf dise Weise auch in der Lage, obwohl sie selbst nicht über ein Laboratorium verfügt, mithilfe staatlicher oder privater Stellen Untersuchungen fragwürdiger Mittel, Geräte und Methoden durchführen zu können.
Das wesentliche Tätigkeitsfeld der Zentrale ist neben dem Beobachten der Heilmittelwerbung in den Massenmedien die Überwachung der Werbe- und Vertriebsmethoden im Heilmittelgewerbe, welches weit – z. B. Kurpfuscher und magische Heiler umfassend – zu verstehen ist. Derartiges Material, entsprechende Berichte sowie einschlägige Entscheidungen von Zivil- und Strafgerichten werden im Archiv der Zentrale gesammelt.
In engem Zusammenhang mit dieser Sammeltätigkeit steht die kostenlose Beantwortung der Zuschriften von Kranken und anderen Personen, die sich übervorteilt fühlen. Ebenso werden aber auch fragwürdige Praktiken betreffende Anfragen von Ärzten, Apothekern, Verbraucherberatungsstellen, Rechtsanwälten, Polizei- und Justizbehörden beantwortet oder für letztere Gutachten erstattet.
Präventiv ist neben einer mit dem Studium einschlägiger Vorschriften und ihrer Anwendung verbundenen Beratung staatlicher Stellen vor allem die Öffentlichkeitsarbeit wichtig, die über Informationen im konkreten Fall hinausgeht. Außer der Beratung von Massenmedien bei einschlägigen Themen und Veröffentlichungen der Zentrale wie Jahresberichte oder Dokumentationen ist auf Beiträge ihrer Mitarbeiter in Presse, Rundfunk und Fernsehen sowie Vorträge oder Teilnahme an Podiumsdiskussionen hinzuweisen.

In der Praxis spielen, obwohl sich die Schwerpunkte im Laufe der Zeit naturgemäß wandeln, neben Fällen, die junge Mütter betreffen (sogen. Ernährungsberatung, Haustürverkauf von Kinderzucker und dergl.) vor allem Machenschaften eine Rolle, die sich gegen alte Menschen richten; ihnen werden beispielsweise angeblich gegen Altersgebrechen wirksame Vitamin- oder Schwefelpräparate, Salz-Produkte oder Bäder angedreht. Immer wieder hat die Zentrale aber auch mit allen möglichen Formen des medizinisch verbrämten Okkultismus zu tun (z. B. Besprechen, Heilbehandlung mit Pendel oder Wünschelrute wie bei angeblichen Erdstrahlen, Fernbehandlung durch Geistheiler).

Obgleich der Schwerpunkt der präventiven und repressiven Arbeit der Zentrale zur Bekämpfung der Unlauterkeit im Heilgewerbe im Bereiche von Zivilrecht und Öffentlichem Recht liegt, spielt doch gerade für schwere und besonders verwerfliche Fälle auch das Strafrecht eine Rolle. Hier kann die Zentrale nicht nur durch Strafanzeige initiativ werden, sondern auch Strafgerichte, Staatsanwälte und Kriminalbeamte durch sachverständigen Rat und ggf. Unterlagen unterstützen.
Die Hilfe, welche die Zentrale bei Strafverfahren bietet, ist umso wichtiger, als nicht nur die Zahl einschlägiger Vorschriften gering ist, sondern darüber hinaus ihre Anwendung mancherlei Schwierigkeiten bereitet. Abgesehen davon daß manche dieser Vorschriften Strafjuristen und Kriminalbeamten nicht bekannt oder doch wenig vertraut sind, bereitet die Spezialmaterie oft erhebliche Schwierigkeiten bei den Ermittlungen und der gerichtlichen Beurteilung. Das gilt keineswegs nur für die Beschuldigten, die das geschickt auszunutzen pflegen, sondern ebenso oft auch für deren Opfer. Wie der Kriminalbeamte daher

das Material und den Rat der Zentrale oder ihrer Mitarbeiter nutzen sollte, sind Staatsanwälte und Strafgerichte auf solche Informationen oder gar Sachverständigengutachten angewiesen; denn vielfach vermittelt erst der Überblick der Zentrale bei weiträumig – mit Vertretern oder in Form des Versandhandels – arbeitenden Tätern die entscheidenden Gesichtspunkte und Beweise. Durch Zusammenarbeit mit der Zentrale zur Bekämpfung der Unlauterkeit im Heilgewerbe lassen sich mithin Hemmnisse oder Schwierigkeiten der kriminalistischen Arbeit in diesem Bereich ausräumen oder doch merklich vermindern.

e) Die durch Urkunde vom 4. Dez. 1964 von der Bundesrepublik Deutschland, vertreten durch den Bundesminister für Wirtschaft, errichtete **„Stiftung Warentest“** (Lützowplatz 11–13, 1000 Berlin 30) verfolgt den Zweck, die Öffentlichkeit über objektivierbare Merkmale des Nutz- und Gebrauchswertes von Waren und Leistungen zu informieren, wobei hinreichende Identifizierbarkeit und großräumiges Angebot vorausgesetzt werden.

Draeger, J.: Die Stiftung Warentest – in: GrKrim 13/2, S. 295ff. (1976); *Stiftung Warentest* (Hrsg.): Jahresbericht 1976 – Berlin 1977.

Es handelt sich hierbei um eine Stiftung des privaten Rechts, die jedoch Mittel aus dem Bundeshaushalt erhält, um so zusammen mit den eigenen Einnahmen die finanzielle Unabhängigkeit zu gewährleisten. Die seit 1964 stetig zunehmenden eigenen Mittel dürften 1977 schätzungsweise einen Anteil von etwa 70% erreichen.

Die Satzung vom 4. Dez. 1964 äußert sich außer über Namen, Sitz und Zweck sowie Organe der Stiftung (Vorstand, Verwaltungsrat, Kuratorium) und deren Fachbeiräte ferner über Verschwiegenheitspflicht sowie über für die Arbeit wichtige Publikation der Untersuchungsergebnisse.
Die vom Vorstand geleitete Stiftung Warentest gliedert sich, von drei Stabsstellen abgesehen, in vier Abteilungen (Technik, Dienstleistungen, Redaktion, Öffentlichkeitsarbeit). Ende 1976 verfügte die Stiftung Warentest über insgesamt 125 Mitarbeiter (darunter 4 Teilzeitbeschäftigte, 14 auf Grund von Zeitverträgen Beschäftigte).

Vergleichbare Waren und Leistungen werden nach wissenschaftlichen Methoden untersucht, die Ergebnisse werden in allgemein verständlicher Form veröffentlicht. Seit 1972 werden auch Preisvergleiche durchgeführt und publiziert.
Die Auswahl der Testobjekte setzt neben wirtschaftlichen Recherchen voraus, daß ein Prüfungsprogramm entwickelt wird, nach welchem die Untersuchung der verschlüsselten Prüfmuster in wissenschaftlich anerkannten Instituten durchgeführt wird. Die dabei erzielten Untersuchungsergebnisse werden von der Stiftung Warentest ausgewertet.

Innerhalb der ersten zehn Jahre ihrer Tätigkeit hat die Stiftung Warentest in fast 500 vergleichenden Tests über 8000 Produkte untersucht. Aber auch Reiseangebote und andere Dienstleistungen sind geprüft und aufgrund dessen Warnungen vor unseriösen Geschäftspraktiken publiziert worden.

Wesentlich für die Arbeit der Stiftung Warentest ist die Veröffentlichung der Testergebnisse. Am genauesten erfolgt diese in der Zeitschrift „test“. Daneben ist auf „test“-Sonderhefte, „test“-Jahrbuch und „test“-kompaß-Plakate sowie auf die Jahresberichte hinzuweisen. Die durchschnittliche Auflagenhöhe der Zeitschrift „test“ betrug im Jahre 1976 monatlich 724000.
Daneben gibt es mannigfache Formen der Öffentlichkeitsarbeit in Rundfunk und Fernsehen sowie Pressekonferenzen und -mitteilungen. Ferner führt die Stiftung Vortragsveranstaltungen durch und unterhält bei geeignetem Anlaß Informationsstände.

Nicht unerwähnt bleiben sollte die ebenfalls vor allem präventiv bedeutsame Mitarbeit der Stiftung Warentest in nationalen und internationalen Institutionen für Verbraucher, für Technik und dergl.
Schließlich unterhält die Stiftung Warentest einen individuellen Auskunftsdienst, von welchem 1976 täglich im Durchschnitt etwa 477 Ratsuchende Gebrauch gemacht haben. In den meisten Fällen wird Besuchern die Antwort mündlich erteilt, wenngleich es daneben auch fernmündlich oder brieflich erteilte Auskünfte gibt.
Sicherlich können sich Kriminalpolizei und andere Strafverfolgungsorgane in geeigneten Ermittlungssachen durch Bitte um Auskunft das Wissen und den Überblick der Stiftung und somit ihre Erfahrung nutzbar machen. Ungleich wichtiger aber dürfte die Arbeit der Stiftung Warentest in dem für die Wirtschaftskriminalität besonders prekären Bereich der Prävention sein. Deshalb sollte man außer auf die Publikationen der Stiftung gerade insoweit Wert auf Zusammenarbeit legen, bei welcher man u. a. vom Rat ihrer Experten mancherlei profitieren kann.

f) Das **Deutsche Zentralinstitut für soziale Fragen** (Miquelstr. 83, 1000 Berlin 33), das sich vor allem mit dem Sammlungswesen und deshalb mit Praktiken des Sammel- und Fürsorgeschwindels befaßt, fungiert als Dokumentations- und Auskunftstelle für Fragwürdigkeit und Seriösität von Spendengesuchen und Sammlungen. Es berät zudem Behörden und Gesetzgebungsorgane, um unlauteren Praktiken auf diesem Gebiet entgegenzuwirken.

Strathmann, Werner/*Bueren,* Ilse: Das Sammlungswesen – heutiger Stand – Soziale Arbeit 1975, S. 425 ff.; *Bueren,* Ilse: Gegen scheinsoziale Organisationen – Das Deutsche Zentralinstitut für soziale Fragen – in: GrKrim 13/2, S. 358 ff. (1976); *Deutsches Zentralinstitut für Soziale Fragen* (Hrsg.): Arbeitsbericht 1976 – Berlin (1977).

Das Institut wurde 1893 von Organen der freien Wohlfahrtspflege als „Archiv für Wohlfahrtspflege“ gegründet. Seit 1910 befaßt es sich im Auftrage von staatlichen Stellen und Wirtschaftskreisen vor allem mit dem Spenden- und Sammlungswesen.
Das Deutsche Zentralinstitut für soziale Fragen, die Nachfolgerin des „Archiv für Wohlfahrtpflege“, ist als Stiftung des bürgerlichen Rechts organisiert, in deren Vorstand neben dem Senat von Berlin und der Berliner Industrie- und Handelskammer der Deutsche Städtetag, die Bundesarbeitsgemeinschaft der freien Wohlfahrtspflege e. V. und das Bundesministerium für Jugend, Familie und Gesundheit vertreten sind. Einem Beirat gehörden außer Vertretern von bundes- und Länderministerien sowie der Bundesanstalt für Arbeit u. a. Vertreter von Spitzenverbänden der freien Wohlfahrtspflege, Wirtschaft, Wissenschaft, Gewerkschaften und bestimmte Einzelpersönlichkeiten an. Die Arbeit des Zentralinstituts wird von einem Förderverein unterstützt.
Im Jahre 1976 beschäftigte das Zentralinstitut insgesamt 19 Mitarbeiter, darunter 6 Teilzeitkräfte. Daneben gibt es ehrenamtliche und von den Behörden für bestimmte Zeit angeordnete Mitarbeit.

Die Basis der Arbeit des Zentralinstituts bilden seine Sammlungen und Kataloge.

Neben der Bibliothek, die über 80000 einschlägige Publikationen des In- und Auslands enthält, besteht eine Bibliographische Sammlung, für welche rund 2000 Fachzeitschriften des In- und Auslands regelmäßig ausgewertet werden.
Die zunächst auf Berlin beschränkten Materialien über Organisations-Sammlungen, welche alle in diesem Bereich tätigen Behörden, Organisationen und Institutionen umfaßt, erstreckt sich jetzt auf das gesamte Gebiet der Bundesrepublik und der DDR, schließt z. T. sogar ausländische und international arbeitende Organisationen ein.
Die „Typenkartei“ gibt über einschlägige Modelleinrichtungen auf allen Gebieten sozialer Arbeit Auskunft.

Das Gegenstück ist die wesentlich hausinternen Zwecken dienende „Schwindlerkartei", welche in alphabetischer Reihenfolge diejenigen Personen enthält, die allein oder in Verbindung mit Organisationen im sozialen Bereich negativ aufgefallen sind.

Bibliothek und Lesesaal des Zentralinstituts sind für den Publikumsverkehr geöffnet; Ausleihe ist – in der Regel bis zu einem Monat – möglich.

Seit einiger Zeit laufen Vorarbeiten, die im Benehmen mit anderen Behörden und Institutionen eine Umstellung auf automatische Dokumentation bezwecken.

Ein wesentliches Arbeitsgebiet des Deutscnen Zentralinstituts für soziale Fragen ist die Spendenberatung. Diese Tätigkeit bezieht sich auf alle Arten von Sammlungen die Straßen- und Haussammlungen, Vertrieb von Waren und Eintrittskarten zu wohltätigen Zwecken, Sammlungen bei Veranstaltungen in geschlossenen Räumen, Aufstellen von Sammelbehältern, das Einsammeln von alten Kleidern und dergl. zu gemeinnützigen Zwecken usw. (insgesamt unterscheidet man 14 Sammlungsarten).

Manche Sammlungsarten (z. B. Straßen- und Haussammlungen) sind erlaubnispflichtig, andere jedoch nicht, obwohl bei ihnen teilweise Anzeigepflicht besteht. Die Dinge komplizieren sich dadurch, daß jedes Bundesland ein eigenes Sammlungsgesetz hat. Außer etwaigen Gesetzesänderungen sind zugleich Ausführungsvorschriften zu beachten, die ebenfalls mitunter abgeändert werden. Das Zentralinstitut besitzt sämtliche Sammlungsvorschriften aller Bundesländer auf dem jeweils neuesten Stand.

Es ist auch sonst nicht immer leicht, den sozialen Nutzen der an Wirtschaft und Privathaushalte herangetragenen Spendengesuche zu beurteilen. Neben der Frage, ob die Repräsentanten des Sammlungsträgers als seriös anzusprechen sind, ist zuweilen unklar, ob der Erlös wirklich den behaupteten Zwecken zugeführt wird; schließlich muß mitunter geprüft werden, ob die Unkosten der Sammlung mit 25 oder 30% nicht zu hoch sind, wenngleich die Einzelfälle insoweit unterschiedlich liegen. Zu diesem Zwecke werden Firmen und Einzelpersonen entsprechende Auskünfte erteilt.

Die meisten Sorgen bereiten in der Praxis Sammlungen durch Spendenaufrufe, Altkleider- und Altmaterialsammlungen sowie die Briefsammlungen. Hier sind durch die Mitte 1966 einsetzende Liberalisierung des Sammlungswesens Lücken entstanden, die gewisse Sammlungsträger zu nutzen suchen.

Ereignet sich beispielsweise in Übersee eine Naturkatastrophe, so ruft bald dieser, bald jener Verein zu Spenden für die Opfer auf, meistens ohne zu erklären, wie er diese Spende oder ihren Gegenwert in die Hände der Betroffenen zu bringen gedenkt.

Bei Altkleider- und Altmaterialsammlungen ist man häufig auf scheinsoziale Organisationen wie den von einem Altmaterialshändler mit sieben beliebigen Personen gegründeten Verein gestoßen, als dessen Vorsitzender er die wesentlichen Erträge der auf diese Weise organisierten Sammlungen für sich selbst verwertete.

Im Zusammenhang damit steht als eine besondere Aufgabe die beratende Funktion des Zentralinstituts für diejenigen Stellen, welche für den Erlaß von Sammlungsgesetzen oder für Genehmigungen zuständig sind. In der Praxis geht es hier vor allem darum zu beurteilen, ob die Gemeinnützigkeit des Sammlungsträgers anzuerkennen und die Befugnis, Spendenbescheinigungen auszustellen, zu rechtfertigen ist.

Den Kriminalisten interessieren naturgemäß die bei Sammlungen und Spendenaktionen des öfteren zu beobachtenden Praktiken (insb. Betrug und Untreue), die auf einen kriminellen Mißbrauch der Spendenfreudigkeit hinauslaufen. Bei den im sozialen Bereich auftretenden scheinsozialen Organisationen handelt es sich um Täter oder unlautere Unternehmen, welche die Fassade der Nothilfe für andere eigennützig zu mißbrauchen suchen.

Außer auf behinderte oder sonst in Not geratene Kinder berufen sich solche Täter gern auf hilfsbedürftige Senioren oder Mitmenschen (Stumme, Taube, Blinde, Amputierte, usw.); auch hat man versucht, derartige unseriöse, nicht selten kriminelle Aktionen durch Bezugnahme auf die Opfer von Erdbeben- oder Flutkatastrophen bzw. auf den Europagedanken für die zu schröpfenden Geldgeber attraktiv zu machen.

Ein anderer großer Aufgabenbereich neben der Auskunft für potentielle Opfer und der vorbeugend wirkenden Beratung für amtliche Stellen ist die Öffentlichkeitsarbeit des Zentralinstituts sowie das Veranlassen rechtlicher Maßnahmen durch die solchen Machenschaften entgegengewirkt wird. Außer um entsprechende Hinweise an die Strafverfolgungsorgane, durch welche Strafverfahren wegen Betrugs und anderer Straftaten ausgelöst werden, geht es hier vor allem darum, daß unseriösen Vereinen bzw. Organisationen, die sich zum Handlanger solcher Praktiken machen, durch die zuständigen staatlichen Stellen die Rechtsfähigkeit entzogen wird.

Im Zuge seiner Öffentlichkeitsarbeit gibt das Zentralinstitut zusammen mit dem Berliner Senator für Arbeit und Soziales die monatlich erscheinende Fachzeitschrift „Soziale Arbeit“ heraus, welche u. a. auch eine Fachzeitschriftenbibliographie enthält. – Daneben beteiligt sich das Zentralinstitut an Publikationen und Dokumentationen anderer Stellen und Institutionen.

Neben seiner in diesem schwierig zu überblickenden Bereich hoch einzuschätzenden präventiven Arbeit ist das Deutsche Zentralinstitut für soziale Fragen eine auch für Kriminalbeamte und Strafjuristen bei der Bearbeitung einschlägiger Strafsachen wichtige Institution, weshalb Fühlungnahme und enge Zusammenarbeit mit ihm in derartigen Fällen dringend zu empfehlen ist. Denn auf Grund seiner langjährigen Erfahrungen auf dem Gebiet des Sammlungs- und Spendenwesens, das von ihm zusammengetragenen einschlägigen Materials als auch wegen seiner engen Kontakte zu den hier wichtigen staatlichen Stellen und Spitzenverbänden der freien Wohlfahrtspflege bietet das Deutsche Zentralinstitut für soziale Fragen den Strafverfolgungsorganen in einschlägigen Fällen den neben mannigfachen Informationsmöglichkeiten hier besonders wichtigen sachverständigen Rat.

IV. Andere Stellen, insb. Notdienste

Andere Stellen und Organisationen verfolgen zwar – wie z. B. Notdienste – primär andersartige Ziele, können aber dennoch so oder so im Einzelfalle für die kriminalpolizeiliche Arbeit bedeutsam werden, weshalb auch insoweit Kooperation wichtig sein kann. Dies wird u. a. dadurch unterstrichen, daß man in vielen Ländern besondere Grundsätze für den Katastrophenschutz oder Zivilschutz ausgearbeitet hat.
Der **Katastrophenschutz** ist überhaupt ein gutes Beispiel für die Notwendigkeit einer Kooperation staatlicher und nichtstaatlicher Stellen. Denn versteht man unter einer Katastrophe Schadensfälle großen Ausmaßes, die weitere Gefahren für Menschen oder Sachen erwarten lassen, so ist klar, daß man diesen nur durch eine möglichst vorher sorgfältig geplante, oft mehrere Behörden und private Organisationen umfassende Kooperation begegnen kann.

Beßlich, Wolfgang/*Siedschlag,* Wolfgang: Die Erweiterung des Katastrophenschutzes und ihre Bedeutung für die Polizei – Die Polizei 1972, S. 47 ff., 86 ff., 283 ff.; *N. N.*: Der Einsatz der Polizei bei Katastrophen – Die Polizei 1974, S. 41 ff.; *Bauer* 3-286 ff.; *Bleck*, Siegfried: Der Einsatz von Hubschraubern im Rettungsdienst und Katastrophenschutz – Die Polizei 1976, S. 219 ff.

Obgleich manche Aufgaben des Katastrophenschutzes bei den nunmehr zu behandelnden Notdiensten zu schildern sind (vgl. insb. 2), ist es doch richtig, an diesem Beispiel auf die Notwendigkeit einer Gesamtkonzeption hinzuweisen. Denn Engagement allein hilft oft nicht viel, sondern kann – unüberlegt – sogar Schaden stiften oder von skrupellosen Zeitgenossen mißbraucht werden.
Dabei sind Ursachen und Anlaß der in Frage stehenden Katastrophen relativ gleichgültig. Sie kann außer auf Naturgewalten auch auf technische Ursachen und damit u. U. auf menschliches Versagen oder gar kriminelle Aktivität zurückzuführen sein. Obwohl wichtigste Aufgaben im Katastrophenfalle Hilfe und Gefahrenabwehr sind, dürfte schon damit deutlich werden, daß in diesen Schadensfällen nahezu immer auch kriminalistische Untersuchungen notwendig sind, sofern man nämlich nicht sicher von einer Naturgewalt ausgehen kann.
Stellen oder Organe wie insb. Notdienste sind zwar überwiegend von privater Seite auf freiwilliger Basis organisiert worden, was es jedoch nicht ausschließt, daß wir es hier und da auch mit staatlichen Organen zu tun haben, sofern man diesen im Zuge der Entwicklung den Vorzug gegeben hat. Insoweit kann also die Zusammenarbeit dann in derselben Form wie mit staatlichen Stellen erfolgen (§ 24). Da aber die tatsächlichen Verhältnisse ansonsten ähnlich sind, erscheint eine zusammenfassende Behandlung an dieser Stelle angebracht.

1. Feuerwehr

Neben der staatlich, nämlich kommunal organisierten Berufsfeuerwehr und den Werksfeuerwehren, die z. T. dem Werkschutz (§ 25-I-1) zugeordnet sind, bildet im Landgebiet und in kleineren Städten nach wie vor die Freiwillige Feuerwehr das eigentliche Rückgrat der Brandbekämpfung. Ihre Aufgaben und die der ebenfalls örtlich begrenzt wirkenden Werksfeuerwehr unterscheiden sich, sofern man von den Hilfeleistungen für andere absieht, insgesamt nur wenig von denen der Berufsfeuerwehr (Pflichtfeuerwehr), bei welcher jedoch vor allem gewisse Funktionen im Brandschutz, im Rettungswesen und in sonstiger Prävention hinzutreten.

Ebenso wie in anderen Ländern gibt es in der Bundesrepublik Deutschland zahlreiche Rechtsvorschriften sehr verschiedener Art. Auf diese überwiegend dem Landesrecht, z. T. aber auch zum Bundesrecht gehörenden Regelungen kann in diesem Rahmen nicht näher eingegangen werden, weshalb dieser allgemeine Hinweis genügen muß.
Nach Art. 70 Grundgesetz liegt die Gesetzgebungskompetenz für den Brandschutz primär bei den Ländern, welche die damit verbundenen Aufgaben jedoch durchweg den Gemeinden im Rahmen ihrer Selbstverwaltung übertragen haben. Soweit nicht Landes- oder ausnahmsweise Bundesgesetze etwas anderes bestimmen, sind die Gemeinden für ihr Gebiet als eigenverantwortliche Träger der öffentlichen Verwaltung somit auch für den Arbeitsbereich der Feuerwehr zuständig (Allzuständigkeit).

Zu den gesetzlichen Pflichtaufgaben der Feuerwehr gehören neben Brandbekämpfung und -verhütung auch die technische Nothilfe, der Katastrophenschutz sowie in verschiedenen Bundesländern Obliegenheiten von Rettungsdiensten.

Aus dem reichhaltigen Schrifttum über die Feuerwehr kann an dieser Stelle als Beispiel nur eine kleine Auswahl von Büchern und Periodika bzw. Reihen genannt werden:

Prager, Hans Georg: Florian 14: Achter Alarm. Das Buch der Feuerwehr – Gütersloh 1965; *Hornung,* Wolfgang: Kleine Feuerwehrgeschichte. Brandschutz und Löschtechnik von der Antike bis zur Gegenwart – 2. Aufl. – Stuttgart 1967; *Müller,* Peter: Männer ohne Waffen. Die Feuerwehr unserer Zeit – Graz/Stuttgart 1973; *Zeilmayr,* Alfred: Organisation, Ausrüstung und Aufgaben der öffentlichen Feuerwehren Österreichs – Öff. Sicherheit 1977 – Okt., S. 23 ff.

Als Zeitschriften bzw. Reihen seien erwähnt:

VFDB Zeitschrift. Forschung und Technik im Brandschutz – hrsg. v. d. Vereinigung zur Förderung des Deutschen Brandschutzes (Stuttgart); *Brandschutz.* Deutsche Feuerwehrzeitung. Zeitschrift für das gesamte Feuerwehr- und Rettungswesen (Stuttgart); *Die Roten Hefte.* Fachbücher für die Feuerwehr (Stuttgart).

Angesichts dieser Aufgaben der Feuerwehr ist eine enge Zusammenarbeit mit ihr auch für die Kriminalpolizei und andere Strafverfolgungsorgane wichtig.

Gelbert: Neue Erkenntnisse und Erfahrungen beim Unfalleinsatz der Berufsfeuerwehr – Kriminalistik 1960, S. 229 ff.; *Magnus,* Gert: Die Brandbekämpfung unter besonderer Berücksichtigung der Zusammenarbeit zwischen Feuerwehr und Kriminalpolizei – in: Brandermittlung und Brandverhütung, hrsg. v. Bundeskriminalamt, Wiesbaden 1962, S. 259 ff., 320 ff.; *Riege,* Paul: Kleine Polizei-Geschichte – Kl. Pol.-Bücherei Bd. 15/16 – 3. verb. u. erw. Aufl. – Lübeck 1966 – insb. S. 145 ff.

Die Geschichte der Feuerwehr verliert sich wie die von Brandbekämpfung und Brandschutz überhaupt im Dunkel der Antike.

Zum Wasser als dem typischen Feind des Feuers traten schon lange vor der Zeitenwende andere Hilfsgeräte, z. B. mit Achse und Rädern versehene, fahrbare Sprossenleitern. Auch fanden sich relativ früh bereits Anzeichen für Brandschutzmaßnahmen wie beispielsweise feuerfeste Anstriche und sogar Blitzableiter.
So kann eigentlich kaum überraschen, daß sich die alten Gemeinwesen schon früh darum bemühten, den Brandschutz auch organisatorisch möglichst zweckmäßig zu gestalten. Im alten China soll es schon etliche Jahrhunderte vor Christi Geburt eine besondere Brandschutztruppe gegeben haben. Und nach dem Brand von Rom (64 n. Chr.) hat man auch dort nicht nur eine Feuerwehrtruppe aufgestellt, sondern war bestrebt, durch Bauvorschriften und andere Maßnahmen der Brandgefahr entgegenzuwirken.
Ähnlich war im Mittelalter die Lage in Deutschland und seinen Nachbarländern, wenngleich die Brandbekämpfung hier damals vorwiegend noch eine Angelegenheit des Bürgerselbstschutzes war. Im späten Mittelalter gab es in deutschen Städten nicht nur nachweisbar Bauvorschriften, die Feuersgefahr entgegenwirken sollten, sondern auch Feuerordnungen für die Bekämpfung von Bränden und ferner mancherlei Löschgerätschaften. So existierte beispielsweise um 1500 in Nürnberg eine leistungsfähige Feuerspritzenmanufaktur.
Doch ebenso wie sich im 17. Jahrhundert aus den alten Brandschutzgilden und Feuerkassen die moderne Feuerversicherung entwickelte, waren auch im Bereiche der Brandbekämpfung und des vorbeugenden Brandschutzes zunehmend beträchtliche Fortschritte in technischer und organisatorischer Hinsicht zu verzeichnen. Neben die freiwilligen Feuerwehren, die sich 1850 in Stuttgart zum späteren Deutschen Feuerwehrverband zusammenschlossen, traten im 19. Jahrhundert in den meisten großen Städten Deutschlands Berufsfeuerwehren, welche mit technischem Gerät wie Pumpen, Schläuchen, Spritzen und fahrbaren Leitern ausgerüstet waren. Gegen Ende jenes Jahrhunderts übernahmen diese Berufsfeuerwehren weitere Aufgaben für den Katastrophenschutz und das Rettungswesen wie beispielsweise den Krankentransport.

Im 20. Jahrhundert wurde in Deutschland ebenso wie in anderen Staaten das Feuerwehrwesen weiter ausgebaut und sowohl technisch vervollkommnet als auch organisatorisch umgestaltet, wobei insb. die Zunahme präventiver, u. a. gutachtlicher Aufgaben in das Auge fiel.
Durch ein Gesetz vom Jahre 1938 wurden die Berufsfeuerwehren als technische „Feuerschutzpolizei" der Ordnungspolizei eingegliedert. Das kriegsbedingt weiter ausgebaute Feuerlöschwesen wurde 1945 jedoch wieder aus dem Bereich der Polizei herausgenommen.

Gerade die Berufsfeuerwehr ist heutzutage vielerorts nicht mehr auf Brandbekämpfung und Brandverhütung beschränkt, sondern bietet neben technischer Hilfe bei öffentlichem Notstand oder bei Unglücksfällen oft mancherlei Rettungsmöglichkeiten. Neben den abwehrenden Brandschutz, die Brandbekämpfung, und den vorbeugenden Brandschutz, die u. a. durch die Tätigkeit sogen. Brandschutzbeauftragter charakterisierte Brandverhütung, ist als dritter Arbeitsbereich der Feuerwehr die technische Unfallhilfe mit dem Rettungsdienst getreten. In allen drei Bereichen ist daher für die Strafverfolgungsorgane eine enge Kooperation mit den Dienststellen und Angehörigen der Feuerwehr angezeigt.
Die primäre Pflicht zur Hilfeleistung und Gefahrenabwehr kann sonst beispielsweise leicht bewirken, daß durch den Einsatz der Feuerwehr unnötig Spuren vernichtet oder verändert werden, die für den Kriminalbeamten wichtig sind. Darauf ist sowohl bei der Ausbildung der Feuerwehrleute als auch beim Einsatz zur Brandbekämpfung selbst zu achten. Ähnliches gilt für den Einsatz der Feuerwehr zur technischen Nothilfe oder als Rettungsdienst.
Ungeachtet des Vorrangs der Hilfe und der Gefahrenabwehr vor der Verbrechensbekämpfung können Angehörige der Feuerwehr ferner durch Auskunft über das am Ort des Geschehens Wahrgenommene und über den Gang der Ereignisse von großem Nutzen für Kriminalpolizei und Strafrechtspflege sein. Denn die Feuerwehr pflegt nicht nur als erste von einem Brand oder Unglück zu hören, sondern in aller Regel auch vor den Kriminalbeamten an der Brand- oder Unglücksstelle einzutreffen.
Schließlich bieten Angehörige der Berufsfeuerwehr Möglichkeiten für Sachverständigengutachten und lassen sich Kenntnisse und Erfahrungen dieser Experten daher für die kriminalpolizeilichen Ermittlungen nutzen.
Sicherlich können sich bei der Koordinierung der Ermittlungstätigkeit von Kriminalpolizei und Feuerwehr aus den unterschiedlichen Denkweisen Schwierigkeiten ergeben, die sich jedoch in der Praxis meistern lassen sollten.

Experten der Feuerwehr sind vor allem bei der Tatortarbeit an der Brandstätte und beim Auswerten der Hinweise über Brandverlauf und Brandbekämpfung hinzuzuziehen. Die Kooperation läßt sich dadurch merklich verbessern, daß bei Berufsfeuerwehren jedem Löschzug ein Experte oder doch ein mit diesen Problemen besonders geschulter und somit vertrauter Beamter zugeordnet wird.

Nicht unerwähnt bleiben darf der gerade in diesem heiklen Bereich große Wert der Zusammenarbeit mit der Berufsfeuerwehr auf dem Gebiet der Brandverhütung. Die Kriminalpolizei kann sich hier bei ihrer präventiven Arbeit u. a. auf die sogen. Brandschutzbeauftragten stützen, welche als Experten über die vielfältigen Gefahren ebenso wie über die möglichen Gegenmaßnahmen informiert sind.
Aus allen diesen Gründen sollte sich die Zusammenarbeit der Kriminalbeamten mit den Feuerwehren nicht auf den Einsatz beschränken bzw. für diesen Fall vorausgeplant werden, sondern möglichst umfassend und kontinuierlich angelegt werden. Denn dann tritt zum persönlichen Kontakt ein ständiger Erfahrungsaustausch, der sich gewiß günstig auf die Kooperation auswirken wird.

Ähnliches wie für die Feuerwehr gilt übrigens für einige andere Behörden und Einrichtungen, welche z. T. bestimmte Aufgaben gleicher Art im Gebiet des Brand- und Katastrophenschutzes wahrnehmen. Als Beispiele dafür sind in Deutschland neben staatlichen Behörden wie Bau- und Gewerbeaufsichtsämtern auch Technische Überwachungsämter und die Bezirksschornsteinfegermeister zu nennen. Obwohl die sachlichen Probleme der Kooperation dieselben oder ähnliche wie bei der Feuerwehr sind, erscheint in diesem Zusammenhang zumindest ein Hinweis als angezeigt, damit der Kriminalist derartige Möglichkeiten nicht übersieht, die sich je nach Lage des Falles bieten können.

2. Technisches Hilfswerk

Das am 22. Aug. 1950 vom Bund gegründete Technische Hilfswerk hat ebenso wie die in Deutschland nach dem 1. Weltkrieg am 30. Sept. 1919 auf Initiative von Otto Lummitzsch geschaffene Technische Nothilfe (TN) u. a. die Aufgabe, bei Katastrophen und anderen öffentlichen Notständen die erforderliche technische Hilfe zu leisten, um Leben und Gesundheit von Menschen und Sachwerte zu retten; dies gilt besonders für allgemein lebenswichtige Bereiche. Das seit 1958 dem zum Innenressort gehörenden Bundesamt für Zivilschutz (BSZ; Deutschherrenstr. 93–95/Postfach 850, 5300 Bonn-Bad Godesberg 1) unterstellte Technische Hilfswerk – seit 1953 Bundesanstalt – widmet sich Aufgaben, die nicht selten auch für die Strafverfolgungsorgane wichtig sind.

Das dem Bundesinnenminister unterstehende Bundesamt für Zivilschutz, eine Bundesoberbehörde mit eigenem Unterbau, umfaßt neben dem Technischen Hilfswerk die Bereiche Zivilschutz, Katastrophenschutz sowie den Warn- und Alarmdienst. Für alle diese Arbeitsbereiche gilt Ähnliches, wie es für das Technische Hilfswerk darzulegen sein wird.

Riege, Paul: Kleine Polizei-Geschichte – Kl. Pol.-Bücherei Bd. 15/16 – 3., verb. u. erw. Aufl. – Lübeck 1966 – insb. S. 152 ff.; *Technisches Hilfswerk* (Hrsg.): Bundesanstalt Technisches Hilfswerk. 20 Jahre Helfen. Ein Rückblick – München (1970) (Zahlreiche Beispiele von Einsätzen); *Technisches Hilfswerk* (Hrsg.): Eine Idee gewinnt Freunde. 25 Jahre Technisches Hilfswerk – Bonn (1975)

Das Technische Hilfswerk wird von einem Direktor geleitet. Neben den hauptamtlichen Landesbeauftragten in jedem Bundesland (Landesverbände) gibt es ferner hauptamtliche Geschäftsführer, die gewöhnlich für mehrere Ortsverbände zuständig sind.
Das in etwa 600 Orstverbände gegliederte Technische Hilfswerk kann sich z. Z. auf rund 70000 freiwillige Helfer im Bundesgebiet stützen, deren Arbeit im übrigen von ehrenamtlichen Kreis- und Ortsbeauftragten organisiert und geleitet wird.
Die aus allen Berufen und Altersgruppen kommenden freiwilligen Helfer, die Unfallschutz genießen und ggf. Verdienstausfall erhalten, werden in den Ortsverbänden und in Katastrophenschulen auf Landesebene ausgebildet. Nach einer Grundausbildung gibt es wegen der mannigfachen Aufgaben mancherlei Formen einer technischen Spezialausbildung.
Wesentlich für die Arbeit des Technischen Hilfswerks ist seine vielseitige Ausstattung mit technischem Gerät und den erforderlichen Fahrzeugen und Nachrichtenmitteln.

Die wichtigsten Aufgaben des Technischen Hilfswerks sind Leistung technischer Hilfe bei großen Unglücksfällen und Katastrophen sowie bei besonderen Notständen (Ausfall von Strom, Wasser, Gas usw.). Im Rahmen des bundesweit organisierten neuzeitlichen Katastrophenschutzes sind dem Technischen Hilfswerk durch das Gesetz über die Erweiterung des Katastrophenschutzes (KatSG v. 9. Juli 1968) die Fachdienstaufgaben „Bergung“ sowie

„Instandsetzung" übertragen worden. Das THW ist in diesem Rahmen außer im Inland schon relativ früh auch zur humanitären Hilfeleistung im Ausland, sogar in Übersee, eingesetzt worden.
Da die Anlässe, welche zum Einsatz des Technischen Hilfswerks führen, nicht selten außer einer genauen Untersuchung der dafür auschlaggebenden Ursachen auch strafprozessuale Ermittlungen als notwendig erscheinen lassen, um eine etwaige strafrechtliche Verantwortung von Menschen beurteilen zu können, ist in solchen Fällen für die Strafverfolgungsorgane oft eine enge Zusammenarbeit mit Organen und Angehörigen des Technischen Hilfswerks nötig. Sofern diese nicht von der zuerst benachrichtigten Polizei auf die Notwendigkeit technischer Hilfe angewiesen werden, sind nicht nur Aussagen der zuerst am Orte des Geschehens eintreffenden Helfer über die dort vorgefundene Situation und den Verlauf der Ereignisse, nicht zuletzt über ihre eigenen Aktivitäten, wichtig, sondern kann auch deren sachkundiges Urteil helfen, den Sachverhalt aufzuklären.
Nicht zu unterschätzen ist die Arbeit des Technischen Hilfswerks im Bereich der Prävention, wobei es außer auf den sachverständigen Rat auch auf eine entsprechende Öffentlichkeitsarbeit ankommt, welche Gefahren und damit mögliche Gesetzesverstöße zu vermeiden sucht. Auch hier ist angesichts der großen Bedeutung, welche Katastropheneinsätze der Kriminalpolizei oder Fahrlässigkeitstaten im Zusammenhang mit Technik und Verkehr heute haben, eine enge Zusammenarbeit außerordentlich wichtig.

3. Deutsches Rotes Kreuz

Das Deutsche Rote Kreuz, dessen Arbeitsbereich sich z. T. mit dem anderer Organisationen der freien Wohlfahrtspflege überschneidet, hat neben der Krankenpflege und dem Rettungsdienst mannigfache Aufgaben bei Katastrophen und sonstigen Notfällen, weshalb es häufiger auch für die Kriminalpolizei und andere Strafverfolgungsorgane ein wichtiger Partner ist.

Einen Überblick über das in- und ausländische Schrifttum betreffend das Rote Kreuz vermittelt *Banse,* Eva Maria: Rotes Kreuz im Schrifttum in Vergangenheit und Gegenwart – DRK-Schriftenreihe Nr. 21.

Die 1859 durch die Schlacht bei Solferino von Henry Dunant begründete Idee des Roten Kreuzes, die 1863 zum Genfer Fünfer-Komitee führte, faßte schon am 16. Dezember desselben Jahres mit der Gründung einer Rotkreuz-Gesellschaft für Württemberg in Deutschland Fuß. Nach weiteren Gründungen für andere deutsche Länder kam es am 20. April 1869 bereits zu einer nationalen Gesamtorganisation (der Deutschen Vereine zur Pflege im Felde verwundeter oder erkrankter Krieger). – Nach dem 1. Weltkrieg vereinigten sich am 5. Mai 1919 die nationalen Organisationen in Paris zur Liga der Rotkreuz-Gesellschaften. Die 1921 zum Deutschen Roten Kreuz zusammengefaßten Landesverbände wurden 1937 umorganisiert. Die nach dem 2. Weltkrieg neu erstandenen Landesverbände gründeten schon am 4. Dez. 1950 erneut eine Bundesorganisation.
Das Internationale Rote Kreuz umfaßte 1977 insgesamt 122 nationale Rotkreuz-Gesellschaften, die sich den Prinzipien der Menschlichkeit, Unparteilichkeit, Neutralität, Unabhängigkeit, Freiwilligkeit, Einheit und Universalität verpflichtet haben. Die Liga der Rotkreuz-Gesellschaften hat ihren Sitz in Genf. Das aus höchstens 25 Schweizer Bürgern bestehende Internationale Komitee vom Roten Kreuz wird insb. bei bewaffneten Konflikten tätig, besucht z. B. Kriegsgefangenenlager und überwacht die Einhaltung der Genfer Rotkreuz-Abkommen.

Das Deutsche Rote Kreuz umfaßte 1976 mit 14 Landesverbänden, die im wesentlichen den

Bundesländern entsprechen, und dem Verband der Schwesternschaften vom Deutschen Roten Kreuzes 415 Kreisverbände und 4735 Ortsvereine. Der Bundesverband wird von einem Präsidium geleitet, dessen Geschäftsstelle das Generalsekretariat ist (Friedrich-Ebert-Allee 71/Postfach 1460, 5300 Bonn 1).

Das Deutsche Rote Kreuz konnte sich Ende 1974 im Bereitschaftsdienst auf 135616 Männer und 140370 Frauen sowie weitere 28843 aktive Mitglieder und 15442 Schwestern stützen; hinzu kamen damals 2220765 fördernde Mitglieder und 258732 Angehörige des Jugendrotkreuzes. – Hauptamtlich waren – insb. in Krankenhäusern und im Krankentransport – rund 28000 Menschen für das Deutsche Rote Kreuz tätig.

Bei den Aufgaben des Deutschen Roten Kreuzes, die sich gegenüber den Anfängen erheblich erweitert haben, lassen sich drei große Bereiche unterscheiden.
Als nationale Rotkreuz-Gesellschaft der Bundesrepublik Deutschland wirkt das Deutsche Rote Kreuz im Zivilschutz und im Sanitätsdienst der Bundeswehr mit; es bildet jährlich über 10000 Schwesternhelferinnen aus, stellt Einheiten für den Zivilschutz auf. Das Rote Kreuz organisiert und unterhält Suchdienste der verschiedensten Art, bemüht sich um die Familienzusammenführung, führt Hilfsaktionen für Kriegsopfer im Ausland durch und setzt sich durch Spezialkurse und allgemeine Öffentlichkeitsarbeit für seine Ziele ein.

Große Verdienste hat sich das Rote Kreuz nach dem 2. Weltkrieg bei der Suche nach verschollenen Soldaten (in 1100569 Fällen wurde das Schicksal von insgesamt 1743415 registrierten Verschollenen geklärt) und Zivilpersonen erworben (aufgeklärt 180927 von 351337 Fällen). Ähnliches gilt für den Kindersuchdienst und den Suchdienst im Katastrophenfall, für welchen seit 1965 über 10000 freiwillige Helfer ausgebildet worden sind.
Im Rahmen der vielfältigen Öffentlichkeitsarbeit ist vor allem auf die Monatsschrift „Deutsches Rotes Kreuz“, die vierteljährlich erscheinende Familien-Illustrierte „Die gute Tat“ und die monatlich veröffentlichte Zeitschrift für das Jugendrotkreuz „Die junge Hilfe“ sowie die „DRK-Schriftenreihe“ und die „Jahrbücher“ hinzuweisen.

Zum anderen widmet sich das Deutsche Rote Kreuz ebenso wie andere Organisationen der freien Wohlfahrtspflege der Krankenpflege, dem Krankentransport und dem Blutspendedienst. In diesen Rahmen gehören ferner neben Katastrophenschutz und -hilfe die zahlreichen Rettungsdienste sowie Aktivitäten im Bereich der Ersten Hilfe.

So unterhält das Deutsche Rote Kreuz 60 eigene Krankenhäuser und verfügt über annähernd 5000 Krankenwagen, in welchen allein 1974 insgesamt 3907974 Personen befördert worden sind. In demselben Jahr verzeichneten die sieben Zentralen 1425443 Blutspenden. – Der für den Katastrophenschutz aufgestellte Hilfszug des Deutschen Roten Kreuzes, der aus 10 Hilfszugstaffeln besteht und zu dem Einheiten von Landes- und Kreisverbänden hinzukommen, ist bekanntlich des öfteren auch im Ausland eingesetzt worden. Dort wie im Inland hat man bei Katastrophen personelle, materielle und finanzielle Hilfe geleistet. – Das Rote Kreuz hat neben zahlreichen Rettungsdiensten an den Straßen für besondere Aufgaben die Wasserwacht und die Bergwacht organisiert. – Im Bereich der Ersten Hilfe betätigen sich Mitglieder des Roten Kreuzes aktiv und durch entsprechende Ausbildung anderer.

Schließlich ist noch auf den Aufgabenkreis hinzuweisen, der sich aus der Funktion des Deutschen Roten Kreuzes als eines Spitzenverbands der freien Wohlfahrtspflege ergibt. Hierher gehört neben verschiedenen Gebieten der Sozialarbeit auch das Jugendrotkreuz, das den schulischen und außerschulischen Bereich erfassen will.

In der Sozialarbeit geht es dem Roten Kreuz außer um Kinder und Jugendliche vor allem um Behinderte, Mütter und alte Menschen.

Ähnelt die Hilfeleistung des Deutschen Roten Kreuzes in Katastrophenfällen oder bei öffentlichen Notständen teilweise der von Feuerwehr und Technischem Hilfswerk, so kommt es in der Praxis, da hier auch Notfälle anderer Art in Betracht kommen, außer auf Auskünfte von Angehörigen der Rettungsdienste vor allem darauf an, daß diese entweder auf Anforderung durch die Strafverfolgungsorgane schnell zur Stelle sein können oder sie, sofern sie vor der Kriminalpolizei alarmiert werden, dieselbe unverzüglich benachrichtigen. Zu einer für die tätige Hilfe notwendigen Kooperation treten Auskünfte der Helfer des Roten Kreuzes und ggf. der Rat seiner Experten hinzu, weshalb der Kriminalist auf engen Kontakt und gute Zusammenarbeit Wert legen sollte.

V. Möglichkeiten der Zusammenarbeit mit nichtstaatlichen Stellen

Nach diesem Überblick über im privaten Bereich kriminalistisch arbeitende Stellen und Personen oder diese Arbeit berührende Aktivitäten anderer Organe sollen abschließend die sich daraus für die staatlichen Strafverfolgungsorgane und insb. die Kriminalpolizei ergebenden Möglichkeiten einer Zusmmenarbeit bei der repressiven und präventiven Verbrechensbekämpfung noch einmal kurz umrissen werden. Denn eine derartige Kooperation ist für staatliche Stellen wie die Kriminalpolizei besonders wichtig, da diese Personen und Organisationen in manchen Bereichen nicht nur über Spezialkenntnisse, sondern auch über Informationsquellen verfügen, die sonst nicht ohne weiteres zugänglich sind.

Obwohl die Selbsthilfe vor allem im Bereich der Wirtschaft zu beobachten ist, wo manche Organe bereits auf ein stattliches Alter zurückblicken können, sind derartige Aktivitäten dennoch ersichtlich nicht auf dieses Gebiet beschränkt. Die Kriminalisten sollten nicht nur alle sinnvolle Initiativen dieser Art bereitwillig unterstützen, sondern sich darum bemühen, die ihnen oft zugute kommende Arbeit der bereits vorhandenen Institutionen durch regen Kontakt und mögliche Hilfe zu intensivieren, was sicherlich zugleich der Kooperation im Einzelfall dienlich sein dürfte.

1. Verbrechensaufklärung

Im Rahmen der repressiven Verbrechensaufklärung können kriminalistisch arbeitende nichtstaatliche Stelllen ebenso wie staatliche vor allem in zweifacher Weise für den Kriminalbeamten oder andere Strafverfolgungsorgane von Nutzen sein.

Zunächst einmal können ihre Beobachtungs- und Sammeltätigkeit sowie Recherchen Anhaltspunkte für einen Tatverdacht ergeben und darüber hinaus vielleicht Erkenntnisse sowie Beweismaterial für ein von ihnen angeregtes Strafverfahren erbringen. Mit solchen Initiativen wird also die Basis der Verbrechensbekämpfung in wertvoller Weise erweitert.

Die Arbeit nichtstaatlicher Stellen kann zum anderen aber auch in solchen Fällen genutzt werden, in welchen die Initiative zur Strafverfolgung von staatlichen Organen ausgeht. Angesichts der z. T. erheblichen Beweisschwierigkeiten lohnt es sich eigentlich immer, einschlägig arbeitende nichtstaatliche Stellen einzuschalten, um so ihr Material und ihre Möglichkeiten für die Zwecke der Strafverfolgung nutzbar zu machen.

Dabei kommt es keineswegs nur darauf an, Sachverständige, Zeugen oder Beweismaterial zu gewinnen, sondern sollte der Kriminalist auch sachkundigen Rat, Auskunft und sonstige Hilfe nicht unterschätzen, die ihm von dieser Seite zuteil werden kann.

2. Verbrechensvorbeugung

Bald noch wichtiger ist eine enge Zusammenarbeit mit nichtstaatlichen Stellen der geschilderten Art im Bereiche der Kriminalprävention, in welchem sich die staatlichen Strafverfolgungsorgane aus mancherlei Gründen oft besonders schwer tun.
Die Verbrechensvorbeugung oder Kriminalprophylaxe ist nicht nur durch die noch genauer zu schildernde Entwicklung der Kriminalpolizei (§§ 27 ff.) etwas in den Hintergrund getreten, sondern immer noch mehr als nötig ein Stiefkind kriminalpolizeilicher Arbeit, wie bereits bei der Kriminaltaktik (§ 23) deutlich geworden ist. Da die Kriminalpolizei den hier zu verzeichnenden Bedarf aber niemals allein wird befriedigen können, ist Zusammenarbeit mit anderen, insb. auch nichtstaatlichen Stellen auf diesem Sektor besonders wichtig.

Vorbeugende Verbrechensbekämpfung – hrsg. v. Bundeskriminalamt – Wiesbaden 1964; *Weinberger,* Rolf: Deutscher Rat für Verbrechensverhütung – Projekt einer bundesdeutschen Einrichtung – Die Polizei 1977, S. 388 ff.

Obwohl der Gedanke der Prävention so alt ist wie der einer organisierten Verbrechensbekämpfung überhaupt, lehrt die Geschichte jedoch, daß hier die zudem schwer meßbaren Erfolge bescheiden sind und man immer noch gewissermaßen in den Kinderschuhen steckt.

Schäfer, H.: Wesen und Entwicklung des Vorbeugungsgedankens. Ein Beitrag zur Geschichte der Kriminalprophylaxe – in: Vorbeugende Verbrechensbekämpfung, hrsg. v. Bundeskriminalamt, Wiesbaden 1964, S. 27 ff.

Insgesamt konzentriert man sich in diesem Bereich kriminalpolizeilicher Arbeit außer auf technisch-mechanische Vorkehrungen auf gewisse organisatorische Maßnahmen, wenngleich selbst diese Dinge – wie wir gesehen haben (§ 23) – bisher nur für Teilbereiche der Kriminalität in etwa geklärt sind.

Kriminalpolitisch reicht der Gedanke der Prävention naturgemäß viel weiter. Über die kriminologisch zu erforschenden Ursachen und Täterpersönlichkeiten, die man kriminalpädagogisch wirksam behandeln sollte, gelangen wir mit dem Abbau kriminogener gesellschaftlicher Faktoren und den Straftheorien in einen Bereich, der manchem – und das mitunter zu Recht – schon spekulativ vorkommen mag.

So kann es eigentlich nicht überraschen, daß es kein kriminalistisches System der Prävention gibt, sondern sich bestenfalls – wie oben angedeutet – einige Ansatzpunkte dafür finden, weil man insoweit vom präventiven Effekt schneller und sicherer Aufklärungsarbeit absehen darf.

Wenzky, Oskar: Die Stellung der Kriminalpolizei im Rahmen der vorbeugenden Verbrechensbekämpfung – in: Vorbeugende Verbrechensbekämpfung, hrsg. v. Bundeskriminalamt, Wiesbaden 1964, S. 65 ff.; *Schumm,* R.: Die vorbeugende Tätigkeit der Weiblichen Kriminalpolizei – in: Vorbeugende Verbrechensbekämpfung, hrsg. v.Bundeskriminalamt, Wiesbaden 1964, S. 77 ff.; *Köhler,* K.: Jugendschutz als prophylaktische Aufgabe des Jugendsachbearbeiters – in: Vorbeugende Verbrechensbekämpfung, hrsg. v. Bundeskriminalamt, Wiesbaden 1964, S. 91 ff.

Ein Schwerpunkt präventiver Aktivitäten der Kriminalpolizei liegt gegenwärtig in einer an die Allgemeinheit gerichteten Öffentlichkeitsarbeit, die mehr oder weniger wirksam durch gezielte Beratung ergänzt wird, was im einzelnen näher bei der Arbeit der Kriminalpolizei zu schildern ist (§ 27-IV-2-d). Dort wird sich allerdings auch zeigen, daß sich ebenso wie die kriminalpolizeiliche Beratungspraxis auch die Öffentlichkeitsarbeit noch erheblich ver-

bessern lassen dürften, die Möglichkeiten der Prävention dort also bei weitem noch nicht ausgeschöpft sind. Geht es darum, die Allgemeinheit zu mobilisieren, so sollte es eigentlich auf der Hand liegen, daß der Kriminalist sich im Interesse der Verbrechensvorbeugung um enge Zusammenarbeit mit denjenigen bemühen sollte, die durch ein besonderes berufliches oder ehrenamtliches Engagement bereits ein Interesse an den fraglichen Problemen erkennen lassen, was gewiß auch größere Aussicht auf Erfolg verspricht.
Daneben gibt es aber auch andere Aktivitäten der Kriminalpolizei, die – wie Razzia, Personenkontrollen, offener Personen- und Objektschutz sowie andere Fahndungsmaßnahmen (§ 19) – zugleich mehr oder weniger präventiv wirken. Ähnlich ist es übrigens bei gewissen Maßnahmen des Jugendschutzes, die aber ebenso wie andere auf bestimmte Personengruppen abzielende Aktivitäten präventiver Natur unterschiedlich – und des öfteren wenig – intensiv betrieben werden. Auch bei Vorbereitung, Durchführung und Auswertung solcher Maßnahmen empfiehlt sich nicht gar so selten Fühlungnahme bzw. Kooperation mit den oben erwähnten oder anderen nichtstaatlichen Organen, insb. sofern sie aus diesem oder jenem Grunde mit den konkreten Verhältnissen vertraut oder an den damit zusammenhängenden Problemen interessiert sind.

§ 26
Der Untersuchungsführer

Während dieses Werk ursprünglich ganz auf den Untersuchungsrichter der k. und k. Monarchie zugeschnitten war, d. h. einen Juristen mit ganz spezifischen kriminalistischen Aufgaben, ist es mit der Zeit immer mehr auf den Untersuchungsführer umgestellt worden, der kein Richter und nicht einmal – wie der Staatsanwalt – Jurist zu sein braucht, sofern er nur verantwortlich kriminalistische Arbeit in der Praxis zu leisten hat. Deshalb braucht man bei einem Untersuchungsführer heutzutage nicht nur an den leitenden Beamten bei größeren Aktionen zu denken, sondern es kann sich durchaus um einen Kriminalisten handeln, der allein oder mit wenigen ihm dabei unterstellten Beamten mehr oder weniger umfassende kriminalistische Aufgaben zu bewältigen hat.

Groß/Seelig (8) I-9 ff.

Bevor wir uns den Einzelproblemen der Organisation zuwenden erscheint es auch angesichts der Tradition dieses Werkes angebracht, kurz und allgemein einmal diejenigen Charakteristika zusammenzustellen, die für eine solche eigenverantwortliche kriminalistische Arbeit wesentlich sind.

Hans *Groß* hat diese Überlegungen für so wichtig gehalten, daß er sie an den Anfang seines Werkes gestellt hat. Wenn wir anders verfahren, so bedeutet das nicht, daß wir diese Dinge geringer einschätzen. Vielmehr wird dem aufmerksamen Leser nicht entgangen sein, daß wir bei den einzelnen Sachgebieten immer wieder auf solche Punkte eingegangen sind, weil sie für jegliche kriminalistische Arbeit bedeutsam sind. Da wir den Kriminalisten jedoch nicht mehr mit dem Untersuchungsrichter identifizieren, passen allgemeine Ausführungen besser in diesen Zusammenhang.

Um den Rahmen, ohne der später zu erörternden Aus- und Fortbildung des Kriminalisten vorzugreifen, in etwa abzustecken, sollen nach einigen Gedanken über Vorbildung und Auswahl die allgemeinen Aufgaben eines solchen Untersuchungsführers erläutert werden. Erst dann versteht man, was hier an persönlichen Eigenschaften und welche Einstellung vorauszusetzen sind. Diese darf man gegenüber den sodann zu schildernden fachlichen Fähigkeiten und den Möglichkeiten, diese zu vervollkommnen, keinesfalls unterschätzen. Abschließend werden dann, um dieses Bild abzurunden, kurz noch einige allgemeine Grundsätze für das Vorgehen des Untersuchungsführers – seine Arbeitsweise – genannt werden.

Was speziell für das Berufsbild des Kriminalbeamten und seine Vor-, Aus- und Fortbildung wesentlich erscheint, soll im übrigen aber erst später (§ 27-III) erörtert werden.

I. Vorbildung und Auswahl

Als kriminalistische Untersuchungsführer können selbst für staatliche Verfolgungsorgane Menschen mit ganz unterschiedlicher Vorbildung fungieren. Ist bei den Strafjuristen vor allem an Staatsanwälte und Strafrichter zu denken, die je nach Rechtslage mehr oder weniger häufig Ermittlungen durchzuführen haben, so findet man selbst bei Kriminalbeamten ungeachtet ihrer später zu behandelnden Ausbildung für den Kriminaldienst eine recht unterschiedliche Vorbildung. Kann eine solche Vorbildung sicher dann und wann für die kriminalistische Arbeit von großem Nutzen sein, so ist es doch häufiger so, daß eine fehlende oder doch begrenzte Ausbildung als Kriminalist die Einsatzmöglichkeiten im konkreten Fall mehr oder minder nachhaltig begrenzt.

Groß/Seelig (8) I-9 ff.; *Geerds,* Friedrich: Vernehmungstechnik – 5. Aufl. – Lübeck 1976 – insb. S. 45 ff.

Selbst von der auch für den Kriminalisten wesentlichen Berufserfahrung abgesehen mangelt es bei dem umfassenden Wissen, welches diese Tätigkeit voraussetzt, zunächst gewöhnlich an allen Ecken und Enden. Denn diese Arbeit ist, wie *Groß (Groß/Seelig (8)* I-13) es formuliert hat, zwar keine Kunst, aber ein Kunststück. Und dieses Kunststück ist kein großes, jedoch besteht es aus einer langen Reihe von kleinen Kunststücken; diese muß man können, und um sie zu können, muß man sie erst einmal lernen.

Recht plastisch sagt *Groß* (aaO. S. 9), der Untersuchungsführer solle wissen, was ihm der Arzt sagen könne und was er ihn fragen solle; er müsse die Schliche des Wildddiebes so gut kennen wie die des Börsenspekulanten. Ferner solle er erkennen können, ob ein Testament gefälscht wurde oder wie es bei einem Eisenbahnunglück zugegangen sei.

Für alles das aber bietet die Juristenausbildung in den meisten Ländern keine oder nur spärliche Handhaben. Und an einer entsprechenden Aus- und Fortbildung der in den Staatsdienst eingetretenen Juristen fehlt es eigentlich bis heute überall.

Daß es in Strafsachen nicht allein auf Rechtskenntnisse ankommt, zeigt die sarkastische Bemerkung von *Groß* (aaO. S. 13 f.): „. . ., obwohl man doch einsehen muß, daß von den unzähligen Untersuchungen, die unsere Registraturen und Archive verwahren, keine einzige deshalb mißlungen ist, weil der betreffende U. z. B. eine mangelhafte Auffassung von der Lehre des Versuchs besaß oder er sich über die wissenschaftliche Natur der Teilnahme unklar war, oder er die modernste Auffassung der Culpa nicht kannte.“

So mußte schon Hans *Groß* in diesem Zusammenhange auf das eigene Bemühen verweisen,

indem er dem Untersuchungsrichter riet, sich durch das Anhören entsprechender Vorträge oder das Lesen einschlägiger Publikationen ebenso wie durch Besuche von Kriminalmuseen, eigene Arbeit im Laboratorium und autodidaktische Studien das erforderliche Wissen anzueignen. So nützlich derlei Bemühen auch heute noch sein dürfte, kann man doch mit Sicherheit sagen, daß *Groß* auf die Gegenwart bezogen die Möglichkeiten des Juristen sicherlich überschätzt hat; denn dieser kann sich in dieser Form weder ein solides und umfassendes Wissen aneignen noch gar alle kriminalistischen Untersuchungsmethoden selbst praktizieren, was vor 80 Jahren jedenfalls noch in größerem Umfange als heute möglich war. Nur so aber läßt sich seine Forderung erfüllen, wenn er vom Untersuchungsführer nicht nur juristisches Wissen, sondern besondere darüber hinausgehende kriminalistische Kenntnisse und Fähigkeiten sowie deren fortwährende Verbesserung verlangt.
Damit aber ergibt sich für uns heute die Forderung, daß die Juristenausbildung zumindest für diejenigen, die sich mit der Strafrechtspflege und somit auch mit der Kriminalistik befassen wollen, in eigentlich allen Ländern – ungeachtet hier zu verzeichnender bemerkenswerter Unterschiede – mehr bieten sollte, um einen soliden Grundstock zu vermitteln, auf welchem der Betreffende weiterbauen kann. Doch sollte man sich nicht – wie es heute vielfach geschieht – allein auf die insoweit segensreiche forensische Erfahrung oder die Eigeninitiative des Strafjuristen verlassen.

Im Grunde ist also nicht viel auf die zu Anfang des Jahrhunderts von *Groß* (aaO. S.12) erhobene Forderung hin geschehen, wenigstens an einigen Universitäten Lehrstühle für derartige Sonderzwecke zu schaffen, damit dort nicht nur der Studierende der Jurisprudenz allgemein, sondern speziell der angehende Kriminalrichter für sein Fach vorbereitet werden und jene Kenntnisse erwerben könne.

Was die Kriminalistik als solche anlangt, sehen die Dinge bei den Kriminalbeamten natürlich besser aus, da die besonderen Aufgaben dieser Strafverfolgungsbehörde es mit sich bringen, daß man nach der Einstellung dieser Beamten mit einer mehr oder weniger umfassenden Ausbildung u. a. in Kriminalistik beginnt. Vom Fehlen der praktischen Erfahrung abgesehen kann sich hier jedoch u. U. mangelnde Vertrautheit mit den rechtlichen Problemen und mit der forensischen Szene störend bemerkbar machen. Und selbst wenn sich das ebenfalls im Laufe der Zeiten zu ändern pflegt, bleiben doch wegen z. T. spezialisierten Einsatzes sehr leicht Lücken, die dann bei einem Aufgabenwechsel auch noch später spürbar werden.
Immerhin geht es bei der Kriminalpolizei nach allem mehr um Fragen der Aus- und Fortbildung und um die dafür wichtigen Lerninhalte, weil die Bedeutung der Kriminalistik insoweit anerkannt sein dürfte (dazu vgl. u. a. § 27-III).
Da angesichts der begrenzten personellen Mittel die Auswahl eines Untersuchungsführers nicht in jedem Fall optimal wird sein können, muß man in der Praxis insoweit sowohl bei den Strafjuristen als auch bei den Kriminalbeamten immer wieder mit Schwierigkeiten rechnen.

II. Aufgaben

Angesichts der oben geschilderten Vielfalt kriminalistischer Fragestellungen erscheint es angebracht, nunmehr die Aufgaben eines kriminalistischen Untersuchungsführers etwas konkreter zu umreißen.

Groß/Seelig (8) I-18 ff.; *Walder*, Hans: Kriminalistisches Denken – 4. Aufl. – Hamburg 1975 – S. 4 ff.

Muß der Untersuchungsführer bei seiner Arbeit zu einem Erfolg kommen, was *Groß* an den Anfang seiner diesbezüglichen Überlegungen gestellt hat, so ist zu klären, wie und auf welchem Wege er dieses Ziel am besten und sichersten zu erreichen vermag (vgl. auch § 17-I).

Dabei darf man unter Erfolg kein bloßes Erledigen von Aktenzeichen und auch nicht einen etwaigen Effekt verstehen. Erfolg bedeutet ferner nicht notwendig die Überführung eines Tatverdächtigen, sondern läßt sich als Ziel kriminalistischer Arbeit am besten so umschreiben, daß die Wahrheit – soweit das überhaupt möglich ist – ermittelt wird, die aufgeworfenen Fragen also im Rahmen des Menschenmöglichen zu voller Klarheit gebracht worden sind.

Setzt die Arbeit eines Untersuchungsführers mithin sicherlich Engagement voraus, darf sie jedoch nicht zu einer Aktivität blinden Eifers werden. Wie früher ausgeführt ist selbstverständlich, daß alle zu diesem Zweck ergriffenen Maßnahmen sich im Rahmen der dem Untersuchungsführer zustehenden rechtlichen Befugnisse halten müssen. Kriminaltaktisch sollte man derartige Befugnisse etwa dann, wenn es um Zwangsmittel geht, nach Möglichkeit nicht einmal voll ausschöpfen. Zudem sind Umsicht, Ruhe und Geduld für die kriminalistische Arbeit wichtiger als gedankenlose Emsigkeit. Dabei sollte der Konzilianz in der Form, wo diese angebracht ist, durchaus Härte und Festigkeit in der Sache selbst entsprechen. Und Geduld darf beim Kriminalisten nicht mit Schwäche oder Laxheit verwechselt werden.

Sonst würde man die insoweit richtungweisenden Worte von *Groß* (*Groß/Seelig (8)* I-20) mißverstehen: „Ich meine, daß das feste Anpacken der Sache noch immer das Richtige sei, daß voraussetzungsloses, energisches, oft rücksichtsloses Dreingehen allein zu Beweisen verhilft, und daß das eigene, logische Verwerten des Gefundenen schon im Vorprozesse zum „Erfolge“ führt“.

Im Grunde gilt also alles das, was wir früher im speziellen Zusammenhange zur kriminalistischen Arbeit gesagt haben, in besonderem Maße für den Untersuchungsführer, der für diese im konkreten Falle verantwortlich ist.

Sind dem Untersuchungsführer andere Beamte unterstellt oder Sachverständige zugewiesen, so kommt noch die Problematik der Menschenbehandlung bzw. Menschenführung hinzu.

Dies ist schon für den Umgang mit den zugewiesenen Beamten wichtig. Bei aller Strenge gegen sich selbst, sollte der Untersuchungsführer bei Fehlern seiner Beamten, sofern es wirklich nur Irrtümer waren, dem Rat von *Groß* (aaO. S. 26) folgend „auf das nachsichtigste“ reagieren.

Vielfältige Fragen der Menschenbehandlung ergeben sich ferner – wie bereits die Vernehmung (§ 21) gezeigt hat – aber auch im Verhältnis zu Beschuldigten, Zeugen, Sachverständigen und anderen Prozeßbeteiligten, worauf nochmals zurückzukommen sein wird (§ 26-III, V).

III. Eigenschaften und Einstellung

Bevor wir uns seinen fachlichen Fähigkeiten zuwenden, erscheinen einige Worte über persönliche Eigenschaften des Untersuchungsführers und über seine Einstellung angezeigt, weil diese seine Arbeit erheblich beeinflussen.

Groß/Seelig (8) I-36 ff., 30 ff., 45 ff.; *Geerds,* Friedrich: Vernehmungstechnik – 5. Aufl. – Lübeck 1976 – insb. S. 46 ff., 53 ff.

Hier können unmöglich alle guten Eigenschaften, die ein Mensch überhaupt haben kann, aufgezählt werden, sondern sollen nur diejenigen herausgegriffen werden, welche uns für die Arbeit eines kriminalistischen Untersuchungsführers – sei er nun Kriminalbeamter, Staatsanwalt oder Strafrichter – als besonders wichtig erscheinen.

Bei aller für den Kriminalisten erforderlichen Phantasie sind Scharfsinn und Fähigkeit zu logischem Denken wichtigste Eigenschaft eines Untersuchungsführers, der dabei auch selbstkritisch sein sollte. Vor allem aber sollte er praktisch denken, um Umwege vermeiden und eine überschaubare Arbeitsweise erzielen zu können.

Da der Untersuchungsführer es in Strafsachen oft mit komplizierten Menschen zu tun hat, sollte er über Menschenkenntnis verfügen und ferner damit vertraut sein, wie man Menschen am besten behandelt. Dabei handelt es sich keineswegs nur um den Umgang mit Aussagepersonen, für welchen die Bedeutung der Menschenkenntnis bereits unterstrichen worden ist (§ 21-IV-2-a). Vielmehr hat der Untersuchungsführer bei seiner Arbeit auch sonst mit Menschen zu tun und sollte daher mit ihnen umgehen können.

Es braucht und soll hier nicht im einzelnen das wiederholt werden, was hierzu bereits bei der Vernehmungstechnik ausgeführt worden ist. Dort ist dargelegt worden, wie man gerade für diesen Zweck das Beobachtenkönnen lernen muß, um sein Gegenüber an Hand des äußeren Erscheinungsbildes und vor allen Dingen seiner Haltung sowie seines Auftretens einschätzen zu können. Dies aber ist in umfassenderem Sinne auch für den Untersuchungsführer wichtig.

Nicht zuletzt sollte der Untersuchungsführer, da seine Arbeit viel Geduld erfordert, über viel Ausdauer verfügen. Ebenso wie ein Genie nicht unwesentlich auf Fleiß zu beruhen pflegt, muß der Kriminalist außer über den auch für ihn wichtigen Eifer über eine besondere Portion Zähigkeit und Beharrlichkeit verfügen, um trotz aller Widrigkeiten zum Erfolg zu gelangen.

Zu diesen Eigenschaften sollte ferner eine bestimmte Einstellung des Untersuchungsführers hinzutreten, um insoweit optimale Arbeitsvoraussetzungen zu schaffen. Wie jeder Kriminalist sollte er sich darüber klar sein, daß es nur um die Sache geht. Daher ist insoweit Bescheidenheit angezeigt, welche bis zur Selbstverleugnung gehen kann. Der Untersuchungsführer sollte also seine eigene Person hinter die Sache stellen, um ohne äußeren Aufwand, still und redlich sein Pflicht zu tun. Der Verzicht auf äußerlich glänzende Erfolge, Triumphe oder sonstige „Publizität" wird ihm seine wirkliche Arbeit gewöhnlich sehr ererleichtern.

In der Sache selbst sollte sich der Untersuchungsführer getreu dem Grundsatz, daß der Verdacht der Vater der Kriminalistik, ihre Mutter aber der Zweifel ist, von vorgefaßten Meinungen oder gar Vorurteilen möglichst frei halten. Dies alles ändert nichts daran, daß der Untersuchungsführer sich früher oder später eine Meinung bilden und ebenso entschlossen wie planmäßig vorgehen muß. Je nach Lage der Dinge ist außer Entschlossenheit des öfteren auch persönlicher Mut erforderlich, wenn der Untersuchungsführer zum Ziel gelangen will.

Wenn *Groß* (aaO. S. 37) diese Eigenschaften als „Schneidigkeit" bezeichnet, so dürfte bei Übereinstimmung in der Sache dieser Terminus doch für unsere Zeit mißverständlich sein. Denn heutzutage versteht man darunter weniger Entschlossenheit und Mut bzw. Tapferkeit angesichts erkannter Gefahren als eher Unbesonnenheit oder Tollkühnheit, die dabei noch mit betont auffälligem Gehabe verbunden sein kann; alles dies aber wäre der kriminalistischen Arbeit überaus abträglich.

IV. Fachliche Fähigkeiten

Ungeachtet aller dieser persönlichen Voraussetzungen oder Erfordernisse hängt der Erfolg der Arbeit eines Untersuchungsführers selbstverständlich in nicht geringem Ausmaß von seinen fachlichen Fähigkeiten ab, die jedenfalls in aller Regel besser als zur Zeit der Ausgangsposition – wie oben geschildert – sein sollten.

Groß/Seelig (8) I-4 f., 50 ff.; *Walder*. Hans: Kriminalistisches Denken – 4. Aufl. – Hamburg 1975 – insb. S. 15 ff.

Angesichts der eingangs geschilderten, durchweg unbefriedigenden Ausgangslage erfordert das Erlangen der fachlichen Fähigkeiten eines guten kriminalistischen Untersuchungsführers nach wie vor sehr viel Eigeninitiative, d. h. andauernde Selbsterziehung und fortlaufende Studien, um den Wissensstand zu vervollkommnen oder doch auf dem laufenden zu halten. Selbst ein dergestalt qualifizierter Untersuchungsführer kann aber unmöglich alle Sachgebiete, mit denen er zu tun hat, perfekt beherrschen oder auch nur wirklich überblicken. Er muß daher nicht selten im konkreten Falle seinen Wissensstand verbessern, vor allem aber dessen Begrenztheit erkennen können. Ist bei Spezialfragen der Untersuchungsführer kein Experte, so muß er doch wissen, wann er eines solchen oder gar eines externen Sachverständigen bedarf, wer – d. h. welche Disziplin oder welcher Erfahrungsbereich – dafür in Betracht kommt und was er einen solchen Sachverständigen fragen kann. Schließlich muß er fähig sein, dessen Arbeitsergebnisse zu verstehen und sinnvoll in seine eigenen Überlegungen einzubeziehen.

In der Praxis wird zuweilen kein Sachverständiger – zumindest nicht sofort – zur Verfügung sein, weshalb der Untersuchungsführer gezwungen sein kann, entweder vorläufige Maßnahmen, welche die spätere Tätigkeit des Experten jedoch nicht erschweren dürfen, zu ergreifen oder aber überhaupt mit eigenen Mitteln auszukommen.
Bei Einschaltung eines Sachverständigen sind, zumal da sich in der Praxis keineswegs immer die „erste Qualität" erreichen läßt, Aufmerksamkeit und kritische Skepsis geboten. Der Experte kann dem Untersuchungsführer zwar die Arbeit erleichtern, nicht aber – und schon gar nicht die Verantwortung – abnehmen.

Was hier für Fragen von besonderer Sachkunde gesagt worden ist, gilt im Grunde ebenso für viele andere Dinge, über welche sich der Untersuchungsführer informieren muß, um den fraglichen Sachverhalt zutreffend beurteilen zu können. Er muß sich also bemühen, mithilfe anderer Verfahrensbeteiligter oder sonstiger Gewährspersonen sein Wissen über wesentliche Tatsachen so zu verbessern, daß seine kriminalistische Beurteilung auch insoweit sachgerecht ausfällt. Diese im übrigen konstant aufzuarbeitende Tatsachenkenntnis ist es, die Hans *Groß* als Orientiertsein bezeichnet hat.

Zur Kenntnis von Land und Leuten gehört beispielsweise, daß der Untersuchungsführer sich wie eigentlich jeder Kriminalist auch im Alltag und außerdienstlich über alles das informiert, was u. U. einmal dienstlich für ihn wichtig sein könnte.

Groß (aaO. S. 50f.) weist hier z.B. auf die Erkenntnisse hin, die ihm ein alter Steuerbeamter an seinem ersten Dienstort vermittelte. In anderem Zusammenhange hat *Groß* (aaO. S. 27) auf Müllkutscher, Dienstmänner und Prostituierte als wichtige Informationsquellen hingewiesen, die oft nicht hinreichend genutzt würden. – Ähnliches aber gilt für Örtlichkeiten, Betriebe und andere Einrichtungen, deren Kenntnis die kriminalistische Arbeit erleichtern kann, weil dann im konkreten Falle weniger nachzuholen ist.

V. Zum Vorgehen

Wie nun auf dieser Basis das Vorgehen selbst – die Arbeitsweise – vom Untersuchungsführer zu gestalten ist, dürfte bereits im Zusammenhang mit Kriminaltechnik und vor allem Kriminaltaktik beschrieben worden sein. Das kann und soll hier daher nicht wiederholt werden. Wichtig für den Untersuchungsführer erscheint es nur, an dieser Stelle einige allgemeine Grundsätze aufzuzeigen, die er bei seiner Arbeit stets im Auge behalten sollte.

Groß/Seelig (8) I-20 ff., 38 ff., 61 ff.; *Walder,* Hans: Kriminalistisches Denken – 4. Aufl. – Hamburg 1975 – insb. S. 44 ff.; *Geerds,* Friedrich: Vernehmungstechnik – 5. Aufl. – Lübeck 1976 – insb. S. 46 ff.

Sachgerechtes und der Lage angemessenes Vorgehen setzt neben nüchternem Überblick vor allem einen klaren Plan voraus, den wir oben als kriminaltaktisches Konzept bezeichnet haben, welches ggf. entsprechend dem Gang der Dinge fortzuschreiben ist (§ 18-I-2). Denn planloses und unsystematisches Vorgehen führt bei Ermittlungen zu zahllosen Fehlerquellen und nicht selten zu unnötigem Arbeitsaufwand.

Der Untersuchungsführer muß bei seiner Arbeit die verfügbaren Mittel, die stets mehr oder weniger begrenzt zu sein pflegen, kriminaltaktisch richtig, d. h. auch ökonomisch sinnvoll einsetzen. Er erspart sich damit nicht nur unnötigen Aufwand, sondern beschleunigt so die Ermittlungen oft erheblich.

Das Vorgehen muß selbst bei gebotener Schnelligkeit besonnen und mit Ruhe erfolgen. Schon *Groß* (aaO. S. 18) hat gesagt, daß nervöse Leute nicht zum Untersuchungsführer taugen. So sehr Schnelligkeit mitunter für den Kriminalisten geboten ist, darf das doch nicht dazu verführen, daß Emsigkeit oder gar Hektik Einfluß auf den Gang der Dinge gewinnen. Im Gegenteil sollte der Untersuchungsführer sich gerade bei Eilbedürftigkeit um eine ruhige Entscheidung und um ein möglichst konzentriertes Vorgehen bemühen.

Das planmäßige Vorgehen muß überdies genau sein. So wichtig Hypothesen für den Kriminalisten sind, sollten sie gründlich geprüft und die Arbeitsweise stets genau sein. Gerade bei Ermittlungen können sich Nachlässigkeiten und Ungenauigkeiten sehr leicht verheerend auswirken. Die Aufmerksamkeit kann nicht nur vom Tatverdächtigen abgelenkt werden, sondern wichtige Spuren sind sonst möglicherweise unwiederbringlich verloren.

Deshalb ist bei der kriminalistischen Arbeit Ordnung geboten. Diese Ordnung korrespondiert dem Gebot einer genauen Arbeitsweise. Ohne Ordnung kann es, wie wir beispielsweise bei Vernehmungen gesehen haben (§ 21-III-1-c, V), unangenehme Pannen geben. Doch nicht nur für diesen Zweck sind Notizen wichtig, sondern Aktenführung und Handhabung einer Strafsache sollte so ordentlich erfolgen, daß jederzeit ein anderer an die Stelle des Untersuchungsführers treten kann oder sich Dritte – Vorgesetzte oder Richter – unschwer ein Bild vom tatsächlichen Gang der Dinge machen können.

Im übrigen aber gilt, gerade was den für den Strafprozeß wesentlichen Umgang mit Menschen anlangt, das bereits bei der Vernehmungstechnik Ausgeführte (§ 21-IV-2). Das Auftreten des Untersuchungsführers sollte ebenso wie das des Vernehmungsbeamten durch Menschlichkeit, Freundlichkeit und vor allem Sachlichkeit gekennzeichnet sein.

Dabei meinen wir mit Menschlichkeit ein natürliches Auftreten. Freundlichkeit bedeutet kein plumpes Anbiedern, sondern bei aller Distanz Verständnis für die Lage des anderen Menschen. Sachlichkeit ist nicht als uninteressierte Kühle mißzuverstehen; vielmehr kommt es darauf an, daß der Untersuchungsführer in unauffälliger, aber nachdrücklicher Form seine Pflicht allein im Interesse der Sache selbst tut.

Beherzigt der kriminalistische Untersuchungsführer diese allgemeinen Grundsätze, die je nach der speziellen Aufgabe zu präzisieren und ggf. zu modifizieren sind, so sollte er die ihm gestellten Aufgaben meistern können.

2. Abschnitt: Organisationsformen und Arbeitsweise der Kriminalpolizei

Nach dem Vorangehenden dürfte verständlich sein, warum wir uns beim folgenden Überblick darauf beschränken müssen, die für die Verbrechensbekämpfung wichtigen Organisationsformen sowie die Arbeitswese der Kriminalpolizei zu behandeln. Dabei wird – wie angedeutet – die Situtation der deutschen Kriminalpolizei im Vordergrund stehen (§ 27). Doch sowohl wegen der internationalen Verflechtung als auch wegen der so zu gewinnenden Erkenntnisse und Anregungen wird es nötig sein, sodann kurz dieselben Fragen für entsprechende Strafverfolgungsorgane in anderen europäischen als auch einzelnen überseeischen Ländern zu klären (§§ 28, 29).

Dietrich, Fred: Polizei. FBI–Kripo–Sûrete–Scotland Yard – München 1956; *Arnau,* Frank: Das Auge des Gesetzes. Macht und Ohnmacht der Kriminalpolizei – erweit. Ausgabe 1965 (dtv) – München 1965; *Erpf,* Hans-J. (Hrsg.): Das große Buch der Polizei – Bern/Stuttgart 1976 (Reichhaltiges Bildmaterial). Aus älterer Zeit vgl. *Melcher,* Kurt: Die Geschichte der Polizei – Die Polizei in Einzeldarstellungen Bd. 2 – Berlin 1926.

Bei diesem Überblick über die kriminalpolizeiliche Organisation des Auslands müssen wir uns angesichts der unvermeidbaren Auswahl zunächst auf solche europäischen Staaten konzentrieren, die entweder für die Arbeit der deutschen Kriminalpolizei besonders wichtig oder doch aufschlußreich sind (§ 28). Erst danach soll ein Blick auf einige für den Leser interessante außereuropäische Staaten geworfen werden (§ 29), um das Bild abzurunden und somit zu einem gewissen Gesamteindruck zu gelangen.

§ 27
Die deutsche Kriminalpolizei

Die deutsche Kriminalpolizei ist – historisch betrachtet – ein noch verhältnismäßig junges Instrument im Kampfe gegen die Kriminalität. Aber nicht nur deshalb dürfte die geschichtliche Entwicklung aufschlußreich sein; denn ohne sie ist die heutige Organisation der Kriminalpolizei in Deutschland und ihre Tätigkeit kaum zu verstehen.

Zirpins, Walter: Die Entwicklung der polizeilichen Verbrechensbekämpfung in Deutschland – in: TbKrim Bd. V, S. 250 ff. (1955); *Holle,* Rolf: Kriminaldienstkunde. I. Teil: Organisation der kriminalpolizeilichen Verbrechensbekämpfung – BKA 1956/2; *Holle,* Rolf: Kriminaldienstkunde. II. Teil: Kriminalpolizeilicher Meldedienst – BKA 1956/3; *Zirpins,* Walter: Die Entwicklung der polizeilichen Verbrechensbekämpfung in Deutschland – in: Das kriminalpolizeiliche Ermittlungsverfahren, hrsg. v. Bundeskriminalamt, Wiesbaden 1957, S. 13 ff.; *Specht:* Die gegenwärtige und künftige Situation der Kriminaltechnik – in: Grundfragen der Kriminaltechnik, hrsg. v. Bundeskriminalamt, Wiesbaden 1958, S. 11 ff.; *Sangmeister:* Die heutige Situation der deutschen Kriminalpolizei – in: Kriminalpolitische Gegenwartsfragen, hrsg. v. Bundeskriminalamt, Wiesbaden 1959, S. 115 ff.; *Ullrich,* Wolfgang: Verbrechensbekämpfung. Geschichte – Organisation – Rechtsprechung – Neuwied/Berlin 1961 (insb. auch zur Entwicklung in einzelnen deutschen Ländern); *Der Kriminalbeamte* und sein Arbeitsgebiet – zusammengestellt und bearbeitet von Beamten des Bundeskriminalamts und der Landeskriminalämter – BKA 1964/1–2; *Niggemeyer,* Bernhard: Kriminalpolizei – in: HdwKrim (2) II-19 ff. (1967); *Sangmeister,* Wolfram: Polizei – in: HdwKrim (2) II-295 ff. (1968); *Geerds,* Friedrich: Verbrechen und Verbrecher als Gegenstand der Forschung. Über den Beitrag der Wissenschaften zur kriminalpolizeilichen Verbrechensbekämpfung in Vergangenheit, Gegenwart und Zukunft – in: Grundlagenforschung und Kriminalpolizei, hrsg. v. Bundeskriminalamt, Wiesbaden 1969, S. 13 ff.; *Dickopf,* Paul/*Holle,* Rolf: Das Bundeskriminalamt – Ämter und Organisationen der Bundesrepublik Deutschland 32 – Bonn 1971; *Gemmer,* Karlheinz: Abgrenzung der Ermittlungstätigkeiten zwischen Bund und Ländern – in: GrKrim Bd. 11, S. 147 ff. (1973); *Stümper,* Alfred: Föderalismus oder Zentralismus im Bereich der inneren Sicherheit – Kriminalistik 1976, S. 193 ff.; *Geerds,* Friedrich: Das Dilemma der deutschen Kriminalpolizei – der kriminalist 1976, S. 78 ff.; *Oppermann,* Thomas: Rechtsstaat und Kriminalpolizei – der kriminalist 1976, S. 156 ff.

Nach einem historischen Überblick (I) soll kurz die gegenwärtige Organisation der Kriminalpolizei in der Bundesrepublik Deutschland geschildert werden (II), um sodann den Rahmen zu verdeutlichen, in welchem die Kriminalisten hierzulande arbeiten. Bevor wir jedoch auf die Charakteristika dieser kriminalpolizeilichen Arbeit eingehen (IV), wollen wir zunächst noch einen Blick auf die dafür ausschlaggebende Situation der Vor-, Aus- und Fortbildung von Kriminalbeamten werfen (III), weil die hier zu erwartenden Erkenntnisse auch für andere kriminalistisch arbeitende Strafverfolgungsorgane bedeutsam sein dürften.

I. Geschichtliche Entwicklung

Bei der geschichtlichen Entwicklung der deutschen Kriminalpolizei, die sich ebenso wie in vielen anderen Ländern aus der allgemeinen Polizei entwickelt hat, lassen sich im großen und ganzen vier Perioden unterscheiden.

Huelke, H.-H.: Aus den Anfängen der organisierten Kriminalpolizei in Deutschland – Kriminalistik

1950, S. 169 ff.; *Haas,* Erich: Aus der Geschichte der Vollzugspolizei – Kriminalistik 1956, S. 345 ff.; *Meinert,* Franz: Die Entwicklung der kriminalpolizeilichen Verbrechensbekämpfung seit den Reichsjustizgesetzen (1877) – in: Strafrechtspflege und Strafrechtsreform, hrsg. v. Bundeskriminalamt, Wiesbaden 1961, S. 177 ff.; *Teufel,* Manfred: Geschichte der württembergischen Landeskriminalpolizei. Eine kriminalhistorische Skizze – Kriminalistik 1965, S. 97 ff.; *Riege,* Paul: Kleine Polizei-Geschichte – Kl. Pol.-Bücherei Bd. 15/16 – 3., erw. u. verb. Aufl. – Lübeck 1966 – insb. S. 105 ff.; *Steinke,* Richard: Der Polizeibegriff im Wandel der Zeit. Versuch einer Deutung – in: TbKrim Bd. XX, S. 195 ff. (1970); *Breibeck,* Otto Ernst: Bayerns Polizei im Wandel der Zeit. 800 Jahre bayerische Polizeigeschichte – München 1971; *Zaika,* Siegfried: Die polizeigeschichtliche Sammlung der Polizei-Führungsakademie – Die Polizei 1977, S. 55 f.; *Römelt,* Günter: Geschichte und heutiger Standort der Staatsschutzpolizei – Kriminalistik 1977, S. 207 ff. Aus älterer Zeit vgl. *Roscher,* Gustav: Großstadtpolizei. Ein praktisches Handbuch der deutschen Polizei – Hamburg 1912; *Melcher,* Kurt: Die Geschichte der Polizei – Die Polizei in Einzeldarstellungen Bd. 2 – Berlin 1926; *Obenaus,* Walter: Die Entwicklung der preußischen Sicherheitspolizei – Berlin 1940.

Die erste Entwicklungsperiode, in welcher man bestenfalls von Vorläufern der heutigen Polizei sprechen kann, reicht in Deutschland bis in das 17. Jahrhundert hinein. Mit dem in den deutschen Ländern in jenem Jahrhundert erkennbar festzustellenden Auf- und Ausbau einer wirklichen Polizeiorganisation beginnt die zweite Epoche, die man ungeachtet der Reichsgründung im Jahre 1871 bis zum 1. Weltkrieg reichen lassen kann. Eine besondere, für das Polizeiwesen z. T. verhängnisvolle Entwicklung brachte die Zeit vom 1. Weltkrieg bis zum Ende des 2. Weltkriegs im Jahre 1945. Die mit dem Zusammenbruch des Deutschen Reiches beginnende vierte und letzte Periode führt bereits zur Gegenwart, soll hier daher nur insoweit dargestellt werden, als es für die Entwicklung zur später zu behandelnden Gegenwart wichtig ist.

Der Terminus Polizei geht auf das Wort politeia zurück, mit welchem die alten Griechen die Gemeinschaft der Bürger (Politen) bezeichneten; er hängt daher mit polis zusammen und bezeichnete früher – z. B. in Frankreich vom 14. und 15. Jahrhundert an – die gesamte staatliche Verwaltung. In Deutschland differenzierte man erst im 17. und 18. Jahrhundert zwischen einzelnen Zweigen der Staatsverwaltung, womit sich der Begriff Polizei auf die innere Verwaltung und schließlich auf Teile davon beschränkte.

1. Die Entwicklung bis zum 17. Jahrhundert

Die Entwicklung der Polizei und damit der Kriminalpolizei in Deutschland hat zwar – wie angedeutet – erst relativ spät im 17. Jahrhundert begonnen, wenngleich sich Vorläufer derartiger Sicherheitsorgane naturgemäß schon in alten Gemeinwesen fanden.
Dies kann nach dem zur Historischen Kriminalistik (§ 4) Ausgeführten nicht überraschen, da die Menschen früher hierzulande wie anderweitig in Sippenverbänden lebten, in welchen insb. die Zuchtgewalt des Familienoberhaupts für Ordnung und Disziplin zu sorgen hatte.
Erst mit größeren, in sich geschlossenen Gemeinschaften entwickelte sich allmählich ein Bedürfnis nach besonderen Organen, welche die als notwendig erachtete Sicherheit und Ordnung gewährleisten sollten, wobei man ursprünglich kaum zwischen äußerer und innerer Sicherheit des Gemeinwesens unterschied. Zunächst stützte man sich daher für diese Zwecke gewöhnlich auf besondere Militäreinheiten oder doch militärisch organisierte Institutionen. Diese wurden umso wichtiger je mehr dabei die Unterschiede zwischen den Armen und Reichen wuchsen, welche naturgemäß besonderen Einfluß ausübten.

Die zeitlich in den einzelnen Regionen der Erde verschieden verlaufene Entwicklung der Gemeinwesen erklärt, warum es beispielsweise in China oder im Nahen Osten viel früher als in Europa solche Ordnungen und damit Organe gab, die man mit allen Vorbehalten als Vorläufer der heutigen Kriminalpolizei bezeichnen kann.

Bereits etwa 3000 v. Chr. lassen sich in Ägypten mit Verwaltungsbezirken auch Rechtspflegeorgane (Sab Hari Seker) feststellen, die zu ermitteln, zu untersuchen und ggf. das Urteil zu vollstrecken hatten. In jenem Jahrtausend, und zwar schon im Alten Reich, wurden vor allem die Mezai, Angehörige eines nubischen Stammes, für polizeiliche Zwecke verwendet. Im Neuen Reich kann man die vom „Fürst der Mezai" geleitete Polizeitruppe schon als eine Art Gendarmerie bezeichnen. An ihre Stelle traten nach der Zerschlagung des Pharaonenreiches durch Alexander den Großen die Phylakitai, eine königliche Gendarmerie der Ptolomäer, die aus Ägyptern bestand und von griechischen Offizieren geleitet wurde; doch wurden sie den Militärbefehlshabern der einzelnen Gaue unterstellt. Um 1000 v. Chr. kannte man – wie gesagt (§ 13-II-2-a) – den Steckbrief, was mit einer hochentwickelten Kunst der Personenbeschreibung zusammenhängt. Es gab sogar schon besondere Funktionen, welche an diejenigen von Grenz-, Wasser- und Marktpolizei erinnern.
Auch bei den alten Hebräern finden sich Anhaltspunkte für eine Polizeiorganisation; so werden z. B. die vier Stadtteile Jerusalems, jeweils mit einem Bezirkspolizeikommissar (Ser Pelek) an der Spitze, einer Zentrale unterstellt.
Der Codex Hammurabi beweist, daß die Babylonier ähnlich wie Assyrer und Phöniker schon zu Beginn des 2. vorchristlichen Jahrtausends gewisse Organe kannten, welche die öffentliche Ordnung zu wahren hatten.
Im alten China der Schang-Dynastie (17. und 18. Jahrhundert v. Chr.) läßt sich eine Ordnungspolizei nachweisen, der gewisse Zwangsbefugnisse zustanden und die den Richter informieren mußte, der das Urteil zu sprechen hatte. So kommt es, daß China bereits im 7. Jahrhundert n. Chr. ein eindrucksvolles Rechts- und Polizeisystem aufwies. Seit dem 13. Jahrhundert sind übrigens schon chinesische Detektivgeschichten nachzuweisen.
Im alten Griechenland kannte man dagegen zunächst keine besonderen Organe, sondern nahmen die Bürger selbst die Funktionen einer solchen Polizei – z. B. den Wachdienst – wahr. Erst relativ spät schuf man – nach einer besonderen Abwehrorganisation in Sparta (Krypteia) – im 4. und 5. vorchristlichen Jahrhundert in Athen eine ähnliche Institution, die skytische Truppe. Aber auch hier waren die Grenzen zwischen Streit- und Ordnungsmacht nicht klar. Mit der Zeit aber fanden sich auch im Polizeiwesen Griechenlands Spezialisierungen, wie wir sie aus alten Quellen kennen (Astynome, Sophronisten, Gunaikome, Agoronome).
Demgegenüber gab es im antiken Rom schon relativ früh – etwa im 6. und 5. vorchristlichen Jahrhundert – Amtsträger, die wie z. B. Ädile und Zensoren u. a. auch dafür zu sorgen hatten, daß die öffentliche Ordnung aufrecht erhalten wurde; dafür standen ihnen Liktoren und Viatoren zur Verfügung. Mit der Zeit bildeten sich Spezialaufgaben – wie markt- und baupolizeiliche Funktionen – der Ädile heraus, wenngleich man gegen Ende der Republik ihre Tätigkeit als die einer allgemeinen Ordnungspolizei charakterisieren konnte. – Erst in der Kaiserzeit – d. h. um die Zeitenwende – übernahm ein Präfekt (Praefectus vigilum) die Leistung des Polizeiwesens von Rom und Umgebung. Das Polizeikorps, das jetzt mehr den Charakter eines öffentlichen Sicherheitsdienstes hatte, soll etwa 9000 Mann (Vigiles) umfaßt haben; es ließ schon eine gewisse Spezialisierung auf bestimmte Deliktsbereiche erkennen. Die Zuständigkeit der Stadtpräfektur wuchs mit der Zeit auch über Rom hinaus (im 3. Jahrhundert n. Chr. etwa 100 Meilen). – In den Provinzen waren die Organisationsformen unterschiedlich. Wo Statthalter oder Kommunen die öffentliche Sicherheit nicht mehr zu gewährleisten vermochten, wurden neben kommunaler Polizei Militärstationen für derartige Zwecke eingerichtet.

Ebenso wie sich nach Zerfall des römischen Imperiums die Bildung der europäischen Staaten in sehr unterschiedlicher Weise vollzog, war das auch bei der Entwicklung des Polizeiwesens. Während Frankreich und England relativ früh zu festen Formen fanden, gab

es in Deutschland ein zunächst immer schwieriger überschaubares Nebeneinander von Territorien, weil mit dem relativ schnellen Zerfall der fränkischen Monarchie die Macht des Kaisers gegenüber den Landesherren immer mehr abnahm.
Die Wurzeln der Polizei und damit auch der deutschen Kriminalpolizei liegen schon deshalb im Dunkel der Geschichte, weil man die heute maßgebenden Sicherheitsfunktionen in den frühen Gemeinwesen – wie gesagt – nicht von der Innen- bzw. Kommunalverwaltung trennen kann.

Dies gilt auch noch für die fränkische Zeit, in welcher sich aus dem Volksfrieden der Königsfriede entwickelte, der durch die Grafen und die ihnen nachgeordneten Schultheißen oder Zentenaren ausgeübt wurde, die damit u. a. auch polizeiliche Befugnisse wahrnahmen. Zur Hilfe dabei waren gemäß dem alten germanischen Grundsatz der allgemeinen Polizeidienstpflicht alle Bürger verpflichtet.

Erst im Laufe des Mittelalters mit dem durch die Landfrieden gekennzeichneten Übergang vom alten Privatstrafrecht zur Konzeption des öffentlichen (gemeinen) Strafrechts verstärkte sich mit sich allmählich wandelnder Rechtspflege das Bedürfnis nach besonderen Organen der Exekutive, welche speziell die öffentliche Sicherheit und Ordnung zu gewährleisten hatten. Am besten lassen sich derartige Bestrebungen in den Städten feststellen, in denen der Begriff „Polizei“ schon in Ordnungen des 15. Jahrhunderts (z. B. Nürnberger Stadtrecht 1492) auftauchte. Mit Reichspolizeiordnungen (1530, 1548, 1577) der beginnenden Neuzeit wurden Terminus und Ziele dann auch von der Reichsgewalt übernommen.

Immerhin lassen sich schon im ausgehenden Mittelalter bei einzelnen Amtsträgern u. a. Aufgaben erkennen, die man als solche spezialpolizeilicher Art bezeichnen könnte, wie etwa Flur-, Bau-, Markt- und Münzpolizei; insb. in Städten und an befestigten Plätzen sowie beim Geleit kümmerte man sich zunehmend auch um sicherheitspolizeiliche Belange. Dennoch dominierte damals das Bild einer Einheitsverwaltung.
Übrigens gab es im 14. und 15. Jahrhundert bereits Verträge zwischen Städten und Territorien, die man als Vorläufer der späteren Rechtshilfe in Strafsachen ansehen kann. Ein solches Abkommen gegen Straßenräuber und Ruhestörer schloß beispielsweise Berlin im Jahre 1393 mit den Städten des Havellandes sowie den Landen Barnim, Lebus und Teltow.

Eine die Polizei noch heute belastende Entwicklung waren die zu den Vorläufern der Geheimdienste und Staatspolizeien zu zählenden Geheimkabinette, die sich eigentlich jeder Landesherr hielt. Die zunächst in den Städten zum Schutz der Bürger geschaffene Polizei oder doch ihr in etwa vergleichbare Sicherheitsorgane (Wächter, Nachtwächter, Turmhüter, Stadtknechte, Büttel usw.) führten demgegenüber zunächst ein noch recht kümmerliches Dasein, obwohl sie theoretisch oft für das gesamte „weltliche Regiment“ zuständig waren.

In den für diese Fragestellung somit besonders aufschlußreichen Städten lag die Polizei ebenso wie überhaupt die Verwaltung der allgemeinen Angelegenheiten noch im späten Mittelalter in den Händen des von den Bürgern gewählten Rates. Doch ging diese Macht mit Erstarken der Landesherren nach und nach auf diese über.

Seit dem 16. Jahrhundert, d. h. mit Beginn der Neuzeit, lassen sich unter dem Einfluß der Constitutio Criminalis Carolina (1532) z. T. gewisse Spezialisierungen auf bestimmte Deliktsgruppen feststellen, weshalb man hier – wenngleich mit vielen Vorbehalten – erstmalig von Vorläufern der späteren Kriminalpolizei sprechen könnte. Dieses ohnehin noch kümmerliche Sicherheitswesen brach jedoch im 30jährigen Krieg, d. h. im 17. Jahrhundert, völlig zusammen. Und noch im 18. Jahrhundert, d. h. in der sogleich zu behandelnden nächsten Epoche, gab es neben den an manchen Orten zu verzeichnenden hoheitlichen Sicherheitsorganen, die damals beispielsweise Gaunerlisten zusammenstellten, noch mannigfache Formen der Privatjustiz.

Beispiele für obrigkeitliche Initiativen sind neben den Gaunermandanten des Schwäbischen Kreises vom Jahre 1654 u. a. die Generalvisitationen (Razzien) in Preußen.
Ein Beispiel für mehr private Initiativen, die naturgemäß für Mißbräuche noch anfälliger waren, ist der Reichsgraf Franz Ludwig Schenk von Castell, der „Malefizschenk", der sein Regiment bis zum Einzug Napoleons ausübte.
Beträchtlichen Einfluß auf die Entwicklung in Deutschland hatte auch die sich im 17. Jahrhundert – u. a. im Westfälischen Frieden von 1648 (dereformatione justitiae et politiae) – anbahnende Trennung der Staatsgewalten; denn nach der Abtrennung der Justiz von der inneren Verwaltung war auch hier eine Absonderung der Polizei abzusehen, die dann im 18. Jahrhundert erkennbar wurde.

Allerdings ist nicht zu verkennen, daß die für die Polizei und Kriminalpolizei entscheidende Entwicklung in etlichen deutschen Ländern doch schon früher eine Wende genommen hat, weshalb man die nächste Epoche für Deutschland zweckmäßig mit dem 18. Jahrhundert beginnen läßt. Denn erst im Zuge der Aufgliederung staatlicher Aufgaben, wie sie sich in Deutschland vor allem im 17. und 18. Jahrhundert vollzieht, war die Basis dafür gegeben, angesichts der nunmehr auf die innere Verwaltung beschränkten polizeilichen Tätigkeit einen selbständigen Polizeibegriff zu entwickeln.

2. Die Entwicklung vom 18. Jahrhundert bis zum 1. Weltkrieg

Seit dem 18. Jahrhundert verstand man in Deutschland trotz der durch Territorialstaaten bedingten Vielfalt unter Polizei jedoch allgemeiner die Tätigkeit des Staates zur Erhaltung der inneren Sicherheit und Ordnung.

In Preußen verfügte König Friedrich Wilhelm I. im Jahre 1713 die Trennung von Militär-, Finanz- und Polizeiwesen von der Justiz. Dabei wurde dort die erste staatliche Polizeitruppe, die Polizey-Ausreuter, geschaffen, welche insoweit die früher umfassenden Exekutivaufgaben der Landreiter übernahmen, die für recht große „Beritte" zuständig waren. Nur am Rande sei erwähnt, daß sich bereits Kurfürst Johann Georg mit einem Edikt vom Jahre 1596 bemüht hatte, durch sogen. „Einspennige Knechte" Exekutivorgane zu schaffen, die rein kriminalpolizeiliche Arbeit zu leisten hatten; doch hat diese anscheinend nur zeitweise und begrenzt funktioniert. – Seit 1742 wurden die polizeilichen Aufgaben von einem Direktorium wahrgenommen, an dessen Spitze ein Polizeidirektor stand. Zum ersten königlichen Polizeidirektor in Berlin wurde am 16. Jan. 1742 der Kriegsrat Carl David Kircheisen ernannt.

Hatte man zunächst die Aufgaben der Polizei im wesentlichen auf den Schutz der öffentlichen Sicherheit beschränkt, so wurden sie allerdings im 18. Jahrhundert in vielen Ländern – insb. solchen mit der Herrschaftsform der absoluten Monarchie – auf den Bereich der öffentlichen Wohlfahrt erweitert, obwohl sich dagegen alsbald Widerspruch erhob. So hatte 1770 der Göttinger Staatsrechtler Pütter in seinen „Instituitones iuris publici germanici" demgegenüber die Gefahrenabwehr als das wesentliche Merkmal polizeilicher Arbeit herausgestellt (Politiae est cura avertendi mala futura). Ein Beispiel für eine insoweit bereits wieder zurückhaltendere Regelung bietet das Preußische Allgemeine Landrecht vom 5. Febr. 1794 in § 10, Teil II, Titel 17:

Die nötigen Anstalten zur Erhaltung der öffentlichen Ruhe, Sicherheit und Ordnung und zur Abwen-

dung der dem Publiko oder einzelnen Mitglieder desselben bevorstehenden Gefahr zu treffen, ist das Amt der Polizey.
Die Polizei hatte in Preußen somit gegen Ende des 18. Jahrhunderts, obwohl die Grenzen auch hier in der Praxis noch unsicher waren, vor allem die Aufgaben, mit der Gefahrenabwehr die Sicherheit zu gewährleisten, d. h. u. a.Straftaten aufzuklären und vorbeugende Maßnahmen gegen die Kriminalität zu ergreifen.

In der Mitte des 18. Jahrhunderts ging die Polizeigewalt endgültig aus den Händen der Stadtgemeinden, die nicht freie Reichsstädte waren, auf die Landesherren über. So bewirkte der Absolutismus, daß man die deutschen Territorien ebenso wie andere Länder in dieser Zeit als „Polizeistaat" zu charakterisieren pflegte. Trotz beispielsweise in Preußen bereits früher erfolgter organisatorischer Trennung blieb der Einfluß des Militärs auf die Verbrechensbekämpfung (bis zum Beginn des 19. Jahrhunderts) beträchtlich. Gegen das für die damalige Zeit maßgebende Autoritätsprinzip wandte sich – wie angedeutet – die in der 2. Hälfte des 18. Jahrhunderts einsetzende Aufklärung, welche über den aufgeklärten Absolutismus später zur parlamentarischen Monarchie oder zur Republik führte.
Zu Beginn des 19. Jahrhunderts gliederte sich von dieser allgemeinen Polizei, wenngleich in unterschiedlicher Form und mit zeitlichen Verschiebungen, langsam die **Kriminalpolizei** ab. So wurde in Berlin bereits im Jahre 1799 eine „Immediat-Kriminalkommission" beim Kammergericht gebildet; diese hatte alle Kriminalgerichte der Stadt und somit auch die Polizei zu beaufsichtigen. Sie bestand allerdings nur fünf Jahre; dann nahm eine Kriminaldeputation unter Leitung eines Stadtgerichtsdirektors ihre Funktionen wahr.
1808 wurde in Preußen mit der Städteordnung die Polizei endgültig von der Stadtverwaltung getrennt und verstaatlicht. 1809 richtete man beim Polizeipräsidium Berlin, dessen Präsident nunmehr unmittelbar dem Innenminister unterstand, ein „Sicherheitsbüro" ein, das nach seiner Bestätigung im Jahre 1811 als der Anfang der Berliner Kriminalpolizei angesehen werden kann; ihm wurde auch die dem Stadtgericht zugeordnete Sparte der Polizei eingeliedert. Schon das Berliner Polizeireglement vom 5. Jan. 1810 sah u. a. vor, daß Kriminalbeamte nichtuniformiert tätig werden durften.

In § 20 heißt es u. a.: „Die Polizei-Offizianten dürfen bei Observationen und anderen Geschäften, die sie am besten unbekannt verrichten können, in jeder angemessen bürgerlichen Kleidung erscheinen. Sie müssen dann aber zu ihrer Legitimation unter der Weste auf der Brust eine Medaille tragen, die auf der einen Seite den preußischen Adler und auf der anderen Seite die Worte „Polizei von Berlin – führt . . ."
In einer Kabinettsorder vom 12. Febr. 1811, durch die von Schlechtendahl, der Direktor des Kriminalgerichts, an die Spitze des Berliner Polizeipräsidiums berufen wurde, hieß es wörtlich: „Ich billige dabei, daß die Criminalpolizei, welcher der von Schlechtendahl seither schon verwaltet, die aber allerdings zu der eigentlichen Polizeiverwaltung wesentlich gehört, nebst den dabei angestellten Criminalsekretären und Commissarien an diese übergehen und in seinen Händen bleibe. Es sollen daher alle criminalpolizeilichen Geschäfte, welche die Deputation des Stadtgerichts bisher geführt, künftig von dem hiesigen Polizeipräsidenten ressortieren . . ."

Das Berliner Sicherheitsbüro gab bereits Listen über unter Polizeiaufsicht stehende Personen und gesuchte Verbrecher heraus; sie waren ein Vorläufer des vom 1. Apr. 1852 an herausgegebenen „Preußischen Central-Polizei-Blattes".

Durch eine Kabinettsorder vom 16. Mai 1830 wurde das Polizeireglement von 1810 geändert und die Vierte Geschäftsabteilung des Sicherheitsbüros für alle Fragen der Aufklärung und Verhütung von Verbrechen zuständig. Dies war organisatorisch die Geburtsstunde der deutschen Kriminalpolizei.

Allerdings blieb selbst in Berlin die Zahl der Kriminalbeamten beschränkt, die sich im übrigen auf die Gendarmerie stützen mußte, auf welche nunmehr einzugehen ist.

Am 30. Juli 1812 wurde in Preußen nach dem Vorbild anderer Länder die vor allem für das Landgebiet bestimmte Gendarmerie gegründet; sie war militärisch organisiert, erhielt ihre Weisungen jedoch vom Innenministerium und den diesem nachgeordneten Behörden. Hiermit wurde der unterstützende Einsatz von Militär zur Verbrechensbekämpfung in Preußen überflüssig.

In den französisch besetzten Gebieten hatte übrigens Napoleon schon früher eine Gendarmerie aufstellen lassen, die als militärische Polizeitruppe den französischen Militärgesetzen und Frankreichs Generalgouverneur Clark unterstand. Diese Gendarmerie wurde nach dem Abzug der Franzosen am 20. Dez. 1808 – nicht zuletzt wegen der viel zu hohen Kosten – aufgelöst.

Zumindest ähnlich wie in Preußen, wo man 1830 schließlich zu einer besonderen Kriminalabteilung gelangte, verlief die Entwicklung in den anderen deutschen Ländern. Schon 1811 benannte König Friedrich von Württemberg das von ihm 1807 geschaffene „Landreuterkorps“ in „Königliche Gendarmerie“ um. 1809 regelte das Herzogtum Nassau die Rechte und Pflichten der „Herzogliche Landjäger“. 1812 schuf König Max I. die bayerische Gendarmerie. Auch anderweitig wurden – insb. in den Landgebieten – schutz- und kriminalpolizeiliche Aufgaben von der Gendarmerie wahrgenommen.
Vor allem aber wurden in den meisten deutschen Ländern im 18. und insb. im 19. Jahrhundert Polizeiverwaltungen mit z. T. weitreichenden Befugnissen aufgebaut.
In Hamburg schuf man durch Senatsbeschluß vom 25. Mai 1814 eine von der Justizverwaltung getrennte Polizeibehörde; die zugleich gebildete „Hafen- und Zolljachtpatrouille“, die man 1822 in „Hafenrunde“ umbenannte, wurde 1869 zur „Hafenpolizei“.

Eine gewisse Besonderheit bot insoweit Baden, das nach dem Vorbild der französischen „Police judiciaire“ durch eine landesherrliche Verordnung vom 17. Juli 1879 seine Kriminalpolizei der Staatsanwaltschaft unterstellte; sie wurde in demselben Dienstgebäude untergebracht, wenngleich disziplinarrechtlich und personell nach wie vor der Polizeiverwalter zuständig war. Die in zahlreichen badischen Städten gebildeten Kriminalabteilungen wurden von einem Kriminalinspektor bzw. -oberinspektor geleitet. Ergänzend und insb. auf dem Lande wurde auch hier die Gendarmerie zur Verbrechensbekämpfung herangezogen.
Daneben gab es ab 1902 in Städten mit staatlicher Ortspolizei noch die dem Polizeidirektor unterstehende Fahndungsabteilung; sie nahm auch Belange der politischen Polizei wahr.

Nicht unerwähnt darf bleiben, daß die gerade in der Frühzeit von Polizei und Kriminalpolizei gebräuchliche Benutzung von Vigilanten und Aushorchern in Gefängnissen die neuen Sicherheitsorgane des öfteren in Verruf brachte, weshalb man insoweit bald vorsichtiger wurde.

Einen weiteren Meilenstein der Entwicklung der deutschen Kriminalpolizei stellte das Preußische Polizeigesetz vom 11. März 1850 dar, das ebenfalls – teilweise modifiziert – von anderen deutschen Ländern übernommen wurde. Auch dieses Gesetz sah Spezialeinheiten vor, die sich ausschließlich mit kriminalistischen Aufgaben befaßten.

1852 schuf man in Berlin die Revierkriminalpolizei; in jedem der 36 Polizeireviere wurde ein geeigneter Beamter für den Kriminaldienst abgestellt. Am 27. Dez. 1854 wurde in Berlin die Kriminalpolizei überhaupt von der übrigen Sicherheitspolizei abgetrennt; sie wurde zur selbständigen Abteilung VII. – Wesentlich bei diesen Maßnahmen und überhaupt für die Berliner Kriminalpolizei jener Zeit war der

Einfluß von Wilhelm Stieber, der auf Vorschlag des Generalpolizeidirektors von Hinckeldey am 16. Nov. 1850 zum Polizeiassessor, am 1. Mai 1851 zum Polizeirat und bereits am 19. Jan. 1853 zum Polizeidirektor ernannt sich um die Organisation und Arbeit der Kriminalpolizei kümmern sollte.
Das Personal der kriminalpolizeilichen Abteilung VII bestand damals aus dem Abteilungsdirigenten, 2 Hilfsdezernenten, 1 Sekretär, 2 Kriminalinspektoren, 1 Leicheninspektor, 12 Kriminalkommissaren und 50 Kriminalschutzleuten.
Eine für die weitere Entwicklung in ganz Deutschland bedeutsame Unsicherheit wird in Preußen schon in jener Zeit sichtbar. Das Verhältnis der durch ein Gesetz vom 3. Jan. 1849 eingeführten Staatsanwaltschaft zur Kriminalpolizei blieb recht unklar. So wurde beispielsweise nicht gesagt, wann die Kriminalpolizei die zuständige Staatsanwaltschaft von ihren Ermittlungen in Kenntnis setzen mußte. Den Standpunkt, daß die Staatsanwaltschaft die Herrin des Ermittlungsverfahrens sei, hielt man in Kreisen der Polizei für „ganz unbrauchbar und unpraktisch"; so wurde schon damals die Kompetenz des Staatsanwalts in der Praxis auf die Erhebung der Anklage beschränkt. Die Kontrolle der Staatsanwaltschaft über die Tätigkeit der Kriminalpolizei stand im wesentlichen nur auf dem Papier, und das blieb auch in der Folgezeit so, obwohl sich Staatsanwälte dagegen zur Wehr setzten. Dies wurde durch die alsbald einsetzende Entwicklung von Kriminalistik und insb. Kriminaltechnik noch begünstigt, an welcher anders als die Kriminalpolizei die Staatsanwaltschaft kaum teilnahm.
In demselben Jahre 1852 richtete man bezeichnenderweise fachliche Fortbildungskurse ein, welche vor allem Schutzleute mit den Erfordernissen kriminalpolizeilicher Arbeit vertraut machen sollten.
1879 wurde die Kriminalabteilung haushaltsrechtlich aus der uniformierten Polizei ausgegliedert und dem Polizeipräsidenten unmittelbar unterstellt. Sie gliederte sich seit 1885 in Kriminalinspektionen und die Revierkriminalpolizeistellen.

Ebenso wie in Preußen wurden nach und nach auch in anderen deutschen Ländern die Kriminalabteilungen, wenngleich mehr oder weniger klar und mit Rückschlägen, aus der uniformierten Polizei herausgelöst und als eine besondere Sparte organisiert, die als solche jedoch den staatlichen Polizeiverwaltern unterstellt blieb. War das, nachdem Hamburg bereits 1875 vorangegangen war, in Berlin 1878 der Fall, vollzogen andere Länder viel später – z. B. Bremen, wo ein Kriminaldienst überhaupt erst 1881 organisiert worden war, im Jahre1899 – diesen Schritt.
Auch im 1871 gegründeten Deutschen Reich waren Angelegenheiten der Polizei und damit der Kriminalpolizei weiterhin Sache der Länder. Doch erlangten neben den Landesgesetzen gerade für die Polizei nunmehr auch Reichsgesetze Bedeutung; das gilt im Rahmen der Verbrechensbekämpfung insb. für die 1879 in Kraft getretene Straßprozeßordnung. Zudem bewirkte die rasche Zunahme der Bevölkerung – besonders in den Städten – zusammen mit fortschreitender Industrialisierung eine vermehrte und veränderte Kriminalität, die auch durch neuartige Verkehrsmittel beeinflußt wurde. Dies alles machte eine umfassende Neuorganisation der staatlichen Verbrechensbekämpfung erforderlich.
Diese Entwicklung wurde durch die bereits behandelten Fortschritte der Kriminalistik in jener Zeit (§ 4-IV) beschleunigt, wie sie etwa das 1876 in Berlin eingeführte „Verbrecheralbum" darstellte, um von den Neuerungen im Erkennungsdienst (vgl. § 13-II, III, IV) noch abzusehen. So teilte man Berlin 1877 in sechs Kriminalbezirke ein; man verwendete in jener Zeit übrigens bei bestimmten Delikten auch schon besondere Beamte.
Die hier und da immer noch zu verzeichnenden Tendenzen zu einer ziemlich autoritären polizeilichen Wohlfahrt wurden in Preußen durch ein Urteil des Oberverwaltungsgerichts vom 14. Juni 1882 (Kreuzbergurteil) eingedämmt, die Polizei auf die enger verstandene Gefahrenabwehr beschränkt.

Eine Polizeiverordnung, die zum Schutz der Aussicht auf ein Kriegerdenkmal auf dem Kreuzberg erlassen worden war und die Höhe von Bauten beschränkte, wurde für ungültig erklärt.

Durch eine Präsidialverfügung vom 26. Apr. 1865 wurde die Berliner Kriminalpolizei neu geordnet.

Die Inspektion A beaufsichtigte und koordinierte die Tätigkeit der Bezirkskommissariate, B befaßte sich mit dem Berufsverbrechertum, während die Inspektion C alle Sachen zu bearbeiten hatte, die technische, kaufmännische oder juristische Spezialkenntnisse erforderten.

In diesen Jahrzehnten wirkten sich – wie angedeutet – die Fortschritte der Kriminaltechnik nachhaltig auf die Organisation aus. So faßte man 1895 die technischen Hilfsmittel der Berliner Kriminalpolizei (Fotografie, Spitznahmen- und Merkmalsverzeichnisse, Fahndungsblätter und Kriminalmuseum) zum „Erkennungsdienst" (ED) zusammen; 1896 wurde das Bertillon'sche Körpermeßverfahren eingeführt, während man sich der Daktyloskopie gegenüber zunächst ablehnend verhielt.
Ebenso wie in Bremen kam es auch in Bayern erst später zur Kriminalpolizei im heutigen Sinne, obwohl dieses Land auf dem Gebiet der Kriminalstatistik mit den „Anzeigen der Kriminalprozesse bei den churfürstlichen Gerichtshöfen in Bayern für das Jahr 1802" (Churbayerisches Regierungsblatt, 1803) und Zahlen für Bettler und Landstreicher (sogen. „Vagantentabellen", Churpfalzbayerisches Regierungsblatt, 1804) sowie dem Nachrichtendienst – insb. bei der Zigeunerbekämpfung – vorangegangen war (Bayerisches Centralpolizeiblatt, seit 1865). Doch wurde der Trend zu einer kriminalpolizeilichen Organisation erst mit der 1896 vorgenommenen Umgestaltung des „Sicherheitsbüros" der Kgl. Polizeidirektion deutlicher. Ein vom Jahre 1899 datierender Vorschlag von Meixner, des damaligen Münchener Polizeipräsidenten, führte schließlich zu besonderen Kriminalabteilungen in München und einigen anderen bayerischen Städten; überwiegend nahm jedoch nach wie vor die Gendarmerie die kriminalpolizeilichen Funktionen wahr.
Alle diese Fortschritte im Bereiche von Organisation und Ausrüstung der deutschen Kriminalpolizei ließen, da sie sich wegen der Polizeihoheit auf kleine und kleinste Bereiche beschränkten und eine kaum überschaubare Vielfalt bewirkten, aber auch die Grenzen und Schwierigkeiten der kriminalpolizeilichen Verbrechensbekämpfung umso deutlicher werden. Daher bemühten sich Kriminalbeamte mehr und mehr um eine diese Landesgrenzen, welche für Straftäter längst kein Hindernis mehr bildeten, überschreitende Zusammenarbeit. Sichtbaren Ausdruck fanden diese Bestrebungen im Jahre 1897 in einer in Berlin durchgeführten Polizeikonferenz, deren Ziel es war, einen engeren Zusammenschluß zwischen den Ländern auf dem Gebiet der Kriminalitätsbekämpfung zu erreichen. Obwohl man bereits damals die Organisation einer Landeskriminalpolizei in allen deutschen Ländern und gewisse Zentralstellen für das Reich forderte, ließen dennoch konkrete Ergebnisse auf sich warten, wenn man von der Einrichtung einer Meßkartenzentrale beim Polizeipräsidium Berlin absieht; denn bei Aufkommen der Daktyloskopie wurde diese Reichszentrale kaum genutzt.

In anderen Staaten war – wie alsbald zu sehen sein wird (§ 28) – die Zentralisation der kriminalpolizeilichen Verbrechensbekämpfung damals schon erreicht oder doch in vollem Gange, z. B. in Frankreich und Großbritannien.

Das Bemühen um neue Organisationsformen wurde außer durch die Entwicklung der Kriminalität vor allem durch Fortschritte des Erkennungsdienstes verstärkt, der nach dem Körpermeßverfahren (§ 13-II) alsbald auch die Daktyloskopie (§ 13-III) nutzbar gemacht hatte. In diesem Zusammenhang muß man auch eine entsprechende Resolution

sehen, welche die Gruppe „Deutsches Reich" der „Internationalen Kriminalistischen Vereinigung" im Jahre 1907 faßte.
Das Streben nach Zentralisation, von welcher man sich bereits damals eine wirksamere Bekämpfung der wachsenden Zahl überörtlicher, insb. reisender Täter versprach, führte 1912 in Dresden und Berlin und im Dezember 1913 in Wiesbaden erneut zu Polizeikonferenzen, die jedoch ebenfalls ohne konkrete Beschlüsse blieben, weil die Hauptkonferenz durch den Kriegsausbruch vereitelt wurde. So kam es, daß diese Bemühungen zuerst in den einzelnen Ländern Erfolge zeitigten. Als erste Bundesländer errichteten Sachsen und Württemberg in den Jahren 1912 bzw. 1913/14 eine mobile Landeskriminalpolizei mit einer Landespolizeizentrale.

Diese Länder orientierten sich dabei am französischen Vorbild. So schuf man z. B. in Sachsen eine mobile Landeskriminalpolizei; für jeden der sieben Landgerichtsbezirke wurde eine „Mobile Brigade" aufgestellt. – Demgegenüber beschränkte man sich in Württemberg, das noch keine staatliche Polizei hatte, darauf, eine Kriminal-Landespolizeistelle und eine Landespolizeischule einzurichten. Die 1898 gegründete Stuttgarter Meßstelle wurde in die Zentralstelle eingegliedert, für welche Daktyloskopie und Lichtbilder aber schon wichtiger als das Körpermeßverfahren waren. In der Exekutive mußte sich die Zentralstelle allerdings auf die Gendarmerie bzw. Beamte anderer Polizeibehörden stützen.
Diese organisatorischen Maßnahmen zeitigten alsbald Konsequenzen für die Aus- und Fortbildung von Kriminalbeamten und Gendarmen. Der sächsische Innenminister genehmigte 1914 außer der Schaffung einer Polizeischule für Dienstanfänger auch eine Polizeifortbildungsschule für Beamte der „Zivilabteilung" (Kriminal-, Sitten- und politische Abteilung). Man führte sogar kriminalpolizeiliche Fortbildungskurse für höhere und spezialisierte Beamte ein.

3. Die Entwicklung zwischen den beiden Weltkriegen

Die Entwicklung nach dem 1. Weltkrieg machte eine völlige Re- und Neuorganisation des deutschen Polizeiwesens nötig. Dieser fiel u. a. die Politische Polizei zum Opfer, die jedoch in den meisten Ländern von der Kriminalpolizei organisatorisch getrennt gewesen war; dennoch war diese Entwicklung gerade angesichts der wirren Zeiten verhängnisvoll.

Liang, Hsi-Huey: Die Berliner Polizei in der Weimarer Republik – Aus dem Amerik. übers. v. Brigitte und Wolfgang Behn – Veröff. d. Hist. Komm. zu Berlin Bd. 47 – Berlin/New York 1977 – insb. S. 129 ff.

Der Gesetzgeber der Weimarer Verfassung vom 11. Aug. 1919 schuf u. a. im Art. 9 im Rahmen der sogen. Bedarfsgesetzgebung eine Möglichkeit, das Polizeiwesen im Reichsgebiet zu koordinieren. Davon wurde jedoch wegen befürchteter Widerstände der im Reichsrat vertretenen Länder vorerst kein Gebrauch gemacht.
Das in den Nachkriegsjahren zu beobachtende Ansteigen der Kriminalität und das verstärkte Auftreten organisierter Berufsverbrecher führte dann jedoch unter dem Eindruck der Ermordung der Reichsminister Erzberger und Rathenau zu dem von Robert *Heindl* bereits 1919 angeregten Reichskriminalpolizeigesetz vom 21. Juli 1922 (RGBl 1922-593 ff.). Aber auch dieses überhastet beim Reichstag eingebrachte Reichskriminalpolizeigesetz trat wegen des Widerstands einiger Länder (u. a. Bayern, Sachsen) nicht in Kraft.

Das Gesetz sah u. a. die Einrichtung eines Reichskriminalpolizeiamts in Berlin (§ 1) und von Landeskriminalpolizeiämtern (§ 2) mit diesen unterstellten Landeskriminalpolizeistellen in allen Ländern vor. Das Reichskriminalpolizeiamt sollte nicht nur durch Richtlinien für eine einheitliche Geschäftsführung und Ausbildung der Beamten sorgen (§ 6), sondern es sollte bei über das Gebiet eines Landes hinausgreifenden Fällen nicht nur koordinieren, sondern in gewissem Umfange sogar selbst Exekutivbefugnisse erhalten (§§ 7, 8).

Wieder waren es Sachsen und Württemberg, die als erste ihre Organisation der Konzeption dieses Gesetzes anpaßten, und zwar in Sachsen am 1. Okt. 1922 und in Württemberg im Jahre 1923. Am 20. Mai 1925 wurde sodann durch Erlaß des Preußischen Ministers des Innern auch in Preußen eine Landeskriminalpolizei geschaffen. Andere Länder richteten in diesen Jahren zumindest Zentralstellen ein. So wurde beispielsweise der am 15. Mai 1922 bei der Polizeidirektion Karlsruhe bestehende Erkennungsdienst am 20. Nov. 1922 zum „Badischen Landeskriminalpolizeiamt Karlsruhe“ umgestaltet.

Sachsen verstaatlichte seine ganze Kriminalpolizei; an deren Spitze stand das Landeskriminalamt Dresden, welches dem Innenminister unmittelbar unterstellt wurde. Ihm nachgeordnet waren vier Kriminalämter, die sich auf Kriminalabteilungen sowie Kriminal- und Gendarmerieposten stützten.
In Württemberg wurde das Polizeipräsidium Stuttgart zugleich das Landeskriminalpolizeiamt; ihm standen Exekutivbefugnisse für das gesamte Gebiet zu. Im übrigen wurden für die Landeskriminalpolizei sogen. Kriminalpolizei-Bezirksstellen eingerichtet. Bereits 1927 verfügte die württembergische Landeskriminalpolizei über 337 Beamte.
Das Landeskriminalpolizeiamt beim Polizeipräsidenten in Berlin unterstand dem Preußischen Minister des Innern. Diesem Landeskriminalpolizeiamt waren bei den einzelnen staatlichen Polizeiverwaltern die Landeskriminalpolizeistellen unterstellt, welche die Arbeit der Kriminalabteilungen, der staatlichen Gendarmerieabteilungen, der Kriminalpolizei in den Gemeinden und ggf. der dortigen Schutzpolizei zu beaufsichtigen hatten. Das Landeskriminalpolizeiamt hatte für sachgemäße und einheitliche Tätigkeit der Landeskriminalpolizeistellen und für die Zusammenarbeit zu sorgen. Es war auch für die Ausrüstung und Ausbildung der Kriminalbeamten zuständig. Schließlich fungierte das Landeskriminalpolizeiamt für Preußen als die Zentrale für Erkennungs- und Meldedienst.
In Bayern schuf man neben der örtlichen Kriminalpolizei und der vor allem für das Landgebiet und kleine Gemeinden zuständigen Gendarmerie 1928 eine Landeskriminalpolizei, der bereits vorhandene zentrale kriminalpolizeiliche Einrichtungen zugeordnet wurden.

Anläßlich der vom 22.–24. Juni 1925 in Karlsruhe durchgeführten Polizeikonferenz wurde die „Deutsche Kriminalpolizeiliche Kommission (DKK)“ ins Leben gerufen. Eines ihrer Ziele war es, für Daktyloskopie, andere kriminalistische Zwecke sowie zur Ermittlung von Vermißten und zur Identifizierung unbekannter Toter für das gesamte Reichsgebiet zuständige Zentralstellen zu schaffen. Ferner sollten das Fahndungswesen, die Bekämpfung von Taschendieben und Zigeunern sowie weitere Fragen einheitlich organisiert werden. – Dr. *Palitzsch,* der Präsident des Sächsischen Landeskriminalamts, konnte sich als Initiator und Vorsitzender dieser Konferenz bereits auf später zu behandelnde internationale Entwicklungen (§ 30) wie die 1923 in Wien gegründete „Internationale Kriminalpolizeiliche Kommission“ berufen. Da die Deutsche Kriminalpolizeiliche Kommission sich jedoch nur gutachtlich äußern konnte, übertrug man die Realisierung ihrer Vorschläge oder Anregungen einem aus Vertretern der Länder gebildeten Deutschen Staatenausschuß.

Trotz z. T. beachtlicher Leistungen war die „Deutsche Kriminalpolizeiliche Kommission“ als eine bloße Arbeitsgemeinschaft letztlich eine Verlegenheitslösung. Sie hatte zuviele Mitglieder und verfügte nicht einmal immer über die notwendigen Fachleute. Vor allem aber konnten sich bei Verwirklichung ihrer Vorschläge ohne weiteres Prestigedenken oder Uneinsichtigkeit einzelner Länder hemmend auswirken.

Obgleich die Kriminalpolizei im Laufe dieser Jahre innerhalb der meisten deutschen Länder ausbildungs- und ausrüstungsmäßig nicht unbeträchtlich verbessert wurde und man bis zu

einem gewissen Grade sogar Zentralstellen schaffen konnte, fehlte nicht nur in einigen Ländern immer noch die organisatorische Spitze, sondern vor allem eine koordinierende Reichsbehörde.
Es blieb infolgedessen dem NS-Staat vorbehalten, mit der Reichskriminalpolizei eine solche Behörde zu schaffen. Grundlage hierfür war das Gesetz über den Neuaufbau des Reiches vom 30. Jan. 1934, das die Selbständigkeit der Länder und damit ihre die Entwicklung bisher hemmende Polizeihoheit beseitigte.

Schon am 18. April 1933 hatte man in Baden die Kriminalpolizei aus dem Verband mit der Staatsanwaltschaft herausgelöst und – den bisherigen Fahndungsabteilungen angegliedert – den örtlichen Polizeiverwaltern unterstellt.

Durch Erlaß des Reichsinnenministers vom 18. Dez. 1934 wurde das Preußische Landeskriminalamt beim Berliner Polizeipräsidenten zu einer selbständigen Abteilung. Ein Erlaß vom 17. Juni 1936 ordnete die gesamte staatliche Kriminalpolizei des Reiches neu und unterstellt den Chef der Deutschen Polizei dem Reichsminister des Innern. Ihm unterstanden einerseits der Chef der Ordnungspolizei und andererseits der Chef der Sicherheitspolizei. Dem Chef der Sicherheitspolizei wiederum wurde durch Erlaß vom 20. Sept. 1936 neben der Politischen Polizei (Gestapo) das neu geschaffene Reichskriminalpolizeiamt unterstellt. Diesem waren Kriminalpolizeileitstellen nachgeordnet, die ihrerseits die Tätigkeit der ihnen unterstellten Kriminalpolizeistellen zu beaufsichtigen hatten.

Im **Reichskriminalpolizeiamt** (RKPA) wurden insb. die Zentralstellen vereinigt. Es hatte ferner die Arbeit der nachgeordneten Stellen zu beaufsichtigen und zu koordinieren, den Auslandsschriftverkehr zu führen und insgesamt die Ausbildung und Weiterbildung der Kriminalbeamten zu leiten. Außerdem konnten im Reichskriminalpolizeiamt wichtige bzw. schwierige kriminaltechnische Untersuchungen durchgeführt werden; das 1938 geschaffene Kriminaltechnische Institut der Sicherheitspolizei konnte jedoch nicht die in es gesetzten Erwartungen erfüllen, weshalb 1941 bei den Kriminalpolizeileitstellen und bei größeren Kriminalpolizeidienststellen eigene Kriminaltechnische Untersuchungsstellen eingerichtet wurden. Schließlich konnten die Beamten der nunmehr dreizehn Reichszentralen im gesamten Reichsgebiet polizeiliche Amtshandlungen vornehmen, den Einsatz von besonderen Beamten anordnen oder die Kriminalpolizeileitstellen mit den Ermittlungen beauftragen. Das Reichskriminalpolizeiamt hatte also erhebliche Exekutivbefugnisse.
Im Reichsgebiet schuf man an Stelle der bisherigen Landeskriminalämter nach kriminalgeographischen Gesichtspunkten vierzehn **Kriminalpolizeileitstellen** (KPLSt), die der staatlichen Polizeiverwaltung ihres Sitzes angegliedert waren. Sie hatten vor allem die Verbindung zwischen dem Reichskriminalpolizeiamt und den ihnen nachgeordneten Kriminalpolizeistellen aufrechtzuerhalten sowie deren Tätigkeit zu beaufsichtigen und zu koordinieren. Als regionale Zentralstellen ihres Bereichs hatten die Kriminalpolizeileitstellen die wesentlichen Karteien zu führen. Im Ortsbereich wirkten die Leitstellen überdies wie Kriminalabteilungen.
Die **Kriminalpolizeistellen** (KPSt) bildeten gewissermaßen das Rückgrat der Reichskriminalpolizei. Auch sie waren jeweils der staatlichen Polizeiverwaltung angegliedert. Diese Kriminalpolizeistellen beaufsichtigten und unterstützten die kriminalpolizeiliche Tätigkeit der ihnen nachgeordneten Stellen und erfaßten alle kriminalpolizeilichen Vorgänge zentral zur Auswertung. Auch sie hatten also meldedienstliche Funktionen und daher gewisse Karteien zu führen.
Örtliche Kriminalabteilungen schließlich unterstanden ebenso wie die Gemeindekriminalpolizei dem örtlichen Polizeiverwalter; ferner konnte die Kriminalpolizeileitstelle außer auf die staatliche Gendarmerie auch auf die Gemeindeschutzpolizei zurückgreifen.

Alles in allem war die Kriminalpolizei somit weitgehend verselbständigt und zu einer wirksamen Waffe im Kampf gegen die Kriminalität und insb. gegen gewerbs- und gewohnheitsmäßige Verbrecher geworden, welche überörtliche Aktivitäten entfalteten.

Weitere organisatorische Maßnahmen waren durch die politischen Verhältnisse oder durch den Krieg bedingt, weshalb auf sie hier nicht näher eingegangen werden soll. Gesagt sei nur, um Mißverständnissen vorzubeugen, daß trotz der weitgehenden Verselbständigung auch in dieser Zeit die Kriminalpolizei organisatorisch von der Staatspolizei (Gestapo) getrennt blieb.

Durch Runderlaß vom 24. Nov. 1937 wurde ferner die **Weibliche Kriminalpolizei** neu geordnet, die in Form von Sonderdienststellen den Behörden der Kriminalpolizei angegliedert wurde. Ihre Aufgabe war es insb., kriminell und sexuell gefährdete Kinder sowie weibliche Minderjährige zu erfassen und eine erzieherische bzw. fürsorgerische Betreuung einzuleiten.

Gipkens: Strukturwandlungen der Weiblichen Polizei – Kriminalistik 1949, S. 134 ff.; *Schulz,* Hertha: Die weibliche Kriminalpolizei – in: TbKrim Bd. VII, S. 193 ff. (1957); *Wieking,* Friederike: Die Entwicklung der weiblichen Kriminalpolizei in Deutschland von den Anfängen bis zur Gegenwart – Kl. Pol.-Bücherei Bd. 23/24 – Lübeck 1958. Aus früherer Zeit vgl. *Voelkl,* Konrad: Jugendfürsorge und Polizei – Diss. Erlangen – Forchheim/Ofr. 1936 – S. 20 ff.

Die Wurzeln der weiblichen Kriminalpolizei reichen aber auch in Deutschland bis in die Zeit vor dem 1. Weltkrieg zurück, selbst wenn man von dem starken Engagement der Frauen in der Gefangenenfürsorge im 19. Jahrhundert absieht. Neben polizeilichen Gesichtspunkten spielt dabei der Gedanke der Fürsorge für Gefährdete eine gewichtige Rolle.

Nachdem der Polizeipräsident von Berlin – vermutlich 1893 – auf Antrag eines evangelischen Männerbundes einen Geistlichen beauftragt hatte, von der Sittenpolizei erfaßte Prostituierte seelsorgerisch zu betreuen, schaltete man dabei mit den konfessionellen Organisationen auch Frauen ein. Dieser Geistliche wurde 1910 von einer von der Kirche und später vom Berliner Frauenbund angestellten Fürsorgeschwester abgelöst. Um dieselbe Zeit wurde beim Polizeipräsidium Berlin von einer „Fürsorgedame", welche die Deutsche Zentrale für Jugendfürsorge entsandt hatte, eine „Wohlfahrtsstelle" eingerichtet.

Schon 1903 war es in Stuttgart und 1917 in Altona zu entsprechenden Initiativen gekommen. Übrigens hatte schon ein Erlaß des Preußischen Innenministers vom 11. Dez. 1907 die ehrenamtliche Mitwirkung von „Fürsorgedamen" sanktioniert und gefördert.
Nach dem 1. Weltkrieg stellt man aber auch Frauen eigens für diese Zwecke ein; so gab es beispielsweise in der Stadt Köln in den Jahren 1923 bis 1925 drei Polizeibeamtinnen, welche Funktionen der Frauen-Wohlfahrtspolizei ausübten.

Zu den Verhältnissen in den einzelnen Ländern ausführlicher *Wieking* aaO. S. 26 ff.

Neben der Fürsorge für jugendliche Prostituierte und der Bekämpfung von Geschlechtskrankheiten bemühte sich die z. T. nach englischem Vorbild aufgebaute Frauen-Wohlfahrtspolizei vor allem um obdachlose und sittlich gefährdete weibliche Jugendliche. Die Polizeifürsorgerinnen oder -assistentinnen bekamen aber schon vor dem 1. Weltkrieg weitere Befugnisse, vor allem gegenüber Kindern und Jugendlichen; insb. war dies für Vernehmungen junger Menschen der Fall. Doch wurde damit das Aufgabengebiet lokal unterschiedlich gestaltet. Im sogen. „Bielefelder System" zeigten sich z. B. auch Anfänge der Gerichtshilfe.
Obwohl die Beamtinnen auch in Preußen seit 1924 Vernehmungen durchführen durften,

wurde die Polizeifürsorge dort am 1. Mai 1925 aus Kostengründen wieder aufgelöst. Andere öffentliche und private Fürsorgeeinrichtungen übernahmen diese Funktionen. Ebenso wie in Preußen entschied man sich in Baden, Hamburg und Sachsen in den Jahren 1926 und 1927 für die Form der Weiblichen Kriminalpolizei, wenngleich deren Organisationsformen divergierten; teilweise hatten die Beamtinnen ihren Dienst in Zivil zu tun, in anderen Ländern waren sie uniformiert.

Nach 1933 wurden von Preußen ausgehend Zweifel über den Wert der Weiblichen Kriminalpolizei laut, die zu einem Streit führten, welcher letztlich aber positiv entschieden wurde. Die Vereinheitlichung vom Jahre 1937 ordnete daher die Weibliche Kriminalpolizei neu und einheitlich. Nach den neuen Richtlinien war ihr außer der Vernehmung von Kindern insb. die von weiblichen Jugendlichen und Heranwachsenden vorbehalten; in gewissen Fällen konnte ihr sogar die Vernehmung erwachsener Frauen überlassen werden (Ausführlicher dazu *Wieking* aaO. S. 54 ff.).

Auch die Entwicklung der Weiblichen Kriminalpolizei fügte sich somit in das Bild, welches ungeachtet der auch z. T. hier deformierend wirkenden politischen Verhältnisse die deutsche Kriminalpolizei, rein organisatorisch betrachtet, in jener Zeit bot.

4. Die Entwicklung nach dem 2. Weltkrieg

Nach dem Zusammenbruch des Deutschen Reiches ging mit den anderen staatlichen Befugnissen auch die Kriminalpolizei auf die Besatzungsbehörden über, welche diese mithilfe der Militärpolizei – recht unzulänglich – ausübten. Deshalb erwies es sich sehr bald als notwendig, auch Deutsche wieder in den Polizeidienst einzubeziehen. Der Neuaufbau der deutschen Polizei durch die Besatzungsmächte in ihren Zonen erfoglte jedoch wesentlich nach den ihnen eigenen und vertrauten Gesichtspunkten. Infolgedessen wurde die Organisation der Polizei und der Kriminalpolizei vielgestaltig und z. T. ausgesprochen buntscheckig.

Die Länder der amerikanischen Besatzungszone (Bayern, Hessen, Württemberg-Baden, Bremen) erhielten zwar jeweils ein kriminalpolizeiliches Landesamt, jedoch ohne nennenswerte Exekutivbefugnis; neben staatlicher gab es hier auch wieder eine kommunale Polizei (in Gemeinden über 5000 Einwohnern).

In der französischen Besatzungszone (Südbaden, Südwürttemberg-Hohenzollern, Rheinland-Pfalz) wurde dagegen die gesamte Polizei verstaatlicht. Die in diesen Ländern geschaffenen Landeskriminalämter waren weisungs- und exekutivbefugt.

Im Saarland wurde die kommunale Polizei durch VO vom 15. Nov. 1946 verstaatlicht und der Innenverwaltung zugeordnet.

Die Länder der britischen Besatzungszone (Hamburg, Niedersachsen, Nordrhein-Westfalen und Schleswig-Holstein) wiederum hatten zunächst überhaupt nur eine Gemeindepolizei. In Großstädten bzw. in Regierungsbezirken als selbständigen Polizeigebieten schuf man sodann Kriminalpolizeiämter. Doch zwang diese Fehlkonstruktion alsbald zur Schaffung regionaler Kriminalpolizeiämter für die fraglichen Länder. Und am 1. Jan. 1946 wurde dann sogar ein Kriminalpolizeiamt für die britische Zone in Hamburg eingerichtet. Es fungierte allerdings im wesentlichen nur als Nachrichten- und Erkennungsdienstzentrale, Verbindungsstelle mit dem Ausland und den Kriminalämtern der anderen Zonen; schließlich konnte dieses Amt kriminaltechnische Untersuchungen durchführen. Fachliche Weisungsbefugnisse oder gar Exekutivbefugnisse hatte es jedoch nicht.

Becker: Das Kriminaltechnische Institut beim Kriminalpolizeiamt für die britische Zone in Hamburg – Kriminalistik 1949, S. 246 ff.

Auf die andersartige und für die spätere Bundesrepublik nicht relevante Entwicklung in der sowjetischen Besatzungszone kann hier nicht eingegangen werden.

Bei Gründung der Bundesrepublik Deutschland im Jahre 1949 gab es infolgedessen viele verschiedenartige polizeiliche Organisationsformen, die weithin durch die Devise „Dezentralisation um jeden Preis" in ihrer Effektivität sehr behindert waren. Dies war umso folgenschwerer, als die Nachkriegsjahre naturgemäß eine beträchtliche Zunahme der Kriminalität mit sich brachten. Immerhin bestanden zumindest in allen Bundesländern kriminalpolizeiliche Zentralstellen, in der britischen Zone gab es eine solche sogar für den Gesamtbereich. Das am 23. Mai 1949 verkündete Grundgesetz für die Bundesrepublik Deutschland bestimmt in Art. 73-Ziff. 10, daß der Bund die ausschließliche Gesetzgebung über „die Zusammenarbeit des Bundes und der Länder in der Kriminalpolizei, die Einrichtung eines Bundeskriminalpolizeiamtes sowie die internationale Verbrechensbekämpfung" hat. Auf dieser Grundlage (vgl. auch Art. 87-I-S. 2 GG) kam nach langdauernden und schwierigen Beratungen schließlich das Gesetz über die Einrichtung eines Bundeskriminalpolizeiamtes vom 8. März 1951 (BGBl 1951 I-165) zustande (BKA-Gesetz). Das Bundeskriminalamt wurde in Wiesbaden eingerichtet; sein erster Präsident wurde Geheimrat Dr. Max *Hagemann.*

Zur Entwicklung vgl. im übrigen § 27-II-1 und die Literaturangaben dort.

Wenngleich sich das gerade im Laufe der letzten Jahre merklich geändert hat, waren Kompetenzen und Zuschnitt des Bundeskriminalamts zunächst außerordentlich begrenzt, womit es insoweit beträchtlich hinter dem früheren Reichskriminalpolizeiamt zurückblieb.

Zur Bekämpfung des gemeinen Verbrechers, soweit dieser sich über das Gebiet eines Landes hinaus betätigt oder voraussichtlich betätigen wird, sollte das Bundeskriminalamt die Zusammenarbeit von Bund und Ländern in der Kriminalpolizei koordinieren (§ 1). Vorwiegend jedoch sollte es als Zentrale für Nachrichten- und Erkennungsdienst fungieren, allerdings auch kriminaltechnische Einrichtungen unterhalten (§ 2). Die Länder, welche zur Sicherung der Zusammenarbeit Landeskriminalämter als zentrale Kriminalpolizei-Dienststellen einzurichten hatten (§ 3), blieben außer für die präventive im Prinzip auch für die repressive Verbrechensbekämpfung zuständig. Nur ausnahmsweise war das Bundeskriminalamt selbst zu Ermittlungen befugt (§ 4-II), wenn entweder eine zuständige Landesbehörde darum ersucht oder dies der Bundesinnenminister aus schwerwiegenden Gründen angeordnet hatte. Lediglich in diesen Fällen durften Beamten des Bundeskriminalamts im gesamten Bundesgebiet Amtshandlungen vornehmen und die Amtshilfe der Länder in Anspruch nehmen. Schließlich war das Bundeskriminalamt für den Dienstverkehr mit dem Ausland zuständig (§ 7).

Der Grundstock für das neue Bundeskriminalamt in Wiesbaden wurde das Kriminalpolizeiamt für die britische Zone in Hamburg. Es wurde durch VO der Besatzungsmacht vom 31. Okt. 1951 freigegeben und dem Bund unterstellt. – Noch vor Inkrafttreten des BKA-Gesetzes hatte man dort im Interesse der Zusammenarbeit mit allen Landeskriminalämtern Fühlung aufgenommen. Aus einem Treffen am 5. Sept. 1950 entwickelte sich später die „Arbeitsgemeinschaft der Leiter der Landeskriminalämter mit dem Bundeskriminalamt". Ziel dieses auf freiwilliger Basis erfolgenden Zusammenschlusses in Form einer Arbeitsgemeinschaft war es, Fragen der Zusammenarbeit zu erörtern und einer möglichst einheitlichen Lösung zuzuführen.

Am 20. März 1952 wurde Dr. Hans *Jeß* zum Präsidenten des Bundeskriminalamts ernannt. Im Mai dieses Jahres wurde die Abteilung „Kriminaltechnik" von Hamburg nach Wiesbaden verlegt; im Juli 1953 konnte das neu errichtete Hauptgebäude bezogen werden (vgl. Abb. 27/1 bis 27/3).

Mit Wirkung vom 28. Sept. 1955 wurde Reinhard *Dullien* als Nachfolger von Dr. Jeß Präsident des Bundeskriminalamts. Ihm folgte am 18. Jan. 1965 Paul *Dickopf*.

Abb. 27/1. In dieser ehemaligen Jugendherberge wurde nach einem Umbau im Mai 1952 das Kriminaltechnische Institut des Bundeskriminalamts untergebracht.

Abb. 27/2. Das neu errichtete Hauptgebäude des Bundeskriminalamts (mit Anbau für Hörsaal und Ländersaal) wurde im Juli 1953 bezogen (Blick von der Thaerstraße).

Abb. 27/3. Das Foto der Modellanlage vermittelt einen Gesamtüberblick davon, wie es im Sommer 1953 auf dem Wiesbadener Geisberg aussah. Vorn links liegt das Gebäude der Kriminaltechnik, in der Mitte das neue Hauptgebäude mit dem Anbau, dahinter rechts oben die Thaerstraße.

Das BKA-Gesetz ist erstmalig im Jahre 1969 geändert worden, wobei die Kompetenzen des Bundesrkiminalamts etwas erweitert wurden (Gesetz vom 19. Sept. 1969; BGBl I-1717).

So konnten Ermittlungen von Beamten des Bundeskriminalamts nunmehr auch in solchen Strafsachen vorgenommen werden, in denen der Generalbundesanwalt die Ermittlungen führte oder er darum ersucht hatte (§ 4-Abs. II-c). Das Bundeskriminalamt durfte ferner Beamte zur Unterstützung in die Länder entsenden (§ 4-II-a) oder bei Kompetenzkonflikten koordinierend tätig werden (§ 4-II-b).

Am 1. Sept. 1971 wurde Dr. Horst *Herold* Präsident des Bundeskriminalamts, welches im Zuge eines Sofortprogramms der Bundesregierung vom 29. Okt. 1970 beträchtlich ausgebaut wurde. So wurden in den Jahren 1972 und 1973 neue Dienstgebäude für Kriminalistisches und Kriminaltechnisches Institut sowie für Datenverarbeitung und Fernmeldetechnik errichtet.
Im Jahre 1973 ist das BKA-Gesetz auf Grund der Vorschläge einer vom Bundesinnenminister am 8. Apr. 1970 eingesetzten Reformkommission erneut novelliert worden (Gesetz vom 28. Juni 1973; BGBL 1973 I-704). Hierbei sind insb. die früher im § 4 BKA-Gesetz geregelten Exekutivbefugnisse neu geregelt und merklich erweitert worden.

Während § 4 BKA-Gesetz nunmehr die Anzeigepflicht bei richtlich angeordnetem Freiheitsentzug regelt, betrifft § 5 BKA-Gesetz, nach dessen I. Absatz die Prävention Sache der Länder bleibt, eigene Exekutivbefugnisse. Nach § 5-Abs. II BKA-Gesetz nimmt das Bundeskriminalamt nunmehr selbst die kriminalpolizeilichen Aufgaben in folgenden zwei Fallgruppen wahr: Ziff. 1 international organisierte Fälle des Handels mit Waffen, Munition, Sprengstoffen und Rauschmitteln und entsprechende Falschgelddelikte; es kann in Fällen minderer Bedeutung die Ermittlungen an die sonst zuständige Polizeibehörde abgeben; Ziff. 2 Straftaten gegen Leben oder Freiheit des Bundespräsidenten, von Mitgliedern der Bundesregierung, des Bundestages, des Bundesverfassungsgerichts oder ihrer ausländischen Gäste, sofern politische Motive anzunehmen sind; in den Fällen der Ziff. 2 muß der Bundesminister des Innern zustimmen.

§ 5-Abs. III BKA-Gesetz betrifft die Fälle des § 4 BKA-Gesetz a. F. (Ersuchen der zuständigen Landesbehörde; Anordnung aus schwerwiegenden Gründen durch den Bundesinnenminister; Ersuchen des Generalbundesanwalts).
Nach § 5-Abs. IV BKA-Gesetz sind bei Wahrnehmung kriminalpolizeilicher Aufgaben durch das Bundeskriminalamt die obersten Behörden, die in dem betreffenden Lande für Strafrechtspflege und Polizei zuständig sind, unverzüglich zu benachrichtigen.
§ 6 BKA-Gesetz regelt das Entsenden von Beamten zur Unterstützung der zuständigen Landesbehörden und § 7 BKA-Gesetz die Koordinierungsfunktion des Bundeskriminalamts. Befugnisse der Bundesbeamten und die Amtshilfe regelt § 8 BKA-Gesetz.
Auf Grund von § 9 BKA-Gesetz ist das Bundeskriminalamt neben Bundesgrenzschutz und Länderpolizei für den persönlichen Schutz der Verfassungsorgane des Bundes und ihrer ausländischen Gäste sowie für den Schutz von Dienst- und Wohnsitzen derselben zuständig.
Die Kompetenz für den Auslandsverkehr wird jetzt durch § 10 BKA-Gesetz geregelt.

Der allgemeine Auftrag der Polizei, im Rahmen der geltenden Gesetze alle erforderlichen Maßnahmen zu treffen, um Gefahren von der Allgemeinheit oder dem Einzelnen abzuwenden, durch welche die öffentliche Sicherheit und Ordnung bedroht wird, ist für die Kriminalpolizei mithin nicht nur auf den Zweck der Kriminalitätsbekämpfung konzentriert worden, sondern hat sich in der täglichen Praxis auch in seinen Gewichten verändert. Bedeutsamer als die Verbrechensverhütung (Prävention), an welche man beim polizeilichen Generalauftrag zuerst denken würde, ist in der kriminalistischen Praxis die Aufklärung bereits begangener Verbrechen. Obwohl erfolgreiche Aufklärungsarbeit sicher in erheblichem Umfange zugleich präventiv wirkt, sollte man daher nicht verkennen, daß die deutschen Kriminalbeamten ebenso wie ihre Kollegen in anderen Ländern ganz überwiegend mit einer zunächst einmal mehr repressiven Verbrechensbekämpfung befaßt sind, was ungeachtet dabei ebenfalls verfolgter präventiver Ziele den Aufgaben der Strafrechtspflege organe wie Strafgerichten und Staatsanwaltschaft mehr als typischer (schutz-) polizeilicher Arbeit entspricht.

II. Organisation

Kennzeichnend für die gegenwärtige Organisation der Kriminalpolizei in der Bundesrepublik Deutschland ist mithin, daß die Polizei nach den Vorschriften des Grundgesetzes primär eine Sache der Länder ist. Sinn des Gesetzes über das Bundeskriminalamt (BKA-Gesetz) ist es daher, zumindest der Kriminalpolizei in der ganzen Bundesrepublik im Interesse wirksamer Zusammenarbeit eine einigermaßen einheitliche Organisation zu geben. Die Exekutivbefugnisse des Bundes sind aber auch hier nach wie vor beschränkt.
Das Bundeskriminalamt ist deshalb auf die Zusammenarbeit mit starken und arbeitsfähigen Landeskriminalämtern angewiesen; die Kooperation wird seit Jahren vor allem durch die bereits erwähnte Arbeitsgemeinschaft der Leiter der Landeskriminalämter mit dem Bundeskriminalamt gefördert.

Kiukas, K.: Grundsätze einer kriminalpolizeilichen Organisation – Internat. kriminalpol. Rev. 1954, S. 34 ff.; *Schülert,* Heinz: Ist die kriminalpolizeiliche Verbrechensbekämpfung zeitgemäß? – Kriminalistik 1968, S. 1 ff., 66 ff.; *Weinberger,* Rolf: Anpassung der Organisation an die Erfordernisse der Praxis – in: Grundlagenforschung und Kriminalpolizei, hrsg. v. Bundeskriminalamt, Wiesbaden 1969,

S. 79 ff.; *Burghard,* Waldemar: Die Bedeutung der Ausrüstung für den Erfolg kriminalpolizeilicher Arbeit – in: Grundlagenforschung und Kriminalpolizei, hrsg. v. Bundeskriminalamt, Wiesbaden 1969, S. 143 ff.; *Pollmann,* Friedhelm: Warum eigentlich keine Bundeskriminalpolizei? – Kriminalistik 1970, S. 606 ff.; *Brennecke,* Lutz: Die Organisation der Kriminalpolizei – der kriminalist 1972, H. 3, S. 1 ff.; *Reitz,* Egon: Bundeskriminalpolizei. Aspekte-Bedenken-Argumente – der kriminalist 1975, S. 291 ff.; *Bauer,* Günther: Organisation und Einsatz der Kriminalpolizei. Probleme-Fehler-Anregungen – der kriminalist 1975, S. 586 ff.; *Bund Deutscher Kriminalbeamter* (Hrsg.): Modell zur Schaffung einer Bundeskriminalpolizei – Berlin (1976); S. 25 ff.: *Oppermann,* Thomas: Bundeskriminalpolizei und Grundgesetz (Rechtsgutachten).

In engem Zusammenhang mit der Organisation steht neben den personellen Mitteln, auf die sogleich (§ 27-III) noch näher eingegangen werden soll, die Ausrüstung der Kriminalpolizei. Dabei ist nicht nur an Gerät wie es für erkennungsdienstliche und andere kriminaltechnische Zwecke benötigt wird, sondern auch an Dinge wie Kraftfahrzeuge und Nachrichtentechnik sowie ferner an alles zu denken, was für die Verwaltungsarbeit erforderlich ist. Im übrigen ergibt sich damit für unsere Erörterungen folgende Reihenfolge:
1. Organisation auf Bundesebene
2. Organisation auf Landesebene
3. Organisation der Zusammenarbeit
4. Organisation der Sonderpolizeien.

1. Organisation auf Bundesebene

Die Organisation auf Bundesebene wird vor allem durch das Bundeskriminalamt in Wiesbaden charakterisiert.

Holle, Rolf: Das Bundeskriminalamt. Gesetzliche Grundlagen, Aufgabe und Organisation – Stellung des BKA innerhalb der kriminalpolizeilichen Verbrechensbekämpfung – Kriminalistik 1956, S. 303 ff., 352 ff., 387 ff., 431 ff.; *Dickopf,* Paul/*Holle,* Rolf: Das Bundeskriminalamt – Ämter und Organisationen der Bundesrepublik Deutschland 32 – Bonn 1971; *Steinke,* W.: Das neue BKA-Gesetz – Kriminalistik 1973, S. 58 ff.; *Schweppe,* Reinhard: FBI und BKA. Federal Bureau of Investigation und Bundeskriminalamt. Ein Vergleich von Organisation und Kompetenzen – Kriminolog. Abhandl. ü. abwegiges Sozialverhalten Nr. 12 – Stuttgart 1974; *Bundeskriminalamt* (Hrsg.): 25 Jahre Bundeskriminalamt. 1951–1976 – Wiesbaden 1976; *Wehner,* Bernd: Ein Spätentwickler: 25 Jahre Bundeskriminalamt – Kriminalistik 1976, S. 197 ff.; *N. N.:* Richtfest beim Bundeskriminalamt – der kriminalist 1976, S. 75 ff.; *Carter,* A. F.: The West German „Bundeskriminalamt" – The Police Journal 1976, S. 199 ff.

Das Bundeskriminalamt ist eine dem Bundesinnenminister unterstehende Bundesbehörde, die als Zentralstelle für die Koordinierung der Aktivitäten der Länder im Bereiche der Kriminalpolizei Sorge zu tragen hat. Seine Aufgabe ist es – wie gesagt (vgl. § 27-I-4) – zunächst einmal, den gemeinen Verbrecher zu bekämpfen, soweit er sich über das Gebiet eines Bundeslandes hinaus oder international betätigt oder wahrscheinlich betätigen wird. Ferner hat das Bundeskriminalamt alle kriminalpolizeilichen Nachrichten und Unterlagen zu sammeln, die sich nicht auf den Bereich eines Bundeslandes beschränken, und auszuwerten, davon ggf. die Behörden der Länder zu unterrichten. Es hat aus diesen Gründen nachrichten- und erkennungsdienstliche sowie ferner kriminaltechnische Einrichtungen zu unterhalten. Das Bundeskriminalamt wirkt bei der Verbrechensbekämpfung nicht nur koordinierend und kann auf Anforderung die Landesbehörden unterstützen, sondern hat in gewissen, in letzter Zeit etwas erweiterten Grenzen die Befugnisse, selbst Ermittlungen durchzuführen. Schließlich obliegt dem Bundeskriminalamt die Durchführung des Dienstverkehrs mit ausländischen Polizei- und Justizbehörden sowie der Interpol.

Der alsbald nach Erlaß des BKA-Gesetzes in Angriff genommene Aufbau des Bundeskriminalamts, dessen Sitz Wiesbaden wurde (Beschlüsse des Bundeskabinetts vom 13. und 24. April 1951), hat neben den schon angedeuteten rechtlichen Aspekten auch zahlreiche tatsächliche Probleme mit sich gebracht.
Bereits im Sommer 1951 wurde mit dem Bau begonnen, dessen 1. Phase 1953 im wesentlichen abgeschlossen war. Während dieser Zeit wirkte das vom Bund übernommene Kriminalpolizeiamt für die britische Zone in Hamburg als Außenstelle.

Wenige Wochen nach Verkündung des BKA-Gesetzes, nämlich am 1. April 1961, erschienen die ersten Ausgaben des Deutschen Fahndungsbuches und des Bundeskriminalblattes. Anfang Mai 1952 zog die Abteilung Kriminaltechnik vom Hamburg nach Wiesbaden um; die übrigen Dienststellen des Hamburger Amtes folgten im Juni 1953.

Das von einem Präsidenten geleitete Bundeskriminalamt ist eine dem Bundesminister des Innern unterstellte Bundesbehörde. Seine Gliederung hat sich in der Zeit seines Bestehens mehrfach verändert.

So gab es zunächst neben der Abteilung Verwaltung und Hilfsdienste drei große Abteilungen mit insgesamt 11 Gruppen und 37 Referaten (Stand 1. 1. 1971).
Zur Abteilung I gehörten die Gruppen Inland, Ausland und Kriminalistisches Institut. Die Abteilung II umfaßte Zentralfahndung, Erkennungsdienst, Nachrichtensammlung/Ermittlungen und Kriminaltechnik. Die die Abteilung III bildende Sicherungsgruppe Bonn gliederte sich in Ermittlungen Landesverrat, Ermittlungen Hochverrat, Schutz- und Begleitdienste sowie die Hilfsdienste. In der Abteilung Verwaltung und Hilfsdienste bearbeiteten fünf Referate Personal-, Sicherheits-, Rechts- und Wirtschaftsfragen sowie Technische Hilfsdienste. Daneben gab es noch eine Arbeitsgruppe für Datenverarbeitung, welche Vorarbeiten für die elektronische Datenverarbeitung durchzuführen hatte.

Große organisatorische Veränderungen brachte vor allem der Ausbau des Bundeskriminalamts in den 70er Jahren mit sich.

Zur Zeit (Herbst 1977) gliedert sich das Bundeskriminalamt, wenn man von fünf dem Präsidenten unmittelbar unterstehenden Stabsstellen (Organisation, Zusammenarbeit Bund–Länder, Verbundplanung, Öffentlichkeitsarbeit und Interpol sowie andere Auslandsangelegenheiten) absieht, in 10 Abteilungen. Deren wesentliche Aufgabengebiete sind: Verwaltung, Datenverarbeitung, Forschung und Ausbildung (Kriminalistisches Institut), Kriminaltechnik, Erkennungsdienst und Fahndung, Tatmittelsicherung und -auswertung, Ermittlungen, Staatsschutzdelikte, Terrorismus, Sicherungsgruppe. Diese Abteilungen sind gegenwärtig in ein bis drei (das Kriminaltechnische Institut in sechs) Fachgruppen gegliedert, innerhalb derer die speziellen Aufgaben auf eine mehr oder weniger große Zahl von Referaten (bzw. Fachbereichen) verteilt werden.

Der Ausbau des Bundeskriminalamts wird deutlich, wenn man sich den Personalbestand vor Augen führt. Waren es Ende 1951 bei der Außenstelle Hamburg 202 Bedienstete (56 Beamte, 143 Angestellte und 3 Arbeiter), so zählte man Ende 1970 allein in Wiesbaden 667 (312 Beamte, 326 Angestellte, 29 Arbeiter), zu denen bei der Sicherungsgruppe Bonn 297 Bedienstete (228 Beamte, 43 Angestellte, 28 Arbeiter) hinzukamen, was insgesamt 964 oder eine beinahe verfünffachte Zahl bedeutete. Die Sollstärke der Beamten stieg 1976 auf 1487, d. h. verdreifachte sich nahezu in fünf Jahren.

Ein ähnliches Bild zeigt die Entwicklung der Haushaltsmittel. Von DM 3 608 300 im Jahre 1951 stieg der Ansatz mit DM 38902400 im Jahre 1970 auf etwa das Zehnfache. Infolge des Sofortprogramms vervierfachte sich dieser Ansatz mit DM 123900000 im Jahre 1974 nochmals.

Diesem bemerkenswerten Ausbau des Bundeskriminalamts in personeller und sachlicher Hinsicht entsprechen eindrucksvolle Arbeitsleistungen, für welche hier einstweilen nur wenige Beispiele aus dem Nachrichtenverkehr genannt werden sollen.

Der Fernschreibverkehr, der 1951 insgesamt 42025 ein- und ausgehende Schreiben umfaßte, erreichte allein im Jahre 1970 bereits ein Volumen von 293270 Fernschreiben.
Hatte die Gesamtzahl der Funksprüche 1951 nur 1929 betragen, so wurden 1970 allein im internationalen Polizeifunkverkehr des Amtes 17485 aufgenommene, 25485 abgesetzte und 213 Transit-Funksprüche verzeichnet.
Nach umfangreichen Vorarbeiten wurden 1969 mit Schalten der ersten Leitung zum Landeskriminalamt Nordrhein-Westfalen die Bildtelegrafie aufgenommen, die u. a. die Zehnfingerabdruckblätter betrifft. Schon bald nach Anschluß der anderen Landeskriminalämter gingen monatlich etwa 900 Telebilder beim Bundeskriminalamt ein.
Ähnlich wie im Nachrichtenverkehr ist die Entwicklung aber auch in den eigentlich kriminalistischen Arbeitsbereichen des Bundeskriminalamts verlaufen, auf die später eingegangen werden soll (§ 27-IV).

Dieser ersichtlich durch das Sofortprogramm der Bundesregierung zur Modernisierung und Intensivierung der Verbrechensbekämpfung vom 28. Okt. 1969 (Bundestagsdrucksache 6. Wahlperiode VI/1334) geförderte Ausbau des Bundeskriminalamts wird weiter energisch vorangetrieben. Dies zeigt sich schon rein äuerlich dadurch, daß in den fraglichen Jahren eine ganze Reihe von Großbauten – z. B. für das Kriminaltechnische Institut, für Datenverarbeitung und Fernmeldewesen sowie ein Neubau für Fachabteilungen – auf dem Geisberg in Wiesbaden durchgeführt worden sind. Doch geht die Bauplanung für das Bundeskriminalamt noch weiter.

Abb. 27/4. Der Neubau für Fachabteilungen; dahinter das Gebäude, in welchem Datenverarbeitung und Fernmeldewesen untergebracht sind (Okt. 1977).

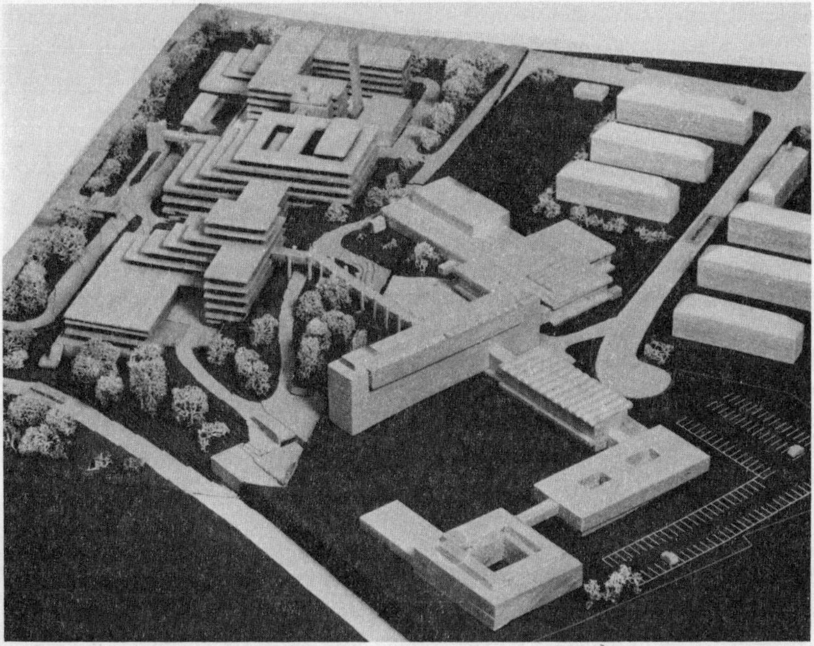

Abb. 27/5. Das Foto des Modells zeigt, wie es auf dem Gelände des Bundeskriminalamts demnächst aussehen soll. Interessant ist ein Vergleich mit der Abb. 27/3 (Stand Sommer 1953).

Eine Sonderposition hat als Außenstelle des Bundeskriminalamts die **Sicherungsgruppe,** die für den persönlichen Schutz des Bundespräsidenten, anderer Verfassungsorgane des Bundes und ihrer ausländischen Gäste zuständig ist; sie hat ihren Standort in der Bundeshauptstadt Bonn. Dasselbe gilt für die später (1. Jan. 1974 bzw. 9. Mai 1975) ebendort geschaffenen Abteilungen Staatsschutz-Kriminalität und Terrorismus.

2. Organisation auf Landesebene

Obgleich das BKA-Gesetz eine gewisse Gleichförmigkeit der Organisation der Kriminalpolizei in den Bundesländern gewährleisten soll, bestehen zwischen diesen doch nicht unbeträchtliche Unterschiede, die hier infolgedessen nur kurz skizziert werden können.

Vgl. im einzelnen, obwohl z. T. überholt, mit weiteren Nachweisen: *Holle,* Rolf: Kriminaldienstkunde I. Teil – BKA 156/2, S. 46 ff.; *Riege,* Paul: Kleine Polizei-Geschichte – Kl. Pol.-Bücherei Bd. 15/16 – 3. erw. u. verb. Aufl. – Lübeck 1966 – insb. S. 57 ff.; *Niggemeyer,* Bernhard: Kriminalpolizei – in: HdwKrim (2) II-30 ff. (1967); *Weingärtner,* Helmut: Übergreifende Zuständigkeit im Verhältnis Bundestagspräsident–Länderpolizei – Kriminalistik 1969, S. 271 ff.; *Organisations- und Führungsprobleme der Polizei* – Zeitschrift für Organisation. Neue Betriebswirtschaft 1975, S. 361 ff. (Heft 7); *Schäfer,* Herbert: Die kriminalpolizeiliche Stabsarbeit in Großstädten – PFA 2/77, S. 40 ff. Zur Entwicklung in den einzelnen Ländern nach dem 2. Weltkrieg siehe ins. *Ulrich,* Wolfgang: Verbrechensbekämpfung. Geschichte–Organisation–Rechtsprechung – Neuwied/Berlin 1961, S. 294 ff., 334 ff.

Da die Polizeihoheit in der Bundesrepublik nach wie vor grundsätzlich den Ländern zusteht, wirkt sich dies naturgemäß mehr oder weniger nachhaltig auf die Organisation der Kriminalpolizei aus. Denn außer den Grundtypen einer Polizeiorganisation (1., Eigene, nur dem Recht unterworfene Institution, 2. Zentrale, weisungsgebundene Institution, 3. Dezentralisierte Organisation mit horizontaler Gliederung, 4. Dekonzentrierte Organisation mit Polizeibehörden in verschiedenen Ressorts) gibt es selbstverständlich auch Mischtypen, weshalb die Landesgesetzgeber – schon wegen der in Deutschland gebrochenen Traditionen – an vielen Reißbrettern experimentieren konnten, was durch die divergierende Einflußnahme der Besatzungsmächte nach dem 2. Weltkrieg begünstigt wurde.

Im Prinzip läßt sich, da das Fehlen der Kontinuität nur zu bedauern ist, somit für Deutschland lediglich festhalten, daß Potential und Wirksamkeit kriminalpolizeilicher Arbeit nicht unter den verschiedenartigen Organisationsformen leiden dürfen. Zudem sollten diese Formen der Mentalität der Bürger angepaßt sein, was sich zumindest für gewisse Reformmodelle wohl kaum wird sagen lassen. Im übrigen aber darf man im Bereiche der Kriminalpolizei wohl dennoch darauf vertrauen, daß die Sachzwänge zumindest auf einige Sicht in einem Staat, wie ihn die Bundesrepublik Deutschland verkörpert, wieder zur wünschenswerten Einheitlichkeit der Organisation unserer Kriminalpolizei führen dürften; kurzlebige Reformprojekte praxisferner oder machthungriger Eiferer sind damit allerdings nicht ausgeschlossen.

Die Polizei- und damit auch die Kriminalpolizeibehörden der Bundesländer unterstehen dem Landesminister des Innern bzw. dem entsprechenden Senator, gehören also zum Innenressort. Aber schon die Zuordnung der Landeskriminalämter wird verschieden gehandhabt; ihre Kompetenzausstattung ist sehr unterschiedlich. Entsprechendes gilt für Kriiminalpolizeibehörden der mittleren und unteren Ebene. Ihre Zuständigkeit richtet sich in nahezu allen Bundesländern immer noch nach den politischen Grenzen der Regierungsbezirke, Kreise und Städte bzw. Gemeinden.

a) Das Land **Baden-Württemberg** hat die nach dem 2. Weltkrieg wieder eingerichteten Kommunalpolizeien inzwischen abgeschafft, kennt jetzt also nur noch eine dem Innenminister unterstehende staatliche Polizei, für welche im Ministerium die Abt. III „Polizeiwesen" zuständig ist.

Teufel, Manfred: Geschichte der Württembergischen Landeskriminalpolizei. Eine kriminalhistorische Skizze – Kriminalistik 1965, S. 97 ff.; *Stümper,* Alfred: Mobile Einsatzkommandos im Lande Baden-Württemberg – Kriminalistik 1972, S. 277 ff.

Dem Innenminister unterstehen nach dem Polizeigesetz vom 21. Nov. 1955 (i. d. F. v. 16. Jan. 1968, z. T. geändert) neben einigen Landespolizeibehörden wie dem Landeskriminalamt in Stuttgart die den vier Regierungsbezirken (Stuttgart, Karlsruhe, Freiburg, Tübingen) mit ihren Referaten „Polizeiwesen" nachgeordneten vier Landespolizeidirektionen zu denen in Stuttgart eine Landespolizeidirektion II hinzutritt, die mit ihrer Hauptabteilung Kriminalpolizei vor allem für den Stadtkreis Stuttgart zuständig ist.

Den Landespolizeidirektionen, die von einem Landespolizeipräsidenten geleitet werden, sind je nach Größe ihres Bereichs Polizeipräsidien (insgesamt 2) und drei bis sieben Polizeidirektionen (insgesamt 19) nachgeordnet; in ihnen bilden Schutz- und Kriminalpolizei jeweils eine besondere Abteilung. Daneben gibt es noch drei oder vier den Landespolizeidirektionen unmittelbar unterstellte Kriminalkommissariate, die ebenso wie die bereits erwähnten Kriminalabteilungen z. T. noch über Kriminalaußenstellen verfügen.

Bei diesen Kriminalkommissariaten entsprechen sich die Dienststellen für Schutz- und Kriminalpolizei jedoch nicht immer.

In Baden-Württemberg werden Fälle der leichteren und zu einem Großteil auch solche der mittleren Kriminalität von der Schutzpolizei bearbeitet. Für die anderen Straftaten sind die Kriminaldienststellen zuständig. Allerdings sind die Zuständigkeiten nicht überall einheitlich abgegrenzt.

Als dem Innenminister unmittelbar unterstehende Landespolizeibehörden sind neben dem Landeskriminalamt die Bereitschaftspolizeidirektion und die Wasserschutzpolizeidirektion mit den ihnen jeweils nachgeordneten Dienststellen sowie die Landespolizeischule in Freiburg i. Br. (mit Außenstellen) zu nennen. Bei bestimmten Landespolizeidirektionen bzw. beim Landeskriminalamt sind ferner vier „Mobile Einsatzkommandos" sowie sechs „Präzisionsschützenkommandos" aufgestellt worden.
Das **Landeskriminalamt** Baden-Württemberg in Stuttgart (vgl. 2. DVO zum PolG, geänd. d. 11. DVO v. 12. Mai 1977) ist die zentrale kriminalpolizeiliche Dienststelle dieses Bundeslandes. Obwohl es im strengen Sinne keinen eigenen Unterbau hat, obliegen ihm Dienst- und Fachaufsicht über alle kriminalpolizeilichen Aktivitäten (also auch solche der Schutzpolizei) im Gebiet der repressiven und präventiven Verbrechensbekämpfung. Es kann die zur Durchführung seiner fachlichen Aufgaben erforderlichen fachlichen Weisungen erteilen, wobei allerdings Weisungen grundsätzlicher Art der Innenminister zustimmen muß.

Der Dienstverkehr des Landeskriminalamts mit den Landespolizeidirektionen muß jedoch bei grundsätzlichen oder wichtigen Erlassen über die Regierungspräsidien, kann im übrigen aber auch unmittelbar erfolgen. Mit den ihnen nachgeordneten Dienststellen geht der Dienstverkehr über die Landespolizeidirektionen. Im übrigen wickelt das Landeskriminalamt den gesamten Verkehr der badisch-württembergischen Kriminaldienststellen mit anderen Bundesländern, dem Bund und dem Ausland ab.

Das Landeskriminalamt in Stutgart fungiert also nicht nur als nachrichtendienstliche und kriminaltechnische Zentralstelle Baden-Württembergs, sondern hat koordinierende und die kriminalpolizeiliche Arbeit leitende Aufgben, um eine planvolle Zusammenarbeit zu gewährleisten. Es wird ferner in gewissem, nicht unerheblichem Ausmaß in diesem Bundeslande auch selbst exekutiv tätig.

Das gilt – vorbehaltlich möglicher Delegation auf andere Kriminaldienststellen – u. a. für Staatsschutzdelikte (einschl. Terrorismus), Rauschgiftdelikte, Falschgeldherstellung sowie für Sprengstoff-, Kernenergiedelikte und kriminellen Waffenhandel.
Ferner verfolgt das Landeskriminalamt außer bei ministerieller Anordnung im Einzelfall oder bei Ersuchen der an sich zuständigen Dienststelle strafbare Handlungen selbst, wenn der Einsatz besonderer technischer Mittel als nötig erscheint, bei weitausgreifenden (überörtlichen) Straftaten oder bei solchen, die entweder besondere Sachkenntnisse oder intensive Auswertung meldedienstlichen Materials voraussetzen.

Das Landeskriminalamt Baden-Württemberg umfaßt neun Abteilungen (Recht und Verwaltung, Grundsatzangelegenheiten, Fahndung und Vorbeugung, Erkennungsdienst und Auswertung, Allgemeine Straftaten, Staatsschutz und Gemeinschaftsschädliche Delikte wie z. B. Wirtschaftskriminalität, Umweltdelikte, Ausweisfälschungen).

Diese Abteilungen gliedern sich gewöhnlich vier bis sechs oder sieben Dezernate; lediglich in den Abteilungen 7 und 8 werden ggf. mehrere Dezernate zu Inspektionen zusammengefaßt.

Als Besonderheit dieses Bundeslandes sei der durch Gesetz vom 30. Mai 1963 geschaffene

„Freiwillige Polizeidienst“ erwähnt, obgleich die Polizeifreiwilligen vor allem Belange der Schutzpolizei wahrnehmen.

Die Personalstärke soll 50% der Sollstärke des uniformierten Polizeivollzugsdienstes nicht überschreiten. Die Bewerber, die eine Grundausbildung erhalten (92 Stunden in 2wöchigem Lehrgang), sollen vor allem die örtlichen Polizeidienststellen unterstützen. Neben der erforderlichen Ausstattung erhalten die Polizeifreiwilligen für ihren Zeitaufwand eine Vergütung, die gegenwärtig DM 4,50 für jede angefangene Stunde beträgt. Der Freiwillige Polizeidienst wird bei Bedarf mit Zustimmung des Regierungspräsidenten aufgerufen. Die Einrichtung soll sich (mit 735537 Dienststunden bei 3072 Polizeifreiwilligen im Jahre 1976) in der Praxis bewährt haben.

Das Land Baden-Württemberg hat sich schließlich besonders um das Nachrichtenwesen seiner Polizei bemüht.

Da ein eigenes Fernsprechnetz fehlt, ist das Fernschreibnetz engmaschig ausgebaut worden. Neben dem Sprechfunk gibt es ein „Festes Polizeifunknetz“ sowie ein Polizei-Telebildnetz. – Seit 1971 arbeitet man übrigens in diesem Bundesland mit der Datenverarbeitung.

Gewiß läßt die geschilderte Organisation des Kriminaldienstes auch in diesem Bundesland Wünsche offen oder erweckt mitunter Zweifel. Dennoch dürfte sie dem Gesamteindruck doch günstiger als beispielsweise in Hessen oder Niedersachsen zu werten sein, wo wir von einer mittleren Lösung sprechen werden. Denn selbst für einen Flächenstaat bleibt so doch sogar die untere Ebene noch überschaubar, wobei es aus unserer Sicht nichts ausmacht, daß sich hier Schutzpolizei- und Kriminaldienststellen (= Kriminalkommissariate) nicht immer entsprechen. Dies kann aus kriminalgeographischen Gründen durchaus sinnvoll sein, womit selbstverständlich nicht gesagt ist, daß sich hier und da nicht noch bessere Lösungen erzielen lassen. Das gilt vermutlich auch für die leider noch uneinheitliche Abgrenzung der Kompetenzen von Schutz- und Kriminalpolizei bei der Verbrechensbekämpfung. – Dagegen sind auf der mittleren Ebene (Polizeipräsidien, Polizeidirektionen) Schutz- und Kriminalpolizei zwar in einer Dienststelle zusammengefaßt, aber doch gliederungsmäßig noch zu unterscheiden, was man hier hinnehmen kann. Jedoch kann hier und vor allem auf der oberen Ebene der dem Regierungspräsidenten unterstellten Landespolizeidirektion der Dienstweg lang und umständlich werden. Immerhin hat das Land Baden-Württemberg ungeachtet der z. T. sicher praktikablen Zusammenfassung von Schutzpolizei- und Kriminaldienststellen in einer Behörde aus guten Gründen auf eine organisationsmäßige Vereinheitlichung verzichtet, welche den Besonderheiten der Kriminalpolizei gewöhnlich nicht gerecht werden kann.

Das im Vergleich zu anderen Bundesländern mit Kompetenzen und Mitteln relativ gut ausgestattete Landeskriminalamt kann somit wohl auch bei dieser Organisation die kriminalpolizeiliche Arbeit in Baden-Württemberg noch hinreichend beeinflussen und koordinieren, zumal da es entsprechende eigene Exekutivbefugnisse besitzt. Immerhin wäre zu überlegen, ob man diese Landesbehörde, da sie an sich keinen Behördenunterbau hat, nicht noch wirksamer gestalten und ihr größeren Einfluß auf die Kriminaldienststellen der zusammenfassenden Polizeibehörden einräumen sollte, zumal da die Dienstwege in der oberen Ebene etwas umständlich erscheinen. Insgesamt aber ist die Situation in diesem Bundesland, obgleich sich gewiß noch etwas verbessern läßt, doch schon als relativ günstig zu beurteilen.

b) in **Bayern** ist nach der längst überfälligen Abschaffung der kommunalen Polizei die

Kriminalpolizei jetzt ebenfalls völlig verstaatlicht. Nach gewissen vorangehenden Änderungen hat das Gesetz über die Organisation der Staatlichen Polizei vom 10. Aug. 1976 (Polizeiorganisationsgesetz, POG) das Polizeiwesen völlig umgestaltet. Das gilt auch für die Kriminalpolizei, wenngleich hier die organisatorischen Maßnahmen noch nicht völlig durchgeführt sind und man auch die Zuständigkeiten von Schutz- und Kriminalpolizei bisher noch nicht abschließend geregelt hat.

Böhme, Albrecht: Ausschnitte aus der Arbeit der kriminaltechnischen Abteilung des Zentralamtes für Kriminalidentifizierung und Polizeistatistik des Landes Bayern in München – Kriminalistik 1950, S. 179 ff., 193 ff., 219 ff. 241 ff.; *Breibeck,* Otto Ernst: Bayerns Polizei im Wandel der Zeit. 800 Jahre bayerische Polizeigeschichte – München 1971; *Schweinoch,* Joachim: Polizei in Bayern wird neu organisiert – Die Neue Polizei 1972, S. 103 ff.; *Kasper,* Alfred: Organisation des Kriminaldienstes der Bayerische Landespolizei – der kriminalist 1973, S. 83ff.; *N. N.:* Das neue bayerische Polizeiorganisationsgesetz – Die Neue Polizei 1976, S. 164 ff.; *Das Bayerische Landeskriminalamt.* Die zentrale kriminalpolizeiliche Dienststelle in Bayern – München (1976).

Bei der Umorganisation in Bayern hat man sich bemüht, die Kriminalpolizei möglichst weitgehend mit der Schutzpolizei zusammenzufassen. Dem Bayerischen Staatsministerium des Innern als der obersten Führungsstelle der Polizei dieses Bundeslandes sind neben Landeskriminalamt und Polizeiverwaltungsamt sowie Bereitschafts- (Art. 6 POG) und Grenzpolizei (Art. 5 POG) acht Präsidien der Landespolizei nachgeordnet (Oberbayern, Niederbayern/Oberpfalz, Oberfranken, Mittelfranken, Unterfranken, Schwaben, München, Nürnberg/Fürth).
Diese sechs Flächen- und zwei Stadtpolizeipräsidien wiederum sind in insgesamt 32 (regional/lokale) Schutzbereiche gegliedert, welche man als Polizeidirektionen bezeichnet; davon sind bisher 16 eingerichtet worden. Die (Flächen-)Polizeidirektionen umfassen jeweils drei oder vier Landkreise. Diese Polizeidirektionen haben neben dem Direktionsbüro als Stabsstellen die Sachgebiete Einsatz (mit Einsatzzentrale) und Technik. Erst bei den Inspektionen (in den Städten: Direktionen) lassen sich Schutz-, Verkehrs- und Kriminalpolizei unterscheiden. Denn jede Polizeidirektion verfügt außer über mehrere lokale (Schutz-)Polizeiinspektionen (ggf. mit nachgeordneten Polizeistationen) über eine Verkehrspolizeiinspektion und eine eigene Kriminalinspektion, die ggf. in Dezernate und jedenfalls in Kommissariate gegliedert ist. Sofern dafür ein Bedarf besteht, werden als Außenstellen dieser Kriminalpolizeiinspektion sogen. Kriminalpolizeistationen eingerichtet.

Man ist der Ansicht, bei den Schutzbereichen sowohl die kriminalgeographischen als auch die wirtschaftlichen und gesellschaftlichen Gesichtspunkte jeder Region hinreichend berücksichtigt zu haben, wenngleich demzufolge die Stärke der Kriminalpolizei in den einzelnen Inspektionen (Direktionen) recht verschieden ausfallen dürfte.
Die Zusammenfassung bedingt ferner zumindest unterschiedlich abgegrenzte Aufgabenbereiche von Schutz- und Kriminalpolizei bei der Verbrechensbekämpfung in ländlichen, mittel- und großstädtischen Gebieten. Diese Frage, die das POG ausgeklammert hat, ist bisher anscheinend weithin noch nicht beantwortet worden.

Nach Art. 7 POG ist das dem Landesinnenminister unmittelbar unterstellte Bayerische **Landeskriminalamt** in München die zentrale Dienststelle für kriminalpolizeiliche Aufgaben in Bayern und als solche auch für den Dienstverkehr mit dem Bund und den anderen Bundesländern zuständig. Es ist zugleich die Zentrale für Datenverarbeitung, Nachrichtenverkehr (Fernmeldeleitstelle) und kriminalpolizeilichen Meldedienst. Ferner unterhält das Landes-

kriminalamt bemerkenswerte kriminaltechnische Einrichtungen und ist insgesamt für Forschung sowie beratend und lenkend für die Kriminalprävention zuständig.
Seine exekutiven Befugnisse sind jedoch immer noch ziemlich begrenzt. Neben der an die Zustimmung des Ministers gebundene Möglichkeit zum Erlaß von Richtlinien hat es im Einzelfall auf Weisung des Innenministers die Fahndung zu lenken. Nur bei Verdacht bestimmter schwerer Straftaten ermittelt es selbst (Art. 7-Abs. III POG).

Außer bei Kernenergie-, Sprengstoff- und Strahlungsverbrechen, Drogenmißbrauch, Falschgelddelikten, Waffenhandel ist das beispielsweise bei kriminellen Vereinigungen und Staatsschutzdelikten der Fall. Im übrigen aber muß die Sache dem Landeskriminalamt vom Innenminister allgemein oder für den Einzelfall zugewiesen worden sein oder muß bei Wirtschafts- und Umweltdelikten ein Gericht oder eine Staatsanwaltschaft darum ersucht haben.
Nur in diesem Bereich hat das bayerische Ladeskriminalamt die Befugnis zu fachlichen Weisungen oder zur Delegation an eine Dienststelle der Landes- oder Grenzpolizei.

Das am 11. Mai 1946 als „Zentralamt für Kriminalidentifizierung und Polizeistatistik des Landes Bayern“ gegründete, schon bald und des öfteren umgestaltete Landeskriminalamt in München, welches von einem Präsidenten geleitet wird, gliedert sich gegenwärtig in neun Abteilungen (Verwaltung, Organisation, Fernmeldewesen, Fahndung, Kriminaltechnik, Erkennungsdienst, Ermittlungsdienst, Staatsschutz, Datenverarbeitung). Die Zahl seiner Mitarbeiter ist von 95 im Jahre 1946 auf 714 im Jahre 1976 gestiegen.
Obgleich sich die gegenwärtige Situation in Bayern nur mit Vorbehalten beurteilen läßt, da die seit der Reform verstrichene Zeit zu kurz ist und sie im Bereich der Kriminalpolizei noch nicht einmal verwirklicht ist, dürfte Skepsis am Platze sein. Denn es steht zu befürchten, daß diese Reform unter dem Zeichen der Vereinheitlichung von Schutz- und Kriminalpolizei in Wahrheit eher einen Rückschritt darstellt. Und das gilt besonders, weil die Gegebenheiten eines Flächenstaates insoweit anders und ungünstigere als die von Stadtstaaten wie Berlin und Hamburg sein dürften.
Bei der bis zu den Polizeidirektionen hin reichenden Zusammenfassung ist angesichts der Orientierung an den Gebietskörperschaften zumindest zweifelhaft, ob sich auf diese Weise wirklich die für den Kriminaldienst wesentlichen kriminalgeographischen Gesichtspunkt hinreichend berücksichtigen lassen. Mag insoweit schon die Zahl von 32 angestrebten Schutzbereichen als zu hoch erscheinen, so dürfte im übrigen die infolge der Zusammenfassung unterschiedliche Abgrenzung der Kompetenzen von Schutz- und Kriminalpolizei in der Verbrechensbekämpfung noch unglücklicher sein, zumal da die Organisation dadurch unübersichtlich und die Zusammenarbeit mit Dienststellen anderer Schutzbereiche erschwert wird. Die infolgedessen vermutlich sehr divergierende Kapazität kann ferner durch eine recht unterschiedliche Personalstärke der Kriminaldienststellen u. U. komplizierend wirken.
Noch problematischer aber erscheint die Einbettung dieser erst auf unterer Ebene sichtbar werdenden Kriminaldienststellen in eine Organisation, die vermutlich als solche im übrigen vor allem durch die andersartigen Belange der Schutzpolizei geprägt werden dürfte.
Besonders fatal wirkt bei allem, daß die Kompetenzen des bayerischen Landeskriminalamts, obwohl sie gegenüber früher merklich erweitert worden sind, als im Vergleich zu anderen Bundesländern immer noch begrenzt anzusehen sind. Man wird daher seine koordinierende Funktion trotz an sich ansprechender Ausstattung und der unbestreitbaren Verdienste dieses Amtes um die deutsche Kriminalpolizei nicht überschätzen dürfen, weil ihm nur in beschränktem Umfange Fachaufsicht und Weisungsbefugnisse gegenüber den Kriminal-

beamten Bayerns zugestanden werden. Mehr als eine z. T. zu weit gehende Bindung an das vorgesetzte Ministerium stört, daß dieses Landeskriminalamt in eine seinen besonderen Aufgaben wohl doch nicht sonderlich angepaßte Behördenorganisation – und das ohne wirkliche Befugnisse – hineinwirken muß. Im Interesse einer fachkundigen Leitung sollte das Landeskriminalamt München durch erweiterte Kompetenzen zu einer wirklichen Zentrale und Leitstelle der bayerischen Kriminalpolizei gemacht werden, was aber wohl auch eine andere Organisation der ihm dann nachgeordneten Kriminaldienststellen voraussetzt. Einstweilen kann die in Bayern angestrebte Regelung aus kriminalistischer Sicht weder als befriedigend noch gar als versprechend gewertet werden; vielmehr liegen die Dinge hier organisatorisch deutlich ungünstiger als in den meisten anderen Bundesländern.

c) **Berlin** hat als Stadtstaat seit jeher nicht zwischen staatlicher und kommunaler Polizei unterschieden.

Bis 1974 entsprach die Organisation der Berliner Kriminalpolizei im wesentlichen der anderer Stadtstaaten bzw. Städte. Der Leiter der Kriminalpolizei war dem Polizeipräsidenten unterstellt. Neben zentralen Fachdirektionen bzw. -referaten gab es örtliche Fachreferate, denen Fachkommissariate und Revierkriminalpolizeistellen nachgeordnet waren.

Sangmeister, Wolfram: Aufgaben, Organisation und Arbeitsweise der Kriminalpolizei in Berlin – Kriminalistik 1958, S. 169 ff.; *Zilling,* Hans-Joachim: Die neue Organisation der Kriminalpolizei in Berlin – der kriminalist 1975, S. 410 ff.; *Schenk,* Dieter: Schutz- und Kriminalpolizei als gemeinsamer Träger der Verbrechensbekämpfung – Kriminalistik 1977, S. 104 ff.

Nach der Reform vom 1. Okt. 1974, die ganz besonders vom Vereinheitlichungstrend geprägt ist, lassen sich in der trotz das entgegengesetzte Ziel verfolgenden Reform recht aufgebläht wirkenden Polizeihierarchie kriminalpolizeiliche Dienststellen nur noch mit einiger Mühe ausmachen.
Dem Polizeipräsidenten, der dem Senator für Inneres unterstellt ist, untersteht außer den „Zentralen Diensten“ und den „Ordnungsaufgaben“ eine Landespolizeidirektion mit einem Leitenden Polizeidirektor an der Spitze. Von den fünf Dezernaten dieser Direktion (u. a. Öffentliche Sicherheit, Straßenverkehr, Lagedienst/takt. Fernmeldedienst, Dienstleistung) ist hier vor allem das für „Verbrechensbekämpfung“ einschlägig; sein Leiter nimmt zugleich die Aufgaben des Leiters eines Landeskriminalamts wahr, das es in der üblichen Form in Berlin nicht mehr gibt.
Neben fünf örtlichen Direktionen sind dieser Landespolizeidirektion noch zwei weitere Direktionen mit Spezialaufgaben unterstellt, welche weithin kriminalpolizeilichen Charakter haben. Der „Direktion Verbrechensbekämpfung“ obliegen neben deliktsbezogener Kriminalitätsbekämpfung (u. a. auch Staatsschutzdelikte) die Funktionen einer Zentralstelle für Fahndung und Erkennungsdienst. Die frühere kriminaltechnische Untersuchungsstelle findet sich jetzt unter dem verallgemeinernden Titel „Direktion Polizeitechnische Untersuchungen.“ Alles in allem hat man die üblicherweise dem Landeskriminalamt zukommenden Funktionen auf drei Dienststellen verteilt.
Ähnlich wie die Landespolizeidirektion sind auch die fünf örtlichen Polizeidirektionen gegliedert.

Neben Lage- und Fernmeldedienst sowie Dienstleistung unterstehen dem Leiter jeweils drei Referate (Verbrechensbekämpfung, Öffentliche Sicherheit, Straßenverkehr). Das für kriminalpolizeiliche Aktivitäten wichtige Referat „Verbrechensbekämpfung“ gliedert sich in Sofortbearbeitung und in

Vorgangs- oder Sachbearbeitung; erst im letztgenannten Bereich finden sich dann auch Kriminalkommissariate.

Obgleich seit der Reform in Berlin erst wenige Jahre verstrichen sind, weshalb sich nur mit Vorbehalten urteilen läßt, darf man doch wohl bezweifeln, ob eine dergestalt auf Zusammenfassung von Schutz- und Kriminalpolizei abzielende Organisation (sogen. Berliner Modell), welche wirkliche Kriminaldienststellen erst auf der unteren Ebene erkennen läßt, sich wirklich bewähren wird, wie das die Reformer in ihren ersten, wohl verfrühten Stellungnahmen behaupten. Obgleich es auch in Berlin Stimmen gibt, die trotz positiven Standpunkts zur Reform vor einer totalen Integration warnen, da die Austauschbarkeit gerade von Schutzpolizeibeamten für den Kriminaldienst aus tatsächlichen Gründen begrenzt ist, hat man organisatorisch im Reformeifer wohl doch schon zuviel getan. Und das zeigt sich keineswegs nur auf der unteren Ebene, sondern dürfte mit der Zeit auch auf der „integrierten" oberen Ebene deutlicher werden. Denn mehr als das wie eine Marotte anmutende anscheinend ängstliche Vermeiden der an die Kriminalpolizei erinnernden Bezeichnungen, stimmt das Zerreißen der Organisationseinheit eines Landeskriminalamts bedenklich. Selbst wenn man darin nur ein Unterlaufen und nicht einen Verstoß gegen das BKA-Gesetz erblickt, dürfte sich ein solcher Alleingang eines Bundeslandes unter föderativem Vorzeichen mit der Folge der durch Verwischen der Grenzen von Schutz- und Kriminalpolizei bedingten Unübersichtlichkeit gewiß ungünstig auf die Zusammenarbeit mit der Kriminalpolizei in anderen Ländern und im Bund aus.

c) In **Bremen** ist die Polizei, was bei einem kleineren Stadtstaat jedoch nicht zu sehr verwundern sollte, seit jeher vor allem eine kommunale Aufgabe. Daraus folgt allerdings auf Grund der Gliederung des Bundeslandes in die Stadtgebiete von Bremen und Bremerhaven hier ein Nebeneinander von zwei Kommunalpolizeien, von denen die Bremerhavens aus tatsächlichen Gründen beinahe als Zwergpolizei bezeichnet werden könnte. Das dem Senator für Inneres unterstellte Polizeiwesen des Bundeslandes Bremen verfügt nur in Teilbereichen über Landespolizeibehörden mit Exekutivbefugnissen, weshalb sich lediglich begrenzt von staatlicher Polizei sprechen läßt. Das gilt beispielsweise auch für das dem Senator für Inneres unmittelbar unterstellte Landeskriminalamt.

Ender, Karl: Das neue Polizeigesetz der Freien Hansestadt Bremen in kriminalpolizeilicher Sicht – Kriminalistik 1961, S. 67 ff.

Die noch heute maßgebende Regelung des bremischen Polizeigesetzes vom 5. Juli 1960 folgt ansonsten im wesentlichen den überkommenen preußischen Vorstellungen. Das Polizeiwesen untersteht – wie gesagt – dem Senator für Inners; es gliedert sich in zwei kommunale Polizeien in der Stadt Bremen und in Bremerhaven. Schutz- und Kriminalpolizei sind jeweils in einer Behörde zusammengefaßt; dieses Stadt- und Polizeiamt gliedert sich in Verwaltungs-, Schutz- und Kriminalpolizei.
Eine zentrale Rolle kommt im Polizeiwesen des Bundeslandes Bremen dem Senator für Inneres zu, der ebenso wie bei anderen Sparten der Polizei auch bei der Kriminalpolizei weithin selbst die Fachaufsicht – z. B. durch grundsätzliche Anordnungen – ausübt und auch alle wesentlichen operativen oder taktischen Fragen kriminalpolizeilicher Arbeit selbst entscheidet. Nur von diesem Standpunkt aus läßt sich die Arbeit der Landespolizeibehörden beurteilen.
Das dem Senator für Inneres unmittelbar unterstellte **Landeskriminalamt** übt, obwohl

Landesoberbehörde, nach seinen Weisungen (§ 72-I-S. 2 PolG) die Fachaufsicht über alle kriminalpolizeilichen Aktivitäten aus; da die ihm durch das Polizeigesetz zugewiesenen Aufgaben in der Praxis kaum Exekutivbefugnisse ergeben, steht dem Landeskriminalamt mithin nur in diesem Rahmen eine beschränkte Weisungsbefugnis zu. – Ferner unterstehen dem Innensenator unmittelbar die Wasserschutzpolizei, die Bereitschaftspolizei und die Landespolizeischule.

Von der dem Landeskriminalamt neben den Funktionen einer nachrichtendienstlichen Zentralstelle nach § 73-f PolG zukommmenden Exekutivbefugnis (Anordnung im Einzelfall) soll in Bremen noch niemals Gebrauch gemacht worden sein. Die Lage ändert sich ungeachtet des insoweit u. U. irritierend wirkenden § 77-II PolG nur etwas durch eine allgemeine Weisung nach § 73-I-S. 2 PolG, welche man aber wohl doch bloß auf die vage Formel bringen kann, daß der Innensenator eine Fachaufsicht des Landeskriminalamts über die bremischen Kriminalbeamten lediglich für „Alltagsangelegenheiten" anerkennt. Damit aber hängt dieser Begriff vor allem von der Einschätzung der Ortspolizeibehörden ab; wenn diese sich sträuben, ist nämlich der Innensenator einzuschalten, was in Bremen relativ häufig geschehen soll.

Sieht man einmal von dem Nebeneinander zweier Kommunalpolizeien ab, so erweckt die Organisation in Bremen vor allem hinsichtlich der Kriminalpolizei Bedenken. Mehr als die Zweigliederung, die man als eine lokale Gliederung auffassen könnte, wenngleich das bei den sehr unterschiedlichen Größenverhältnissen wenig überzeugt, stört, daß dem auf höchster Ebene vor allem der Innensenator gegenübersteht. Dieser greift weit mehr als in anderen Bundesländern in die kriminalpolizeiliche Exekutive ein, d. h. fungiert als Kripochef, was bei den fachlichen Anforderungen in diesem Bereich gewisse Zweifel erwecken muß. Jedenfalls wirkt das Landeskriminalamt in Bremen mehr als sein verlängerter Arm und im übrigen als bloße Nachrichtenzentrale. Man fragt sich daher unwillkürlich, ob diese durch Fehlen bzw. Schwäche einer leitenden Kriminaldienststelle gekennzeichnete, wenig überzeugende Organisation bei den an sich überschaubaren Verhältnissen dieses Bundeslandes nicht ein wesentlicher Grund dafür ist, daß Bremen seit vielen Jahren eine vergleichsweise hohe Kriminalitätsbelastung aufweist.

e) **Hamburg** kennt dagegen nur staatliche Polizei. Leiter der Polizei ist der dem Innensenator unterstellte Polizeipräsident. Diesem unterstehen neben der Landespolizeidirektion als einer Oberbehörde auch die Landespolizeiverwaltung und die Landespolizeischule.

Ebeling, Helmut: 100 Jahre Kripo Hamburg – Kriminalistik 1975, S. 510 ff.; *Fletemeier,* Horst: Die Auswertungs- und Entscheidungsstelle (AE-Stelle) der Kripo Hamburg – Kriminalistik 1977, S. 164 ff.; *Polizeinachrichten.* Berufskundliche Hefte der Polizei – 17. Jahrg. Nr. 1 (Sonderheft Hamburg, Febr. 1977. Polizeiverlag München 2).

Die Polizei hat im Stadtstaat Hamburg bis zur Reform der Jahre 1975 und 1976 eine vergleichsweise kontinuierliche Entwicklung erlebt, welche auch hier zu einer Sonderstellung der Kriminalpolizei geführt hatte, deren Aufgabenbereich bei relativ zentraler Organisation sogar umfangreicher als in vielen anderen Bundesländern war (vgl. Abb. 27/6–27/11).

Die im Herbst 1976 abgeschlossene Polizeireform hat die örtlichen Kriminalkommissariate nahezu vollständig beseitigt, um Schutz- und Krimininalpolizei in vier regional/lokalen Polizeidirektionen zusammenzufassen, die auch für Verkehrspolizei und Polizeiverwaltung

zuständig sind. Kann man insoweit für den kriminalpolizeilichen Bereich von einer Zentralisierung sprechen, so läßt sich die neue Organisation im Vergleich zu früher ebenso als dezentral bezeichnen, weil viele Kompetenzen des früheren Landeskriminalamts als zentraler Dienststelle auf diese Polizeidirektionen übergegangen sind.
Die von einem Landespolizeidirektor geleitete Landespolizeidirektion gliedert sich in fünf Abteilungen, von denen die Abteilung LPD 03 „Grundsatzangelegenheiten der Verbrechensbekämpfung“ gewisse Funktionen eines Landeskriminalamts wahrnimmt.

Im Vergleich mit dem früheren Landeskriminalamt handelt es sich bei dieser Abr. LPD 03 jedoch um eine Minidienststelle, die als solche keinen eigenen Behördenunterbau hat und deren Kompetenzen im Rahmen der größeren Behörde sehr begrenzt sein dürften. So ist beispielsweise der Abteilungsleiter – anders als der frühere Leiter des Landeskriminalamts – in Personalangelegenheiten des Kriminaldienstes im Grunde von der Entscheidung des Landespolizeidirektors abhängig; und außerdem wird dabei auch der Leiter der jeweiligen Fach- oder örtlichen Polizeidirektion ein Wort mitzureden haben. Die personelle und apparative Ausstattung des früheren Landeskriminalamts ist offenbar weitgehend gehend in die alsbald zu behandelnde Fachdirektion 6 transferiert worden.

Neben vier regional/lokalen Polizeidirektionen (Mitte, West, Ost, Süd) sind der Landespolizeidirektion fünf Fachdirektionen mit zentralen Aufgaben unterstellt, von denen sich vor allem die FD 6 „Spezieller Kriminaldienst“ mit kriminalpolizeilicher Arbeit befaßt. Daneben werden besondere Aufgaben dieser Art von der FD 7 „Staatsschutz“ bearbeitet. Weitere Fachdirektionen sind „Führungs- und Lagedienst“, „Verkehrsverwaltung“ und „Bereitschaftspolizei“.

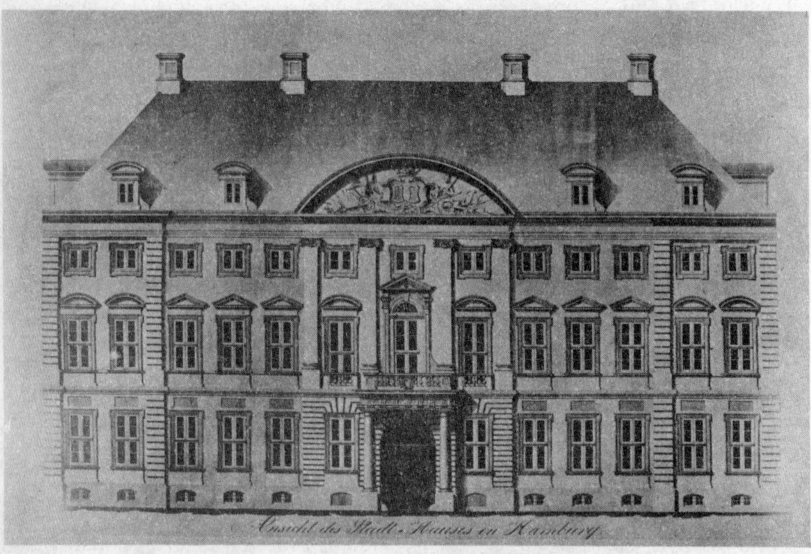

Abb. 27/6. Eine aus dem 19. Jahrhundert stammende Ansicht des auf dem Neuen Wall gelegenen Stadthauses, in welchem bis zur Zerstörung bei einem Bombenangriff im Jahre 1943 die Hamburger Polizeibehörde untergebracht war. Das 1710 von Baron Görz, dem Gesandten von Holstein-Gottorp, erbaute Palais wurde schon 1722 von der Stadt Hamburg erworben, die es jedoch zunächst dem Kaiserlichen Gesandten zur Verfügung stellte. Nach den Befreiungskriegen wurde in diesem Gebäude dann die städtische Polizeibehörde untergebracht.

Die Fachdirektion 6 „Spezieller Kriminaldienst" gliedert sich – abgesehen von zwei Stabsstellen (Allgemeine Angelegenheiten, Lage und Einsatz) – in sieben Fachinspektionen, von denen vier deliktsspezifisch orientiert sind, während drei andere zentrale Funktionen für dieses Bundesland haben (Fahndung, Kriminaltechnik, Melde- und Erkennungsdienst).
Die Fachinspektionen ihrerseits sind nach besonderen Aufgabengebieten in drei bis fünf Fachkommissariate gegliedert. Bei der Fachdirektion 7 „Staatsschutz" gibt es neben einer für Leitung und Information zuständigen zentralen Fachinspektion eine für Ermittlungen in diesem Bereich und eine für Aufklärung und Sicherheit (z. B. Personen- und Objektschutz).

Innerhalb der vier neu geschaffenen Polizeidirektionen, die für bestimmte Gebiete des Stadtstaates zuständig sind, finden sich besondere Abteilungen für Kriminalpolizei (PD 13, 23, 33, 43) neben solchen für Verwaltung, Schutzpolizei und Straßenverkehr.

Polizei-Befehl.

Es wird das Fahren in Böten auf der Alster unerwachsenen Kindern, falls nicht eine erwachsene Person bei ihnen ist, bei Geldstrafe bis 6 Thlr. untersagt, und wird den Bootvermiethern bei 2 Thlr. Strafe aufgegeben, solchen Kindern, die ohne Aufsicht sind, kein Fahrzeug zu vermiethen. Der Aufseher und die Polizeipatrouillen haben über die Ausführung dieses Befehls zu wachen.

Hamburg, den 16. April 1841.

Renovirt den 4. Mai 1872.

Die Polizei-Behörde.

Abb. 27/7. Der Polizei-Befehl zeigt, daß sich die Hamburger Polizei schon vor weit mehr als 100 Jahren Sorgen um die Kinder machte, die auf der Alster ohne Erwachsene Bootfahren wollten.

Diese Kriminalpolizei-Abteilungen, die für Bereiche mit Einwohnerzahlen von etwa 500 000 bis 700 000 zuständig sind, wenn man von „Mitte" mit gut 100 000 Einwohnern absieht, sind relativ zentralistisch organisiert. Sie weisen neben Stabsstellen außer einer zentralen Auswertungs- und Entscheidungsstelle (AE-Stelle) fünf bis sechs durchweg deliktsspezifisch orientierte Fachkommissariate auf (allgemeiner: Jugenddienststelle). Eine Ausnahme bildet insoweit bei „Mitte" das „Milieubedingte Kriminalität" bearbeitende Kommissariat St. Pauli und bei „Süd", wo sich überdies eine Untergliederung für die Gebiete Harburg und Bille/Bergedorf findet (was insgesamt13 Fachinspektionen bedeutet) dasjenige Fachkommissariat, welches für das Hafengebiet zuständig ist.

Obwohl sich die offiziellen Stellen in Hamburg nicht ganz so euphorisch wie in Berlin über die Polizeireform äußern, sondern gewisse Schwierigkeiten einräumen, die jedoch überwiegend auf die durch die Umstellung geschaffenen neuartigen Verhältnisse und auf begrenzte Haushaltsmittel zurückgeführt werden, meint man, daß die Vorteile immerhin ins-

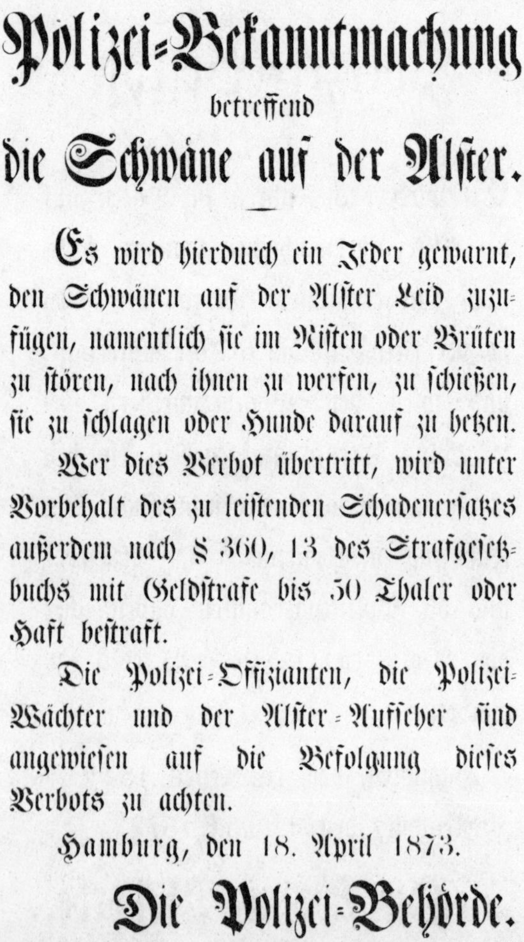

Polizei-Bekanntmachung
betreffend
die Schwäne auf der Alster.

Es wird hierdurch ein Jeder gewarnt, den Schwänen auf der Alster Leid zuzufügen, namentlich sie im Nisten oder Brüten zu stören, nach ihnen zu werfen, zu schießen, sie zu schlagen oder Hunde darauf zu hetzen.

Wer dies Verbot übertritt, wird unter Vorbehalt des zu leistenden Schadenersatzes außerdem nach § 360, 13 des Strafgesetzbuchs mit Geldstrafe bis 50 Thaler oder Haft bestraft.

Die Polizei-Offizianten, die Polizei-Wächter und der Alster-Aufseher sind angewiesen auf die Befolgung dieses Verbots zu achten.

Hamburg, den 18. April 1873.

Die Polizei-Behörde.

Abb. 27/8. Die ebenfalls über 100 Jahre alte Bekanntmachung beweist, daß sich die Hamburger Polizei schon damals um das Wohlergehen der Schwäne auf der Alster sorgte.

gesamt genommen die Nachteile überwiegen würden. Ob und inwieweit sich die neuralgischen Punkte tatsächlich vermindern werden, bleibt für den Außenstehenden jedoch ebenso zweifelhaft und fraglich wie die Zweckmäßigkeit der neuen Organisation für den Kriminaldienst überhaupt.
Sicherlich dürfte es richtig sein, wenn man in der Polizeiform von der Anlehnung an die sieben Verwaltungsbezirke (Bezirksämter) der Hansestadt abgegangen ist. Offen bleibt aber

Abb. 27/9. Das bei einem Bombenangriff 1943 zerstörte Stadthaus (um 1925); rechts sieht man denjenigen Teil, den das alte Görz'sche Palais bildet (vgl. Abb. 27/6).

neben der Frage, ob die Bereiche der Polizeidirektionen überall kriminalgeographisch überzeugend abgegrenzt worden sind, vor allem, ob man mit den Polizeidirektionen die Zentralisierung nicht insoweit zu weit getrieben hat, als man bei relativ großen Bereichen („Ost" z. B. mit annähernd 700 000 Einwohnern) praktisch auf Kriminalaußenstellen verzichtet hat, welche über den für besondere Stadtviertel erforderlichen Überblick und die für kriminalpolizeiliche Arbeit nötigen Kontakte verfügen. Es steht daher zu befürchten, daß die für gewisse Formen der Kriminalität sinnvolle Zentralisierung sich in anderen Bereichen nachteilig auf die Verbrechensbekämpfung auswirken wird, zumal da der Anteil der Kriminalpolizei in Hamburg – an sich richtig – größer als in anderen Bundesländern ist. Denn zu große Gebiete bedeuten im Bereich kleiner und mittlerer Kriminalität lange Wege dienstlicher und anderer Art. Insoweit fehlt es wohl am hier nötigen Unterbau, d. h. Kriminaldienststellen der unteren (lokalen) Ebene oder Kriminalaußenstellen. Die Fachkommissariate St. Pauli und Hafengebiet lassen sich daher als organisatorische Konzessionen werten, welche die einer Zentralisierung im Kriminaldienst gesetzten Grenze erkennbar werden lassen.

Abb. 27/10. Das erste Verkehrssignal, das 1925 in Hamburg auf der Kreuzung Mönckebergstraße-Steintorwall eingerichtet wurde.

Noch unheilvoller als auf mittlerer und unterer Ebene erscheint die neue Organisation in Hamburg hinsichtlich der oberen Ebene, in welcher sich kaum noch leitende Kriminaldienststellen ausmachen lassen, nachdem man das frühere Landeskriminalamt – ebenso wie in Berlin – völlig deformiert hat. Die Abteilung „Grundsatzangelegenheiten der Verbrechensbekämpfung" dürfte personell und institutionell zu schwach und – in die Landespolizeidirektion eingebettet – in den Kompetenzen zu begrenzt sein, um wirklich die Rolle der leitenden Kriminaldienststelle dieses Bundeslandes ausfüllen zu können. Insoweit leuchtet auch die Trennung von der Fachdirektion 6 „Spezieller Kriminaldienst" nicht ein. Es handelt sich bei dieser Konstruktion wohl vor allem um die Folge einer übertriebenen Integration von Schutz- und Kriminalpolizei, die übrigens auch darin zum Ausdruck kommt, daß man den Begriff Kriminalpolizei bis in die Polizeidirektionen hin ängstlich vermeidet, um sodann farblos von Fachinspektionen oder Fachkommissariaten zu sprechen. Zweifelhaft ist auch hier, ob eine solche Organisation der oberen Ebene überhaupt noch mit den im BKA-Gesetz enthaltenen Mindestanforderungen an ein Landeskriminalamt in Einklang zu bringen ist. Fraglich bleibt ferner, ob sich die kriminalpolizeiliche Verbrechensbekämpfung in einem Bundesland ohne eine wirklich leitende, mit Kriminalisten besetzte Kriminaldienststelle erreichen läßt, welcher außer der Fachaufsicht auch die Weisungsbefugnis über ihr nachzuordnende Kriminaldienststellen zustehen sollte; im übrigen sollte sie selbst gewisse Exekutivaufgaben haben, soweit eine zentrale Bearbeitung als sinnvoll erscheint.

Abb. 27/11. Das Gebäude der Davidwache auf St. Pauli. Das hier untergebrachte Polizeirevier ist weit über Hamburg hinaus bekannt.

Insgesamt bleibt mithin auch in Hamburg die Frage, ob der bezweckte Vorteil besserer Kooperation mit Schutz- und Verkehrspolizei bei einer vereinheitlichenden Organisation nicht größere Nachteile für die kriminalpolizeiliche Verbrechensbekämpfung erwarten läßt, was bedeuten würde, daß sich acuh diese Reform insoweit als ein Rückschritt erweisen könnte.

f) **Hessen** hat ebenfalls die zunächst noch bestehenden kommunalen Polizeibehörden abgeschafft. Dies geschah im Zuge der in den Jahren 1971 bis 1977 erfolgenden Umorganisation der hessichen Polizei; diese zeigt gemäß dem Programm der Innenminister vom Jahre 1972 ebenfalls deutliche Vereinheitlichungstendenzen.

Reitz, Egon: Die Kriminalpolizei in Hessen . . . und anderswo? – der kriminalist 1973, S. 59 f.; *Reitz,*

Egon: Organisation der Kriminalpolizei in Hessen. Ein Konzept aus kriminalistischer Sicht – der kriminalist 1973, S.218 ff.; *Ender,* Karl: Die Verstaatlichung und Neuorganisation der Hessischen Polizei unter Berücksichtigung polizei- bzw. kriminalgeographischer Gesichtspunkte – Kriminalistik 1974, S. 547 ff.

Das dem Hessischen Minister des Innern unterstellte Polizeiwesen gliedert sich, wenn man zunächst einmal von den Landespolizeibehörden absieht, der allgemeinen Verwaltung entsprechend in die Regierungsbezirke Darmstadt und Kassel, bei denen es jeweils Einsatzleitungen für die Schutzpolizei und für die Kriminalpolizei gibt, welche ersichtlich regionale Aufgaben haben. Im übrigen richtet sich die Organisation nach den Kreisen.
In den sechs kreisfreien Städten (einschließlich der Neugründung „Lahn") unterstehen Schutz- und Kriminalpolizei einem Polizeipräsidenten als staatlichem Polizeiverwalter. In den vierzehn Landkreisen kann der Landrat seine Aufgabe als Polizeiverwalter einem vom Innenministerium zu ernennenden Polizeidirektor übertragen, was bisher in vier Fällen geschehen ist. In den Polizeipräsidien und -direktionen werden die Aufgaben der Verbrechensbekämpfung von einer neben der Schutzpolizeiabteilung bestehenden Kriminalabteilung wahrgenommen. In den restlichen zehn Landkreisen gibt es dementsprechend Polizei- und Kriminalkommissariate, denen als Außenposten vereinzelt Kriminalstationen nachgeordnet sind.

Allerdings sehen die maßgebenden Vorschriften vor, daß der Minister einzelne Dienststellen in andere polizeiliche Dienststellen eingliedern kann, wenn dies aus polizeilichen Gründen als geboten erscheint, womit besondere „Dienstbezirke" geschaffen würden. Es gibt ferner auch die Möglichkeit, Dienststellen zu besonderen „Polizeibereichen" zusammenzufassen, die einem Polizeiverwalter unterstehen.

Die gerade bei einer solchen Organisation wichtige Hoffnung, die Aufgabenverteilung auf Schutz- und Kriminalpolizei landeseinheitlich vorzunehmen, hat sich bisher leider nicht erfüllt. Dies ist aber weniger eine Folge der Verstaatlichung der hessischen Polizei als mehr der aus der Zeit der Kommunalpolizeien herrührenden sehr unterschiedlichen Personalstärken mit lokal recht verschiedenartiger Aufgabenabgrenzung; überdies werden so die Probleme einer Schutz- und Kriminalpolizei weithin verschmelzenden Organisation deutlich.

Eine Reihe von Landespolizeibehörden ist dem Hessischen Innenminster unmittelbar unterstellt. Dies gilt außer für die Direktion der hessischen Bereitschaftspolizei und das Wasserschutzpolizeiamt sowie Fernmeldeleitstelle und Wirtschaftsverwaltungsamt ebenso für die Hessische Landespolizeischule und für das Hessische Landeskriminalamt in Wiesbaden.
Das **Landeskriminalamt** ist die zentrale Dienststelle der Kriminalpolizei dieses Bundeslandes (§ 70 HessSOG). Es ist als solche die nachrichtendienstliche Zentralstelle und kann in gewissem Umfange auch kriminaltechnische Untersuchungen durchführen. Ihm kommt ferner nicht nur die Fachaufsicht über die Kriminalpolizei des Landes zu, sondern es kann auch die zur Durchführung kriminalpolizeilicher Aufgaben erforderlichen fachlichen Weisungen erteilen.
Exekutive Tätigkeit übt das Landeskriminalamt in Wiesbaden außer auf besondere Weisung des Innenministers dann aus, wenn es entweder von der zuständigen Kriminaldienststelle darum ersucht wird oder es dies wegen der Bedeutung der Tat für erforderlich hält. Es kann in derartigen Fällen Beamte der Kriminaldienststellen zur Durchführung einer solchen Maßnahme zusammenfassen.

Allgemein ist das Landeskriminalamt Wiesbaden außer für Wirtschafts- und Umweltstrafsachen für Fälle von Drogenmißbrauch oder solche mit Waffen, Munition sowie Sprengstoff zuständig.

Obgleich auch in Hessen die Reform das Polizeiwesens unverkennbar die problematische Vereinheitlichungstendenz zeigt, stört bei der an sich dennoch übersichtlichen Organisation für die kriminalpolizeiliche Arbeit doch mehr die durchweg strikte Anlehnung an Regierungsbezirke und Kreise, welche trotz gewisser Korrekturmöglichkeiten kriminalgeographisch weithin nicht zu überzeugen vermag. Wenn man dennoch – anders als in Berlin, Hamburg oder auch Bayern – von einer mittleren Lösung sprechen kann, so ist das auf die – auch im Gegensatz zu Bremen – doch einigermaßen wirksame Ausgestaltung des Landeskriminalamts zurückzuführen; dieses könnte aber ohne weiteres auch die regionalen, auf die Einsatzabteilungen der beiden Regierungspräsidien verteilten Aufgaben übernehmen. Alles in allem zeigt sich, daß schon die nicht einmal gewaltigen Dimensionen dieses Flächenstaats dem in manchen Stadtstaaten zu beobachtenden Reformismus tatsächliche Grenzen zu setzen scheinen. Dann aber fragt man sich, ob gerade beim Kriminaldienst wirklich die Integration in die Gebietskörperschaften und das ständige Nebeneinander von Schutz- und Kriminalpolizeidienststellen auf unterer Eben wirklich notwendig sind.

g) In **Niedersachsen** ist die Polizei eine Angelegenheit des Landes, gibt also nur staatliche Kriminalpolizei. Das Polizeiweisen untersteht dem Innenminister, welchem u.a. auch das Landeskriminalpolizeiamt in Hannover unmittelbar unterstellt ist.

D., W.: Neubau des Landeskriminalpolizeiamtes Niedersachsen – Kriminalistik 1966, S. 388 f.

Die gegenwärtige Organisation der Kriminalpolizei in Niedersachsen (RdErl. d. MI v. 22. Mai 1974–24–0152 über Organisation und Zuständigkeiten der Landeskriminalpolizei; Stand: 1. Aug. 1977) orientiert sich – ähnlich wie in Hessen – an der allgemeinen Verwaltung. Sieht man zunächst vom Landeskriminalpolizeiamt ab, so sind für das Polizeiwesen die Dezernate 203 der Regierungspräsidien bzw. Verwaltungsbezirke Aurich, Braunschweig, Hannover, Hildesheim, Lüneburg, Oldenburg, Osnabrück und Stade zuständig. Ihnen sind neben den Polizeidirektionen in Braunschweig und Hannover, die besondere Abteilungen für Kriminalpolizei aufweisen, Kriminalinspektionen (insgesamt 17) unterstellt, denen auf unterer Ebene Kriminalkommissariate (insgesamt 33) nachgeordnet sind. Aufgliederung und Zahlen sowohl der Kriminalinspektionen als auch der Kriminalkommissariate sind nicht nur kriminalgeographisch bedingt, sondern zeigen überdies, daß man in einem Flächenstaat wie Niedersachsen die Kriminaldienststellen nicht zu sehr zentralisieren und damit zahlenmäßig auf der unteren Ebene vermindern darf. Denn entscheidend sind nicht die Grenzen von Gebietskörperschaften, sondern jeweils ausgelastete Kapazitäten. Da man – wie noch zu zeigen sein wird – auf diesem Weg fortschreiten will, scheint sich die gegenwärtige Organisation zu bewähren.

Die Kriminalinspektionen gliedern sich in die Leitung, zu welcher außer der Verwaltung auch der Beauftragte für Jugendsachen gehört, in sieben Fachkommissariate, die – abgesehen von Tatermittlung und Dauerdienst sowie von Erkennungs- und Meldedienst, kriminalpolizeiliche Beratung – deliktsspezifisch orientiert sind, und die jeweils zugeordneten lokalen Kriminalkommissariate. Zumindest ähnlich ist die Organisation der Kriminalabteilungen bei den beiden Polizeidirektionen gestaltet.

Das **Landeskriminalpolizeiamt** Niedersachsen in Hannover ist für das ganze Bundesland zuständig (§ 52 NdSOG). Es ist die nachrichtendienstliche Zentralstelle und unterhält überdies kriminaltechnische Einrichtungen. Außer als Zentralstelle für die kriminalistische Spezialausbildung fungiert das Landeskriminalamt als Leitstelle für überörtliche Fahndung. Es hat schließlich bestimmte exekutive Aufgaben.

Dies gilt insb. für Ermittlungen in überörtlichen Fällen von Faschgeldherstellung, Rauschgifthandel, Waffenhandel und auch von Wirtschafts- und Umweltdelikten, sofern eine zentrale Bearbeitung als geboten erscheint, und schließlich für Staatsschutzdelikte mit überörtlichem Charakter.
Außerdem kann das Landeskriminalamt auf Zuweisung durch den Innenminister oder aber auf ein entsprechendes Ersuchen der zuständigen Kriminaldienststelle die Sachbearbeitung übernehmen, sofern es sich nicht auf unterstützende Aktivitäten beschränkt oder die Sachbearbeitung einer Dienststelle zuweist bzw. die Ermittlungen mehrerer damit befaßter Dienststellen koordiniert.

Das Landeskriminalamt übt die Fachaufsicht über alle kriminalpolizeilichen Aktivitäten in Niedersachsen aus und hat auch bestimmte Weisungsbefugnisse. Es kann Richtlinien erlassen, von den Dienststellen Auskünfte oder Akteneinsicht verlangen sowie ggf. Einzelweisungen erteilen.

Das Landeskriminalpolizeiamt Niedersachsen gliedert sich in sechs Abteilungen (Direktion, Information, Ermittlungen, Datenverarbeitung, Kriminalwissenschaft und -technik Staatsschutz) die Abteilungen sind in Dezernate und diese ggf. in Sachgebiete gegliedert.

Im übrigen sind dem Inneminister als Landesbehörden u. a. unterstellt: die Landespolizeischule Niedersachsen, die Direktion der Bereitschaftspolizei, die Polizeiausbildungsstelle für Technik und Verkehr sowie die Polizeibeschaffungsstelle Niedersachsen.
Im Zug der Gebietsreform soll die bestehende Organisation, obwohl sie in den Grundzügen beibehalten wird, in den Jahre1978 und 1979 noch etwas umgestaltet werden.

In den Bezirksregierungen Braunschweig, Hannover, Lüneburg und Weser-Ems (z. T. mit Außenstellen) wird es 1978 jeweils besondere Dezernate für das Polizeiwesen geben. Während diesen in Braunschweig und Hannover Polizeidirektionen, die eine Abteilung für kriminalpolizeiliche Angelegenheiten umfassen, unterstellt sind, gibt es hier und in den anderen Bereichen jeweils drei bis sechs Kriminalinspektionen (insgesamt 17) von begrenzter regionaler Zuständigkeit; sie werden den Bezirksregierungen bzw. deren Außenstellen unmittelbar zugeordnet. Diesen Kriminalpolizeiinspektionen werden wiederum in der Regel zwei bis vier Kriminalkommissariate (insgesamt 34) nachgeordnet sein.
Bis 1979 soll die Organisation noch weiter umgestaltet werden. Dann sollen den Dezernaten 304 der vier Bezirksregierungen neben den beiden Polizeidirektionen Braunschweig und Hannover (mit jeweils einer Kriminalabteilung) 17 Kriminalpolizeiinspektionen unterstellt sein, denen 34 lokale Kriminalkommissariate zugeordnet sein werden.

Sieht man zunächst einmal von der doch recht weit gehenden Aufgliederung auf unterer Ebene ab, die außer mit der historischen Entwicklung – ähnlich wie in Hessen – mit den Gegebenheiten dieses Flächenstaates zusammenhängen dürfte, so ist die Organisation als solche noch hinreichend überschaubar. Dennoch bleiben trotz der im Vergleich mit anderen Bundesländern relativ vernünftig geregelten Stellung des Landeskriminalamts, die es ebenfalls erlaubt – wie in Hessen – von einer mittleren Lösung zu sprechen, gerade für den Kriminaldienst noch mancherlei Zweifel. Diese ergeben sich einmal aus der kriminalgeographisch wohl nicht notwendigen, starken Aufgliederung auf mittlerer Ebene und zum anderen aus dem Einbau in die allgemeine Verwaltung bzw. dem dabei praktizierten Nebeneinander von Schutz- und Kriminalpolizei. So sollte doch wohl das Landeskriminalamt über seine bisherigen Aufgaben hinaus auch exekutiv mehr zu einer echten Zentrale werden und daher zweckmäßig die den Bezirksregierungen zugewiesenen regionalen Obliegenheiten übernehmen. Auch könnte es mehr als bisher bestimmte Ermittlungen zentral leiten, um sich im übrigen auf Kriminalinspektionen (bzw. Kriminalabteilungen der Polizeidirektionen) als regionale Mittelbehörden zu stützen. Alles dies aber wird bei der Reform, obwohl sie die Besonderheiten der kriminalpolizeilichen Verbrechensbekämpfung zu beachten sucht, bisher wohl noch nicht hinreichend berücksichtigt.

h) **Nordrhein-Westfalen** kennt ebenfalls nur eine staatliche Polizei. Das dem Innenminister unterstehende Landeskriminalamt in Düsseldorf war in seinen Kompetenzen jedoch lange Zeit außerordentlich beschränkt und spielt im Vergleich zu anderen Bundesländern auch heute noch eine untergeordnete Rolle bei der kriminalpolizeilichen Verbrechensbekämpfung.

Wahl, Adolf: Alte Geleise oder neue Wege? Die Maßnahmen der Strafverfolgungsbehörden im Lande Nordrhein-Westfalen – Kriminalistik 1973, S. 77 ff.

Die Organisation des Kriminaldienstes in Nordrhein-Westfalen richtet sich nach dem Polizeigesetz (PolG i. d. F. v. 28. Okt. 1969), das durch eine Verwaltungsvorschrift (RdErl. d. IM v. 4. Dez. 1969) und die Verordnung über die Bestimmung von Kreispolizeibehörden zu Kriminalhauptstellen (sogen. HauptstellenVO v. 4. Dez. 1974) ergänzt wird. Sie lehnt sich – ähnlich wie in Hessen und Niedersachsen – an die Gebietskörperschaften an. Während die Landespolizeibehörden insoweit mit den Regierungsbezirken übereinstimmen, entsprechen die Kreispolizeibehörden den Landkreisen und kreisfreien Städten (zunächst insgesamt 52). Landesregierung oder Innenminister können insoweit lediglich Korrekturen durch Zusammenfassung vornehmen (§ 3-Abs. I-S. 2 PolG).

Kreispolizeibehörden sind in den kreisfreien Städten Polizeipräsidenten oder Polizeidirektoren (Grenze: 300000 Einwohner) und in den Landkreisen die Oberkreisdirektoren, sofern die Landespolizeibehörde damit nicht einen anderen Beamten beauftragt.
An der Spitze der fünf Landespolizeibehörden steht jeweils der betreffende Regierungspräsident.

Das Polizeiwesen Nordrhein-Westfalens wird vom Innenminister geleitet, welchem gewisse Polizeibehörden unmittelbar unterstellt sind. Außer für das Landeskriminalamt gilt dies für die Direktion der Bereitschaftspolizei, der die vier Landespolizeischulen zugeordnet sind, ferner für die Höhere Landespolizeischule, die Landeskriminalschule in Düsseldorf, den Fernmeldedienst und die Polizei-Beschaffungsstelle. Der Innenminister bestimmt auch diejenige Landespolizeibehörde, welche die Dienst- und Fachaufsicht über den Wasserschutzpolizeidirektor ausübt.
Diese infolge der Anlehnung an die Gebietskörperschaften zu weit gehende Zergliederung hat sich schon bald als unzweckmäßig erwiesen. Deshalb hat man durch die HauptstellenVO vom 4. Dez. 1974 zur wirksameren Verbrechensbekämpfung jeweils für etliche Kreispolizeibehörden besondere Kriminalhauptstellen geschaffen, die – einem Polizeipräsidenten oder Polizeidirektor unterstellt – für die Sachbearbeitung aller schweren Delikte zuständig sind.

Vor allem geht es hierbei außer um vorsätzliche Tötungen, Verstöße gegen die §§ 239a, 239b StGB, Raubüberfälle auf Geldinstitute und -transporte, Falschgelddelikte, Drogenmißbrauch, Brandstiftungen um Straftaten im Sinne von § 316c StGB oder im Zusammenhang mit Katastrophen sowie Staatsschutzdelikte. Wirtschaftsstrafsachen werden allein durch die Kriminalhauptstellen in Bielefeld, Bochum,

Düsseldorf und Köln bearbeitet. Auch für überörtliche Observation und Fahndung gibt es besondere Zuständigkeitsvorschriften.

Wie die Gliederung der Kriminalhauptstellen, so ist auch die der ihnen nachgeordneten Kreispolizeibehörden sehr unterschiedlich gestaltet, wenngleich sich üblicherweise besondere Abteilungen für Verwaltung, Schutzpolizei und Kriminalpolizei finden. Doch zeigt zumindest die Organisation dieser Kriminalabteilungen eine recht breite Skala von Möglichkeiten.

Das **Landeskriminalamt** in Düsseldorf fungiert zwar als zentrale Dienststelle (§ 19 PolG), d. h. vor allem als nachrichtendienstliche Zentralstelle und unterhält auch kriminaltechnische Einrichtungen, ist aber nach wie vor in seinen exekutiven Befugnissen sehr beschränkt. Es wird nur dann ermittelnd tätig, wenn dies der Innenminister im Einvernehmen mit dem Justizminister im Einzelfall anordnet oder wenn ein Gericht bzw. eine Staatsanwaltschaft es im Rahmen der von beiden Ministerien erarbeiteten Richtlinien darum ersucht (vgl. RdErl. d. IM v. 21. Mai 1973).

Das LKA gliedert sich – von einigen Stabsstellen abgesehen – in fünf Abteilungen (Ermittlungen, Staatsschutz, Erkennungsdienst und Fahndung, Datenverarbeitung, Naturwissenschaftliche Kriminalistik), die jeweils vier Dezernate (in den Abteilungen 1 und 2 deliktspezifisch) umfassen.

Sicherlich komplizieren Ausdehnung sowie z. T. große Bevölkerungsdichte und besondere Gegebenheiten in Nordrhein-Westfalen sehr die Organisation der kriminalpolizeilichen Verbrechensbekämpfung. Dennoch läßt sich im Vergleich mit anderen Flächenstaaten wie Hessen und Niedersachsen hier kaum noch von einer „mittleren Lösung" sprechen, wenngleich Schutz- und Kriminalpolizei nicht so rigoros wie in Hamburg oder gar in Berlin verschmolzen worden sind. Zweifel, welche durch die Schaffung der Kriminalhauptstellen nur teilweise vermindert worden sind, bereiten einmal die zu starke und kriminalgeographisch oft wenig überzeugende Aufgliederung auf lokaler Ebene sowie zum anderen die wohl ebenfalls im Hinblick auf die Schutzpolizei erfolgte Eingliederung der Landespolizeibehörden in die allgemeine Verwaltung. Wird schon infolgedessen die kriminalpolizeiliche Arbeit – vor allem regional – sehr unübersichtlich und erschwert, so stört in Nordrhein-Westfalen vor allem die hier immer noch vergleichsweise schwache Stellung des Landeskriminalamts. Dieses sollte zweckmäßigerweise viele der den Regierungspräsidien zugewiesenen Aufgaben übernehmen und endlich zu einer wirklich leitenden Dienststelle der Kriminalpolizei dieses Bundeslandes ausgebaut werden. Ihm sollte ferner aus fachlichen Gründen die Landeskriminalschule in Düsseldorf, die als eine in der Bundesrepublik singuläre Ausbildungsstätte der Länder zu begrüßen ist, unterstellt werden. Ebeno empfiehlt es sich, dem Landeskriminalamt die Fachaufsicht über die als Mittelbehörden tätigen Kriminalhauptstellen zu übertragen. Offen bleibt schließlich deren Kompetenz im Verhältnis zu den lokalen Kriminaldienststellen, welche ohne Rücksicht auf Gebietskörperschaften wie Kreise und Städte nach kriminalgeographischen Gesichtspunkten organisiert und den Kriminalhauptstellen nachgeordnet werden sollten. Insgesamt läßt also die gegenwärtige Situation der kriminalpolizeilichen Verbrechensbekämpfung in Nordrhein-Westfalen leider noch viele Wünsche offen, was bei der Bedeutung dieses Bundeslandes nur zu bedauern ist.

i) Träger der Polizei in **Rheinland-Pfalz** ist der Staat. Das dem Innenminister unmittelbar unterstehende Landeskriminalamt in Koblenz hat die Fachaufsicht über die gesamte kriminalpolizeiliche Tätigkeit; ihm kommt mithin in diesem Bundesland eine besondere Rolle zu.

Rheinland-Pfalz und seine Polizei – hrsg. v. Ministerium des Innern Rheinland-Pfalz – Wiesbaden 1975 (Sonderausgabe 11/1975 der Fachzeitschrift „Polizei. Technik. Verkehr"); *Kaesehagen,* Hans-Georg: Die Polizeiorganisation in Rheinland-Pfalz – Die Polizei 1977, S. 101 ff.

Die Mitte der 60er Jahre durchgeführte Reform des Polizeiwesens hat bewirkt, daß sich die Polizeibereiche nunmehr mit denen der inneren Verwaltung decken, wenngleich die Zahl kleiner Polizeidienststellen im Jahre 1970 nochmals vermindert worden ist. Maßgebend ist das Polizeiverwaltungsgesetz von Rheinland-Pfalz i. d. F. vom 29. Juni 1973 (Pol VerwG), welches allgemein – also von Sonderpolizeibehörden abgesehen – Orts-, Kreis- und Bezirkspolizeibehörden unterscheidet (§ 73 PolVerwG).

Ergänzend ist gerade für die Kriminalpolizei außer auf die „Allgemeine Organisationsvorschrift" (RdSchr d. MdI v. 17. Sept. 1974) auf ein Rundschreiben (Rdschr d. MdI v. 4. März 1977) betreffend die „Überörtliche Zuständigkeit von staatlichen Polizeiverwaltungen bei der Verbrechensbekämpfung" hinzuweisen.
Ortspolizeibehörde ist, soweit es dort keine staatliche Polizeiverwaltung gibt, die Stadt- oder Gemeinde-(Verbandgemeinde-)Verwaltung. Kreispolizeibehörde ist in Landkreisen das Landratsamt (in Städten ggf. die Stadtverwaltung) und in kreisfreien Städten die staatliche Polizeiverwaltung (ggf. auch die Stadtverwaltung). Als Bezirkspolizeibehörden fungieren die drei Bezirksregierungen dieses Bundeslandes.

Im Rahmen der Vollzugspolizei (§ 72 PolVerwG) obliegt den Beamten der Kriminalpolizei – ungeachtet der Mitwirkung von Schutz-, Wasserschutz- und Bereitschaftspolizei – die repressive und präventive Verbrechensbekämpfung. Dafür gibt es im Rahmen der genannten Polizeibehörden besondere Dienststellen.

Auch im Innenministerium, dem außer dem Landeskriminalamt auch die Polizeischule unterstellt ist, gibt es einen Referenten für Angelegenheiten der Kriminalpolizei; dasselbe trifft für die Bezirksregierungen Koblenz, Rheinhessen-Pfalz und Trier zu. Diesen Bezirksregierungen steht die Dienst- und Fachaufsicht über die staatliche Polizei und über die Kreisverwaltungen zu, die ihrerseits die Aufsicht über die Polizei ihres Bereichs ausüben.

In den kreisfreien Städten gibt es Polizeipräsidenten bzw. -direktoren (mehr oder weniger als 100000 Einwohner). In den Präsidien bestehen besondere Abteilungen Kriminalpolizei, welche sich in Kriminalinspektionen gliedern, die jeweils mehrere Kriminalkommisssariate umfassen. Diese sind – wie bei der entsprechenden Kriminaldienststelle einer Polizeidirektion – für bestimmte Sachgebiete zuständig. Maximal sind zwölf Kriminalkommissariate vorgesehen, von denen sieben deliktspezifische und fünf zentrale Aufgaben wahrnehmen. In den 24 Landkreisen findet sich im Rahmen der Verwaltung jeweils eine Kriminalinspektion; obwohl hier eine Untergliederung regelmäßig nicht als nötig erachtet wird, sollen dennoch die Aufgaben ebenso wie bei den Kriminalkommissariaten größerer Dienststellen verteilt werden. Daneben gibt es als Außenstellen 19 Kriminalkommissariate. Auch die Polizeiämter kreisangehöriger Städte weisen eine besondere Kriminaldienststelle auf.

Für bestimmte schwere Straftaten hat das Rundschreiben vom 4. März 1977 die überörtliche Zuständigkeit bestimmter Polizeipräsidien und -direktionen begründet. Auf diese Weise will man offenbar Schwierigkeiten vorbeugen, die sich gerade in diesen Fällen bei der in Rheinland-Pfalz recht weit gehenden Aufgliederung der unteren Ebene ergeben können.

Das **Landeskriminalamt** in Koblenz ist die zentrale Einrichtung der Kriminalpolizei dieses Bundeslandes (§§ 83, 84 PolVerwG). Es übt nach den Weisungen des Innenministers die Fachaufsicht über die kriminalpolizeiliche Tätigkeit der gesamten Vollzugspolizei in Rheinland-Pfalz aus. Zur Durchführung seiner Aufgaben kann es Richtlinien für die repressive präventive Kriminalitätsbekämpfung erlassen und die im Einzelfalle erforderlichen Weisungen erteilen.
Das Landeskriminalamt Rheinland-Pfalz fungiert mithin einmal als Zentralstelle für Melde- und Erkennungsdienst. Es ist weiter für den Dienstverkehr mit dem Bund und mit anderen Bundesländern zuständig. Schließlich hat es kriminaltechnische Einrichtungen zu unterhalten (§ 85 PolVerwG).
Zum anderen hat das Landeskriminalamt in Koblenz im Vergleich mit etlichen anderen Bundesländern relativ weit reichende Exekutivbefugnisse, wodurch seine die Verbrechensbekämpfung koordinierende und leitende Aufgabe, z. B. bei überörtlicher und zentraler Fahndung, unterstrichen wird.

So kann das Landeskriminalamt im Einzelfalle die Ermittlungen selbst übernehmen oder aber damit eine bestimmte Kriminaldienststelle beauftragen (§§ 85-Abs. I-Ziff. 7, 77-Abs. III PolVerwG); von solchen Maßnahmen sind allerdings derselben vorgesetzte Polizeibehörden und die Staatsanwaltschaft unverzüglich zu unterrichten. Übrigens kann auch die Staatsanwaltschaft das Landeskriminalamt um eine derartige Sachbehandlung ersuchen.

Die Organisation der kriminalpolizeilichen Verbrechensbekämpfung in Rheinland-Pfalz knüpft ersichtlich an das frühere preußische Modell an. Sie dürfte im großen und ganzen den Besonderheiten kriminalpolizeilicher Arbeit gerecht werden. Daß sich die geltende Regelung zu bewähren scheint, weshalb größere Änderungen nicht geplant sind, dürfte aber nicht zuletzt mit der vergleichsweise starken Stellung des Landeskriminalamts zusammenhängen. Abgesehen von gewissen Korrekturen auf unterer Ebene, die auf der kriminalgeographisch nicht immer überzeugenden Anlehnung an die Gebietskörperschaften beruhen, und einer hier oder dort noch anders zu gestaltenden Aufgabenverteilung auf die Kriminaldienststellen der verschiedenen Ebenen, erscheinen die Verhältnisse in Rheinland-Pfalz als relativ übersichtlich und dürften unter den obwaltenden Umständen doch schon eine befriedigende Lösung darstellen.

j) Das **Saarland** hat seit jeher nur staatliche Polizei, d.h. im hier interessierenden Bereich eine Landeskriminalpolizei. Dabei kommt dem als Landeskriminalamt fungierenden Kriminalpolizeiamt in Saarbrücken eine dominierende Rolle zu. Der Leiter des Landeskriminalamts untersteht als solcher dem Innenminister, als Leiter der Landeskriminalpolizei dem Leiter der Polizei im Innenministerium.
Die Organisation der Landeskriminalpolizei, für welche das Gesetz über die Organisation der Polizei des Saarlandes vom 17. Dez. 1969 (i. d. F. v. 4. Dez. 1974, POG) maßgebend ist, das außer durch das Gesetz über die Organisation der Landesverwaltung vom 2. Juli 1969 (i. d. F. v. 6. Juli 1976, LOG) durch eine Verwaltungsvorschrift vom 11. März 1970 über die Aufgaben des Kriminalpolizeiamtes (VV) ergänzt wird, ist identisch mit der Gliederung des Landeskriminalamts. Dieses gliedert sich in eine Verwaltungsabteilung und sechs Kriminalinspektionen; drei von ihnen nehmen zentrale und drei andere Inspektionen regionale Funktionen wahr.

Neben der Abteilung Verwaltung und Organisation (VO). die außer für Personalfragen, Öffentlichkeitsarbeit, Ausbildung und Organisation auch für Materialbeschaffung und Kraftfahrwesen zuständig ist, haben die Kriminalinspektionen I, II, III die Aufgaben von Landeszentralen. Die Inspektion I ist für Personen- und Objektschutz, für Terrorismus und Staatsschutz verantwortlich, während II als Landeszentrale u. a. für Fahndung, Meldedienst, Erkennungsdienst, Kriminaltechnik und Datenverarbeitung fungiert; sie betreut auch die vorbeugende Verbrechensbekämpfung. Die Kriminalinspektion III ist zentral u. a. für gewisse Kapitalverbrechen, Wirtschafts-, Falschgeld- und Drogendelikte sowie für die Eigentumskriminalität zuständig; ihr obliegen neben der Weiblichen Kriminalpolizei und dem Jugenschutz die Bereiche Observationen und überörtliche Fahndung, weshalb ihr auch das Mobile Einsatzkommando zugeordnet ist. – Diese drei Kriminalinspektionen sind dementsprechend in Sachgebiete gegliedert.

Die Kriminalinspektionen IV, V und VI nehmen im Saarland regionale bzw. lokale Aufgaben der Verbrechensbekämpfung wahr.

Die Inspektion IV (Stadtverband Saarbrücken), die größte dieser Einheiten, gliedert sich in fünf deliktspezifische Kriminalkommissariate, zu denen ein Kommissariat für Dauerdienst und Tatortarbeit hinzutritt. Daneben gibt es noch fünf lokal arbeitende Kriminalkommissariate, von denen zwei sogar über Kriminalaußenstellen verfügen. Die Inspektionen V und VI (West und Ost) haben demgegenüber lediglich drei bzw. vier lokale Kriminalkommissariate; eine deliktsspezifische Untergliederung erscheint hier nicht als notwendig.

Ebenso wie diese Kriminalpolizei untersteht auch die Schutzpolizei des Saarlandes als Vollzugspolizei dem Innenminister, dem ferner neben der Verwaltungspolizei als Landesbehörden außer dem Landeskriminalamt auch die Bereitschaftspolizei (§ 15 POG) und die Landespolizeischule (§ 16 POG) unmittelbar unterstellt sind.

Das **Landeskriminalamt** in Saarbrücken untersteht – wie gesagt – als Polizeivollzugsbehörde der Dienst- und Fachaufsicht des Landesinnenministers (§ 12-Abs. I POG). Es ist als Landesamt einer obersten Dienstbehörde unmittelbar nachgeordnet und somit für das ganze Saarland zuständig. Obwohl ihm als Landesamt keine Landesbehörden nachgeordnet sind, ist es angesichts seiner Doppelfunktion dennoch so organisiert, daß es neben den Aufgaben einer kriminalpolizeilichen Zentralstelle zugleich regionale und lokale Funktionen in der Verbrechensbekämpfung wahrzunehmen vermag (§ 11 POG, § 1 VV).

Das Letztere gilt – wie dargelegt – für die Kriminalinspektionen IV, V und VI, deren Kriminalaußenstellen – obwohl räumlich getrennt – keine selbständigen Organisationseinheiten darstellen.

Die oben umrissenen, üblichen Aufgaben eines Landeskriminalamts werden außer von der zentralen Verwaltungsabteilung (VO) von den Kriminalinspektionen I, II und III bearbeitet.

Die Mitwirkung der Schutzpolizei bei der Verbrechensbekämpfung ist im Saarland relativ übersichtlich und im Verhältnis zur Kriminalpolizei sachgerecht geregelt. Allgemein kann man sagen, daß die Schutzpolizei für die Bearbeitung einfach gelagerter Fälle von Diebstahl, Unterschlagung und Betrug sowie für andere minderschwere Vergehen zuständig ist, was bei der Masse dieser Straftaten bereits einen größeren Anteil als den auf die Kriminalpolizei entfallenden bedeutet (1976: 59,8%). In einigen kriminell wenig belasteten ländlichen Gemeinden hat man der Schutzpolizei sogar generell die Verbrechensbekämpfung übertragen, soweit es sich nicht um schwere, die Allgemeinheit beunruhigende Taten oder solche handelt, die kriminaltechnische Untersuchungen bzw. eine regionale Bearbeitung erfordern (§ 3-Abs. III VV) Wichtig bei dieser Aufgabenzuweisung aber ist, daß die Beamten der Schutzpolizei auch bei diesen Aktivitäten die Kriminalpolizei zu unterrichten haben, welche mithin die Kontrolle mit Entscheidungskompetenz ausübt.

Auch im skizzierten Bereich sind alle Polizeidienststellen verpflichtet, das Landeskriminalamt zu unterrichten. Denn das die Fachaufsicht ausübende Landeskriminalamt kann nicht nur bei der Sachbearbeitung beratend mitwirken, sondern diese ggf. auch übernehmen (§ 4-Abs. I VV). Der zuständige Kommissariats- oder Sachgebietsleiter entscheidet ferner darüber, ob eine Ermittlungssache der Schutzpolizei übertragen wird. Im übrigen aber entscheidet der Leiter der Kriminalinspektion III, ob eine Sache erneut bearbeitet oder gar vom Landeskriminalamt übernommen werden soll (§ 3-Abs. I VV).

Zu diesen eigenen Exekutivaufgaben, die ungleich größer als in anderen Bundesländern sind, treten mithin Dienst- und jedenfalls Fachaufsicht bei allen kriminalpolizeilichen Aktivitäten im Saarland hinzu. Der Dienstverkehr des Landeskriminalamts mit anderen Behörden erfolgt daher konsequenterweise unmittelbar, soweit es sich nicht um Grundsatzfragen oder besonders wichtige Berichte handelt; dann ist der Landesinnenminister einzuschalten (§ 6 VV). Mit dessen Zustimmung erläßt übrigens der Leiter des Landeskriminalamts auch die Richtlinien für die kriminalpolizeiliche Arbeit.
Insgesamt läßt sich nach allem sagen, daß im Saarland alle Kriminaldienststellen dem Leiter des Landeskriminalamts unterstehen, der überdies auch auf andere Dienststellen übertragene Sachbearbeitung hinreichenden Einfluß hat. Insb. erscheint die Kriminalpolizei bei der in der Praxis unerläßlichen Mitwirkung der Schutzpolizei nicht als deren Kostgänger, sondern sind Abgrenzung und Kooperation letztlich von insoweit besonders sachkundigen Kriminalbeamten zu verantworten. Maßgebend für die geschilderte Organisation der Kriminalpolizei dieses Bundeslandes ist offenbar, in der Kriminalitätsbekämpfung soviel Zentralisation wie notwendig und soviel Dezentralisation wie möglich zu erreichen, um auf diese Weise den Kontakt der Kriminalbeamten mit dem Bürger, den lokalen Behörden und nicht zuletzt Vertrautheit mit den örtlichen Verhältnissen zu gewährleisten.

Folgerichtig arbeitet daher die Verwaltung möglichst zentral, um die Kriminalbeamten von derartigen Aufgaben zu entlasten. Eine Spezialisierung innerhalb der Kommissariate und Sachgebiete ist bisher nur dort erfolgt, wo für entsprechend geschulte Kriminalisten ausgelastete Kapazitäten zu erwarten sind. Bei der sich ständig verändernden Kriminalität ist sich die Kriminalpolizei des Saarlandes darüber klar, daß sowohl die Organisation als auch die Arbeitsweise stets den tatsächlichen Gegebenheiten angepaßt werden müssen.

Alles in allem erscheint somit die Organisation der Kriminalpolizei im Saarland als übersichtlich und sehr zweckmäßig. Sicherlich erleichtert die vergleichweise kleine Ausdehnung dieses Flächenstaates eine zentrale Bearbeitung, wobei allerdings bemerkenswert ist, daß man bei den Kriminaldienststellen zugleich auf die für die lokale Arbeit wichtige Dezentralisation Wert legt. Besonders hervorzuheben ist im Saarland jedoch die Kompetenzausstattung des Landeskriminalamts, welche eine fachkundige Aufsicht und ggf. Leitung aller kriminalpolizeilichen Aktivitäten – und das ohne unnötige Dienstwege über mit der besonderen Materie oft wenige vertraute Dienststellen – ermöglicht. Gewiß sind auch bei der saarländischen Polizei manche Wünsche bis heute noch unerfüllt geblieben. Dennoch kann man die Verhältnisse der kriminalpolizeilichen Verbrechensbekämpfung in diesem Bundesland als unter den obwaltenden Umständen doch wohl schon optimal ansehen.

k) In **Schleswig-Holstein** ist die Polizei ebenfalls eine Angelegenheit des Landes. Maßgebend ist das Gesetz über die Organisation der Polizei in Schleswig-Holstein vom 9. Dez. 1968 (PolOrgG), das durch eine Reihe von Dienstvorschriften ergänzt wird.

So richtet sich beispielsweise die Abgrenzung der Kompetenzen von Schutz- und Kriminalpolizei außer nach dem Runderlaß des Innenministers vom 27. März 1963 über die „Zuständigkeit der Schutzpolizei und der Wasserschutzpolizei bei der polizeilichen Aufklärung und Verfolgung mit Strafe bedrohter Handlungen" nach der „Verwaltungsvorschrift über die Zusammenarbeit der Gliederungen der Polizei" (RdErl d. IM v. 13. Mai 1969) sowie der „Verwaltungsvorschrift über die Zuständigkeit für die Bekämpfung mit Strafen bedrohter Handlung" (RdErl d. IM v. 13. Mai 1969).

Stoltz, Gerhard: Die Landespolizei Schleswig-Holstein – Ill. Rundschau der Gendarmerie 1977 – Febr./S. 13 f.

Das ebenso wie Bereitschaftspolizei, Verkehrsüberwachungsbereitschaften und Landespolizei dem Innenminister unmittelbar unterstellte Kriminalpolizeiamt in Kiel ist die zentrale kriminalpolizeiliche Dienststelle dieses Bundeslandes. Es beaufsichtigt die einheitliche Durchführung der kriminalpolizeilichen Aufgaben durch die ihm unterstellten Kriminalpolizeidirektionen Mitte (Kiel), Nord (Flensburg), West (Itzehoe) und Süd (Lübeck) sowie die Arbeit anderer z. T. in der Verbrechensbekämpfung tätiger Polizeidienststellen.
Das **Landeskriminalamt** in Kiel gliedert sich in fünf Dezernate: Amtsdezernat, Überregionale Verbrechensbekämpfung/Zentrale Ermittlung, Staatsschutz, Kriminaltechnik/Erkennungsdienst, Datenverarbeitung/Zentrale Auswertung/Vorbeugung. – Diese Dezernate umfassen jeweils vier (Staatsschutz: drei) Sachgebiete.
Das Kriminalpolizeiamt in Kiel fungiert mithin einmal als Zentralstelle für den Meldedienst. Es ist ferner für die Öffentlichkeitsarbeit zuständig. Schließlich unterhält es Einrichtungen für Kriminaltechnik und Erkennungsdienst.
Zum anderen ist das Landeskriminalamt für die Bekämpfung der Kriminalität im gesamten Lande verantwortlich und verfügt über bemerkenswerte exekutive Befugnisse. Es kann z. B. die für repressive und präventive Verbrechensbekämpfung erforderlichen Richtlinien erlassen und den Behörden bzw. Dienststellen der Polizei in diesem Bereich im Einzelfalle auch Weisungen erteilen (§ 1 RdErl d. IM v. 13. Mai 1969, 14.60). Das Landeskriminalamt kann weiter im Einzelfalle die Ermittlungen entweder selbst übernehmen oder einer bestimmten Kriminaldienststelle zuweisen, wenn es darum von einer Staatsanwaltschaft oder einer Polizeibehörde ersucht wird oder dies aus besonderen Gründen als erforderlich erscheint. Dies gilt – wie ebenfalls sonst bei Kriminaldienststellen – insb. auch im Verhältnis zu Schutz- und Wasserschutzpolizei. Schließlich sind dem Kriminalpolizeiamt bestimmte Ermittlungssachen (u. a. Falschgeld-, Rauschgift- und Sprengstoffdelikte, gewisse Sexualdelikte und Staatsschutzdelikte) zur ausschließlichen Bearbeitung zugewiesen.
In den vier oben genannten Kriminalpolizeidirektionen (§ 9 PolOrgG) gibt es neben einer allgemeinen Abteilung jeweils zwei KG-Gruppen (Kriminalgruppen), welche sechs bzw. acht Kommissariate umfassen.

Während KG 1 neben Erkennungsdienst und Weiblicher Kriminalpolizei die Gebiete Todesermittlungen/gewisse Kapitaldelikte, schwere Diebstähle und spezielle Diebstähle zugeordnet sind, umfaßt KG 2 in allen Kriminaldirektionen gleichförmig neben deliktspezifisch orientierten Kommissariaten (Wirtschaftskriminalität, andere Kapitaldelikte/Serienstraftaten, Staatsschutzdelikte) auch solche mit regionalen Funktionen (Lage- und Meldedienst/Koordination, Fahndung, Kriminaltechnik, Datenstation u. a., Vorbeugung und Beratung).
Die Kriminalpolizeidirektionen sind in ihrem Bereich für die repressive und präventive Verbrechens-

bekämpfung verantwortlich, soweit nicht andere Stellen – z. B. das Landeskriminalamt – zuständig ist.

Den Kriminalpolizeidirektionen sind, was bei einem Flächenstaat durchaus plausibel ist, jeweils zwei bis vier Kriminalpolizeistellen nachgeordnet, die überdies noch über einzelne Kriminalaußenstellen verfügen, d. h. die untere Organisationsebene bilden (§ 6-Abs. III PolOrgG). Diese Kriminaldienststellen werden lokal tätig, soweit die Sachbearbeitung nicht der übergeordneten Kriminalpolizeidirektion oder gar dem Landeskriminalamt zugewiesen ist.
Die Abgrenzung der Kompetenzen von Kriminal- und Schutzpolizei in der Verbrechensbekämpfung differenziert nach Städten mit und ohne Kriminalpolizei sowie Landgebieten; besondere Zuweisungen gelten für die Wasserschutzpolizei.

In Städten mit Kriminalpolizei bearbeitet die Schutzpolizei vorbehaltlich der Übernahme durch Kriminaldienststellen nur bestimmte Vergehen der kleinen und mittleren Kriminalität. In Städten ohne Kriminalpolizei und vor allem im Landgebiet ist der Aufgabenkatalog der Schutzpolizei merklich erweitert. Außer der Pflicht zu gegenseitiger Amtshilfe betonen die im Laufe der Zeit mehrfach geänderten Dienstvorschriften für den Bereich der Verbrechensbekämpfung die Notwendigkeit der Zusammenarbeit mit den ansonsten örtlich zuständigen Kriminaldienststellen.

Zur Bekämpfung von Gewaltkriminalität und Terrorismus hat die Landesregierung Schleswig-Holstein auf freiwilliger Basis im Herbst drei Spezialeinheiten aufgestellt: Das Mobile Einsatzkommando, das Spezialeinsatzkommando und das Präzisionsschützenkommando.
Ähnlich wie im Saarland ist auch die Organisation der Kriminalpolizei in Schleswig-Holstein als unter den obwaltenden Umständen optimal für ein Bundesland anzusehen; dabei ist das deutlich größere Gebiet dieses Flächenstaates zu beachten. Dasselbe gilt übrigens für die Gliederung und vor allem für die Kompetenzen des Landeskriminalamts in Kiel, das infolgedessen in der Lage ist, die Funktionen der leitenden kriminalpolizeilichen Dienststelle dieses Bundeslandes wirksam wahrzunehmen. Dies ist besonders wichtig, da die kriminelle Belastung und die Aufklärungsquote in Schleswig-Holstein offensichtlich sehr von der Saison-(Ferien-)kriminalität mit einem hohen Anteil auswärtiger Täter beeinflußt werden. Sicherlich läßt sich auch bei der schleswig-holsteinischen Kriminalpolizei, zumal bei der schwachen Finanzkraft des Landes, personell und ausrüstungsmäßig – u. a. in der Kriminaltechnik – noch etwas tun. Dennoch ist die Organisation als solche insgesamt betrachtet als zweckmäßig und somit überzeugend zu werten.

1) Diese sicher nicht erschöpfende Zusammenstellung der **Organisation der Kriminalpolizei in den Bundesländern** vermittelt wohl weniger einen Überblick als vielmehr die Erkenntnis, daß schon bei der Vielfalt der Organisationsformen, um von manchen Unzweckmäßigkeiten und Sachwidrigkeiten ganz zu schweigen, die Schwierigkeiten der Zusammenarbeit kaum noch überraschen können. Und selbst dort, wo diese klappt, ist das durchweg weniger das Verdienst der z. T. ausgesprochen praxisfern reformierenden „Organisatoren“, sondern eher auf Vernunft und Flexibilität der beteiligten Kriminalbeamten zurückzuführen. Gerade bei diesem tristen Befund kann der Ruf nach einer „Bundeskriminalpolizei“ oder doch nach einer der Sache entsprechenden Vereinheitlichung der Organisationsformen der Kriminalpolizei kaum verwundern. Dabei aber sollte die von manchen Reformen anscheinend verkannte oder bewußt ignorierte Sonderstellung der Kriminalpolizei, d. h. sollten die besonderen Aufgaben der Kriminalbeamten gebührend beachtet werden. Was für Schutz-

und Verkehrspolizei durchaus sinnvoll sein könnte, braucht eben nicht in gleicher Weise für den Kriminaldienst richtig zu sein. Selbst bei einer auf unterer Ebene aber nur begrenzt für den Kriminaldienst richtig zu sein. Selbst bei einer auf oberer und mittlerer Ebene äußerlich zusammenfassenden Gliederung, die auf unterer Ebene aber nur begrenzt möglich sein dürfte, sollte man die Sonderstellung der Kriminapolizei im Auge behalten und nicht allein auf die Polizeihoheit der Länder schauend vergessen, daß die Verbrechensbekämpfung eine Gemeinschaftsaufgabe von Bund und Ländern ist, weshalb dem Bund im Bereich der Kriminalpolizei eine Gesetzgebungskompetenz eineräumt ist (Art. 73-Ziff. 10 GG), von welcher er – wenngleich zurückhaltend – mit dem BKA-Gesetz Gebrauch gemacht hat. Bei extremen Reformmodellen, wie sie etwa in Berlin und Hamburg verwirklicht worden sind, kann man sich bereits fragen, ob damit noch den Mindestanforderungen an ein Landeskriminalamt im Sinne des BKA-Gesetzes genügt ist. In einigen anderen Bundesländern wie z. B. Bayern und Bremen gibt es zwar Landeskriminalämter, doch sind deren Kompetenzen außerordentlich begrenzt; und selbst bei den anderen Landeskriminalämtern sind noch bemerkenswerte Divergenzen insoweit zu verzeichnen.

Aus dem Wesen der Verbrechensbekämpfung als einer Gemeinschaftsaufgabe von Bund und Ländern folgt u. E., daß die Organisation der Kriminalpolizei in den Bundesländern nicht so unterschiedlich sein darf, weil damit die erforderliche Kooperation mit dem Bund und mit den anderen Ländern zumindest erheblich erschwert wird. Insgesamt ist daher bei sehr unterschiedlichen Verhältnissen in den einzelnen Bundesländern die Gesamtsituation der Kriminalpolizei in der Bundesrepublik Deutschland trotz einzelner Fortschritte noch schlechter als früher und somit als völlig unbefriedigend zu bezeichnen.

Diese unerquikliche und sich ständig vermehrende Vielfalt der Organisationsformen der deutschen Kriminalpolizei in den Bundesländern spiegelt sich infolge der föderativen Struktur prompt auch in einem kaum noch zu überblickenden Laufbahnrecht und auf dem später zu behandelnden Sektor der Aus- und Fortbildung wieder (§ 27-III).
So werden beispielsweise in den Haushalten der Länder für das Jahr 1977 folgende Planstellen ausgewiesen: mittlerer Dienst 11733 (ohne Bayern), gehobener Dienst 7283, höherer Dienst 477. Dabei ist die Relation dieser Beamtengruppen in den einzelnen Bundesländern außerordentlich verschieden. Während z. B. das Verhältnis von mittlerem und gehobenen Dienst in Nordrhein-Westfalen (2649:2631) bereits in etwa ausgeglichen ist, sieht es in Hessen (1313:709), Hamburg (781:341) oder gar in Bremen (329:122) und im Saarland (301:82) viel ungünstiger aus. Noch bedenklicher aber stimmt der schon aus den allgemeinen Planstellenzahlen ersichtliche, für qualifizierte kriminalistische Arbeit in eigentlich allen Bundesländern viel zu kleine Anteil des höheren Dienstes.

3. Organisation der Zusammenarbeit

Die Organisation der kriminalpolizeilichen Zusammenarbeit zwischen Bund und Ländern muß von der Regelung des Grundgesetzes ausgehen, nach welcher das Polizeiwesen im Prinzip eine Angelegenheit der Länder ist. Der Bund hat lediglich für den Bereich der Kriminalitätsbekämpfung – d. h. die Kriminalpolizei – gewisse, vor allem jedoch koordinierende Befugnisse, von denen er durch das BKA-Gesetz Gebrauch gemacht hat. Dieses verpflichtet das Bundeskriminalamt und die Landeskriminalämter (bzw. neuerdings dafür geschaffene Ersatzinstitutionen) zur Zusammenarbeit, ohne jedoch Näheres über Art und Umfang der Kooperation zu sagen. Von der schon im § 8 BKA-Gesetz a. F. vorgesehenen

Möglichkeit zum Erlaß von Durchführungsvorschriften hat man bisher keinen Gebrauch gemacht. Vielmehr ist die Zusammenarbeit in der Praxis der oben erwähnten Arbeitsgemeinschaft der Leiter der Landeskriminalämter mit dem Bundeskriminalamt überlassen worden.

Unter dem Vorsitz des Präsidenten des Bundeskriminalamts tagte dieses Gremium in den ersten fünfzehn Jahren dreimal jährlich, seither zweimal. Trotz der juristisch überaus schwachen Konstruktion muß man den Leitern der Landeskriminalämter bescheinigen, daß sie durchweg bemüht waren, die in den Tagungen erarbeiteten Grundsätze und Richtlinien den jeweiligen organisatorischen Verhältnissen anzupassen und sie nach Möglichkeit einheitlich und verbindlich im Landesbereich einzuführen, was jedoch Zustimmung und Mitwirkung der Innenminister oder der Gesetzgebungsorgane der Länder zu bedingen pflegte. – Ein Beispiel für derartige Regelungen aus der Anfangszeit sind die 1952/53 in Kraft getretenen „Vorläufigen Richtlinien für den Austausch kriminalpolizeilicher Nachrichten, Meldungen und sonstiger Unterlagen zwischen den Landeskriminalämtern und dem Bundeskriminalamt". Auf andere Richtlinien und Neuregelungen für Vordrucke kann ebenso wie auf die Tätigkeit besonderer Unterkommissionen in diesem Rahmen nicht näher eingegangen werden.

Die Arbeitsgemeinschaft der Leiter der Landeskriminalämter mit dem Bundeskriminalamt hat bei der Koordinierung – auch im Verhältnis zum Ausland – eine bedeutsame Rolle gespielt. Sie war als ein Gremium von Fachmännern stets bemüht, die Organisation und Arbeitsweise der deutschen Kriminalpolizei den sich ändernden Gegebenheiten anzupassen. Dabei ist angesichts der in den einzelnen Bundesländern z. T. doch sehr unterschiedlichen Verhältnisse schon der in diesem Rahmen mögliche Erfahrungs- und Meinungsaustausch wichtig.

Ungeachtet der Verdienste der Arbeitsgemeinschaft ist bei der gegenwärtigen Lage aber nicht zu verkennen, daß es immer wieder Schwierigkeiten bereitet hat, ihre Vorschläge in bindende Rechtsvorschriften oder auf andere Weise in die Praxis umzusetzen, weil dies nicht ohne Mitwirkung aller Landesregierungen oder gar der Länderparlamente geschehen kann. Und eben deshalb ist nicht von der Hand zu weisen, daß man wegen hier oder dort erwarteten Widerstands von vornherein auf wichtige oder nützliche Initiativen verzichtet, wenngleich es auch gute Beispiele für ein gemeinsames Handeln der verantwortlichen Stellen in Bund und Ländern gibt. So ist beispielsweise auf Grund eines Beschlusses der Innenministerkonferenz vom 22. Mai 1972 das Bundeskriminalamt bei der Bekämpfung anarchistischer Gewalttäter federführend geworden und hat damit tatsächlichen Einfluß auf die Exekutive erhalten.

Derartige Entwicklungen, welche die Kompetenzen oder doch den tatsächlichen Arbeitsbereich des Bundeskriminalamts erweiterten, sind eine Konsequenz der gerade in den letzten Jahren deutlicher hervorgetretenen Schwierigkeiten, die eine dergestalt zergliederdernde Organisation der Kriminalpolizei in Deutschland mit sich bringt. Denn diese machen sich bei Großverfahren, weiträumig begangenen Straftaten sowie insb. terroristischen Aktivitäten naturgemäß besonders störend bemerkbar. Deshalb kann nicht überraschen, daß gerade im Zusammenhang mit der Fahndung, auf die alsbald zurückzukommen sein wird (§ 27-IV-3), der Ruf nach einheitlicher oder gar zentraler Organisation immer lauter geworden ist; dasselbe gilt aber auch für Laufbahnrecht, Ausbildung (dazu vgl. § 27-III) und andere Bereiche.

Obgleich das in dieser Diskussion besonders umstrittene Schlagwort von einer „Bundeskriminalpolizei" uns keineswegs als unvereinbar mit der föderativen Struktur der Bundesrepublik erscheint, ist dies nicht der Ort zu einer eingehenden juristischen oder gar politischen Prüfung solcher Vorschläge. Vielmehr sei nur gesagt, daß es hier um die Antwort auf die in anderem Zusammenhang (§ 24-I) aufgeworfene Frage geht, wie die Kriminalpolizei in der Bundesrepublik Deutschland (und zwar ungeachtet ihres Verhältnisses zur Staatsanwaltschaft) organisiert sein sollte.

Diese Antwort aber kann vom oben eingenommenen Standpunkt aus nicht mehr zweifelhaft sein, sondern muß dahin lauten, daß nur eine einheitlichere als die gegenwärtige Organisation der Kriminapolizei den Gegebenheiten der modernen Verbrechensbekämpfung angemessen ist. Obwohl wir daher keine Bedenken gegen eine zentralisierende Lösung im Sinne einer Bundeskriminalpolizei haben, wenngleich man bei einer solchen nicht verkennen sollte, daß die Kriminalität auch in Zukunft ganz überwiegend regional oder lokal – d. h. dezentral – bekämpft werden muß, bedeutet das keineswegs, daß die gesamte kriminalpolizeiliche Arbeit in Deutschland von Bundesbeamten durchgeführt werden muß. Vielmehr gibt es durchaus Organisationsformen, in denen Bundes- und Landesbeamte im Bereich der Kriminalpolizei zusammenarbeiten können. Entscheidend ist allein, daß für den kriminalpolizeilichen Bereich im gesamten Bundesgebiet einheitliche Organisationsformen geschaffen werden, die nicht nur Zusammenarbeit und Koordinierung der kriminalistischen Arbeit erleichtern, sondern diese bei sinnvoller Aufgabenverteilung auf die verschiedenen Ebenen der Zentrale außer der Fachaufsicht auch gewisse Weisungsbefugnisse zuteil werden lassen.

Dabei ließe sich selbst in der Spitze der deutschen Kriminalpolizei das föderative Element berücksichtigen, welches bei einer Gemeinschaftsaufgabe wie der Kriminalitätsbekämpfung u. E. jedoch mißverstanden würde, wenn man – wie bisher – mit dem undifferenziert verwendeten Schlagwort der Polizeihoheit gewissermaßen jedem einzelnen Bundesland ein Vetorecht zuerkennen wollte.

Der eigentliche Grund für das gegenwärtige organisatorische Dilemma und die sich daraus ergebenden unglücklichen Konsequenzen für die Arbeit in der Praxis ist also nicht die grundsätzliche Kompetenz der Länder für das Polizeiwesen, sondern dies, daß man unter Polizei außer der uniformierten Schutzpolizei – nach wie vor oder jetzt wieder – ebenso die Kriminalpolizei meint verstehen zu müssen, obwohl diese das Ergebnis einer seit mehr als 100 Jahren zu beobachtenden Sonderentwicklung darstellt. Eben deshalb kann man sich nicht des unguten Eindrucks erwehren, daß manche Reformen unter dem Banner der „Einheitspolizei“ durch gezieltes Verwischen dieser historisch gewachsenen, durch unterschiedliche Funktionen bedingten Grenzen angesichts eines befürchteten Machtverlusts das Rad der Geschichte zurückzudrehen suchen. Eben dies aber widerspricht dem Gebot der Stunde, dem Erreichen von für die Kriminalpolizei im gesamten Bundesgebiet einheitlichen und somit überschaubaren Organisationsformen. Denn es geht bei einer solchen Gemeinschaftsaufgabe von Bund und Ländern nicht an, daß jedes Bundesland – aus welchen Gründen auch immer – selbstherrlich und möglicherweise sogar so an der Organisation seiner Kriminalpolizei herumbastelt, daß schon Strafverfolgungsorgane des benachbarten Bundeslandes nicht mehr wissen, an wen sie sich im konkreten Falle wenden sollen, um von den bundeseinheitlich organisierten Justizbehörden und dem dadurch irritierten Bürger ganz abzusehen.

Wesentlich für eine zweckmäßige Organisation der deutschen Kriminalpolizei ist nach allem nur, daß die Verbrechensbekämpfung als eine Gemeinschaftsaufgabe von Bund und Ländern und damit folgerichtig auch eine Sonderstellung der Kriminalpolizei im Verhältnis zur Schutzpolizei anerkannt wird. Denn die aus Gründen der Praktikabilität z. T. empfehlenswerte räumliche Zusammenfassung von Schutz- und Kriminalpolizeidienststellen zwingt keineswegs zu denjenigen organisatorisch-hierarchischen Konsequenzen, welche außer den der früheren Tradition verhafteten Zeitgenossen auch sich advantgardistsich vorkommende, in Wahrheit aber wohl mehr ideologie-befangene Reformer um jeden Preis zu ziehen suchen. Und eben dies verstellt den Blick für die wesentlichen Organisationsprobleme der Kriminalpolizei.

Nur am Rande sei vermerkt, daß Tendenzen einer „Einheitspolizei" sich organisatorisch nahezu notgedrungen zu Lasten der Kriminalbeamten und damit der Verbrechensbekämpfung auswirken. Denn schon angesichts der unterschiedlichen Quantitäten und der Tatsache, daß uniformierte Beamte in aller Regel besser mit der Führung größerer Einheiten oder Behörden als der üblicherweise auf Einzelarbeit ausgerichtete Kriminalist vertraut sein werden, dürften die leitenden Positionen einer Polizeieinheitsbehörde durchweg von Schutzpolizeibeamten besetzt werden. Dabei ist aber keineswegs sicher, daß ihre soeben genannten Qualitäten auch die für die kriminalistische Arbeit erforderliche Sachkunde umfassen. – Ebenso wie hier und z. T. schon im gewerkschaftlichen Bereich droht bei solchen Organisationsformen den Kriminalbeamten als Minorität die Gefahr, untergebuttert zu werden, z. B. ihre spezifischen Belange nicht einmal in der Personalvertretung wahrnehmen zu können, was sich wiederum nachteilig auf ihre dienstliche Tätigkeit auswirken dürfte.

Ungleich wichtiger als eine mithin sachlich verfehlte Integration der Kriminalpolizei in die Schutzpolizei, bei welcher trotz gewisser Aufgaben im Bereich der Verbrechensbekämpfung die Dinge weithin ganz anders liegen, ist zunächst einmal eine sinnvollere Kompetenzabgrenzung zwischen Bund und Ländern in der Kriminalpolizei. Denn sonst werden die aus fachlicher Sicht gebotene Führungsverantwortung der Kriminalbeamten und die Weisungsbefugnis u. U. noch mehr als bisher auseinandergerisssen oder weitere Mischkompetenzen geschaffen, welche Kriminal- und Schutzpolizeibeamte gerade in kritischen Situationen leicht und gleichermaßen verwirren.
Auch ohne eine „Bundeskriminalpolizei" muß ferner endlich eine einheitliche und sachlich hinreichende Kompetenzausstattung der Landeskriminalämter erreicht werden. Bei aller in diesem Rahmen gebotenen Kürze dürfte jedoch genügend klar geworden sein, daß die Befugnisse ebenso wie die Organisation der Landeskriminalämter trotz der Reform des BKA-Gesetzes vom Jahre 1973 in den einzelnen Bundesländern immer noch zu unterschiedlich sind, um Überblick und reibungslose Zusammenarbeit zu gewährleisten; Neuregelungen wie in Berlin und Hamburg dürften die Situation insoweit sogar noch merklich verschlechtert haben.
Ebenso wie es von zweitrangiger Bedeutung ist, ob ein Kriminalbeamter vom Bund oder einem Land besoldet wird, sofern nur Laufbahnrecht und Ausbildung im ganzen Bundesgebiet einheitlich gestaltet sind, kann es auf unterer oder mittlerer Ebene im Einzellfall – auch kriminalgeographisch – durchaus angemessen sein, Schutzpolizei- und Kriminaldienststellen in einer Polizeibehörde zusammenfassen, wenn nur die unterschiedlichen Funktionen in Form von Abteilungen oder dergl. organisatorisch sichtbar bleiben. Umgekehrt ist eine solche von manchen Reformern angestrebte Symmetrie aber für die Kriminalitätsbekämpfung keineswegs überall nötig, sondern kann gerade bei der Kriminalpolizei zu nur bedingt leistungsfähigen Minidienststellen führen.

So kann es möglicherweise sinnvoll sein, die Kriminalbeamten nicht nur in den Stadtstaaten einem als Polizeichef fungierenden Polizeipräsidenten oder -direktor dienstlich zu unterstellen, wenn dabei neben hinreichender organisatorischer Selbständigkeit gesichert ist, daß darunter nicht die Einwirkungsmöglichkeiten der vorgesetzten Dienststellen leiden.
Obgleich man im Ausland, wie wir noch sehen werden (§§ 28, 29), z. T. noch mit einer dezentralisieten Organisation im Sinne von selbständigen (kommunalen) Polizeien arbeitet, sollte man sich nicht

allein mit einem Ausbau der Kriminalpolizei des Bundes und Erweiterung ihrer Kompetenzen begnügen, sondern aus dem heutigen Nebeneinander der Kriminalpolizeien von Bund und Ländern für den Bereich der Verbrechensbekämpfung ein organisches Gesamtgefüge schaffen, wenn man sich schon nicht für die zentralistische Lösung einer allein zuständigen Bundeskriminalpolizei zu erwärmen vermag.

Alles in allem sollte es mithin bei der Organisation der deutschen Kriminalpolizei nicht so sehr um die Frage gehen, ob nicht auch die Kriminalbeamten der Länder Bundesbeamte werden müssen, sondern darum, für das gesamte Bundesgebiet einheitliche Organisationsformen zu schaffen, welche mit gleichen Gegebenheiten übersichtliche Verhältnisse schaffen und bei sachgerechter Aufgabenverteilung auf die verschiedenen Ebenen eine möglichst reibungslose Zusammenarbeit erwarten lassen, welche zudem nicht mehr vom guten Willen jedes einzelnen Bundeslandes abhängen darf.

4. Organisation der Sonderpolizeien

Um das Bild der in der Verbrechensbekämpfung tätigen deutschen Behörden abzurunden, seien abschließend kurz einige sogen. Sonderpolizeien erwähnt. Diese können auch bei der anzustrebenden einheitlicheren Organisation der Kriminalpolizei ihren Sinn haben, weil der spezielle Sachzusammenhang hier besondere Organisationsformen als angezeigt erscheinen läßt, welche dann naturgemäß gewisse Probleme für die Kooperation mit anderen Strafverfolgungsorganen wie der Kriminalpolizei mit sich bringen. – Insb. handelt es sich hier gegenwärtig um folgende Behörden oder Dienststellen:

a) Bundesgrenzschutz
b) Bahnpolizei und Fahndungsdienst der Deutschen Bundesbahn
c) Steuerfahndung und Zollfahndung
d) Bundespaßkontrolldienst
e) Betriebssicherungsdienst der Deutschen Bundespost
f) Bergpolizei

a) Bundesgrenzschutz

Der durch Gesetze vom 16. März 1951 und vom 30. Mai 1956 auf Grund von Art. 87-Abs. I GG geschaffene bzw. umgestaltete Bundesgrenzschutz ist eine Sonderpolizei des Bundes, welche zunächst nur verbotene Grenzübertritte verhindern und das Grenzgebiet in 30 km Tiefe im Einvernehmen mit den Landesbehörden sichern sollte. Seine Befugnisse wurden jedoch durch Gesetze vom 11. Juli 1965 und vom 18. Aug. 1972 erweitert.

Riege, Paul: Kleine Polizei-Geschichte – Kl. Pol.-Bücherei Bd. 15/16 –3. verb. u. erw. Aufl. – Lübeck 1966 – insb. S. 135 ff.; *Rupprecht,* Reinhard: Das Bundesgrenzschutzgesetz – Die Neue Polizei 1973, S. 36 ff.; *Andresen,* Erich: Schiffahrtspolizei. Wasserschutzpolizei. Bundesgrenzschutz-See – Die Polizei 1974, S. 116 ff.; *Reuter,* Karl: Der Bundesgrenzschutz, Partner der Länderpolizei – Die Polizei 1976, S. 164 ff.

Der Bundesgrenzschutz gliedert sich in Grenzschutzkommandos (sowie das Kommando der Grenzschutzstellen), denen Grenzschutzämter unterstellt sind (vgl. im übrigen unten § 27-IV-1-b).

Diese Bundesgrenzschutz-Verbände, zu denen auch die Grenzschutzschule zählt, hatten zusammen mit dem Grenzschutzeinzeldienst im Jahre 1976 eine Sollstärke von 20 200.

Außer zum eigentlichen Grenzschutz können Beamte des Bundesgrenzschutzes jetzt u. a. zum Schutz von Verfassungsorganen und zur Unterstützung der Polizei eines Landes – z. B. bei Personenkontrollen auf Flugplätzen – eingesetzt werden.

b) Bahnpolizei und Fahndungsdienst der Deutschen Bundesbahn

Die gesetzlichen Grundlagen für Bahnpolizei und Fahndungsdienst der Deutschen Bundesbahn gehen auf die Eisenbahn-Bau- und Betriebsordnung vom 17. Juli 1928 (RGBl II-541) zurück.

Riege, Paul: Kleine Polizei-Geschichte – Kl. Pol.-Bücherei Bd. 15/16 – 3. verb. u. erw. Aufl. – Lübeck 1966 – insb. S. 177 ff.; *Herrmann,* Karl: Der nebenamtliche Bahnpolizeibeamte – Kriminalistik 1966, S. 292 ff.; *Gasser,* Willy: Der Bundesbahn-Fahndungsdienst als Sonderpolizei des Bundes – Kriminalistik 1968, S. 77 ff.; *Hoesch,* Holm: Eisenbahn-Bau- und Betriebsordnung und Bahnpolizei – Kriminalistik 1969, S. 40 ff.

Ebenso wie nebenamtliche Bahnpolizeibeamte ist die uniformierte Bahnpolizei hauptamtlich mit der Wahrnehmung bahnpolizeilicher Aufgaben betraut. Die Bahnpolizei hat für Sicherheit und Ordnung innerhalb des Bahngebietes zu sorgen und ist insoweit zur Vornahme des ersten Angriffs bei allen Straftaten berechtigt.

Entsprechen die Aufgaben der Bahnpolizei im speziellen Bereich denen der Schutzpolizei, so ähnelt die Arbeitsweise des Fahndungsdienstes der Deutschen Bundesbahn mehr jener der Kriminalpolizei.

Dies kommt auch in der Personalstärke zum Ausdruck. Während 1976 die Sollstärke für hauptamtliche Bahnpolizeibeamte 2870 betrug, war die entsprechende für den Fahndungsdienst der Bundesbahn nur 233.

Der heutige Fahndungsdienst der Deutschen Bundesbahn läßt sich auf den gegen Ende des Ersten Weltkriegs wegen der Diebstahlskriminalität geschaffenen „Überwachungsdienst" der Bahnpolizei zurückführen, der 1922 ein hauptamtlicher „Fahndungsdienst" wurde. 1946 zunächst wieder in die Bahnpolizei eingegliedert, wurde er im März 1953 wieder verselbständigt.

Im Gegensatz zur Bahnpolizei können den Fahndungsbeamten polizeiliche Befugnisse nur durch besonderen Verwaltungsakt der zuständigen Polizeibehörden der Länder übertragen werden. Insb. handelt es sich hier um die Aufklärung von Diebstählen, Unterschlagungen, Untreue, Begünstigung und Hehlerei, Betrug, Erschleichen einer Beförderungs- oder Automatenleistung, Urkundenfälschung und dergl.

Dem Fahndungsreferenten der Hauptverwaltung der Deutschen Bundesbahn in Frankfurt a. M. sind Fahndungsdezernenten bei den Bundesbahndirektionen und diesen Fahndungsstellen sowie Fahndungsaußenstellen nachgeordnet.

Die Beamten des Fahndungsdienstes haben eine Eisenbahnfachausbildung, sind also mit Betriebs-, Verkehrs- und Kassendienst der Deutschen Bundesbahn vertraut. Für ihre besondere Tätigkeit werden sie zudem in der Bahnpolizeischule durch Lehrgänge aus- und fortgebildet.

Die Zusammenarbeit des Fahndungsdienstes mit der Kriminalpolizei, die deshalb besonders wichtig ist, da die Deutsche Bundesbahn nicht über einen eigenen Melde- und Erkennungsdienst verfügt, richtet sich nach seinen Dienstvorschriften. Der Fahndungsdienst hat daher dem zuständigen Landeskriminalamt die entsprechenden Meldungen zu machen. Vor Amtshandlungen außerhalb seiner örtlichen Zuständigkeit hat er regelmäßig die betreffende

Kriminalpolizeibehörde zu verständigen, soweit es sich nicht um Verfolgung auf frischer Tat oder dergl. handelt.

c) Steuerfahndung und Zollfahndung

Steuerfahndung und Zollfahndung sind in die Organisation der Finanzverwaltung (Gesetz v. 6. Sept. 1950 i.d.F. d. Gesetzes vom 21. Aug. 1951, BGBl I-774) eingebettet.

Im übrigen ist auf § 404 AO 1977 (früher § 439 AO a. F.) hinzuweisen. Die neue Fassung hat für die Steuerfahndung als solche keine Änderungen gebracht, wohl aber mit der Außenprüfung einen für Steuerverfehlungen wichtigen Arbeitsbereich neu geregelt. Denn bei derartigen Prüfungen, wie sie vor allem im betrieblichen Bereich durchgeführt werden, erhalten die Prüfer der Finanzbehörden am ehesten Anhaltspunkte für den Tatverdacht einer Steuerverfehlung. Obwohl die fachkundigen Prüfer in aller Regel allein in der Lage sein werden, Licht in das Dunkel zu bringen, dürfte doch jedenfalls dann die Steuerfahndung eingeschaltet werden, wenn möglicherweise Zwangsmittel angewendet werden müssen.

Dem Bundesminister der Finanzen und den entsprechenden Landesministern unterstehen als Bundes- bzw. Landesmittelbehörden Oberfinanzdirektionen; als Bundesmittelbehörden verfügen sie über die ihnen unmittelbar unterstellten Zollfahndungsstellen. Der Oberfinanzdirektion als Landesmittelbehörde sind die Finanzämter mit den Steuerfahndungsstellen untergeordnet.

Während die Zollfandung somit als eine Sonderpolizei des Bundes angesprochen werden kann, ist die ähnlich arbeitende Steuerfahndung dagegen eine Einrichtung der Landesfinanzverwaltung, d. h. ein besonderes, polizeiliches Tätigkeitsgebiet der Finanzämter.

Höllrigl, Kurt: Die Steuerfahndung – Kriminalistik 1956, S. 41 ff.; *Frotscher,* Gerrit: Betriebsprüfung ab 1977, die steuerliche Außenprüfung nach der Abgabenordnung 1977 – Heidelberg 1976; *Henneberg,* Ernst: Steuerstraf- und Bußgeldrecht nach der Abgabenordnung 1977 – Betriebsberater 1976, S. 1554 ff.; *Koch,* Karl: Abgabenordnung – AO 1977 – Heymanns Taschenkommentare zum Steuerrecht – Köln/Berlin/Bonn/München 1976; *Lohmeier,* Heinz: Zuständigkeiten bei der Verfolgung von Steuerstraftaten – Der Betrieb 1976, S. 506 ff.

Aufgabe der **Steuerfahndung** ist es, im Steueraufsichtsverfahren, im Steuerermittlungsverfahren und im Steuerstrafverfahren tätig zu werden. Vor allem bei Verdacht einer Steuerstraftat haben die Beamten der Steuerfahndung den Sachverhalt zu erforschen und zu diesem Zwecke die Befugnisse eines Hilfsbeamten der Staatsanwaltschaft; anders als früher sind sie aber nicht mehr zur strafrechtlichen Ahnung solcher Gesetzesverstöße befugt.
Ebenso wie die Kriminalpolizei bei ihrer Arbeit auf Umstände zu achten hat, die den Verdacht eines Steuerdelikts begründen könnten, hat umgekehrt die Steuerfahndung ggf. die zuständige Kriminalpolizei zu informieren und einzuschalten. In der Praxis erfolgt die bei der Kooperation notwendige Arbeitsteilung üblicherweise der besonderen Sachkunde der beiden Ermittlungsorgane entsprechend.

Schmitz: Zollfahndung und Kriminalpolizei – in: Wirtschaftsdelikte, hrsg. v. Bundeskriminalamt, Wiesbaden 1957, S. 239 ff.; *Schmitz,* J.: Die Zusammenarbeit von Zoll- und Polizeidienststellen – in: TbKrim Bd. X, S. 342 ff. (1960).

Die Beamten der **Zollfahndung** wirken bei der Erforschung und Verfolgung von Zoll-, Verbrauchssteuer- und Devisenvergehen mit. Die Zentralstelle dieser Sonderpolizei des Bundes im Rahmen der Finanzverwaltung ist das Zollkriminalamt in Köln, welches somit für

das ganze Bundesgebiet zuständig ist. Den Abteilungen für Zoll- und Verbrauchssteuern der jeweiligen Oberfinanzdirektion sind die Zollfahndungsstellen unmittelbar unterstellt. Doch erstreckt sich die Zuständigkeit der Zollfahndungsbeamten auf das gesamte Gebiet der Bundesrepublik. Bei großräumigen Ermittlungen wird in der Praxis aber dennoch regelmäßig eine bestimmte Zollfandungsstelle mit der Planung und Federführung betraut.
Die Verbindung zur Kriminalpolizei wird vor allem vom Zollkriminalinstitut in Köln wahrgenommen, welches auch zentral die erforderlichen kriminaltechnischen Untersuchungen durchführt. Das Zollkriminalinstitut fungiert ferner als Zentrale für Meldedienst und Fahndung, was die Kooperation mit der Kriminalpolizei verständlich werden läßt. Schließlich obliegt diesem Institut die zentrale Ausbildung der Zollfahndungsbeamten und deren Fortbildung.

Zu diesem Zwecke werden am Zollkriminalinstitut in Köln neben Lehrgängen auf dem Gebiet der Zollkriminalistik für Beamte des mittleren, gehobenen und höheren Dienstes Einführungs- und Fortbildungslehrgänge über Zollkriminaltechnik sowie über kaufmännisches Rechnungswesen und dergl. durchgeführt.

Die Zusammenarbeit mit der Zollfandung ist für die Kriminalpolizei außer wegen der besonderen Sachkunde in diesem Spezialbereich auch wegen der Funktionen des Zolls im Zusammenhang mit dem grenzüberschreitenden Verkehr wichtig.

d) Bundespaßkontrolldienst

Der Bundespaßkontrolldienst ist im Zusammenhang mit dem Paßwesen zu sehen. Mehr als die Befugnisse zur Ausstellung von Reisepässen interessiert hier die auch kriminalistisch nicht unwichtige Paßkontrolle, insb. die Paßnachschau bei Ein- und Ausreise.

Schewek: Organisation und Aufgaben des Bundes-Paßkontrolldienstes – Kriminalistik 1956, S. 199 ff.; *Rüegg-Berg,* Ernst: Der Paß im Rechtssystem und sein strafrechtlicher Schutz – Kriminalistik 1960, S. 39 f., 85 ff.

Die Paßkontrolle bei Grenzübertritt wurde im Deutschen Reich erst 1914 eingeführt. Der Paßzwang führte zu einem besonderen Organ, einer von den Ländern eingerichteten Grenzpolizei, welche die Paßnachschau jedenfalls an den wichtigeren Grenzübergängen durchführte. Der Zoll, der dies an anderen Übergängen bereits seit 1921 tat, übernahm 1924 auch die Hauptübergänge. Erst 1934 schuf die Geheime Staatspolizei wieder eine Grenzpolizei, die zumindest für die wichtigen Grenzübergänge zuständig war. Nach dem Zusammenbruch des Deutsches Reiches lag das Paßwesen in den Händen der Besatzungsmächte, die nach und nach in unterschiedlicher Weise deutsche Organe damit beauftragten. Nach einer gewissen Vereinheitlichung ging das Paßwesen erst 1951 auf die Bundesrepublik über.

Die gesetzliche Grundlage für den Bundespaßkontrolldienst bildet heute das Gesetz über den Bundesgrenzschutz und die Einrichtung von Bundesgrenzschutzbehörden vom 16. März 1951 (BGBl I-201). Durch Organisationserlaß des Bundesministeriums des Innern vom 19. Sept. 1951 wurde ein Bundespaßkontrolldienst mit Paßkontrolldirektionen als Bundesmittelbehörden eingerichtet. Ihnen unterstehen Paßkontrollämter, diesen die Paßkontrollstellen.
Aufgabe der Paßkontrollbehörden ist es, das Bundesgebiet zu sichern durch Paßnachschau und Verhindern verbotenen Grenzübertritts bzw. Zurückweisung unerwünschter Personen und dergl. sowie durch Fahndung nach gesuchten Personen.

Obwohl der Bundespaßkontrolldienst für alle Grenzübergänge zuständig ist, werden seine Funktionen an weniger wichtigen Übergängen auf Grund einer Verwaltungsvereinbarung von Zollbeamten wahrgenommen; in bestimmten Fällen sind auch Absprachen mit der Wasserschutzpolizei getroffen worden.

Wichtig ist es, da ein Sichtvermerk (Visum) heute in vielen Fällen nicht mehr nötig ist, bei der Nachschau festzustellen, ob der vorgelegte Paß oder Ausweis echt und noch gültig ist. Die Liberalisierung im ständig zunehmenden internationalen Reiseverkehr muß durch besondere Sorgfalt bei der Kontrolle ausgeglichen werden, welche bei steigendem Umfang nur mithilfe technischer Mittel zu erzielen ist. Zusammenarbeit mit dem Bundespaßkontrolldienst ist nach allem außer bei der Fahndung nach gesuchten Personen auch aus präventiven Gründen und wegen der bei der Kontrolltätigkeit anfallenden Informationen für die Strafverfolgungsorgane wichtig.

e) Betriebssicherungsdienst der Deutschen Bundespost

Sinn und Zweck des Betriebssicherungsdienstes der Deutschen Bundespost, früher auch Postüberwachungsdienst bzw. Betriebsüberwachungsdienst der Post genannt, ist es, kurz gesagt, die Sicherheit und Zuverlässigkeit des Postdienstes zu garantieren.

Neueres Schrifttum über diese Materie findet sich wohl vor allem deshalb nicht, da es sich bei der Betriebssicherung um einen postinternen Aufgabenbereich handelt, der infolgedessen im wesentlichen nur durch interne Dienstanweisungen – vor allem durch die Dienstanweisung für Betriebssicherung (DA BS) von 1965 – geregelt wird.

Daß die im Betriebssicherungsdienst tätigen Beamten der Bundespost aber keineswegs nur behördenintern, sondern auch in Strafsachen tätig werden, ergibt sich schon daraus, daß bestimmte in diesem Sonderdienst der Post arbeitende Beamte durch gleichlautende Verordnungen der Bundesländer generell zu Hilfsbeamten der Staatsanwaltschaft im Sinne von § 152-Abs. II GVG bestellt worden sind. Da diese Befugnisse jedoch von der Bundespost z. T. im Interesse besonderer Sicherheit behördenintern beschränkt worden sind und man überdies nicht immer klar zwischen behördeninternen, u. U. disziplinären Maßnahmen und vorbereitenden oder unterstützenden Ermittlungen für ein Strafverfahren unterscheiden kann, erscheinen in diesem Rahmen einige Ausführungen als angezeigt, soweit sich die Materie aus den genannten Gründen in ihren Konsequenzen für die Strafrechtspflege überhaupt überblicken läßt. Immerhin sollte klar sein, daß die Strafverfolgungsorgane bei Straftaten im Postbereich einmal schon aus rechtlichen Gründen auf die Mitwirkung von Postbeamten angewiesen sind, sofern sonst das Postgeheimnis verletzt werden könnte, und sich zum anderen eine solche Mitarbeit von Postbeamten wegen der mannigfachen Besonderheiten des Postwesens auch aus tatsächlichen Gründen als zweckmäßig erweist.

Wie früher das Referat Rechtsangelegenheiten und Postüberwachung im Bundesministerium für das Post- und Fernmeldewesen, so leitet heute das Referat für Postrecht und Betriebssicherung in diesem Ministerium den Betriebssicherungsdienst. Dem Ministerium unmittelbar unterstellt ist das Posttechnische Zentralamt in Darmstadt, welches über eine Zentralstelle für Betriebssicherung verfügt; diese hat die anfallenden, gewissermaßen kriminaltechnischen Untersuchungen durchzuführen. Im übrigen sind bei der Organisation des Betriebssicherungsdienstes der Deutschen Bundespost zwei Stufen zu unterscheiden: die regional auf der Ebene der Oberpostdirektionen arbeitenden „Bezirksbeamten für Betriebssicherung", die vor allem auch die Außendienstaufgaben wahrzunehmen haben, und die lokal tätig werdenden „örtlichen Beamten für Betriebssicherung".

Es gibt nicht nur postinterne Vorschriften für Qualifikation und Mindestalter dieser Beamten, sondern man verlangt bei deren Anwendung zusätzlich zu den Verordnungen der Bundesländer eine gewisse Zeit praktischer Erfahrung, bevor dem betreffenden Beamten die Befugnis eines Hilfsbeamten der Staatsanwaltschaft in seinem Dienstausweis bescheinigt wird. Eine solche Zurückhaltung der Post ist jedoch im Interesse korrekter Dienstausübung nur zu begrüßen.

Die Aufgabe des Betriebssicherungsdienstes der Deutschen Bundespost, der außer verwaltungsinternen zugleich auch strafprozessuale Maßnahmen durchzuführen hat, ist vereinfachend gesagt der Schutz des Post- und Fernmeldewesens, wobei es außer auf das verfassungsrechtlich geschützte Postgeheimnis vor allem darauf ankommt, sowohl die Dienstkräfte der Post als auch deren eigenes sowie ihr anvertrautes fremdes Vermögen vor Gefahr und Schaden zu bewahren. Der Betriebssicherungsdienst hat also im gesamten Wirkungsbereich der Post präventive und repressive Aufgaben, die sich teilweise mit denen der Strafverfolgungsorgane decken.
Im repressiven Bereich der Ermittlungen bedeutet dies, daß die Beamten des Betriebssicherungsdienstes bei der Aufklärung von Straftaten im Postbereich tätig werden. Das geschieht keinesfalls nur auf Anweisung der zuständigen Staatsanwaltschaft an ihre Hilfsbeamten im Einzelfall oder ein entsprechendes Amtshilfeersuchen der Kriminalpolizei, sondern kann ebenso aus eigener Initiative erfolgen, weil die Stellung eines Hilfsbeamten solche Befugnisse beeinhaltet, wie sie diesen u. a. durch außerordentliche Kompetenz bei Zwangsmitteln durch die Strafprozeßordnung zuerkannt wird (vgl. z. B. §§ 81 a, 81 c, 94, 98, 102,103, 105 StPO).
Über die lange Zeit strittige Frage, inwieweit die Beamten des Betriebssicherungsdienstes nicht nur befugt, sondern zum Einschreiten und insb. zur Einschaltung der Staatsanwaltschaft, d. h. zu einer Strafanzeige, sogar verpflichtet sind, scheint inzwischen weitgehend Einigkeit erzielt worden zu sein. Die Praxis läßt zumindest auf eine sinnvolle und auch rechtlich unbedenkliche Handhabung schließen.

Klar ist einmal, daß die Beamten der Betriebssicherung verpflichtet sind, in denjenigen Strafsachen im Postbereich zu ermitteln, in denen sie als Hilfsbeamte von der zuständigen Staatsanwaltschaft dazu angewiesen worden sind. Ebenso wie in diesen Fällen gebührt der Staatsanwaltschaft die Entscheidung, wenn die Beamten bei Ermittlungen aus eigener Initiative von den Befugnissen eines Hilfsbeamten – z. B. durch Anwendung strafprozessualer Zwangsmittel – Gebrauch gemacht haben. Die Pflicht zur Amts- und Rechtshilfe wird in allen diesen Fällen mithin lediglich dadurch begrenzt, daß dabei nicht das Post- oder Fernmeldegeheimnis verletzt werden darf.
Zum anderen aber ist zu beachten, daß selbst die Tätigkeit der zu Hilfsbeamten bestellten Beamten der Betriebssicherung auch dann zunächst noch „behördenintern" ist, wenn im konkreten Fall der Verdacht einer strafbaren Handlung besteht. Grundsätzlich hängt es hier also, was angesichts der besonderen Situation verständlich ist, vom Dienstrecht ab, ob und wann die staatlichen Strafverfolgungsorgane durch eine Strafanzeige einzuschalten sind. Kann man insoweit also nicht das für die Strafverfolgungsorgane maßgebende Legalitätsprinzip auf die Betriebssicherung übertragen, so erscheint doch auch für Fälle von Ermittlungen aus eigener Initiative inzwischen eine vernünftige Regelung erzielt worden zu sein.
Wie seit jeher schalten die Postbeamten zumindest beim Verdacht einer schweren Straftat (Mord, Raub, Brandstiftung usw.) sofort die staatlichen Strafverfolgungsbehörden ein. Dasselbe geschieht aber auch in vielen anderen Fällen von Tatverdacht, wenngleich hier wohl etwas differenziert wird und eine Anzeige sowie Abgabe an die Staatsanwaltschaft teilweise erst nach Abschluß der eige-

nen Ermittlungen erfolgen. Dies gilt vor allem für diejenigen Fälle, auf welche sich das besondere Interesse der Post und damit die Ermittlungstätigkeit der Betriebssicherung zu konzentrieren scheinen. Hierbei handelt es sich um diejenigen Taten, welche den Postverkehr und damit die Sicherheit des Postwesens unmittelbar betreffen wie Diebstahl und Unterschlagungen von Posteigentum oder -gut, Untreue im Postbereich, sich darauf beziehende Fälle von Begünstigung und Hehlerei, Betrug und Automatenmißbrauch, Urkundendelikte im Zusammenhang mit dem Postverkehr sowie die Verletzung von Privat- und Amtsgeheimnissen. Während bei anderen Straftaten also ebenfalls und regelmäßig alsbald Kriminalpolizei oder Staatsanwaltschaft eingeschaltet werden, ist in den vorgenannten Ermittlungssachen eine andere Handhabung angezeigt. Denn einerseits erscheint aus tatsächlichen Gründen ein Mitwirken von Postbediensteten unerläßlich und gebieten andererseits, insb. was Angehörige der Post anlangt, auch sonstige Gründe eine differenzierende Behandlung. Jedenfalls wird in diesen Fällen in der Regel erst nach Abschluß der Ermittlungen durch Beamte für Betriebssicherheit über die Einschaltung der Strafverfolgungsorgane entschieden. Diese Frage wird bei postfremden Tatverdächtigen eigentlich immer bejaht, wie insb. die sogen. Massendelikte des Postbereichs (u. a. Beschädigungen von Briefkästen, öffentlichen Münzfernsprechern) zeigen, die nahezu formularmäßig abgewickelt werden. Dasselbe geschieht aber auch, wenn sich bei einem Postbediensteten der Verdacht einer nicht ganz unerheblichen Straftat als begründet zu erweisen scheint; immerhin kann hier der Gesichtspunkt der Fürsorgepflicht des Dienstherrn oder der konkurrierenden Disziplinargewalt zu einer differenzierenden Entscheidung des dafür zuständigen höheren Beamten führen.
Insgesamt handelt es sich also nur um einen kleinen Teilbereich, in welchem die Doppelfunktion der Beamten der Betriebssicherheit möglicherweise die Einleitung eines Strafverfahrens gegen einen Postbediensteten verhindert.

Bald noch wichtiger aber dürfte die Arbeit des Betriebssicherungsdienstes der Deutschen Bundespost im Bereich der Verbrechensvorbeugung – der Prävention – sein. Denn anscheinend hat die Post, was den Schutz von Personen und Sachen in ihrem Bereich anlangt, recht detaillierte Sicherheitsvorschriften erlassen, deren Einhaltung diese Beamten ständig zu überwachen haben, um im übrigen für deren Verbesserung zu sorgen.

Einmal ist hier auf die vielfältigen Formen der Gebäudesicherung und Sicherungsmaßnahmen für Kasse und besondere Wertsachen, insb. auch Geldtransporte hinzuweisen, wobei außer an Alarmanlagen auch an Kontroll- und Wachpersonal zu denken ist. Zum anderen sind mannigfache organisatorische Sicherheitsvorschriften zu erwähnen, welche das Verhalten von Postbediensteten (einschl. Alarmplänen) deren Duldungspflichten sowie Grundsätze für Führung und Gebrauch von Waffen enthalten.
Es versteht sich, daß diese präventiv gedachten Sicherungen, selbst wenn sie die Begehung einer Straftat im Einzelfalle nicht verhindern können, die Ermittlungen nicht selten erheblich erleichtern und so zu schneller Überführung des Rechtsbrechers beitragen.

Nach allem sollten Kriminalpolizei und Staatsanwaltschaft nicht nur bei Ermittlungen in einschlägigen Strafsachen eng mit den Beamten für Betriebssicherung zusammenarbeiten, ohne deren Mitwirkung oft ohnehin nicht voranzukommen ist, sondern sollte man gerade auch im Interesse der vorbeugenden Verbrechensbekämpfung enge Kooperation mit dem Betriebssicherungsdienst der Deutschen Bundespost anstreben.

f) Bergpolizei

Maßgebend für die Bergpolizei, deren Funktionen von den Bergbehörden und ihren Beamten wahrgenommen werden, sind die Berggesetze der einzelnen Bundesländer, auf die in diesem Rahmen naturgemäß nicht näher eingegangen werden kann.

Die Bergbehörden sind für alle Bergbauanlagen einschließlich der Erdöl- und Erdgasförderung sowie für Aufbereitungs- und Weiterverarbeitungsanlagen zuständig; eingeschlossen sind dabei ferner Nebenanlagen wie Kraftwerke, wenn sie mit dem Bergbau in betrieblichem und räumlichem Zusammenhang stehen. Als Bergbehörden fungieren in der Bundesrepublik Deutschland die Landwirtschaftsminister, denen als Mittelbehörden Oberbergämter und auf der unteren Ebene Bergämter nachgeordnet sind.

Ebenso wie es für die norddeutschen Bundesländer nur das Oberbergamt Clausthal-Zellerfeld und in Baden-Württemberg nur ein Bergamt gibt, ist die untere Ebene in den einzelnen Ländern unterschiedlich gestaltet, die Zahl der Bergaufsichtsbeamten demzufolge verschieden groß. Während dem für das Land Bayern zuständigen Oberbergamt München drei Bergämter mit 13 Bergaufsichtsbeamten unterstehen, sind dem nordrhein-westfälischen Oberbergamt Dortmund 13 Bergämter mit 134 Bergaufsichtsbeamten nachgeordnet.

Aufgabe der Bergpolizei ist es, den Bergbau polizeilich zu beaufsichtigen, d. h. die Sicherheit der Bauten, des Lebens und der Gesundheit der Arbeiter und dergl. zu gewährleisten. Die wesentlichste Aufgabe der Bergbehörden ist bei allem mithin die Gefahrenabwehr. Diese Behörden sind deshalb für bergpolizeiliche und versicherungsrechtliche Untersuchungen aller Betriebsunfälle und Verstöße gegen bergrechtliche Vorschriften zuständig.

Der Aufsicht der Bergbehörden unterliegen neben dem Aufsuchen und Gewinnen aller Mineralien im Tiefbau dieselben Arbeitsvorgänge bei bestimmten anderen Mineralien im Tief- und auch Tagebau. Ihre Aufsichtspflicht erstreckt sich ferner auf die Aufbereitungsanlagen, Salinen, Weiterverarbeitungsanlagen und sonstige Nebenanlagen des Bergbaus. In einzelnen Bundesländern zählt dazu die in noch betriebenen oder ehemaligen Bergwerken erfolgende Abfallbeseitigung sowie die unterirdische Ablagerung von radioaktivem Müll.

Im Rahmen ihrer Zuständigkeit haben die Bergbehörden als Bergpolizei bei Verdacht strafbaren Handelns in gleicher Weise wie die Polizei nach § 163 StPO zu ermitteln. Die technischen Bergaufsichtsbeamten sind daher durch das Landrecht zu Hilfsbeamten der Staatsanwaltschaft (§152 GVG) bestellt worden. Natürlich arbeiten die Bergbehörden nicht unabhängig und isoliert von den anderen Strafverfolgungsorganen. Ebenso wie für eine Anklageerhebung die Staatsanwaltschaft eingeschaltet werden muß, ist beispielsweise die Kriminalpolizei außer bei politischen Straftaten (insb. Staatsschutzdelikten) und Sprengstoffdelikten auch bei strafbaren Handlungen, die nicht mit dem technischen Betriebsablauf zusammenhängen, oder bei Selbstmord sofort einzuschalten. Auch sonst wird früher oder später oft eine Mitwirkung der zuständigen Kriminalpolizei angezeigt sein. Umgekehrt aber sind die anderen Strafverfolgungsorgane und damit die Kriminalbeamten, soweit die Ermittlungen mit den technischen Problemen des Bergbaus zusammenhängen, auf die Unterstützung der mit diesem Bereich besonders vertrauten Experten der Bergbaubehörden angewiesen.

Wegen der Besonderheit strafprozessualer Ermittlungen im Zusammenhang mit dem Bergbau mußte hier auf die bergpolizeilichen Funktionen dieser Behörden und Beamten hingewiesen werden, die ersichtlich nicht nur von sich aus tätig werden müssen, sondern zugleich wichtige Helfer für andere Strafverfolgungsorgane darstellen. Das gilt ebenso für Verfahren, die ihren Schwerpunkt im Bereiche des Bergbaus haben, als auch für solche, die dieses Spezialgebiet berühren. Zudem können Experten der Bergbehörden u. U. auch als Sachverständige in Strafsachen fungieren. Und schließlich darf nicht verkannt werden, daß ein wesentlicher Teil der Arbeit von Bergbehörden präventiven Charakter hat. Dies gilt sowohl für Prüfungen geplanter Aktivitäten im Bergbau als auch für Kontrollen, die in einschlägigen Betrieben in bestimmten Zeitabständen routinemäßig oder aus besonderem Anlaß durchgeführt werden; sie erfolgen übrigens auch nach Stillegung derartiger Betriebe. Gerade diese Tätigkeit der Bergbehörden, welche Unfälle und damit Strafverfahren zu vermeiden sucht, ist nicht hoch genug zu veranschlagen. Deshalb sollte der Kriminalist in Gebieten mit Bergbautätigkeit im geschilderten Sinne auf eine enge Zusammenarbeit mit den Bergbehörden Wert legen.

III. Aus- und Fortbildung der Kriminalbeamten

Wesentlich für eine wirksame Tätigkeit der Kriminalpolizei im Rahmen der repressiven und präventiven Bekämpfung der Kriminalität sind nicht nur die bei einer zweckmäßigen Organisation verfügbaren Sachmittel sowie die Zahl – die Quantität – der personellen Mittel, sondern vor allem deren Qualität. Damit aber gewinnen Fragen der Aus- und Fortbildung der Kriminalbeamten besonderes Gewicht.

Sicherlich sind bei manchen Kriminaldienststellen personelle Engpässe zu verzeichnen, welche sich auch durch bessere Organisation oder eine kriminalpolitisch anders geartete Schwerpunktbildung nicht beseitigen lassen. Dennoch ist es auf das Ganze gesehen gefährlich, bei auftauchenden Schwierigkeiten das Heil allein in einer Aufstockung des Personalbestandes zu suchen. Denn eine vergrößerte Personalstärke bringt nicht nur häufig andere Probleme mit sich, sondern bewirkt – vor allem überhastet herbeigeführt – nicht gar so selten, daß man bei Einstellungen und Beförderungen auf weniger qualifizierte Bewerber zurückgreift; das aber vermindert nicht nur die Qualität, sondern vergrößert zumindest den Bedarf aus Aus- und Fortbildung.
Kommt es somit auch für die Kriminalpolizei letztlich mehr auf Qualität als auf Quantität an, was das Gewicht von Auswahl sowie Aus- und Fortbildung unterstreicht, sollte auf der Hand liegen, daß der Staat, der eine besondere Qualifikation von seinen Kriminalbeamten verlangt, daher für entsprechend eingestufte Planstellen und eine diesen angemessene Besoldung zu sorgen hat.

Die nunmehr zu behandelnden Gegebenheiten und Erfordernisse der Aus- und Fortbildung hängen nicht zuletzt von der Vorbildung und damit der Einstellung in den Kriminaldienst ab. Obwohl diese Dinge in manchen Staaten vergleichbar oder doch ähnlich liegen dürften, müssen sie hier für die deutschen Verhältnisse doch etwas breiter behandelt werden.

Gemmer, Karlhein: Schulung und Spezialausbildung der Kriminalbeamten – in: TbKrim Bd. VIII, S. 311 ff. (1958); *Beranek,* Sepp: Neue Wege gehen. Ausbildung und Laufbahn der Kriminalpolizei bedürfen einer grundlegenden Änderung – Kriminalistik 1961, S. 218 ff.; *Schwagerl,* H. J.: Schwächen der deutschen Kriminalpolizei – Kriminalistik 1961, S. 431 ff.; *Beuter,* Rudi: Neue Wege gehen. Wunsch und Wirklichkeit – Kriminalistik 1963, S. 341 ff.; *Beuter,* Rudi: Neue Wege gehen. Eine Entgegnung . . . – Kriminalistik 1964, S. 192 ff.; *Pfister,* Wilhelm: Zur Situation der deutschen Kriminalpolizei. Ein Beitrag zur Frage der Auswahl und Ausbildung von Kriminalbeamten – Kriminalistik 1967, S. 570 ff.; *Hamacher,* Werner: Die Ausbildung der Kriminalbeamten – Kriminalistik 1968, S. 129 ff.; *Bauer,* Günther: Zur Ausbildung des Kriminalbeamten – Kriminalistik 1968, S. 383 ff.; *Brugger,* Siegfried: Das Leitbild des Kriminalbeamten. Versuch einer an den Realitäten orientierten Darstellung – in: TbKrim Bd. XIX, S. 311 ff. (1969); *Brugger,* Siegfried: Das Laufbahnrecht der Kriminalpolizei des Bundes – Entwicklung, Vergleiche, Änderungsvorstellungen – in: TbKrim Bd. XIX, S. 337 ff. (1969); *Tolksdorf,* Herbert: Ausbildung von Kriminalbeamten – heute und morgen? – in: Grundlagenforschung und Kriminalpolizei, hrsg. v. Bundeskriminalamt, Wiesbaden 1969,

S. 103 ff. (= Kriminalistik 1969, S. 285 ff., 344 ff.); *Stümper,* Alfred: Das Berufsbild der Polizei heute – Kriminalistik 1969, S. 225 ff.; *Rössmann,* Egon: Polizei-Institut Hiltrup wird Akademie – Kriminalistik 1969, S. 582 ff.; *Rosenow,* Ernst: Berufsbild des Kriminalbeamten – Kriminalistik 1970, S. 561 ff.; *Hornthal,* Steffen: Ein Beitrag zum intellektuellen Berufsbild des Kriminalbeamten – der kriminalist 1970/H. 12/S. 5 ff.; *Ullrich,* Johannes: Der Versuch eines Vergleichs. Kriminalpolizei, freie Berufe, andere öffentliche Verwaltungen und Schutzpolizei – der kriminalist 1971, H. 2, S. 28 ff.; *Wallat,* Günter: Vom Polizeiinstitut zur Polizei-Führungsakademie – Kriminalistik 1972, S. 72 ff.; *Rückert,* Otto: Hiltrup – Führungsakademie der Polizei – Die Neue Polizei 1972, S. 83 ff.; *Sobek,* Raimund: Zur Aus- und Fortbildungsreform für die Kriminalpolizei des mittleren Dienstes – Die Polizei 1972, S. 380 ff.; *Jendrsczok,* Harro: Aspekte einer qualitativen Personalauslese und einer Qualifikationsverbesserung des Personals bei der (Kriminal)-polizei – der kriminalist 1974, S. 592 ff., 651 ff.; 1975, S. 11 ff.; *N. N.:* Das Berufsbild des Kriminalbeamten – der kriminalist 1975, S. 238 ff.; *Bauer,* Günther: Ausbildung und Fortbildung im Saarbrücker Gutachten über das Berufsbild der Polizei. Bericht und Kritik – der kriminalist 1976, S. 260 ff.; *Hepp,* Robert: Die Professionalisierungschancen von Schutzpolizei und Kriminalpolizei. Ergebnisse der Untersuchung über das „Berufsbild des Polizeivollzugsbeamten" – der kriminalist 1977, S. 62 ff.; *Bleck,* Siegfried: Standort und Stellung der Landespolizeischulen im bildungspolitischen und polizeilichen Umfeld – Die Neue Polizei 1977, S. 123 f., 137 ff.; *Thomas,* Norbert: Plädoyer für eine einheitliche polizeiliche Ausbildung – der kriminalist 1977, S. 647 ff.

Alle diese Probleme setzen voraus, daß wir uns zuvor einen gewissen Überblick über die Laufbahnen in der Kriminalpolizei verschaffen, weil im Hinblick darauf differenziert werden muß. Denn die im 19. Jahrhundert aus der Polizei hervorgegangene und somit seit rund 100 Jahren mehr oder weniger verselbständigte deutsche Kriminalpolizei weist insoweit mancherlei Besonderheiten gegenüber anderen Polizeibehörden auf, da diese Sonderstellung nicht auf Prestigegedanken zurückzuführen ist, sondern die Folge einer tatsächlichen Entwicklung im Bereich der Kriminalität und ihrer Bekämpfung darstellt.

1. Vorbildung. Einstellung

Die damit verbundenen Aufgaben erfordern naturgemäß spezielle Vor- und Ausbildung, weshalb es heutzutage nicht mehr möglich erscheint, den Nachwuchs für den Kriminaldienst allein aus den Reihen der uniformierten Polizei zu gewinnen. Vielmehr hat die Kriminalpolizei in Deutschland ebenso wie in anderen Ländern ihren jetzigen Stand nur dadurch erreichen können, daß der Kriminaldienst als eine Sonderlaufbahn aufgefaßt und anerkannt worden ist. Darauf haben die einschlägigen Gesetze und Verordnungen immer Rücksicht genommen; erst in letzter Zeit sind in einzelnen Bundesländern seltsame Tendenzen zu beobachten, die – mit dem Schlagwort der „Einheitspolizei" gekennzeichnet – dieses anscheinend zu ignorieren suchen. Doch dürfte ein solcher Rückschritt in das 18. Jahrundert auf lange Sicht kaum Aussicht auf Erfolg haben.
Bei den **Laufbahnen** der deutschen Kriminalpolizei ist es nicht mit dem Hinweis getan, daß neben Kriminalpraktikern in zunehmendem Maße auch Wissenschaftler oder wissenschaftlich vorgebildete Spezialbeamte im Kriminaldienst beschäftigt werden. Vielmehr muß ungeachtet der zu verzeichnenden fachlichen Spezialisierung die gegenwärtige Situation hier etwas allgemeiner beleuchtet werden.

N. N.: Die Lage. Die Situation im Laufbahnwesen der Kripo – der Kriminalist 1972/H. 3/S. 7 ff.

Der höhere Kriminaldienst (Kriminalrat usw.) setzt sich aus sog. Aufstiegsbeamten und denjenigen zusammen, die nach einem abgeschlossenen Studium oder nach abgeschlossener Ausbildung und ggf. Tätigkeit in bestimmten Berufen in die Kriminalpolizei eingetreten sind.

Beim Bund verlangt man von Bewerbern für den höheren Dienst bei einem Höchstalter von 32 Jahren ein abgeschlossenes Hochschulstudium kriminologisch-kriminalistischer oder vergleichbar förderlicher Ausrichtung.

Da im übrigen Kriminalbeamte besondere Aufgaben zu erfüllen haben, sind sie als Sachbearbeiter zu werten. Obwohl das eigentlich den Voraussetzungen für den mittleren gehobenen Dienst (Inspektor, Kommissar usw.) genügen sollte, sind anders als im Bund bei den Ländern immer noch viele Kriminalbeamte im mittleren Dienst (Sekretär usw.) tätig. In den Ländern liegt das z. T. wohl daran, daß man mancherorts an der früheren Einheitslaufbahn für Schutz- und Kriminalpolizei festzuhalten oder diese Vorstellungen neu zu beleben sucht, obwohl dies wegen der weithin doch ganz verschiedenartigen Aufgabenbereiche als unzweckmäßig anzusehen ist. Obgleich befähigten Beamten der Schutzpolizei – wie gesagt – ein Wechsel zur Kriminalpolizei möglich bleiben sollte, darf man daraus doch kein Prinzip machen, das nicht mehr in unsere Zeit paßt.

Der Bund setzt beispielsweise bei Bewerbungen für den gehobenen Kriminaldienst Hochschul- oder Fachhochschulreife, Realabschluß sowie erfolgreiches Absolvieren eines Lehrgangs an einer Fachschule von Bundeswehr oder Bundesgrenzschutz sowie ein Höchstalter von 32 Jahren voraus.

Über die fachliche Spezialisierung innerhalb dieser Laufbahn herrschen weithin noch Unklarheit und Streit, obwohl diese Materie wichtig ist, um beispielsweise die Geeignetheit einer Vorbildung beurteilen zu können.
Eine in der Praxis z. T. nicht unwichtige Streitfrage ist die, wer über die Voraussetzungen und damit über die **Einstellung in den Kriminaldienst** zu entscheiden hat; denn hier sind Regelungen und Handhabungen nicht einheitlich, obwohl zumindest klar sein sollte, daß jedenfalls die fachliche Qualifikation der Bewerber nur von Kriminalbeamten fundiert beurteilt werden kann. Außer um das für die angestrebte Sparte des Kriminaldienstes fachlich Notwendige oder Wünschenswerte streitet man sich noch mehr als über die persönlichen Voraussetzungen über diejenigen Kriterien und Methoden (z. B. Tests), welche für derartige Prüfungen ausschlaggebend sein sollen.

Ottinger, Emil: Zur Personalauslese in der Kriminalpolizei – in: Grundlagenforschung und Kriminalpolizei, hrsg. v. Bundeskriminalamt, Wiesbaden 1969, S. 91 ff.; *Kleinschmidt,* Friedrich: Auslese und Schulung für den Kriminaldienst – Kriminalistik 1970, S. 87 f.; *Krüger-Thiemer,* O. F.: Die Eignungsprüfung als Auslesemöglichkeit für den Kriminaldienst – Kriminalistik 1970, S.306 ff.; *Althoff,* Klaus: Zusammenhänge zwischen Ergebnissen von Eignungstests und beruflicher Bewährung – PFA 1/77 S. 6 ff.

Über die Einstellung wird gewöhnlich an Hand einer Prüfung entschieden, welche Möglichkeiten bieten soll, die Eignung des Bewerbers für Beruf und ggf. besondere Laufbahn zu beurteilen. Diese Prüfungen dauern in der Regel zwei Tage. Außer auf gute körperliche Verfassung und eine dem Ziel entsprechende Allgemeinbildung wird dabei auf diejenigen Eigenschaften und Fähigkeiten Wert gelegt, die sowohl für den Beruf des Krimianalbeamten im allgemeinen als ggf. auch für die angestrebte Laufbahn als wesentlich erscheinen.

Neben Auffassungs- und Beobachtungsvermögen spielen vor allem Konzentrationsfähigkeit und

Gedächtnis eine Rolle. Ferner wird Wert auf logisches Denken sowie auf Urteils- und Kritikfähigkeit gelegt.

Die dezentrale Organisation bewirkt allerdings z. T. erhebliche, aus der Sache selbst nicht verständliche Unterschiede in den einzelnen Ländern und beim Bund. Sie sollten aus den obengenannten Gründen (§ 27-II-3) baldmöglichst beseitigt werden.

2. Ausbildung

Von der sich an die Einstellung anschließenden Ausbildung soll im Folgenden zunächst nur im Sinne der Grundausbildung oder einer an die entsprechende Vorbildung anknüpfenden Spezialausbildung gesprochen werden.

Abgesehen wird auch hier wie im folgenden von den keineswegs glücklichen Konsequenzen der dezentralen Organisation der deutschen Kriminalpolizei für das Ausbildungswesen. Neben zentralen, insb. für Anwärter des höheren Dienstes und Spezialisten vorgesehenen Ausbildungsstätten wie der von Bund und Bundesländern gemeinschaftlich betriebenen Polizeiführungsakademie in Münster/ Westf., die außer für die Schutz- auch für die Kriminalpolizei zuständig ist, und dem Bundeskriminalamt in Wiesbaden gibt es zahlreiche Institutionen der Länder. Üblicherweise werden in derartigen Polizeischulen sowohl Schutzpolizei als auch Kriminalbeamte aus- und fortgebildet; bisher hat lediglich das Land Nordrhein-Westfalen in Düsseldorf eine eigens dem Kriminaldienst vorbehaltene Landeskriminalschule eingerichtet. Weithin ist also das Bild auch in diesem Bereich noch sehr buntscheckig.

Zirpins, Walter: Über die Technik des Lernens – in: TbKrim Bd. XIV, S. 387 ff. (1964); *Stiebitz,* Fritz: Bildungslehre und Unterrichtspraxis der Polizei – Kl. Pol.-Bücherei Bd. 21 – 3. Aufl. – Lübeck 1965; *Stiebitz,* Fritz: Pädagogischer Rat für Ausbilder und Hilfslehrer – Kl. Pol.-Bücherei Bd. 30 – 2. Aufl. – Lübeck 1967; *Stiebitz,* Fritz: Psychologie im Polizeidienst und in der Polizeiausbildung – Die Neue Polizei 1972, S. 118 ff.; *Bauer,* Günther: Konzeption für die Ausbildung der Kriminalbeamten. Gründe für eine Spezialausbildung/Spezialisierter Aufgabenkatalog/Wandlung der in Bearbeitung/Ausblick in anstehende Entwicklung – der kriminalist 1974, S. 153 ff.

Sowohl für diese Ausbildung als auch für die später zu behandelnde Fortbildung ist es auch bei Kriminalbeamten wichtig, sich die Möglichkeiten und Techniken des Lernens vor Augen zu halten. Neben verschiedenen Auffassungstypen (visuell, akustisch oder auditiv, motorisch) sind vom Lehrenden gewisse Grundkenntnisse der Pädagogik zu beachten. Mehr als auf Stoffbeherrschung kommt es daher für den Lehrer auf klare, übersichtliche Darstellung, die vom Einfacheren zum Schweren fortzuschreiten pflegt, und auf Denk- bzw. Merkhilfen an. Der Lernende muß seinerseits zum Lernen geneigt gemacht werden, um die erforderliche Konzentration zu bewirken; je nach Auffassungstyp sind Üben und Wiederholen wichtig.
Neben dem Lehrstoff, der vom Ziel der Grund- oder Spezialausbildung abhängt, kommt es daher auf die Art der Darstellung an, die nicht zuletzt von den für den Praxisbezug besonders wichtigen Lehrmitteln abhängt.

Frei-Sulzer, M.: Die Lehrmittelsammlung. Eine moderne Form des Kriminalmuseums – Kriminalistik 1956, S. 272 ff.; *Wehrli,* S.: Experimente im Unterricht für gerichtliche Medizin und Kriminalistik – Kriminalistik 1959, S. 429 ff.; *Oehmke/Donat:* Die Lehrmittelsammlung der Berliner Kriminalpolizei – Kriminalistik 1961, S. 313 ff.; *Rößmann,* Egon: Über die Ausbildung in „Kriminologie" – Kriminalistik 1968, S. 15 ff.

In der Grundausbildung wird dem Bewerber dasjenige Wissen vermittelt, über welches er verfügen muß; neben der theoretischen Schulung sollte schon hier die praktische Schulung nicht zu kurz kommen.

Ungeachtet gewisser Unterschiede in Bund und vor allem in den Ländern kommt es für den Kriminaldienst vor allem auf folgende Fächer an: Kriminologie, Kriminalistik sowie gerichtliche Medizin und Psychiatrie, Strafrecht, Strafprozeßrecht. Neben Polizei- und Beamtenrecht wird ferner auch ein Überblick über andere Rechtsgebiete und über dienstlich einschlägige Bereiche wie Nachrichtenwesen, Waffenschulung und dergl. vermittelt.

In der Ausbildung ist außer auf die Körperschulung nicht zuletzt Gewicht darauf zu legen, daß die Persönlichkeit des Bewerbers in einer Weise entwickelt wird, welche von ihm die richtige Einstellung zu seinen beruflichen Aufgaben erwarten läßt.

Außer um Rechtsbewußtsein, Bemühen um Objektivität und um Menschenkenntnis geht es hier vor allem um Disziplin bei Verantwortungsfreudigkeit und Zivilcourage.

Die Dauer der Ausbildung beträgt für den mittleren Dienst je nach Ausgangslage und Bundesland 1–3 Jahre; ähnlich sind mit einer Ausbildung durch Lehrgang und durch Praxis die Verhältnisse im mittleren gehobenen Dienst. Eher noch unterschiedlicher ist die Ausbildung für den höheren leitenden Dienst. Während Aufstiegsbeamte nur einen Ratsanwärterlehrgang von einem Jahr zu absolvieren haben, sind die Unterschiede bei einem „Einstieg von der Seite“ größer.

Das buntscheckige Bild der Ausbildung von Kriminalbeamten in den Bundesländern hängt selbstverständlich mit dem infolge der föderativen Struktur entsprechend vielgestaltigen Laufbahnrecht zusammen. Während beim Bund nur noch für den gehobenen und höheren Dienst ausgebildet wird, ist das zwar in Berlin und Nordrhein-Westfalen ebenso; dort gibt es aber noch eine Vielzahl von Beamten des mittleren Dienstes. Aber auch in denjenigen Bundesländern, die noch für den mittleren Dienst ausbilden, gibt es beträchtliche Unterschiede. Überwiegend ist die Eingangsstelle für Kriminalbeamte die Besoldungsgruppe A 7, in Niedersachsen aber bildet man beispielsweise noch für die Besoldungsgruppe A 5 aus. Es versteht sich, daß bei dieser Situation hier wie im gehobenen Dienst auch in der Ausbildung selbst so erhebliche Divergenzen bestehen, daß unterschiedliche Qualifikation gleichrangiger Kriminalbeamter und damit auch Schwierigkeiten der Zusammenarbeit in der Praxis notwendige Folgen sind.

Die Ausbildung für den höheren Dienst, die man bei Aufstiegsbeamten allerdings auch als Fortbildung werten könnte, erfolgt als Gemeinschaftsaufgabe von Bund und Ländern seit 1973 auf Grund eines für die gesamte Polizei am 28. Apr. 1972 geschlossenen Abkommens in der Polizei-Führungsakademie in Hiltrup bei Münster/Westf.
Für besondere Sparten des Kriminaldienstes gibt es allerdings Spezialkurse im Bundeskriminalamt, an welchen außer Bundes- auch Länderbeamte teilnehmen.

Hessel, Hans-Jürgen: Spezialausbildung im Bundeskriminalamt – Kriminalistik 1976, S. 267 f.

Im übrigen aber wird die Ausbildung der Kriminalbeamten des gehobenen und mittleren Dienstes, und das ist quantitativ der weitaus größte Komplex, als Angelegenheit des Bundes und der Länder z. T. doch recht unterschiedlich gehandhabt, was die spätere Arbeit und insb. Zusammenarbeit sicher nicht erleichtert.
Schon in dieser Grundausbildung kann u. U. eine für die Fortbildung typische Spezialisierung einsetzen; hier wird also mit der Grundausbildung zugleich der Anfang einer Spezial-

ausbildung verbunden. Dabei ist keineswegs nur an kriminaltechnische Experten wie Daktyloskopen usw. zu denken, sondern auch an Spezialausbildung z. B. für Wirtschaftsdelikte, Branddelikte, Wildereri, Jugendschutzsachen.

3. Fortbildung

Die Fortbildung der Kriminalbeamten kann in sehr verschiedener Weise erfolgen, wobei ganz von Aufstiegs- oder Laufbahnprüfungen abgesehen werden soll. Dasselbe gilt für die Eigeninitiative der Kriminalbeamten, die wegen der insgesamt gerade hier noch wenig befriedigenden Situation besonders wichtig ist.

Merkel, Helmut: Die Situation der Polizeilichen Fortbildung – Kriminalistik 1969, S. 508 ff.; *Rosenow,* Ernst: Fortbildung der Kriminalbeamten – Kriminalistik 1971, S. 183 f.

Eine gezielte Fortbildung, die Sache des jeweiligen Dienstherrn ist, kann außer durch Zuweisung entsprechender Aufgaben in der Praxis vor allem in zweifacher Form geschehen. Denn neben diesem Zweck dienenden besonderen Fortbildungskursen spielen nach wie vor Dinge wie Arbeitstagungen, Vorträge usw. eine erhebliche Rolle.
Trotz der bereits zu verzeichnenden, auf Spezialisierung bedachten Fortbildungskurse läßt sich in diesem Bereich sicher noch vieles tun. Es geht nicht nur darum, einen Beamten für besondere Aufgaben vor seinem Einsatz hinreichend zu schulen, sondern nicht gar so selten sind turnusmäßig zu wiederholende Kurse wichtig, um Spezialisten als solche auf dem laufenden, dem neuesten Stand, zu halten.
Ein erweitertes Fortbildungsprogramm, welches in das Laufbahnrecht eingebaut werden könnte, setzt neben einem entsprechenden personellen Polster aber auch der Sache angemessene Einrichtungen voraus. Dabei ist außer an zentrale Schulungen, wie sie z. Z. außer im Bundeskriminalamt und in der Polizeiführungsakademie Hiltrup durchgeführt werden, sicher auch an regionale Einrichtungen zu denken, die vor allem bei größerer Kapazität in Betracht zu ziehen sind. Obwohl diese regionalen Fortbildungsstätten selbstverständlich im Rahmen von Polizeischulen, die im übrigen mehr für die Schutzpolizei gedacht sind, organisiert werden können, dürfte sich doch jedenfalls für spezialisierende Fortbildungskurse, die wegen geringerer Kapazität eine zentrale Handhabung als angezeigt erscheinen lassen, eine speziell auf Kriminalistik und Kriminologie zugeschnittene Ausbildungsstätte empfehlen.

Auf einem anderen Blatt steht, ob man eine solche auch von mir vor Jahren (1969) vorgeschlagene „Akademie für Kriminalwissenschaften" nicht außer für Kriminalbeamte zugleich für eine entsprechende spezialisierende Aus- und Fortbildung von Staatsanwälten und Strafrichtern nutzen könnte. Lehrmittel und das bei wünschenswerter Qualität immer nur begrenzt verfügbare Lehrpersonal könnten so besonders wirksam eingesetzt werden.
Und selbstverständlich erscheint, daß auch in Fällen regional oder lokal gehandhabter Aus- und Fortbildung Lehrinhalte und Darbietung des Lehrstoffes einheitlichen Grundsätzen für das Bundesgebiet entsprechen sollten.

Dennoch ist dieser Weg von Fortbildungskursen wegen seiner Kontrollierbarkeit und Intensität den nunmehr noch kurz zu behandelnden Fortbildungsmaßnahmen sicher vorzuziehen.

Selbst wenn Fortbildungskurse der geschilderten Art vermehrt und intensiviert werden, so dürfte der bisher noch keineswegs üppige Anteil von Arbeitstagungen, Vorträgen und dergl. an der Fortbildung der deutschen Kriminalbeamten auch in Zukunft noch beträchtlich sein. Denn derartige Maßnahmen sind nicht nur ein gewisser, obwohl nicht vollwertiger Ausgleich für fehlende Fortbildungskurse, sondern können bei begrenztem Bedarf für bestimmte Zwecke sogar völlig ausreichend sein.

IV. Zur Tätigkeit in der Praxis

Die Tätigkeiten in der kriminalpolizeilichen Praxis, die in den Einzelheiten schon ausführlich behandelt worden sind, sollen uns nunmehr vor allem dem Gesamteindruck nach und im Zusammenhang mit den oben geschilderten Organisationsformen interessieren.

Schülert, Heinz: Zur Effektivität der kriminalpolizeilichen Arbeit – in: Grundlagenforschung und Kriminalpolizei, hrsg. v. Bundeskriminalamt, Wiesbaden 1969, S. 171 ff.; *Rupprecht,* Reinhard: Meßbarkeit kriminalpolizeilicher Arbeit – Die Polizei 1973, S. 113 ff.

Ein Kernstück der kriminalpolizeilichen Arbeit ist das Sammeln und Auswerten von Nachrichten. Dies hängt mit der Erkenntnis zusammen, daß der Delinquent in vielen Fällen seiner Verbrechenstechnik treu bleibt. Die Trennung der Kompetenzen in Bund und Ländern zwingt daher gerade hier ebenso wie in der eigentlichen Vollzugsarbeit – Fahndung, Tatortarbeit, Anwendung von Zwangsmitteln und Kriminaltechnik – zu enger und wirksamer Kooperation mehrerer Dienststellen und nicht selten verschiedener Kriminalpolizeibehörden.

1. Bund

Die kriminalpolizeilichen Aktivitäten des Bundes, der insoweit recht kurz weggekommen ist, obwohl seine Befugnisse auch im Bereich der Exekutive mit der Zeit etwas erweitert worden sind, konzentrieren sich bei der gegenwärtigen Organisation auf Bundeskriminalamt und Bundesgrenzschutz.

a) Bundeskriminalamt

Die Bedeutung des Beitrags, den das deutsche Bundeskriminalamt, dessen Schwerpunkt nach wie vor die Funktion einer meldedienstlichen Zentralstelle ist, zur kriminalpolizeilichen Verbrechensbekämpfung zu leisten hat, erkennen wir am besten, wenn wir uns kurz einige Zahlen vor Augen führen bzw. uns dabei einen gewissen Überblick über die Arbeit der einzelnen Abteilungen verschaffen.

Lach, Kurt: Bundeskriminalamt im Rahmen der Fahndung – Kriminalistik 1970, S. 228 ff.; *Gemmer,* Karlheinz: Das Bundeskriminalamt – Zentralstelle polizeilicher Verbrechensbekämpfung? – Kriminalistik 1973, S. 337.

Für das **Inland** diente das Bundeskriminalamt zunächst nur als Nachrichten- und Informationszentrale (dazu vgl. unten § 27-IV-3-a), der im übrigen eine mehr (über die „Arbeitsgemeinschaft der Leiter der Landeskriminalämter mit dem Bundeskriminalamt“) koordinierende Funktion bekam.

Im Frühjahr 1976 verfügte das Bundeskriminalamt über rund 2,3 Mio. Kriminalakten, 3,3 Mio. Karteikarten sowie 3,0 Mio. Fingerabdruckblätter. Hinzu kommen Fotos von etwas 1,5 Mio. Personen. – In das BKA-Rechenzentrum waren schon damals über 260000 Fahndungsersuchen nach Personen und über 300000 nach Sachen (94000 Kraftfahrzeuge,19000 Schußwaffen) eingegeben.

Das Bundeskriminalamt ist ferner für die seit 1953 erscheinende Polizeiliche Kriminalstatistik (§ 5-I-b) zuständig.

Gewisse Funktionen hatte und hat es überdies – wie alsbald auszuführen sein wird – im Rahmen der Aus- und Fortbildung von Kriminalbeamten. So führt es u. a. Arbeitstagungen durch, die neben der „Schriftenreihe des Bundeskriminalamts" publiziert werden. Diese vom „Kriminalistischen Institut" wahrgenommenen Aufgaben haben sich inzwischen jedoch – auch auf dem Gebiet der Forschung – erheblich vermehrt.

Philipp, Manfred: Das Kriminaltechnische Institut des BKA – Kriminalistik 1973, S. 105 f.

Im Bereiche der Kriminaltechnik war und ist der Erkennungsdienst im Hinblick auf daktyloskopisches Material eine wesentliche Obliegenheit dieses Amtes. Im übrigen unterhält es kriminaltechnische Einrichtungen, z. B. für Schußwaffen- und Handschriftenidentifizierung, von denen die Kriminalpolizei der Länder Gebrauch macht.

Nach dem Stande von 1976 gehen beim Kriminaltechnischen Institut jährlich etwa 20800 Untersuchungsanträge ein. Davon betreffen rund 13000 Anträge Schußwaffen oder Werkzeugspuren, etwa 5400 Handschriftenexpertisen. Das jetzt in einem Neubau untergebrachte Institut ist mit modernen Apparaten und Hilfsmitteln der Kriminaltechnik ausgerüstet (vgl. Abb. 27/12–27/14).

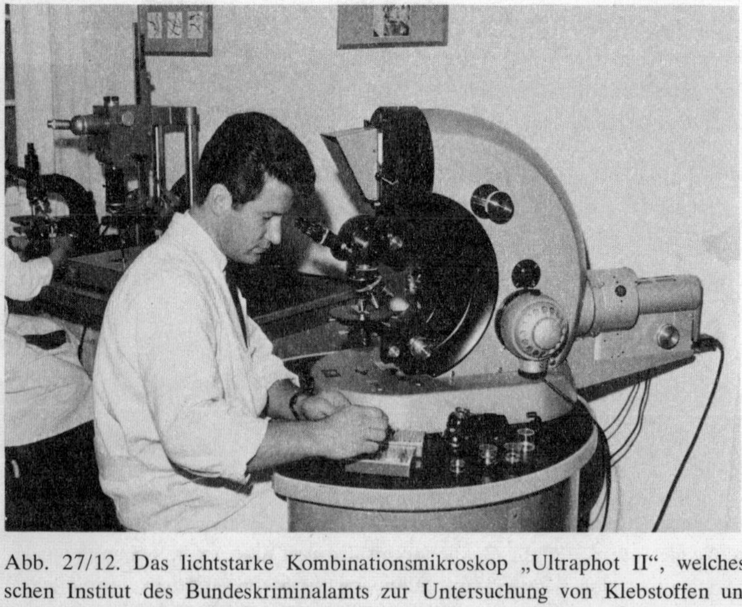

Abb. 27/12. Das lichtstarke Kombinationsmikroskop „Ultraphot II", welches im Kriminaltechnischen Institut des Bundeskriminalamts zur Untersuchung von Klebstoffen und zur Faserstrukturbestimmung von Papierproben benutzt wird.

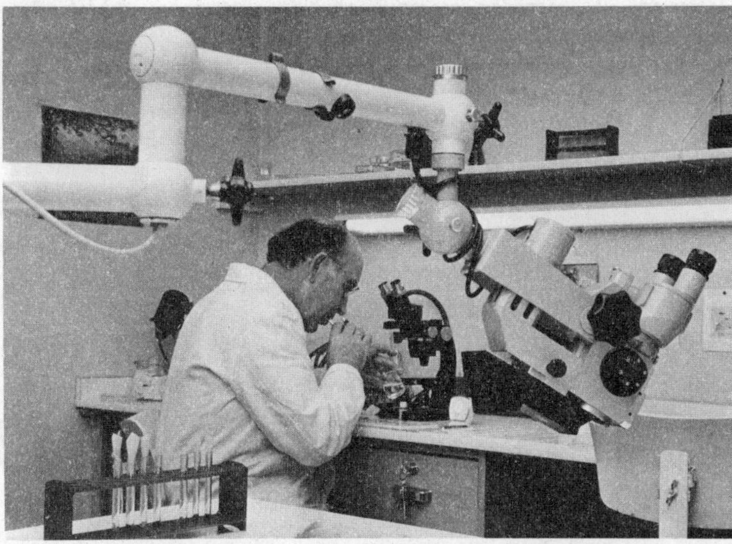

Abb. 27/13. Mkroskopische Untersuchung in der Fachgruppe Biologie. Rechts ein Biokularmikroskop, an welches ein oben sichtbares Betrachtungsgerät angeschlossen ist.

Abb. 27/14. Blick in einen Arbeitsraum des Kriminaltechnischen Instituts, in welchem biologisch-chemische Analysen durchgeführt werden.

Die Exekutivaufgaben des Bundeskriminalamts waren zunächst auf die Sicherheitsgruppe Bonn beschränkt. Ansonsten war das Bundeskriminalamt bei den Ermittlungen mehr eine Nachrichtenzentrale für die Fahndung, weil es hierfür wesentliche Karteien und Hilfen wie das Deutsche Fahndungsbuch zu betreuen hatte. Durch den Ausbau der Sicherungsgruppe Bonn und die Aufstellung von Spezialeinheiten – z. B. für Staatsschutzdelikte und zur Terroristenbekämpfung – hat inzwischen die Exekutivtätigkeit etwas zugenommen.

Im Hinblick auf das **Ausland,** d. h. für den internationalen Bereich, vertritt das Bundeskriminalamt die deutsche Kriminalpolizei in ihrer Gesamtheit. Es wird also der gesamte Schriftverkehr mit dem Ausland über Wiesbaden abgewickelt.

Dickopf: Die Stellung des Bundeskriminalamts im Rahmen der internationalen Vebrechensbekämpfung – in: Internationale Verbrechensbekämpfung, hrsg. v. Bundeskriminalamt., Wiesbaden 1960, S. 29 ff.

Eine wichtige Aufgabe des Bundeskriminalamts ist in diesem Zusammenhang die des Nationalen Zentralbüros der Interpol. Als solches steht es sowohl mit dem Generalsekretariat der Interpol in Paris als auch mit den Nationalen Zentralbüros der anderen Mitgliedsstaaten in ständigem Kontakt; dieser Auslandsverkehr wächst seit Jahren.

Von Interpol Wiesbaden wurden z. B. schon 1974 rund 120000 Ein- und Ausgänge dieser Art bearbeitet. Das Bundeskriminalamt steht mit seiner Aktivität, die 25–30% an der gesamten internationalen Zusammenarbeit in der Interpol ausmachen soll, weit vor den anderen Nationalen Zentralbüros.

Schließlich hat das Bundeskriminalamt außer im oben behandelten Bereich der Ausbildung (§ 27-III) wichtige Funktionen in der **Forschung.**

Gemmer, Karl Heinz: Notwendigkeit und Möglichkeit einer koordinierten kriminalistischen Forschung – Kriminalistik 1969, S. 296 ff.; *Gallus,* Herbert: Kriminalistisch-kriminologische Forschung im Bundeskriminalamt – Kriminalistik 1972, S. 578 ff.; *Matussek,* Hans: Welche Aufgaben könnte eine zentrale kriminologische Forschungsstele übernehmen? – der kriminalist 1974, S. 449 ff.; *Gemmer,* Karlheinz/*Kube,* Edwin: Kriminalistisch-kriminologische Forschung des Kriminalistischen Instituts des Bundeskriminalamts. Gedanken zu deren Planung und Organisation – Arch. f. Krim. Bd. 156, S. 65 ff. (1975); *Steinhilper,* Gernot: Kriminalistisch-kriminologische Forschung im Bundeskriminalamt Wiesbaden – Öff. Sicherheit 1977, Juli, S. 6 ff.

Neben der Forschungsplanung in den Gebieten von Kriminalistik und Kriminologie soll das hierfür zuständige Kriminalistische Institut auch eine koordinierende Funktion ausüben. Der z. Z. personell und sachlich begrenzte Apparat gestattet es jedoch nur in kleinem Umfang, selbst Forschungsprojekte durchzuführen. Deshalb geht es einstweilen mehr um das Anregen und Unterstützen anderweitig durchgeführter Forschungsvorhaben sowie um die Auswertung und Publikation.

b) Bundesgrenzschutz

Der Bundsgrenzschutz (vgl. § 27-II-4-a) ist – wie gesagt – eine besondere Polizei des Bundes. Er hat nicht nur verbotene Grenzübertritte zu verhindern, sondern im Grenzgebiet die öffentliche Sicherheit und Ordnung zu gewährleisten; daneben kann er u. U. besondere Sicherheitsfunktionen (Personen- und Objektschutz, Terroristenbekämpfung) übernehmen. In diesem Bereich handelt der Bundesgrenzschutz im Benehmen mit der örtlich zuständigen Kriminalpolizei des betreffenden Landes oder des Bundes. Es ergeben sich mithin mancherlei Möglichkeiten für eine Kooperation.
Gerade im Bereich des Bundesgrenzschutzes hat man für die Verbrechensbekämpfung wesentliche Exekutivbefugnisse in den letzten Jahren merklich erweitert.

Stümper, Alfred: Die Grenzschutzgruppe 9 (GSG 9) und die Länderpolizeien – Kriminalistik 1974, S. 49 ff.; *Dietrich,* Rasso: GSG 9. Entstehung, Aufgaben, Organisation und Ausbildung der Spezialeinheit des Bundes zur Terroristenbekämpfung – der kriminalist 1976, S. 439 ff.

So hat man für die Bekämpfung des Terrorismus und für andere extreme Gefährdungen der inneren Sicherheit im Bundesgrenzschutz eine Sondereinheit (GSG 9) geschaffen, die hervorragend ausgerüstet ist und eigens für diese Zwecke besonders ausgebildet wird.

Ausschlaggebend für die Aufgabenstellung dieser Spezialeinheit waren die schrecklichen Ereignisse während der Olympischen Sommerspiele 1972 in München. Noch im Herbst jenes Jahres begannen wie der Bund auch die Länder Spezialeinheiten aufzustellen.

2. Länder

Das Schwergewicht der kriminalpolizeilichen Exekutivarbeit liegt dennoch weiterhin naturgemäß bei den Bundesländern, die überdies nicht nur mit den Landeskriminalämtern regional wichtige Zentralstellen unterhalten, sondern als Inhaber der Polizeihoheit die Organisation der Verbrechensbekämpfung und ihre Handhabung maßgebend mitgestalten und beeinflussen.
Bei dieser Sachlage erscheint es richtig, obwohl dieselben Probleme auch für den Bund eine Rolle spielen, hier auf einige Fragenkreise einzugehen, deren Gewicht für eine erfolgreiche Verbrechensbekämpfung nur zu oft unterschätzt wird.

Mayer, Hans: Die Organe der Verbrechensbekämpfung, Entwicklung der Kriminalität und des Personalbestandes von Staatsanwaltschaft und Polizei – Kriminol. Schriftenreihe Bd. 46, Hamburg 1969 – insb. S. 96 ff.; *Burghard,* Waldemar: Die aktenmäßige Bearbeitung kriminalpolizeilicher Ermittlungsvorgänge – BKA 1969/1–3; *Schweers,* Ludwig/*Gerards,* Heinz: Schriftverkehr im Dienst des Polizeibeamten – Kl. Pol.-Bücherei Bd. 26 – 5. neu bearb. Aufl. – Lübeck 1972; *Hey,* Bruno: Ist die Kriminalpolizei modern? – Oder: Das Verhältnis zur Büroorganisation und Bürotechnik – der kriminalist 1975, S. 376 ff.; *Geerds,* Friedrich: Vernehmungstechnik – 5. Aufl. – Lübeck 1976 – S. 213 ff.

In den Ländern hat sich die Polizeidichte in den 50er und 60er Jahren bezogen auf die Kriminalbeamten im Verhältnis zur wachsenden Wohnbevölkerung (1 : 10 000) nicht wesentlich verändert, insgesamt sogar etwas zugenommen (1954: 2,0, 1964: 2,3), wenngleich einzelne Länder nach unten und oben divergieren. Der hier im Vergleich zur uniformierten Polizei stärkere Personalzuwachs ist aber wohl bereits eine Folge der in diesem Jahrzehnt ungleich stärker zunehmenden Kriminalität. Auch bei der Kriminalpolizei ist daher eine zunehmende Arbeitsüberlastung zu verzeichnen, die z. T. mit Personalmangel zusammenhängt, welcher auch auf wenig attraktivem Laufbahnrecht und dementsprechend dürftiger Besoldung beruhen dürfte; neben die Arbeit erschwerenden neuen Regelungen dürften aber auch gewisse organisatorische Mängel eine Rolle spielen, welche z. T. sogar durch als Reformen deklarierte Maßnahmen verursacht worden sind. Alles in allem sollten also die, was den Personalstand anlangt, etwas günstiger aussehenden Zahlen nicht darüber hinwegtäuschen, daß auch die Arbeitsbelastung der deutschen Kriminalpolizei insgesamt betrachtet in den letzten Jahrzehnten erheblich zugenommen hat.

a) Die Arbeitsweise oder der sogen. **Geschäftsbereich** einer Kriminaldienststelle mit allen organisatorischen, personellen und verwaltungsmäßigen Aspekten richtet sich ungeachtet des Gebotes von Zweckmäßigkeit, Einfachheit und Schnelligkeit, da die Polizei eine Angelegenheit der Bundesländer ist, weithin nach den landesrechtlichen Vorschriften; sie wird also zuweilen recht unterschiedlich gehandhabt.

Dies gilt sowohl für eine etwaige Geschäftsordnung als auch die Geschäftsverteilung der Dienststelle. Diese werden durch Dienstanweisungen ergänzt. Aus allem ergibt sich, wie mit den Sachen zu verfahren ist, wer dabei was zu tun hat, welche Bücher bzw. Register zu führen sind und wer zur Unterzeichnung oder gar zur Unterschrift befugt ist.

Ungeachtet der in den Ländern infolgedessen unterschiedlichen Behördenorganisation läßt sicn sagen, daß die kriminalpolizeilichen Behörden ebenso wie im Verhältnis zu vorgesetzten oder nachgeordneten Stellen auch als solche hierarchisch organisiert sind. Der Behördenleiter ist Dienstvorgesetzter aller Bediensteten seiner Behörde; dieselben Funktionen übt sein ständiger Vertreter aus.

Eine vergleichbare Position kommt Abteilungs-, Inspektionsleitern und dergl. gegenüber den zu ihrem Bereich gehörenden Bediensteten zu. Ihnen wiederum unterstehen Sachgebietsleiter, deren Bezeichnung – wie z. B. Kommissar – verschieden ist; sie sind in ihrem Aufgabenbereich Vorgesetzte der ihnen zugewiesenen Dienstkräfte. Sachbearbeiter sind Beamte des gehobenen oder – wie gesagt: noch – des mittleren Dienstes, denen je nach ihren fachlichen Voraussetzungen ein bestimmter Tätigkeitsbereich zugewiesen ist.

Wesentlich für den Geschäftsbetrieb ist nicht zuletzt die Art und Weise, in welcher dienstliche und damit auch kriminalistische Obliegenheiten verwaltungsmäßig abgewickelt werden. Außer auf die Aktenführung kommt es hier ferner auf den Schriftverkehr an, der auf das unbedingt notwendige Maß beschränkt werden und möglichst kurz gehalten werden sollte.

Nicht nur im Verkehr mit dem Bürger und mit anderen Behörden, sondern auch innerhalb der Kriminalpolizei sollte außer auf ungekünstelte, klare Ausdrucksweise, selbstverständlich auf einen sachlich-höflichen Ton Wert gelegt werden; das gilt auch für Schreiben an nachgeordnete Stellen oder Amtsträger.

Die **Bericht**erstattung ist eine besondere Form des Schriftverkehrs, die außer auf Ersuchen einer vorgesetzten Stelle, welche sich auf diese Weise über bestimmte Dinge informieren möchte, ferner dann angezeigt ist, wenn die schreibende Behörde (bzw. ein Bediensteter) die vorgesetzte Stelle über ein als wichtig erachtetes Ereignis unterrichten möchte. Dabei wird keineswegs nur über Tatsachen und Vorgänge berichtet, sondern werden diese ggf. auch beurteilt und bewertet.

Wichtig für den Bericht ist daher, klar zwischen Tatsachen bzw. Wahrnehmungen und Beurteilungen oder anderen subjektiven Erwägungen zu unterscheiden. Größere Berichte sind entsprechend zu gliedern.

Wenzky, O.: Der kriminalpolizeiliche Schlußbericht als Streitobjekt – Kriminalistik 1954, S. 150 ff.; *Stohge,* Erich: Kriminalpolizeilicher Schlußbericht? Ja oder Nein? – Kriminalistik 1962, S. 436 ff.

Nach dem Gegenstand lassen sich einige Sonderformen unterscheiden, die z. B. – wie der Tatortbericht (§ 18-II-1) – bereits erwähnt worden sind. Ähnliches gilt für sonstige Spurensicherungsberichte. Umfassendere Funktionen haben im Zuge der Ermittlungen ferner Observations-, Durchsuchungs-, Beschagnahme- und Festnahmeberichte, die man in den letztgenannten Fällen, soweit sie den Vollzug einer zwangsweisen Amtshandlung betreffen, bereits als Protokolle werten kann. Der Schlußbericht wird bei Abgabe der Sache an die Staatsanwaltschaft angefertigt. Obwohl er nicht zwingend vorgeschrieben ist, herrscht doch über Zweckmäßigkeit und Form Streit. Gegen einen solchen Schlußbericht der Kriminalpolizei vorgebrachte Bedenken (Verzögerung, Vorwegnahme der staatsanwaltschaftlichen Würdigung, präjudizierende Wirkung für andere Verfahrensbeteiligte) können jedoch dadurch entkräftet werden, daß einmal nur bei wirklichem Anlaß ein solcher Bericht verfaßt wird und er zum anderen so gestaltet wird, daß unerwünschte Effekte möglichst vermieden werden; die für den Schlußbericht wesentliche Zusammenfassung der festgestellten Tatsachen und des Gangs der Dinge sollte daher deutlich von ergänzenden bzw. erläuternden Bewertungen unterschieden werden.

Der **Aktenvermerk** hat dagegen deutlicher eine interne Funktion; er hält gewisse Wahrnehmungen oder Beurteilungen schriftlich fest, welche ggf. andere Aktenstücke – z. B. Protokolle – ergänzen oder das Vorgehen erläutern.

Der Aktenvermerk sollte daher vom Bericht unterschieden werden, wenngleich er außer als Geächtnisstütze für den Sachbearbeiter alle diejenigen informiert, die Einblick in die betreffenden Akten erhalten. An diesen Personenkreis sollte man also bei einem Aktenvermerk stets denken; denn in die Ermittlungsakte kann z. B. früher oder später auch der Verteidiger Einblick nehmen. Im übrigen aber ist klar, daß solche Vermerke nicht nur als Gedächtnisstütze, sondern auch als Information sehr nützlich sein können.

Sind Berichte und Aktenvermerke schriftliche Fixierungen, für welche der betreffende Beamte sowohl inhaltlich als auch formell allein verantwortlich ist, so stellt das **Protokoll** eine Niederschrift dar, für die nicht nur – wie bei einem gerichtlichen Sitzungsprotokoll – u. U. schon mehrere Beamte Verantwortung tragen, sondern deren Inhalt gewöhnlich auch von anderen Personen entscheidend beeinflußt wird. Es handelt sich bei Protokollen keineswegs nur um Verhandlungsniederschriften, sondern neben Vernehmungs- und Obduktionsprotokollen sind hier auch die bereits erwähnten Protokolle über den Vollzug prozessualen Zwangs (§ 20) zu erwähnen.
Allgemeiner läßt sich zu Protokollen daher nur sagen, daß sie zumindest Ort und Tag (ggf. auch Stunde) sowie die betreffende Amtshandlung und ihre wesentlichen Umstände und Ergebnisse enthalten müssen. Ob solche Protokolle dem Betroffenen vorgelesen oder sonst zugänglich gemacht werden und von ihm genehmigt bzw. unterschrieben werden müssen, ist eine andere Frage. Im übrigen divergiert der Inhalt der Protokolle schon nach dem Gegenstand, was selbstverständlich auch für die Protokollierungstechnik wesentlich ist.
Abschließend sei noch kurz etwas zur **Aktenführung** gesagt, die ebenfalls regional und lokal verschieden gehandhabt wird. Denn wie jedermann sein Arbeitsgerät funktionstüchtig halten muß, sollte für den Kriminalisten selbstverständlich sein, daß die Akten als sein wesentliches Arbeitsinstrument eine gewisse Ordnung haben sollten. Hierbei lassen sich verschiedene Aspekte unterscheiden.

Die durch Rechtsvorschriften und Dienstanweisungen in wesentlichen Zügen geregelte Aktenordnung muß selbstverständlich auf Bedeutung und Umfang der konkreten Sache Rücksicht nehmen. Ungeachtet der dadurch bedingten Verschiedenheiten ist inhaltlich tunlichst Gleichförmigkeit anzustreben und in der äußeren Form auf Übersichtlichkeit und gute Lesbarkeit Wert zu legen, um die Einsichtnahme in die Akten zu erleichtern.

b) Die Arbeit der **Weiblichen Kriminalpolizei** (zur Geschichte § 27-I-3) richtet sich in Deutschland heute nach bundeseinheitlichen Richtlinien. Sie verfolgt außer der Aufklärung von Straftaten durch Kinder und gewisse Jugendliche vor allem auch präventive Zwecke. Die Beamtinnen sind daher außer für Kinder in der Regel auch für weibliche Jugendliche und Heranwachsende, jedoch nur ausnahmsweise für erwachsene Frauen (z. B. bei Schwangerschaft, Verzweiflung, Geistesstörung) zuständig.

Schulz, Hertha: Die Weibliche Kriminalpolizei – in: TbKrim Bd. VII, S. 193 ff. (1957), insb. S. 197 ff.; *Wieking,* Friederike: Die Entwicklung der Weiblichen Kriminalpolizei in Deutschland von den Anfängen bis zur Gegenwart – Kl. Pol.-Bücherei Bd. 23/24 – Lübeck 1958 – insb. S. 110 ff., 118 ff. (Grete Gipkens); *Schumm,* R.: Die vorbeugende Tätigkeit der Weiblichen Kriminalpolizei – in: Vorbeugende Verbrechensbekämpfung, hrsg. v. Buneskriminalamt, Wiesbaden 1964, S. 77 ff.

Die nach dem Krieg z. T. auch in Deutschland eingeführte Uniformierung ist zumindest für weibliche Kriminalbeamte inzwischen wieder abgeschafft worden. Die Beamtinnen der Weiblichen Kriminalpolizei arbeiten gewöhnlich in besonderen Dienststellen, welche im Rahmen der Kriminalpolizei eingerichtet worden sind.

Zur Entwicklung und zu den Verhältnissen in den einzelnen Bundesländern ausführlicher Grete *Gipkens* bei *Wieking* aaO. S. 219 ff.

Neben dem oben umrissenen Arbeitsgebiet der Beamtinnen ist ihre Mitwirkung bei anderen Strafsachen zu beachten. Typisch hierfür sind Vernehmungen von Kindern und weiblichen Jugendlichen als Opfer oder als sonstige Zeugen. Nach Lage des Falles werden weibliche Beamte auch dann herangezogen, wenn es sich um weibliche Heranwachsende oder Erwachsene handelt; hier ist außer an Vernehmungen auch an Zwangsmittel wie die Personendurchsuchung oder die körperliche Untersuchung zu denken. Unter besonderen Umständen werden Beamtinnen, wie oben dargelegt, auch zu Fahndungseinsätzen herangezogen.

Zur vorbeugenden Arbeit der Weiblichen Kriminalpolizei gehören außer Meldungen (insb. an die Jugendämter) ferner präventive Kontrolltätigkeit (z. B. Jugendschutzstreifen) und andere Fälle genereller Fahndung. Gerade in diesem Bereich ist enge Zusammenarbeit mit anderen Stellen wichtig.

c) Nach Niedersachsen, das damit im Jahre 1953 begonnen hat, sind inzwischen auch in anderen Bundesländern besondere Jugendschutzdienststellen eingerichtet worden, in denen **Jugendsachbearbeiter** bei männlichen Jugendlichen und Heranwachsenden ähnliche Aufgaben ausüben wie ansonsten die Weibliche Kriminalpolizei.

Berger, Roland: Der Einsatz der Polizei bei der Verhütung und Behandlung der Jugendkriminalität – Internat. kriminalpol. Rev.1960, S. 66 ff.; *Köhler,* Kurt: Jugendsachbearbeiter in der Kriminalpolizei? – in: TbKrim Bd. XIII, S. 383 ff. (1963); *Köhler,* K.: Jugendschutz als prophylaktische Aufgabe des Jugendsachbearbeiters – in: Vorbeugende Verbrechensbekämpfung, hrsg. v. Bundeskriminalamt, Wiesbaden 1964, S. 91 ff.; *Köhler,* Kurt: Über die Notwendigkeit der Ausbildung von kriminalpolizeilichen Jugendsachbearbeitern und die Art ihres Einsatzes – in: GrKrim Bd. 1, S. 114 ff. (1965); *Hünecke,* Franz: Jugendsachbearbeiter bei der Kriminalpolizei – BKA 1966/3; *Piesch,* Willibald: Die Jugend(schutz)dienststelle. Begrenzt präventiv wirkende oder richtungsweisende Sonderdienststelle der Kriminalpolizei? – Kriminalistik 1968, S. 329 f.; *Schweers,* Ludwig: Jugendschutz und Polizei – Kl. Pol.-Bücherei Bd. 36 – 2., erw. Aufl. – Lübeck 1968, *Stamm,* Judith: Jugendgefährdung – was kann die Polizei tun? – Kriminalistik 1969, S. 188 ff.; *Merkel,* Helmut: Unser Jugendschutz ist nicht mehr zeitgemäß – Kriminalistik 1970, S. 90 ff.; *Renfandt,* Bruno: Ausbildung und Aufgabe des Jugendsachbearbeiters bei der Kriminalpolizei – Kriminalistik 1970, S. 250 ff.; *Davin,* Wiltrud: Jugendarbeit in der Polizei. Ihr Anfang ist Voraussetzung für ihre Entwicklung – Kriminalistik 1970, S. 404 ff.; *Renfandt,* Bruno: Der Jugendsachbearbeiter bei der Kriminalpolizei. Organisation – Aufgabe – Ausbildung – der kriminalist 1971, H. 2, S. 722 ff.; *Lüken,* Rolf: Polizeilicher Jugendschutz in Bremen – Modell der Bremer Schutzpolizei – Kriminalistik 1976, S. 161 ff.; *Peters,* Johannes: Polizeilicher Jugendschutz in Niedersachsen – Kriminalistik 1976, S. 164 ff.; *Wehner-Davin,* Wiltrud: Theorie und Praxis der „Bearbeitung von Jugendsachen bei der Polizei" – Kriminalistik 1977, S. 302 ff.

In Deutschland hatte es die Kriminalpolizei schon während des 2. Weltkriegs wegen der bedrohlichen Zunahme der Jugendkriminalität mit sogen. „Beauftragten für Jugendsachen“ versucht. Die Anfänge spezieller Behandlung junger Menschen reichen aber natürlich weiter zurück. Außer auf die Weibliche Kriminalpolizei ist hier beispielsweise auf die in den 30er Jahren bestehende Reichszentrale zur Bekämpfung der Jugendkriminalität hinzuweisen.

Nach dem 2. Weltkrieg gab es alsbald entsprechende Bestrebungen, die in den 50er Jahren – wie gesagt – mit den Jugendsachbearbeitern zu organisatorischen Konsequenzen führten und dann auch in besonderen Richtlinien (3. und 4. Sept. 1956) ihren Niederschlag fanden. Im Jahre 1962 wurden vom Bundeskriminalamt die ersten Lehrgänge für Jugendsachbearbeiter durchgeführt.

Entscheidend ist jedoch nach wie vor die Handhabung in den Bundesländern, welche gewisse Unterschiede aufweist, obwohl nach Niedersachsen jetzt auch andere Bundesländer besondere Organisationsformen und Richtlinien kennen.

Wegen der Bedeutung und Vielfalt der Jugendkriminalität kommt es hier ähnlich wie bei der Weiblichen Kriminalpolizei in der Praxis zu mancherlei Überschneidungen. Dabei muß der Jugendsachbearbeiter oft noch mehr als andere Kriminalbeamte mit Spezialgebieten der Kriminalität vertraut sein, weil sonst eine gute Zusammenarbeit z. B. mit Fachkommissariaten kaum möglich sein dürfte.

Noch deutlicher unterscheidet sich die Tätigkeit der Jugendsachbearbeiter von anderen Sparten der Kriminalpolizei – abgesehen von der Weiblichen Kriminalpolizei – im Bereich der Vorbeugung. Gerade hier aber ist enge Kooperation mit anderen staatlichen Organen der Jugendfürsorge und des Jugendschutzes sowie mit entsprechenden privaten Organisationen nötig. Außer an die Jugend- und Ordnungsämter ist hier auch an gemeinschaftliche Aktionen wie z. B. Jugendschutztrupps oder -streifen zu denken.

Pietsch, Rosamunde: Die Jugendschutztrupps – in: GrKrim Bd. 1, S. 125 ff. (1965); *Krüger,* Berthold: Der Jugendschutz-Sachbearbeiter des Jugendamts – in: GrKrim Bd. 1, S. 137 ff. (1965); *Meyborg,* Hans: Behördenzusammenarbeit in Jugendschutzfragen – in: GrKrim Bd. 1, S. 151 ff. (1965); *Falck,* Kurt: Der Jugendschutz in Hamburg-Mitte – in: GrKrim Bd. 1, S. 161 ff. (1965).

Die im Vollzug der nicht gerade immer praktikabel gefaßten einschlägigen Gesetze bestehenden Möglichkeiten sind vielfaltig, können weithin aber nur begrenzt genutzt werden. Wo dieses geschieht oder erreicht werden kann, sollte möglichst auch der kriminalpolizeiliche Jugendsachbearbeiter eingeschaltet werden.

In Bundesländern mit weiblicher Schutzpolizei wie z. B. Hamburg hat man sich insoweit besonders um einen präventiven Jugendschutz bemüht. So hat Hamburg bereits 1964 sogen. Jugendschutztrupps eingerichtet, denen außer einer Beamtin auch ein Bediensteter des Jugendamts angehört. Diese Trupps kontrollieren – den Erfordernissen angepaßt – Lokale, Vergnügungsstätten, Kinderspielplätze und Grünanlagen, wo sich gefährdete junge Menschen aufzuhalten pflegen oder wo solche erfahrungsgemäß leicht gefährdet werden.

Wegen Zusammenstellung der für Jugendsachbearbeiter wichtigen Fachzeitschriften und der in diesem Bereich tätigen Stellen und Verbände sei auf GrKrim Bd. 1, S. 383 ff. verwiesen.

d) Eine weitere, auch organisatorisch bedeutsame Sonderfunktion üben die bereits erwähnten (§ 17-III-2) **kriminalpolizeilichen Beratungsstellen aus,** die in gewissem Umfange zugleich Aufgaben der Öffentlichkeitsarbeit wahrnehmen.

Böhme, Albrecht: Beratungsstellen zum Schutz gegen das Verbrechen. Eine moderne Maßnahme zur Bekämpfung des Verbrechertums – Kriminalistik 1950, S. 49 ff.; *Conrad,* Karl: Aufgaben und Tätigkeit der kriminalpolizeilichen Beratungsstellen – in: TbKrim Bd. IX, S. 267 ff. (1959); *Sangmeister,* W.: Kriminalpolizeiliche Beratung zum Schutz gegen das Verbrechen – in: Vorbeugende Verbrechensbekämpfung, hrsg. v. Bundeskriminalamt, Wiesbaden 1964, S. 115 ff.; *Bauer,* Günther: Von der Beratung zur Vorbeugung. Über umstrittene Kripo-Maßnahmen – Kriminalistik 1971, S. 65 ff.; *Keller,* Ernst: Aufgaben der kriminalpolizeilichen Beratungsstellen – Die Neue Polizei 1972, S. 131 ff.; *Graßberger,* Roland: Allgemeine Grundsätze der Kriminalberatung durch die Sicherheitsbehörde – Ill. Rundschau d. Gend. 1974, Febr., S. 5 ff.; März-S. 5 ff., Apr.-S. 4 ff., Mai-S. 5 ff.; *Raab,* J.: Aus der Beratungspraxis für Eigensicherung gegen Raub und Einbruch – Die Polizei 1975, S. 25 ff., 86 ff.; *Burghard,* Waldemar: Probleme polizeilicher Beratung – in: Polizei und Prävention, hrsg. v. Bundeskriminalamt, Wiesbaden 1976, S. 77 ff. (= Kriminalistik 1975, S. 540 ff.).

Die kriminalpolizeilichen Beratungsstellen sind eine Konsequenz der Erkenntnis, daß Kriminalprävention keineswegs nur von den dazu berufenen Strafverfolgungsorganen wie der Kriminalpolizei allein wirksam erreicht werden kann. Dennoch hat sich die deutsche Kriminalpolizei erst nach dem 1. Weltkrieg systematischer mit diesem Fragenkreis befaßt, als sich bereits zahlreiche private Stellen und Institutionen intensiver derartigen Problemen widmeten (vgl. § 25). Obwohl es mithin eine amtliche und eine private Kriminalberatung gibt, interessieren im folgenden zunächst vor allem die entsprechenden Aktivitäten der deutschen Kriminalpolizei.

Die Aufmerksamkeit der Kriminalpolizei wurde insb. dadurch erregt, daß die erhebliche Nachkriegskriminalität in den Jahren nach 1918 zwar zur Konstruktion von Selbstschutzanlagen und dergl. angeregt hatte, aber augenscheinlichoft ökonomische Gesichtspunkte mehr im Vordergrund standen als die sachliche Wirksamkeit. Auch die Effektivität der insb. von der Wirtschaft entwickelten organisatorischen Selbstschutzmaßnahmen war oft zweifelhaft. So wurde 1921 beim Polizeipräsidium in Berlin die erste deutsche „Amtliche Beratungsstelle gegen Einbruch und Diebstahl“ eingerichtet. Ihre Aufgabe war es, die Bevölkerung auf Grund einschlägiger kriminalistischer Erfahrungen und ihrer Auswertung durch sachkundige Beamte im fraglichen Bereich zu beraten. Daraus entwickelte sich – u. a. unterstützt von den Sachversicherern – zugleich eine Zusammenarbeit mit in dieser Sicherungsbranche tätigen Unternehmen. – Die Berliner Beratungsstelle wurde nicht nur zum Modell für andere preußische Polizeibehörden, sondern wurde auch in anderen deutschen Ländern nachgeahmt.

Außer den Vorteilen für gefährdete Bürger und für die Wirtschaftsunternehmen erreichte die Kriminalpolizei so zugleich eine gewisse Popularität, d. h. den Effekt einer Öffentlichkeitsarbeit. So erklärt sich, daß nicht nur der Aufgabenbereich der Beratungsstellen mit der Zeit erweitert wurde, sondern man über die Zusammenarbeit auch zu Vorträgen und Ausstellungen kam.

Wie insb. im Rahmen der Kriminaltaktik der Einzeldelikte (§ 23) schon erwähnt, hat sich der Tätigkeitsbereich der kriminalpolizeilichen Beratungsstellen nicht nur über technische Sicherungen hinaus auf Vorschläge für eine zweckentsprechende Organisation und für das Verhalten von Menschen erweitert, sondern sind zum Schutz vor Einbruch und Diebstahl inzwischen zahlreiche andere Aufgabenbereiche hinzugetreten.

Außer den Maßnahmen gegen Raubüberfälle – insb. Bank- und Kassenraub sowie Überfälle auf Geldtransporte, Kassenboten und Taxifahrer – sind Aktivitäten im Bereich des Betruges und der Wirtschaftsdelikte sowie solche zum Schutz von Sexualdelikten zu erwähnen. Ähnliches gilt ferner für Brandschutz und -bekämpfung sowie für Urkunden und Falschgelddelikte, wenngleich hier die Kooperation mit bestimmten Stellen noch wichtiger als die Aufklärung der Öffentlichkeit sein kann. – Doch zielen solche an bestimmte Formen kriminellen Verhaltens anknüpfende Maßnahmen der Prävention zuweilen allgemein auf die Sicherung von Personen oder bestimmten Objekten ab.

Die Möglichkeiten der kriminalpolizeilichen Beratungsstellen hängen sicherlich von einer Initiative der ratsuchenden Bürger, Unternehmen oder Organisationen ab, nicht zuletzt aber auch von den für diesen Zweck bereitgestellten Kapazitäten und der Qualifikation der damit betrauten Beamten, um von dem erwähnten Zusammenhang mit der Öffentlichkeitsarbeit noch ganz abzusehen. Doch gewiß läßt sich für die (amtliche) Kriminalberatung noch mehr tun als bisher geschieht. Außer an personellen Ausbau und bessere Ausstattung der Beratungsstellen sollte daran gedacht werden, die hier ebenfalls wichtige Eigeninitiative der Kriminalbeamten zu stärken.

3. Die Zusammenarbeit von Bund und Ländern

Die für die Bundesrepublik Deutschland nach allem unerläßliche Zusammenarbeit von Bund und Ländern im Bereich der Kriminalpolizei vollzieht sich bisher im wesentlichen in denjenigen Bahnen, welche die „Arbeitsgemeinschaft der Leiter der Landeskriminalämter mit dem Bundeskriminalamt“ in den einzelnen Ländern geebnet hat. Dieses Gremium hat sich – wie ausgeführt – bei institutioneller Schwäche und ohne eigentliche Befugnisse redlich bemüht, durch in den Ländern nach Möglichkeit einheitlich gefaßte Richtlinien und eine dementsprechende Handhabung, die kriminalpolizeiliche Verbrechensbekämpfung im Bundesgebiet zu koordinieren und – soweit erreichbar – gleichförmig zu gestalten. – Inwieweit das wirklich gelungen ist und wie die Kooperation gegenwärtig aussieht bzw. sie gestaltet sein könnte soll nunmehr an Hand einiger für Zusammenarbeit besonders wichtiger Komplexe verdeutlicht werden.

a) Für eine reibungslose und wirksame Kooperation aller deutschen Kriminalpolizeibehörden kommt es in der Praxis zunächst einmal auf einen gut organisierten und schnellen Nachrichtenaustausch an. Dieser sogen. **kriminalpolizeiliche Meldedienst** ist als solcher vor allem im Rahmen der Fahndung (§ 19) behandelt worden, weshalb hier nur noch etwas nur Arbeitsweise in der Praxis nachzuführen ist.

Eller, Hanns: Fahndung nach Personen und Sachen. Leitfaden für den Vollzugsdienst – o. O. 1952; *Ochs:* Der kriminalpolizeiliche Meldedienst – Kriminalistik 1956, S. 158 ff.; *Lach,* Kurt: Der kriminalpolizeiliche Meldedienst zwischen gestern und morgen – in: TbKrim Bd. XIV, S. 357 ff. (1964); *Holle,* Rolf: Kriminalpolizeiliche Nachrichtensammlung und -auswertung – BKA 1966/2; *Richtlinien* für den kriminalpolizeilichen Meldedienst (Hessische Fassung v. 27. Jan. 1965) – in: TbKrim Bd. XVII, S. 300 ff. (1967); *Merk,* Bruno: Zusammenarbeit von Bund und Ländern bei der Bekämpfung von Verbrechen – Die Neue Polizei 1968, S. 266 f.; *Twardawa,* Heinrich: Den kriminalpolizeilichen Meldedienst abschaffen! – Kriminalistik 1970, S. 343 ff.; *Klaus:* Der kriminalpolizeiliche Melde- und Auswertungsdienst unter Berücksichtigung der Möglichkeiten, die sich durch EDV ergeben – Kriminalistik 1973, S. 401 f.; *Ploch:* Der kriminalpolizeiliche Meldedienst (KPMD) heute – eine kritische Würdigung aus der Sicht einer Zentralstelle –Kriminalistik 1973, S. 402 ff.

Der Nachrichtenaustausch wurde in diesem Jahrhundert um so wichtiger, je mehr

Rechtsbrecher überörtlich, national oder gar international tätig wurden, wenngleich auf den letztgenannten Aspekt erst später einzugehen sein wird (§ 32).

So ist der kriminalpolizeiliche Meldedienst in den letzten beiden Jahrhunderten zu einem besonders wichtigen kriminaltaktischen Instrument geworden. Er hat neben sachlichen Problemen natürlich auf eine mehr handwerkliche Seite, den sogen. „Papierkrieg" und Dienstwege; da dies – wie wir gesehen haben – in den einzelnen Ländern verschieden gehandhabt wird, soweit man sich nicht auf bundeseinheitliche Vordrucke bzw. Formulare geeinigt hat, kann das hier nicht im einzelnen erörtert werden, obwohl Mängel der Verwaltungstätigkeit sehr leicht die sachliche Arbeit ungünstig beeinflussen können.

Es geht hier beispielsweise um Formulare bzw. Vordrucke, auf denen Fälle mit bekanntem oder mit noch unbekanntem Täter (KP 13, KP 14) zu erfassen sind, um vorgesetzten und damit auch anderen Dienststellen die Möglichkeit zu eröffnen, durch Auswerten dieser Unterlagen für den lokalen Sachbearbeiter nicht erkennbare Zusammenhänge festzustellen. Dies kann durch Vergleich der Arbeitsweise eines noch unbekannten Täters mit der Verbrechenstechnik bekannter Delinquenten geschehen; dieselbe Arbeitsweise kann aber auch auf denselben, noch unbekannten Täter hindeuten.

Gerade gegen diese formularmäßige Abwicklung des Meldedienstes richtet sich denn auch mancherlei Kritik. Diese wird auch nicht dadurch obsolet, daß der „Papierkrieg" zunehmend vom Computer geschluckt wird, der personelle Aufwand also weniger sichtbar ist. Denn die z. T. mit Recht beklagten Schwierigkeiten sind sehr verschiedener Art. Selbst wenn man nicht, wie z. B. von der Datenverarbeitung, Wunderdinge erwartet, richtet sich die Kritik doch weniger gegen den Meldedienst als solchen, sondern mehr gegen seine derzeitige Handhabung.

Die mit dem Meldedienst verbundene Schreibarbeit, die immer noch erheblich ist, zeigt zunächst einmal, daß die Verwaltungsarbeit der Kriminalpolizei weithin schon deshalb nicht zweckmäßig geordnet ist, weil sie zu sehr zu Lasten der Kriminalisten geht, die sich umgekehrt aber auch nicht gegen Technik und Verwaltungsangestellte sträuben sollten. Ein anderer unnötiger Arbeitsaufwand, der aber auch bei modernen Nachrichtentechniken zu beobachten ist, entsteht durch ein sinnlos gehandhabtes Gießkannenprinzip, das zuviele Dienststellen mit zuviel Informationen überschüttet; die Auswertung muß zentralisiert und die weitere Bearbeitung besser gesteuert werden, was durch moderne Techniken erleichtert wird. Zutreffend ist zumindest zum Teil die gegen das System, die Grundeinteilung der Straftaten vorgebrachte Kritik, wie wir in der Verbrechenstechnik (§§ 7 ff.) gesehen haben. Die Klassifizierung weicht oft unnötig weit vom Strafrecht ab; ist z. T. aber auch kriminalistisch nicht überzeugend und zu kompliziert; alle diese Dinge erschweren beispielsweise das Computer-Programm für die Fahndung nach dem unbekannten Täter. Deshalb ist auf ein zwar umfassendes, aber einfaches System Wert zu legen, das es an die Verbrechenstechniken anknüpfend ggf. zuläßt, täterspezifische Merkmale einzubeziehen; doch sollte man sich dabei auf die Kriminalistik beschränken, dagegen mit nur kriminologisch relevanten Daten zurückhaltend sein. Bei einem dementsprechend erarbeiteten System, sinnvoller selektiver Steuerung und Ausnutzen der modernen Technik wird der kriminalpolizeiliche Meldedienst bei angemessenem Aufwand auch weiterhin von Nutzen sein.

Obwohl auch lokal oder regional arbeitende Dienststellen – wie wir gesehen haben – über derartige Fahndungsmittel wie Karteien, Sammlungen und Datenbanken verfügen können, sind typische Nachrichtenzentralen in der Bundesrepublik Deutschland dennoch die Landeskriminalämter und vor allem das Bundeskriminalamt; sie tauschen in bestimmten Grenzen das bei ihnen anfallende meldedienstliche Material aus.

Der kriminalpolizeiliche Meldedienst betrifft zwar vor allem – aber keineswegs nur – Kriminalfälle, d. h. Sachverhalt, die so oder so den Verdacht strafbaren Handelns begründen. Vielmehr ist bei anderen wichtigen Vorkommnissen ähnlich zu verfahren, sofern sich noch keinerlei Anhaltspunkte für einen (einfachen) Tatverdacht finden; zu denken ist hier an Katastrophen natürlicher oder technischer Art, größere Unglücksfälle wie Großbrände, Explosionen, Einstürze, Vergiftungsfälle usw.

Meldungen sind, wie wir ebenfalls schon gesehen haben, für den Kriminalisten ferner in anderen Fällen wichtig, für die es z. T. sogar besondere Dienstvorschriften gibt. Hierher zählen z. B. Vermißten- und Leichensachen, Fälle unbekannter Personen oder solcher mit zweifelhafter Identität. Für derartige Sachen gibt es u. U. besondere Vordrucke und Vorschriften, die Vorgehen und Dienstweg regeln. Dies gilt allgemein für bestimmte Ermittlungssachen, die – wie z. B. Falschgeld- und Rauschgiftdelikte – der Bearbeitung durch vorgesetzte Dienststellen vorbehalten sind.

Im Zusammenhang mit dem von Bund und Ländern getragenen kriminalpolizeilichen Meldedienst ist nochmals auf die elektronische **Datenverarbeitung** hinzuweisen (§ 13-IX). Nachdem Bundesländer und sogar größere Städte vorangegangen waren, wurde seit Ende 1971 an einem bundesweiten Informationssystem für die Kriminalpolizei gearbeitet, für welches insb. der neue Präsident des Bundeskriminalamts, Dr. *Herold,* tatkräftig eingesetzt hatte. Das Informationssystem, das – wie früher gesagt – den Namen „Inpol" erhalten hat, hatte nach Inbetriebnahme am 13. Nov. 1972 Anfang 1974 die Aufbauphase überwunden; es nahm seine Arbeit in der Personenfahndung nach bekannten Tätern und in der Kraftfahrzeugfahndung auf.

Grob, P./*Frieden,* K.: Elektronische Datenverarbeitung für die Polizei – Kriminalistik 1969, S. 90 ff., 133 ff., 174 ff., 245 ff.; *Pütter,* Paul S.: EDV-Verbund der Polizei in der Bundesrepublik – Kriminalistik 1971, S. 498 ff.; *Warkentien,* Claus: Für den Datenverbund gerüstet . . . – Kriminalistik 1972,, S. 217 ff.; *Terstiege:* Aufnahme des elektronischen Datenverbunds mit dem BKA . . . – Kriminalistik 1973, S. 26 ff.; *Herold,* Horst: Künftige Einsatzformen der EDV und ihre Auswirkung im Bereich der Polizei – Kriminalistik 1974, S. 385 ff.; *Stuff,* Hans-Georg: Die Straftaten-/Straftäterdatei als Inpol-Baustein – Kriminalistik 1974, S. 402 ff.; *N. N.:* Inpol. Informationssystem der Polizei wurde am 30. 4. 1974 durch Bundesinnenminister Genscher öffentlich vorgestellt – der kriminalist 1974, S. 314 ff.; *Küster,* Dieter: Die Erprobung der Straftaten-/Straftäterdatei – ein erster Schritt zur allgemeinen Einführung – Kriminalistik 1975, S. 433 ff. *Rosenow,* Ernst: Aufbau von Kommunikationsnetzen. Die Anwendung allgemeingültiger Grundsätze auf dem polizeilichen Bereich – Die Polizei 1976, S. 369 ff.; *Herold,* Horst: Informationsverbund zwischen Polizei und Justiz – Kriminalistik 1977, S. 1 ff. (vgl. Justiz und Polizei, hrsg. v. Bundeskriminalamt, Wiesbaden 1977, S. 79 ff.); *Bundeskriminalamt* (Hrsg): Straftatenklassifizierung und -gewichtung sowie ihre praktische Anwendung – Wiesbaden 1977; *Kaesehagen,* Hans-Georg: Die Bedeutung der elektronischen Datenverarbeitung für die Polizei – Die Polizei 1977, S. 257 f.

b) Noch problematischer als in den geschilderten Gebieten ist die Zusammenarbeit der Bundes- und Landeskriminalbeamten im Bereiche der eigentlichen kriminalpolizeilichen **Exekutive**, wenngleich die sehr begrenzten Kompetenzen des Bundes äußerlich betrachtet die Konfliktsmöglichkeiten zu verringern scheinen. An der dennoch unverkennbaren institutionellen Schwäche ändert nichts, wenn von allen Seiten immer wieder die gute Zusammenarbeit in Einzelfällen betont wird. Soweit damit nicht die Interessen der Länder an der Beibehaltung des status quo unterstützt werden sollen oder Rücksichtnahme auf sie geübt wird, ist eine tatsächlich gute Zusammenarbeit doch eher ein Verdienst der daran beteiligten Beamten und kein Beweis für die Güte, einer aufsplitternden Organisation. Es gibt nämlich nicht nur Fälle, in denen diese einwandfrei nachteilig gewirkt hat oder doch ein negativer Effekt wahrscheinlich ist, sondern es ist kaum zu bezweifeln, daß man mitunter infolge der gegenwärtigen Organisation nicht gar so selten Chancen wirksamerer kriminalpolizeilicher Arbeit verpaßt hat, weil man wegen der derzeitigen Lage an sich bestehende Möglichkeiten – z. B. des Bundes– nicht oder doch zu spät genutzt hat.

Immerhin haben die Aktivitäten der Terroristen bewirkt, daß die Exekutivbefugnisse des Bundeskriminalamts erweitert worden sind und es auch mehr Einfluß auf den Vollzug in diesem Bereich erhalten hat. Auch ist nicht zu verkennen, daß durch den Ausbau des Bundeskriminalamts als Zentralstelle der kriminalpolizeilichen Verbrechensbekämpfung rein tatsächlich sein Gewicht gegenüber den Ländern zugenommen hat, wenngleich die gegenwärtige Situation noch weit davon entfernt ist, dieses Amt als Einsatzzentrale und Spitze der deutschen Kriminalpolizei erscheinen zu lassen.

Bedeutsamer als die eigene Vollzugstätigkeit des Bundeskriminalamts ist mithin nach wie vor seine unterstützende und koordinierende Funktion. Aber auch bei unterstützenden Aktivitäten, wie sie sich außer im Bereiche des kriminalpolizeilichen Meldedienstes und der Fahndung z. B. in der Kriminaltechnik finden, wirkt sich gegenwärtige Organisation nicht immer günstig aus. Zu oft langen Dienstwegen, die eine im Einzelfall fatale Verzögerung bewirken können, kommt hinzu, daß sich auch in der Kriminaltechnik unter den heute herrschenden Verhältnissen keine sinnvolle Aufgabenverteilung auf die verschiedenen Ebenen mit ausgelasteten Kapazitäten bei optimalen Arbeitsbedingungen erzielen läßt.
Es bleibt somit für das Bundeskriminalamt letztlich eine vor allem koordinierende Funktion, deren Erfolg jedoch wesentlich vom guten Willen und der Einsicht der beteiligten Landesbehörden abhängt.

c) Besonders wichtig ist eine Zusammenarbeit von Bund und Ländern ferner im Bereich von **Aus- und Fortbildung** der Kriminalbeamten (§ 27-III), um die insoweit zwischen den Bundesländern bestehenden Unterschiede zu mildern oder doch auf ein erträgliches Maß zu beschränken. Aber auch dies spricht gewiß nicht für die gegenwärtige Organisation, welche diese Divergenzen bewirkt hat.
Immerhin hat sich für kriminaltechnische Spezialbeamte und andere Sonderbeamte ebenso wie für Anwärter des höheren Dienstes auf diesem Wege doch eine gewisse Einheitlichkeit der Ausbildung und der Prüfungen erzielen lassen. Weniger günstig aber sieht es beim Gros der Kriminalbeamten aus.
Es fehlt nach wie vor an einer für spezialisierende Aus- und Fortbildung mit kleineren Kapazitäten wünschenswerten, personell und sachlich ausgestatteten zentralen Ausbildungsstätte wie einer Akademie für Kriminalwissenschaften; diese könnte zwar ggf. auch von Staatsanwälten und Strafrichtern genutzt werden, müßte aber ihrer Aufgabe entsprechend allein kriminalistisch-kriminologisch orientiert sein, weshalb der Zusammenhang mit der Kriminalpolizei hier wichtiger als der einer die Schutzpolizei umfassenden Konzeption sein dürfte. – Bei den notwendig begrenzten Kapazitäten einer solchen zentralen Bildungsinstitution werden aber auch in Zukunft entsprechende Einrichtungen auf regionaler oder gar lokaler Ebene nötig sein. Selbst wenn sich insoweit Kriminal- und Schutzpolizeibeamte äußerlich betrachtet zusammenfassen lassen, sollte man dennoch überlegen, ob nicht Kriminalschulen oder eigens für Kriminalbeamte bei Landeskriminalämtern oder dem Bundeskriminalamt durchzuführende Lehrgänge der insoweit aussichtsreichere Wege sind.
Geht es also auch bei der Kriminalpolizei mithin keineswegs um eine Zentralisierung um jeden Preis, sondern um eine sachgerechte und ökonomisch optimale Verteilung der

Bildungsaufgaben auf verschiedene Ebenen, so stört im übrigen nach wie vor der Mangel einer einheitlichen Bildungskonzeption für Kriminalbeamte, welcher durch gewisse neuartige Organisationsexperimente wahrscheinlich noch vergrößert wird. Dabei kann es selbst bei einer föderativ gegliederten Polizeihoheit keine Frage sein, daß die Probleme der Verbrechensbekämpfung im Grunde z. B. in Bayern nicht anders als in Niedersachsen liegen. Ebenso wie man bis vor wenigen Jahren z. T. noch an kommunaler Kriminalpolizei festhielt, obwohl Kriminalitätsbekämpfung nichts mit Selbstverwaltung der Gemeinden zu tun hat, sollte man in einer Zeit, in welcher die Kooperation bereits die nationalen Grenzen überschreitet, erkennen, daß die Ausbildung der Kriminalbeamten nichts mit Föderalismus zu tun hat, sondern im ganzen Bundesgebiet einheitlich gehandhabt werden muß. Wer an einem Nebeneinander von Bundes- und Landesbeamten festhält, sollte sich daher zumindest in diesem Bereich auf Organisationsformen einlassen, die mit Mehrheitsentscheidungen eine im wesentliche einheitliche Ausbildung der Kriminalbeamten gewährleisten, damit nicht die Obstruktion u. U. eines einzigen Bundeslandes dies vereitelt oder gar bewirkt, daß sinnvolle Schritte gar nicht erst unternommen werden. Experimente würden durch eine solche Vereinheitlichung des Bildungswesens nicht ausgeschlossen; es wird aber verhindert, daß man das Experiment zum Prinzip erhebt.

d) Eine Zusammenarbeit von Bund und Ländern ist ferner für den **Erfahrungsaustausch** bedeutsam, wie er beispielsweise auf den Tagungen der „Arbeitsgemeinschaft der Leiter der Landeskriminalämter mit dem Bundeskriminalamt" stattfindet. Daß die Reichweite dieser Insitution wegen der Fristen und des sehr begrenzten Teilnehmerkreises sehr beschränkt ist, liegt auf der Hand. Mehr Breitenwirkung vermögen insoweit andere Tagungen, Lehrgänge usw. zu erzielen; derselbe Effekt läßt sich z. T. jedoch auch mit einer verbesserten Konzeption der Fortbildung erreichen.
Daher sollte man über die Fortbildung hinaus durch entsprechende Veranstaltungen und durch Publikationen allgemeineren oder spezielleren Zuschnitts den Erfahrungsaustausch intensivieren, was zugleich Fragen der bisher ausgeklammerten, alsbald zu behandelnden Öffentlichkeitsarbeit (siehe § 27-IV-4) berührt, bei welcher die gegenwärtige Organisation mancherlei Mängel aufweist.

e) Schließlich ist noch auf den Bereich der **Forschung** für die Belange der Kriminalpolizei hinzuweisen. Obwohl im Bundeskriminalamt insoweit verdienstliche, wenngleich noch zu zaghafte Anfänge gemacht worden sind, hat man sicher bisher die Chance nicht in etwa genutzt, auch hier eine Kooperation von Bund und Ländern anzustreben. Es fehlt dem ohnehin zu kleinen Apparat im Kriminalistischen Institut der für fundierte Forschung vielfach notwendige Unterbau in den Ländern.
Wäre man 1973 meinem Vorschlag gefolgt, die kriminalpolizeiliche Forschung zwar im Zusammenhang mit dem Bundeskriminalamt, aber doch sachlich unabhängig (also nicht in die Behörde integriert) als eine Gemeinschaftsaufgabe von Bund und Ländern zu organisieren und dabei auf Kooperation von Wissenschaftlern und Kriminalpraktikern – diese in turnusmäßigem Wechsel mit Rückkehr in die Praxis – Wert zu legen, so hätte man vermutlich nicht nur eine praxisnahe Forschung erzielt, sondern die Forschungsstelle zugleich auch für eine spezialisierende Fortbildung der darin zeitweilig tätigen Kriminalpraktiker nutzen können.

f) Bei der geschilderten Situation kann eigentlich kaum verwundern, daß die kriminalpolizeiliche Arbeit in Deutschland von vielen Bürgern ungünstiger beurteilt wird als früher, wenngleich sich das Bild der Kriminalpolizei im **Urteil der Öffentlichkeit** in den letzten Jahren wieder etwas zu bessern scheint.

Beranek, Sepp: Neue Wege gehen. Die deutsche Kriminalpolizei im Spiegel der Meinungen und der Statistik – Kriminalistik 1962, S. 157 ff.; *Schreiber,* Manfred: Das Bild der Polizei heute – Die Neue Polizei 1972, S. 79 ff.; *Bleck,* Siegfried: In kritischer Sicht: Infas liefert Report über innere Sicherheit und Polizeiorganisation – Die Polizei 1973, S. 289 ff.

Sehen wir einstweilen von den Mängeln der sogleich zu erörternden Öffentlichkeitsarbeit ab (dazu § 27-IV-4), die gewiß für das Bild der Kriminalpolizei bei der Allgemeinheit nicht unwichtig sind, so kann man doch festhalten, daß bei dem in unserer Zeit besonders großen Interesse vieler Bürger an der inneren Sicherheit dennoch Organisation und Arbeitsweise der Kriminapolizei von manchem nicht verstanden oder doch kritisch beurteilt wird.

Ob die aus manchen Reformretorten hervorgezauberten Organisationsformen für die Mehrheit der Bürger verständlicher und durchschaubarer sind als die hergebrachten Formen, muß füglich bezweifelt werden. Denn anscheinend ignorieren gewisse Reformstrategen geflissentlich Erkenntnisse wie die, daß die staatliche Verwaltung der Mentalität der Bürger angepaßt sein muß.

Unbehagen und Kritik aber sollten sich, um Mißverständnisse vorzubeugen, nicht gegen diejenigen Kriminalbeamten, die unter oft schwierigen Umständen ihre schwere Arbeit tun, sondern ggf. mehr die Polizeiführung und die für die Kriminalpolizei verantwortlichen Politiker richten. Diese aber sollten sich nicht über mangelndes Verständnis beklagen, sondern aus solchen Reaktionen der Bürger die notwendigen und nicht so entfernt liegenden Konsequenzen ziehen, um die Arbeit der Kriminalbeamten zu erleichtern und damit zu verbessern, womit die Verbrechensbekämpfung noch wirksamer gestaltet würde.

4. Die Öffentlichkeitsarbeit

Bei der Öffentlichkeitsarbeit lassen sich abgesehen von den konkret verfolgten Zielen zwei große Bereiche unterscheiden, wenngleich die Verbindung zur Öffentlichkeit in beiden Fällen gewöhnlich durch die Massenmedien hergestellt wird. Hier interessiert zunächst und vor allem das, was die Kriminalpolizei ebenso wie andere Strafverfolgungsorgane, mit denen sie sich ggf. nach Lage des Falles abzustimmen hat, aus eigener Initiative an die Öffentlichkeit bringen will und wie das geschieht. Zum anderen aber muß auch jener Bereich erwähnt werden, bei welchem die Initiative von den Massenmedien ausgeht; hier läßt sich nicht nur deren Interesse für die Belange der Kriminalpolizei nutzen, sondern ist eine solche Handhabung wichtig, welche die kriminalpolizeiliche Arbeit nicht gefährdet, sondern möglichst unterstützt.

Brand, Walter: Presse und Kriminalpolizei – in: Das kriminalpolizeiliche Ermittlungsverfahren, hrsg. v. Bundeskriminalamt, Wiesbaden 1957, S. 207 ff.; *Holle,* Rolf: Kriminalpolizei und Presse – in: Das kriminalpolizeiliche Ermittlungsverfahren, hrsg. v. Bundeskriminalamt, Wiesbaden 1957, S. 211 ff.; *Noack,* Paul: Pressefreiheit und Berichterstattung, insbesondere während schwebender Verfahren – in: Kriminalpolizeiliche Gegenwartsfragen, hrsg. v. Bundeskriminalamt, Wiesbaden 1959, S. 237 ff.; *Cicero,* A.: Die Polizei. Ihre soziale Arbeit und ihre Öffentlichkeitsarbeit – Internat. kriminalpol. Rev. 1961, S. 3 ff.; *Schreiber,* Manfred: Öffentlichkeitsarbeit und Verbrechensverhütung – in: Vorbeugende Verbrechensbekämpfung, hrsg. v. Bundeskriminalamt, Wiesbaden 1964, S. 137 ff.; *Groß,* Rolf: Zum Verhältnis der Kriminalpolizei zur Presse – Kriminalistik 1964, S. 332 ff.; *Zimmermann,* Heinz-Günter: Die Bedeutung der Presse für den Kriminalbeamten – in: TbKrim Bd. XVI, S. 301 ff. (1966); *Scheer,* Bernhard: Kriminalpolizei und Presse. Gegenseitige Rechte und Pflichten nach den Pressegesetzen der Länder der Bundesrepublik Deutschland – in: TbKrim Bd. XVII, S. 182 ff. (1967); *Hamacher,* Werner: Öffentlichkeitsarbeit der Polizei – Kriminalistik 1968, S. 361ff.; *Zimmermann,* Eduard: Kriminalität und Massen-Kommunikationsmittel – Kriminalistik 1969, S. 1ff.; *Schmitt,* Paul: Plädoyer für aktive Öffentlichkeitsarbeit – Die Neue Polizei 1969, S. 209 ff.; *Graf von Hardenberg,* Wilfried: Polizei und Presse – Möglichkeiten der Zusammenarbeit – Kriminalistik 1969, S. 454 ff.; *Merkel,* Helmut: Wie lange noch Notstand in der Öffentlichkeitsarbeit? – Kriminalistik 1970, S. 349 ff.; *Stümper,* Alfred: Fernsehfahndung – Kriminalistik 1971, S. 57 ff.; *Zimmermann,* Eduard: Möglichkeiten und Grenzen der Fernsehfahndung – in: Vorträge im Landeskriminalpolizeiamt Niedersachsen H. 7, Hannover (1972), S. 26 ff.; *Wiesinger,* Jochen: Die Kriminalpolizei und ihre Öffentlichkeitsarbeit – in: Vorträge im Landeskriminalpolizeiamt Niedersachsen H. 7, Hannover(r (1972), S. 76 ff.; *Plaue,* Ernst: Aufgabe und Zielsetzung des Journalisten bei der Kriminalberichterstattung – Kriminalistik 1973, S. 425 ff.; *Zimmermann,* Eduard: Community Relations – eine notwendige neue Form der Öffentlichkeitsarbeit der Polizei in den USA – Kriminalistik 1973, S. 435 ff.; *Zimmermann,* Eduard: Die Öffentlichkeitsarbeit des FBI – Kriminalistik 1973, S. 541 ff.; *John,* Erhard: Einschreiten der Polizei gegen Pressevertreter und Grundrecht der Pressefreiheit – der kriminalist 1974, S. 363 ff.; *Prinz,* Heinrich: Zielsetzung , Strategie und Taktik der Öffentlichkeitsarbeit der Polizei – der kriminalist 1976, S. 34 ff.; *Schlösser,* Hermann: Die Aufgaben einer Polizei-Pressestelle am Ort außergewöhnlicher Ereignisse – Die Polizei 1977, S. 210 ff.

Nach Art der für beide Bereiche der Öffentlichkeitsarbeit wesentlichen Massenmedien sollen im folgenden Überblick ggf. unterschieden werden: Tagespresse, Boulevardpresse und Illustrierte, Film, Funk, Fernsehen.

Rill, Heinz Peter: Kriminalberichterstattung in der österreichischen Tagespresse – vor und nach dem 2. Weltkrieg – Kriminalistik 1959, S. 166 f.; *Mitzkewitz,* Günther: Tagespresse und Kriminalpolizei – Kriminalistik 1961, S. 8 ff.; *Weber,* Fritz: Zum Thema „Polizei und Presse“ – Kriminalistik 1966, S. 460 ff.

Doch gilt für alle Massenmedien, daß sie in besonderem Maße durch die gesellschaftlichen Verhältnisse und damit mehr oder minder nachhaltig durch Erwartungen ihres Publikums geprägt werden, welches im fraglichen Bereich vor allem den Hang zur Sensation erkennen läßt. Mit der für eine Demokratie lebenswichtigen Pressefreiheit verbindet sich zudem die Notwendigkeit der Kritik, welche aber u. U. zu einem Mißbrauch der Pressefreiheit verführen kann, der als solcher nicht leicht auszumachen ist. Auch hier gibt es also den Unterschied zwischen öffentlicher und veröffentlichter Meinung; das kann sich schon bei der Auswahl der zur Publikation angebotenen Informationen auswirken.

Die Aufgaben der Presse und anderer Massenmedien lassen sich in diesem Zusammenhange vereinfachend dahin umreißen, daß sie einmal über Angelegenheiten von öffentlichem Interesse, die allerdings nicht immer leicht von privaten Skandalgeschichten zu unterscheiden sind, zu informieren haben; dies gilt naturgemäß für Straftaten und die dadurch ausgelösten Aktivitäten der Strafverfolgungsorgane. Zum anderen haben die Massenmedien an der Meinungsbildung der Bürger mitzuwirken, was insb. für die Kritik an den Strafverfolgunsorganen und damit auch an der Kriminalpolizei und ihrer Arbeitsweise wichtig ist. Auch hier ist es oft nicht einfach, zwischen berechtigter, wenngleich harter Kritik an Mißständen und einer bewußt gehässigen Verunglimpfung zu unterscheiden.

Die Massenmedien sollen sich ihre Nachrichten nicht nur durch ordnungs- und gesetzmäßige Methoden verschaffen, sondern unterliegen bei ihrer Arbeit überdies einer besonderen Sorgfaltspflicht, die sich auf Herkunft, Inhalt und Richtigkeit der Information bezieht. Dies ist insb. im Hinblick auf den Persönlichkeitsschutz der in den Berichten genannten Bürger wichtig.
Wesentlich für die Zusammenarbeit zwichen Massenmedien und Kriminalpolizei ist schließlich das Informationsrecht der Presse, dem eine Auskunftspflicht der Behörden – also nicht Teilen von ihnen oder gar einzelnen Beamten – entspricht.

Auskunftsberechtigt sind jedoch nur Vertreter der Presse wie Redakteure, Reporter usw., nicht aber technisches Personal oder sonst Interessierte. Die Form der Auskunftserteilung – Pressekonferenz oder Einzelgespräch – ist nicht reglementiert; sie richtet sich nach Lage des Falles. Strittig wird in der Praxis, wann die Kriminalpolizei eine Auskunft verweigern kann, um Amtsverschwiegenheit zu wahren und zugleich die Durchführung des Verfahrens nicht zu gefährden.

Bei falscher Berichterstattung hat die Kriminalpolizei das Recht zu einer Gegendarstellung, das ebenfalls in den Pressegesetzen näher geregelt ist.

Hierbei sind Tatsachenbehauptungen nicht immer leicht von Werturteilen, bloßen Meinungsäußerungen, zu unterscheiden, welche nicht zur Gegendarstellung berechtigen. Über Umfang und Art der Publikationen einer Gegendarstellung, die sich gleichfalls auf tatsächliche Angaben beschränken muß, gibt es ebenfalls besondere Vorschriften. Strafbarkeit und Wiedergutmachung bei schweren Verletzungen bleiben davon unberührt.

Bei Veröffentlichung von Bildern ist das Recht des Kriminalbeamten am eigenen Bild zu beachten.

Kritisch wird dieses allgemeine Persönlichkeitsrecht vor allem bei heimlich gemachten Aufnahmen. Grundsätzlich ist eine Publikation ohne Einwilligung des betreffenden Beamten verboten. Eine Ausnahme bilden Personen der Zeitgeschichte, eine andere sind Bilder öffentlicher Veranstaltungen oder anderer Art, bei denen die Person nur als Beiwerk erscheint.

Hohensinn, Karl-Heinz: Strafanzeige gegen Fotoreporter – der kriminalist 1974, S. 367 ff.; *N. N.*: Zum „Recht am eigenen Bild". Die zwei Seiten der Fotografie bei Demonstrationen und dergl. – Arch. f. Krim. Bd. 158, S. 155 (1976).

Während den Strafverfolgungsorganen nach diesen Grundsätzen z. B. das Fotografieren von Teilnehmern einer Demonstration erlaubt ist, sind bei einem solchen Anlaß gemachte, gezielte Fotos von eingesetzen Beamten in aller Regel unzulässig, wenn nämlich damit weitergehende Ziele verfolgt werden.

Die seit jeher umstrittene Zusammenarbeit der Kriminalpolizei mit der Presse und mit anderen Massenmedien ist des öfteren außer durch Pressegesetze auch durch Dienstvorschriften und Richtlinien geregelt worden; in Deutschland hat beispielsweise die Arbeitsgemeinschaft der Leiter der Landeskriminalämter mit dem Bundeskriminalamt schon 1953 Grundsätze dafür ausgearbeitet, die später in manchen Punkten noch ergänzt worden sind.

Die Pressegesetze der Bundesländer weichen mehr oder minder stark vom Modellentwurf eines Landespressegesetzes ab, den die Innenministerkonferenz erarbeitet und empfohlen hat. Infolgedessen sind auch die Grenzen der in Art. 5 GG verankerten Pressefreiheit nicht immer leicht und sicher zu erkennen; denn auch diese Freiheit findet ihre Grenze in anderen Gesetzen.

a) Von der Kriminalpolizei ausgehende Öffentlichkeitsarbeit

Was die Zuständigkeit der Kriminalpolizei für Öffentlichkeitsarbeit anlangt, die jedoch

bei schwebenden Verfahren begrenzt ist, läßt sich als Faustregel festhalten, daß sie regelmäßig nur bei leichter und mittlerer Kriminalität gegeben ist; bei schweren Straftaten, insb. Kapitalverbrechen, ist die Öffentlichkeitsarbeit regelmäßig Sache der zuständigen Staatsanwaltschaft, die allerdings ihre Befugnis delegieren bzw. Kriminalbeamte hinzuziehen kann.
Nach dem Ziel dieser kriminalpolizeilichen Öffentlichkeitsarbeit lassen sich im großen und ganzen drei Komplexe unterscheiden, zu denen als vierter die sogen. interne Öffenlichkeitsarbeit hinzutritt, die hier eine Besonderheit darstellt.

aa) Die **Einschaltung der Öffentlichkeit** in die Fahndung nach Personen oder Sachen ist bereits an anderer Stelle behandelt worden (§ 19-II-2-b), weshalb es hier mit einem Hinweis auf das dort Gesagte sein Bewenden haben muß.

Dabei ist zwischen der Öffentlichkeit als solcher und bestimmten Personen bzw. einem gewissen Personenkreis unterschieden worden, was jedoch nur bedingt in diesen Rahmen paßt.
Im Hinblick auf das Fernsehen ist von dieser Fernsehfahndung im eigentlichen Sinne allerdings die im weiteren Sinne zu unterscheiden, auf die alsbald zurückzukommen sein wird (unter b).

bb) Die **Kriminalprävention** kann entweder Selbstzweck oder zugleich ein Aspekt der Einschaltung der Öffentlichkeit sein, weil auf diese Weise vor kriminellen Praktiken bestimmter, noch gesuchter Verbrecher gewarnt werden soll.
Lockerer, aber wichtig ist der Zusammenhang mit der kriminalpräventiven Öffentlichkeitsarbeit der Kriminalpolizei bei Aktivitäten wie Groß- und Alarmfahdnung (§ 19-IV) oder Streiks und Krawallen. Kontakte sowohl mit den daran beteiligten Personen als auch der Bevölkerung können Verständnis bewirken und unerwünschten Weiterungen vorbeugen.
Natürlich können derartige Maßnahmen der Öffentlichkeitsarbeit auch ohne Zusammenhang mit Ermittlungen in einer konkreten Strafsache erfolgen. So kann z. B. entweder allgemein auf Möglichkeiten der Eigensicherung hingewiesen werden oder ein spezielles Schwerpunktprogramm verwirklicht werden.

Weinberger, Rolf: Vorbeugende Verbrechensbekämpfung durch gezielte Öffentlichkeitsarbeit – Die Neue Polizei 1972, S. 134 ff.; *Händel,* Konrad: 100 x die Kriminalpolizei rät – Die Neue Polizei 1972, S. 164 f.; *Rupprecht,* Reinhard: Das Kriminalpolizeiliche Vorbeugungsprogramm – Die Neue Polizei 1976, S. 42 ff.

Bei dieser von der Kriminalpolizei ausgehenden Öffentlichkeitsarbeit ist mithin die präventive Zielsetzung am deutlichsten. Die hier in Frage stehenden Vorbeugungsprogramme können sowohl dem Inhalt als auch der Form nach sehr verschieden gestaltet sein.

Die Skala reicht von knappen Anzeigen in Fachzeitschriften oder anderen Presseerzeugnissen über Handzettel und ausführliche Berichte bis hin zu Spots oder größeren Sendungen in Fernsehen und Rundfunk; allerdings ist bei solchen Sendungen in der Praxis gewöhnlich das Massenmedium federführend.

cc) Die Öffentlichkeitsarbeit kann des weiteren allein oder wesentlich das Ziel einer **Information über die Kriminalpolizei** und ihre Arbeit verfolgen, wobei u. a. bereits an den Aspekt der Nachwuchswerbung zu denken ist; denn sicher sind solche Maßnahmen wirkungsvoller als blanke Werbeanzeigen.

Gerade angesichts der in der Allgemeinheit bestehenden Zerrbilder über die Kriminalpolizei und ihre

Arbeit ist es wichtig, zumindest den dafür aufgeschlossenen Bürger sachlich und klar über die Gegebenheiten und die damit bestehenden Möglichkeiten zu unterrichten.

Die Information über die Kriminalpolizei ist – wie gesagt – nicht zuletzt unter dem Gesichtspunkt der Nachwuchswerbung wichtig, die natürlich – wie wir sehen werden – auch bei einer dafür geeigneten Initiative der Massenmedien betrieben werden kann. Sie läßt sich durch Presseveröffentlichungen, Rundfunkberichte und Filme auch in Form von Vorträgen in Kreisen Interessierter oder durch anderweitige Mitwirkung sowie „Tage der offenen Tür" bewerkstelligen.

dd) Schließlich sei in diesem Rahmen als ein besonderer Aspekt die **interne Öffentlichkeitsarbeit** erwähnt, welche sich an die Angehörigen der Kriminalpolizei wendet; denn sie wird nur zu häufig übersehen.
Dabei kann es keine Frage sein, daß sowohl die große Zahl der im Kriminaldienst Tätigen als auch seine komplizierten, sich z. B. wandelnden Aufgaben eine Informationstätigkeit notwendig machen, die den erforderlichen Über- und Einblick vermittelt und so die Kriminalbeamten in der wünschenswerten Weise motiviert.

Hätte man diesen Gesichtspunkt rechtzeitig beachtet und wären die nötigen sachlichen Voraussetzungen gegeben, so hätte man manche Unsicherheiten bei den Kriminalbeamten vermeiden können, welche sich nachteilig auf ihre Einstellung und damit auf ihre Arbeit ausgewirkt haben.

Diese interne Öffentlichkeitsarbeit erfolgt, da sie sich an einen begrenzten Kreis wendet, üblicherweise durch Veröffentlichungen in Fachzeitschriften oder besondere Publikationen bzw. durch Vorträge und dergleichen.

b) Von den Massenmedien ausgehende Öffentlichkeitsarbeit

Die von den Massenmedien ausgehende Öffentlichkeitsarbeit beruht zwar auf den so oder so gearteten Interessen der Publikationsorgane, kann aber ebenfalls von der Kriminalpolizei für ihre Zwecke genutzt werden. Zudem ist die Kriminalpolizei in Deutschland wie jede staatliche Behörde – wie oben dargelegt – durch das Presserecht gehalten, auf Befragen Auskunft im Rahmen des rechtlich Zulässigen zu erteilen; außer an die Grenzen ihrer Zuständigkeit für Öffentlichkeitsarbeit ist ferner an die Amtsverschwiegenheit zu denken.
Wenngleich mit anderen Gewichten bewegt sich diese Öffentlichkeitsarbeit prinzipiell in denselben Bahnen wie diejenige, die von der Kriminalpolizei ausgeht. Da hier aber die Initiative der Massenmedien ausschlaggebend ist, können die Dinge eher problematisch und in der Abgrenzung zweifelhaft werden, obwohl der Kriminalist an sich dankbar für solche Aktivitäten sein sollte.

Dies mag kurz am Beispiel zweier bekannter Sendereihen des ZDF geschildert werden, obwohl diese nicht nur Vorläufer hatten, sondern es auch andere Sendeformen gibt. Während die Sendereihe „Vorsicht Falle!" eindeutig in das Gebiet der Prävention gehört und daher von der Kriminalpolizei im Rahmen des Möglichen unterstützt werden sollte, ist gegen die ebenfalls von Eduard Zimmermann in das Leben gerufene Sendereihe „Aktenzeichen XY . . . ungelöst" z. T. harte Kritik vorgebracht worden. Und in der Tat ist zweifelhaft, inwieweit man bei dieser Sendereihe von einer sicher zulässigen und in gewissen Grenzen zweckmäßigen „Fernsehfahndung" sprechen kann. Denn die eigentlichen Fahndungsbitten werden in ein Rahmenprogramm eingestreut, in welchem einerseits Kriminalfälle nachgespielt und andererseits mit Nachrichten über Fahndungserfolge eine Teilnahme der Zuschauer dargetan werden soll. Es geht in dieser Sendereihe also weniger um die Kriminalprävention als solche und wohl auch nicht wesentlich um die Arbeit der Kriminalpolizei; vielmehr bezweckt man auf diese

Weise, die Zuschauer zur „Mitfahndung“ zu animieren, soweit es diesen nicht nur um einen Kriminalfilmen ähnlichen Unterhaltungseffekt geht. Das Problematische ist also nicht die Fernsehfahndung i. w. S., welche auch dann verdienstlich ist, wenn die Initiative von den Massenmedien ausgeht, sondern ihre Mischung mit anderen Elementen, d. h. letztlich die Art und Weise der Darstellung. Dieselben Zweifel wie bei dieser Sendereihe tauchen auch bei entsprechenden Berichten oder Serien in Illustrierten oder anderen Presseerzeugnissen auf.

Für die Strafverfolgungsorgane ist bei derartigen Darbietungen vor allem die Art und Weise ihrer eigenen Mitarbeit problematisch. Soweit eine sicher zulässige private Fahndungshilfe kriminalistisch als zweckmäßig erscheint, bleibt für eine Kooperation mithin lediglich die Frage, inwieweit der Rahmen der Sendereihe oder ihr entsprechender Veröffentlichungen zu Zweifeln Anlaß gibt. Außer an die Auswahl der Fälle und des ggf. mitwirkenden Beamten ist hier an diejenigen Konsequenzen zu denken, welche Kritiker fälschlich als „Menschenjagd“ apostrophiert haben. Doch sollte man nicht verkennen, daß für Kriminalbeamte wie bei jeder Einschaltung der Öffentlichkeit hier besondere Vorsicht geboten ist, um hysterische Reaktionen zu vermeiden. Noch problematischer sind die Erfolgsmeldungen, mit denen man wohl die Aktualität unterstreichen möchte. Handelt es sich aber um komplizierte oder wirklich „tote“ Fälle, so fragt man sich, wie beispielsweise Fernsehjournalisten in der Lage sein wollen, so schnell die „Temperatur“ einer (heißen) Spur einschätzen zu können. Man sollte darauf und überhaupt auf schnelle Erfolgsmeldungen verzichten, um sich ggf. auf die nächste Sendung zu vertrösten. Dafür aber sollte man u. U. an Hand der konkreten Fälle die Hintergründe und auch die Schwierigkeiten kriminalpolizeilicher Arbeit besser ausleuchten, um den Informationswert solcher Publikationen zu erhöhen. Zudem muß der private, nichtstaatliche Charakter einer solchen Fahndungshilfe deutlich sein.

Schneider, Hans-Joachim: Der moderne Steckbrief. Das Problem der Verbrechensverfolgung durch öffentliche Fahndung – Die Polizei 1973, S. 103 ff.; *Schwagerl,* H. Joachim: Fahndungshilfe durch Massenmedien. Ein Beitrag zur Problematik polizeilicher Fahndung in der Öffentlichkeit – Die Polizei 1974, S. 317 ff.

aa) Bei konkreten Strafsachen, für welche sich die Massenmedien ganz besonders zu interessieren pflegen, ist präziser von einer **Information über Ermittlungsergebnisse** zu sprechen. Aber schon diese bringt neben rechtlichen Zweifeln oft auch kriminalistische Probleme mit sich. Denn während bei der Fernsehfahndung i. e. S. die Kriminalbeamten ungeachtet des hilfreichen Rates von Redakteuren usw. letztlich über Inhalt und Form der Veröffentlichung entscheiden, sind dann, wenn man solche Informationen für Fahndungszwecke nutzt (z. B. Fernsehfahndung i. w. S.) die für Fernsehen, Rundfunk oder Presseorgan zuständigen Personen verantwortlich, die dabei mitwirkenden Kriminalbeamten lediglich Berater oder möglicherweise Statisten.

Ender, Karl: Presse und Kriminalpolizei. Eine Analyse der veröffentlichten Pressestimmen zu der Arbeit der Kriminalpolizei im Falle Timo Rinnelt – in: GrKrim Bd. 4, S. 65 ff. (1969); *Hesse,* Eduard: Falsche Gutachten oder falsche Pressemeldungen? Kritische Anmerkungen zu Presseveröffentlichungen über den Schwurgerichtsprozeß gegen Assmann – Kriminalistik 1971, S. 243 ff.

Bei im Grunde gleichem Ziel – dem Ermitteln des wahren Sachverhalts – ergeben sich in diesem Bereich der Öffentlichkeitsarbeit Spannungen daraus, daß der auf ungestörte Arbeit und sichere Ergebnisse bedachte Kriminalist zunächst gewöhnlich zurückhaltend ist, wenn nicht gar zur Geheimhaltung neigt, während die Massenmedien aus den verschiedensten Gründen an besonders schneller Information der Öffentlichkeit interessiert sind, wobei die Sicherheit der Angaben leicht problematisch werden kann.

Günstiger als Sensationsfälle sind für die Zusammenarbeit zwischen Presse und Kriminalpolizei kleine, dafür humorige Alltagssachen, die Mitzkewitz „Schmonzetten“ nennt. Diese Fälle, die – aufgeklärt – für den Kriminalbeamten uninteressant zu sein pflegen, sind für viele Leser und damit auch für Journalisten geradezu Perlen. Da es zum Komischen manchmal nur ein kleiner Schritt ist, sind diese Fälle – wie der Kriminalpraktiker weiß – durchaus nicht selten.

bb) Ungleich geringer pflegt bei den Massenmedien das Interesse an der **Kriminalprävention** als solcher zu sein, die sich am ehesten noch als eine Warnung mit konkretem Hintergrund im Zuge der soeben genannten Information erreichen läßt.
Bei derartigen Vorhaben der Massenmedien erfolgt die Öffentlichkeitsarbeit zweckmäßig vor allem durch Mitwirken geeigneter Beamter oder durch fachkundige Beratung. Hier sollte man keinesfalls reserviert sein; selbst wenn die Form der Publikation in den Händen der Journalisten und Redakteure liegt, läßt sich hier durch Kooperation doch mancherlei erreichen. Allerdings sollten auch derartige Aktivitäten von der Kriminalpolizei sorgfältig überlegt und vorbereitet werden.

cc) Ähnlich ist es mit **Informationen über die Kriminalpolizei** und ihre Arbeit. Zudem finden sich nur relativ selten Journalisten oder Redakteure, die wesentlich an einer solchen Thematik interessiert sind, welche sich außer mit Zahlen natürlich auch mit Informationen der vorgenannten Art verbinden läßt. Eher schon verfallen kritische Redakteure auf dieses Sujet; ihnen liegt dann aber kaum etwas anKooperation mit den Objekten ihrer Kritik.

Pfister, Wilhelm: „Deutschland Deine Kripo“. Analyse eines Reports – Kriminalistik 1967, S. 507 ff.

Die Chancen einer solchen Kooperation steigen allerdings gewöhnlich mit gutem persönlichen Kontakt, an welchem es bei der gegenwärtigen Organisation der Öffentlichkeitsarbeit jedoch nicht selten fehlt. Bieten aber Einzelfälle oder andere Vorhaben von Journalisten eine Basis, so sollte man das so geschaffene Vertrauen auch in dieser Richtung nutzen. Derartige Informationen lassen sich ebenfalls gut für die Nachwuchswerbung nutzen. Außer an Presseberichte und entsprechende Filmberichte ist hier ebenfalls an eine Mitwirkung geeigneter Beamter – z. B. durch Vorträge – bei Veranstaltungen zu denken, die interessierte Organisationen oder Bildungsinstitutionen durchführen. Nicht zuletzt deshalb sind gute Kontakte mit gewissen Berufsorganisationen und auch Gewerkschaften wichtig.

c) Zur Handhabung der Öffentlichkeitsarbeit

Der Überblick über die Möglichkeiten der so oder so erfolgenden kriminalpolizeilichen Öffentlichkeitsarbeit führt notwendig zu der Frage, ob die gegenwärtige Handhabung Schwächen und Fehler zeigt und wie sie verbessert werden könnte. Es geht also keineswegs darum, die Kriminalpolizei wie ein Waschmittel zu verkaufen oder gar aus einem Ladenhüter ein Exklusivprodukt zu machen. Vielmehr sollte man bei der Öffentlichkeitsarbeit als Kriminalbeamter die Schwierigkeiten nicht nur ungeschminkt darstellen, sondern Pannen und Fehler, die immer einmal vorkommen, ruhig einräumen, womit manchen Kritikern der Wind aus den Segeln genommen wird, während Offenheit bei den Bürgern am ehesten auf Verständnis rechnen kann. Die Aufgabe der kriminalpolizeilichen Öffentlichkeitsarbeit, die jetzt zusammenfassend kritisch beleuchtet werden soll, ist also nicht eine Manipulation, sondern eine wahrheitsgetreue und verständliche Information der Allgemeinheit.

aa) Die **Schwächen und Fehler** der gegenwärtigen Öffentlichkeitsarbeit sind z. T. organisatorischer Natur, betreffen aber überwiegend doch Art und Weise selbst.
Wie bei den anderen Strafverfolgungsorganen so gibt es auch bei der Kriminalpolizei in der Bundesrepublik nur ganz vereinzelt Pressestellen, die man wirklich als solche bezeichnen kann. In aller Regel wird diese Tätigkeit einem einzelnen Beamten übertragen, der sie dann überdies im allgemeinen nebenamtlich, d. h. zusätzlich zu seinen sonstigen Aufgaben zu verrichten hat. Zu einer infolgedessen durchweg viel zu geringen Arbeitskapazität tritt daher oft eine geringe oder gar unzureichende Vertrautheit mit den Massenmedien und ihrer Situation hinzu; mitunter kann man sogar eine ausgesprochen pressefeindliche Einstellung beobachten, durch welche die Öffentlichkeitsarbeit sehr leicht zu einer Negativ-Reklame werden kann. Zuweilen geht es in der Öffentlichkeitsarbeiten wirklich aktiv Tätigen anscheinend weniger um die Arbeit der Kriminalpolizei als vielmehr um die Imagepflege des Behördenleiters oder anderer „Auserwählter".
Typische Fehler oder doch Schwachpunkte, was die Arbeitsweise anlangt, finden sich vor allem bei den für die Massenmedien besonders interessanten Informationen über Ermittlungsergebnisse in Strafsachen.

Mitunter werden im Zuge von Ermittlungsverfahren Mitteilungen zu früh gemacht und damit verfrüht publiziert. In anderen Fällen erteilt man Auskünfte in unangemessener Form, z. B. bei vorläufiger Festnahme mit Namensangaben, was den Betroffenen leicht ungebührlich benachteiligen kann, wenn sich nämlich der Verdacht später als unbegründet erweist.

Es können aber auch richtige, jedoch unvollständige oder ungenaue Angaben über den Gang der Ermittlungen leicht irritierend wirken und infolgedessen zu verzerrten Berichten führen.

Ebenso können das unnötige Zurückhalten von Auskünften oder gar eine unüberlegt angeordnete Nachrichtensperre Journalisten zu eigener Aktivität mit zweifelhaften Ergebnissen veranlassen.

Falschmeldungen der Massenmedien oder unrichtige Wiedergabe von Informationen werden – ganz zu Unrecht – häufig von der Kriminalpolizei nicht dementiert.

Besonders fatal sind diese bei anlaufenden Ermittlungen z. T. verständlichen Fehler, wenn die Strafsache bereits an die Staatsanwaltschaft abgegeben worden ist oder sogar schon das gerichtliche Verfahren begonnen hat; das aber liegt als Gerichtsberichterstattung außerhalb der Zuständigkeit der Kriminalpolizei, wenngleich es für sie nicht ohne Interesse ist.
Nach rechtskräftigem Abschluß des Strafverfahrens liegen die Dinge wieder anders, wenngleich der Kriminalbeamte auch dann noch die Amtsverschwiegenheit zu beachten hat.

Allgemeine Regeln für Informationen über Ermittlungsergebnisse lassen sich schon deshalb kaum aufstellen, weil auch die Reporter eine unterschiedliche Einstellung haben.

Während verständnisvolle Reporter sogar von ihnen selbst ausfindig gemachte Informationen zurückhalten, sofern der Kriminalbeamte triftige Gründe gegen eine sofortige Publikation vorbringt, gibt es andererseits sogen. „harte Kriminalreporter", die alles so oder so Erlangte ohne Rücksicht auf Verluste veröffentlichen, um die vermeintliche Priorität auszubeuten. Gegenüber solchen Zeitgenossen, die – da nicht kooperativ – oft Fehler machen, hilft nur, das sie disqualifizierende Recht auf Gegendarstellung geltend zu machen. Im übrigen sollte man dafür sorgen, daß in entsprechenden Fällen kooperative Journalisten zur richtigen Zeit die bessere und vor allem richtige „Story" herausbringen könnnen.

Weniger problematisch gestaltet sich bei ungleich geringerem Aufwand die Öffentlichkeitsarbeit im Hinblick auf Kriminalprävention und auf die Kriminalpolizei als solche.

Im letztgenannten Punkte ist allerdings zu beachten, daß sich Schweigsamkeit bei Pannen sehr leicht zum Nachteil der Kriminalpolizei auswirken kann, wenn jene auf das Versagen anderer Strafverfolgungsorgane oder auf mangelhafte Vorschriften und damit u. U. auf Politiker zurückzuführen sind. Es ist deshalb nicht unproblematisch, wenn den Kriminalbeamten bei Zusammenarbeit mit Massenmedien jegliche Kritik an der Arbeitsweise anderer Behörden untersagt wird. Man sollte dies sinnvollerweise dahin verstehen, daß zwar wertende Kritik als solche zu vermeiden ist, damit aber nicht die wahrheitsgetreue Wiedergabe kritikwürdiger Tatsachen oder Vorgänge ausgeschlossen sein soll.
Schließlich spielen in diesem Rahmen unerwünschte Publikationen über Verbrechenstechniken und über Ermittlungsmethoden eine besondere Rolle. Doch sollte man in dieser Hinsicht nicht so kleinlich sein; sicher unterschätzen selbst manche Kriminalbeamte die sonstigen Informationsmöglichkeiten für Menschen, die zu kriminellem Tun entschlossen sind. Zudem gehört dies mehr in die kriminologische Problematik der Wirkung von Massenmedien, die jedoch ganz anders ist, als sich das viele vorstellen. Wir haben bereits in anderem Zusammenhang davor gewarnt, das Anschlußverbrechen, mit der kriminellen Ansteckung zu verwechseln, bei welcher eine kriminogene Disposition hervorgerufen wird, das Massenmedium also ein kriminogener Faktor ist (§ 7-IV).

bb) Nach diesem nicht gerade ermutigenden Überblick sollen kurz die wesentlichen **Erfordernisse** einer wirksamen Öffentlichkeitsarbeit aufgezeigt werden.
Organisatorisch sollten jedenfalls bei größeren Kriminalpolizeibehörden echte Pressestellen geschaffen werden, denen außer entsprechend geschulten Kriminalbeamten, die diese Aufgabe für eine gewisse Zeit hauptamtlich oder aber bei entsprechender dienstlicher Entlastung nebenamtlich übernehmen, möglichst auch mit den Massenmedien Vertraute, z. B. frühere Redakteure, Journalisten, Psychologen oder Soziologen, angehören.
Die Pressestelle muß zudem personell und sachlich in der Lage sein, gewünschte Auskünfte relativ schnell zu erteilen und ebenso in angemessenem Umfang zu sonstiger Kooperation mit den Massenmedien bereit sein. Sie sollte dabei keineswegs auf eine Intitiative der Redakteure oder Journalisten warten, sondern hat von sich aus versprechende Kontakte zu suchen und Zeit sowie Mittel für vorbereitende Arbeiten zu nutzen. Vor allem aber ist es eine wichtige Aufgabe der Pressestelle, die einschlägigen Veröffentlichungen in ihrem Bereich durchzusehen und auszuwerten.

Zweifelhafter erscheint die in Einzelfällen sicher nützliche Eigeninitiative einzelner Beamter, die – z. B. in Form von Leserbriefen oder Vorträgen – leicht schief gehen kann, wenn dem betreffenden Beamten die Vertrautheit mit den Massenmedien fehlt. Besser ist es wohl, wenn so etwas durch die Pressestelle oder zumindest in Ansprache mit ihr erfolgt.

Es ist selbstverständlich, daß die Organisation und die Arbeitsweise solcher Pressestellen in Bund und Ländern abgesprochen werden muß, um Überschneidungen und unötige Doppelarbeit, die zudem zu divergierenden Auskünften führen kann, möglichst zu vermeiden. Dabei ist auch Sorge zu tragen, daß eine Pressestelle selbst in Extremsituationen dennoch schnell eine funktionstüchtige Öffentlichkeitsarbeit zu organisieren vermag.

Eine solche Arbeitsorganisation wird zumindest im Laufe der Zeit die Qualität der Öffentlichkeitsarbeit verbessern. Denn nur so läßt sich ein ständiger Kontakt mit Reportern und Redakteuren erzielen, deren fachmännischer Rat zudem oft nützlich für die in diesem Bereich tätigen Kriminalbeamten sein dürfte. Ebenso wie bei der Kriminalpolizei sollte man

allerdings auch bei den Massenmedien im Interesse des Kontakts dafür sorgen, daß die Partner nicht zu häufig gewechselt werden.
Die Öffentlichkeitsarbeit kann mithin trotz energisch anzustrebender Verbesserung auch in Zukunft niemals voll oder auch nur überwiegend von der Kriminalpolizei oder anderen staatlichen Stellen selbst geleistet werden. Schon deshalb ist eine enge Kooperation mit den Massenmedien unerläßlich, die dann zwar die Belange in eigener Regie wahrnehmen, dafür aber auch nicht – wie Pressestellen – in die Gefahr geraten, „pro domo" zu sprechen. Mit der Materie wirklich vertraute Pressestellen dürften nicht nur damit verbundene Gefahren erkennen und daher in vertretbaren Grenzen halten, sondern sie vermögen diese Position der Massenmedien im Interesse der kriminalpolizeilichen Öffentlichkeitsarbeit besser als bisher zu nutzen. Dies aber käme der Kriminalpolizei ebenso wie ihrer Aufgabe, der Kriminalitätsbekämpfung, zugute.

§ 28
Andere europäische Staaten

Nach diesem relativ ausführlichen Überblick über die Organisation und Arbeitsweise der deutschen Kriminalpolizei sollen nun die Verhältnisse entsprechender Sicherheits- und Strafverfolgungsorgane zumindest in einer Reihe weiterer europäischer Staaten geschildert werden, die entweder für die Zusammenarbeit mit Deutschland besonders wichtig oder aber für uns sonst aufschlußreich sind.

Dietrich, Fred: Polizei, FBI–Kripo–Sûreté–Scotland Yard – München 1956; *Hoeveler,* Hans-J. (Hrsg.): Internationale Bekämpfung des Verbrechens – Hamburg 1966; *Erpf,* Hans (Hrsg.): Das große Buch der Polizei – Bern/Stuttgart 1976 (Reichhaltiges Bildmaterial). Aus älterer Zeit vgl. *Melcher,* Kurt: Die Geschichte der Polizei – Die Polizei in Einzeldarstellungen Bd. 2 – Berlin 1926 – insb. S. 78 ff., 90 ff.

Diese Auswahl bedeutet keineswegs, daß andere, im Folgenden nicht berücksichtigte Länder nicht doch im Einzelfall für uns wichtig werden oder allgemein gesehen lehrreich sein können. Vielmehr waren – wie gesagt – neben dem begrenzten Rahmen mitunter auch die Materiallage oder sprachliche Schwierigkeiten ausschlaggebend bzw. ließen geringe Größe und besondere Lage – z. B. der Kleinstaaten – eine Behandlung hier nicht als angezeigt erscheinen.

Amelunxen, Clemens: Die Kleinstaaten Europas. Rechtsleben und Polizei der kleinsten Länder Europas – Hamburg 1964.

Selbstverständlich gibt es zahlreiche Probleme, die sich vergleichend für eine mehr oder minder große Zahl von Staaten behandeln lassen und folglich entsprechende Publikationen. Insgesamt ist ihre Zahl jedoch noch gering und das Gesamtgebiet bisher nur so lückenhaft in dieser Weise behandelt worden, daß sich in diesem Rahmen eine ausführliche Darstellung nicht lohnt. Deshalb muß hier ein Hinweis auf diese Arbeitsweise genügen, welche lediglich durch einige Beispiele erläutert werden soll.
Eher als allgemeine Vergleiche der Organisation kriminalpolizeilicher Aktivitäten finden sich derartige Arbeiten für besondere Bereiche, z. B. für den Einsatz von Frauen in der Kriminalpolizei.

Harkjerr, Reidar: Kvinner in politiet – Politiembetsm. Blad 1973, S. 107 ff.; *Melchionne,* Theresa M.: The Changing Role of Policewomen – The Police Journal 1974, S. 340 ff.; *Matthes/Kleinlein:* Die Frau in der Polizei. Eine Zusammenstellung – Öff. Sicherheit 1975 – Apr., S. 21 ff.

Ähnlich ist die Lage bei Jugendsachbearbeitern oder Jugendpolizei sowie überhaupt bei der Behandlung der Jugendkriminalität durch die Kriminalpolizei oder ihr vergleichbare Strafverfolgungsorgane.

Hünecke, Franz: Jugendsachbearbeiter bei der Kriminalpolizei – BKA 1966/3 – insb. S. 57 ff.

Ungeachtet der oft unterschiedlichen Organisationsformen sind ferner beispielsweise Fragen der Einstellung sowie der allgemeinen oder speziellen Ausbildung von Kriminalbeamten vergleichend behandelt worden.

Hübner, Siegfried F.: Die internationale Polizeischießausbildung – der kriminalist 1974, S. 417 ff. *N. N.:* Recrutement et formation des personnels de police – Rev. de la Police Nat. 1975-III, insb. S. 57 ff.; *Hübner,* Siegfried F.: Eine neue realistische Polizeischießausbildung – der kriminalist 1976, S. 670 ff.

Schließlich dürfte es sich lohnen, neben den Erfordernissen wirksamer kriminalistischer Arbeit auch deren Hemnisse oder Gefahren des Mißbrauchs – z. B. durch Korruption von Beamten – in dieser Weise zu untersuchen.

N. N.: Police Corruption – The Police Journal 1975, S. 21 ff.

Diese wenigen Beispiele müssen hier genügen, um auf diese z. T. sehr versprechende Arbeitsweise aufmerksam zu machen. In dem hier begrenzten und dabei allgemeinen Rahmen dürfte es einstweilen lohnender sein, sich auf die Situation in den einzelnen Staaten zu konzentrieren.

A. Österreich

Die Verhältnisse in Österreich als einem mit uns vielfältig verbundenen Nachbarland sind nicht nur für die deutschen Kriminalbeamten aufschlußreich, sondern auch allgemein von besonderem Interesse, weil hier seit längerer Zeit verschiedene Sicherheitsorgane nebeneinander tätig sind.

100 Jahre Kriminalbeamtenkorps in Österreich. Festschrift – hrsg. v. Bundesministerium für Inneres – Wien 1952; *Früh,* W.: Die österreichische Polizei im Jahre 1958 – Kriminalistik 1959, S. 361 ff.; *Walterskirchen:* Organisation und Aufgaben der Kriminalpolizei in Österreich unter besonderer Berücksichtigung der Interpol-Arbeit – in: Internationale Verbrechensbekämpfung, hrsg. v. Bundeskriminalamt, Wiesbaden 1960, S. 37 ff.; *Springer,* Karl: Die österreichische Polizei – Hamburg 1961; *Kuso,* Fritz: Die Organisation des Sicherheitswesens in Österreich – in: TbKrim Bd. XI, S. 623 ff. (1961); *Krista,* Adolf: Interpolfahndung nach flüchtigen Rechtsbrechern (Aus der Sicht des österreichischen Rechtes) – Kriminalistik 1965, S. 217 ff.; *Weihskirchner,* Franz: Organisation und Tätigkeit des kriminalpolizeilichen Dienstes in Österreich – Kriminalistik 1967, S. 437 ff.; *Weihskirchner,* Franz: Fahndungswesen und Fahndungsprobleme in Österreich – in: GrKrim Bd. 5, S. 39 ff. (1970); *Kellerer,* Gottfried: Die Gendarmerie in der Ersten Republik. Nach den Eintragungen in der Postenchronik Vöcklabruck/OÖ – Ill. Rundschau d. Gend. 1971-Dez., S. 18 f.; 1972-Apr., S. 13 ff., Juni, S. 17 f.,

Juli/Aug., S. 19 ff.; *Hohenbichler,* Eduard: Aus dem Archiv der Bundespolizeidirektion Wien: Die Polizei zur Zeit des Wiener Kongresses – Öff. Sicherheit 1971-Nov., S. 11 f., Dez., S. 20 f.; *Beese,* Wolfgang: Geschichtsdaten der Photographie. Das Wiener Erkennungsamt in historischer Sicht – Öff. Sicherheit 1972-Jan., S. 1 ff.; *Hohenbichler,* Eduard: Anfänge des Polizeiwesens in Wien – Kriminalistik 1972, S. 399 ff.; *Keppler,* Leopold: Die Gendarmerie in Österreich – Kriminalistik 1974, S. 516 ff.; *Rupp,* Günther: 125 Jahre österreichische Gendarmerie – Öff. Sicherheit 1974-Juni, S. 1 f. Vgl. aus früherer Zeit insb. *Der österreichische Bundes-Kriminalbeamte.* Gedenkwerk anläßlich des 80jährigen Bestehens des Kriminalbeamtenkorps Österreichs – 2. Aufl. – hrsg. v. O. Darany u. a. – Wien 1934; *Oberhummer,* Hermann: Die Wiener Polizei. Neue Beiträge zur Geschichte des Sicherheitswesens in den Ländern der ehemaligen österreichisch-ungarischen Monarchie – Bd. I, II u. Nachtrag – Wien 1938.

Ebenso wie im § 27 wollen wir auch hier nach einem Blick auf die geschichtliche Entwicklung die gegenwärtige Organisation und sodann einige typische Probleme der Arbeit der Kriminalpolizei in Österreich schildern.

I. Geschichtliche Entwicklung

Im Vergleich zu anderen Ländern des früheren Deutschen Reiches, genauer des römischen Reiches deutscher Nation, waren in Österreich bei einem deutlichen Zug zum Zentralismus schon relativ früh Ansätze polizeilicher Funktionen zu erkennen.

So wurden bereis im 13. Jahrhundert dem Wiener Stadtrat gewisse Obliegenheiten der Bau-, Feuer-, Straßen- und Marktpolizei ausdrücklich zugewiesen. Die Bürger waren gehalten, die Tore zu bewachen und selbst für die Sicherheit zu sorgen, ein Dienst, der wenig beliebt war. – Am 21. Apr. 1501 schuf Kaiser Maximilian I. für die Erblande schließlich eine neue Behördenorganisation, in welcher den „Regimenten“ (später: Statthaltereien) die Oberaufsicht über die Polizei der Lokalbehörden zugewiesen wurde.

Nach weiterer Ausdehnung der landesherrlichen Macht hob Kaiser Ferdinand I. u.a. die Autonomie der Zünfte und Gilden auf (1526). 1531 entstand die Wiener Tag- und Nachtwache; dieser Wachkörper wurde 1543 in eine Tag- und eine Nachtwache gegliedert. Nach Polizeiordnungen vom Jahre 1542 schuf man sodann bereits 1543 in Wien mit den „Kundschaftern“ eine Art von Geheimpolizei. Aus den von der Gemeinde zu besoldenden Tag- und Nachtwachen entwickelte sich 1569 unter Ferdinand II. die Wiener „Stadt-Guardia“, welche mit 150 Mann unter dem Kommando eines Stadtwachtmeisters stand; sie wurde 1582 verstaatlicht (Kaiserliches Fändl). Da man mit der Stadt-Guardia jedoch wegen schlechter Besoldung und wegen Disziplinlosigkeit keine guten Erfahrungen machte, stellte die niederösterreichische Regierung 1646 zusätzlich eine „Rumorwache“ auf, eine landesfürstliche Sicherheitswache; auch diese scheint über Geheimpolizisten verfügt zu haben, die sich verkleideten und verstellten. – Zwischen den beiden Sicherheitsorganen kam es prompt zu mancherlei Reibereien. Daneben entstand überdies wiederum eine gemeindliche Sicherheitswache, die aber mehr ordnende Funktionen hatte. Die Stadt-Guardia wurde am 20. Nov. 1741, die Rumorwache und die Sicherheitswache wurden 1775 aufgelöst.

Das Polizeiwesen wurde unter der Kaiserin Maria Theresia weiter ausgebaut, was insb. auch für den Polizeispitzelapparat zutraf. Denn der Kaiserin ging es damals weniger um die

Bekämpfung von Kapitalverbrechen als mehr um Wohlfahrt und sittsames Verhalten ihrer Untertanen.

Viel Erfolg scheint sie damit und mit der 1748 geschaffenen „Hofkommission in Polizei-, Sicherheits- und Armenverpflegsachen", deren Verbote später durch „Fisci" überwacht werden sollten, welche für ihre „Vigilanz" anteilig zu belohnen waren, allerdings nicht gehabt zu haben.

So wurden 1751 in Wien die ersten landesfürstlichen Polizeikommissäre (Viertelkommissäre) ernannt; seit 1754 gab es außerdem noch „Gassenkommissäre" und – dafür von der Gewerbesteuer befreite Bürger als – „Unterkommissäre" und „Hausnachseher". Da letztere Einrichtung sich anscheinend nicht bewährte, wurde sie schon 1756 wieder abgeschafft. Dafür richtete man 1775 eine militärisch organisierte Polizeiwache ein.

In den vier Stadtteilen und in den acht Vorstadtbezirken wurden Regierungsbeamte als „Bezirksaufseher " eingesetzt, die zugleich als Polizeiverwalter fungierten. – Als Hilfsorgane gab es nach französischem Vorbild sogen. „mouches", eine Art von Geheimagenten.

Nach der Stadt-Guardia wurden 1775 – wie gesagt – auch die anderen Wachen aufgelöst. Dafür schuf man eine Militär-Polizeiwache und ein mit ziemlich weitreichenden Befugnissen versehenes Polizeiamt in Wien; aus diesem wurde später die Polizeioberdirektion. Der „geheime Dienst", der als besonders wichtig angesehen wurde, war die Keimzelle der späteren „Staatspolizei".
Unter Joseph II. dehnte Johann Graf von *Pergen* – später als Polizeiminister – den Wirkungsbereich des Wiener Polizeiamtes als „Polizeioberdirektion" über die anderen österreichischen Länder aus, in deren Hauptstädten 1786 regionale Polizeidirektionen errichtet wurden (u. a. Prag, Brünn, Troppau, Linz, Graz, Innsbruck). Zu eben diesem Zweck war das Polizeiamt in Wien bereits im Sommer 1782 in eine „Polizeioberdirektion" umgewandelt worden. Die Seele der Polizei jedoch sollte der von Graf Pergen für alle Kronländer – mit Ausnahme Ungarns – organisierte „geheime Dienst" sein. Das Wiener Amt hatte damit eine für das ganze Staatsgebiet bedeutsame Rolle bekommen; die Polizeioberdirektion in Wien war, wie auch Meldepflichten für die Polizeidirektoren erkennen lassen, zu einer Zentralstelle geworden.

Diese Reformen wurden zwar teilweise von Leopold II. wieder rückgängig gemacht, aber von seinem Nachfolger Franz II. wurde unter dem Eindruck der französischen Revolution die Polizei wieder kräftig ausgebaut. So richtete man beispielsweise in Wien Polizeibezirksdirektionen ein und unterstellte sie der Polizeioberdirektion. Franz II. berief auch den von Leopold II. entlassenen Graf Pergen an die Spitze der 1793 geschaffenen Polizeihofstelle. Ferner gab es in allen Landeshauptstädten landesfürstliche Polizeidirektionen sowie neben Grenzkommissariaten in den wichtigsten Grenzorten ferner besondere Polizeidienststellen für den Verkehr auf der Donau und später der Eisenbahn.

Auf die oft interessanten Einzelheiten der Entwicklung in der 1. Hälfte des 19. Jahrhunderts wie die Organisation der Militär-Polizeiwache und die 1801 geschaffene berittene Polizei sowie die Zivil-Polizeiwache (1791) und ihre Arbeitsweise, die oft Unmut erregte, kann an dieser Stelle nicht näher eingegangen werden.

Gesagt sei nur, daß kriminalpolizeiliche Aufgaben in jener Zeit in noch größerem Umfange als von der Zivilwache von sogen. „Polizeidienern" wahrgenommen wurden, die einem Zivil-Feldwebel (später: Wachtmeister) unterstanden; für diese Polizeidiener gab es 1838 drei Besoldungsgruppen, zu denen noch eine relativ hohe Zulage kam.

Im Zusammenhang mit dem Wiener Kongreß (1814) und noch einmal nach der französischen Julirevolution des Jahres 1830 wurde der Ausbau des Polizeiwesens erneut intensiviert. Neben Ordnungs- und Sicherheitspolizei ließen sich damals erste Ansätze für eine organisierte Kriminalpolizei erkennen. Die in Abteilungen gegliederte zentrale Behörde, die Polizeioberdirektion, verfügte zudem über ein Hauskommissariat für dringende Fälle. Neben den Militär-Polizeiwachen und den damals allerdings praktisch nicht sonderlich bedeutsamen uniformierten Zivil-Polizeiwachen als Exekutivorganen gab es ferner vor allem die Geheimpolizei; auch sogen. Polizeidiener wurden – wie gesagt – nach wie vor gerade für kriminalpolizeiliche Arbeit verwendet.

Gegen das unter Franz II. aufgeblähte und weithin entartete Polizeiwesen richtete sich der Zorn der Revolutionäre vom Jahre 1848. Die Verhältnisse des Sicherheitswesens wurden wirr. Erst nach dem Einmarsch der kaiserlichen Truppen wurde in Wien mit harter Hand die Ordnung wiederhergestellt. Immerhin machte man nun doch einige Konzessionen. – So wurde beispielsweise die Militärpolizei in Wien stark verringert; hier übernahm die Gemeinde den Sicherheitsdienst (Munizipalgarde). Daneben gab es noch die Zivil-Polizeiwache und die Polizeidienerschaft. Nimmt man noch Nationalgarde und akademische Legion als Überbleibsel der Revolution hinzu, so wird klar, daß die Sicherheit wegen der Reibereien zwischen den verschiedenen Wachen Schaden nehmen mußte. – Die Munizipalgarde wurde 1851 aufgelöst. Kaiser Franz Joseph I., der Ende 1848 den Thron bestieg, schuf zudem am 8. Juni 1849 nach ausländischem Vorbild als eine Landessicherheitswache die k. u. k. Gendarmerie, wobei man sich u. a. auf eine solche in der Lombardei seit den Tagen Napoleons bestehende Polizeitruppe stützen konnte. Sie wuchs von rund 8000 Mann im Juli des Jahres 1850 auf fas 13000 im Februar 1851 und entwickelte sich schnell zu einem schlagkräftigen Sicherheitsorgan.

Daß man die oberste Leitung der Staatspolizei und der Gendarmerie in einer Hand vereinigte, rief Mißtrauen gegen die in der Tat zunächst zu politischen Zwecken mißbrauchte Gendarmerie hervor; das wirkte sich noch bei Schaffung der konstitutionellen Monarchie aus und führte später zur staatsrechtlichen Aufsplitterung der bis dahin einheitlichen Gendarmerie im Jahre 1867. Erst das Gedarmeriegesetz von 1876 zog die Konsequenzen und unterstellte den militärisch organisierten Wachkörper den politischen Instanzen.

Ferner wurde im Zuge der Neuorganisation eine Oberste Polizeibehörde eingerichtet. Ihr Chef wurde Johann *Kempen* Freiherr von Fichtenstamm, der ebenso wie die staatliche Polizei zugleich die Gendarmerie befehligte und somit beide Funktionen in seiner Hand vereinigte. Sie war gewissermaßen die Nachfolgerin der früheren Polizei-Hofstelle. Personell hatte Kempen, der Militärs, insb. Offiziere bevorzugte, allerdings keine besonders glückliche Hand.

Die eigentliche Geburtsstunde der österreichischen **Kriminalpolizei** schlug, als im Zuge der Umorganisation des Polizeiwesens vom Jahre 1850 den einheitlichen landesfürstlichen Polizeibehörden neben der uniformierten auch eine nichtuniformierte Zivilwache beigegeben wurde, die auf Grund eines Erlasses des k. u. k. Ministeriums des Innern am 20. Apr. 1852 eingerichtet wurde. Denn diese nichtuniformierte Zivilwache war die Vorläuferin des Polizeiagenten-Instituts (1872), welches später (1919) im Kriminalbeamten-Institut aufging.

Die Angelegenheiten der öffentlichen Sicherheit wurden durch kaiserliche Entschließung vom 25. April 1852 der neu errichteten „Obersten Polizeibehörde“ zugewiesen. Auch in den größeren

Städten und an Orten mit besonderen polizeilichen Aufgaben wurden landesherrliche Polizeibehörden eingerichtet (Stadthauptmannschaften, Polizeidirektionen, Polizeikommissariate), die dem Statthalter unmittelbar unterstanden.

Die Beamten dieser Zivilwache hatten ihren Dienst in Zivilkleidung – mit einer leigitimierenden „Plaque" ausgestattet – zu versehen. Ihre wesentlichen Aufgaben waren das Vorbeugen bzw. Verhindern gesetzwidriger Handlungen sowie ggf. deren schnelle und wirksame Aufklärung. Die Wachmänner hatten dabei die Stellung von Beamten und gewisse polizeiliche Befugnisse.

Die maßgebende Instruktion vom 20. Apr. 1852 enthielt zudem eine ganze Reihe von besonderen Obliegenheiten, die aus damaliger Sicht wie beispielsweise die Überwachung von Fremden, Landstreichern und Bettlern also typisch kriminalpolizeilichen Charakter hatten.

Durch kaiserliche Entschließung vom 21. Aug. 1859 wurde die „Oberste Polizeibehörde" sodann in ein „Polizeiministerium" umgewandelt; Freiherr von Kempen, der bisher dem Polizeiwesen vorstand, wurde wegen mannigfacher Kritik in den Ruhestand versetzt. Doch erst 1861 wurden die Befugnisse der Polizei wirklich eingeschränkt; neben der staatlichen gab es nun auch wieder eine kommunale Polizei. Zudem wurden 1865 aus Kostengründen mehrere Polizeibehörden aufgelöst; auch die Kompetenz der verbleibenden Polizeidirektionen wurde beschränkt. Im Gebiete des heutigen Österreichs gab es danach nur noch die k. u. k. Polizeidirektion in Wien und einige Grenzpolizeiexposituren in Oberösterreich und Salzburg. 1867 wurde schließlich auch das „Polizeiministerium" wieder aufgelöst, sein Amtsbereich teilweise dem Ministerium des Innern und zum anderen der Polizeiabteilung des Ministerpräsidiums zugeordnet. Allerdings gab es von 1868 bis 1870 nochmals ein „Ministerium für Landesverteidigung und innere Sicherheit".

Die Befugnisse der Polizei wurden in dieser Zeit durch einige Gesetze auch inhaltlich beschränkt; durch sie entstand erstmalig in Österreich ein wirkliches Polizeirecht. – 1869 wurde der Rest der Militär-Polizei aus Wien entfernt, nachdem am 15. Juni jenes Jahres die Wiener Sicherheitswache mit zunächst 122 Mann ihren Dienst aufgenommen hatte. Die Diensteinteilung war schon seit einiger Zeit sorgfältig vorbereitet worden.

In den Jahren 1870/71 wurde die für die Männer der Zivilwache gebräuchliche Bezeichnung „Detektive" in „k. u. k. Polizeiagent" geändert und die mit den kriminalpolizeilichen Aufgaben betreute Abteilung der Polizeidirektion Wien zum „Institut der k. u. k. Polizeiagenten in Wien" umgestaltet; es nahm am 1. März 1872 seine Arbeit auf. Damit hatte die Kriminalpolizei in Österreich erstmalig eine zentrale Stelle.

Dieses Institut hatte neben der Aufklärung begangener oder versuchter Straftaten ferner bei öffentlichem Interesse die Überwachung von Personen und Sachen durchzuführen. Aus dem Organisationsstatut (§ 6) läßt sich zudem die Absicht erkennen, ein Korps erlesener Exekutivorgane für kriminalistische Zwecke zu schaffen. Soweit es sich nicht um bewährte Mitglieder der Zivil-Polizeiwache handelte, war eine Probezeit von 6 bzw. 4 Monaten vorgesehen.
Zunächst wurden zehn jeweils von einem Inspektor geleitete Brigaden mit je vierzehn Polizeiagenten zusammengestellt. Die Oberaufsicht über das Korps hatte ein Oberinspektor, der seinerseits dem Polizeidirektor unterstand.
Die Bezirkspolizeikommissariate konnten zunächst nur ausnahmsweise Polizeiagenten anfordern, waren also ansonsten auf die zugeordnete Zivilwache angewiesen, bis ihnen 1875 Polizeiagenten zugeteilt wurden.
Im Polizeiagenteninstitut wurden ferner gewisse Unterlagen und Karteien über verurteilte Rechts-

brecher, Tatverdächtige und Vermißte geführt, die mithin als Grundlagen für Erkennungsdienst und zentrale Fahndung anzusehen sind.

1891 wurde das k. u. k. Polizeiagenteninstitut im Zuge der Vereinigung Wiens mit den Vorortgemeinden umgestaltet.

Obwohl die Zahl der Inspektoren von 10 auf 26 und die der Polizeiagenten von 141 auf 384 stieg, war das kein wirklicher Fortschritt, da dem Institut dafür u. a. der Telegrafen-, Telefon-, Kanzlei- und Ordonnanzdienst zugewiesen wurde, für den bisher mit diesen Aufgaben betraute Angehörige der Sicherheitswache in das Polizeiagentenkorps transferiert wurden, welches dadurch viel heterogener wurde. Dementsprechend wurde auch die Organisation des Instituts geändert. Aber zumindest in der für den externen Dienst zuständigen I. Abteilung (Indagations- und Zivilwachgruppe) konnte das Niveau der Polizeiagenten in etwa gehalten werden.

An der Sonderstellung der Polizeiagenten änderte auch die einheitliche Dienstpragmatik vom 25. Jan. 1914 nichts Wesentliches, wie insb. das Organisationsstatut vom 26. Febr. 1914 beweist.
Nach dem 1. Weltkrieg wurde die Polizei in Österreich insgesamt betrachtet wiederum zentral organisiert, wobei sich Hans *Schober,* der damalige Leiter der Polizeidirektion Wien und spätere Polizeipräsident, große Verdienste erwarb. Hier ist insb. auf das Polizeidienstgesetz vom 30. Okt. 1919 hinzuweisen, welches die Dienstverhältnisse des Sicherheitswach- und Polizeiagentenkorps neu regelte.

Alle Angehörigen des Polizeiagentenkorps wurden nunmehr Beamte. Neben provisorischen Staatsbeamten (fr.: prov. Polizeiagenten) gab es jetzt Rayoninspektoren (fr.: definitive Polizeiagenten), Revierinspektoren (fr.: Rayoninspektoren) und Bezirksinspektoren.

Bei der Gendarmerie, die durch ein Gesetz vom 27. Nov. 1918 neugeordnet worden war, wurden in den Bundesländern jeweils besondere Ausforschungsabteilungen eingerichtet; auch wurde eine besondere Bahngendarmerie aufgebaut, die bis 1931 bestand.
In den Nachkriegsjahren richtete man ferner eine Reihe neuer Bundespolizeibehörden (u. a. Graz, Salzburg, Eisenstadt, Linz, Klagenfurt, Innsbruck) ein, denen sowohl Sicherheitswachkorps als auch Kriminalbeamte zugewiesen wurden.
1919 gelang es Polizeipräsident Schober, die Polizeiagenten in Wien von sachfremden Dienstgeschäften zu befreien. Er bewirkte, daß das Polizeiagentenkorps in ein Kriminalbeamtenkorps umgestaltet wurde (Dienstzettel der Polizeidirektion Wien vom 24. Dez. 1919). Die leitenden Beamten erhielten den Titel „Kriminalbeamtenkommissär" bzw. „. . .oberkommissär".
In der Wiener Polizeidirektion, die bereits eine ganze Reihe von Zentralämtern – wie z. B. Erkennungs- und Fahndungsamt – eingegliedert worden waren, machte sich Schober vor allem durch den Ausbau des Sicherheitsbüros verdient, das den Kern der kriminalpolizeilichen Arbeit bildete (vgl. Abb. 28/1).

Neben Gendarmerie und Sicherheitswachdienst gab es damit als gleichberechtigten Zweig der Sicherheitsorgane den Kriminaldienst.

Die nicht aus der Sicherheitswache oder der Gendarmerie kommenden Kriminalbeamtenanwärter hatten jetzt während der einjährigen Probezeit einen Fachkurs zu absolvieren und sich schließlich einer Fachprüfung zu unterziehen. – 1936 wurde bei der Polizeidirektion Wien auch ein „Höherer Fachkurs für den Kriminaldienst“ eingerichtet, der mit einer theoretischen und praktischen Ausbildung von einem Jahr für leitende Beamte der Kriminalpolizei gedacht war.

1938 wurde das Polizeiwesen in Österreich nach den damals in Deutschland geltenden Grundsätzen umgestaltet, d. h. als solches zerschlagen.

Abb. 28/1. Das Gebäude Berggasse Nr. 41 vor dem Zweiten Weltkrieg. In diesem Haus befanden sich die wichtigsten kriminalpolizeilichen Dienststellen der Bundespolizeidirektion Wien wie Sicherheitsbüro, Erkennungsamt und Fahndungsamt. Es beherbergte ferner das Zentralmeldeamt und das im Volksmund „Liesl“ genannte Polizeigefängnis.

II. Die gegenwärtige Organisation

Ähnlich wie in Deutschland behinderte nach dem 2. Weltkrieg die Herrschaft der vier Besatzungsmächte zunächst den von unten her erfolgenden Aufbau des Polizeiwesens in Österreich erheblich. Dabei hielt man sich durchaus an die Tradition, d. h. an die vor 1938 gegebenen Verhältnisse, indem man die alten österreichischen Vorschriften wieder in Kraft setzte. Mit dem Ende der Besatzung (Staatsvertrag vom 15. Mai 1955) war dann auch der Weg für Änderungen und eine umfassende Neuorganisation frei.

Gegenwärtig gliedern sich die Sicherheitsbehörden Österreichs folgendermaßen. Der Generaldirektion für öffentliche Sicherheit im Bundesministerium des Innern sind die Sicherheitsdirektionen der Länder unterstellt. Auf regionaler bzw. lokaler Ebene gibt es Bundespolizeidirektionen (in den Landeshauptstädten mit Ausnahme von Bregenz/Vorarlberg) und Bundespolizeikommissariate. Trotz einer gewissen föderalistischen Struktur Österreichs handelt es sich hierbei also um eine weitgehend zentrale Organisation. Selbst

wenn es formell keine selbständige Kriminalbehörde gibt, werden die kriminalpolizeilichen Aufgaben doch von besonderen Dienststellen der Sicherheitsbehörden – den kriminalpolizeilichen Abteilungen – wahrgenommen, während der Sicherheitswache andere Funktionen (insb. solche der Schutzpolizei) obliegen.
Daneben gibt es weiterhin die zentral organisierte, uniformierte **Bundesgendarmerie**, deren kleinste Stützpunkte die Gendarmerieposten sind. Die Bundesgendarmerie übt kriminalpolizeiliche Funktionen in denjenigen Gebieten aus, in denen es keine Bundespolizeibehörden gibt. Die Gendarmerie als uniformierter Wachkörper ist der jeweiligen Bezirkshauptmannschaft unterstellt; diese wiederum ist jedoch in sicherheitspolizeilichen Angelegenheiten der zuständigen Sicherheitsdirektion nachgeordnet.

Die Bundesgendarmerie war bereits durch das Behördenüberleitungsgesetz vom 20. Juli 1945 wieder ins Leben gerufen worden. Zu den Gendarmen aus früherer Zeit stießen Hilfsgendarmen, die sich mit solchem Eifer an die vielfältigen Aufgaben machten, daß dieser Sicherheitsdienst schon bald wieder intakt war.

Egger, Gerhard: Die verfassungsrechtlichen Grundlagen der Bundesgendarmerie. Zum 125-Jahr-Jubiläum der Gendarmerie – Ill. Rundschau d. Gend. 1974-Juni, S. 5 f.

Oberste Gendarmeriestelle ist das Gendarmerie-Zentralkommando im Bundesministerium des Inneren. Jedes Bundesland hat ein Landesgendarmeriekommando, das über eine eigene Erhebungsabteilung verfügt, deren Beamte in Zivil ihren Dienst verrichten. Innerhalb der Bundesländer gibt es Abteilungskommandos und die ihnen zugeordneten Bezirksgendarmeriekommandos, meistens am Sitz einer Bezirkshauptmannschaft.
Im Rahmen der Gendarmerie gibt es mithin bei jedem Landesgendarmeriekommando eine Erhebungs- oder Kriminalabteilung, in welcher Gendarmen kriminalpolizeilich arbeiten. Ihre Stellung ist der von Beamten ds Kriminalbeamten-Korps angeglichen.

Im Bundesministerium des Inneren bildet die Generaldirektion für öffentliche Sicherheit die Sektion II. Während die Gruppe A die Bundespolizei als solche, die Gruppe B das Gendarmeriezentralkommando, die Gruppe C den Staatspolizeidienst und die Gruppe E die Administrativpolizei betrifft, bildet der **Kriminalpolizeiliche Dienst** die Gruppe D; diese gliedert sich in fünf Abteilungen.

Die Abteilung II/8 befaßt sich mit der Problematik des Drogenmißbrauchs, die Abteilung II/9 behandelt u. a. Fahndung, Erkennungs- und Meldedienst, allgemeine Aus- und Fortbildung sowie Polizeiliche Kriminalstatistik und Fachbücherei. Die Abteilung II/10 hat die kriminalpolizeiliche Tätigkeit im Inland zu koordinieren, bei der internationalen Rechtshilfe zu unterstützen und den Meldedienst auszuwerten. In der Abteilung II/11 geht es um Probleme der Kriminaltechnik wie das Untersuchen von Spuren und Beweisgegenständen, die Fachaufsicht über die Kriminaltechnische Untersuchungsstelle, Aus- und Fortbildung sowie Forschung in diesem Gebiet. Zum Aufgabenkreis der Abteilung II/12 gehören neben der Verbrechensvorbeugung Beratungsdienst und Öffentlichkeitsarbeit.

Bemerkenswert sind die für ein Ministerium relativ umfangreichen Exekutivaufgaben vor allem bei der Abteilung II/11, die anscheinend weithin als Kriminaltechnische Zentralstelle fungieren soll. Diese verfügt über Laboratorien für Spurenkunde, Chemie und Physik, Biologie sowie über eine spurenkundliche Sammlung und eine Fachbücherei. Ergänzend ist jedoch schon hier auf ein Büro (EKF) bei der Bundespolizeidirektion Wien hinzuweisen, das ebenfalls kriminaltechnische Aufgaben zentral wahrnimmt und trotz des Versuchs differenzierter Kompetenzen in der Praxis nach wie vor eine große Rolle zu spielen scheint.

Die größte Bundespolizeibehörde, die ebenfalls z. T. als Zentralstelle tätig wird, ist die **Bundespolizeidirektion in Wien,** an deren Spitze ein Polizeipräsident steht.

Neben dem Generalinspektorat der uniformierten Sicherheitswache gibt es hier insgesamt vier Abteilungen: I. Staatspolizeiliche Abteilung, II. Kriminalpolizeiliche Abteilung, III. Verwaltungspolizeiliche Abteilung und IV. der 23 Bezirkspolizeikommissariate Wiens. Diese Bezirkspolizeikommissariate sind in etwa der Polizeidirektion nachgebildet.

Köllner, Friedrich: Information und Kommunikation im Neubau des Amtsgebäudes der Bundespolizeidirektion Wien – Öff. Sicherheit 1975-Juli, S. 1 ff.

Zur besonders interessierenden II., kriminalpolizeilichen Abteilung gehören das früher sogen. Sicherheitsbüro, das nunmehr offiziell Büro für Erkennungsdienst, Kriminaltechnik und Fahndung (abgekürzt: EKF) genannte frühere Erkennungsamt, welches dabei mit dem Strafregisteramt, der Wirtschaftspolizei und einigen anderen Ämtern vereinigt wurde. Insoweit fungiert das „EKF“ der Polizeidirektion Wien daher nach wie vor z. T. als Zentralstelle für Österreich.

Es verfügt über besondere Referate, welche für Sachen zuständig sind, die entweder Spezialkenntnisse erfordern oder von den Kommissariaten personell bzw. materiell nicht zu bewältigen sind. Ferner hat es Delikte zu bearbeiten, die über Wien oder gar über das Bundesgebiet hinausgehen; die Verbindung mit dem Ausland wird allerdings durch die oben erwähnte besondere Abteilung im Bundesministerium für Inneres hergestellt.

Abb. 28/2. Gegenwärtige Ansicht des Gebäudes Berggasse Nr. 41 der Bundespolizeidirektion Wien; im Vordergrund der Donaukanal mit Rossauerlände und der Trasse der Stadtbahn. Außer dem Sicherheitsbüro befinden sich hier das Büro für Erkennungsdienst, Kriminaltechnik und Fahndung (EKF) sowie die Datenverarbeitung.

Das wegen seines neuen, endlosen Namens gewöhnlich nur „EKF" genannte Amt ist als österreichische Zentralstelle sogar besonders wichtig, weshalb darauf bald noch einmal zurückzukommen sein wird (III).

Die Vorschriften für den Erkennungsdienst datieren vom 1. Mai 1962, die für den Kriminaltechnischen Dienst vom 1. Aug. 1976.

Die Sicherheitsdirektionen der Bundesländer sind entsprechend gegliedert. Auch bei ihnen gibt es gewöhnlich Kriminaltechnische Untersuchungsstellen (KTU-Stellen). Diese haben Lichtbilder, Zeichnungen und Berichte anzufertigen und außer der Tatortarbeit einfachere kriminaltechnische Untersuchungen durchzuführen, soweit sie nicht von der Kriminaltechnischen Zentralstelle zu weiteren Untersuchungen ermächtigt werden. Über Ergebnisse, die über ihren Bereich hinausgehen, ist unverzüglich zu berichten.

Zur Unterstützung kann das Bundesministerium für Inneres den KTU-Stellen Gendarmeriebeamte zuteilen.

Für gewisse Sachen sind Beamte entweder der KTU-Stellen oder der Kriminaltechnischen Zentralstelle hinzuzuziehen. Es gibt ferner besondere Vorschriften für die Sicherung von einschlägigem Spurenmaterial und dessen Transport.
Eine besondere weibliche Kriminalpolizei gibt es in Österreich nicht; doch gibt es weibliche Kriminalbeamtinnen. Außerhalb der täglichen Dienststunden üben sie einen gemeinsamen Dienst in der Jugendpolizei der Bundespolizeidirektion Wien aus, wo sie angefordert werden können.

III. Zur Arbeit

Kennzeichnend für die kriminalpolizeilichen Aktivitäten in Österreich ist abweichend von der ausführlich geschilderten Situation in Deutschland (§ 27-III, IV) mithin das Nebeneinander von zwei Exekutivorganen, der Gendarmerie und der im Rahmen der Bundespolizeibehörden zusammen mit der uniformierten Sicherheitswache tätigen Kriminalbeamten. Dennoch sollen sich aus dieser historisch gewachsenen Organisation der polizeilichen Verbrechensbekämpfung in der Praxis keine nennenswerten Schwierigkeiten ergeben haben, die sich nicht in guter Zusammenarbeit haben meistern lassen.
Als kriminalpolizeiliche Zentralstelle ist einmal das „EKF" bei der Bundespolizeidirektion Wien für die Kriminalbeamten besonders wichtig, weil es über den lokalen Bereich hinaus mancherlei Aufgaben für ganz Österreich wahrzunehmen hat.

Das Büro führt im Bereiche des Erkennungsdienstes die zentrale Zehnfingerabdrucksammlung, die Einzelfingerabdrucksammlung und die Spurensammlung. In seinem kriminaltechnischen Laboratorium werden Schußwaffen-, Schußhand- und Werkzeugspurenuntersuchungen durchgeführt. Neben Urkundenuntersuchungen im weitesten Sinne werden verschiedenartige Untersuchungen von Materialspuren, Formspuren sowie verdächtiger Gegenstände dort durchgeführt, obwohl hier z. T. daneben die Kriminaltechnische Abteilung II/11 der Generaldirektion im Ministerium des Inneren ebenfalls in Betracht kommt. Das Büro unterhält auch einschlägige Sammlungen. Ferner gibt es dort eine besondere Zeichen- und Abformabteilung sowie eine Fotoabteilung mit einem Colorlabor.

Daneben ist zum anderen im Bereiche der Kriminaltechnik die soeben genannte Abteilung des Kriminalpolizeilichen Dienstes (Gruppe D) in der Generaldirektion für öffentliche Sicherheit zu nennen, die u. U. in Zukunft noch an Bedeutung gewinnen könnte, was aber in praxi wohl von der Qualität des Personals und der Arbeitskapazität abhängen dürfte.

In der **Fahndung**, die von den Kriminalbeamten der Bundespolizei vor allem gezielt durchgeführt wird, während die mehr präventiven Maßnahmen der Bundesgendarmerie obliegen, spielt der in Österreich große Umfang von Tourismus und Durchreiseverkehr eine besondere Rolle.

Fürböck, Johann: Der motorisierte Funkstreifendienst der Bundesgendarmerie – Kriminalistik 1965, S. 49 ff.; *Szirba*, Rudolf: Das polizeiliche Meldewesen in Österreich – Kriminalistik 1965, S. 408 ff; *Mistlberger*, Karl: Probleme des Fahndungswesens – Kriminalistik 1970, S. 159 ff.; *Mistlberger*, Karl: Probleme der aktiven Fahndung – Kriminalistik 1970, S. 461 ff.; *Mistlberger*, Karl: Aufenthaltsermittlungen – Kriminalistik 1974, S. 325 ff.; *Zima*, Herbert: Die Fahndung nach abgängigen Personen und nach ensprungenen Zöglingen in Österreich – Öff. Sicherheit 1977-Febr., S. 1 ff.

Infolge dieser Besonderheit haben Fahndungen in Österreich nicht selten internationalen Charakter. Die hierfür wichtigen Kontakte mit dem Ausland vermittelt die zuständige Abteilung der Generaldirektion für die öffentliche Sicherheit im Bundesministerium, während die zentrale Fahndung in Österreich sich auf das Büro EKF bei der Bundespolizeidirektion Wien als Zentralstelle stützen kann. Im übrigen sind überörtliche und örtliche Fahndungen Sache der Sicherheitsdirektion des betreffenden Bundeslandes.

In der Personenfahndung wird bei Haftbefehl von einer Erfolgsquote zwischen 80 und 90% berichtet, was unter den obwaltenden Umständen erstaunlich hoch wäre, selbst wenn andere Fälle der Fahndung ungünstiger beurteilt werden.

Bei – wie gesagt – etwas anderer Organisation liegen die Dinge in der Gendarmerie ähnlich.

Jaksch, Ernest: Interessantes über die Diensthundeabteilung der Bundespolizeidirektion Wien – Öff. Sicherheit 1977-Jan., S. 1 f.

Wichtig für die kriminalpolizeiliche **Ausbildung** ist neben Kursen bei den Zentralstellen als Ausbildungsstätte vor allem die Gendarmerie-Zentralschule in Mödling.

Gundolf, Hubert: Gendarmerie im Einsatz. Geschichte-Ausbildung-Bewährung á Hamburg 1961; *Hager*, Franz: Pressekonferenz in der Gendarmerieschule Hohenwerfen – Ill. Rundschau d. Gend. 1973 1973-März, S. 11 ff.; *Stern*, Josef: Alpinwesen der österreichischen Bundesgendarmerie – ein Tätigkeitsbericht – Ill. Rundschau d. Gend. 1974-Sept., S. 17 ff.; *Altrichter*, Herbert: Der Kriminaldienst in der Gendarmerie – Ill. Rundschau d. Gend. 1975-Mai, S. 15 f.; *Keller*, Othmar: Fortbildungsziele der Polizei – Öff. Sicherheit 1977-Okt. S. 27 ff.

Die Zusammenarbeit zwischen Kriminal-, Sicherheitswachbeamten und Gendarmen soll u. a. durch eine gemeinsame Ausbildung der leitenden Beamten gefördert werden.

Strohmaier, Adolf: Gemeinsame Ausbildung zum leitenden Beamten der Exekutive – Ill. Rundschuau d. Gend. 1976-Nov., S. 3.

Im Sommer 1976 begann der erste gehobene Fachlehrgang dieser Art an der Gendarmerie-Zentralschule Mödling. Neben Beamten der Sicherheitsorgane werden als Lehrer Ministerialbeamte und Universitätsangehörige verwendet.
Im Zusammenhang mit dem Nachrichtenwesen und Meldedienst ist insb. auf die in Österreich mit Energie z. T. bereits eingeführte elektronsiche **Datenverarbeitung** hinzuweisen.

Ambrosi, Helmut: Elektronik im Dienste der Polizei. Erfahrungen und Ausblicke – Öff. Sicherheit 1972-Apr., S. 1 ff.; *Ambrosi,* Helmut: Ausländische Erfahrungen mit der Datenverarbeitung bei der Polizei – in Österreich – in: Datenverarbeitung, hrsg. v. Bundeskriminalamt, Wiesbaden 1972, S. 159 ff.; *Ambrosi,* Helmut: Das neue Strafregister – Elektronik im Dienste des Rechts – Öff. Sicherheit 1974-Apr., S. 1 ff.

Schon 1972 wurde neben einer Datei für Wien (Organmandatseinhebung und -verrechnung) die Kraftfahrzeugfahndung für ganz Österreich auf Datenverarbeitung umgestellt. Inzwischen ist auch – beginnend mit dem 6. Juli 1970 – das Strafregister auf Computer umgestellt worden; dasselbe gilt auch für die Polizeiliche Kriminalstatistik. Andere Projekte sind in Arbeit oder Vorbereitung.
Insgesamt betrachtet weist die österreichische Kriminalpolizei zusammen mit der sie ergänzenden Bundesgendarmerie bei relativ hoher Polizeidichte und weithin möglicher zentraler Leitung einen beachtlichen Leistungsstand auf.

B. Schweiz

Die Entwicklung in der Schweiz, welche deutlicher als in Österreich oder auch Deutschland durch die Souveränität der Kantone geprägt wird, orientierte sich z. T. an deutschen und französischen Vorbildern. Immer aber noch sind die Unterschiede zwischen den einzelnen Kantonen beträchtlich. Zudem bestehen neben den Kantonspolizeien in den größeren Städten noch Stadtpolizeikorps.

Heusser, Kurt: Die Kriminal-Polizei des Bundes und der Kantone – Diss. Zürich – Regensdorf-Zürich 1944; *Schütz,* Alfred: Die Kriminalpolizei im Kanton Zürich, ihre Eingriffe in die Freiheiten und Rechte der Bürger durch zwangsrechtliche Fahndungs- und Erforschungsmittel – Diss. Zürich – Zürcher Beiträge zur Rechtswiss. N. F. H. 202 – Aarau o. J.; *N. N.:* 50 Jahre Schweizer Zentralpolizeibureau – Kriminalistik 1956, S. 69f.; *N. N.:* Die „Schweizerische Polizei" – Kriminalistik 1956, S. 337 f.; *Loertscher,* Walter: Die Kriminalpolizei in der Schweiz. Eine Kurzdarstellung – in: TbKrim Bd. XVI, S. 226 ff. (1966); *Fuchs,* Gottlieb: Die Arbeit der Kriminalpolizei in der Schweiz am Beispiel Zürichs – in: Internationale Bekämpfung des Verbrechens, hrsg. v. Hans-J. *Hoeveler,* Hamburg 1966, S. 211 ff.; *Hänni,* Otto: Die schweizerische Bundesanwaltschaft – Kriminalistik 1966, S. 371 ff.; *N. N.:* 25 Jahre Wissenschaftlicher Dienst der Stadtpolizei Zürich – Zürich 1977; *Lehr,* Kurt: Die Kriminalpolizei im Kanton Basel-Stadt/Schweiz – der kriminalist 1977, S. 423 ff. Aus früherer Zeit vgl. insb. *Müller,* J.: Geschichte der Kantonspolizei Zürich. Zur Jubiläumsschrift des Vereins der Kantonspolizei anläßlich der Feier seines 25jährigen Bestehens als Festgabe gewidmet – Zürich 1934.

I. Zur geschichtlichen Entwicklung

In der Zeit vor der Entstehung der Eidgenossenschaft (1291) galten bis in das 16. Jahrhundert hinein vor allem Landesgewohnheiten und Stadtrechte. Trotz dieser Zersplitterung ließen viele dieser Rechte gerade im Strafrecht den germanischen Ursprung erkennen. So soll beispielsweise in der Ostschweiz auch der Schwabenspiegel (um 1275 entstanden) ein gewisses Ansehen genossen haben.

Bereits im Ewigen Bunde vom 1. Aug. 1291 wurden einige der Strafrechtspflege betreffenden Fragen

geregelt, so insb. die gemeinsame Verfolgung schwerer Verbrecher. Spätere Pakte enthielten ähnliche Bestimmungen.
Die Trennung der schweizerischen Eidgenossenschaft vom Deutschen Reich, die sich gegen Ende des 15. Jahrhunderts vollzog, blieb insoweit zunächst ohne Einfluß. Vereinzelt wurden sogar noch Bestimmungen der 1532 von Kaiser Karl V. erlassenen „Carolina“ übernommen oder subsidiär angewandt. Immerhin wurde in den folgenden Jahrhunderten das öffentliche Interesse an einer Strafverfolgung von Amts wegen zusehends stärker.

Die ersten Ansätze zu einem Polizeiwesen und insb. zu einer Kriminalpolizei, die infolge der geschilderten Verhältnisse in den Kantonen und Städten zu beobachten sind, finden sich jedoch erst im 18. oder 19. Jahrhundert.
So schuf man beispielsweise in Zürich erst Anfang des 19. Jahrhunderts sowohl ein kantonales als auch ein städtisches Polizeikorps; dabei nahm die Kantonspolizei auch kriminalpolizeiliche Funktionen wahr.

Da man in Zürich der seit dem 17. Jahrhundert massenhaft auftretenden Bettler und Vaganten und der von diesen verübten Kriminalität nicht Herr wurde, erließ die Landschaft bereits am 11. Apr. 1787 ein Mandat, welches jede Kirchengemeinde verpflichtete, sechs Männer zu wählen, die als Dorfwache vor allem gegen Diebe vorgehen sollten. Da dieses ebensowenig klappte wie die Arbeit der als Vorläufer der Polizei bezeichnenden Stadt- und Landharschiere, schuf man am 19. Juni 1804 ein kantonales Polizeikorps, das „Landjägercorps des Cantons Zürich“, welches von einer vierköpfigen, aus der Mitte des Kleinen Rats zu wählenden „Landjägercommission“ beaufsichtigt wurde. Allerdings hatten die Landjäger auch mancherlei verwaltungs- und ordnungspolizeiliche Aufgaben zu verrichten. – Am 18. Aug. 1832 verstärkte der Große Rat durch ein Gesetz das Korps und löste die kantonale Stadtwache (Standes-Kompanie) auf, welche 1805 an die Stelle der städtischen Garnison in Zürich getreten war.
Speziell für kriminalpolizeiliche Aktivitäten ist erwähnenswert, daß seit 1847 der Zürcher Polizeianzeiger herausgegeben wurde und das Gesetz betr. das Strafverfahren im Jahr 1852 ausdrücklich vorsah, das Polizeikorps in Ermittlungsverfahren einzuschalten, was in einer Dienstinstruction von 1854 genauer geregelt wurde. Dieser Aufgabenbereich wuchs insb. nach 1867 und führte zu entsprechender Ausrüstung (z. B. 1874 mit Telegraf).

Zu Beginn der 70er Jahre des vergangenen Jahrhunderts wurde in Zürich dann auch bei der dem Gemeinderat unterstehenden Stadtpolizei, die sich aus der Stadtwache (vom Jahre 1805) entwickelt hatte, eine Detektivabteilung eingerichtet; dabei dürfte die damalige Zurückhaltung der Kantonsregierungen für die Stadtväter stimulierend gewirkt haben. Diese städtische Detektivabteilung bewährte sich recht gut; doch es gab prompt Reibereien mit der ebenfalls kriminalistisch tätigen Kantonspolizei.
Nachdem sich Kanton und Stadt Zürich 1879 schließlich geeinigt hatten, regelte die Dienstordnung für die Stadtpolizei vom 6. März 1885 ausdrücklich auch die kriminalpolizeiliche Tätigkeit. Das schnelle Wachsen der Stadt beschleunigte den Ausbau dieser städtischen Kriminalpolizei. Das gilt insb. auch für die technische Ausrüstung; schon 1872 benutzte man den Telegrafen.

Obwohl das Zürcher Zuteilungs-Gesetz vom 9. Aug. 1891 die Voruntersuchung in Strafsachen ausdrücklich als eine Aufgabe der Polizei ansah, wurde nicht gesagt, ob damit die Kantons- oder die Stadtpolizei gemeint war. Rein tatsächlich aber hatten schon um die Jahrhundertwende die Kriminalbeamten der Stadtpolizei eine Vormachtstellung erlangt. Man versuchte dann durch andere Regelungen, die Kompetenzen so zu ordnen, daß sich der Dualismus nicht nachteilig auf die Verbrechensbekämpfung auswirkte. Obwohl man dabei die Kantonspolizei begünstigte, beeinträchtigte das die Entwicklung des Kriminaldienstes der Stadtpolizei in der Praxis anscheinend wenig.

Deutlich zeigt dies auch der Ausbau der kriminaltechnischen Einrichtungen im 20. Jahrhundert. Die Entwicklungen in der Fotografie und der Daktyloskopie bewirkten, daß die Stadtpolizei 1921 mit dem Aufbau eines Erkennungsdienstes begann. Aus diesem entwickelte sich nach dem 2. Weltkrieg u. a. der Wissenschaftliche Dienst.

Das Nebeneinander von zwei Kriminalbehörden machte in Zürich allerdings – wie gesagt – dann doch Kompetenzregelungen und Grundsätze für die Zusammenarbeit nötig. Die seit der Jahrhundertwende währenden Querelen konnten aber erst durch eine 1943 vom Regierungsrat und Stadtrat geschaffene Vereinbarung einigermaßen dahin geschlichtet werden, daß Kantons- und Stadtpolizei im wesentlichen gleichgestellt sind und selbständig bis zur Abgabe der Sache an den Bezirksanwalt handeln.

In Bern wird die kriminalpolizeiliche Arbeit im städtischen Bereich auf Grund einer Vereinbarung vom Jahre 1962 von der Stadtpolizei ausgeübt, wofür der Kanton einen Zuschuß leistet. In kleineren Kantonen obliegen kriminalpolizeiliche Aktivitäten häufiger ausschließlich der Kantonspolizei.

Im Kanton Basel-Stadt hat man die Kriminalpolizei – wie früher im deutschen Großherzogtum Baden – in die Staatsanwaltschaft und damit in das Justizressort integriert. Diese Organisation der Gerichte und Untersuchungsbehörden ist durch ein Gesetz vom 27. Juni 1895 bestätigt worden und gilt im wesentlichen noch heute.

In der Staatsanwaltschaft des Kantons Basel-Stadt arbeiten also unter der Leitung des „Ersten Staatsanwalts“ Staatsanwälte und Kriminalbeamte vom Anfang des Verfahrens an gemeinsam. Das kommt auch in der Organisation zum Ausdruck. Sieht man von der Allgemeinen Abteilung und zwei Spezialabteilungen (Jugendanwaltschaft und Wirtschaftsdelikte) ab, so sind die Dezernate der Dezernatsabteilung auf spezifische staatsanwaltschaftliche Funktionen ausgerichtet, während das ebenfalls von einem Staatsanwalt geleitete Kriminalkommissariat mit seinen zehn Gruppen an Spektren kriminalistischer Arbeit orientiert ist. Dem Amtschef unmittelbar zugeordnet ist die Kriminaltechnische Abteilung, welche auch die Daktyloskopie umfaßt. – Die Gruppen des Kriminalkommissariats, zu denen jeweils 5–7 Detektive für den Außendienst gehören, werden von einem Kriminalkommissär geleitet; auch sie haben gewisse „untersuchungsrichterliche“ Befugnisse, wenngleich bestimmte Zwangmaßnahmen (sogar eine Haftanordnung!) dem Staatsanwalt vorbehalten sind, der durch Eingang der Strafanzeige sofort mit der Sache befaßt wird und die Ermittlungen leitet, um später ggf. die Anklage zu erheben.

Die für den **Bund,** die schweizerische Eidgenossenschaft, maßgebende Entwicklung setzte ungewöhnlich spät und zudem zaghaft ein. Die Verfassung vom Jahre 1848 sah erstmalig einen für die ganze Schweiz zuständigen Staatsanwalt des Bundes vor. Dieser „Generalanwalt“ (später: Bundesanwalt) sollte die Strafverfolgung in denjenigen Fällen leiten, in denen Bundesgerichtsbarkeit gegeben war. Er sollte im Rahmen seiner Befugnisse ggf. auch Staatsanwälten und Polizeibeamten der Kantone sowie ihren Untergebenen Weisungen erteilen dürfen (vgl. auch Generalanwaltsgesetz vom 20. Dez. 1850).

Der erste ständige Generalanwalt des Bundes wurde 1851 gewählt. Schon damals waren polizeiliche Aufgaben ersichtlich wichtiger als die einer Anklagebehörde. Zum anderen sollte der Bundesanwalt, wie er später genannt wurde, eine ständige Verbindung zwischen den eidgenössischen und den kantonalen Behörden herstellen. Diese besondere Stellung kam schließlich auch in dem Bundesgesetz vom 28. Juni 1889 deutlich zum Ausdruck.

Obwohl primär anscheinend eine Justizbehörde, sind der Bundesanwaltschaft mit der Zeit weitere Aufgaben zugewachsen, die man als kriminalpolizeilich werden kann; ausschlaggebend hierfür waren durchweg Zweckmäßigkeitserwägungen.

So wies man die im Gesetz betr. das eidg. Bundesstrafrecht vom 4. Febr. 1853 geregelten Delikte, politische Verbrechen wie Hoch- und Landesverrat, der Bundesanwaltschaft zu, wenngleich sich bei den Ermittlungen und sonstiger Exekutivtätigkeit der Bundesanwalt insoweit auf die Kantone stützen mußte.

Erst das Gesetz über die Bundesanwaltschaft vom 28. Juni 1889 bestätigte nachdrücklich die Stellung dieser Behörde und wies ihr weitere Aufgaben – z.B. im Gebiet der Fremdenpolizei wie der Ausweisung – zu. Andere Kompetenzen ergaben sich alsbald bei Sprengstoffdelikten und anarchistischen Umtrieben.

Dies alles führte im 19. Jahrhundert zu einem dem Geschäftsbereich entsprechenden Verwaltungsausbau der Bundesanwaltschaft, die nunmehr beispielsweise bei politischen Delikten auch in den Kantonen exekutiv tätig werden durfte. Auf kriminalpolizeilichem Gebiet ist hier vor allem das am 26. Okt. 1903 geschaffene schweizerische Zentral-Polizeibüro zu nennen, das 1904 mit der Anthropometrie erkennungsdienstliche Aufgaben und ferner Funktionen des Meldedienstes übernahm. 1905 wurde gegen mancherlei Widerstand ebenort das eidgenössische Zentralstrafen-Register eingerichtet und ferner mit der Herausgabe des eidgenössischen Polizei-Anzeigers begonnen. 1913 führte man bei der Zentralstelle statt der Anthropometrie die Daktyloskopie ein.
Um 1930 leitete die Bundesanwaltschaft nicht nur die politische Polizei, sondern war mit dem Zentral-Polizeibüro im kriminalpolizeilichen Bereich nicht nur für die in die Kompetenz des Bundes fallenden Straftaten, sondern als Zentral- und Koordinierungsstelle für die Koordinierung der kriminalpolizeilichen Aktivitäten der Kantone zuständig. Dieser Trend wurde durch die Entwicklung der 30er Jahre bestätigt.
So erhielt die Bundesanwaltschaft u. a. wegen zunehmender Spionage am 21. Juni 1935 polizeilich geschultes Exekutivpersonal für die Zwecke des Staatsschutzes zugewiesen; auch den Nachrichtendienst unterstellte man der Bundesanwaltschaft. Schließlich übernahm sie nach und nach den Verkehr mit ausländischen Polizei- und Gerichtsbehörden.

Auch diese Funktion der Bundesanwaltschaft läßt sich schon über Jahrzehnte zurückverfolgen. Denn bereits im Zusammenhang mit Anfang dieses Jahrhunderts geschlossenen völkerrechtlichen Konventionen hatte die Schweiz als dafür zuständige nationale Behörde die Bundesanwaltschaft in Bern bezeichnet. Diese übernahm nach Gründung der Interpol im Jahre 1923 konsequenterweise für die Schweiz die Funktion des Nationalen Zentralbüros.

Anders als in Deutschland und Österreich hatte in der Schweiz also eine staatsanwaltschaftliche Behörde weitgehend die Funktionen eines obersten kriminalpolizeilichen Organs in denjenigen Fällen übernommen, die der Bundesgerichtsbarkeit unterlagen. Das blieb natürlich auch so, als das neue einheitliche Strafgesetzbuch 1942 in Kraft getreten war. Grundsätzlich aber blieb das Polizeiwesen eine Sache der Kantone.

II. Die gegenwärtige Organisation

Bei der gegenwärtigen Organisation der Verbrechensbekämpfung ist in der Schweiz die Eidgenossenschaft (Bund) von den Kantonen bzw. Gemeinden, insb. Städten, zu unterscheiden.

Die **Bundesanwaltschaft** ist heute eine Abteilung des eidgenössischen Justiz- und Polizeidepartements in Bern. Der Überblick wird allerdings dadurch erschwert, daß einige ihrer

Dienststellen wie das Zentralpolizeibüro, die Zentralstellendienste und das Sekretariat Schweiz der Interpol Namen tragen, die sie nicht ohne weiteres als Bestandteile der Bundesanwaltschaft erscheinen lassen, welche außer als Anklagebehörde auch andere juristische Aufgaben sowie solche des Staatsschutzes und kriminalpolizeiliche Funktionen wahrzunehmen hat. Sie umfaßt Rechts-, Polizeidienst, Polizeiregistratur und Zentralpolizeibüro.

Im Rechtsdienst geht es außer um Strafverfolgung und Anklagetätigkeit in bestimmten, in die Kompetenz des Bundes fallenden Strafsachen und um Einheitlichkeit der Rechtsprechung (Einlegung von Rechtsmitteln) um die sogen. Zentralstellendienste (z. B. im Zusammenhang mit internationalen Konventionen) sowie um das Sekretariat Schweiz der Interpol.
Der Polizeidienst betrifft im Innen- und Außendienst vor allem Aufgaben des Staatsschutzes.
Auch die Registratur, die zugleich das eingehende Material auswertet, ist vor allem für den Bereich des Staatsschutzes wichtig.
Dagegen ist die Tätigkeit des am 26. Okt. 1903 geschaffenen Zentralpolizeibüros mehr kriminalpolizeilicher Art. Hier werden z. B. das Zentralstrafregister und die Gefangenenkartei geführt. Der Erkennungsdienst sammelt einschlägiges Material für die Zwecke der Identifizierung; er ist sowohl für die Zusammenarbeit mit den Kantonen als auch mit dem Ausland wichtig. Schließlich fungiert das Zentralpolizeibüro als Nationales Zentralbüro im Rahmen der Interpol.

Das Schwergewicht der Verbrechensbekämpfung liegt in der Schweiz jedoch nicht beim Bund, sondern bei den Kriminalpolizeibehörden der **Kantone** und **Städte**; sie haben z. T. beträchtliches Niveau entwickelt.
In den Kantonen hängt die Regelung der kriminalpolizeilichen Aktivitäten wesentlich von den unterschiedlichen Strafprozeßordnungen und damit von der historischen Entwicklung ab. Immerhin lassen sich vier bis fünf Grundtypen unterscheiden.

Bei einer Reihe von Kantonen (Genf, Waadt, Tessin und Bern) ist der französische Einfluß unverkennbar, gibt es also eine Police judiciaire (Justizpolizei) oder gerichtliche Polizei, die unter der Kontrolle von Untersuchungsrichtern und Staatsanwälten die Ermittlungen in Strafsachen durchführt.
In anderen Kantonen (z. B. Neuenburg, Solothurn, Thurgau) wird der Terminus „gerichtliche Polizei“ zwar verwendet, aber enger verstanden. Die Polizeibeamten arbeiten hier selbständiger, was mehr der üblichen Organisation einer Polizeibehörde entspricht.
Noch deutlicher wird die Polizei bzw. die Kriminalpolizei in zahlreichen, insb. deutschsprachigen Kantonen (Zürich, Schaffhausen, Niederwalden, Zug, Glarus, Schwyz, Luzern, Aargau, St. Gallen, Appenzell A.-Rh., Freiburg) verselbständigt. Hier werden ihr durch die Prozeßgesetze bestimmte Funktionen zugewiesen, insb. werden Staatsanwalt und Richter erst später in das Verfahren eingeschaltet.
Vereinzelt gibt es Kantone (Basel-Stadt, Uri), in denen der Staatsanwalt von Anfang die Ermittlungen zu leiten hat, wobei er sich ggf. der Polizei bedienen kann; eine eigene Initiative der Polizei ist hier eine Ausnahme und bedarf besonderer gesetzlicher Ermächtigung.
Schließlich erwähnen die Prozeßgesetze einiger Kantone (Appenzell I.-Rh., Graubünden, Wallis und Basel-Land) die Polizei oder Kriminalpolizei überhaupt nicht, was allerdings nicht bedeutet, daß es hier keine Polizei gibt, sondern nur, daß andere Amtsträger für Ermittlungen in Strafsachen zuständig sind; sie können sich dabei ggf. der Polizei bedienen.

Gerade angesichts dieser und damit zusammenhängender organisatorischer Unterschiede ist in der Schweiz die interkantonale Kooperation besonders wichtig. Den rechtlichen Rahmen hierfür bietet die für das Gebiet der Eidgenossenschaft vorgeschriebene Pflicht zu Rechtshilfe.

In der **Stadtpolizei** Zürich bildet die Kriminalpolizei die nach der uniformierten Polizei größte Abteilung. Diese sogen. Zivilabteilung setzt sich aus drei Kriminalkommissariaten zusammen, denen verschiedenartige Aufgaben zugewiesen sind. Angegliedert sind die zentrale Beratungsstelle, die Kripo-Leitstelle, eine Überfallgruppe, der Erkennungsdienst sowie der – nach einer 1946 einsetzenden Spezialausbildung – 1952 geschaffene Wissenschaftliche Dienst, der unter Dr. Max *Frei-Sulzer* bald großes Ansehen errang: dieser Dienst wird heute von Dr. Jakob *Maier* geleitet.

Der Wissenschaftliche Dienst befaßt sich im Rahmen der Forschung mit allen Problemen kriminaltechnischer und -wissenschaftlicher Natur. Er ist mit entsprechenden Apparaten und Geräten ausgerüstet, wird ggf. auch in die Ermittlungen eingeschaltet. Gegenwärtig gliedert sich der Wissenschaftliche Dienst der Stadtpolizei Zürich in folgende fünf Bereiche: Physik (Verkehrsunfälle, Ausbildung und Forschung), Biologie (Mikrospuren biologisch und allgemein), Technik (Elektro- und Flugtechnik, Schußwaffen), Chemie (Labor und Fotografie), Wissenschaftlicher Forschungsdienst (Analytik, Forschung, Entwicklung).

In Basel besteht bei der Staatsanwaltschaft des Kantons Basel-Stadt eine Kriminaltechnische Abteilung, welcher bis September 1977 Dr. phil. h. c. Ernst P. *Martin* vorstand.

Es gibt in der Schweiz keine besonderen Sektionen „Weibliche Kriminalpolizei“.

Wyß, L./*Blaser*, M.: Die weibliche Polizei in der Schweiz – Kriminalistik 1959, S. 85 ff.

Dabei haben sowohl Stadt- als auch Kantonspolizeien z. T. relativ früh weibliche Beamte eingestellt. Bei der Stadtpolizei Zürich war das schon im Jahre 1908 der Fall, wenngleich die vor allem zur Fürsorge für gefährdete Mädchen dienende Stelle später dem Jugendamt unterstellt wurde. Doch folgten bald andere Stadtpolizeien diesem Beispiel. Allerdings sind die Aufgaben dieser sogen. Polizeiassistentinnen recht unterschiedlich geregelt. Jedoch scheinen kriminalpolizeiliche und fürsorgerische Aufgaben zu überwiegen, was etwa der Weiblichen Kriminalpolizei in Deutschland entsprechen dürfte. An anderen Orten werden Polizeiassistentinnen jedoch vorwiegend bei Verwaltungstätigkeit eingesetzt, vereinzelt werden sie uniformiert wie Männer verwendet.
Die erste kantonale Polizeiassistentin wurde 1940 in Zürich eingestellt. Auch andere Kantonspolizeien verfügen inzwischen über weibliche Beamte, deren Verwendung ähnlich wie bei den Stadtpolizeien gehandhabt wird.

III. Zur Arbeit

Ähnlich wie in Österreich wird die kriminalpolizeiliche Arbeit in der Schweiz durch deren zentrale Lage, einen hohen Anteil von Gastarbeitern und den für diesesn Land typischen Tourismus (bei durchweg zurückhaltenden Kontrollen) z. T. erheblich erschwert. Komplizierend wirkt dabei für die Kriminalbeamten die neben dem Bundesrecht zu verzeichnende Vielfalt kantonaler Vorschriften im Bereich des Strafprozeß- und des Polizeirechts. Diesen Schwierigkeiten versucht man durch entsprechende Pesonalauslese und Ausbildung sowie durch technische bzw. organisatorische Vorkehrungen entgegenzuwirken.

Neben der Bundesanwaltschaft wirken im kriminalpolizeilichen Bereich vor allem die Konferenz der kantonalen Polizeikommandanten sowie die Vereinigung Städtischer Polizeichefs koordinierend.

Schütz, Alfred: Die Kriminalpolizei im Kanton Zürich, ihre Eingriffe in die Freiheiten und Rechte der Bürger durch zwangsrechtliche Fahndungs- und Erforschungsmittel – Diss. Zürich – Zürcher Beiträge zur Rechtswiss. N. F. H. 202 – Aarau o. J. – insb. S. 49 ff.; *N. N.* : Das Verhältnis Securitas-Polizei – Kriminalistik 1956, S. 457 f.; *Markees,* Curt: Auslieferung und internationale Rechtshilfe in Strafsachen – Kriminalistik 1959, S. 131 ff., 173 ff., 213 ff.; *Früh,* W.: Das Kriminalistische Institut des Kantons Zürich – Kriminalistik 1961, S. 503 f.; *Heusser,* K.: Das polizeiliche Fahndungs- und Meldewesen *in der Schweiz – Kriminalistik 1961, S. 549 ff.; 1962, S. 37 ff.; Schick,* Willi: Schweizerische Gefangenenkartei – Kriminalistik 1965, S. 45 f.; *Huggenberger,* J.: Die kriminalpolizeiliche Tätigkeit im Lichte der schweizerischen Rechtsprechung – Kriminalistik 1966, S. 427 ff., 479 ff., 535 ff.; *Wüthrich,* B.: Die Zentralstellen der schweizerischen Bundesanwaltschaft zur Bekämpfung der Falschmünzerei und des illegalen Betäubungsmittelverkehrs – Kriminalistik 1969, S. 377 ff.; *Dussaix,* Roger: La justice pénale et al presse – Rev. int. d. Crim. et d. police techn. 1973, S. 57 ff. (Bd. XXVI).

Kennzeichnend für die Zusammenarbeit mit privaten Sicherheitsunternehmen ist in der Schweiz die Kooperation mit der Securitas AG, die kurz- und längerfristige Bewachungsaufgaben übernimmt.
Im Bereiche der **Fahndung** spielt unter den geschilderten Umständen die Personenkontrolle eine besonders wichtige Rolle, wenngleich es naturgemäß auch gezielte, u. U. verdeckte Fahndungen gibt. Der „agent provocateur“ ist allerdings verpönt und untersagt. Vorläufige Festnahme und andere Zwangsmittel richten sich nach den jeweils maßgebenden Rechtsvorschriften, d. h. durchweg nach kantonalem Recht. Dasselbe gilt für Vernehmungen.

Insb. für die Fahndung hat man in der Schweiz ein Funknetz organisiert, das durch Telexverbindungen ergänzt wird. Zusätzlich hat man interkantonale Alarmpläne erarbeitet. Alles dieses ist nach Lage der Dinge auch für die internationale Zusammenarbeit wichtig.

Interessant ist gerade bei der weitgehenden Aufgliederung in der Schweiz das **Ausbildungswesen**, bei welchem man natürlich von der Eidgenossenschaft die Kantons- und Stadtpolizeien unterscheiden muß.
An die Angehörigen der Bundesanwaltschaft, der Bundespolizei und auch die Bediensteten vieler anderer Polizeibehörden, insb. der Kriminalbeamten, stellt man in der Schweiz recht hohe Anforderungen. Man bemüht sich zudem um eine gründliche juristische und polizeiwissenschaftliche, d. h. auch kriminalistische Ausbildung.
Im Polizei-Institut in Neuenburg (Neuchâtel), das von einer an der Weiterbildung von Polizeibeamten interessierten Personengruppe 1946 in das Leben gerufen wurde, lehrt man auch Rechtsmedizin, Psychologie und Soziologie. Bemerkenswert und charakteristisch für die Schweiz ist, daß dieses Polizei-Institut in Neuenburg von einer Stiftung auf privatrechtlicher Basis getragen wird.
Eine umfassende wissenschaftliche Ausbildung für leitende Polizeifunktionäre, Untersuchungsrichter usw. ist im L'Institut de police scientifique et de Criminologie der Universität Lausanne möglich, welches von Professor Jacques *Mathyer* geleitet wird. Dieses Universitätsinstitut leistet zugleich intensive Forschungsarbeit auf dem Gebiet der Verbrechensverhütung und -aufklärung.

Halonbrenner, P.: Die neue Lehrmittelsammlung der Stadtpolizei Zürich. – Kriminalistik 1975, S. 126ff.

Bei den Kantonen ist als Beispiel für eine Aus- bzw. Fortbildungsstätte das am 16. März 1961 geschaffene Kriminalistische Institut des Kantons Zürich zu nennen, welches der Aufsicht der Justizdirektion untersteht, wobei jedoch Erziehungs- und Polizeidirektion beteiligt sind. Es führt Vorträge und Kurse für Richter, Staatsanwälte und Polizeibeamte durch, wobei neben Straf- und Strafprozeßrecht auch Kriminalistik und Kriminologie berücksichtigt werden.

Die angesichts der politischen und rechtlichen Verhältnisse gerade in organisatorischer Hinsicht schwierige Situation der Kriminalpolizei hat in der Schweiz ersichtlich zu Besonderheiten geführt, um dennoch eine wirksame Verbrechensbekämpfung zu erreichen. Neben der besonderen Rolle, welcher der Bundesanwaltschaft als kriminalpolizeilicher Zentralstelle zukommt, sind vor allem die mannigfachen Initiativen der Kantons- und Stadtpolizei hervorzuheben, welche durch pragmatische Kooperation die daraus resultierenden Hemmnisse und Gefahren nach Kräften zu vermeiden oder doch zu verringern suchen.

C. Frankreich

Frankreich interessiert hier nicht nur als ein großer, verwaltungsmäßig zudem früh entwikkelter europäischer Staat, sondern auch deshalb, weil es die Entwicklung vieler Länder gerade bei der Organisation der polizeilichen Verbrechensbekämpfung beeinflußt hat.

Hacq, M.: Die Kriminalpolizei im Rahmen der französischen Sûreté Nationale – in: Internationale Verbrechensbekämpfung, hrsg. v. Bundeskriminalamt, Wiesbaden 1960, S. 41 ff. (= Kriminalistik 1960, S. 241 ff.); *Glatthaar,* Wilfried: Die Rechtsstellung der Polizei im französischen Strafverfahren – Diss. Marburg – Marburg 1960; *Parra,* Charles: Traité de Procédure Pénale Policière. Etude théoretique et pratique – Paris 1960; *N. N.:* 2 Miliarden Frncs für Frankreichs Polizei – Kriminalistik 1969; S. 260 f.; *Rebscher,* Erich: Funktion und Organisation der Police Judiciaire in der französischen Polizei – Kriminalistik 1972, S. 280 f.; *Le Clèrc,* Marcel: Histoire de la Police – 4. Aufl. – Paris 1973; *Kr.:* Frankreichs Gendarmerie. Jahrhundertelange Geschichte, heutige Organisation und Aufgaben – Krimialistik 1974, S. 79 ff.; *Gleizal,* Jean-Jacques: La Police Nationale. Droit et pratique policière en France – Grenoble 1974; *N. N.:* Polizei und Gendarmerie in Frankreich – Die Neue Polizei 1975, S. 92f.; *Asso,* Bernard: Police Nationale et Polices Municipales – Rev. de la Police Nat. 1976, H. 1, S. 23ff.; H. 2, S. 13ff.; *Carrot,* Georges: La Garde Nationale 1789–1871 – Rev. de la Police Nat. 1976, H. 2, S. 37ff.; *Chaumeil,* Jean-Marie: La vérité sur les Brigades du Tigre – Rev. int. d. crim. et de police techn. 1976, S. 285 ff. Aus älterer Zeit vgl. *Locard,* Edmond: La Police. Ce quelle est ce quelle devrait ètre – Paris 1919; *Guyon,* Etienne-Felix: L'Organisation de la Police en France. Etat Actuel et Projets Réforme – Paris 1923; *Grierson,* Francis B.: La Police Judiciaire Française – Bibliotheque de Criminologie – o. O. 1934; *Larrieu:* Histoire de la Gendarmerie. Depuis les origines de la maréchaussée jusqu'à nos jours – 2. bzw. 1. Aufl. – Paris/Limoges/Nancy 1927/1923.

I. Zur geschichtlichen Entwicklung

Bei naturgemäß spärlichen Quellen über die Frühzeit lassen sich dennoch bei den Vorläufern polizeilicher Aktivitäten Zusammenhänge mit römischen Vorbildern erkennen; auch in Frankreich war die Verbindung zum militärischen Bereich daher zunächst sehr eng.

Die ersten Ansätze zu einer staatlichen Polizei führt man in Frankreich auf König Chlothar II. zurück. Auch soll schon im 9. Jahrhundert ein Abr Wilfried von St. Gale einen „Service due Guet“ geschaffen haben, eine Schutzgarde aus angesehenen Bürgern.

Obwohl sich die Reichweite solcher Institutionen der Frühzeit schlecht beurteilen läßt, ernannte Heinrich I. doch nachweisbar bereits im Jahre 1032 einen Prévôt, der dem Justiz-, Polizei-, Militär- und Domänenwesen im späteren Sinne vorstand. Ihm unterstanden dabei „Polizeiwachstuben“ und „gerüstete Hellebardiere“, die von der Bürgerwehr unterstützt wurden. Ludwig IX. verstärkte die königliche „Polizeitruppe“ bereits auf sechzig Bewaffnete, je dreißig zu Pferd und zu Fuß.
Die im 13. Jahrhundert erheblich zunehmende Kriminalität führte dazu, daß dem prévôt, dessen Châtelet als Amtsgebäude und Gefängnis diente, zwölf „Commissaire-Enquéteur“ – entsprechend den damals zwölf „Quartiers“ von Paris – zugeordnet wurden. Ein königliches Edikt von 1389 dehnte die Kompetenz des Prévôt dann mit zentralistischer Tendenz auf das ganze Land aus.
Viel früher als die anderen bisher behandelten europäischen Staaten hatte Frankreich somit den Weg einer zentralen Polizeiorganisation beschritten. Das bewirkte alsbald eine Spezialisierung. Neben dem am Ende des 14. Jahrhunderts als „Lieutenant Criminel“ erwähnten Jean Turquam, d. h. einer Art von Kriminalpolizei, gab es bald besondere Abteilungen für Markt-, Sanitäts-, Sittlichkeits-, Einwohner- und Fremdenpolizei.
Durch königliche Ordonnance vom 20. Jan. 1515 setzte Franz I. sodann prévôts des maréchaux (auch grand Prévôt oder capitaine de la police genannt) ein, deren wesentliche Aufgabe es war, Vagabunden, Straßenräuber und Falschmünzer zu fangen und zu verurteilen. Sie verfügten über eine berittene (Straßen-)Polizeitruppe (Maréchaussées), die – in Kompanien gegliedert – von Lieutenants befehligt wurde. Eine Sonderstellung genoß schon lange vorher der prévôt de Paris, welcher nur vom König selbst Befehle erhielt; seine Kompetenz erstreckte sich unter Karl IV. auf das ganze Land (1398). Insoweit wirkte die neue Polizeiorganisation also eher einschränkend.
Als Franz I. 1534 die Zahl der Pariser „Quartiers“ auf 12 erhöhte, trat neben den „Lieutenant criminel“ auch ein „Lieutenant au robe corte“, der nach Kriminellen zu fahnden und diese festzunehmen hatte; hier deutete sich bereits die spätere „Police judiciaire“ an. Schon 1544 begann man überdies damit, eine Polizeitruppe für das Landgebiet – die königliche „Maréchaussée“ – aufzustellen, aus welcher sich später die Gendarmerie entwickelte.

Recht gut sind wir über die Organisation der Polizei zur Zeit Ludwig XIV. (1643–1715) informiert, als sich Gabriel Niclas de la Renie – 1667 zum „Lieutenant général du prévôt de Paris pour la police“ ernannte – durch energisches Einschreiten gegen die wachsende Unterwelt in der bereits 500000 Einwohner zählenden französischen Metropole hervortat. Mit dem Niedergang der Monarchie nahm allerdings das Spitzelwesen immer mehr zu; man widmete sich vor allem dem Schutz der Krone, was insb. für die 1667 geschaffene „haute police“, die politische Polizei, zutraf.

Gerade für die Epoche paßt also das auf die Geschichte des französischen Polizeiwesens angewandte Wort einer ständigen Umorganisation. So wurde durch ein Edikt vom Oktober 1699 für jeden Amtsbereich (baillage) das Amt eines „Lieutenant de police“ eingeführt, der aber zumindest in den Städten gewöhnlich bald durch Rückkauf wieder zum kommunalen Beamten wurde.

Mit der Revolution übernahm 1789 das Stadtoberhaupt von Paris die Polizeigewalt; dies erst war der wirkliche Beginn einer kommunalen Polizei in der Hauptstadt. Aus der Not des einsetzenden Terrors entwickelte sich daneben jedoch ein Polizeibureau, das später zur „Sûreté générale“ bzw. „Sûreté nationale“ wurde. Zunächst aber wurde die Pariser Polizei dennoch mehr zum Handlanger der Revolution. Die 1791 aus der „Maréchaussée“ entstandene „Gendarmerie nationale“ übernahm den Wach- und Gerichtsdienst sowie den Schutz der Nationalversammlung. Alsbald nach dem Tod von Robespierre (1794) bildete man 1795 die etwa 7000 Mann starke „Légion de police générale“. 1799 zog *Fouché* in das 1796 geschaffene „Ministère de la police générale“ am Quai Voltaire ein. Er baute insb. die politische Polizei zu seiner Hausmacht aus, während er die kriminalpolizeilichen Belange eher vernachlässigte.

Das Gesetz vom 16. Febr. 1800 griff einschneidend in den Bereich der Kommunalpolizeien ein und machte den „Préfet de police“ zum Chef der Verwaltungs- und Vollzugspolizei. In Städten mit mehr als 100000 Einwohnern gab es nunmehr Generalkommissare, im übrigen Polizeikommissare. Mithilfe seines gewaltigen Informationsdienstes versorgte Fouché den sich immer mehr in den Vordergrund schiebenden Napoleon; als Kaiser dürfte ihn allerdings die Machtfülle seines Polizeiministers beunruhigt habe. 1810 fiel Fouché in Ungnade, konnte vorher aber noch alle Dossiers verschwinden lassen. Damit bediente er, als dieser 1812 wiederum in Paris auftauchte, Ludwig XVIII. Als Napoleon von Elba zurückkehrte, wurde Fouché dennoch wiederum sein Polizeiminister. Nach Waterloo verhaftete Fouché den heimkehrenden Napoleon, um nunmehr wieder den Bourbonen als Polizeichef zu dienen; doch wurde er bald abgeschoben und starb 1820 in Triest.

In diesem Zusammenhang darf Eugène-François *Vidocq* nicht unerwähnt bleiben, der es vom flüchtigen Galeerensträfling bis zum Polizeigewaltigen brachte.

Walther, Hanns: Die Schule der Detektive. Die abenteuerliche Laufbahn der ersten Detektive – 2. Aufl. – Würzburg 1964 – insb. S. 133 ff.

Um sich der Erpressung „alter Bekannter“ zu erwehren, wurde er 1809 Polizeispitzel, der zunächst in Gefängnissen und seit 1811 auch in der Freiheit so gute Dienste leistete, daß er zunächst sechs und später zwölf Assistenten zugewiesen bekam. 1818 richtete ihm die Präfektur sogar eine eigene Dienststelle ein, womit eine Kriminalgeheimpolizei geschaffen wurde, eine „Sûreté“ der Präfektur.

Auf seine zahlreichen Erfolge kann hier ebensowenig wie auf die gegen ihn geschmiedeten Ränke eingegangen werden, die nach seinem Rücktritt im Jahre 1827 ein wechselvolles Leben bewirkten, bis er 1857 – 82jährig – verstarb. Erwähnt sei nur, daß der einstige Polizeigewaltige, der allerdings noch verschiedentlich zur Polizei zurückfand, 1831 unter der Firma „Le Bureau des Renseignements. Fr. Vidocq“ – fast ein Vierteljahrhundert vor den Pinkertons – eine Privatpolizei gründete, mit der er jahrelang erfolgreich arbeitete. Vidocq war somit auch einer der Wegbereiter der modernen Privatdetekteien.

Unter Napoleon III., der übrigens selbst eine Privatpolizei unterhielt, nahm das Spitzelwesen erneut gewaltig zu, zumal da die Opposition gegen die Monarchie wieder wuchs. Durch schnellen personellen Wechsel geriet die Polizei jedoch immer mehr in Unordnung; 1871 brach sie mit dem Kaiserreich zusammen.

Von 1852 bis 1853 gab es sogar wieder ein Polizeiministerium; danach wurde der Innenminister für die Polizei zuständig. Schon vom Jahre 1851 verstaatlichte man die Polizei in den größten Städten und unterstellte sie der »Sûreté générale“ bei der Pariser Präfektur.

Es gelang jedoch in relativ kurzer Zeit, die Polizei wieder funktionstüchtig zu machen. 1876 wurde in Paris durch Trennung von der Präfektur die Direktion der Sûreté nationale eingerichtet, um die Verbindung zwischen dem Innenministerium und den örtlichen Polizeibehörden zu verstärken.

Auch sonst verstärkte sich der Trend zu besonderen staatlichen Polizeibehörden, die neben die schon 1855 geschaffene Bahnpolizei traten. In einer neu eingerichteten Polizeischule entwickelte Bertillon sein Körpermeßverfahren (§ 13-I). 1888 nahm ein kriminalistisches Laboratorium im Pariser Justizpalast seine Arbeit auf. Gegen Ende des vorigen Jahrhunderts reorganisierte Louis Lépines als Präfekt das Polizeiwesen und gründete weitere Polizeischulen in Lyon und Bordeaux. Er unterstellte sich dabei die „Sûreté". Die uniformierte Polizei erhielt ein zentrales Kommando.

Zu Beginn dieses Jahrhunderts wurde die kriminalpolizeiliche Tätigkeit in Landgemeinden von der Gendarmerie und in den Städten wesentlich von der jeweils zuständigen Kommunalpolizei ausgeübt. Daneben gab es aber auch zentrale oder zentral arbeitende Einrichtungen. So führte die Zunahme der Kriminalität im Jahr 1907 zu einer neuen Dienststelle in der Sûreté nationale, die als „Contrôle général" die kriminalpolizeiliche Fahndung zu koordinieren hatte. In demselben Jahr schuf man zu diesem Zwecke auf Initiative des damaligen Inneministers Clemenceau 12 regionale Brigaden der „Police mobile", einer Art Einsatzpolizei; diese staatliche Kriminalpolizei unterstand dem Innenminister.

Im Zusammenhang mit dem weiteren Ausbau des Polizeiwesens sei nur noch erwähnt, daß 1934 die Spezialabteilungen zur Bekämpfung von Spionage und von anderen Staatsschutzdelikten der „Direction de la Surveillance du Territoire" zugeordnet wurden. 1936 wurde die Abteilung für Nachrichtensammlung zum „Zentralen Erkennungsdienst" umgestaltet. Rennplätze und Spiellokale wurden von der „Direction des Renseignements généraux" überwacht, während Wirtschafts- und Finanzsachen – mit Ausnahme der Finanz- und Steuervergehen – im wesentlichen vom Landwirtschaftsministerium bearbeitet wurde.
1941 verstaatliche die Vichy-Regierung die Polizei in allen Städten mit mehr als 10 000 Einwohnern.

II. Die gegenwärtige Organisation

Die durch den 2. Weltkrieg stark geschwächte französische Polizei stand den wirren Verhältnissen nach Kriegsende zunächst ziemlich hilflos gegenüber. Bald jedoch ging man tatkräftig an den Aufbau und die Neuordnung der kriminalpolizeilichen Tätigkeit, wobei man sich in Frankreich bewußt an die geschichtliche Entwicklung hielt. Neben der „Police judiciaire", die jedoch nicht immer klar von der „Police administrative" zu unterscheiden war, gab es vor allem wieder die „Sûreté nationale" und die „Gendarmerie nationale" als staatliche Polizeikörper sowie ferner kommunale Polizeien, bei welchen der Pariser Präfektur (Préfecture de police) naturgemäß besonderes Gewicht zukam (vgl. Abb. 28/3).
Auch damals war die Stellung mancher Behörden im Hinblick auf die Police judiciaire nicht ganz eindeutig. Bei der Pariser Präfektur gab es z. B. auf bestimmte Deliktstypen spezialisierte Brigaden, die insoweit Funktionen der Police judiciaire wahrnahmen, d. h. kriminalpolizeiliche Tätigkeit ausübten. Die Sûreté nationale wies als eine seit jeher zentrale Polizeiorganisation eine „Direction des services de police judiciaire" auf, welcher zuletzt siebzehn Regionaldienststellen unterstanden. Sie nahmen neben verwaltungs- auch kriminalpolizeiliche Aufgaben wahr. Hauptträger der Sûreté nationale waren die für die einzelnen Bezirke

zuständigen Kommissare (Commissaires). Ihnen war insoweit auch die uniformierte kommunale Polizei ihres Bereiches unterstellt. Die Kommissariate waren gewöhnlich in drei Abteilungen (Brigades) gegliedert, von denen vor allem eine (Brigade criminel) kriminalpolizeiliche Angelegenheiten zu bearbeiten hatte. Daneben aber gab es – wie erwähnt – eine staatliche Einsatz- oder Bereitschaftspolizei.

Abb. 28/3. Das Gebäude der Préfecture de Police vom Quai Montebello aus gesehen (1971).

Die im Rahmen der Sûreté nationale für die Fahndung zuständige „contrôle général" stützte sich vor allem auf die 1907 geschaffenen mobilen Regionalbrigaden der Einsatzpolizei. Sie übernahm nicht selten Aufgaben von den lokalen Behörden; zugleich stellte sie ggf. die Verbindung zwischen diesen her.
Die Direction des services de police judiciaire nahm nicht nur die Aufgaben des Nationalen Zentralbüros der Interpol wahr, sondern umfaßte auch andere französische Zentralstellen (z. B. für Falschgeld- und Rauschgiftbekämpfung).

Die ebenfalls zentral organisierte Gendarmerie nationale wurde und wird vor allem dort zur Verbrechensbekämpfung – also kriminalpolizeilich – eingesetzt, wo keine ständige Dienststelle der Sûreté bestand, d. h. auf dem flachen Lande. Auch sie übte dabei Funktionen der Police judiciaire aus. An sich aber war die uniformierte, kaserniert lebende Polizeitruppe mit militärischem Charakter für das ganze Staatsgebiet zuständig; doch griff sie in Städten mit Polizei nur auf Anforderung oder bei besonderem Anlaß ein.

Abb. 28/4. Diese Luftaufnahme der Ile de la Cité vom Jahre 1976 zeigt sehr eindrucksvoll die Lage der Pariser Präfektur. Es ist das Gebäude direkt gegenüber von Notre Dame; im rechteckigen Hof parken Kraftfahrzeuge.

Im Bereich der kommunalen Polizeien der Städte war vor allem die Stadtpolizei von Paris (Préfecture de police) wichtig.

Sie verfügte am Quai des Orfèvres ebenfalls über kriminalpolizeiliche Dienststellen wie Generalstab, Nachrichtendienst, Erkennungsdienst, Laboratorium und hatte auch Fahndungseinheiten sowie zahlreiche Sonderdienste; 1960 zählte man in Paris etwa 2500 Kriminalbeamte (vgl. Abb. 28/5).

Der Begriff der „Police judiciaire“ wird auch in der Gesetzgebung unterschiedlich verwendet. Im Art. 8 der alten Strafprozeßordnung (CIC) verstand man darunter alle Ermittlungen im Zuge des Vorverfahrens. Das neue Gesetz (CPP) versteht darunter – etwas enger – nur diejenigen Aufgaben des Vorverfahrens, für welche der Staatsanwalt oder der Untersuchungsrichter zuständig ist.

Diese historisch gewachsene Polizeiorganisation ist durch ein Gesetz vom 9. Juli 1966 vereinheitlicht und reformiert worden. Dabei haben neben Fragen der Organisation vor allem solche der Ausbildung und Ausrüstung eine wesentliche Rolle gespielt. Da die Gendarmerie jedoch im wesentlichen ausgeklammert blieb, ging es bei der Reform vor allem um die Zusammenfassung der Sûreté nationale mit kommunalen Polizeien, insb. der Préfecture de police, der Stadtpolizei von Paris. Insgesamt ergibt sich nunmehr folgendes Bild, in welchem die soeben geschilderten Formen doch noch in etwa auszumachen sind.
Durch Vereinigung der Sûreté nationale mit der Pariser Präfektur und den Kommunal-

Abb. 28/5. Das Gebäude der Police judiciaire, der Kriminalpolizei von Paris, am Quai des Orfèvres (1968).

polizeien der Sädte mit mehr als 10000 Einwohnern entstand die „Police nationale" (P. N.). Für den Einsatz der in der Organisation bisher kaum veränderten Pariser Polizei ist aber nach wie vor ausschließlich der Polizeipräfekt verantwortlich. Die Police nationale verfügte schon 1972 über annähernd 100000 Beamte.

Neben dieser nationalen Polizei werden polizeiliche und damit auch kriminalpolizeiliche Aufgaben auf dem Lande und in Städten mit weniger als 10000 Einwohnern von der Gendarmerie nationale wahrgenommen, die als militärische Truppe nicht dem Innen-, sondern dem Heeresminister untersteht. Ihre Stärke betrug 1972 bereits etwa 65000 Mann; auch sie soll ausgebaut werden.

Die maßgebende Regelung enthält ein Gesetz vom 16. Febr. 1971, das auch den derzeitigen Namen offiziell festgesetzt hat. Die Gendarmerie nationale gliedert sich in drei Unterabteilungen (subdivions d'arme): 1. Gendarmerie départementale (auch „territoriale"), die etwa 42000 Mann zählt, 2. Gendarmerie mobile, die in escadrons „zu etwa 140 Mann gegliedert kaserniert untergebracht ist (etwa 18000 Mann) und 3. Die Garde républicaine de Paris, die rund 3000 Mann zählende Gendarmerietruppe der Hauptstadt. Daneben gibt es noch einige Sondereinheiten wie See-, Luft- und Rüstungsgendarmerie.

Kommunale Polizeien gibt es jetzt nur noch in Städten mit weniger als 10000 Einwohnern. Auch wenn hier formell der Bürgermeister Leiter der Polizei ist, reicht doch die geringe Zahl der Polizeibeamten nicht aus, weshalb er üblicherweise seine Befugnisse der Gendarmerie bzw. der nationalen Polizei überträgt, was gerade auch für kriminalpolizeiliche Aktivitäten gilt. Insgesamt hat die Kommunalpolizei heute im kriminalpolizeilichen Bereich kaum noch praktische Bedeutung.

Neben der regulären Polizei nehmen z. T. aber auch Bedienstete anderer Behörden Aufgaben der Police judiciaire wahr, welche in ihren speziellen Arbeitsbereich fallen (z. B. Feld- und Forstdelikte). Als Beamte der Police judiciaire unterscheidet man infolgedessen in Frankreich (vgl. Art. 15 CPP) von den Offizieren die Agenten sowie schließlich diejenigen Beamten anderer Verwaltungen, denen solche Aufgaben durch Spezialgesetze übertragen sind.

Die hier besonders interessierende Police nationale umfaßt vier zentral aufgebaute Dienste, die sämtlich dem Generaldirektor unterstehen, der seinen Sitz in Paris hat: 1. Sécurité publique (etwa Schutzpolizei), 2. Renseignements généraux (Information der Regierung, sonderpolizeiliche Aufgaben), 3. Surveillance du territoire (Spionageabwehr, Staatsschutz) und 4. Police judiciaire (Gerichtspolizei, Kriminalpolizei); diese hat bei Verdacht von Verstößen gegen Strafgesetze zu ermitteln und die Täter zu überführen, wobei sie den Weisungen der Staatsanwaltschaft untersteht, deren Kompetenzen aber durch die des Untersuchungsrichters begrenzt werden.

Die Zentraldirektion (Direction centrale de la police judiciaire) in Paris ist für die repressive und präventive Verbrechensbekämpfung durch die Polizei zuständig; sie koordiniert die Tätigkeit der Regionaldienststellen und deren technische Unterstützung. Neben der Forschung obliegt ihr ferner mit der Funktion eines Nationalen Zentralbüros der Interpol auch der Verkehr mit ausländischen Polizeibehörden.

Als Regionaldienststellen fungieren neben der Pariser Polizeipräfektur die bisherigen 17 Dienststellen der Sûreté, deren Zuständigkeitsbereich meistens zwei Landgerichtsbezirke (cours d'appel) umfaßt.

Abb. 28/6. Ein modernes Kommissariatsgebäude – Centre de Police – für den 13. Bezirk der Pariser Polizei (1968).

Diese „Services régionaux de P. J." sind Informations- und Koordinationszentralen für ihren Bereich, zugleich bearbeiten sie Verfahren größeren Umfangs. Die örtliche Verbrechensbekämpfung ist Sache der Sécurité publique (Sûretés urbaines), deren in Zivil arbeitende Beamten insoweit jedoch die Weisungen der Zentraldirektion der Police judiciaire zu befolgen haben.

Auch Frankreich hat sich – gerade nach der Reform vom Jahre 1966 – darum bemüht, die Unterbringung und Ausstattung der Dienststellen seiner nationalen Polizei zu verbessern (vgl. Abb. 28/6, 28/7).

III. Zur Arbeit

Obgleich auch Frankreich stattliche Zahlen von Touristen aufweist, handelt es sich insgesamt doch um die für ein großes Land typische Situation kriminalpolizeilicher Arbeit.

Glatthaar, Wilfried: Die Rechtsstellung der Polizei im französischen Strafverfahren – Diss. Marburg – Marburg 1960; *Parra,* Charles: Traité de Procédure Pénale Policière. Etude theorique et pratique – Paris 1960; *Wenzky,* Oskar: Elektronisch-visuelles System der Verbrechensaufklärung – Die Polizei 1972, S. 33 ff. (Gendarmerie nationale); *Soulier,* Michel: Le Commissaire de Sécutrité Publique – Rev. de la Police Nat. 1973-Okt., S. 23 ff.

Obwohl der seit 1811 geltende „Code d'instruction criminelle" (CIC) seit dem 2. März 1959 durch ein neues Strafprozeßgesetz (Code de procédure pénale = CPP) abgelöst worden ist, hat sich die Rechtsstellung der französischen Polizei im Strafverfahren, die in der Praxis schon vorher ungleich größer war als die dominierende Stellung des Untersuchungsrichters vermuten ließ, dennoch nicht erheblich geändert.

Abb. 28/7. Das Kommissariatsgebäude des 5. Bezirks der Pariser Polizei (1974).

Zu den Aufgaben der Gerichtspolizei (Police judiciaire) gehören im Ermittlungs-(Vor-)verfahren normalerweise die vorläufigen Ermittlungen (Enquète préliminaire); dazu zählt alles, was nicht auf Weisung des Untersuchungsrichters und besondere Verfahrensarten wie bei Flagrantdelikten zurückzuführen ist. Dieses Stadium endet also nicht mit Beginn der Voruntersuchung, weshalb es für die Befugnisse in der Praxis vor allem auf die unterschiedlichen Kompetenzen von Offizieren und Agenten der Police judiciaire ankommt. Die auf eigene Initiative oder auf Anordnung der Staatsanwaltschaft beruhende Ermittlungstätigkeit der Gerichtspolizei kann jedoch im Rahmen der gerichtlichen Voruntersuchung durch Weisungen des Untersuchungsrichters fortgesetzt werden. Auch der Präfekt hat bei den Ermittlungen immer noch gewisse Befugnisse.

Für die trotz weitgehender Zentralisation bei mehreren kriminalpolizeilich arbeitenden Behörden wichtige Zusammenarbeit haben sich über die Pflicht zur gegenseitigen Amtshilfe hinaus wichtige Grundsätze herausgebildet; diese betreffen außer der nationalen Polizei und der Gendarmerie wegen der Konstruktion der Police judiciaire insb. auch die Justizbehörden. Der Beamte der örtlichen Kriminalpolizei benachrichtigt bei Kenntnisnahme vom Tatverdacht den Staatsanwalt. Dieser oder das Gericht wenden sich umgekehrt im Bedarfsfalle an die örtliche Kriminalpolizei. So wird zugleich die für die Verbrechensbekämpfung wichtige Zusammenarbeit von Kriminalpolizei und Gendarmerie gewährleistet.

Mag durch die Reform vom Jahre 1966 zumindest im kriminalpolizeilichen Bereich das Nebeneinander von staatlicher und kommunaler Polizei auch – vielleicht von lokalen Ressentiments in Paris abgesehen – obsolet geworden sein, so führt doch das Nebeneinander von zwei Polizeiorganisationen im Bereiche des Kriminaldienstes – der „zivilen" Police nationale und der „militärischen" Gendarmerie nationale – in der Praxis immer wieder zu Reibereien und zu Rivalitäten zwischen „Zivilisten" und „Militärs". Ingesamt aber kann man die Reform wohl doch als einen Fortschritt bezeichnen.
Besonderes Interessse verdient bei der jeweils zentralen Organisation von Polizei und Gendarmerie, wie man in Frankreich die **Ausbildung** der Kriminalbeamten handhabt. Denn dies war ein wesentliches Ziel der Verstaatlichung und Vereinheitlichung.

N. N.: Le musee de L'école Nationale Supérieure de Police. Saint Cyr-au-Mont-d'Or – Rev. de la Police Nat. 1973-Okt., S. 46 ff.; 1974-Juli, S. 49 ff.; *N. N.:* Recrutement et formation des personnels de Police. Rev. de la Police Nat. 1975–III; *N. N.:* Die französische Polizei-Führungsakademie. Ecole Nationale Supérieure de Police (ENSP) – PFA 4/76, S. 49 ff.

Neben allgemeinen Bedingungen für externe und interne Bewerber sind bei der Einstellung besondere Bedingungen für die Laufbahnen der Inspektoren, Sicherheitsbeamten usw. und der Kommissare zu beachten; für den Verwaltungsdienst gelten wiederum andere Voraussetzungen.
Entsprechend unterschiedlich sind die Ausbildungsgänge gestaltet. Die theoretische Grundausbildung für Inspektorenanwärter, die in den Polizeischulen in Cannes-Eduse und Toulouse stattfindet, dauert $3^1/_2$ Monate; es schließt sich eine praktische Zeit an. Bei den Sicherheitsbeamten, bei denen der Lehrstoff etwas differenzierend nach den Aufgaben gegliedert wird, sind von der 17monatigen Grundausbildung sieben der Theorie gewidmet; für Gardiens de la paix beträgt die Dauer nur sechs Monate.
Die Grundausbildung der Kommissaranwärter, die in der am 23. Apr. 1914 gegründeten Höheren Polizeischule in Saint Cyr au Mont d'Or durchgeführt wird, dauert 10 Monate, an die sich $10^1/_2$ Monate in der Praxis anschließen; hier werden sie in bestimmten Dienst-

stellen und in einem der 24 Ausbildungszentren eingewiesen. Insgesamt dauert die Ausbildung zum Kommissar also rund zwei Jahre.
In der weiteren Ausbildung gibt es für alle Laufbahnen Spezialisierungen, wenn man von dem nach 7 Jahren üblichen dreiwöchigen Wiederholungslehrgang an der Höheren Polizeischule für deren Absolventen absieht. Neben einigen zentralen Fortbildungsveranstaltungen an dieser Polizeiführungsakademie gibt es vor allem eine regionale Fortbildung.

Die Höhere Nationale Polizeischule hat auch ein Polizeimuseum, welches u. a. die Sammlungen von Lacassagne und Locard enthält; es ist entsprechend gegliedert.

Was die eigentliche kriminalistische Arbeit – z. B. die **Fahndung** – anlangt, ist neben dem großen Staatsgebiet vor allem die Situation der Städte wichtig. Andere Probleme bringen die Häfen und die großen Flugplätze – insb. die von Paris – mit sich.

Eydoux, H.: Die Luftpolizei in Frankreich – Internat. kriminalpol. Rev. 1954, S. 261 ff.; *Dematteis,* Raymond: La Police Nationale a L'aéroport Charles de Gaulle – Rev. de la Police Nat. 1976-H. 2, S. 31 ff.; *Granger,* Charles: La Patrouille – Rev. de la Police Nat. 1976-H. 2, S. 47 ff.

Auch in Frankreich hat man in den letzten Jahrzehnten Einheiten für besondere Zwecke aufgestellt. So wurde neben der Gendarmerie und der im **Jugendschutz** schon etwas deutlicher spezialisierenden Sûreté nationale 1967 bei der Polizeipräfektur Paris eine „Brigade de la protection des Mineurs" geschaffen.

Hünecke, Franz: Jugendsachbearbeiter bei der Kriminalpolizei – BKA 1966/3 – S. 68 ff.; *Lefeuvre,* E.: Le bureau c'accueil des jeunes de Paris – Rev. int. d. crim. et d. police techn. 1974, S. 223 ff. (Bd. XXVII).

Im Rahmen der **Öffentlichkeitsarbeit** haben die Massenmedien in Frankreich strafrechtliche und zivilrechtliche Vorschriften zu beachten.

Chavanne, Albert/*Montreuil,* Jean/*Truche,* Pierre: L'information et l'action de la police – Rev. de la Police Nat. 1972-Jan., S. 24 ff.; *Genthial,* Jacques: Les principales infractions en matière de presse – Rev. de la Police Nat. 1972-Jan., S. 29 ff.

Sicherlich ist die Situation der kriminalpolizeilichen Verbrechensbekämpfung in Frankreich schon deshalb schwierig, weil auch nach der Reform vom Jahre 1966 verschiedene staatliche Strafverfolgungsorgane in diesem Bereich tätig sind. Mag manches – wie die Institution der Police judiciaire – auch angesichts der langen Tradition in der Praxis weniger störend wirken, als man es erwartet, so war die letzte Reform doch sicher ein Schritt in die richtige Richtung. Und gerade angesichts dieser Organisation sind nicht nur die historischen Verdienste französischer Kriminalbeamter um die Kriminalistik, sondern auch die Qualifikation der jetzigen französischen Kriminalpolizei besonders hoch einzuschätzen.

D. Italien

Italien ist zwar ein uraltes, insb. für die Rechtspflege in vielen europäischen und auch überseeischen Staaten wichtiges Kulturgebiet, aber als einheitlicher Staat im modernen Sinne noch relativ jung, obgleich er jetzt eines der wichtigsten Mittelmeerländer darstellt. Zu einer großen Fläche mit z. T. dichter Besiedlung und weitgehender Industrialisierung kommen bei langen Küsten reger Handelsverkehr und ein ausgedehnter Tourismus hinzu. Alles dies bewirkt, wie schon oben aufgezeigt worden ist (§ 27-I), daß die historische Bedeutung Italiens viel weiter zurückreicht als die Existenz des modernen italienischen Staates, welchem heute in der europäischen Völkerfamilie und international eine bedeutsame Rolle zukommt.

Manes, G.: Die italienischen Karabinieri – Internat. kriminalpol. Rev. 1958, S. 107ff.; *Valori,* Francesco: Carabinieri – in: Enciclopedia del Diritto, Bd. VI, Milano 1960, S. 268ff. (mit weiteren Literaturangaben); *di Filippo,* Sivio: La Polizia Giudiziaria. Struttura – Attività – Responsabilità – 3. Aufl. – Torino 1970; *Criminalpol* – hrsg. v. Ministero dell'Interno/Direzione generale delle publica sicurezza/ Centro Nazionale di Coordinamento delle Operazioni di Polizia Criminale – Rom o. J. (ital., engl., franz., deutsch, span.); *Pacifico,* Enrico/ *Verde,* Filippo: L'attività delle Polizia Giudiziaria e gli atti relativi – Napoli 1976; *Conti,* Guiseppe: Polizia – in: Nouvissimo Digesto Italiano, Bd. XIII, Torino 1976, S. 176 ff. (zur geschichtlichen Entwicklung); *Zambonini,* Remo: Polizia (Corpi di) – in: Nouvissimo Digesto Italiano, Bd. XIII, Torino 1976, S. 179 ff. (mit weiteren Literaturangaben); *Sorrentino,* Ugo: Polizia scientifica – in: Nouvissimo Digesto Italiano, Bd. XIII, Torino 1976, S. 233 ff.

I. Zur geschichtlichen Entwicklung

Wegen der Vorläufer des Polizeiwesens zur Zeit der Antike im alten Rom und im römischen Imperium muß hier auf das oben in allgemeinerem Zusammenhang Ausgeführte verwiesen werden (§ 27-I). Doch darf nicht unerwähnt bleiben, daß sich ungeachtet der späteren staatlichen Zersplitterung im Gebiet des heutigen Italien für das ausgehende Mittelalter und die beginnende Neuzeit in den dortigen Quellen mancherlei für die Entwicklung des Polizeiwesens wichtiges und aufschlußreiches historisches Material findet, von welchem man leider im Auslande bisher kaum und selbst in Italien wohl noch zu wenig Notiz genommen hat. Dieser Hinweis erscheint gerade deshalb als nötig, weil sich angesichts der Vielfalt der Stadtrepubliken und der fürstlichen Territorialherrschaften mit z. T. recht unterschiedlichen Regelungen und Entwicklungen einen genauere Darstellung in diesem Rahmen verbietet. Doch wird das Studium dieser Quellen für eine genauere Analyse, welche auch für den Ausländer informativ sein dürfte, unerläßlich sein.
Die für das moderne Polizeiwesen und insb. die kriminalpolizeilichen Funktionen wesentliche Wende dürfte jedoch erst im 18. und 19. Jahrhundert liegen; sie hängt zudem eng mit dem Werden des modernen Staates Italien zusammen. Denn noch bis in die Mitte des 19. Jahrhunderts hinein verlief die Entwicklung in zahlreichen, wenngleich damals z. T. schon etwas größeren Territorien bisweilen recht unterschiedlich.

Als die eigentliche Keimzelle des modernen Italien dürfte jedoch Piemont zu werten sein, welches sich in jener Zeit außer auf Savoyen sodann auch auf Sardinien erstreckte, mit dessen Eroberung es zu einem Königreich geworden war; dessen Hauptstadt war nach wie vor Turin. Während in diesem Gebiet ein französischer Einfluß unverkennbar war, wurde die Entwicklung im Großherzogtum Toskana strafrechtlich auch durch Deutschland (Bayer. StGB von 1813) geprägt. Im süditalienischen Königreich Neapel-Sizilien (Regno delle Due Sicilie) wiederum war infolge der Bourbonenherrschaft das französische Element ungleich stärker. Die Weltstadt Rom und zunächst auch noch sein mittelitalienisches Umland genossen mit dem päpstlichen Regiment einen Sonderstatus. Teile Norditaliens wie Venetien und die Lombardei gehörten damals jedoch zu Österreich-Ungarn.

Dieses Bild veränderte sich in der 2. Hälfte des 19. Jahrhunderts grundlegend, was ebenso wie für die Staatsverwaltung allgemein auch für das Polizeiwesen des nunmehr entstehenden italienischen Staates erhebliche Konsequenzen hatte. Vereinfachend kann man das so umreißen, daß sich mit der Ausdehnung der politischen Macht von Piemont-Sardinien die in diesem Territorium herrschenden Vorstellungen und Organisationsformen des Polizeiwesens über ganz Italien ausdehnten.

War dies im Norden 1859 für die Lombardei der Fall, so geschah dasselbe nach dem Kriege mit Österreich-Ungarn im Jahre 1866 mit Venetien; allerdings wurde Frankreich für seine Kriegshilfe mit Savoyen und Nizza entschädigt. Ähnlich verlief die Entwicklung in Süd- und Mittelitalien, wo nach und nach das Gebiet päpstlicher Herrschaft verkleinert und schließlich das 1870 eingenommene Rom zur Hauptstadt des neuen Staates wurde.

Charakteristisch für das italienische Polizeiwesen jener Zeit – und zumindest im Grunde bis in die Gegenwart – waren vor allem zwei verschiedenartige Polizeiorganisationen. Neben einer dem Innenministerium unterstehenden staatlichen, von Anfang an zentral organisierten Polizei (Guardia di Polizia) gab es die Carabinieri, die als königliche Gendarmerie (Reali Carabinieri) eine militärische Truppe bildeten, welche dem König unterstand und resortmäßig vom Kriegsministerium verwaltet wurde.

Die staatliche Polizei oder „Guardia di Polizia" entstand aus den früheren uniformierten Sicherheitsdiensten oder Wachen, die vor allem unterschiedliche Namen trugen (Guardia Nazionale, Civica, Urbana usw.). In der Sache selbst aber entsprach dies alles dem heutigen Corpo delle Guardia di Publica Sicurezza.
Das Korps der Königlichen Carabinieri (Corpo dei Carabinieri reali) wurde durch ein königliches Reskript Viktor Emanuels I., des damaligen Königs von Sardinien, am 13. Juli 1814 geschaffen. Diese Militärtruppe sollte mit der Anwendung der Gesetze Sicherheit und Ordnung im Staate gewährleisten. Bei der Organisation orientierte man sich am französischen Vorbild. Die Verfassung des Königreichs Italien vom 14. Jan. 1861 bestätigte im wesentlichen diesen Status der „Arma dei Carabinieri reali" als einer für die öffentliche Sicherheit verantwortlichen Militäreinheit, welche sich in Legionen gliederte; natürlich wurde die sich später auf die Kolonialgebiete ausdehnende Gliederung im Laufe der Zeiten mehrfach geändert.
Allerdings gab es einen solchen militärisch organisierten Polizeikörper früher auch schon in anderen italienischen Territorien. Bezeichnete man diesen im Großherzogtum Toskana ebenfalls als Carabinieri, so nannte man ihn im Königreich Neapel-Sizilien ebenso wie in der Lombardei und Venetien Gendarmerie.

Die vor allem auf die Städte konzentrierten staatlichen Polizeibehörden nahmen in Italien neben Funktionen einer Schutz- oder Sicherheitspolizei ferner die sich mit der Zeit immer deutlicher abzeichnenden Aufgaben der Kriminalpolizei wahr, um von gewissen Funktionen der Verwaltungspolizei abzusehen. Die Spezialisierung erfolgte also im Rahmen einer einheitlichen Behörde. Die daneben bestehenden kommunalen Polizeibehörden hatten nur wenig mit der Verbrechensbekämpfung zu tun, sondern waren vorwiegend mit verwaltungspolizeilichen Aufgaben befaßt.
Vor allem im Landgebiet, aber auch in den Städten gab es daneben die Carabinieri, welche außer als Sicherheitspolizei immer mehr durch kriminalpolizeiliche Aufgaben in Anspruch genommen wurden; deshalb konnte es im Einzelfall zu Kompetenzkonflikten mit der staatlichen Polizei kommen.
Aus dieser Zeit stammt auch die sich an das französische Vorbild anlehnende, die ge-

nannten Polizeiorganisationen teilweise überschneidende Institution der Justizpolizei (Polizia giudiziaria; franz.: Police judiciaire).

Der Begriff tauchte bereits in der von Eugenio I. im Jahre 1807 erlassenen Strafprozeßordnung (Art. 22, 24) auf. Ähnliche Normen fanden sich aber auch im Strafprozeßgesetz für das Königreich Sardinien (1847) und sodann in den italienischen Strafprozeßordnungen von 1865 und 1913 sowie im später zu behandelnden Gesetz von 1930 (Il Codice Rocco).

Auch nach dem 1. Weltkrieg änderten sich die Dinge trotz grundlegenden Wandels der politischen Verhältnisse in diesem Bereich nicht wesentlich.

Dem Generalkommando der Carabinieri unterstanden nunmehr 6 Zonen-Inspekteure, welche die 21 Territoriallegionen sowie die Legion von Rom zu beaufsichtigen hatten. 1934 wurde diese Gliederung wieder etwas abgeändert.
In den 20er Jahren dieses Jahrhunderts spezialisierte man die Arbeitsweise und dementsprechend die Ausbildung der Carabinieri. Neben der Schule in Florenz wurde 1928 in Rom eine Zentralschule für die Carabinieri geschaffen.

Im übrigen ist lediglich kurz auf eine Sonderentwicklung hinzuweisen, welche jedoch für die Gegenwart folgenlos blieb – die Miliz (Milizia).

Diese Milizia wurde vom faschistischen Regime als weiteres Sicherheitsorgan neben den beiden bestehenden Polizeiorganisationen eingerichtet. Bei allem politischen Einfluß fungierte diese Miliz damals aber keineswegs nur als eine politische Polizei, sondern erhielt beispielsweise Kompetenzen als Bahn-, Post- und Hafenpolizei, womit der Zuständigkeits- oder zumindest der Tätigkeitsbereich der anderen Polizeibehörden eingeschränkt wurde. Doch hat diese Miliz das faschistische Regime und damit den 2. Weltkrieg nicht überlebt.

II. Die gegenwärtige Organisation

Somit knüpft die gegenwärtige Organisation des italienischen Polizeiwesens und damit auch die der Kriminalpolizei an die skizzierte historische Entwicklung an, welche ersichtlich Parallelen mit der Frankreichs zeigt. Denn bei einem größeren Aufgabenbereich der beiden genannten Polizeikörper, der staatlichen Polizei und der Carabinieri sowie u. a. von zwei weiteren Polizeibehörden, ist für den Bereich der präventiven und vor allem repressiven Verbrechensbekämpfung die französischen Vorstellungen entsprechende Institution der Polizia Giudiziaria (Justizpolizei) ausschlaggebend, auf welche alsbald zurückzukommen sein wird.
Die **staatliche Polizei** (Polizia = Corpo della Guardia di Publica Sicurezza), welche dem Innenminister untersteht, konzentriert sich organisations- und arbeitsmäßig auf die Städte. Obgleich die für den Behördenaufbau wesentliche Gliederung in Provinzen, welche in etwa den französischen Départments ensprechen, aufgrund der Verfassung vom Jahre 1948 durch Regionen ergänzt worden ist, welche mehrere Provinzen umfassen, hat deren vieldiskutierte Autonomie jedenfalls bisher noch keinen nennenswerten Einfluß auf Organisation und Arbeitsweise dieser Polizei genommen.

Immerhin ist, obwohl es keine regionale Polizei gibt, festzuhalten, daß der später zu behandelnde Sonderbereich der Criminalpol regional gegliedert ist.

Bei den Bediensteten der staatlichen Polizei unterscheidet man Offiziere (ufficiali) und andere Beamte (agenti die publica sicurezza), zu denen insoweit auch die Unteroffiziere (sottoufficiali) gehören.

Sieht man einstweilen von gewissen zentral verwendbaren Einheiten und Einrichtungen der Polizei ab, so gibt es neben den Selbstverwaltungskörperschaften einer Provinz als Repräsentanten der Regierung den Prefetto (Präfekt). Er ist als Polizeichef für die Polizeikräfte der betreffenden Provinz verantwortlich, wobei er sich in diesem Bereich auf den Questore stützen kann. Je nach zahlenmäßiger Stärke der in einer Provinz stationierten staatlichen Polizei, die alle sicherheits- und kriminalpolizeilichen Aufgaben zu erfüllen hat, gibt es eine Geschäftsverteilung, nach welcher sich in Zivil diensttuende Beamte (Commissari) vornehmlich mit der präventiven und repressiven Kriminalitätsbekämpfung befassen. Kann man diese somit als Kriminalbeamte werten, so wird doch auch die übrige, uniformierte Polizei in diesem Bereich tätig. Denn im Grunde nehmen sowohl Zivilbeamte als auch uniformierte Polzei gleichzeitig schutz- und justizpolizeiliche Funktionen wahr.
Im Rahmen dieser einheitlichen Polizeibehörde bestehende Abteilungen oder dergl. für Kriminalpolizei weisen natürlich je nach Größe eine weitere Spezialisierung auf.

Wichtig ist hier einmal die in jeder Provinz als Büro des Innenministeriums bestehende Questura (Quästur). In der vom Questore als dem höchsten Mitarbeiter des Prefetto geleiteten Dienststelle findet man im Bereiche der Justizpolizei z. B. einen Ufficio politico, der für Straftaten mit politischen Hintergrund zuständig ist, und zumindest eine Squadra Mobile, die justizpolizeiliche Aufgaben hat und keineswegs nur mit der Schwerkriminalität befaßt wird. Diese Squadra Mobile verfügt häufig über mehrere Abteilungen oder Dezernate z. B. für besondere Delikte oder Formen der Kriminalität wie Tötungsdelikte (Squadra Omicidi), Rauschgiftdelikte (Squadra Antidroga), Angelegenheiten der Sittenpolizei (Squadra Buon Costume) usw. In Großstädten sind die Kriminalabteilungen in Kommissariate gegliedert, die jeweils über Squadre di Polizia Giudiziaria verfügen. Die Quästuren verfügen auch über eine kriminaltechnische Untersuchungsstelle, die aber überwiegend nur für einfache Aufgaben geeignet ist.

Es finden sich bei dieser Behördenorganisation keine besonderen Abteilungen „Weibliche Kriminalpolizei", obwohl es auch in Italien seit dem 2. Weltkrieg weibliche Polizeibeamtinnen gibt.

N. N.: Die weibliche Polizei in Italien – Internat. kriminalpol. Rev. 1960, S. 162 ff.; *N. N.:* Weibliche Polizei in Italien – Öff. Sicherheit 1972-März, S. 13 f.

Das weibliche Polizei-Korps (Corpo speciale feminile), welches insb. durch ein Gesetz von 1958 geregelt ist, befaßt sich u. a. allerdings gerade auch mit der präventiven und repressiven Bekämpfung der Jugenddelinquenz und mit gewissen Sexualdelikten.

An der Spitze dieser staatlichen Polizeiorganisation steht heute die Generaldirektion für öffentliche Sicherheit (Direzione generale delle publica sicurezza) im Innenministerium in Rom. Diese Generaldirektion fungiert außer für die Schutzpolizei somit auch als Zentralstelle für kriminalpolizeiliche Aktivitäten in Italien.
Gerade unter dem letztgenannten Gesichtspunkt ist wichtig, daß man im März 1967 innerhalb der Generaldirektion für öffentliche Sicherheit die sogen. **Criminalpol** geschaffen hat, die am besten als ein Koordinierungsorgan der Kriminalitätsbekämpfung und als Zentrale für Meldedienst und Fahndung zu kennzeichnen ist. Neben einem Informationsnetz und ständigem Nachrichtenaustausch sowie der erforderlichen Ausrüstung und den kriminal-

technischen Möglichkeiten soll die Criminalpol vor allem die Zusammenarbeit der verschiedenen Sicherheitsorgane auf dem Gebiet der kriminalpolizeilichen Verbrechensbekämpfung koordinieren. Das gilt sowohl für die Alltagsarbeit als auch für besondere Einsätze. Wichtig ist, daß die Criminalpol sich keineswegs auf das Nationale Zentrum in Rom beschränkt, sondern über einen Unterbau verfügt, welcher die Sonderstellung der Kriminalpolizei verdeutlicht und vor allem praktische Effektivität verspricht.
Das Nationale Zentrum von Criminalpol, das sich in der Generaldirektion im römischen Innenministerium befindet, ist in sieben Sektionen gegliedert. Es enthält neben einer Stelle für vorbeugende Verbrechensbekämpfung (Ufficio „Prevenzione del Crimino") auch eine Verbindungsstelle zum Carabinieri-Korps, in welchem u. a. zwei Carabinieri-Offiziere im Oberstenrang tätig sind.

Neben der Sektion für Allgemeines und Personalangelegenheiten gibt es Fachsektionen für Eigentumsdelikte und statistische Erhebungen, für Straftaten gegen Personen und Vorbeugungsmaßnahmen sowie für Autodiebstahl.
Eine andere Sektion des Nationalen Zentrums befaßt sich mit technischen Ermittlungen und Dokumentation, arbeitet also vorwiegend kriminaltechnisch. Neben der zumindest teilweise ähnlich arbeitenden Sektion Identifizierungsdienst, die u. a. aber auch ballistische, biochemische und Schriftuntersuchungen durchführt, gibt es noch die für die Verbindungen wichtige Sektion Regionaria.
Die Sektion Interpol schließlich fungiert, wie ihr Name zeigt, als italienisches Nationales Zentralbüro der Interpol. Sie ist mithin das Bindeglied der Sicherheitsorgane Italiens zu den Kriminalpolizeien des Auslandes, wickelt also den Auslandsverkehr ab und koordiniert die insoweit für die italienischen Behörden anfallenden Arbeiten.

Das Nationale Zentrum von Criminalpol stützt sich außer auf zwei Abteilungen (Norden in Mailand, Süden in Neapel) auf dreizehn regionale Zentren, die den Regionen entsprechend gewöhnlich mehrere Provinzen umfassen; diese Zentren verfügen jeweils über eine kriminaltechnische Untersuchungsstelle, die zumindest für einfachere Aufgaben hinreichend qualifiziert ist.
Im übrigen gibt es besondere Einrichtungen für Meldedienst und Identifizierung (44) sowie für den Filmdienst (18 + 28) im Rahmen von Criminalpol.

Schließlich kann Criminalpol auf die oben behandelten Quästuren als polizeiliche Dienststellen in den einzelnen Provinzen zurückgreifen. Hierbei handelt es sich um rund 80 Kriminalabteilungen, welche ebenfalls außer über kriminalistisch ausgebildetes Personal über ein mehr oder weniger leistungsfähiges Laboratorium verfügen.

Die dem Verteidigungsministerium unterstehenden, militärisch organisierten **Carabinieri** (Arma dei Carabinieri) sind als staatliche Gendarmerie vor allem, aber – wie gesagt – keineswegs nur für die Kriminalitätsbekämpfung im Landgebiet zuständig, wenngleich dies ihr Schwerpunkt kriminalpolizeilicher Arbeit sein dürfte. Doch werden die in den Städten stationierten Carabinieri dort ebenfalls kriminalpolizeilich tätig, gibt es hier also gewissermaßen eine Doppelkompetenz. Manche Beamte, welche sich auf die Aufgaben der Justizpolizei spezialisiert haben, werden sogar als Nuclei Investigativi bezeichnet.

Die Carabinieri wurden im August 1945 und im September 1947 reorganisiert. Dem Generalkommando in Rom unterstanden danach 3 Divisionskommandos, denen 6 Brigadekommandos und 21 Kommandos von Territoriallegionen nachgeordnet waren. Daneben gab es noch einiege Sondereinheiten wie die Legion allievi (Schüler, Lehrlinge) Carabinieri, die in vier Kommandos und 12 mobile Bataillons gegliedert waren, sowie die Schwadron zum Schutze des Präsidenten der Republik. Diese

Organisation ist auch nach Dekreten des Verteidigungsministeriums im wesentlichen heute noch maßgebend.

Die Carabinieri sind eine Behörde der öffentlichen Sicherheit (Autorità die publica sicurezza), die sowohl für überwachende, nachrichtendienstliche und ermittelnde Aufgaben als auch für den Gesetzesvollzug sowie ferner z. T. für Belange einer Militärpolizei zuständig ist. In der Praxis überwiegt naturgemäß die Tätigkeit einer uniformierten Sicherheits- oder Schutzpolizei bei weitem die Belange der eigentlichen Militärpolizei, zu welcher hier auch Aufgaben der Spionageabwehr gehören. In der Verbrechensbekämpfung werden die Carabinieri als ein Organ der sogleich zu behandelnden Justizpolizei (Polizià Giudiziaria) tätig; sie unterstehen insoweit den Weisungen der Justizbehörden, insb. des zuständigen Generalstaatsanwalts. Daneben gibt es noch eine Reihe von Sonderaufgaben, die aber nur teilweise kriminalpolizeilicher Art sind.
Die einzelnen Stationen der Carabinieri im Landgebiet und in den Städten weisen eine diesen verschiedenen Aufgaben entsprechende Gliederung auf, deren konkrete Gestalt natürlich von der jeweiligen Größe abhängt. Auch hier lassen sich somit wiederum spezifisch kriminalpolizeiliche Aktivitäten beobachten.
Während man in anderen Staaten insoweit von Sonderpolizeien spricht, sind in Italien im Hinblick auf ihre Funktionen im Rahmen der Justizpolizei jedoch noch zwei andere Polizeibehörden zumindest kurz zu nennen.
Einmal handelt es sich hier um die **Guardia di Finanza,** eine dem Finanzminister unterstehende Art von Finanzpolizei, welche jedoch auch über den Bereich von Steuer- und Zollvergehen hinaus kriminalpolizeilich tätig werden darf, was in jüngster Zeit – häufig auf richterliche Initiative hin – zunehmend der Fall ist. Nicht selten geht es dabei um Ermittlungen in Bank- und Rechnungssachen, um Spuren „schwarzen" Geldes zu entdecken.

Aufgabe dieser Polizeibehörde ist es vor allem, Verstöße gegen Steuer- und Haushaltsgesetze zu verhindern oder aufzuklären. Doch ist die Finanzpolizei insoweit zugleich allgemein für die Strafverfolgung zuständig.

Zum anderen ist dies der für die Praxis aber wohl noch weniger bedeutsame **Corpo degli Agenti di custodia,** den man am besten als die Sicherheitspolizei der Justizvollzugsanstalten bezeichnen kann; sie untersteht ressortmäßig dem Justizministerium.

Ihre wesentliche Aufgabe ist es, Ordnung und Disziplin in den staatlichen Strafvollzugsanstalten aufrechtzuerhalten. Doch hat sie ebenfalls insoweit eine allgemeine Kompetenz zur Verfolgung von Straftaten.

Neben diesen für die Justizpolizei wesentlichen Polizeiorganisationen seien als Beispiele für Sonderpolizeien in Italien die staatlichen Forstbehörden (Corpo Forestale dello Stato), die nationale Feuerwehr (Corpo Nazionale dei Vigili del Fuoco) und gewisse Zivilschutzbehörden erwähnt. Teilweise haben höhere Beamte dieser Behörden ebenfalls gewisse Funktionen im Rahmen der Justizpolizei.

Die für den Bereich der kriminalpolizeilichen Verbrechensbekämpfung durch Beamte dieser verschiedenen Polizeiorganisationen fundamentale Bedeutung der Institution der **Polizia Giudiziaria,** der Justizpolizei, wird dadurch unterstrichen, daß nach Art. 109 der Verfassung von 1948 (Costituzione delle Republica) die Justizbehörden wie Strafgerichte und insb. Staatsanwaltschaften, die übrigens nach Art. 112 der Verfassung stets zur Erhebung der Anklage verpflichtet sind (Legalitätsprinzip), das Weisungsrecht haben. Denn alle Beamten der Justizpolizei unterstehen insoweit nicht nur den Justizbehörden, sondern sie unterliegen sogar unbeschadet der Disziplinargewalt ihrer Dienstvorgesetzten im jeweiligen Ressort überdies als Offiziere und Beamte der Justizpolizei zugleich der Disziplinargewalt des zuständigen Generalstaatsanwalts.

Dennoch halten manche Richter und Staatsanwälte diese Regelung für unzureichend und verlangen ein spezielles Polizeikorps zu ihrer ausschließlichen Verfügung. Diese Forderung dürfte allerdings außer in finanzieller Hinsicht auch organisatorisch auf große Schwierigkeiten stoßen.

Im übrigen finden sich die für die Justizpolizei maßgebenden Vorschriften in den Art. 219 ff. der Strafprozeßordnung (Il Codice di Procedura Penale = C. Proc. Pen.). Art. 219 C. Proc. Pen. verpflichtet die Justizpolizei, Straftaten zu verfolgen und alle Maßnahmen zu ergreifen, um Beweise und alles das sicherzustellen, was für die Anwendung der Strafgesetze dienlich ist. Die Offiziere und Beamten der Justizpolizei unterstehen als solche aufgrund von Art. 220 C. Proc. Pen. dem Generalstaatsanwalt beim Appellationsgerichtshof und den Staatsanwälten der Republik bzw. dem zuständigen Pretore.

Als Offiziere (ufficiali) der Justizpolizei fungieren nach Art. 221 C. Proc. Pen. die Offiziere und Unteroffiziere der vorgenannten Polizeiorganisationen. Andere für diese Zwecke abgeordnete Bedienstete dieser Polizeien werden als Beamte der Justizpolizei (Agenti de Polizia Giudiziaria) bezeichnet.
In Gemeinden ohne einen Offizier der Justizpolizei hat der Bürgermeister dessen Funktionen auszuüben (Art. 221-Abs. I.-Ziff. 3 C. Proc. Pen). Als Beamte der Justizpolizei gelten nach Art. 221-Abs. II C. Proc. Pen. ferner auch Beamte der Polizeien von Provinzen und Gemeinden.

Um ihren Pflichten im Rahmen der Verbrechensbekämpfung nachzukommen, haben die Offiziere und Beamten der Justizpolizei durch die Art. 222 ff. C. Proc. Pen. näher geregelte Zwangsbefugnisse bei ihrer Ermittlungstätigkeit, wie beispielsweise Entgegennahme von Strafanzeigen, Vernehmungen usw., welche sie zu Durchsuchungen von Sachen und Personen und anderen Untersuchungshandlungen berechtigen, welche Beweise sichern sowie die sonstige Gesetzesanwendung in diesem Bereich gewährleisten sollen.

III. Zur Arbeit

Die bei dem gegliederten, verschiedenen Ressorts zugeordneten Polizeiwesen, welches für den Bereich der kriminalpolizeilichen Verbrechensbekämpfung durch die Institution der Poliza Giudiziaria wieder zusammengeklammert wird, wesentliche Frage der Zusammenarbeit konzentriert sich in der Praxis vor allem auf die staatliche Polizei und die Carabinieri. Denn die Guardia di Finanza wird, obwohl sie gerade in großen Strafsachen an Bedeutung zu gewinnen scheint, gewöhnlich erst später und gezielt auf richterliche Initiative hin eingesetzt. Dagegen obliegen die das eigentliche Strafverfahren vorbereitenden Ermittlungen durchweg der staatlichen Polizei und den Carabinieri, wobei sich trotz der erwähnten Schwerpunkte Stadt–Land wegen der gesetzlich umfassenden Zuständigkeit bei überörtlicher Kriminalität und vor allem in den Städten Überschneidungen und damit Rivalität sowie Konflikte ergeben.
Im Zusammenhang von **Fahndung** und Meldedienst ist wichtig, daß die italienische Justizpolizei die kriminalpolizeilich bedeutsamen Informationen zu sammeln und auszuwerten hat. Gerade für überörtliche, regionale oder zentrale Fahndung ist die koordinierende

Funktion von Criminalpol wichtig, das sich außer auf das Nationale Zentrum ggf. auf eine der beiden Abteilungen oder die regionalen Zentren der staatlichen Polizei stützen kann.

Corti, Ieio: Italienische Polizei und mechanische Datenverarbeitung – Internat. kriminalpol. Rev. 1964, S. 158 ff., 190 ff.; *Costa:* Système informatisé en vue de revueillir et traiter l'information criminelle dans le police italienne – Rev. int. de police crim. 1977, S. 230 ff.

Die **Kriminaltechnik**ist durch Criminalpol wesentlich verbessert worden. Das gilt nicht nur für die den betreffenden Dienststellen jeweils angegliederten Untersuchungsstellen, die vermutlich noch ausgebaut werden, sondern ebenso für die Laboratorien der Quästuren jeder Provinz.

Die **Aus und Fortbildung** ist ebenso wie die Rekrutierung sowohl bei Polizeibeamten als auch Carabinieri eine Sache des Staates, wenngleich die unterschiedlichen Ressorts gewisse Divergenzen bedingen. Immerhin scheint der Einfluß der Politik auf Einstellung und Ernennung wegen des Nebeneinanders von Selbstverwaltung und staatlicher Verwaltung in den Provinzen sogar bei der staatlichen Polizei und damit auch bei der Criminalpol gering zu sein; er müßte letztlich von der für die Staatsverwaltung zuständigen Regierung ausgehen, deren Minister dem Parlament für die ihnen unterstehenden Polizeibehörden verantwortlich sind.

Die Offiziere der Carabinieri kommen als Leutnants (Tenente) zu zwei Dritteln aus der Armee; sie müssen zuvor jedoch einen Lehrgang auf der Zentralschule in Rom absolvieren. Etwa ein weiteres Drittel stammt z. T. ebenfalls aus dem Militärdienst, überwiegend jedoch aus dem Zivildienst; sie absolvieren einen kürzeren Lehrgang, um dann als Unterleutnant (sottotenente) eingestellt zu werden.

Für den Bereich der Kriminaltechnik ist hier auf die frühere Scuola Superiore di Polizia Scientifica, die bereits 1902 von *Ottolenghi* gegründet wurde, hinzuweisen, welche in der (kriminal-)technischen Sektion des Nationalen Zentrums von Criminalpol aufgegangen ist. Diese alte, auch gegenüber französischen Vorbildern selbständige Tradition Italiens ist von *Sorrentino* in eindrucksvoller Weise fortgesetzt worden, was im Ausland nicht immer hinreichend beachtet worden ist. Diese und andere Laboratorien von Ciminalpol werden übrigens auch von der Höheren Polizeischule (Scuola Superiore di Polizia) in Rom, also auch für die spezialiserende Ausbildung von Zivilbeamten, benutzt.

Was die Einstellung der **Öffentlichkeit** anlangt, so scheinen die Carabinieri seit jeher größeres Ansehen zu genießen als die staatliche Polizei. Das kommt auch darin zum Ausdruck, daß der Nachwuchs hier anscheinend leichter zu gewinnen ist und sich regional mehr verteilt als bei der Polizei, welche insoweit vor allem auf Süditalien und Sizilien zurückgreift. Aber auch dies kann sich mit der Zeit gerade durch Criminalpol ändern. Immerhin bietet die Öffentlichkeitsarbeit in Italien insoweit noch mancherlei Probleme, welche auch durch die jüngsten Entwicklungen nicht vereinfacht werden. Hier ist daher wohl noch allerlei zu tun.

Insgesamt aber ist am Polizeiwesen Italiens bemerkenswert, daß man trotz des vor allem historisch bedingten Nebeneinanders von Carabinieri und Polizei als staatlichen Sicherheitsorganen im Bereiche der Polizei in jüngster Zeit, anders als in manchen deutschen Bundesländern, trotz einheitlicher Behördenstruktur für die Verbrechensbekämpfung mit Criminalpol den Weg der Spezialisierung fortgesetzt hat. Das verspricht bei einer zentralen Organisation der staatlichen Polizei gerade mit dem Unterbau für das Nationale Zentrum durch Abteilungen und regionale Zentren Erfolg, zumal dies auch die Koordinierung mit dem teilweise ebenfalls kriminalpolizeilich arbeitenden Carabinieri-Korps erleichtern dürfte. Obwohl es sicherlich personell und mit der Ausrüstung hier oder dort noch hapern dürfte, ist der von Italien mit Criminalpol beschrittene Weg doch wohl als zukunftsträchtig und aussichtsreich zu werten.

E. Belgien

Belgien ist ein hochindustrialisiertes und dicht besiedeltes europäisches Land, das jedoch flächenmäßig gegenüber Frankreich weit zurücksteht. Zudem wirkt sich die relativ kurze staatliche Selbständigkeit naturgemäß ebenso wie auf die geschichtliche Entwicklung auch auf die gegenwärtige Organisation der kriminalpolizeilichen Verbrechensbekämpfung aus.

Sourie, L.: De belgische rijkswacht. Een geschiedkundig oversikt – Ninove 1948; *Franssen,* W.: Schlußbemerkungen über die Organisation der belgischen Polizei – Internat. kriminalpol. Rev. 1968, S. 109 f.; *Saint Viteux,* Gabriel: La Gendarmerie belge à 'heure de l'informatique – Rev. int. d. crim. et d. police techn. 1972, S. 391 ff. (XXVIII, Bd.). Vgl. aus früherer Zeit *van Mighem,* U.: Etude sur les différents service de police de la Belgique – Bruxelles 1893; *Hamaide,* F.: Notre enquête sur la police judiciaire – Bruxelles 1910.

Da entsprechende Anfragen leider unbeantwortet geblieben sind, mag die Darstellung der gegenwärtigen Situation in Belgien hier oder da nicht mehr auf dem neuesten Stand sein.

I. Zur geschichtlichen Entwicklung

Obwohl es im Gebiet des heutigen Belgien ebenso wie in anderen europäischen Ländern schon früh Spuren einer staatlich organisierten Verbrechensbekämpfung gab, erlaubt es der Umstand, daß Belgien erst 1830 ein selbständiger Staat geworden ist, daß wir uns insoweit relativ kurz fassen können. Denn die eigenständige belgische Entwicklung ist verhältnismäßig jungen Datums, zumal da sie sich in beträchtlichem Umfange an ausländischen Vorbildern – insb. Frankreich – orientiert hat.
Die Vorgeschichte des belgischen Polizeiwesens ist so sehr durch die staatsrechtlich-politischen Verhältnisse geprägt, daß man geradezu von einer österreichsichen, französischen und niederländischen Epoche sprechen kann.

In der österreichischen Epoche (1749–1794), welche in die für die Entwicklung der Polizei in Europa wesentliche Zeit fällt, wurden die polizeilichen Aufgaben in Belgien ebenso wie anderweitig durch besoldete Stadtwachen und in ländlichen Gebieten durch Militär oder regionale Sicherheitsorgane wahrgenommmen. Die wichtigsten Änderungen im Polizeiwesen vollzogen sich – wie angedeutet – während der französischen Besetzung (1794–1813); sie waren jedoch durch Konflikte mit der österreichischen Pberherrschaft – wie die Brabanter Revolution (1787–1790) – vorbereitet worden. Die alten Sicherheitsorgane wurden außer durch die Gendarmerie nationale durch Polizeiorgane nach französischem Vorbild ersetzt. Obwohl die Alliierten nach ihrem Sieg über Napoleon die Abschaffung dieses zunehmend politisierten Polizeisystem versprochen hatten, verlief die Entwicklung nach der Eingliederung in die Niederlande (1814–1830) dennoch anders, zumal da gerade die Südprovinzen heftigen Widerstand leisteten. Eben deshalb schuf man eigens für diese Provinzen eine neue Gendarmerie (Marechaussee Royal) und sogar ein besonderes Polizeiministerium, dessen Abschaffung eines der wesentlichen Anliegen der belgischen Revolution vom Jahre 1830 war.

Die provisorische Regierung beseitigte nach 1830 alsbald die von den Niederländern modifizierte Polizeiorganisation. An die Stelle der „Marechaussee Royal“ trat wiederum eine „Gendarmerie nationale“; die daneben bestehenden Zivilgarden wurden durch einen dem Justizminister unterstellten „Administrateur de la Sûreté publique“ mehr und mehr reglementiert. Zwar wurde die Polizei von Brüssel, der Hauptstadt, ebenso wie die anderer großer Städte reorganisiert; doch hat man den Plan die kommunalen Polizeien in die Gendarmerie einzugliedern, nie verwirklicht. Die prekäre außenpolitische Situation des jungen Staates dürfte bewirkt haben, daß die Revolution des Jahres 1848 sich in Belgien weniger als in benachbarten europäischen Ländern auf das Polizeiwesen auswirkte.

Wesentlich für den Bereich der Verbrechensbekämpfung blieben daher neben der Gendarmerie – wie in Frankreich – kommunale Polizeien, wobei es für die Kriminalitätsbekämpfung entscheidend auf die Institution der „Police judiciaire“, der Justizpolizei, ankam, deren Amtsträger insoweit eine Doppelfunktion wahrnahmen. Immerhin bewirkten die gegen Ende des 19. Jahrhunderts einsetzenden Reformbestrebungen, daß man sich in diesen verschiedenartigen Polizeikorps gerade in diesem Arbeitsbereich mehr mit den neuen kriminalistischen Methoden befaßte.

Auch eine 1902 wegen der als unzulänglich erachteten Verhältnisse gerade bei den Kommunalpolizeien eingesetzte Reformkommission vermochte keine wesentlichen Konsequenzen in organisatorischer Hinsicht zu zeitigen, sofern man von einer Verstärkung der kasernierten Gendarmerie und einer gewissen Militarisierung der Kommunalpolizeien absieht.

Größere Umgestaltungen erfolgten erst nach dem 1. Weltkrieg, der Belgien besonders in Mitleidenschaft gezogen und seine staatliche Tätigkeit gelähmt hatte.

Neben den kommunalen Polizeiorganisationen der Städte und Landgemeinden bzw. -kreise schuf man 1919 eine neue nationale (staatliche) Polizei, die als Justizpolizei (Police judiciaire) bezeichnet wurde; es handelt sich hier also nicht nur um die Bezeichnung einer Funktion, sondern um eine besondere Behörde, d.h. Polizeiorganisation. Diese übernahm u.a. vor allem Aufgaben im Bereich der Verbrechensbekämpfung, wenngleich für diese Reformen außer der Furcht vor.Revolutionären wohl auch die Aktivitäten der Flamen ausschlaggebend gewesen sein dürften. 1919 kann man also organisatorisch als das Geburtsjahr der belgischen Kriminalpolizei bezeichnen.

Die nationale Gendarmerie, die weiterhin ebenfalls in diesem Bereich tätig war, wurde nach dem 1. Weltkrieg neu organisiert und später in den 30er Jahren durch mobile Einheiten ausgebaut.

II. Die gegenwärtige Organisation

Die Entwicklung nach dem 2. Weltkrieg wird in Belgien zunehmend durch innenpolitische Spannungen (Wallonen und Flamen, Sozialisten und Katholiken) geprägt, was sich als eine Bedrohung der staatlichen Existenz naturgemäß auch auf das Polizeiwesen ausgewirkt hat, obwohl die Belgier bewußt an die historischen Gegebenheiten angeknüpft haben.

So gibt es in Belgien auch gegenwärtig drei Arten von Polizeien. Neben der für das gesamte Staatsgebiet zuständigen Justizpolizei (Police judiciaire), die vor allem kriminalpolizeilich arbeitet und daher als die eigentliche Kriminalpolizei bezeichnet werden kann, und der Gendarmerie, welche in ganz Belgien Exekutivbefugnisse sowohl der Verwaltungs- als auch

Ordnungs- und Kriminalpolizei ausübt, gibt es immer noch Kommunalpolizeien, welche dem vom König ernannten Bürgermeister unterstehen; im Jahre 1975 war dies in 403 von insgesamt 2359 Gemeinden der Fall.
Während die Gendarmerie mit einem neuen Statut vom 2. Dez. 1957 reorganisiert wurde, schlugen die Reformbestrebungen bei den Kommunalpolizeien wiederum fehl. Bemerkenswerterweise hat die Justiz- bzw. Kriminalpolizei bei den damit verbundenen politischen Auseinandersetzungen kaum eine Rolle gespielt.
Die durch Gesetz vom 7. Apr. 1919 geschaffene **Justizpolizei** ist als staatliche Kriminalpolizei der Staatsanwaltschaft unterstellt. Ihre Kommissare sind Hilfsbeamte der Staatsanwaltschaft; dasselbe gilt übrigens für leitende Beamte in anderen Dienststellen. Die Dienstaufsicht und Weisungsbefugnis stehen dem zuständigen Staatsanwalt und damit letztlich dem Generalstaatsanwalt zu. Diese Kriminalpolizei gehört somit zum Justizressort.

Die Kriminalpolizei gliedert sich in Kriminalbrigaden in den Provinzhauptstädten; sie werden von einem Chefkommisssar (Commissaire en Chef) geleitet. Ihnen untergeordnet sind Abteilungen als sogen. Hilfsbrigaden, denen ein Hauptkommissar (Commissaire principal) oder ein Kommissar (Commissaire) vorsteht; diese Abeilungen finden sich in einigen anderen Städten der betreffenden Provinz.
Die Spitze dieser staatlichen Kriminalpolizei ist das Generalkommissariat bei der Staatsanwaltschaft in Brüssel, welches mithin als die Zentrale der belgischen Kriminalpolizei anzusprechen ist; ihr Chef ist der „Commissaire général aux délégations judiciaires", der Generalkommissar der Justizpolizei.

Dieses Generalkommissariat der Justizpolizei bei der Staatsanwaltschaft in Brüssel, das belgische Zentralkriminalamt, gibt u. a. das Zentralfahndungsblatt heraus. Es hat ferner die Tätigkeit der der ihm nachgeordneten Kriminaldienststellen zu koordienieren und unter der Leitung des zuständigen Staatsanwalts auch deren Einsätze im Einzelfall zu organisieren.

Ob und inwieweit weibliche Beamte eingesetzt werden oder es bei der staatlichen Justizpolizei besondere Jugendsachbearbeiter gibt, läßt sich aus dem eingangs genannten Grunde an Hand des Schrifttums leider nicht beurteilen.

Die **Gendarmerie** ist als eine besondere Einheit der bewaffneten Streitkräfte, welche als solche dem Verteidigungsminister untersteht, jedoch nach wie vor ebenfalls auf dem Gebiet der Verbrechensbekämpfung tätig. Als funktionelle Beamte der Justizpolizei unterstehen Gendarmen insoweit dem Justizminister, welcher sich durch den Generalstaatsanwalt vertreten läßt; dasselbe gilt für von ihnen wahrgenommenen Aufgaben der Fremdenpolizei und des Staatsschutzes. Schließlich sind die Beamten überdies (funktionell) dem Innenminister unterstellt, sowie sie Aufgaben der Schutz- oder Verwaltungspolizei verrichten.

An der Spitze der belgischen Gendarmerie steht der l'Etat-Major Général de la Gendarmerie. Ihm unterstehen die Direction supérieur des operations (die Ober- oder Generaldirektion) mit dem Bureau central des recherches (Zentralfahndungsbüro) als Nachrichten- und Fahndungszentrale sowie die Section drogues und einige Spezialeinheiten (z. B. Légion mobil, Grenz-, See- und Luftpolizei) sowie die Königliche Gendarmerieschule. Da mithin auch die Gendarmerie über zentrale Einrichtungen verfügt, ist insoweit Koordination mit dem Generalkommissariat der Justizpolizei nötig.
Die kleinste Operationseinheit der Gendarmerie ist die Brigade. Fünf bis sechzehn von ihnen werden zu einem Distrikt zusammengefaßt, dem jeweils eine besondere Fahndungsbrigade beigeordnet ist, die anscheinend gerade für die kriminalpolizeiliche Arbeit wichtig ist. Vier bis acht Distrikte bilden eine Territorialgruppe, deren Zuständigkeit als regionale Instanz sich jeweils auf eine der neun Provinzen des Landes erstreckt.

Die noch bestehenden **kommunalen Polizeikorps** dürften in diesem Rahmen heute nur noch am Rande interessieren, weil sie jetzt anscheinend nur noch Aufgaben der Schutz- und Verwaltungspolizei wahrnehmen. In der Verbrechensbekämpfung fungieren diese Beamten somit wohl nur noch als Helfer von Justizpolizei oder Gendarmerie.

III. Die Arbeit

Über die Praxis der kriminalpolizeilichen Verbrechensbekämpfung in Belgien läßt sich, da – wie gesagt – entsprechende Informationen leider ausgeblieben sind, an Hand des Schrifttums bedauerlicherweise kaum etwas sagen. Dabei wäre es bei dem Nebeneinander von Justizpolizei und Gendarmerie, die jeweils zentrale Stellen aufweisen, interessant zu erfahren, wie man in Belgien die sich daraus ergebenden Koordinierungsprobleme gelöst hat.

Auch die Situation der Kriminaltechnik und des Nachrichtenwesens in Belgien läßt sich nicht beurteilen. Bekannt ist nur, daß man in den Jahren 1970 bis 1972 die Datenverarbeitung als „Système informatique Gendarmerie" eingeführt hat; es wurde 1973 in Betrieb genommen.

Stolz, Gerd: Elektronische Datenverarbeitung im Dienste der belgischen Gendarmerie – Die Polizei 1977, S. 254 ff.

Die Direktion des „Centre de Traitement de l'information de la Gendarmerie" (Zentrum für Datenverarbeitung der Gendarmerie = CTIGd) untersteht unmittelbar dem Kommandanten der belgischen Gendarmerie. Außer für Meldedienst und Fahndung wird das Zentrum auch dazu benutzt, um neue Planungstechniken zu entwickeln und durchzuführen.

Über die Verhältnisse der Aus- und Fortbildung von Beamten der Justizpolizei oder der Gendarmerie läßt sich an Hand des verfügbaren Schrifttums ebensowenig Konkretes sagen wie über die Öffentlichkeitsarbeit.

Im übrigen steht somit nur zu vermuten, daß es bei dem Nebeneinander von zwei Polizeiorganisationen zu den dafür typischen Schwierigkeiten kommen dürfte. Da aber bei der kriminalpolizeilichen Arbeit letztlich die Staatsanwaltschaft ausschlaggebend ist, dürfte es insoweit doch wohl vor allem auf die ihr zugeordnete Justizpolizei ankommen.

F. Luxemburg

Das Großherzogtum Luxemburg ist zwar eines der kleinsten Länder Europas, kann aber auf eine lange Geschichte zurückblicken; es ist zudem wegen seiner zentralen Lage mit Grenzen zu Belgien, Frankreich und zur Bundesrepublik nach wie vor bedeutsam. Das gilt wegen des großen Anteils von Ausländern (etwa 70 000 bei insgesamt 350 000 Einwohnern) und des starken Touristen- sowie Durchreiseverkehrs nicht zuletzt auch für die Verbrechensbekämpfung. Obwohl und gerade da das Schrifttum bisher sehr spärlich ist, erscheint es als angebracht, die diesbezügliche Situation in diesem Rahmen relativ eingehend zu behandeln, um mit der Information über die Verhältnisse der kriminalpolizeilichen Verbrechensbekämpfung in Luxemburg die Kooperation mit diesem Lande zu erleichtern.

Der folgenden Darstellung liegt mangels geeigneten Schrifttums ein dankenswerterweise von Herrn Arthur *Simon*, Lieutenant-Colonel de Police bei der Polizeidirektion in Luxemburg, erstatteter ausführlicher Bericht zugrunde.

I. Zur geschichtlichen Entwicklung

Sowohl die Gründung der Stadt Luxemburg im Jahre 963 als auch die des späteren Staates werden auf den Ardennengraf Siegfried zurückgeführt. Das Polizeiwesen bzw. dessen Vorläufer richteten sich im Mittelalter nach den jeweiligen Herrschafts- und Lehnsverhältnissen, wiesen also entsprechende Einflüsse fremden Rechts auf.

In der für das Entstehen der modernen Polizei wesentlichen Neuzeit, d. h. hier korrekter der Epoche des „ancien régime" bis zur französischen Revolution (1789), wandelte sich das Polizeiwesen ebenfalls den jeweiligen politischen Verhältnissen entsprechend. Immerhin ist als Besonderheit zu erwähnen, daß sich die bereits im 13. Jahrhundert nach dem Vorbild des französischen Loi de Beaumont durch die Luxemburger Gräfin Ermesinde verfügte „Befreiung der Gemeinden" mit einer gewissen Selbstverwaltung, die gerade auch Justiz- und Polizeibefugnisse der Gemeinden betraf, über die wechselnden Zeitläufe hin erhielt. Die Konsequenzen dieser Gemeindeautonomie lassen sich sogar noch in den geltenden Vorschriften erkennen.

Ungeachtet der Dürftigkeit der historischen Quellen vermutet man, daß die Wurzeln der beiden wichtigsten Sicherheitsorgane, der Gendarmerie und der Polizei, bis in das späte Mittelalter zurückreichen.

So wurde aus der 1732 unter österreichischer Oberherrschaft eingeführten „Maréchaussée" im Jahre 1795 die Großherzogliche **Gendarmerie** (Gendarmerie Grand-Duchale). Ihre Organisation und Arbeitsweise wurden unter dem französischen Regime (1795–1813) den in Frankreich herrschenden Vorstellungen entsprechend umgestaltet; die nachfolgende holländische und belgische Herrschaft veränderte dies nicht wesentlich.

Mit dem vergrößerten Personalbestand und den sich im 19. Jahrhundert erweiternden Aufgaben wurde eine in diesem Rahmen besonders interessierende Spezialisierung notwendig, die 1903 zur Gründung einer „Kriminalbrigade" bei der Gendarmerie führte; diese hatte insb. die Justizbehörden bei der Aufklärung von Straftaten zu unterstützen. Formell war dies die Geburtsstunde der luxemburgischen Kriminalpolizei.

Dieser Sonderbereich der Gendarmerie wurde in den Jahren 1911 und 1929 reorganisiert und ausgebaut. Seine gegenwärtige offizielle Bezeichnung ist Öffentlicher Sicherheitsdienst (Service de la Sûreté Publique).

Mit der im Zuge des 2. Weltkriegs erfolgenden Besetzung durch deutsche Truppen wurde die Organisation abgeschafft und durch deutsche Behörden und Beamte ersetzt.

Im Gegensatz zur Gendarmerie, die von Anfang an ein staatliches Organ war, gab es die **Polizei** als Ausfluß der oben erwähnten Gemeindeautonomie lediglich in Form von Kommunalpolizeien in den Städten und größeren Gemeinden.

Erst im Jahre 1930 ist auch diese Polizei verstaatlicht worden. Sie bildete neben der Gendarmerie das zweite Sicherheitsorgan des Großherzogtums, wenngleich ihre Aktivität außer in Fällen „frischer Tat" auf das jeweilige Gemeindegebiet beschränkt war. Auch hier brachte der 2. Weltkrieg den bei der Geschichte der Gendarmerie erwähnten Einschnitt.

II. Die gegenwärtige Organisation

Das Staatsgebiet des Großherzogtums Luxemburg gliedert sich in die drei Verwaltungsbezirke (Commissariats de district) Luxemburg, Diekirch, Grevenmacher sowie die beiden Gerichtsbezirke Luxemburg und Diekirch, in denen es jeweils ein Bezirksgericht und eine Staatsanwaltschaft gibt. Der Obergerichtshof und die Generalstaatsanwaltschaft haben ihren Sitz in der Stadt Luxemburg.

Gemäß der Verfassung des Großherzogtums vom 17. Okt. 1868 werden Strafrecht und Strafverfahren durch Gesetz geregelt. Durch ein Gesetz vom 16. Juni 1879 sind die Strafgesetze in einem Code pénal zusammengefaßt, der im wesentlichen dem belgischen Code pénal enspricht. Daneben gibt es allerdings Spezialgesetze mit besonderen Strafvorschriften sowie das für jugendliche Delinquenten maßgebende Jugendschutzgesetz vom 12. Nov. 1971. – Das Strafverfahren wird durch eine Kriminalprozeßordnung (Code d'instruction Criminelle) geregelt, die bei einigen Besonderheiten dem französischen Gesetz vom Jahre 1808 entspricht, jedoch den Verhältnissen des Landes angepaßt ist.

Wie in Frankreich gibt es neben den historisch gewachsenen Sicherheitsorganen Gendarmerie und Polizei die Institution einer **gerichtlichen Polizei** (Justizpolizei = Police judiciaire).

Die Kriminalprozeßordnung überträgt höheren und gewissen mittleren Beamten der Gendarmerie und Polizei die Pflichten und Rechte eines Beamten der gerichtlichen Polizei; sie haben Straftaten aufzuklären, die Beweise dafür zu sammeln und die hinreichend überführten Straftäter den Strafgerichten zu überstellen. Diese Gendarmerie- und Polizeibeamten haben also ähnliche Aufgaben wie Staatsanwälte und deren Substitute, Untersuchungsrichter, Friedensrichter und z. T. sogar Bürgermeister.
Während die als Beamte der gerichtlichen Polizei fungierenden Angehörigen des Öffentlichen Sicherheitsdienstes und höhere Gendarmeriebeamte für das ganze Staatsgebiet zuständig sind, kommt anderen Beamten der gerichtlichen Polizei diese Eigenschaft normalerweise jedoch nur für ihren Dienstbereich zu.
Sonstige Beamte der Gendarmerie und Polizei sind, obwohl sie nicht Funktionen der gerichtlichen Polizei ausüben, dennoch in gewissem Umfang zu Ermittlungen befugt, dürfen jedoch keine Amtshandlungen vornehmen, die – wie die Ausführung von Rechtshilfeersuchen, Hausdurchsuchungen usw. – den Offizieren der gerichtlichen Polizei vorbehalten sind.

Während für die Verwaltungspolizei (Police administrative) den Bürgermeistern die Dienstaufsicht zusteht, sie also insoweit den Polizeikommissaren Anweisungen erteilen dürfen, gilt dies nicht für die Tätigkeit der gerichtlichen Polizei. Deren Beamte unterstehen vielmehr insoweit der Dienstaufsicht des zuständigen Staatsanwalts und damit letztlich der des Generalstaatsanwalts, der seinerseits dem Justizminister unterstellt ist.
Nach dem 2. Weltkrieg wurden die zuvor aufgelösten Gendarmerie- und Polizeikorps neu aufgestellt. Sie wurden im Jahre 1952 in organisatorischer Hinsicht zusammen mit der Armee dem Minister der Öffentlichen Macht (Armee- bzw. Verteidigungsminister)

unterstellt. Was ihre justizpolizeiliche Tätigkeit anlangt, unterstehen beide Sicherheitsorgane jedoch dem Justizminister. Diesem ist auch die Gendarmerie, soweit sie für die Aufrechterhaltung der öffentlichen Ordnung zu sorgen hat, untergeordnet, während die Polizei insoweit dem Innenminister untersteht.
Die Sollstärke der luxemburgischen **Gendarmerie** beträgt gegenwärtig 410 Offiziere, Unteroffiziere und Gendarmen. Ihr Kommandant ist ein Oberst (Colonel). Das Kommando der Gendarmerie mit seinen administrativen und technischen Diensten befindet sich in der Stadt Luxemburg (7–11, rue Auguste Lumière; vgl. Abb. 28/8).

Abb. 28/8. Das Gebäude des Kommandos der Gendarmerie in der Stadt Luxemburg.

Das Gendarmerie-Korps ist in 34 Brigaden gegliedert, die über das ganze Territorium verteilt sind. Mehrere dieser Brigaden sind jeweils zu einem Bezirk (Arrondissement) zusammengefaßt, der von einem Major geleitet wird; diese drei Bezirke sind Luxemburg, Esch und Diekirch.

Das Kommando der luxemburgischen Gendarmerie verfügt nicht nur über eine Reihe besonderer Dienststellen und Einheiten, sondern nimmt zugleich Funktionen einer kriminalpolizeilichen Zentralstelle wahr.
Mehr als die Verwaltungsabteilung und die technischen Betriebe (Fuhrpark, Waffenkammer, Magazine) interessiert beim Gendarmerie-Kommando die Zentrale für Dokumentation und kriminalpolizeilichen Meldedienst (Centre de documentation et de renseignements judiciaires = C.D.R.J.).

Diese nach dem Muster der französischen Gendarmerie aufgebaute Abteilung verfügt über eine Zentralfahndungskartei, welche Daten über den Modus operandi, Waffenbesitzer, Fahrzeuginhaber, Hotelgäste usw. enthält. In diesem Kernstück der Fahndung arbeiten jedoch Gendarmerie- und Polizeibeamte zusammen. Die Zentrale steht daher auch beiden Sicherheitsorganen zur Verfügung. — Ende 1977 ist beim C.D.R.J. eine zentrale Funkleitstelle in Betrieb genommen worden, welcher neben

Gendarmerie und Polizei auch die Hauptfunkstellen der Zollverwaltung und des Zivilschutzes angeschlossen sind.
Die Zentrale verrichtet ferner im Auftrage des Vertreters des Generalstaatsanwalts, der als Interpol-Beauftragter gilt, zugleich die Arbeit für das Nationale Zentralbüro der Interpol.

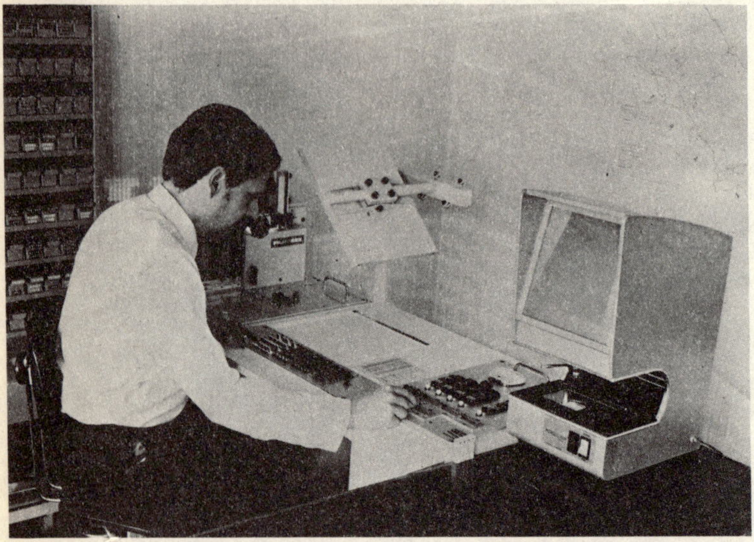

Abb. 28/9. Ein Operateur bei der Arbeit am elektronischen Selektorgerät in der Zentrale für Dokumentation und kriminalpolizeilichen Meldedienst (C.D.R.J.) des Gendarmerie-Kommandos.

Wichtig für die kriminalpolizeiliche Arbeit sind ferner die Fahndungsgruppen der Gendarmerie (Sections recherches), die den Bezirkskommandanten in Luxemburg, Esch und Diekirch zugeordnet sind. Sie haben – hauptsächlich innerhalb des betreffenden Bezirks – die Ermittlungen in besonderen (schweren oder komplizierten) Fällen durchzuführen.

Diese Fahndungsgruppen bestehen aus ausgesuchten Gendarmen des jeweiligen Bezirks, bilden also eine Spezialeinheit, welche vor allem regional für besondere Zwecke eingesetzt wird.

Ein anderer für die kriminalpolizeiliche Verbrechensbekämpfung in Luxemburg wichtiger Dienstbereich des Kommandos der Gendarmerie ist der für das ganze Staatsgebiet zuständige Öffentliche Sicherheitsdienst (Sûreté Publique).

Dieser Dienst umfaßt folgende Abteilungen: Gerichtliche Polizei, Fremdenpolizei, Rauschgiftsachen, Fahndung, Meß- und Erkennungsdienst, Interpol-Kartei. – Die Beamten des Öffentlichen Sicherheitsdienstes rekrutieren sich aus der Gendarmerie. Nach Absolvieren einer besonderen Prüfung sind sie vor allem damit befaßt, die Staatsanwälte im Ermittlungsverfahren durch Nachforschungen, Observationen und andere Tätigkeiten zu unterstützen. Sie haben auch überörtliche und solche Aufgaben wahrzunehmen, die sich für Beamte der gerichtlichen Polizei durch ausländische Rechtshilfeersuchen ergeben, während der Auslandsverkehr als solcher Sache der C.D.R.J. ist.

Eine besondere Dienststelle des Gendarmerie-Kommandos ist ferner die vor allem für den Flughafen Luxemburg-Findel zuständige Flughafenkontrolle.
Schließlich gibt es im Kommando der Gendarmerie noch eine Beratungsstelle (Bureau de conseil), die ähnlich wie die deutschen kriminalpolizeilichen Beratungsstellen vorbeugend tätig wird.

Abb. 28/10. Ein Bediensteter der Sûreté Publique, des Öffentlichen Sicherheitsdienstes, bei seiner Arbeit an einem Gerät für die Auswertung photogrammetrischer Aufnahmen.

Nur am Rande seien noch einige andere Dienststellen bzw. Sondereinheiten des Kommandos erwähnt, welche wie beispielsweise die Hundestaffel die Arbeit der Kriminalbeamten unterstützen oder Aufgaben des Staatsschutzes bzw. der Militärpolizei wahrnehmen.

Obwohl das Gesetz staatliche **Polizei**-Korps, sogen. Polizeikommissariate, in Gemeinden mit mehr als 3000 Einwohner vorsieht, haben wegen der zur Zeit auf 283 Planstellen festgelegten Sollstärke der Polizei bisher erst 17 Gemeinden von dieser Bestimmung Gebrauch geamcht. In der Hauptstadt gibt es übrigens ein Zentralkommissariat mit vier (Revier-) Kommissariaten. An der Spitze dieses Zentralkommissariats steht ein Major, während die Polizeikommissariate von Kommissaren geleitet werden (Siehe Abb. 28/11).

Diesen lokalen Polizeikorps ist die Polizeidirektion übergeordnet, deren Direktor den Rang eines Oberst (Colonel) hat.

Der dem Verteidigungsminister unmittelbar unterstehende Polizeidirektor beaufsichtigt, kontrolliert und leitet die einzelnen Polizeikorps und ist sowohl für die Ausrüstung als auch bei Ausbildung der Polizeibeamten verantwortlich. Er wird dabei von Offizieren unterstützt, welche die verschiedenen Abteilungen der Polizeidirektion sowie das Zentralkommissariat Luxemburg leiten.

Als Zentralstelle der Polizei für kriminalpolizeiliche Aktivitäten ist vor allem die beim Zentralkommissariat Luxemburg eingerichtete Kriminalabteilung (Police judiciaire) wesentlich, die ähnlich wie die Fahndungsgruppen der Gendarmerie, aber hauptsächlich im Stadtgebiet von Luxemburg arbeitet. Ihre Beamten tragen durchweg Zivilkleidung und befassen sich außer mit Observationen bei schweren Straftaten und Unterscuhungen im Zusammenhang mit dem Rechtshilfeverkehr ferner mit Spezialaufgaben des Jugendschutzes oder Maßnahmen gegen Drogenmißbrauch. Die oben bereits erwähnte Beratungsstelle, die

Abb. 28/11. Das Gebäude des Zentralkommissariats der staatlichen Polizei in der Hauptstadt Luxemburg.

Abb. 28/12. Besprechung in der Einsatzzentrale des Zentralkommissariats der Polizei in Luxemburg-Stadt.

gemeinsam mit Beamten der Gendarmerie betrieben wird, befindet sich bei dieser Kriminalabteilung des Zentralkommissariats Luxemburg.

Im übrigen gehört zu den Aufgaben der Polizei in der Praxis vor allem der Revierdienst, bei welchem auf Einhaltung einschlägiger Vorschriften zu achten ist. Neben Streifen- und Einsatzwagen gibt es überdies einen ständigen Überfall- und Unfalldienst (Police secours), der ebenfalls für die Verbrechensbekämpfung bedeutsam ist.

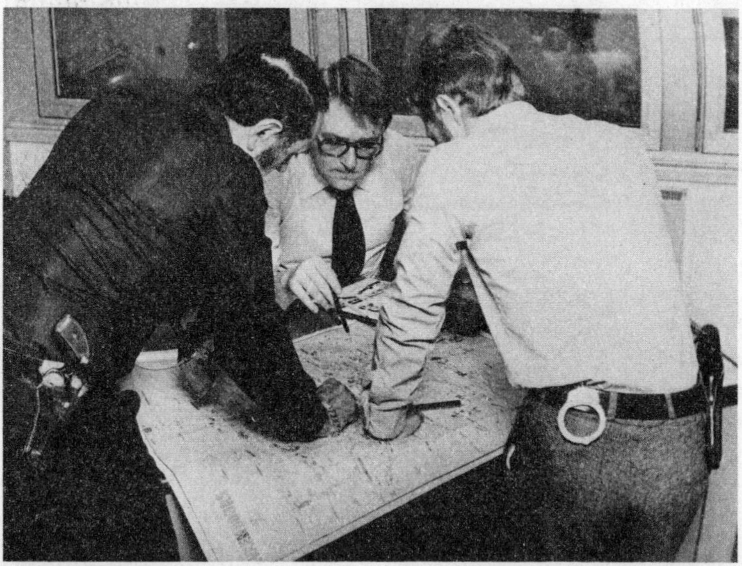

Abb. 28/13. Eine Lagebesprechung in der Kriminalabteilung (Police judiciaire) des Zentralkommissariats der Polizei in Luxemburg-Stadt.

Eine **weibliche Polizei** kennt man im Großherzogtum Luxemburg bisher weder bei der Gendarmerie noch bei der Polizei.

Allerdings sieht ein von der Regierung vorbereiteter Gesetzesentwurf die Einstellung von weiblichem Personal in allen Sparten der Gendarmerie und Polizei vor, weshalb auch bei der gerichtlichen Polizei demnächst mit weiblichen Beamten zu rechnen ist.

Besondere **Jugendsachbearbeiter** hat weder die Gendarmerie noch die Polizei, wenngleich sich in der Praxis einzelne Beamte der gerichtlichen Polizei oder der Fahndungsgruppen vor allem mit dieser Problematik befassen.

Dennoch dürften als die eigentlichen Jugendsachbearbeiter in Luxemburg die zivilen Beauftragten des Jugendrichters anzusehen sein, welche von diesem außer mit Fürsorgeaufträgen auch mit Untersuchungsaufgaben betraut werden können.

III. Zur Arbeit

Ähnlich wie in anderen Staaten mit einer gegliederten Organisation mag bei dem Nebeneinander von Gendarmerie und Polizei mit nahezu gleichen Funktionen die gerichtliche

Polizei als ein Bindeglied erscheinen, welches drohender Doppelarbeit vorbeugen soll. In der Praxis ist diese Gefahr allerdings schon wegen des Personalmangels gering und durch koordinierende Maßnahmen weitgehend vermieden worden; das gilt sowohl für die allgemeine Arbeitssituation als auch für besondere Einsätze.

Praktisch übernimmt die zuerst eingeschaltete Dienststelle die Sachbearbeitung, sofern der zuständige Staatsanwalt keine andere wie etwa den Öffentlichen Sicherheitsdienst oder eine Fahndungsgruppe damit beauftragt. Nicht selten teilen sich Gendarmerie und Polizei zwecks besserer Überwachung sogar generell ein Stadtgebiet.

Dennoch hat die Regierung des Großherzogtums – aus organisatorisch sicher guten Gründen – beschlossen, die Dienste beider Sicherheits-Korps künftig nach Möglichkeit zusammenzulegen. Sowohl bei der Gendarmerie als auch bei der Polizei sind bereits einige Konsequenzen dieses richtungweisenden Entschlusses in Form gemeinsamer Dienststellen genannt worden. Dazu gehört auch die bei der Öffentlichkeitsarbeit zu behandelnde Gendapol.
Die kriminalpolizeiliche Arbeit im Großherzogtum Luxemburg wird, was insb. die **Fahndung** anlangt, einmal durch den schon erwähnten großen Anteil von Ausländern, deren Hintergrund oft schwer zu durchblicken ist, und zum anderen durch ferienbedingte Kriminalität geprägt. Dazu gehört auch das Anschwellen der Bevölkerung in Touristenortschaften während der Ferienzeit, z. B. in Echternach von durchschnittlich 5000 auf 25000. Ermöglichen die engen Grenzen Luxemburgs einerseits den Sicherheitsorganen einen guten Überblick, so wirken sie andererseits bei der Fahndung und der Verfolgung flüchtiger Rechtsbrecher oft erschwerend, weshalb insoweit eine enge Zusammenarbeit mit den Nachbarländern angezeigt ist, die aber im allgemeinen gut funktionieren soll.

Eine besondere Grenzpolizei kennt das Großherzogtum nicht. Deren Funktion wie die Kontrolle der Ausweispapiere, Kraftwagen und deren Insassen werden an den Grenzübergängen zusätzlich von den Zollbeamten wahrgenommen.

Einige Besonderheiten sind auch im Bereich der **Kriminaltechnik** zu verzeichnen, weil weder die Gendarmerie noch die Polizei über ein eigenes Laboratorium verfügen. Anfallende Aufgaben kriminaltechnischer Art müssen daher vom Staatslaboratorium in Luxemburg bewältigt werden, das ggf. auch Sachverständige benennen kann. Mit Spezialuntersuchungen aber werden ansonsten kriminaltechnische Laboratorien im Ausland beauftragt.

Hinsichtlich der **Aus- und Fortbildung** ist bei gemeinschaftlicher Handhabung für Gendarmerie und Polizei, die ihren Nachwuchs durchweg aus der Armee rekrutieren, zwischen unterem bzw. mittlerem und höherem Dienst zu unterscheiden.

Bei Bewerbern für den unteren oder mittleren Dienst wird für die Aufnahme in die gemeinsame Gendarmerie- und Polizeischule, welche dem Kommandanten der Gendarmerie untersteht, vorausgesetzt, daß der Bewerber neben einer dreijährigen Mittelschulbildung eine 2 bis 2½ Jahre dauernde Militärdienstzeit nachweisen kann.
Die polizeispezifische Grundausbildung dauert 6 Monate.
Die Fortbildung erfolgt im Rahmen von Vorbereitungskursen mit entsprechenden Examina für die angestrebten Dienstgrade.
Im Öffentlichen Sicherheitsdienst wird nur eingestellt, wer nach zwei Lehrgängen bei der Police judiciaire in Brüssel eine Testprüfung erfolgreich bestanden hat.
Für den höheren Dienst, d. h. von Gendarmerie- und Polizeioffiziersanwärtern, verlangt man in Luxem-

burg außer dem Abitur einen zweijährigen Besuch der Offiziersschule in Brüssel, vier Semester Universitätsstudium in Lüttich (Lizenz der Kriminologie) und einen einjährigen Besuch der Gendarmerie-Offiziersschule in Melun/Frankreich.

Die Fortbildung im höheren Dienst ist für Majorskandidaten an Kurse für höhere Gendarmerieofiziere in Maisons-Alfort/Frankreich geknüpft. Doch können im übrigen je nach Bedarf und Möglichkeit Offiziere von der Gendarmerie zur Polizei überwechseln und umgekehrt.

Die **Öffentlichkeitsarbeit** obliegt der Gendapol, einem gemeinsamen Pressebüro von Gendarmerie und Polizei. Diese Stelle ist außer für die Information und Aufklärung der Allgemeinheit durch die Massenmedien auch für die in manchen Strafsachen notwendige Einschaltung der Öffentlichkeit in die Fahndung zuständig.

Insgesamt erscheint die kriminalpolizeiliche Verbrechensbekämpfung in Luxemburg trotz der historisch bedingten Gliederung in Gendarmerie und Polizei mit dem Bindeglied der gerichtlichen Polizei als den Verhältnissen das Landes angepaßt und durchaus zweckentsprechend. Besonders hervorzuheben ist, daß man nicht nur die in anderen Ländern in der Praxis zu verzeichnenden Schwierigkeiten des Nebeneinanders durch pragmatische Handhabung weitgehend vermieden hat, sondern diesem Bemühen um zweckmäßige Koordinierung die gerade bei Zentralstellen erkennbare Tendenz zu organisatorischer Zusammenfassung von Gendarmerie und Polizei in gemeinsamen Dienststellen entspricht. Dies wird aber auch der für das Großherzogtum Luxemburg wesentlichen Zusammenarbeit mit den Nachbarstaaten förderlich sein.

G. Niederlande

Die Niederlande sind angesichts ihrer Geschichte und Lage sowie dichter Besiedlung und weitgehender Industrialisierung für die kriminalpolizeiliche Verbrechensbekämpfung besonders aufschlußreich, zudem als Nachbarland für die Bundesrepublik Deutschland wichtig.

Rehorst, W. M.: Zentralisierter Fahndungsdienst in den Niederlanden – in: TbKrim Bd. X, S. 311 ff. (1960); *Vermeij,* A./*van Kralingen,* F. A. J.: Gemeindepolizei Rotterdam. Kurze Übersicht über Organisation und Zuständigkeit von Polizei und Justiz in den Niederlanden (vervielfältigt) – Rotterdam 1971; *Groeneweg,* N.: Abraham Ampt, directeur van politie te 's-Gravenhage – Het Tijdschrift v. d. Politie 1974, S. 21 ff.; *Groeneweg,* N.: Over institutionele geschiednis, met name over de schout – Het Tijdschrift v. d. Politie 1976, S. 81 ff.; *Groeneweg,* N./*Hallema,* A.: Van Nachtwacht tot Computermacht – Europese Bibliotheek – Jalkbommel 1976.

Für die Organisation der kriminalpolizeilichen Verbrechensbekämpfung ist wichtig, daß es auch in den Niederlanden – abgesehen von einigen Sonderpolizeien – zwei Arten von Polizeiorganisationen gibt. Neben der Gemeindepolizei, den kommunalen Polizeien von Gemeinden, hat sich im 19. und 20. Jahrhundert eine für das ganze Land zuständige Staatspolizei entwickelt.

I. Zur geschichtlichen Entwicklung

In den Niederlanden wurden die Belange der öffentlichen Sicherheit zunächst in den Städten von einem Schout und dem Substituut-Schout wahrgenommen. Der Schout fungierte außer als Verwaltungsbeamter zugleich als Ankläger und Richter; er hatte somit nicht nur die öffentliche Ruhe und Ordnung zu gewährleisten, sondern auch Straftaten aufzuklären und zu ahnden. Entdeckten die in den Städten damals eingerichteten Nachtwachen ein Verbrechen, so meldeten sie dies dem Schout oder seinem Stellvertreter. – Dem Schout und dem Substituut-Schout der Städte waren auf dem flachen Lande der Baljuv und sein Ambachts-Schout vergleichbar. – Im Jahr 1795 büßte der Schout seine richterlichen Funktionen ein; er fungierte danach nur noch als Polizeichef und öffentlicher Ankläger. Die entsprechenden Amtsträger im Landgebiet behielten lediglich die polizeilichen Kompetenzen.
1809 schuf man neben diesen kommunalen Polizeien, an deren Spitze – wie gesagt – ein Schout oder Baljuv stand, erstmalig eine staatliche Polizei, welche einem Generaldirektor (directeur-generaal) unterstand; während der französischen Besatzung wurde diese staatliche Polizei sogar von einem Polizeiminister geleitet. Nach 1813 kehrte man dann jedoch wieder völlig zur kommunalen Polizeiorganisation zurück.

In den Städten wurde die Polizei von einem Kommissar oder aber einem Polizeidirektor geleitet, dem mehrere Kommissare unterstanden. Die Aufsicht über die kommunale Polizei hatten der betreffende Bürgermeister und die jeweils zuständigen Richter. In den Landgemeinden fungierte der Bürgermeister wieder als Polizeichef.

1814 übernahm der Generalstaatsanwalt (procureur-generaal) beim Obersten Gerichtshof (Hooh Gerechthof) die Aufsicht über die Polizei; 1818 wurde die Dienstaufsicht dem für die jeweilige Provinz zuständigen Generalstaatsanwalt (procureur-crimineel; 1830: procureur-generaal) übertragen, welche ihrerseits dem Justizminister unterstanden.

Die Gemeindeordnung von 1851 bestätigte zwar die Rolle des Bürgermeisters als des Chefs bzw. Verwalters der Gemeindepolizei, bestimmte aber, daß er in Städten mit einem Polizeikommissar nicht mit den polizeilichen Aufgaben für die Justiz befaßt war. In großen Städten mit mehreren Kommissaren wurde ein Hauptkommissar als Chef der Polizei angestellt. Die Dienstaufsicht der Generalstaatsanwälte bei den Provinzgerichtshöfen wurde abgeschafft.
Im Jahre 1856 wurde neben der seit 1813 bestehenden, militärisch organisierten Gendarmerie (Koniklije Marechaussee) im Justiz-Ressort ein besonderes Polizeikorps (Korps rijksveldwacht) aufgestellt, welches als eine weitere nationale Polizeitruppe zu werten war, die später gerade auch für die Kriminalitätsbekämpfung wichtig werden sollte.

Dem neuen staatlichen Polizeikorps gehörten bereits Ermittlungsbeamte (rijksrechercheurs) an, die dem Generalstaatsanwalt beim Justizministerium unterstehend besondere Aufgaben auszuführen hatten.

Sowohl in der ständig ausgebauten Staatspolizei als auch in den Gemeindepolizeien lassen sich bereits gegen Ende des 19. Jahrhunderts Spezialisierungen im Sinne kriminalpolizeilicher Arbeit feststellen. Dabei kam es, wie wir sogleich sehen werden, auch zur Einrichtung von Zentralstellen oder deren Vorläufern. Größere organisatorische Veränderungen sind jedoch erst nach dem 2. Weltkrieg zu verzeichnen.

II. Die gegenwärtige Organisation

Nach einer Neuregelung im Jahre 1945 (Politiebesluit 1945) gab es in den Niederlanden in gewissen, durch königlichen Beschluß bestimmten Gemeinden, vor allem den größeren Städten, lediglich eine kommunale Gemeindepolizei (Gemeentepolitie), während die polizeilichen Aufgaben in den anderen Gemeinden von der Staatspolizei (Rijkspolitie) wahrgenommen wurden. Beide Arten von Polizeibehörden hatten neben der Aufrechterhaltung der öffentlichen Ordnung auch diejenigen Tätigkeiten zu verrichten, die nach der Strafprozeßordnung und anderen Vorschriften Sache der Justiz waren.
1958 ist das geltende Polizeigesetz in Kraft getreten, welches ebenfalls zwischen **Staats- und Gemeindepolizei** unterscheidet. Eine kommunale Polizeiorganisation gibt es in Gemeinden mit mehr als 25000 Einwohnern; in den anderen Gemeinden ist die Staatspolizei zuständig. In den Niederlanden gibt es gegenwärtig rund 22000 Gemeindepolizeibeamte und etwa 11000 Beamte der staatlichen Polizei.

de Gast, W.: Beschouwingen over een nieuwe politieorganisatie – Het Tijdschrift v. d. Politie 1972, S. 98 ff.; *Peijster,* C. N.: Kernproblem der politieorganisatie. De situatie na het voorlopig verslag – Het Tijdschrift v. d. Politie 1973, S. 1 ff.; *van Outrive,* L.: Politie-Centralisering of decentralisering – Het Tijdschrift v. d. Politie 1976, S. 1 ff., 33 ff.

Die Staatspolizei untersteht dem Justizminister als dem obersten Dienstherrn. Er stützt sich Bei der Leitung dieser Polizei auf einen Generalinspekteur (Algemeen Inspecteur van het Korps Rijkspolitie). – Die Gemeindepolizei dagegen untersteht dem jeweiligen Bürgermeister, der jedoch nicht gewählt, sondern vom Staatsoberhaupt ernannt wird. Die Gemeinden erhalten für ihre Polizei vom Staat einen Finanzzuschuß, dessen Höhe nach bestimmten Kriterien bemessen wird.
Was die Aufrechterhaltung der öffentlichen Ordnung als eine allgemeinpolizeiliche Aufgabe anlangt, so ist überall – in Gemeinden mit Gemeinde- oder mit Staatspolizei – insoweit der Bürgermeister zuständig. Was die Verbrechensbekämpfung als besondere polizeiliche Aufgabe betrifft, ist jedoch für alle Polizeibehörden das Justizministerium politisch verantwortlich.

Die Beamten der Staatspolizei werden trotz für das gesamte Staatsgebiet bestehender Befugnisse prinzipiell nicht in Gemeinden mit kommunaler Polizei tätig. Dasselbe gilt insoweit aber im Grunde auch für Beamte der Gemeindepolizei, sofern sie in Strafsachen tätig werden; denn ihre Zuständigkeit beschränkt sich auch hier auf das Gebiet der betreffenden Gemeinde.

Die Situation in den Niederlanden erscheint also nicht nur wegen des Nebeneinanders von zwei kriminalpolizeilich tätig werdenden Arten von Polizeibehörden, sondern auch wegen der sich überschneidenden Kompetenzen der Ressorts verzwickt. In der Praxis sind die Ressorts jedoch nicht so scharf getrennt, weil viele polizeiliche Regelungen von beiden Ministerien einvernehmlich getroffen werden.
Ähnlich ist es auch im Bereich der Fahndung und der sonstigen Ermittlungen. Die insoweit maßgebende Rechtsvorschrift ist Art. 141 niederl. Strafprozeßordnung (Wetboek van strafvordering).

Neben Justizbeamten und Bürgermeistern von Gemeinden ohne Gemeindepolizei werden u. a. Beamte der Staatspolizei und der Gemeindepolizei sowie der Gendarmerie (Koniklijke Marechaussee) genannt, welche ansonsten aber mehr wie eine Bereitschaftspolizei fungiert. Allerdings gibt es außer

diesen allgemeinen Ermittlungsbefugnissen noch besondere für Beamte von Sonderverwaltungen (z. B. Zoll, Wirtschaftsbehörden usw.).
Für die Fahndungsabteilungen der Gemeindepolizeien ist zwar der Bürgermeister federführend, muß dabei aber im Einvernehmen mit dem Innen- und dem Justizministerium handeln und sich überdies mit dem Generaltstaatsanwalt einigen. Für die Ausrüstung kriminalpolizeilicher Abteilungen der Gemeindepolizei sorgt der Bürgermeister, wobei jedoch beide Minister Anweisungen erteilen dürfen.

Der **zentrale Fahndungsdienst** (Rijkspolitierecherche) ist in den Niederlanden allerdings eine Aufgabe des Justizministeriums; er bildet eine Unterabteilung in dessen Abteilung für Kriminalsachen. – Das Land gliedert sich im übrigen in 17 Distrikte, die jeweils über eine (regionale) Fahndungsabteilung verfügen. Jeder dieser Staatspolizei-Distrikte hat auch eine besondere Gruppe für kriminaltechnische Untersuchungen. Innerhalb der regionalen Fahndungsabteilung (districtsrechercheurs) gibt es mehrere besondere Fahndungsgruppen (groepsrechercheurs), die gewöhnlich für bestimmte Gemeinden zuständig sind, wenngleich es daneben auch Spezialkommissionen gibt. Diese Fahndungsgruppen werden bei Verdacht einer Straftat tätig und fordern ggf. den Beistand der regionalen Fahndungsabteilung an, sofern diese die Sache nicht sogar selbst übernimmt.
Ebenso verfügen die **Gemeindepolizeien** zumindest über eine solche Fahndungsabteilung. Größere Polizeibehörden weisen sogar mehrere derartige Abteilungen auf; so gibt es beispielsweise neben einer Abteilung, welche Einsätze taktisch (strategisch und operativ) vorzubereiten hat (Criminele Inlichtingen Dienst = C. I. D.) u. U. besondere für Jugend- und Sittensachen. Ebenso verfügen die meisten Gemeindepolizeien über eine kriminaltechnische Abteilung.
Als Beispiel für Behörden mit sonderpolizeilichen Befugnissen sei der Bereich der Eisenbahn erwähnt.

Mikx, B. F. A.: Van Spoorwegrecherche naar Spoorwegpolitie – Het Tijdschrift v. d. Politie 1972, S. 250 ff.

Wichtig für die Koordinierung der Fahndungsarbeit in den Niederlanden sind einige dem Justizministerium unterstehende **Zentralstellen.**

van Straten, J.: Van O. B. B. tot C. R. I. – Het Tijdschrift v. d. Politie 1972, S. 184 ff.

Zunächst ist hier der Zentrale Fahndungs-Informationsdienst (Centrale recherche informationsdienst = C. R. I.) zu nennen, der nicht nur Justiz und Polizei in Strafsachen unterstützt, sondern auch als Nationales Zentralbüro der Interpol fungiert (vgl. Abb. 28/14).

Dieser Dienst entwickelte sich aus der Falschgeldzentrale der Amsterdamer Polizei, die 1940 einem Reichsermittlungsdienst (R. O. D.) eingegliedert wurde. Daraus wurde 1945 das „Bureau Criminele Voorlichting“ (B.C.V.). Am 10. Juni 1956 faßte man damit den Reichsidentifizierungsdienst aus dem Bereich des früheren R.O.D. zusammen (Onderafdeling Opsporingsbijstand = O.O.B.). Im August 1972 wurde das Amt neu organisiert und bekam seine jetzige Bezeichnung.
Der Zentrale Fahndungs-Informationsdienst (C.R.I.) umfaßt heute außer der Drogenzentrale und einer Verwaltungsabteilung (u. a. mit zentralem Polizeiregister, zentralen Fahndungseinrichtungen) eine Abteilung für besondere Straftaten (u. a. Autodiebstahl, Betrug und Fälschung, Überfälle) sowie eine erkennungsdienstliche Abteilung.

Ferner ist als zentrale Einrichtung das Laboratorium für naturwissenschaftliche Kriminalistik (Gerechtelijk Natuurwetenschappelijk Laboratorium) zu erwähnen, in welchem für Justiz und Polizei physikalische, chemische, insb. toxikologische und biologische Analysen

Abb. 28/14. In diesem Gebäude des Justizministeriums in den Haag befindet sich der Zentrale Fahndungs-Informationsdiesnt der niederländischen Kriminalpolizei (C. R. I.).

sowie Untersuchungen von Urkunden (auch Schriftexpertisen) und von Werkzeug- und anderen Spuren durchgeführt werden. Das Laboratorium ist auch für Untersuchungen im Zusammenhang mit Schußwaffen zuständig.

Sodann gibt es ein Gerichtsmedizinisches Laboratorium (Gerechtelijk Geneeskundig Laboratorium), dem in seinem Gebiet entsprechende Untersuchungen obliegen.

In den Niederlanden gibt es weder bei der Staats- noch bei der Gemeindepolizei besondere Abteilungen **„Weibliche Kriminalpolizei“**, obwohl schon im Jahre 1911 bei der Sittenpolizei von Rotterdam eine Frau angestellt wurde. In der Kriminalpolizei werden weibliche Beamte grundsätzlich in gleicher Weise wie ihre männlichen Kollegen eingesetzt. Dies gilt allgemein für Jugendsachen, in Rotterdam auch für andere Aufgaben. Allerdings werden vielerorts weibliche Beamte auch bei der taktischen oder technischen Fahndung verwendet.

III. Zur Arbeit

Ein wesentliches Problem der kriminalistischen Arbeit in den Niederlanden ist bei der Unterscheidung von Staats- und Gemeindepolizei naturgemäß die Gestaltung der Zusammenarbeit zwischen den Kriminalbeamten beider Organisationen.

Ganz besonders gilt das für den Bereich der **Fahndung** und ähnlicher Ermittlungen, um den man sich infolgedessen besonders bemüht hat.

Jongboer, C. A.: Hoe werkt de Recherche? – Het Tijdschrift v. d. Politie 1973, S. 80 ff.; *van Rijt,* S.: Te legaliseren samenwerkingsverbanden voor de recherche – Het Tijdschrift v. d. Politie 1963, S. 185 ff.; *Jongboer,* C. A.: Wat was . . . – Het Tijdschrift v. d. Politie 1973, S. 303 ff.; *Craen,* A.: Het Centrum voor Vervolmakingsschieten der Verligheitsdiensten te Edegem – Het Tijdschrift v. d. Politie 1974, S. 125 ff.; *van Agt/de Gaay Fortman,* W. F.: Samenwerking tussen Rijkspolitie en Gemeentepolitie – Het Tijdschrift v. d. Politie 1975, S. 153 ff.; *Perrick,* F.: In gesprek met Commissaris C. A. Jongboer, Directeur van de Rechercheschool – Het Tijdschrift v. d. Politie 1977, S. 372 ff.

Insgesamt erfolgt die Zusammenarbeit zwischen Staats- und Gemeindepolizei in diesem Bereich in zweifacher Weise. So bildet man einmal bei komplizierten Strafsachen ad hoc aus den Kriminalbeamten beider Organisationen eine besondere Kommission. Zum anderen hat man für bestimmte Belange die Zusammenarbeit aber auch schon unabhängig vom konkreten Fall institutionalisiert, z. B. regionale Kommissionen oder Fahndungsgruppen für Drogensachen oder für Straftaten im Zusammenhang mit Schußwaffen gebildet; diese werden sofort tätig, sobald sich ein entsprechender Tatverdacht ergibt. Ähnliches gilt neuerdings für Verbrechen terroristischen Charakters.
Daneben gibt es eine Zusammenarbeit oder sogar besondere Vorkehrungen für gewisse Spezialgebiete.

Hejboer, H. J.: De industrie die veiligheid verkoopt – Het Tijdschrift v. d. Politie 1973, S. 113 ff.; 149 ff.; *ter Haar,* L.: Kijken bij de Kinderpolitie – Het Tijdschrift v. d. Politie 1976, S. 193 ff.

Schon seit längerer Zeit schenkt man in den Niederlanden der **Kriminaltechnik** besondere Aufmerksamkeit, was z. T. schon bei der Fahndung erwähnt wurde.

Groeneveld, E. R.: Aspecten van modern laboatoriumsonderzoek – Het Tijdschrift v. d. Politie 1972, S. 66 ff.; *Perrick,* F.: Nieuw gerechtlijke laboratoria – Het Tijdschrift v. d. Politie 1973, S. 357 ff.; *Groote,* G. J.: Het system „George Groote". Geautomatiseered zoeken met vingersporen in dactyloscopische verzamling – Het Tijdschrift v. d. Politie 1973, S. 267 ff.

Obgleich hier ebenso wie im sogleich zu behandelnden Nachrichtenwesen anscheinend noch manche Wünsche unerfüllt geblieben sind, dürfte der Leistungsstand der niederländischen Kriminalpolizei in diesem Gebiet insgesamt doch als beträchtlich anzusprechen sein.

Ähnlich ist das im **Nachrichtenwesen**, das u. a. wegen der organisatorischen Aufgliederung besonders deutsam ist.

Freijbrief, G. J.: Verbindingen ten dienste van de politie – Het Tijdschrift v. d. Politie 1975, S. 73 ff.; *Greeven,* A. J. J.: Informatie(systemes) bij de politie – Het Tijdschrift v. d. Politie 1975, S. 233 ff.

Hinzu kommen die weitgehende Industrialisierung und Motorisierung sowie die Tatsache, daß dieses Land einen Durchreiseverkehr von beträchtlichem Ausmaß aufweist.

Unter den obwaltenden Umständen hängen Kooperationen und vor allem Erfolge kriminalpolizeilicher Arbeit nicht zuletzt davon ab, wie die **Ausbildung** gehandhabt wird, der man deshalb besondere Aufmerksamkeit schenkt.

Perrick, F.: Academici in politiedienst – Het Tijdschrift v. d. Politie 1973, S. 373 ff.; *Perrick,* F.: Heelsum op de tweesprong. De nieuwe directeur over doel en functie van het Politiestudiecentrum –

Het Tijdschrift v. d. Politie 1974, S. 193 ff.; *Tjepkema,* J. R.: Politieopleidingsproblematiek – Het Tijdschrift v. d. Politie 1976, S. 76 ff.; *Ernich,* A.: De realisering van het leerplan aan de N.P.A. – Het Tijdschrift v. d. Politie 1976, S. 377 f.; *Goedendorp,* A.: De positie van de extraneus als hogere politieambtenaar – Het Tijdschrift v. d. Politie 1977, S. 101 ff.; *Wierda,* O.: De voorwapeninstructeursopleidning – Het Tijdschrift v. d. Politie 1977, S. 455 ff.

Die Ausbildung der gesamten niederländischen Polizei, d. h. sowohl der Staats- als auch der Gemeindepolizeibeamten, erfolgt nach Richtlinien, die gemeinschaftlich von den dafür zuständigen Ministerien für Justiz und für Inneres erlassen werden.
Die Kriminalpolizei rekrutiert auch in den Niederlanden ihren Nachwuchs nahezu ausschließlich aus den Reihen der allgemeinen (Schutz-) Polizei.

Die Grundausbildung für Anwärter des allgemeinen Polizeidienstes dauert etwa ein Jahr. Anwärter für den höheren Dienst werden etwa vier Jahre an der niederländischen Polizeiakademie in Apeldoorn sowohl theoretisch als auch praktisch ausgebildet (Typischerweise handelt es sich bei diesen Anwärtern um Abiturienten; unter gewissen Voraussetzungen können aber auch Extranei Offiziersrang erwerben). – Die nach dieser Grundausbildung bei der Staats- oder einer Gemeindepolizei angestellten Beamten werden an sich turnusmäßig befördert; höhere Beamte pflegen jedoch zentral organisierte Lehrgänge zu besuchen, die entweder allgemeine Ziele oder eine spezialisierende Fortbildung verfolgen.

Anwärter für den Kriminaldienst sollen in der Regel wenigsten drei Jahre in der uniformierten Polizei tätig gewesen sein. Sie haben bei der Kriminalpolizei zunächst ein Probejahr zu absolvieren. Während dieses Jahres haben sie an einem Kurzlehrgang teilzunehmen, der sie mit der kriminalpolizeilichen Arbeit vertraut machen soll. In den ersten drei Monaten wird dem Anwärter in vielen Gemeinden ein erfahrener Kriminalbeamter beigeordnet. Sodann hat der Beamte einen 8wöchigen Lehrgang an der Kriminalpolizeischule zu absolvieren. Bei einem Gemeindebeamten ist seine Gemeinde kostenpflichtig, bei Beamten der Staatspolizei das Justizministerium.

Kriminalbeamte gehören in den Niederlanden zur Polizei, was bedeutet, daß sie „auswechselbar" sind; so ist insb. bei der Beförderung ein Wechsel zur Schutzpolizei ebenso möglich wie umgekehrt. Man hält es für wichtig, daß auch uniformierte Beamte etwas von der kriminalistischen Arbeit verstehen. Dieses System (Job-rotation) soll die Zusammenarbeit der verschiedenen Polizeidienststellen verbessern. Es gibt in der Praxis allerdings auch Beschwerden, was wohl darauf zurückzuführen ist, daß dem Austausch bei Beamten der uniformierten Polizei durch die für den Kriminaldienst nötige besondere Sachkunde Grenzen gesetzt sind, was man im Einzelfall nicht immer hinreichend beachtet.

In der Staatspolizei gibt es auch uniformierte Beamte, die gelegentlich kriminalpolizeilich eingesetzt werden, sofern sie einen Kurzlehrgang für Kriminalbeamte absolviert haben; sie werden von den Kriminalbeamten des Distrikts beraten und unterstützt.
Die Bedürfnisse der Fahndung und sonstiger Ermittlungstätigkeit haben bewirkt, daß man im Juli 1962, um die Ausbildung für den Kriminaldienst zu verbessern, eine zentrale, gleichermaßen für Staats- und Gemeindepolizei zuständige Kriminalpolizeischule (Rechercheschool) eingerichtet hat. Sie ist seit 1973 in einem ihren Aufgaben angemessenen Gebäude in Zutphen untergebracht.

Die Grundausbildung in der Kriminalpolizeischule dauert acht Wochen. 1974 ist ferner ein erster Kurs speziell für kriminaltechnisch tätige Beamte (Spurensucher) durchgeführt worden; ein solcher Lehrgang dauert zwölf Wochen. Daneben gibt es dreiwöchige Kurse für Kriminalbeamte, die teilweise kriminaltechnisch arbeiten. Schließlich werden in der Kriminalpolizeischule in Zutphen Speziallehrgänge von zwei bis drei Wochen Dauer für besondere Aufgabenbereiche durchgeführt (z. B. Jugendsachbearbeiter, Rauschgiftsachen, Observation); einige andere Projekte sind in Vorbereitung.

Einen wichtigen Beitrag zur besseren Zusammenarbeit bei der Verbrechensbekämpfung liefert jedoch nicht nur die zentrale Ausbildung der Kriminalisten, sondern auch die von dieser Kriminalpolizeischule durchgeführten sechswöchigen Lehrgänge für Polizeioffiziere und Staatsanwälte; in ihnen werden die Teilnehmer außer mit den Grunderfordernissen des Kriminaldienstes auch mit des Aspekten des modernen Managements vertraut gemacht.

Neben dieser zentralen Ausbildungsstätte für die Kriminalpolizei gibt es in den Niederlanden noch eine Reihe besonderer Einrichtungen für die Aus- und Fortbildung von Polizeibeamten.

Insgesamt betrachtet ist es bemerkenswert, wie man in den Niederlanden trotz der aus historischen Gründen sehr gegliederten Organisation die Aufgaben der Kriminalitätsbekämpfung handhabt. Dies ist außer durch energischen Ausbau der noch relativ jungen staatlichen Polizei und die Schaffung kriminalpolizeilicher Zentralstellen im Justizministerium vor allem wohl mithilfe einer den Realitäten angepaßten pragmatischen Einstellung gelungen. Selbstverständlich bleibt die Frage, ob man nicht die mit dieser Organisation wohl verbundenen Reibungsverluste vermeiden sollte, statt sie durch derartige Maßnahmen, eine zeitentsprechende Ausrüstung und vor allem durch intensives Bemühen um die Ausbildung der Kriminalbeamten wettzumachen. Mag die Kooperation im übrigen durch die relativ überschaubaren Verhältnisse dieses Landes erleichtert werden, so steht nach allem doch außer Frage, daß manches an der Arbeitsweise der niederländischen Kriminalpolizei sowie gewisse Einrichtungen auch das Interesse der Kriminalisten anderer Länder verdienen.

H. Großbritannien

Großbritannien und das damit oft gleichgesetzte England zeigen auch bei der Organisation der Verbrechensbekämpfung mancherlei Unterschiede von den kontinentaleuropäischen Staaten. Es handelt sich um ein großes Land mit einer langen Geschichte, die entscheidend durch die früher mehr als heute isolierende Insellage geprägt wurde. Doch haben englische Vorstellungen – nicht nur im Zusammenhang mit dem britischen Empire – die Entwicklung in vielen Staaten nachhaltig beeinflußt.

Howard, George: Guardians of the Queen's Peace. The Development and Work of Britain's Police – Long Acre/London 1953; *Scott,* Sir Harold: Scotland Yard – Aus dem Englischen übertragen v. R. Krug v. Nidda – München 1955; *Jackson,* R. L.: Scotland Yard – in: Internationale Verbrechensbekämpfung, hrsg. v. Bundeskriminalamt, Wiesbaden 1960, S. 65 ff. (= Kriminalistik 1960, S. 192 ff.; TbKrim Bd. XI, S. 267 ff. (19961)); *Critchley,* T. A.: A History of Police in England and Wales 900–1966 – London 1967; *Lau,* Helmut: Die Aufgabe der englischen Polizei in der Strafverfolgung – Diss. Hamburg 1967; *Rupprecht,* Reinhard: Die britische Polizei zwischen Tradition und Fortschritt – Die Neue Polizei 1963, S. 150 ff.; *Hilton,* Jennifer: Instructions to the New Police – The Police Journal 1977, S. 23 ff.

I. Zur geschichtlichen Entwicklung

England und damit Großbritannien kamen – durch die Insellage begünstigt – ähnlich wie Frankreich relativ früh zu einer doch weithin zentralisierenden Administration und damit trotz einiger Abstriche zu einer entsprechenden Organisation dessen, was man später das

Polizeiwesen nannte. Dies dürfte nicht zuletzt eine Folge der normannischen Landnahme nach dem Sieg Wilhelm I. bei Hastings im Jahre 1066 gewesen sein. Aus der alten angelsächsischen „Polizeibürgschaft" wurde damals die Polizeidienstpflicht aller Bürger gegenüber der Besatzungsmacht.

Aus dem Shire reeve, einem dem betreffenden Grafen für Sicherheit und Ordnung verantwortlichen Amtsträger, wurde der von der Hundertschaft gewählte Sheriff, der als mächtiger Mann der wesentlichste Amtsträger der Krone im Bezirk wurde. Neben den Ermittlungen übernahm er nach und nach auch richterliche Funktionen. In jener Zeit entstand auch die sogen. Populärklage; jedermann konnte danach vor Gericht als Kläger auftreten. Auch das Amt des Constable (Parish Constable, die parish wurde schon unter Heinrich VIII. zu einer Verwaltungseinheit) läßt sich bis in diese Zeit zurückverfolgen; er verband königliche und bürgerliche Machtbefugnisse. Der Titel Constable soll allerdings zuerst in einem Statute vom Jahre 1252 erwähnt worden sein.
Ein besonderes Sicherheitsproblem boten die damals in England noch ausgedehnten Wälder, in welche sich die aus dem Gemeinwesen Ausgestoßenen, die outlaws, zurückzogen. Für diese Bereiche schuf man daher besondere Sicherheitsorgane.

Schon in Quellen aus dem 12. Jahrhundert ist von Wachabteilungen die Rede, welche Recht und Ordnung wahren sollten, wenngleich man deren Effektivität – ebenso wie in anderen Ländern – wohl nicht überschätzen darf. Daran änderte im Grunde auch die „Magna Charta Libertatum" (1215) nichts, die mehr die Arbeitsweise staatlicher Organe betraf und sich zudem erst mit der Zeit durchsetzte. Dennoch begann im 13. Jahrhundert eine neue Epoche der Geschichte des Polizeiwesens in England. Der Friedensrichter (Justice of the Peace), der etwas später den normannischen Landvogt ablöste (Justices of the Peace Act, 1361), war nämlich nicht nur Untersuchungs- und Strafrichter, sondern zugleich Polizeiverwalter. Bei dem an sich funktionstüchtigen System kam es jedoch entscheidend auf die Hilfskräfte des Friedensrichters an.

Außer den Constables, deren Einfluß allerdings abnahm, gab es später auch einen High Constable, der zwar gewisse Aufsichts- und Exekutivbefugnisse hatte, aber ebenfalls unter dem Richter rangierte. Doch verfiel das Constable-System im Laufe der Jahrhunderte immer mehr.

Neben Tag- und Nachtwachen bildete sich schon zu Beginn des 14. Jahrhunderts zum Schutz der Krone ein „Secret Service"; um die Sicherheit der Bürger machte man sich damals auch in England weit weniger Gedanken. Sie sollten sich als ehrenamtliche „Constables" – 80 bis 100 Mann unter Leitung eines Superintendenten – selbst um ihre Sicherheit und Ordnung kümmern.

Naturgemäß war dieses unbesoldete Ehrenamt nicht beliebt, weshalb man sich um fragwürdige Ersatzmänner bemühte. Überhaupt war die englische Justiz damals recht korrupt; zudem blühte das Spitzel- und Agentenwesen bei Hof und im Adel.

Das 16. Jahrhundert brachte mit der Reformation und revolutionären Bestrebungen neue Sicherheitsprobleme mit sich. Daher bemühten sich die Tudors, das Constable-System wirksamer zu gestalten. Aber gerade unter Elizabeth I. wuchs die Hauptstadt London gewaltig und zog mancherlei Gesindel an; dennoch hielt man auch dort im Polizeiwesen an der Sonderstellung und Unabhängigkeit fest.
Die Verhältnisse änderten sich erst nach der „Habeus corpus-Akte" vom Jahre 1679 etwas, wenngleich die Kriminalität trotz drakonischer Strafen stetig zunahme. Gerade in der Metropole London war die öffentliche Sicherheit im 18. Jahrhundert auf einem Tiefpunkt

angelangt; nicht gar so selten paktierten damals sogar Richter und Sicherheitsorgane (High Constables und Petty Constables) mit Verbrechern, was schließlich noch im 18. Jahrhundert praktisch zum Zusammenbruch des alten Systems führte. Erst jetzt wurden in England Justiz und Verwaltung deutlicher getrennt.
Mit dem Aufkommen der Berufspolizei im 18. Jahrhundert begann die dritte, in die Gegenwart führende Epoche des englischen Polizeiwesens. So unternahm man schon 1739 den Versuch, eine zentrale Sicherheitsbehörde für London zu schaffen. Doch erst *Henry Fielding* (geb. 1707, gest. am 8. Okt. 1754), der im Dezember 1748 als Friedensrichter mit dem Bow Street Court die Leitung der Londoner Metropolitan-Polizei übernahm, gelang es, eine funktionstüchtige Konstablertruppe aufzubauen. Sein Werk wurde in den Jahren 1754 bis 1780 von seinem Halbbruder *Sir John Fielding* fortgesetzt, der als Blinder viele allein an der Stimme zu erkennen vermochte. Die als sogen. „Bow-Street-Runner" (nach ihrem Sitz) bekannten Konstabler erhielten 1790 schließlich einen amtlichen Status und festen Sold. Diese mehr als Detektive arbeitenden Bow-Street-Runner dürfen nicht mit der Bow Street Patrol verwechselt werden, die – 1797 schon 68 Mann – vor allem bewaffneten Patrouillen- und Wachtdienst verrichtete; es gab bald auch Patrouillen zu Pferd (Bow Street Foot and Horse Patrol). Immerhin kann man die Bow Street Runner als die Stammväter des späteren CID bezeichnen. Da diese Organisation jedoch nicht in die alsbald zu behandelnde große Reform von 1829 einbezogen wurde, löste sie sich zehn Jahre danach auf.

Sir John Fielding gab z. B. schon wöchentlich Fahndungslisten und ferner gedruckte Fahndungsblätter heraus.
Seit 1792 gab es sieben weitere solcher Dienststellen, die mit je drei Friedens-(Polizei-)richtern und sechs Konstablern besetzt waren. Für Dublin war sogar schon 1786 ein ähnliches Gesetz erlassen worden, welches erstmalig auch das Wort „Police" verwendete. Doch gab es in England nach wie vor neben der 1798 gegründeten Flußpolizei (Police of the River Thames), welche das Piratentum auf der Themse bekämpfen sollte, noch eine Vielzahl privater, durchweg schlecht organisierter Polizeitruppen.

Speziell in London wirkte sich die auf diese Weise entstandene Trennung von City und Metropolitan-Gebiet nachteilig auf die Entwicklung aus. So griff das Verbrechen weiter um sich, was dadurch begünstigt wurde, daß es alsbald zum Krieg mit Napoleon kam. Als dann nach dem Sturz Napoleons die Wirren wieder aufflammten, ergriff endlich Sir Robert *Peel,* der 1822 Home Secretary geworden war, die Initiative. Die außerhalb Londons im 18. und beginnenden 19. Jahrhundert ähnlich desolaten Verhältnisse führten dann übrigens zu entsprechenden Maßnahmen der Städte und Grafschaften, deren Erfolg allerdings unterschiedlich war.
Durch die Initiative von Peel in London kam es im 19. Jahrhundert zu einer durchgreifenden Reform des britischen Polizeiwesens. 1829 beschloß das Parlament ein Gesetz, welches die noch weithin unabhängig tätigen Polizeikräfte im Bereich der Metropole London einer einheitlichen Leitung unterstellte. Die von Peel sorgfältig vorbereiteten Pläne wurden durch Charles *Rowan* und Richard *Mayne* als sogen. „Commissioner" mit Tatkraft und Takt verwirklicht. Die Polizeibeamten nannte man nach dem für alles maßgebenden Staatssekretär des Innern, Sir Robert Peel, „Peeler".

Erst jetzt trennte man also wirklich Justiz und Verwaltung. In London wurden die Friedensrichter abgeschafft, die alten Konstabler und Nachtwächter entlassen. Die neuen Konstabler waren besoldet, uniformiert und wurden paramilitärisch ausgebildet.

Der Metropolitan-Distrikt wurde in siebzehn Police Divisions gegliedert, denen man jeweils 165 Konstabler zuwies, was eine Gesamtstärke von etwa 3000 Mann ausmachte. Jede Division wurde von einem Superintendent geleitet, dem vier Inspektoren und 16 Sergeanten unterstanden. Die Sergeanten befehligten jeweils neun Konstabler. Alle diese Polizeibeamten wurden – allerdings nichtmilitärisch – uniformiert.

Am 26. Sept. 1829 paradierte diese neue Polizeitruppe auf dem Geände des Foundling Hospital in Holborn, wo sie von Rowan und Mayne vereidigt wurde.

Die damals von dem vorausschauenden Peel erlassenen Instruktionen, welche die Beamten zu höflichem Verhalten gegenüber jedermann verpflichteten, waren ungeachtet unvermeidbarer Rückschläge der Grundstein für das Ansehen, welches Englands Polizei noch heute bei den Bürgern genießt.

Die von Rowan und Mayne als Commissioner geleitete neue Metropolitan-Polizei wurde vom Home Office in einem Gebäudekomplex untergebracht, in welchem schon um das Jahr 1000 die Könige von Schottland bei Reisen nach London Quartier bezogen (vgl. Abb. 28/15). Daraus erklärt sich der Name „Scotland Yard", welcher später Weltruhm erlangte und die Londoner Polizei bis heute begleitet hat.

In der Provinz wurde nach und nach dem guten Beispiel Londons folgend, vor allem mithilfe der 1856 ernannten Inspectors of constabulary, durch zahlreiche County- und Borough Police Acts die besoldete Polizei eingeführt, um sich dort der wachsenden Kriminalität zu erwehren.

Zunächst hatten die Bemühungen um eine Reform des Polizeiwesens außerhalb Londons nur ein schwaches Echo gefunden. Man hatte häufiger die Constables außer durch Nachtwächter auch durch ebenfalls besoldete Wachleute für den Tagdienst zu unterstützen versucht. Zudem kümmerte sich

Abb. 28/15. Zeitgenössische Darstellung von Scotland Yard, dem Hauptquartier der Londoner Metropolitan-Polizei von 1829 bis 1890.

auch die Regierung kaum um die Verhältnisse dort. Erst die bedrohliche Entwicklung der Kriminalität und sodann die in London mit sichtbarem Erfolg vollzogene Polizeireform führten zu entsprechenden Maßnahmen in den großen Städten des Landes und in den Grafschaften, wobei – wie angedeutet – dann auch die Landesgesetzgebung (z. B. der County Police Bill, 1839) unterstützend wirkte.

Die Ernennung von Palmestone zum Innenminister im Jahre 1852 belebte wiederum die Aktivität auf dem Gebiet des Polizeiwesens. Es wurde schon 1853 ein Select Committee on Police eingesetzt, das sich insb. auch mit den Stadt- und Grafschaftspolizeien zu befassen hatte. So kam es schließlich zur Polizeigesetzgebung der Jahre 1854–1856.
Das zunächst recht sparsame Parlament erhöhte mit zunehmender Anerkennung der polizeilichen Arbeit die Mittel der Metropolitan-Polizei, z. B. von 465000 Pfund im Jahre 1870 auf 1260000 Pfund im Jahre 1879. Auch die schon 1842 – alsbald nach dem Wegfall der kriminalistisch arbeitenden Bow Street Runner – mit 15 Mann eingerichtete Detektiv-Abteilung der Metropolitan-Polizei, der allerdings jeglicher Kontakt mit Kriminellen ebenso wie das Tragen von Zivilkleidern untersagt war, konnte im Zuge dieser Entwicklung 1878 in ein „Criminal Investigation Department" (CID) umgewandelt werden, an dessen Spitze ein Director of Criminal Investigation stand.

Dabei richtete man u. a. ein Register für Berufsverbrecher ein. Auch im Fahndungswesen und sodann um die Jahrhundertwende in der Daktyloskopie nahm das CID bald eine führende Rolle ein.
In den meisten Grafschafts- und Stadtpolizeien hatte man nach einem Inspektionsbericht von 1859 ebenfalls ein oder zwei vertrauenswürdige Beamte mit detektivischen Aufgaben betraut; allerdings wurde deren kriminalpolizeiliche Effektivität – nicht selten zu Recht – angezweifelt.

1890 wurde das Hauptquartier der Metropolitan in einen Gebäudekomplex am Victoria Embankment gegenüber von Westminster Hall verlegt. Daß dieser Neubau den Namen „New Scotland Yard" erhielt (vgl. Abb. 28/16), beweist die Wertschätzung, welche die Londoner Polizei bereits damals erlangt hatte.

Um die Jahrhundertwende bezifferte man die Zahl der uniformierten und zivilen Angehörigen von Scotland Yard bereits auf etwa 16000 Mann. Sir Edward *Henry,* der 1901 Chef des CID geworden war, schuf das nach ihm benannte Klassifizierungssystem für Fingerabdrücke (§ 13-III-1). In dieser Zeit wurden beim CID bereits die ersten wissenschaftlichen Laboratorien eingerichtet.
Während des 1. Weltkrieges, der naturgemäß auch für die Polizei Schwierigkeiten mit sich brachte, entstand in England die weibliche Polizei. Ihr ursprünglicher Bestand von 22 Beamtinnen wurde 1924 auf 50 und 1929 auf 100 erhöht, wenngleich die Einstellungen z. T. noch etliche Jahre hinausgezögert wurden. 1938 gab es etwa 230 Polizeibeamtinnen.
Um die Zusammenarbeit der verschiedenen Polizeiorganisationen in England und Wales zu verbessern, schuf man im Herbst 1919 The Police Federation. Neben ihr entstanden noch andere Organisationen. Man kümmerte sich jetzt augenscheinlich auch mehr um die Ausbildung der Beamten. 1934 nahm schließlich das Hendon Metropolitan Police College seine Arbeit auf, nachdem andere, nationale Konzepte gescheitert waren.
Der Kriminaldienst und insb. die Kriminaltechnik, denen man bis in die 20er Jahre hinein relativ wenig Aufmerksamkeit geschenkt hatte, wurden nunmehr neu organisiert und vor allem tatkräftig ausgebaut. 1934 wurde das Metropolitan Police Laboratory – ebenfalls in Hendon – eröffnet, um die Erkenntnisse der Wisenschaft für die Ausbildung zu nutzen; es wurde später jedoch nach London verlegt, was für die Belange der Praxis sicher richtig war.

Abb. 28/16. New Scotland Yard am Victoria Embankment. Die Gebäude in der Mitte beherbergten von 1890 bis 1966 das Hauptquartier der Metropolitan-Polizei Londons.

Der Ausbruch des 2. Weltkrieges beendete diese vielversprechende Entwicklung und brachte neue Aufgaben sowie Schwierigkeiten, welche das Polizeiwesen Großbritanniens nachhaltig beeinflußten.

II. Die gegenwärtige Organisation

In England gibt es heute nach „The Police Act, 1964", welcher versucht hat, die Funktionen des Innenministers, der einzelnen Polizeiorganisationen und damit der Chief Constables festzulegen, trotz der langen Entwicklung und einer relativ frühen Tendenz zur Zentralisation immer noch eine Vielzahl regionaler oder lokaler Polizeien. Die Befugnisse des Innenministers sind allerdings – wie angedeutet – über die mit den Finanzzuschüssen verbundene Tätigkeit der Inspekteure dahin erweitert worden, daß er nunmehr dafür verantwortlich ist, die Wirksamkeit der polizeilichen Arbeit im ganzen Lande zu verbessern. Zu der dafür notwendigen Kontrolle der einzelnen Polizeien ist überdies die Aufgabe getreten, für weiträumige Aktivitäten geeignete Formen der Kooperation zwischen ihnen zu entwickeln.

Außer auf die Inspectors of constabulary, von denen je einer für die acht in England und Wales geschaffenen Polizei-Distrikte zuständig ist, kann sich der Innenminister nunmehr auf Assitant Inspectors und auf Staff Officers stützen.

Bemerkenswert für das britische Polizeiwesen ist, daß alle Polizeibeamten ungeachtet ihrer Dienstränge an sich gleichberechtigt und unabhängig sind. Der höherrangige Polizeibeamte hat lediglich das Recht, die Arbeit – allgemein oder im Einzelfall – auf die Beamten seines Dienstbereichs zu verteilen. In der Sache selbst handelt jeder Beamte eigenverantwortlich.

Schwer zu überblicken sind die Disziplinarverhältnisse, weil sich Verfahren auf Dienstbeschwerde hin und Gerichtsverfahren nicht immer klar abgrenzen lassen. Bei Amtsverfehlungen von Polizeibeamten gibt es daher neben der Beschwerde einmal auf Schadenersatz abzielende Zivilverfahren und zum anderen Strafverfahren, sofern zugleich ein Tatverdacht gegeben ist. Ein solches Verfahren hat entweder der Chief Constable oder – bei der Metropolitan-Polizei – der Director of Public Prsecution als Anwalt der Krone einzuleiten.

Die **Metropolitan-Polizei** der Hauptstadt London ist heute als staatliche Polizei an sich für das gesamte Staatsgebiet zuständig. Die im 2. Weltkrieg auf etwa 50000 angewachsen, 1976 auf rund 25000 Beamte bezifferte Gesamtstärke darf jedoch nicht darüber hinwegtäuschen, daß diese Beamten angesichts der Kompetenzen grafschaftlicher und anderer lokaler Polizeibehörden in der Praxis außerhalb Londons nur dann tätig werden dürfen, wenn sie von der zuständigen Stelle angefordert werden bzw. diese damit einverstanden ist.
Immerhin nimmt die Londoner Metropolitan-Polizei gewisse überregionale Aufgaben wahr und fungiert vor allem als Zentralstelle der britischen Kriminalpolizei.

Der höchste Beamte der Metropolitan Polizei ist der Commissioner of Police of the Metropolis. Er wird ebenso wie der Deputy-Commissioner und die vier Assistent-Commissioners auf Vorschlag des Innenministers (Home Sscretary) von der Krone ernannt. Ihm untergeordnet sind ferner Commanders, deren Stellvertreter (Deputy-Commanders), die Chief-Superintendents (Abteilungsleiter mit verschiedenen Graden) und Superintendents. Diesem höheren Dienst nachgeordnet sind die Chef-Inspektoren, Inspektoren sowie im eigentlichen mittleren Dienst Sergeanten und Konstabler.

Die Metropolitan-Polizei ist regional in 24. Polizeibezirke gegliedert, die über insgesamt 182 Reviere verfügen. Die Kriminalpolizei ist innerhalb dieser Polizeiorganisation ebenfalls teilweise dezentralisiert; so gibt es bei jedem Polizeibezirk etwa 40–70 Kriminalbeamte.

Das Präsidium der Metropolitan-Polizei ist seit 1966 im Stadtteil Westminster in einem modernen Hochhaus – ebenfalls New Scotland Yard genannt – untergebracht (Broadway, London SW 1 H OBG; vgl. Abb. 28/17).

Scotland Yard hat heute 12 Abteilungen; eine davon ist das Criminal Investigation Department (CID), die eigentliche Kriminalpolizei. In ihr waren 1973 rund 3000 Beamte tätig.

Im CID gibt es drei Unterabteilungen: Criminal Intelligence Office (Nachrichtendienst für Verbrechensorganisationen und professionelle bzw. besonders gefährliche Rechtsbrecher), 2. Regional Crime Squad (überörtliche Aktivitäten, reisende Täter), 3. Special Branche (Sonderabteilung für See-, Luft- und Fremdenpolizei, Staatsschutz).

Scotland Yard fungiert ferner als die britische Zentralstelle für Daktyloskopie, Nachrichtendienst und Strafregister sowie als Nationales Zentralbüro der Interpol.

Abb. 28/17, 28/18. Das 1966 bezogene gegenwärtige Hauptquartier der Metropolitan-Polizei im Londoner Stadtteil Westminster.

Das „Verbrecherarchiv“ der Londoner Polizei enthält also Daten für ganz Großbritannien. Bei den Karten sind insb. diejenigen Daten aufschlußreich, welche die Tatausführung, den Modus operandi, betreffen, auf welchen die englische Kriminalpolizei seit jeher besonderes Gewicht legt; daneben werden ggf. natürlich auch täterspezifische Merkmale registriert.

Besonderen Ruf genießt seit etlichen Jahren das kriminalwissenschaftliche Untersuchungslaboratorium von Scotland Yard, wenngleich in bekannten Strafprozessen des öfteren Experten der Universitäten als Sachverständige fungiert haben.

Das 1934 in Hendon errichtete Laboratorium steht auch anderen Polizeien für kriminaltechnische Untersuchungen zur Verfügung. Es wurde – wie gesagt – in den 50er Jahren nach New Scotland Yard verlegt, um es noch besser für die Praxis nutzen zu können.

Nur am Rande seien zwei kriminalistisch bemerkenswerte Sammlungen erwähnt, die vor allem Lehrzwecken dienende der Polizeischule Hendon und das „Schwarze Museum“ Scotland Yards.

Für die City of London, den Amtsbereich des Lord Major of London, gibt es immer noch eine besondere Polizeitruppe, die sogen. City of London Police, die zur Zeit etwa 800 Mann stark ist.

Wie die Londoner Metropolitan-Polizei dem englischen Innenminister, so untersteht übrigens die Nordirische Polizei (Royal Ulster Constabulary) dem nordirischen Innenminister, ist also ebenfalls eine staatliche Polizei.

Bei den regionalen und lokalen Polizeien Großbritanniens handelt es sich um Organisationen der großen Städte und der Grafschaften, die als Polizeibezirke weithin selbständig sind und darauf z. T. großen Wert legen. Diese **Stadt- und Grafschaftspolizeien** (Borough- und County Police) stellen naturgemäß das Gros der Polizei und damit auch der Kriminalpolizei. Ihre früher sehr unterschiedlichen Organisationsformen sind inzwischen jedoch weitgehend vereinheitlicht worden, weshalb hier ein ungefährer Überblick möglich sein dürfte.

Leiter einer Grafschafts- oder Stadtpolizei ist der Chief Constable; an der Spitze der Unterbezirke steht gewöhnlich ein Superindentent. Während der Chief Constable die betreffende Stadt- oder Grafschaftspolizei technisch-fachlich leitet, ist für deren Verwaltung und Personalangelegenheiten ein sogen. Watch Committee (in Grafschaften: Police Committee oder Joint Committee) zuständig, das sich aus dem Bürgermeister und anderen Mitgliedern der Kommunalverwaltung zusammensetzt.

Diese kommunalen Polizeien gliedern sich üblicherweise in Divisions, Subdivisions (etwa Polizeirevier) und Stations (Wachen) oder Sections. Diese Einheiten bzw. Dienststellen werden jeweils von einem Superindentent, Inspector, Sergeant oder Constable geleitet.

Die nunmehr zu verzeichnende gewisse Einheitlichkeit der Grafschafts- und Stadtpolizeien ist vor allem eine Folge der oben geschilderten Kontrolle durch dem Innenminister unterstehende Inspekteure, deren Stellungnahme dafür ausschlaggebend zu sein pflegt, ob ein staatlicher Zuschuß zu den Polizeikosten gezahlt wird. – Für Schottland entscheidet entsprechend der Minister für schottische Angelegenheiten. – Der Zuschuß deckt üblicherweise etwa 50% der Polizeikosten.

Im übrigen hat die Zahl der Stadt- und Grafschaftspolizeien gerade in den letzten Jahrzehnten erheblich abgenommen. Nachdem ein Gesetz vom Jahre 1946 ihren freiwilligen oder zwangsweisen Zusammenschluß ermöglichte, war ihre Zahl von 117 im Jahre 1966 bereits 1973 auf etwa 50 zusammengeschrumpft. Dabei hat sicher die auf Funktions- und Einsatzfähigkeit der Polizeikorps abzielende Handhabung der Zuschüsse eine wesentliche Rolle gespielt.

Daneben gibt es auch andere Formen der Kooperation zwischen kommunalen Polizeien. Obwohl man sich darum schon seit 1930 bemüht, ist es doch erst in den 50er Jahren gelungen, gewisse, lockere Formen der Zusammenarbeit zwischen diesen Polizeien – etwa auf der Basis von Arbeitsgemeinschaften – zu erzielen.

Eine Besonderheit der britischen Polizei verkörpert die seit Beginn des 19. Jahrhunderts existierende **„Special Constabulary"**, eine Art von Polizeireserve, zu welcher in England und Wales etwa 50 000 Männer und Frauen zählen, die sich für mindestens drei Jahre zu einem solchen Dienst verpflichtet haben. Sie erhalten eine kurze Ausbildung und absolvieren gewöhnlich einmal wöchentlich uniformiert eine vierstündige Streife. – Daneben gibt es ferner eine aus pensionierten Polizeibeamten gebildete Polizeireserve, die durch eine erhöhte Pension honoriert wird; sie wird vor allem in Notfällen eingesetzt.

Auch die britische Polizei verfügt über gewisse kriminalpolizeiliche **Spezialdienststellen** oder spezialisierte Beamte.

Für die frühere Zeit vgl. *Hünecke,* Franz: Jugendsachbearbeiter bei der Kriminalpolizei – BKA 1966/3 insb. S. 70 ff.

Von 1969 ab hat man bei jeder Polizeibehörde – in Großstädten bei jedem Polizeidistrikt — ein **„Juvenile Bureau"** mit etwa 10 bis 20 Beamten eingerichtet, die vor allem auch präventiv tätig werden. Bei einem Geständnis entscheidet sogar der Leiter dieser Dienststelle, ob Anklage erhoben oder der junge Delinquent lediglich verwarnt wird.

Hilton, Jennifer: Women in the Police Service – The Police Journal 1976, S. 93 ff.

In England gibt es keine besondere Abteilung **„Weibliche Kriminalpolizei"** ; in Schottland existiert eine solche bei der Stadtpolizei in Edinburgh. Sie ist insb. für Sexualdelikte zuständig, in welche Kinder und Frauen verwickelt sind und für Vermißtensachen.
Seit Beginn des 1. Weltkrieges werden Frauen jedoch sowohl im Kriminaldienst als auch bei der uniformierten Schutzpolizei eingesetzt, bei welcher sie sogar ihren Dienst zu beginnen pflegen. Schon um 1930 empfand man weibliche Polizeibeamte in Großbritannien nicht mehr als ungewöhnlich. Ihre Zahl und ihre Aufgaben haben sich während des 2. Weltkrieges verständlicherweise vermehrt.

III. Zur Arbeit

Die englische Polizei unterscheidet sich mithin in mancher Hinsicht von der anderer, insb. auch kontinentaleuropäischer Länder. Das hängt z. T. mit dem ebenfalls anders gearteten Rechts- und Gerichtswesen zusammen.

Jackson, R. M.: The Machinery of Justice in England – 2. Aufl. – Cambridge 1953; *Devlin,* Patrick: The Criminal Prosecution in England – London 1960; vgl. hierzu auch *Lau* aaO., insb. S. 42ff.

Anders als für kontinentale Rechte ist für Großbritannien z. B. die Popularklage charakteristisch, was bewirkt hat, daß es weithin an einer Behörde wie der Staatsanwaltschaft fehlt. Aus der Popularklage, die allerdings auch in Form einer Vereinsklage erhoben werden kann, hat sich u. a. die Polizeiklage entwickelt, welche heute die häufigste Form der Anklageerhebung darstellt. Denn die früher dem Friedensrichter (Magistrate) obliegende Ermittlungstätigkeit hat im Laufe der Zeit die Polizei übernommen, die ihm dann nach Abschluß der Ermittlungen die dabei erzielten Ergebnisse vorlegt. Einen besonderen Untersuchungsrichter kennt das englische Recht ebenfalls nicht. Lediglich für gewisse Fälle gibt es eine Offizialklage, für welche insb. der Attorney-General (für die Krone) oder der Director of the Public Prosecution zuständig sind.

Die englische Polizei hat mithin in Strafsachen ersichtlich eine ganz andere Stellung als die Sicherheitsorgane in Ländern wie z. B. Deutschland. Da es keine oder nur begrenzt eine der deutschen Staatsanwaltschaft entsprechende Behörde gibt, liegt das Schwergewicht der Ermittlungen bei der Polizei, die nahezu 90% aller gewichtigen Strafverfahren (indictable offences) einleitet. Sie hat den Sachverhalt aufzuklären, insb. den Täter zu ermitteln und die nötigen Beweise zu sammeln, um ggf. eine Bestrafung erwirken zu können, wobei häufig Polizeibeamte als Ankläger auftreten; bei höheren Gerichten geschieht das zusammen mit einem Barrister.

Batson, W. C.: Die Londoner Flugpolizei – Internat. kriminalpol. Rev. 1954, S. 3 ff.; *Scott,* Sir Harold: Scotland Yard – Aus dem Englischen übertragen von R. Krug v. Nidda – München 1955; *Goodman,* G. F.: Die Verbrechensverhütung in Halifax (Yorkshire) – Internat. kriminalpol. Rev. 1957, S. 114ff.; *Behr,* Lothar: Englands Bobby. Beliebt, bewundert und unantastbar – Kriminalistik 1965, S. 309 ff.; *N. N.:* New Scotland Yard im neuen Domizil – Die Neue Polizei 1968, S. 71 ff.; *Bebbington,* B. N.: Die polizeiliche Forschungs- und Entwicklungsarbeit in England unter besonderer Berücksichtigung der Arbeit der Kriminalpolizei – in: Grundlagenforschung und Kriminalpolizei, hrsg. v. Bundeskriminalamt, Wiesbaden 1969, S. 53 ff.; *N. N.:* Gwent Constabulary Headquarters – The Police Journal 1972, S. 69 ff.; *Meyer,* Gerd: BDK-Mitglieder besuchen Scotland Yard – der kriminalist 1972-H. 2, S. 25 ff.;

Baddeley, F.: Le rôle du policiers britannique dans une société en plein évolution – Rev. int. de police crim. 1974, S. 120 ff.; *Mark,* Sir Robert: The Metropolitan Police and Political Demonstration – The Police Journal 1975, S. 191 ff.; *Lunden,* Walter A.: The Mobility of Officers in the Constabularies of Great Britain – The Police Journal 1977, S. 95 ff.

Auf einen Vorschlag der Königlichen Kommission über das Polizeiwesen vom Jahre 1962 hin hat das britische Innenministerium 1962 eine Abteilung „Police Research and Development Branch" gebildet, die sich im Rahmen der Forschung mit neuen Methoden und Ausrüstungen der Polizei befassen soll.

In dieser Abteilung arbeiteten 1969 etwa 40 Wissenschaftler und 7 höhere Polizeibeamte. Sie arbeiten in Teams an den einzelnen Projekten zusammen (Personal, Einsatz, Ausrüstung). Dabei wird nicht nur die polizeiliche Praxis eingeschaltet, sondern Wert auf guten Kontakt zu Universitäten und Industrie gelegt.

Kennzeichnend für die uniformierte englische Polizei ist der in der Umgangssprache nach dem oben erwähnten Staatssekretär Sir Robert (= Bob) Peel benannt „Bobby" (sonst: Policman), der im Straßendienst und bei Patrouillen grundsätzlich nicht bewaffnet ist; Handfeuerwaffen werden nur bei hoher Gefahr ausgehändigt. Bemerkenswert ist ferner das für Polizeibeamte aller Ränge geltende, oben geschilderte Prinzip der Eigenverantwortlichkeit.

N. N.: Einsatzleitsysteme der englischen Polizei – PFA 4/76, S. 74 ff.

Die für die kriminalpolizeiliche Verbrechensbekämpfung – insb. die **Fahndung** – in Großbritannien besonders wichtige Zusammenarbeit der Grafschafts- und Stadtpolizeien mit der Metropolitan-Polizei soll im großen und ganzen zufriedenstellend funktionieren. Eine 1960 eingesetzte Royal Commission lehnte jedenfalls in ihrem Schlußbericht vom Mai 1962 entschieden eine Verstaatlichung im Sinne einer nationalen Organisation ab; man sprach vielmehr der deshalb notwendigen Partnerschaft zwischen lokalen und zentralen Stellen großen praktischen Wert zu.
Ähnlich ist die Lage in der **Kriminaltechnik,** wo man sich außer auf die Laboratorien von Scotland Yard auf entsprechende kriminaltechnische Untersuchungsstellen stützen kann, die es in größeren Städten wie Birmingham, Bristol, Cardiff und Nottingham gibt. Daneben finden sich staatliche und private Institute wie etwa die der Universitäten, von denen manche sogar weltweit bekannt sind und welche die Entwicklung der modernen Kriminalistik nachhaltig beeinflußt haben.
Nach dem 2. Weltkrieg hat man sich wiederum intensiv mit der **Ausbildung** der Polizeibeamten befaßt. Die Einstellungsbedingungen sind gegenwärtig an sich in ganz Großbritannien dieselben; doch wird die Prüfung bei den einzelnen Polizeikorps etwas unterschiedlich gehandhabt.

Carter, Alan F.: Die Struktur und Funktion der britischen Polizei. Einblick in das Polic College Bramshill – das englische Modell unserer Polizei-Führungsakademie – PFA 4/76, S. 35 ff.; *Dyrvig,* Aage: L'Ecole de police de Bramshill et la formation des Cadres de Police en Angleterre – Rev. int. de. police crim. 1977, S. 70 ff.; *Brett,* D. T.: The Police College Library in the 1970's – The Police Journl 1977, S. 157 ff.; *Anema,* B. L.: Een Kennismaking med de opleiding van hogere politieambtenaaren in England – Het Tijdschrift v. d. Politie 1977, S. 216 ff.

Die meisten Polizeiorganisationen rekrutieren heute bereits Jungen zwischen 16 und 18 Jahren als Kadetten; denn die Ernennung zum Polizeibeamten erfolgt erst nach Vollendung des 19. Lebensjahres.

Die Ausbildung dieser Polizeikadetten, deren Ursprünge in die Zeit vor dem 2. Weltkrieg zurückreichen, dauert drei Jahre und erinnert an die der deutschen Bereitschaftspolizei. Man hat vorgeschlagen, auf diese Weise möglichst 30–40% des Polizeinachwuchses auszubilden.

Die Ausbildung anderer Bewerber für den mittleren Polizeidienst erfolgt in District training centers, von denen das Innenministerium bis 1966 bereits acht eingerichtet hatte.

Der Constable wird nach einem drei- bis viermonatigen Lehrgang mindestens 15 Monate im praktischen Dienst eingesetzt; dann folgt ein einmonatiger Abschlußlehrgang.
Eine Spezialausbildung – etwa zum Kriminalbeamten – ist erst nach der zweijährigen Probezeit möglich. Die Detektivschule (Kriminalpolizeischule) der Metropolitan-Polizei befindet sich in Hendon. Diese Kriminalpolizeischule ist dem CID angegliedert. Entsprechende Detective Training Schools oder Kurse gibt es aber auch in anderen Polizeiorganisationen und an Hochschulen.

Fish, Francis: Die gerichtswissenschaftliche Ausbildung an der Strathclyde University in Glasgow – Die Neue Polizei 1967, S. 206 f.

Fortbildungslehrgänge für den gehobenen oder höheren Dienst sind im übrigen der Initiative derjenigen anheimgegeben, die sich auf diese Weise für eine Prüfung vorbereiten wollen. Derartige Lehrgänge werden in eigens dafür bestimmten Schulen durchgeführt.

Als nationale Polizei-Führungsakademie fungiert neben dem Police College der Metropolitan-Polizei des Police College in Bramshill House in der Grafschaft Hampshire; die 1960 in Betrieb genommene Schule ist auf eine im Juni 1948 in Ryton-on-Dunsmore/Warwickshire geschaffene Einrichtung zurückzuführen, die seit 1953 auch über akademische Lehrer verfügte. Hier werden nach der jeweiligen Aufstiegsprüfung besonders qualifizierte Beamte für leitende Funktionen ausgebildet.

Die Dauer der Kurse beträgt für Sergeants 12 Monate, für Inspectors 6 Monate, für Superintendents 3 Monate sowie für leitende Beamte großer Dienststellen 6 Monate.

Das Verhältnis der Polizei zur Bevölkerung und damit ihr Ansehen in der **Öffentlichkeit** scheint in Großbritannien immer noch besser als in anderen westeuropäischen Ländern zu sein, was außer auf die geschichtliche Entwicklung und die dadurch bedingte Einstellung der Allgemeinheit wohl auch nicht zuletzt auf das Verhalten der Polizeibeamten zurückzuführen ist. Auch das Verhältnis der Polizei zur Jugend soll sich in den letzten Jahren gebessert haben.

Die weitere Entwicklung ist insoweit jedoch schwer zu beurteilen, da Rassenkrawalle sowie spektakuläre Polizeieinsätze bei Aktionen von politischen Extremisten oder bei den in England sehr häufigen Streiks nicht nur z. T. Kritik an der Polizei hervorgerufen haben, sondern vor allem die Frage ihrer Bewaffnung zum Gegenstand heftiger Diskussionen haben werden lassen.

Insgesamt ist nach allem zu konstatieren, daß man trotz Festhaltens an einer weithin immer denzentralisierten Organisation, welche bei den traditionsbewußten Briten nicht überrascht, in der Verbrechensbekämpfung vor allem mithilfe pragmatischer Handhabung zurecht kommt, welche sich bei gewissen Tendenzen zu Fusionen und Vereinheitlichung vor allem auf Ausbildung und praktische Arbeit konzentriert. Und gerade insoweit sind manche Dinge der kriminalpolizeilichen Verbrechensbekämpfung in Großbritannien lehrreich.

I. Irland

Die Lage auf der „grünen Insel“ am Atlantik hat ebenso wie die in dieses Jahrhundert hineinreichende Abhängigkeit von Großbritannien bewirkt, daß bei der trotz einer langen Geschichte relativ jungen eigenständigen Entwcklung des Polizeiwesens der nach dem 1. Weltkrieg geschaffenen Republik Irland (Eire) gewisse Besonderheiten zu verzeichnen sind. Das jetzt deutlicher aus dem Schatten seines großen Nachbarn heraustretende Land ist 1973 Mitgliedstaat der Europäischen Gemeinschaft geworden. Die seit Jahren sehr gespannten und unruhigen Verhältnisse in der nach wie vor zu Großbritannien gehörenden nordirischen Provinz Ulster mit ihrem großen protestantischen Bevölkerungsanteil wirken sich naturgemäß gerade auch für die kriminalpolizeiliche Vebrechensbekämpfung auf die Republik Irland aus.
Für die Aufrechterhaltung der öffentlichen Sicherheit und Ordnung in der Republik Irland ist die „Garda Siochána“ verantwortlich; der Name dieser Polizeiorganisation ist dem englischen „Guardians of the Pace“ nachgebildet. Diese Garda Siochána wurde auf Grund des englisch-irischen Vertrages vom Dezember 1921 im Februar 1922 als nationale, grundsätzlich unbewaffnete Polizeitruppe aufgestellt. Ihre Bediensteten sind daher – wie bei jeder staatlichen Polizei – für das gesamte Staatsgebiet zuständig.

An Garda Siochána – hrsg. v. Public Relations Office, Garda Siochana Headquarters – Dublin 8 o. J.
Allan, Gregory: The New Police: London and Dublin. The Birth of the Dublin Metropolitan Police – The Police Journal 1977, S. 304 ff.

I. Geschichtliche Entwicklung

Die Wurzeln der eigenständig irischen Entwicklung im Polizeiwesen führt man auf den vom Irischen Parlament (Oireachtas) im Jahre 1786 erlassenen Dublin Police Act zurück. Doch auch unter seiner Herrschaft war die Polizei zunächst noch eine Angelegenheit der Gemeinden bzw. kommunalen Instanzen. Deren mit polizeilichen Aufgaben betraute Bedienstete waren in den größeren Städten die Wachmänner (watchmen), während man sie in den ländlichen Gebieten „barony constables“ nannte, was an die den englischen Grafschaften (counties) entsprechende Gliederung erinnert.
Durch ein Gesetz vom Jahre 1822 wurden dann jedoch vier Provinzial-Polizeikorps mit Hauptquartieren in Armagh (Norden), Ballinrobe (Westen), Daingean (Mitte) und Ballincollig (Süden) aufgestellt. Schon 1836 wurden diese vier staatlichen Polizeikorps zur „Irish Constabulary“ zusammengefaßt, welche als staatliche Polizei für das gesamte Land mit Ausnahme von Dublin zuständig war. Die Irish Constabulary unterstand einem Generalinspekteur, der sein Hauptquartier in Dublin Castle hatte; sie wurde 1867 in „Royal Irish Constabulary“ (R. I. C.) umbenannt. – Für die Hauptstadt Dublin gab es eine besondere Polizeitruppe, die Dubliner Metropolitan-Polizei (Dublin Metropolitan Police, D. M. P.), die nach einem ebenfalls vom Jahre 1836 datierenden Gesetz im Jahre 1837 aufgestellt worden war. Auch sie hatte ihr Hauptquartier ganz in der Nähe von Dublin Castle (Dame street Nr. 20), womit die in gewissen Fällen nötige Kooperation gewährleistet gewesen sein dürfte. Anders als die R. I. C. war diese D. M. P. jedoch von vornherein prinzipiell unbewaffnet.

Die für Dublin von Lieutenant-Colonel Augustus *Cuyler* unter Mitwirkung von JOhn Lewis More *O'Ferall,* einem Rechtsanwalt aus Ballyna nahe Enfield (Grafschaft Kildere) entworfene Organisation konnte trotz Cuylers Tod im Jahre 1837 vom Commissioner *O'Ferall* (1836–1871) sowie nunmehr Major *Browne* verwirklicht werden; am 1. Jan. 1838 paradierten die 820 neu angestellten Polizeibeamten bei ihren Stationen. Die auf Korrektheit und strenge Disziplin bedachten Comissioner orientierten sich bei ihren Maßnahmen vor allem am Vorbild Londons.

Nach dem englisch-irischen Vertrag von 1921 und Schaffung einer auch völkerrechtlich selbständigen Republik Irland wurde die R. I. C. im Februar 1922 in die „Garda Siochána" umgewandelt; dieser wurde im April 1925 auch die Dubliner Metropolitan-Polizei eingegliedert. An der Spitze dieser grundsätzlich unbewaffneten irischen Polizei steht seither ein Commissioner, dem nach dem Garda Siochána Act, 1924 – dem Justizminister unterstellt – die allgemeine Leitung und Kontrolle des Polizeiwesens obliegt. Sein Hauptquartier erhielt er im Phoenix Park in den Außenbezirken von Dublin.

II. Die gegenwärtige Situation

Die Garda Siochána ist als staatliche Polizei der Republik Irland zentral organisiert und sowohl für schutz- als auch kriminalpolizeiliche Aufgaben zuständig. Sie wird nach wie vor von einem dem Justizminister unterstellten Commissioner geleitet. Dieser Commissioner wird von der Regierung ernannt. Die gegenwärtige Stärke der Garda Siochána beträgt rund 9000 Bedienstete, die grundsätzlich unbewaffnet ihren Dienst tun.
Das Hauptquartier der Garda Siochána – Garda Headquarters – in Dublin (Phoenix Park, Dublin 8) ist die **nationale Zentrale** der irischen Polizei. Dem leitenden Commissioner ist ein Stab (Headquarters staff) zugeordnet, der sich aus zwei Deputy Commissioner, vier Assistent Commissioner und dem Arzt dieser Polizei zusammensetzt. Während einer der Assistent für den Bereich der Hauptstadt Dublin zuständig ist, leiten die anderen bestimmte Abteilungen (Departments) des Hauptquartiers.
Eine dieser Abteilungen (Crime branch) befaßt sich mit der repressiven und präventiven Verbrechensbekämpfung; ihr ist ein Technical Bureau mit einem Kriminallaboratorium als zentrale kriminaltechnische Untersuchungsstelle zugeordnet.

Beamte dieser Untersuchungsstelle, die sich außer mit Daktyloskopie, ballistischen und anderen Untersuchungen sowie mit Fotographie befaßt, können aber auch bei Ermittlungen in schweren oder kompliziert liegenden Strafsachen hinzugezogen werden.

Eine besondere Gruppe befaßt sich mit dem Nachrichtenwesen und den Transportproblemen für alle Polizeikräfte.
Für die kriminalpolizeiliche Beratung ist die „Crime Prevention Unit" zuständig, die u. a. in Dublin Castle über einen Ausstellungsraum verfügt. Sie bildet auch Kriminalbeamte für die präventive Arbeit aus.
Das Hauptquartier verfügt ferner über ein Büro für Öffentlichkeitsarbeit (Public Relations Office), das von einem Superintendent geleitet wird.

Dieses Büro bearbeitet nicht nur die alltäglich anfallenden Aufgaben seines Arbeitsbereiches, sondern wird auch für präventive Zwecke eingesetzt.

Garda Headquarters fungiert schließlich als Nationales Zentralbüro im Rahmen der Interpol.
Bei der **regionalen Gliederung** der Garda Siochána ist der Metropolitanbereich der Hauptstadt Dublin von den anderen Landesteilen zu unterscheiden.
Der Metropolitanbereich umfaßt außer der Stadt Dublin auch gewisse angrenzende Grafschaften (counties). Seine Organisation weicht wegen der besonderen Probleme des großstädtischen Bereichs und der Funktionen als Hauptstadt etwas von der anderer Gebiete ab. Im Metropolitanbereich gibt es vier Divisionsbereiche mit jeweils einem Chief Superintendent an der Spitze.

Diese Divisionen untergliedern sich in Distrikte, deren Polizeikräfte von einem Superintendent befehligt und kontrolliert werden.

Die fünfzehn Divisionsbereiche außerhalb von Dublin, die durchweg dem Gebiet von ein oder auch zwei Grafschaften entsprechen, werden ebenfalls von einem Chief Superintendent als Polizeichef geleitet. Jede Division umfaßt durchschnittlich 40 Polizeibezirke (Subdistricts), welche je nach den örtlichen Verhältnissen verschieden stark besetzt sind; das Hauptquartier eines solchen, deutschen Polizeirevieren vergleichbaren Bezirks nennt man Station (mit einem Beamten besetzte Dienststellen bezeichnet man als Sub-stations). Mehrere dieser Bezirke sind zu einem Polizeidistrikt (District) zusammengefaßt, welcher – von einem Superintendent geleitet wird – gerade auch für die kriminalpolizeiliche Verbrechensbekämpfung bedeutsam ist, während der Chief Superintendent der Division vorwiegend überwachende und kontrollierende Funktionen hat.
Da der Superintendent seinen Distrikt u. a. von Verbrechern freihalten soll und er in allen gewichtigeren Strafsachen zu ermitteln hat, sofern nicht andere Dienststellen zuständig sind oder dies übernehmen, liegt hier das eigentliche Schwergewicht der kriminalpolizeilichen Arbeit, während nachgeordnete Dienststellen sich außer um schutzpolizeiliche Aufgaben (insb. auch Straßenverkehr) nur um weniger gewichtige Strafsachen zu kümmern haben, um im übrigen unterstützend tätig zu werden.
Im Juli 1959 ist eine **weibliche Polizeitruppe,** die Ban Gharda, aufgestellt worden, deren Beamtinnen jedoch durchweg dieselben Rechte und Pflichten wie ihre männlichen Kollegen haben, wenngleich sich in der praktischen Arbeit gewisse Schwerpunkte zeigen. So werden weibliche Beamte im kriminalpolizeilichen Tätigkeitsbereich außer zur Aufklärung von Verkehrsunfällen vor allem bei der Bekämpfung der Jugenddelinquenz sowie überhaupt bei polizeilicher Arbeit mit jungen Menschen und Frauen, aber auch bei Observationen eingesetzt.

III. Zur Arbeit

Bei einer einheitlichen, zusammenfassenden Polizeiorganisation wie der Garda Siochána werden Besonderheiten der kriminalpolizeilichen Arbeit naturgemäß erst in der Untergliederung sichtbar. Sieht man einmal von den Commissioner der verschiedenen Ränge in der Polizeiführung ab, so gibt es in dieser Polizei folgende Dienstränge: Guard, Sergant (in Dublin auch: Station Sergeant), Inspector, Superintendent und Chief Superintendent.

Für die **Fahndung** in der Repbulik Irland dürfte neben den Polizeidistrikten mit regional/

lokaler Bedeutung vor allem Garda Headquarters als modern ausgestattete Zentralstelle eine bedeutsame Rolle spielen.
Für besondere Einsätze hat man auch in der Republik Irland gewisse **Spezialeinheiten** geschaffen, welche z. T. gerade auch für die kriminalpolizeiliche Verbrechensbekämpfung wichtig sind.

Einmal ist hier die 1966 geschaffene „Garda Sub Aqua Unit" zu erwähnen, die u. a. Aufträge zur Suche nach kriminellen Tatwaffen und anderen Beweisstücken in Gewässern durchzuführen hat. Natürlich werden die Taucher dieser Sonderheinheit auch bei Ertrinkungsfällen oder ähnlichen Unfällen eingesetzt.
Zum anderen ist auf die in Dublin stationierte, ggf. aber auch anderweitig zum Einsatz kommende „Dog Handling Unit" hinzuweisen, deren Beamte entweder für die Fährtensuche und dergl. oder aber zum Aufspüren von Drogen und anderen Beweisen besonders ausgebildete Hunde führen.
Schließlich gibt es seit 1967 in Dublin eine besondere „Drug Squad" zur Bekämpfung des auch in Irland zunehmenden Mißbrauchs von Rauschmitteln.

Aus- und Fortbildung der irischen Polizei werden durch die Einheitsorganisation geprägt, welchen neben den Aufstieg bis zu den höchsten Stellen aber auch eine Spezialisierung gestattet.

Die Bewerber für die Garda Siochána haben sich – Gesundheit, entsprechende Fähigkeiten sowie guten Charakter vorausgesetzt – einer Eignungsprüfung durch eine Kommission (Civil Service Commission) zu unterziehen. Sie sollen zu dieser Zeit zwischen 19 und 26 Jahre alt und unverheiratet sein. Bei Bewerbern für Spezialaufgaben werden die Anforderungen entsprechend modifiziert.

Um die Aus- und Fortbildung der Polizeibeamten zu fördern, die bis dahin im Hauptquartier in Dublin erfolgte, ist 1964 in Templemore (Grafschaft Tipperary) ein Trainingszentrum in Betrieb genommen worden, dem außer der Grundausbildung und dem Fahrschulbetrieb auch Fortbildungskurse obliegen.

Polizeianwärter haben im Trainingszentrum zunächst eine Grundausbildung zu absolvieren, die 22 Wochen dauert. Diese umfaßt u. a. außer Straf- und Polizeirecht sowie Strafverfahren auch die Information über die Grundzüge der Ermittlungen in Strafsachen. Während des Kurses müssen wiederholt Zwischenprüfungen abgelegt werden, um später zur Abschlußprüfung zugelassen zu werden. Nach Bestehen derselben wird der Polizeianwärter einer Station zugewiesen, um durch erfahrene Beamte mit den verschiedenen Bereichen polizeilicher Arbeit in der Praxis vertraut gemacht zu werden. Insgesamt beträgt die Probezeit zwei Jahre.
Außer für Kraftfahrer werden im Trainingszentrum Templemore Fortbildungskurse für neuernannte Sergeants und Inspectors sowie auch für höhere Polizeibeamte (z. B. in Management und Polizeiführung) durchgeführt.

Der an sich allen Beamten der Garda Siochána offen stehende Aufstieg hängt von gewissen Prüfungen oder Empfehlungen ab.

Bis zum Range eines Inspectors erfolgen Auswahl und Beförderung auf Grund einer schriftlichen und mündlichen Prüfung durch einen Ausschuß von Polizeioffizieren. Die Beförderung zum Superintendent oder Chief Superintendent setzt die Empfehlung eines Ausschusses voraus, dessen Mitglieder als Offiziere zumindest den Rang eines Assistant Commissioner bekleiden müssen.

Die **Öffentlichkeitsarbeit,** wie sie u. a. das entsprechende Büro von Garda Headquarters verrichtet, umfaßt außer der aus akutem Anlaß oder auf andere Initiative hin erfolgenden

Kommunikation mit den Massenmedien auch Aufklärungsarbeit wie Vorträge über die Garda Siochána und ihre Arbeit in Schulen und Universitäten.
Obwohl die Verhältnisse der kriminalpolizeilichen Verbrechensbekämpfung in der Republik Irland bisher im Schrifttum wenig behandelt worden und aus der Distanz nur schwer zu überblicken sind, scheint man doch im Rahmen der einheitlichen Oranisation der Garda Siochána gerade auch der kriminalpolizeilichen Verbrechensbekämpfung besondere Aufmerksamkeit zu widmen.

J. Dänemark

Dänemark, das nördliche Nachbarland der Bundesrepublik Deutschland, ist durch seine Lage und Geschichte sowohl mit den anderen skandinavischen Staaten als auch mit Mitteleuropa seit jeher in vielfältiger Weise verbunden. Infolgedessen in mannigfacher Hinsicht als Bindeglied fungierend muß es auch in diesem Rahmen unsere Aufmerksamkeit beanspruchen.

Uttalelse m reform av den Sentrale Politiadministrasjon i Norge – hrsg. v. Politiets Sentralorganisasjon – Oslo 1971.

Die nicht sehr umfassende Literatur über das dänische Polizeiwesen findet sich vor allem in Form von einzelnen Beiträgen zu Fachzeitschriften und dergl.; da sie sämtlich in Dänisch gehalten und auch sonst für den Ausländer nicht sehr ergiebig sind, wird auf eine Zusammenstellung verzichtet.

I. Zur geschichtlichen Entwicklung

Obgleich Dänemark ein Land mit einer langen Geschichte ist, hat man anscheinend der Entwicklung des Polizeiwesens und insb. der Kriminalpolizei bisher vergleichsweise wenig Aufmerksamkeit geschenkt, weshalb das Material leider spärlich ist und nur mit Vorbehalt auf einige Punkte hingewiesen werden kann.
Aus diesen Gründen ist der Übergang von den Wachen der Städte und Gemeinden zur eigentlichen Polizeiorganisation nur schwer auszumachen. Vermutlich dürfte dieser auch in Dänemark ebenso wie in anderen europäischen Staaten im 16. und 17. Jahrhundert erfolgt sein. Immerhin wird überliefert, daß Dänemark als erstes skandinavisches Land im Jahre 1682 eine Polizeitruppe für seine Hauptstadt Kopenhagen aufgestellt hat.
Um 1700 wurden in Dänemark ebenso wie in dem mit ihm damals in einer Union vereinigten Norwegen Polizeigerichte geschaffen. Daraus ergibt sich, daß Polizeibeamte neben Funktionen der Exekutive, insb. auch der Anklage vor Strafgerichten, auch solche der Judikative besaßen.

Noch aus einem Aushang vom 12. Apr. 1792 geht hervor, daß der Polizeichef von Kopenhagen in Polizeisachen als Richter angesehen wurde. Als Ankläger vor dem Polizeigericht fungierte damals in der dänischen Hauptstadt ein sogen. „Politifiskal“.

Wichtige Änderungen des Polizeiwesens brachten zwei Gesetze im Jahre 1863, bei welchen der Einfluß englischer Vorbilder unverkennbar war. So wurde auf Grund eines Gesetzes vom 11. Febr. 1863 die Polizei Kopenhagens neu organisiert, während ein Gesetz vom 4. Febr. 1863 für die Polizisten außerhalb von Kopenhagen maßgebend war. Manche der in diesen Gesetzen enthaltenen Grundsätze gelten noch heute.

Bei einer weiterhin durchweg kommunalen Polizeiorganisation schuf man erst 1911 ein nicht sonderlich starkes staatliches Polizeikorps, welches u. a. gerade in Strafsachen die Beamten der kommunalen Polizeien bei den Ermittlungen unterstützen sollte; diese staatliche Polizeitruppe hatte also vorwiegend kriminalpolizeiliche Aufgaben.
Weitere Änderungen brachte die 1919 vollzogene Reform der Rechtspflege, wobei auch im Strafverfahren die Judikative endgültig von der Exekutive getrennt wurde. Während der Richter bisher gleichzeitig als Polizeichef fungiert hatte, wurde er mit der Einführung des Anklageprinzips auf seine richterlichen Funktionen beschränkt. Für die Polizei entfielen damit die richterlichen Befugnisse.

Die späteren Ausführungen werden jedoch zeigen, daß die Kompetenzen der dänischen Polizei im Bereich der Anklage beträchtlich blieben, der von den Staatsanwälten repräsentierten Anklagebehörde insoweit also im Vergleich zu anderen Staaten eine begrenzte Rolle zukommt.

Mit der geschichtlichen Entwicklung hängen auch die noch geltenden Vorschriften für die Polizei im Prozeßgesetz zusammen. Dieses Gesetz über die Rechtspflege (Lov om Rettens Pleje: i. d. F. des Gesetzes Nr. 212 v. 1. Okt. 1936) bestimmt im Zusammenhang der Vorschriften über die Polizeibehörden (4. Abschnitt, Kapitel 11) in § 109Abs. I, daß der Justizminister der oberste Dienstvorgesetzte der Polizei ist, der seine Befugnisse durch den Reichspolizeichef (Rigspolitichef) sowie durch Polizeimeister (Politimester) und in Kopenhagen durch den Polizeidirektor (Politidirektør) ausübt.

Wegen der Größe und Gliederung der Polizei sowie anderer Einzelheiten wird auf ergänzende Gesetze verwiesen.

Die Entwicklung im 20. Jahrhundert, insb. die gewandelte und gewachsene Kriminalität sowie der zunehmende Verkehr führten dann aber doch zu einem grundlegenden Wandel. Ein am 1. Apr. 1938 in Kraft getretenes Gesetz verstaatlichte mit der gesamten Polizei auch die Kriminalpolizei Dänemarks. Die staatliche Polizei wurde der Tradition entsprechend dem Justizminister unterstellt. Im Zuge dieser Neuregelung gingen auch die lokalen Polizeigefängnisse, die sogen. Arresthäuser, von den Kommunen auf den Staat über.

II. Die gegenwärtige Organisation

Nach dem Ende der im Zuge des 2. Weltkriegs erfolgten Besetzung Dänemarks durch deutsche Truppen knüpfte man bewußt an die geschilderte Tradition an, was um so leichter fiel, als Polizei und damit auch Kriminalpolizei bereits staatliche Institutionen waren. Größere Änderungen brachte erst die Reform des Jahres 1973.
Durch ein am 7. Juni 1972 beschlossenes Gesetz (Nr. 225) ist die Organisation der dänischen Polizei mit Wirkung vom 1. Apr. 1973 umgestaltet worden. Dabei wurden u. a. 18 Polizeidistrikte außerhalb des Metropolitanbezirks Kopenhagen aufgehoben.

Diese Reform verfolgte u. a. das Ziel, die Polizeidistrikte den geänderten kommunalen Grenzen anzupassen. Zum anderen wollte man durch größere Polizeidienststellen die Wirksamkeit sowohl im Bereich der Schutzpolizei als auch bei der kriminalpolizeilichen Verbrechensbekämpfung verbessern.

An der Spitze des zum Justizressort gehörenden Polizeiwesens steht in Dänemark der **Reichspolizeichef** (Rigspolitichef). Ihm obliegt eine Reihe zentraler Aufgaben der Polizei

(Personal, Haushalt, Rechnungswesen usw.). Ferner unterstehen ihm das Ausbildungswesen und damit die Polizeischule.

Im Bereich der Exekutive verfügt der Reichspolizeichef u. a. über eine besondere Kriminalpolizei-Abteilung (sogen. Rejseafdeling), welche die örtlichen Kriminaldienststellen bei Ermittlungen in Strafsachen zu unterstützen hat; das geschieht in der Praxis außer bei Tötungsdelikten vor allem bei großen Vermögensdelikten.

Schließlich ist der Reichspolizeichef im Rahmen der Verbrechensbekämpfung für die dänischen Zentralstellen verantwortlich. Außer um die zentrale Kriminalregistratur und den kriminalpolizeilichen Meldedienst, das Zentralbüro für Identifizierung und gewisse kriminaltechnische Abteilungen, handelt es sich dabei um die Aufgaben des dänischen Nationalen Zentralbüros der Interpol.

Im übrigen aber ist die kriminalpolizeiliche Verbrechensbekämpfung in Dänemark Sache der ihm nachgeordneten staatlichen Polizeibehörden. Ausschlaggebend für deren regional/lokale Gliederung sind die **Polizeidistrikte.**

Die nach der Reform von 1973 verbliebenen 54 Polizeidistrikte haben als Zentrale eine mit wenigstens 40 Beamten besetzte Station, die rund um die Uhr besetzt ist, d. h. Tag und Nachtdienst unterhält. Die auf diese Weise angestrebte größere Effektivität sollte nicht zuletzt die Verbrechensbekämpfung wirksamer gestalten; die Verbesserung des Streifendienstes verfolgte vor allem präventive Ziele.

Die Kopenhagener Polizei wird von einem Polizeidirektor geleitet, während an der Spitze der anderen Polzeidistrikte ein Polizeimeister steht. Alle diese Amtsträger müssen ein juri-

Abb. 28/18a. Blick auf das Polizeihaus (Politigaarden), das zwischen dem Hafen und dem Stadtzentrum (im Hintergrund sieht man den Rathausturm) gelegene Hauptquartier der Polizei Kopenhagens. Die Diensträume des Rechspolizeichefs (Rigspolitichefen) sind in einem besonderen, vom Polizeihaus verdeckten Gebäude untergebracht.

stisches Staatsexamen bestanden haben; aber auch sonst verfügen diese Polizeibehörden mitunter über weiteres juristisches Personal.
Innerhalb der Strafrechtspflege hat die Polizei vor allem zwei Aufgabenbereiche. Zunächst einmal hat sie in Strafsachen die kriminalpolizeilichen Ermittlungen und im übrigen Maßnahmen der Verbrechensvorbeugung durchzuführen. Zum anderen fungieren Polizeibeamte in Dänemark nach wie vor in beträchtlichem Umfange als Ankläger vor den Strafgerichten. – Darüber hinaus haben die lokalen Polizeibehörden Dänemarks noch mancherlei zivilrechtliche Aufgaben.
In der dänischen Polizei unterscheidet man nicht zwischen Männern und Frauen, die allerdings nicht uniformiert sind; es gibt also keine Abteilung **„Weibliche Kriminalpolizei"**. In der Praxis aber werden weibliche Polizeibeamte vor allem mit kriminalpolizeilichen Aufgaben und mit gewissen Zivilsachen beschäftigt. So werden sie des öfteren mit den Vernehmungen von Kindern und Jugendlichen bei Sexualdelikten sowie damit betraut, familiär-soziale Ermittlungen durchzuführen.

Im Bereich des **Jugendschutzes** kennt man in Dänemark weder eine Jugendpolizei oder besondere Jugendsachbearbeiter, weshalb die Spezialisierung Sache der Praxis und nicht der Organisation ist. Bei Vernehmungen junger Menschen sind ggf. aber Repräsentanten der Fürsorge hinzuziehen.

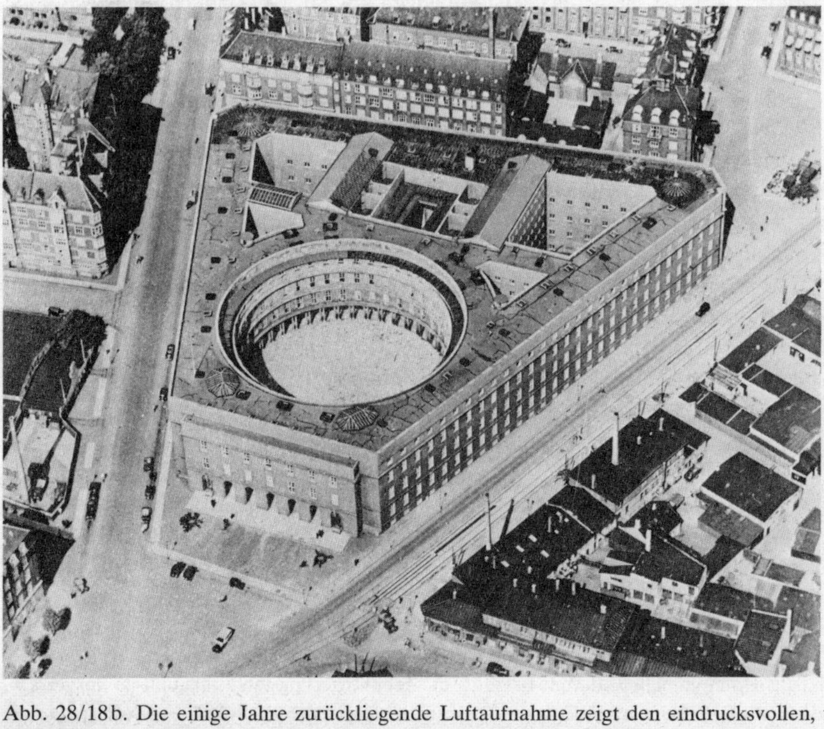

Abb. 28/18b. Die einige Jahre zurückliegende Luftaufnahme zeigt den eindrucksvollen, u. a. von den Architekten Kampmann und Rafn in den Jahren 1918–1924 errichteten Gebäudekomplex Politigaarden in Kopenhagen.

Eine Besonderheit, auf die hier nur kurz hingewiesen werden kann, bietet einmal das zu Dänemark gehörende Territorium **Grönland,** welches nicht nur in der Kriminaliität, sondern auch strafrechtlich mit einem besonderen Kriminalgesetzbuch und kriminalpolizeilich ebenfalls in mancher Hinsicht vom Mutterland abweicht. Dasselbe gilt für die unter dänischer Oberhoheit stehende Inselgruppe der **Färöer.**

Amelunxen, Clemens: Polizei und Kriminalität in Grönland – Kriminalistik 1972, S. 36 ff.

Beide Territorien bilden außerhalb der dänischen Organisation besondere Polizeidistrikte, die – mit einem Polizeimeister an der Spitze – den jeweiligen Verhältnissen angepaßt sind.

III. Zur Arbeit

Über Besonderheiten der kriminalpolizeilichen Arbeit in Dänemark läßt sich aus den eingangs genannten Gründen nur wenig sagen. Auffällig für die Strafrechtspflege ist, was an Großbritannien erinnert, die umfangreiche Anklagetätigkeit der Polizei in Strafsachen. Sie umfaßt außer den Verstößen gegen die Nebengesetzgebung alle nicht sonderlich gewichtigen Straftaten im Sinne des allgemeinen Strafgesetzbuchs. Die sieben Staatsanwälte (Statsadvokater) des Landes, die für bestimmte Gebiete zuständig sind, beschränken sich also als Anklagebehörde auf die schweren Verstöße gegen das Strafgesetzbuch. Für bestimmte Strafsachen ist der an der Spitze dieser Behörde stehende Reichsanwalt (Rigsadvokat) zuständig.

Unsicher ist, welche Rolle dem Reichspolizeichef im Rahmen der zentralen **Fahndung** zukommt, welche bei der Gliederung in 54 Polizeidistrikte mancherlei Probleme aufgeben dürfte.

Besser ist die Situation der **Kriminaltechnik** zu überblicken. Außer in Kopenhagen finden sich auch in etlichen Polizeidistrikten (z. B. Odense, Kolding, Århus und Ålburg) kriminaltechnische Abteilungen, die Waffen, Werkzeuge, Kleidung und Handschriften untersuchen. Für andere Gebiete gibt es feste Absprachen mit externen Sachverständigen. Das ist beispielsweise bei Blutalkoholuntersuchungen der Fall, die durchweg im Rechtsmedizinischen Institut der Universität Kopenhagen durchgeführt werden.

Für das **Ausbildungs**wesen ist wichtig, daß alle Polizeibeamten in der Kopenhagener Polizeischule ausgebildet werden. Diese führt neben der Grundausbildung für Polizeianwärter auch eine Reihe von Spezialkursen durch; ansonsten aber werden Schutz- und Kriminalpolizei anscheinend nicht unterschieden.

Die dänische Polizei, welche sich zunächst nicht sonderlich um **Prävention** und überhaupt **Forschung** in ihrem Arbeitsbereich gekümmert hatte, ist durch Initiativen des Rats für Kriminalprävention (Det kriminalpraeventive Råd), einem Ergebnis skandinavischer Kooperation, neuerdings auch in diesem Gebiet aktiv.

Im Rahmen der technischen Abteilung beim Reichspolizeichef, gewissermaßen dem nationalen Polizeiamt, hat man sich vor allem darum bemüht, die Identifizierungsmöglichkeiten zu verbessern. In Fühlungnahme mit der Technischen Universität hat man beispielsweise zu diesem Zweck besondere Kennzeichnungsmethoden erarbeitet. Auch um die Urkundenuntersuchung hat man sich intensiver bemüht. Ein weiterer Schwerpunkt der Forschung ist die Verkehrssicherheit.

In Dänemark wird ebenso wie in Schweden seit etlichen Jahren besonderer Wert auf die vorbeugende Verbrechensbekämpfung gelegt. Gerade hier wird die Polizei von dem 1971 für diese Zwecke ins Leben gerufenen Rat für Kriminalprävention unterstützt.

Neben dem Exekutiv-Komitee des Rates gibt es eine Reihe von mit Experten besetzten Ausschüssen, die sich außer mit Fragen der Sicherungstechnik auch mit der Öffentlichkeitsarbeit und der Aufklärungstätigkeit im Bildungsbereich sowie ferner mit Problemen der Zusammenarbeit – insb. der Polizei mit anderen Ressorts – befassen. – Der Rat wird auf Grund seiner Untersuchungen überdies auch als beratendes Organ für die Gesetzgebung tätig, kann als solches naturgemäß auch Vorschläge machen.
Der Rat für Kriminalprävention hat Grundsätze für die Organisation der verbrechensvorbeugenden Aktivitäten der Polizei in Dänemark erarbeitet. Diese streben neben Verbesserung des (technischen) Selbstschutzes und präventiven Maßnahmen der Polizei vor allem soziale Maßnahmen an. Im übrigen wendet sich der anscheinend recht aktive Rat mit mancherlei Aktionen (z. B. „Operation Maerkning", d. h. Kennzeichnung) und informativen Publikationen an die dänische Bevölkerung.

Die **Öffentlichkeitsarbeit** der dänischen Polizei, die – wie geschildert – im Bereich der Prävention durch den Rat kräftig unterstützt wird, war auch Gegenstand einer im Jahre 1973 erfolgten Änderung des Rechtspflegegesetzes. Hiernach hat jeder Polizeimeister dafür zu sorgen, daß in seinem Polizeidistrikt eine Art von Polizeiausschuß (Lokalnævn) eingerichtet wird, welchem außer Polizeibeamten auch Vertreter der Gemeinde angehören. In diesem Ausschuß hat der Polizeimeister einerseits über die Tätigkeiten der Polizei zu berichten und andererseits auf diesbezügliche Fragen der Mitglieder Auskunft zu erteilen. Bei Beschwerden kann der lokale Ausschuß auch Untersuchungen beschließen, die von einem Richter oder Staatsanwalt durchzuführen sind. Von dieser Einrichtung verspricht man sich einen besseren Kontakt der Polizei mit der Bevölkerung, die im übrigen auch im Zusammenhang mit der Prävention über Sorgen und Schwierigkeiten der polizeilichen Arbeit unterrichtet wird.
Ungeachtet der – wie geschildert – schmalen Basis dürfte das Ausgeführte doch ein Anlaß sein, sich sowohl in Dänemark als auch im Ausland eingehender mit der Entwicklung des Polizeiwesens und seiner gegenwärtigen Arbeitsweise und dabei auch mit den kriminalpolizeilichen Aktivitäten zu befassen.

K. Norwegen

Norwegen ist ein zwar weiträumiges, aber durchweg dünn besiedeltes Land, das eine vergleichsweise geringe kriminelle Belastung aufweist. Dies mag erklären, warum man sich trotz einer langen Geschichte und mancher Bemühungen um das Polizeiwesen bisher nicht besonders intensiv mit Organisationsfragen der Kriminalpolizei befaßt hat.

Hjillemo, Eimar: Politiet i strafferettspleien, form og realitet – Sonderdruck für „Den Norske Kriminalistforening" – Oslo 1961; *Andenaes,* Johs.: Straffeprosessen i forste instans – Oslo/Bergen 1962 – insb. S. 44 f.; *Uttalelsen* om reav den Sentrale Politiadministrasjon i Norge – hrsg. v. Politiets Sentralorganisasjon – Oslo 1971; *Olstad,* Björn: Omorganisierung av den sentrale politiadministrasjon i Norge – Nord. Tidsskrift f. Kriminalv. 1972, S. 209 ff. (60. Jahrg.); *N. N.:* Litt politihistorie – Politiembetsm. Blad 1973, S. 31 f.; *Harkjerr,* Reidar: Kvinner i politiet – Politiembetsm. Blad 1973, S. 107 ff.; vgl. auch die weiteren Literaturangaben in „International Bibliography of Police Literature", 2. Aufl., London 1968 (für „Norway").

Bemerkenswert ist die heute – wie in Dänemark – noch stark durch die Tradition geprägte Rolle der norwegischen Polizei, der insoweit auch im Verhältnis zur Strafrechtspflege eine Sonderstellung zukommt. Im Rahmen der Polizeiorganisation sind sowohl im nationalen Bereich als auch auf regionaler bzw. lokaler Ebene Besonderheiten für kriminalpolizeiliche Aktivitäten zu erkennen.

I. Zur geschichtlichen Entwicklung

Ungeachtet der in der Vergangenheit oft besonders gearteten staatsrechtlichen Verhältnisse kann Norwegen auf eine lange Geschichte zurückblicken, was auch für die hier besonders interessierende Materie wesentlich ist. Schon in der Gesetzgebung von König Magnus in den Jahren 1274 und 1276 wurden Ämter mit gerichtlichen und polizeilichen Funktionen erwähnt.

Dieses frühe System zeigte große Ähnlichkeit mit der damaligen angelsächsischen Organisation. Etwa dem Sheriff als Polizeichef und Repräsentanten der Krone vergleichbar waren in Norwegen für Frieden und Ordnung in der Landgemeinde der „Lensmann" und in den Städten der „gjalker" verantwortlich.

Die Union mit Dänemark (1380–1814) bewirkte sodann mit der Zeit eine Annäherung an die kontinentalen Verhältnisse, die hier insb. auch durch deutsche Länder geprägt wurden. Für Norwegen ist insoweit z.B. auf die Gesetzgebung Christian V. aus dem Jahre 1687 hinzuweisen.

So richtete man beispielsweise im 17. Jahrhundert in den größeren Städten Wachen ein und schuf schon 1688 den Posten eines Polizeichefs (Politimester = Polizeimeister), nachdem bereit1684 der „Politibetjent" (etwa Polizeiinspektor) erwähnt worden war. Diese Amtsträger befaßten sich schon damals, obwohl sie in Zivil Dienst taten, außer mit Verwaltungsaufgaben vor allem mit der Verbrechensbekämpfung.
Um 1700 erhielten einige Städte die Genehmigung, Polizeikommissionen und Polizeigerichte einzurichten, in welchen der Polizeimeister den Vorsitz hatte. In Christiania (Oslo) schuf man 1744 die erste wirkliche Polizeitruppe. Ein Polizei-Reskript vom Jahre 1802 faßte schließlich die Ämter von „Byfoged" und „Politimester" so zusammen, daß der Amtsinhaber zugleich als Richter in Justizsachen fungieren konnte. Auch die Leiter ländlicher Polizeidistrikte erhielten gewisse richterliche Vollmachten.

Doch erst im 19. Jahrhundert setzte sich in Norwegen ebenso wie in den anderen nordischen Staaten dann der moderne Polizeibegriff durch. Von da an war es eine wesentliche Aufgabe der Polizei, mit den Ermittlungen die Grundlage für die Strafverfolgung in allen Kriminalsachen zu schaffen.
Die erste Tendenz zu einer Zentralisierung des Polizeiwesens in Norwegen war nach Auflösung der Union mit Dänemark (1814) zu erkennen, als man Christian *Diriks* zum Professor und zum Generaldirektor der Polizei ernannte. Daß man diese Pläne dann doch nicht weiterverfolgte, mag damit zusammenhängen, daß Diriks die Leitung des 1818 geschaffenen Ministeriums für Justiz und Polizei übernahm.

Obgleich in Oslo die alte Stadtwache zunächst noch bestehen blieb, organisierte man dort1815 die Polizei neu. Neben dem Polizeimeister, einem Polizeiadjudanten und einem Polizeibevollmächtigten gab es danach neun Polizeibedienstete. – Auf Initiative von Polizeimeister Morgenstjerne wurde am

1. Jan. 1859 in Oslo nach englischem Vorbild ein Konstablerkorps aufgestellt; erst jetzt wurde die Institution der Wachen aufgehoben.
Diese Entwicklung wurde in anderen Städten und Gemeinden übernommen. So bekam beispielsweise Trondheim 1873 seine ersten (20) Polizeikonstabler, welche die bisherigen Wächter ablösten.
Eine 1839 im Parlament (Storting) über das Polizeiwesen geführte Debatte scheint jedoch als solche ohne konkrete Ergebnisse geblieben zu sein.

Ein wichtiges Jahr für die Entwicklung der norwegischen Polizei war 1866; anknüpfend an die Verhältnisse in Kopenhagen und Stockholm sprach damals ein Regierungsausschuß Empfehlungen für die Polizei in Oslo aus. Die daraufhin in der Hauptstadt erfolgte Neugliederung in Schutz-, Kriminal- und Verwaltungspolizei stellte mit der Schaffung einer besonderen Detektiv-Abteilung die eigentliche Geburtsstunde der Kriminalpolizei in Norwegen dar. Obgleich das Polizeiwesen nach wie vor eine Sache der Städte und Landgemeinden blieb, wurden die neuen Osloer Organisationsformen nach und nach von den anderen Landesteilen übernommen.
Ungeachtet der in meisten Staaten immer strenger gehandhabten Trennung von Judikative und Exekutive beließ die vor allem durch dänische Einflüsse geprägte Strafprozeßordnung vom Jahre 1877 den höheren Polizeibeamten neben Funktionen der Anklage auch gewisse richterliche Befugnisse, weshalb insb. die Polizeimeister in Stadt und Land zugleich als Richter (by- und herredsdommer) fungieren konnten und z. T. heute noch können. Eben deshalb verlangt man von ihnen – wie in Dänemark – immer noch einen akademischen Grad der Rechtswissenschaft. – Bsondere Verdienste um die weitere Entwicklung hat sich in jener Zeit Sigvard *Larsen* erworben.

Er begann 1874 seine Laufbahn als Polizist in Oslo. Der von englischen und nordamerikanischen Vorstellungen beeindruckte Larsen, der inzwischen Polizeiinspektor in Lillehammer geworden war, veröffentlichte 1905 eine Schrift, in welcher er sich außer für ein im Umriß skizziertes Polizeigesetz ferner für Polizeiratsversammlungen einsetzte. Obwohl sich seine Ansichten schnell verbreiteten, scheiterte schließlich doch die entsprechende Initiative eines 1912 gebildeten Ausschusses für eine Polizeireform. – Immerhin baute man in der Praxis die Kooperation aus und schuf so die Grundlagen für die weitere Entwicklung; so richtete man beispielsweise 1919 die nationale Polizeischule ein.

So kam es, daß das Parlament 1927 ein allgemeines Polizeigesetz annahm, welches jedoch die tatsächlichen Verhältnisse noch nicht erheblich veränderte. Allerdings schuf man 1931 die dem Justiz- und Polizeiministerium direkt unterstellte (staatliche) Mobile Polizeitruppe, die aber vor allem zur Kontrolle des Straßenverkehrs eingesetzt wurde. 1934 wurde schließlich ein staatliches Polizeikorps (Statspolitikorps) gebildet. Die Zuordnung des Polizeiwesens zum Justizressort ergibt sich daraus, daß es in Norwegen lediglich in den Jahren 1846 bis 1903 ein Innenministerium gab, dem jedoch niemals Polizei unterstellt wurde.
Zu dieser Zeit war bereits das nächste Reformvorhaben angelaufen. Nach einem Grundsatzbeschluß des Parlaments vom Jahre 1934, daß der Staat die gesamte Polizei übernehmen solle, weshalb eine neue Regelung erforderlich sei, wurde ein Polizeiausschuß (Politikomité) eingesetzt, der 1935 entsprechende Vorschläge vorlegte. Dem hier erarbeiteten Konzept schloß sich das Parlament trotz mancher Zweifel an. Das neue Polizeigesetz, welches das vom Jahre 1927 ablöste, trat am 1. Jan. 1937 in Kraft. Es wurden alle norwegischen Polizeibehörden verstaatlicht und dem Justiz- und Polizeiministerium unterstellt, um im ganzen Lande gleiche Rechte und Pflichten für die Polizei zu erreichen. Aus diesem Grunde wurde der Minister ermächtigt, Vorschriften über Besoldung, Disziplin, Arbeitsmethoden und für den allgemeinen Dienst zu erlassen.

II. Die gegenwärtige Organisation

Diesem Ergebnis der geschichtlichen Entwicklung entspricht zumindest im wesentlichen die gegenwärtige Situation in Norwegen, weil man nach dem 2. Weltkriege und dem Ende der deutschen Besatzung bewußt an sie angeknüpft hat. Obwohl es daher in der norwegischen Polizeiorganisation an sich keine besonderen Polizeikorps in Zivilkleidung gibt, findet man im Rahmen der allgemeinen Polizeiorganisation zumindest in den größeren Städten kriminalpolizeiliche Abteilungen, deren Stärke etwa 10–20% der örtlichen Polizei ausmacht; diese „Detektive" arbeiten in Zivilkleidung, sind also als Kriminalbeamte anzusprechen. Es werden daneben aber auch in Norwegen Schutzpolizeibeamte für kriminalpolizeiliche Aufgaben – insb. präventiver Art – eingesetzt.
Die Polizei in Norwegen untersteht auf Grund der geschichtlichen Entwicklung dem Justiz- und Polizeiminister. Im konkreten Ermittlungsverfahren hat sie ferner die Weisungen des zuständigen Staatsanwalts (Statsadvokat) zu befolgen; an der Spitze der Staatsanwaltschaft des Landes steht der Reichsanwalt (Riksadvokat).
Anders als in Dänemark ist die norwegische Anklagebehörde jedoch nicht dem Justizministerium unterstellt, sondern untersteht dem König, d. h. der Regierung. Da die norwegische Kriminalpolizei (nämlich die Politiembetsmenn) auch heute noch gewisse Anklagebefugnisse im Bereich der minderschweren Kriminalität besitzt, kann man sie insoweit als einen Teil der Anklagebehörde bezeichnen.

Das Justiz- und Polizeiministerium gibt „Politimeddelser or kunngjøring til politiet" (= Polizei-Bulletin) heraus; die Publikation enthält Vorschriften, Instruktionen und Informationen für die Polizeikräfte.

Das für die Organisation der Polizei nach wie vor maßgebende Gesetz vom 13. März 1936 (Nr. 13), das am 1. Jan. 1937 in Kraft getreten ist, gliedert das Land in früher 54 und heute 53 Polizeibezirke (Polizeidistrikte), an deren Spitze als Polizeichef der Polizeimeister (Politimester) steht. Dieser an sich, was den Einsatz anlangt, relativ selbständige Polizeimeister untersteht in Strafsachen – wie angedeutet – dem zuständigen Staatsanwalt. – Die Kosten der Polizei trägt der Staat; die Gemeinden erstatten nur einen kleinen Anteil als Zuschuß zurück.

Abgesehen von den großen Städten umfaßt ein Polizeibezirk oder -distrikt regional eine gewisse Anzahl kleinerer Städte und Landgemeinden. Er ist – wie in England und in den USA – lokal in „Grafschaften" gegliedert, an deren Spitze der dem Sheriff in etwa vergleichbare „Lensman" steht. Die Zahl der diesen unterstellten Polizeibeamten schwankt sehr; sie variiert von 1000 Mann in Oslo bis zu 3 Mann in Sogn.

Neben diesen regionalen und lokalen Polizeibehörden gibt es in Norwegen noch einige (nationale) Sondereinheiten: das Polizeikommando zum Schutze der königlichen Familie, die Mobile Polizeitruppe, eine Sonderabteilung, die Polizeischule und die Polizeianwärter sowie vor allem die hier wichtige Kriminalpolizeizentrale, auf welche alsbald zurückzukommen sein wird.

Im übrigen unterscheidet das Gesetz von 1936 zwischen Beamten (Embetsmenn) und Bediensteten (Tjenestemenn) der Polizei. Zu den Beamten zählen neben dem Polizeimeister, der als Chef eines Polizeibezirks fungiert und ein juristisches Examen abgelegt haben soll, u. a. Polizeiinspekteure, -adjudanten und -bevollmächtigte. Zu den Polizeibediensteten rechnen neben Polizeiinspektoren (betjenter) vor allem die Konstabler verschiedener Dienstgrade. Eine oben geschilderte Sonderstellung genießt auf Grund der historischen Entwicklung der für den lokalen Bereich verantwortliche Lehnsmann (Lensmann), der in Landgemeinden zugleich eine Reihe anderer Funktionen ausübt. Es gibt gegenwärtig noch etwa 385 Lehnsmänner mit rund 1000 Bediensteten, wenn man von Oslo absieht; sie unterstehen jedoch heute dem für den betreffenden Distrikt zuständigen Polizeimeister.

Einem von einer amtlichen Kommission am 3. Mai 1971 gemachten Vorschlag, die norwegische Polizei ähnlich wie in Schweden zu organisieren, d. h. zentral geleitet mit einem Polizeidirektorat an der Spitze, ist ebenso wie der Justizminister auch die Regierung nicht gefolgt, weil man das Entstehen eines zu starken Machtfaktors befürchtet.
Am 1. Febr. 1959 wurde die Zentrale der Kriminalpolizei aus dem Hauptquartier der Osloer Polizei herausgelöst und als **Kriminalpolizeizentrale** (Kriminalpolitisentralen) – eine besondere Behörde – dem Justizministerium unmittelbar unterstellt. Wegen der verschiedenen Zuständigkeiten wird diese Kriminalpolizeizentrale durch einen Ausschuß kontrolliert und beraten, welchem der Reichsanwalt, der Polizeichef von Oslo und ein Polizeibeamter angehören.

N. N.: Kriminalpolitisentralen – Poliembetsm. Blad 1972, S. 11 f.

Die Kriminalpolizeizentrale ist in vier Abteilungen gegliedert: Verwaltung, Erkennungsdienst, Kriminaltechnik und Meldedienst.

Eine Gruppe der Verwaltungsabteilung nimmt u. a. die Funktionen des norwegischen Nationalen Zentralbüros der Interpol wahr. Eine andere Gruppe ist für Ermittlungen zuständig; sie ist auch für die insoweit als inländisch gewerteten Kontakte mit den anderen nordischen Staaten zuständig. In der Verwaltungsabteilung befaßt man sich ferner mit Fragen der Ausbildung.

Abb. 28/19. Blick auf die Victoria Terrasse im Zentrum Oslos. Im Gebäude rechts ist u. a. die norwegische Kriminalpolizeizentrale (Kriminalpolitisentralen) untergebracht. Die Gebäude links beherbergen z. Z. noch die Osloer Polizeibehörde und deren Kriminalabteilung, welche jedoch 1978 in ein neues Polizeihaus umziehen werden.

In der Abteilung Erkennungsdienst geht es vor allem um die Daktyloskopie, während bei der kriminaltechnischen Abteilung eine chemische und eine technische Sektion unterschieden werden.
Die für den Meldedienst zuständige Abteilung führt die erforderlichen Register und Karteien; sie ist ferner für die Herausgabe der Polititidende (Polizei-Gazette) verantwortlich. Die Datenverarbeitung wird bisher noch nicht genutzt.
1975 hat man ferner eine besondere Gruppe eingerichtet, welche die kriminalpolizeilichen Aufgaben in Katastrophenfällen zu erfüllen hat. Im Jahre 1976 hat man beschlossen, eine besondere Gruppe für die Untersuchung von Wirtschaftsdelikten aufzustellen.

Die Kriminalpolizeizentrale in Oslo ist mithin außer für den kriminalpolizeilichen Meldedienst auch für kriminaltechnische Untersuchungen zuständig. Hier wie auch sonst hat sie die regionalen bzw. lokalen Dienststellen beispielsweise bei Tatortuntersuchungen in besonderen Fällen zu unterstützen. Zuweilen bemängelt man gerade im Hinblick darauf eine noch unzureichende personelle und sachliche Ausstattung der Kriminalpolizeizentrale.
Was die **regionale und lokale Organisation** kriminalpolizeilicher Aktivitäten anlangt, mögen die Verhältnisse in der Hauptstadt Oslo bereits einen gewissen Eindruck zu vermitteln.

Die Osloer Polizeibehörde (Politikamer) verfügt – wie angedeutet – über eine besondere, von einem Polizeiinspektor geleitete Kriminalabteilung, die sich 1973 in elf Abschnitte gliederte, welche zwar vor allem deliktsspezifisch orientiert waren, u. a. aber auch für bestimmte allgemeine Aufgaben (Register und Erkennungsdienst, Fremdenpolizei, Ausbildung) zuständig waren.

Die 1958 erlassenen Vorschriften für weibliche Polizeianwärter sehen prinzipiell keinen Unterschied zwischen Männern und Frauen vor, insb. keine besondere Abteilung „Weibliche Kriminalpolizei".

III. Zur Arbeit

Die in Strafsachen der Staatsanwaltschaft unterstehende Kriminalpolizei ist nach § 90 norw. StPO in gewissem Umfange (insb. bei den weniger schweren „Vergehen") selbst zur Anklage vor einem Strafgericht befugt; hierfür ist in der Regel der Polizeimeister zuständig. In gewissen Grenzen entscheidet ein solcher Polizeibeamter nach dem Strafprozeßgesetz auch über die Einstellung eines Strafverfahrens; gerade insoweit hat man von juristischer Seite allerdings seit Jahrzehnten Bedenken rechtsstaatlicher Art vorgebracht.

Bjørn, Røed/*Sandkleven,* Thorbjørn: Politiets operative stabsarbeid ved katastrofer, flyulykker e. l. – Politiembetsm. Blad 1974, S. 2 ff.; *Harkjerr,* Reidar: Politiet i det norske Samfunn – Politiembetsm. Blad 1974, S. 38 ff.; *Kosberg,* Erik: Politioppgaver og påtaleoppgaver-juristens plass i norsk politi – Nord. Tidsskrift f. Kriminalv. 1975, S. 258 ff. (63. Jahrg.); *Haughe,* Ragnar/*Stabell,* Harald: Politivirksomhet i et norsk landdistrikt – Nord. Tidsskrift f. Kriminalv. 1975, S. 269 ff. (63. Jahrg.); *Ulrich,* Stein: Makt og Avmakt på den kriminalpolitiske front – Politiembetsm. Blad 1976, S. 40 ff.; *Brathom,* Anders: Makt og avmakt på den kriminalpolitiske front – Politiembetsm. Blad 1976, S. 55 ff.

Wie in England so tun die Polizeibeamten auch in Norwegen grundsätzlich unbewaffnet Dienst; auf Streife führen sie nur einen Gummiknüppel mit sich. Lediglich in Ausnahmefällen werden auf den Polizeistationen verwahrte Pistolen und Gewehre ausgegeben, an welchen die Beamten ausgebildet sind.

Speziell für die kriminalpolizeiliche Arbeit und hier insb. die **Fahndung** ist erwähnenswert, daß alle größeren Polizeidienststellen eine für Erkennungs- und Meldedienst zuständige Stelle haben, die mit der Kriminalpolizeizentrale Oslo in Verbindung steht; denn diese sammelt und verwertet das anfallende Material für das ganze Land.

Gerade angesichts der relativ selbständigen regionalen Polizeibehörden der Distrikte, welche im kriminalpolizeilichen Bereich eine sehr unterschiedliche Ausstattung aufweisen, hat man ein System der Zusammenarbeit und gegenseitigen Hilfe erarbeitet. So werden z. B. bei Mord und anderen schweren Delikten oder sonst kompliziert liegenden Ermittlungssachen im ländlichen Bereich gewöhnlich sogleich Ermittlungsbeamte von größeren, insb. städtischen Kriminaldienststellen hinzugezogen, sofern nicht sogar die Kriminalpolizeizentrale eingeschaltet wird; auch diese verfügt – wie dargelegt – für derartige Zwecke über besonders ausgebildete Ermittlungsbeamte und Kriminaltechniker. Sie leistet ggf. auch mit ihrem kriminaltechnischen Laboratorium Hilfe, sofern nicht in Sonderfällen Universitäts-Experten beigezogen werden müssen.

Die Nachrichtenübermittlung erfolgt außer durch Fernsprecher vor allem auf dem Funkwege; die elektronische Datenverarbeitung ist – wie gesagt – bisher in Norwegen noch nicht für kriminalpolizeiliche Zwecke eingesetzt worden.

Die **Ausbildung** der norwegischen Polizei, die früher nach einer Verordnung vom Jahre 1956 erfolgte, ist in den Jahren 1975 und 1976 umgestaltet worden, obwohl der Bericht einer 1971 eingesetzten Regierungskommission noch aussteht.

N. N.: Politiudannelsen – Politiembetsm. Blad 1974, S. 108 ff.

Die Einstellung erfolgt nach neuen, demokratischen Grundsätzen durch einen dementsprechend zusammengesetzten Ausschuß. Der angenommene Bewerber muß eine etwa zweijährige Grundausbildung absolvieren, in welcher er theoretisch und praktisch mit seinen Aufgaben vertraut gemacht wird; diese Grundausbildung beginnt mit einem dreimonatigen Einführungskurs. Besonderes Gewicht legt man in Norwegen jedoch auf die Tätigkeit des Polizeianwärters in der Praxis.

Cristie, Nils/*Olaussen,* Leif Petter: Presse og politi – Politiembetsm. Blad 1977-Okt., S. 21 f.; *N. N.:* Politi og Presse – Politiembetsm. Blad 1977-Dez., S. 61 ff.

Ebenso wie sich aus dem vorliegenden Material nichts Besonderes über die kriminalpolizeiliche **Öffentlichkeitsarbeit** entnehmen läßt, gibt es in Norwegen anders als in Dänemark und Schweden keine besonderen Institutionen für Kriminalprävention. Dennoch werden derartige Aufgaben in der Praxis von Polizeibeamten, Jugendclubs und dergleichen wahrgenommen. Vermutlich aber dürfte sich in diesem Bereich noch etwas tun lassen.

Das mit seinen nördlichen Landesteilen den Polarkreis überschreitende Norwegen bietet nicht nur geographisch, sondern auch für die kriminalpolizeiliche Verbrechensbekämpfung gewisse Besonderheiten, die unser Interesse verdienen. Bei unverkennbarem Traditionsbewußtsein fällt auf, daß gerade im Bereiche der Kriminalpolizei in diesem weitläufigen Land die Tendenzen zu einer zentral gesteuerten Kooperation viel ausgeprägter als bei dem südlichen Nachbarn Dänemark sind. Damit hängt wohl auch die deutlicher erkennbare Sonderstellung kriminalpolizeilicher Aktivitäten zusammen.

L. Schweden

Schweden war nicht nur lange Zeit ein mächtiger europäischer Staat, sondern ist trotz des Wandels seiner historischen Rolle auch heute das wohl bedeutendste der skandinavischen Länder, zumal da es international besonderes Ansehen genießt. Im konkreten Falle kommt jedoch noch ein anderer Gesichtspunkt hinzu. Polizei und Kriminalpolizei waren in Schweden lange Zeit im wesentlichen eine Sache der Gemeinden, obwohl es auch in diesem Land zumindest seit 1933 für bestimmte schwere Verbrechen auch eine staatliche Polizei gab. Am 1. Jan. 1965 ist das gesamte schwedische Polizeiwesen verstaatlicht worden; zu diesem Zwecke hatte man im Jahre zuvor eine neue Behörde, das dem Justizminister unterstellte Reichspolizeiamt, geschaffen. Schon angesichts der weltweit aufmerksam verfolgten Impulse Schwedens auf dem Gebiet der Kriminalpolitik beansprucht gerade diese Reform daher unser besonderes Interesse.

Staf, Nils: Polisväsendet i Stockholm 1776–1850 – Stockholm 1950; *Lager,* Tage: Die schwedische Staatspolizei und ihre kriminaltechnische Bereitschaft – in: TbKrim Bd. X, S. 328 ff. (1960); *N. N.:* Die neue Organisation der schwedischen Polizei – in: TbKrim Bd. XVIII, S. 216 ff. (1968); *Kollander,* Lars: Fahndung in Schweden – in: Fahndung, hrsg. v. Bundeskriminalamt, Wiesbaden 1970, S. 41 ff.; *N. N.:* Die schwedische Polizei – Die neue Polizei 1970, S. 141 ff.; *Becker,* Harold-K./*Hjellmo,* Einar O.: Justice in Modern Sweden – Springfield/Ill./USA 1976 – insb. S. 49 ff.; *Stolz,* Gerd: Die schwedische Polizei. Aufgaben, Organisation und Gliederung – Die Polizei 1976, S. 177 ff.; *Statens Kriminaltekniska Laboratorium.* En Presentation – Huskvarna 1976 (Schwed./Engl.); *Berndt,* Peter: Polizei in Schweden – der kriminalist 1977, S. 637ff., 1978, S. 30ff.

I. Zur geschichtlichen Entwicklung

Die sich in Schweden namentlich im 17. und 18. Jahrhundert entwickelnden polizeilichen Aktivitäten wurden ebenso wie in anderen Ländern als eine Angelegenheit der Gemeinden betrachtet. Zuständig für das Polizeiwesen waren damals also die Bürgermeister und Ratsherren, die sich dabei schon im 15. und 16. Jahrhundert auf Stadtschulzen, sogen. Stadtdiener und dergl. stützten. Daraus entwickelten sich im 16. und 17. Jahrhundert, insb. in den Städten, Wachen wie diejenige in Stockholm; während dort die sogen. „Würstchen" für männliche Rechtsbrecher zuständig waren, hatten sich die „Klößchen" um weibliche Missetäter zu kümmern.

Erst 1778 stellte man in der Hauptstadt Stockholm im Zuge einer Reorganisation die erste wirkliche Polizeitruppe auf. Infolge der kommunalen Kompetenz waren aber nicht nur die Verhältnisse örtlich recht verschieden gestaltet, sondern auch die Mittel und die sich daraus ergebenden Möglichkeiten sehr unterschiedlich. Die daraus resultierenden Mißhelligkeiten bewirkten, daß man schließlich 1847 Experten damit beauftragte, unter Berücksichtigung der Verhältnisse im Ausland eine Reform des Polizeiwesens vorzubereiten. Im Zuge dieser Bestrebungen wurde beispielsweise die Stockholmer Polizei im Jahr 1850 erneut reorganisiert (Regierungserlaß vom 9. März 1850); diese Polizeitruppe war damals bereits etwa 400 Mann stark. Im übrigen aber blieb die Polizei weiterhin eine kommunale Aufgabe.

So waren in den schwedischen Landgemeinden bis 1875 die zugleich als Ankläger fungierenden Kronvögte und Länsmänner für die Polizei verantwortlich; sie stützten sich beim Voll-

zug auf die von den Gemeinden angestellten Polizeidiener bzw. Landjäger. Das änderte sich auch danach nicht grundlegend. Erst 1914 traten in den 24 Länen des Reiches Landvögte, die als Polizeichefs jedoch bei wichtigeren Straftaten ebenfalls zugleich als Ankläger fungierten, an deren Stelle.
Immerhin bahnte sich im Laufe des 19. Jahrhunderts auch in Schweden eine in diesem Zusammenhang besonders interessierende Spezialisierung an, die zur heutigen Kriminalpolizei führte. Die Hauptstadt Stockholm bekam schon 1853 ihre ersten Detektive. Unter Leitung eines Polizeikommissars hatten vier Polizeibeamte den Auftrag, verdächtige Personen zu überwachen sowie Verbrechen und Verbrecher ausfindig zu machen.

Man baute bald auch die kriminalistische Arbeitsweise aus. So begann man schon in 1871 in Stockholm damit, verhaftete Personen fotografieren zu lassen. Zu der im letzten Jahrzehnt jenes Jahrhunderts entwickelten Personenbeschreibung trat 1906 die Daktyloskopie hinzu, welche in Stockholm übrigens von einem dänischen Beamten eingeführt wurde. In demselben Jahr ging man von den Berufsfotografen zur regulären Polizeifotografie über.

Dieses Beispiel von Stockholm machte natürliche auch in anderen Landesteilen Schule. Und seit 1908 setzte man dann auch in den Landgemeinden sogen. Länsdetektive ein, die man ebenfalls als Kriminalbeamte bezeichnen kann.
Die in Schweden zu verzeichnende Unterschiedlichkeit der kommunalen Polizeiorganisation brachte erhebliche Koordinierungsprobleme mit sich, welche durch die Zunahme der Kriminalität noch verschärft wurden. Obwohl dies alles eine Reform des Polizeiwesens nahelegte, die in den 20er Jahren dieses Jahrhunderts von mehreren Regierungen diskutiert wurde, kam man zunächst jedoch nur langsam voran.
Immerhin zeigten sich – vor allem in den 30er Jahren – doch in der Praxis einige Auswirkungen dieser Reformdiskussion. So stellte man seit 1925 nur noch für ihre Arbeit besonders geschulte Länsdetektive ein. Sodann schuf man in den etwa den englischen Counties vergleichbaren Länen (Provinzen, Regierungsbezirke) auch gewisse staatliche (nationale) Polizeieinheiten, welche mit den lokalen Polizeibehörden zusammenzuarbeiten hatten. Obwohl für diese staatliche Polizei – wie in Norwegen – zunächst der wachsende Straßenverkehr das wesentliche Arbeitsgebiet war, betraute man gewisse ihrer Beamten alsbald auch mit der Untersuchung schwerer oder kompliziert liegen der Strafsachen. Zu diesem Zweck bildete man innerhalb der staatlichen Polizeibehörden alsbald besondere Kommissionen oder Gruppen, welche auf Anforderung der lokalen Behörden bei gewissen Ermittlungen – z. B. von Mord, Raub usw. – unterstützend tätig wurden.
In Städten mit mehr als 10000 Einwohnern durfte der König nunmehr anordnen, daß bestimmte Beamte der Stadtpolizei zugleich in der Staatspolizei Dienst zu tun hatten. Bei den dazu verpflichteten Städten konnte der König zudem eine bestimmte Zahl von Kriminalbeamten für den Dienst in den besonderen Kriminalabteilungen der Staatspolizei abstellen.
Die auf diese Weise geschaffene staatliche Kriminalpolizei wurde jedoch in erster Linie dort eingesetzt, wo es keine kommunalen Kriminalabteilungen gab, d. h. in den Landgemeinden und kleineren Städten. Immerhin wurde dafür gesorgt, daß in jedem Län zumindest eine Kriminalabteilung verfügbar war; die größte und bedeutendste Kriminalabteilung war naturgemäß die der Hauptstadt Stockholm.

Eine Reform erwies sich ferner vor allem im Ausbildungswesen als nötig. Man gründete daher eine nationale Polizeischule, welche außer für die Grundausbildung auch für die Fortbildung in Spezialgebieten zuständig war.

Ebenfalls in den 30er Jahren errichtete man speziell für die kriminalpolizeilichen Belange ein nationales Kriminaltechnisches Laboratorium, welches wissenschaftliche Analysen durchzuführen und neue Untersuchungsmethoden zu entwickeln hatte. Diese Staatliche Kriminaltechnische Anstalt (Statens kriminaltekniska anstalt, SKA) wurde auf einen Vorschlag des schwedischen Sozialministers an die Stadt Stockholm vom Jahre 1937 hin dort am 1. Oktober 1939 eröffnet. Ihr gehörten damals als Leiter ein Assistenzprofessor, zwei Oberassistenten und zwei Assistenten an. Im Haushaltsjahr 1962/63 war infolge der sich stetig ausweitenden Aufgaben die Zahl der im Laborbereich tätigen Bediensteten bereits auf 23 gewachsen. Sie untersuchten in jenem Jahr 1433 Fälle; es mußten nur noch 131 Fälle an andere Spezialinstitute abgegeben werden.

Diese neben den kommunalen Polizeien geschaffene staatliche Organisation konnte dank ihrer Beweglichkeit das schwedische Polizeiwesen einigermaßen funktionabel erhalten. Doch brachten der 2. Weltkrieg, obwohl Schweden als neutraler Staat von seinen unmittelbaren Auswirkungen verschont blieb, und die Nachkriegszeit außer kräftig wachsendem Straßenverkehr auch eine erhebliche Zunahme der Kriminalität mit sich.

II. Die gegenwärtige Organisation

So setzte sich in der Nachkriegszeit der Gedanke durch, daß eine grundlegende Umorganisation unvermeidbar war, zumal da die lokalen Polizeidistrikte durchweg zu klein waren, wobei ihre Selbständigkeit und Unabhängigkeit die Zusammenarbeit mit den nationalen und regionalen Kriminalabteilungen erschwerte.
Bis 1965 unterstand die Polizei in Schweden grundsätzlich der Dienstaufsicht der Provizialregierungen; sie war zudem immer noch so eng mit den Obliegenheiten der Anklagebehörde verzahnt, daß man auch in diesem nordischen Land von einer Doppelfunktion – bzw. doppelter Unterstellung – sprechen konnte.

Noch heute müssen die Staatsankläger (Statsåklargarna) außer der Befähigung zum Richteramt eine kriminalistische Praxis nachweisen; bei den Bezirksanklägern sind die Anforderungen etwas geringer.
1964 – am Vorabend der Reform – gab es in Schweden 554 Polizeibezirke, von denen 70% über weniger als zehn Polizeibeamte verfügt. Durch die auf die Bezirksgrenze beschränkte Kompetenz wurde ein konzentrierter und koordinierter Einsatz erheblich erschwert.
Zusammen mit der stark wachsenden Verkehrskriminalität macht die auch in Schweden gewaltig zunehmende Zahl anderer Verbrechen eine Neuordnung dringend erforderlich. Dabei dürfte vor allem der Wunsch eine Rolle gespielt haben, die Polizei deutlicher vom Anklage- und Vollzugswesen zu unterscheiden.

Im Zuge der am 1. Jan. 1965 erfolgten Verstaatlichung der gesamten Polizei Schwedens ist zugleich die Zahl der (lokalen) Polizeibezirke drastisch auf 119 reduziert worden. Statt vorher 989 gibt es jetzt nur noch 510 Polizeireviere (Polizeistationen). Die Polizeibeamten sind in ihrer örtlichen Kompetenz nicht mehr beschränkt; sie können gff. auch in anderen Bezirken tätig werden. – Die zweite (regionale) Ebene der Polizeiorganisation ist in die Länsverwaltungen integriert; sie wird jeweils von einem Polizeichef (Landespolizeidirektor) geleitet, welchem neben den lokalen Polizeidistrikten auch gewisse reigionale Einrichtungen und Einheiten unterstehen.
National wird das schwedische Polizeiwesen vom Reichspolizeiamt (Rispolisstyrelsen) in Stockholm geleitet (vgl. Abb. 28/20), das unmittelbar dem Justizminister untersteht. Seine

Direktion setzt sich aus dem Reichspolizeichef als Präsidenten, dem Oberdirektor als Vizepräsidenten und sechs weiteren von der Regierung ernannten Migliedern zusammen, die als Abgeordnete dem Reichstag (Parlament) angehören. Dieses Direktorium dient als Aufsichts- und Kontrollorgan.

Das Reichspolizeiamt gliedert sich als Behörde in vier Abteilungen und weiter in Büros und Unterabteilungen. Ihm angegliedert sind zwei Polizeischulen sowie das Staatliche Kriminaltechnische Laboratorium.

Die Abteilung A befaßt sich im Polizeibüro I mit schutzpolizeilichen Aufgaben, im Polizeibüro II mit dem Kriminaldienst. Die Abteilung B ist für Technik un Ausbildung, die Abteilung C für Verwaltung, Personal, Nachrichtenwesen und Datenverarbeitung und die Abteilung D für den Staatsschutz zuständig.
Wie bereits diese Organisation zeigt, ist das Reichspolizeiamt exekutiv außer für Staatssicherheit (einschließlich der Staatsbesuche) auch für Aufgaben im Bereich der Verbrechensbekämpfung zuständig; es hat im übrigen (bei der Verbrechensbekämpfung, Einsatz der Wasser- und Luftpolizei sowie über ein Län hinausgehenden Maßnahmen der Verkehrskontrolle) koordinierende Funktion.
Insgesamt waren 1977 im Reichspolizeiamt rund 500 Bedienstete tätig.

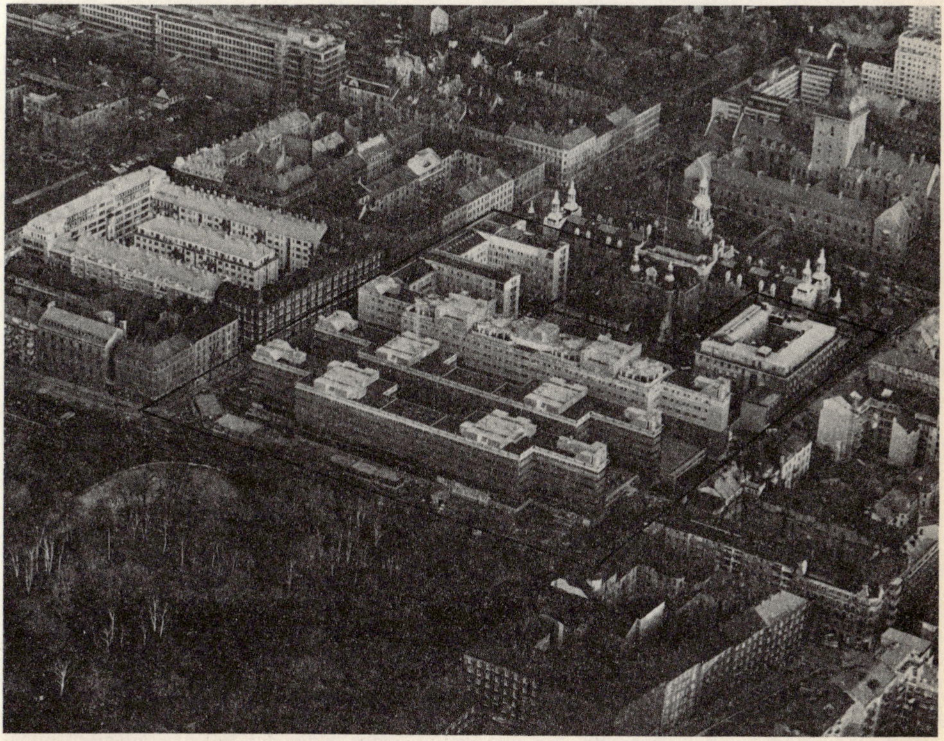

Abb. 28/20. Die Luftaufnahme zeigt den eindrucksvollen Gebäudekomplex (eingerahmt), in welchem u. a. das schwedische Reichspolizeiamt (Rikspolisstyrelsen) untergebracht ist, und seine Lage in Stockholm. Hier befindet sich also auch die Zentrale der schwedischen Kriminalpolizei.

Dem der Abteilung A des Reichspolizeiamts zugeordneten Kriminalbüro (Polizeibüro II) obliegt einmal die zentrale Fahndung, für die etwa 100 Beamte zur Verfügung stehen, welche ggf. durch regionale oder lokale Kräfte verstärkt werden. Es stellt ferner die Richtlinien für die örtliche Fahndung und überhaupt für die vorbeugende Verbrechensbekämpfung auf. Zum Kriminalbüro gehören auch die zentralen Karteien, welche jedoch mit der Zeit der Computerabteilung zuwachsen dürften. Das Kriminalbüro des Reichspolizeiamts, welches mithin als Zentrale der schwedischen Kriminalpolizei anzusehen ist, fungiert schließlich als Nationales Zentralbüro der Interpol.

Abb. 28/21. Ansicht derjenigen Gebäude, in denen das schwedische Reichspolizeiamt arbeitet.

Dem Reichspolizeiamt ist verwaltungsmäßig das 1964 neu geordnete, in Fachfragen jedoch unabhängige Staatliche Kriminaltechnische Laboratorium (Statens Kriminaltekniska Laboratorium, SKL) unterstellt, das sich seit 1975 in Linköping befindet. Das aus der früheren Laboratoriumsabteilung der Staatlichen Kriminaltechnischen Anstalt hervorgegangene Laboratorium ist im übrigen aber eine selbständige Behörde, welche kriminaltechnische Untersuchungen für Gerichte, Staatsanwaltschaften und Polizeibehörden sowie ferner – gegen Vergütung – auch für andere Behörden und Privatpersonen durchführt.

Während die ursprüngliche Anstalt (SKA) zunächst im obersten Stockwerk des Polizeihauses an der Bergsgatan inKungsholmen (Stadtteil von Stockholm) untergebracht war, befand sich das Laboratorium seit 1965 in Solna (einige Kilometer nördlich von Stockholm) in einem modernen Industriegebäude. Von dort wurde es 1975 in einen eigens für es errichteten Neubau auf dem Universitätsgelände in Linköping verlegt. Dabei wurde auch seine wissenschaftliche Ausstattung umfassend erneuert und ausgebaut.

Das Laboratorium verfügt über drei Abteilungen (chemisch-biologisch, physikalisch-mechanisch, schrifttechnisch), die jeweils in besondere Spezialbereiche gegliedert sind. Einem Professor als Leiter dieses Laboratoriums – gegenwärtig ist das Professor Andreas *Maehly* – sind ferner die Verwaltungsabteilung und die Forschungsgruppe zugeordnet.

Die **regionale Polizeiorganisation** in Schweden lehnt sich – wie gesagt – an die Regierungsbezirke (Län) an. Jeder Bezirk (Ausnahme: Gotland) hat einen Landespolizeidirektor, der die polizeilichen Aktivitäten koordiniert, ggf. auch selbst die Leitung übernehmen kann; dieser Landespolizeidirektor ist zugleich Beamter der Provinzregierung.
In jeder Provinz existiert zumindest eine technische Kriminalabteilung, in der Regel beim größten Polizeidistrikt. Ihre Beamten sind besonders für die Tatortarbeit und für kriminaltechnische Untersuchungen ausgebildet.
Auf **lokaler Ebene** bestehen nur noch 118 Polizeibezirke(-distrikte), die oft das Gebiet mehrerer Gemeinden umfassen. Die Personalstärke dieser Polizeidistrikte umfaßt in der Regel 20–50 Beamte; an ihrer Spitze steht ein Polizeidirektor.

Neben einer Abteilung für die öffentliche Ordnung, Überwachung und Verkehr gibt es in jedem Polizeibezirk gewöhnlich eine Kriminalbteilung mit sechs Dezernaten (Fahndung, Allgemeine Ermittlung, Technik, Diebstahl, Betrug, Gewaltverbrechen). Die Fahndungsdezernate sind am 1. Juli 1971 eingeführt worden, als man die zur Ordnungsabteilung gehörenden Schutzabteilungen auflöste. In kleineren Polizeidistrikten versieht ein besonders beauftragter Kontaktmann die Aufgaben des Fahndungsdezernats. Je nach Bedarf werden im übrigen besondere Arbeitsgruppen gebildet, die ggf. auch vom Hauptort angefordert werden können.
Auch auf lokaler Ebene gibt es zur Kontrolle der polizeilichen Aktivitäten einen Polizeiausschuß bzw. ein Polizeidirektorium, das sich aus dem (örtlichen) Polizeidirektor und sechs bis acht von den Kommunen benannten Mitgiedern zusammensetzt.
Obwohl eine 1967 eingesetzte Regierungskommission im Jahre 1970 vorgeschlagen hat, die Zahl der örtlichen Polizeidistrikte auf etwa 90 zu vermindern, ist dies bisher nicht verwirklicht worden.

Möglichen Nachteilen der mit der geschilderten Organisation angestrebten Zentralisierung ist durch starke Motorisierung und durch einen großzügigen Ausbau des Nachrichtenwesens entgegengewirkt worden. Auch Gebäude und technische Einrichtungen der schwedischen Polizei sind nach 1965 mit erheblichem Kostenaufwand errichtet oder verbessert worden. So hat man beispielsweise innerhalb von 12 Jahren allein für Polizeistationen 71 Neubauten errichtet; weitere 20 sind geplant.

Vor der Verstaatlichung gab es in Schweden z. B. insgesamt 925 Polizeiwagen; 1970 waren es bereits 2100, davon 48% mit neutralem Aussehen, die gut für kriminalpolizeiliche Zwecke verwendet werden können.

In Schweden gibt es keine besondere Abteilung **„Weibliche Kriminalpolizei"**. Weibliche Beamte tun grundsätzlich wie ihre männlichen Kollegen Dienst; es gibt daher in Schweden auch uniformierte Beamtinnen, die Außendienst verrichten.

III. Zur Arbeit

Die Arbeit der Kriminalpolizei in Schweden ist deshalb besonders interessant, weil dieses Land sein Polizeiwesen erst vor kurzem grundlegend umgestaltet – verstaatlicht und zentralisiert – hat.

N. N.: Fra Sverige – Politiembetsm. Blad 1974, S. 114 ff.; *Werner,* Bertil: Åklagaren som domare. Relativ eller absolut åtalsplikt – Nord. Tidsskrift f. Kriminalv. 1975, S. 123 ff. (63. Jahrg.).

Allerdings ist schon 1975 erneut eine Regierungskommission eingesetzt worden, welche Vorschläge zur Verbesserung der polizeilichen Arbeit machen soll. Bisher ist jedoch noch nicht einmal die als erster Schritt angestrebte Bestandsaufnahme abgeschlossen. Erst danach aber können eine kritische Würdigung und schließlich konkrete Vorschläge erwartet werden.

Die Ermittlungen in Strafsachen werden in Schweden entweder von der Polizei oder von einem Ankläger eingeleitet; ergibt sich im erstgenannten Falle ein begründeter Tatverdacht, so übernimmt der Ankläger die Leitung des Verfahrens, wenn es sich nicht um Angelegenheiten von einfacher Natur handelt. Hierfür gibt es gemeinsame Auslegungen von Reichsstaatsanwaltschaft und Reichspolizeiamt.

Besondere Aufmerksamkeit hat man in Schweden in den letzten zehn Jahren der **Fahndung** gewidmet, die auch nach der Reform von 1965 erneut umgestaltet worden ist. Gerade hier hat sich die Zentralisation als vorteilhaft erwiesen, wenngleich es neben Reichs- und Zonenalarmplänen natürlich nach wie vor Provinzialalarmpläne oder begrenztere Strategien gibt und geben wird. Im Zusammenhang mit dem Nachrichtennetz und der Motorisierung werden in dem weiträumigen, z. T. dünn besiedelten Land ggf. auch Hubschrauber bei der Fahndung eingesetzt.

Im Bereiche der **Kriminaltechnik** ist insbesondere auf das Staatliche Kriminaltechnische Laboratorium (SKL), in welchem 1977 rund 70 Beamte arbeiteten, sowie auf das Staatliche Institut für gerichtliche Chemie, einschlägige Universitätsinstitute und für einfachere Untersuchungen auf die Technischen Kriminalabteilungen hinzuweisen, die es gegenwärtig bereits in etwa 30 größeren Polizeidistrikten gibt.

Die Abgrenzung der Aufgaben des SKL ist deshalb in der Praxis nicht immer leicht; denn neben größerer Kompliziertheit spielen auch Kapazität und Erreichbarkeit anderer kriminaltechnischer Untersuchungsstellen eine Rolle. Immerhin ist auch von der Zunahme der Kriminalität in Schweden abgesehen die Bedeutung des zentralen Laboratoriums gerade seit Ende der 60er Jahre beträchtlich gewachsen. So ist beispielsweise die Zahl der vom SKL behandelten Fälle von 1548 im Jahre 1967 auf 5135 im Haushaltsjahr 1976/77 angestiegen. Davon waren rund die Hälfte chemische Analysen, ein weiteres Fünftel biologische Untersuchungen; diesen beiden Gebieten gegenüber treten mithin andere Arbeitsbereiche des Laboratoriums zumindest zahlenmäßig deutlich zurück.

Die zentralen Karteien der Polizei sind in den letzten Jahren auf elektronische **Datenverarbeitung** umgestellt worden. Die Datenzentrale befindet sich im Stockholmer Reichspolizeiamt. An den Datenverbund sind die regionalen und lokalen Polizeibehörden angeschlossen, welche über sogen. Terminals verfügen.

Zusammen mit den in Schweden sehr aktiven Jugendämtern bemühen sich bestimmte Polizeibeamte um den **Jugendschutz.**

Akhagen, Nils: Jugendschutz und Maßnahmen zur Verhütung von Verbrechen in einer schwedischen Industriestadt – in: TbKrim Bd. XV, S. 254 ff. (1965).

Auch die **Ausbildung** der schwedischen Polizei ist im Zuge der Reform von 1965 umgestaltet worden. Die in einem im Frühjahr 1965 in Betrieb genommenen Neubau untergebrachte zentrale Polizeischule befindet sich in Solna, nördlich der Hauptstadt.

Daneben gibt es eine ganze Reihe kleinerer Zweigschulen. Doch ist die geplante Neuorganisation in diesem Bereich noch nicht abgeschlossen. Man will die Fachausbildung der Polizeibeamten sowohl theoretisch als auch praktisch noch weiter intensivieren.

Besondere Bedeutung wird in Schweden wie in anderen skandinavischen Ländern, der **Prävention** beigemessen, was auch für die sogleich zu behandelnde Öffentlichkeitsarbeit wichtig ist. In diesem Bereich wird die Kriminalpolizei sehr eindrucksvoll durch den am 1. Juli 1974 gegründeten schwedischen Rat für Verbrechensverhütung (Brottsförebyggande rådet; Postfach, S 10360 Stockholm) unterstützt.

N. N.: Der schwedische Rat für Verbrechensverhütung – PFA 4/76, S. 69 ff.

Der Vorstand (16 Personen) behandelt die grundsätzlichen Fragen, während der geschäftsführende Ausschuß (5 Personen) die laufenden Arbeiten leitet. Der Rat verfügt außer über Sachverständige auch über eine wissenschaftliche Gruppe. Der Kanzlei sind je ein Untersuchungs- und ein Entwicklungsbüro sowie das Informationssekretariat zugeordnet. Die laufenden Projekte werden durch ad hoc gebildete Arbeitsgruppen (4–17 Mitglieder) behandelt.

Großen Wert legt die schwedische Kriminalpolizei schließlich auf eine wirksame **Öffentlichkeitsarbeit,** welche sich nicht nur an Einzelpersonen, sondern auch gezielt an bestimmte Personengruppen oder die Allgemeinheit als solche wendet. Gerade in diesem Bereich ist u. a. auch das Reichspolizeiamt tätig, wenngleich man an sich vor allem lokale Aktionen anstrebt.

Wichtig ist auch hier – wie angedeutet – die enge Kooperation mit dem schwedischen Rat für Verbrechensverhütung. Auch wenn die so zu erzielenden Erfolge schwer meßbar sind, nimmt sich doch manches der zahlreichen Projekte recht versprechend aus.

Alles in allem dürfte die Organisation der kriminalpolizeilichen Verbrechensbekämpfung in Schweden, wie sie dort durch die Reform vom Jahre 1965 geschaffen worden ist, ungeachtet gewisser nationaler Besonderheiten und z. T. noch nicht erfüllter Wünsche dennoch als sehr aufschlußreich und auch für andere Länder als in mancher Hinsicht richtungweisend angesehen werden.

§ 29
Außereuropäische Staaten

Um das Bild noch etwas abzurunden, soll nunmehr die Organisation der Kriminalpolizei oder entsprechender Sicherheitsorgane in einigen außereuropäischen Staaten geschildert werden, wobei wegen des Rahmens natürlich besondere Kürze geboten ist. Denn aus den bereits in der Einleitung zu diesem Band genannten Gründen muß die Auswahl hier besonders restriktiv gehandhabt werden, zumal da in erster Linie wohl solche Staaten interessieren dürften, die entweder Organisationsformen aus den bisher behandelten europäischen Staaten übernommen und ggf. modifiziert oder die umgekehrt die Entwicklung dort beeinflußt haben.
Unter diesem Gesichtspunkt interessiert neben den Vereinigten Staaten von Nordamerika und Kanada im Fernen Osten vor allem Japan.

Ebenso wie das an anderer Stelle begründete einstweilige Ausklammern der Staaten des Ostblocks und vieler anderer Länder nicht als abwertend mißverstanden werden darf, da dies auf den begrenzten

Umfang und den noch ungewissen Leserkreis sowie nicht zuletzt auf sprachliche Schwierigkeiten zurückzuführen ist, wird z. B. keineswegs die Bedeutung vieler Staaten Südamerikas für die Kriminalistik verkannt. Wenn sie ebenso wie das dem anglo-amerikanischen Rechtskreis zuzurechnende Australien und Neuseeland hier noch unberücksichtigt bleiben, möge man außer wegen der notwendigen Umfangbegrenzung auch mit der naturgemäß begrenzten Arbeitskapazität des Verfassers Nachsicht haben, der – wie gesagt – in Zukunft seine Auswahl gern im Rahmen des dann Möglichen korrigieren will.

A. Vereinigte Staaten von Amerika

Die Vereinigten Staaten von Nordamerika sind nicht nur als eine Weltmacht und wegen ihres großen Gebietes, sondern auch wegen der durch ihre Entwicklung bedingten besonderen Gegebenheiten für die Organisation der Verbrechensbekämpfung von Interesse.

Finke, Willy: Das Bundesfahndungsamt in Washington, Geschichte und Aufgaben der größten Kriminalbehörde der Welt – Kriminalistik 1949, S. 1 ff.; *van Noy,* George A.: Das Federal Bureau of Investigation – in: Internationale Verbrechensbekämpfung, hrsg. v. Bundeskriminalamt, Wiesbaden 1960, S. 79 ff. (= Kriminalistik 1960, S. 337 ff.; TbKrim Bd. XI, S. 285 f (1961)); *Smith,* Bruce: Police Systems in the United States – 2. rev. Ed. – New York 1960; *Händel,* Konrad: Polizei und Justiz in den Vereinigten Staaten – Kriminalistik 1963, S. 97 ff.; *Whitehead,* Don: Die FBI-Story. Das USBundeskriminalamt öffnet die Akten – Aus dem Amerik. übersetzt v. P. Baudisch – Das Heyne Sachbuch Nr. 4 – München 196; *Hünecke,* Franz: Jugendsachbearbeiter bei der Kriminalpolizei – BKA 1966/3, insb. S. 76 ff.; *Wenzky,* Oskar: Die Verbrechensbekämpfung in den USA. Ein Reisebericht – Die Polizei 1966, S. 17 ff., 203 ff., 294 ff., 318 ff., 383 ff.; 1967, S. 49 ff. *Berr,* Helmut: Das Polizeiwesen in den USA – Kriminalistik 1969, S. 373 ff., 385 f.; *Chrudimak,* Franz: Sorgen und Nöte der amerikanischen Polizei. Spiegelbild weltweiter Probleme? – Kriminalistik 1971, S. 299ff., 369ff., 431ff.; *Rupprecht,* Reinhard: Polizei in den USA – Die Polizei 1972, S. 73ff., 116ff.; *Thompson,* Fletcher D.: Golden Anniversary of FBI Identification Division – FBI Law Enf. Bull. 1974 – Juli, S. 3 ff.; *Schweppe,* Reinhard: FBI und BKA. Federal Bureau of Investigation und Bundeskriminalamt. Ein Vergleich von Organisation und Kompetenzen – Kriminologie. Abhandlungen über abwegiges Sozialverhalten Nr. 12 – Stuttgart 1974; *Tonnhofer,* Gustav: Vereinigte Staaten von Amerika: Probleme im Sicherheitswesen – Öff. Sicherheit 1975 – Dez., S. 24ff.; *Wilson,* George R.: Historic Guardians of our Nation's Capital – FBI Law Enf. Bull. 1976-April, S. 16 ff.; *Green,* James J./*Young,* Alfred J.: „The Finest“. A Brief History of the New York City Police Department – FBI Law Enf. Bull. 1976-Dez., S. 16 ff.; *Adam,* R.: Zur Reform des Federal Bureau of Investigation – Die Polizei 1976, S. 283 f.

Da die Verfassung vom Jahre 1787 die Polizei nicht ausdrücklich als eine Angelegenheit des Bundes erwähnt, fällt diese grundsätzlich in den Zuständigkeitsbereich der Einzelstaaten und der ihnen nachgeordneten Gebietskörperschaften. Dies ist nicht nur für die Geschichte wichtig, sondern auch, wenn man von Sondergebieten absieht, für die gegenwärtige Lage ausschlaggebend.

I. Zur geschichtlichen Entwicklung

Die Struktur der Polizei in den Vereinigten Staaten hängt nach wie vor mit den Verhältnissen der Kolonisationszeit zusammen, weshalb die geschichtliche Entwicklung hier noch

durchaus aktuell ist. Da die Siedler mit der Inbesitznahme der großen Gebiete vollauf beschäftigt waren, kümmerten sie sich zunächst kaum oder nicht um Probleme der inneren Sicherheit. Und bei der dann einsetzenden schnellen staatlichen Entwicklung hinkte das Polizeiwesen dieser zunächst erheblich nach. Anders als in vielen europäischen Staaten gab es hier also kein kontinuierliches, organisches Wachsen.
Die im Nordosten beginnende Besiedlung bewirkte, daß dort die Verbrechensbekämpfung nach den Vorbildern in den Heimatländern der jeweiligen Siedler organisiert wurde.

So kann man beispielsweise in New York für die Jahre 1625–1664 geradezu von einer holländischen Ära sprechen. Die Bürgerwache, die 1651 gegründet wurde, hieß „Rattle Watch“. Dem Polizeiwesen stand der „Schout-fiscal“ – eine Mischung von Sheriff und Staatsanwalt – vor. Als New Amsterdam 1664 britisch wurde, führte man dann das für mehr als 100 Jahre maßgebende englische System mit dem Constable ein. Die Unabhängigkeit brachte 1783 wiederum eine Änderung, wenngleich die New Yorker Polizei erst 1830 nach dem Vorbild der Metropolitan-Polizei Londons organisiert wurde. Auf die uniformierte Municipal Police (1845–1857) folgte die Metropolitan Police (1857–1870), bis – durch die gewaltige Entwicklung der Stadt bedingt – 1871 eine umfassende Reorganisation begann.
In anderen Gemeinden und Gebieten knüpft man deutlicher an das englische System der Polizeibürgschaft an (§ 28-H-I), bei welchem Bürgervereinigungen die öffentliche Sicherheit garantieren sollten. Wie sich daraus die Konstabler entwickelten, so kam es in größeren Verwaltungsbezirken (Counties, nach dem englischen Wort für Grafschaft) und Städten zu Einheiten, die man Shires nannte. Aus dem Shire-reev, einem Landvogt, entwickelte sich dann später die Institution des Sheriffs. Alle diese Entwicklungsstufen der englischen Polizei finden sich auch bei Siedlern in Nordamerika.

Die im 19. Jahrhundert von Osten gen Westen vordringenden Siedler wählten – gewöhnlich aus ihrer Mitte – einen Mann, der sowohl für die innere Ordnung als auch für den Schutz vor äußeren Feinden sorgen sollte. Ebenso wie dieser Sheriff wurde und wird auch heute noch der Staatsanwalt meistens von den Bürgern gewählt. Diese Handhabung bot naturgemäß– und das nicht nur in späterer Zeit – mancherlei Schwächen.
Schon bald waren daher im Gebiet der heutigen USA Institutionen wie die des Sheriffs oder Constable, die z. T. ihre Position von der Krone käuflich erworben hatten, in Verruf gekommen; das gilt besonders für viele sagenumwobene Sheriffs des „Wilden Westens“. Mit Konsolidierung der staatlichen Verhältnisse versuchte man daher, ihre Befugnisse zu beschränken, nahm ihnen richterliche Funktionen und regelte ihre Tätigkeit durch besondere Rechtsvorschriften. Dennoch hat sich die Institution des Sheriffs bis in unsere Tage erhalten.

Neben den Sheriffs und den lokalen Constables in Städten und Landgebieten gewannen anders als in England die in den Counties und Staaten nach und nach geschaffenen Anklagebehörden erheblichen Einfluß gerade auf die kriminalpolizeilichen Aktivitäten. Obwohl ebenfalls durchweg Wahlbeamte, bemühten sich die Ankläger um Hilfskräfte, die sie als Detektive bei ihren Ermittlungen in Strafsachen unterstützen sollten. Auch wenn das zuweilen nur vorübergehenden Charakter hatte, wurden doch in größeren Städten solche Dienste zu einer ständigen Einrichtung.

Ebenso wie sich manche Verbrecherorganisationen des 20. Jahrhunderts z. T. auf die damaligen Verbrecher des Wilden Westens (19. Jahrh.) zurückführen lassen, reichen mißbräuchliche Praktiken der Strafverfolgungsorgane und somit die Wurzeln der Korruption zu den bestechlichen Polizeibeamten, Staatsanwälten und Richtern früherer Zeiten zurück.
Konzentrieren wir uns jetzt auf die Geschichte des Polizeiwesens in den Vereinigten Staaten und dabei insb. auf den Kriminaldienst, so zeigt sich, daß diese – wie bereits angedeutet – örtlich verschieden von angelsächsischen, niederländischen und romanischen Elementen beeinflußt worden ist. Zudem verlief sie mit der sich in Schüben vollziehenden Besiedlung

des großen Landes ganz anders als in Europa. – Insgesamt fällt ins Auge, daß zentralisierende Tendenzen des Bundes sich im Polizeiwesen erst sehr spät bemerkbar machen, solche übrigens gegenwärtig auch noch begrenzt sind. Der eigentliche Ausgangspunkt der Entwicklung waren in den Vereinigten Staaten also die Gemeinden, von denen die Einzelstaaten erst nach und nach polizeiliche Befugnisse übernahmen.
Das englische Vorbild hat vor allem im Nordosten seine Spuren hinterlassen. So soll Boston schon 1736 eine Constable-Wache besessen haben. In Philadelphia organisierte man 1833 auf Grund privater Initiative eine uniformierte Stadtpolizei.

Die 1844 von der New Yorker Bürgerschaft geschaffene Kommunalpolizei mit Tag- und Nachtwache beeinflußte viele andere nordamerikanische Städte.

Am 6. August 1861 wurde auf Vorschlag von Präsident Abraham Lincoln zum Schutz der Hauptstadt Washington/D. C. das „Metropolitan Police Department" (MPD) gegründet.

Das MPD wurde nach dem an London orientierten Vorbild von New York organisiert. Unter einem Superintendenten sollte es 10 Sergeanten und bis zu 150 „Patrolmen" umfassen. Die Polizeitruppe arbeitete in Halbtagsschichten. Die Ermordung von Präsident Lincoln am 14. April 1865 in Ford's Theatre unterstrich auf tragische Weise die Erfordernisse der Sicherheit. Das beschleunigte den Ausbau der Metropolitan-Polizei.

Eine große Rolle spielten damals wie heute noch private Sicherheitsunternehmen, von denen vor allem das der Pinkertons legendären Ruf erlangt hat.

Walther, Hanns: Die Schule der Detektive. Die abenteuerliche Laufbahn der ersten Detektive – 2. Aufl. – Würzburg 1964 – insb. S. 7 ff.

Der 1842 aus Schottland eingewanderte Böttcher Allan Pinkerton war mehr durch Zufall zur Kriminalistik gekommen. Nach einer Anstellung als Detektiv der Stadt Chikago machte er sich 1851 selbständig, um vor allem Eisenbahnräuber und -diebe zu fangen. Daraus entstand eine große Organisation, die Zweigstellen in vielen amerikanischen Städten unterhält und die jetzt neben 2000–3000 uniformierten Wachbeamten nahezu 1000 Detektive beschäftigt.

Im Laufe des 19. Jahrhundert wurden in vielen Einzelstaaten jedoch die Bemühungen um eine staatliche Polizeiorganisation sehr viel stärker, während der Bund nach wie vor Zurückhaltung übte; immerhin fanden sich z. B. im Erkennungsdienst selbst bei den Gemeindepolizeien erste Ansätze zu einer Zentralisierung.

Die Verwendung von Fingerabdrücken für die Identifizierung ist in den Vereinigten Staaten seit 1882 nachweisbar, wenngleich die systematische Anwendung erst im Jahre 1902 in New York begann. Eine schon 1896 in Chikago insb. für Verbrecherlichtbilder und Anthropometrie geschaffene Zentralstelle wurde einige Jahre später nach Washington/D. C. verlegt und so zum National Bureau of Criminal Identification, das durch jährliche Zuschüsse von etwa 150 Polizeiorganisationen und vom Kongreß unterhalten wurde.

Neben den kommunalen Polizeien entwickelten sich im ausgehenden 19. Jahrhundert die Polizeiorganisationen der Einzelstaaten. Vorläufer dafür waren die Texas Rangers (1835). In Massachusetts ernannte man allerdings erst im Jahre 1865 einige „State Constables"; andere Staaten ahmten das nach, Connecticut z. B. aber erst 1903. – 1901 schuf man die Arizona Rangers und 1905 die New Mexico Mounted Police. – Die erste wirklich funktionstüchtige staatliche Polizeitruppe (State Constabulary) wurde aber erst 1905 in Pennsylvanien aufgestellt; 1917 folgten New York und Michigan.

Am meisten hatten diese Polizeien der Staaten jedoch nunmehr angesichts der technischen Entwicklung mit dem Verkehr zu tun, weshalb man bei ihnen oft nur von Highway Police sprach.

Die Ende des 19. Jahrhunderts überhandnehmende Kriminalität veranlaßte dann aber endlich auch energische Gegenmaßnahmen auf Bundesebene, welche allerdings durch die föderative Struktur sehr erschwert wurden. Als das Verlangen des Justizministers nach einer Exekutive, einer ihm unterstellten Zentralpolizei, im Kongreß ohne Resonanz blieb, ordnete Präsident Theodore Roosevelt am 26. Juli 1908 an, im Justizministerium eine Fahndungsstelle einzurichten. Das war die Keimzelle des späteren „Federal Bureau of Investigation" (FBI). Doch dauerte es noch etliche Jahre, bis dieses Büro wirklich arbeiten konnte.

1910 zählte das Bureau of Investigation 167 Beamte, die aber nur bei einem Verstoß gegen Bundesgesetze eingreifen durften. Obwohl die Kompetenzen 1912 erweitert wurden, befand sich die Stelle bei Ausbruch des 1. Weltkrieges noch in einem desolaten Frühzustand. So bewirkten die Kriegsverhältnisse, daß daneben geheimdienstliche Einrichtungen emporkamen.

Nach dem 1. Weltkrieg verschärfte die Prohibition (Volstead-Act vom 16. Jan. 1920) die kriminelle Szene erneut gewaltig. Calvin Collidge, der im August 1923 Präsident der USA wurde, berief den New Yorker Rechtsanwalt Harlan Fisk Stone zum Generalstaatsanwalt und Justizminister. Auf dessen Vorschlag übernahm John Edgar *Hoover* am 10. Mai 1924 zunächst kommissarisch und ein halbes Jahr später als Direktor die Leitung des „Federal Bureau of Investigation". Hoover, der dieses Amt bis zu seinem Tode im Jahre 1972 leitete und das FBI ganz außergewöhnlich prägte, stellte nicht nur sehr hohe Anforderungen an seine Beamten, sondern bemühte sich zugleich, den Mißbrauch von Informationen für dienstfremde Zwecke zu vereiteln. So wurde es mit der Zeit möglich, das FBI nicht nur gegen das organisierte Verbrechen, sondern sogar gegen bestechliche Polizisten und Politiker einzusetzen.
Der Kongreß errichtete durch Gesetz vom 1. Juli 1924 die „Identification Division" des FBI, die damit zur erkennungsdienstlichen Zentralstelle wurde.

Hoover, John Edgar: The role of identification in Law Enforcement: An Historical Adventure – FBI Law Enf. Bull. 1973-März S. 8 ff., April S. 24 ff.

Bereits 1939 erreichte die Zahl der Fingerabdruckblätter 10 Millionen.

Die unter schwierigen Umständen erfolgende Unschädlichmachung von Al Capone, dem König der Unterwelt des Chikago der 20er Jahre, trug viel zur Popularität des FBI bei.

Der Ausbau des FBI und seiner technischen bzw. kriminaltechnischen Einrichtungen wurde unter Hoover mit Nachdruck vorangetrieben. 1930 wurde dem FBI die Führung der Kriminalstatistik für die USA übertragen. Am 24. November 1932 nahm das FBI-Laboratorium seine Arbeit auf, das sich – ständig wachsend – immer mehr spezialiserte.

Die folgenden Jahre brachten trotz mancher Schwierigkeiten einen weiteren eindrucksvollen administrativen Ausbau des FBI. Erst der Ausbruch des 2. Weltkrieges und der Kriegseintritt der Vereinigten Staaten wirkte – schon wegen der Personalsorgen – hemmend.

Ebenso wie in den größeren Stadt- und County-Polizeien zwang die Zunahme der Kriminalität im 20. Jahrhundert dazu, auch in den Polizeien der Einzelstaaten besondere, zentrale Einheiten und Dienststellen für kriminalpolizeiliche Belange einzurichten. Beispiele für solche Detective Bureaus sind Iowa, Nebraska, South Dakota und California; in anderen Staaten entwickelte man andere Organisationsformen.

II. Die gegenwärtige Organisation

Anders als in vielen europäischen Staaten ist das Polizeiwesen der USA nur in seiner Arbeit, nicht aber in seiner Organisation vom 2. Weltkrieg beeinflußt worden. Es weist daher auf Grund der geschilderten geschichtlichen Entwicklung und des hier dominierenden Prinzips der Dezentralisation nicht nur z. T. erhebliche Unterschiede zwiscchen den einzelnen Bundesstaaten auf, sondern auch innerhalb derselben bestehen oft große Divergenzen zwischen größeren und kleineren Städten sowie den Landgebieten.
Will man dennoch einen gewissen Überblick erlangen so muß man an sich vier Arten von Polizeiorganisationen unterscheiden. Neben der im Ausland besonders bekannten Bundespolizei, dem FBI, gibt es nicht nur die Polizei der Einzelstaaten, sondern auch noch die der Counties und der Städte; allerdings ergänzt die **County-Polizei** häufig im Landgebiet und in kleineren Gemeinden mehr die Arbeit von **Stadtpolizeien,** weshalb sie hier zusammengefaßt werden können. Eine gewisse Sonderrolle spielen vor allem die Polizeien der großen Städte (über 250000 Einwohner), die auch in kriminalpolizeilicher Hinsicht überwiegend gut organisiert und schlagkräftig sind.
Durchweg hat jeder größere Ort seine eigene Polizei, selbst wenn diese nur aus einem einzigen Beamten besteht, während beispielsweise die Stadtpolizei von New York schon 1970 rund 31600 Beamte und 2600 Angestellte zählte. Da Chikago gerade im Ausland seit den 20er Jahren als Hochburg des Verbrechens einen schlechten Ruf genießt, sei gesagt, daß sich die Dinge nach 1960 gewandelt haben. Das ist nicht zuletzt der Verdienst des reorganisierten Chicago Police Department, das heute von Fachleuten als besonders gut eingeschätzt wird. In der kriminellen Belastung liegt Chikago unter allen nordamerikanischen Großstädten jetzt ziemlich hinten.
Die Counties sind Verwaltungsbezirke der Einzelstaaten. Sie verfügen ebenfalls über eine eigene Polizei, die für das Landgebiet und Gemeinden ohne Stadtpolizei zuständig ist. Je nach Lage kann auch eine County-Polizei beträchtlichen Umfang haben; das Sheriff's Department in Los Angeles zählte 1970 rund 4000 Beamte und ist weithin als besonders leistungsfähig anerkannt.

In jedem County wird als Polizeichef für 2 oder auch 3 bzw. 4 Jahre ein Sheriff gewählt, was notwendig politische Einflüsse bewirkt. Kaum jemals besitzt der erstmalig Gewählte vorherige polizeiliche Erfahrung. Zudem hat der Sheriff oft noch mancherlei andere Aufgaben bis hin zu denen eines Steuereinnehmers.

Mit dem oben gemachten Vorbehalt kann man jedoch bei Stadt- und County-Polizei durchweg allgemeiner den uniformierten „Patrolman“ von dem Beamten in Zivil unterscheiden, auf den es bei der kriminalpolizeilichen Tätigkeit vor allem ankommt. Gewöhnlich wird der Kriminaldienst organisatorisch mehr oder weniger eng mit der uniformierten Polizei zusammengefaßt. Man findet daher nicht überall kriminalpolizeiliche Fachabteilungen (Criminal Investigation Division, CID oder Detective Bureau).

Derartige DetektivAbteilungen widmen sich als solche vor allem der Bekämpfung des Verbrechertums. Ihre personelle Stärke und Organisation richtet sich nach der Größe der Stadt bzw. der Einwohnerzahl des Gebiets. Je größer die Stadt oder der Verwaltungsbezirk ist, um so zahlreicher sind gewöhnlich die Zahlen der in „Squads“ zusammengefaßten Spezialisten.
Ähnliches gilt für die kriminaltechnischen Untersuchungsstellen, welche häufiger Einrich-

tungen der Einzelstaaten sind; zuweilen bilden sie nur eine besondere Abteilung der Polizeibehörde.

Bachofner, Will/*Kuest,* Ronald D./*Ishii,* George D.: Construction of a New Crime Laboratory (Washington/D.C.) – FBI Law Enf. Bull. 1976-Nov., S. 8 ff.; *Hannah,* Donald W.: The New Mexiko State Police Crime Laboratory – FBI Law Enf. Bull. 1977-Okt., S. 23 ff.

Abgesehen von wenigen Ausnahmen, z. B. der Stadtpolizei von Chikago, scheint allerdings die Kapazität vieler lokaler oder regionaler Laboratorien noch gering zu sein, da man sie – bemüht um besonders gute Experten – nur vergleichsweise selten in Anspruch nimmt, was aber auch z. T. mit unzureichendem Personal zusammenhängen mag. Dabei hat man sich mancherorts sogar um mobile Laboratorien bemüht. In der Praxis werden anscheinend immer noch die Einrichtungen des FBI bevorzugt.

Schließlich gibt es bei jeder kommunalen Polizei eine „Intelligence Unit", die Informationen über Delikte mit politischen Hintergrund und über Verbrecherorganisationen sammelt und auswertet.
Zuweilen haben größere Polizeibehörden ferner selbständige Sonderabteilungen für Rauschgift (Narcotics Division), Prostitution (Vice Control) und Jugendschutz (Juvenile Bureau).

Manche dieser Dienststellen sind sogar schon recht alt. So begann beispielsweise die Arbeit des 1934 im Police Department der Stadt New York geschaffenen „Juvenile Aid Bureau" im Grunde schon 1930. 1957 faßte man hier alle im Jugendschutz tätigen Dienststellen zur „Youth Division" zusammen.

Die **Polizei der Einzelstaaten** ist – wie gesagt – vor allem für den Verkehr auf den Schnellstraßen (Highways) zuständig, weshalb beispielsweise die staatliche Polizei Kaliforniens als „California Highway Patrol" bezeichnet wird. Doch unterstützen diese Polizeiorganisationen die örtlichen bzw. regionalen Polizeikräfte dadurch bei der Verbrechensbekämpfung, daß sie überörtliche oder schwierige Fälle übernehmen oder die erforderlichen kriminaltechnischen Untersuchungen durchführen. Ferner fungieren die zentralen Behörden der Staaten zugleich als Zentralstellen für Nachrichtenwesen, Meldedienst und Fahndung.

Diese staatliche Polizeibehörden sind der Dienstaufsicht des Justizministers unterstellt. Die kriminalpolizeiliche Tätigkeit wird oft von Behörden oder besonderen Abteilungen verrichtet, deren Charakter in etwa dem eines deutschen Landeskriminalamts entspricht.

Selbstverständlich gibt es auch hier u. U. Sonderabteilungen oder besondere Zentralstellen, die z. T. schon mit Datenverarbeitung ausgerüstet sind.

Die **Bundeskriminalpolizei** wird in ihrer Kompetenz dadurch begrenzt, daß Strafrecht und Strafverfahren grundsätzlich Sache der Einzelstaaten sind. Das Federal Bureau of Investigation ist daher als Bundesbehörde – genauer: eine Abteilung des Bundesjustizministeriums (Department of Justice) – in seiner Tätigkeit nach wie vor auf Verstöße gegen Bundesgesetze (Federal Offenses) beschränkt, deren Zahl aber gegenüber früher beträchtlich zugenommen hat; in diesem Bereich dürfen Beamte des FBI nicht nur ermitteln, sondern auch selbst exekutiv eingreifen. – Allerdings muß man beachten, daß gewisse Straftaten gegen Bundesrecht (z. B. Falschmünzerei, Steuer- und Zolldelikte, Rauschgiftdelikte und Einwanderungswesen) besonderen Bundesbehörden zugewiesen sind. Doch gilt dies eben nur, wenn die Zuständigkeit einer anderen Bundesbehörde ausdrücklich begründet ist; ansonsten ist für alle Ermittlungen bei Verstößen gegen Bundesstrafrecht das FBI zuständig.

Abb. 29/1. Das Gebäude des Justizministeriums (Department of Justice) der USA, in welchem bis 1975 auch das Federal Bureau of Investigation untergebracht war.

Außer um gewisse Staatsschutzdelikte handelt es sich beim kriminalpolizeilichen Arbeitsbereich des FBI u. a. um Sprengstoffdelikte, Kidnapping, Erpressung, Bankraub sowie ferner um Straftaten zum Nachteil des Bundes wie Diebstahl und Betrug. Bei einer Reihe anderer Straftaten ist das FBI zuständig, wenn dabei Grenzen der jetzt 50 Einzelstaaten überschritten werden. Außer an Attentate auf den Präsidenten und gewisse hohe Beamte gilt dies für Verstöße gegen die Anti-Trust-Gesetze, Straftaten im Luftverkehr und sogar für Autodiebstähle, ferner für alle in Indianer-Reservationen begangenen Delikte.

Nicht minder wichtig ist angesichts seiner großen Kapazität die Unterstützung, welche das FBI anderen Kriminalbehörden auf Anforderung zu gewähren hat.
Schließlich finden sich beim FBI – wie gesagt – nicht nur wichtige kriminalpolizeiliche Zentralstellen, sondern es hat auch für die Ausbildung solcher Polizeikräfte Sorge zu tragen, die nicht im Bundesdienst stehen.
Die FBI-Zentrale in Washington hat neben den rund 60 Außenstellen in allen großen Städten ferner Zweigstellen an über 500 Orten. 1976 zählte das FBI 8600 Kräfte, von denen 600 in der Zentrale tätig waren; der Haushalt belief sich auf 482 Millionen Dollar.

N. N.: 40 Years of Distinguished Scientific Assistance to Law Enforcement – FBI Law Enf. Bull. 1972-Nov., S. 2 ff.

Das FBI wird von einem Direktor geleitet, der dem Justizminister untersteht und selbstverständlich auch vom Präsidenten der USA Weisungen erhalten kann. Dem Direktor sind ein Stellvertretender Direktor und dessen Stellvertreter nachgeordnet.

Zum „inneren Kreis" gehören ferner noch zwei Unterdirektoren (Assistants to the Director). Im übrigen ist das FBI in zwölf Abteilungen (Divisions) gegliedert, die jeweils von einem Assistent Director geleitet werden.

Für Fahndung und Erkennungsdienst wichtig ist das National Crime Information Center (NCIC, 27. 1. 1967), das mit seiner Datenverarbeitung das ganze Staatsgebiet umfaßt. 1975 waren täglich etwa 900 Auskünfte zu verzeichnen, welche zu dem gewünschten Ergebnis führten (sogen. hits).

Der Erkennungsdienst enthält die größte Fingerabdrucksammlung der Welt. Schon 1960 waren es über 160 Millionen Blätter, die etwa 75 Millionen Menschen betrafen (ganz überwiegend unbescholtene, die z. B. bei Eintritt in das Militär oder im Zusammenhang mit der Erteilung von Ausweisen daktyloskopiert worden sind). Täglich kommen etwa 2000 Blätter hinzu. 1973 kamen über 6 Millionen Abdruckblätter dazu und wurden 40000 flüchtige Personen identifiziert; in der Dienststelle arbeiteten damals 3000 Bedienstete.

Das Crime Laboratory des FBI soll das leistungsfähigste und beste der Welt sein. Schon im Jahre 1959 konnte es mit damals rund 200 Bediensteten nahezu 180 000 Untersuchungen durchführen. Gegenwärtig werden von ihm allein 600000 Untersuchungen von Geschossen, Schußwaffen, Schriften und anderen Beweisstücken bewältigt.

Als John Edgar Hoover am 2. Mai 1972 starb, bedeutete das angesichts seiner Jahrzehnte währenden dominierenden Rolle beim Auf- und Ausbau des FBI einen gewaltigen Einschnitt, der auch durch Schwierigkeiten bei der Ernennung seines Nachfolgers deutlich wurde. Allerdings dürfte der Versuch des Weißen Hauses, dabei das FBI stärker an sich zu binden, einstweilen gescheitert sein, weshalb der Bundeskriminalpolizei nach wie vor eine besondere relativ unabhängige Stellung unter den Bundesbehörden zukommt.

Abb. 29/2. Das J. Edgar Hoover Building an der Pennsylvania Avenue in Washington/D.C. In ihm befindet sich seit 1975 das Hauptquartier des Federal Bureau of Investigation, der Bundeskriminalpolizei der Vereinigten Staaten.

Auf einem anderen Blatt steht allerdings die Frage, wie es sich auswirken wird, daß nicht nur der autoritäre Führungsstil von Hoover, sondern auch fragwürdige Machenschaften des FBI von Kritikern aufgedeckt worden sind. Doch sollte Kritik des zu Lebzeiten Hoovers vielleicht übertriebenen Mythos nicht dazu führen, seine gegenüber dem früheren Zustand unbestrittenen Verdienste um die amerikanische Kriminalpolizei zu übersehen. Zudem geht es weniger um eigennützigen Amtsmißbrauch als um Vorwürfe gegen die politisch Verantwortlichen, welche das FBI mißbraucht und zu Übergriffen animiert haben.

Am 30. September 1975 hat das FBI sein neues Hauptquartier – das J. Edgar Hoover Building – an der Pennsylvania Avenue in Washington/D. C. bezogen.

N. N.: Dedication of New FBI Headquarters Building – FBI Law Enf. Bull. 1975-Dez., S. 16 ff.

Neben dem FBI seien als andere wichtige Bundesbehörden mit gewissen kriminalpolizeilichen Aufgaben vor allem das Bureau of Narcotic and Dangerous Drugs (BNDD), der Secret Service (SS), die Immigration Border Patrol und die Military Police (MP) genannt.
Die Verbindung zur Interpol obliegt seltsamerweise weder dem FBI noch dem diesem vorgesetzten Justizministerium, sondern dem Treasury Department, dem Schatzministerium.

Unübersichtlich ist bei der Vielfalt der Organisation ferner der Einsatz **weiblicher Beamter** für die Zwecke der Kriminalpolizei.

Olson, Marylinn G.: Chikago, die weibliche Polizei – Internat. Kriminalpol. Rev. 1958, S. 168 ff; *ter Haar,* L.: De vrouw bij de politie in Amerika – Het Tijdschrift v. d. Politie 1973, S. 129 f.; *Bouza,* Anthony V.: Women in Policing – FBI Law Enf. Bull. 1975-Sept., S. 2 ff.

III. Zur Arbeit

Die Arbeit der verschiedenen Polizeiorganisationen auf kommunaler, staatlicher oder Bundesebene ist aber immer noch von recht unterschiedlichem Niveau; das gilt auch für kriminalpolizeiliche Aktivitäten. Selbst wenn die Verhältnisse in den Einzelstaaten und vor allem auf der kommunalen Ebene durchweg ungünstiger liegen als beim Bund, muß man doch auch insoweit wiederum differenzieren. Zudem darf man die großen sachlichen Schwierigkeiten kriminalpolizeilicher Arbeit in diesem Lande nicht verkennen.
Kritik wird von manchen vor allem deshalb geübt, weil die Tätigkeit der Polizei nicht nur mit der Parteipolitik, sondern zuweilen auch mit politischer Geschäftemacherei oder gar dem Verbrechertum verquickt sei. Und in der Tat hängt mit Wahlämtern nicht gar so selten Abhängigkeit oder gar Unterwürfigkeit der leitenden Amtsträger von politischer oder wirtschaftlicher Macht zusammen; und dieses Beispiel kann dann natürlich leicht bei anderen Polizeibeamten Schule machen. Das aber ist besonders mißlich, da im Verhältnis zur Justiz das Opportunitätsprinzip herrscht, der Polizei also ein erheblicher Einfluß auf die Strafverfolgung zukommt.

Barker, Thomas/*Roebuck,* Julian: An Empirical Typology of Police Corruption. A Study in Organizational Deviance – Springfield/Ill. 1973.

Daß sich solche Einflüsse trotz der Enthüllungen aus letzter Zeit weniger auf die Bundeskirminalpolizei als auf manche staatliche oder gar kommunale Polizeien auswirken, erklärt u. a. das immer noch große Ansehen des FBI und läßt verständlich werden, weshalb Hoover von Anfang an auf diesen Punkt besonderes Gewicht gelegt hatte.

Zuweilen wirken sich, wenngleich lokal unterschiedlich, aber auch unzulängliche oder dürftige juristische und kriminalistische Ausbildung negativ auf die Arbeit der Kriminalbeamten aus.

Kaufmann, Cahrles N.: The Danger form within: Organization Stagnation – FBI Law Enf. Bull. 1973-Febr., S. 3 ff.

Günstiger sehen auch hier, insgesamt betrachtet, die Verhältnisse beim FBI, der Bundeskriminalpolizei aus, deren Zentrale in Washington bei großer Arbeitskapazität auch qualitativ weithin anerkannt wird und Weltruf genießt.

Im Inland ist – wie gesagt – im letzten Jahrzehnt allerdings auch Kritik gegen das FBI laut geworden, welches hier merklich von seinem Nimbus eingebüßt hat. Neben der auch in Nordamerika gewaltigen Zunahme der Kriminalität hat man anscheinend nicht nur die Aufgaben des Bundeskriminalamts zu weit ausgedehnt, sondern es überdies in bedenklicher Weise als Informationsquelle für die Bundesregierung benutzt, was jetzt aber wohl wieder eingeschränkt worden ist.

Das Kardinalproblem der kriminalpolizeilichen Verbrechensbekämpfung in den Vereinigten Staaten ist das für die Organisation des Polizeiwesens maßgebende Prinzip der Dezentralisierung, welches zu einer Zusammenarbeit einer Vielzahl von Polizeiorganisationen zwingt, die zudem mannigfach gestaltet sind.

Berr (a.a.O., Kriminalistik 1969, S. 373 f.) ging 1969 von rund 40000 verschiedenen Polizeibehörden mit insgesamt etwa 371 000 Beamten und 46 000 Zivilangestellten aus. Davon entfielen auf den Bund 50 Behörden (23 000 Beamte) und die einzelnden Staaten 200 (40 000 Beamte). Auf lokaler (kommunaler) Ebene, auf welche mithin das Gros entfällt, zählte er für Städte mit über 250 000 Einwohnern 55 Polizeibehörden (110000 Beamte), 3645 andere Stadtpolizeien (217000 Beamte) sowie 3050 Counties und 33 000 Polizeibehörden von Kleinstädten, Gemeindeverbänden und dergl.

Ebenso wie das FBI mit anderen Bundesbehörden, die polizeilichen Aufgben wahrnehmen, zusammenarbeiten muß, kommt es bei der geschilderten Organisation mithin auf eine gute Kooperation mit Staats- und Kommunalpolizeien an, und das gilt nicht nur für die Fälle von Doppelzuständigkeit. Da das FBI selbst auf Ersuchen anderer Polizeien nur in bestimmten Fällen exekutiv tätig werden darf, gibt es gerne eigene Informationen an die zuständigen Behörden weiter, um im übrigen beratend und unterstützend – z. B. mit kriminaltechnischen Untersuchungen – tätig zu sein. Die früher bei offizieller Zusammenarbeit zu beobachtenden Rivalitäten scheinen in den letzten Jahren etwas abgenommen zu haben. – Neben der mehr tatsächlich koordinierenden Funktion des FBI und seinen für die Praxis wichtigen Vereinbarungen mit Staats- und Kommunalpolizeibehörden ist für Fragen der Kooperation als Gesetz der 1968 vom Kongreß verabschiedete Law Enforcement Assistance Act wichtig, welcher u. a. durch Finanzzuweisungen für Ausbildungszwecke oder für die Ausrüstung die Kooperation zu fördern sucht.
Neben dem Machtzuwachs des FBI, der rein tatsächlich noch größer als rechtlich ist, dürfte für die gegenwärtige Situation der USA ein gewisser Ausbau und erweiterte Kompetenzen der staatlichen Polizeien auf dem Gebiet der Verbrechensbekämpfung charakteristisch sein. Auf das Ganze gesehen verlangt man in den Vereinigten Staaten aber weniger eine „Verstaatlichung“ der Polizei als mehr eine Koordination von Ausbildung und Ausrüstung

sowie bessere Kooperation in der Praxis. Ob und inwieweit die Ziele bei der organisatorischen Aufsplitterung zu erreichen sind, muß die Zukunft lehren.
Als besonders wichtig sieht man neben der **Fahndung** in den Vereinigten Staaten den Streifen- und Patrouillendienst an. Im Interesse größerer Wirksamkeit hat man Spezialeinheiten für taktische oder besondere Zwecke aufgestellt.

Steinebach, Carl Alfred: Die Fahndung in den USA – in: GrKrim Bd. 5, S. 67 ff. (1970); *Beck,* G. N.: SWAT – The Los Angeles Police. Special Weapons an Tactics Teams – FBI Law Enf. Bull. 1972-April, S. 8 ff.; *Mooney,* William R.: The Special Operations Group – FBI Law Enf. Bull. 1972-April, S. 11 ff.; *Thomas,* Hermann J.: One Department's Confrontation Strategy – FBI Law Enf. Bull. 1973-Jan., S. 2 ff.; *Kelley,* Clarence M.: A Major Case Squad für Metropolitan Areas – FBI Law Enf. Bull. 1973-Mai, S. 22 ff.; *Mishkin,* Harry D.: Les patrouilles de police â New York – Rev. int. de pol. crim. 1973, S. 36 ff.; *Boyd,* Gerald W.: Special Weapons and Tactic Teams: A Systems Approach – FBI Law Enf. Bull. 1977-Sept., S. 21 ff.

Besondere Bedeutung kommt dabei dem kriminalpolizeilichen **Meldedienst** zu, der sich – auch in den Einzelstaaten sowie großen Städten oder gewissen Counties – auf die **Datenverarbeitung** stützt, wie das der Bund schon seit einigen Jahren tut. Bereits am 27. Januar 1967 nahm das FBI ein Datenverarbeitungssystem – das „National Crime Information Center" (NCIC) – in Betrieb, das als wichtiges Instrument der Zusammenarbeit mit den Dienststellen der einzelnen Staaten zügig ausgebaut wurde.

Keidel, Kurt: Das Informationssystem der Polizei in den USA – Kriminalistik 1969, S. 648 ff.; *N. N:* NCIC. A Tribute to Cooperative Spirit – FBI Law Enf. Bull. 1972-Febr., S. 2 ff.; *N. N.:* The State of Development of the FBI's Fingerprint identification System – FBI Law Enf. Bull. 1973-Juni, S. 2 ff. – Juli, S. 14 ff.; *N. N.:* The National Crime Information Center – FBI Law Enf. Bull. 1974-Jan., S. 8 ff.; *O'Neill,* Jospeh F.: TAC II. The Electronic Stakeout (Philadelphia) – FBI Law Enf. Bull. 1974-Juni, S. 2 ff.; *Troelstrup,* William A.: Florida Speeds Crime Data Flow – FBI Law Enf. Bull. 1975-März, S. 17 ff.; *Banner,* Conrad S./*Stock,* Robert M.: The FBI's Approach to Automatic Fingerprint Identification – FBI Law Enf. Bull. 1975-Jan., S. 2 ff., Febr., S. 26 ff.

Die Weitläufigkeit des Landes, seine dadurch bedingten landschaftlichen und klimatischen Gegensätze sowie die langen Seegrenzen und der rege Luftverkehr bringen für die nordamerikanische Polizei weitere Schwierigkeiten der Verbrechensbekämpfung mit sich, die man mithilfe von besonderen Polizeitruppen oder Dienststellen zu bewältigen sucht, deren Arbeit z. T. in die Problematik des Katastrophenschutzes hineinreicht.

Deutschmann, Louis, H.: Policing the Waterfront – FBI Law Enf. Bull. 1972-Okt., S. 18 ff.; *McCann,* Robert S.: The Harbor Security Program – FBI Law Enf. Bull. 1973-Jan., S. 16 ff.; *Johnson,* Lionel/Dixon, William G.: Crime Shadows in the Forest – FBI Law End. Bull. 1973-Juli, S. 14 ff.; *Garner,* Gerald, W.: The Police Role in the Severe Weather Alert Plan – FBI Law End. Bull. 1974-Apr., S. 1 ff.; *Gilpin,* Henry: Research and Rescue Team – FBI Law Enf. Bull. 1975-Sept., S. 16 ff.; *Kriskovich,* David, J.: Helicopter Rappeling in Law Enforcement – FBI Law Enf. Bull. 1977-Jan., S. 16 ff.; *Gough,* Thomas, W.: Railroad Crime: Old West Train Robbers to ModernDay Cargo Thieves – FBI Law Enf. Bull 1977-Febr., S. 16 ff.

Die **Aus- und Fortbildung** der Kriminalbeamten ist in den USA naturgemäß nicht einheitlich, die Ausbildungsdauer aber durchweg wesentlich kürzer als z. B. in Deutschland.

N. N. Eine amerikanische Polizeischule – Kriminalistik 19949, S. 169 ff. (Department of Police Administration des Michigan State College in Lansing/Mich.); *Hoeveler,* Hans J.: Die Schießausbildung des FBI an Faustfeuerwaffen – Kriminalistik 1972, S. 313 ff.; *Merrettig,* Rolf: Ausbildung an der FBI

National Academy Washington/USA – der kriminalist 1976, S. 230 ff.; *Ziolkowski,* Leonard W.: The Milwaukee Police Department Academy – FBI Law Enf. Bull. 1977-März, S. 16 ff.; *Clifton,* Robert R.: The Combat Confidence Course – FBI Law Enf. Bull. 1977-Apr., S. 3 ff.; *ter Haar,* L.: Politie-Opleiding in Glynko (Georgia) – Het Tijdschrift v. d. Politie 1977, S. 599 ff.; *Harrison,* Leonard H.: How to teach Police Subjects. Theory and Practice – 2. Aufl. – Springfield/Ill. 1977.

Dabei ist im übrigen zwischen der Bundeskriminalpolizei und den anderen Polizeien zu unterscheiden, in welchen sich erst nach dem 1. Weltkrieg zaghafte Ansätze zu einer mehr oder weniger zentralisierten Ausbildung feststellen lassen, bei welcher man sich auf regionale Ausbildungsstätten (Zone Schools) zu stützen pflegt.

Auch hier leistete der Bund, der bereits eine eindrucksvolle Ausbildung für das FBI organisiert hatte, alsbald Hilfestellung. So diente z. B. die FBI-Akademie nicht zuletzt dazu, die Lehrer staatlicher und lokaler Polizeischulen auszubilden. 1960 wurde mit dem National Executive Institute eine Institution geschaffen, um leitende Polizeibeamte der Einzelstaaten aus- und fortzubilden.

Die im Alter zwischen 25 und 41 Jahren eingestellten Spezialagenten des FBI müssen amerikanische Bürger sein und einen akademischen Grad einer anerkannten Hochschule besitzen; der Spezialagent wird sowohl theoretisch als auch praktisch sehr sorgfältig – u. a. auf der 1935 eingrichteten FBI-Akademie in Quantico/Va. (National Police Academy) – ausgebildet, bevor er zum Einsatz kommt. Am 8. Mai 1972 wurde ein riesiger Neubau eingeweiht, den man bereits als „Westpoint der Polizei“ bezeichnet hat.

Abb. 29/3. Luftaufnahme des Geländes der FBI-Akademie in Quantico/Virginia.

Neben der instruktiven Vielfalt von Formen der Grundausbildung, welche die Vereinigten Staaten mithin bieten, interessiert vor allem das, was an der FBI-Akademie und an anderen Polizeischulen zum Zwecke von Spezialisierung und Fortbildung unternommen wird.

Besonderes Gewicht kommt, was bei der Organisation der nordamerikanischen Polizei nicht überraschen sollte, schließlich der **Öffentlichkeitsarbeit,** den „public relations" zu, die weithin betont kriminalpräventive Ziele verfolgt.

Zimmermann, Eduard: Die Öffentlichkeitsarbeit des FBI – Kriminalistik 1973, S. 54 ff.; *Olmos,* Ralph A.: An Intruduction to Police-Community Relations. A Guide for the Pre-Service-Student and Practicing Police Officer – Springfield/Ill. 1974; *N. N.:* Crime Resistance. A Report – FBI Law Enf. Bull. 1977-März, S. 3 ff.; *Hyde,* Warren C./*Bennet:* Crime Prevention Funds. The Silent Majority Can Fight Crime – FBI Law Enf. Bull. 1977-März, S. 12 ff.

Es gibt nicht nur bei vielen Polizeibehörden eigene Büros für diese Zwecke (Police-Community-Relations), sondern auch Bürgerkomitees (Citizen Advisory Committee) und mancherlei andere Kontakte.
Besondere Aufmerksamkeit hat übrigens stets – und das mit großem Erfolg – das FBI der Öffentlichkeitsarbeit gezollt, um die Allgemeinheit für sich zu gewinnen. Nicht zuletzt dies dürfte zum oben behandelten Nimbus des FBI im In- und Ausland beigetragen haben.

Neben eigenen Publikationen sind zahlreiche Bücher und Filme zu nennen, welche man offenbar bereitwillig unterstützt hat. Hierher gehören aber auch Fahndungsmaßnahmen wie die „Top Ten List", die man publizistisch nutzt.

Abb. 29/4. In der Mitte das Verwaltungsgebäude der FBI-Akademie in Quantico/Virg. Links bzw. rechts das Auditorium und das Lehrmittelzentrum.

Abb. 29/5. Blick auf die Gebäude mit den Unterkunftsräumen (Dormitories) für die Besucher der FBI-Akademie.

B. Kanada

Kanada weicht, obwohl ebenfalls ein großes Land mit z. T. ähnlichen Gegebenheiten wie die USA, in mancher Hinsicht dennoch interessanterweise von ihnen ab. Das mag, obwohl die staatliche Selbständigkeit viel später – dafür aber kontinuierlicher – erreicht wurde, mit der historischen Entwicklung zusammenhängen.

van Normann, R. D.: Die Polizei im Norden Kanadas – Internat. Kriminalpol. Rev. 1961, S. 232 ff.; *Higgit,* William L.: Royal Canadian Mounted Police. Serving Canada for 100 Years – FBI Law Enf. Bull. 1973-Sept., S. 2 ff.; *Rebscher,* 100 Jahre Royal Canadian Mounted Police – Kriminalistik 1973, S. 260; *Higgit,* William L.: Seit hundert Jahren im Dienste Kanadas – Öff. Sicherheit 1974-Febr., S. 11 f.; *Middendorff,* Wolf: Die Royal Canadian Mounted Police – Die Polizei 1976, S. 170 f.

I. Zur geschichtlichen Entwicklung

Das in der Situation der Besiedlung den Vereinigten Staaten vergleichbare Kanada entwickelte sich im 19. Jahrhundert von einem englischen Territorium mit gewisser Autonomie nach und nach zu einem selbständigen Staat, in welchem den Provinzen mit einigen Abstrichen die Rolle von Bundesländern zukommt.

Im Zuge dieser Entwicklung wurde 1867 unter britischer Oberhoheit der Bundesstaat Kanada geschaffen. Schon am 23. Mai 1873 beschloß das kanadische Parlament, eine Polizeitruppe von 300 Mann einzurichten, welche Sicherheit und Ordnung in den zu besiedelnden, von der Hudson's Bay Company erworbenen, nordwestlichen Gebieten des Landes aufrechterhalten sollte. Die Aufstellung dieser zunächst „North-West Mounted Police" genannten Polizeitruppe, wurde dann am 30. August 1873 angeordnet. Selbst während des Goldrausches um die Jahrhundertwende wußte diese Polizei sich Respekt zu verschaffen. Das Vorbild dieser halbmilitärischen Truppe war die königliche Polizei Irlands.

Außer dem Unterbinden des Alkoholhandels mit den Indianern war es Aufgabe dieser Polizei, ihr Vertrauen zu gewinnen. Angesichts der Verhältnisse mußte die „North-West Mounted Police" paramilitärisch organisiert werden. Nach und nach bekam sie das riesige Gebiet unter Kontrolle. Um die Jahrhundertwende unterhielt die kanadische Polizei bereits 84 Stationen von der US-Grenze bis zur Arktis, von der Hudson Bay bis Alaska. Durch ihr Verhalten hatten die „Rotröcke" (Redcoats, auch „Mounties" genannt) trotz kleiner Zahl und zunächst schlechter Ausrüstung bald das Vertrauen der Bevölkerung, auch der Indianer, gewonnen.

1904 verlieh König Edward VII. der Truppe in Anerkennung ihrer Dienste das Prädikat „Königlich".
Nach dem 1. Weltkrieg betrug die Stärke dieser für das kanadische Gebiet westlich der

Abb. 29/6. Das Hauptquartier der Royal Canadian Mounted Police in Ottawa/Ontario. Die den Rideau Kanal überquerende Autobahn „Queensway" führt zur etwa 2 km entfernten Stadt Ottawa, in der anderen Richtung geht es nach Montreal. Über dem Alta-vista-Drive im Vordergrund liegt das Gebäude des Kriminalamts, das mit dem Hauptgebäude verbunden ist, welches u. a. die Verwaltung beherbergt. Dahinter liegen links der Bau der Datenverarbeitung und rechts das Laboratorium sowie ein Gebäude, welches u. a. die Redaktion der RCMP-Gazette nutzt.

Abb. 29/7. Offiziere der RCMP und Sekretärinnen bei der Arbeit. Im Vordergrund ein Fernschreiber mit Direktanschluß an den Polizei-Computer (CIPC).

Abb. 29/8. Ein Schnellboot der Marineabteilung der RCMP auf Patrouillenfahrt.

großen Seen zuständigen Polizei 1200 Mann. 1920 wurde ihre Zuständigkeit auf ganz Kanada ausgedehnt und ihr Name in „Royal Canadian Mounted Police“ (RCMP) geändert. Neben polizeilichen Aufgaben in einigen Provinzen übernahm die RCMP 1932 auch die Funktionen der Wasserpolizei, für welche eine besondere Sektion gegründet wurde; 1937 folgte die Luftpolizei.

In den von der RCMP betreuten Provinzen übernahm sie insb. auch die kriminalistischen Aufgaben, die außer mit dem Criminal Code of Canada mit der Anwendung der Provincial Statutes verbunden waren; ähnlich war es in vielen Städten und Gemeinden. Im Zuge der sich spezialisierenden Organisation mußten also zunehmend auch kriminalpolizeiliche Aufgaben berücksichtigt werden.

1973 – 100 Jahre nach ihrer Gründung – zählte die RCMP rund 11000 Beamte und 3500 Zivilbedienstete.

II. Die gegenwärtige Organisation

Die dem Justizminister unterstehende Royal Canadian Mounted Police ist heute als Bundespolizei in ganz Kanada zuständig für den Vollzug aller Bundesgesetze. Daneben fungiert sie außer in Ontario und Quebec überdies als Provinzialpolizei sowie schließlich in mehr als 150 Städten als örtliche Polizei. Sie nimmt dabei sowohl schutz- als auch kriminalpolizeiliche Aufgaben wahr.

Kriminalpolizeilich geht es um alle Verstöße gegen das Bundesstrafgesetzbuch, soweit es

Abb. 29/9. Ein Schnellboot der RCMP und ein Hubschrauber der Luftabteilung der kanadischen Polizei bei gemeinsamem Einsatz.

nicht noch eine besondere Provinzialpolizei gibt; dann ist die RCMP auf Delikte überregionalen Charakters beschränkt. Überdies sind der RCMP auch der Vollzug der Einwanderungs- und Steuergesetze sowie im Zusammenhang mit der Bekämpfung des Drogenmißbrauchs gewisse Aufgaben übertragen worden, die z. T. kriminalpolizeilicher Art sind. Bei dem weiten Tätigkeitsfeld und entsprechender Personalstärke hat man verständlicherweise für besondere Zwecke im Laufe der Zeit Spezialeinheiten geschaffen.

1973 verfügte die RCMP über mehr als 10 000 reguläre, 1000 zivile Bedienstete sowie etwa 2250 Verwaltungsangestellte.

Das Hauptquartier der Royal Canadian Mounted Police befindet sich in Ottawa/Ontario. Es dient als Zentralstelle für alle kanadischen Polizeibehörden im Bereiche des Erkennungsdienstes (Fingerabdrücke), Schußwaffenregistrierung usw.; Interpol Ottawa fungiert zugleich als Nationales Zentralbüro. – Hier befindet sich ferner die Zentrale Datenverarbeitung, das Canadian Police Information Center (CPIC). Mit ihm sind zahlreiche Terminals im weiten Lande verbunden (vgl. Abb. 29/6).

Die RCMP unterhielt 1973 sechs kriminaltechnische Laboratorien, die außer Schußwaffenuntersuchungen, chemischen Analysen, Handschriftenexpertisen auch andere Untersuchungen durchführen können.

Abb. 29/10. Blick auf das Training Center der RCMP in Regina/Saskatchewan. In dieser zentralen Schule werden Offiziersanwärter der kanadischen Polizei ausgebildet.

Das Korps der RCMP ist im übrigen in Abteilungen gegliedert, deren Kompetenzbereich gewöhnlich eine Provinz ist; daher befindet sich das Hauptquartier einer solchen Abteilung in der jeweiligen Provinzhauptstadt.
Die RCMP verfügt ferner nicht nur über eine Marineabteilung, sondern ist auch mit Flugzeugen und anderen Mitteln der modernen Technik ausgerüstet.

III. Zur Arbeit

Charakteristisch für die Arbeit der kanadischen Polizei sind neben der Weite des Landes vor allem die z. T. extremen Lebensbedingungen, auf welche sich auch die Polizei einstellen muß. Die übersichtliche zentrale Organisation der Royal Canadian Mounted Police erleichtert es ebenso wie die geschilderte moderne Ausrüstung, trotz aller natürlichen Schwierigkeiten die Probleme auch der kriminalpolizeilichen Verbrechensbekämpfung zu meistern. Außer auf die entsprechenden Organisationsformen und technischen Hilfsmittel kommt es entscheidend auf Auswahl und **Ausbildung** der Beamten an.

Der Anwärter muß ein britischer oder kanadischer Bürger zwischen 18 und 29 Jahren sein. Neben körperlichen Voraussetzungen werden Sprachkenntnisse in Englisch und Französisch verlangt.

Die sechsmonatige theoretische und praktische Grundausbildung erfolgt in einer Ausbildungsstätte in Regina/Saskatchewan, etwa 3500 Meilen westlich von Ottawa. Es schließt sich ein reichhaltiges Fortbildungsprogramm – u. a. an kanadischen Universitäten – an.

Abb. 29/11. Das Verwaltungsgebäude des „Canadian Police College“ in Ottawa/Ontario.

Abb. 29/12. Ein Beamter der kanadischen Polizei in einem Getreidelager des Westens.

Abb. 29/13. Berittene Beamte der Royal Canadian Mounted Police in ihrer weltbekannten Uniform beim Musical Ride „Charge“.

Es gibt daneben in einzelnen Provinzen noch besondere Ausbildungsstätten, z. B. das 1968 in Nocolet errichtete Polizeiinstitut von Quebec und das bereits seit 1938 bestehende „Canadian Police College" in Ottawa.

Roy, René: L'institut de Police du Québec – Rev. int. d. crim. et d. police techn. 1975, S. 71 ff.

Das Ansehen der als „friendly authority" charakterisierten kanadischen Polizei ist nach wie vor auch bei der Bevölkerung groß. Das dürfte nicht zuletzt auf dem Zusammenhalt beruhen, auf den man trotz des Wachsens einer zentral organisierten Polizeitruppe stets besonderes Gewicht gelegt hat.

Die Royal Canadian Mounted Police, die Pferde heute im wesentlichen nur noch zu Paradezwecken benutzt, ist eine der am modernsten ausgerüsteten Polizeitruppen der Welt. Es ist wohl nicht zuletzt das Verdienst dieser Polizei, daß die Entwicklung der Verbrechensbekämpfung in Kanada bei sonst ähnlichen Verhältnissen ganz anders als in den USA verlaufen ist.

C. Japan

Japan ist als bedeutender Industriestaat des Fernen Ostens bei der Organisation der Verbrechensbekämpfung deshalb für uns aufschlußreich, weil dieses Land in mancher Weise Anregungen aus anderen, insb. auch europäischen Staaten aufgenommen, sie jedoch selbständig verarbeitet hat.

The Japanese Police – hrsg. v. National Police Agency – Tokyo 1959; *H.,* K.: Die japanische Polizei – Kriminalistik 1964, S. 393 ff.; *Hünecke,* Franz: Jugendsachbearbeiter bei der Kriminalpolizei – BKA 1966/3, S. 74 f.; *N. N.:* Die Polizei in Japan – Die Neue Polizei 1968, S. 165; *Gordon,* F. A.: La police et la justice en Japon – Rev. int. de police crim. 1973, S. 19ff.; *Tonnhofer,* Gustav: „Kei-shi-cho" – Die Polizei der japanischen Metropole Tokio – Öff. Sicherheit 1975-Okt., S. 29 ff.; *Clifford,* William: Crime Control in Japan – Lexington/Mass. 1976; *N. N.:* Das japanische Polizeisystem – PFA 3/77, S. 77 ff.

Das Polizeiwesen ist in einen engen Zusammenhang mit den 1871 nach westlichen Vorbildern neu geordneten staatlichen Verhältnissen und der dabei dem Prinzip der Gewaltenteilung entsprechend verselbständigten Rechtspflege zu sehen.

Nach den Strafgesetzbüchern von 1870 und 1880, die deutlich französischen Einfluß zeigten, wurde 1907 eine vor allem deutschen Vorstellungen folgende Kodifikation erlassen, die jedoch in den Jahren 1956–1974 eine Neufassung erhielt. Die ebenfalls 1880 erlassene Strafprozeßordnung, die schon 1947 der neuen Verfassung angepaßt werden mußte, wurde 1949 durch ein neues Gesetz ersetzt. Gesetzgebung und Rechtsprechung sind als Staatsgewalten von der Exekutive getrennt. Erwähnt sei schließlich, daß auch Japan über eine relativ einflußreiche Anklagebehörde verfügt.

I. Zur geschichtlichen Entwicklung

Die lange Geschichte Japans bringt es mit sich, daß sich schon früh Vorläufer oder Ansätze zu polizeilicher und z. T. speziell kriminalpolizeilicher Aktivitäten feststellen lassen, wenn-

gleich infolge der zeitlichen Distanz manches etwas dunkel oder unsicher ist. Zu der von der europäischen ganz unterschiedlichen Entwicklung kommt noch die Insellage hinzu.
In dem bis zum 19. Jahrhundert reichenden japanischen Feudalsystem ließen sich militärische und zivile Sicherheitskräfte kaum unterscheiden, wenngleich es schon damals Beamte in der sich wesentlich auf die Gemeinden (mura) stützenden Administration gab, die zugleich richterliche Befugnisse ausübten; in den Städten gab es den Kleingemeinden entsprechende Verwaltungseinheiten. In diese Ordnung war früher in Japan auch die polizeiliche Tätigkeit eingebettet. Das änderte sich mit der Meji-Epoche, in welcher man den Staat nach westlichen, insb. französischen und deutschen Vorbildern formte.
Diese moderne Organisation der japanischen Polizei wurde 1872 geschaffen. Sie entsprach dem von kontinentaleuropäischen Staaten bevorzugten Prinzip der Zentralisation. Die Polizei unterstand dem Innenminister (= Naisausko; das Polizeibüro in diesem Ministerium hieß „Keinoryo"); dieser überließ den autonomen örtlichen Gebietskörperschaften lediglich kleinere Einheiten.
Die bis zum Ende des 2. Weltkrieges zentrale Organisation der Polizei des Kaiserreichs Japan wurde nach 1945 drastisch umgestaltet, wobei der Einfluß der an ein dezentralisiertes, zersplittertes Polizeiwesen gewöhnten amerikanischen Besatzungsmacht unverkennbar war. Das Ergebnis waren in Japan zwei zumindest ganz verschiedenartige Polizeiorganisationen: die Nationale Landpolizei (engl.: National Rural Police) und die Stadtpolizeien (engl.: Municipal Police oder Autonomous entity Police); diese gab es in allen Gemeinden mit mehr als 5000 Einwohnern.
Bald aber stellte sich heraus, daß eine dergestalt dezentralisierte Polizeiorganisation für Japan nicht paßte. Daher organisierte man am 8. Juni 1954 die japanische Polizei erneut völlig um. Die beiden bisherigen Polizeiorganisationen wurden zur Präfektoral-Polizei zusammengefaßt, das nach dem Kriege eingeführte System von Sicherheitskommissionen (engl.: Public safety commissions) jedoch beibehalten.

II. Die gegenwärtige Organisation

Seit der Verfassung vom 3. Mai 1947 liegt die vollziehende Gewalt bei der Regierung, deren Premierminister vom Reichstag (Diet) gewählt und vom Kaiser ernannt wird. Die Regionalverwaltung besteht aus 46 Präfekturen, die der Hauptstadt Tokio eingeschlossen.
Dem ist das in seinen Grundlagen auf das Jahr 1872 zurückgehende Polizeiwesen angepaßt. Neben der dem Premierminister unterstehenden zentralen bzw. **nationalen Polizei** gibt es in jeder Präfektur (Provinz) eine eigene Polizei, die Präfektoral-Polizei.

Dem Premierminister ist ein Sicherheitsausschuß (engl.: National Public Safety Commission = Kokka Koan ein Kai) beigeordnet, dessen Ernennung beide Häuser des Reichstags zustimmen müssen.

An der Spitze der nationalen Polizei steht ein Nationales Polizeiamt (= Keisatsucko, engl. National Police Agency) mit einem Generaldirektor. Es übt wesentlich Aufsichtsfunktionen aus und erläßt allgemeine Verwaltungsrichtlinien für die gesamte Polizei. In gewissem Umfange kontrolliert es jedoch auch die Provinz-Polizeiämter.

Das Nationale Polizeiamt in Tokio fungiert als Nationales Zentralbüro der Interpol, der

Japan 1951 beigetreten ist. Es ist außer für Ausbildung und Nachrichtenwesen ferner auch für die Kriminalstatistik zuständig.
Eines der sechs Büros, in welche sich das Nationale Polizeiamt gliedert, ist das speziell für die kriminalpolizeiliche Arbeit bestimmte Büro für Kriminaluntersuchungen (engl.: Criminal Investigation Bureau).
Dem Polizeiamt nachgeordnet sind eine Polizeihochschule (Keisatsu Daigakk), ein Forschungsinstitut und die Kaiserliche Garde (oder Reichswache).
Das vom Direktor geleitete Forschungsinstitut für Polizeiwissenschaft (engl.: National Research Institute for Police Science) ist zugleich die Zentralstelle für kriminaltechnische Untersuchungen in Japan.

Neben einer allgemeinen Division, die auch die Datenabteilung umfaßt, gibt es die eigentliche kriminaltechnische Division, die allein sieben der elf technischen Stellen des Büros umfaßt, sowie jeweils eine Division für die Bekämpfung der Jugendkriminalität und für den Verkehr.

Das Nationale Polizeiamt stützt sich auf sieben Regionalpolizeiämter sowie zwei Ämter für Tokio und Hokkaido, die nicht nur exekutive Befugnisse ausüben, sondern jeweils auch eine Polizeischule unterhalten.

Diese Regionalpolizeiämter umfassen mehrere Provinzialpolizeien. Ihnen ist jeweils eine Polizeischule zugeordnet. Auch hier gibt es Polizeiausschüsse (engl.: Prefectural Public Safety Commissions).

Die **Polizeien der Provinzen** (Präfektoral Polizeien = Todo-Fuken Keisatsu) – zur Zeit 45 – unterstehen dem Gouverneur als Provinzoberhaupt; auch hier gibt es einen Sicherheitsausschuß. Mit seiner Zustimmung werden die Polizeichefs (Honbucho; in etwa Direktor) vom Nationalen Sicherheitsausschuß ernannt.
Der Polizeichef von Tokio führt die Dienstbezeichnung General-Superintendent (Keishisokan; engl.: Superintendent General).
Jedes Hauptquartier der Provinzpolizei, dessen Organisation im übrigen in etwa der des Nationalen Polizeiamts entspricht, verfügt über eine erkennungsdienstliche Abteilung.
Die Provinzpolizei stützt sich im übrigen auf Polizeistationen (engl.: Police Stations) mit 30 bis 500 Beamten, denen ggf. Polizeiposten (engl.: Police Boxes) nachgeordnet sind, welche nach dem Dienstrang ihres Leiters benannt werden (engl. z. B. Police Sergeant's P.B.). 1976 gab es in Japan rund12 000 Polizeistationen und etwa 16 000 Polizeiposten. Ebenso wie im Polizeiinstitut der nationalen Polizei hat man auch bei Provinzpolizeien im Laufe der Jahre besondere Dienststellen z. B. für Jugendschutz, Drogenmißbrauch und dergl. geschaffen.
Trotz lokaler Gliederung und Einflüsse erscheint die Organisation der japanischen Polizei in der Sache mithin jetzt doch wieder als weithin zentralistisch. Denn das Nationale Polizeiamt in Tokio überwacht als Zentrale die gesamte polizeiliche Tätigkeit und leitet sie. Am besten ist deshalb von einer gegliederten staatlichen Polizei zu sprechen, in welcher die Kriminalpolizei eine besondere Sparte darstellt, die sich vom Nationalen Polizeiamt jedenfalls bis zu den Hauptquartieren der Provinzpolizei auch organisatorisch ausmachen läßt.

Die Zahl weiblicher Polizeibeamter ist in Japan noch verhältnismäßig klein. 1959 waren unter 124 430 Polizeibeamten nur 378 Frauen. Besondere Abteilungen oder gar eine Weibliche Kriminalpolizei gibt es bisher nicht.

III. Zur Arbeit

Die Arbeit der japanischen Polizei ist bei weit fortgeschrittener Industrialisierung des Landes und großer Bevölkerungsdichte heute den Verhältnissen in anderen Staaten sehr viel ähnlicher als in früheren Zeiten.
Die Organisation des Polizeiwesens in Japan ist nach dem oben Gesagten (II) jetzt wieder als zentral anzusprechen, was für die Arbeit in der Praxis, insb. der **Fahndung,** die Kooperation erleichtert. Überdies bestehen auch zwischen den Provinzialpolizeiämtern mancherlei Querverbindungen.
Neben dem Verkehr erblickt man in Japan angesichts der stark zunehmenden Jugendkriminalität im Jugendschutz einen Schwerpunkt polizeilicher Arbeit.

N. N.: Jugendkriminalität und Jugendpolizei in Japan – Internat. Kriminalpol. Rev. 1959, S. 237 ff., 265 ff.

Die in Japan ebenfalls steigende Zahl der Straftaten hat bewirkt, daß man sich außer um größere Polizeidichte – 1976 gab es 190 350 Polizeibeamte – mit Nachdruck um eine verbesserte Ausrüstung bemüht hat. Speziell im kriminalpolizeilichen Bereich ist die **Kriminaltechnik** tatkräftig ausgebaut worden und weist jetzt ein recht hohes Niveau auf (vgl. auch das unten zur Aus- und Fortbildung Ausgeführte).
Die japanische Polizei ist, was ihre Ausrüstung anlangt, nicht nur relativ gut motorisiert, sondern verfügt seit 1962 auch über Hubschrauber. Das Funk- und Fernsprechnetz ist gut ausgebaut. Schon im Oktober 1965 wurde in Japan ein System der **Datenverarbeitung** in Betrieb genommen; die Zentrale befindet sich im Nationalen Polizeiamt.
Die jetzige Organisation kommt anscheinend auch der **Aus- und Fortbildung** der Polizei- und Kriminalbeamten zugute. Das gegliederte Ausbildungssystem erscheint als gut durchdacht und wird offenbar recht intensiv gehandhabt.

Die Polizeianwärter sollen zumindest eine Mittelschule erfolgreich absolviert haben. Nach einer Eignungsprüfung werden sie für ein Jahr in einer Provinzschule ausgebildet. Nach Einsatz in der Praxis folgt dann ein weiterer Lehrgang von vier Monaten.
Die Fortbildungs- und Beförderungslehrgänge dauern in Japan 4 bis 6 Monate.
Höhere Polizeibeamte und Anwärter mit Hochschulabschluß werden in der Polizeihochschule (1959) in Tokio aus- und fortgebildet. Die Ausbildungslehrgänge dauern gewöhnlich 6 Monate.

Das dem Nationalen Polizeiamt unterstehende Forschungsinstitut für Polizeiwissenschaften, in welches auch das schon 1948 gegründete kriminaltechnische Institut eingegliedert worden ist, dient außer der Forschung und Fortbildung von Spezialisten vor allem der Untersuchung von Beweisstücken. Es unterstützt ggf. die kriminaltechnischen Untersuchungsstellen der Provinzialpolizeien.
Um die **Öffentlichkeitsarbeit** zu verbessern, wird bei jedem regionalen Polizeiamt und jedem Hauptquartier der Provinzpolizei ein Beamter eigens mit diesen Aufgaben betraut:; größere Ämter verfügen sogar über eine besondere Dienststelle. Der bei der gegliederten Organisation enge Kontakt der japanischen Polizei zu den Bürgern, Vorläufer der heutigen Polizeiposten finden sich schon in der Feudalzeit, wird von diesen nicht als Einmischung empfunden, sondern akzeptiert. Dem kommt die Polizei dadurch entgegen, daß sie sich bewußt als ein öffentlicher Dienstleistungsbetrieb gibt, der mancherlei sonstige Funktionen im Sozialleben übernimmt. Die Polizei kann daher ihrerseits bei der Kriminalitätsbekämpfung auf weitgehende Kooperation der Bürger rechnen.

Obwohl die Polizei ersichtlich großen Wert auf ein gutes Verhältnis zur Öffentlichkeit legt und insoweit mancherlei unternimmt, stehen ihr gewisse Kreise gegenwärtig dennoch kritisch gegenüber. Man sollte aber bei den tatsächlichen und sozialen Gegebenheiten dieses fernöstlichen Industriestaates die Leistungen und Fähigkeiten der japanischen Polizei auch im Bereich der Verbrechensbekämpfung nicht unterschätzen. Vielmehr zeigt sich, daß es die Japaner auch auf dem Gebiete des Polizeiwesens und insb. der kriminalpolizeilichen Verbrechensbekämpfung verstanden haben, die Erkenntnisse und Erfahrungen westlicher Staaten sinnvoll mit dem Überkommenen zu verbinden und dabei der Mentalität der Bevölkerung zutreffend Rechnung zu tragen. Nur so ist zu erklären, daß es den japanischen Kriminalbeamten gelungen ist, trotz großer Bevölkerungsdichte und den mit der Industrialisierung verbundenen ungünstigen Tendenzen nicht nur die Kriminalität in Grenzen zu halten, sondern mit hohem Niveau eine Effektivität zu erreichen, um die sie die Kollegen vieler Länder beneiden dürften.

3. Abschnitt: Die internationale Verbrechensbekämpfung

Immer wieder haben die Gegebenheiten der Kriminalität und ihre Entwicklung gezeigt, wie wichtig für eine wirksame Verbrechensbekämpfung die internationale Zusammenarbeit geworden ist. Das gilt für die Kriminalpolizei der einzelnen Staaten, deren Organisation und Arbeitsweise soeben geschildert worden ist (§§ 27–29), ebenso wie für andere Strafverfolgungsorgane. Diese internationale Kooperation muß zudem nicht nur im Rahmen von Interpol verstärkt und verbessert werden, sondern läßt sich wohl auch sonst noch intensivieren. Denn mit der Entwicklung von Verkehr und Nachrichtenwesen ist in den letzten beiden Jahrhunderten auch das Verbrechen mehr und mehr internationalisiert worden, worauf sich die Kriminalitätsbekämfpung organisatorisch und arbeitsmäßig einzustellen hat.

Wesentlich für den Bereich der internationalen Zusammenarbeit ist heute vor allem die Internationale Kriminalpolizeiliche Organisation (IKPO) – kurz Interpol genannt – als die alleinige weltweite Institution für diese Zwecke. Bevor jedoch auf ihre Organisation und Arbeitsweise in § 31 näher einzugehen ist, soll kurz ein Blick auf die geschichtliche Entwicklung geworfen werden (§ 30), die gerade auch für die Interpol aufschlußreich ist. Abschließend sollen sodann die Praxis der internationalen Zusammenarbeit und mögliche Ausblicke behandelt werden (§ 32).

Internationale Verbrechensbekämpfung – Hrsg. v. Bundeskriminalamt – Wiesbaden 1960; *Ullrich,* Wolfgang: Verbrechensbekämpfung. Geschichte – Organisation – Rechtsprechung – Neuwied/Berlin 1961 – insb. S. 197 ff.; *Hoeveler,* Hans-J.: Internationale Bekämpfung des Verbrechens – Hamburg 1966; *Teufel,* Manfred: Interpol. Die Internationale Kriminalpolizeiliche Organisation – Kriminalistik 1967, S. 130 ff.; *Sicot,* Marcel: Die Wahrheit über Interpol – Aus dem Französischen übersetzt von M. Harriés-Kester – Bonn 1968; *Hohenbichler,* Eduard: 45 Jahre Interpol. Internationaler Polizeikongreß in Wien vom 3.–10. September 1923 – Kriminalistik 1968, S. 561 ff.; *Jeschke,* Jürgen: Interpol zwischen 1933 und 1945 – Kriminalistik 1971, S. 118 f.; *Rebscher:* Zum Rechtsstatus der IKPO – Interpol – Kriminalistik 1973, S. 540 f.; *Schaefer,* Kurt: Internationale Verbrechensbekämpfung – in: HdwKrim (2) IV-46 ff. (1977); *Schaefer,* Kurt: Internationale Verbrechensbekämpfung – BKA Bd. 44 – Wiesbaden 1976/77.

Der internationale Charakter kriminellen Handelns kann sich sowohl aus der Person des Rechtsbrechers als auch aus der Tat selbst ergeben. Bei der Person ist außer an den reisenden Täter, der sich in mehreren Staaten verbrecherisch betätigt, auch an jene Delinquenten zu denken, die zwar als solche ortsgebunden sind, jedoch mit internationalen Wirkungsbereich handeln; schließlich kann die Internationalität durch Flucht eines Rechtsbrechers in einen anderen Staat bewirkt werden. Ebenso ist die Internationalität von der Tat her zu beurteilen; es kommt also nicht einmal darauf an, daß die fragliche Aktivität bzw. sie ermöglichende oder verschleiernde Machenschaften in allen berührten Staaten als „kriminell" gewertet wird. Entscheidend ist letztlich, daß eine Strafsache eine über nationale Grenzen hinaus gehende – eben internationale – Bearbeitung erfordert.

§ 30
Die Geschichte der internationalen Zusammenarbeit bei der Kriminalitätsbekämpfung

Die Geschichte der internationalen Zusammenarbeit auf dem Gebiet der Verbrechensbekämpfung ist sehr viel älter, als es auf den ersten Blick den Anschein haben mag. Dennoch haben sich die eigentlich drängenden Probleme erst im vergangenen und in diesem Jahrhundert ergeben, welche es mit modernen Verkehrsmitteln und Nachrichtentechniken kriminellen Subjekten ermöglichten, weiträumig und über Staatsgrenzen hinweg Kontakte zu schaffen und illegale, sozialschädliche Aktivitäten zu entfalten.

1. Die Frühzeit

Bereits in der Antike finden sich hier und da Beispiele der Auslieferung von Rechtsbrechern. Dabei kam es allerdings weniger auf Rechtsgrundsätze als das Verhältnis von Völkern, Stämmen oder deren Fürsten an. Neben einem so oder so motivierten Entgegenkommen spielten nicht selten militärische Unterlegenheit oder Rachgefühle gegenüber dem Betroffenen eine Rolle; von rechtlich geordneten Vorgängen ließ sich in diesen Fällen noch nicht sprechen.
Natürlich war für die internationale Zusammenarbeit in diesem Bereich die sich langsam entwickelnde staats- und völkerrechtliche Situation von entscheidender Bedeutung, die bis in die Neuzeit hinein jedoch eine wirklich effektive Zusammenarbeit im großen Stil beeinträchtigt und weithin überhaupt verhindert hat.

Selbst Vereinbarungen deutscher Städte oder Früsten, wie sie sich schon im ausgehenden Mittelalter oder in der beginnenden Neuzeit finden, dürften trotz erkennbaren gemeinsamen Bemühens, durch Maßnahmen der Kooperation die Kriminalität einzudämmen, in der Praxis nur geringe Reichweite gehabt haben. Zu damals noch unzulänglich entwickelter staatlicher Verwaltung, insb. bei den eigentlichen Strafverfolgungsorganen, traten die technischen Schwierigkeiten der hierfür wichtigen gegenseitigen Informationen hinzu.
Aus demselben Grunde dürften Rückfallvorschriften wie Art. 162 CCC (1532), die selbst für den „klei-

nen Diebstahl" beim zweiten Rückfall Todesstrafe androhten, durchweg nur ein papierenes Dasein geführt haben. Denn der an den Pranger gestellte oder ausgepeitschte Dieb wurde entweder des Territoriums verwiesen oder suchte von selbst das Weite. Am anderen Orte bei einem Diebstahl ertappt, wußte aber wegen fehlender Nachrichtenverbindung gewöhnlich niemand um die Vorstrafe.

Zudem war trotz der in jener Zeit gerade in Deutschland kleinen Herrschaftsgebiete das Bedürfnis nach internationaler Zusammenarbeit bei der Verbrechensbekämpfung in der Tat gering, weil die Rechtsbrecher wenig mobil waren, sie also die zahlreichen Grenzen kaum ausnutzen konnten. Alles dies änderte sich erst deutlicher vom 17. Jahrhundert an. Mit der Entwicklung des Nachrichten- und Verkehrswesens ging allerdings auch der Ausbau der staatlichen Verwaltung Hand in Hand, was u. a. der Verbrechensbekämpfung zugute kam.

2. 18. und 19. Jahrhundert

Die geschichtliche Entwicklung der Kriminalpolizei (§§ 27, 28, 29) hat gezeigt, daß man in den meisten Ländern erst um die Mitte des 18. Jahrhunderts von einer auch nur einigermaßen funktionstüchtigen Polizeiorganisation sprechen konnte. Da aber bei den damaligen Lebensverhältnissen die Zahl reisender und insb. internationaler Rechtsbrecher immer noch außerordentlich gering war, bestand zunächst nur wenig Bedürfnis nach internationaler Zusammenarbeit in der Verbrechensbekämpfung.
Deutlicher änderten sich die Verhältisse in den europäischen und einigen anderen Ländern im 19. Jahrhundert, als durch Massenverkehrsmittel wie die Eisenbahn überörtliche und internationale kriminelle Aktivitäten ermöglicht wurden. So bot denn erst die 2. Hälfte jenes Jahrhunderts in vielen Staaten eine solche Situation, welche energische Initiativen in dieser Richtung erwarten ließ.
Und in der Tat fehlte es damals keineswegs an löblichen Initiativen, die z. T. sogar weit über das bisher tatsächlich Erreichte hinausgingen, weil man die Hemmnisse der nationalstaatlichen Ära grob unterschätzte.

Ein Beispiel dafür war der 5. Gefängniskongreß 1895 in Paris, auf welchem man verlangte, den alten Anschauungen völlig abzusagen. Auf derselben Linie bewegte sich noch der 10. Gefängniskongreß 1910 in Washington. So blieben alle diese Initiativen zunächst folgenlos.
Ein anderes Beispiel waren Polizeikongresse, die – ebenfalls um die Jahrhundertwende einsetzend (Buenos Aires 1905, Madrid 1909, Sao Paulo 1912, Washington 1913) – Fragen der internationalen Verbrechensbekämpfung behandelten.

Insgesamt betrachtet konzentrierte sich das Bemühen in jener Zeit mehr darauf, die Verbrechensbekämpfung in größeren Staaten – insb. solchen mit dezentralisieter Polizeiorganisation – zu koordinieren und zu verbessern sowie zum anderen im Verhältnis einzelner Staaten und Kooperation im Bereiche der Rechtshilfe zu intensivieren.

3. Die jüngste Entwicklung. Schaffung von Interpol

Es ist nach allem verständlich, daß mit der Industrialisierung Europas und Amerikas sowie anderer Erdteile und der Modernisierung des Verkehrs im ausgehenden 19. Jahrhundert die Forderungen nach einer internationalen Zusammenarbeit im Tätigkeitsbereich der Kriminalpolizei immer dringlicher wurden.

Doch erst in der Zeit vom 14.–18. Apr. 1914 kam es dann in Monaco zu einem ersten Kongreß für internationales Kriminalpolizeiwesen, zu welchem Teilnehmer aus 14 Nationen vor allem aus den lateinischen Ländern kamen. Deutschland und Österreich hatten keine Vertreter entsandt; auch das englische Sprachgebiet war weder offiziell noch privat vertreten.

Die wichtigsten Punkte dieses Kongresses waren:
1. Mittel und Wege zur Beschleunigung und Vereinfachung der Festnahme flüchtiger Verbrecher,
2. Verbesserung der Hilfsmittel des Erkennungsdienstes,
3. Schaffung einer internationalen Auskunftsstelle über das gewerbsmäßige Verbrechertum,
4. Vereinheitlichung des Auslieferungsverfahrens.

Der Ausbruch des 1. Weltkriegs verhinderte zunächst weitere Bemühungen.
Am 10. Dez. 1919 ergriff dann der niederländische Kapitän M. C. *van Houten* jedoch erneut die Initiative mit einem an die bedeutendsten Polizeibehörden der Welt gerichteten privaten Brief, in welchem er die Internationalisierung der Verbrechensbekämpfung anregte. Dieser Gedanke wurde von zahlreichen Fachleuten aufgegriffen und führte schließlich zum internationalen Polizeikongreß in Wien, der in der Zeit vom 3.–7. Sept. 1923 unter der Leitung des Wiener Polizeipräsidenten Dr. *Schober* stattfand. Vor allem ging es hier darum, den direkten Verkehr der Kriminalpolizeibehörden unter Ausschaltung des diplomatischen Weges zuzulassen und ein internationales Polizeibüro zu schaffen.

Delegierte zu diesem Kongreß hatten folgende, fast durchweg europäische Staaten entstandt: Ägypten, Belgien, China, Dänemark, Deutschland, Fiume, Frankreich, Griechenland, Italien, Japan, Jugoslawien, Lettland, Niederlande, Österreich, Polen, Rumänien, Schweden, Schweiz, Tschechoslowakei, Türkei, Ungarn.

Zum genannten Zweck gründeten Delegierte aus 20 Staaten anläßlich dieses Kongresses die „Internationale Kriminalpolizeiliche Kommission (IKK)“, deren Aufgabe es war, im Rahmen der bestehenden Gesetze eine weitestgehende Amtshilfe aller Sicherheitsbehörden zu verbürgen und zweckentsprechend auszugestalten sowie dafür Sorge zu tragen, daß alle Einrichtungen geschaffen oder ausgebaut würden, die geeignet erschienen, den Kampf gegen das gemeine Verbrechen erfolgreich zu gestalten.

Ständige Organe der IKK waren:
der Präsident,
der Generalsekretär mit dem Internationalen Büro in Wien
und die Nationalen Zentralbüros der Mitgliedstaaten.

Als nichtständige Organe kamen hinzu:
die Generalversammlung,
das Exekutivkomitee und
die Unterkommissionen.

Sitz der IKK wurde Wien. Zum ersten Präsidenten wurde der Wiener Polizeipräsident Dr. *Schober* und zum Generalsekretär der Wirkl. Hofrat Dr. *Dressler* aus Wien gewählt; Dr. *Heindl* wurde als deutscher Vertreter einer der vier Vizepräsidenten. Bis 1942 war dann der jeweilige Polizeipräsident von Wien zugleich der Präsident der IKK.

Abb. 30/1. Das heute nicht mehr existierende Gebäude des Präsidiums der Bundespolizeidirektion Wien am Schottenring. Hier residierte der Wiener Polizeipräsident, der zugleich der Präsident der Internationalen Kriminalpolizeilichen Kommission (IKK) war.

Ab 1. Jan. 1925 gab die IKK als internationales kriminalpolizeiliches Nachrichtenblatt die „Internationale Öffentliche Sicherheit" heraus, in der Haftbefehle, Verhaftungen, Identifizierungen internationaler Verbrecher und Nachrichten über Verbrechen von internationalem Interesse mitgeteilt wurden.

Im November 1929 begann der Ausbau eines eigenen Funknetzes der IKK, für welches 1932 eine Funkordnung beschlossen wurde.
Bis zum Ausbruch des 2. Weltkriegs fanden insgesamt 14 Generalversammlungen statt.
Der 2. Weltkrieg unterbrach die internationale Zusammenarbeit – nicht nur im Rahmen der Interpol – weithin und stellte sie mit der völligen Niederkämpfung des Deutschen Reiches, das Österreich 1938 annektiert hatte, vor eine ganz neue Situation.

Schon im März 1938 wollte Heydrich als damaliger Chef der deutschen Sicherheitspolizei den Sitz der Interpol von Wien nach Berlin verlegen, um so Präsident der Interpol zu werden; Nebe konnte die Absendung dieses Rundschreibens verhindern. Mit der Ernennung von Steinhausl zum Polizeipräsidenten von Wien hatte auch Interpol gemäß dem Beschluß vom Jahre 1937 formell wieder eine Spitze.
Der Kriegsausbruch 1939 brachte den Verkehr mit vielen Mitgliedstaaten zum Erliegen. Nach dem Tode Steinhausls im Juni 1940 sah Heydrich seine Stunde als gekommen; mit einer manipulierten Abstimmung im schriftlichen Verfahren wurde 1941 der Chef der deutschen Sicherheitspolizei formell Präsident der IKK. Das Generalsekretariat wurde nach Berlin verlegt und dort im Stadtteil Wannsee sinnigerweise in einer Villa untergebracht, die als jüdischer Besitz konfisziert worden war. Das Kriegsende überlebte dieser Torso der Interpol nicht mehr; vielmehr gingen in Berlin nahezu alle Unterlagen verloren.

Jedoch bereits im Jahre 1946 kam es auf Initiative des belgischen Generalinspekteurs Florent E. *Louwage* in Brüssel im Rahmen der 15. Generalversammlung zur Neugründung der Internationalen Kriminalpolizeilichen Kommission als „Commission Internationale de Police Criminelle(IKPK)".
Sitz der IKPK wurde Paris, ihr Präsident der Belgier F. E. *Louwage*, Generalsekretär der Franzose Louis *Ducloux*. Die Statuten wurden neu gefaßt. Das zunächst provisorisch in der Rue Alfred de Vigny Nr. untergebrachte Büro der Interpol erhielt noch 1946 vier Büroräume im Hause Rue de Monceau Nr. 61 (vgl. Abb. 31/2). Von 1949 bis 1956 befand sich Interpol am Boulevard Gouvion-Saint-Cyr Nr. 60. In jener Zeit benutzte man allerdings die

Abb. 30/2. Das Portal des Gebäudes Rue de Monceau Nr. 61, in welchem Interpol von 1946 bis 1949 untergebracht war.

Anschrift des französischen Innenministeriums (Rue de Saussaies Nr. 11) als Postadresse, obwohl man – wie gesagt – in einem anderen Gebäude desselben untergebracht war.

1951 wurde der Général de la Sûreté Nationale Marcel *Sicot* Generalsekretär der Interpol. Die Zahl der Mitglieder und der Umfang der Tätigkeit wuchsen ständig. Bei der 21. Generalversammlung am 1. Juni 1952 in Stockholm wurde auch die Bundesrepublik Deutschland als 36. Staat wieder in die IKPK aufgenommen. Bis zum Jahre 1956 wurden 11 Generalversammlungen durchgeführt.

Von der 25. Generalversammlung, die unter Teilnahme von Delegierten aus 55 Staaten in der Zeit vom 7.–13. Juni 1958 in Wien stattfand, wurden wichtige Reformen beschlossen. Die Bezeichnung des Zusammenschlusses wurde in „Internationale Kriminalpolizeiliche Organisation (Interpol) (IKPO)“ abgeändert.

N. N.: XXVste Tagung. Generalversammlung in Wien 7.–13 Juni 156 – Internat. kriminalpol. Rev. 1956, S. 193 ff.

Wesentliche Ziele von Interpol sind nach ihren Statuten eine möglichst umfassende Unterstützung aller Kriminalpolizeibehörden im Rahmen der in den Ländern geltenden Gesetze sowie Schaffung bzw. Ausbau von Einrichtungen, die wirksam dazu beitragen können, gemeine Straftaten zu verhüten oder zu bekämpfen (Art. 2). Ausgenommen bleiben Aktivitäten der Interpol in Fällen politischen, militärischen, religiösen oder rassischen Charakters; hier wird jede Betätigung oder Mitwirkung „strengstens untersagt“ (Art. 3). Jedes Mitgliedsland benennt eine Polizeibehörde, die als Nationales Zentralbüro der Interpol fungiert (Art. 32).

Im einzelnen ist hier auf die anläßlich der 25. Generalversammlung am 13. Juni 1945 in Wien beschlossenen Statuten zu verweisen, die 50 Artikel umfassen. – Die gegenwärtige Organisation und Arbeit der Interpol soll alsbald (§§ 31, 32) eingehender geschildert werden.

Von 1956 bis 1966 war das Generalsekretariat der Interpol in Paris im Hause Rue Paul Valéry Nr. 37 bis untergebracht (vgl. Abb. 30/3).

Abb. 30/3. Rue Paul Valéry Nr. 37 bis. Hier arbeitete die Interpol in den Jahren 1956 bis 1966.

Als Marcel *Sicot* 1963 in den wohlverdienten Ruhestand trat, wurde sein langjähriger Stellvertreter Jean *Népote* zum Generalsekretär der Interpol gewählt.
1966 konnte das Generalsekretariat der Interpol sein neues Dienstgebäude, einen Neubau in Saint-Cloud bei Paris, beziehen (26, Rue Armengaud, F 92210 Saint-Cloud/Frankreich; vgl. Abb. 30/4, 30/5).

In jenen Jahren konnte auch die in Saint Martin d'Abbat, etwa 130 km südlich von Paris, eingerichtete zentrale Funkstation der Interpol in Betrieb genommen werden (vgl. Abb. 30/6).

Anfang 1971 waren der Interpol bereits 107 Staaten angeschlossen, 1977 waren es 126 Länder, von denen 39 zu Afrika, 28 zu Amerika, 34 zu Asien und 25 zu Europa zählen. Es fehlen bisher vor allem die Staaten aus dem kommunistischen Einflußbereich.

Abb. 30.4. Vorderansicht des neuen Dienstgebäudes der Interpol an der Rue Armengand Nr. 26 in Saint-Cloud bei Paris.

Abb. 30.5. Rückansicht des neuen Dienstgebäudes der Interpol in Saint-Cloud.

Abb. 30/6. Die Einfahrt zur zentralen Funkstation der Interpol in Saint Martin d'Abbat, etwa 130 km südlich von Paris.

§ 31
Die Organisation der Interpol

Die Internationale Kriminalpolizeiliche Organisation – IKPO (Interpol) mit dem Sitz in Paris verfolgt mithin dieselben Ziele wie ihre Vorgänger, d. h. nach Art. 2 der Statuten Förderung der Amtshilfe zwischen den Sicherheitsbehörden und Schaffung sowie Ausbau von Einrichtungen zur Bekämpfung gemeiner Verbrechen. Zu diesem Zweck hat jedes Land eine Polizeibehörde zu benennen. Die Betätigung in Fragen oder Angelegenheiten politischen, militärischen, religiösen oder rassischen Charakters ist der Organisation durch Art. 3 untersagt.

Nach Art. 5 der Statuten umfaßt die Internationale Kriminalpolizeiliche Organisation (Interpol)

die Generalversammlung,
das Exekutivkomitee,
das Generalsekretariat,
die Nationalen Zentralbüros,
die Berater.

Die in Art. 6–14 der Statuten behandelte **Generalversammlung** ist die höchste Insitution der Organisation. Die jährlich tagende Generalversammlung setzt sich aus Delegierten der Mitglieder der Organisation zusammen. Stimmrecht in der Generalversammlung hat nur ein Delegierter jeden Landes. Die Beschlüsse werden mit einfacher bzw. in bestimmten Fällen mit Zweidrittelmehrheit gefaßt. Die Generalversammlung tritt in jedem Jahr zu einer ordentlichen Mitgliederversammlung zusammen; sie wählt die mit der Führung der Organisation betrauten Personen.

Das **Exekutivkomitee,** dessen Pflichten und Befugnisse in den Art. 15–24 der Statuten geregelt sind, setzt sich aus dem für vier Jahre gewählten Präsidenten, grundsätzlich drei für drei Jahre gewählten Vizepräsidenten und neun Delegierten (in der Regel also 13 Mitgliedern) zusammen. Alle Wahlmandate werden nach einem Schlüssel auf vier verschiedene Gebiete der Welt aufgeteilt.

Dem Exekutivkomitee, das jährlich zweimal zusammentritt, obliegt es nach Art. 22, die Beschlüsse der Generalversammlung zu überwachen, deren Tagungen vorzubereiten, die Geschäftsführung des Generalsekretärs zu beaufsichtigen und ihm sonst übertragene Vollmachten auszuüben. Die Mitglieder fungieren als Repräsentanten der Organisation, nicht als Vertreter ihrer Länder.

Das **Generalsekretariat** ist nach Art. 25 der ständige Dienst der Organisation, gewissermaßen der Generalstab von Interpol. Dem für fünf Jahre ernannten Generalsekretär ist das erforderliche Fach- und Verwaltungspersonal unterstellt. Die Befugnisse und Pflichten des Generalsekretärs werden in den Art. 25–30 der Statuten behandelt.

Rebscher, Umorganisierung im Generalsekretariat der IKPO-Interpol in Saint Cloud/Frankreich – Kriminalistik 1974, S. 360.

Das Generalsekretariat führt die Beschlüsse der Generalversammlung und des Exekutivkomitees durch. Es ist die internationale Zentrale auf dem Gebiet der Verbrechensbekämpfung, das Fach- und Informationszentrum. Ihm obliegt es, die Verbindung zwischen den internationalen Behörden und den nationalen Behörden aufrechtzuerhalten.

Die in den Statuten 31–33 behandelten **Nationalen Zentralbüros** sind die Zentralstellen der einzelnen Mitgliedsstaaten, welche die Verbindung zu den verschiedenen Behörden ihres Landes gewährleisten.

Dies sind die von den Mitgliedsstaaten zu diesen Zweck benannten Polizeibehörden, die – wie in Deutschland das Bundeskriminalamt in Wiesbaden – den Dienstverkehr zum Generalsekretariat und zu den Nationalen Zentralbüros anderer Staaten wahrzunehmen haben. Im übrigen sorgen sie für die Verbindung vom Ausland zu den verschiedenen Behörden des Inlands.

Die in den Art. 34–37 der Statuten genannten **Berater** werden zur Erörterung wissenschaftlicher Fragen herangezogen. Sie haben eine ausschließlich beratende Aufgabe und werden für die Dauer von drei Jahren vom Exekutivkomitee ernannt.

Wesentliches Ziel der Reformen des Jahres 1956 war es, außer der inneren auch die finanzielle Unabhängigkeit zu stärken, was sich vor allem in den Art. 38–40 zeigt, die Haushalt und Mittel betreffen. Die geldlichen Mittel werden durch finanzielle Beiträge der Mitglieder und durch Spenden beschafft. Der Haushaltsplan muß nach Billigung durch das Exekutivkomitee von der Generalversammlung angenommen werden.
Die weiteren Vorschriften betreffen verschiedene Fragen, z. B. Art. 41 die Beziehungen zu anderen Organisationen, die Art. 42, 43 und 44 die Anwendung, Abänderung und Auslegung der Statuten, deren französischer, englischer und spanischer Wortlaut rechtsgültig ist. Die Art. 45–50 der Statuten enthalten schließlich die Übergangsvorschriften.
Die in Jahrzehnten gewachsenen Organisationsformen haben sich im wesentlichen bewährt. Sie sind übersichtlich und elastisch genug, um sich wandelnden Gegebenheiten anpassen zu können. Insgesamt sind auch die Statuten wohltuend knapp und durchweg auf eine pragmatische Handhabung zugeschnitten. Auch wenn hier und da Wünsche geltend gemacht worden sind, liegen die Schwerpunkte von Reformen doch weniger bei Organisation und Regelung als bei ihrer Arbeitsweise in der Praxis.

§ 32
Die internationale Zusammenarbeit in der Praxis

Die internationale Zusammenarbeit in der Praxis vollzieht sich einerseits in denjenigen Bahnen, die durch die Organisation der Interpol (IKPO) vorgezeichnet sind; zum anderen finden sich neben allgemeineren Formen zwischen einzelnen Staaten vereinzelt auch Formen einer noch engeren Zusammenarbeit bei der Kriminalitätsbekämpfung.
Wir beschränken uns im Folgenden bewußt auf die Zusammenarbeit zwischen Staaten oder doch Behörden, weil inter- bzw. übernationale Organisationen anderer Art, wie z. B. Vereinigungen von Wissenschaftlern, noch schlechter meßbare Erfolge zu verzeichnen haben.

Zbinden, Karl: Internationale kriminologische, kriminalistische und strafrechtliche Organisation im Dienste der Verbrechensbekämpfung – Wege der Zusammenarbeit und des Erfahrungsaustausches – in: Internationale Verbrechensbekämpfung, hrsg. v. Bundeskriminalamt, Wiesbaden 1960, S. 209 ff.

Damit werden keineswegs die Verdienste derartiger Organisationen, die teilweise schon früher erwähnt worden sind (§ 3-IV) geschmälert. Doch liegen sie im Vorfeld dessen, was uns nunmehr interessieren soll.
Insgesamt ist zu beachten, daß reisende und insb. international agierende Rechtsbrecher nicht nur weiträumig operieren, sondern sie gewöhnlich auch sorgfältig planen, d. h. bestehende Schwachpunkte geschickt ausfindig machen und ausnutzen. Zu umfassender Planung tritt nicht selten eine gut durchdachte Tatausführung unter Einsatz von Spezialisten hinzu, die für derartige Aktivitäten oft noch besonders vorbereitet werden. Schwer überschaubare Verflechtungen bewirken so zusammen mit großer Mobilität, daß diese Formen der Kriminalität besonders schwer zu bekämpfen sind. Hinzu kommt, daß neben dem Völkerrecht auch die innerstaatlichen Rechtsvorschriften der von einer solchen Strafttat berührten Länder beachtet werden müssen; und diese weisen sowohl strafrechtlich als auch strafprozessual viele Unterschiede und Besonderheiten auf, die sich oft hemmend auf die kriminalistische Arbeit auswirken können.
Ein wesentliches Anliegen der internationalen Zusammenarbeit ist es daher, derartige Hemmnisse möglichst gering zu halten und so den bei diesen Straftätern typischen Zeitvorsprung nach Kräften wettzumachen, um selbst über Staatsgrenzen und weite Distanz hinweg die Strafverfolgung dennoch erfolgreich betreiben zu können.

I. Die Zusammenarbeit im Rahmen der Interpol

Die Zusammenarbeit im Rahmen der Interpol ist nach wie vor für die Zwecke der Bekämpfung sowohl der internationalen als auch der nationalen Kriminalität besonders wichtig. Dabei ist die Interpol im strengen Sinne – wie dargelegt (§ 31) – kein Exekutivorgan, hat also keine eigene Vollzugskompetenz. Vielmehr ist ihre wesentliche Aufgabe neben der Funktion als Nachrichtenzentrale, die den Nachrichtenverkehr mit den Nationalen Zentralbüros wahrzunehmen hat, vor allem die der Koordinierung der Nationalen Zentralbüros.
Aufgabe dieser Nationalen Zentralbüros ist es, alle Angelegenheiten internationalen Charakters in ihrem Bereich zusammenfassen. Sie fungieren somit als Bindeglieder dem Generalsekretariat in Paris und den anderen Nationalen Zentralbüros.

Das Generalsekretariat ist – wie oben gesagt (§ 30) – seit 1966 in Saint Cloud bei Paris untergebracht. Die zentrale Funkstelle befindet sich in Saint Martin d'Abbat, etwa 130 km südlich von Paris.

Sicot, M.: Die internationale kriminalpolizeiliche Zusammenarbeit – in: Internationale Verbrechensbekämpfung,hrsg. v. Bundeskriminalamt, Wiesbaden 1960, S. 19 ff.; *Franssen,* F.: Die Notwendigkeit einer Zentralisation der kriminalpolizeilichen Bekämpfung des internationalen Verbrechertums – in: Internationale Verbrechensbekämpfung, hrsg. v. Bundeskriminalamt, Wiesbaden 1960, S. 185 ff. (= Kriminalistik 1960, S. 289 ff.); *Boettcher,* Otto: Interpol – immer moch effektiv? – der kriminalist 1974, S. 89 ff.

Der Erfolg der Interpol hängt nach allem wesentlich von der Bereitschaft der Mitgliedsstaaten zu intensiver und loyaler Zusammenarbeit sowie ferner von der Leistungsfähigkeit der Nationalen Zentralbüros ab, die jedoch immer moch recht unterschiedlich geartet ist.

1. Formen und technische Voraussetzungen der Zusammenarbeit

Bevor auf einzelne für die Zusammenarbeit besonders wichtige Bereiche wie Meldedienst, internationale Fahndung und Erfahrungsaustausch eingegangen wird, sind einige allgemeinere Ausführungen angezeigt, bei denen sogleich auch die für alle Bereiche wichtigen technischen Voraussetzungen geschildert werden sollen.
Der Verkehr der Nationalen Zentralbüros erfolgt in der Regel auf direktem Wege, kann aber auch durch das Generalsekretariat vermittelt werden, was in der Praxis jedoch eine Ausnahme darstellt.

Auch beim direkten Nachrichtenverkehr zwischen Nationalen Zentralbüros sind grundsätzlich die Arbeitssprachen der Interpol (Englisch, Französisch, Spanisch oder – in beschränktem Umfange – Arabisch) zu benutzen; die Verwendung anderer Sprachen (z. B. von Deutsch im Verhältnis der Bundesrepublik zur Schweiz oder zu Österreich) wird lediglich geduldet.

Wichtig für die internationale Zusammenarbeit im Rahmen der Interpol ist, daß in jedem Mitgliedsstaat nur eine einzige Dienststelle als Mittler des kriminalpolizeilichen Nachrichtenverkehrs tätig wird.

Dickopf: Die Stellung des Bundeskriminalamts im Rahmen der internationalen Verbrechensbekämpfung – in: Internationale Verbrechensbekämpfung, hrsg. v. Bundeskriminalamt, Wiesbaden 1960, S. 29 ff.

In Deutschland ist dies das Bundeskriminalamt in Wiesbaden. Alle Nachrichten und Maßnahmen müssen infolge der föderativen Struktur über das zuständige Landeskriminalamt an das Bundeskriminalamt geleitet werden, welchem der Dienstverkehr mit dem Generalsekretariat und mit den anderen nationalen Zentralbüros obliegt. Hierbei werden ggf. bestimmte Vordrucke benutzt.

Der **Nachrichtenverkehr** erfolgt je nach Lage schriftlich, fernschriftlich, auf dem Funkwege, telephonisch oder mittels Telebild- oder Faksimileüberspielung.
Gegenwärtig gehen täglich über 1000 Schriftstücke der verschiedensten Art beim Generalsekretariat ein.

Jeschke: Das internationale polizeiliche Funknetz – Kriminalistik 1971, S. 184 ff.

Das 1929 in Betrieb genommene internationale **Funknetz** verbindet zur Zeit mehr als 50 Nationale Zentralbüros miteinander, deren Anschrift nach dem Namen des Sitzes – z. B. „Interpol Wiesbaden" – lautet, und mit der Zentrale.

Die Zunahme des internationalen Funkverkehrs wird dadurch eutlich, daß die Zentralstation, die 1950 in Paris etwa 11000 Funksprüche verzeichnete, schon für das Jahr 1970 eine Zahl von rund 150000 meldete; im Jahre 1976 waren es fast 200000.
Die meisten Funksprüche werden verschlüsselt, wobei Kostenersparnis und Vermeiden von Widersprüchen wohl noch wichtiger als Diskretion sind.

Im Aufbau befindet sich ein **Funkfernschreibnetz,** das den Funkverkehr entlasten soll, was vor allem für europäische Staaten mit starkem Nachrichtenvolumen wichtig ist. Die Zentrale ist gegenwärtig mit sechs weiteren Ländern – darunter auch Interpol Wiesbaden – auf diese Weise verbunden.
Schließlich können über 10 Mitgliedsstaaten mit der Zentrale oder untereinander in Minutenschnelle Lichtbilder oder Fingerabdrücke per **Bildfunk** übertragen.

2. Meldedienst

Die Funktion des Generalsekretariats als Ankunfts- und Nachrichtenzentrale bedingt, daß neben anderen Akten vor allem erkennungsdienstliche Unterlagen und Material über Spezialisten gesammelt wird.

a) Eine wichtige Rolle spielt bei der internationalen Zusammenarbeit der **Erkennungsdienst.** Neben der Fotografie (§ 13-IV) und der verbesserten Personenbeschreibung (§ 13-II) hat insb. die Daktyloskopie (§ 13-III) seit Anfang dieses Jahrhunderts ein vorzügliches Identifizierungsmittel gebracht, das sich mithilfe der modernen Nachrichtentechnik und der elektronischen Datenverarbeitung gut für kriminaltechnische Zwecke nutzen läßt.

Die Zehnfingerabdruckblätter internationaler Rechtsbrecher – z. Z. sind es mehr als 100000 – werden nach der Galton-Henry-Methode klassifiziert. Die Einzelfingerabdrucksammlung ist nach dem Müller-System geordnet.

b) Die für den Nachrichtenaustausch wesentlichen **Akten** beziehen sich auf Personen oder auf bestimmte Ermittlungssachen. Dieses Archiv wird laufend aus den eingehenden Nachrichten gespeist. Wichtig ist dies vor allem für Rechtsbrecher, die ihre Personalien ändern oder wenn es darum geht, an Hand der Verbrechenstechnik Zusammenhänge personeller Art zu erfassen.

Neben einer Kartei, die alphabetisch geordnet Namen und Decknamen internationaler Vebrecher wiedergibt, existiert eine Kartei, in welcher die Einordnung allein auf phonetischer Basis (französische Aussprache) erfolgt, um von der Orthographie unabhängig zu sein; das ist für eine internationale Organisation wichtig, wenngleich bei manchen Sprachen (z. B. Chinesisch) die Schwierigkeiten immer noch groß sind.

c) Das Generalsekretariat der Interpol in Paris verfügt ferner über **Material für Spezialisten,** insb. Spezialistenkarteien.
Dies ist zunächst einmal für gewisse Formen kriminellen Verhaltens wie z. B. Falschgelddelikte der Fall, für welche es auch besondere Formulare gibt.

Die früher aus historischen Gründen vom Generalsekretariat in Den Haag unterhaltene besondere Dienststelle, die sich ausschließlich mit Problemen des Herstellens und Verbreitens von Falschgeld befaßte, befindet sich jetzt seit langem ebenfalls in St. Cloud.

Aber auch bestimmte andere kriminelle Aktivitäten werden im Hinblick auf Modus operandi und auffällige Charakteristika erfaßt. Diese Karteien und Sammlungen sind besonders wichtig, wenn man Tatzusammenhänge erkennen will.

3. Internationale Fahndung

Wegen der internationalen Ausschreibungen darf grundsätzlich auf das bei der Kriminaltaktik Gesagte (§ 19) verwiesen werden. Vorausgesetzt wird für eine Fahndung zur Festnahme regelmäßig ein Haftbefehl oder Steckbrief, weil nach erfolgter Festnahme die Auslieferung auf diplomatischem Wege beantragt werden muß; ein solcher Auslieferungsantrag soll daher möglichst gesichert sein. Es können aber auch Ausschreibungen stattfinden, um lediglich Auskünfte herbeizuschaffen. Schließlich ist an vorbeugende Ausschreibungen und die Ausschreibung vermißter Personen bzw. unbekannter Toter zu denken.

Hoeveler, Hans-J.: Internationale Fahndung – in: TbKrim Bd. XIV, S. 319 ff. (1964); *Sicot,* Marcel: Die Wahrheit über Interpol – Bonn 1968 (reichhaltiges Fallmaterial); *Herrnstadt,* Gerhard: 36 Barren Gold. Ein Fall erfolgreicher internationaler Zusammenarbeit – Kriminalistik 1969, S. 267 f.; *Girerd:* Internationale Fahndung. Die Zusammenarbeit zwischen den der IKPO-Interpol angeschlossenen Staaten – in: Fahndung, hrsg. v. Bundeskriminalamt, Wiesbaden 1970, S. 17 ff.; *Griese,* Kurt: Internationale Fahndung – in: GrKrim Bd. 5, S. 25 ff. (1970); *Müller,* Ulrich: Die internationale Fahndung – Kriminalistik 1973, S. 210 f.; *Schöffel,* August: Internationale Fahndung i. S. „Sterr“ – der kriminalist 1974, S. 279 ff.; *Schönbrunn,* Günter: Die Praxis der polizeilichen Auslandsfahndung – Die Neue Polizei 1977, S. 109 ff.

Eine internationale Ausschreibung wird auf Ersuchen eines Nationalen Zentralbüros oder auf Intitiative des Generalsekretariats vorgenommen; sie kann sich übrigens außer auf Personen auch auf Sachen beziehen. Die dadurch ausgelöste Fahndung kann im Inland für eine ausländische Strafverfolgungsbehörde erfolgen oder umgekehrt im Ausland auf die Initiative einer deutschen Strafverfolgungsbehörde hin.

a) Jede internationale **Ausschreibung einer Person** soll ein Höchstmaß von Daten sowie Lichtbilder und Zusatzinformationen enthalten. Neben der Ausschreibung zur Festnahme gibt es noch drei andere Fahndungsziele, die in der rechten oberen Ecke des Formulars durch wechselnden Farbuntergrund unter dem Enblem der Interpol gekennzeichnet werden.

Ausschreibungen zu Festnahme (Rotecken) zielen auf eine Auslieferung an das ersuchende Land ab. Daher sind präzise Angaben über den Haftbefehl und die Gründe der Auslieferung nötig. Hier ist also in aller Regel enge Zusammenarbeit der Kriminalpolizei mit den zuständigen Organen der Strafrechtspflege erforderlich.

Ausschreibungen, die lediglich auf **Auskünfte** abzielen **(Blauecken),** dienen oft dazu, einen bisher unbekannten Aufenthalt der betreffenden Person festzustellen. Es werden keine Zwangsmaßnahmen erbeten, sondern solche ggf. auf diese Weise vorbereitet.

Um 1959 war eine deutsche Familie über das Schicksal von vier Verwandten beunruhigt, die eine Forschungsreise nach Afrika hatten unternehmen wollen, nun aber seit einem Jahr verschwunden waren. Nachdem Interpol von den deutschen Behörden in die Vermißtensache eingeschaltet worden war, konnten in wenigen Wochen die Anschriften der Betreffenden (zwei in Pretoria, eine in Tanganjika, eine bei der amerikanischen Marine) ermittelt werden.

Die bereits erwähnten **Präventivausschreibungen (Grünecken)** betreffen dagegen vorzugsweise ge-

fährliche Rückfallstäter, haben so einen mehr warnenden Zweck für ausländische Behörden, in deren Bereich diese Personen auftauchen könnten.
Schließlich gibt es noch **Ausschreibungen,** die allein den Zweck verfolgen, **unbekannte Tote** zu identifizieren **(Schwarzecken).**
Wegen Schwierigkeiten bei der Identifizierung eines in Richmond entdeckten Erhängten baten 1959 die kalifornischen Behörden um Unterstützung. Auf eine Rundverteilung des Generalsekretariats hin, welche die Fingerabdrücke des unbekannten Toten enthielt, teilte drei Monate später das österreichische Zentralbüro die Identität des Selbstmörders, eines Jugoslawen mit, der 1962 in Graz wegen illegalen Grenzübertritts festgenommen und daktyloskopiert worden war.

Der internationalen Fahndung zur Festnahme geht eine Prüfung des Ersuchens der inländischen Behörde durch das betreffende Nationale Zentralbüro voraus; diese soll die Zulässigkeit garantieren und vor allem zusichern, daß nach einer Festnahme auch wirklich das Auslieferungsersuchen angebracht wird. – Nach Eingang beim Generalsekretariat prüft dieses ebenfalls die Vereinbarkeit mit Art. 3 der Statuten und gibt das Festnahmeersuchen (individual notice) sodann an alle Mitgliedsstaaten weiter; dieses fungiert dann gewissermaßen wie ein internationaler Haftbefehl.
Auf Grund des Ersuchens nehmen nunmehr die damit angesprochenen Mitgliedsstaaten die Fahndung nach der gesuchten Person auf. Wird sie entdeckt, so nimmt die betreffende Polizeidienststelle den Tatverdächtigen unter Beachtung der inländischen Vorschriften fest und benachrichtigt das Nationale Zentralbüro; dieses informiert das Generalsekretariat sowie das Zentralbüro des ersuchenden Staates. Dieses wiederum unterrichtet die ersuchende Behörde, damit das Auslieferungsbegehren angebracht werden kann. Das alles muß in der Regel binnen 24 Stunden nach der Festnahme erfolgt sein.

Für dringende Fälle gibt es schließlich noch ein Eilverfahren, bei welchem ein Nationales Zentralbüro direkt durch Funkspruch (Interpol Circulation) bei den angeschlossenen Zentralbüros die internationale Fahndung auslöst.

Derartige Fälle sind infolge der modernen Nachrichtentechnik jedoch selten geworden. Denn in der Praxis geben die Nationalen Zentralbüros Fahndungsersuchen nahezu immer zunächst mit Funkspruch durch; erst dann wird beim Generalsekretariat der Druck einer „Rotecke“ beantragt.

Um die sich gerade bei der notwendigen Schnelligkeit ergebenden Möglichkeiten zu demonstrieren, erscheinen einige Beispiele aus der Praxis als angezeigt.

Am 9. März 952 wurde in Chalon-sur-Sône der Richter Bernard Resselin von einem jungen Mann ermordet, den er als Anhalter in seinem Wagen mitgenommen und sodann zum Abendessen in seine Wohnung eingeladen hatte. Da man den Täter für einen gewissen Lorne Rutherford, einen Kanadier, hielt, wurde Interpol Ottawa eingeschaltet; Rutherford war ebenso wie ein angeblich in derselben Stadt geborener Charles Harold Henderson in Kanada unbekannt. Daraufhin bat das Generalsekretariat im April 1952 alle Mitgliedsstaaten unter Beifügung von Fingerabdrücken und einer Fotografie, nach dem Verdächtigen zu fahnden. Es ging außer einer Meldung des französischen Erkennungsdienstes ein Telegramm aus Brüssel ein, nach welchem Henderson, der dort als Gordon Roy in Erscheinung getreten war, in Hamburg sicher als der dort geborene Carl Heidenreich identifiziert worden sei. Das wurde auf Anfrage bestätigt. Und ein ebenfalls aus Hamburg kommendes Telegramm brachte am 19. Dez. 1952 die Nachricht, daß Heidenreich dort verhaftet worden sei. Er konnte trotz seiner vielen Aliasnamen außer durch Zeugenaussagen vor allem durch seine am Tatort hinerlassenen Fingerabdrücke des Mordes überführt werden.
Ein alsbald nach einem in Berlin begangenen Mord identifizierter Täter hatte den internationalen Zug nach Frankreich bestiegen. Dieser hatte zum Zeitpunkt der Benachrichtigung der Aachener Polizei

aber schon die belgische Grenze passiert. Der Täter konnte jedoch vor der französischen Grenze von der belgischen Gendarmerie gefaßt werden. Die Nachricht von Interpol Brüssel führte zur Auslieferung des Täters an die deutschen Behörden.
Am 18. Aug. 1958 wurde in Brüssel ein Juwelier in seinem Laden ermordet aufgefunden; viele Juwelen waren geraubt worden. Man vermutete als Täter ein französisches Paar, dessen Personalien mithilfe ermittelter Aufenthaltsorte in Belgien aber erst einige Stunden später bekannt wurden. Da man Flucht nach Frankreich vermutete, wurde eine internationale Fahndung eingeleitet, die einige Tage später zur Festnahme der Mörder und zur Sicherstellung der Juwelen durch die französische Polizei führte.
Am 30. Jan. 1959 schoß ein verhältnismäßig junger Mann bei einem Überfall auf die Industriebank in Zürich auf den Kassierer. Da dieser jedoch noch die Alarmsirene betätigen konnte, floh er mit nur 25 Schweizer Franken. Auf der Flucht schoß er einen sich ihm entgegenstellenden Taxifahrer über den Haufen, konnte aber alsbald festgenommen werden, Er gab sich als John Stanislaw, gebürtiger Pole, aus. An Hand der Unterlagen bei Interpol Bern ermittelten die Schweizer Kriminalbeamten jedoch alsbald, daß sie es mit dem Engländer Donald Hume alias Donald Brown zu tun hatten. – Dieser ein ehemaliger Kriegspilot, war bereits 1950 in England verurteilt worden, weil er einen Automobilverkäufer umgebracht hatte. Von einem anderen Mord mit Leichenzerstückelung mußte er 1958 mangels Beweises freigesprochen werden. Immerhin waren die Daten des gefährlichen Verbrechers so über Interpol nach Bern gelangt, wo sie dann eine schnelle Identifizierung bei einer neuen Straftat ermöglichten.

b) Die internationale **Ausschreibung von Gegenständen** betrifft nicht nur vermutlich gestohlene oder geraubte Sachen, sondern auch andere von den Strafverfolgungsbehörden gesuchte oder unter verdächtigen Umständen sichergestellte Dinge.

Wichtig ist hier eine exakte Beschreibung und nach Möglichkeit die Angabe charakteristischer Merkmale; nützlich sind Lichtbilder oder Zeichnungen.
Am 20. Febr. 1963 meldete Interpol Belgrad die Festnahme eines Jugoslawen an der italienischen Grenze mit 6,180 kg Goldschmuck verdächtiger Herkunft. Eine vom Pariser Generalsekretariat im März 1963 vorgenommene Ausschreibung mit Lichtbildern der Schmuckstücke führte zur Feststellung, daß es sich um Diebesgut handelte, das im Dez. 1962 bei einem Einbruch in ein Brüsseler Juweliergeschäft erbeutet worden war.
Im Sommer 1958 waren aus einem Luxemburger Museum wertvolle Gemälde gestohlen worden. Als eines dieser Gemälde in Brüssel sichergestellt werden konnte, wo es angeblich ein Deutscher mit Namen La Salle verkauft haben sollte, wurde Interpol eingeschaltet. – Interpol Wiesbaden stellte fest, daß der angebliche La Salle, der als Karl Bergh identifiziert wurde, weitere Gemälde in München verkauft hatte; er wurde ferner mit einem Kunstdiebstahl in Brügge in Verbindung gebracht. Im Zuge der Ermittlungen ergab sich, daß er auch für entsprechende Taten in Köln, Amsterdam und Zürich in Betracht komme. Auf Grund der von Interpol gesteuerten Zusammenarbeit konnte Bergh schließlich in Paris festgenommen werden.

4. Erfahrungsaustausch. Publikationen. Tagungen

Für die internationale Zusammenarbeit im Rahmen von Interpol ist der nicht an eine konkrete Strafsache geknüpfte Erfahrungsaustausch, der u. a. in Form von Publikationen oder auf Tagungen und dergl. stattfindet, keineswegs zu unterschätzen.

a) Der allgemeine **Erfahrungsaustausch** kann aus mancherlei Anlaß und in verschiedenartiger Form erfolgen. Außer um Weitergabe und Erörterung von Berichten, Übersichten oder Rundschreiben über bestimmte kriminalistisch-kriminologische Probleme geht es hier ferner um die Beantwortung entsprechender Fragen, die entweder von einem Nationalen Zentralbüro an das Generalsekretariat oder an Zentralbüros gerichtet werden.

Népote, Jean: Polizeiliche Forschung und Planung in den der IKPO-Interpol angeschlossenen Staaten – in: Grundlagenforschung und Kriminalpolizei, hrsg. v. Bundeskriminalamt, Wiesbaden 1969, S. 39 ff.

b) Bei den **Publikationen,** die der gegenseitigen Information dienen, ist außer an die in Englisch, Französisch und Spanisch erscheinende „Internationale Kriminalpolizeiliche Revue" franz.: Revue internationale de police criminelle, die 1946 an die Stelle der 1924 in das Leben gerufenen „Internationale Öffentliche Sicherheit" getreten ist, an die Halbjahresverzeichnisse ausgewählter Artikel und an die internationale Kriminalstatistik zu denken.

Collmann, Hans-Jürgen: Internationale Kriminalstatistik. Geschichtliche Entwicklung und gegenwärtiger Stand – Kriminologie. Abhandl. über abwegiges Sozialverhalten Nr. 11 – Stuttgart 1973.

c) Schließlich ist im Zusammenhang mit dem Erfahrungsaustausch auf **Tagungen** und dergl. hinzuweisen, die fachbezogenen Charakter haben, also nicht die Organisation als solche betreffen.
Hier sind u. a. die sogen. Regionalkonferenzen zu erwähnen, die Gelegenheit geben sollen, in einem begrenzten Bereich spezifische Probleme der Kriminalität zu erörtern und die wechselseitige Zusammenarbeit zu verbessern.
Ähnliche Ziele verfolgen die im Rahmen der Generalversammlung durchgeführten Kontinentenversammlungen.
Schließlich gibt es für spezielle Fachthemen seit 1959 Arbeitstagungen mit einer kleineren oder größeren Zahl von Delegierten aus den Mitgliedsstaaten; es sind bereits unzählige solcher Arbeitstagungen von der Interpol durchgeführt worden.

II. Andere Formen internationaler Zusammenarbeit

Neben der Interpol gibt es aber nach wie vor andere für die Kriminalitätsbekämpfung wichtige Formen internationaler Zusammenarbeit. Diese kann bi- oder multilaterial und dabei lockerer bzw. noch enger gestaltet sein. Sie ist insb. im Verhältnis zu solchen Staaten wichtig, die nicht der Interpol mit ihren vereinfachten Formen des Rechtshilfeverkehrs angehören.

Selbstverständlich stellt auch die Zusammenarbeit der Staaten im Rahmen von Interpol nach allem weithin Rechtshilfeverkehr dar, zumal da die Nationalen Zentralbüros dabei sowohl die jeweils maßgebenden innerstaatlichen Vorschriften als auch die zwischenstaatlichen (völkerrechtlichen) Verträge zu beachten haben. Wird insoweit im Rahmen der Interpol vor allem die praktische Abwicklung erleichtert, richtet sich der Rechtshilfeverkehr mit Nichtmitgliedstaaten ebenfalls nach diesen Vorschriften der daran im konkreten Falle beteiligten Staaten.

Zunächst soll daher die allgemeine Situation der Rechtshilfe skizziert werden, bevor sodann auf Modifizierungen dieser oder jener Art eingegangen wird.

Grützner: Auslieferung und internationaler Rechtshilfeverkehr insb. durch Dienststellen der Polizei – in: Internationale Verbrechensbekämpfung hrsg. v. Bundeskriminalamt, Wiesbaden 1960, S. 199 ff.;

Griese, K.: Die internationale Verbrechensbekämpfung – in: TbKrim Bd. XIII, S. 360 ff. (1963); *Burkhard,* W.: Die Europäischen Übereinkommen über Auslieferung und Rechtshilfe in Strafsachen – Kriminalistik 1969, S. 151 ff.; *Schultz,* Hans: Internationellt samarbete och dess samordning inom straffrättens område – Nord. Tidsskrift f. Kriminalv. 1972, S. 114 ff. (60. Jahrg.).

1. Rechtshilfe, Auslieferung

Die älteste Form einer internationalen Kooperation von Staaten auf dem Gebiet der Verbrechensbekämpfung ist – wie der geschichtliche Überblick gezeigt hat (§ 30) – die gegenseitig gewährte Rechtshilfe, die bis zur Aus- oder Durchlieferung von gesuchten Verbrechern oder Tatverdächtigen gehen kann.

Die zur Regelung der Rechtshilfe und insb. der Auslieferung geschlossenen Verträge, welche insb. das Prinzip der Gegenseitigkeit gewährleisten sollen, müssen dabei selbstverständlich in das nationale Recht umgesetzt werden. Für die Rechtshilfe gibt es im übrigen in Deutschland eine Zuständigkeitsvereinbarung zwischen der Bundesregierung und den Landesregierungen vom 20. Febr. 1952.

Soweit nicht durch völkerrechtliche Verträge Sonderregelungen geschaffen worden sind, richtet sich die Rechtshilfe in Strafsachen im Gebiet der Bundesrepublik Deutschland nach dem Deutschen Auslieferungsgesetz vom 20. Febr. 1952. Die in diesem Gesetz enthaltenen Rechtsgrundsätze sind vor allem für Fälle von vertragslosem Zustand wichtig, wenngleich sie naturgemäß auch wichtige Orientierungspunkte beim Abschluß zwischenstaatlicher Rechtshilfe- und Auslieferungsverträge darstellen.

Dieses Gesetz enthält u. a. diejenigen sachlichen Voraussetzungen, die erforderlich sind, um eine im Inland befindliche Person der Strafgewalt eines fremden Staates zu überstellen, was für Deutsche auf Grund von Art. 16-Abs. II-S. 1 GG nicht in Betracht kommt; entsprechendes gilt für den Fall, daß einem Ausländer oder Staatenlosen politisches Asyl gewährt worden ist. – Ferner enthält das Deutsche Auslieferungsgesetz die maßgebenden Verfahrensvorschriften.

Zu Maßnahmen im Zusammenhang mit einer Auslieferung zählen insb. Festnahme der gesuchten Person und Anordnung der Auslieferungshaft, damit das dafür zuständige Gericht (OLG) über die Sache entscheiden kann. Unter denselben Voraussetzungen kann auch die Durchlieferung eines Ausländers durch das Gebiet der Bundesrepublik erfolgen.

Außer auf Personen kann sich die Rechtshilfe jedoch auch auf Sachen beziehen, die für Strafverfolgungsbeörden eines ausländischen Staates als Beweismittel, Einziehungsgegenstand und dergl. bzw. als Besitz der gesuchten Person bedeutsam sind. Soweit nicht Rechte dritter Personen entgegenstehen, dürfen solche Gegenstände unter ähnlichen Voraussetzungen wie die Auslieferung einer Person herausgegeben werden.

Andere Formen der Rechtshilfe in Strafsachen sind neben Auskünften an ausländische Strafverfolgungsbehörden das Bewirken von Zustellungen oder die Vornahme bestimmter Untersuchungshandlungen im Inland (Vernehmung, Durchsuchung, Beschlagnahme und dergl.). Der Begriff der Rechtshilfe wird also in Deutschland weiter als in anderen Staaten gefaßt, was die deutschen Beamten beachten sollten; denn sie dürfen u. U. nicht das tun, was ihre ausländischen Kollegen als eine rein private Prozeßmaßnahme ansehen. Ein heikles Kapitel ist das Erteilen von Auskunft über inländische Vorstrafen, zumal da dieses nicht nur auf Grund des Strafregisters, sondern u. U. auch an Hand eigener Unterlagen erfolgen kann.

2. Multilaterale Abkommen. Engere Kooperation

Neben der allgemeinen und der durch bilaterale Verträge über Rechtshilfe in Strafsachen geregelten gegenseitigen Unterstützung gibt es zahlreiche multilaterale Abkommen, die solche Regelungen einfacher oder aber wirksamer gestalten sollen. Derartige Abkommen wirken sich aber nicht nur auf den Rechtshilfeverkehr – innerhalb oder außerhalb von Interpol – aus, sondern können überhaupt die Kooperation zwischen den Justiz- und Polizeibehörden verschiedener Staaten intensivieren.

a) Für den europäischen Bereich, um den sich vor allem der am 5. Mai 1949 in London gegründete Europarat mit Sitz in Straßburg verdient gemacht hat, sind als Mittel der Vereinfachung hier vor allem zwei Abkommen zu erwähnen, welche Rechtshilfe und Auslieferung betreffen: das Europäische Auslieferungsübereinkommen vom 13. Dez. 1957 und das Euro päische Übereinkommen über die Rechtshilfe in Strafsachen vom 20. April 1959. Beide Abkommen sind am 1. Jan. 1977 für die Bundesrepublik Deutschland in Kraft getreten. Trotz der beträchtlichen Zahl von über 50 Konventionen bietet das vom Europarat Erreichte bisher gerade für die Verbrechensbekämpfung nur bescheidene Ansätze; immerhin ist ein Anfang gemacht worden.

b) Andere multilaterale Abkommen, die oft über Europa hinausreichen, betreffen gewöhnlich bestimmte Bereiche, die als solche strafrechtlich relevant sind. Hier werden von den beteiligten Staaten gewöhnlich bestimmte Pflichten zu strafrechtlichen Maßnahmen übernommen, um die in Frage stehenden Formen der Kriminalität wirksamer bekämpfen zu können.

Um diese Art der Zusammenarbeit etwas zu erläutern, seien von den z. Z. für die Bundesrepublik verbindlichen rund 30 Abkommen zumindest einige Materien genannt: Sklaverei, Mädchen-, Frauen- und Kinderhandel, Falschmünzerei, Opium- und andere Suchtstoffe, Völkermord, Menschenrechte.

c) Schließlich gibt es zwischen einzelnen Staaten mitunter noch engere Formen der Zusammenarbeit bei der Kriminalitätsbekämpfung. Außer für die skandinavischen Staaten gilt dies beispielsweise für die Beneluxländer, während die EG-Staaten als solche hier bisher noch keine besonderen Erfolge aufweisen können.

Auf Grund einer Initiative der „Nordischen Juristentage" arbeiten Dänemark, Norwegen, Schweden und Island auf dem Gebiete der Gesetzgebung schon seit etwa 90 Jahren zusammen, was u. a. auch für Strafrecht und Strafverfolgung bedeutsam ist. Infolgedessen wird teilweise der Rechtshilfeverkehr zwischen diesen Ländern als „inländisch" betrachtet. Auch in der Praxis gibt – wie wir z. B. bei der Kriminalprävention gesehen haben – eine z. T. schon sehr enge Kooperation.

Belgien, die Niederlande und Luxemburg, die sogen. Benelux-Staaten, schufen 1948 die „Belgisch-Niederländisch-Luxemburgische Kommission für Rechtsvereinheitlichung", die im hier besonders interessierenden Bereich bisher allerdings nur begrenzte Erfolge aufzuweisen hat. Immerhin gibt es beispielsweise im belgisch-niederländischen Grenzgebiet eine über die Kooperation der Interpol hinausgehende Zusammenarbeit bei kriminalpolizeilichen Aktivitäten. Hierzu gehört u. a. auch die 1972 vereinbarte Zulässigkeit der Nahteile im Grenzgebiet dieser Länder.

Die gerade im Grenzgebiet wichtige Bekämpfung des Drogenhandels hat am 3. Mai 1973 zur Konstituierung einer deutsch-niederländischen Arbeitsgruppe zur Bekämpfung der Rauschgiftkriminalität geführt, der 1975 auch Belgien und Luxemburg beitraten, weil die Erfolge der die Zusammenarbeit koordinierenden Arbeitsgruppe die Täter ersichtlich auf die Grenzen jener Länder ausweichen ließ. Ähnliche Zwecke, die noch über Informations- und Erfahrungsaustasuch sowie koordinierte Einsätze auf beiden Seiten der Grenze hinauslaufen, verfogt eine deutsch-französische Arbeitsgruppe.

Salewski, Franz: Die deutsch-niederländische Arbeitsgruppe zur Bekämpfung der Rauschgiftkriminalität – Kriminalistik 1977, S. 403 ff.
Die EG-Staaten haben zwar im Gefolge der römischen Verträge – vor allem im wirtschaftlichen Bereich – ihre Rechtsnormen teilweise vereinheitlicht und supranationales Recht geschaffen; auf die Kriminalitätsbekämpfung als solche aber hat sich das bisher kaum ausgewirkt.

Neben der auf Grund persönlicher Kontakte und Vertrauen möglichen, lokal begrenzten Zusammenarbeit grenznaher Kriminaldienststellen verschiedener Länder, die nicht immer mit den bestehenden Gesetzen und Vorschriften in Einklang zu bringen ist, gibt es hier und da auch andere als die soeben erwähnten Formen einer institutionalisierten Kooperation.

Fuhrmann, Friedrich: Probleme der grenznachbarlichen Zusammenarbeit – Die Polizei 1974, S. 118 ff.

III. Ein Ausblick

Ein Ausblick auf die Möglichkeit künftiger internationaler Zusammenarbeit bei der Kriminalitätsbekämpfung muß angesichts ihrer besonderen Bedeutung von der Interpol ausgehen. Denn trotz ihrer unbestreitbaren Verdienste zwingt doch manches zum Nachdenken darüber, ob und wie man die Arbeitsweise dieser Organisation verbessern könnte, wenngleich das nach dem oben Gesagten auf die innerstaatlichen Verhältnisse der Mitgliedsstaaten zurückverweisen dürfte.

Wendt, Jürgen/*Mickelat,* Heinz: Kripo International '71. Rückblick ... – der kriminalist 1971, H. 11, S. 1 ff.; *Segbers,* Theo: Kripo International. Arbeitstagung des Bundes Deutscher Kriminalbeamter – Kriminalistik 1971, S. 557 f.; *Zelewski,* Rudi: Kripo International. Bund Deutscher Kriminalbeamter stellt die Frage: „Braucht Europa eine Kriminalpolizeiliche Organisation?“ – der kriminalist 1974, S. 303 ff.; *Népote,* Jean: Le future de la coopération policière internationale: Un plane, une idée – Rev. int. de Police crim. 1975, S. 182 ff.; *Steinke,* Wolfgang: Polizei und Justiz und internationale Zusammenarbeit – Kriminalistik 1976, S. 481 ff.; *Schlanitz,* Eggon: Stand und Zukunftsaussichten der internationalen Zusammenarbeit in der Verbrechensbekämpfung – der kriminalist 1976, S.449 ff.

1. Interpol

Die Kritiker, die zu langsame oder überhaupt ineffektive Arbeit der Interpol rügen, verkennen z. T. bereits, daß diese Organisation und damit auch ihr Generalsekretariat nicht besser als dasjenige Nationale Zentralbüro und die ihm nachgeordneten Stellen sein können, welche in aller Regel die eigentliche Arbeit zu leisten haben; denn die Organisation kann nur als Mittler dienen. Es gilt also auch hier, je nach dem Umfang der Kooperation im konkreten Fall, das Bild vom Konvoi, dessen Tempo durch das langsamste Schiff des Verbandes bestimmt wird, was sich hier glücklicherweise nur partiell ungünstig auszuwirken braucht.
Außer für den schnellen Nachrichtenverkehr ist die Interpol ggf. für koordinierende Maßnahmen zuständig, um von ihrer Tätigkeit im Bereich von Erfahrungsaustausch und Forschung abzusehen. Im übrigen aber hängt die Wirksamkeit aller international eingeleiteten

Maßnahmen letztlich von den mit der Exekutivkompetenz ausgestatteten nationalen Kriminaldienststellen ab.

Neben den durch das nationale Recht begrenzten Möglichkeiten der Kriminalpolizei wirken hier tatsächliche Mängel wie unzweckmäßige Organisationsformen, personelle Engpässe oder dürftige Qualifikation der Beamten sowie Defizite der Ausrüstung, um von z. T. recht unterschiedlichen Gegebenheiten der Strafrechtsordnungen und den keineswegs immer gleichartigen politischen und wirtschaftlichen Interessen der einzelnen Staaten ganz zu schweigen.

Die Entwicklung der Kriminalität und die zunehmende Zahl international tätiger Rechtsbrecher läßt keinen Zweifel daran, daß im Interesse der Kriminalitätsbekämpfung die Zusammenarbeit im Rahmen von Interpol nach Möglichkeit intensiviert werden sollte, indem man diese bewährte Institution und hier vor allem das Generalsekretariat durch weiteren Ausbau zu einem modern ausgestatteten internationalen Informations- und Kommunikationszentrum macht.

Dabei kommt es keineswegs allein auf eine möglichst perfekte Nachrichtentechnik an, welche eine schnelle, gewöhnlich direkte Verbindung zwischen allen (!) Nationalen Zentralbüros gewährleistet, sondern auf mancherlei andere, auf den ersten Blick vielleicht nebensächlich erscheinende Dinge. Außer an die nötigen Anschriftenverzeichnisse ist beispielsweise an eine einheitliche Sprachregelung und überhaupt eine möglichst weitgehende Standardisierung der kriminalpolizeilichen Arbeit zu denken. Liegt die Arbeitslast jedoch im wesentlichen bei den Nationalen Zentralbüros und den ihnen nachgeordneten Kriminaldienststellen, so kommt es für die Interpol und insb. ihr Generalsekretariat unter allen Aspekten doch wohl entscheidend auf die Mittlerrolle an. Die darin zum Ausdruck kommende Schwäche der Institution sollte uns ebenso vor ungerechtfertigter Kritik wie vor übertriebenen Erwartungen bewahren.

2. Rechtshilfe. Auslieferung

Dasselbe gilt aus den genannten Gründen für den Rechtshilfeverkehr außerhalb von Interpol, welcher sich durch bi- oder multilaterale Abkommen an sich über den bisher erreichten Stand hinaus sicher noch merklich verbessern ließe.

So könnten beispielsweise verbündete Staaten oder solche mit gleicher Interessenanlage den Auslieferungsverkehr großzügiger handhaben, als dies sonst etwa bei sogen. politischen Delikten zu beobachten ist. Übrigens stört trotz der unter Bezugnahme auf Art. 3 der Statuten betonte politisch neutrale Charakter von Interpol in der Praxis weniger, als das viele annehmen; denn schließlich hängen Rechtshilfe und Auslieferung von den Justizbehörden und damit vom nationalen Recht ab. Immerhin kann Art. 3 der Statuten hemmend wirken, wie das nach einer Entscheidung des Exekutivkomitees aus dem Jahre 1961 bei NS-Gewaltverbrechen leider der Fall ist; diese sind daher vom Interpolverkehr ausgenommen.

Mit Sicherheit aber darf man die Erwartungen hier nicht zu hoch schrauben. Selbst wenn einzelne Staaten die heute ihre Zusammenarbeit hemmenden rechtlichen und tatsächlichen Barrieren vielleicht merklich verkleinern könnten, sollte doch klar sein, daß diese Chance umso geringer wird, je größer die Zahl der beteiligten Staaten ist. Schon zwischen einzelnen Ländern nimmt die Kooperationsbereitschaft gewöhnlich mit wachsender räumlicher Distanz ab. Das aber gilt ebenso für voneinander entfernte Regionen dieser Erde. So erklärt sich, warum Dinge, die für die Kriminalbeamten eines Landes ein Problem darstellen, von anderen Staaten und deren Behörden nicht nur weniger ernst gewertet, sondern zuweilen sogar mit offenem oder verstecktem Wohlwollen betrachtet werden. Ebenso wie für die Drogenszene gilt dies für Waffen-, Gold- und Devisenhandel und sogar teilweise für terroristische Phänomene, welche je nach der wirtschaftlichen und politischen Situation unterschiedlich beurteilt werden. Das aber wird sich kaum ändern, solange die sozialen und politischen Verhältnisse in den Staaten dieser Welt so stark wie gegenwärtig divergieren. Deutliche Fortschritte im Rechtshilfeverkehr sind daher nur bei Staaten oder Regionen mit gleicher oder ähnlicher Interessenlage zu erwarten.

3. Engere Kooperation, insb. Europol

Machen sich aber im allgemeinen Rechtshilfeverkehr und wegen der großen Zahl der Mitgliedsstaaten auch bei der Interpol nur zu leicht gegensätzliche oder unterschiedliche Interessen der Staaten geltend, was nicht selten Einigung auf den kleinsten gemeinsamen Nenner bedeutet, so zwingt das zu weiteren Überlegungen. Ohne damit die Daseinsberechtigung von Interpol in Frage stellen zu wollen, sollte man daher ernsthaft prüfen, ob sich die zwischenstaatliche Zusammenarbeit nicht in kleinerem Rahmen über dasjenige Maß hinaus intensivieren läßt, welches sonst in absehbarer Zeit zu erreichen sein dürfte. Eine solche engere Kooperation käme übrigens nicht nur Interpol zugute, sondern ließe sich auch im Rahmen seiner technischen Möglichkeiten nutzen.

Aus eben diesem Grunde habe ich schon vor Jahren vorgeschlagen zu prüfen, ob sich nicht beispielsweise die Länder der Europäischen Gemeinschaft zu einer engeren Kooperation auf diesem Gebiet bereitfinden könnten. Das zunächst heftig kritisierte Projekt hat inzwischen nicht nur Befürworter, sondern mit „Europol“ sogar schon einen Namen gefunden.

In der Sache selbst aber ist leider nach wie vor noch vieles dunkel. Ziel einer solchen Kooperation sollte es jedendfalls nicht sein, Interpol zu unterlaufen, sonder es in wirksamerer Weise als dort möglich zu ergänzen und eventuell z. T. zu entlasten. Daher sollte insoweit nicht eine Organisation im Stile einer Mini-Interpol angestrebt werden, die weniger leisten kann als eine weltweite Institution, vielleicht sogar einen weiteren Verzögerungseffekt bedeutet.

Überlegenswert erscheint jedoch beispielsweise, wie man den Nachrichtenverkehr zwischen den Kriminaldienststellen der kooperierenden Staaten vereinfachen und beschleunigen kann. So könnte man bei Eilbedürftigkeit oder mit Sicherheit begrenzter Reichweite außer dem Umweg über Paris auch den über Wiesbaden vermeiden, wenn man etwa Landeskriminalämtern oder ähnlichen regionalen Kriminaldienststellen den unmittelbaren Auslandsverkehr bei gleichzeitiger Information des Bundeskriminalamts gestattet, welches dann auch Interpol einschalten könnte, wenn es ihm geboten erscheint. Es würde diesen Kriminaldienststellen damit nur das erlaubt, was auch gewissen Justizbehörden in vielen Ländern gestattet ist, welche ausländische Dienststelen unmittelbar anschreiben.

Ebenso wie ohne Fusion der europäischen Staaten und ohne eine einheitliche Polizeiorganisation nicht zu erwarten ist, daß sachbearbeitende Kriminalbeamte in fremdem Staatsgebiet exekutiv tätig werden dürfen, erscheint es auch nicht sinnvoll, allen, selbst kleinsten Dienststellen das Recht des unmittelbaren Auslandsverkehrs einzuräumen; so etwas wäre nur unter besonderen Umständen und partiell angebracht (z. B. im Grenzbereich). Im Grunde geht es hier also um die Verkürzung der Dienstwege und zwar sowohl im Inlands- als auch im Auslandsverkehr. Übrigens ist heute der innerstaatliche Verzögerungseffekt oft auf beiden Seiten größer als der einer Einschaltung der Interpol-Möglichkeiten.

Bei allem ist nicht zu verkennen, daß selbst bei einer solchen Regelung die Zentralen ihren Sinn haben. Sie vermögen im allgemeinen nicht nur Sprachbarrieren besser als nachgeordnete Dienststellen zu überwinden, sondern verfügen durchweg auch über einen leistungsfähigeren technischen Apparat; schließlich kann ihr größerer Überblick auch für die Sache selbst förderlich sein. Ihre Information ist daher unerläßlich. Aber selbst wenn man innerstaatliche Dienstwege durch sinnvolle Organisationsformen verkürzt und die Kriminaldienststellen nicht mehr an die Justizbehörden oder gar den Auswärtigen Dienst, die Diplomatie, bindet, bleibt doch die Frage, wie die Dienststellen der verschiedenen Ebenen am besten mit den entsprechenden Stellen fremder Staaten zusammenarbeiten. Erlaubt man regionalen Kriminaldienststellen in gewissen Fällen den unmittelbaren Auslandsverkehr mit entsprechenden Behörden, so läßt sich außer Beschleunigung wohl auch eine größere Intensität der Kooperation erzielen. Die gleichzeitige Information der nationalen Zentralstelle und damit ggf. der Interpol würde zudem die Gefahren einer isolierten Betrachtung vermeiden; zugleich könnte die nationale Zentrale u. U. eine die Interpol entlastende Siebfunktion ausüben. Es geht also nicht darum, die Zentralstellen auszuschalten, sondern die Zusammenarbeit durch ein gleichzeitiges Nebeneinander zu verbessern. Dabei dürfte klar sein, daß man sich über die Reichweite, d. h. geeignete Fälle, Umfang und Formen einer solchen Kooperation nach reiflicher Überlegung verständigen muß.

Noch wichtiger aber erscheint für derartige Formen einer engen Kooperation, daß die sachlichen Voraussetzungen innerhalb der Länder der Gemeinschaft geringer sein könnten als im üblichen zwischenstaatlichen Verkehr, weil man hier leichter auf gewisse sonst notwendig oder für nötig gehaltene Vorbehalte sollte verzichten können, was auch das Beispiel der skandinavischen Staaten beweist.

Neben einer wohl nur allmählich und partiell möglichen Angleichung der Strafrechtsordnungen geht es einmal darum, die heute hemmend wirkenden rechtlichen Grenzen abzubauen. Das gilt sowohl für das innerstaatliche Recht im Verhältnis zu anderen Behörden als auch für das Dienstrecht der Kriminalbeamten. Denn Kooperation scheitert heute nicht selten daran, daß die Kriminalpolizei aus Rechtsgründen nicht helfen darf. Zum anderen aber gilt es, die tatsächlichen Möglichkeiten zu verbessern, welche gegenwärtig nur zu oft verhindern, daß die Kriminalpolizei einer ausländischen Kriminaldienststelle helfen kann. Organisation, personelle und sachliche Ausstattung der Kriminalpolizei sollten daher mehr als bisher auch unter dem Aspekt der Notwendigkeit internationaler Zusammenarbeit betrachtet werden. Selbst wenn man nach den sonst keineswegs ermutigenden Erfahrungen nicht einmal die Schwierigkeiten innerhalb solcher Staaten wie der EG-Länder unterschätzen sollte, darf man hier bei einer Gemeinschaftsaufgabe, wie sie die Verbrechensbekämpfung darstellt, doch eher als sonst auf merkliche Fortschritte rechnen.

Verbunden mit großzügigerer Gestaltung der Rechtshilfe innerhalb der Europäischen Gemeinschaft könnte nach allem Europol doch mehr als eine bloße Nachrichtenzentrale und ein gutachtender Mittler werden, indem die Arbeitsverhältnisse der Kriminalpolizei vereinheitlicht und damit die Zusammenarbeit vereinfacht würden. Der damit in weiterem Umfang als bisher verbundene persönliche Kontakt wird nicht nur manchem Einzelfall, sondern auch der Kooperation allgemein zugutekommen.

Der Gang der Dinge zeigt jedoch, daß man in allen drei Bereichen die Schwierigkeiten und Hemmnisse nicht unterschätzen darf, wenngleich sie u. E. in einem Rahmen wie dem von Europol noch eher als dem von Interpol zu meistern sein solten. Wir sollten deshalb die Lehren aus der Erfahrung ziehen, daß die Verbrechensbekämpfung eigentlich immer der Entwicklung der Kriminalität mehr oder weniger nachhinkt. Dies aber bedeutet, daß sich gerade die Kriminalisten aller Länder schleunigst und intensiv um den so oder so möglichen Ausbau der internationalen Zusammenarbeit auf dem Gebiet der Kriminalitätsbekämpfung bemühen sollten.

Sachregister (I. und II. Band)

(Die vorangestellten römischen Ziffern beziehen sich auf den Band. Wichtige Fundstellen sind Kursiv ausgezeichnet).

A

Abdruckspuren I-480, 506, 540, 569
Aberglaube (s. a. Okkultismus) I-*99ff.*
– und Begleitumstände krimineller Taten I-146ff.
– und kriminelles Verhalten I-142ff.
Abformen. Abformverfahren I-537ff.
Abgabendelikte (s. Steuerdelikte. Zolldelikte)
Abgeordnetenkorruption (s. a. Wahldelikte) I-416f.
Abgeurteilte I-60f., 61ff., 64ff.
Abhängige (s. Mißbrauch von Abhängigen)
Abhanden gekommene Sachen (Fahndung) II-95
Abhören von Ferngesprächen (s. a. Fernsprechverkehr) II-113ff.
Abhörmethoden. Abhörtechniken II-294
Abmessen I-537
Abort (s. Abtreibung)
Absatzhilfe (Hehlerei) I-265, 268, 691, II-342
Abschrift (s. Kopie)
Absperren des Tatorts II-32f.
Abtransport der Beute I-227f., 672, II-306, 307
Abtreibung I-*189ff.*,525f., 649, *649ff.*, 659, II-281ff.
– Chemisch-physikalische Manipulation I-193f., 651f., II-283f.
– Mechanische Manipulation I-192f., 651, II-283
Abwehrverletzungen I-520f., 688, II-268
Abziehfolie I-541
Adelsarchiv (s. Deutsches Adelsarchiv)
Äußerungsdelikte I-404, 756, II-444
Agent provocateur (s. a. Hilfspersonen der Kriminalpolizei) II-75f., 629
Aktenführung (Kriminalpolizei) II-593, 740
Aktenkenntnis (Verneung) II-168
Aktenvermerk II-593
Akupunktur I-135
Akustische Geräte II-91
Akustische Zinken (s. a. Gaunerzinken) I-84f.
Alarmanlagen (s. Sicherungen. Technische und organische)
Alarmfahndung II-101f.
Algen (s. Mikroorganismen)
Alibi II-53ff.
Alkoholrausch (s. Trunkenheit am Steuer, Volltrunkenheit)
Allgemeine Hilfspflicht I-393, II-439
Altersbestimmung I-469-556f.
Altersunzucht I-341, II-400
Amerika (s. Vereinigte Staaten von Amerika)
Amtsanmassung I-431f., 764, II-461
Amtsgeheimnis I-214, 432, 765, II-462
Amtshilfe (s. a. Rechtshilfe) II-61ff., 467, 474f., 741ff., 744f.
Amtsverschwiegenheit I-432, 765, II-462
Anarchisten (s. Terrorismus)
Angaben von V-Personen (s. a. Hilfspersonen der Kriminalpolizei) II-78
Angestelltenkorruption I-324f., 719, II-388
Angestellten-Untreue I-300f., 704, II-365
Anhaltemeldung (s. Personenkontrolle)
Ankläger (s. Privatankläger, Staatsanwalt)
Anlaß von Ermittlungen II-11ff.
Anonyme Anzeige II-18ff.
Anonyme Erpresser I-297ff., 702f., II-361ff.
Anschlußverbrechen (s. Kriminelle Nachahmung)
Ansteckende Krankheiten (s. a. Verbreiten ansteckender Krankheiten) I-375, 740
Ansteckung, Kriminelle I-161
Anthropologie I-560f.
Anthropometrie I-54, *444ff.*
Antiquität (s. Kunst)
Antiquitäten (Kriminaltechnische Untersuchung) I-610
Antiquitätenfälschung I-306, II-373, 384f.
Anwerbung von V-Personen (s. a. Hilfspersonen der Kriminalpolizei) II-76f.
Anzeigen II-*11 ff.*, 40ff.
Anzeigepflicht II-12, 25
Apperzeption II-148
Arbeitnehmerdiebstahl I-232f., 676, II-312f.
Arbeitsgemeinschaft der Leiter der Landeskrimi-

nalämter mit dem Bundeskriminalamt II-536, 539, 570, 587, 601
Arbeitsscheu I-405, 756, II-445
Arbeitsschutz (Fürsorge für Arbeitnehmer) II-480
Arbeitsspuren I-504ff., 521, 539f., 592, 602ff.
Arzneimittel (s. Medikamente)
Asoziale I-78f.
Astrologie I-101ff.
Atomabsorptions-Spektrophotometrie I-588
Atomenergie (s. Kernenergie)
Attentat (s. a. Sprengstoffattentat)
Auditiver Stimmvergleich I-472f.
Auffahrunfall I-181f.
Auffordern zum Ungehorsam gegen die Gesetze oder zu Straftaten I-404
Aufgaben (s. Kriminalistik. Aufgaben, Untersuchungsführer)
Aufgeklärte Taten I-63ff.
Aufklärung von Straftaten (s. Kriminalitätsbekämpfung, repressive)
Aufklärungsquote I-63ff.
Auflauf. Aufruhr I-403, 756
Aufnahme von Anzeigen II-13ff.
Augenscheinseinnahme II-28
Ausbeuten und Fördern fremder Unzucht. Prostitution I-336, 353ff., 730f., II-407ff.
Ausbeuterische Erpressung I-295ff.
Ausbildung (s. Kriminalpolizei. Aus- und Fortbildung)
Ausbruch (s. Gefangenenbefreiung)
Ausgangslage des Ermittlungsverfahrens II-*10ff.*
Aushang II-66f.
Auskunfteien (s. a. Sicherheitsdienste) II-74, 487f.
Auskunftsperson (s. a. Privatpersonen als Helfer, Zeuge) II-80
Ausländer II-84f., 477
Ausländische Streitkräfte II-477
Auslieferung (s. Rechtshilfe)
Auslobungen (s. a. Belohnungen) II-79
Ausreißer, Jugendliche (s. a. Vermißte Personen) II-92f.
Aussagedelikte I-414ff., 759f., II-452ff.
Aussagefähigkeit junger Menschen II-185, 187f.
Aussagepflicht II-142, 143
Aussageperson II-160ff., 168f., 170f.
Aussagepsychologie I-54, 415ff., II-*147ff.*
Aussageverweigerung II-178
Aussage zur Person (s. Vernehmung zur Person)
Aussage zur Sache (s. Vernehmung zur Sache)
Ausschreiben in der Fachpresse II-65f.
Außenwirtschaftsverkehr I-330ff. 723, II-393
Ausspielung I-408, 757, II-448
Ausstellung von Beweismitteln II-67
Auswahl (Kriminalbeamter, Kriminalist) (s. Einstellung als Kriminalbeamter)
Auswanderungskriminalität I-53
Ausweisfälschung I-306, 707, 710, II-370
Ausweismißbrauch I-305, 312, II-374f.
Autodiebstahl (s. Kraftfahrzeugdiebstahl)
Autoerotische Betätigung (s. Unfall)
Autofallenraub I-249, 683, II-329
Automateneinbruch I-228f., 672f., II-299, 306f.
Autospringer I-225f., 671, II-304, 318

B

Baden (s. a. Baden-Württemberg) II-528
Baden-Württemberg II-535, *544ff.*
Bahnpolizei II-62, 574f.
Bakterien (s. Mikroorganismen)
Ballistik I-54, *593ff.*
Bande, Kriminelle. Bandenkriminalität I-50, 313, 317, 380f.
Bankraub I-241ff., 682, II-323, 324f.
Bankrott, Einfacher (s. a. Insolvenzdelikte) I-333f.
Bankrott, Schwerer (s. a. Insolvenzdelikte) I-334f.
Bank- und Kreditwesen I-318
Baubetrug I-276ff., 694f., II-348f.
Bauernfänger I-291f., 700, II-357
Baugefährdung I-399ff., 753ff., II-441f.
Baugewerbe I-184, 399ff., 608, 695, 753ff.
Bayerischer Verband für Sicherheit in der Wirtschaft e.V. (BVSW) II-494f.
Bayern II-528, 529, 531, 535, *546ff.*
Beamtennötigung I-428f., 764, II-460
Beamter (s. Falsche Beamte)
Bedingungen (Vernehmung) II-178
Bedrohung (s. a. Drohung) I-210f., 661, 662, II-292f.
Beeinträchtigen des Beweiswertes von Urkunden I-305, 311f., 712
Beförderungsmittel I-500
Befragungsaktion II-64, 66
Befragung von Tatzeugen (Tatortarbeit) II-34
Begünstigung (sachliche) (s. a. Strafvereitelung) I-*264ff.,* 690, II-339f.
Behördenorganisation (s. Kriminalpolizei. Organisation, Organisation der Verbrechensbekämpfung)

Beischlafdiebstahl I-231, 676, II-311
Beischlafraub I-247, 683, II-328
Beisitzer eines Kollegialgerichts (Berufsrichter, s. a. Laienrichter) II-243f., 252f., 254f.
Bekannt gewordene Taten I-63ff.
Bekanntenschwindel I-288, II-354f.
Beleidigung (s. Ehrverletzungen)
Belgien II-*649ff.*
Belohnungen II-79
Beobachtungsfalle II-72
Beratung (s. Kriminalpolizeil. Beratungsstellen)
Bergämter (s. Bergpolizei)
Bergpolizei II-62, 579ff.
Bergunfall (s. Unfall beim Sport) II-280
Bericht I-542, II-38, 592f.
Berichterstatter eines Kollegialgerichts II-243, 252, 254
Berlin (s. a. Preußen) II-*549f.*
Bertillon, Alphons I-21, 444ff. 447, 460f.
Berufsausübung, Unsorgfältige I-185f., 634, 644f. 658, II-277f.
Berufsgeheimnis I-214, 664, II-294f.
Berufsrichter II-221ff., 242ff.
Berufstätigkeit (Kriminaltechnische Untersuchungen) I-606ff.
Berufung (Psychologie) II-250ff.
Beschlagnahme I-542-ff., II-108, *110ff.*,115, 117
Beschleunigung der Strafverfahren II-7
Beschmutzungsspuren I-521ff., 566f., 590ff.
Beschreibung (s. a. Bericht) I-542
Beschuldigter (s. a. Tatverdacht) II-143, 152, 188, 189ff., 209,*209ff.*,250f., 253f., 256
Beschuldigtenvernehmung (s. a. Beschuldigter) II-189ff.
Beschwerde (Psychologie) II-250ff.)
Besessenheitsaberglaube I-131f.
Besprechen (s. a. Gesundbeten) I-135
Bestätigungsvernehmungen II-140, 142, 203f., 204f.
Bestechlichkeit. Bestechung (s. Korruption)
Besucherdiebstahl I-230, 675, II-309f.
Beteiligung am Selbstmord I-173ff.
Beteiligungsbetrug I-278f., 695f., II-349f.
Betriebsgeheimnis I-215, 664, II-294f.
Betriebskriminalität (s. a. Sachbeschädigung. Unterschlagung. Untreue) I-232, 676, II-312f., 332, 480
Betriebssabotage II-334
Betriebssicherheit. Betriebsschutz (s. a. Betriebskriminalität, Betriebssabotage, Betriebsspionage) II-494f.
Betriebssicherungsdienst der Deutschen Bundespost II-62, 577ff.
Betriebsspionage (s. Betriebsgeheimnis)
Betriebsunfall I-184f., 634, 643f., 657f., II-276f.
Betriebswirt I-604
Betrug (s. a. Schwindel, Wirtschaftsbetrügereien) I-48, 51, *268ff.*, *691ff.*, II-*342ff.*
Bettelei. Bettler I-48, 49, 50, 78f., 230f., 405, 675, 756, II-310, 445
Bettelschwindel I-288f., 698, II-355
Bettlerzinken I-93f.
Beute I-526, 673f.
Beutehandel I-267, II-341
Beutelschneider I-50
Bewaffnete Haufen I-404
Beweisführung II-237, 239f.
Beweismittel II-95, 140
Beweismittel, Ausstellung von II-67
Beweiswürdigung (s. Fehlurteil, Überzeugungsbildung) II-237ff., 240
Bewirtschaftung (s. Wirtschaftsdelikte)
Bibliographie (Kriminalistik) I-43
Bigamie I-392
Bilanzdelikte I-318
Bildfunk II-57, 740
Binnenschiffahrt (s. Schiffahrt, Schiffsverkehr)
Bioklimatologie I-593
Biologie I-17, 54, *560ff.*
Bißwunden I-521, II-278
BKA-Gesetz II-536, 538f., 539
Bleistreifeneinbrecher I-222
Blitz. Blitzschaden I-598
Blut (s. a. Blutspuren) I-554ff.
Blutalkoholgehalt I-557ff.
Blutgruppenuntersuchung I-555f.
Blutschande I-346f., II-401
Blutspuren I-488ff., 522
Bluntersuchung I-554f.
Bodenspuren (s. Beschmutzungsspuren, Mikrobiologie)
Bolzenschußapparate. Bolzensetzgeräte I-498, 626, II-265
Bombendrohung I-208, II-421
Botanik I-*564ff.*
Boulevard-Presse (s. a. Tagespresse) II-68, 602ff.
Boykott I-326
Brandbrief (s. Schreibende Rechtsbrecher)
Branddelikte (s. Brandstiftung, Fahrläßigkeitsbrände)
Brandermittlung (s. Brandtechnik)
Brandleiche (s. Leiche, Verbrennen)

Brandmittel I-598, 735
Brandschutz (s. Feuerwehr, Kriminalitätsbekämpfung, präventive)
Brandspuren I-517ff.
Brandstiftung (vorsätzliche) I-50, *367ff.*, 732ff., II-412ff., 414ff.
Brandtechnik I-596ff.
Brandursache I-597
Brandverhütung (s. Feuerwehr, Kriminalitätsbekämpfung, präventive)
Bremen II-529, 530, 535, *550f.*
Brieffallenschwindel I-290, 699, II-356
Briefgeheimnis I-214f., 663f., II-113ff., 294
Briefmarkenfälschung (s. Philatelie)
Buchführung (Kriminaltechnische Untersuchung) I-609f.
Buchführungsdelikte I-318
Buchmacherei I-407
Büchse (s. Handfeuerwaffen, Schuß)
Bundesgrenzschutz II-573f., 590f.
Bundeskriminalamt II-536ff., 540ff., 585, 586, 587ff.
– Kriminalistisches Institut I-39, II-590
– Kriminaltechnisches Institut I-39, II-588f.
– Publikationen I-32f.
Bundeskriminalblatt II-56
Bundesnachrichtendienst (s. a. Nachrichtendienst) II-476
Bundespaßkontrolldienst II-62, 576f.
Bundesrepublik Deutschland (s. Deutschland)
Bundeswehr II-477

C

Carry-away-System I-227f., 672, II-306, 307
Charakterologie I-612
Chemie I-17, 51, 54, *575ff.*, II-235
Chemikalien (s. Gift)
Chemische Falle (s. a. Diebesfalle) II-72f.
Chemische Fangmittel II-72f.
Chemische Rasur I-309
Chiromantie I-104f.
Chromatographie. Chromatographische Methoden I-576f.
Computer-Kriminalität I-318
Contempt of Court (s. Sitzungspolizei) II-226f.

D

Dänemark II-*684ff.*
Daktyloskopie I-54, *450ff.*, 568ff.
Darlehensbetrug I-273f., II-346
Darlehenskreditbetrug I-274f., II-347
Darlehenswucher I-303, 705
Datenschutz (s. Elektronische Datenverarbeitung)
Datenverarbeitung (s. Elektronische Datenverarbeitung)
Dechiffrierkunde I-51f.
Delaborieren (Sprengstoff) II-421f.
Delikte gegen das Gemeinschaftsleben I-304ff., 705ff., II-367ff.
– gegen das öffentliche Anstands- und Schamgefühl I-336, 360ff., 731f., II-409ff.
– gegen das Vermögen I-218ff., 666ff., II-296ff.
– gegen den Gemeinschaftsfrieden I-403f., II-443ff.
– gegen den persönlichen Frieden I-210ff., I-661ff., II-292ff.
– gegen den Staat und seine Organe I-408ff., 758ff., II-449ff.
– gegen die Exekutive I-428ff., 764f., II460ff.
– gegen die geschlechtliche Freiheit (s. a. Sexualfreiheitsdelikte) I-336ff., 725f., II-396ff.
– gegen die Judikative I-414ff., 759ff., II-452ff.
– gegen die Legislative I-411ff., 759, II-451f.
– gegen die öffentliche Sicherheit und Ordnung I-399ff., 753ff., II-441ff.
– gegen die Person I-183ff., 614ff., II-258ff.
– gegen die Volksgesundheit (s. a. Volksgesundheit) I-374ff. II-423ff.
– wider die Normalität des Geschlechtslebens I-336, 348ff., 727ff., II-401ff.
Deliktsvortäuschung I-421ff., 760ff., II-40ff., 297, 454ff.
Demonstration I-403f., II-443f.
Detekteien, Detektiv (s. Auskunfteien, Hausdetektiv, Privatdetektiv)
Detonation (s. Sprengstoff)
Deutsche Kriminalpolizeiliche Kommission (DKK) II-532
Deutscher Schutzverband gegen Wirtschaftskriminalität e. V. Frankfurt/Main II-496, 497f.
Deutsches Adelsarchiv (Marburg) II-495f.
Deutsches Rotes Kreuz II-510ff.
Deutsches Zentralinstitut für soziale Fragen (Berlin) II-503ff.
Deutsche Zentrale zur Bekämpfung der Schwindelfirmen II-497
Deutschland (Kriminalpolizei, s. a. allgemeine Stichworte) II-522ff.
Devisenbewirtschaftung I-331
Diebesfalle I-674, II-*71ff.*, 299, 308
Diebstahl (s. a. Einbruch) I-50, 219ff., 666ff., II-297ff.

– Einfacher I-*229ff., 673ff.*, II-*307ff.*
– Schwerer (s. Einbruch)
– von Fahrzeugteilen I-238, 679, II-318
– von Transportgütern I-238, 679f., II-318f.
Dienstbesprechung II-56
Dienstliche Wahrnehmung oder Kenntnisnahme vom Tatverdacht II-22ff., 25
Dienstliche Weisungen II-24
Differenzierende Kriminalitätsanalyse I-59ff., 64ff.
Dirne (s. a. Prostitution) I-357ff., 359f.
Doppelehe I-392, 752, II-438
Doppelselbstmord II-262
Drogen (s. Rauschgift)
Drogen und Kosmetika I-377, 386f., 743, II-425
Drohbrief (s. Schreibende Rechtsbrecher)
Drohung I-202f., 205, 242, 338f., 347, 349f.
Drohungen (Unzulässige Vernehmungsmethode) II-146
Drohungen der Aussageperson II-178
Drosseln (s. Erdrosseln)
Druck. Druckerzeugnisse Druckschrift I-308, 606f., 710
Druckverfahren (s. a. Druckschrift) I-313f.
Dünnschichtchromatographie I-577
Dunkelfeld. Dunkelziffer I-58, 64f., *69f.*
Durchsuchung I-543,II-115ff.
– von Personen II-121ff., 133
– von Sachen und Räumen II-115ff. 341

E

EDV (s. Elektronische Datenverarbeitung)
Ehedelikte I-392, 752, II-438
Ehrverletzungen I-*216ff., 664f.*, II-*295f.*
Eidesdelikte (s. a. Aussagedelikte) I-414ff., II-452ff.
Eidesstattliche Versicherung (s. Falschaussage)
Eigene Wahrnehmungen (der Strafverfolgungsorgane) II-*22ff.*, 207
Eigensachbeschädigung II-335
Eigenschaften des Kriminalbeamten, Kriminalisten II-518f.
Eigenschutz. Eigensicherung (des Beamten) II-107f., 118
Eigentumsdelikte (s. Delikte gegen das Vermögen)
Einbruch (-diebstahl) I-50, *220ff., 66ff.*, II-*297ff.*
Einbruchswerkzeuge I-514f., 526
Eindruckspuren I-480, 506, 535
Eingrenzung (Zwangsmittel) II-134f.
Eingriffe (Ärztliche, als Zwangsmittel; s. Körperliche Untersuchung)
Eingriffe in das Hausrecht (Zwangsmittel) II-107, *115ff.*
– in das Post- und Briefgeheimnis (Zwangsmittel) II-107, *113ff.*
– in d. Vermögen (Zwangsmittel) II-107, *108ff.*
– in die Freiheit (Zwangsmittel) II-107, *128ff.*
– in die körperliche Unversehrtheit (Zwangsmittel) II-107, *121ff.*
Einleitung eines Strafverfahrens II-24ff.
Einmieteschwindel I-290f., 699f., II-356f.
Einrichtungen I-37ff.
Einsatz von V-Personen (s. a. Hilfspersonen der Kriminalpolizei) II-76ff.
Einschaltung der Öffentlichkeit in die Fahndung (s. a. Inanspruchnahme der) II-63ff., 605
Einschleichdieb II-312
Einschleusen (von Beamen in verdächtige Kreise) II-91f.
Einsperren (s. Freiheitsberaubung)
Einsponbetrug I-272, II-345
Einsteigediebstahl (s. Einbruch)
Einstellung als Kriminalbeamter II-515f., 582, 583f.
– des Kriminalbeamten, Kriminalisten II-518f.
Einstweilige Unterbringung II-129
Eintrittsschwindler I-291, 700, II-357
Einwohnermeldeamt II-63
Einzelfalluntersuchung I-23f.
Einzelrichter (s. a. Richter) II-222ff.
Eisenbahn (s. Schienenverkehr)
Eisenbahnräuber I-252, 684, II-330
Eisenbahnspringer (Diebstahl) II-319
Eiter I-493
Elektrizität I-173, 178, 513f., 637, 645f., 736f., II-274, 278, 417ff.
Elektrogeräte (s. Elektrizität)
Elektronenmikroskop I-585f.
Elektronenmikrosonde I-588f.
Elektronische Datenverarbeitung I-155, 318, *473ff.*, II-57, 599
– (Andere Staaten) II-622f., 638, 652, 695, 699, 702, 711, 714, 727
Emissionsspektralanalyse I-588
England (s. Großbritannien)
Entführung I-205, 208ff., 661, II-292
Entgegennahme von Anzeigen II-13ff.
Entschädigung von Helfern (privaten) III-78f.
Entscheidung und erste Maßnahmen (Kriminaltaktik) II-24ff.

Entweichen von Gefangenen (s. Gefangenenbefreiung)
Entwicklung der Kriminalität I-66ff., 71f.
Entwicklungsstand (Aussageperson) II-184, 187
Erbbiologie I-560f.
Erbrochenes I-493
Erdentstrahler I-118, *119ff.*, 293f.
Erdrosseln I-170, 197, 512, 630, 631f., 656, II-271, 286
Erdspuren (s. Beschmutzungsspuren, Mikrobiologie)
Erfinderbetrug I-278f., 696, II-349f.
Ergebnislose Spurensuche (Tatortarbeit) II-38ff.
Erhängen I-177f., 512, 630, 630f., II-270f.
Erinnerung (Aussagepsychologie) II-148f.
Erkenntnisverfahren, Gerichtliches (Psychologie) II-209ff.
Erkennungsdienst I-54, *443ff.*, II-93f.
Erkennungsdienstliche Behandlung (Zwangsmittel) II-121, 122, 123, 127
Ermittelte Täter I-61ff.
Ermittlung, Sicherung und Befragung der lebenden Tatzeugen (Tatortarbeit) II-34, 263f.
Ermittlungen. Aufnahme der II-*11ff.*
Ermittlungsrichter II-140, 142, 202f.
Ermittlungsverfahren (Psychologie) II-206ff.
– Ausgangslage II-*1off.*,207
Ermittlungsvernehmungen II-140, 141f., 203, 204
Ermüdung (Unzulässige Vernehmungsmethode) II-146
Erpresserbrief (s. Schreibende Rechtsbrecher)
Erpresserische Bedrohung I-295ff.
Erpresserische Kindesentführung (s. Entführung, Menschenraub)
Erpressung I-240, *295ff.*, *701ff.*, II-359ff.
Erregen öffentlichen Ärgernisses u.a. I-361ff., 731f., II-410f.
Erschießen I-166f., 176, 625ff., 648, II-264ff.
Erschlagen I-169, 630, 648f.
Erstechen I-167f., 510, 628f., II-266ff.
Erste Hilfe (Tatortarbeit) II-32
Erster Überblick (Tatortarbeit) II-31f.
Ersticken I-169, 197, 512f., 630, 633, II-270f.
Ertränken I-170, 513, 635ff., II-273f.
Ertrinken I-178, 513, 635f.
Erwachsenenunzucht I-342, II-400
Erwürgen I-169f., 197, 511f., 630, 631, 651, 656, II-270, 286
Europol II-749f.
Exekutivbeamte I-186, 645, II-277f.
Exhibitionismus I-*361ff.*, 729, 731f., II-404, 410
Experten (s. Sachverständige)
Explosion (s. Branddelikte, Sprengstoffdelikte)
Explosionsspuren I-517ff.
Exorzismus I-131f.

F

Fachliche Fähigkeiten des Kriminalbeamten, Kriminalisten II-519f.
Fachpresse, Ausschreibungen in der II-65f.
Fährte I-487
Fährtenhund II-37f.
Fäschung (s. Falschgelddelikte, Urkundendelikte, Warenfälschung)
Färöer II-688
Fahndung (s. a. Internationale Fahndung) II-*45ff.*, 207f., 322, 325
– (andere Staaten) II-622, 629, 640, 647f., 660, 666, 678, 682f., 688, 695, 702, 714, 727
– Anlaß, Ansatzpunkte II-48ff.
– Arten II-47f.
– Begriff II-46f.
– Besondere Arten (s. Sonderfahndungen) II-100 ff.
Fahndungsaußendienst II-81ff., 96
Fahndungsbuch (s. Personenfahndungsbücher) II-57f.
Fahndungsdienst der Deutschen Bundesbahn II-62, 574f.
Fahndungsinnendienst II-81, 84, 96
Fahndungskarteien (s. Personenfahndungskarteien, Sachfahndungskarteien)
Fahndungsmittel II-55ff.
Fahrerflucht (s. a. Verkehrsunfallflucht) I-390f., II-436ff.
Fahrgeldpreller I-291, 700, II-357
Fahrkartenautomaten (s. Warenautomaten)
Fahrlässige Körperverletzung I-*198ff.*, *656ff.*, II-*286f.*
Fahrlässige Tötung I-*179ff.*, *638ff.*, II-*274ff.*
– bcim Spiel I-187f., 647, II-279
– beim Sport I-188, 647f., II-279f.
– im Betrieb I-184f., 643f., II-276f.
– im Haushalt I-186f., 645ff., II-278
– im Luftverkehr I-183, 641ff., II-276
– im Schienenverkehr I-182f., 640f., II-276
– im Schiffsverkehr I-183f., 643, II-276
– im Straßenverkehr I-180ff., 638f., II-275
– im Zusammenhang mit einer Straftat u. a. I-189, 648f., 650f., II-280

– infolge unsorgfältiger Berufsausübung I-185f., 644f., II-277f.
Fahrlässigkeitsbrände I-367f., *370ff., 735ff.*, II-412ff., 417ff.
Fahrrad (s. a. Beförderungsmittel) I-515f.
Fahrraddiebstahl I-238, 679, II-318
Fahrradkartei II-60
Fahruntüchtigkeit (s. a. Trunkenheit am Steuer)
Fahrzeugobservation II-89ff.
Fahrzeugspuren (s. Reifenspuren)
Fallen (s. a. Diebesfalle) II-71ff.
Fallensteller I-262, 689, II-337f.
Fallsammlungen I-44
Fallwild I-263, 689f., II-338
Falschaussage. Falscheid (s. a. Vernehmungstechnik. Vernehmungstaktik) I-414ff., 420, 422, 424f., II-453f.
Falschbeurkundung I-48, 305,*309ff.*,711f., II-373f.
Falschbeurkundung im Amt (s. a. Unmittelbare Falschbeurkundung) I-310, II-373
Falsche Anschuldigung (s. Falschverdächtigung)
Falscher Beamter usw. I-231, 675, II-310
Falschgelddelikte I-48f., 50, *312ff., 713ff.*, II-*375ff.*
– Absatz I-315ff., 715, II-379ff.
– Banknoten I-50, 313f., 713f., II-377f.
– Hartgeld. Münzen I-314f., 714f. II-378
– Herstellen von Falschgeld I-312ff., 713ff., II-376ff.
– Inverkehrbringen (s. Falschgelddelikte, Absatz)
Falschspiel I-48, 49, 292f., 406, 700, II-357f.
Falschverdächtigung I-418ff., 760, II-454
Familiendelikte (s. Verletzung von Unterhalts- und Fürsorgepflichten)
Farbfotografie (s. a. Fotografie) I-460
Fasern (s. Textilien)
Fassadenkletterer I-224f., 670, II-303
Faulds, Henry I-451
Faustfeuerwaffen I-166f., 625f., II-265
Federn I-494f., 562f.
Fehlerquellen der Aussage (s. Aussagepsychologie) II-147ff.
Fehlurteil II-228ff.
Felddiebstahl (s. Gartendiebstahl)
Fell (s. Tier)
Fenster (Einbruch) I-222ff., 669f., II-299, 302f.
Fensterbohrer, -schneider I-223, II-302, 303
Fernglas II-91
Fernmeldeanlagen, Delikte gegen I-374, 740
Fernmeldegeheimnis I-215, II-113ff.
Fernmeldeverkehr (s. Fernsprechverkehr)
Fernschreiber II-57, 740
Fernsehen I-460, II-69ff., 602ff.
Fernsehfahndung II-69ff., 605
Fernsehsendungen als Fahndungshilfen (s. a. Fernsehfahndung) II-70, 606f.
Fernseh-Veröffentlichung (Fahndung) II-69ff., 605
Fernsprechverkehr I-299, 705, II-57, 113ff., 364
Fertigkeiten (des Rechtsbrechers) I-151, II-52
Festnahme (s. Vorläufige Festnahme) II-129ff.
– von Störern (Zwangsmittel) II-136, 138
Fetischismus I-348, 729, II-403
Feuer, Offenes. Feuerrückstände I-371, 735f., II-417
Feuergefährliche Anlagen und Geräte I-371f., 736f., II-417ff.
Feuergefährliche Stoffe I-372f., 737f., II-419f.
Feuerwehr II-506ff.
Film (s. a. Mikrofilm) I-460, 463, II-602ff.
Finanzbehörden (s. Steuerfahndung, Zollfahndung)
Fingerabdruck (s. a. Daktyloskopie) I-482f., 568ff.
Fingerabdruckfalle II-72
Fingerabdrucksammlung (s. a. Daktyloskopie) II-59
Fingernagelschmutz I-523
Fingernagelspuren I-495
Fischschuppen I-494f., 562f.
Fischwilderei I-263, 690, II-338f.
Fixierung der Aussage (s. a. Protokoll) II-149ff.
Flammenphotometrie I-588
Flinte (s. Handfeuerwaffen, Schuß)
Fluchtgeisel (s. Geiselnahme)
Flugzeugentführung (s. Geiselnahme)
Formspuren I-479f., 584, 686f.
Forstdiebstahl (s. Gartendiebstahl)
Fortbildung (s. a. Kriminalpolizei. Aus- und Fortbildung) II-586f.
Fotografie I-*458ff.*, 535f., 609, II-84, 85
– mit besonderen Strahlen I-463f.
Fotogrammetrie I-463
Fotofalle (s. Diebesfalle) II-73f.
Fotokopie I-536f.
Fototechnik I-314
Fragen. Fragetechnik (Vernehmung) II-174f., 186
Frankreich II-*630ff.*
Frauen, Vernehmung von II-180ff.

Frauenmilch I-493, 556
Freiheitsberaubung I-200f., *204ff.*, 659, *660f.*, II-*287ff.*,
– Einfache I-204ff., 660, II-287f.
– Schwere (s. Entführung, Geiselnahme, Menschenraub)
Freiheitsdelikte (s. Freiheitsberaubung, Menschenraub, Nötigung)
Freiheitsentzug (s. Eingriffe in die Freiheit)
Freispruchsquote I-60f.
Freizeitgestaltung (s. Sport)
Frotteurismus I-348
Führungslehre II-4
Fürsorgepflicht gegenüber Minderjährigen, Verletzung der I-393ff., 638, 752f., II-439ff.
Fürsorgeschwindel (s. a. Unterstützungsschwindel) I-290, 699, II-356, 503ff.
Fundort der Spuren (s. a. Spurensuche) I-527ff.
Fundunterschlagung I-257, 686, II-333
Funk. Funkpeilung (s. a. Polizeifunk, Rundfunk) II-96
Funkobservation II-85ff.
Funksprechverkehr II-91ff., 96
Fußspuren I-484ff., 538f.

G

Galton, Sir Francis I-451, 455
Galvanoplastikverfahren I-315
Gangbild I-487
Garten-, Feld- und Forstdiebstahl I-238, 680, II-319
Gas (s. Gasgeräte, Gift)
Gaschromatographie I-577
Gasgeräte I-645f., 648, 736f., II-278, 417ff.
Gastarbeiter (s. Ausländer) II-84
Gaststättendiebstahl I-236, 678, II-315f.
Gaukler I-48, 49, 116, 295
Gauner. Gaunertum (s. Verbrechertum)
Gaunersprache I-*84ff.*
Gaunerzinken I-*88ff.*
Gebiß (s. Odontologie)
Gebräuche (Krimineller) I-*88ff.*
Gebrauchsmittelfälschung I-320, 377, 717, 743
Gebrauchsmusterverletzungen I-325, 719, II-389
Gedächtnis (Aussagepsychologie) II-148f.
Gefährdung des demokratischen Rechtsstaats (s. a. Staatsgefährdung) I-410, II-450
Gefährliche Körperverletzung I-198, II-286
Gefangene I-446
Gefangenenbefreiung. Gefangenenmeuterei I-426, 763, II-459
Gegenstand der Kriminalistik I-5ff.
Gegenstandsspur (s. a. Situationsspur) I-480
Gegenüberstellung (Vernehmung) II-177, 191f.
Geheimbündelei I-404
Geheimdienst (s. a. Nachrichtendienst) I-409ff., II-450f., 476
Geheimnisverletzung (privat) (s. a. Amts-, Betriebs-, Geschäfts-, Post-, Staatsgeheimnis) I-214ff., 663f., II-293ff.
Geheimnisverrat (s. Geheimnisverletzung)
Geheimschriften I-51f., *96ff.*
– mit Chiffriersystem I-97f.
– unsichtbare I-96f.
Geisel. Geiselnahme I-206ff., II-288ff.
Geisterfotografie (s. Psychofotografie)
Geldautomaten I-228, 673, II-306f.
Geldbetrug I-273ff., 694, II-346ff.
Geldfälscher (s. Falschgelddelikte)
Geldschrank. Tresor II-298f.
Geldschrankknacker I-226ff., 671f., II-305f.
Geldspielautomaten (s. a. Spielautomaten) I-407
Geldtransporte (Raub) I-249f., 683, II-323f., 329, 486f.
Gelegenheitskuppelei I-355f.
Geltungsschwindel (s. Hochstapler) II-352, 354
Gemeingefährliche Delikte I-367ff., 732ff., II-411ff.
Gemeinschaftlich begangene Körperverletzung I-198, II-286
Gemeinschaftliche Tatbegehung I-151
Gemeinschaftsfrieden, Delikte gegen den I-403f., 756, II-443ff.
Gemmologie I-590f.
Gendarmerie II-62., 619, 634f., 645f., 651, 655ff., 663
Generelle Fahndung II-48, 97f., 100
Generelle Observation II-86ff.
Genußmittelfälschung I-319ff., 376f., 742
Geologie I-590, 591f.
Gerichtsmedizin (s. a. Medizin) I-51, 54, *551ff.*, II-235
Gerichtspolizei (s. Kriminalpolizei)
Geschädigtenkartei II-59
Geschäftliche Verleumdung I-325
Geschäftsbetrieb (Kriminalpolizei) II-591ff.
Geschäftsführer-Untreue I-301f., 704, II-366
Geschäftsgeheimnis I-215, II-294f.
Geschichte (s. Historische Kriminalistik, Kriminalpolizei. Geschichte, Polizeirecht, Polizeiwesen. Geschichte)

Geschichte der Strafrechtspflege (s. Strafprozeßgeschichte)
Geschicklichkeitsspiele I-293
Geschlecht (s. Kriminelle Belastung der Geschlechter)
Geschlechtsbestimmung I-556f.
Geschoß (s. a. Schuß) I-499, 594
Geschwindigkeitsunfälle I-180, 385
Geschworener (s. a. Laienrichter) II-244ff.
Gesellschaften I-37ff.
Gesellschaftsstrafrecht I-318
Gesichtsrekonstruktion I-466ff.
Geständnis II-153ff., 191, 230f.
– Falsches I-417, II-154, 155f., 230f.
Gestische Zinken (s. a. Gaunerzinken) I-96
Gesundbeten I-135, 144, 295
Gesundheitsschädliche Gegenstände, Herstellen und Inverkehrbringen I-376ff., 740ff., II-424f.
Getränke. Getränkereste I-504
Gewährspersonen (s. a. Hilfspersonen der Kriminalpolizei) II-74ff.
Gewahrsamsbruch (s. a. Verwahrungsbruch) I-430
Gewalt (gegen Sachen) I-212, 223f., 258ff.
– (gegen Personen, s. a. Halbscharfe, Scharfe und Stumpfe Gewalt) I-201f., 203, 204, 243f., 338, 347, 349f., II-268ff., 285f.
Gewaltkriminalität. Gewaltdelikte I-72, 189, 218, 244, 336ff., II-259
Gewaltsame Unzucht (s. a. Sexuelle Nötigung) I-336ff.
Gewebefasern. Gewebefetzen I-493f.
Gewehr (s. Handfeuerwaffen, Schuß)
Gewerblicher Rechtsschutz I-*325,* 719
Gewerbsunzucht (s. Prostitution)
Gift I-170f., 178, 197, 519f., 526, 565, *577ff.,* 633ff., 645ff., 651f., 656, 689, II-271ff., 286
Giftmord (s. Tötung durch Gift)
Giftspuren I-519f., 521, II-271ff.
Glas. Glasspuren I-516f., 600, 629
Glaubwürdigkeitsbegutachtung (von Aussagepersonen) I-571
Gleichgeschlechtliche Unzucht (s. Homosexualität. Lesbische Liebe)
Gleitspuren (s. Arbeitsspuren, Werkzeugspuren)
Glücksspiel (s. a. Falschspiel) I-405ff., 757, II-446ff.
Gotteslästerung (s. a. Pietätsempfinden) I-404
Grabschändung (s. a. Pietätsempfinden) II-445
Graphische Zinken (s. a. Gaunerzinken) I-89ff.
Graphologie I-612
Grenzfahndung II-103f.
Grenzverrückung I-311f., 712, II-374
Grober Unfug I-403
Grönland II-688
Groß, Hans I-1f., 20, 21, 442
Großbritannien II-*668ff.*
Großfahndung II-103
Gründerbetrug I-278, 695, II-349
Grundeinteilung der Straftaten I-153ff.
Grundstücksbetrug I-276f., 694f., II-348f.
Gruppe, Kriminelle I-81
Grußbesteller I-288, 698, II-354f.
GSG9 (s. a. Spezialeinheiten) II-590f.
Gußverfahren I-314f.
Gutachten (s. Sachverständigenvernehmung)

H

Haare I-494f.
Haaruntersuchung I-54, 562
Haftrichter II-142, 202f.
Halbscharfe Gewalt I-168, 196, 510, 654, II-268, 285
Halbstarkenkrawall I-403
Hamburg II-528, 529, 535, *551ff.*
Handauflegen (s. Gesundbeten)
Handballen- oder Handflächenabdruck (s. a. Daktyloskopie) I-483
Handel (s. Kaufmännische Tätigkeit)
Handelsauskunftei (s. Auskunfteien)
Handfeuerwaffen I-167, 627f., II-265f.
Handlesen I-104f.
Handschrift I-307, 706ff.
Handschriftensammlung (s. a. Handschrift) II-60
Handschriftenuntersuchung I-54,*573ff.,* 706ff.
Handschuhspuren I-483f.
Handtaschendieb (s. a. Mantelmarder) II-316
Handtaschenraub I-245f., 683, II-327
Handwerk, Handwerker I-185, 186, 230, 606ff., 644f., 675, II-277, 310
Handzettel II-64
Hauptverfahren (s. a. Erkenntnisverfahren) II-209ff., 224ff., 236
Hauptverhandlung (s. a. Erkenntnisverfahren) II-209ff., 215f., 219ff., 224ff., 250, 253, 257
Hausangestelltendiebstahl I-230, 675, II-309
Hausarrest (Zwangsmittel) II-134
Hausdetektiv II-482
Hausfriedensbruch I-211ff., 661, 662f., II-293
Haushaltsunfall I-186f., 634, 645ff., 658, II-278
Hausierer (s. Bettler)

Haussuchung (s. Durchsuchung von Räumen) II-115ff.
Haustier (Unfall mit) II-278
Hautfetzen I-493f.
Hehlerei (s. Sachhehlerei)
Heilbehandler (s. Kurpfuscher, Magische Heiler, Okkultschwindel)
Heilmittel (s. Medikamente)
Heimarbeiterfang I-280, 696
Heimarbeiterschwindel I-289f., 699, II-355f.
Heiratsschwindel I-286ff., 698, II-351, 354
Helfer der Strafverfolgungsorgane (s. a. Inanspruchnahme der Öffentlichkeit, Privatpersonen als Helfer, Staatliche Stellen) I-7f.
Helikopter (s. Hubschrauber) II-85
Hellsehen. Telepathie I-*110ff.*, 112f., 294f., 701
Henry, Richard I-451, 458
Heranwachsende (s. a. Kriminelle Belastung der Altersgruppen) I-551
– (Vernehmung) II-188f.
Herschel, Sir William J. I-451
Herstellen gesundheitsschädlicher Gegenstände (s. a. Gesundheitsschädliche Gegenstände) I-376ff., II-424f.
Hessen II-535, *557ff.*
Hexenaberglaube I-123ff.
Hexenbanner I-*123ff.*, 294, 701
Hilfsdienste (s. Notdienste)
Hilfsmittel (s. Kriminalistik. Quellen)
Hilfsmittel (Kriminalistik) I-34ff.
Hilfspersonen der Kriminalpolizei (V-Personen) II-74ff.
Hilfspflichtverletzung I-393, 752, II-439
Hinweise, Anonyme und pseudonyme II-19
Hinzuziehung weiterer Beamter oder Sachverständiger (Tatortarbeit) II-34f.
Historiker I-604
Historische Kriminalistik I-19, *41ff.*, 442, 443, 446f., 450f., 459f., II-522ff.
Historische Kriminologie I-42f.
Hochstapler I-286, 698, II-354
Hochverrat I-409f., 758, II-450
Holland (s. Niederlande)
Holzuntersuchungen I-565
Homophilie (s. a. Homosexualität, Lesbische Liebe)
Homosexualität I-340, 341, 342, 342f., 348ff., 729f., II-402, 405f.
Homosexuelle Prostitution (s. a. Strichjungen) I-350, 730, II-406
Homosexuelle als Opfer von Raub I-247f., 683, II-328
Horoskop I-100, 102.
Hoteldiebstahl I-236, 678, II-315f.
Hotelratte I-236
Hotelschwindel I-290f., 699f., II-356f.
Hubschrauber II-85, 95
Hülse (Munition) I-499, 594
Hund (s. Polizeihund)
Hydrotherapie I-136f.
Hypnose (Unzulässige Vernehmungsmethode) II-146
Hypothekenbetrug I-274, II-346
Hypothekenkreditbetrug I-275, II-347
Hysterie (Vernehmung) II-182

I

Identifizierung von Personen (s. Erkennungsdienst)
Illustrierte (s. Presse) II-68, 602ff.
Inanspruchnahme der Öffentlichkeit (Fahndung) II-*63ff.*, 605
– Bestimmter Personenkreis II-64ff.
– Einzelne Bürger II-71ff.
– Unbestimmter Personenkreis II-66ff.
Indiskretion I-203, 295f.
Individuelle Fahndung II-48, 97
Indizien. Indizienbeweis II-239ff.
Industrie (Kriminaltechnische Untersuchung) I-606ff.
Informationsstellen (Private Sicherheitsorgane, Freiwillige Selbsthilfe) II-492ff.
Information über Ermittlungsergebnisse (Kriminalberichterstattung) II-608
– über die Kriminalpolizei (Öffentlichkeitsarbeit) II-605f., 608
Infrarotes Licht (s. a. IR) I-586
Insolvenzdelikte I-*332ff.*, 723, II-393f.
Institute (s. Einrichtungen)
Internationale Fahndung II-105, *741ff.*-
Internationale Kriminalpolizeiliche Kommission (IKK) (s. Interpol)
Internationale Kriminalpolizeiliche Organisation (Interpol) (IKPO) (s. Interpol)
Internationale Täter II-84f., 104, 729, 741ff., 748
Internationale Verbrechensbekämpfung II-*728ff.*, *738ff.*
– Geschichte II-729ff.
Internationale Zusammenarbeit (s. Internationale Verbrechensbekämpfung)

Interne Öffentlichkeitsarbeit II-606
Interpol (s. a. Nationales Zentralbüro) II-728, 730ff., *736f.,* 738ff., 747f.
– Arbeitsweise und Zusammenarbeit II-738ff.
– Geschichte II-730ff.
– Organisation II-736f.
Inverkehrbringen gesundheitsschädlicher Gegenstände (s. a. Gesundheitsschädliche Gegenstände) I-376ff., II-424f.
Inzest (s. a. Blutschande) I-346f., II-401
IR-Fotografie (s. a. Fotografie mit besonderen Strahlen) I-464
Irisdiagnose I-135
Irland II-*680ff.*
Irreführende Spuren I-422f., 425f., 477, II-40ff.
Italien II-*640ff.*

J

Jagdunfall (s. a. Unfall beim Sport) II-279f.
Jagdwilderei I-260ff., 687ff. II-336ff.
von Jagemann, Ludwig Hugo Franz I-2, 20, 52
Japan II-*724ff.*
Jargon (s. Gaunersprache)
Jiddisch I-85ff.
Jugendkriminalität (s. a. Kriminelle Belastung der Altersgruppen) I-72f.
Jugendliche (s. a. Jugendkriminalität) I-551
Jugendlichenvernehmung (s. a. Vernehmung von jungen Menschen) II-187ff.
Jugendsachbearbeiter. Jugendkriminalpolizei II-594f.
– (Andere Staaten) II-612, 640, 659, 676, 687, 702, 709, 727
Jugendschutz (s. a. Jugendsachbearbeiter) II-480, 595
Jugendunzucht I-341, II-399f.
Jury (s. Laienrichter)
Justiz. Justizbehörden (s. a. Richter, Staatsanwalt) II-477
Justizirrtum (s. a. Fehlurteil) II-228ff.
Justizpolizei (s. Kriminalpolizei)

K

Kamera (s. Fotografie)
Kameradendiebstahl I-232, 676, II-312
Kanada II-*717ff.*
Kartelldelikte I-*325f.,* 720, II-389
Kartenlegen. Kartenschlagen I-105ff., 294f.
Kartenspiel I-292f., 407, 757, II-446f.
Kassenboten (Raub) I-248f., 683, II-328f.
Kassendiebstahl. Schalterdiebstahl I-235f., 677f., II-315
Kassenraub I-243, 682, II-325f.
Kassenschrank (s. Geldschrank)
Katastrophe. Katastrophenschutz II-413f., 505ff.
Kaufhaus (s. Warenhaus)
Kaufmännische Tätigkeit (Kriminaltechnische Untersuchung) I-609f.
Kautionsbetrug I-278, 279, 695f., II-350
Kennzeichnung (Fangmittel. Sicherung) II-72
– (von Spurenmaterial) I-544f.
Kernenergie I-373, 739, II-423
Kidnapping (s. Entführung, Geiselnahme)
Kinderschändung (s. Sexueller Mißbrauch von Kindern)
Kindervernehmung (s. a. Vernehmung von jungen Menschen) II-183ff.
Kindesentführung (s. a. Entführung, Geiselnahme) I-207
Kindesmißhandlung (s. a. Fürsorgepflicht gegenüber Minderjährigen) I-189, 393ff., 752f., II-439ff.
Kindestötung (s. a. Kindesmißhandlung) I-163ff., 623f.
Kindesvernachlässigung (s. a. Fürsorgepflicht gegenüber Minderjährigen) I-393ff., 396f., 638, 753, II-439ff.
Kindspech I-493
Kino-Veröffentlichung (Fahndung) II-67
Kirchendiebstahl (s. a. Kunstdiebstahl) I-236f., 678, II-316f.
Kittlöser I-223, II-303
Klebeband I-541
Klebeschrift. Klebemethode bei Schrift (s. a. Schreibende Rechtsbrecher) I-702
Kleidung (s. Textilien)
Klingelfahrer I-231, 675f., II-311
Klopfsprache I-95
Klopftöne, Tischrücken, Materialisationen u. a. („Psychokinese") I-*113ff.*
Knabber I-227, II-305
Knebel (s. a. Erdrosseln, Ersticken) I-611
Kneipp-Kuren I-136f.
Kniespuren und Ähnliches I-487
Kniffe, Tricks und andere Bräuche I-98f.
Knochen I-557
Knöpfe und Ähnliches (s. a. Textilien) I-503
Köderfalle II-72
Körperliche Durchsuchung oder Untersuchung II-121ff., 124ff.

Körperliche Eingriffe (Unzulässige Vernehmungsmethode) II-145f.
Körperliche Untersuchung II-121ff., 126f.
Körpermeßverfahren (s. Anthropometrie)
Körpersekrete (s. Sperma, Vaginalsekret usw.) I-556
Körperverletzung (Vorsätzliche) (s. a. Fahrlässige Körperverletzung) I-*194ff.*, *652ff.*, II-284ff.
Kollegialgericht II-242ff.
Kollidiebe I-225f., 671, II-318f.
Konfidenten (s. a. Hilfspersonen der Kriminalpolizei, Vigilanten) II-74, 76
Konkursdelikte I-332, 335
Konservieren I-541f.
Kontaktschuß I-507f., 595
Koordinaten-Diagramm-Verfahren I-468f.
Koordinierungsstelle für Sicherheitsfragen in der gewerblichen Wirtschaft (KS) (Bonn) II-494
Kopie I-536f.
Korruption I-324f., 412., 413f., 427, 433ff., II-388, 612
– in der Exekutive I-433ff., 765, II-462ff.
Kosmetika I-377, 504, II-425
Kot I-492f.
Kraftfahrzeug (s. a. Beförderungsmittel, Straßenverkehr) I-515f., 599ff., 688, 690
Kraftfahrzeugdiebstahl I-237f., 679, II-303, 317f.
Kraftfahrzeugfahndung (s. Sachfahndung)
Kraftfahrzeugkartei II-60
Kraftfahrzeuglampen I-600
Krankheit, Simulieren von (Vernehmung) II-178f.
Kratzwunden I-521
Krawall I-403, II-443f.
Krawattenmacherei I-303
Kreditbetrug I-272f., 274f., 693f., 694, II-345f., 347f.
Kreditwesen I-318
Kreditwucher I-302f., 704f., II-366f.
Kreuzverhör (Vernehmung) II-176f.
Kriminalbeamte als Zeugen (s. a. Polizeibeamte als Zeugen) II-193
Kriminalbeamter. Kriminalist (s. a. Kriminalpolizei, Untersuchungsführer) II-514ff.
Kriminalberichterstattung II-607f.
Kriminalblätter II-56
Kriminalistik I-16
– Aufgaben I-*8ff.*
– Begriff I-1ff., *5ff.*
– Bibliographie I-43
– Entwicklung und gegenwärtiger Stand I-*18ff.*
– Gegenstand I-*5ff.*
– Geschichte (s. – Entwicklung, Historische Kriminalistik)
– Methodik I-*22ff.*
– Quellen und Hilfsmittel I-29ff.
– Systematik I-*26ff.*
– Untersuchungsführer II-514ff.
– Terminologie I-11
– als Wissenschaft I-5ff.
– und Kriminologie I-3, 13
– und Strafprozeß I-15
Kriminalität I-6
Kriminalitätsbekämpfung (s. a. Organisation der Verbrechensbekämpfung) I-6ff.
– präventive I-7, II-3ff., 7ff., 293f., 298f., 307f., 323f., 342f., 359, 369f., 375, 382, 394f., 412f., 423, 426, 513f., 605, 606, 608
– repressive (s. a. einzelne Deliktstypen) I-7, II-3, 5ff., 512
– statistisch I-*59ff.*
Kriminalpädagogik I-6f., 13f., 16
Kriminalphänomenologie I-9, 26f., 75
Kriminalpolitik I-15f.
Kriminalpolizei (s. a. Kriminalbeamter, andere Staaten) II-468ff., *521ff.*
– Arbeitsweise, Tätigkeit in der Praxis II-*587ff.*
– Arbeitsweise, Tätigkeit in der Praxis (Andere Staaten) II-621ff., 628ff., 638ff., 647ff., 652, 659ff., 677ff. 682ff. 688f., 694f., 701ff., 712ff., 722ff., 727f.
– Aus- und Fortbildung II-*581ff.*, 600f.
– Aus- und Fortbildung (Andere Staaten) II-612, 622, 629f., 639f., 648, 660f., 666ff., 678f., 683, 688, 695, 702, 714ff., 722ff., 727
– Beratung (s. Kriminalpolizeiliche Beratungsstellen)
– Bund II-540ff., 581ff., 587ff., 597ff.
– Forschung (s. a. andere Staaten) II-590, 601
– Geschichte I-50, 53, II-*522ff.*, 551ff.
– Geschichte (Andere Staaten) II-613ff., 623ff., 630ff., 641ff., 649f., 653f., 662, 668ff., 680f., 684f., 690f., 696ff., 704ff., 717ff., 724f.
– Länder II-543ff., 581ff., 591ff., 597ff.
– Laufbahnen, Laufbahnrecht II-582f.
– Öffentlichkeitsarbeit II-*602ff.*
– Öffentlichkeitsarbeit (Andere Staaten) II-619, 640, 648, 661, 679, 681, 683f., 689, 695, 703, 716, 724, 727f.
– Organisation (s. a. Bundesländer) II-*539ff.*
– Organisation (Andere Staaten) II-618ff.,

626ff., 633ff., 643ff., 650ff., 654ff., 663ff., 673ff., 681f., 685ff., 692ff., 698ff., 708ff., 720ff., 725f.
– Organisation auf Bundesebene II-540ff.
– Organisation auf Landesebene II-543ff.
– Organisation der Zusammenarbeit von Bund und Ländern II-569ff.
– Zusammenarbeit von Bund und Ländern II-597ff.
Kriminalpolizeiliche Beratungsstellen II-595ff.
Kriminalpolizeiliche Nachrichtenblätter II-56
Kriminalpolizeiliche Personenakten II-60
Kriminalpolizeilicher Meldedienst (s. a. andere Staaten) II-597ff., 740f.
Kriminalprävention (s. Kriminalitätsbekämpfung, präventive)
Kriminalprozeßrecht (s. Strafprozeß)
Kriminalrecht (s. Strafrecht)
Kriminalstatistik I-35, *55ff.,* 70ff.
– Amtliche (Justizstatistik) I-*56f.*
– Polizeiliche I-57f.
Kriminalstrategie II-4
Kriminaltaktik I-9f., 28f., 49, II-*1ff.,* 258ff.
– Aufgaben und Möglichkeiten der II-2ff.
– bei den einzelnen Verbrechen II-258ff.
Kriminaltaktisches Konzept II-26f.
Kriminaltechnik (s. a. andere Staaten) I-9, 27f., 51f., 53f., *436ff.*
– Aufgaben und Möglichkeiten I-436ff.
– bei den einzelnen Verbrechen I-613ff.
Kriminaltechnische Untersuchungen I-549ff.
Kriminaltechnische Untersuchungsstellen (s. a. Polizeilaboratorien) I-39
Kriminalwissenschaften I-12ff., 16
Kriminelle Ansteckung I-161
Kriminelle Bande (s. Bande)
Kriminelle Belastung I-66ff.
– der Altersgruppen I-66, 72f.
– der Geschlechter I-66, 72
Kriminelle Gruppe (s. Gruppe)
Kriminelle Nachahmung I-161f.
Kriminelle Vereinigung (s. a. Bande, Verbrecherorganisation) I-404
Kriminologe I-605
Kriminologie (s. Kriminalpädagogik, Kriminalphänomenologie) I-16
Kriminologie (i.e.S.) I-12f., 16
Kriminologie. Begriff I-1f.
Kriminologie und Kriminalistik (s. Kriminalistik und Kriminologie)
Kristallographie I-589
Kundendiebstahl I-233ff., 677f., II-313ff.
Kunst (Kriminaltechnische Untersuchung) I-610
Kunstdiebstahl I-236f., 678, II-316f., 345
Kunstfälschung I-306, 320f., 717f., II-373, 384f.
Kunsthandel. Illegaler (s. Kunstdiebstahl, Kunstfälschung)
Kunststoffe (s. a. Textilien) I-503
Kunstvandalismus (s. a. Vandalismus) II-334
Kuppelei I-353ff., 731, II-407f.
Kurpfuscher I-133ff., *137f.,* 293f., 701, II-358f., 500ff.

L

Lacksplitter. Lackspuren I-600
Ladendiebstahl I-233f., 677, II-311, 313f.
Ladenraub I-243, 682, II-326
Laienrichter II-244ff., 252
Landeskriminalämter II-545, 547f., 549, 550f., 552, 558f., 559f., 562, 564, 565f., 567f.
Landesstelle für Betriebsschutz e.V. (LfB) (Stuttgart) II-494f.
Landesverrat I-410, 758, II-450f.
Landesverteidigung, Delikte gegen die I-431, 764, II-461
Landfahrer. Landstreicher I-*78f.,* 405, 756, II-445
Landfriedensbruch I-403, 756, II-443f.
Landwirtschaft I-184f.
Landzwang I-403, 756, II-443f.
Latente Kriminalität. Latenz (s. Dunkelfeld)
Latente Spuren I-527f.
Lauerfalle II-72
Laufzettel II-64
Lebensmittelfälschung I-319f., 376
Legitimationsschwindel I-289f., 698f., II-355f.
Lehrer I-186
Leibesvisitation (s. Körperliche Durchsuchung) II-121ff.
Leiche. Leichenteile I-457, 496f., 552ff., 614f., 622f.
Leichensachen II-93f., 260f.
Leichentoilette I-466f.
Leichenzerstückelung I-615f.
Leistungserschleichung (s. a. Leistungsschwindel) I-291, 700
Leistungsschwindel I-290ff., 699f., II-386f.
Leistungswucher I-303f., 705, II-367
Lesbische Liebe I-348, 728, II-402
Leugnen (Vernehmung) II-151f.
Levitation I-114
Lichtbild (s. Fotografie)

Lichtbildrekonstruktionen I-466
Lichtbildvorlage II-84
List I-205, II-146
Lizenzbetrug I-279, 696, II-350
Locard, Edmond I-442
Lockfalle II-72
Lösegeld (s. Erpressung, Geiselnahme)
Lohnvorschußschwindel I-289f., 699, II-355f.
Lotterie I-407, 408, 757, II-448
Lüge (Aussagepsychologie) I-417, II-151ff., 175, 190f., 196ff., 211, 231f.
Lügendetektor II-145f.
Luftverkehr I-183, 207f., 389, 601f., 641ff.,645, 657, 749f., II-435f.
Luxemburg II-*652ff.*

M

Mafia (s. Verbrecherorganisationen)
Magische Heiler I-*133ff.*, 138ff., 185f., 293f., 701, II-358f.
Magischer Spiegel I-109f.
Mantelmarder. Manteldieb I-236, II-316
Maschinenschrift I-308, 607f., 708f.
Maskierung I-98
Masochismus I-348, 728, II-402
Massendelikte I-403f., II-443f.
Massenkommunikationsmittel. Massenmedien (s. a. Kriminalpolizei. Öffentlichkeitsarbeit) II-602ff.
Massenspektrometrie I-577
Massenuntersuchung I-25
Maßnahmen zur Sicherung des Verfahrens II-*105ff.*
Materialien (Kriminalistik) I-34ff.
Materialspur I-480, 584f., 686f.
Mathematik I-590
Mechanische Falle (s. a. Diebesfalle) II-71
Mechanische Rasur I-309
Medikamente I-377, 386f., 651f., 742, II-425, 500ff.
Medium I-110, 111
Medizin (s. a. Gerichtsmedizin) I-17, 50, 51, 54, 550ff., II-500ff.
Medizinalpersonen I-185f., 644, II-277
Meineid (s. Falschaussage, Falscheid)
Meldeauflage (Zwangsmittel) II-135
Meldedienst (s. Kriminalpolizeilicher Meldedienst)
Meldungen (Anzeigen) II-11ff., 16
Menschenkenntnis. Menschenbehandlung II-160f., 161ff., 517, 518
Menschenraub (s. a. Entführung) I-205ff., 661, II-288f.
Merkmalskartei II-59
Messen- und Marktdiebstahl I-235, 677, II-315
Metallurgie I-593ff.
Meteorologie I-592
Methodik (s. Kriminalistik. Methodik)
Mietwucher I-304, 705
Mikrobiologie I-54, *566ff.*
Mikrofilm I-465
Mikrofotografie I-464f.
Mikrofon II-91
Mikroorganismen I-524, 568
Mikroskop. Mikroskopische Verfahren I-585f.
Milieubestimmte Raubüberfälle I-246ff., 683, II-327f.
Militär (s. Ausländische Streitkräfte. Bundeswehr)
Militärischer Abwehrdienst I-409, 410, II-450f., 476
Mineralogie I-590f.
Minutien (s. Daktyloskopie)
Mißbrauch der Unreife und der Abhängigkeit (Sexualdelikte) I-336, 339ff., 726f., II-398ff.
Mißbrauch von Abhängigen (s. Sexueller Mißbrauch von Abhängigen)
Mißbrauch von Ausweispapieren I-305, 312, 713, II-374f.
Mißhandlung (Unzulässige Vernehmungsmethode) II-145
Mißverständnis (Vernehmung) II-175, 184, 199
Mittel der Fahndung (s. a. Fahndungsmittel) II-55ff.
Mittelbare Falschbeurkundung I-310f., 711f., II-373f.
Mittel zur Begehung von Verbrechen (s. Werkzeuge)
Mobile Einsatzkommandos (s. Spezialeinheiten)
Modus operandi I-76f., *148ff.*, II-58f.
Modus operandi-System I-148ff.
Mord (s. Tötungen)
Mordbrenner (s. Brandstiftung)
Mordkomplott I-404
Morgenmeldung II-56
Mündliche Information (Fahndung, s. a. Befragungsaktion) II-64
Münzdelikte (s. Falschgelddelikte)
Münzfernsprecher (s. Warenautomaten)
Müßiggang (s. Arbeitsscheu)
Munition I-499, 525, 594f.
Musterkatalog (Sachfahndung) II-95

N

Nachahmung, Kriminelle I-161f.
Nachrichtendienst (s. a. Militärischer Abwehrdienst, Verfassungsschutz) I-409ff., II-450f., 476
Nachrichtenmittel. Nachrichtentechnik II-56f., 85, 739f.
Nachschlüsseldiebstahl (s. a. Einbruch) I-221f., 669, II-301f.
Nachtsichtgerät II-91
Nahrungsmittelfälschung I-319f., 376, 741f.
Nahschuß I-508, 595f.
Name, falscher I-98, II-58f.
Namenskartei II-59
Nassau (s. a. Hessen) II-528
Nationales Zentralbüro (Interpol) II-590, 622, 626, 627, 637, 645, 656, 664, 674, 682, 686, 693, 700, 712, 721, 725f., 731, 733, 736, 737, 738, 742
Naturheilverfahren I-135ff.
Nekrophilie I-348, 729f., II-402f.
Nepper I-291f., 700, II-357
Neutronenaktivierungsanalyse I-589
Nichtanzeige von Verbrechen I-427, 763, II-460
Nichtstaatliche Stellen als Helfer von Kriminalpolizei und Strafjustiz (s. Private Sicherheitsorgane)
Niederlande II-*661ff.*
Niedersachsen II-535, *559ff.*, 594
Niederschrift (s. Protokoll)
Notdienste II-*505ff.*
Nötigung I-200f., *201ff.*, 659f., II-287
– durch Drohung I-202f., 660
– durch Gewalt I-201f., 660
Nötigungskuppelei I-356f.
Nordrhein-Westfalen II-535, *561f.*
Norwegen II-*689ff.*
Notzucht I-244, 336ff., 725f., II-396ff.

O

Obduktion I-552ff., 618ff.
Oberbergämter (s. Bergpolizei)
Objekt der Tat (s. Tatobjekt)
Objektschutz (s. a. Observation) II-85f., 96
Observation II-*85ff.*, 99, 300, 319
Obszöne Redensarten I-363, 364
Odontologie I-469f., 497, 557
Odontologische Identifizierung I-469f.
Öffentlicher Ankläger (s. Staatsanwalt) II-214ff.
Öffentliches Ärgernis (s. Erregen öffentlichen Ärgernisses u. a.)
Öffentliche Urkunde I-306
Öffentlichkeit (s. Inanspruchnahme der, Öffentlichkeitsarbeit)
Öffentlichkeit der Hauptverhandlung II-225, 247
Öffentlichkeitsarbeit (s. a. Kriminalpolizei. Öffentlichkeitsarbeit) II-63ff., 602ff.
Ökonomische Kriterien (Kriminaltaktik) II-6
Örtliche Fahndung II-48, 98, 99f.
Österreich II-*612ff.*
Ohnmacht (Vernehmung) II-182
Okkultismus I-*99ff.*
– Schundliteratur I-145f.
– Sprache I-101
Okkultschwindel I-293ff., 701, II-358f., 500ff.
Okkulttäter I-143f.
Opfer I-150, 158, 528f., 531f., II-80
Optische Geräte II-91
Ordnungspolizei (s. Schutzpolizei)
Organe der Verbrechensbekämpfung (s. Strafverfolgungsorgane)
Organisation der Verbrechensbekämpfung I-10, 29, II-*465ff.*
Organisationszwang (Kartelle) I-326
Organisatorische Sicherungen (gegen Delinquenz) II-9
Organisiertes Verbrechen (s. Verbrecherorganisationen)

P

Pachtbetrug I-279, 696, II-350
Pädagogik I-570, 573
Pädophilie I-339ff., 728, II-402
Paketfallenschwindel I-290, 699, II-356
Papier (Kriminaltechnische Untersuchung) I-606f.
Papierchromatographie I-577
Papiergeld (s. Falschgelddelikte. Banknoten)
Papillarlinien (s. Daktyloskopie)
Paralleltäter I-160
Paramedizin I-133ff., 135
Parlamentsnötigung u. a. I-411f., 750
Paraphysik (s. Klopftöne)
Parapsychologie (s. a. Okkultismus) I-612, 701
Paß (s. Bundespaßkontrolldienst)
Paßfälschung I-306, 710, II-370
Paßsperre (Zwangsmittel) II-135
Paßstück I-480
Patentverletzungen I-325, 719, II-389
Pause (s. a. Skizze) I-536
Pausfälschung I-307
Pendeln I-108f.

Pensionsschwindel I-290f., 699, II-356f.
Persönliche Begünstigung (s. a. Strafvereitelung) I-423ff.
Personalbeweis II-140
Personalien (s. a. Erkennungsdienst) II-84, 94, 136f.
Personenakten (s. a. Kriminalpolizeiliche Personenakten) II-60
Personaldiebstahl (s. Arbeitnehmerdiebstahl)
Personenbeschreibung I-54, 444, *446ff.*
Personendurchsuchung II-121ff., 124ff., 133
Personenfahndung I-475, II-47, 57ff., *79ff.*, 741ff.
Personenfahndungsbücher II-57f.
Personenfahndungskarteien II-58f.
Personenidentifizierung (s. Erkennungsdienst)
Personenkartei (s. Personenfahndungskarteien) II-58
Personenkontrolle. Personenkontrollkarte II-83, 137
Personenlichtbild I-461f.
Personenschutz (s. a. Observation) II-449
Personenschwindel I-285ff., 668, II-354f.
Personenstandsfälschung I-392, 751, II-438
Personenzeichnung I-465f.
Perversionen (s. a. Sexuelle Aberrationen) I-348ff.
Pflanzen. Pflanzenprodukte I-523f., 564ff., 686f.
Pflichtverteidiger (s. a. Verteidiger) II-216ff.
Phantasieschrift I-98
Phantombild (s. a. Rekonstruktion) II-84
Pharmazie (s. Medikamente)
Philatelie (Kriminaltechnische Untersuchung, s. a. Kunstfälschung) I-610, 710, II-385
Physik I-17, 54, 575, *583ff.*
Pietätsempfinden, Delikte gegen das I-40, 756, II-445
Pilze (s. Mikroorganismen)
Pistole (s. Faustfeuerwaffen, Schuß)
Plädoyer (Staatsanwalt und Verteidiger) II-216, 220
Plakatveröffentlichung II-66f.
Plastische Gesichts- und Schädelrekonstruktion I-466ff.
Plauderdroge (Unzulässige Vernehmungsmethode) II-145f.
Pönologie (s. Kriminalpädagogik)
Politische Delikte (Staatsschutzdelikte) I-409ff., 758ff., II-449ff.
Polizei (s. Kriminalpolizei, Polizeiwesen, Schutzpolizei)
Polizeibeamte als Sachverständige II-214
– als Zeugen II-193, 212f.
Polizei-Führungsakademie (Hiltrup) II-585, 586
Polizeifunk II-56f., 739f.
Polizeihubschrauber (s. a. Hubschrauber) II-85
Polizeihund II-*37f.*, 60, 61
Polizeiaboratorien I-39
Polizeiliche Kriminalstatistik I-*57f.*, II-588
Polizeispitzel II-74, 76
Polizeirecht, Polizeiwesen. Geschichte I-43, 50, II-522ff., 551ff.
Polizeischulen (s. Kriminalpolizei. Aus- und Fortbildung)
Polizeitaucher (s. a. Taucher) II-85
Poltergeister I-115f.
Populärtests I-108
Pornographie I-*364ff.*, 732, II-411
Portrait parlé (s. a. Personenbeschreibung) I-446ff.
Post (s. Betriebssicherungsdienst)
Postbeschlagnahme II-113ff.
Postgeheimnis I-215, 664, II-113ff.
Posttechnisches Zentralamt (s. a. Betriebssicherungsdienst) II-62
Postüberwachungsdienst (s. Betriebssicherungsdienst der Deutschen Bundespost)
Prägefälschung I-306, 308f., 315, 711, II-372f.
Prägespur. Prägezeichen I-506
Prämien (s. a. Belohnungen) II-79
Prävention (s. Kriminalitätsbekämpfung, präventive)
Präzisionsschützenkommandos (s. Spezialeinheiten)
Praktische Bedeutung der Kriminalität (s. a. Kriminalstatistik) I-71
Preistreiberei I-*318f.*, 716, II-384
Presse (s. Fachpresse, Tagespresse) II-67ff., 602ff.
Pressebeschlagnahme (s. a. Beschlagnahme) II-110
Pressestellen (s. Kriminalpolizei. Öffentlichkeitsarbeit)
Preußen II-526ff., 538f., 529f., 531, 532
Privatankläger. Privatbeteiligter II-209, *216*
Privatdetektiv (s. a. Sicherheitsdienste) II-74, *488ff.*
Private Sicherheitsdienste (s. Sicherheitsdienste) II-74
Private Sicherheitsorgane II-478ff.
– Abhängige (s. a. Hausdetektiv, Werkschutz) II-479ff.

– Freiweillige Selbsthilfe (s. a. Informationsstellen, Stellen für Ermittlungstätigkeit) II-*492ff.*
– Notdienste (s. a. Deutsches Rotes Kreuz, Feuerwehr, Technisches Hilfswerk) II-*505ff.*
Private Sicherheitsorgane und -unternehmen, Selbständige (s. a. Auskunfteien, Privatdetektiv, Sicherheitsdienste) II-*482ff.*
Privatpersonen als Helfer (Kriminalpolizei. Strafjustiz) II-63ff., 78f.
– als Informanten und Lockvögel (s. a. Hilfspersonen der Kriminalpolizei) II-74
Privaturkunden I-306ff., II-371
Pro Honore, Verein für Treu und Glauben im Wirtschaftsleben e.V. (Hamburg) II-499f.
Prostituierte als Opfer und Täter von Raub I-247
Prostitution I-336, 354ff., 356f., 357ff., *359f.,* 730f., II-406, 407, 409
Protokoll. Protokollierung. Protokollierungstechnik (Aussagepsychologie) II-150f., 186, 249, 593
Prozeßleitung (Psychologie) II-233ff.
Prüfung der Personalien (Zwangsmittel) II-136f.
Pseudonyme Anzeige II-19
Psi-Effekt I-116
Psychoanalyse I-611
Psychiatrie I-51, *550f.,* 627, II-235
Psychofotografie I-114f.
Psychokinese (s. Klopftöne)
Psychologie I-18, 54, 550f., *570ff.,* II-5f., 205ff.
– der Aussage (s. a. Aussagepsychologie) II-147ff.
– der richterlichen Überzeugungsbildung (s. a. Überzeugungsbildung) II-227ff.
– der Vernehmung (s. a. Vernehmungspsychologie) II-157ff.
– des Strafverfahrens II-*205ff.*
Psychologische Tatbestandsdiagnostik I-611f.
Punktierkunst I-110

Q

Quälerei (Unzulässige Vernehmungsmethode) II-145
Quellen (s. Kriminalistik. Quellen)
Quittung I-306
Quittungsschwindel I-290, 699, II-356

R

Radierung. Rasur I-309, 502, 711
Radioaktivität, Nachweis der I-589f.
Radspuren (s. Reifenspuren)
Räuberischer Mitfahrer I-251f., 684, II-330
Raritätenbetrug (s. a. Kunst) I-271, 693, II-345
Raub I-48, 50, *240ff., 680ff.,* II-*321ff.*
Rauschgift I-379ff., 578f.
Rauschgiftdelikte. Rauschgiftkriminalität I-379ff., 743f., II-425ff.
Rauschtat (s. a. Volltrunkenheit) I-402f.
Razzia II-100f.
Realinjurie (s. a. Ehrverletzungen) I-217f.
Rechtsanwalt. Rechtsbeistand (s. a. Verteidiger) II-216ff.
Rechtsbeschwerde (Psychologie) II-253ff.
Rechtsbeugung I-427f., 460
Rechtsfrage (s. a. Fehlurteil) II-241, 243, 244, 253, 255
Rechtsfrieden (s. Delikte gegen den persönlichen Frieden, Gemeinschaftsfrieden)
Rechtshilfe (s. a. Amtshilfe) II-61ff., 467, 474f., 741ff., 744ff., 746, 748f., 750
Rechtsmedizin (s. Gerichtsmedizin)
Rechtsmittelverfahren (Psychologie) II-249ff.
Rechtspflegedelikte I-414ff., 759ff., II-452ff.
Reichskriminalpolizei. Reichskriminalpolizeiamt II-533f.
Reifenspuren I-515f., 539, 599
Reifenstecher I-687, II-334f.
Reihenuntersuchung I-24
Reisende Täter (s. a. Internationale Täter) II-84f.
Reisescheckbetrug I-276
Reiß, Rudolf-Archibald I-21f., 442
Reklame (s. Trügerische Reklame)
Rekonstruktionen I-465ff., 541f., II-84
Rennwette (s. Wette)
Repräsentativität von Untersuchungsergebnissen I-23ff.
Repression (s. Kriminalitätsbekämpfung, repressive)
Rettungsdienste (s. a. Notdienste) II-506, 511f.
Revision (Psychologie) II-253ff.
Revolver (s. Faustfeuerwaffen, Schuß)
Rezeption II-148
Rheinland-Pfalz II-535, *562ff.*
Richter (s. a. Ermittlungsrichter, Haftrichter) II-209, *221ff.,* 468ff., 473f.
Richterkorruption I-427, 763, II-460
Richterliche Überzeugungsbildung (s. a. Überzeugungsbildung) II-227ff.
Richterliche Vernehmungen II-202ff.
Riegelzieher und -schieber I-222
Ring-Vereine I-81f.
Röntgenfeinstrukturanalyse I-589

Röntgenfotografie (s. a. Fotografie mit besonderen Strahlen) I-464
Röntgenfluoreszenzanalyse I-588
Röntgenidentifizierung I-470f.
Roping (Undercoverwork, s. a. Einschleusen) II-91f.
Rotes Kreuz (s. Deutsches Rotes Kreuz)
Rotwelsch (s. Gaunersprache)
Roulette (s. Tafelspiel)
Ruhestörender Lärm I-383, 403
Rundfunk II-69, 602ff.
Rundfunkt-Veröffentlichung (Fahndung) II-69
Rundschreiben II-64f.

S

Saarland II-535, *564ff.*
Sabotage (s. a. Betriebssabotage) II-334
Sachbeschädigung I-*258ff., 686f.*, II-*333ff.*
Sachbeweis II-140, 235f., 236
Sachfahndung I-465, II-47f., 60f., 79, *94ff.*, 743
Sachfahndungskarteien II-60f.
Sachfahndungsnachweis II-61
Sachhehlerei I-*266ff., 690f.*, II-*339ff.*
Sachliche Begünstigung (s. a. Begünstigung) I-*264ff.*, 690, II-339f.
Sachsen II-531, 532
Sachverständige I-*549ff.*, II-34f., 143, 152f., 198ff., 209, *213f.*
Sachverständigengutachten (s. Sachverständigenvernehmung) II-254f.
Sachverständigenvernehmung II-198ff., 254f.
Sadismus I-348, 353, 728, II-402
Salontelepathie I-111f.
Sammelschwindel I-289, 698, II-355, 503ff.
Seeschiffahrt (s. Schiffahrt, Schiffsverkehr)
Selbstanzeige II-17f.
Selbstbedienungsladen I-234, 677, II-314
Selbstbeschädigung (s. a. Eigensachbeschädigung) I-195, 621, 652f., II-285
Selbstentzündung I-518, 598, 738, II-419f.
Selbstmord I-*173ff., 620ff.*, 653, II-*261f.*
– Beteiligung am I-173ff., 620ff.
– durch elektrischen Strom I-637
– durch Erhängen, Erdrosseln I-177f., 620f., 630ff.
– durch Erschießen I-176, 620f., 626
– durch Ertrinken I-178, 621, 635f.
– durch Schnitt, Stich I-177, 629f.
– durch Sprengstoff I-176
– durch stumpfe Gewalt I-178, 630
– durch Verbrennen I-179, 637
– durch Vergiften I-621, 633ff.
– im Straßenverkehr (s. Verkehrsselbstmord)
– Kombinierter I-175ff., 621f.
Selbstschutzorgane (s. Private Sicherheitsorgane. Freiwillige Selbsthilfe)
Selbstverbrennung (s. Selbstmord durch Verbrennen)
Selbstverstümmelung (s. a. Selbstbeschädigung) I-195, 652f., II-285
Seuchen (s. a. Verbreiten ansteckender Krankheiten) I-374
Sexualdelikte I-*335ff., 723ff.*, II-*394ff.*
Sexualfreiheitsdelikte I-336ff., 725f., II-396ff.
Sexuelle Aberrationen I-336, 341, 342, 348ff., 361ff., 364, 624, 727ff., II-401ff.
Sexueller Mißbrauch von Kindern I-339ff., 726, II-398ff.
– von Abhängigen I-343ff., 727, II-400f.
Sexuelle Nötigung I-336ff., 725f., II-396ff.
Sicherheitsdienste, Private II-74, 483ff.
Sicherheitsindustrie II-483, 596
Sicherheitsleistung (Zwangsmittel) II-135
Sicherheitstransporte II-486f.
Sichern des Tatorts II-32f.
Sicherstellung (s. a. Beschlagnahme) II-108f.
Sicherungen. Technische und organisatorische (gegen Delinquenz) II-8f., 298f., 596f.
Siderisches Pendel (s. Pendeln)
Sieben goldene kriminalistische W II-14, 28, 38
Siegelbruch I-430, 764, II-461
Signalementslehre (s. a. Personenbeschreibung) I-446ff.
Simulieren von Krankheiten (Vernehmung) II-178f., 182
Sistieren (Zwangsmittel) II-136, 137f.
Sittlichkeitsdelikte (s. a. Sexualdelikte) I-335ff., II-394ff.
Situationsspur I-480f.
Sitzungspolizei II-226f.
Skelett (s. Knochen, Leiche)
Skizze I-536, 542
Sklaverei (s. Menschenraub)
Sodomie I-351ff., 730, II-406f.
Sofortfahndung (s. Alarmfahndung)
Sonderfahndungen II-48, 85, *100ff.*
Sonderpolizeien II-61f., *573ff.*
Soziologe I-604f.
Soziologie I-18
Spanischer Schatzschwindel I-274f.
Sparkassenbuch I-306, II-371
Speichel I-492, 556

Speisen. Speisereste I-504
Spektralphotometrie I-587f.
Spektrographie I-587ff.
Spendenbetrug. Spendenschwindel (s. Sammelschwindel)
Sperma I-491f., 556, II-30
Sperralarm (s. Alarmfahndung)
Spezialeinheiten (Kriminalpolizei) II-590f., 545, 568
Spezielle Observation II-91
Spiel (s. Falschspiel, Glücksspiel)
Spielautomaten I-407, 757, II-447
Spielschwindel I-292f., 700, II-357f.
Spielunfall I-187f., 647, 658, II-279
Spionage (s. Landesverrat)
Spitzel (s. a. Hilfspersonen der Kriminalpolizei, Polizeispitzel) II-74
Spitznamenkartei II-59
Sportunfall I-188f., 647f., 658f., II-279f.
Sprache (s. Gaunersprache)
Sprechfunk (s. Funksprechverkehr)
Sprechstimmvergleichung (s. Stimmidentifizierung)
Sprengen (s. a. Sprengstoff) I-227, 263, II-305
Sprengstoff. Sprengstoffverletzung I-167, 176, 195, 628, 654, II-266, 285, 339
Sprengstoffattentat (s. a. Bombendrohung, Sprengstoff) I-208
Sprengstoffdelikte I-373f., 739, II-420f.
Sprengstoffdrohung (s. Bombendrohung)
Sprengtechnik I-596
Spurenauswertung I-477f., *545ff., 549ff.,* II-36f.
Spurenkunde I-*476ff.*
Spuren am Tatort und am Opfer I-481ff.
Spuren, Arten der, Begriff der I-479ff.
Spuren der oberen Extremitäten- I-482ff.
– der unteren Extremitäten I-484ff.
Spurensicherung I-477, 487, *533ff.,* II-36f.
Spurensuche I-477f., *478ff.,* 527ff., 530ff., II-35f., 38ff., 40ff.
– Dringlichkeit der I-530ff.
Spuren, Verfälschen von (s. a. Irreführende Spuren) I-422f., 425f.
– weitere vom Menschen herrührende I-487ff.
Subventionserschleichung. Subventionskriminalität I-330ff. 723, II-393
Suggestivfragen (Vernehmung) II-174f., 186
Suizid (s. Selbstmord)
Superprojektionsverfahren I-466ff.
Systematik (s. Kriminalistik. Systematik)

Sch
Schadensermittler von Versicherungen (s. a. Sicherheitsdienste) II-74
Schädelrekonstruktion I-466ff.
Schändung I-339, 726, II-398
Schalterdiebstahl (s. Kassen-, Trickdiebstahl)
Scharfe Gewalt I-167f., 177, 196, 509f., II-266ff.
Schartenspuren I-505, 626, 628
Schatzgräber, Schatzschwindel I-48, 50
Scheckbetrug I-275f., II-347f.
Scheidenschleim (s. Vaginalsekret)
Schienenverkehr I-182f., 388, 601, 640f., 657, 748f., II-276, 434f.
Schiffahrt, Fahndung in der II-104f.
Schiffsverkehr I-183f., 390, 602, 643, 657, 750, II-276, 436
Schleswig-Holstein II-535, *567ff.*
Schlingensteller I-261, 689, II-337f.
Schlössr II-299
Schlösserbohren I-221
Schmauch an der Schußhand I-523
Schmuggel I-330, 380
Schmutz. Schmutzspuren (s. Beschmutzungsspuren, Mikrobiologie)
Schnellzünder I-369, 733f.
Schnitt, Schnittverletzung I-168, 177, 196, 509, 629f., 654, II-268, 285
Schocktod I-618
Schöffe (s. a. Laienrichter) II-244ff.
Schreibende Rechtsbrecher I-211, 216f., 297ff., 665, 702f., 735, II-52f., 295f., 361ff., 416
Schreibmaschine (s. a. Maschinenschrift) I-607f.
Schreibmaschinensystembestimmung I-607f.
Schreibmaterial (s. Schreibmittel, Schriftträger)
Schreibmittel I-526, 582f.
Schrift (s. Druckschrift, Handschrift, Maschinenschrift)
Schriftnachahmung. Schriftverstellung (s. a. Handschriftenuntersuchung) I-574
Schriftstück (s. Urkunde)
Schriftträger I-526, 581f.
Schrifttum (Kriminalistik) I-*30ff.*
Schriftvergleichung (s. a. Handschriftenuntersuchung, Maschinenschrift) I-52, 573ff., II-234
Schrot. Schrotschuß I-508, 594, 627f., II-279f.
Schuhspuren I-484ff.
Schuldfähigkeit (s. Strafmündigkeit, Zurechnungsfähigkeit)
Schuß. Schußverletzung I-166f., 176, 195, 507ff., 647f., 653f., 688, II-264ff.

Schußaltersbestimmung I-596
Schußentfernung I-595f.
Schußwaffen I-166f., 242, 498ff., 507ff., 525, 625ff., II-264ff., 280, 285
Schußwaffengebrauch (Zwangsmittel) II-107
Schußwaffenidentifizierung I-499f., 594f.
Schußwaffenuntersuchung (s. Ballistik, Schußwaffenidentifizierung)
Schutzpolizei II-62f., 84, 468ff., 475f.
Schwangerschaftsabbruch, -unterbrechung (s. Abteibung)
Schwangerschaft, Vorgetäuschte I-649f.
Schwarzfahrer I-291, 700, II-357
Schweden II-*696ff.*
Schweigegelderpressung I-296
Schweigen der Aussageperson I-417f.
Schweiß I-492
Schweißen I-227, II-305
Schweiz II-*623ff.*
Schwerer Diebstahl (s. Einbruch)
Schwindel I-*285ff., 697ff.*, II-*354ff.*
Schwindelfirmen I-318, II-497

St

Staatliche Stellen II-61ff., 474ff.
Staatsanwalt, Staatsanwaltschaft II-209, *214ff.*, 251f., 254, 468ff., 529, 605
Staatsanwaltschaftliche Vernehmung II-202, 204f.
Staatsbesuch (s. Personenschutz)
Staatsgefährdung I-410, 758, II-450
Staatsgeheimnis I-214, 664
Staatsschutzdelikte (s. Politische Delikte)
Stabsarbeit II-4
Stadtstreicher (s. Landstreicher)
Statistik (s. a. Kriminalstatistik) I-18, 55ff.
Staub. Staubspuren (s. Beschmutzungsspuren, Mikrobiologie)
Steckbrief II-66, 129
Steckbriefkartei II-58
Stellen für Ermittlungstätigkeit und Öffentlichkeitsarbeit (Private Sicherheitsorgane. Freiwillige Selbsthilfe) II-496ff.
Stempelfälschung I-506, II-372f.
Steuerdelikte I-*328ff.*, 722, II-*392f.*
Steuerfahndung II-62, 575
Steuergeheimnis I-215
Stich. Stichverletzung I-167f., 177, 196, 510, 628f., 654, II-266ff., 285
Stiftung Warentest (Berlin) II-502f.
Stimmabdruck (s. Stimmidentifizierung)
Stimmidentifizierung. Stimmvergleichung I-471ff., 497, 575
Stöberhund II-37f.
Störer, Festnahme von II-138
Störung der Totenruhe I-404
Stoßbetrug I-273, II-346
Strafantrag II-13
Strafanzeige I-203, 419f., II-*11ff.*
Straffrage (s. a. Fehlurteil) II-241f., 244, 253, 255
Strafgefangener, Entwichener (s. a. Gefangenenbefreiung) II-80f.
Strafgericht (s. Richter)
Strafmündigkeit I-551, 572, 624f.
Strafprozeß. Strafprozeßrechtswissenschaft I-15, 16, II-105ff.
Strafprozeß. Geschichte I-43, 46ff., 49f., 52f., II-237f.
Strafrecht. Strafrechtswissenschaft I-14f., 16
Strafrechtsgeschichte I-43, 46f., 49f.
Strafregister. Strafregisterbehörden II-474
Strafrichter (s. Richter)
Straftäterdatei. Straftatendatei I-475
Straftat (s. Delikt)
Straftatenkartei II-58f.
Strafvereitelung I-423ff., 762f., II-457ff.
Strafverfahren (s. Strafprozeß)
Strafverfolgungsorgane I-7f., II-207, *466ff.*
Strafverteidiger (s. a. Verteidiger) II-216ff.
Strafvollzugsurkunde (s. Kriminalpädagogik)
Strafzumessung (s. a. Straffrage) II-241f.
Strafvollzug (s. Vollzugsanstalten und -behörden)
Strangulation (s. Erdrosseln, Erhängen)
Straßenverkehr I-180ff., 199, 203, 384ff., 599ff., 638f., 657, 690, II-275, 431ff.
Straßenverkehrsgefährdung I-384ff., 387f., 745ff., II-431ff.
Strichjungen I-350, II-406
Strom (s. Elektrizität)
Stumpfe Gewalt I-169, 178, 196f., 510f., 630, 655f., II-268ff., 285f.
Stundungswucher I-303, 705
Sturz aus der Höhe (s. Stumpfe Gewalt)

T

Tabak. Tabakwaren I-503f.
Tabellen (s. Skizze)
Täterpersönlichkeit I-551, 571f.
Tätliche Beleidigung I-218, 665, II-296
Täuschung (Unzulässige Vernehmungsmethode) II-146

Tafelspiel I-407, 757, II-447
Tagesereignisbericht II-56
Tagespresse II-67ff., 602ff.
– Veröffentlichung in der (Fahndung) II-67ff.
Tarnschrift I-98
Taschendiebstahl I-238ff., 680, II-319ff.
Tatbestandsaufnahme II-27ff.
Tatbeute (s. Beute)
Tatfrage (s. a. Fehlurteil) II-228ff., 243, 244ff., 253, 255
Tatobjekt I-150, 158
Tatopfer (s. Opfer)
Tatort I-150, 158, 481ff., 497ff., 528f., 530f., 534, 681, II-29, 263
Tatortarbeit II-*27ff.*, 207, 263, 321f.
– Begriff II-30
Tatortbefundsaufnahme. Tatortbesichtigung II-27ff., 263
Tatortbefundsbericht. Tatortbericht II-38
Tatortfotografie I-459, 462f., 609
Tatverdacht. Tatverdächtiger II-24f., 80, 116, 264
Tatverdächtiger und sein Lebensbereich I-520ff., 529f., 532, II-50f., 51ff.
Tatwerkzeug. Tatmittel I-151, 159, 498ff., 504ff., 525f., 667, 686f., II-51f., 267
Tatzeit I-150, 158f.
Taucher II-85, 95
Taxiraub I-250f., 684, II-324, 330
Technik (Kriminaltaktik) II-5
Technik der Verbrechensbegehung (s. Verbrechenstechnik)
Technik und Ähnliches (Kriminaltechnische Untersuchungen) I-592ff.
Technische Nothilfe II-509
Technische Sicherungen (gegen Delinquenz) II-8f.
Technisches Hilfswerk II-509f.
Teilhaber-Untreue I-301f., 704, II-366
Telepathie (s. a. Hellsehen) I-111f.
Telefonüberwachung (s. Fernsprechverkehr)
Terrorismus (s. a. Delikte gegen den Gemeinschaftsfrieden, Politische Delikte) I-205ff.
Testamentsfälschung (s. Privaturkunde, Urkundenfälschung)
Tests (s. Populärtests)
Textilien I-486, 502f., 523f., 628f.
Textilienuntersuchung I-567f.
Thanatologie (s. a. Tod) I-51, 54
Tier. Tierische Produkte. Tierspuren I-524, 561ff., 645f., 686f., 689, II-335, 338
Tierarzt (s. Veterinärmedizin)
Tierhaare (s. a. Haare) I-494f.
Tierquälerei I-404f., 756, II-445
Tischrücken I-113f.
Tod. Untersuchung von Todesfällen (s. a. Leichen) I-552ff., 617ff., 633, 638, II-259ff.
Todesursache I-553f., II-260ff.
Todeszeitbestimmung I-553
Tötung (Vorsätzliche) (s. a. Fahrlässige Tötung) I-*163ff.*, *616ff.*, II-*259ff.*
– auf Verlangen I-176
– durch elektrischen Strom I-637, II-274
– durch Ersticken, Erwürgen, Erdrosseln, Ertränken I-169f., 630ff., II-270f.
– durch Gift I-170f., 633ff., II-271ff.
– durch halbscharfe Gewalt I-168, 628, II-268
– durch Schnitt I-168, 629f., II-268
– durch Schußwaffen I-166f., 625ff., II-264ff.
– durch Sprengstoff I-167, 628, II-266
– durch Stich I-167f., 628f., II-266ff.
– durch stumpfe Gewalt I-169, 630, II-268ff.
– im Zusammenhang mit anderen Straftaten I-622
Tötungs- und Verletzungswerkzeuge I-507ff., 520, 525, 594f.
Tonband. Tonbandaufnahme. Tonbandaufzeichnung II-91, 151
Toter (s. Leiche)
Totschlag (s. Tötungen)
Toxikologie (s. a. Gift) I-51, 54, *577ff.*, II-235
Transport (von Spurenmaterial) I-544f.
Transportgefährdung (s. a. Luftverkehr, Schienenverkehr, Schiffsverkehr) I-388ff., 639ff., 748ff., II-433ff.
Transportmittel (s. Beförderungsmittel)
Transvestitismus I-348, 729, II-403f.
Traumdeuterei I-107
Tresor (s. Geldschrank)
Trick I-98f., 116
Trickdiebstahl I-233, 234, 235f., 677, II-314
Trickkartei II-59
Trügerische Reklame I-322ff., 718f., II-385ff., 500ff.
Trunkenheit am Steuer I-384ff., 747, II-432
Tür (Einbruch) I-221ff., 662, II-300ff.

U

Überfahrenlassen (s. Verkehrsselbstmord)
Überfall (s. Raub)
Überholunfall I-180f., 385

Übermüdung (Unzulässige Vernehmungmethode) II-146
Überörtliche Fahndung II-48, 98, 101
Überschwemmung I-374, 739
Überwachung (s. a. Objektschutz, Observation) II-85ff.
Überweisung I-306, II-371
Überzeugungsbildung, Richterliche II-*227ff.*, 237ff., 241f., 244ff.
Üble Nachrede (s. Ehrverletzungen)
Ultraschall I-586f.
Ultraviolettes Licht I (s. a. UV) I-586
Umgang mit V-Personen (s. a. Hilfspersonal der Kriminalpolizei) II-76ff.
Umweltdelikte. Umweltkriminalität I-381ff., 744, II-430
Unbekannter Toter (s. Leichensachen) II-93f.
Undercover work (s. Einschleusen) II-91f.
Unfall (s. a. Fahrlässige Körperverletzung, Fahrlässige Tötung) I-179ff., 198ff., 618ff., 638ff., 656ff., II-260
– bei autoerotischer Betätigung I-179, II-280
– beim Spiel I-187f., 199, 647, 658, II-279
– beim Sport I-188f., 199, 647f., 658f., II-279f.
– im Betrieb I-184f., 199, 643f., 657f., II-276f.
– im Haushalt I-186f., 200, 645ff., 658, II-278
– im Luftverkehr I-183, 641ff., 657, II-276
– im Schienenverkehr I-182f., 640f., 657, II-276
– im Schiffsverkehr I-183f., 643, 657, II-276
– im Straßenverkehr I-180ff., 199, 638f., 657, 745ff., II-275
– im Zusammenhang mit einer Straftat u. a. I-189, 200, 648f., 650f., 659, II-280
– infolge unsorgfältiger Berufsausübung I-185f., 199, 644f., 658, I-277f.
Ungebührstrafen (s. Sitzungspolizei) II-226f.
Ungewisse Todesursache (s. Leichensache) II-93f.
Unglück. Unglücksfall (s. Unfall)
Universitätsinstitute (s. Einrichtungen)
Unlauterer Wettbewerb (s. Wettbewerbsdelikte)
Unlautere W Wirtschaftsunternehmen I-318
Unmittelbare Falschbeurkundung I-310, 711
Unsicherheitsfaktoren der Kriminalstatistik I-56, 59ff.
Untergrundarbeit (s. Einschleusen) II-91f.
Unterhaltspflichtverletzung (s. a. Fürsorgepflicht gegenüber Minderjährigen) I-397ff., 753, II-441
Unterlassene Verbrechensanzeige (s. Nichtanzeige von Verbrechen)
Unterlassen notwendiger Hilfe I-173
Unternehmer-Untreue I-302, 704, II-366
Unterschlagung I-*252ff.*, *684ff.*, II-*331ff.*
Unterstützungsschwindel (s. a. Fürsorgeschwindel) I-288f., 698, II-355
Untersuchung (Zwangsmittel; s. Körperliche Untersuchung) II-121ff., 126f.
Untersuchungsführer (Kriminalistisch) II-*514ff.*
Untersuchungsgefangener, Entwichener (s. a. Gefangenenbefreiung) II-80f.
Untersuchungshaft II-128f.
Untersuchungsrichter (s. Ermittlungsrichter) II-140
Untreue I-*300ff.*, 703f., II-*365f.*
Unzucht (s. Sexualdelikte)
– mit Abhängigen (s. a. Sexueller Mißbrauch von Abhängigen) I-343ff., 727
– mit Kindern (s. a. Sexueller Mißbrauch von Kindern) I-339ff.
– mit Tieren (s. Sodomie)
Unzüchtige Abbildungen u. a. (s. Pornographie)
Unzulässige Wettbewerbsbeschränkungen (s. Kartelldelikte)
Unzulässige Strafverfolgung und -vollstreckung I-428, II-460
Urin I-492, 493
Urkunde I-501f.
Urkundendelikte I-48, *305ff.*, *706ff.*, II-*367ff.*
Urkundenfälschung I-48, 305, *306ff.*, *706ff.*, II-*367ff.*
Urkundenunterdrückung I-305, 311f., 712, II-374
Urkundenuntersuchung I-52, *580ff.*, 606ff.
Urkundsbeamter II-209, *248f.*
USA (s. Vereinigte Staaten von Amerika)
UV-Fotografie (s. a. Fotografie mit besonderen Strahlen) I-464

V

Vaginalsekret I-491f., 556
Vampiraberglaube I-131
Vandalismus I-258f., 686f., II-333ff.
Verabreichen von Mitteln (Unzulässige Vernehmungsmethode) II-145f.
Veränderungen am Tatort (Tatortarbeit) II-33f.
Veränderungen der Kriminalität, struktureller und konjunktureller Art (s. a. Kriminalstatistik) I-71f.
Veranlassungskuppelei I-356
Verbalinjurie (s. a. Ehrverletzungen) I-216

Verbände oder Vereine für innerbetriebliche Sicherheit II-494f.
Verband der Vereine Creditreform e.V. II-492ff.
Verband für Sicherheit in der Wirtschaft e.V. (VSW) (Essen) II-494f.
Verband für Sicherheit in der Wirtschaft Norddeutschland e.V. (VSWN) II-494f.
Verbindungsdelikte I-404, 756, II-444f.
Verbrauchsmittelfälschung I-319f., 376f., 716f., 741ff.
Verbrechensbekämpfung (s. Kriminalitätsbekämpfung)
– im Spiegel der Statistik (s. Kriminalstatistik)
Verbrechenstechnik I-1f., 8f., 26f., 48f., 50f., 53, *75ff.*, 148ff., 162ff., II-58f.
Verbrechenstechiken, Kombination I-151f.
Verbrecherjargon (s. Gaunersprache)
Verbrecherkartei (s. Personenfahndungskarteien) II-58
Verbrecherlichtbildkartei. Verbrecherlichtbildsammlung (s. a. Fotografie) II-59f.
Verbrecherorganisationen I-*82ff.*, 313, 317, 380f.
Verbrecherperseveranz I-157ff.
Verbrechertum. Sprache, Gebräuche I-*77ff.*
Verbreiten ansteckender Krankheiten I-375, 740, II-424
Verbrennen I-173, 513, 622f., 637, II-274
Vereine Creditreform II-492ff.
Verein gegen Bestechung und Wirtschaftskriminalität e.V. Frankfurt/Main II-496f. Verein gegen das Bestechungswesen e.V. II-497
Vereinigte Staaten von Amerika II-*704ff.*
Vereinigung für Sicherheit in der Wirtschaft e.V. (VSW) (Mainz) II-494f.
Verfahren (s. Ermittlungs-, Hauptverfahren, Strafprozeß)
– zur Begehung von Verbrechen (s. Werkzeuge)
Verfassungsschutz I-409, 410, II-450, 476
Verfassungsorgane und Volksvertretung, Delikte gegen I-411f., II-450
Verführung Minderjähriger I-342f., 726f., II-400
Verführungskuppelei I-356
Vergewaltigung (s. a. Notzucht) I-336ff.
Vergiften I-170f., 178, 197, 633ff., II-271ff., 286
Verhältnismäßigkeit (Kriminaltaktik) II-6f.
Verhältnis zu anderen Disziplinen I-10ff.
Verhaftung II-128f., 131ff.
Verhinderung von Straftaten (s. Kriminalitätsbekämpfung, präventive)
Verkehr (s. a. Luft-, Schienen-, Schiffs- und Straßenverkehr)
Verkehrsdelikte. Verkehrskriminalität I-51, 72, *383ff.*, 745ff., II-275f., *431ff.*
Verkehrsselbstmord I-179, II-262
Verkehrsunfall (s. Unfall ...)
Verkehrsunfallflucht I-390f., 750f., II-436ff.
Verkehrswesen (Kriminaltechnische Untersuchung) I-599ff.
Verletzung der Unterhaltspflicht (s. a. Unterhaltspflichtverletzung) I-397ff.
Verletzung privater Geheimnisse I-214ff., 663f., II-293ff.
Verletzung sozialer Pflichten I-392ff., 751ff., II-438ff.
Verletzung staatlicher Rechte I-429f., 764, II-461
Verletzung von Unterhalts- und Fürsorgepflichten I-392ff., 752f., II-439ff.
Verleumdung (s. Ehrverletzungen)
Verlosung (s. Ausspielung, Lotterie)
Vermißte Personen. Vermißtensachen I-446, II-81, *92f.*
Vermittlerbetrug. Vermittlungsbetrug I-280ff., 696, II-350ff.
Vermittlungskuppelei I-354f.
Vermögensdelikte (s. Delikte gegen das Vermögen)
Vermögenskriminalität I-72, 218ff.
Vernachlässigung des Kindeswohls (s. Fürsorgepflicht gegenüber Minderjährigen)
Vernehmung, Äußere Gestaltung und Wahl des Ortes II-169f.
– Einwände und andere Schwierigkeiten II-177ff.
– Rechtliche Grenzen II-144ff.
– Rechtliche Grundlagen II-142ff.
– Vorgehen bei einer (s. a. Vernehmungstaktik) II-170ff.
– Ziel und Aufgaben II-139ff.
Vernehmungen durch Richter und Staatsanwalt II-202ff.
Vernehmungsbeamter (Persönlichkeit und Situation) II-157ff.
Vernehmungsbefugnis II-142f.
Vernehmungsmethoden II-171ff.
– Unzulässige II-145f.
Vernehmungspsychologie I-54, 415ff., II-*157ff.*
Vernehmungstaktik. Vernehmungstechnik II-*139ff.*, 159f., *167ff.*, 208
Vernehmungstypen II-*171ff.*

Vernehmung von Frauen II-180ff.
– von jungen Menschen II-180, *183ff.*
– zur Person II-144f., 174
– zur Sache II-145, 174
Vernommene Personen (s. Aussageperson) II-160ff.
Veröffentlichung in der Tagespresse (s. a. Tagespresse) II-67ff.
Verpackung (von Spurenmaterial) I-544f.
Verpackungsmaterial I-501
Versand (von Spurenmaterial) (s. Transport)
Verschleierungspraktiken (s. a. Alibi, Irreführende Spuren) I-151, 159, II-53ff.
Verschleppung (s. Menschenraub)
Versicherungsbetrug (s. a. Versicherungsmißbrauch) I-284f., 697, II-353
Versicherungsmißbrauch I-*326ff.,* 653, 697, *720ff.,* II-41f., 285, 335, 353, *389ff.*
Versorgungsanlagen, Delikte gegen I-374, 740
Versprechungen (Unzulässige Vernehmungsmethode) II-146
Verstrickungsbruch I-430, 764, II-461
Verstellen der eigenen Handschrift I-307
Verteidiger II-209, *216ff.,* 250f., 253f.
Vertreter I-230f., 254, 685, II-331
Vertreterbetrug I-283f., 696, II-352
Veruntreuung (s. Unterschlagung)
Verurteilte I-60f., 64ff.
Verwahrung (s. a. Beschlagnahme) II-109
Verwahrungsbruch I-430, 764, II-461
Verwaltungsbehörden II-63, 476f.
Verwandtendiebstahl I-230, 675, II-309
Verweigern der Aussage (s. a. Aussageverweigerung) II-178
Verwertung der Angaben von V-Personen (s. a. Hilfspersonen der Kriminalpolizei) II-78
Veterinärmedizin I-559
Viehdiebstähle von der Weide (s. a. Gartendiebstahl) II-319
Viehschußapparate (s. Bolzenschußapparate)
Vigilanten (s. a. Hilfspersonen der Kriminalpolizei) II-74, 76
Vitrinenangler I-224
Völkerrecht, Delikte gegen das I-411, 759, II-451
Volksgesundheit, Delikte gegen die I-*374ff.,* *740ff.,* II-*423ff.*
Volksmedizin. Volksweisheiten (s. Kurpfuscher)
Volkswirt I-604
Volltrunkenheit I-402f., 755, II-443
Vollzugsanstalten und -behörden (s. a. Gefangenenbefreiung) II-474
Vorbereitende Arbeiten (Vernehmung) II-167ff.
Vorbereitungen krimineller Aktionen I-151, 159
Vorbestraftenvereine I-81f.
Vorbildung (Kriminalbeamter, Kriminalist) II-515f.
Vorfahrtsunfall I-181, 385f.
Vorführung (Zwangsmittel) II-135, 136
Vorgehen am Tatort (Rechtsbrecher) I-151
Vorhalt (Vernehmung) II-175f., 186
Vorladung (Zwangsmittel) II-135f.
Vorläufige Festnahme II-129ff.
Vorlage von Lichtbildern II-84
Vorsitzender eines Kollegialgerichts II-242f., 252, 254
Vortäuschen einer Straftat (s. Deliktsvortäuschung)
Voyeurismus I-348, 729, II-404f.
V-Personen (s. a. Hilfspersonen der Kriminalpolizei) II-74ff.
Vucetich, J. I-451, 458

W

Wach- und Schießgesellschaften (s. a. Sicherheitsdienste) II-74, 483ff.
Wäsche (s. Textilien)
Waffen (s. Schußwaffen, Tötungs- und Verletzungswerkzeuge)
Wahldelikte I-412ff., 759, II-452
Wahlkonfrontation (s. a. Gegenüberstellung) II-177
Wahrheitspflicht (Vernehmung) II-142, 144
Wahrheitsserum (Unzulässige Vernehmungsmethode) II-145f.
Wahrnehmung (Aussagepsychologie) II-147f.
Wahrnehmungen der Strafverfolgungsorgane (s. eigene Wahrnehmungen) II-22ff., 207
Wahrsagerei I-*101ff.,* 294f., 701
Wandeltäter I-180f.
Warenautomaten I-228f., 673, II-307
Warenbetrug I-270ff., 693f., II-344ff.
Warenfälschung I-*319ff.,* *716ff.,* II-*384f.,* 550ff.
Warenhausdetektiv (s. Hausdetektiv)
Warenhausdiebstahl I-234f., 677, II-314f.
Warenkreditbetrug I-272f., 693f., II-345f.
Warentest (s. Stiftung Warentest)
Warenwucher I-303f., 705
Warenzeichenverletzung I-325, 719, II-389
Wasserbauten, Beschädigung von I-374, 739
Wasserleiche (s. a. Leiche) I-623

Wechselbalg I-131
Wechselbetrug. Wechselschwindel I-275f., 700, II-347f.
Wechselfallendiebstahl (s. a. Kassendiebstahl. Trickdiebstahl) II-315
Wechselschwindel II-357
Weibliche Kriminalpolizei II-534f., 593f.
Weibliche Kriminalpolizei, Polizei (Andere Staaten) II-611f., 621, 628, 644, 659, 665, 677, 682, 687, 694, 701, 712, 726
Weinfälschung I-319f.
Weisungen II-24
Werber I-230f.
Werbung (s. Trügerische Reklame)
Werkschutz (s. a. Sicherheitsdienste) II-74, *479ff.*, 495
Werksfeuerwehr II-480, 482
Werksicherheitsdienste (s. Werkschutz)
Werkzeuge I-500f.
– Mittel und Verfahren zur Begehung von Verbrechen (s. a. Tatwerkzeug, Werkzeug) I-*76ff.*
Werkzeugspuren (s. a. Arbeitsspuren) I-500f., 504ff., 539f., 602ff.
Wertpapierfälschung I-306, II-370f.
Werttransport II-486f.
Wertzeichenfälschung I-306, II-371
Wettbewerbsbeschränkungen (s. Kartelldelikte)
Wettbewerbsdelikte I-*321ff.*, 718f., II-*385ff.*, 498f.
Wette I-407f., 757, II-447f.
Widernatürliche Unzucht (s. a. Sodomie) I-351ff., II-406f.
Widerruf von Geständnissen II-156f.
Widerstand gegen die Staatsgewalt I-428f., 764, II-460
Wiederaufnahmeverfahren (Psychologie) II-255ff.
Wiedererkennen, Falsches (s. a. Wahlkonfrontation) II-232f.
Wiedergabe (Aussagepsychologie) II-149ff.
Wilderei (s. a. Jagd- und Fischwilderei) I-48, *260ff.*, *687ff.*, II-*336ff.*
Wildschütze I-261, 688, II-337
Wirtschaftliche Kriterien (Kriminaltaktik) II-6
Wirtschaftsbetrügereien I-269ff., 692ff., II-343ff.
Wirtschaftsdelikte (i.e.S.) I-*317ff.*, *715ff.*, II-*381ff.*, 496ff.
Wirtschaftsdelikte i.w.S. I-252ff., 269ff., 300ff., 302ff., 305ff., II-331ff., 343ff., 365ff., 367ff., 424f., 496ff.
Wirtschaftskriminalität (s. a. Wirtschaftsdelikte) I-53, 317ff.
Wirtschaftsspionage (s. a. Betriebsgeheimnis) II-294
Witterung I-150
Wohnungsdiebstahl I-229ff., 674ff., II-309ff.
Wohnungsraub I-243f., 682, II-326f.
Wucher I-*302ff.*, 704f., II-366f.
Wünschelrute I-*118f.*, 294
Würfelspiel I-407, 757, II-447
Würgen (s. Erwürgen)
Württemberg (s. a. Baden-Württemberg) II-528, 531, 532
Wundsekrete (s. Eiter)

Z

Zähne (s. Odontologie)
Zahn- und Gebißspuren (s. a. Odontologie) I-495f.
Zechpreller I-290f., 699f., II-356f.
Zechraub. Zechanschlußraub I-246f., 683, II-327f.
Zehenspur I-484ff.
Zehnfinger-Abdrucksammlung (s. a. Daktyloskopie) II-59
Zeichenmaterial (s. Schreibmaterial, Schreibmittel)
Zeichnung (s. a. Personenzeichnung, Skizze) I-465f.
Zeitzünder I-369f., 517f., 733f.
Zellulartherapie I-135
Zentrale zur Bekämpfung der Unlauterkeit im Heilgewerbe (Mannheim) II-500ff.
Zentrale zur Bekämpfung unlauteren Wettbewerbs e.V. Frankfurt/Main II-498f.
Zeuge II-80, 143, 152f., 187f., 192ff., 209, *212f.*, 263f.
Zessionsbetrug I-274, II-346
Zeugenaussage (s. a. Zeugenvernehmung) II-233f.
Zeugenirrtum I-418, II-195f.
Zeugenlüge II-196ff., 233f.
Zeugenvernehmung II-192ff., 232f., 233f.
Zigaretten. Zigarren (s. Tabak)
Zigeuner I-79ff., 85ff.
Zivilahnder (s. a. Schutzpolizei) II-84
Zivilschutz (s. Technisches Hilfswerk)
Zolldelikte I-328, *330*, 722f., II-393
Zollfahndung II-62, 575f.
Zollkriminal1nstitut (s. a. Zollfahndung)
Zoologie I-*561ff.*

Zophilie (s. Sodomie)
Zündmaterial. Zündmittel I-370, 735
Zufall (Kriminaltaktik) II-5
Zuhälterei I-82, 357ff., 731, I-408f.
Zurechnungsfähigkeit I-550f., 572, 624f.
Zusammenschlüsse Vorbestrater I-*81f.*
Zwangsmaßnahmen. Zwangsmittel (s. a. Maßnahmen zur Sicherung des Verfahrens) II-105ff.